ESV

Deutsche Grammatik

Grundlagen für Lehrerausbildung,
Schule, Deutsch als Zweitsprache und
Deutsch als Fremdsprache

von
Ludger Hoffmann

ERICH SCHMIDT VERLAG

Bibliografische Information der Deutschen Nationalbibliothek
Die Deutsche Nationalbibliothek verzeichnet diese Publikation
in der Deutschen Nationalbibliografie; detaillierte bibliografische
Daten sind im Internet über http://dnb.d-nb.de abrufbar.

Weitere Informationen zu diesem Titel finden Sie im Internet unter
ESV.info/978 3 503 13734 3

Umschlagabbildung:
Paul Klee : Der Hörende, 1930
Öl/Wasserfarbe/Leinwand, doubliert mit Originalrahmen, 42,5 x 42,5 cm
Copyright/Fotonachweis:
LWL-Landesmuseum für Kunst und Kulturgeschichte, Münster

ISBN 978 3 503 13734 3

Alle Rechte vorbehalten
© Erich Schmidt Verlag GmbH & Co. KG, Berlin 2013
www.ESV.info

Dieses Papier erfüllt die Frankfurter Forderungen
der Deutschen Nationalbibliothek und der Gesellschaft für das Buch
bezüglich der Alterungsbeständigkeit und entspricht
sowohl den strengen Bestimmungen der US-Norm Ansi/Niso
Z 39.48-1992 als auch der ISO-Norm 9706.

Gesetzt aus der Leitura Sans, 10/13 Punkt

Satz: Herbert Kloos, Berlin
Druck und Bindung: Hubert & Co., Göttingen

Ohne Empirie hängt alles in der Luft.
Ohne Theorie läuft alles ins Leere.

Vorwort

Dies ist eine Grammatik für alle, die Deutsch unterrichten, für die Lehrerausbildung und für das Vermitteln des Deutschen als Zweit- und Fremdsprache. Sie liefert das Wissen, das man für diese Aufgaben braucht. Die grammatischen Phänomene werden in ihrer Sachlogik dargestellt und in eine didaktisch begründete Abfolge gebracht. Formen werden nicht isoliert behandelt, sondern immer in der kommunikativen Funktion, die sie allein oder in einer Wortgruppe haben. Auf diesem Weg kann ein Bild des Deutschen entstehen. Zugleich wird das grammatische Wissen vermittelt, alltägliche und literarische Texte und Gespräche besser verstehen und interpretieren zu können und die Formulierungsfähigkeiten auszubauen. Damit ist die Grammatik auch für alle interessant, die das Deutsche konsequent unter einer funktionalen Perspektive betrachten möchten.

Sprachwirklichkeit

Die Grammatik stellt sich der Sprachwirklichkeit und arbeitet mit überwiegend authentischen Gesprächs- und Textbeispielen. Sie arbeitet auch mit literarischen Beispielen: Sprachliche Meisterschaft lässt die Form und Funktion der sprachlichen Mittel deutlich erkennen.

Mehrsprachigkeit

Zur Wirklichkeit von Sprache gehört die Mehrsprachigkeit in der Gesellschaft. Diese Grammatik zieht an vielen Punkten die größte Minderheitensprache, das Türkische, gelegentlich auch andere Sprachen, heran. Der Vergleich von Sprachen fördert Distanz zur eigenen Sprache. Außerdem lassen sich die sprachlichen Fähigkeiten mehrsprachiger Schüler im Unterricht fruchtbar machen. Klassischer Muttersprachenunterricht ist ohnehin eine aussterbende Art.

Fächerübergreifender Unterricht

Sprachunterricht beschränkt sich nicht auf abgegrenzte Phasen im Deutschunterricht. Vertrautheit mit sprachlicher Form ist für Textarbeit und Textverstehen zu nutzen, im Literaturunterricht, für das Verstehen und Umsetzen mathematischer Textaufgaben, in fächerübergreifender, die Schulsprachen und fachliche Sprachverwendungen einbeziehender Spracharbeit, aber auch schon in der Sprachförderung vor der Schule.

Das Buch

Die Grammatik ist unter der Perspektive der Vermittlung geschrieben: Was sollten Lehrende und Lernende über Sprache wissen? Die Grammatik hat nicht den Anspruch einer wissenschaftlichen Grammatik. Sie versucht, ein Bild davon zu vermitteln, was das Deutsche an Mitteln bereitstellt, um die Zwecke der Hörer, Leser, der Sprecher und Autoren zu erfüllen. Die Grammatik bedarf zusammenhängender Lektüre, damit ein Bild des Deutschen entstehen kann. Die Aufgaben für Leser dienen der Anwendung des Gelernten und der Vertiefung; sie zeigen, mit welcher Art von Beispielen in der Schule gearbeitet werden kann und dass Grammatik sich im Verstehen von Texten und Gesprächen bewährt.

Diskussionen mit Dortmunder Studierenden/Doktoranden, von denen ich Laura Basch, Yara Rabie, Olga Naumovich, Wienke Spiekermann, Gülcan Yiğit und Semra Yilmaz nennen möchte, mit Kolleginnen und Kollegen anlässlich von Vorträgen in Hamburg, Dortmund und Münster und mit Deutschlehrern haben mich darin bestärkt, dass so ein Buch notwendig ist. Prof. Dr. Anne Berkemeier (Heidelberg), Jun.-Prof. Dr. Frederike Eggs (Hamburg), Dr. Yüksel Ekinci, Dr. Kerstin Leimbrink, Dr. Erkan Özdil und Dr. Lirim Selmani (alle Dortmund) haben den Text kritisch durchgesehen, Frederike Eggs hat Kapitel mit Studierenden erprobt. Lana Beres und Yara Rabie haben sich um die Register verdient gemacht. Fehler gehen natürlich auf meine Rechnung.

Frau Dr. Carina Lehnen danke ich für die vorzügliche Verlagsbetreuung.

Dortmund, im Sommer 2012 *Ludger Hoffmann*

Inhalt

Vorwort		5
A	**Einleitung**	13
A1	Prinzipien	13
A2	Didaktische Pfade	19
A3	Vermittlung und Terminologie im Grammatikunterricht	21
A4	Aufbau der Grammatik	22
B	**Grundbegriffe der grammatischen Untersuchung: Funktionen und Formen**	25
B1	Sprachliche Handlungen, Äußerung, Äußerungsmodus	25
B1.1	Handlung, Äußerung und Äußerungsmodus	25
B1.2	Text und Diskurs (Gespräch)	31
B1.3	Prozeduren	39
B2	Wort, Wortgruppe, Satz	44
B2.1	Wort und Wortarten	44
B2.1.1	Wort	44
B2.1.2	Wortarten: Übersicht	46
B2.2	Wortgruppe	54
B2.3	Äußerung und Satz	57
B2.3.1	Äußerung	57
B2.3.2	Einfacher Satz	61
B2.3.3	Komplexe Sätze	64
B2.4	Satzfunktionen („Satzglieder")	67
C	**Redegegenstände formulieren**	75
C1	Sprachliches Zeigen: Personen	75
C2	Beim Namen nennen	87
C2.1	Namen und ihr Gebrauch	87
C2.2	Vertiefung: Besondere Verwendungen von Eigennamen	94
C3	Symbolisch charakterisieren und den Wissenszugang bahnen	97
C3.1	Nominalgruppen, Determinative und Gegenstandsbezug	97
C3.2	Der bestimmte Artikel und das deiktische Determinativ	101
C3.3	Das possessive Determinativ	109
C3.4	Der unbestimmte Artikel	112
C3.5	Determination in anderen Sprachen (Türkisch, Russisch)	116
C3.6	Das quantifizierende Determinativ	122
C3.7	Das Nomen	125
C3.8	Artikellose Nominalgruppen und Stoffnamen	137
C3.9	Intermezzo: Der Löwe ist los	139

C4	Den Gegenstandsbereich einschränken und präzisieren	145
C4.1	Das Adjektiv in der Nominalgruppe	145
C4.2	Genitive vor und nach dem Nomen	158
C4.3	Erweiterungsnomen	162
C4.4	Adverb und Präpositionalgruppe	163
C4.5	Relativsatz und andere Attributsätze	165
C5	Themen einführen, Themen fortführen	173
C5.1	Thema	173
C5.2	Thematisieren	175
C5.3	Themen fortführen	180
C5.3.1	Anapher	180
C5.3.2	Fortführung mit Zeigwörtern (Objektdeixeis)	186
C5.3.3	Fortführung im appositiven und weiterführenden Relativsatz	189
C5.3.4	Definite Nominalgruppen und Eigennamen	190
C5.3.5	Weglassungen: Analepse	194
C5.3.6	Allgemeine Prinzipien der Themenfortführung	196
C5.4	Themenentwicklung	197
C6	Gegenständen zusätzliche Informationen beigeben	202
C6.1	Apposition und adjektivischer Zusatz	202
C6.2	Appositives Adjektiv, Appositive Präpositionalgruppe, Appositiver und Weiterführender Relativsatz	205
C7	Sachverhalte als Redegegenstände: Subjektsätze und Objektsätze, Infinitivgruppen	209
C8	Gegenstände vergleichen – die Verbszene funktional ausdifferenzieren	221
D	**Gedanken formulieren**	**227**
D1	Prädikation, Verb und Verbkomplex	228
D1.1	Prädikation, Prädikat und Verb	228
D1.2	Tempusbildung des Verbs: Überblick	231
D1.3	Schwache und starke Verben	238
D1.4	Hilfsverben und Kopulaverben	242
D1.5	Komplexe verbale Einheiten: Funktionsverbgefüge, Streckverbgefüge	246
D1.6	Lineare Abfolge im Verbkomplex	249
D2	Tempus und Zeit	252
D2.1	Die Basistempora Präsens und Präteritum	253
D2.2	Zusammengesetzte Tempora	262
D2.2.1	Die Präsensgruppe: Präsensperfekt, Doppel-Präsensperfekt, Futur, Futurperfekt	262
D2.2.2	Die Präteritumgruppe: Präteritumperfekt und Doppel-Präteritumperfekt	269
D2.3	Die Progressivform (Verlaufsform)	274
D3	Verbmodus (Wirklichkeit, Wissen): Indikativ und Konjunktiv	278
D4	Perspektive: Aktiv und Passiv	285
D4.1	Das *werden*-Passiv	287

D4.2	Das *sein*-Passiv	290
D4.3	Das *bekommen*-Passiv	291
D5	Handlungs- und Wissensmodalitäten: Modalverben	292
D5.1	Zielbezogene Modalverben	294
D5.2	Handlungsraumbezogene Modalverben	296
D5.3	Transfergebrauch	304
D6	Subjektion, Prädikation und Verbszene	309
D6.1	Das Subjekt als Ansatzpunkt einer sprachlichen Szene	309
D6.2	Prädikative	314
D6.3	Objekte	315
D6.4	Das Adverbial	320
D6.5	Aufbau und Entwicklung einer Szene: Explikation und Valenz	321
E	**Der Ausbau von Gedanken**	**325**
E1	Adverbien und Adverbialsätze	325
E1.1	Adverbien	325
E1.1.1	Deiktische Adverbien	330
E1.1.2	Parametrische, quasideiktische Adverbien	339
E1.1.3	Deiktische Adverbien im Türkischen	342
E1.1.4	Symbolische Adverbien	343
E1.1.5	Adverbien in der Abfolge	347
E1.2	Subjunktoren, Adverbialsätze	348
E1.2.1	Temporalsätze	350
E1.2.2	Konditionalsätze	353
E1.2.3	Kausalsätze	355
E1.2.4	Konzessivsätze	357
E1.2.5	Finalsätze	358
E1.2.6	Konsekutivsätze	358
E1.2.7	Ereignispräzisierende Adverbialsätze	358
E1.2.8	Komitativsätze	359
E1.2.9	Konfrontativsätze	359
E1.2.10	Restriktivsätze	360
E1.2.11	Vergleichssätze	360
E1.2.12	Lokalsätze	361
E1.2.13	Türkische Entsprechungen zu deutschen Nebensätzen	361
E2	Präpositionen und Präpositionalgruppen	365
E2.1	Präpositionen	366
E2.2	Präpositionen als Einleiter adverbialer Infinitivgruppen	373
E2.3	Übersicht zu den Präpositionen	376
E2.4	Raumrelationen im Türkischen	381
E3	Skalieren: Gradpartikeln	385
E4	Verneinen: die Negationspartikel *nicht*, die Responsive *nein* und *doch*	389
E5	Modalisieren: Modalpartikeln	398

E6	Abtönungspartikeln	402
E6.1	Die Abtönungspartikel *ja*	405
E6.2	Die Abtönungspartikeln *denn* und *mal*	408
E6.3	Die Abtönungspartikel *aber*	410
E6.4	Die Abtönungspartikeln *vielleicht, etwa*	411
E6.5	Die Abtönungspartikel *doch*	414
E6.6	Die Abtönungspartikeln *eben, halt, eh*	415
F	**Gedanken verknüpfen und erweitern**	**419**
F1	Verknüpfung durch Konnektivpartikeln	419
F1.1	Die Konnektivpartikel *gleichwohl*	421
F1.2	Die Konnektivpartikel *jedenfalls*	421
F1.3	Die Konnektivpartikel *immerhin*	423
F1.4	Die Konnektivpartikeln *erstens, zweitens ...*	424
F2	Koordination: Verbinden und Erweitern von Funktionseinheiten	425
F2.1	Der Konjunktor *und*	433
F2.2	Der Konjunktor *sowie*	437
F2.3	Die Konjunktoren *oder, entweder ... oder, weder ... noch, beziehungsweise, respektive*	438
F2.4	Die Konjunktoren *aber, allein, sondern, nicht nur ... sondern (auch), nur*	441
F2.5	Die Konjunktoren *doch, jedoch*	448
F2.6	Der Konjunktor *denn*	450
F2.7	*ja* als inkrementiver Konjunktor	452
F2.8	Koordination im Türkischen	453
G	**Abfolge und Kommunikative Gewichtung**	**457**
G1	Abfolge und Akzent in der Nominalgruppe	457
G2	Abfolge im Satz	461
G3	Kommunikative Gewichtung	474
G3.1	Gewichtung	474
G3.2	Mittel und Formen des Gewichtens	478
G3.2.1	Hervorhebungsdomäne: Wortgruppe (außer Verbgruppe)	480
G3.2.2	Hervorhebungsdomäne: Verbgruppe	482
G3.2.3	Hervorhebungsdomäne: Satz	484
G4	Abfolge und Gewichtung im türkischen Satz, Vergleich mit dem Deutschen	489
G5	Sprachstand syntaktisch: die Profilanalyse nach Grießhaber	492
H	**Zweckbereiche des Handelns und Äußerungsmodi**	**495**
H1	Transfer von Wissen	495
H1.1	Frage, Fragemodi	496
H1.2	Frageformen im Türkischen	501
H1.3	Assertion, assertive Sprechhandlungen und Aussagemodus	502

H1.4	Erzählung	505
H1.5	Bericht	508
H1.6	Beschreibung	511
H1.7	Erklären	517
H1.8	Inhaltsangabe und Nacherzählung	519
H2	Koordination von Handlungen	523
H2.1	Aufforderung, direktive Sprechhandlungen und Aufforderungsmodus	523
H2.2	Bedienungsanleitung	531
H2.3	Gesetz	533
H2.4	Kommissive Sprechhandlungen: Versprechen, Vertrag	538
H3	Empfindungen Ausdrücken: Ausruf, Exklamativmodus	541
H4	Äußerungsmodi: Zusammenfassung	544

S Serviceteil ... 547

S1	Testverfahren (Proben) in der Sprachuntersuchung	547
S1.1	Die Ersatzprobe	547
S1.2	Der Fragetest	550
S1.3	Die Weglassprobe	552
S1.4	Der Implikationstest	553
S1.5	Der Anschlusstest und der Einbettungstest	553
S1.6	Die Verschiebeprobe	555
S1.7	Paraphrasen bilden, Implikationen suchen, Klangprobe	557
S1.9	Möglichkeiten von Testverfahren	559
S2	Zum Türkischen	561
S2.1	Türkische Sprache	561
S2.2	Türkisch lesen und schreiben – in 10 Regeln	566
S3	Mögliche Lernprobleme	567
S4	Erläuterung der Zeichen im Text	569
S4.1	Transkriptionszeichen	569
S4.2	Zeichen im Text	571
S5	Literaturverzeichnis	572
S5.1	Grammatiken und Handbücher	572
S5.2	Literatur zum Hintergrund dieser Grammatik	572
S5.3	Quellen	578
S6	Sachregister	582
	Wortregister	588
	Abkürzungen	592

A Einleitung

> **Didaktischer Kommentar:**
>
> In der Einleitung werden die funktionalen und didaktischen Prinzipien behandelt, denen diese Grammatik folgt.

> **Literatur:**
>
> Bühler 1934; Ehlich 2007; Hoffmann 2003, 2006, 2009, 2011a, 2011b; Zifonun/Hoffmann/Strecker 1997

A1 Prinzipien

Von Sprache geprägt ist die Kommunikative Welt, in der und über die wir uns verständigen können. Unser Wissen über Personen, Orte, Ereignisse, die für uns und Andere wichtig sind, geben wir in der Sprache weiter. In der Sprache sagen wir, was wir für wahr halten oder was andere tun sollen, drücken wir uns als Personen aus mit Gefühlen, Bewertungen, Wünschen und Hoffnungen. Ohne Sprache lässt sich nicht klären, was richtig und falsch ist, was man tun soll und was man wissen kann. Sprache ist das Fundament der Lernprozesse in den meisten Feldern. Ohne sie können wir Wissen nicht in unserem Kopf verankern, nicht verallgemeinern, keine Schlüsse ziehen. Sprache ist das Medium des Wissens, der Verständigung und des inneren Dialogs. Sie ist bestimmt durch menschliche Zwecke und eingebunden in menschliche Kultur und Praxis.

Wozu braucht Grammatik, wer eine Sprache schon kann? Was hat Grammatik überhaupt damit zu tun, wie wir reden und handeln? Kann man Grammatik lehren? Fragen dieser Art kennzeichnen die Krise des Grammatikunterrichts.

Manche glauben, Grammatik sei trocken, schwierig, uninteressant. Und lassen sich die Faszination der neueren Forschung, die auf eine Erklärung von Sprachfähigkeit und kommunikativem Handeln aus ist, entgehen. Sie haben nie versucht, selbst grammatischen Phänomenen auf die Spur zu kommen.

Wenn Grammatik das System des sprachlichen Handelns ist, wenn es Verständigungsprozesse sind, die unsere Gesellschaften bestimmen und fachliches Lernen in den Schulen sprachbestimmt ist, stellt sich die Frage nach der Legitimität von Grammatik im Unterricht nicht. In den siebziger Jahren des letzten Jahrhunderts bekam die Grammatik mit der Orthographie Legitimitätsprobleme in der Diskussion um sprachliche und normative Hürden im Bildungssystem. Systematisches Lernen im Deutschunterricht geriet in einen Scheinwiderspruch zu bestimmten pädagogischen Konzepten von Autonomie. Fehlende grammatische Ausbildung hat aber nicht die sichtbaren Auswirkungen eines mangelhaften Rechtschreibunterrichts. Und da orthographische Fertigkeiten weiterhin Bedingung für die meisten Berufe waren, konnte der Rechtschreibunterricht in reduzierter Form weiter existieren. Das Wissen über Grammatik aber wurde allenfalls in minimaler Form im Dienst der Orthographie (Großschreibung, Interpunktion) vermittelt. So scheint das Wissen über Grammatik gegenwärtig weiter auf dem Rückzug, in den Schulen, an den Universitäten und in der Gesellschaft. Studienanfänger wissen immer weniger. Deutschlehrer lieben offenbar die Literatur, aber nicht die Grammatik und blenden Sprache in der Oberstufe ganz aus, machen ein grammatisches Minimalprogramm bis etwa Klasse 7. Auch an den Universitäten hat Grammatik selten den Stellenwert im Germanistikstudium, den sie braucht. Studierende machen mancherorts die Erfahrung, dass sie Grammatik umgehen können. Das verschiebt das Problem auf die künftige Praxis, die wiederum durch Vermeidungsverhalten gekennzeichnet ist.

Die Grammatikdidaktik hat nur noch losen Anschluss an die grammatische Forschung. Sie hat Weniges übernommen, z.B. die strukturalistischen „Proben", die klassischen Wortarten und eine kleine Satzlehre (Satz, Satzglieder), aber ein theoretisches Fundament fehlt. Mit der Einsicht der seit den siebziger Jahren entwickelten Pragmatik, dass Sprache bis hinein in den Aufbau und die Formgestalt durch ihre kommunikativen Zwecke bestimmt ist, ist ein Neuansatz möglich. Sprache ist nicht einfach als Zeichensystem zu begreifen, sondern muss im Handeln, in menschlicher Kooperation zu bestimmten Zwecken, fundiert werden. Auch die linguistische Pragmatik wurde in der Didaktik nur oberflächlich aufgenommen, oft wurde der funktionale Aspekt von der Untersuchung sprachlicher Mittel und Formen in einer Weise getrennt, die auch ein „integrativer Unterricht" nicht mehr heilen konnte.

Die Grammatik ist funktionaler Erklärung zugänglich, letztlich sind die Bedürfnisse menschlicher Praxis fundamental für die Ausbildung des Formensystems. Man muss Sprache in ihren alltäglichen Funktionsweisen, in Gesprächen und Texten betrachten und zeigen, wie sich Menschen in ihren Formen verständigen können. Damit lässt sich ein Wissen über Sprache und Handeln gewinnen, das zu vermitteln sich lohnt. Wenn wir wissen, was wir tun, können wir es auch verbessern: genauer formulieren, den Hörer im Blick halten, die richtigen Worte wählen, das Verstehen optimieren. Grammatik ist fundiert in der mündlichen Kommunikation. Zur Grammatik gehört aber auch die Schrift, gehören die Neuen Medien.

Grammatik ist das Formensystem einer Sprache, das ausgebildet ist, um die Zwecke der Handelnden zu erfüllen. Wer Formen losgelöst von ihren Funktionen betrachtet, versteht nur die Hälfte. Für die funktionale Perspektive ist es wichtig, die Position von Hörer oder Leser einzunehmen: Wie ist eine gegebene Äußerung in einem Gesprächszusammenhang in einer bestimmten Gesprächskonstellation zu verstehen? Welchen Beitrag zum Verständnis leisten die einzelnen funktionalen Elemente, die Wörter, die Wortgruppen, feste Formen, Teilsätze ...? Wer diese Fragen beantworten kann, hat eine Äußerung grammatisch verstanden. Denn dazu müssen die Äußerungsteile in ihrem sprachsystematischen Zusammenhang begriffen werden. Wer eine Sprache nicht in den Grundlinien ihrer Bewegungsform sieht, versteht auch eine einzelne Äußerung nicht, kennt nicht ihre Bedeutung, sondern kann allenfalls eine Deutung versuchen oder raten.

> Eine Sprache verstehen heißt: sie in ihrem systematischen Aufbau, der Funktionen in Formen verstehbar macht und Verständigung erlaubt, zu begreifen. Die Zusammenhänge in der Grammatik der Sprache sind systematisch zu erarbeiten. Man braucht ein Bild vom Ganzen; Fragmente reichen nicht. Daher müssen Grammatiken gelesen werden. Nachschlagen kann systematische Lektüre nicht ersetzen.

Geht man von der Sprache aus, wie sie im praktischen Gebrauch vorkommt, kann man sich nicht allein auf selbst erfundene Beispiele stützen. Der Unterricht sollte immer mit wirklicher Sprache, echten Gesprächen und Texten arbeiten. Gespräche kann man aufzeichnen und in zentralen Passagen verschriften. Die Lehrwerke liefern leider fast nur Erfundenes, wo doch die Wirklichkeit spannend genug ist. Die Daten einer funktionalen Grammatik kommen aus authentischen Gesprächen wie aus schriftlichen Texten (Presse, aber auch anspruchsvollere literarische Beispiele[1]). Für Recherchen kann heute bequem das Netz genutzt werden, es stehen dort auch systematisch zusammengestellte Korpora zur Verfügung wie „Das Deutsche Referenzkorpus (DeReKo)" des Instituts für deutsche Sprache in Mannheim[2] oder das „DWDS"[3]. Es gibt u.a. das von Reinhold Glas und Konrad Ehlich zusammengestellte „Repertorium Deutscher Transkripte 1950 bis 1995"[4]. Nützlich ist es, wenn auch Tonaufnahmen zur Verfügung stehen, an denen beispielsweise die Intonationsverläufe herauszuarbeiten sind. Im Rahmen schulischer Projekte hat es sich bewährt, selbst Aufnahmen zu machen, zu verschriften und in den Sprachunterricht einzubeziehen. Eine sorgfältige Transkription erlaubt es, Gespräche und die zugehörigen Äußerungen wie unter einer Lupe zu betrachten und die Funktionalität sprachlicher Mittel zu untersuchen.

Mehrsprachigkeit in der Schulklasse bietet für den Grammatikunterricht große Vorteile. Man macht ganz andere Spracherfahrungen, wenn man eine Sprache durch die Brille einer anderen sieht, zumal wenn es eine vom Sprachtyp her völlig unterschiedliche ist wie Türkisch (→ Kapitel S2), das als Turksprache zur altaischen Sprachfamilie gehört. Aber auch in einer slavischen Sprache wie Russisch oder einer romanischen wie Italienisch zeigen sich erhebliche Unterschiede. Im Kontrast wird das Profil des Deutschen besonders klar. In dieser Grammatik werden wir an markanten Punkten kurz auf das Türkische, manchmal auch auf Russisch und Englisch eingehen, aber ohne einen Sprachvergleich wirklich auszuführen, für den tiefere Kenntnisse nötig sind. Das Sprachwissen ist durch die Erstsprache geprägt, eine andere Erstsprache macht aber Fehler in einer zweiten Sprache nicht vorhersagbar. Entscheidend ist, wie das Wissen um zweitsprachliche Strukturen in das Sprachwissen integriert wird. Nicht nur die Erstsprache ist wichtig, auch die Art des Zugangs und das Konzept von der Zweitsprache sind einzubeziehen. Was als Problemlösung ähnlich scheint, kann (zunächst) übernommen werden, z.B. allgemeine Formulierungsstrategien; was auffällig anders ist, wird markiert und eher zielsprachenorientiert realisiert. Oft werden Lautartikulationen früh sehr stark festgelegt und andere Realisierungen oder Ausdifferenzierungen nicht leicht erworben, gerade von älteren Lernern. Wer Fehler von Schülern erklären will, wird oft auf mehrere Möglichkeiten stoßen. In jedem Fall ist sprachliches Strukturwissen für die Sprachförderung von hohem Wert. Und es ist nützlich, grammatische Problemzonen zu kennen (→ S3).

Der Sinn grammatischer Arbeit liegt darin, dass wir besser verstehen können, gerade auch schwierigere Texte. Und dass wir reflektierter, präziser, sorgfältiger formulieren – dem Gemeinten eine sprachliche Form geben – können, um besser verstanden zu werden. Etwas so genau und so schön sagen zu können, dass es kaum besser geht, bereitet großes Vergnügen – das muss man erfahren und Anderen erfahrbar machen. Manche

---

1 Die Quellen sind im Serviceteil unter S5.3 verzeichnet.
2 [http://www.ids-mannheim.de/kl/projekte/korpora/, 29.3.2011]
3 [http://www.dwds.de/, 29.3.2011]
4 [http://www.ehlich-berlin.de/DTR/, 29.3.2011]

Form ist in der Grundschule nicht über den Kopf, sondern zunächst durch Reim, Rhythmus, Spiel und Spaß zu vermitteln. Die Freude von Kindern an sprachlichen Spielen zeigt, dass im kreativen Umgang mit Sprache schon ein menschliches Belohnsystem aktiviert wird. Sprache in halb verstandene Kategorienschubladen zu pressen, bringt dagegen wenig und wird totes Wissen. Plötzlich sieht man dann auch die Rolle der Sprache in anderen Fächern. Mathematikaufgaben *als Aufgaben* zu verstehen ist eine sprachliche Leistung – und was das für mehrsprachige Kinder bedeutet, erschließt sich erst gegenwärtig in der Forschung. Bereichsübergreifendes Lernen (andere Sprachen, Sachunterricht, Mathematik, Musik, Literatur) muss selbstverständlich werden, die Didaktiken anderer Fächer stellen sich zunehmend darauf ein.

Auch wenn das Ziel das Verstehen und Formulieren ist, müssen wir sagen, was sprachlich nicht geht. Wissen über die Formen einer Sprache und ihren funktionalen Einsatz ist erforderlich, wenn Schülertexte und mündliche Kommunikation – für die es seltsamerweise an Kriterien fehlt, obwohl sie notenrelevant ist – zu beurteilen sind. Viele tun sich in der Praxis schwer damit, weichen auf Ausdrucksfehler aus, wenn nicht klar ist, ob es sich um ein grammatische Problem handelt. Darf man schreiben:

(1) Das Haus von meinen Eltern ist in der Gartenstadt. Es war ein langweiliger Sonntag. Paula war zum Schwimmen. Weil das ist ihr Hobby. Ich hatte niemand zum Spielen. Mein Bruder war den ganzen Tag am Fernsehen. Meine Freundin war weg. Mein Vater sagte, wir fahren nach der Oma, die hat leckeren Kuchen gebacken. Da sind wir hin.

Das folgende Beispiel zeigt, welche grammatischen Aufgaben engagierte Schüler(innen) bewältigen können:

(2) (3. Klasse, Islamunterricht)

> Wir Kinder sind traurig das Japan in den roinengetriben werd die Leute die sterb mit den, hab Wir metleit. Wir machen auch einen Spendenlauf und wir hoffen das Wir ne menge geld auftreiben. Ich hoffe ihr habt auch verstendnes.

Wir finden in diesem Text komplexe Konstruktionen:

- einen Präpositional-Objektsatz: *traurig (darüber), das(s) ...* und Objektsatz: *wir hoffen, das(s)...; ich hoffe, ihr habt auch verstendnis* (→ Kap. C7)

- eine Thematisierung vor dem Vorfeld *(die Leute, die sterben, mit denen ...)* (→ C5.2), die Fortführung des Themas durch eine Präpositionalgruppe *(mit denen)* (→ C5.3)

- einen Relativsatz *(die sterben)* (→ C4.5)

- einen Ausbau zu einer Gruppe mit Erweiterungsnomen: *wir Kinder* bzw. einer Maß-Substanz-Konstruktion: *eine Menge Geld* (→ C3.8, C4.3)

Dieser Text eines Kindes mit Deutsch als Zweitsprache aus der dritten Klasse stellt eine große Leistung dar. Er lädt ein zur grammatischen Weiterarbeit (mündlicher – schriftlicher Sprachgebrauch, monotone Parallelstruktur etc.). Lehrer müssen Schülerleistungen im Bereich sprachlicher Fähigkeit zutreffend einschätzen. Und sie müssen ihre Beurteilungen gut begründen können, d.h. die grammatischen Regularitäten kennen.

Sprache ist uns so selbstverständlich, dass es schwer fällt, Abstand zu gewinnen. In Äußerungen müssen wir wieder entdecken, was wir im Alltag schon verstehen, aber nicht beschreiben und erklären können. Das Sprachwissen ist in den Köpfen, es muss herausgeholt, genutzt, mit realen Sprachdaten konfrontiert und ins Bewusstsein gehoben werden. So kann die sprachliche Entdeckungsreise beginnen, an deren Ende – und nicht eher – wir das Erfahrene und Erkannte formulieren und in Kategorien fassen können. Anfangs kann noch weitgehend ohne grammatische Termini gearbeitet werden. Dann ist Schritt für Schritt eine gemeinsame Sprache aufzubauen, in der wir Erklärungen ausdrücken und später Sprachen vergleichen können.

Das Lernen kann im Medium der Sprache, durch gelingendes Verständigungshandeln und als dessen Effekt erfolgen. Im gemeinsamen Handeln werden die Mittel *beiläufig* übertragen. Ein Lernen, das im Medium das Medium selbst mental und interaktional vermittelt, nenne ich *mediales Lernen*. Gelernt wird durch Teilnahme, gelehrt wird in der Modellierung eigenen Handelns. Die Erfahrung der neuen Möglichkeit in dem, was vom Partner modelliert wird, führt zum aneignenden Nachvollzug. Zugleich wird durch Überziehen der Möglichkeiten mit Zukunftsoption gelernt. Im Medium der Sprache versichert sich der Lernende der Gemeinsamkeit und lernt, das Medium so einzusetzen, wie es andere tun, zu den Zwecken, die damit in der Gemeinschaft verbunden sind. Dieses Lernen ist vom Typ her „empraktisch" (Bühler 1934). Es ist eingelagert in einen geteilten Handlungszusammenhang, wobei zunächst Dyaden (Bezugsperson-Kind; Kind-Kind, Erwachsener-Erwachsener) eine Voraussetzungs- und Erwartungsstruktur liefern, in der fehlende Kompetenzen (durch Handlungen, gestisch, mimisch) ausgeglichen werden können. Übergangsformen sind:

- *Imitieren* (oberflächlich Nachmachen ohne Zugang zu den Zwecken);

- *Simulieren* (Mittel-Zweck-Handlungsketten ohne entsprechende Konstellation, nicht ernsthaft realisieren);

- *Emulieren* (Übernahme von rekonstruierten Zielen mit anderen Handlungen);

- *Transferieren* (Übernahme und Realisierung eines kompletten Handlungsplans).

Mediales Lernen kann in Vorschule und Schule als Königsweg der Vermittlung von Zweitsprachen gelten. In den Anfangsklassen kann und muss an mediales Lernen angeschlossen werden, in dem eine oder mehrere Sprachen erworben wurden. Dominant sind Formen gemeinsamen Erzählens, Beschreibens, Nennens und Zeigens in Sprachspielen, die Basisfähigkeiten ansprechen und Grundkenntnisse der Vermittlungssprache Deutsch sichern sollen, aber auch den Einbezug anderer Sprachen gestatten. Versuche mit medialem Lernen in der Schule basieren zunächst auf festen Formen, die ein Erwerbsgerüst bilden können. Dazu können Lieder, Reime, Rätsel, Witze, Rateformen, Sprachspiele etc. dienen (z.B. können in Liedern spielerisch Wortformen in einem bestimmten Kasus eingesetzt werden). Daran müssen sich Eigentätigkeit und erstes Bewusstmachen und Nachdenken anschließen. Kinder bedürfen gezielt weiterer Förderung, damit Begrifflichkeit und Wortschatz aufgebaut und komplexere, literale Sprachformen erworben werden. Die Asymmetrie der Basiskonstellation ist Antrieb für die Beteiligten zum Ausbau der Verständigungsmöglichkeiten.

Klassische Lernform der Schule ist das *kognitive Lernen*. Kognitives Lernen ist ein Prozess, in dem Wissen über kommunikationsexterne Gegenstände konfrontativ vermittelt wird. Lernende sollen sich an Wissensorientierungen ankoppeln und sie übernehmen. Dies in aktiver Verarbeitung von Wirklichkeit, als begriffliche Bewegung. Der Weg geht hier von außen nach innen, wie man angelehnt an Wygotski (1934/1969) sagen könnte, nur darf das Wissen nicht als fertiges, in vorgegebener „Verpackung" transportiert werden – es muss auch durch mediales Lernen verankert werden. Sonst bleibt es (wie z.B. Wortartkenntnis als Benennungswissen) insulär und ist kaum zu nutzen. Kognitives Lernen hat zur Voraussetzung und als Begleitung erfolgreiches mediales Lernen. Es nutzt als Anschlussstellen das Begriffsnetz, den Wortschatz und die grammatische Kombinatorik. Sind sie hinreichend entfaltet, nur dann, kann kognitives Lernen gelingen und in die Handlungspraxis umgesetzt werden. Kompetente vermitteln, Schüler(innen) erarbeiten sich Erkenntnisse, die die Dinge in neuer, spezifischer, sozial geprägter Gestalt sehen lassen. Dazu muss die Erfahrung der Sinnhaftigkeit des neuen Wissens gemacht werden, um den Aufbau innerer Widerstände gering zu halten, mit dem in praxisentbundenen, kollektiven Lernprozessen stets zu rechnen ist. Gleichwohl schlagen die Paradoxien der Wissensvermittlung unter Simulationsbedingungen durch. Wenn genügend Spracherfahrungen gemacht sind, kann Sprache auch zum Gegenstand werden, der in Distanz erscheint. Solcher Abstand vom scheinbar Selbstverständlichen fällt mehrsprachigen Kindern manchmal leichter, die in ihren Sprachen in vergleichbarer Weise gefördert wurden. Eine weitere Sprache schon in der Grundschule kann neben dem Schriftzugang auch Kindern deutscher Erstsprache spezifische Erfahrungen vermitteln, die kognitives und später reflexives Lernen fördern.

Reflexives Lernen ist die vertiefte, auf den inneren Dialog einer Person angewiesene Erweiterung von Erkenntnissen über einen in seiner Oberflächenstruktur bekannten Gegenstand, die sich eigener Erkenntnistätigkeit und ihrer Bedingungen versichert. Diese Verarbeitung kann dann zu einer neuen Qualität führen, zum „Lernen des Lernens", wie es W.v. Humboldt (1903–1936: 261) nennt.

Solch ein Sprachlernen lässt sich auch auf unterschiedliche Stufen des Zugangs verteilen, von elementarer Sprachbewusstheit (es gibt Wörter, man kann sie abgrenzen, über sie sprechen, mit ihnen spielen, sie so oder anders aussprechen, sie in ihrer Schriftform betrachten) bis zum Nachdenken über Sprache (ich kann Wörter und Wortgruppen gezielt einsetzen, z.B. auch als poetische Mittel). Solches der Sache Nachdenken setzt die anderen Lernformen voraus. Es bezieht in den inneren Dialog, Wissen und Handeln anderer Diskursteilnehmer ein. Sprachbezogene Reflexion, die sich der Bedingtheit des eigenen Sprachgebrauchs gewiss wird, entwickelt sich erst später im Schulalter. Voraussetzung sind erste Problemerfahrungen mit dem eigenen oder fremden Sprachgebrauch sowie die Wahrnehmung von Schrift.

A2 Didaktische Pfade

Die funktionale Perspektive zeigt den Schülerinnen und Schülern, wozu wir Sprache haben und was wir damit tun und erreichen können. Wie wir uns verständigen und woran wir scheitern können. Welche Formulierung unser Handeln gelingen lässt und was in der Schrift im Gegensatz zum Gespräch erwartet wird. Wir richten den Blick nicht auf tote Formen, sondern auf die Sprachwirklichkeit. Das führt zu einer neuen Motivation für die Grammatik, die dazu dient, Sprache zu verstehen und zu erklären.

Für die Umsetzung der funktionalen Überlegungen in einen begründeten Grammatikunterricht schlage ich ein Konzept didaktischer Pfade vor. Es berücksichtigt, dass viele Erscheinungen das Verständnis anderer voraussetzen. Prinzip ist immer, von funktional eigenständigen Formen auszugehen und ihre Funktionsweise zu erklären. Erklärungen im Unterricht sollten weitgehend auf eigenen Entdeckungen, auf Experimenten, auf Spielen, auf Textarbeit und nicht zuletzt auf Gesprächsanalyse beruhen. Dann folgt das Ausgliedern der für den Aufbau der Einheit wichtigen Formen. Beispielsweise werden zunächst eigenständig verwendbare Nomen (*Peter*, *Köln*) und Nominalgruppen (*mein Freund*) in ihrer Funktion behandelt, dann werden aus der einfachen Nominalgruppe das Nomen und der bestimmte Artikel ausgekoppelt und genauer in ihren Funktionen untersucht, erst dann werden die Formen betrachtet; ihre Beherrschung kann durch Übungen, Sprachspiele etc. verbessert werden. Für einen Komplex wie das Reden über Gegenstände wird ein didaktischer Pfad angenommen, der ausgehend von den Zeigwörtern *(ich, du)* über die Eigennamen, mit denen man sich in einem Zug auf Personen *(Vanessa)* beziehen kann, zu den Nominalgruppen *(meine beste Freundin)* führt. Aus den kommunikativ funktionsfähigen Einheiten werden die einzelnen Bestandteile ausgegliedert, im Blick auf ihre Funktion und Form betrachtet, bis die Ebene der Wortarten und grundlegenden Prozeduren erreicht ist. Vom funktionalen Angang führt der Weg in die Bestimmung der Formen, in denen sich die Funktionen manifestieren (Abb. 1).

Ein didaktischer Pfad basiert auf der Logik sprachlicher Mittel wie auf einer sinnvollen Auswahl für die Lerngruppe. Er beschreibt eine didaktisch wie sachlogisch begründbare Abfolge grammatischer Gegenstände. Einbezogen ist, was wir über Sprachaneignung in der Erstsprache und Zweitsprache wissen.

Der Weg geht stets aus von kommunikativen Einheiten. Sie werden in eigenständige Handlungseinheiten zerlegt, etwa solche, mit denen man einen Gegenstand einführen oder fortführen kann, eine Szene aufbaut etc. Sie können in der Form einer Wortgruppe, eines (Teil-)Satzes oder auch als isolierte Partikel, die nicht zu einer Gruppe ausgebaut werden kann, erscheinen. Diese Einheiten und ihre Elemente, die Wörter, werden auf ihren kommunikativen Beitrag und ihre Form hin betrachtet. Wortgruppen und Sätze, auch einzelne Wörter haben spezifische Tonmuster, die systematisch zu untersuchen sind – was bislang oft vernachlässigt wurde. Auch die Abfolge (Wortstellung) und die Intonation sind wichtige sprachliche Mittel.

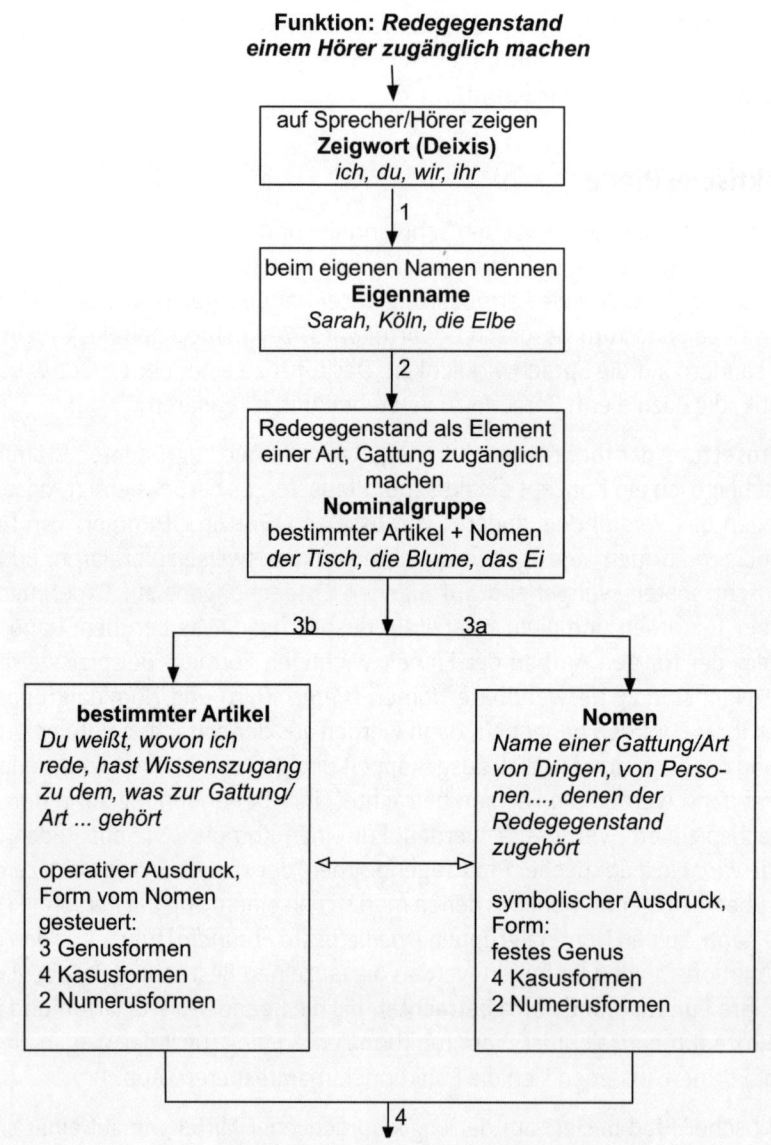

```
              Funktion: Redegegenstand
              einem Hörer zugänglich machen
                          │
              ┌───────────────────────────┐
              │   auf Sprecher/Hörer zeigen│
              │      Zeigwort (Deixis)    │
              │       ich, du, wir, ihr   │
              └───────────────────────────┘
                          │ 1
              ┌───────────────────────────┐
              │  beim eigenen Namen nennen │
              │         Eigenname         │
              │    Sarah, Köln, die Elbe  │
              └───────────────────────────┘
                          │ 2
              ┌───────────────────────────┐
              │  Redegegenstand als Element│
              │  einer Art, Gattung zugäng-│
              │         lich machen        │
              │        Nominalgruppe      │
              │  bestimmter Artikel + Nomen│
              │  der Tisch, die Blume, das Ei│
              └───────────────────────────┘
                 3b ↙              ↘ 3a
```

bestimmter Artikel	Nomen
Du weißt, wovon ich rede, hast Wissenszugang zu dem, was zur Gattung/Art ... gehört	Name einer Gattung/Art von Dingen, von Personen..., denen der Redegegenstand zugehört
operativer Ausdruck, Form vom Nomen gesteuert: 3 Genusformen 4 Kasusformen 2 Numerusformen	symbolischer Ausdruck, Form: festes Genus 4 Kasusformen 2 Numerusformen

↕ 4

Abb. 1: Didaktischer Pfad: *Einstieg in die Gegenstandskonstitution*

Allerdings können die didaktischen Pfade für den schulischen Unterricht (Hoffmann 2006a, 2009c) nicht gänzlich denen entsprechen, die in einer systematischen Grammatik zu beschreiben sind. Die vorliegende Grammatik weicht in einigen Punkten von der schulisch besten Abfolge ab, da sie sich nicht an Lernende, sondern an Lehrende wendet, die einen anderen Weg in die Systematik einschlagen können.

Man wird in der Schule mit den Grundformen der Gegenstandskonstitution (C1–4) auch einen Zugang zum finiten Verb und einfachen Verbkomplexen (D1) vermitteln, um ein erstes Verständnis von Sätzen zu ermöglichen. In diesem Buch wird der Stoff so aufbereitet, dass man die funktionale Logik nachvollziehen und aus den einzelnen Designs für den funktionalen Grammatikunterricht gewinnen kann. Die Planung muss dann die Voraussetzungen der Lerner (sprachliche Fähigkeiten, Reflexionsmöglichkeit je nach Alter, Mehrsprachigkeit etc.) und die Situierung in größere Unterrichtszusammenhänge (Orthographie, Formulieren, Textarbeit, Poetik, Nachbarfächer) berücksichtigen.

A3 Vermittlung und Terminologie im Grammatikunterricht

In der Schule hat der Grammatikunterricht lange ein Eigenleben geführt. Er hat sich nicht an Erklärungszusammenhänge angeschlossen, sondern ein Benennungswissen kultiviert, das sprachliche Erscheinungen isoliert hat. Es enthält Termini, die nicht zu Begriffen geworden sind, denen ein Begreifen nicht vorausgegangen ist.

Der Wortarten-Systematik liegen die klassischen Wortartbezeichnungen zugrunde, sie sind vom Griechischen auf das Lateinische, später auf das Deutsche oder Englische übertragen worden. Dabei sind Wortarten sprachspezifisch. Universell sind grundlegende Sprachfunktionen, die auch den Vergleich von Sprachen erlauben. Alle Sprachen haben Zeigwörter wie *ich* oder *hier*. Ihr System, ihre Verwendung und ihre Felddimensionen (Nähe, Ferne etc.) sind aber recht unterschiedlich.

Für eine terminologische Festlegung sorgte eine Regelung der Kultusminister, das 1982 erschienene „Verzeichnis grundlegender Fachausdrücke", das sich als „Kompromiss unterschiedlicher sprachwissenschaftlicher Standpunkte" kennzeichnete und keine Theorie favorisieren wollte. Der Liste liegt jedoch kein Erkenntnisprozess zugrunde. Die Termini bilden kein System, sie repräsentieren kein Wissensnetz. Sie dienen als bloße Etiketten für ein unterstelltes, faktisch nicht vorhandenes Vorverständnis.

Termini sind nur im Rahmen grammatischer Wissensvermittlung sinnvoll einzuführen. Eine bestimmte Erkenntnis zu Form und Funktion eines Phänomens führt dazu, dass der Wissensstand sich in einem Terminus abbildet. Was in einer bestimmten Form auftritt, kommunikativ in spezifischer Weise eingesetzt wird, womit man bestimmte Zwecke erreicht, das fällt unter eine Wissenskategorie und wird mit einem Terminus erfasst. Da Termini als Teil von Sprachanalyse zu begreifen sind, können sie nicht isoliert oder rein operativ im Unterricht entwickelt werden. Im Ausdruck signalisieren sie ihre wissenschaftliche Fundierung. Insofern gelten deutsche Varianten (Adjektiv: Eigenschaftswort; Anapher: Fortführer; Adverb: Spezifizierer; Konjunktor: Verbinder; Subjunktor: Unterordner; Nomen/Substantiv: Gegenstandswort; Verb: Aussagewort; Determinativ: Wissensmanager) als problematisch. Eine sprechende Hilfe kann leicht ein Eigenleben entfalten und die begriffliche Erfassung stören.

In der vorliegenden Grammatik wird die schulgrammatische Terminologie aufgenommen, aber in einigen Bereichen modifiziert (z.B. Aufnahme der *Deixis*) und ergänzt (z.B. Arten von „Partikeln"). Wenn Termini Teile des Erkenntnisprozesses sind, müssen sie das zu erarbeitende Wissen repräsentieren. Ein Beispiel: Unter *Konjunktion* alles zu fassen, was nebengeordnete Wörter, Wortgruppen und Sätze verbindet *(und, oder)* und zugleich die Ausdrücke, die allein die Funktion haben, Nebensätze einzubetten *(dass, als, weil)*, ist nicht sinnvoll. Daher teilen wir den Bereich auf in *Konjunktor* und *Subjunktor*. Die terminologischen Änderungen dieser Grammatik sind notwendig für ein besseres Verständnis des Deutschen.

A4 Aufbau der Grammatik

Der Aufbau dieser Grammatik ist durch eine Sachlogik – das Konzept Didaktischer Pfade – bestimmt. Er folgt nicht der in der Grammatikschreibung üblichen Systematik (Wort – Wortarten – Satz – Satztypen – Äußerungsmodus etc.), sondern einem funktionalen Blick auf die sprachlichen Mittel. In den Großkapiteln der Grammatik steigt jeweils der Schwierigkeitsgrad an, wobei zunächst der Elementarbereich, dann Vertiefungsbereiche dargestellt werden.

Einen Überblick zum Aufbau gibt Abb. 2; die Pfeile kennzeichnen verschiedene Lesewege. Die Grundbegriffe stellt Kapitel B bereit, dort gibt es auch einen vorgreifenden Überblick zu den Wortarten (→ B2.1). Da in der Grammatik alles mit allem zusammenhängt und nicht alles an einer Stelle zu sagen ist, muss man sich schrittweise auf diese Denkweise einlassen und damit rechnen, dass Manches in späteren Kapiteln noch deutlicher herausgearbeitet wird – ein Problem, das jede Grammatik hat. Kapitel C behandelt den sprachlichen Zugang zu Redegegenständen (Zeigwörter, Namen, Nominalgruppen). Im Kapitel D wird ausgeführt, wie Gedanken formuliert werden. Hier stehen Verb und Prädikation, Verbszene und Mitspieler im Zentrum. Kapitel E stellt den Ausbau von Gedanken mit Mitteln wie Adverb, Adverbialsatz, Präpositionen und Partikeln vor, während Kapitel F Formen der Koordination und Verknüpfung behandelt. Kapitel G geht auf Abfolge und Gewichtung ein und H beleuchtet einzelne Bereiche des sprachlichen Handelns und Großformen wie Erzählen, Beschreiben, Inhaltsangabe, Vertrag sowie den Äußerungsmodus. Im Serviceteil S werden die in der Didaktik beliebten Proben und Tests zusammenhängend und kritisch dargestellt, so dass ihre Möglichkeiten und Grenzen deutlich werden. Es folgt eine Skizze zum Türkischen und zu grammatischen Problemzonen für Lerner.

Kapitel A:
Funktionaler Zugang
Didaktische Pfade
Terminologie

Kapitel H:
Zweckbereiche des Handelns

Transfer von Wissen (Frage, Assertion, Erzählung, Bericht, Beschreibung, Erklärung, Inhaltsangabe)

Koordination von Handlungen (Aufforderung, Anleitung, Versprechen, Vertrag)

Ausdruck von Empfindungen (Ausruf, Exklamativ)

Äußerungsmodi

Kapitel B:
Grundbegriffe
(Handlung, Prozedur, Äußerung, Wort, Wortgruppe, Satz, Komplexer Satz, Satzfunktionen)

Kapitel C:
Redegegenstände

Zeigen
Nennen
Determinieren

Gegenstandsbereich einschränken

Themen einführen, fortführen, entwickeln

Gegenständen zusätzl. Informationen beigeben

Sachverhalte als Redegegenstände

Kapitel D:
Gedanken formulieren

Prädikation, Prädikat, Verb, Verbszene

Tempus und Zeit

Modi (Wirklichkeit, Wissen) (Indikativ, Konjunktiv)

Perspektive (Aktiv, Passiv)

Handlungs- und Wissensmodalitäten (Modalverben)

Subjektion, Prädikation, Verbszene (Valenz, Adverbialia)

Kapitel E:
Ausbau von Gedanken,

Spezifizieren
Adverbien
Adverbialsätze

Relationieren
Präpositionen und Präpositionalgruppen

Skalieren (Gradpartikeln)

Verneinen (Negationspartikeln)

Modalisieren (Modalpartikeln)

Wissensoperationen (Abtönungspartikeln)

Kapitel F:
Gedanken verknüpfen und erweitern

Konnexion:
Konnektivpartikeln

Koordination
Konjunktoren und Präpositionalgruppen

Kapitel G:
Abfolge und Gewichtung

Abfolge:
Nominalgruppe, Satz

Gewichtung

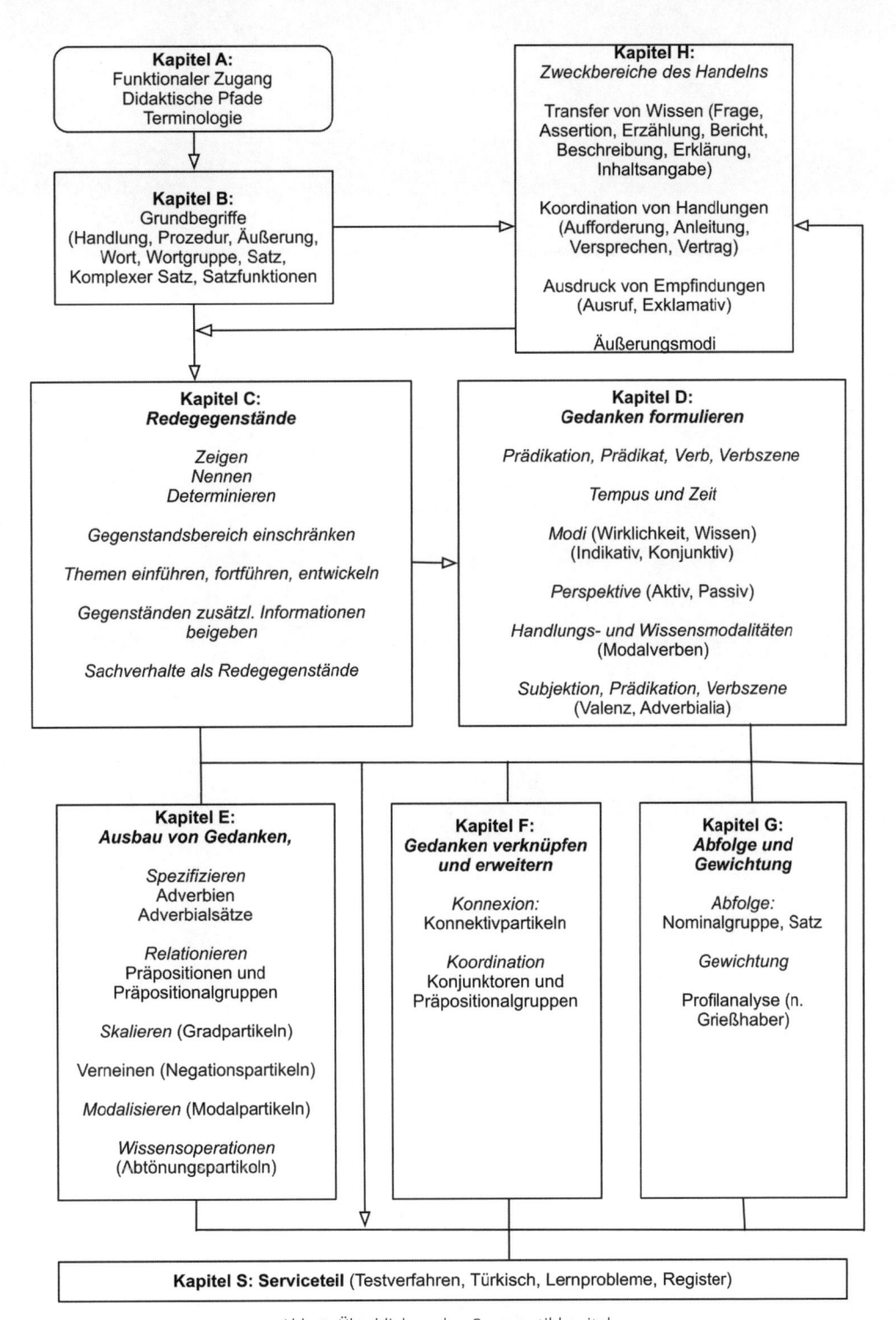

Profilanalyse (n. Grießhaber)

Kapitel S: Serviceteil (Testverfahren, Türkisch, Lernprobleme, Register)

Abb. 2: Überblick zu den Grammatikkapiteln

B Grundbegriffe der grammatischen Untersuchung: Funktionen und Formen

B1 Sprachliche Handlungen, Äußerung, Äußerungsmodus

Kategorien:

Handlungsmuster, Illokution, Prozedur, Wort, Wortgruppe, Äußerung, Satz, Hauptsatz, Nebensatz, komplexer Satz, Satzfunktionen

Didaktischer Kommentar:

In diesem Kapitel geht es um grundlegende Beschreibungskonzepte, die auch in den anderen Kapiteln benötigt werden. Es werden zunächst die Grundbegriffe der Untersuchung sprachlichen Handelns vorgeführt. Wir kommunizieren als Sprecher mit anwesenden Hörern in Gesprächen (Diskursen) und nutzen die verfügbaren Ressourcen (gemeinsame Aufmerksamkeit, geteiltes Wahrnehmungsfeld, Geschichte der laufenden Interaktion, Vorgeschichte etc.). Andererseits können wir Äußerungen aus der Sprechsituation entbinden und in Texten Zeiten und Räume überbrücken, so dass wir eine große kommunikative Reichweite erzielen können. Sprache ist auch in der Form abgestimmt auf Diskurse und Texte, das Medium ist an die Bedingungen der Übermittlung und Überlieferung angepasst. Wenn wir Sprache untersuchen, betrachten wir immer konkrete Vorkommen in Gesprächen und Texten. Wir zeigen, in welchen größeren Formen gehandelt wird, was Handlungsmuster sind und gehen auf die jeweiligen Äußerungsmodi ein. Schließlich behandeln wir die kleinsten Handlungseinheiten, die Prozeduren. In B2 werden die Formen, in denen wir sprachlich handeln, dargestellt: Äußerungen und Sätze, Wörter und Wortgruppen. Abschließend werden die Satzfunktionen („Satzglieder") dargestellt.

Literatur:

Bühler 1934; Austin 1972; Ehlich 2007; Hoffmann 1999a, 2003, 2009; Zifonun/Hoffmann/Strecker 1997

B1.1 Handlung, Äußerung und Äußerungsmodus

Sprache ist das Medium der Verständigung zwischen Menschen. Die Verständigung beruht auf der Funktionalität sprachlicher Formen, die in der Grammatik beschrieben werden. Nur insofern wir uns in diesen Formen bewegen können, können wir uns sprachlich verständigen.

Sprache beruht auf einer Verschränkung der biologischen mit der kulturellen Evolution. Dabei wurden ursprünglich anders spezialisierte Organe wie Zunge, Kehlkopf, Lippen in einer neuen Funktion im Sprechapparat genutzt, und vor dem Hintergrund der überproportionalen Vergrößerung des Neocortex (Großhirnrinde) entwickelten sich die enormen Planungs-, Verarbeitungs- und Speichermöglichkeiten des äußerst plastischen Gehirns.

Als Medium der Verständigung ist Sprache nur zu begreifen, wenn man sich fragt, was das Verstehen erlaubt. Ohne Teilhabe an menschlicher Praxis, an den Kommunikativen Welten von Gruppen und Gesellschaften ist das nicht möglich. Diese Teilhabe beruht auf konstanten Formen. Wenn Sprecher und Hörer sich auf die Grundlagen der Verständigung immer neu einigen müssten, könnte Sprache nicht so effizient sein, wie sie es ist. Als Sprecher oder Autor nutzen wir Formen, die sich gesellschaftlich bewährt haben und über die auch Andere verfügen. Oft müssen sie nur angedeutet werden, so dass Vieles implizit bleiben kann, weil wir nicht mechanisch entschlüsselnde Hörer haben (wie bei einem Code), sondern intelligente, mitdenkende Menschen. Diese geteilten Formen machen die Grammatik aus, die das Handeln mit Sprache fundiert. Grammatik und Kommunikation bilden eine unzertrennliche Einheit.

Der Hörer ist immer schon Teil der Sprecherplanung. Nicht nur seine Sprachkenntnis, sondern auch das gemeinsam Wahrzunehmende, das bereits Besprochene, das, was wir über unsere Welt wissen, ja sogar unsere gemeinsame Geschichte spielt herein. Wir wissen, welche Möglichkeiten eine Situation bietet, ob sie Anlass sein kann für eine Frage, einen Vorwurf, eine Ankündigung, eine Bitte, einen Dank. Wir können auch erwarten, wie es nach einer Sprechhandlung weitergeht, etwa dass wir uns auf einen Vorwurf hin entschuldigen oder rechtfertigen können, wenn wir nicht die fragliche Tat bestreiten. Denn unser Handeln ist in seinen großen Formen gesellschaftlich schon vororganisiert. Es gibt ein Repertoire an HANDLUNGSMUSTERN, die für bestimmte Konstellationen und Bedürfnisse ausgebildet und durch bestimmte Zwecke charakterisiert sind. Sie sind in der Regel komplex, schließen also Ketten von Handlungen ein (Lehrervortrag, Urteil vor Gericht, Witz) oder Sequenzen mit Sprecherwechsel (Frage – Antwort, Bitten – Gewähren). Darüber haben wir ein Handlungswissen, das wir früh erworben haben und u.a. dann bemühen, wenn wir enttäuscht werden (*du kannst nicht gut auf meine Frage mit einer Frage antworten; wer etwas behauptet, muss es begründen können*). Wir beklagen Fehlschläge (*das war nicht als Vorwurf gemeint*) und können deutlich machen, was wir gerade tun (*im Namen des Volkes verkünde ich folgendes Urteil ...*).

> Die kommunikative Rolle einer sprachlichen Handlung wird ILLOKUTION genannt. Mit Mustern und Illokutionen ist ein kommunikativer ZWECK fest verbunden, der gesellschaftlich, für bestimmte Konstellationen in Handlungszusammenhängen ausgebildet ist und die Bearbeitung von individuellen Zielen und Bedürfnissen der Handelnden erlaubt.

Bedürfnisse können auf standardisierten Handlungswegen erfüllt werden. Für das Wissensbedürfnis etwa ist das Fragemuster da, für die friedliche Kontaktherstellung das Grüßen, für den geordneten Abschluss einer Interaktion die Verabschiedung. Illokutionen sind keine bloßen Sprecherintentionen, sondern zweckbestimmte Kooperationen. Illokutionen sind Fragen, Bitten, Befehlen, Grüßen, Versprechen, Warnen u.a. Sie kommen nicht isoliert vor, sondern als erster, zweiter, dritter ... Zug in einem Handlungsmuster. Man kann die Illokution nicht einfach an der sprachlichen Form ablesen, es gibt nur Indizien. Das Wort *bitte* spricht für eine Bitte, ein Fragewort wie *wer* oder *was* für eine Frage, aber es gibt auch Sätze wie *das, was du sagst, ist klug,* in denen *was* einen Relativsatz einleitet und keine Frage anzeigt.

Illokutionen sind nicht an die Form eines Satzes gebunden. Eine Wortgruppe kann völlig ausreichend sein (*guten Abend; verehrte Damen und Herren; mit den besten Wünschen; nein; wahrscheinlich nicht; einmal Bottrop und zurück*). Dass Sätze nur eine der Formen sind, in denen wir kommunizieren, zeigt das folgende literarische Beispiel:

(1) Zwei Frauen in Schwarz kamen sprachlos vorbei. Männer in abgetragenen Mänteln. Schwere Aktentaschen. Ein Fahrrad, dann und wann. Wieder Frauen in Schwarz. Zwei, drei Baracken zur Rechten, die Gardinen flatterten aus den Fensterlöchern. Immer neue Staubwolken. Aufgerissene Häuserfronten. Ein herabgeschmettertes Dachgestühl, Kinder, die barfuß die Straße überquerten. Mann mit Rucksack. Eine Bretterbude mit Schildern. Fette flüssige Seife. Austernpaste, Eiweißpaste. Kunsthonig, Rübenkraut. Scheuersand, Lederfett. Ein kleiner Stand mit Heißgetränken. Der erste Tisch mit zwei Gartenstühlen. Frau mit Schürze. Ein Ofenrohr, aus dem der Rauch abzog. Interzonale Vermittlungen. Die Blitzanzeige in einem Tage. Wäschestücke an leise klirrenden Drähten. Kind, unbeweglich vor einem kleinen Feuer. Alte Männer mit Schaufeln, im Schutt stochernd. Kopftücher. Ein Besen. (Ortheil 2009: 38)

Die sprachlichen Handlungen operieren auf dem Wissen der Beteiligten. Beispielsweise werden Gegenstände entworfen und formuliert (*Turm, Karte, Einhorn*). So werden sie Bestandteil der Kommunikativen Welt einer Gruppe von Menschen. Zu einer solchen Welt gehört, was ihre Mitglieder teilen und als gemeinsames Wissen immer wieder nutzen können. Geteilt werden auch Normen und Erwartungen, Perspektiven auf die soziale und die reale Welt.

Den Gegenständen haftet eine Charakteristik aus vielen Erfahrungen der Sprachgemeinschaft an, die sich in ihren Aussagemöglichkeiten niedergeschlagen haben. Das Wissen über Eigenschaften, die Gegenstände haben, ist weitgehend ein allgemeines, das auf viele anwendbar ist: auf *alles, was ein Schrank ist, was fließt, wer Pakete austrägt* usw. Gegenstände sind die Konstanten in den Szenen, die wir entwerfen. In *Miri verkauft Andreas eine Eintrittskarte* wird ausgehend von einem zentral gestellten Redegegenstand, *Miri*, ein Szenario entworfen, in dem sie jemandem etwas verkauft. Dieser Entwurf wird als Szene formuliert, in der das Verb (*verkaufen*) um szenische Elemente (*Andreas, Eintrittskarte*) erweitert und das Ganze in der Zeit verankert wird (*verkauft*). Mit der konkreten Füllung und der Verzeitlichung, die an der Äußerungszeit ansetzt, wird die Szene konkret und kann kommunikativ vermittelt werden. Viele Äußerungen basieren auf einer solchen Szene, sie transportieren einen Sachverhalt, der als wahr oder falsch, fraglich oder gesichert, in bestimmter Hinsicht bewertet etc. gelten kann. Man spricht auch von PROPOSITIONEN oder GEDANKEN – den aus einer Äußerung herauszudestillierenden Sachverhaltsentwürfen. Aus

(2) Paula hat ja ein Glas Wasser geholt.

können wir die Proposition herausarbeiten, die zeitlich eingeordnet wird:

Entwurf: *Paula – ein Glas Wasser – holen* →
+ Zeit und Abschluss: *Paula – ein Glas Wasser –* **geholt hat.**

Für die Wissensverarbeitung können dem elementaren Sachverhalt weitere Elemente mitgegeben werden wie die Abtönungspartikel *ja*, die Gewissheit markiert. Es kann ein weiterer Ausbau durch Spezifizierungen und Erweiterungen realisiert werden:

Spezifizierung (Zweck): **Zur Erfrischung** hat Paula Wasser geholt.
Szenische Erweiterung: Zur Erfrischung hat Paula Wasser **und Wein** geholt.
Wissensverarbeitung: Zur Erfrischung hat Paula **ja** Wasser und Wein geholt.

Solche sprachlich übermittelten Wissensgehalte in ihrer Differenziertheit zu fassen und zu vermitteln, ist eine zentrale Aufgabe der Sprache. Sie ist ohne symbolische Ausdrücke wie *Wasser, Paula, holen, groß, gern* nicht möglich. Eine Sprache ist aber auch nicht denkbar ohne Schnittstellen zur Wirklichkeit. Dafür sorgen Zeigwörter (deiktische Ausdrücke) wie *ich, du, wir, ihr, hier, da, jetzt*. Einige werden sehr früh erworben, *da* steht am Anfang der Sprachentwicklung.

Jeder Gedanke hat einen Gegenstand oder Sachverhalt als gedankliche Basis (Subjektion), über den etwas gesagt wird (Prädikation, Satzaussage). Der Gegenstand kann eine Entsprechung in der Welt haben, muss es aber nicht (*Einhorn, Odysseus, Zeus, Harry Potter*). In der Prädikation können weitere Gegenstände enthalten sein, die mit dem Subjekt als Basis ins Verhältnis gesetzt werden. Sie können alle zu einer Szene gehören, die ausgehend von der Basis versprachlicht ist: [[*Peter*]$_{Subjekt}$ [hat Hanna begleitet]$_{Prädikation}$]. Eine Proposition lässt sich in einem *dass*-Satz formulieren: *dass Peter Hanna begleitet hat*.

Illokutionen sind an eine bestimmte HANDLUNGSKONSTELLATION (mentale und objektive Bedingungen: Personen, evtl. Rollenträger in Institutionen, und Handlungswissen, spezifischer Verlauf, passender Zeitpunkt, vgl. Rehbein 1977: 265) gebunden, die offen ist und Gelegenheit bietet, die fragliche Handlung zu realisieren und ihren Zweck zu erreichen.

Wir können uns den Handlungscharakter veranschaulichen, indem wir uns in eine Gerichtsverhandlung begeben, die ich aufgezeichnet und verschriftet habe. Das Beispiel (3) ist aus einer Befragung zur Person. Nur legitimierte Personen stellen vor Gericht Fragen, hier ist es der Vorsitzende Richter, und nur adressierte Personen (in der Rolle des Angeklagten, Zeugen, Sachverständigen etc.) antworten, nicht etwa jemand aus dem Publikum.

Nach jeder Frage ist der Angeklagte dran, er erhält den „Turn", ein begrenztes Rederecht, kann einen Gesprächsbeitrag machen, der im Rahmen des Musters als Antwort zu verstehen sein muss. Die Frage legt ihm eine abzuarbeitende Verpflichtung auf. Ist sie erfüllt, geht das Rederecht zurück an den Vorsitzenden, der es nutzen und weitergeben kann, z.B. an den Staatsanwalt, wenn der etwas fragen möchte. Das Fragemuster wird immer wieder durchlaufen, bis das Verfahrensprogramm abgearbeitet ist. Der Vernehmung zur Person kann und darf der Angeklagte sich nicht entziehen – es sein denn, Grenzen würden überschritten (jenseits der Feststellung der Identität liegen z.B. die finanziellen Verhältnisse).

(3) Strafverhandlung (F.16) (R: Richter; A: Angeklagter; die Flächen kennzeichnen die Zeitachse, kurze Pausen sind mit •, längere in Doppelklammern mit Sekundenangabe (s) notiert, Tonbewegungen mit Pfeilen, Abbrüche mit /, Transkriptionszeichen: → S4)

1 R4	Sie heißen mit Vornamen↑	Wohnen jetzt↑	Am
A19	Karl↓	Isental↓	

2 R4	Pohl-Weg↑	Pohl-Weg zehn↓ ((6.3 s)) Sind
A19	Am Pohl-Weg zehn→ jà	

3 R4	bitte wann und wo geboren↑
A19	Erster dritter sechsundvierzig in

4 R4	Jetzt neunundzwanzig Jahre alt↑ Von Beruf↑
A19	Göttingen↓ Jà

5 R4	Was machen Sie jetzt↑
A19	Einzelhandelskaufmann↓ Äh komm ich zu

6 R4	
A19	einer Kur→ im Anschluss/ am Ende an/ dieses Verfahren/ bei der

7 R4	((4.6s)) Ab wann↑
A19	Firma Wilke als Schaufenstergestalter↓ Ab

8 R4	((2.5s)) Mit welchem voraussichtlichen
A19	zwölften Juli↓

9 R4	Nettoverdienst↑
A19	Zirka elfhundert→ · aber noch nichts am Anfang↓

Im Beispiel wird gefragt, was größtenteils schon in der Akte steht. Das spiegelt sich in den ersten Fragen, die nicht auf echte Wissensergänzung zielen, sondern auf Bestätigung des Bekannten. Der Angeklagte erhält nur einen Slot, seinen Vornamen oder Wohnort zu nennen. Öfter geben Fragen in solchen Vernehmungen alles vor. Die Bestätigungsfrage nutzt die Form der Aussage ganz oder lässt eine Lücke (*Sie heißen Irmgard Braunmüller? Ja*), verbindet sie aber mit einem steigenden Tonmuster, so dass der Fragecharakter und der Sprecherwechsel – damit auch die Verpflichtung zur Antwort – erkennbar sind. In Fläche 5 realisiert der Richter eine echte Frage: *Was machen Sie jetzt* ist eine Ergänzungsfrage, die auf eine Prädikation zielt. Die Voraussetzung dieser Frage ist nur, dass der Adressat irgendetwas macht. Das soll er nennen. Auch die weiteren Fragen zielen auf Informationen, die nicht in der Akte sind. Die Antworten beheben die Wissenslücken.

> Jede sprachliche Handlung wird durch eine ÄUSSERUNG realisiert. Jede Äußerung – ob Satz, Wortgruppe oder Wort – hat genau eine Illokution. Sind einer sprachlichen Einheit zwei Illokutionen zuzuweisen, muss eine Äußerungsgrenze identifiziert werden. Die Äußerung enthält sprachliche Mittel, die auf die realisierte Illokution hinweisen und das Verstehen unterstützen. Wir sprechen vom ÄUSSERUNGSMODUS als einer Konfiguration sprachlicher Mittel, die das illokutive Potential so einschränkt, dass ein Hörer, der zugleich die handlungspraktische Konstellation, die Interaktionsgeschichte, den Handlungsrahmen etc. kennt, die Illokution erschließen kann.

Der Äußerungsmodus wird durch das Tonmuster und durch die Gewichtung, durch die Verbposition und Verbformen (Tempus, Verbmodus), durch lexikalische Mittel (z.B. Vorkommen/Fehlen bestimmter Partikeln), die Sprecher- und die Hörerorientierung bestimmt. Das Gesagte (Sachverhaltsentwurf etc.) spielt auch mit herein. Schriftlich werden Äußerung und Äußerungsmodus durch Interpunktion (Endzeichen) gekennzeichnet.

Tabelle 1 präsentiert knapp wichtige Arten sprachlicher Handlungen; eine genauere Darstellung der Äußerungsmodi erfolgt in Kapitel H.

Zweckbereich: Transfer von Wissen		
Sprechhandlung	Sprecher	Hörer
Frage	Der Sprecher kooperiert mit einem Hörer, um ein eigenes Wissensdefizit zu beheben. Das Defizit kann sich auf Geltung oder Wahrheit eines Sachverhalts beziehen (Entscheidungsfrage), auf die Wahl zwischen Sachverhaltsalternativen (Alternativfrage) oder auf ein spezifisches Sachverhaltselement oder eine Sachverhaltsdimension (Ergänzungsfrage)	Der Hörer befragt sein Gewusstes, um die Wissenslücke zu schließen.
Zweckbereich Assertion	Der Sprecher kooperiert mit einem Hörer, um durch den Ausdruck eines Gedankens oder Gedankenelements ein manifestes oder vermutetes Wissensdefizit auf Hörerseite zu beheben.	Der Hörer nimmt das übermittelte Wissen auf und verarbeitet es.
Zweckbereich: Koordination von Handlungen		
Aufforderung	Der Sprecher kooperiert mit einem Hörer, damit dieser einen von ihm gewollten Zustand durch eine geeignete Handlungsplanung und Realisierung herbeiführt und übermittelt dazu ein konkretes Handlungskonzept.	Der Hörer lotet Handlungsspielraum und Motivation aus und prüft eine Übernahme des Handlungskonzepts.
Zweckbereich: Ausdruck von Empfindungen		
Ausruf (Exklamativ)	Der Sprecher kooperiert mit einem Hörer, um eine spontane Empfindung von Ungewöhnlichkeit eines Sachverhalts oder einer Sachverhaltsdimension auszudrücken und mit dem Hörer zu teilen.	Der Hörer nimmt die übermittelte Empfindung auf und kann sich empathisch involvieren lassen.

Tab. 1: Elementare Sprechhandlungen

Abbildung 1 (unten) illustriert die Schichtung der Handlungsanalyse. Das gesellschaftlich ausgeprägte, durch die innewohnenden Zwecke bestimmte Handlungsmuster ist die Form, in der Personen miteinander handeln und sprachlich kooperieren. Es kann als Sequenz mit Sprecherwechsel (aktueller Sprecher wird zum Hörer, Hörer zum nächsten Sprecher) oder Verkettung der Handlungen eines Sprechers (z.B. Handlungsfolge in einem Vortrag oder einem literarischen Werk) organisiert werden. Das Handlungsmuster ist fundiert durch einzelne Sprechhandlungen wie die Frage, die ein Wissensdefizit bearbeitet, oder die Assertion als Antwort, mit der angefragtes Wissen übermittelt wird.

Auf der folgenden Ebene liegen sprachliche Akte wie der Entwurf und Ausdruck von Sachverhalten (*Paula sang*) (→ Kap. C, D), die Einführung oder die Fortführung thematischer Gegenstände (*ein Mann ... er*) (→ Kap. C5) oder die Gewichtung (*Paula war es, die sang*)(→ Kap. G3). Fundierend auch für Wörter ist die Ebene der Prozeduren, der kleinsten Handlungseinheiten, etwa der zeigenden Ausdrücke wie *hier, ich, jetzt*, der symbolischen (*Haus, schön, sing-*) etc. (→ B1.3).

```
┌─────────────────────────────────────────┐
│       Sprachliches Handlungsmuster      │
│            FRAGE – ANTWORT              │
│                    △                    │
│  ┌───────────────────────────────────┐  │
│  │       Sprachliche Handlungen      │  │
│  │         ERGÄNZUNGSFRAGE,          │  │
│  │          ASSERTION ...            │  │
│  │                △                  │  │
│  │  ┌─────────────────────────────┐  │  │
│  │  │      Sprachliche Akte       │  │  │
│  │  │   SACHVERHALTE ENTWERFEN,   │  │  │
│  │  │      THEMATISIEREN,         │  │  │
│  │  │    THEMEN FORTFÜHREN,       │  │  │
│  │  │        GEWICHTEN,           │  │  │
│  │  │      PRÄDIZIEREN...         │  │  │
│  │  │             △               │  │  │
│  │  │  ┌───────────────────────┐  │  │  │
│  │  │  │ Sprachliche Prozeduren│  │  │  │
│  │  │  │  SYMBOLISCHE PROZEDUR │  │  │  │
│  │  │  │ DEIKTISCHE (ZEIGENDE) │  │  │  │
│  │  │  │       PROZEDUR        │  │  │  │
│  │  │  │ OPERATIVE (INKL. SYN- │  │  │  │
│  │  │  │  TAKTISCHE) PROZEDUR  │  │  │  │
│  │  │  │ EXPEDITIVE (LENKENDE) │  │  │  │
│  │  │  │       PROZEDUR        │  │  │  │
│  │  │  │ EXPRESSIVE (MALENDE)  │  │  │  │
│  │  │  │       PROZEDUR        │  │  │  │
│  │  │  │          ...          │  │  │  │
│  │  │  └───────────────────────┘  │  │  │
│  │  └─────────────────────────────┘  │  │
│  └───────────────────────────────────┘  │
└─────────────────────────────────────────┘
```

Abb. 1: Schichten der Handlungsanalyse

B1.2 Text und Diskurs (Gespräch)

Gespräche zeigen grammatische Besonderheiten, Texte ebenfalls. Es ist also wichtig, Gespräche oder (wie Linguisten oft sagen:) „Diskurse" von „Texten" zu unterscheiden.

> **Diskurse (Gespräche) zeichnen sich durch folgende Merkmale aus:**
>
> (a) Diskurse sind in die Sprechsituation und ihre Handlungskonstellation eingebunden.
>
> (b) Die Handelnden sind gemeinsam anwesend und teilen das Wahrnehmungsfeld; sie nehmen auch wahr, worauf die Aufmerksamkeit der Anderen jeweils gerichtet ist.
>
> (c) Die Handelnden orientieren sich am Hier und Jetzt, am gerade Gesagten und zu Verarbeitenden, und beziehen Blick, Gestik, Raumposition, nichtsprachliche Aktivitäten wie Lachen, Seufzen etc. ein.
>
> (d) Sie koordinieren ihr Handeln im Gespräch und im Rahmen von Handlungsmustern: den Sprecherwechsel, die Handlungsabfolge und den Bezug der Handlungen auf einander, die Gewichtung und thematische Organisation der Äußerungen und die äußeren Anzeichen des Verstehens.
>
> (e) Die Verständigung erfolgt an Ort und Stelle, Probleme werden möglichst zeitnah zur Entstehung behandelt, Reparaturen sofort eingeleitet. Die Folgen des Handelns können unmittelbar berücksichtigt werden.
>
> (f) Fortlaufende Rückmeldungen durch Interjektionen wie *hm* oder nonverbale Mittel steuern den Fortgang des Gesprächs.
>
> (g) Das mündlich Gesagte ist flüchtig und nur extern zu speichern (Gedächtnis, elektronische Aufzeichnung).

Im Text ist die Sprechsituation „zerdehnt" (Ehlich). Von Texten sprechen wir, wenn Äußerungen so eingerichtet sind, dass sie nicht in eine Situation eingebunden bleiben, sondern Zeiten und Räume überwinden können. Das heißt: Der Text stellt auf Dauer, ist zu anderen Zeiten oder an deren Orten reproduzierbar, „lesbar". Die Textgestalt kann ortsfest immer wieder zugänglich sein (z.B. Denkmal mit Inschrift) oder in einem oder vielen Exemplaren weitergegeben werden (z.B. Buch, Zeitung). In seiner festen Gestalt garantiert der Text zuverlässige Bewahrung (z.B. von Vertragsinhalten, Überlieferungen, Mythen, Abstammungslisten, Gesetzen etc.) und damit auch rechtliche, religiöse oder wirtschaftliche Einklagbarkeit. Texte können im Gedächtnis bewahrt und mündlich weitergegeben werden, die Erfindung der Schrift aber war für die Textkonstitution ein Quantensprung. Eine aktuelle diskursive Verständigung ist auch schriftlich möglich, etwa wenn man - weil der mündliche Kanal nicht zur Verfügung steht - in Anwesenheit des Anderen Zettel austauscht.

> **Texte zeichnen sich durch diese Merkmale aus:**
>
> (a) Die Äußerungen sind in (möglichst) konstanter Formgestalt aufbewahrt.
>
> (b) Die Äußerungen sind aus der Sprechsituation entbunden und für eine Rezeption jenseits ihrer Entstehungszeit und ihres Entstehungsortes eingerichtet.
>
> (c) Sie nutzen eine Person als Boten, die den Text reproduzieren kann, oder einen nichtflüchtigen Träger (Gedächtnis, Papier, elektronische Speicherung, Stein, Leder, Ton etc.) mit geeigneter Repräsentation (Schriftzeichen, sprachliche Spuren).
>
> (d) Produktions- und Rezeptionssituation sind asynchron.
>
> (e) Die zeitversetzte Rezeption ist gewährleistet durch eine besonders explizite, das Verständnis sichernde Sprachform, mit der die Unzugänglichkeit des Autors und die Möglichkeit lokaler Klärung von Problemen im Gespräch kompensiert werden; die Speicherung im Gedächtnis kann durch poetische Form (Reim, Rhythmus, Alliteration) unterstützt sein.
>
> (f) Im Vergleich zum Gespräch liegt eine umfassendere Reflexion der Vertextung und eine ausgreifendere, die Rezeption antizipierende Planung der Äußerung zugrunde.

Den Differenzen zwischen Diskurs- und Textformen entsprechen unterschiedliche Planungsanforderungen, sie schlagen sich auch grammatisch nieder.

Da Grammatik sich traditionell auf die Schriftlichkeit bezieht, waren neue Ansätze erforderlich, um grammatische Phänomene der Mündlichkeit bzw. des Diskurses zu untersuchen. Ein Beispiel ist die Konstruktion *weil* mit Hauptsatzstellung:

(4) Strafverhandlung (F.13.7) (→ progrediente, schwebende Intonation; Unterstreichung markiert Akzent; Transkriptionszeichen: → S4)

Angeklagter Jà .. und dann bin ich irgendwann durchgedreht .. weil→ . die Tür war nich verriegelt→ dann hab ich die Tür aufgemacht und bin weggelaufen

Nach *weil* bleibt der Ton in der Schwebe und es folgt eine Pause, die aber nicht obligatorisch ist. Ein Nebensatz hat keine eigene Illokution. Durch den Übergang zur Hauptsatzstruktur wird die Begründung eigenständig. Außerdem kann im Vorfeld eines Hauptsatzes (vor dem flektierten Verb) eine weitere Gewichtung erfolgen *(Tür)*. Das geht in der Mündlichkeit, nicht aber im geschriebenen Text. Eine Untersuchung solcher Formen kann im Unterricht die Normunterschiede für Texte gegenüber Gesprächen verdeutlichen. Die Erfahrung, dass mündliche Kommunikation sich anderer Mittel bedient als geschriebene, war Ausgangspunkt für genauere Untersuchungen sprachlicher Mittel des Gesprächs (Intonation und Gewichtung, Wortfolge, Abtönungspartikeln (*eh, halt*), Interjektionen (*hm*), Ellipsen (*Skalpell!*)).

Ein Text muss jenseits der Entstehungssituation verstanden werden können. Daher verändert sich beispielsweise der Gebrauch der Zeigwörter (deiktische Ausdrücke), mit denen ein Sprecher ausgehend von seinem Standort auf Personen, Raum- oder Zeitbereiche zeigt.

(a) Die Sprecherdeixis *ich* wird zur Autordeixis; die Pluralform *wir* kann nicht nur auf eine Sprechergruppe, sondern (als Ausdruck der Bescheidenheit, aber auch der Macht) auf den Autor verweisen; außerdem kann auch auf die Figur des Erzählers verwiesen werden.

(b) Die Hörerdeixis *du/Sie* wird zur Leser-/Rezipientendeixis und ist zu verstehen als ‚Wer immer dies liest'.

(c) Als Verweisraum entfällt der Wahrnehmungsraum der Sprechsituation – es kann nur noch im Vorstellungsraum gezeigt werden, der dafür symbolisch erst aufzubauen ist.

Symbolische Ausdrücke wie Substantiv-, Adjektiv-, Verbstämme bündeln ein spezifisches Sprachwissen (Kategorisierung von Gegenständen und Ereignissen) und können im Äußerungszusammenhang mit anderen symbolische Ausdrücken situationsunabhängiger als Zeigwörter verwendet werden (vgl. *an der Decke des Klassenzimmers – da*).

(5) Dr. Kafka Hotel Riva
Dienstag 10 Uhr Ankommen wird der Brief bis 12 Uhr wohl (...) Dann also erst morgen, es ist vielleicht gut so, denn ich bin zwar in Wien, sitze in einem Kaffeehaus am Südbahnhof (was ist das für ein Cacao, für ein Gebäck, davon lebst Du?) aber ich bin noch nicht vollständig hier... Heute werde ich mir wahrscheinlich die Sehenswürdigkeiten ansehen.
(Kafka 1986: 95 (Briefe an Milena))

Im Briefbeispiel sind Autor (*Kafka*) und Schreibort (*Wien*) symbolisch verankert, das Autor-Ich kann mit einer identifizierbaren Person verbunden werden. Es wird ein lokaler Vorstellungsraum (*Wien*) aufgebaut, auf den mit *hier* als Nahbereich für das Ich gezeigt werden kann. In diesem Raum sind die Sehenswürdigkeiten zu lokalisieren. Symbolisch realisiert ist die Zeitangabe (*Dienstag 10 Uhr*). Das Adverb *heute* (es setzt als Bezugssystem das 24 Stunden-Intervall des Tages voraus) platziert eine geplante Handlung im mit *Dienstag* angegebenen Intervall. Das *Du* zeigt auf die Adressatin Milena, deren Name (Symbolausdruck) auf dem Umschlag steht. Das Zeigwort *jetzt* orientiert ursprünglich im aktuellen Sprechzeitraum; hier muss das Zeitintervall an der Textproduktionszeit festgemacht werden:

(6) Es ist nicht ganz leicht, **jetzt** nachdem ich diesen schrecklichen aber durchaus nicht bis in seine Tiefe schrecklichen Brief gelesen hab, für die Freude zu danken, die er mir bei der Ankunft gemacht hat. (Kafka 1986: 56)

Die Problematik von *jetzt* liegt darin, dass der Hörer die Entstehungszeit rekonstruieren oder das Gesagte in der erzählten Zeit verankern muss, um den Verweis nachvollziehen zu können. Anders ist es mit *hier*, das im Nahbereich des Entstehungsorts, aber auch zusätzlich auf der visuellen Fläche – in einem zugleich für den Rezipienten gegebenen Nahbereich – des Textraums zeigen kann, etwa auf einen Bezirk einer Webseite:

(7) Wenn Sie noch Empfehlungen oder Ergänzungen zu den **hier** gelisteten Readern haben, sagen Sie es uns. [http://www.rss-verzeichnis.de/rss-reader.php, 18.9.2008]

In komplexeren Texten finden sich häufig Ausdrücke, die ausgehend von der Autororientierung eine Leserbewegung im Textraum ermöglichen. Dabei wird der Text gleichsam als ein fortlaufendes Band bzw. die Fläche einer klassischen Schriftrolle vorgestellt. Es gibt auf dem Hintergrund eines räumlichen Parameters ein *oben* und ein *unten*, die Lektüre kann auch als zeitlicher Prozess gedacht werden (*jetzt, später*).

(8) Prof. Dr. Ursula Creutzig Anschrift siehe **oben**
[http://www.amlstudie.de/amlseiten/aml_kontakt.html, 19.9.08]

(9) Die bisher erarbeiteten Bestimmungen können im **folgenden** genutzt werden, um die Textart **erstmals** zusammenfassend zu charakterisieren. (Graefen 1997: 57)

(10) Dieser Abschnitt enthält Erklärungen eines symbolischen Sprachsystems S1, das **später** als eine Objektsprache für die erläuternde Anwendung der semantischen, in diesem Buch zu erörternden Methoden dienen wird. (R. Carnap, Bedeutung und Notwendigkeit, 2)

Strukturierung im Textraum	Verweise auf Dimensionen des Textraums: Beispiele	Verweise auf die Gliederung: Beispiele
Nahbereich: aktuell zugänglicher Text	*hier*	*in diesem Abschnitt, auf dieser Seite, im vorliegenden Kapitel, jetzt ...*
Fernbereich: Vorgängertext	*(weiter) oben*	*oben Kapitel/ Seite/Abschnitt/Zeile ..., im vorausgehenden Kapitel, eben, gerade, zuletzt ...*
Fernbereich: Folgetext	*(weiter) unten*	*unten Kapitel/Seite/Abschnitt/Zeile ... , unten Abschnitt xx, auf der folgenden Seite, im anschließenden Teil, gleich, bald, später ...*

Tab. 2: Symbolische und (para-)deiktische Orientierung im Textraum

Die Realisierung von Texten und Diskursen nutzt spezifische Diskurs- bzw. Textformen. Solche Formen sind Gespräch, Rede, Zeitung, Flugblatt, Buch, Briefwechsel. Ein Brief ist eine schriftliche Textform des kommunikativen Austauschs, die der Überwindung räumlicher Distanz dient und mit der auch eine zeitliche Verschiebung einhergeht. Aufeinander bezogene Briefe bilden einen Briefwechsel, eine Korrespondenz, die spezifisch adressiert ist (anders der Sonderfall des Offenen Briefes zu massenhafter Verbreitung). Meist sind die Beiträger einander bekannt. Ob diese Briefe allerdings Informationen, Rechnungen oder Geschäftsangebote (Geschäftsbrief) vermitteln, Emotionen preisgeben (Liebesbriefe) oder einen Roman (Briefroman) enthalten – kurz: ihr Handlungscharakter – bleibt offen. Textformen haben ein Handlungspotenzial, das im Fall des Briefes recht groß, im Fall eines Aushangs am Schwarzen Brett vergleichsweise klein sein kann. Das hat damit zu tun, dass sie je spezifische Konstellationen, Möglichkeiten der Adressierung, des kommunikativen Anschlusses, der Explizitheit und der Verbreitung enthalten.

Außerdem sind die Trägermedien unterschiedlich leistungsfähig. Eine E-Mail unterscheidet sich vom Brief dadurch, dass die Schriftzeichen elektronisch reproduziert werden müssen, also nicht fest auf einem Träger verankert sind. Beim Brief ist der Träger selbst mobil und wird transportiert. Eine Inschrift nutzt einen haltbaren, ortsfesten Träger (Stein, Holz etc.) zur Überlieferung schriftlicher Äußerungen, die meist in Relation zum Aufstellungsort stehen; primär sollen Inschriften zeitliche Distanz überbrücken. In der Textform Buch ist keine interaktive Verständigung zwischen bestimmten Personen angelegt, vielmehr ist der Adressatenkreis anonym und unbegrenzt, der Inhalt umfangreich und oft komplex organisiert.

Textformen können institutionell geprägt sein. Ein Beispiel für eine institutionelle Form ist das FORMULAR. Es kann einen institutionellen Prozess einleiten (Antrag Stellen) oder in einem institutionellen Ablauf eine Schleife bilden, in der Daten für institutionelle Zwecke (z.B. Festsetzung von Gebühren) eingeholt werden. Das Formular ist eine schriftliche Textform, die standardisierter und dokumentationsfähiger Datenerhebung dient und die Besonderheiten des Einzelfalls ausblendet. Indem der Ausfüller den Vorgaben folgt, sieht er von seinen individuellen Umständen ab und reiht sich ein in die Gruppe derjenigen, für die das Formular gemacht ist. Die Kanalisierung möglicher Informationen erfolgt unter dem Gesichtspunkt rechtlicher Relevanz wie prozessualer Ökonomie: Das Verfahren eröffnet keine Fall-Bearbeitung. Fälle stehen im Zentrum von Gericht oder Medizin. Sie arbeiten von Fall zu Fall, mit Einzelfällen medizinischer Versorgung oder rechtlicher Entscheidung und bauen ein fallspezifisch zu entwickelndes Wissen auf. Das Formular ist vom Verfahrensende her konzipiert und liefert genau diejenigen Daten, die zur Entscheidung der Institution nötig sind. Es ist in seiner an der Ergänzungsfrage (→ H1.1) orientierten Struktur auf Komplettierung durch den Klienten angewiesen, erst durch sie wird es zum Text. Die schriftliche Eingabe eines Klienten ist auf die Behebung eines behördlichen Wissensdefizits reduziert und vom Verständigungshandeln abgeschnitten. Der Klient muss sich die Anmutungen der Vorgabe zu eigen machen. Der entstandene Text wird dem Klienten voll zugerechnet. Er kann sich nur in allgemeinen Kategorien (Name, Alter, Geschlecht etc.) einbringen. Eine individuelle Fall-Bearbeitung wie in einem Gerichtsverfahren, in dem jeder Betroffene Anspruch auf „rechtliches Gehör" (Grundgesetzt Art. 103) hat, findet nicht statt.

Schriftlichkeit ist auch im elektronischen Zeitalter die textuelle Realisierungsform schlechthin. Die multimediale Kombination von Sprache, Bildern, Filmen im Internet nutzt die Textform Hypertext. Sie zeichnet sich durch eine nichtlineare Vororganisation für die Rezeption aus. Die Informationseinheiten von Hypertexten sind netzwerkartig strukturiert, durch Links verknüpft und können nach Wahl der Rezipienten auf verschiedenen Wegen durchlaufen werden. Damit kann ein Text für unterschiedliche Rezeptionstiefen, für die Trennung von Haupt- und Subtexten (Kommentare, Wörterbücher, Quellen etc.), für die Vernetzung schriftlicher mit bildlicher oder auditiver Information aufbereitet und viel flexibler genutzt werden als ein Buch. Andererseits erfordert die Verwendung Computer, spezielle Software und tiefe Einarbeitung. Sie birgt auch Risiken (Identitätsdiebstahl, Datenmissbrauch, gefälschte Seiten etc.) und Erschwernisse (wie die Unübersichtlichkeit und Ausschnitthaftigkeit der sichtbaren Bildschirmfläche, die Notwendigkeit, den Schirm zur Lektürefortsetzung zu bewegen (zu scrollen), die Problematik der Darstellung komplexer Informationsmengen bei vom Medium gebotener Kürze und Prägnanz). Die Komplexität macht eine sorgfältige Planung des Autors nötig, die Rezeptionsweisen und Wege antizipiert und die Rezipienten durch eine Navigation so leitet, dass ihnen Aufbau und Möglichkeiten des Angebots durchsichtig werden. Die Auslegung für unterschiedliche Interessen (Lesen, Suchen, selektive Kenntnisnahme etc.) ist nicht einfach und bleibt ein Kompromiss. Viele dieser Merkmale gelten auch schon für gedruckte Zeitungen, etwa die Aufteilung in kleine Informationseinheiten, aus denen gewählt werden kann, der Beginn mit dem Wichtigen, die Einbindung von Fotos und Infografiken. Es gibt Hypertexte, die für Anschlusskommunikation geöffnet und damit dynamisch sind. Leser können Kommentare, Weiterführungen etc. zum Text oder zu anderen Reaktionen an vorgesehenen Stellen anfügen, so dass ein komplexer, zu unterschiedlichen Zeitpunkten entstandener, entwicklungsoffener Hypertext mit mehreren Autoren und eventuell entsprechend differenzierter Information bereit steht (eine wichtige Form ist als „Wiki" bekannt, wie in „Wikipedia"). Ein derart offener Hypertext lässt sich wie ein Formular als abgeleitete Textform beschreiben.

Die Möglichkeiten der Schrift werden im Netz auch für aktuelle Verständigung genutzt, so in der Chat-Kommunikation. Sie bietet maximale Nähe zum Diskurs und seinem Verständigungspotenzial, nur fehlt die volle Kopräsenz der Teilnehmer und damit die Möglichkeit, den Anderen bei der Äußerungsproduktion und -rezeption, Korrektur und Abbruch zu beobachten. Die Konstellation des Austauschs kann nur schriftlich gegeben werden, wobei die Nicht-Sichtbarkeit der Produktion Anonymisierung, Rollenspiel mit Spitznamen, Reduzierung der Verantwortlichkeit fördert. Es gibt aber auch Chats mit bekannten Teilnehmern. Die analoge Darstellung auf dem Schirm der Anderen erfolgt programmgesteuert, kanalspezifisch und ist – im unmoderierten Chat – geordnet nach der Abfolge der Ankunft. Im verbreiteten Mehrpersonen-Chat entsteht als Dialogprodukt ein fortlaufender, über längere Zeit fortentwickelter Text, in dem es zu Überlappungen, Unterbrechungen wie in einem Gespräch nicht kommen kann, in dem aber thematische und handlungspraktische Bezüge immer wieder neu in der Rezeption herzustellen sind. Verkettungen wie in Darstellungsformen (Erzählen, Beschreiben, Berichten) fehlen weitgehend. Die Technik erlaubt, jederzeit und zeitlich parallel, beim Schreibprozess unbeobachtet Beiträge zu produzieren. Mängel in Timing und Kohärenz führen dazu, dass ein Beitrag ignoriert wird.

Die Chat-Kommunikation nutzt Schriftlichkeit in spezifischer Weise, sie erlaubt einen raumübergreifenden Transfer durch technische Mittel, arbeitet im Symbol- und Vorstellungsbereich (Raummetaphorik: Bewegen in virtuellen Kommunikationsräumen jenseits der Realwelt etc.), nutzt besondere Zeichenkonfigurationen wie Smileys, die den Verlust an expressiver, mündlich durch intonatorische Nuancierung gegebener Qualität ausgleichen. Ihr Tempo zieht den Gebrauch von Akronymen (LOL), einfacher Syntax und mangelnde Qualitätskontrolle (Orthographie, Grammatik) nach sich. Der Zweckzusammenhang ist ein diskursiver: Der Chat zielt auf aktuelle, wechselseitige Verständigung im zeitlichen Nahbereich. Was jeweils auf den Schirmen mit den Mitteln der Textualität entsteht, erhält in der Rezeption diskursive Qualität. Insofern ist Chat eine Form, die funktional in das Diskursfeld übertragen ist, eine PARADISKURSIVE FORM (Hoffmann 2004, zu *para*-Verwendungen von Prozeduren Ehlich 2007/1: 87ff.). Der Chat zielt auf aktuelle Verständigung, nutzt aber Überlieferungsqualitäten der Schrift (Näheres in Beißwenger 2007).

Konstellation	Gespräch	Telefon	Chat	E-Mail	Brief-wechsel	Zeitung	Buch	Hypertext	Formular
Hörer/Leser bekannt	√	√	--/(√)	√/(--)	√	--	--	--	--
mündlich	√	√	--	--	--	--	--	--	--
gemeinsame Anwesenheit an einem Ort	√	--	--	--	--	--	--	--	--
zeitgleiche Wahrnehmung der Äußerung des Anderen	√	√	--	--	--	--	--	--	--
wechselseitiger Austausch	√	√	√	√	√	--	--	--	--
Verständigung in sequentiellem, zeitnahen Austausch	√	√	√	--	--	--	--	--	--
versetzte Verständigung	--	--	--	√	√	--	--	--	--
generalisierte Verständigung (massenhafte Verbreitung/Reproduktion, Anlage auf Mehrfachrezeption)	--	--	--	--	--	√	√	√	√
Vorstellung ersetzt gemeinsame Raumwahrnehmung	--	√	√	√	√	√	√	√	√
visueller Wahrnehmungsraum (Bildschirm, Textfläche), in dem man zeigen kann	--	--	√	√	√	√	√	√	√
Schriftzeichen werden zeitnah reproduziert	--	--	√	√	--	--	--	√	--
Äußerung ist nicht linear organisiert	--	--	--	--	--	--	--	√	--
Rahmenvorgabe für das Handeln, zeitversetzt zu komplettieren	--	--	--	--	--	--	--	--	√
Kategorisierung	Diskursform	abgeleitete Diskursform	paradiskursive Form	Textform	Textform	Textform	Textform	abgeleitete Textform	abgeleitete Textform

Tab. 3: Merkmale ausgewählter Diskurs- und Textformen

B1.3 Prozeduren

Sprachliche Handlungen sind unterschiedlich komplex. Die kleinsten Funktionseinheiten zweckhaften Handelns umfassen die grundlegenden sprachlichen Mittel des Äußerungsaufbaus, noch unterhalb der Ebene der Wörter, die selbst schon aus kleineren Einheiten zusammengesetzt sind (*Haus-tür, Lehrer-s, sing-st, schön-st-e*). Das sind die PROZEDUREN: Zeigen, Nennen, Lenken, Operieren (die Sprachverarbeitung unterstützen), mit Sprache Malen. Organisiert sind sie in Feldern (vgl. Ehlich 2007/2).

- Mit der DEIKTISCHEN PROZEDUR orientiert der Sprecher den Hörer, indem er in einem „Verweisraum" (Ehlich) zeigt. Das kann er mit Ausdrücken wie *ich, da, der, so* ... Sie werden als DEIXIS, Plural: DEIXEIS, bezeichnet und bilden das Zeigfeld der Sprache. Der Hörer muss sich mit dem Sprecher synchronisieren, um den aktuellen Gebrauch nachvollziehen zu können. Die Deixis vermag unmittelbar als Schnittstelle zur wahrgenommenen Wirklichkeit oder zur Vorstellung zu fungieren. Das Zeigfeld hat im Deutschen die beiden Dimensionen Nähe versus Ferne (*hier – da/dort; ich – du*), im Türkischen die drei Dimensionen Nah beim Sprecher, Nah bei Sprecher und Hörer und Fern von Sprecher und Hörer, in anderen Sprachen werden weitere (bis zu sieben) unterschieden. Das Zeigen beansprucht „Verweisräume" (Ehlich): die Sprechsituation bzw. das Wahrnehmungsfeld, den Vorstellungsraum (imaginativ), den Rederaum oder den Textraum.

Verweis Dimension	Person	Objekt	Ort	Zeit	Aspekt, Art
Nah beim Sprecher	ich, wir	dies	hier	jetzt	so
Fern vom Sprecher	du/Sie, ihr	das, der, jenes	da, dort	dann, einst	--
Kategorie	Personaldeixis (→ C1)	Objektdeixis (→ C5.3.2)	Temporale Deixis (→ E1.1.1)	Lokale Deixis (→ E1.1.1)	Aspektdeixis (→ E1.1.1)

Tab. 4: Deiktisches System im Deutschen

- Die SYMBOLISCHE, charakterisierende PROZEDUR stellt für den Hörer eine über das Sprachwissen vermittelte Verbindung zur Wirklichkeit her. Das Symbolfeld vereint Ausdrücke, die vielfach in sprachinternen Netzen organisiert sind; die Bedeutung ergibt sich stets im Zusammenhang der Ausdrücke einer Äußerung. Die Wortnetze oder Wortfelder werden in der Verwendung aktualisiert. Was jemand *Rose* nennt, ist keine *Tulpe, Narzisse* etc., es gehört aber wie die *Tulpe, Narzisse* zu den *Blumen* und den *Pflanzen*. Fast alle Substantiv- (Nomen-), Verb-, Adjektivstämme und einige Adverbstämme wie *Kind-, schnell-, sing-, gern, bisweilen* gehören hierher.

Symbolfeld der Sprache		
X auf einer bestimmten Dimension charakterisieren als	Art eines Ereignisses oder eines Moments von Ereignissen;	**Verbstamm:** *regn-, erkalt-, aussterb-, entsteh-, ...*
	Art einer Handlung oder eines Moments von Handlungen (Handlungsgeschichte);	*geh-, sing-, sag-, spiel-, les-, könn-, mach-, woll-, soll-, sein,*
	Zustand oder Übergang	*sein, werd-, ...*
	Art, Gattung, Kategorie von Gegenständen (Dinge und Artefakte, Personen, Lebewesen, Abstrakta etc.);	**Substantivstamm:** *Baum-, Tisch-, Frau-, Kind-, Eichhörnchen-, Liebe-, ...*
	Eigenname von Personen, Lebewesen, Dingen, geographischen Größen (Orte, Viertel, Straßen, Berge, Gewässer etc.), Handlungskomplexen;	*Paula, Orhan, Özil, Olga, Kölner Dom, Rom, Theatinerstraße, Zugspitze, Ostsee, Desert Storm; ...*
	Stoff oder Substanz	*Gold, Milch, Wasser, Stahl ...*
	Eigenschaft von Gegenständen	**Adjektivstamm:** *schnell-, rot-, drei-, tätig-, mutmaßlich- ...*
	Spezifikation von Handlungen, Ereignissen, Dingen	**Adverbstamm:** *allenthalben, anders, anfangs, durchweg, selten, gern ...*

Tab. 5: Symbolfeld als Fundament bestimmter Wortarten

- Die EXPEDITIVE, unmittelbar mental beim Hörer eingreifende PROZEDUR konstituiert Formen des Lenkfelds, dazu gehören Interjektionen wie *hm̀, hm̌*; *nǎ* oder *nā*, für die der Tonverlauf entscheidend ist, die Imperativendung (*bericht-e*); diese Formen drücken keinen Gedanken aus.

- Mit der OPERATIVEN PROZEDUR wird der Hörer bei der Verarbeitung des verbalisierten Wissens im Aufbau der Äußerungsbedeutung unterstützt. Zum Operationsfeld (Verarbeitungsfeld) werden z.B. Artikel (*der, ein*), Konjunktor (*oder, und*), Subjunktor (*weil, obwohl*), Anapher (*er, sie, es*), Relativum (*der, welcher*) und manche Flexionsendungen (z.B. Plural, Konjunktiv) etc. gerechnet. Mittel des Operationsfelds sind zumeist aus Mitteln des Symbolfelds oder des Zeigfelds hervorgegangen.

- Die EXPRESSIVE, malende, dem Hörer nuancierte Bewertungen bzw. Einstufungen durch lautliche Modulation, Gestik etc. übermittelnde PROZEDUR ist die Basis des Malfelds – hierzu sind bestimmte Lautgesten und intonatorische Modulationen zu rechnen.

Felder und Prozeduren finden sich sprachenübergreifend, sind allerdings sprachspezifisch unterschiedlich ausgeprägt (z.B. in den Dimensionen des Zeigfelds) und im Wissen verankert. Die Feldzugehörigkeit kann unmittelbar für eine Klassifizierung sprachlicher Mittel und zum Sprachvergleich genutzt werden. Sie liegt vor einer Wortartzuordnung. Es kann sein, dass ein Feldelement oder -bereich in einer Sprache nicht als Wortart ausgeprägt ist.

Feld	Prozedur	Sprachliche Mittel
Zeigfeld (deiktisches Feld)	zeigend, deiktisch	*ich, du, wir; hier, da, dort; jetzt, dann; dies, ...*
Nennfeld (Symbolfeld)	nennend, charakterisierend	*Frau, Paul, schnell, gern, sag-, ...*
Verarbeitungsfeld (Operationsfeld)	operativ, die Hörer-Verarbeitung stützend	*ein, der; er, sie; weil, als, dass; und, denn; als, wie;* Plural: *-e(n), -er, -s,* Umlaut, ...
Lenkfeld (expeditives Feld)	lenkend	*(behandl)-e!; âh, ôh, ...*
Malfeld (expressives Feld)	malend	[Tonmodulationen wie im Ausrufesatz:] *Hat die Mut!* Diminutive: *(Schätz)-chen,* ...

Tab. 6: Felder, Prozeduren und sprachliche Mittel

Fügt man einer Prozedurkennzeichnung *para-* hinzu wie in *para-operativ*, so bringt man zum Ausdruck, dass das sprachliche Mittel ursprünglich in einem anderen Feld angesiedelt war (n. Ehlich 2007/1: 87ff.). Der Ausdruck *gerade* z.B. ist ursprünglich ein symbolisches Adjektiv, kann aber auch paraoperativ als Gradpartikel (*Gerade du musst das sagen!*) oder paradeiktisch als Adverb (*Ich bin gerade fertig*) eingesetzt werden.

Zu den operativen Prozeduren gehören auch die elementaren syntaktischen Verfahren, mit denen der funktionale Aufbau von Äußerungen geleistet wird. Allerdings gehören sie einer höheren Stufe an, denn sie sind komplex: Sie verbinden die lineare Abfolge mit dem Aufbau kommunikativer Einheiten, die einen bestimmten Zweck realisieren, und haben auch in Formkategorien wie Kongruenz im Genus und Numerus ein Korrelat (→ Kap. C). Wir unterscheiden vier grundlegende Typen:

(A) INTEGRATION: Zwei Einheiten werden kombiniert, bei denen die Funktion eines Mittels A die Funktion eines anderen Mittels B unterstützt, ausbaut oder ausdifferenziert; B ist der Kopf, das Zentrum der Konstruktion. Die Integration ist die Grundlage der Bildung von Wortgruppen.

(11) Vettel sucht turboschnelle Motoren.

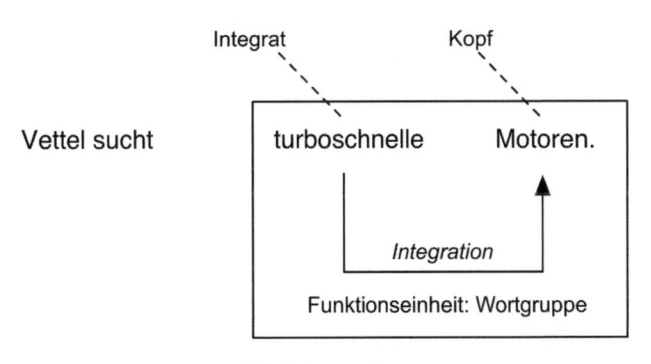

Abb. 2: Integration

Vettel sucht nicht beliebige Motoren, Bedingung ist, dass sie turboschnell sind. Die gesuchten Gegenstände müssen also Motoren sein und zugleich turboschnell. Sprachlich wird die Suche mit dem Adjektiv *turboschnell* präziser gemacht. Diese integrative Prozedur wird RESTRIKTION genannt. Zu den integrativen Prozeduren gehören weitere Unterarten wie die Determination, die z.B. mit dem bestimmten Artikel realisiert wird (*die Kanzlerin*) oder die Spezifikation mit einem Adverb (***gern** tanzen*). Tabelle 7 gibt eine Übersicht; die Prozeduren werden in den folgenden Kapiteln verdeutlicht.

Integration: Verbindung von Mitteln zu einer Funktionseinheit, in der die Funktion des einen auf die Funktion des anderen Mittels hingeordnet ist.	*Explikation*: kombinatorische Entfaltung einer Funktionseinheit durch Mitspieler: ***die Katze** füttern*, ***nach Passau** fahren*.
	Spezifikation: Eine Handlung bzw. ein Ereignis wird zeitlich, räumlich, nach Art und Weise, Dauer, Frequenz, Zweck, Instrument spezifiziert: ***gern** schlafen*.
	Restriktion: Das mögliche Gemeinte (Gegenstand/Sachverhalt) wird für den Adressaten eingeschränkt: *Wir suchen einen, **der alles kann**.*
	Determination: Etwas wird in seiner Zugänglichkeit im Adressatenwissen (Wissensstatus) markiert: ***die** Kanzlerin*.
	Konfiguration: Bildung einer mit dem Kopf (z.B. Präposition, Konjunktor) angelegten Funktionseinheit: *in **dem Haus**, Sarah und **ihre Freunde**.*
	Negation: Umkehrung der Zukommensrelation zwischen Subjektion und Prädikation: *Sie schläft **nicht**.*
	Modalisierung: Zuweisung eines Geltungsgrads an einen Gedanken: ***Wahrscheinlich** wird der USC gewinnen.*
	Kollation: Integration eines Ausdrucks gleicher Funktionalität, der einen eigenständigen Zugang bereit stellt: *Päckchen **Kaffee**.*
	Konnexion: verknüpfender (gliedernder/ strukturierender) Anschluss einer Einheit an eine andere: ***Immerhin** schneit es*.
	Gradierung: Gesagtes wird skalar gewichtet: ***Sogar** Paula schafft das*.

Tab. 7: Unterarten der integrativen Prozedur

(B) SYNTHESE: Aus zwei funktional unterschiedlichen und eigenständigen Funktionseinheiten wird eine Funktionseinheit höherer Stufe gebildet – die Synthese bildet die gedankliche Basis eines Satzes.

(12) Paula singt.

Paula leistet die Bestimmung einer Person als Redegegenstand, über den etwas gesagt wird. Gesagt wird über Paula, dass sie gegenwärtig zu denen gehört, die singen. Das Verb bezeichnet ein allgemeines Charakteristikum, nämlich einen Handlungstyp, dessen Subjekt Menschen, Vögel, Wale, Zikaden etc. sein können. Verben machen nicht Gegenstände zugänglich, sondern Charakteristika, unter die Gegenstände fallen, Ereignisse, an denen sie beteiligt sind, oder Handlungen, die sie ausführen. Mit der Synthese solcher funktionsverschiedener Einheiten ergibt sich ein elementarer Gedanke, aus dem ein Satz formuliert werden kann.

```
┌─────────────────────────────┐
│ Paula              singt.   │
│    └───────┬───────┘        │
│         Synthese            │
│ Funktionseinheit: Satz      │
└─────────────────────────────┘
```

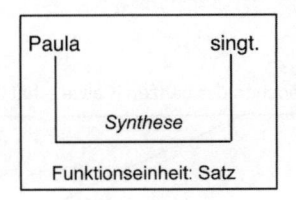

Abb. 3: Synthese

(C) KOORDINATION: Das Verfahren der Koordination verbindet zwei oder mehr Funktionseinheiten, deren Funktionspotenzial sich überschneidet, unter einem gemeinsamen funktionalen Dach.

So kann eine funktionale Position in einer Äußerung durch mehr als ein Element besetzt werden – Bedingung ist nur, dass beide die entsprechende Funktion wahrnehmen können: [*Lars und Hanna*] *singen sehr gut;* [*ihre Mitschüler*] *sowie* [*alle, die zum Schulfest erschienen sind*], *lauschen gebannt*. Das Tragen eines Klaviers kann eine Aktion sein, an der zwei Personen teilhaben, beide fallen unter das Charakteristikum:

(13) Silke und Pascal tragen das Klavier.

```
┌──────────────────────────────────────────────┐
│  Silke   und   Pascal       tragen das Klavier. │
│    └─────┬─────┘                             │
│       ►Koordination◄                         │
│     Funktionseinheit:                        │
│     Komplexe Wortgruppe                      │
│            └─────────────────────────┘       │
└──────────────────────────────────────────────┘
```

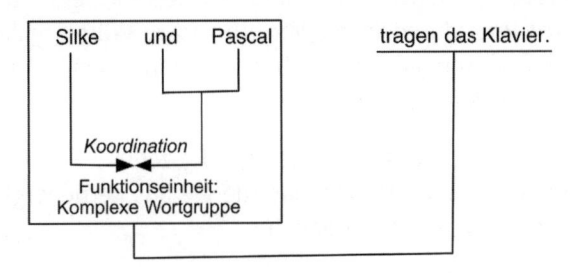

Abb. 4: Koordination

(D) INSTALLATION: Mit einer Installation wird eine Funktionseinheit in eine funktional schon abgeschlossene Trägereinheit eingebaut. Sie entfaltet ihre Funktion in einer Parallelverarbeitung. Für die Installation kann sie formal angepasst werden (appositive Formen), es kann aber auch ein Satz einfach in eine Äußerungsnische eingefügt werden.

Ein Ausdruck kann in eine bereits komplette Äußerungseinheit eingebaut, installiert werden, um eine Zusatzinformation, einen Kommentar etc. zu geben. So kann man auch Relevantes verstecken, unterschieben, erst in einem zweiten Schritt wirksam werden lassen. In *der von allen guten Geistern verlassene Paul* ist die Gegenstandsbestimmung schon mit *Paul* hinreichend geleistet. An der Position, an der sonst Integrationen zu erwarten wären, kann man dann einen Ausdruck installieren und eine weitere Information über Pauls Zustand geben.

(14) Doro – das faulste Mädchen der ganzen Klasse – hat uns heute überrascht.

Doro – das faulste Mädchen der ganzen Klasse – hat uns heute überrascht.
(Zusatzinformation; Installation)

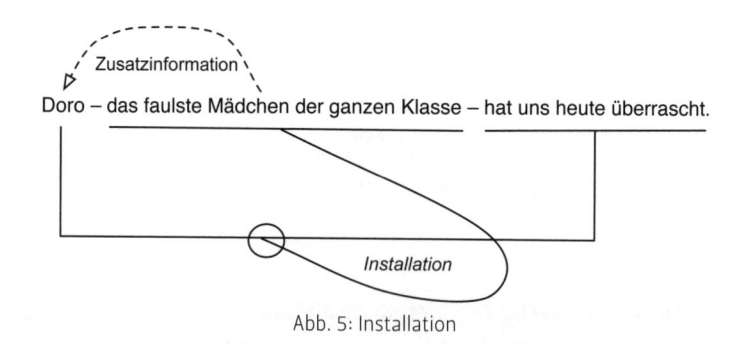

Abb. 5: Installation

B2 Wort, Wortgruppe, Satz

B2.1 Wort und Wortarten

B2.1.1 Wort

Ohne Wörter keine Grammatik, keine Sprache. Der Wortschatz ist in stetiger Entwicklung, hier findet neues Wissen seinen Niederschlag. Wörter folgen eigenen Aufbauprinzipien und in einer flektierenden Sprache wie dem Deutschen bestehen symbolische Wörter oft aus mehreren Flexionsformen (*Haus, Hauses, Häuser, Häusern; geh, gehen, geht, ging, gegangen*). Prozeduren liegen Wörtern voraus, Wörter realisieren oft mehrere Prozeduren. Um in Äußerungen verwendbar zu sein, müssen Stämmen oft operative oder deiktische Endungen hinzugefügt werden:

(1) *Atomkraftwerk + e* symbolische + operative Prozedur
    ‚Kraftwerk zur Gewinnung elektrischer Energie aus Kernenergie durch kontrollierte Kernspaltung' + Vielheit davon'

Jedes Wort lässt sich bestimmen

(a) nach formalen Eigenschaften:

- Lautstruktur und Schreibung: [mɛnʃ] <Mensch>;

- ob es sich um eine Menge von Formen handelt (flektierbares Wort: *Mensch, Menschen*) oder nur eine Form existiert (*oder, wohl, sehr*);

- wo die Hauptakzentstelle liegt (im Deutschen gibt es genau eine: *Spa-nisch, Währungsreform, Gerichtsvollzieher, beraten*);

(b) nach seiner Funktionalität und Grundbedeutung (*Blüte* ‚Pflanzenteil, der blüht', Ableitung aus dem Verb *blühen*), die sich aus der typischen Verwendungsgeschichte ergibt;

(c) gemäß seiner Kombinierbarkeit und den möglichen kombinatorischen Bedeutungen. Zum sprachlichen Wissen gehört, wie sich die Bedeutung einer Kombination ergibt (*professionell-er + Lehrer-ø*: ‚gemessen an dem, was dieser Beruf erwarten lässt, ein Lehrer, der sein Handwerk versteht'; *verheiratet-er Mann-ø*: ‚jemand, der Mann ist und verheiratet')

Jedes Wort hat eine Grundbedeutung. Jeder Wortschreibung geht eine Leerstelle (*Spatium*) voran. Jedes Wort hat genau eine Hauptakzentstelle, an der betont wird, wenn das Wort überhaupt eine Betonung erhält oder wenn es isoliert und langsam gesprochen wird. Wortformen mit mehr als zwei Silben können eine rhythmisch bedingte Nebenakzentstelle haben (*Krokodil* – Nebenakzent auf der ersten Silbe). Es dürfen aber niemals zwei Akzentuierungen aufeinander folgen (kein *Clash*). Nicht akzentuiert werden Flexionsendungen, die im Deutschen eine Schwa-Silbe [ə] oder [ɐ] enthalten (*Staates, Männer*) sowie Endsilben wie *-chen, -em, -end, -lein*. Unbetonbar sind auch Vorsilben/Präfixe wie *be-, ge-, ent-, emp-, er-, ver-, zer-, un-*.

Der Wortakzent liegt im Deutschen

A. bei ursprünglich deutschen Wörtern, die nicht zusammengesetzt sind, auf der ersten schweren Silbe. Das ist eine Silbe, die auf einen langen Vokal oder Diphthong ausgeht oder auf einen langen oder kurzen Vokal – nicht auf einen reduzierten Vokal wie z.B. Schwa – vor einem auslautenden Konsonanten; Vorsilben sind meist leichte Silben (*Hase, Mauer, Unmut, Abenteuer, Bericht, gesagt, Forelle*).

B. bei zusammengesetzten Wörtern auf dem Wort, das einem Grundwort (das Basisbedeutung und Genus bestimmt) vorangeht und es modifiziert (*Haus + Tür → Haustür; Strumpf + Hose → Strumpfhose; Bürger + Meister → Bürgermeister; Dorf + Bürgermeister → Dorfbürgermeister*)

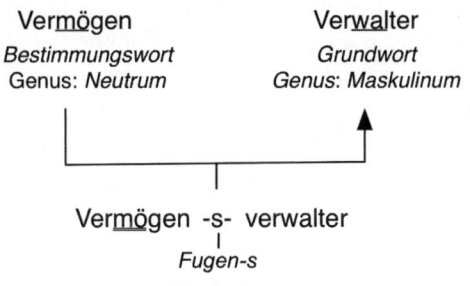

Vermögen — *Bestimmungswort* — Genus: *Neutrum*
Verwalter — *Grundwort* — Genus: *Maskulinum*

Vermögen -s- verwalter
Fugen-s
zusammengesetztes Wort (Kompositum)
Genus: *Maskulinum*

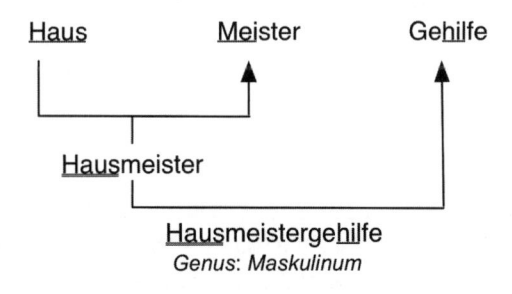

Haus Meister Gehilfe
Hausmeister
Hausmeistergehilfe
Genus: *Maskulinum*

Abb. 1: Aufbau von Zusammensetzungen und Akzentstellen
(Akzentstelle: unterstrichen; Hauptakzentstelle: doppelt unterstrichen)

Geht eine Wortgruppe in die Zusammensetzung ein (z.B. Adjektiv + Nomen), bleibt der Akzent auf dem Nomen: *Dreigroschenoper, Einmannbetrieb*

C. bei Fremdwörtern liegt der Akzent in der Regel auf der letzten schweren Silbe (*Paradies, Madam, infam, renitent*)

D. Bestimmte Suffixe ziehen den Akzent auf sich, z.B. *-ant, -ade, -age, -atik, -ei, -otik, -ismus, -thek, -om, -on, -ose, -rie, -tim, -ekt, -ukt, -ikt, -akt* (*Spekulant, Kommunist, Hexerei, legitim, Produkt, Delikt, Nation, Olympiade, Konfekt, Mathematik*)

(Näheres in Zifonun/Hoffmann/Strecker 1997: C2.2.1.; Hoffmann 1995; zum türkischen Wortakzent → S2.1).

B2.1.2 Wortarten: Übersicht

Traditionell werden Eigenschaften eines Wortes gebündelt und zur Grundlage einer Bestimmung von Wortarten gemacht. Dafür kann man bestimmte Eigenschaften zentral stellen und die anderen ausblenden. Beispielsweise kann man Wörter nur nach ihrem Vorkommen in Sätzen, ihrer Satzposition unterscheiden. Dann allerdings bekommt man über fünfzig Wortarten. Man kann abstrakte Bedeutungen heranziehen. Das war bislang nicht sehr überzeugend. Oder, das ist die von mir vorgeschlagene Vorgehensweise, man bestimmt die Zugehörigkeit über ein Bündel von Eigenschaften, stützt sich aber stark auf die grundlegende Funktionalität und die Kombinierbarkeit, die Syntax. Wenn wir in dieser Weise vorgehen, stellen wir fest, dass nicht wenige Ausdrücke mehr als einer Kategorie zugehören. Ihre Funktionalität, ihre Grundbedeutung, erlaubt die Verwendung an verschiedenen Positionen und mit unterschiedlichen Effekten auf den Äußerungsaufbau. Wir sehen etwa, dass *ja* als grundlegende Funktionalität hat, einem Gedanken ‚Gewissheit' zuzuweisen. Ursprünglich wird diese Funktionalität in der Position eines Antwortausdrucks (Responsiv: → H1.1) nach einer Entscheidungsfrage eingesetzt (*Regnet es? – Ja*). Dann aber hat sich auch ein Gebrauch entwickelt, bei dem *ja* in den Satz eingebaut, installiert ist, ohne funktional in die Wortgruppen integriert zu sein (*Das ist ja seltsam*). Als Abtönungspartikel (→ E6) markiert *ja* nicht mehr nur den mit einer Frage zur Entscheidung gestellten Sachverhalt als ‚gewiss', sondern den gedanklichen Gehalt des Satzes, in dem *ja* vorkommt; es operiert auf der Ebene der Wissensverarbeitung dieses Satzes durch den Hörer. Eine Formveränderung, die Betonung, gestattet eine Verwendung als Abtönungspartikel in Aufforderungssätzen (*mach das ja nicht!*): Der Adressat soll ein Handlungskonzept realisieren, so dass das Handlungsergebnis gewiss ist. So entsteht ein besonderer Nachdruck der Aufforderung. Schließlich kann *ja* als inkrementiver, steigernder Konjunktor auftreten (*eine sehr gute, ja herausragende Arbeit*). Zwei Eigenschaften werden so verknüpft, dass die zweite die erste überbietet. Dadurch, dass gegenübergestellt wird, ergibt sich eine inhaltliche Steigerung, die mit einer Gewichtung des zweiten und der Abschwächung des ersten Konjunkts einhergeht. Was das *ja* leistet, ist der Ausdruck eines sicheren Wissens für das im zweiten Konjunkt Gesagte, das nicht unmittelbar an das Hörerwissen anschließbar erscheint, sondern der Bahnung bedarf, und dessen Gewicht in der Gegenüberstellung gesteigert wird (→ F2).

Wir entwickeln die Charakteristik der Wortarten in den folgenden Kapiteln systematisch, geben aber hier als Vorschau einen Überblick. Die wichtigen Wortarten Substantiv, Adjektiv und Verb sind im Symbolfeld der Sprache fundiert; nur wenige Ausdrücke haben einen deiktischen Anteil (die Adjektive *hiesig* aus *hier, dortig* aus *dort, obig* aus *oben* usw.; ferner die Verben *kommen* und *gehen*, Bewegung zum Sprecher hin bzw. von ihm weg).

NOMEN (Substantiv) (→C1, C2, C3)

Das Nomen wird in der wissenschaftlichen Grammatik auch *Substantiv* (*Nomen* ist dort der Kopf (→ B2.2), das obligatorische Organisationszentrum der Nominalgruppe) genannt. Es bringt symbolisch charakterisierend Gegenstände (Dinge, Personen, abstrakt Vergegenständlichtes) ins Spiel. Drei Unterarten sind zu unterscheiden:

(a) EIGENNAMEN: Mit ihnen wird auf die Kenntnis eines in einer Gruppe namentlich bekannten Gegenstands zugegriffen: *Paula, Indien, der Nil*

(b) GATTUNGSNAMEN: Mit ihnen wird die Art benannt, der ein Gegenstand zugehört: *Mensch, Blume, Tisch*

(c) STOFF-/SUBSTANZNAMEN: Mit ihnen wird ein Stoff oder Substanzquantum gekennzeichnet: *Gold, Milch, Stahl*, für die eine Pluralbildung nicht als Ausdruck diskreter Vielheit, sondern nur als Bezug auf Unterarten (*Stahle*) möglich ist.

Typische Merkmale der Form: Das Nomen bildet den Kopf einer Nominalgruppe (*der neue Tisch*), erfordert als Gattungsname ein Determinativ für die Bezugnahme (***das** Haus*), hat genau ein Genus (Maskulinum oder Femininum oder Neutrum), vier Kasusformen (Nominativ, Genitiv, Dativ, Akkusativ), meist zwei Numeri (Singular, Plural: *Tisch(e)*, aber: **Golde*)[1].

ADJEKTIV (→ C4.1)

Das Adjektiv bezeichnet symbolisch eine Eigenschaft, die für die Identifikation eines Gegenstands – charakterisiert mit einem Nomen – durch den Adressaten bedeutsam ist (restriktiver, einschränkender Gebrauch, mit dem ein Gegenstand von gleichartigen unterschieden wird: *das **blaue** Heft*). Es kann auch einen schon zugänglichen Gegenstand noch zusätzlich kennzeichnen (appositiver Gebrauch: *der **verrückte** Otto*).

Typische Merkmale der Form: In der Nominalgruppe zeigt das Adjektiv Korrespondenz von Genus, Numerus, Kasus mit dem Kopf; unterschiedliche Flexionsparadigmen (stark, schwach) werden, je nach Determinativ, in Anspruch genommen: *der/dieser/jeder klein-e Hanswurst – ein/mein/kein/manch/ø köstlich-er Wein*.

Das Adjektiv ist nominalisierbar; es kann Kopf einer Nominalgruppe sein (*die Schlauen*). Adjektiv kann nur sein, was attributiv mit einem Nomen verwendbar ist. Viele Adjektive können in Verbindung mit einem Kopulaverb das Prädikat eines Satzes realisieren (*ist trickreich*) oder als Adverbial fungieren (*schnell fahren*); viele sind steigerungsfähig (*groß, größ-er*, aber: *schwanger, *schwanger-er*). Das Partizip I (schlaf-end), eigentlich eine Verbform, wird heute den Adjektiven zugeordnet.

---

[1] Der Asterisk * markiert, was grammatisch nicht wohlgeformt, nicht akzeptabel ist.

VERB (→ D)

Das Verb charakterisiert symbolisch ein Ereignis (*stattfinden*) oder einen Prozess (*wachsen*), eine Handlung (*singen*) bzw. eine Konstellation (*sich ähneln*) im Kern, aus dem im Rahmen der Verbgruppe ein gegenstandsbezogenes Szenario zu entwickeln ist.

Typische Merkmale der Form: Das minimale Prädikat kann mit einem Vollverb allein realisiert werden (*schläft, geht, sieht*); oft besteht es aus mehreren Teilen (Verbkomplex), von denen einer flektiert ist (ein Hilfsverb oder ein Modalverb). Flektierter (finiter) Teil und nichtflektierte (infinite) Teile bilden die Satzklammer (*hat ... gesagt* (Partizip II); *wird ... sagen* (Infinitiv), *kann ... segeln* (Infinitiv), *hat ... lieb* (Adjektiv), *geht ... spazieren* (Infinitiv).

Die einfachste Zeitform ist das Präteritum (*kam, sag-te*), es zeigt auf einen zurückliegenden (erzählten, wiedergegebenen) Zeitabschnitt. Das Präsens bringt eine Basiszeit (Sprechzeit, wenn der Äußerungszusammenhang bzw. ein Adverb/Adverbialsatz nicht anders verankern) zum Ausdruck und kann in einer Zeitenfolge (z.B. in einer Erzählung) vergegenwärtigen. Andere Zeitintervalle sind vermittelt über die Kombination von Hilfsverb oder Modalverb mit infiniten Formen erschließbar. Zu den Verbkategorien gehören Person, Numerus, Modus, Genus Verbi (Aktiv, Passiv).

HILFSVERBEN nennt man *haben, sein* oder *werden*, mit denen die zusammengesetzten Tempora gebildet werden: *habe gesagt, hatte gesagt, werde sagen* oder die Passivformen, bei denen auch Bildungen mit *bekommen* und *kriegen* möglich sind: *gesagt sein/werden, geschenkt bekommen*).

KOPULAVERBEN (*sein, werden, bleiben*) bilden mit einem unflektierten Adjektiv, einer Adkopula (*quitt, schuld, pleite*), einem Adverb oder einer Nominalgruppe den Prädikatsausdruck (*ist ... groß, sind ... leid, war ... dort, ist ... die Lehrerin*).

Die MODALVERBEN *dürfen, können, mögen/möchte, müssen, sollen, wollen* (*werden, nicht brauchen*) spielen im kommunikativen Alltag eine große Rolle: in der Planung und Vorbereitung von Handlungen, bei der Vergabe und Nutzung des Rederechts in Gesprächen, in der Rede über Normen und ihre Geltung, aber auch im Ausdruck von Wissen, Schlussfolgerungen und Annahmen. Modalverben regieren den reinen Infinitiv (*sie kann schreiben*), können aber auch als Vollverben gebraucht werden (*ich kann das*). (→ D5)

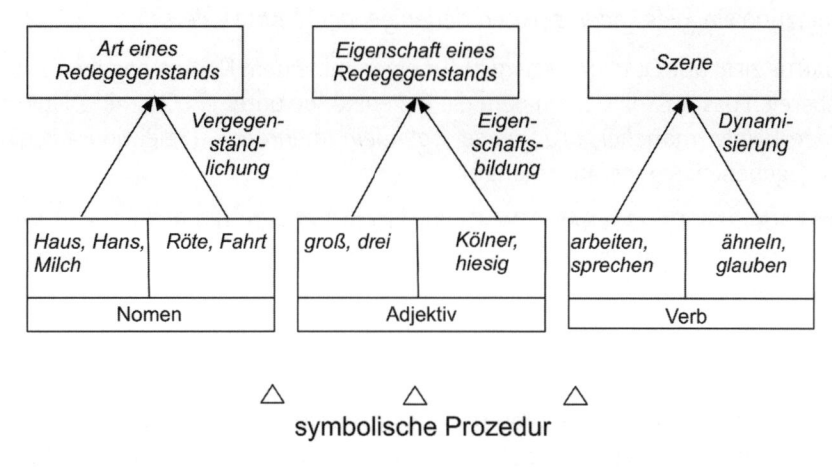

Abb. 2: symbolisch fundierte Hauptwortarten Nomen, Adjektiv, Verb

ADKOPULA (→ C4.1)

Die Adkopula (*schade, pleite, schuld*) bildet den inhaltlichen Kern eines Ausdrucks, der einen Zustand (Prozessresultat etc.) ausdrückt.

Typische Merkmale der Form: Die Adkopula verbindet sich mit einem Kopulaverb (*sein, werden, bleiben*) zu einem Prädikatsausdruck (*ist quitt, sind pleite*), sie kann nicht mit einem Substantiv kombiniert werden, wird nicht flektiert und ist nicht steigerungsfähig. Somit ist sie nicht den Adjektiven zuzurechnen, sondern eine eigene Wortart, deren Elemente oft substantivischen Ursprungs (*hammer, schuld*) sind.

Wortartengruppe DETERMINATIV (→ C3)

Der Ausdruck *Determinativ* bündelt Wortarten, die den Bezugsbereich eines anderen, gegenstandsbezogenen Ausdrucks beschränken und durch Markierung des Wissensstatus auf Hörerseite (dem Hörer zugänglich oder nicht) die Verarbeitung unterstützen. Das Determinativ ist also keine Wortart.

Typische Merkmale der Form: Das Determinativ verbindet sich mit Gattungsnamen zum Aufbau einer Nominalgruppe. Es besteht Genus-, Numerus-, Kasuskorrespondenz mit dem Kopf-Nomen, Merkmale des Nomens wie Genus, Numerus, Kasus können am Determinativ sichtbar werden. Zu dieser Gruppe gehören sechs Wortarten:

Der BESTIMMTE (DEFINITE) ARTIKEL markiert Definitheit, d.h. dass das Gemeinte aus Sicht des Sprechers dem Hörer im Wissen, als Gattung oder perzeptiv zugänglich ist (*das Haus am Wallraffplatz, der Hund bellt*).

Der UNBESTIMMTE (INDEFINITE) ARTIKEL drückt aus, dass das Gemeinte für den Hörer neu ist (*ein Pferd betrat das Lokal*) bzw. exemplarisch aus der Menge möglicher Gegenstände einer Gattung oder Art herausgegriffen wird (*Ein Pferd ist ein Turngerät mit Lederpolster und zwei Griffen*). Der Hörer muss eine Vorstellung des Gemeinten oder beispielhaft Angeführten erst aufbauen und dazu auf sein sprachliches Wissen zurückgreifen.

Das POSSESSIVE DETERMINATIV markiert Definitheit und setzt einen Gegenstand zum Sprecher, Hörer oder vorgängig Erwähntem in Beziehung: *meine Idee, sein Konzept*.

Das DEIKTISCHE DETERMINATIV markiert Definitheit und setzt das Zeigen zum Zweck der Determination ein: *dies, jener, solcher, derjenige, der* [betont], *derselbe*.

Das QUANTIFIZIERENDE DETERMINATIV gibt für einen mit einem Nomen gegebenen Gegenstandsbereich das Ausmaß an, in dem die Gegenstände unter ein Charakteristikum fallen: *jeder, keiner, mancher, alle, einige, irgendein, mehrere ...* (Selektion aus einer im Wissen gegebenen Gegenstandsmenge).

Das INTERROGATIVE DETERMINATIV (W-DETERMINATIV) erlaubt die Bildung von Nominalgruppen für das Erfragen von etwas Gesuchtem, das im Hörer-Wissen ist: *welches Mädchen, was für ein Ding*.

Wortartengruppe: PROTERME oder PRONOMINA (→C)

Diese Termini bezeichnen keine Wortart, es sind Sammelbezeichnungen für nicht-charakterisierende Ausdrücke der Gegenstandskonstitution, zu der formal und funktional unterschiedliche Wortarten gehören. Typische Merkmale der Form: Es sind tendenziell kurze, oft einsilbige Ausdrücke. Sie erscheinen bevorzugt nach dem finiten Verb zu Beginn des Mittelfelds: *Paula hat **ihm** das Buch geschenkt*. Sie sind beschränkt (*du Experte*) oder gar nicht im Rahmen einer Gruppe ausbaufähig.

Der Ausdruck *Pronomen* ist sprechend (latein. *pro* ‚über etwas hinaus, vor, vorn'; ‚für, statt, anstatt, so gut wie'). Er bezeichnet das, was für ein Nomen, statt eines Nomens stehen kann; *Pronominalisierung* bezeichnet die Ersetzung. Nun kann ein solcher Ersatz allenfalls für das *Personalpronomen* der 3. Person gelten, nur dass es kein Nomen ersetzt, wenn es sich nicht um einen Eigennamen handelt (*Paula* → *sie*), sondern um eine Nominalgruppe (*der alte Baum* → *er, die geplante Konferenz* → *sie, das Gürteltier* → *es*). Tatsächlich ist aber die Funktion der 3. Person die thematische Fortführung im folgenden Satz: [*Die Klasse*]$_1$ *arbeitet selbständig an* [*dem Projekt*]$_2$. *Es*$_2$ *hat sie*$_1$ *sehr motiviert*. Diese Form unterstützt die Verarbeitung von Sprache durch Hörer/Leser und nutzt dazu auch das Genus. Man spricht daher besser von einer *Anapher* (C5.3.1). Manchmal wirkt eine Ersetzung sogar irreführend (*Er fragte Paula, ob Paula/sie zur Feier käme*). Die erste und zweite Person umfasst Zeigwörter, die auf Sprecher, Hörer oder entsprechende Gruppen zeigen.

Homogener sind die folgenden Wortartunterscheidungen, die formale und funktionale Merkmale aufnehmen:

Die PERSONALDEIXIS (Zeigfeld) zeigt auf aktuelle Sprecher/Hörer oder Sprecher-/Hörergruppen): *ich, du; wir, ihr*. Sie ist nur appositiv erweiterbar (*ich Idiot; du, der immer gesagt hat ...*). (→C1)

Die ANAPHER (Operationsfeld) ist genussensitiv, beschränkt erweiterbar (Relativsatz) und führt in Gespräch oder Text Eingeführtes oder noch Präsentes jenseits einer Satzgrenze bzw. einer Grenze zwischen gedanklichen Einheiten fort: *er, sie, es* (*Paul schläft, **er** schnarcht wie immer*). Das REFLEXIVUM (*sich*) leistet dies satzintern (*Paul schneidet **sich***). (→C5.3.1)

Der Ausdruck *es* erscheint nicht nur als Anapher (*das Buch ... es*), sondern auch als FIXES ES vor Witterungs- und einigen anderen Verben (*es regnet, es brennt, es fehlt an, es kommt zu, es gibt*). Das EXPLETIVE ES kann das Vorfeld füllen, das im deutschen Aussagesatz besetzt sein muss (*es schmerzt mich, das zu hören, es kommt ein neuer Gast herein*). Als Korrelat nimmt *es* einen Objektsatz vorweg (*du hast es gesehen, dass sie das getan hat*) oder einen Subjektsatz (*mich hat es berührt, dass er das gesagt hat*). (→ C7)

Das POSSESSIVUM (Zeigfeld) ist nicht zu einer Wortgruppe erweiterbar und dient der Gegenstandsbestimmung durch Relationierung (Sprecher, Adressat, Gruppe, Erwähntes): *meiner, deiner, seiner*. Das klassische *Possessivpronomen* umfasst sowohl die selbständige Form (*das ist meiner*) als auch die Determinativform (*das ist mein Wagen*), obwohl die Formen teilweise nicht übereinstimmen und die Funktionen unterschiedlich sind. (→C3.3)

Die OBJEKTDEIXIS (Zeigfeld) (traditionell: *Demonstrativpronomen*) ist restriktiv wie appositiv erweiterbar und erlaubt das Zeigen auf ein Objekt (im weiteren Sinne: Person, Ding etc.): *der, das, dieser, er* [betont]: *schau Dir das/den mal an!* (→ C5.3.2)

Das INTERROGATIVUM (Operationsfeld/Zeigfeld) ist nicht zu einer Wortgruppe erweiterbar und umreißt etwas, was der Sprecher nicht weiß und vom Hörer wissen will: *wer, was*. (→ H1.1)

Mit dem INDEFINITUM (Symbolfeld) ist ein unspezifischer Bezug auf personale oder als personal vorgestellte Größen möglich, für die im Äußerungszusammenhang ein Gegenstandsbereich angegeben sein kann: *etwas, irgendeiner*. Es ist nicht zu einer Wortgruppe erweiterbar. (→ C)

Das QUANTIFIKATIVUM (Operationsfeld, Symbolfeld) ist nicht zu einer Wortgruppe erweiterbar und dient dazu, für einen gegebenen Gegenstandsbereich das Ausmaß anzugeben, in dem die Gegenstände unter ein Charakteristikum fallen: *alle, einige, mehrere*. (→ C4.5)

Das RELATIVUM (OPERATIONSFELD) *der, die, das; wer, was; welcher, welche, welches*; unflektiert: *wo, wie, weshalb ...*) leitet einen Relativsatz ein und nimmt das mit einem vorangehenden nominalen Ausdruck Gesagte auf (*der Mann, der ...; die Frau, die ...; der Wald, wo*). Die Ausdrücke *der, die, das* leiten sich aus der Objektdeixis ab. (→ C4.5)

ADVERBIEN (→ D6.4, E1.1) operieren auf Prädikatsausdrücken unterschiedlicher Ausbaustufe bzw. satzförmigen Einheiten und spezifizieren das mit ihnen Gesagte in unterschiedlichen Dimensionen (Zeit, Ort, Art und Weise, Grund etc.): *Heute <sagt sie Gedichte auf>; weil sie Gedichte gern <aufsagt>; weil sie gern <Gedichte aufsagt>*. Sie können auch Adjektive oder Nomen als Bezugsbereich haben: *der oft <leichtsinnige> Klaus; das <Haus> dort*. Einige Adverbien sind deiktisch (Zeigwörter): *hier, da, jetzt*. Sie zeigen im Nah- bzw. im Fernbereich der Sprechsituation oder der Vorstellung. Andere sind aus Zeigwörtern und Präpositionen zusammengesetzt, zeigen und relationieren: *dabei, daran, hierzu, hiermit*; sie werden auch „Präpositionaladverbien" genannt.

Typische Merkmale der Form: Adverbien sind unflektierbar, können den Kopf einer Wortgruppe bilden, mit W-Fragen inhaltlich erfragt werden.

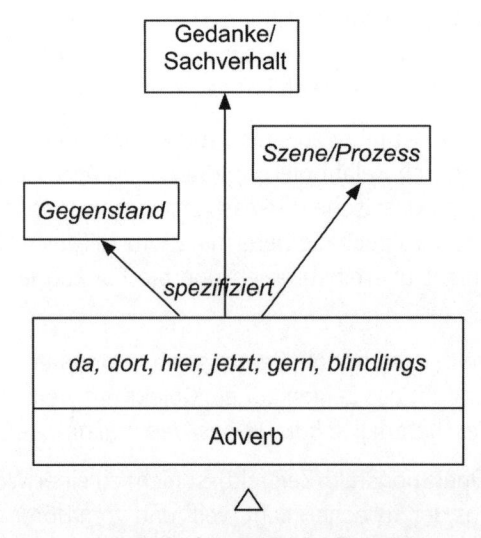

```
        Gedanke/
        Sachverhalt
              ↑
              │     Szene/Prozess
              │        ↗
  Gegenstand  │      ↗
       ↖      │   ↗
         spezifiziert
  ┌─────────────────────────────────┐
  │ da, dort, hier, jetzt; gern, blindlings │
  ├─────────────────────────────────┤
  │            Adverb               │
  └─────────────────────────────────┘
                 △
      deiktische/symbolische Prozedur
```

Abb. 3: Funktionalität der Adverbien

Die PRÄPOSITION (→ C4.4, E2) (*an, auf, bei, in, wegen, halber, voller*) entstammt typischerweise dem Symbolfeld und setzt verschiedene Größen im Satz ins Verhältnis: zum Beispiel einen Ort zu einem Ding (*das Buch auf dem Stuhl*), ein Zeitintervall zu einem Ereignis (*sie geht am Abend schwimmen*), einen Ort zu Personen (*die Zuschauer im Stadion*), einen Ort zu einer Handlung (*nach Hamburg fahren*) oder einem Zustand (*in Mannheim wohnen*).

Typische Merkmale der Form: Sie sind im Deutschen zumeist vorangestellt (*vor dir*), also Präpositionen im Wortsinn, einige stellt man nach (*der Ordnung halber*). Präpositionen machen aus einer Gruppe, deren Kasus sie regieren, eine Präpositionalgruppe [*trotz* [*des Regens*]]; einige Präpositionen (*anstatt, außer, ohne, um*) können aber auch eine Infinitivgruppe einleiten (*um zu gewinnen*). Präpositionen sind meist aus Nomina (*kraft, trotz*), aber auch aus Nominalgruppen (*anstatt*) oder Verben (*entsprechend*) abgeleitet.

Wortartengruppe: PARTIKELN

Allgemeine Merkmale dieser Gruppe von Wortarten: Sie sind nicht flektierbar und bilden keine Wortgruppe. Zu unterscheiden sind verschiedene Wortarten, die sich dem Operationsfeld zuordnen lassen:

Die INTENSITÄTSPARTIKEL (→ C4.1) verstärkt oder vermindert eine (prototypisch durch Adjektive verbalisierte) Eigenschaft: *sehr groß*. Dazu gehören auch: *recht, ungemein, weitaus, einigermaßen, zu*; sie können auch Verb- oder Adverbbezug haben (*sehr leiden, sehr gern*).

Die GRADPARTIKEL (→ E3) dient der Einstufung, Gradierung des Gesagten auf der Basis einer Erwartungsskala und interagiert mit der Gewichtung: *sogar <Hans>*.

Die NEGATIONSPARTIKEL (→E4) *nicht* dient der Verneinung eines Sachverhalts und interagiert mit der Gewichtung (zum Zweck des Bestreitens, Korrigierens, Reparierens etc.): *nicht <dieses> Buch, sondern <jenes>*.

Die MODALPARTIKEL (→ E5) schränkt die Geltung des Gesagten ein und kann explizit wertend gebraucht werden (*sicherlich, vielleicht, bedauerlicherweise, leider*).

ABTÖNUNGSPARTIKELN (in der Linguistik auch: „Modalpartikeln", „Einstellungspartikeln") (→ E6) tragen zur Einpassung des Gesagten in Wissen und Erwartung der Gesprächsteilnehmer bei und können so auch werten; in der Regel haben sie Entsprechungen in anderen Wortarten: *ja, denn, bloß* [betont], *wohl, eh*.

KONNEKTIVPARTIKELN (→ F1) verbinden als satzinterne Elemente Sätze und gliedern Satzfolgen: *gleichwohl, indessen, wenigstens, zwar, erstens*.

Wortartengruppe: JUNKTIONEN (JUNKTOREN) (→ E1.2, F1)

Sie bündeln eine Gruppe von operativen Wortarten, die die traditionelle Sammelklasse „Konjunktion" ausdifferenzieren. Sie sind operativ, dienen der Sprachverarbeitung komplexer Einheiten. Typische Merkmale der Form: Es sind Ausdrücke, die Ausdrücke an andere anschließen und nicht selbst einen Kasus regieren.

Der KONJUNKTOR (auch: „koordinierende Konjunktion") verbindet funktionsäquivalente Ausdrücke unterschiedlicher Art zu einer Funktionseinheit: *und, oder, denn, aber*. (→ F2)

Der SUBJUNKTOR (auch: „subordinierende Konjunktion") leitet Nebensätze (mit Verbendstellung) ein, die in der Regel keine eigenständigen Handlungen realisieren, und ordnet sie Hauptsätzen, Satzteilen oder einem Nomen unter: *dass, weil, als*. (→E1.2)

Der ADJUNKTOR macht aus einer Gruppe ein Adjunkt mit eigener Funktionalität, wobei insbesondere Gleichheit oder Andersartigkeit markiert werden. Ausdrücke sind: *wie* und *als*. Bezugsausdruck ist eine Nominal-, eine Präpositional-, Adjektiv-, Adverb- oder Anapher-/Deixisgruppe (*Peter als Lehrer, ich als Vater, intelligent wie Einstein*). Bei Verbindung mit Gruppen in einem bestimmten Kasus kann das Adjunkt durch die Beziehung der Kasusidentität formal angeschlossen werden (*wir kennen **ihn als einen besonnenen Mann***). Das Adjunkt kann Element einer Vergleichsbeziehung sein (*schön wie Apoll, gieriger als ein Investmentbanker*). Mit ihm kann ein Redegegenstand zusätzlich zum identifizierenden Ausdruck (*Peter*) mit einem prädikationsrelevanten Charakteristikum (*Meyer als Begrüßungsredner, Meyer als Direktor, Meyer als junger Mann*) ausgestattet werden. Ein *wie*-Adjunkt zielt auf Gleichsetzung (*dumm wie Brot*), ein *als*-Adjunkt auf Andersartigkeit (*bedeutender als Meyer*). (→ C8)

INTERJEKTION (→ B2.3.1)

Interjektionen sind selbständige Gesprächseinheiten ohne gedanklichen Gehalt, die der Partnersteuerung dienen, auch aus der Hörerposition heraus. Daher werden sie dem Lenkfeld der Sprache zugeordnet, sie realisieren lenkende, expeditive Prozeduren. Sie steuern die laufende Handlungskooperation, die Planung und die Erwartungsverarbeitung; sie können emotionale Befindlichkeit direkt übertragen (*hm̌, hm̂, aù*).

Typische Merkmale der Form: Interjektionen erscheinen (analog zu Ausdrücken aus Tonsprachen) mit distinktivem Tonmuster (steigend (*ná*), fallend (*àh, hm̀*), gleichbleibend (*hm̄*), fallend-steigend (*hm̌*), steigend-fallend (*hm̂*), in reduplizierten (*hmhm*), gelängten und gekürzten Formen (hm̀' – Kurzform mit schnellerem, abrupterem Abfall und Stopp). Oft entsprechen sie nicht den phonologischen Kombinationsregeln des Deutschen (hm̀). Sie sind syntaktisch kaum ausbaufähig. Ihre formalen Besonderheiten (Laute, Töne) machen den Wortcharakter fraglich.

Responsiv (→ B2.3.1)

Das Responsiv (*ja, nein*) dient als Antwortausdruck nach Entscheidungsfragen, ohne einen eigenen Gedanken auszudrücken: *Glaubst du an den Weihnachtsmann? – Jà/neìn.*

Typische Merkmale der Form sind: Kürze; Tonalität; sie sind auch wie Interjektionen (paraexpeditiv) einsetzbar.

B2.2 Wortgruppe

Gegenstände, über die wir reden wollen, können real, erfunden, anwesend oder vorgestellt sein – den Zugang schafft selten ein Wort allein. Nur Eigennamen wie *Lisa, Hamburg, Ägypten*, Zeigwörter wie *ich, du, wir, ihr* und Anaphern (Fortführer) wie *er, sie, es* können funktional auf eigenen Füßen stehen. Den Bezug auf Gegenstände leisten meist ganze Wortgruppen, also z.B. Nominalgruppen aus

- Artikel + Nomen: [*die Grammatik*], [*das Mädchen*], [*der Hausmeister*]
- Artikel + Adjektiv + Nomen: [*die aktuelle Tageszeitung*]
- Artikel + Adjektiv + Nomen + Präpositionalgruppe: [*ein schönes Schiff [aus Holz]*]
- Adjektiv + Nomen + Relativsatz: [*zwei Dinge, [die ich von ihr weiß]*].

Allerdings ist die zentrale grammatische Einheit Wortgruppe (in der Linguistik auch „Phrase" genannt) im Unterricht traditionell nicht vorgesehen. Dort kennt man nur die *Satzglieder*, wobei wir beispielsweise mit dem *Subjekt* eine Satzfunktion (Satzgegenstand) und das Wort oder die Gruppe (es kann übrigens auch ein Satz sein) meinen können, dabei also Form und Funktion nicht auseinander gehalten werden.

> Wortgruppen sind die Aufbaueinheiten von Äußerung und Satz. An ihnen machen sich die Funktionen fest. Jede Wortgruppe hat einen Kopf („Kern"). Das ist ein Ausdruck, der die Funktion der ganzen Gruppe repräsentiert und andere Merkmale der Gruppe in ihren Ausprägungen steuert. Diese Steuerung erfasst variable Merkmale wie Genus, Numerus, Kasus.

(2) Sie sollen [jüngeren Schülern] helfen.

    Schüler-n   (Nomen, Kopf einer Nominalgruppe, Dativ Plural)
    + *jüng-er*   (Adjektiv, Komparativ)
    → *jünger-en Schüler-n* (Nominalgruppe, Dativ Plural)
    Helfen verlangt den Dativ.

```
          Genus: Maskulinum
          Numerus: Plural
          Kasus: Dativ              Kasus: Dativ

    jüngeren      Schülern         helfen

              Integration    Kopf der Nominalgruppe: Nomen
```

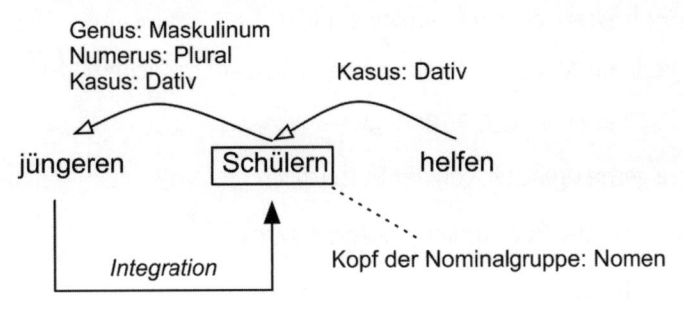

Abb. 4: Nominalgruppe

Die Wortgruppen enthalten neben dem Kopf integrierte Ausdrücke, mit denen die Funktionalität des Kopfes unterstützt werden kann.

Wortgruppe	Kopf	Beispiel
Nominalgruppe	Nomen	den alten **Koffer** dort; **Fisch** aus dem Pazifik; Peter **Meyer**; der **Mann**, der zu viel wusste
Determinativgruppe	Determinativ	all **diese**, welch **ein**, so **ein**
Adjektivgruppe	Adjektiv	schöne **bunte**, sehr **groß**
Adverbgruppe	Adverb	heute **Abend**, dort **oben**, sehr **gern**
Adjunktorgruppe	Adjunktor	**als** Lehrer, **wie** ein Wilder
Anaphergruppe	Anapher	**er** mit seinen Problemen
Personaldeixisgruppe	Personaldeixis	**Ich** Dummkopf
Präpositionalgruppe	Präposition	**wegen** des Regens, **außer** ihr, **seit** gestern, **im** Wasser
Verbgruppe	Vollverb	Äpfel **pflücken**, ihnen gute Noten **geben**, ihm **vertrauen**, an Gott **glauben**, gern Fußball **spielen**

Tab. 1: Wortgruppen im Deutschen [In den Beispielen ist der Kopf halbfett markiert, die anderen Ausdrücke sind in die Gruppe integriert]

Gruppen besetzen bestimmte Positionen in der linearen Abfolge des Satzes, ihre Elemente stehen im Deutschen meist zusammen. Das kann man in der Verschiebeprobe nutzen (→ Kap. S1.6). Die Position vor dem finiten (flektierten) Verb im Aussagesatz, das Vorfeld ist die Zielposition für eine Bewegung:

(3) [Der Verein] hat allen Mitgliedern zum Jubiläum einen Brief geschickt.

(4) [Allen Mitgliedern] hat [der Verein] zum Jubilaum einen Brief geschickt.

(5) [Einen Brief] hat [der Verein] [allen Mitgliedern] zum Jubiläum geschickt.

(6) [Zum Jubiläum] hat [der Verein] [allen Mitgliedern] [einen Brief] geschickt.

Wortgruppen: [der Verein], [allen Mitgliedern], [zum Jubiläum], [einen Brief]

Die Probe funktioniert nicht immer. So kann man nur infinite Teile von Verbgruppen verschieben, da das finite Verb ortsfest ist.

(7) Er wollte seine Schwester nicht besuchen.

(8) [Seine Schwester besuchen] **wollte** er nicht

Verbgruppe: Verb mit Akkusativobjekt [seine Schwester besuchen]

Komplexe Wortgruppen kann man zerlegen:

(9) Ich **hätte** gerne drei Liter von der Buttermilch.

(10) [Drei Liter von der Buttermilch] **hätte** ich gerne.

(11) [Drei Liter] **hätte** ich gerne von der Buttermilch.

(12) [Von der Buttermilch] **hätte** ich gerne [drei Liter].

Komplexe Wortgruppe: [drei Liter [von der Buttermilch]]

(13) Sie haben sehr schöne Blumen im Angebot.

(14) Blumen **haben** sie sehr schöne im Angebot. [Aufspaltung]

(15) [Sehr schöne Blumen] **haben** sie im Angebot.

(16) Ich habe kein Geschenk für sie.

(17) [Geschenk] hab ich keins für sie. [Aufspaltung]

(18) [Kein Geschenk] habe ich für sie.

Aufspaltungen führen auf eigenständige Einheiten (*keins* hat keine Determinativflexion). Als zusätzlicher Test kann die Ersatzprobe (→ S1.1) eingesetzt werden:

(19) **Die** haben sie im Angebot.

(20) **Das** habe ich für sie.

Wortgruppen können eine eigene Gewichtung und dann Akzentuierung erhalten:

(21) Ich habe ihrer Freundin [eine Karte für die O̲per] geschenkt. [gewichtete Gruppe]

(22) Ich habe [ihrer F̲reundin] eine Karte für die Oper geschenkt. [kontrastiv gewichtete Gruppe]

Eine besondere Erscheinung im Deutschen ist, dass wir mehrteilige Verben haben, wir sprechen vom Verbkomplex. Eine finite (flektierte) Verbform bildet den Kopf, sie kann mit infiniten (unflektierten) verbunden werden:

(23) **will** ... reden, **wird** ... erledigt haben, **nimmt** ... teil, ... geschehen sein w̲i̲r̲d̲,

Außer Präsens und Präteritum, die als grundlegende Tempora des Deutschen gelten müssen, werden die Tempora mit zusammengesetzten Wortformen gebildet (*hatte geglaubt, wird kommen*), das gilt auch für die Passivformen (*wird abgebaut, ist abgebaut, bekommt gesagt*). Die finite Form ist oft ein Hilfsverb (*haben, sein, werden*) oder ein Modalverb (*dürfen, können, mögen, möchte, müssen, sollen, wollen*).

Wortgruppen werden vor allem durch die Erweiterung eines Kopfes mit Integraten aufgebaut; zusätzlich können aber in der Gruppe Installationen realisiert werden, die bereits gebahnte Wege nutzen. Per Installation sind auch deiktische Ausdrücke wie *ich*, *wir* oder Anaphern wie *er*, *sie*, *es* ausbaufähig, die ihre Funktion bereits eigenständig realisieren (*wir Schüler; er, der zu spät gekommen war*).

(24) Pierfrancesco also, mein Scuzzi, mein bester Freund. **Er mit dem polytoximanen Drogenproblem, er mit dem geleckten Äußeren und dem billigen Charme eines sizilianischen Erbschleichers, er ohne Führerschein und sonstige Ambitionen, außer sich die Birne dichtzuziehen und träges Abhängen in den Stand einer Kunstform zu erheben.** (Juretzka 2009: 11)

B2.3 Äußerung und Satz

B2.3.1 Äußerung

> ÄUSSERUNGEN sind kommunikativ eigenständige Einheiten, die aus einem Wort bzw. einer Interjektion (*na*) oder einem Responsiv (*ja, nein*), einer Wortgruppe oder einem Satz aufgebaut sein können.

Der folgende Gesprächsausschnitt führt uns vor Augen, dass wir keineswegs immer in Sätzen reden:

(25) Tahir: 8 J.; Halit 9 J. (Erstsprache Türkisch); Petra: Studentin, die die Jungen und das Baby betreut. Türkisch *nazlı bebek* bedeutet ‚verwöhntes Baby', ‚Muttersöhnchen'.

1 Tahir   Pe<u>t</u>ra↓
2 Petra   hḿ
3 Tahir   Die <u>weint</u> schon↓
4 Petra   Was <u>ist</u> denn↓
5 Tahir   Nazlı bebek↓
6 Halit   Ich sollte nix <u>spre</u>chen↓

Satzförmig sind nur 3, 4 und 6. Äußerung 1 besteht aus einem Namen, der fallend intoniert ist. Die Namensnennung genügt, die Aufmerksamkeit der Adressatin auf einen Handlungsablauf zu lenken, in dem eine bestimmte Aktivität erwartet wird (Petra soll sich als Verantwortliche um das Baby kümmern). Petra realisiert eine Interjektion als Redebeitrag, mit der mangelndes Verständnis der Situation ausgedrückt wird. Tahir erläutert die Situation (3) und charakterisiert schließlich das Baby als *nazlı bebek* (5), um das Weinen zu erklären. Tahir beschränkt sich auf die Prädikation, geht dabei davon aus, dass klar ist, von wem er spricht. Kommunikative Zwecke können nicht selten durch Äußerungen erreicht werden, die keine Satzform haben.

> Die ELLIPTISCHE PROZEDUR ist ein Verbalisierungsverfahren für Äußerungen, bei dem der Sprecher systematisch nicht versprachlicht, was aufgrund gemeinsamer Orientierung in der Sprechsituation, im aktuellen Handlungszusammenhang oder auf der Basis sprachlichen Wissens in den Hintergrund eingehen und mitverstanden werden kann.

Eine situative Ellipse des Sprechers ist z.B.

(26) Nee jetzt letzte Nacht/ [ ] bin mitten in der Nacht <u>auf</u>gewacht. (Horstmann, Arzt-Patient-Kommunikation)

Es kann auch der Hörer (*kommst heute?*, bes. süddeutsch), ein Objekt (*ist fantastisch modelliert*) oder Ereignis (*freut mich*) weggelassen sein. Die „empraktische Ellipse" (Bühler) beruht auf Dimensionen des aktuellen Handelns:

(27) *Hierher!* [Jemand trägt einen Sessel und wird aufgefordert, ihn an eine bestimmte Position in der Nähe des Sprechers zu setzen]

(28) *Los!* [auf den Start Wartende werden aufgefordert, loszulaufen]

(29) *Skalpell!* [Der Chirurg fordert von der Assistenz ein Skalpell an]

(30) *Ein Doppelback!* [Im Bäckerladen wird eine bestimmte Brotsorte verlangt]

(31) Schulstunde (Biologie, Klasse 7, Blutkreislauf, Tafelbild)

Lehrerin((zieht die hintere Tafel hoch))

Schüler Pi<u>cas</u>sos Meisterwerke!
    (Redder 1982: 10 (adaptiert)) [Das Tafelbild ist Picassos Meisterwerken vergleichbar]

Eine mögliche Explizitversion von *Skalpell!* könnte sein *Geben Sie mir bitte das Skalpell!* Man kann aber nicht einfach eine zugrunde liegende Fassung annehmen, aus der die verkürzte regelhaft abzuleiten wäre. Es handelt sich vielmehr um ein Formulierungsverfahren, das es erlaubt, einen Gedanken nur partiell zu versprachlichen, weil der Hörer das Gemeinte auch so verstehen kann.

In Schlagzeilen, Titeln, Werbeslogans wird oft der Artikel nicht versprachlicht, vgl.:

(32) Konservative gewinnen Parlamentswahl [http://www.faz.net/s/homepage.html, 3.4.11]

(33) Spieler mit Ideen (ZEIT, 5.1.2005) [gemeint ist F. Schiller, im Schiller-Jahr 2005]

(34) Aus Fehlern gelernt (stern online, 3.1.2005, Home)

In solchen TEXT-ELLIPSEN können auch appositive Ausdrücke (z.B. appositive Adjektive) etc. fehlen. Ausdrücke werden in dieser Abfolge (links vor rechts) weggelassen:

> bestimmter Artikel > appositiver (installierter) Ausdruck > Hilfsverb/Kopulaverb (*haben* (Hv), *sein*, *werden*) > Personaldeixis > Präposition

In anderen Fällen wird eine Funktion mit einzelnen Ausdrücken hinreichend erfüllt. Nach einer Entscheidungsfrage genügt ein Responsiv (*ja, nein*). Auf eine Ergänzungsfrage hin realisiert man meist nur einen Ausdruck, der das Wissensdefizit behebt:

(35) Wer ist für die Tafel zuständig? Lena.

Eine eigener Fall ist die ANALEPSE, die wir in Koordinationen häufig vorfinden:

(36) Peter hat Paul besucht und [] [] Inga versetzt.

(37) Peter hat Paul besucht und Peter hat Inga versetzt.

> Mit der ANALEPTISCHEN PROZEDUR wird thematisch an Verbalisierungen einer Vorgängeräußerung oder eines vorangehenden Konjunkts (Teil einer Koordination) angeschlossen, die noch präsent sind. (→ C5.3.5)

Oft kann die Folie der vorausgehenden Äußerung genutzt werden, so dass aus der Wortgruppe ein ganzer Gedanke zu erschließen ist:

(38) »Etwas davon werden wir wohl zu sehen bekommen«, sagte Hannes, und ich darauf: »Hoffentlich *Endstation Sehnsucht*, ein wunderbares Stück aus Amerika.« (Lenz 2011: 18)
»Etwas davon werden wir wohl zu sehen bekommen«, sagte Hannes, und ich [sagte] darauf: »Hoffentlich [bekommen wir] *Endstation Sehnsucht*, ein wunderbares Stück aus Amerika [zu sehen].«

INTERJEKTIONEN stehen immer außerhalb eines Satzzusammenhangs, können allenfalls an Sätze angebunden werden (*āch, was du immer hast; das ist schön, né*). Interjektionen sind selbständige funktionale Einheiten im Gespräch, die den Partner unmittelbar lenken, auch aus der Hörerposition heraus. Sie realisieren die expeditive Prozedur. Sie steuern die laufende Handlungskooperation, die Planung und die Erwartungsverarbeitung. Interjektionen können emotionale Befindlichkeit direkt übertragen. Charakteristisch ist, dass sie ungewöhnliche Lautkombinationen haben (*hm*), ein spezifisches Tonmuster tragen, das funktionsunterscheidend wirkt (*hm̌* gegenüber *hm̀*).

(39) Frauengruppe

| 1 EBE | Ich bewunder da immer meine älteste Tochter Elvira wie die des |

| 2 EBE | mit ihrer Tochter macht→ die lässt das einfach laufen→ | ich mein der/ |
| BEK | hm̌   hm̀ | |

| 3 EBE | der Endeffekt ist der dass... |

(IDS Kommunikation in der Stadt 2740/4)

Das Beispiel zeigt in Fläche 2 zunächst ein Verständnis ausdrückendes *hm̌*, dann ein fehlendes Verständnis, fehlende Akzeptanz anzeigendes *hm̀*. Die Variante mit fallendem Ton führt meist dazu, dass die Sprecherin versucht, durch Planänderung, Begründung, Erläuterung etc. doch noch Akzeptanz zu erreichen. Insofern ist eine solche Interjektion ein sehr ökonomisches Mittel, das Gespräch aus der Hörerposition heraus zu lenken.

Im folgenden Fall sehen wir Verwendungen aus der Sprecherposition heraus; das *né* zielt auf Hörerbestätigung und Wissensübernahme, das *äh* und das *hm̄* sichern das Rederecht für den Sprecher, insofern sie eine planungsbedingte Pause (Suche nach einem Fachwort) überbrücken.

(40) Unterrichtskommunikation Klasse 7 (Biologie)

1 S1   Äh, was passiert denn (...) wenn man n Herzanfall kriegt? Is ja eigentlich äh
2 S1   was anderes, ne? Grad wenn man mehr *hm̄* ... Stickstoff oder so, da/
3 S1   dann sterben ja die meisten Leute davon.
(Redder 1982: 27) (vereinfacht)

Funktionsbestimmung	Formen
Aufmerksamkeit erzeugen, Kontakt herstellen	hè, hé, hē, hě; nà, nǎ
Kommunikationsbereitschaft signalisieren	halló; já, jǎ
Verständnis, Einverständnis, Akzeptanz ausdrücken	hm̄, hmhm̄; jà, jǎja, jǎ; okày; nèin (negierter Sachverhalt)
Nicht-Verstehen, fehlende Akzeptanz ankündigen	hm̄; nā
Nicht-Verstehen, fehlende Akzeptanz ausdrücken	hm̀, hm̀'; nà
Erwartungskontrast	àch, àch'; já
Anfordern akzeptierender, das Gesagte übernehmender Hörerreaktion (an Äußerung angehängt)	já; né; òdér; géll; okáy
Überbrücken von Planungs-, Formulierungsproblemen	àch; ǎh, ǎ̄h; hm̄; jā; tjà, tjā; nā, nà'
Problemlösung	àhá, ahâ; hé
positive Empfindung/Überraschung positiver Geschmack	âh; oî; eî; ôh; hm̂
negative Empfindung / Abscheu, Ekel	pfuì; îh, ìh; bà
Schmerz	aù, aū, auà

Tab. 2: Interjektionen und andere lenkend gebrauchte Ausdrücke

Responsive (*ja, nein*) sind Antwortausdrücke; sie operieren auf dem in der Entscheidungsfrage thematisierten Sachverhalt und geben das Ergebnis einer Wissensabfrage des Hörers kund. Einige können auch wie Interjektionen - lenkend, paraexpeditiv - gebraucht werden, umgekehrt können einige Interjektionen und Modalpartikeln responsiv gebraucht werden.

Funktionsbestimmung	Formen
positive Antwort, positiver Bescheid	jà, jà', jă, jájà; hm̌, hmhm̌
negative Antwort, negativer Bescheid	nèin, neinnèin; hm̀hm̀; ʔáʔà'
wahrscheinlichkeitsbezogene Antwort (Modalpartikel)	wahrscheinlich, möglicherweise
bewertete Antwort (Modalpartikel)	bedauerlicherweise, leider

Tab. 3: Responsive und andere als Antwort verwendbare Ausdrücke

B2.3.2 Einfacher Satz

Viele sprachliche Handlungen können ihren Zweck nur erfüllen, wenn sie einen vollständigen Gedanken, eine Proposition transportieren. Eine Assertion, die dem Transfer von Wissen dient, kann allein mit einer Äußerung wie *da* nicht gelingen. Es sei denn, ein Gedanke ist durch eine Frage schon als offener, zu vervollständigender ins Spiel gebracht. Jemand hat gefragt: *Wo laufen sie denn?* Die Antwort *da* orientiert dann den Fragesteller ausgehend vom Sprecherstandort auf einen fernen Raumbereich.

Wer darüber nachdenkt oder redet, wie es sich mit einer Sache verhält, trennt die ‚Sache' vom ‚Verhalt', den Gegenstand von seinen Eigenschaften oder Charakteristika. Im Entwurf eines Gedankens verbinden wir einen Gegenstand mit einem Charakteristikum: Jemand handelt, etwas ereignet sich, ein Ding hat eine bestimmte Eigenschaft. In der sprachlichen Fassung erscheinen Redegegenstand und Charakteristikum zusammengefügt, synthetisiert für Zwecke der Übermittlung an Andere. In der Äußerung wird der Entwurf kommunikativ aufbereitet, der Gedanke erhält hörerorientiert eine Form. In seiner Formulierung wird er zeitlich verankert (*Paula sing-* → *Paula singt*), für die Wissensbearbeitung aufbereitet (*Paula singt ja*), bewertet (*Paula schwächelt*), erweitert und ausgebaut (*Paula und Pia singen heute in der Carnegie Hall*).

Die Synthese macht aus funktionsverschiedenen Ausdrücken eine funktionale Einheit höherer Stufe. *Lars* liefert dem Hörer den Zugang zu einer Person, die unter diesem Namen bekannt ist und als Redegegenstand fungieren kann. *Schlafen* benennt ein Charakteristikum, einen Prozess der Ruhe, in den viele höhere Lebewesen gelangen und bei dem sich Blutdruck, Puls und Atemfrequenz verändern. Lars kann unter das Charakteristikum *Schlafen* fallen. Im Gedanken ist die Welt immer schon für die Versprachlichung gegliedert. Wenn ich einen Gedanken sprachlich fasse, wird im Deutschen eine zeitliche Verankerung erwartet. Der Gedanke wird FINIT gemacht (*Lars schläf-t*). Dazu nutzt das Deutsche das Verbtempus und Adverbialia (Andere Sprachen markieren Finitheit nicht verbal, sondern durch Partikeln der Abgeschlossenheit oder des Andauerns, so Mandarin Chinesisch). Die Synthese schlägt sich formal auch in der Kongruenz nieder: Das Verb wird in Person und Numerus mit dem Subjektausdruck abgestimmt.

Der Ausdruck wird schließlich in der Gewichtung und thematischen Organisation für den Hörer aufbereitet. Merkmale wie Tonmuster und Verbstellung bestimmen den Äußerungsmodus.

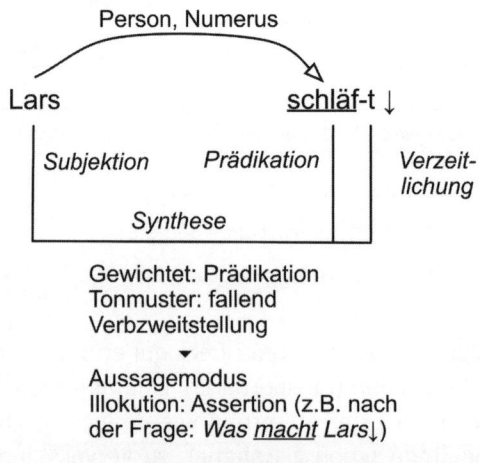

```
                    Person, Numerus
                 ┌─────────────────┐
              Lars              schläf-t ↓
              ┌─────────────────┐│
              │ Subjektion  Prädikation │ Verzeit-
              │                 ││ lichung
              │     Synthese    ││
              └─────────────────┘
```

Gewichtet: Prädikation
Tonmuster: fallend
Verbzweitstellung
▼
Aussagemodus
Illokution: Assertion (z.B. nach der Frage: *Was macht Lars↓*)

Abb. 5: Satz und Synthese

Der Gedanke erscheint als Synthese von Subjektion und Prädikation. Sein Gegenstand wird mit der Subjektion zum Redegegenstand als vom Sprecher Gemeinten. Mit der Prädikation wird ein Charakteristikum ausgedrückt, das dem Sprachwissen entnommen ist, in dem wir Handlungs- und Ereigniskategorien, Qualitäten und Eigenschaften gespeichert haben. Subjektion und Prädikation müssen hörerspezifisch formuliert sein, damit der Hörer einen Zugang zum Gemeinten finden und darauf das Charakteristikum der Prädikation anwenden kann.

Mit *Lars schläft* haben wir für jemanden, der Lars kennt und weiß, was *schlafen* bedeutet, einen Gedanken sprachlich konkret gemacht, zeitlich eingegrenzt und zur Kommunikation als Sachverhalt aufbereitet. Aus dem gedanklichen Entwurf entsteht ein Sachverhalt, der assertiert, mitgeteilt, behauptet werden kann. Im Ausdruck wird ein bestimmtes Szenario gewählt und mit dem geeigneten Verb eine hörerangemessen perspektivierte Szene aufgebaut. Für die Perspektivierung gibt es stets Alternativen:

(41) Lars schneidet den Rasen mit dem Rasenmäher.
     [HANDELNDER + HANDLUNGSVERB + OBJEKT + INSTRUMENT]

(42) Der Rasen wird mit dem Rasenmäher geschnitten.
     [OBJEKT + INSTRUMENT + HANDLUNGSVERB]

Zeitlich ist die Aussage auf einen spezifischen Zeitraum beschränkt, wir können durch den Aufbau einer Vorstellung ein zeitlich Entlegenes in die kommunikative Gegenwart holen:

(43) Ich ging ins Kinderzimmer. Alles war ruhig. Lars schläft, Paula schnarcht. Plötzlich gibt es einen Knall.

Man kann einen Gedanken auch im Fragemodus ausdrücken und den Anderen über die Wahrheit entscheiden lassen: *Schläft Lars?* Oder ihn durch eine Frage auszubauen suchen: *Seit wann schnarcht Paula?* Je nach Konstellation und Hörerwissen können wir die Subjektion sprachlich anders formulieren:

(44) Lars/der Junge nebenan/mein Bruder/der/er/ ... schläft.

Man kann nicht nur über Personen, Tiere und Dinge sprechen, sondern als Subjektion kommen auch in Frage (→ D6.1):

- Rollenkonzepte: *Wer Kanzler ist, bestimmt die Richtlinien*
- Eigenschaften: *Klein ist gut*
- Handlungen: *Spielen macht Spaß*
- Tatsachen: *Dass der Präsident 2010 zurücktrat, haben manche bedauert*
- Mögliche Sachverhalte: *Ob es morgen stürmt, weiß ich nicht*
- Gründe: *Warum sie fehlt, kann ich nicht sagen*
- Zeitintervalle: *Ist nach dem Essen früh genug?*

In der Subjektion muss die Identifizierbarkeit des Redegegenstands gesichert sein, sonst hängt die Prädikation in der Luft. Für das Verständnis des verbalen Kerns der Prädikation reicht allein sprachliches Wissen aus. Ist klar, wovon der Satz handelt, kann auch die Prädikation reichen – vor allem, wenn die Subjektion schon Thema ist (→ C5.3.1).

(45) Paula macht viel: recherchiert, schreibt an der Arbeit ...

Ist der Bewertungsgegenstand klar, kann als Prädikation *toll* ausreichen. Das finite Verb ist im Deutschen in einem Satz – als Ausdruck eines Gedankens – erforderlich, anders als in Sprachen, die Nominalsätze kennen wie den semitischen (Arabisch, Hebräisch) oder im Türkischen, wo man Sätze ohne Kopulaverb der Kopulaendung bilden kann:

(46) Mehmet öğretmen.
 Mehmet Lehrer, ‚Mehmet ist Lehrer'.

Im Präteritum braucht man ein entsprechendes Kopulasuffix:

(47) Mehmet öğretmen-**di**.
 Mehmet Lehrer-KopulaPräteritum, ‚Mehmet war Lehrer'.

Mit der kopulalosen Äußerung

(48) Ankara büyük
 Ankara groß, ‚Ankara ist groß.'

drückt man eine aktuelle Aussage aus. Mit Kopulasuffix wird die Aussage in Assertionen als allgemein gültiges Wissen, Gewusstes hingestellt.

(49) Ankara büyük-**tür**.
 Ankara groß-Kopula, ‚Ankara ist groß', ‚Ankara ist nun einmal groß'.

(50) Sigara içmek yasak-tır.
 Zigarette rauchen verboten-Kopula, ‚Rauchen ist verboten'.

> In einem SATZ wird ein Gedanke formuliert, ein Sachverhaltsentwurf (Proposition) kommunikativ für die Adressaten aufbereitet, indem von einem Redegegenstand etwas ausgesagt wird und dazu Subjektion und Prädikation verbunden werden (Synthese). Der propositionale Gehalt ist zeitlich verankert (Finitheit). Der einfache Satz enthält genau ein finites Verb. Der Äußerungsmodus begrenzt das illokutive Potenzial.

B2.3.3 Komplexe Sätze

Ein Satz kann komplex sein. Das sieht man meist daran, dass er mehrere finite Verben enthält.

(51) Romeo **saß** bewegungslos zwischen Pippi Langstrumpf und Kalle Blomquist unter dem Tisch. [ein finites Verb, Zweitstellung, einfacher Satz] (Steinhövel 2003: 7)

(52) Ein Mann **hatte** eine Frau, die **war** wie das Meer. [zwei finite Verben, beide in Zweitposition]. (Brecht 1980: 49)

(53) Seine feinen Schnurrhaare **zitterten** kaum merklich, als er witternd die Nase in die Luft **hob**. [zwei finite Verben, das erste in Zweitposition, das zweite in Endposition] (Steinhövel 2003: 7)

Es gilt:

- Stehen die Verben nicht in Endstellung, sind zwei HAUPTSÄTZE verbunden (53);
- Wenn ein Verb in Endposition steht und der Satz mit einem Subjunktor wie *dass, als, weil, während, da, obwohl, solange, wenn* ... oder einem Relativum eingeleitet wird, liegt ein NEBENSATZ vor: *als er witternd die Nase in die Luft hob*;

Gelegentlich finden wir aber auch selbständige Sätze, die Nebensatzform haben, vgl. diesen Ausruf:

(54) **Dass** du immer zu spät kommen **musst**!

Nebensätze tragen zur Bedeutung des Satzganzen bei: Sie können sie beispielsweise zeitlich oder lokal spezifizieren, einen Grund oder Zweck angeben oder eine Konsequenz benennen, ähnlich dem, was ein Adverbial leistet. Sie sind dem Hauptsatz untergeordnet (Subordination). Manchmal gibt es Alternativen mit Präpositionalgruppen oder Adverbien:

(55) **Weil** das Wetter schlecht **ist**/wegen des schlechten Wetters/deshalb.

Die Grundposition solcher Nebensätze ist das Nachfeld:

(56) Alles ist heute ausgefallen, weil das Wetter schlecht ist.

Nebensätze können auch die Funktion eines Subjekts oder Objekts übernehmen:

(57) **Dass** er bestanden **hat**, ändert alles. [Subjektsatz]

(58)   Wir erwarten, **dass** du die Prüfung **bestehst**. [Objektsatz]

Nebensätze können auch eine Nominalgruppe erweitern, sie sind dann der Gruppe bzw. dem Kopf untergeordnet, subordiniert:

(59)   Da ist ja das Buch, **das** ich gesucht **habe**. [Relativsatz]

(60)   Die Tatsache, **dass** er bestanden **hat**, ändert alles. [Attributsatz]

Der Satz, in den alle anderen eingebettet sind, ist der HAUPTSATZ. Er muss aber nicht vollständig sein, ist allein oft nicht lebensfähig; manchmal besteht er nur aus dem finiten Verb:

(61)   Wer wagt, **gewinnt**.

Erst der gesamte komplexe Satz mit Nebensatz wird kommunikativ verwendet und hat eine eigene Illokution. Nebensätze haben keine eigene Illokution. Allenfalls weiterführenden Nebensätzen könnte man eine zuweisen:

(62)   Die Borussia hat verloren, **was die Fans sehr traurig macht**.
        [Assertion + Assertion]

Die Verbindung aus Haupt- und Nebensätzen nennt man auch SATZGEFÜGE oder HYPOTAXE.

Verbindet man zwei oder mehr gleichrangige Hauptsätze, spricht man von einer SATZREIHE oder PARATAXE. Zur Verbindung dienen Konjunktoren wie *und, sowie, oder, aber, denn, nicht nur ... sondern auch ...* oder ein Komma; Konjunktoren können grundsätzlich zwischen den Sätzen stehen, wenige (*aber, jedoch, nämlich, vielmehr*) auch in das zweite Konjunkt integriert werden. Es können mit einigen Konjunktoren (*und, oder*) auch mehr als zwei Sätze verbunden werden, dann genügt es, vor dem letzten einen Konjunktor zu haben. Werden die Sätze ohne Konjunktor nebeneinandergestellt, finden wir in der Mündlichkeit ein mittel-schwebendes (progredientes) Tonmuster und eine kurze Pause (→ F2).

(63)   [Karl Borg war Vizemeister bei der Artillerie], und [in seiner Batterie saß das ganze Gesindel des Regiments zusammen]. (Brecht 1980: 73)

(64)   Sie lachte→ • lachte→ • lachte↓

Koordiniert werden können auch kleinere Einheiten:

(65)   die Vor- und die Nachteile; Paul und Paula; mein Freund und seine Freundin; singt und tanzt; schön und gut; hier und da

(66)   [Das Wunderkind kommt herein] – [im Saale wird's still]. [Es wird still], **und** [dann beginnen die Leute zu klatschen, weil irgendwo seitwärts ein geborener [Herrscher] **und** [Herdenführer] zuerst in die Hände geschlagen hat]. [[Sie haben noch nichts gehört], **aber** [sie klatschen Beifall]; **denn** [ein gewaltiger Reklameapparat hat dem Wunderkinde vorgearbeitet]], **und** [die Leute sind schon betört, [ob sie es wissen] **oder** [nicht]]. (Mann 1986: 390)

B Grundbegriffe der grammatischen Untersuchung: Funktionen und Formen

Nebensätze können koordiniert und dann gemeinsam subordiniert werden [*ob sie es wissen*] *oder* [*(ob sie es) nicht (wissen)*].

(67) [Als der Zug in die große Halle einfuhr] und [die Glocken läuteten], war ich in Köln angekommen.

Äußerung in der Kommunikation
eigenständiger Handlungscharakter: Illokution/Prozedur
Grenzmarkierung:
schriftlich: Anfangsgroßschreibung; Endzeichen <., ?, !>
mündlich: fallendes/steigendes Grenztonmuster

Äußerungsform: Satz
kommunikativ aufbereiteter Gedanke, eigene Illokution, Kombination von Prozeduren (Synthese u.a.)

Äußerungsform: Wortgruppe/Wort
Nominalgruppe/Eigenname
Deixis
Responsiv
Interjektion
...

einfacher Satz
Illokution
Verbzweitstellung / Verberststellung/
selten: Endstellung
Gewichtung eigenständig

komplexer Satz

Satzreihe (Parataxe)

Satzgefüge (Hypotaxe)

Hauptsatz 1 (Hauptsatz 2, Hauptsatz n)
mündlich: progredientes Tonmuster

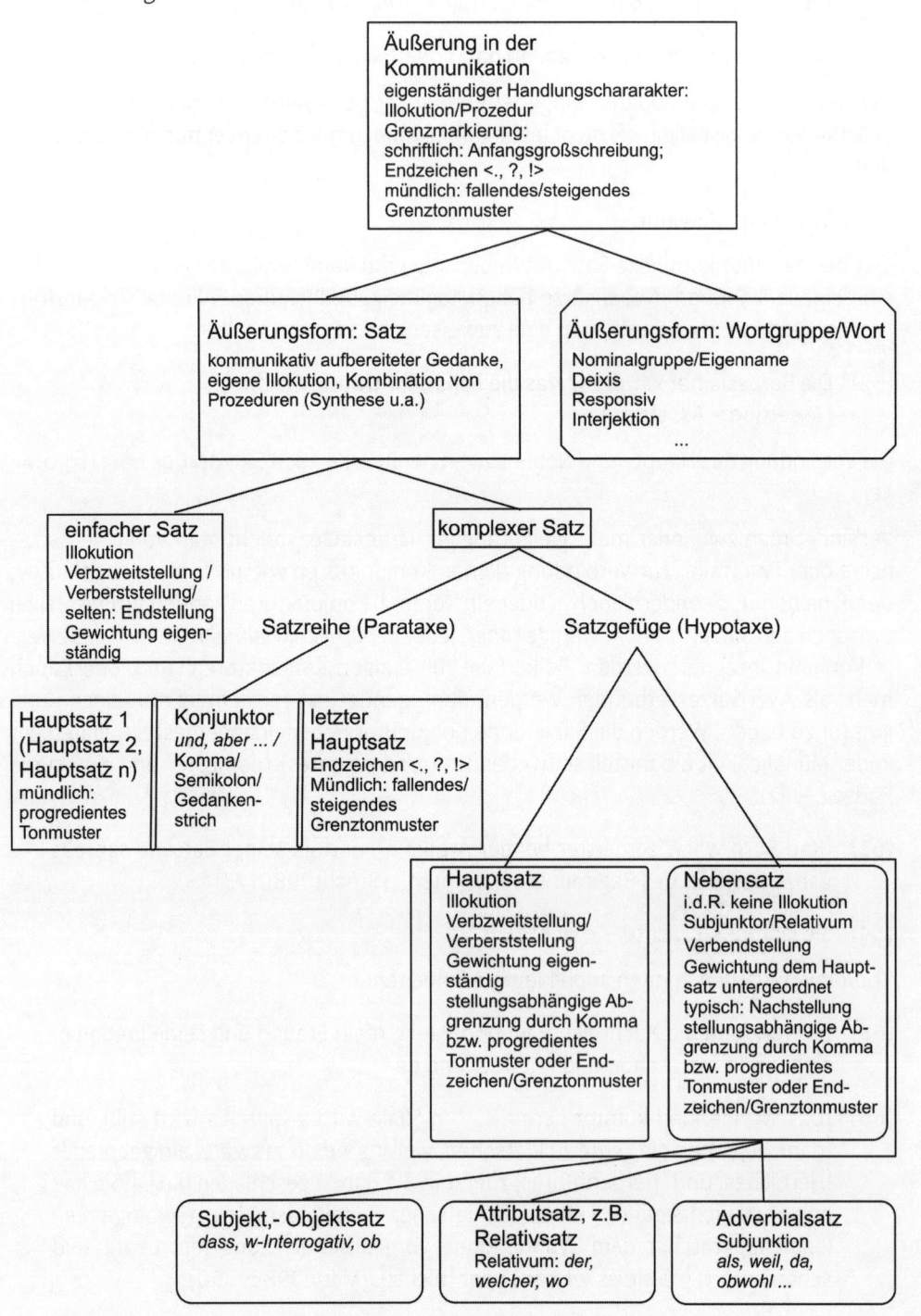

Konjunktor
und, aber ... /
Komma/
Semikolon/
Gedankenstrich

letzter Hauptsatz
Endzeichen <., ?, !>
Mündlich: fallendes/ steigendes Grenztonmuster

Hauptsatz
Illokution
Verbzweitstellung/
Verberststellung
Gewichtung eigenständig
stellungsabhängige Abgrenzung durch Komma bzw. progredientes Tonmuster oder Endzeichen/Grenztonmuster

Nebensatz
i.d.R. keine Illokution
Subjunktor/Relativum
Verbendstellung
Gewichtung dem Hauptsatz untergeordnet
typisch: Nachstellung
stellungsabhängige Abgrenzung durch Komma bzw. progredientes Tonmuster oder Endzeichen/Grenztonmuster

Subjekt,- Objektsatz
dass, w-Interrogativ, ob

Attributsatz, z.B. Relativsatz
Relativum: *der, welcher, wo*

Adverbialsatz
Subjunktion
als, weil, da, obwohl ...

Abb. 6: Äußerung und Äußerungsformen (Übersicht)

B2.4 Satzfunktionen („Satzglieder")

Für die folgenden Kapitel ist es wichtig, eine erste Vorstellung von den Satzfunktionen zu haben.

> SATZFUNKTIONEN sind die Rollen einzelner Elemente in dem vom Satz ausgedrückten Gedanken, z.B. als Gegenstand, von dem etwas gesagt wird (Subjekt), als Charakteristikum (Prädikat) oder von einer Handlung erfasstes Objekt.

Sie werden später noch genauer beschrieben, vor allem im Kapitel zur Verbszene und zur Valenz (→ D6). Wenn wir von „Satzgliedern" sprechen, bleibt unklar, ob wir die Form (Teil eines Satzes) oder ihre Funktion meinen: Ist in „der Sommer war sehr groß" (Rilke) der Ausdruck *der Sommer* das Subjekt oder ist Subjekt die Funktion der Gruppe im Satz oder macht – wie in der gegenwärtigen Schulgrammatik – beides das Subjekt aus?

Jeder Gedanke, den wir entwerfen, braucht einen Ansatzpunkt, einen Gegenstand im weitesten Sinne. Wenn wir ihn sprachlich fassen (*der Präsident; das Gold; sie; alles, was uns einfällt; Tanzen ...*), wird deutlich, wie wir den Gedanken fundieren. Wir sprechen von der SUBJEKTION als Akt bzw. verkürzt davon, dass ein sprachlicher Ausdruck die Funktion SUBJEKT habe. Sie beinhaltet das, wovon der Satz handelt, den Ansatzpunkt einer Szene. Für den *Subjektausdruck*, die sprachliche Seite, gelten bestimmte Anforderungen. Hat der Ausdruck einen Kasus, erscheint er im Nominativ. Oft wird mit dem Subjekt ein Thema fortgeführt (*Paula lernte* [*einen Goldsucher*]₁ *kennen.* [*Der Mann*]₁ *war ihr unheimlich*). Typisch sind semantische Rollen wie Handelnder, Besitzer, Träger von Zuständen (**Er** *fährt,* **er** *hat einen Golf,* **der** *Golf ist alt.*), es sind viele Rollen möglich (→D6.1). Der Ausdruck des Subjekts regiert die Personalform und den Numerus des finiten Verbs (*ich lach-e, du lach-st, sie lach-en*).

Der Subjektion steht das gegenüber, was wir darüber aussagen. Das ist ein bestimmtes Charakteristikum (*schläft, lacht, glänzt, leuchtet ein, macht fit, besucht gern seine Tante, liegt zwischen Hannover und Braunschweig, wirft den Ball in den Brunnen*). Den Akt, mit dem wir das den Gedanken bestimmende Charakteristikum, das Ausgesagte, bestimmen, nennen wir PRÄDIKATION, alles, was wir über etwas aussagen, ist das MAXIMALE PRÄDIKAT. Wir betrachten (wie die Tradition) die gedankliche Basis des Satzes also als zweiteilig. Die Subjektion und die Prädikation können komplex aufgebaut sein: [*Sein früherer Kollege aus der Uni*] [*suchte nach Gold*].

Subjektion	*Prädikation*
WORÜBER / VON WEM WIRD GESPROCHEN?	WAS WIRD ÜBER DAS <SUBJEKT> GESAGT?

Abb. 7: Subjektion und Prädikation

Das elementare Charakteristikum, das die szenische Gliederung bestimmt, nennen wir MINIMALES PRÄDIKAT. Das finite Verb (*sagt, liest, macht, spielt*) oder der Verbkomplex (*soll gesagt haben, wird getan, kann repariert worden sein*) bilden den Ausdruck des Prädikats. Das Prädikat allein reicht oft nicht, eine Szene komplett zu versprachlichen: *Paula schläft* gegenüber *Paula bringt.*

Diesem minimalen Prädikat steht also ein „maximales"[1] gegenüber, die Prädikation umfasst alles, was über den Satzgegenstand gesagt wird:

(68) ... weil Paul den ganzen Tag [gespielt hat]$_{Minimales\ Prädikat}$

(69) Beate [spielt gern Klavier]$_{Maximales\ Prädikat}$

```
                    maximales Prädikat
                  ⌒⎺⎺⎺⎺⎺⎺⎺⎺⎺⎺⎺⎺⎺⌒
                   minimales Prädikat
                    ⌒⎺⎺⎺⎺⎺⎺⌒
   ┌──────────┐   ╭────╮         ╭─────────╮   ╭────────╮
   │Ihre Lehrerin│  │ hat│  ihr  gern│ geholfen│  │gestern.│
   └──────────┘   ╰────╯         ╰─────────╯   ╰────────╯
     Subjektion          Prädikation             Satzadverbial
```

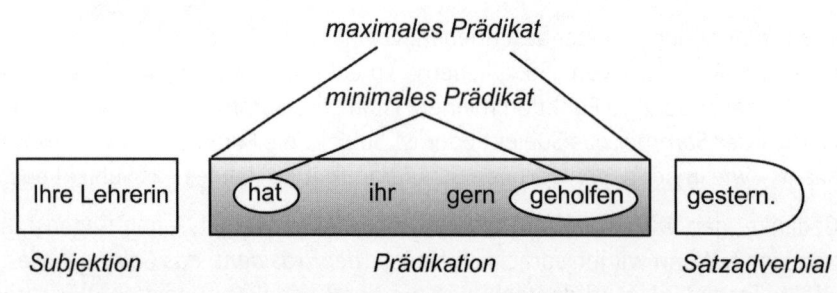

Abb. 8: Prädikation und Prädikat

Ein Adverbial, das sich auf die Verbgruppe bezieht (im Beispiel Abb. 8: *gern*), fällt unter das maximale Prädikat bzw. die Prädikation. Ein Adverbial, das sich auf den ganzen Satz bezieht wie im Beispiel Abb. 8 *gestern* oder im folgenden Beispiel *seit drei Jahren*, oder eine wissensbezogene Abtönungspartikel wie *halt* aber nicht:

(70) Sie [hat] halt seit drei Jahren [nichts gemacht]$_{Prädikation}$.

Unter die Prädikation fallen auch Objekte, die Mitspieler der in einem Satz aufgebauten Szene sind (*jemandem etwas* anvertrauen) (→ D.6). Verben verbinden sich mit Objekten und legen dabei deren Kasus fest (*holt + ein Bier* = Akkusativ, *vertraut + mir* = Dativ). Sie verbinden sich auch mit Präpositionen, die eine Nominalgruppe im Dativ oder Akkusativ regieren (*hängt an einem Haken, hofft auf ein Wunder*). Das AKKUSATIVOBJEKT ist dem Verb am nächsten und drückt oft eine von einer Handlung erfasste, veränderte, erzeugte Größe aus (*den Ball treffen, Krieg spielen, Joghurt produzieren*), aber auch anderes (*die Latte überqueren, 2 Stunden dauern*). Das DATIVOBJEKT bezieht sich häufig auf eine Person oder ein Lebewesen, die von einer Handlung betroffen sind, denen sie nützt oder schadet (*ihm den Ball zuspielen, seinem Freund einen Gefallen tun, jemandem das Rad stehlen*). Das PRÄPOSITIONALOBJEKT ist mit seiner Präposition vom Verb regiert. Manche Verben verlangen nach bestimmten Präpositionen mit Nominalgruppen in einem spezifischen Kasus (*hoffen auf, glauben an, warten auf, denken an, folgen aus, erzählen von, sich wundern über ...*). Die Präposition hat viel von ihrer Bedeutung eingebüßt und ist vom Verb bestimmt, den Anschluss zu leisten. Andere sind in der Anschlussfrage flexibler (*gehen nach/in/auf, stellen auf/in/vor/über/neben*). Subjekt- oder Objektsätze haben naturgemäß keinen Kasus.

---

1 So die Terminologie von Zifonun/Hoffmann/Strecker 1997

Statt der Kombination mit Objekten kann sich auch ein Prädikatsausdruck aus der Gruppe *sein, werden, bleiben* (Kopulaverb) mit einem Ausdruck in der Funktion eines PRÄDIKATIVS verbinden, der die Prädikation komplett macht:

(71) Sie ist sehr hübsch. [Adjektivgruppe]
 Sie ist pleite. [Adkopula]
 Sie ist Bäckerin. [Nominalgruppe]
 Sie ist aus Kiel. [Präpositionalgruppe].

Traditionell fragt man mit *wer* (Lebewesen) oder *was* (Dinge) nach Subjekt bzw. Objekten (zu den Testverfahren genauer → S1). Das wird sprachlich aber öfter problematisch:

(72) Die Blume blüht. – Wer blüht? Was blüht?

(73) Ein Pantoffeltierchen kann man sehen. – Wen kann man sehen? Was kann man sehen?

(74) Die Bäume sind umgefallen. – Wer ist umgefallen?

Besser ist es, die Ersetzbarkeit durch eine Form von *er, sie, es* oder *der, die, das* heranzuziehen. Im Dativ fragt man *wem* oder *welcher Sache, welchem Ding*, man kann aber auch durch *ihm, ihr* ersetzen. Das Akkusativobjekt wirft ähnliche Probleme auf wie das Subjekt. Das Präpositionalobjekt erfragt man mit Fragewörtern wie *worauf, auf wen, woran, an wen, worüber*:

(75) *Sie hoffen **auf Frieden**. – Worauf hoffen sie?*

(76) *Er berichtete **über die Sitzung**. –Worüber berichtete er?*

Das Prädikativ lässt sich schlecht erfragen. Manchmal geht *was*, bei Adverbien kann man z.T. *wo* verwenden.

In der Satzfunktion ADVERBIAL erscheinen Ausdrücke, die einen Sachverhalt in Raum und Zeit verankern, Gründe und Ursachen nennen, die Art und Weise der Ausführung etc. Sie werden als Adverb (*dort, dahin, jetzt, überall, blindlings, gern*), Präpositionalgruppe (*vor Jahren, in Kapstadt*), Nominalgruppe (*den ganzen Tag*) oder Satz (*als es regnete, weil alle es wollen, wo es wehtut*) realisiert. Meist sind sie unabhängig vom Verb, es gibt keine Kasusforderung. Einige Verben verlangen aber ein Adverb oder eine Präpositionalgruppe als Komplement (*hier leben, dort bleiben, auf dem Tisch stehen*).

Adverbialia können sich auf das Verb oder die Verbgruppe beziehen (Verbgruppenadverbial): **gern** spielen, **blindlings** folgen. Andere beziehen sich auf den ganzen Satz (Satzverbiale): **Heute** [regnet es], [sie kündige die Freundschaft] **aus Eifersucht, wenn man nichts ändert**, [bleibt nichts, wie es ist].

Der Ausdruck x eines Satzadverbials lässt sich in eine Konstruktion wie *es ist x der Fall, dass ...* auslagern; wenn das zu ungrammatischen Sätzen führt, liegt die Funktion Verbgruppenadverbial vor:

(77) Morgen besucht sie uns. → Morgen ist es der Fall, dass sie uns besucht.
 [Satzadverbial]

(78) Gern besucht sie uns. → *Gern ist es der Fall, dass sie uns besucht.
[Verbgruppenadverbial]

Man fragt je nach Typ mit *wann, wo, woher, wohin, wie, wie oft, wie lange*.

(79) Johannes kommt **aus der Schweiz** angereist. – Woher kommt Johannes angereist?

(80) Sie gehen **in die Muckibude, um fit zu bleiben**. – Wohin gehen sie? Wozu gehen sie dorthin?

Abb. 9 veranschaulicht die Satzfunktionen, Tab. 4 gibt einen Überblick zu den sprachlichen Realisierungen.

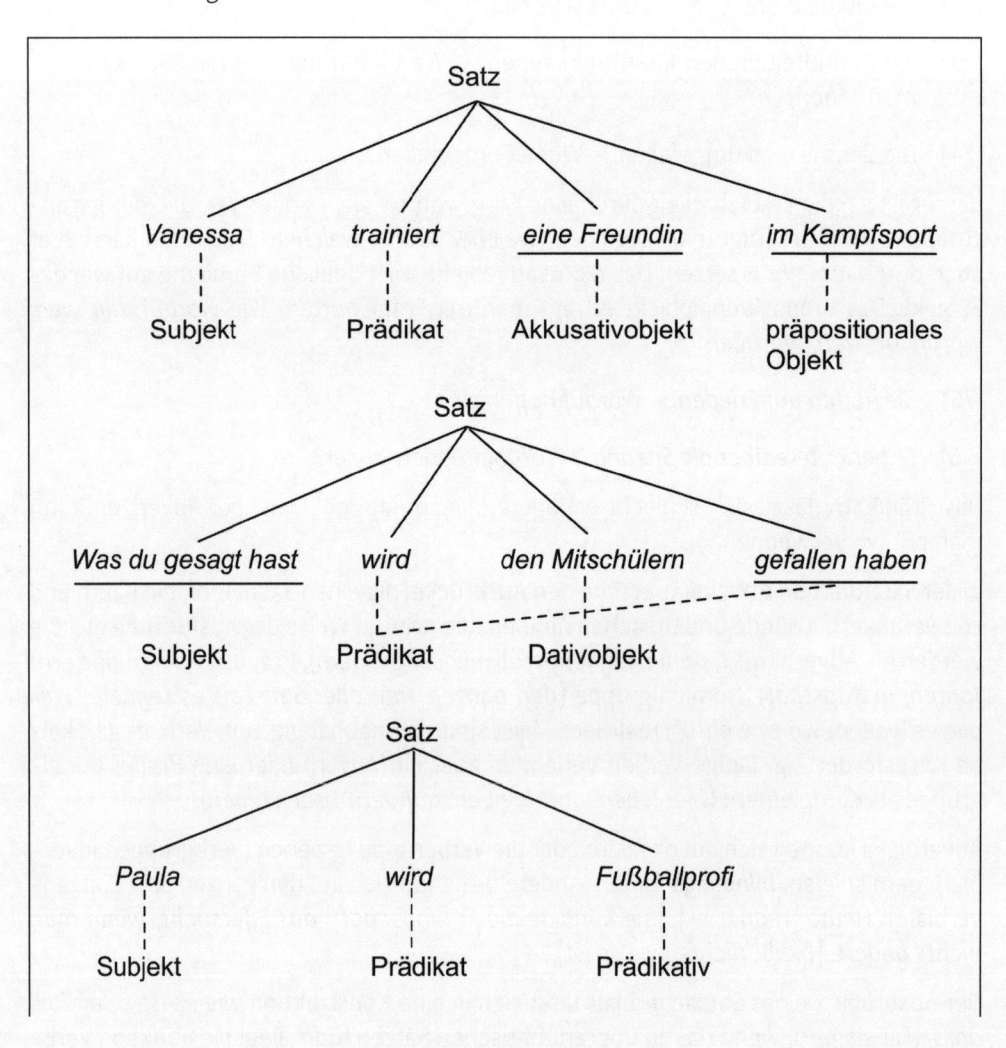

```
                    Satz
        ┌────────┬────────┬────────┐
     Vanessa  trainiert eine Freundin  im Kampfsport
        │        │        │              │
     Subjekt  Prädikat Akkusativobjekt  präpositionales
                                          Objekt

                    Satz
        ┌────────┬────────┬────────┐
  Was du gesagt hast  wird  den Mitschülern  gefallen haben
        │        │        │              
     Subjekt  Prädikat Dativobjekt

                    Satz
        ┌────────┬────────┐
      Paula    wird    Fußballprofi
        │        │        │
     Subjekt Prädikat  Prädikativ
```

Satz

```
In Dortmund      hat      Paul      gern      Fußball      gespielt
     |            |         |         |          |            |
Satz-Adverbial  Prädikat  Subjekt  Verbgruppen- Akkusativobjekt
                                    Adverbial
```

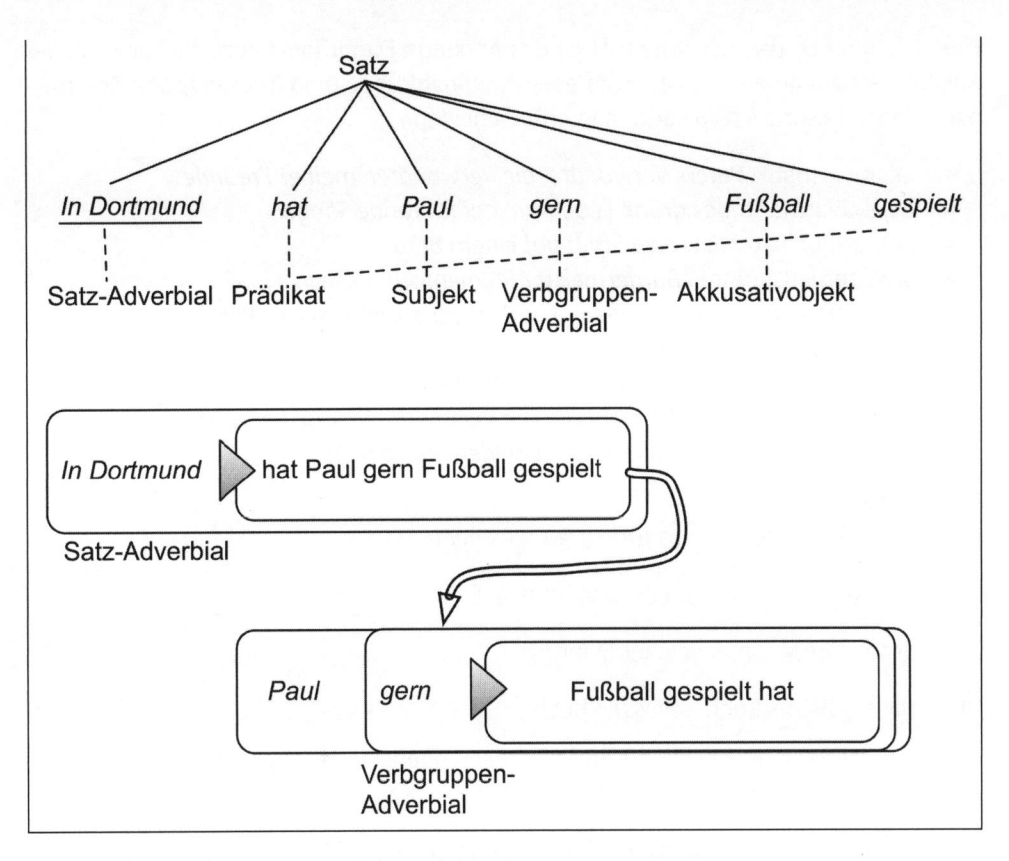

```
[ In Dortmund ] ▷ [ hat Paul gern Fußball gespielt ]
Satz-Adverbial

                  [ Paul  gern  ▷  Fußball gespielt hat ]
                          Verbgruppen-
                           Adverbial
```

Abb. 9: Satzfunktionen

	Wortgruppe/Wort	Nebensatz	Infinitivgruppe
Subjekt	Der Berg ruft. Das alte Haus am Deich wackelt. Sie singt. Alle lachen.	Wer wagt, gewinnt. Dass es schneit, ist schön.	Lieder singen macht Spaß.
Akkusativobjekt	Sie vermisst ihren neuen Koffer. Gestern hat sie ihn noch gesehen. Die Behörde beantwortet nichts.	Max sieht, was er angerichtet hat.	Sie erlauben, das Land zu verlassen.
Dativobjekt	Sie will ihr vertrauen. Man soll den Bedürftigen helfen.	Ich kann das geben, wem ich will.	
Präpositionalobjekt	Christen glauben an die Erlösung. Sie hoffen auf sie.	Sie werden sich freuen (darüber), dass Besuch kommt.	Sie bitten uns, nach Hause zu gehen.
Prädikativ	Hans ist groß. Hans ist (der) Gärtner. Sie ist dort. Er ist in Mannheim.	Es ist, wie es ist. Er wird, was sein Vater war.	
Adverbial	Sie möchte gern helfen. Sie kommt gegen fünf Uhr an. Sie braucht drei Stunden.	Es begann zu regnen, als sie hereinkam. Wenn sie Erfolg haben, ist alles gut. Es ist toll, wie du das machst.	Sie bereiteten sich vor, um die Klausur zu bestehen.

Tab. 4: Realisierungsformen für Satzfunktionen

Eine Satzfunktion der zweiten Stufe ist das ATTRIBUT. Damit fasst man die Funktion der Ausdrücke zusammen, die den Kopf einer Nominalgruppe modifizieren (ohne Determinativ), nach Ausdruckstyp kann man unterscheiden:

- Genitivattribut: **Peters** Verwandte, die Verwandten **meiner Freunde**
- Adjektivattribut: das **grüne** Leuchten, der **fahrende** Sänger
- Präpositionalattribut: eine Stadt **auf einem Berg**
- Erweiterungsnomen: **Bürgermeister** Palmenroth
- Apposition: der Staatspräsident, **Mitglied der sozialistischen Partei**
- Adverb: der Schrank **dort**
- Attributsatz: die Frage, **ob die Schule dreizügig wird**
- Relativsatz: Einstein, **der nicht nur die Relativitätstheorie begründete**
- Infinitivgruppe: das Problem, **die Schulden abzubauen**

Frageprobe:
Man erfragt Attribute mit *was für ein N / welcher N / wessen N?*

(81) eine kunstvolle Stickerei – was für eine Stickerei?

(82) der zweite Mann – welcher Mann?

(83) Hans-Jürgens Buch – wessen Buch?

Mit Ausdrücken in Attributfunktion kann der Gegenstandsbezug der Nominalgruppe präziser gestaltet werden (restriktiver Gebrauch, → Kap. C4):

(84) Ich hätte gern eine **schwarze** Bluse **aus Seide** → Die Bluse muss schwarz und aus Seide sein.

(85) Der, **der das gesagt hat**, gehört verhaftet.

Man kann auch bereits hinreichend zugänglich gemachten Gegenständen Zusatzinformationen zufügen (appositiver Gebrauch, → Kap. C6):

(86) Präsident Obama, **der ja bald wiedergewählt werden möchte**, verkündet einen Truppenabzug.

Appositionen sind also nie restriktiv, vgl.:

(87) Hans-Jürgen, **übrigens ein glänzender Redner**, begeisterte.

Das Zusammenspiel der sprachlichen Mittel, die in diesem Kapitel vorgestellt wurden, zeigt Abb. 10.

Aufgabe: Untersuchen Sie den Satzaufbau (Koordination, Subordination, Hauptsätze, Art der Nebensätze, etwa Subjektsatz, Objektsatz, Adverbialsatz, Attributsatz), bestimmen Sie die Satzfunktionen und die Wortarten im folgenden Beispiel des Anfangs einer Erzählung von Andersch! Welche Bedeutung hat der Satzaufbau für die Darstellung?

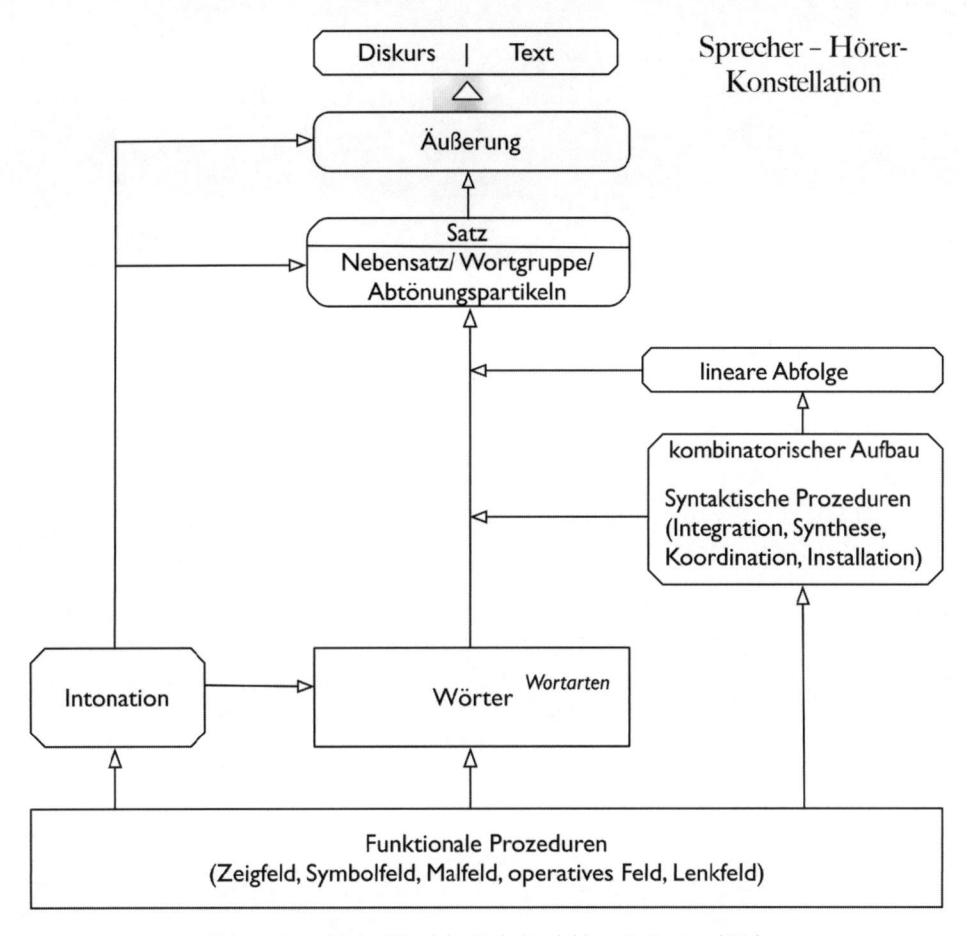

```
                    ┌─────────────────┐
                    │ Diskurs │ Text  │      Sprecher – Hörer-
                    └────────△────────┘         Konstellation
                             │
                    ┌─────────────────┐
               ┌───▶│     Äußerung    │
               │    └────────△────────┘
               │             │
               │    ┌─────────────────┐
               │    │      Satz       │
               ├───▶│Nebensatz/Wortgruppe/│
               │    │ Abtönungspartikeln │
               │    └────────△────────┘
               │             │
               │             │      ┌──────────────────┐
               │             ◀──────│  lineare Abfolge │
               │                    └────────△─────────┘
               │                             │
               │                   ┌──────────────────────┐
               │                   │ kombinatorischer Aufbau│
               │             ◀─────│ Syntaktische Prozeduren│
               │                   │ (Integration, Synthese,│
               │                   │ Koordination, Installation)│
               │                   └──────────△───────────┘
               │                              │
       ┌──────────────┐     ┌──────────────────────┐
       │  Intonation  │────▶│  Wörter   Wortarten  │
       └──────△───────┘     └──────────△───────────┘
              │                        │
       ┌──────────────────────────────────────────────┐
       │         Funktionale Prozeduren               │
       │(Zeigfeld, Symbolfeld, Malfeld, operatives Feld, Lenkfeld)│
       └──────────────────────────────────────────────┘
```

Abb. 10: Sprachliche Mittel der Einheitenbildung in Text und Diskurs

(88) Die Griechisch-Stunde sollte gerade beginnen, als die Türe des Klassenzimmers noch einmal aufgemacht wurde. Franz Kien schenkte dem Öffnen der Türe wenig Aufmerksamkeit; erst, als er wahrnahm, daß der Klasslehrer, Studienrat Kandlbinder, irritiert, ja geradezu erschreckt aufstand, sich der Türe zuwandte und die zwei Stufen, die zu seinem Pult über der Klasse hinaufführten, herunter kam, - was er nie getan hätte, wenn es sich bei dem Eintretenden um niemand weiter als um einen verspäteten Schüler gehandelt hätte -, blickte auch er neugierig zur Türe hin, die sich vorne rechts befand, neben dem Podest, auf dem die Tafel stand. Da sah er aber auch schon, daß es der Rex war, der das Klassenzimmer betrat. Er trug einen dünnen hellgrauen Anzug, seine Jacke war aufgeknöpft, unter ihr wölbte sich ein weißes Hemd über seinem Bauch, hell und beleibt hob er sich einen Augenblick lang von dem Grau des Ganges draußen ab, dann schloß sich die Türe hinter ihm; irgendjemand, der ihn begleitet hatte, aber unsichtbar blieb, mußte sie geöffnet und wieder zugemacht haben. Sie hatte sich in ihren Angeln bewegt wie ein Automat, der eine Puppe frei gab. So, wie auf dem Rathausturm am Marienplatz die Figuren herauskommen, dachte Franz Kien. (Andersch 1980: 13f.)

C Redegegenstände formulieren

> **Didaktischer Kommentar:**
>
> Redegegenstände (oder kurz: Gegenstände) sind zentral in unserer kommunikativen Welt. Gedanken handeln von etwas. Wir sprechen über Personen, Dinge, abstrakte Konzepte, Sachverhalte – und dies unabhängig davon, ob wir denken, dass sie wirklich sind oder nicht. Was uns wichtig und unverwechselbar ist, nennen wir beim Namen, was uns in Wahrnehmung, Vorstellung, Wissen zugänglich ist, darauf können wir zeigen.
> In diesem Kapitel wird dargestellt, wie im Deutschen Redegegenstände eingeführt, präzisiert und als Thema fortgeführt werden und wie man ihnen Extrainformationen beifügen kann. Das kann mit personalen Zeigwörtern (C1) oder Eigennamen (C2) in einem Zug geschehen, oft aber bedarf es nominaler Gruppen (C3), um für Hörer das Gemeinte klarzustellen. Nominalgruppen können im Deutschen komplex sein. Sie bereiten Kindern Schwierigkeiten, insbesondere werden oft Genus- und Kasusfehler gemacht. C4 behandelt Einschränkungen des Gegenstandsbereichs, C5 die thematische Organisation und C6, wie zu Gegenständen zusätzliche Informationen geben werden. C7 thematisiert Sachverhalte als Redegegenstände und C8 das Vergleichen von Gegenständen.

> **Literatur:**
>
> Hoffmann 1999a, 2003, 2009, 2009a; Grammatiken: Duden 2009, Eisenberg 2006, Zifonun/Hoffmann/Strecker 1997

C1 Sprachliches Zeigen: Personen

> **Prozedur:**
>
> deiktische

> **Wortart:**
>
> Personaldeixis (Personalpronomen 1./2. Person)

> **Didaktischer Kommentar:**
>
> Sprachliches Zeigen ist als Verfahren nicht einfach. Wie im Fall der Eigennamen ist aber keine Kombination mit einem anderen Ausdruck nötig, Zeigwörter sind autonom verwendbar. Zu *ich* und *du* haben Kinder schon zu Beginn der Grundschulzeit einen Zugang, weniger zu *Sie*, das zur Unterscheidung von *sie* groß zu schreiben ist.

> Mit einer PERSONALDEIXIS (Plural: Personaldeixis) wie *ich, du, wir, ihr* können Sprecher auf sich selbst oder andere Personen zeigen. Er kann im Gebrauch eine Sprechergruppe (*wir*) oder eine Hörergruppe (*ihr*) aufbauen. Der Hörer vollzieht die Orientierung des Sprechers im Verstehensprozess nach.

Ein Gedanke kann beim Sprecher (Autor) oder Hörer (Adressaten) als handelnde Person, Wahrnehmungs- oder Erfahrungszentrum ansetzen. Eine solche Fundierung findet in einer Personaldeixis wie auch in einer deiktischen Personalendung des Verbs ihren Ausdruck:

(1) **Ich** les**e**-**e** vor, **du** hör-**st** zu.

Unser Ausgangsbeispiel ist eine Dialogwiedergabe, die illustriert, wie mit *ich* und *du* auf die elementaren Gesprächsteilnehmer (Sprecher und Hörer) gezeigt wird:

(2) »**Ich** bin wieder in der verhunzten Stadt. Kann **dir** nicht erklären, wieso. **Du** bist bestimmt verdutzt, dass **ich mich** nach so langer Zeit melde, wo **du** wahrscheinlich sicher warst, **ich** bin schon tot. Und **ich** war ja auch fast tot. **Ich** hab bloß geatmet, das hab ich **dir** in dem Brief damals geschrieben. **Ich** hab nicht länger warten können, das ist alles ewig her. Und jetzt bin **ich** wieder da. Und **ich** hab gedacht, **ich** ruf **dich** einfach an.« (Ani 2011: 27)

Sprache dient der Verständigung über die Welt. Direkt zugänglich machen lässt sich die Welt des Wahrgenommen nicht symbolisch, sondern nur durch Zeigen. Voraussetzung ist gemeinsame Aufmerksamkeit: Sehen, was der Andere sieht, Anderen etwas sichtbar machen, den Anderen dazu bringen, die eigene Orientierung nachzuvollziehen. Parallel wird oft mit dem Finger gezeigt. Der Hörer macht seine Orientierung mit der des Sprechers synchron, um zu sehen, was der Sprecher sieht und meinen kann. Vielleicht nimmt der Sprecher im Raum der gemeinsamen Wahrnehmung etwas Gefährliches wahr, etwas, das beide gesucht haben, etwas, das Hunger oder Durst löscht. Er kann dann mit einer Geste zeigen oder *da* äußern, so dass der Hörer sich auf seinen Standort begeben kann, um das Gemeinte und aktuell Wichtige zu finden. Die Bedeutung der Raumorientierung erkennen wir an der Vielzahl kommunikativer Gesten und an den Gebärdensprachen, deren Leistung den gesprochenen Sprachen nicht nachsteht.

Ein bloßer räumlicher Verweis auf unmittelbar Zugängliches mit distanzneutralem *da* ist elementar. Spezifischer ist eine räumliche Orientierung, die den Sprecherbereich, markiert durch *ich*, vom Hörerbereich, markiert durch *du*, unterscheidet und das Umfeld als Nahbereich (*hier, hüben*) vom Fernbereich (*da, dort, drüben*) trennt. Die Orientierung erfolgt relativ zum Sprecher. Man muss sich also in der Handlungssituation stets neu orientieren. Wer Sprecher ist, sagt *ich*, verweist auf die angesprochene Person mit *du* oder höflich-distanziert mit *Sie*. Auf seinen lokalen Nahbereich orientiert er mit *hier*, auf den Fernbereich mit *dort* oder *da*. Für den Verweis auf Personen, Objekte, Aspekte, Zeitintervalle, Ortsbereich und Richtung sind spezifische sprachliche Formen ausgeprägt. Die Ausdrücke nennt man „Zeigwort" oder „Deixis" (Plural: „Deixeis" (griechisch)). Diese Ausdrücke bilden ein funktionales System, das „Zeigfeld" (Bühler). Das Zeigfeld ist ein sprachspezifisches Gliederungssystem der Zeigwörter. Das Verständnis einer deiktischen Prozedur erfordert die Verortung der Deixis im sprachspezifischen Zeigfeld. Die Ordnung des Feldes basiert auf dem Zeigwert. Grundlage ist eine dimensionale Raumaufteilung, im Deutschen die Unterscheidung zwischen Nähe und Ferne (vgl. auch Kap. E1.1.1).

Mit *ich* orientiert der Sprecher den Hörer auf sich selbst, auf sich als handelnde Person und Orientierungszentrum des Zeigens. Das Ich handelt kommunikativ und ist abgegrenzt von anderen Personen, es ist an seiner Stimme erkennbar. An diesem Ich hängt die soziale Identität über Zeiten und Räume, das menschentypische autobiographische

Gedächtnis, mit dem wir uns in der Kontinuität unserer Lebensgeschichte sehen (ich bin im Kern der, der ich als Kind schon war). Im Kommunikationsraum kann auf eine andere kooperierende Person mit *du* gezeigt werden. Der Andere kann selbst zu einem Zentrum der Orientierung werden und die Sprecherrolle übernehmen, *ich* sagen, während der vorherige Sprecher als Hörer kooperieren und mit *du* adressiert werden kann. Zwischen Sprecher und Hörer vollzieht sich Interaktion, der Hörer ist selbst im Gespräch aktiv, steuert mit Interjektionen wie *hm̃*, spiegelt das Gesagte mit Gestik und Mimik, der Sprecher reagiert darauf, während er noch spricht. Mit *ich* zeigt der Sprecher auf sich selbst im Nahbereich der Wahrnehmung (Abb. 1). Der Zweck der Prozedur ist, dass der Hörer sich auf den Sprecherstandort, die „Origo" (Bühler), begibt und die Orientierung nachvollzieht.

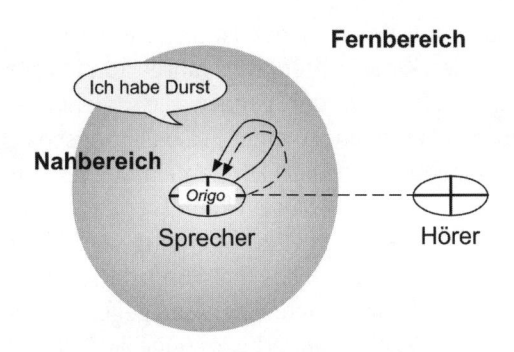

Abb. 1: Illustration zur Sprecherdeixis *ich*

Mit der Orientierung ist die Person des aktuellen Sprechers zugänglich gemacht, ohne dass Eigenschaften von ihm herangezogen werden (wie in: *der kleine Mann dort*). Sie können bei der Deixis allenfalls durch eine Apposition angeschlossen werden, im folgenden Beispiel durch (nominalisierte) Partizipien I (*den Schweigenden, Wahrnehmenden*), in denen die Aktivität des (neugeborenen) Ichs ausgedrückt ist:

(3) »Der hat den Kopf des Alten, das ist Adenauers Dickschädel!« Schon waren aber auch die anderen aufmerksam geworden, sie drängten herbei, standen um **mich – den Schweigenden, Wahrnehmenden** – herum, blickten mich mit aufgerissenen Augen ebenfalls überflüssig neugierig an und murmelten den merkwürdigen, mich beunruhigenden Namen nach. (Ortheil 2009: 7)

Dem Ich steht ein davon abgegrenztes Du als notwendiges kommunikatives Gegenstück im Zeigfeld gegenüber. Dies ist die personale Grundstruktur des Zeigfelds. Ich kann auf mich als handelnde, planende, empfindende, in die Szene involvierte oder in einer sozialen Gruppe zu verortende Person zeigen oder auf dich als gleichermaßen handlungsfähiges, planendes, empfindendes Gegenüber (Abb. 2). Der Grundform *du*, die Balance, Symmetrie, soziale Gleichstellung, Vertrautheit ausdrückt, steht eine Form der Distanz und Höflichkeit, *Sie*, gegenüber. Die Distanzform ist aus der Anapher (traditionell: Personalpronomen 3. Person Plural) *sie* abgeleitet, ursprünglich kein Zeigwort.

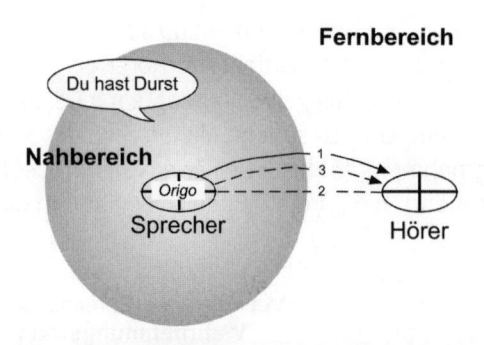

Abb. 2: Illustration zur Hörerdeixis *du*

Die Grundform der Anrede unter Erwachsenen ist *Sie*, unter Kindern und Jugendlichen *du*. Verwandte duzen einander. Kinder unter sechs Jahren können alle duzen, Kinder und Jugendliche unter etwa 16 Jahren werden geduzt. Die Zugehörigkeit zu bestimmten Gruppen (zur Gruppe der Studierenden, zu einer Fußballmannschaft etc.) oder ein bestimmter Status (Lehrer gegenüber Schüler) können ein Du-Verhältnis begründen, das bei einem Statusunterschied nicht reziprok sein kann (der Lehrer wird gesiezt, der jüngere Schüler geduzt). Es gibt einen geregelten Übergang vom *Sie* zum *Du*, der rituelle Formen annehmen kann (Anstoßen etc.); das Handlungsmuster wird von einem Angebot des Älteren, Statushöheren (früher auch: einer Frau gegenüber einem Mann) eingeleitet, das vom Anderen in der Regel akzeptiert wird (eine Zurückweisung kann das Verhältnis belasten). Unter bestimmten Handlungskonstellationen (z.B. beide stehen sich als Richter und Angeklagte gegenüber) kann man zum *Sie* zurückkehren (Abb. 3).

Um das Ich herum kann ich mit *wir* eine Gruppe, die Sprechergruppe, aufbauen. Das illustriert in einer Dialogwiedergabe das Märchenbeispiel:

(4)   Morgens früh, ehe die Sonne noch aufgegangen war, kam die Mutter und weckte die beiden Kinder »steht auf, **wir** wollen in den Wald gehen ...« (Kinder- und Hausmärchen 1999: 87)

Zur Gruppe können meine Familie, meine Freunde, meine Mitschüler, meine Mitbewohner, Landsleute etc. gehören. Ich kann sogar eine Nähegruppe aufbauen, zu der ich selbst gar nicht gehöre (ich bin mitverantwortlich, handele aber nicht etc.) oder aus der ich mich ausschließe (*wie geht's uns* (=Ihnen); *wir müssen unsere Ansprüche senken*). Man unterscheidet das inklusive vom exklusivem *wir*. Entsprechend kann man eine Hörergruppe aufbauen, die symmetrisch oder distanziert bzw. höflich adressiert wird.

Anrede mit Zeigwort

Alters-*Du*
reziprok: *du* ⇌ *du*

unter Kindern/Jugendlichen
Sprecher unter 6 Jahren
Hörer unter 16 Jahren

Verwandtschafts-*Du*
reziprok: *du* ⇌ *du*

unter Verwandten

Gruppen-*Du*
reziprok: *du* ⇌ *du*

unter Schüler/inne/n/Studierenden
unter Arbeitskollegen
unter Parteimitgliedern
unter Vereinsmitgliedern ...

Status-*Du*
(oft nicht reziprok: *du* ⇌ *Sie*)

Lehrer/innen
Erzieher/innen
 (gegenüber unter 16 J.)
----
 und **diskriminierendes *Du***

Vereinbartes *Du*
reziprok: *du* ⇌ *du*

Partnerschaft
Freundschaft
soziale Nähe
Bekanntschaft ...

Übergang zum du nach Aushandlung Initiative Älterer, Statushöherer, ...

zeitweise Rückkehr, z.B. in institutioneller Rolle, oder Revision der Vereinbarung

Grundform der Distanz
reziprok: *Sie* ⇌ *Sie*

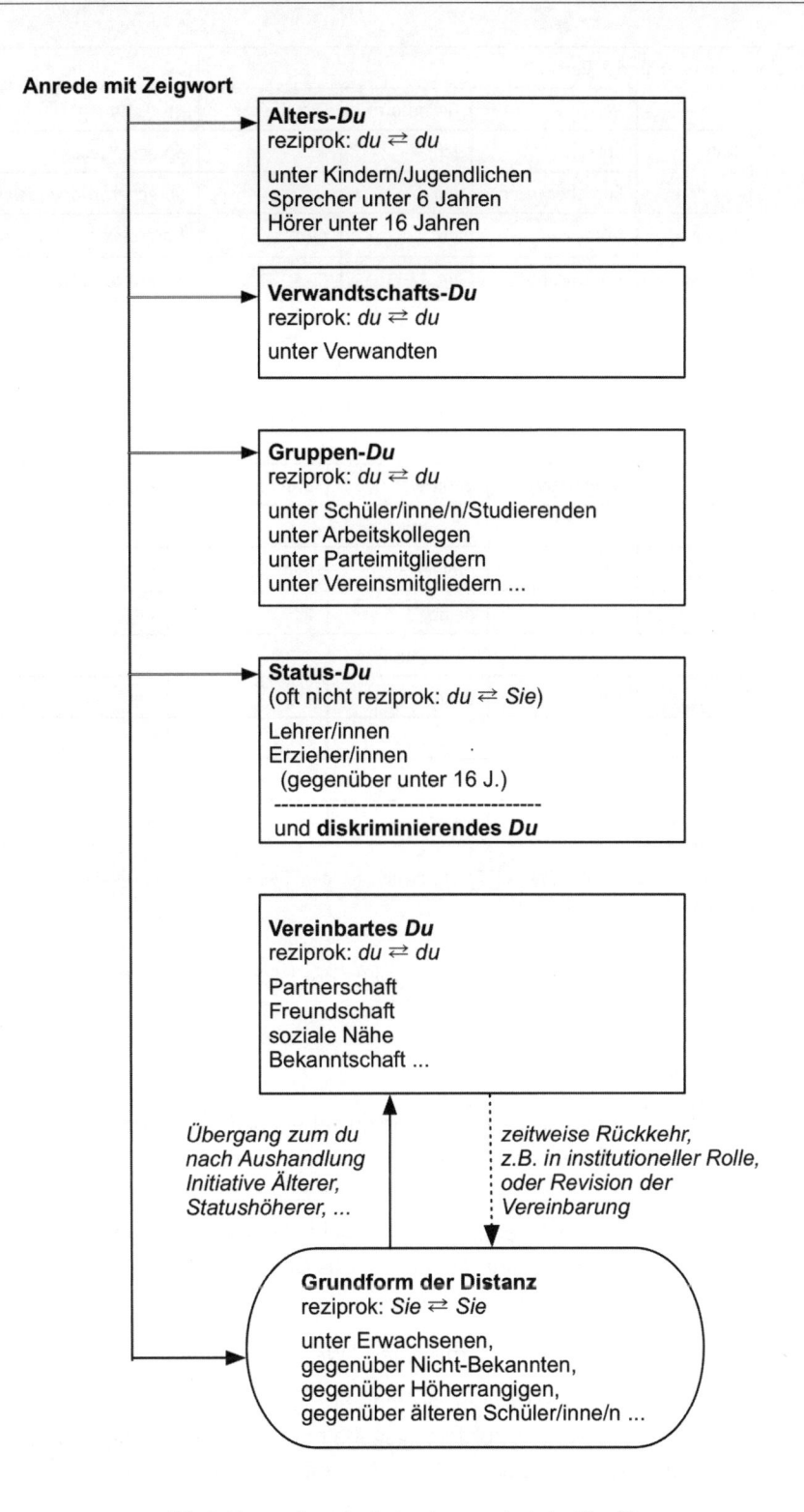

unter Erwachsenen,
gegenüber Nicht-Bekannten,
gegenüber Höherrangigen,
gegenüber älteren Schüler/inne/n ...

Abb. 3: Verwendungsbedingungen von *du* gegenüber *Sie*

"Personalpronomina: 1. und 2. Person"					
		Verweis	Grundform	Distanzform	Bezeichnung
Zeigwort/ Deixis	Nähe	Sprecher	ich	–	Sprecherdeixis
		Sprechergruppe	wir	–	Sprechergruppendeixis
	Ferne	Hörer	du	Sie*	Hörerdeixis
		Hörergruppe	ihr	Sie*	Hörergruppendeixis

Tab. 1: Personaldeixis (* umfunktionierte Anapher)

Die Rolle eines Ausdrucks im szenischen Aufbau wird durch Kasusformen markiert:

Dimension	Nominativ	Genitiv	Dativ	Akkusativ
Singular				
Nähe	ich	meiner*	mir	mich
Ferne	du	deiner*	dir	dich
Plural				
Nähe	wir	unser	uns	uns
Ferne	ihr	euer	euch	euch
Singular und Plural				
Ferne: Distanz	Sie	Ihrer*	Ihnen	Sie

Tab. 2: Kasusformen der personalen Deixis [*Ersatzformen aus dem Possessivum, verwendet etwa in: *Wir wollen deiner gedenken*].

Die Dativform hat einen besonderen Gebrauch, der als „ethischer Dativ" bezeichnet wird:

(5)   Du bist **mir** ja einer.

(6)   Nun aber bitte ich dich bei der, durch die du geheilt bist, daß du **mir** nicht mehr redest von einem Gemahl. (Ökumenisches Heiligenlexikon)
[http://www.heiligenlexikon.de/Legenda_Aurea/Lucia.htm, 27.4.2011]

Dieser Dativ ist nicht vom Verb verlangt (Dativobjekt: *Gib mir das*), sondern er ist verbunabhängig im Satz installiert, kann anders als das Objekt nicht am Anfang oder nach einer Abtönungspartikel oder in Fragen stehen:

(7)   *Mir bist du ja einer. *Du bist ja mir einer. *Wer ist mir einer?

Der ethische Dativ bezieht das Gesagte auf den Sprecher; der Sprecher stellt zwischen einem Sachverhalt oder einem Aufforderungsgehalt und sich selbst eine spezifische Beziehung persönlicher oder emotionaler Betroffenheit her. Beispiele dieser Art mit Hörerdeixis sind selten.

In den herkömmlichen Darstellungen sind wir ein System gewohnt, das so aussieht:

	1. Person	2. Person	3. Person Maskulinum	3. Person Femininum	3. Person Neutrum
Singular	ich	du	er	sie	es
Plural	wir	ihr	sie		

Tab. 3: Personalpronomina (herkömmlich)

Nun passt hier die „3. Person" nicht, da *er, sie, es* nicht zeigen, sondern etwas fortführen, was schon thematisch gegeben oder sonst im Gespräch gegenwärtig ist; die Formen sind ‚Fortführer' (Anaphern → C5.3.1) und haben daher auch Genus:

(8) Ein Junge$_1$ trifft ein Mädchen$_2$. **Sie$_2$** verliebt sich in **ihn$_1$**.

Im Türkischen gibt es solche Anaphern gar nicht; überhaupt verwendet man pronominale Formen nur in Anreden oder wenn sie besonders zu betonen sind. Der Anapher *er, sie, es* steht türkisch das anders verwendete Zeigwort *o* (Singular) – *on-lar* (Plural) gegenüber, seltener führt man mit *şu* fort. Ein Genus gibt es hier nicht. Die Personalendung des Verbs genügt schon, das nicht nominale Subjekt muss (außer bei besonderer Gewichtung) nicht extra ausgedrückt werden wie im Deutschen:

(9) Bir şey-ler **al-dı-m**.
     ein Ding-Plural kauf-Prät-1Sg ‚Ich habe einige Dinge gekauft.'

	Sprecher: Nah	Hörer: mittlere Distanz, Ferne 1	Person, Objekt: Fern von Sprecher/Hörer, Ferne 2
Singular	ben	sen	o
Plural	biz	siz	onlar
Distanz	--	siz	--

Tab. 4: Personale Deiktika (Türkisch)

Verwendet werden die türkischen Deixeis dann, wenn eine spezifische Orientierung notwendig ist, etwa im Kontrast- oder Relevanzfall, sonst genügt die personale Verbendung. Deiktisch sind auch die Possessivendungen (1.+2. Person). Mit *sen* werden wie mit dem deutschen *du* Kinder und Vertraute angesprochen. Gegenüber Autoritäten und älteren Menschen ist *siz* angebracht, in stark asymmetrischen Situationen findet man traditionell auch asymmetrische Anreden (Arzt: *sen*; Arbeiter: *siz*). Auch unter Freunden nutzt man Verwandtschaftsbezeichnungen wie *Cem Ağabey* ‚Cem älterer Bruder' (→ C3.7, Abb. 4).

Deiktische Prozeduren bilden den Funktionsbereich, in dem Sprache sich an die Realität anschließt. Sie nutzen einen gemeinsamen „Verweisraum" (Ehlich). Grundlegend ist der Wahrnehmungsraum (*Schau mal hier!*). Aber das Zeigen ist auch übertragbar. Wir können analog zur Wahrnehmungsverarbeitung einen Vorstellungsraum aufbauen, in dem wir unabhängig von der Wahrnehmung zeigen können. Solches Zeigen kann beispielsweise ausgelöst werden, wenn wir einen Roman lesen. Der Autor lässt z.B. vor unserem inneren Auge eine Landschaft, einen städtischen Platz, ein Zimmer entstehen und zeigt darin:

(10) Mädchen können das auch
Ich heiße Ute, und **ich** finde Autos toll. Bei **uns** in der Straße ist eine Werkstatt. **Dort** gehe ich nachmittags oft **hin** und gucke zu, wie die kaputten Wagen repariert werden. Zuerst haben die Mechaniker über **mich** gelacht. »Na, kleines Mädchen«, haben sie gesagt, »willst **du** nicht lieber mit Puppen spielen?« Aber jetzt kennen sie **mich** und lachen nicht mehr.
(Korschunow 1999: 41)

Es können auch der Rede- oder Diskurs- und der Textraum genutzt werden. Im Beispiel beansprucht die lokale Deixis *dort* den Textraum. Das damit Gemeinte liegt im Fernbereich. Der gemeinte Bereich ist im Text mit dem Ausdruck *eine Werkstatt* gegeben. Mit dem Zeigwort *hin* wird eine Richtungsorientierung vorgenommen. Die Orientierung nutzt den Raum des Textes als Verweisraum. Auch das Ich ist hier nicht unmittelbar präsent, denn der Text ist nicht in die Lesesituation eingebunden. Vielmehr sind Texte situationsunabhängig gestellt, müssen ohne Situationskenntnis, ohne viel Implizites verstehbar sein – ein Problem für junge Autoren. Im Beispiel wissen wir zunächst nur, dass eine literarische Figur als Erzählerin spricht und auf sich verweist. Wer sie ist, erfahren wir durch die Namensangabe. Auch sie hilft zunächst nicht weiter. Aber mit dem Namen eröffnen wir eine Leerstelle im Wissen für eine Person, die Ute heißt, also ein Mädchen oder eine Frau ist und weitere Eigenschaften hat, die wir vermutlich erfahren werden. Wir geben also Kredit für die Erzählung, die das liefern kann, was wir noch wissen müssen, etwa indem eine Geschichte über Ute erzählt wird. Und das passiert auch. Mit *uns* wird ein Zugang zu einer Nahgruppe von Ute geschaffen, das könnte Utes Familie sein oder die Menschen, bei denen sie wohnt.

Das *du* kann im dialogisch verfassten inneren Monolog die Funktion von *ich* übernehmen:

(11) Zuerst habe ich gedacht: Man bist **Du** blöd, **Du** kapierst überhaupt nicht, was er schreibt. (DBNS, 747 (Uniseminar))

Schließlich kann ein *du* auftauchen, wo auch das Indefinitum *man* erscheinen könnte, hier bleibt aber eine Ansprache erhalten:

(12) DJe Beschneitung ist wol nutz / wenn **du** das Gesetz heltest. (Luther-Bibel, Römerbrief, 2,0, 4678, Digitale Bibliothek) [‚Die Beschneidung ist wohl nützlich, wenn du dich an das Gesetz hälst.']

Diesen Gebrauch finden wir auch bei *you* im heutigen Englisch.

Die Form *Sie* ist mündlich von *sie*, der 3. Person Plural des Personalpronomens (Anapher), nicht zu unterscheiden und hat hier auch ihren Ursprung. *Sie* war also ursprünglich kein Zeigwort. Wir verwenden *Sie* bei einem Abstand: Wir kennen den Anderen nicht, der Andere ist älter, von höherem Rang. Vertrautheit, Solidarität, Kollegialität (unter heutigen Studierenden z.B.) schlägt sich im *du* nieder.

Soziale Höherstellung, Höflichkeit und Abstand verbindet sich im Deutschen traditionell mit einer Pluralform. Etwa im 9. Jahrhundert beginnt das mit dem auf eine einzelne adressierte Person bezogenen *Ihr* (bei Otfried von Weißenburg zu lesen). Ein Intermezzo beginnt im 16. Jahrhundert: Der Abstand zwischen Adeligen und anderen Menschen wurde durch neue Formen signalisiert, darunter die Vermeidung einer direkten Ansprache. In diesem Zusammenhang kam die Distanzform der 3. Person *Er/Sie* auf. Im 17. Jahrhundert schließlich wird *Sie* im heutigen Gebrauch verwendet.

Adelung beschreibt die Verhältnisse seiner Zeit so:

„Mit *du* sollte eigentlich eine jede einfache Person außer uns angeredet werden, allein die gesellschaftliche Höflichkeit hat hier ein anderes eingeführt, so dass *du* nur noch gegen Gott, in der Dichtkunst, in der Sprache der Vertraulichkeit, und in dem Tone der Herrschaft und Verachtung üblich ist. Außer diesen Fällen redet man sehr geringe Personen mit *ihr*, dem Plural der zweyten Person, ein wenig bessere mit *er* und *sie*, noch höhere mit dem Plural der dritten Person, *sie*, und noch vornehmere wohl gar mit dem Plural des Demontrativo, *dieselben* an." (Adelung 1781: 238)

(13) G.E. Lessing, Miss Sara Sampson (1757) (4. Aufzug, 3. Auftr.)

MELLEFONT	**Du** störest mich, Norton!
NORTON	Verzeihen **Sie** also, mein Herr (Lessing 1965: 63) [Norton ist Diener von Mellefont]

(14) G.E. Lessing, Minna von Barnhelm (1757) (1. Aufz., 2. und 3. Auftr.)

DER WIRT	Guten Morgen, Herr Just, guten Morgen! Ei, schon so früh auf? Oder soll ich sagen: noch so spät auf?
JUST	Sage **Er**, was **Er** will. (…)
V. TELLHEIM	(im Hereintreten) Just!
JUST	(in der Meinung, dass ihn der Wirt nenne). Just? – So bekannt sind wir? –
V. TELLHEIM	Just!
JUST	Ich dächte, ich wäre wohl Herr Just für ihn!
DER WIRT	(der den Major gewahr wird) St! st! Herr, Herr, Herr Just – seh **Er** sich doch um; sein Herr – –
v. Tellheim	Just, ich glaube, **du** zankst? Was habe ich dir befohlen?
DER WIRT	O, **Ihro** Gnaden! zanken? da sei Gott vor! Ihr untertänigster Knecht sollte sich unterstehen, mit einem, der die Gnade hat, **Ihnen** anzugehören, zu zanken?
JUST	Wenn ich ihm doch eins auf den Katzenbuckel geben dürfte! (Lessing 1965: 125, 127) [Just ist Diener des Majors Tellheim]

Zu Beginn des 20. Jahrhunderts blieb als einzige Distanzform *Sie* übrig.

Den (am Anfang einer Beziehung tastenden) Übergang zu einer Nahgruppe mit *uns*, die nur aus Schreiberin und Leser besteht, zeigt der folgende Anfang eines Briefes der Lyrikerin Ingeborg Bachmann:

(15) Weihnachten 1948.
Lieber Paul, lieber Paul!
Ich habe gestern und heute viel an **Dich**, wenn **Du** willst, an **uns** gedacht. **Ich** schreibe **Dir** nicht, weil **Du** wieder schreiben sollst, sondern weil es **mir** jetzt Freude macht und weil **ich** das will. (Bachmann/Celan 2008: 7)

Im vorstehenden Text ist mit *uns* eine Paargruppe der Nähe gemeint, im folgenden Gesprächsbeispiel sind die Kinder der Gruppe gemeint. Die Erzieherin benutzt es, um ein Kollektiv für das anstehende Aufräumen zu bilden:

(16) K1-3.0-08 Kindergarten; Katrin H. (2;10)
Situation: Arbeit für die Gruppe (Aufräumen nach dem Spiel)

Erz.: Jetzt räumen **wir** alle schön auf. Die Bausteine kommen hier rein.
(Katrin reagiert nicht.)

Erz.: (zu Katrin) Guck mal, Katrin, siehst du dort das gelbe Postauto? Das hol mal her.
(Katrin sieht in die Richtung, in die Erz. gezeigt hat, geht zu den dort stehenden Autos, berührt das gelbe Postauto mit der Hand und fragt Erz.:)

Katrin: Das hier?
(Kraft/Meng 2009: K1-5.6-19 (CD))

Im folgenden Beispiel handelt es sich um ein Zitat; die Sprechergruppe bilden japanische Fischer aus der Küstenregion von Fukushima.

(17) **Wir** können dort für Jahre nicht fischen.
[http://www.spiegel.de/wissenschaft/technik/0,1518,755214,00.html, 5.4.2011]

In Restbeständen hat das patriarchalische *wir* überlebt, hier als Autoritätszeichen groß geschrieben, groß erscheint aber auch die Anredeform *Euer*:

(18) Pius XI. Enzyklika „Mit brennender Sorge" (14.3.1938)

Ehrwürdige Brüder!
Gruß und Apostolischen Segen!
1. Mit brennender Sorge und steigendem Befremden beobachten **Wir** seit geraumer Zeit den Leidensweg der Kirche, die wachsende Bedrängnis der ihr in Gesinnung und Tat treubleibenden Bekenner und Bekennerinnen inmitten des Landes und des Volkes, dem St. Bonifatius einst die Licht- und Frohbotschaft von Christus und dem Reiche Gottes gebracht hat ...
[http://www.vatican.va/holy_father/pius_xi/encyclicals/documents/hf_p-xi_enc_14031937_mit-brennender-sorge_ge.html, 6.4.2011]

Auch das Wissenschaftler-*wir* verweist auf eine Person, den Autor, sucht aber die Leserschaft einzubeziehen (das gab es schon im Latein, über Jahrhunderte die Wissenschaftssprache):

(19) **Wir** unterscheiden zwischen einer *elementaren* und einer *erweiterten* Version der Satzgliedanalyse. (Welke 2009: 3)

Gemeint sein können mit *wir* alle Sprecherschreiber:

(20)   Wenn **wir** zum Ausdruck bringen wollen, dass ein Ereignis zu einem bestimmten Zeitpunkt stattgefunden hat, so tun **wir** dies im Deutschen meistens durch die Verwendung von Tempora. (Rothstein 2007: 1)

Im folgenden philosophischen Aphorismus ist die Gruppe aller Menschen gemeint, die ihr Handeln reflektieren:

(21)   **Wir** sind es gewohnt, das Handeln als etwas Aktives und Freies zu verstehen, und daher verstört, wenn wir bemerken, wie sehr es passiv und bedingt ist. (Seel 2009: 22)

Das folgende Beispiel steht für einen (besonders perfiden) Gebrauch in politischer Rede, der eine Spaltung zwischen Eigengruppe und oft willkürlich konstituierter Fremdgruppe dient, etwa wenn im NS-Sprachgebrauch Deutsche von Juden, die ja jüdische Deutsche waren, unterschieden werden sollen (lat. *diskriminare, diskriminieren* ‚unterscheiden'):

(22)   Was unsere Gegner dagegen wollen, das wissen **wir**: daß sie mit infamen und heimtückischen Plänen schwanger gehen, unsere Kinder zu deportieren oder ein Über-Versailles uns aufzuzwingen und die Nation unter die Zwangserziehung zu stellen oder Unschädlichmachung der erwachsenen Menschen, – das –, das wissen **wir** alle. *Kennen* **wir** alle! Das haben die Juden **uns** früher *auch* angedroht. Ich glaube, die Juden, die **uns** das früher angedroht haben, haben zum großen Teil mittlerweile selbst dieses Schicksal erlitten. (Goebbels 1991: 156; Rede 17.11.42)

Mit *wir* wird auf eine dem Sprecher nahe Gruppe verwiesen, zu der er in der Regel selbst gehört. Der Umfang der Gruppe bestimmt sich aus dem jeweiligen Äußerungszusammenhang: Was wird gesagt? In welcher Handlungskonstellation? Auch beim *du* müssen wir fragen, ob nicht über Angesprochene hinaus eine ganze Gruppe gemeint sein kann oder der Sprecher sich selbst anspricht (innerer Dialog).

Kombinationen sind nur sehr beschränkt möglich. Die Personaldeixis wird meist autonom verwendet. Im Falle von *wir* gibt es gelegentlich nominale Integrationen, mit denen die Sprechergruppe für den Hörer/Leser eingeschränkt wird:

(23)   Wir **Eltern vom Prenzlauer Berg**
       [http://www.faz.net/s/Rub117C535CDF414415BB243B181B8B60AE/Doc~EE6ABA791E48C4637946D360BC09A A0CB~ATpl~Ecommon~Scontent.html, 6.4.2011]

(24)   Wir **Kinder vom Bahnhof Zoo** (Buchtitel von K. Hermann, 1978)

Manchmal finden sich auch Installationen, d.h. die kombinierten Elemente tragen nicht zur gegenstandskonstituierenden Funktion der Deixis bei, sondern liefern Zusatzinformation:

(25)   Ich **Idiot** Ließ Dich Gehen (Liedtitel, Roger Cicero).

(26)   Du, **der ichs nicht sage** ... (Rilke 1986: 823)

```
            Wir              Eltern vom Prenzlauer Berg
             ▲               ─────────────────────────
             │         Integration
             └─────────────┘


            Ich      Idiot      Ließ Dich Gehen
            ╲   Installation  ╱  ─────────────
             ╲_____╱
                      Synthese
```

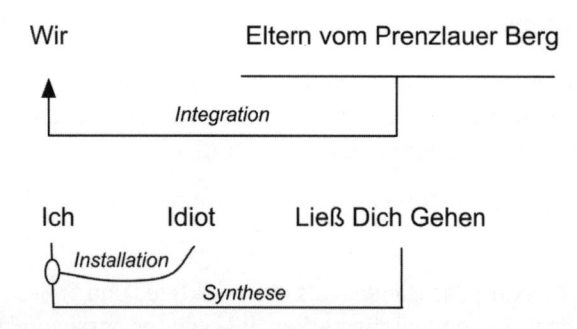

Abb. 4: Integration und Installation in einer Personaldeixisgruppe

Aufgabe 1:

Untersuchen Sie den Gebrauch der personaldeiktischen Wörter in:

(27) Religionsstunde Klasse 9 (segmentiert)

(s1) Lehrer   Ja. Kannst du mal n kon<u>kre</u>ten Fall nennen.

(s2) Schüler   Also, ich hab es/ n Bußgeld bekommen wegen unbefugten Betretens der <u>Schie</u>nen.

(s3) Lehrer   Zum <u>Bei</u>spiel. • Sò ((1,5 s)) <u>Wenn</u> du jetzt dieses Bußgeld be<u>kommst</u>, ((1 s)) setzt dann • bei <u>dir</u> • so was wie ne Gut/ Wiedergutmachung ein?

(s4) Schüler   Nee.

(s5) Lehrer   Be<u>wirkt</u> das bei dir in deinem Kopf <u>ir</u>gendetwas? • Verändert dich das?

(s6) Schüler   ((2 s)) [Seh ich so aus?
[Stakkato; *Lachen, Unruhe in der Klasse*]

(s7) Lehrer   • Wirst du • zum Beispiel das nächste Mal <u>nicht</u> mehr auf die Schienen gehen?

(s8) Schüler   ((1 s)) Das nächste Mal lass ich mich nicht erwischen.

Aufgabe 2:

Sammeln und untersuchen Sie Anredeformen im Deutschen (Gegenwart, Geschichte) – dazu Besch (1996); vergleichen Sie sie mit Dialekten und anderen Sprachen (Dereli 2007, Kasai 2002). Eine weitere Aufgabe enthält H3.

C2 Beim Namen nennen

Prozedur:
symbolische

Wortart:
Nomen

Didaktischer Kommentar:
Der Einstieg in die symbolischen Prozeduren und die Wortart Nomen wird über die allen zugänglichen und in jeder Sprache vorkommenden Eigennamen gewählt. Die Funktionsweise von Namen kann in der Schule gut in Projekten entdeckenden Lernens erarbeitet werden (vgl. die Aufgaben am Kapitelende).

Literaturhinweise:
Hoffmann 1999a, Koß 2002, Kunze 2003, Nübling 2012, Seibicke 2008, Wolf 1993

C2.1 Namen und ihr Gebrauch

(1) »Vor zwei Jahren ist ein Wirt verschwunden, von einem Tag auf den anderen, dreiundfünfzig Jahre alt. Sein Lokal ist in **Sendling**, unweit der **Garmischer** Autobahn, der **Lindenhof**...« (Ani 2011: 12)

In unserem Ausgangsbeispiel beschreibt jemand ein Ereignis. Die Hauptfigur ist dem Adressaten unbekannt, es kann kein Eigenname genutzt werden. Also verwendet die Sprecherin den unbestimmten Artikel und verwendet eine erste symbolische Charakterisierung (*ein Wirt*). Damit eröffnet sie beim Hörer eine Leerstelle im Wissen, die mit Symbolausdrücken gefüllt wird (Wirt, vor zwei Jahren verschwunden, dreiundfünfzig Jahre alt, Wirt des Lokals Lindenhof in Sendling unweit der Garmischer Autobahn). Sobald möglich setzt die Sprecherin Namen ein, die bekannte Größen unmittelbar im Wissen abrufen: *Sendling* ist der Name eines Münchner Stadtbezirks, *Garmisch* ein Ortsname, der hier als Adjektiv erscheint, um die Autobahn näher zu kennzeichnen. *Lindenhof* ist der Name des Lokals. Er erscheint zum Schluss, weil das Lokal dem Hörer noch unbekannt ist und der Name erst eingeführt werden muss; zuvor wird das Lokal symbolisch gekennzeichnet.

Wenn wir über etwas reden, machen wir es unserem Adressaten, so gut es geht, identifizierbar. Dafür sind Eigennamen besonders geeignet, wenn Sprecher und Hörer sie kennen und das Gemeinte damit verbinden können. Sie können situationsunabhängig verwendet werden.

> Ein EIGENNAME ist ein Nomen, das zum Symbolfeld gehört, und verwendet werden kann, um etwas zu identifizieren, das Sprecher und Hörer unter diesem Namen bekannt und zugänglich ist. Ein Determinativ ist dafür nicht unbedingt erforderlich, wenn es nicht fester Teil des Namens ist (*der Rhein*).

Wichtiges aus ihrer kommunikativen Welt nennen Menschen beim Namen. Sie geben ihren Kindern (*Hanna*), ihrer Familie (*Schmidt*), ihrer Gruppe (*Grüne, 1. FC Köln*) Namen, benennen Länder und ihre Bewohner (*Japan, Japaner*), Orte (*Ulm*), Straßen (*Schlossallee*) und Flüsse (*Elbe*), Berge (*Feldberg*) und Meere (*Ostsee*). Ein Eigenname wie *Hannes, Paula Meyer, Stuttgart, Friedrichstraße, die Alpen* repräsentiert genau ein Individuum, eine individuelle Größe mit ihren Eigenschaften. Die soziale Reichweite ist allerdings unterschiedlich. In einer kleinen Gruppe mag *Johanna* ausreichend sein, sich auf eine Namensträgerin eindeutig zu beziehen. In einem größeren Kommunikationsnetz mag es mehrere Trägerinnen dieses Namens geben. Dann kann der Name erweitert werden, etwa durch einen Zusatz *die kleine, II., aus Kaiserslautern* oder man schafft mit Familiennamen (*Johanna Schulte*) eine Unterscheidungsmöglichkeit für alle ihre Mitglieder. In Europa haben sich Familiennamen etwa seit dem 9. und 10. Jahrhundert, ausgehend von Italien, ausgebreitet; in Deutschland wurden sie im 19. Jahrhundert, in der Türkei 1934 verpflichtend.

Namen drücken einige wenige Eigenschaften aus. In vielen Gesellschaften wird durch Vornamen das Geschlecht markiert, manchmal auch religiöse (*Franz Josef*, türk. *Emine* ‚Mutter des Propheten Muhammad') oder soziale Zugehörigkeit der namengebenden Bezugspersonen. Eigennamen sind also nicht immer bedeutungsleer. Sie können sich auch durch bekannte Namensträger aufladen und bestimmte Assoziationen auslösen. Im Gebrauch ist entscheidend, dass die Adressierung funktioniert, also der Name den Träger aufruft.

Viele Namen stammen aus symbolischen Ausdrücken, die einen charakterisierenden Gehalt haben, z.B. aus Gattungsnamen. Das sieht man bei Berufsbezeichnungen: Der Schmied heißt *Schmied, Schmid, Schmidt, Schmitt*; ital. *Ferrero*; türk. *Demirci*). Wer ein Grundstück entlehnt hat, heißt *Lehmann*, der *Heusler/Häusler* hat ein Häuschen, keinen Grundbesitz, wer Schafe züchtet oder pflegt, heißt *Schäfer, der Meier* verwaltet Güter, der *Schultheiß* ist Gemeindevorsteher, *Fleischer* ist der Fleischer (türk. *Kasap*), *de Gruyter* ist der *Brauer*. In der Entstehung und für die Vergabe von Namen spielen auch andere Charakteristika eine Rolle, z.B. bedeutet *Amanda* (lat.) ‚die zu Liebende', *Cordula* (lat.) ‚Herzchen', *Hieronymus* (griech.) ‚jmd. mit heiligen Namen', *Hediye* (arab.) ‚Geschenk', *Aslan* (türk.) ‚Löwe', *Korkmaz* (türk.) ‚furchtlos', wer ‚Löwen erschreckt', heißt *Aslankorkut* (türk.). Die Herkunft zeigen Namen wie *Nürnberger* oder *Schöneberger*. In vielen Sprachen kennzeichnet der Familienname die väterliche Herkunft: Im Russischen markiert der Zwischenname den Vater: Lew Nikolajewitsch Graf Tolstoi. Wenn *Wladimir* einen Sohn *Aleksej* und eine Tochter *Svetlana* hat, bekommt der Sohn den Namen *Aleksej Wladimirowitsch* und die Tochter heißt *Svetlana Wladimirovna*. Im Schwedischen erhalten traditionell männliche Nachkommen den Vatersnamen auf *-son* (*Nils Holgers-son, Anders-son*), weibliche auf *-dotter* (*Svens-dotter*). Im Spanischen hat man zwei Nachnamen, den ersten vom Vater, den zweiten von der Mutter. Wenn also jemand *Pedro García Álvarez* heißt, so ist der erste Nachname des Vaters *García*, der erste Nachname der Mutter *Álvarez*.

Ein Gattungsname kann auch zum Eigennamen umfunktioniert werden: *Vati, Omi, Oma* können wie Eigennamen verwendet werden (*Darf ich zum Fußball? – Frag Vati!*).

Die Dominanz des prädikativen Moments in der Sprache sehen wir an den ständigen Versuchen, Namen zu motivieren. Kinder müssen erst lernen, dass solche Motivierung oft nicht greift. Der Übergang im Symbolfeld zum Eigennamen setzt einen Funktionsverlust von Charakteristika in Gang, meist schon beim ersten Träger. Auch der *Schnelle Hirsch* wird alt; das *Weiße Haus* könnte seinen Namen behalten, würde man es rot anstreichen. In der Verwendung als Namen verblassen die ursprünglichen Charakteristika oder werden gar fehlgedeutet. Für den Träger ist in seinem Namen seine personale Identität verankert, so dass Namensspott oder hässliche Beinamen durchaus treffen. Man kann mit Namen ausgrenzen: Die nationalsozialistische Zwangsbenennung ab 1.1. 1939 wies jeder jüdischen Frau als zweiten Vornamen *Sara*, jedem jüdischen Mann *Israel* zu. Diese Namen markierten Kollektive und machten die Träger in Abgrenzung zu den nicht-jüdischen Deutschen sichtbar; sie individualisierten nicht länger und wurden zu Appellativen. Wenige Vornamen blieben für die Benennung jüdischer Kinder frei.

Eigennamen wie *Peter, Olga, Bülent* identifizieren, Gattungsnamen wie *Baum, Tier, Hose, Weg, Liebe* charakterisieren. Eigennamen repräsentieren unmittelbar die Identität eines Gegenstands in Relation zu anderen. Gattungsnamen stellen einen Bezug über eine dem Gegenstand zugewiesene Eigenschaft her (*Tier*: ‚Was lebt und atmet, Sauerstoff aufnimmt'); trifft die Eigenschaft auf X zu, gehört X zu dieser Gattung, sonst nicht). Eigennamen benennen symbolisch konkrete Individuen, Gattungsnamen bilden eine Kategorie, die alles einschließt, was zur Charakteristik der Gattung, der natürlichen oder künstlichen Art gehört. Damit sind Produktnamen (*Cola, Tempo*) Gattungsnamen.

Der Namensgebrauch beruht auf der Kenntnis von Name, Träger und Zuordnung aufgrund vorgängiger Namensgebung. In den Religionen gibt es Tauriten, in denen der Täufling mit einer bestimmten Formel getauft und somit in die Gemeinschaft der Gläubigen aufgenommen wird, etwa in der katholischen Kirche:

„<Name>, ich taufe dich im Namen des Vaters und des Sohnes und des Heiligen Geistes."

Zeigwörter markieren die Handlungskonstellation:
ich: Sprecher (Geistlicher, unter bestimmten Bedingungen auch Laie)
dich: angesprochener Adressat, an dem die Taufhandlung vollzogen wird.

Bevor ein Name bereitsteht, zeigen wir auf das, was wir wahrnehmen (→ Kap. B1.3, C1) oder symbolisieren es. Mit dem Namen können wir nach der Einführung problemlos Bezug nehmen:

(2) Ich nenne dich/den Kater/ihn *Heinz*. – So *Heinz*, hier hab ich was zum Fressen für dich.

Ein überindividuelles Namensgedächtnis gehört zum kollektiven Gedächtnis von Gruppen und Gesellschaften. Namenswahl und kommunikativer Umgang mit Namen sind kulturspezifisch. Der Name vermag den Träger so lange zu überleben, wie das Gedächtnis der Gruppe reicht, in der er verwendet wird, während der Gattungsname im sprachlich-begrifflichen Wissen verankert und an die Geschichte der Sprache gebunden ist.

Personennamen können mehrteilig sein. Dem Vornamen kann ein weiterer Vorname bzw. ein Beiname und ein Familienname oder Herkunftsname zugefügt werden (*Peter Paul Meyer, Friedrich der Große, Walther von der Vogelweide*).

In einer Konfiguration Vorname + Familienname ist der Familienname der Kopf, das zentrale Element, das auch flektiert wird, während der Vorname als Erweiterungsnomen (→ C4.3) unverändert bleibt: *Angela Merkel-s Koalitionspartner, Hanno Siebert-s Lehrer*.

Schließlich kann in bestimmten Zusammenhängen (z.B. unter Schülern, Liebespaaren) ein Übername (Spitzname, Kosename etc.) ersatzweise gebraucht werden (*Dicker, Purzel*). Aus einem Übernamen wie *Langer* kann dann wieder ein Familienname werden.

Zu Personennamen kann ein offizieller Beiname treten, der unterscheidende Kraft hat und den Gegenstandsbereich einschränkt. Dazu gehören Beinamen wie in *Katharina **die Große***. Ein Beiname, der einen bestimmten Artikel aufweist, wird mitflektiert (*Alexander-s des Großen*) und nicht durch Kommata abgetrennt. Hier liegt keine Apposition (→ C6.1) vor. Der Beiname kann auch wie ein Familienname fungieren (*Richard **Löwenherz***).

Interessant ist die Einführung, wenn die Namenszuordnung noch nicht bekannt ist:

(3) Familienkommunikation (Tim: 6;8 J.; Vater)

1 Tim   Kennst du **Jeannie**?
2 Vater Nein.
3 Tim   **Jeannie** ist der kleine Hund von Vanessa.
4 Vater Ahà.
5 Tim   **Jeannie** hat heute ein Kind in die Backe gebissen ...

Der sechsjährige Tim adressiert das Wissen des Vaters und fragt nach dessen Kenntnis, um sicherzustellen, dass er die geplante Erzählung starten kann. Er führt die Namenszuordnung ein, indem er den Namen (*Jeannie*) mit einer Prädikation, der Charakterisierung: ‚X ist ein Hund, X gehört Vanessa', verbindet. Damit kann der Hörer eine entsprechende Wissensposition aufbauen, die dann durch Folgeäußerungen zu füllen und unschwer mit *Jeannie* anzusprechen ist. Das folgende Gespräch (im pfälzischen Dialekt, mit bestimmtem Artikel vor dem Namen, s.u.) zeigt, dass erst eine klärende Schleife nötig ist, wenn die Hörerin (Beate) die betreffende Person (Zenka) nicht kennt.

(3)

1 Ulf   De **Zenka** hot de Stellungsbefehl kriegt acht Monat↓
2 Beate Wer↑
3 Ulf   De **Zenka**
4 Beate Wer isch des↑
5 Ulf   Der also do weeschd do de- • Schnellschwätzer de Dummschwätzer do↑ • de **Zenka** wo mi_m • Ding zamme gschafft hot mi_m Gerd do↑ • der Hans↑
6 Beate a_so↑ • Was hot der kriegt↑
        (Maurer/Schmitt 1994: 50 (adaptiert))

In literarischen Texten werden Namen eingeführt, um sich auf fiktive Größen beziehen zu können:

(4) »**Sumsemann**« hieß der dicke Maikäfer, der im Frühling auf einer Kastanie im Garten von Peterchens Eltern hauste, nicht weit von der großen Wiese mit den vielen Sternblumen. (Bassewitz 1987: 5)

(5) Es war ein Dorf, darin saßen lauter reiche Bauern, und nur ein armer, den nannten sie das **Bürle** (Bäuerlein). Er hatte nicht einmal eine Kuh und noch weniger Geld eine zu kaufen. (Kinder- und Hausmärchen 1837: 296)

Im ersten Beispiel wird die Buchfigur mit einer Kategorisierung (Gattung: Maikäfer, Eigenschaft: dick) und einer genauen Angabe ihres regelmäßigen Aufenthaltsortes eingeführt. Das zweite verfolgt eine Fokussierungsstrategie: Da ist ein Dorf, darin leben Bauern, darunter der, den sie **Bürle** nannten; dieser Bauer wird durch seinen Mangel (Kuh, Geld) kontrastierend abgehoben und zugleich die Namensbedeutung (‚Bäuerlein') erläuternd charakterisiert. Wir ahnen, wie aus Gattungsnamen (wie *Bauer, Schmied*) (vgl. C3.7) Eigennamen entstanden sind. Anspruchsvoller die Vorgehensweise im folgenden Beispiel: Die Namen und die zugehörigen Figuren werden en passant eingeführt, Leser müssen darauf setzen, die Eigenschaften im Lauf der Geschichte zu erfahren (Romeo: Schnurrhaare, Wittern: Man kann auf eine Katze, Ratte etc. schließen). Warum die anderen Figuren Namen aus bekannter Jugendliteratur tragen und was ihre Eigenschaften sind, bleibt zunächst offen. Dasselbe Verfahren wählt v. Schirach für seine lakonischen Erzählungen.

(6) **Romeo** saß bewegungslos zwischen **Pippi Langstrumpf** und **Kalle Blomquist** unter dem Tisch. Seine feinen Schnurrhaare zitterten kaum merklich, als er witternd die Nase in die Luft hielt. (Steinhövel 2003: 7)

(7) **Lenzberger** und **Beck** schlenderten über den Bahnsteig. Glatze, Militärhosen, Springerstiefel, ausladender Gang. Auf **Becks** Jacke stand »Thor Steinar«, auf **Lenzbergers** T-Shirt »Pitbull Germany«. (Schirach 2009: 121 (Anfang einer Erzählung))

Nomen können im Deutschen eine Markierung des Kasus (‚Fall') tragen. Der Kasus verdeutlicht dem Hörer, wie ein solcher Ausdruck in den vom Satz ausgedrückten Gedanken, in die dargestellte Szene einzupassen ist (***Der** Diener trägt **dem** Prinz-**en den** Koffer*: Satzgegenstand (Nominativ) – Ereignis – betroffene Person (Dativ) – erfasstes Ding (Akkusativ)). Oder wie sich zwei nebeneinander stehende Nomen zueinander verhalten (*Peter-s Vater*: Zugehörigkeit (Genitiv) – Person (Nominativ).

Im Englischen gibt es praktisch nur noch pronominale Kasusformen (*he, him; she, her; them*), das Genitiv *-s* findet sich nur bei Menschen und Tieren im Singular (*the boy's father*); entscheidend ist die Wortstellung, analog zu einer Sprache ohne Endungen, ohne Flexion, wie dem Mandarin-Chinesisch.

Im Deutschen kann man in vielen Fällen den Kasus am Determinativ oder Adjektiv (*die schöne Frau, **der** schön-**en** Frau-ø*) markiert sehen. Bei den autonomen Eigennamen wird die Stellung wichtig, wir ordnen dem ersten Ausdruck den Nominativ und die Rolle des Satzgegenstands zu, abgesehen von Korrekturfällen besonderer Kontrastbetonung:

(8) Paula schlägt Miro. Miro schlägt Paula.

Die einzige Kasusmarkierung bei Personennamen ist das Genitiv -s (Beispiel 7). Wir finden diese Genitivform fast nur noch in Nominalgruppen (*Peters Gedächtnis*), selten als Objekt (*sie gedachte Peters*). Die alten Dativ- und Akkusativformen (*Er schickte **Herder-n** einen Brief*) sind verschwunden. Der Genitiv hat sich in der Gegenwart auf die Integration nominaler Ausdrücke in Nominalgruppen spezialisiert:

Vorangestelltes Genitivattribut: *Lara-s Handtasche, Kleist-s Werke*
Nachgestelltes Genitivattribut: *der Tod Goethe-s, das Kleid Inga-s*

Endet der Namen auf -s (geschrieben: s, ß, z, x), gibt es eine Assimilation in der Aussprache und man schreibt ein Apostroph (*Max' Buch*). Früher wurden auch Bindelaute zur Sprechbarkeit eingefügt (*Max-en-s*). Statt Nachstellung greift man auch zu Präpositionalgruppen mit *von* (*das Werk von Rembrandt*). Bei aus mehreren Namen gebildeten Personennamen erhält nur der letzte Teil die Genitivendung. Der letzte Name wird Kopf der Konstruktion und als solcher flektiert. Der Vorname schränkt - obwohl er historisch früher ist - den Bezugsbereich des Familiennamens ein, man antwortet auch auf die Frage nach seinem Namen zunächst distanziert mit dem Familiennamen (*ich heiße Schröder*). Enthält eine Namengruppe eine Präpositionalgruppe, die deutlich eine Ortsherkunft ausdrückt, wird der vorgehende letzte Namensteil flektiert (*Die Lieder Walthers von der Vogelweide* ist die meist akzeptierte, *die Lieder Walther von der Vogelweides* eine weniger stark akzeptierte Form
(vgl. [http://hypermedia.ids-mannheim.de/pls/public/fragen.ansicht?v_id=18, 1.4.11]).

Franz   **Josefs**   **Predigten**

Integration

Integration

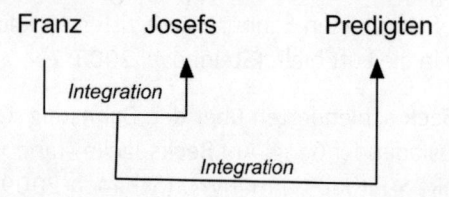

Abb. 1: Integration eines Erweiterungsnomens (*Franz*) und einer Nominalgruppe (*Franz Josefs*) im Genitiv

Namen können um Anredebezeichnungen, Berufsbezeichnungen und Titel erweitert werden (*Frau Doktor Siebert*). Es gibt Differenzen zwischen thematischer Rede und (heute meist titelloser) Anrede:

reden über ...	anreden ...
(Herr) Minsterialdirektor Dr. Reifferscheid	Herr (Doktor) Reifferscheid
(Frau) Bundeskanzlerin Dr. Angela Merkel	Frau Bundeskanzlerin
(Herr) Prof. Dr. Paulchen Poppenspieler	Herr (Professor) Poppenspieler

Tab. 5: Thematische Rede, Anrede

In manchen Dialekten ist die Abfolge von Namen umgekehrt (*Meier Kurt*, Pfälzisch), oder es erscheint der Familienname als pränominaler Genitiv (*Meiers Kurt* im Westfälischen).

In süddeutschen Varianten des Deutschen wird der Personenname obligatorisch mit bestimmtem Artikel gebraucht (*der Bruno*).

(9) **Der Brenner** hat genickt, um so zu tun, als würde er **dem Knoll** zuhören. (Haas 2011: 69) [Haas verwendet in seinen Brenner-Romanen österreichische Umgangssprache]

Entsprechende Verwendungen sind auch im Norddeutschen häufiger geworden, z.B. in Vorstellungssituationen (*das ist die Paula*) oder bei Vertraulichkeit, verringerter Distanz.

(10) Bei den Persickes aber haben sie so geschrieen, weil das Licht der Familie, **der** Baldur, der jetzt aufs Gymnasium geht und, wenn's Vater mit seinen Beziehungen schafft, sogar auf eine Napola soll – weil also **der** Baldur im »Völkischen Beobachter« ein Bild gefunden hat. (Fallada 2010: 18, Jeder stirbt für sich allein, 18)

Da der bestimmte Artikel wie auch der Eigenname Bekanntheit im Hörerwissen kennzeichnet, ist das eine Doppelung.[1] Andere Determinative sind ebenfalls umgangssprachlich (*unser Paul, alle Paulas, irgendeine Paula*).

Ist aber der Name um ein Adjektiv erweitert, das eine zusätzliche Eigenschaft ausdrückt (→ C6.2) wird ein Artikel gewählt, wie auch im Italienischen:

(11) **der** junge Mendelssohn – **il** giovane Mendelssohn

Genitivkonstruktionen sind in den Dialekten äußerst selten, in regionalen Sprachen benutzt man den possessiven Dativ:

(12) **Dem Vadda sien Hus** weer lütt. [Niederdeutsch]

Da der bestimmte Artikel schon den Genitiv anzeigt, heißt es *der Fußball des kleinen Marko* (ohne -s).

Das Genus ist eine grammatische Kategorie, mit der Nomenklassen gebildet werden. Es nimmt im Deutschen die Werte Maskulinum, Femininum und Neutrum an. Jedes deutsche Nomen hat ein Genus, das aber nicht leicht regelhaft bestimmbar ist (→ C3.7). Das Genus von Personennamen bestimmt sich wie bei Verwandtschafts- oder Berufsbezeichnungen einfach nach dem natürlichen Geschlecht: *Peter* ist ein Männername, also maskulin, *Thea* ist feminin, *Toni* gehört zu den wenigen, die beides sein können, *Maria* kann von Männern nur als zweiter Vorname (*Conrad Maria Selig*) getragen werden. Wichtig ist das Genus für die formale Abstimmung in Nominalgruppen und zwischen Nomen und Anapher (Personalpronomen der 3. Person: *er/sie/es*):

(13) Sie haben **den** alt-**en** Heinrich-ø und die alt-**e** Henriette-ø gerettet.

(14) **Peter** und **Johanna** singen ein Duett. **Er/sie** singt allerdings besser als **sie/er**.

Bilden wir den Plural von Namen (meist mit -s: *die Hoffmann-s, Scholz-(es/ens); Amerika-s*), so haben wir einen Übergang zu Gattungsnamen. Wir beziehen uns nicht länger auf ein konkretes Individuum, sondern auf alle mit dem Charakteristikum ‚heißt N'.

---

1 Ein inflationärer Gebrauch des bestimmten Artikels könnte dazu führen, dass er eines Tages wieder aufgegeben wird.

C2.2 Vertiefung: Besondere Verwendungen von Eigennamen

Manchmal werden Eigennamen gar nicht auf ein bestimmtes Individuum bezogen. Beispielsweise können sie auf etwas mit ihm Verbundenes (etwa ein Werk von ihm) übertragen werden (Metonymie) (*Sie liest Kleist*). Ein Name kann ein Ereignis repräsentieren (*Auschwitz* den Holocaust). Wie andere Ausdrücke lässt sich auch ein Name als Form erwähnen (*Anna hat vier Buchstaben, wird auf der ersten Silbe betont*). Ein Name kann auf einem Namensschild erscheinen und einen lokalen Zugang zum Träger schaffen (der Träger des Schilds heißt NN; das Schild bezeichnet eine Grenze, hinter der Ort X beginnt; das Schild ist so ausgerichtet, dass die bezeichnete Straße ersichtlich ist). Weitere Fälle:

a) Ein Personenname kann zur reinen Adressierung, ohne dass über den Namensträger etwas gesagt wird, gebraucht werden. Beispielsweise, wenn ein Lehrer „Peter!" sagt, um lenkend auf Peter einzuwirken, ihn aufzurufen etc. Im Deutschen – wie in fast allen europäischen Sprachen – wird ein solcher Vokativ heute nicht mehr durch eine eigene Endung markiert, sondern entspricht dem Nominativ. Im Türkischen wandert die Betonung von der letzten auf die vorletzte Silbe (ço*cuk*lar). Der Adressat wird auf sein Handlungsfeld, auf sich als Handelnder gelenkt, um eine geforderte Handlung zu realisieren (Aufforderung) oder eine angesetzte zu unterlassen (Ermahnung).

b) Manchmal kennt der Sprecher den Namensträger nicht und nutzt den Namen in Verbindung mit einem unbestimmten Artikel uneigentlich, transferiert ihn in eine Situation, in der ihn jemand kennen mag.

(15) A: Eine Lisa Schmidt hat angerufen und wollte dich sprechen.
     B1: Ach, die kenn ich, was hat sie gesagt?
     B2: Lisa wer? Kenn ich nicht.

Der Artikel kennzeichnet hier, dass der Wissenszugang aus Sprechersicht ganz offen ist.

c) Im verallgemeinernden Gebrauch können einige Personennamen wie Gattungsnamen verwendet werden, es wird eine mit dem Namen verbundene Eigenschaft (gewöhnlicher Mensch, besonderer Künstler, Sportler, Wissenschaftler ... (für einen Menschen wie X gilt ...) aufgerufen; der verallgemeinernd-prädikative Charakter kommt mit dem unbestimmten Artikel ins Spiel.

(16) Eine Lieschen Müller weiß das natürlich nicht.

(17) Sind Sie ein Einstein oder ein Einzeller?
[http://www.welt.de/wissenschaft/article1078624/Sind_Sie_ein_Einstein_oder_ein_Einzeller.html, 4.4.2011]

(18) **Der Franz hört auf**
Heiner Brand, Lichtgestalt des deutschen Handballs, soll sich entschieden haben: Er will die Nationalmannschaft noch zur EM führen – danach ist Schluss.
[http://www.sueddeutsche.de/, 16.5.2011]

Im vorstehenden Beispiel werden Eigenschaften des bekannten Namensträgers Franz Beckenbauer, der ob seiner Erfolge als *Lichtgestalt* gilt, auf den ebenfalls sehr erfolgreichen Handballtrainer Heiner Brand übertragen. Ohne den Artikel ist das freilich nicht verständlich.

Zum Schluss bleibt die Frage, ob *Gott* ein Eigenname ist. Wenn von *den Göttern Mesopotamiens* oder *der Göttin der Fruchtbarkeit* die Rede ist, so handelt es sich um Gattungsnamen, wie im Deutschen schon der Artikelgebrauch zeigt. In der Gottesvorstellung des Koran (Sure 59,22: „Er ist Gott, außer dem es keinen Gott gibt...") ist *Allāh* ein real existentes Individuum, die Tradition kennt 99 Eigenschaften (*der König, der Heilige, der Inbegriff des Friedens* ...). Monotheistisch ist auch das Judentum, das Christentum verbindet die Vorstellung eines Gottes mit der Trinität. Auch wenn Gott für eine Fiktion bzw. nicht-existent gehalten wird, ist eine Namensnennung möglich. Gottes Eigenschaften lassen sich nicht einfach aufzählen, so dass eine Definition zu geben wäre. Parmenides und Platon haben versucht, das absolute Konzept „das Eine" (griech. *tò hen*) als grundlegende Einheit, als den nicht zu erkennenden Urgrund zu erfassen. Die Probleme des Charakterisierens mit Eigenschaften sind auch hier deutlich und es ist nachvollziehbar, dass die chinesische Philosophie vom Unnennbaren spricht. In vielen Religionen wird Gott als menschliche Erfahrung gefasst. Auch die Theologie hat keinen privilegierten Zugang zu Gott, sondern ist ein immer neuer Versuch reflektierter Rede über Gotteserfahrung. Wie jeder Namengebrauch ist auch die Verwendung von *Gott* gebunden an eine Traditionsgemeinschaft und ihre Kommunikationsgeschichte. Redegegenstände erfordern keine Existenzannahme.

Aufgaben:

> Am folgenden Beispiel kann man den Gebrauch von Eigennamen noch einmal klarmachen:

(19) Dialogbeispiel (Karl Valentin)

1	K.V.	Schad, dass er nicht mehr bei uns is, der ... no, wia hat denn
	K.V.	unser Notenwart ghoaßen? No, der ... jetzt fällt mir sein Name nicht mehr ein.
2	1. Musiker	Der Gallinger Schorschl.
3	K.V.	Gallinger hat er net ghoaßen, der Gallinger war ja so ein Großer, der Dings war ja nicht groß.
4	1. Musiker	Wer?
5	K.V.	Na ja, den, wo ich meine.
6	1. Musiker	Ich weiß ja nicht, wen du meinst.
7	K.V.	Um das handelt es sich doch, weil wir nicht wissen, wie der heißt.
8	1. Musiker	Ja, ich weiß doch nicht, wie der heißt.
9	K.V.	Ja, ich weiß das schon, dass du das nicht weißt, wir wissen's ja auch net! (Valentin 1985: 550 f.)

Hinweis:

Nach Klären einiger Besonderheiten des Bairischen (Diphthonge) bzw. süddeutscher Dialekte (unflektierbares Relativum *wo*) kann man einsteigen über die Frage, was jeweils über die Person bekannt ist und dann die Funktion des Namens behandeln.

(20) Gesprächsbeispiel (Pfälzisch)

1 Ulf   Hab schun dere Fra: gsacht weil die siebzich Johr alt is un e bissel so-
2 Beate hm̄
3 Ulf   • pingelich also- • mein Freund den ich mitbring do
4 Ulf   derfe Se ned erschrecke der sieht e bissel wild aus gell→ [...]
5 Ulf   des macht nix hot_se gsacht↑ • wenn de Gerd rōikummt
6 Ulf   weeschd mit seiner Statur un seim Zopf so kriegt die vielleicht
7 Ulf   gleich en Herzinfarkt odder irgendwas↓
       (Maurer & Schmitt 1994: 53 (adaptiert))

Hinweis:

Verhältnis von Person, Name und Eigenschaften

Projekte:

- Familiennamen und Vornamen untersuchen (dazu: Kohlheim/Kohlheim 2007, 2008; Kunze 2003; Schimmel 1992, 1993; Seibicke 2008)
- Namensspiel: Stadt-Land-Fluss-Berg-Vorname (Pflanze, Tier sind Gattungsnamen)
- Warum ich so heiße – Wie kommen Kinder zu ihrem Namen? Modenamen?
- Wie bildet man Kurznamen (Katrina → Kati, Gerhard → ?, Miriam → ?, Dorothea → ?, Konrad → ?, Klemens → ?, Franziska → ?) Gibt es Regeln?
- Spitznamen und Schimpfnamen: Form, Gebrauch, Wirkung
- Name als Stigma und Jüdische Namen (Bering 1987, 1991)
- Namenbildung
- Namen der Umgebung (Stadt, Schule, Straßen ...)
- Umbenennungen (Kaiserzeit, NS-Zeit, nach 1945)
- Namen im Deutschen, Türkischen, Russischen, Polnischen ...
- Jüdische Namen

C3 Symbolisch charakterisieren und den Wissenszugang bahnen

Prozeduren:

symbolische, operative

Wortarten:

Nomen (Substantiv), bestimmter und unbestimmter Artikel, deiktisches, possessives und quantifizierendes Determinativ

Didaktischer Kommentar:

In diesem Kapitel werden Nominalgruppen aus Determinativ und Nomen in Funktion und Form behandelt. Neben der Funktionalität von Gattungsnamen wird gezeigt, wie mit Determinativen die Funktion der Determination realisiert und damit der Wissenszugang beim Hörer gebahnt wird. In C3.9 gibt es ein didaktisches „Intermezzo", an dem Leser(innen) ihr Verständnis der Determinativkapitel überprüfen können. Die Formbildungen von Determinativen und Nomen bilden einen weiteren Schwerpunkt. Flexionsformen werden heute nicht mehr sicher beherrscht. Genus und Pluralbildung beim Nomen sind schwierig. Zur Vertiefung wird am Ende auch auf Stoffnamen sowie auf Subjekt- und Objektsätze eingegangen, in der Schule sind sie ein Sekundarstufenthema.

C3.1 Nominalgruppen, Determinative und Gegenstandsbezug

Wir können Personen, Familien, Orte, Flüsse, Länder, Berge beim Namen nennen und so einen unverwechselbaren Bezug herstellen, falls unsere Adressaten das Gemeinte mit Namen kennen (→ C2). Diese praktische Möglichkeit fehlt oft: Nicht alles ist uns so wichtig, dass wir ihm einen Namen geben, die Welt ist vielgestaltig und immer wieder treffen wir Neues. Die Verständigung über Namenloses kann gelingen, wenn wir darauf zeigen können und der Hörer unsere Orientierung in Wahrnehmung oder Vorstellung nachvollziehen kann. Manchmal begegnet uns eine Ansammlung von Menschen oder Dingen, aus denen Einzelne kaum durch Zeigen herauszustellen sind. In solchen Fällen bietet uns die Sprache das Mittel des Gattungsnamens (Appellativ) an.

> Ein GATTUNGSNAME ist ein Nomen wie *Baum*, *Tasse*, *Berg*, *Kerl*, mit dem wir etwas in einer bestimmten Hinsicht im Symbolfeld charakterisieren. Wir ordnen es einer Gattung, einer Art, eine Kategorie als Verallgemeinerung zu und schreiben ihm damit die Eigenschaften zu, die alle Gegenstände dieser Art typischerweise haben. Der Wissenszugang des Hörers wird mit einem Determinativ gekennzeichnet.

Wir können versuchen alles, das unter eine Gattung fällt, aufzuzählen (Mensch, Frau, Haus, Zahl ...), aber das ist oft ein Endlosspiel. Wir können auch versuchen, das Konzept eines Nomens anzugeben, das, was unsere Vorstellung davon ausmacht (ob es solche Konzepte unabhängig von sprachlichen Ausdrücken gibt, ist eine alte, vielleicht unlösbare philosophische Streitfrage („Universalienstreit")).

Funktional gehören Nomen zum Symbolfeld der Sprache. Sie charakterisieren losgelöst von der Sprechsituation, aber auf der Folie des sprachlichen Zusammenhangs, in dem sie gebraucht werden, und der Nachbarschaften im Bedeutungsfeld, vgl.:

(1)   ein junger Mann, der kleine Mann, ihr Mann, „Mann ist Mann" (Brecht)

(2)   Rind, Kuh, Bulle, Ochse, Kalb

Der Sinn einer Äußerung ergibt sich, wenn die Bedeutungsinteraktion der Ausdrücke in Rechnung gestellt wird. Außerdem sind, wenn ein Ausdruck wie *Kuh* gewählt wird, andere (*Stier, Ochse, ...*) ausgeschlossen, abgewählt. Man kann aber mit einem Oberbegriff („Hyperonym") auch allgemeiner formulieren (*Rind*) und offenlassen, welche Unterbegriffe („Hyponyme") zutreffend verwendbar sind.

Im Deutschen haben alle Nomen ein Genus, sie fallen in eine der drei Klassen Maskulinum, Femininum, Neutrum. Wie bei den meisten wissenschaftlichen Klassifikationen gibt es Problemfälle oder Schwankungen (*der/das Carport, die/das Nutella*).

Gattungsnamen beziehen sich im Symbolfeld der Sprache auf Gegenstandsbereiche (*Fahrrad*) oder Vergegenständlichungen (*fahren → Fahrt*), über die man spricht. Damit ist aber das, was wir meinen, noch nicht individualisiert wie beim Gebrauch eines Eigennamens. Mit *Ball* kann Vieles benannt werden, z.B. ein Spielgerät (< german. *ballu*) oder eine Tanzveranstaltung (aus französ. *baller* ,tanzen' < lat. *ballare*). Dass ein bestimmter, zugänglicher Ball gemeint ist, muss erst ins Wissen des Hörers. Das leistet das Verfahren der Determination (*der Ball*).

Die Determination ist wissensbezogen und operiert auf dem Hörerwissen. Sie unterstützt die Verarbeitung des versprachlichten Wissens, indem sie das Gemeinte in einem Wissensrahmen lokalisiert. Für die Verarbeitung müssen Wissensressourcen (Vorwissen, Laufwissen, Weltwissen, Sprachwissen etc.) genutzt werden, um das Gemeinte aufzufinden. Die Wissensverarbeitung benutzt einen Wissensrahmen, der über das aktuell verfügbare Wissen gelegt wird, soweit es zum Verständnis des mit dem Gattungsnamen versprachlichten symbolischen Konzepts benötigt wird. In diesem Rahmen wird der Gegenstand in der Vorstellung zugänglich und ist im weiteren Gespräch verfügbar, etwa als Thema.

Das charakteristische Mittel der Determination ist im Deutschen der bestimmte Artikel. Eine wichtige Unterscheidung ist die zwischen *definit* und *indefinit*. Die Verwendung eines definiten Ausdrucks verdeutlicht dem Hörer, dass der gemeinte Gegenstand prinzipiell in seinem Wissen auffindbar oder erschließbar ist. Indefinitheit heißt, dass der Hörer aktuell noch keinen Zugang hat, ihn sich erst auf der Grundlage seines Sprachwissens aufbauen muss. Eigennamen sind per se definit, weshalb der bestimmte Artikel vor einem Personennamen eigentlich überflüssig erscheint. Die Definitheit wird im Deutschen insbesondere durch ein Determinativ angezeigt. Nur im Verbund mit einem Determinativ können wir im Deutschen mit einem Gattungsnamen Bezug nehmen. Zu den Determinativen gehören sechs Wortarten (Tabelle 1).

C3 Symbolisch charakterisieren und den Wissenszugang bahnen

Wortart	Singular	Plural	Definitheit
bestimmter (definiter) Artikel	*der, die, das* mit einer Präposition verschmolzen: *im, ins, am, vom, zum*	*die*	definit
deiktisches Determinativ	*dieser, diese, dies(es)* *der, die, das*	*diese* *die*	definit
possessives Determinativ	*mein, meine, mein* *dein, deine, dein* *sein, seine, sein*	*meine* *deine* *seine*	definit
interrogatives Determinativ	*was für ein / eine / ein;* *welcher, welche, welches*	– *welche*	definit
unbestimmter (indefiniter) Artikel	*ein, eine, ein*	–	indefinit
quantifizierendes Determinativ	*jeder, jede, jedes* *kein, keine, kein* *mancher, manche, manches* –	– *keine* *manche,* *einige*	indefinit

Tab. 1: Determinative: Wortarten, Formen, Definitheit (unterstrichene Formen sind betont)

Die Determinative dienen der Sprachverarbeitung und gehören insofern dem Operationsfeld der Sprache zu. Einige haben zusätzlich deiktischen Charakter, sind Zeigwörter. Einen deiktischen Anteil hat auch das interrogative Determinativ, insofern es auf das Hörerwissen orientiert, mit dessen Hilfe ein Wissensdefizit des Sprechers behoben werden soll. Zu den Artikelsprachen – Sprachen mit einem bestimmten Artikel – gehören auch Englisch, Französisch, Spanisch, Arabisch, Hebräisch, Jiddisch, Bulgarisch, Ungarisch, während viele slavische Sprachen wie Russisch, Polnisch, Tschechisch, aber auch Türkisch, Finnisch, Latein, Japanisch etc. keinen solchen Artikel haben. Als unbestimmer Artikel tritt oft das Zahlwort ein.

> *Definite Determination:*
> Ein definites Determinativ wie *der* oder *dieser* wird verwendet, wenn der Sprecher davon ausgeht, dass der Hörer den Redegegenstand in seinem Wissen unmittelbar oder durch eine Wissensverbindung auffinden kann.

Beispiele:

- Vom Gegenstand war gerade schon die Rede (*eine Schule in Osnabrück → die Schule*),
- er ist allgemein bekannt (*die Bundeskanzlerin*),
- er ist gegenwärtig, weil er durch einen anderen Gegenstand aufgerufen wurde (*das Auto → der/sein Motor*),
- er ist aus dem persönlichen Wissen abrufbar (*deine Kindheit, dein erster Schultag*),
- er ist eine Gattung oder Art (*der Braunbär*).

C Redegegenstände formulieren

Trifft die Annahme nicht zu und der Hörer kann kein einschlägiges Wissen heranziehen, wird er vom Sprecher Klärung verlangen (*ich weiß nicht, wen/was du meinst*). Der Wissenszugang ist symbolisch gestützt durch die Charakterisierungsleistung des Nomens. Grundlage der symbolischen Ausdrücke ist das allgemeine Sprachwissen. Dort finden sich charakteristische Eigenschaften, die bei der Entscheidung helfen, ob etwas unter die Kategorie ‚Ball', ‚Tisch', ‚Reh', ‚Rose' etc. fällt. Im Erwerb werden Kinder u. a. durch Lehrdialoge wie *Was ist das? – Das ist eine Lampe, ein Sessel ...*, aber auch durch das aktive oder passive Verständnis zahlloser Gespräche mit einem begrifflichen Wissen ausgestattet, das den Kern unseres sprachlichen Weltzugangs bildet.

Gesucht ist mit *der X* ein X, das unter die Charakteristik des Gattungsnamens fällt und im Wissen zugänglich ist. Beispiel: *der Mann*: gesucht ist eine männliche Person (Leistung des Gattungsnamens), die dem Hörer aktuell gegenwärtig ist (das kennzeichnet der bestimmte Artikel). Der Entwurf eines im Wissen schon verankerten Gegenstands muss sich in der weiteren Kommunikation bewähren.

> *Indefinite Determination*:
> Kann der Sprecher kein einschlägiges Wissen voraussetzen oder hält er den Gegenstand nicht für erschließbar, wählt er eine indefinite Artikelform wie *ein*.

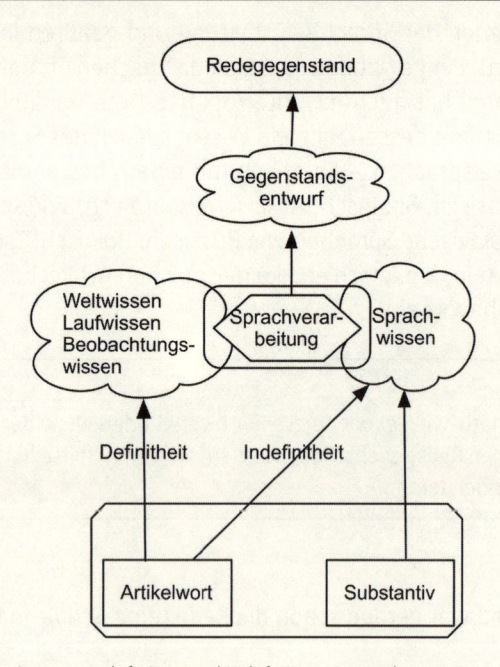

Abb. 1: Verarbeitung von definiten und indefiniten Nominalgruppen im Hörerwissen

Der Hörer weiß bei Indefinitheit, dass er allein auf sein Sprachwissen zurückgreifen, einen Gegenstand entwerfen und eine Leerstelle einrichten muss, die in der Folgekommunikation mit weiteren Eigenschaften des Gegenstands zu füllen ist. Was dann kommt, kann auf dem neuen Gegenstandskonto verbucht werden. Die Anweisung ist also: Öffne eine Gegenstandsposition im Wissen, die bereits durch ein erstes Charakteristikum belegt wird: Der fragliche Gegenstand wird ein Ball, ein Auto, eine Blume, ein Tier, eine Zahl, eine Menge ... sein.

C3.2 Der bestimmte Artikel und das deiktische Determinativ

Der BESTIMMTE ARTIKEL ist das grundlegende Mittel, kombiniert mit einem Nomen einen schon bestehenden oder erschließbaren Wissenszugang auszudrücken. Lernern anderer Erstsprachen, die keinen bestimmten Artikel haben (Türkisch, Russisch, Polnisch), fällt seine Beherrschung oft nicht leicht – z.B. auch, wenn die Erstsprache Englisch ist –, und es ist sinnvoll, die Regularitäten der Verwendung ausführlich klar zu machen und an Beispielen zu vertiefen. Lerner aus einer Sprache wie Arabisch, das einen bestimmten Artikel hat, müssen realisieren, dass er im Deutschen flektiert und dabei auf das Nomen abgestimmt wird.

Im Deutschen findet sich ein bestimmter Artikel seit der althochdeutschen Phase. In deren Verlauf hat er sich aus deiktischen Vorgängern (indogermanische *to-*Deixis, althochdeutsch *ther/der*, mittelhochdeutsch *der*) herausgebildet, Flexionsformen entwickelt und seine heutige operative Funktion gewonnen. Eine Kooperation mit dem Zeigwort *da* (Lokaldeixis) illustriert das folgende Beispiel:

(3) Und wenn Sie nicht sofort in der U-Bahn verschwinden, übergebe ich Sie **da dem** Schupo! (Fallada 2011: 360)

In der Dialogwiedergabe orientiert der Sprecher den Hörer mit *da* auf einen ferneren Raumbereich. Hat der Hörer diese Orientierung im Wahrnehmungsraum nachvollzogen, ist ihm der in diesem Bereich anwesende Schutzpolizist zugänglich. Weil der Schupo nunmehr durch Wahrnehmung im Wissen zugänglich ist, wird der bestimmte Artikel (*dem Schupo*) verwendet.

Das folgende Beispiel zeigt die in Texten oder Gesprächen üblichen Übergänge von der Einführung mit unbestimmtem zur thematischen Fortführung eines Gegenstands mit bestimmtem Determinativ:

Wenn Herr K. einen Menschen liebte
   »Was tun sie«, wurde Herr K. gefragt, »wenn Sie **einen** Menschen lieben?«
   »Ich mache **einen** Entwurf von ihm«, sagte Herr K., »und sorge, dass er ihm ähnlich wird.« »Wer? **Der** Entwurf?« Nein, sagte Herr K., »**der** Mensch.«
   (Brecht 1980b: 386)

„Einen Menschen" bedeutet hier, dass der Hörer eine Person entwerfen und sich vorstellen soll, über die er nur weiß, dass sie seinem Begriff eines Menschen entspricht. Je nach symbolischem Zusammenhang handelt es sich um ein hoch entwickeltes, denkendes und sprachfähiges, planendes und zur Begründung seines Handelns fähiges Lebewesen, das zu dem gehört, was Menschen lieben können. Im Zusammenhang mit dem Prädikat *lieben* kann also ein Konzept eines konkreten, individuellen Menschen ausgebildet und in den das Gespräch begleitenden Vorstellungsraum gebracht werden. Damit steht er als Redegegenstand oder für die Textentwicklung zur Verfügung und ist über das Laufwissen zugänglich. Laufwissen ist das durch Gespräch oder Text aufgebaute und unterhaltene Wissen. Was dort zugänglich ist, wird mit dem bestimmten Artikel markiert („der Mensch", „der Entwurf"), so dass der Hörer/Leser direkt auf die Wissensressource zugreifen kann.

Die folgenden Verwendungen haben eine Nähe zu Eigennamen, die ja stets ein Individuum identifizieren. Der Gegenstand kann als Unikat mit dem Weltwissen gegeben sein:

(4)   **Die** Sonne scheint. **Der** Herr hats gegeben ...

Hier kommt die Spracherfahrung ins Spiel, die üblicherweise nicht an andere Sonnen oder Herren, sondern ein bestimmtes Element des Wissens denken lässt. Eine definite Kennzeichnung kann einen Gegenstand eindeutig erfassen:

(5)   **Der längste Fluss der Welt** fließt in Afrika oder Südamerika.

Als Eigennamen sind Personennamen schon definit, können aber – obligatorisch im süddeutschen Raum, sonst vor allem in Zugangs- oder Vorstellungssituationen – mit dem Artikel versehen werden:

(6)   Das ist **die** Anna.

Manche geographischen Namen enthalten einen bestimmten Artikel (*die Elbe, die Vereinigten Staaten*).

In den folgenden Beispielen sind komplexere Fälle der Verwendung des bestimmten Artikels zu sehen. Grundlage ist ein Weltwissen über das, was zusammengehört.

(7)   Die Briefträgerin Eva Kluge steigt langsam **die** Stufen im Treppenhaus Jablonskistraße 55 hoch. (Fallada 2011: 9)

(8)   Der Werkmeister Quangel ist auf die Jablonskistraße hinausgetreten und hat vor **der** Haustür herumstehend den Emil Barkhausen getroffen. (Fallada 2011: 21)

Der Roman von Fallada beginnt (wie manche andere) ohne explizite Einführung einer Figur. Die Briefträgerin wird als schon präsent unterstellt, um die Leser in die Kontinuität eines Geschehens hineinzuziehen. Das Haus ist als „Jablonskistraße 55" konzipiert, dazu gehört ein Treppenhaus und darin sind die Stufen, die die Briefträgerin hochsteigt: Zu einem Treppenhaus gehören Stufen, also wird der bestimmte Artikel gewählt. Wer ein Haus verlässt, verlässt es durch die Haustür, diese Beziehung ist im Weltwissen abgelegt und so wird der bestimmte Artikel („der Haustür") gebraucht.

Normalerweise hat der Mensch einen Kopf, ein Bett, hat der aktuelle Tag einen Abend, der Beamer eine Lampe, ein Land eine Flagge, ein Bus einen Fahrer, einen Motor und eine Hupe und der Hörer weiß das:

(9)   Eugen wiegte zweifelnd **den** Kopf. (Kehlmann 2005:9)

(10)   Nun also versteckte sich der Professor Gauß **im** Bett. (Kehlmann 2005: 7)

(11)   Wir sehen uns **am** Abend.

(12)   **Die** Lampe des Beamers ist ausgefallen.

(13)   **Die** Flagge Finnlands wurde gehisst.

(14)   Der Busfahrer lässt **den** Motor an, drückt zweimal auf **die** Hupe. (Roes 2006: 52)

Der Mensch kann auch eine Joppe, eine Frau, eine Tasche, Kinder haben:

(15) Aber Barkhausen hält ihn an **der** Joppe fest und flüstert eifrig: »Nachbar, was gewesen ist, darüber wollen wir nicht mehr sprechen. (...) Ich muss **der** Frau ein bisschen Geld für Lebensmittel geben und habe keinen Pfennig in **der** Tasche. **Die** Kinder haben heut noch niscnt gegessen ...« (Fallada 2011: 27)

Das folgende Beispiel zeigt, wie der Rezipient den Gegenstand erst auf der Basis des Bedeutungsumfelds etablieren muss. Jeder Mensch hat Augen, so fügen sich die Augen auf der Basis von Weltwissen in den Wissensrahmen ein. Dann ist eine Brücke zu schlagen zum Schließen der Augen als bekannter Ausdruck von Müdigkeit, die damit als bestimmt gefasst und mit dem Artikel markiert wird.

(16) Er schloß jetzt wieder **die** Augen, **die** Müdigkeit machte sich sofort bemerkbar, eine unendliche Schwere, der er willenlos nachgab. (Ortheil 2002: 40)

Das folgende Kinderbuchbeispiel setzt den Supermarkt als im Wissen zugänglich (Verkäuferin → Laden / Supermarkt) voraus. Der bestimmte Artikel (*im – in dem*) verdeutlicht, dass es nur einen gemeinten Supermarkt gibt (Einzigkeitsbedingung):

(17) Ich heiße Tilmann. Mein Vater ist arbeitslos. Meine Mutter ist Verkäuferin **im** Supermarkt. (Korschunow 1999: 26)

Der bestimmte Artikel kann auch gebraucht werden, wenn allgemein über eine Art oder Gattung und alles, was dazu gehört, geredet wird. Man spricht vom GENERISCHEN GEBRAUCH, der nicht auf ein Individuum, das zu einer Gattung gehört, zielt, sondern verallgemeinernd auf die Gattung selbst. Die Gattung wird vergegenständlicht. Es können allgemeine, generalisierte Aussagen gemacht werden:

(18) ...**der** Wal besitzt gar keine eigentlichen Halsmuskeln, bei **dem** Affen sind sie fast ebenso ausgebildet wie bei **dem** Menschen; **die** Säugethiere, welche klettern, graben, flattern oder greifen, haben starke Brustmuskeln zur Beugung des Armes ... (Brehms Tierleben 2004:1,6 (54))

(19) **Die** Nashörner (*Nasicornia*) sind plump gebaute, ungeschlachte Dickhäuter von ziemlich bedeutender Größe. (Brehms Tierleben 2004: 511 (5480))

(20) Jahrtausendelang konkurrierte **der** Wolf mit **den** Menschen um Wild und Nutztiere, während **der** zahme Wolf zum „besten Freund des Menschen" wurde, zum Haushund. (MacDonald 2004: 42)

In solche Sätze kann man *charakteristischerweise* oder *typischerweise* einsetzen. Das folgende Beispiel zeigt, dass man es bei generischen Aussagen nicht immer mit Allaussagen zu tun hat, es kann Ausnahmen geben:

(21) **Der** Indianer [Gattung] kennt keinen Schmerz. Nur der Kleine Bär [Individuum] ist etwas wehleidig.

Es ist vor allem diese Form *der X*, die in rassistischen Aussagen benutzt wird; sie scheint sich zum Aufbau eines persönlichen Feind- und Hassbilds zu eignen. Dafür liefern Richard Wagner und Hitler Beispiele:

(22) **Der** Jude, der bekanntlich einen Gott ganz für sich hat, fällt uns im gemeinen Leben zunächst durch seine äußere Erscheinung auf, die, gleichviel welcher europäischen Nationalität wir angehören, etwas dieser Nationalität unangenehm Fremdartiges hat: wir wünschen unwillkürlich mit einem so aussehenden Menschen nichts gemein zu haben. (R. Wagner 2000 (1869): 148 [*der Jude* kommt 18mal in Wagners Text vor])

(23) Wenn die Gefahr, die das Judentum für unser Volk heute bildet, seinen Ausdruck findet in einer nicht wegzuleugnenden Abneigung großer Teile unseres Volkes, so ist die Ursache dieser Abneigung meist nicht zu suchen in der klaren Erkenntnis des bewußt oder unbewußt planmäßig verderblichen Wirkens **der** Juden als Gesamtheit auf unsere Nation, sondern sie entsteht meist durch den persönlichen Verkehr, unter dem Eindruck, den **der** Jude als Einzelner zurück läßt und der fast stets ein ungünstiger ist. (Hitler 1919, zit. n. Jäckel/Kuhn 1980: 88)

Im definiten Singular *der Jude* erscheint die Art verkörpert in der Einheit einer Gestalt. In dieser Vergegenständlichung können ihr und allen Angehörigen Eigenschaften so zugeschrieben werden, wie das sonst bei einem Individuum geschieht. Dies wird genutzt in der Redeweise über Feinde: *der Russe, der Bolschewik*. Die Generalisierung eines genuin individualisierenden Personennamens ist noch eine Steigerung (*der Iwan* als Bezeichnung für Russen mit der Assoziation an *Iwan den Schrecklichen*):

(24) Ein Serienmord in einem Frankfurter Edelpuff weckt im Milieu die Furcht vor der Russen-Mafia. Denn, so warnen V-Leute der Polizei seit Monaten: „**Der Iwan** ist da." (Der Spiegel 34, 1994: 1004)

Auch ein auf eine Gruppe bezogener Pluralgebrauch wird manchmal so verstanden, dass sich eine Allaussage dahinter verbirgt – auch hier lässt der Alltagsgebrauch Ausnahmen zu:

(25) Ich bin ja nun größtenteils Deutscher. Deshalb war ich interessiert, als der Journalist Henryk M. Broder in der Welt am Sonntag einen Artikel über die Deutschen veröffentlicht hat. Der Artikel trägt die Überschrift: Ihr feigen Deutschen!
Der Leitgedanke lautet, **die** Deutschen – tatsächlich alle – seien »faul, feige und passiv-aggressiv«. Dies sei kein »Generalverdacht«, sondern »handfeste Empirie«, also wissenschaftlich bewiesen. Dass ich oft feige bin und manchmal passiv-aggressiv, muss ich zugeben. Wir haben alle unsere Fehler. Auch Broder wird welche haben. Eine Sache nehme ich übel, nämlich, dass er behauptet, ich sei, empirisch bewiesen, faul. Es gibt faule Deutsche. Aber ich bin nicht faul. Ich bin gern bereit, Henryk M. Broder meinen Terminkalender zu zeigen. Da würde seine Empirie sofort in sich zusammenbrechen.
(H. Martenstein, Zeitmagazin 21, 2011: 6)

Ein anderer generischer Gebrauch trifft singuläre, auf ein Ereignis bezogene Aussagen. Charakteristisch ist für sie der Ausdruck von Vollendung oder doch des Übergangs zu einem Endzustand (*der Bienenhabicht ist am Aussterben*).

(26)   „Ich habe **den** Computer erfunden, weil ich zu faul war zum Rechnen", erzählt Konrad Zuse. (http://www.wdr.de/themen/kultur/stichtag/2005/12/18.jhtml [12.4.2011])

(27)   Erst im siebzehnten Jahrhundert werden die meisten Schriftsteller zweifelhaft, und fortan sprechen sie nur von einem Wildochsen, welchen sie bald Wisent, bald Urochs nennen. Der letztere, d.h. **der** wahre Auer, ist inzwischen ausgestorben. (Brehms Tierleben 2004: 388 (5103))

Möglich ist auch der artikellose Plural:

(28)   Insbesondere glichen die Tiere des Sariska-Nationalparks, wo **Tiger** im Jahr 2004 ausgestorben sind, genetisch sehr stark jenen aus dem benachbarten Ranthambore-Nationalpark. [http://de.wikipedia.org/wiki/Tiger, 19.5.2011]

Ist ein Nomen Teil der Prädikation und leistet keine Gegenstandsbestimmung, fehlt ein bestimmter Artikel:

(29)   Hans Magnus ist Dichter.
       *Hans Magnus ist ein Dichter.

Im Englischen finden wir, bei Zählbares bezeichnendem Nomen, einen unbestimmten Artikel:

(30)   Hans Magnus is **a** poet.

Bei identifizierendem Gebrauch von *sein* steht ein bestimmter Artikel:

(31)   Hans Magnus ist **der** Dichter, von dem wir gesprochen haben.

Bei attributiver Erweiterung ist auch der unbestimmte Artikel möglich:

(32)   Hans Magnus ist **ein** ausgezeichneter Dichter.

Während wir im Deutschen mit dem Artikelgebrauch zwischen konzeptueller Verwendung (*Schule muss heute viel leisten*) und vergegenständlichender (*die Schule muss heute viel leisten*) unterscheiden können, tendiert das Englische im Zweifel stark zur Artikellosigkeit bei Abstrakta wie *language, politics, literature*, wo im Deutschen auch von *der Sprache, der Politik, der Literatur* die Rede ist.

In festen Wendungen findet sich vielfach kein bestimmter Artikel (*in Aussicht stellen, in Not, ab 3. Klasse, Wohnung mit Bad*).

Verschmelzungsformen mit Präpositionen (*am, ans, aufs, beim, im, ins, vom, zum, zur*) sind oft obligatorisch; das gilt besonders, wenn kein konkretes Individuum, kein bestimmter Gegenstand gemeint ist (*zum Essen gehen, im Vertrauen* sagen) und in festen Wendungen (*ins Reine schreiben, im Gegensatz zu, zur Aufführung bringen, hinters Licht führen*), aber auch bei Eigennamen und Unika, die einen bestimmten Artikel als Bestandteil haben (*im Sauerland Ski fahren*).

(33)   Rose ging **zum** Kapitän und wies ihn in die entgegengesetzte Richtung.
       (Kehlmann 2005: 290)

Die Funktionsweise des bestimmten Artikels lässt sich so zusammenfassen:

> Der bestimmte Artikel ist das charakteristische und primäre Mittel der Determination. Er verbindet sich mit einem Nomen und markiert einen beim Hörer schon bestehenden Wissenszugang. Sein Gebrauch besagt für den Hörer: Ich gebe Dir mit meiner Äußerung in ihrem Zusammenhang alles, was Du brauchst, den gemeinten Gegenstand (Ding, Person, Art ...) zu identifizieren. Nutze dazu Dein Wissen!
>
> Das deiktische Determinativ (*dieser, jener,* (betontes) *der, derjenige, solch*) fügt dem symbolisch charakterisierenden Verfahren mit einem Nomen das Zeigen in einem Raum hinzu.

Die Ausdrucksform *dieser* ist aus der Zusammensetzung einer alten Deixis (*the-*), aus der auch der bestimmte Artikel entstand, mit einer deiktischen Form *-s, -se* hervorgegangen, die schließlich Endflexion entwickelte. Im Althochdeutschen finden sich die Formen *theser/deser,* mittelhochdt. *dieser/dirre.*

In Mozarts Zauberflöte singt Tamino, die Hörerschaft auf einen Gegenstand, der als „Bildnis" charakterisiert wird, in einem zugänglichen, nahen Raumbereich orientierend:

(34) **Dies Bildnis** ist bezaubernd schön, wie noch kein Auge je gesehn! (Zauberflöte, Libretto von Schikaneder)

In der folgenden Verhandlung zeigt der Vorsitzende auf etwas im Wissen Zugängliches, den gerade verhandelten Fall, in dem der Zeuge aussagt:

(35) Strafverhandlung (F.13 107)

Zeuge   ... und ich erzählte ihm n Erlebnis von vorige Woche, was mir pa/ oder vor vierzehn Tagen, was mir passiert war.
Richter   Haben Sie über **diesen Fall** gesprochen hier?
Zeuge   In keinem Fall/ • in keinem Falle.

Beide Komponenten der Kombination arbeiten daran mit, den Zugang zum gemeinten Gegenstand herzustellen. Der Kasus wird von der Präposition gesteuert und an das Nomen weitergegeben, dort ohne Endung (ø) realisiert. Vom Nomen wird der Kasus an das deiktische Determinativ weitergereicht und mit der Endung *-em* markiert. Das Genus hat seinen Ursprung im Nomen, der Singular versprachlicht die Bedeutung der Einheit:

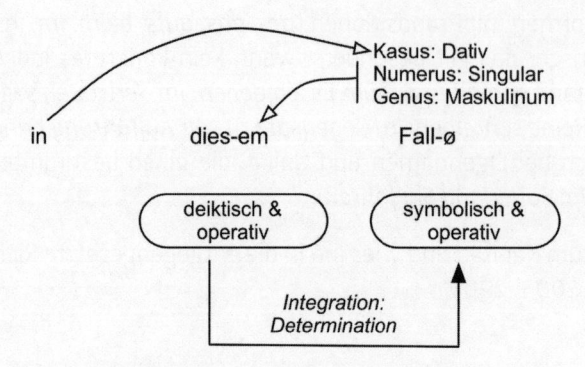

Abb. 2: Merkmalsverteilung beim deiktischen Determinativ

Deiktische Determinative tragen zwei Prozeduren, sind biprozedural; zum einen zeigen sie, zum anderen unterstützen sie sprachlich-operativ die Wissensverarbeitung im Zusammenspiel mit dem Symbolfeldausdruck. Sie lassen den fraglichen Gegenstand als einzig und dem Hörer im Wissensrahmen zugänglich erscheinen (sie sind insofern definit und spezifisch wie der bestimmte Artikel). Der Zugang bedarf nicht nur symbolischen Verstehens (des mit dem Nomen Gesagten), sondern synchroner Orientierung von Hörer/Leser im Wahrnehmungsfeld, in der Rede- oder Textkette oder im Vorstellungsraum. Im folgenden Beispiel nimmt der Erzähler die Perspektive einer Figur ein; Mozart betritt eine Räumlichkeit, die er kennen soll:

(36) Er bedankte sich herzlich und betrat die hellen, festlich geschmückten Räume, die er auf den ersten Blick kaum wiedererkannte. Hier, in **diesen Räumen**, sollte er schon einmal gewesen sein? (Ortheil 2002: 135)

Auf die zuvor genannte Örtlichkeit („die hellen, festlich geschmückten Räume") wird zunächst mit dem Zeigwort *hier* in der Vorstellung des nachvollziehenden Lesers reorientiert. Zusätzlich wird zur Klärung ein symbolischer Zugang installiert („diese Räume").

(37) Seine Mutter hatte sich bei niemand anderem als Goethe erkundigt, wie sie ihre Söhne ausbilden solle. Ein Brüderpaar, antwortete **dieser**, in welchem sich so recht die Vielfalt menschlicher Bestrebungen ausdrücke, wo also die reichsten Möglichkeiten zu Tat und Genuss auf das vorbildlichste Wirklichkeit geworden, **das** sei in der Tat ein Schauspiel, angetan, den Sinn mit Hoffnung und den Geist mit mancherlei Überlegung zu füllen. **Diesen** Satz verstand keiner. (Kehlmann 2005: 19)

Mit der Objektdeixis „dieser" wird Goethe thematisch fortgeführt; mit „diesen Satz" wird der vorhergehende Satz fortgeführt, über ihn kann nun etwas gesagt werden. Die Objektdeixis „das" reorientiert auf die Gruppe „ein Brüderpaar ... geworden" (→ C5.2). Mit *dieser* wird stets das Nächstgelegene, das in der Rückverarbeitung der vorausgehenden Wortkette am ehesten Passende fortgeführt: der vorhergehende Satz Goethes.

Das Zeigen kann also komplex sein und es gilt stets, den Verweisraum aufzufinden, in dem gezeigt wird, also die aktuelle Wahrnehmung, eine im Gespräch oder Text aufgebaute Vorstellung etc. Eine Unterscheidung zwischen Zeigen in der Nähe und Zeigen in der Ferne ermöglicht das Paar *dieser – jener*, in der Gegenwartssprache wird mit *jener* vor allem in Texten auf einen vom Nahbereich getrennten Fernbereich gezeigt.

(38) Bertolt Brecht: Terzinen über die Liebe
Sieh **jene** Kraniche in großem Bogen!
Die Wolken, welche ihnen beigegeben
Zogen mit ihnen schon, als sie entflogen
(Brecht 1993a:15)

In fester Wendung kommen *dieser* und *jener* öfter mit *und* bzw. *oder* koordiniert vor, sie erfassen eine Konstellation von Gegenständen aus dem Nah- oder dem Fernbereich in vager Auswahl.

(39) Daß ein Philosoph **diese oder jene scheinbare Inkonsequenz** aus dieser oder jener Akkommodation begeht, ist denkbar. (Marx/Engels 1998: 326)

Die Form *derselbe* ist zusammengesetzt aus definitem Artikel (*der*) und *selb-*; sie drückt die Identität eines Gegenstands mit einem zuvor erwähnten oder sonst gegenwärtigen aus. Die davon zu unterscheidende Kombination *der gleiche* drückt nur die gemeinsame Zugehörigkeit zu einer Art oder Kategorie aus.

(40) Beim Kampf gegen Krebs sollte der Arzt seine Waffen mit Bedacht wählen: Sogar bei **derselben** Krebsart können Medikamente individuell völlig unterschiedlich wirken.
(http://www.innovations-report.de/html/berichte/studien/bericht-56258.html [11.2.2007])

(41) Wir tragen doch verschiedene Variationen. Da merkt kein Mensch, dass wir alle **das gleiche** Kleidungsstück anhaben, geschweige denn, dass es Jumpsuit heißt. (Die ZEIT, 13.7.2009)

Nicht immer wird der Unterschied beachtet:

(42) Manuela wuchs auf in der Nähe des Familienzentrums. Ihr Sohn Ryan geht in **die gleiche** Grundschule, die sie selbst schon besuchte. (Die ZEIT, 13.7.2009)

Das deiktische Determinativ *derjenige* wird vor Nomen und restriktivem (den Bezugsbereich einschränkendem) Relativsatz (→ C4.5) gebraucht und verweist nach vorn auf die im ferneren Relativsatz gegebene Einschränkung:

(43) Zu Recht hat **derjenige Fahrer** Vorrang, **der die Parklücke zuerst erreicht**, mag er auch erst noch hineinmanövrieren müssen. (Spiegel 38/1969 (H. Jagusch))
[http://www.spiegel.de/spiegel/print/d-45547817.html, 28.4.2011]

Der Vorrang gilt nur für einen Fahrer, der zuerst die Parklücke erreicht. Die Einschränkung leistet der mit dem Relativsatz gegebene Sachverhalt. Das gilt auch für das deiktische Determinativ der (mündlich betont):

(44) Gauß machte **die** Verbeugung, die man ihm beigebracht hatte. Er wußte, dass es bald keine Herzöge mehr geben würde. (Kehlmann 2005:61)

Vor einem solchen Relativsatz wird der Artikel nicht mit einer Präposition verschmolzen.

(45) Zu Besuch **bei dem** Mann, der Libyen retten will (Welt 30.4.11)
[http://www.welt.de/politik/ausland/article12751846/Zu-Besuch-bei-dem-Mann-der-Libyen-retten-will.html, 30.4.2011]
*Zu Besuch **beim** Mann, der Libyen retten will

Spezifizierend zeigen kann man mit *solch-* (aus deiktischem *so*, das auf eine Aspekteigenschaft eines Objekts zeigt, und *-lich* < germ. *līch ‚Körper, Gestalt' (Pfeifer 1989: 1648) zusammengesetzt). Was als Spezifisches aus der mit dem Nomen gegebenen Kategorie gilt, muss aus dem zuvor oder anschließend Gesagten erschlossen und thematisch fortgeführt werden.

(46) ...wir sehen in ihnen immer die das Ganze überblickenden und ordnenden Meister der Wissenschaft und sind geneigt, die jagenden und sammelnden

Reisenden jenen gegenüber als Gehülfen und Handlanger zu betrachten, obgleich wir uns nicht verhehlen können, daß nur sie es sind, welche uns mit dem ganzen Thiere bekannt machen. (...) **Solche Ansichten** haben mich bestimmt, das vorliegende Buch zu schreiben. (Brehms Tierleben 2004:1,7)

Der bestimmte und das deiktische Determinativ erscheinen in vier Kasusformen des Singulars und des Plurals (Tabelle 7). Bei *derjenige* wird der erste und betonte Teil wie der bestimmte Artikel, der zweite unabhängig wie ein Adjektiv (schwach, → C4.1) flektiert (*des-jenigen, dem-jenigen, den-jenigen, die-jenigen*).

Kasus	Numerus			
	Singular			Plural
	Maskulinum	Neutrum	Femininum	
Nominativ	*der / dieser / der*jenige	*das / dies(es) / das*jenige	*die / diese / die*jenige	*die / diese / die*jenigen
Akkusativ	*den / diesen / den*jenigen	*das / dies(es) / das*jenige	*die / diese / die*jenige	*die / diese / die*jenigen
Dativ	*dem / diesem / dem*jenigen	*dem / diesem / dem*jenigen	*der / dieser / der*jenigen	*den / diesen / den*jenigen
Genitiv	*des / dieses / des*jenigen	*des / dieses / des*jenigen	*der / dieser / der*jenigen	*der / dieser / der*jenigen

Tab. 7: Flexionsformen: bestimmter Artikel *der*, deiktische Determinativ *dieser, derjenige*

C3.3 Das possessive Determinativ

> Das POSSESSIVE DETERMINATIV kennzeichnet den Gegenstandsentwurf des Nomens als definit und im Adressatenwissen zugänglich. Der Wissenszugang wird damit hergestellt, dass eine Relationierung zum Sprecher/Autor (*mein*) oder Hörer/Leser (*dein, Ihr*) oder entsprechenden Gruppen (*unser, euer*) aufgebaut wird, die deiktisch ins Spiel kommen. Es kann aber auch ein Bezug zu einem bereits in der Rede oder im Text eingeführten Gegenstand genutzt werden, der damit anaphorisch als Thema fortgeführt wird (*sein, ihr*).

Im Italienischen macht das possessive Determinativ nicht definit (*il mio amico* ‚der mein Freund', ‚mein Freund'; *un mio amico* ‚ein mein Freund', ‚ein Freund von mir').

Dieses Determinativ unterscheidet sich in einigen Formen vom eigenständigen Possessivum, das in der traditionellen Grammatik als „Possessivpronomen" mit dieser Form zusammengeworfen wird.

(47)   Sie nahm **mein** Buch. [poss. Determinativ]

(48)   Sie nahm **mein-s**. [Possessivum]

Die possessiven Determinative haben spezifische Flexionsformen und Korrespondenzbeziehungen in der Nominalgruppe, eine eigene Kombinatorik und Funktionalität, was eine Sicht als eigene Wortart erlaubt. Genus, Numerus und Kasus korrespondieren mit dem Kopf-Nomen. Sie sind im Deutschen (wie auch in romanischen Sprachen) nicht Formvarianten der Anapher bzw. des Personalpronomens (so im Englischen, wo sie als Genitivformen (*it, its*) zu beschreiben sind). Funktional sind sie biprozedural (deiktisch/ phorisch und operativ).

Im deiktischen Fall wird der Hörer/Leser auf den situativ gegebenen oder textuell erschließbaren Sprecher/Autor, auf eine entsprechende Gruppe oder auf sich selbst verwiesen. Meist ist damit für den Adressaten eine eindeutige Verankerung durch Einbezug des situativen Wissens in den Wissensrahmen möglich, auch wenn in der Autorzuweisung wie auch durch Mehrfachadressierung Vagheit entstehen kann.

(49) „... die Karaffen mit Punsch stehen noch dort auf dem Tisch, auch **unser** Maestro wünschte sich davon, als wir heute morgen am Operntext feilten." (...) „**Unser** Maestro, ja, wie schön Sie das sagen, Signor Giacomo! Im Augenblick gehört er ja wirklich ein wenig uns, vielleicht sogar vor allem uns beiden, zum Wohl!" (Ortheil 2002: 282)

In der fortführenden, anaphorischen Variante (*sein, ihr*) muss etwas aus anderem Wissen (Vorerwähntes, Impliziertes, Weltwissen) in den Wissensrahmen gebracht werden. Das Genus des Possessors (Vorgängerausdruck, Konzept) bestimmt die Wahl des Determinativs (*Hanna ... ihre* N; *Peter ... sein* N). Hier kann die Suche nach dem Ankergegenstand schwieriger werden, da zusätzliches Wissen und Schlussfolgerungen genutzt werden müssen. Der Anker kann in einer Vorgängeräußerung, aber auch in derselben Äußerung verbalisiert sein:

(50) **Er** starrte Casanova an, ja, von Anfang an hatte er geahnt, daß **er** in ihm **seinen** Meister finden würde. (Ortheil 2002: 202)

Possessives Determinativ				
				Distanz
deiktisch (& operativ)	Nähe	Sprecher	*mein*	–
		Sprechergruppe	*unser*	–
	Ferne	Hörer	*dein*	*Ihr*
		Hörergruppe	*euer*	*Ihr*
anaphorisch (& operativ)	Genus	Maskulinum	*sein*	
		Femininum	*ihr*	
		Neutrum	*sein*	

Tab. 8: Possessive Determinative (Maskulinum)

Die Flexionsformen entsprechen denen des unbestimmten Artikels (→ C3.5). Die konkurrierenden Objektkasus Dativ und Akkusativ sind im Singular und Plural unterschieden, allerdings entspricht der Akkusativ Singular dem Dativ Plural.

C3 Symbolisch charakterisieren und den Wissenszugang bahnen

Numerus \ Kasus	Nominativ	Genitiv	Dativ	Akkusativ
Singular	*mein*	*mein-es*	*mein-em*	*mein-en*
Plural	*mein-e*	*mein-er*	*mein-en*	*mein-e*

Tab. 9: Flexionsformen possessiver Determinative (Maskulinum)

Die Wahl des passenden possessiven Determinativs und seiner Endung ist recht kompliziert, wie die Abbildung 3 zeigt:

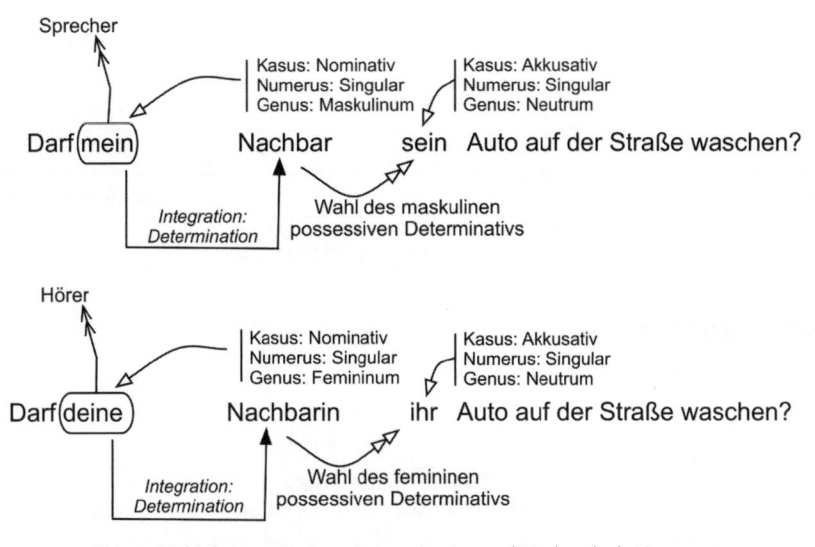

Abb. 3: Wahl des possessiven Determinativs und Merkmalsabstimmung

Die Wahl der Form richtet sich bei den deiktischen Formen danach, ob auf Sprecher oder Hörer gezeigt wird. Bei den phorischen hängt sie vom Genus des Bezugswortes ab. Die Kasus-, Numerus-, und Genusmarkierung in der Endung wird wie bei anderen Determinativen vom Kopfnomen gesteuert. Das folgende Beispiel zeigt, wie mit dem Wissen, dass ein Brautpaar aus einer männlichen und einer weiblichen Person besteht, gearbeitet wird:

(51) Das **Brautpaar** trat aus der Kirche. **Ihr** Kleid wirkte derangiert.

Wie in *das Mädchen ... sie* (statt *es*) kann das natürliche Geschlecht die Wahl des Femininums auslösen:

(52) „Er hat also gar nicht mich gemeint, mich, **die kleine Johanna**, (...)"
„Er hat nicht dich gemeint, sondern **ein hübsches Wesen**, manchmal mit Schürze, manchmal in schönen Kleidern, **das** ihm zu **ihrem** Unglück immer wieder in den Weg lief." (Ortheil 2002: 301)

Umgangssprachlich wird statt expliziter Relationierung manchmal nur der bestimmte, definite Artikel gebraucht (so auch z.B. im Albanischen), damit aber ein anderer Weg zum Ziel beschritten:

(53) Was macht **der** Vater? *statt:* Was macht **dein** Vater?

Mit possessiven Determinativen kann wie mit attributiven Genitiven eine spezifische Relationierung vorgenommen werden; verschiedene Beziehungen zwischen Besitzer (Possessor) und Besessenem (Possessum) kommen vor, z. B.:

Possessives Determinativ + Nomen	Genitivkonstruktion	Relationierung zum Possessum
ihr Spiel	*Paulas Spiel*	Handelnder
seine Sucht	*Peters Sucht*	Disponierter
meine Überzeugungskraft	--	Fähiger
ihre Benachteiligung	*Peters Benachteiligung*	Betroffener
seine Wut	*Peters Wut*	Träger psychischer Zustände
deine Klugheit	*Paulas Klugheit*	Träger allgemeiner Eigenschaften
sein Wagen	*Peters Wagen*	Besitzer
ihre Tochter	*Paulas Tochter*	Träger sozialer Beziehungen

Tab. 9: Possessivkonstruktionen, Genitivkonstruktionen und Relationalität

C3.4 Der unbestimmte Artikel

> Der UNBESTIMMTE ARTIKEL, der nur eine Singularform hat, drückt aus, dass der Sprecher beim Adressaten keinen Wissenszugang zu dem in Rede stehenden Gegenstand annimmt. Es wird für einen Gegenstand, der als existierend oder als beliebiges x aus einer symbolisierten Menge vorgestellt wird, eine Leerstelle im Hörerwissen eröffnet. Mit dem unbestimmten Artikel wird eine erste Auswahl aus den Gegenständen getroffen, auf die man sich mit dem zugehörigen Kopfnomen beziehen kann.

Das Charakteristikum des Kopfnomens wird in die Leerstelle eingetragen:

(54) *Da war ein Hund*: Eröffne eine Leerstelle für ein gemeintes X, entwirf ein X, das die Eigenschaften eines Hundes hat

Meist werden weitere Charakteristika in der Nominalgruppe (*ein schwarzer Hund*) oder im folgenden Gespräch oder Text geliefert, so dass der Gegenstandsentwurf vollständiger wird:

(55) *Der Hund hat mich gebissen*: Zu den Eigenschaften des Hundes kommt hinzu: ‚hat den Sprecher gebissen.'

Der Adressat wird veranlasst, dem Fortgang des Diskurses, der weiteren Lektüre zu überantworten, ob der fragliche Gegenstand längerfristig in den Wissensrahmen aufgenommen und mit weiteren Prädikaten verarbeitet werden soll. Für ihn bleibt der Gegenstand zunächst noch unbestimmt, um dann zugänglich zu werden und Konturen zu gewinnen:

(56) [Johanna berichtet der Gräfin] Er will **ein** Fest geben im Palais, **ein** großes venezianisches Fest, wie es heißt, die Gäste werden maskiert sein, wir freuen

uns alle schon auf **dieses Fest**, auch Herr Mozart wird erscheinen ... (Ortheil 2002: 179)

(57) Für einen Moment spielte sie die Primadonna, die gleich wieder zurückkehren würde in **eine andere Welt**. Nach **dieser Welt** sehnten sich all diese Menschen dort unten, nach **der fremden, erregenden Welt. Der Zauberwelt der Bühne und der Maskeraden, der Welt der heimlichen Entdeckungen und der bösen Träume**. (Ortheil 2002: 320)

Die Beispiele zeigen, wie die Leerstellen sukzessiv gefüllt werden; die Leser können deiktisch nachdrücklich darauf orientiert werden („dieses Fest", „diese Welt"), die Prädikationen in der Wissensverarbeitung anschließen und so den Gegenstand konkretisieren.

Das Charakteristikum kann aber auch nur für begrenzte Zeit ins Spiel gebracht sein, etwa im Bereich des Prädikats als Prädikativ (*Markoff ist **ein Betrüger***). Die Auswahl aus einer symbolischen Kategorie kann analog zum Zahlwort ein Einzigkeitsverständnis auslösen, muss es aber nicht:

(58) Sie braucht **ein Stipendium**. [Mit zweien wäre sie auch einverstanden.]

Das Zahladjektiv *ein-* wird häufig akzentuiert und kann mit einem definiten Determinativ kombiniert werden (*der eine Mann, dieses eine Mal, mein einer PC*).

Es kann mit dem unbestimmten Artikel auch ein Element einer Art oder Gattung exemplarisch ausgewählt und herausgestellt werden, dem eine Art-Eigenschaft – ausgedrückt durch die Prädikation – zukommt. An einem Exemplar und dessen Eigenschaft wird in der Vorstellung Wissen über alle Exemplare der Gattung vermittelt.

(59) Der Schaden nun, welchen **ein Löwe** anrichtet, beträgt durchschnittlich sechstausend Franken im Jahr, für seine Lebensdauer also über zweimalhunderttausend Franken. (Brehms Tierleben 2004:1,378)

Was nur der Gattung, nicht einem ausgewählten Exemplar, zukommt und sich in Prädikaten wie *aussterben, erfinden* etc., die ein gattungsbezogenes einmaliges Ereignis (mit dem letzten Exemplar ist die Gattung ausgestorben) ausdrückt, kann so nicht ins Spiel gebracht werden:

(60) *****Ein Computer** wurde von Konrad Zuse erfunden.

(61) *****Ein Archaeopteryx** ist ausgestorben.

Ob spezifisch oder Gattung klärt sich immer erst im ganzen Äußerungszusammenhang:

(62) **Ein Löwe**, welcher kurz vor unserer ersten Ankunft in Mensah vier Nächte hintereinander das Dorf betreten hatte, war einzig und allein daran erkannt worden, daß **er** beim versuchten Durchbruch einer Umzäunung einige seiner Mähnenhaare verloren hatte. (Brehms Tierleben 2004:1,360)

Im Folgenden werden Art-Exemplare im Vorstellungsraum etabliert, was anders läuft, als direkter Artenvergleich über definite Ausdrücke:

(63) **Ein Löwe** und **ein Tiger** können nicht gefährlicher sein als ein gereizter Stier ... (Brehms Tierleben 2004:1,378)

(64) **Der Löwe** und **der Tiger** können nicht gefährlicher sein als der gereizte Stier ...

Indefinitheit erscheint auch in definitorischen Aussagen öfter und wirkt instanziierend:

(65) Archaeopteryx (...) ist **eine** Gattung der Archosaurier, deren Fossilien in der Fränkischen Alb in den Solnhofener Plattenkalken aus dem Oberjura entdeckt wurden. [http://de.wikipedia.org/wiki/Archaeopteryx, 16.5.2011]

(Definitheits-)Effekte zwischen Artikelformen wurden viel diskutiert:

(66) Jockel bestieg a. **einen** / b. **den** Gipfel des Eiger.

Der Eiger muss mehr als einen Gipfel haben (a.) oder nur einen (b.). Relationale Eindeutigkeit macht Wortgruppen wie *eine (leibliche) Mutter des Mädchens* unakzeptabel.

Die Flexion des plurallosen unbestimmten Artikels (und analog des possessiven Determinativs) sowie des quantifizierenden Determinativs (C3.5) *kein* zeigt Tabelle 10:

	Numerus			
	Singular			Plural
Genus Kasus	Maskulinum	Neutrum	Femininum	
Nominativ	ein / kein / mein	ein / kein / mein	eine / keine / meine	- / keine / meine
Akkusativ	einen / keinen / meinen	ein / kein / mein	eine / keine / meine	- / keine / meine
Dativ	einem / keinem / meinem	einem / keinem / meinem	einer / keiner / meiner	- / keinen / meinen
Genitiv	eines / keines / meines	eines / keines / meines	einer / keiner / meiner	- / keiner / meiner

Tab. 10: Flexionsformen: unbestimmter Artikel *ein*, quantifizierendes Determinativ *kein*, possessives Determinativ *mein/dein/sein*

Die Funktionsweise des unbestimmten Artikels lässt sich so konkretisieren:

> Der unbestimmte Artikel besagt für den Hörer: Nutze Dein sprachliches Wissen, um eine Vorstellung von einem Gegenstand neu aufzubauen! Dieser Gegenstand gehört zur mit dem Nomen gekennzeichneten Gattung. Er kann konkret und spezifisch sein oder die Gattung exemplarisch repräsentieren. Unter seiner neuen Wissensadresse kannst Du weitere Informationen erwarten. (Suche nicht nach etwas, was Du kennst, aus dem Gesagten erschließen kannst, siehst, hörst, erfahren hast!)

Die generischen Verwendungen stellt Tabelle 11 zusammen.

Form	Kennzeichnung	Beispiel
bestimmter Artikel, Singular	die Art oder Gattung als einzelner Gegenstand	der Wal
bestimmter Artikel, Plural	die Art oder Gattung als Kollektiv von Gegenständen	die Wale
unbestimmter Artikel, Singular	ein herausgestelltes, charakteristisches Exemplar einer Art oder Gattung	ein Wal
reiner Plural	beliebige, charakteristische Exemplare einer Art oder Gattung	Wale

Tab. 11: Bezug auf Arten oder Gattungen

Die Gattungsorientierung mit dem bestimmten Artikel lässt sich am breitesten einsetzen. Da das, was wir über *den Wal* oder *das Rind* sagen, immer auf die Ganzheit zutrifft, ist die Unterscheidung Singular gegenüber Plural hier eine grammatische; gleichwohl gibt es konzeptuelle Unterschiede. So dass nicht gleichbedeutend sind:

(67) In Deutschland wurde **das Auto** erfunden.

(68) In Deutschland wurden **die Autos** erfunden.

Die Kenntnis der Möglichkeit generalisierender Aussagen ist wichtig für Fachsprachen (nicht zuletzt die Gesetzessprache, aber auch die Biologie, Philosophie) und für die Sprache in der Werbung.

Der unbestimmte Artikel kann sich mit *so* verbinden (*so ein*) und in der Mündlichkeit an das deiktische Adverb *so*, das auf „Aspekte an Objekten" (Ehlich) zeigt, anlehnen (Enklise). Mündlich entstehen Formen wie *son* und *sone*[1].

(69) Matthias Horx? **So ein** Quatsch! – Antwort auf ein Essay
[http://www.robertfreund.de/blog/2011/03/27/matthias-horx-so-ein-quatsch-antwort-auf-ein-essay/, 5.10.11]

(70) Der Manager kennt die Antwort, verstehen kann er sie bis heute nicht: »Weil ich angeblich für den Kapitalismus stehe **son** Quatsch, ich bin weiß Gott kein Ausbeuter.« (Die ZEIT, 1.3.2007)

Die wiedergegebene Äußerung, er stehe für den Kapitalismus, qualifiziert der Manager als „son Quatsch"; er zeigt auf etwas Bestimmtes, das zu einer Art gehört, die als *Quatsch* charakterisiert, unter dem Aspekt (*so*) ‚Quatsch' gesehen werden kann.

Im folgenden Beispiel werden Gegenstände (ein Problem, ein Lehrer) neu eingeführt, die Beispiele sind für eine spezifische Kategorie von Gegenständen (Problemen, Lehrern); es geht aber tatsächlich um ein bestimmtes Problem, einen bestimmten Lehrer.

(71) Hallo, also ich hab **son** Problem.
Son Lehrer an der Schule... Also der is von der ganzen Schule „gefürchtet". Jede Stunde kommen die Schüler ausm Zimmer raus und meinen „Was fürn scheiß Arschloch!". Teilweise übertreibts der echt und schickaniert alle oder einzelne Leute.
[http://www.nexusboard.net/sitemap/9249/was-zu-tun-t736/, 5.10.11]

---

1 Die folgende Darstellung bezieht sich auf Eggs 2011.

Das Problem, der Lehrer, ist in bestimmter Hinsicht, unter einem bestimmten Aspekt (Aspektdeixis *so*) von allgemeinerem Interesse (so ein Problem einer bestimmten Art, das damit Anlass für eine generelle Betrachtung derartiger Probleme, Lehrer etc. werden kann). Man kann damit, dass etwas unter dem Aspekt einer bestimmten Art eingeführt wird, auch etwas suchen, wenn ein genauer charakterisierender Ausdruck nicht zur Verfügung steht, es also an symbolischem Wissen über den fraglichen Gegenstand fehlt oder überhaupt ein Exemplar dieser Art gesucht wird:

(72) Wie nennt man **son** Ding auf Messen für Autos?
[http://www.supertopic.de/forum/3/wie-nennt-man-son-ding-auf-messen-fuer-autos-12387-1.html, 5.10.11]

(73) ich will **son** kerl mit humor
ma **son** lecker bürschken mitm schlitz im ohr
nich wie der letzte echt nä nä nä
dat war immer so zäh nä
dat war immer so
nä.....dat war zäh [http://www.missfits-fanseite.wilmarenz.de/texte/n9_alten.htm, 5.10.11]

C3.5 Determination in anderen Sprachen (Türkisch, Russisch)

Wer eine slavische Sprache wie Russisch, Serbisch, Kroatisch oder Polnisch oder wer Türkisch als Erstsprache gelernt hat, kann Probleme mit dem Artikelgebrauch im Deutschen haben. Es gilt, im Sprachwissen die unterschiedlichen Möglichkeiten der Sprachen zu verankern und situationsangemessen zu realisieren. Daher haben wir die Determinative ausführlich und mit ihrer Bedeutung dargestellt und gehen kurz auch auf die Verhältnisse in zwei anderen Sprachen ein.

Das Nomen des Türkischen hat kein Genus, das natürliche Geschlecht ist allenfalls mit dem Wort schon gegeben (*inek* ‚Kuh', *gelin* ‚Braut', *güvey* ‚Bräutigam') oder an bestimmten Ausdrücken in Kombinationen erkennbar. So kann das Wort *kardeş* ‚Geschwister' durch *kız* ‚Mädchen' ergänzt werden: *kız kardeş* bedeutet also ‚Schwester'. Die Grundbedeutung eines Nomens im Türkischen ist eher ein Begriff, der in der Äußerung als Substanz, Gegenstand, Gattung vereindeutigt wird. *Çiçek* kann das ‚Konzept der Blume', ‚Blumen', ‚die Blume' bedeuten. Die Singularform kann also (anders als im Deutschen → C3.4, Tab. 11) einen einzelnen Gegenstand, aber auch eine Substanz oder eine Art bezeichnen.

Die Zuordnung eines Ausdrucks zu einer Wortklasse ist oft erst im Blick auf eine Äußerung möglich, es gibt reine Stämme, die isoliert betrachtet noch vor jeder Kategorisierung sind: *güzel* kann Adjektiv sein (*güzel gelin* ‚eine schöne Braut'), Nomen (*bu güzel* ‚diese Schöne') oder als Adjektiv adverbial gebraucht sein (*güzel konuştu* ‚er/sie sprach gut'). In der türkischen Nominalgruppe gibt es keine Kongruenz; das Adjektiv nimmt keine Kasus- oder Numerusendung: *güzel gün* ‚ein schöner Tag', *güzel gün-ler* ‚schön Tag-Plural', ‚schöne Tage'; *güzel gün-ler-de* ‚schön Tag-Plural-Lokativ', ‚an schönen Tagen'.

Das türkische Nomen hat eine Markierung des Akkusativobjekts[1], die dies als definit ausweist:

---

1 Es handelt sich um das Suffix -(y)+I. Das (y) ist ein Bindekonsonant, der nur nach einem Stamm, der auf Vokal endet, eingesetzt wird. Das I steht für einen Vokal aus der großen Vokalharmonie, der je nach vorausgehendem Stammvokal gewählt wird: nach e/i i, nach ö/ü ü, nach a/ı ı, nach o/u u.

(74) Gül-ü   al-acağ-ım.
     Rose-Akkusativ kauf-Futur-1Sg
     ‚Ich werde die [eine bestimmte, dem Hörer zugängliche] Rose kaufen.'

Hier geht es um eine bestimmte, im Wissen der Beteiligten zugängliche Rose. Im folgenden Beispiel ist die Akkusativform *gül* ‚Rose' endungslos und der Sprecher drückt aus, dass er eine noch unbestimmte Blume oder Blumen der Gattung Rose kaufen wird.

(75) Gül-ø   al-acağ-ım.
     Rose   kauf-Futur-1Sg ‚Ich werde Rose-kaufen [≈ eine Rose, Rosen].'

Im folgenden Beispiel wird *bir* als unbestimmter Artikel vor dem wiederum unmarkierten Akkusativobjekt *gül* eingesetzt; die Kaufabsicht bezieht sich auf irgendeine beliebige, unbekannte Rose:

(76) **Bir**   gül   al-acağ-ım.
     unbest.Art. Rose   kauf-Futur-1Sg ‚Ich werde eine [irgendeine beliebige, noch allen unbekannte] Rose kaufen.'

Das folgende Beispiel mit Akkusativendung *gül-ü* bezieht sich auf eine bestimmte, dem Sprecher bekannte Rose, die aber dem Hörer noch unbekannt ist, für ihn erst eingeführt wird. Das kennzeichnet der unbestimmte Artikel *bir*:

(77) **Bir**   gül-ü   al-acağ-ım.
     unbest.Art. Rose-Akkusativ   kauf-Futur-1Sg ‚Ich werde eine bestimmte [spezifische, dem Sprecher, nicht dem Hörer bekannte] Rose kaufen.'

Definit ist das Zeigwort *bu*, das auf den Nahbereich von Sprecher und Hörer verweist, in dem der Hörer die Orientierung des Sprechers nachvollziehen kann, etwa weil sie sichtbar ist; es kann ähnlich einem Determinativ verwendet werden:

(78) **Bu**   gül-ü   satmak   zor   bir   iş.
     Deixis   Rose-Akkusativ   verkaufen   schwer unbest.Art. Arbeit
     ‚Diese [*bu*= Nähedeixis] Rose zu verkaufen ist eine schwere Arbeit/Aufgabe.'

Man kann mit *bu* auch thematisch fortführen, was zuvor versprachlicht wurde und damit bekannt ist:

(79) Burada bir   köy   var.   **Bu** büyük-tür.
     Hier   unbest.Art.   Dorf   es gibt Dies   groß-Kopula ‚Hier gibt es ein Dorf. Dieses Dorf ist groß.'

Im Türkischen tendiert das Verb zum Satzende und wichtige neue Information findet sich in Verbnähe; Bekanntes tendiert zum Anfang, wo es als definit, dem Hörer zugänglich verstanden werden kann (→ G4):

(80) **Derslik'te**   öğrenci-ler   otur-acak
     Unterrichtsraum-Lokativ   Student-Plural   sitzen-Futur ‚In dem Unterrichtsraum werden Studenten/die Studenten sitzen.'

(81) **Öğrenciler** derslik'te otur-acak ‚Die Studenten werden in dem Unterrichtsraum sitzen.'

Im Türkischen tendiert der Plural selbst zur Definitheit. Possessive Konstruktionen sind wie im Deutschen definit. Typisch ist die Konstruktion aus einer deiktischen Personalform oder einem Nomen im Genitiv, gefolgt von einem Nomen mit einem Possessivsuffix:

(82) sen-in anne-n
 Hörerdeixis-Genitiv Mutter-Poss2Sg ‚deine Mutter'

Die Form *sen* ‚du' ist die Hörerdeixis (2. Person), *sen-in* entspricht dem deutschen possessiven Determinativ ‚dein'.

(83) pasaport-un kontrol-ü
 Pass-Genitiv Kontrolle-Poss3Sg ‚des Passes seine Kontrolle / die Passkontrolle'

In der Regel besteht personale Kongruenz. Bei Possessor-Mehrzahl gegenüber Possessum-Einzahl kann die so entstehende Mehrdeutigkeit durch ein Singular-Possessivsuffix aufgelöst werden (Göksel/Kerslake 2005:183):

(84) [Çocuk-lar-ın öğretmen-i] Alman.
 Kind-Pl-Gen Lehrer-3SgPoss. Deutscher
 ‚Der Lehrer der Kinder ist Deutscher.'

(85) [Çocuk-lar-ın öğretmen-ler-i] Alman.
 Kind-Pl-Gen Lehrer-3Pl [-ler-]-3SgPoss [-i] / 3.PlPoss [-leri]Deutsch
 (a) ‚Die Lehrer der Kinder sind Deutsche.'
 (b) ‚Der Lehrer der Kinder ist Deutscher.'

Mit dem Nomen *nesil*, +Possessiv: *nesli*, kann man sich auf eine Art oder Gattung beziehen:

(86) mamud-un nesli ‚Mammut-Genitiv Art-Possessiv ‚das Mammut'

Auch im Deutschen wird ein pränominaler Genitiv (meist ein Personname) als definit verstanden und schließt einen bestimmten Artikel aus:

(87) Peters/Vaters Gedächtnis – *das Peters/Vaters Gedächtnis

Eine gewisse Ähnlichkeit zur türkischen Possessiv-Konstruktion zeigt der possessive Dativ in den deutschen Dialekten bzw. Umgangssprachen (→ C4.2).

(88) **dem** Vater **seine** Tauben

Diese Form wird allerdings in der Standardsprache und schriftlich nicht akzeptiert. Sie steht wohl in Verbindung mit dem Dativ des Nutznießers oder Pechvogels:

(89) Harry holt **dem Chef** den Wagen.

(90) Junge Männer kamen in seine Wohnung, schaukelten mit seinen Stühlen und machten **ihm** die Sofakissen speckig ... (Kehlmann 2005: 154)

Auch Tempus-Modus-Aspekt sind im Türkischen relevant für die Determination. Während das Tempus Aorist eher generalisiert und ein generisches neben einem definiten Subjekt zulässt, kann das aktualisierende yor-Präsens ein Verständnis als definit befördern (Göksel/Kerslake 2005: 386):

(91) Kedi süt **içer**. ‚Eine Katze trinkt Milch / Katzen trinken Milch' [Aorist]

(92) Kedi süt **içiyor**. ‚Die Katze trinkt (gerade) Milch' [yor-Präsens]

definite Determination	Deutsch	Türkisch
bestimmter Artikel: Zugänglichkeit im Hörerwissen	der, die, das Sie sah einen Frosch. **Der** Frosch … **Die** Sonne scheint. Hol mal **den** Wagen.	–
deiktisches Determinativ und Objektdeixis (→ C5.3.2): Zugänglichkeit durch Orientierung im Verweisraum	<u>der</u>, dieser, (jener) Heute habe ich **diesen** Brief bekommen. Schau Dir mal **<u>das</u>** an!	bu ‚dieser/diese/dies(es)' (auch fortführend) şu ‚der/die/das da, Folgendes' (oft vorverweisend) o ‚jener/jene/jenes' (auch fortführend) Bu köy büyük-tür. Dies Dorf groß-Kopula ‚Dies Dorf ist groß.'
Anapher: Zugänglichkeit als präsentes Thema	er, sie, es Paul las ein Buch. **Es** war spannend.	–
possessives Determinativ/Suffix: Zugänglichkeit über bekannte Bezugsgröße (spezifische Wissensverarbeitung)	mein, dein, sein Ich habe **meinen** Schlüssel verloren.	baba-m Vater-Possessivsuffix1Sg ‚mein Vater'
possessive Konstruktion, Genitivkonstruktion: Zugänglichkeit über lokal versprachlichte, bekannte Bezugsgröße	Dialekte/Umgangssprachen: [best. Artikel + Nomen im Dativ] + [possessives Determinativ + Nomen] dem Vater seine Tauben vorangestellter Genitiv Vaters Tauben	[Wort/Wortgruppe im Genitiv] + Nomen+possessives Suffix pasaport-un kontrol-ü Pass-Genitiv Kontrolle-Poss3Sg ‚die Passkontrolle'
Kasusform: direkte Markierung der Zugänglichkeit	–	bestimmter Akkusativ (Suffix) kahve-y-i iç-iyor-um Kaffee-Akk. trink-Präs-1Sg ‚Ich trinke den Kaffee.'
Numerusform	–	Plural öğrenci-ler ‚die Lehrer'

C Redegegenstände formulieren

definite Determination	Deutsch	Türkisch
lineare Abfolge: Zugänglichkeit durch Ansatz der Äußerung beim Gegebenen, Bekannten	im Vorfeld (vor) oder nach dem finiten Verb *Der Mann singt. Gestern hat der Mann/er ein Lied gesungen.*	Anfangsposition *Öğrenci iyi piano çal-ar.* Student gut Klavier spielt-Aorist ‚Der Student spielt gut Klavier.'
Aspekt: Zugänglichkeit durch Aktualität	–	yor-Präsens *Kedi süt **iç-iyor**.* Katze Milch trink-Präs3Sg ‚Die Katze trinkt (gerade) Milch'

Tab. 12: Definitheitsausdruck im Deutschen und Türkischen

Auch in slavischen Sprachen, von denen fast alle artikellos sind (Bulgarisch und Mazedonisch aber haben einen bestimmten Artikel), kann ein schon bestehender Wissenszugang (Definitheit) durch die Anfangsstellung ausgedrückt werden, während in der Endstellung eher Indefinitheit eines neuen Gegenstands verbalisiert ist:

(93) a. **Dewuschka** schla po ulize. (Russisch) ‚Die junge Dame ging auf der Straße.'
b. Po ulize schla **dewuschka**. (Russisch). ‚Eine junge Dame ging auf der Straße.'
(Beispiele: Olga Naumovich)

(94) a. **Chlopez** prywitawsja zi mnoju. (Ukrainisch) ‚Der Junge begrüßte mich.'
b. Zi mnoju prywitawsja **chlopez**. (Ukrainisch) ‚Ein Junge begrüßte mich.'
(Beispiele: Oksana Kovtun)

In den a.-Beispielen erscheinen *dewuschka* und *chlopez* aufgrund der Anfangsposition als bekannt und im Wissen für Sprecher und Hörer zugänglich. In den b.-Beispielen wird mit dem zum Ende verschobenen *dewuschka* bzw. *chlopez* eine Dame bzw. ein Junge als noch unbekannte Person eingeführt.

Im Russischen kann Unbestimmtheit auch durch einen Stoffnamen mit Genitiv-Endung (partitiver Genitiv: Bildung einer Teilmenge) markiert werden, während die Akkusativform des Stoffnamens (b.) Definitheit, Zugänglichkeit im Wissen ausdrückt:

(95) a. On ne kupil **syra**. (Russisch) (Genitiv) ‚Er hat keinen Käse gekauft.'
b. On ne kupil **syr**. (Russisch) (Akkusativ) ‚Er hat den Käse nicht gekauft.'
(Beispiele: Olga Naumovich)

Schließlich ist es auch möglich, ein Verb mit dem Aspekt Imperfektiv (Nicht-Vollendung) zu wählen und so ein Verständnis des Gegenstands als unbestimmt, indefinit auszulösen (a.), während der perfektive, Vollendung ausdrückende Aspekt (b.) einen Wissenszugang, Definitheit markieren kann:

(96) a. Vy uzhe **vypolnjali** eto sadanije? (Russisch) (Imperfektiv) ‚Haben Sie schon einmal diese Aufgabe gemacht?'
b. Vy uzhe **vypolnili** eto sadanije? (Russisch)(Perfektiv) ‚Haben Sie diese Aufgabe schon gemacht?' (Beispiele: Olga Naumovich)

In slavischen Sprachen gibt es offenbar einen bislang noch nicht ganz geklärten Zusammenhang zwischen dem Vorhandensein von Aspekt und dem Fehlen des Artikels (vgl. Leiss 2000).

Viele Sprachen haben einen unbestimmten Artikel oder andere Mittel der Indefinitheitsmarkierung. Altgriechisch, Bulgarisch, Hebräisch, Isländisch z.B. aber haben nur einen bestimmten Artikel bzw. ein definites Artikelsuffix (Isländisch) – das Gegenstück ist Artikellosigkeit. Der indefinite Artikel ist durchweg aus dem Zahlwort entstanden (vgl. Deutsch *ein*, Türkisch *bir*), wobei die Grenze zwischen beiden mitunter schwer zu ziehen ist.

Im Türkischen steht der unbestimmte Artikel zwischen Adjektiv und Nomen, das Zahlwort geht voran, d.h. vor einem Adjektiv wird *bir* als Zahlwort verstanden (***bir** büyük köpek* ‚genau ein großer Hund'):

(97)   eski **bir** araba ‚ein alter Wagen' – bir eski araba ‚genau ein alter Wagen'

Auch das deiktische Determinativ steht vor dem Adjektiv ***bu** büyük ev* ‚dies große Haus'.

Mit dem unbestimmten Artikel bezieht man sich im Türkischen nicht auf eine Art, das geschieht durch Artikellosigkeit:

(98)   Üvü-yen   **köpek**   ısır-maz.
         bell-Partizip Hund   beiß-AoristNeg.3Sg, ‚der Hund, der bellt, beißt üblicherweise nicht', ‚Hunde, die bellen, beißen nicht'.

Russisch und Ukrainisch haben ein ausgebautes System der Indefinitheit. Im Russischen gibt es beispielsweise das Determinativ *kakoj-to*. Der interrogative Stamm *kakoj* geht auf ein Fragewort zurück (dt. ‚welcher') und kennzeichnet, dass der Wissenszugang fehlt. Der Bestandteil *-to* ist ein Zeigwort, das auf ein Element der Wirklichkeit orientiert, das wahrnehmbar sein kann. Hier aber geht das Zeigen ins Leere, es fehlt an bestimmtem Wissen. Die Kombination mit *-to* ist ein unbestimmter Ausdruck:

(99)   **Kakoj-to**   maltschik pozdorowalsja so mnoj. (Russisch)
         ‚Ein Junge begrüßte mich.' (Beispiel: Oksana Kovtun)

Ich gebe ein russisches Beispiel wieder, an dem man sieht, dass das Indefinitum sich sogar mit einer Deixis (hier: *tam* ‚dort') verbinden kann:

(100)   Ne wyjti na rabotu, ne otparwitza w komandirowku is-sa **kakogo-to tam** grippa- stydno. I ne w tom delo, tschto sastawljali, a w tom, tschto tak wospitywali. (Russisch) ‚Zur Arbeit nicht gehen, auf die Dienstreise nicht gehen, wegen irgendeiner dort (*tam*) Grippe, das ist zum Schämen.' (Beispiel: Olga Naumovich)

(Vgl. die Aufgabe zur Vertiefung in Kapitel E.2.3)

C3.6 Das quantifizierende Determinativ

Man kann über einer gegebenen Menge (z.B. Menge der Schüler einer Schule) quantifizieren: *alle Schüler, manche Schüler, einige Schüler* etc.

> Das QUANTIFIZIERENDE DETERMINATIV verbindet sich mit einem Nomen, das eine Bezugsmenge ins Spiel bringt, über der quantifiziert wird.

Diese Wortart gehört zu denen, die traditionell in der Schule keinen Platz gefunden haben. Solche Determinative sind aber sehr wichtig und müssen, z.B. für Mathematik-Textaufgaben, verstanden werden. Das Zusammenspiel mit dem Numerus ist wichtig (Tab. 12).

nur mit Nomen im Singular	*irgendein, jeder, jedweder, jeglicher*
nur mit Nomen im Plural	*beide, ein paar, etliche, irgendwelche, lauter, mehrere*
mit Nomen im Singular oder Plural	*alles/alle, einiges/einige, kein/keine, mancher/manche*

Tab. 12: Quantifizierende Determinative und Numerus[1]

Einen Sonderfall bilden *alle* und *einige*, die in der Gegenwart eher mit Pluralnomen kombiniert werden und eine Menge in ihrem Gesamtumfang bezeichnen, aber auch Singularverwendungen haben, die eine Menge ausschöpfen und oft formelhaft sind (*alles Gute/Schöne/Liebe ... aller Anfang, alle Hoffnung, ... alle machen*; mit Präposition: *in aller Ruhe/Stille; einiges Nachsehen, bei einigem guten Willen*). Oft erscheint es unflektiert als Prädeterminativ (*all diese Menschen*). Bis auf *lauter* haben die quantifizierenden Determinative ein selbständig verwendbares Gegenstück (*irgendeiner hat das Licht angelassen; einige sprangen über die Theke; was jeder weiß*), diese gehören zur Wortart *Quantifikativum*, die von dem quantifizierenden Determinativ zu unterscheiden ist.

Die Determinative sind nicht definit; der Wissenszugang muss erst aufgebaut werden.

Grundlage ihrer Bedeutung ist, dass eine Menge von möglichen Gegenständen, eine Bezugsmenge, bereits gegeben ist. Diese Menge wird mit dem Kopf-Nomen charakterisiert. Aus dieser Menge wird eine Teilmenge durch das Determinativ ausgegrenzt (*Hasen: manche Hasen, Verrückte: einige Verrückte*). Es können auch alle Elemente der Menge gemeint sein (*Mitglieder: alle Mitglieder*) oder die Aussage auf jedes einzelne zutreffen (*Schüler: jeder Schüler hat das Buch gelesen*).

(101) Als Martin Heuer und er einmal im Sommer mit Sonja an den Ostseen waren, zeigte sie ihnen eine blühende Sonnenblume am Ufer. (...) Ihre Sonnenblume thronte über **allem** Gesträuch, **jedes** Jahr von neuem. (Ani 2011: 41)

Was immer an Gesträuch an der Stelle am Ufer der Ostseen war, die Sonnenblume thronte über diesem Gesträuch, und zwar in jedem einzelnen Jahr, wenn sie erblüht war.

---

[1] *Viel, viele* taucht hier nicht auf, weil es als Adjektiv gelten muss, wie ein Adjektiv flektiert wird (*die vielen Blumen, viele Blumen*) und mit einem Determinativ vorkommt; es erscheint auch als Adverb (*viel schlafen*) und bedeutet ursprünglich, dass etwas eine Fülle, Reichhaltigkeit hat.

(102) **Jeder** Mensch ohne Ausnahme soll also in der heutigen Zeit schwimmen lernen, das finde ich unbedingt notwendig, damit er einen nicht Schwimmenkönnenden jederzeit aus dem Wasser retten kann. Aber eigentlich ist es auch wieder zwecklos, denn wenn **jeder** Mensch einmal schwimmen kann, braucht man ja keinen mehr retten. Also wäre es angebracht, daß jeder, der schwimmen kann, dasselbe sofort wieder verlernen soll. (Valentin 2006: 81) [Neben dem Determinativ finden wir auch die eigenständigen Quantifikativa *jeder und keinen*.]

Im folgenden Beispiel ist jeder einzelne dritte Fernzug gemeint:

(103) **Jeder** dritte Fernzug ist unpünktlich.
[http://www.spiegel.de/reise/aktuell/0,1518,759495,00.html, 2.5.2011]

(104) **Jeder** Mensch hat eine Mutter.

(105) **Alle** Menschen haben eine (sehr wenige dieselbe) Mutter.

Mit *jeder* und *alle* erfasst man den Bezugsbereich komplett. Mit singularischem *jeder* erscheint das zugehörige Prädikat auf alle einzelnen Elemente verteilt, *alle* erfasst ein Kollektiv aus Dingen oder Substanzen als Ganzheit und lässt sich nur bei distributiven Prädikaten (*glauben, kennen, lesen, motiviert sein, schlafen*) herunterrechnen, so dass sich als Folgerung ergibt:

(106) **Alle** Dortmunder kennen den BVB. [kollektiv] ⇒ **Jeder** (einzelne) Dortmunder kennt den BVB. [distributiv]

Wenn eine Aussage auf das gesamte Kollektiv zutrifft, wird *alle* gebraucht, hier ist es die ganze Menschheit:

(107) **Alle** Menschen werden Brüder (Schiller, An die Freude)

Im folgenden Beispiel wird die Bezugsmenge mit *Menschen, die er je getroffen hatte* aufgebaut, mit *alle* sämtliche Elemente ausgewählt und dann mit den *Studenten* eine Teilmenge davon gebildet:

(108) Und das Schlimmste: Man zwang ihn, Kollegien zu halten. Junge Männer kamen in seine Wohnung, schaukelten mit seinen Stühlen und machten ihm die Sofakissen speckig, während er sich abmühte, ihnen auch nur irgendetwas begreiflich zu machen. Von **allen** Menschen, die er je getroffen hatte, waren seine Studenten die dümmsten. (Kehlmann 2005: 153f.)

Mit *kein* wird ausgeschlossen, dass auch nur ein Element des Bezugsbereichs unter das Pradikat fällt. Es wird also etwas symbolisch konstituiert, ohne im Wissensrahmen für einen fraglichen Gegenstand G bestimmt zu werden. Es wird für den Hörer ausgeschlossen, was er erwartet haben mag. Eine positive Information müsste eigens formuliert werden.

(109) Es schlich sich so nahe an dem Felsen hin, daß ich es nur einen Augenblick sehen konnte, und zwar bloß am Hinderteile, doch war mir dies genug, zu erkennen, daß es **kein** Wolf sei. (Brehms Tierleben 2004:1,504)

(110) **Kein Geistlicher** hat ihn begleitet. (Goethe, Werther, Schlusssatz)

In der Kommunikation ist es sehr praktisch, wenn die Teilmenge nicht metrisch präzise, sondern vager, in einem Umriss zu bestimmen ist. Es kann eine grenzbezogene Erwartung unterschritten (*wenige* (Adj.)), übertroffen (*mehrere, etliche, alle, jeder*) oder aufgehoben (*keine*) werden.

Die Bedeutung von *einige* ist zu einer Summe von Einzelnen hin entwickelt und der Ausdruck mit Substanz- und Zustandsnomina (*einiges Geld, einige Erfahrung*) sowie Gattungsnamen im Plural (*einige Leute*) kombinierbar:

(111) Er hatte dabei zehn Pferde benutzt, von denen **einige** in einer Stunde Zeit 20 englische Meilen oder 102,580 rheinländische Fuß durchliefen. (Brehms Tierleben 2004: 1,9)

(112) Das erforderte **einiges** Bier.

Lauter quantifiziert meist über eine Substanz:

(113) ... es war das Programm des Pariser Hofes, ein Programm für gelangweilte Seelen, die den einfachen und natürlichen Geschmack der Speisen nicht mehr zu schätzen wußten und ihn statt dessen verdarben mit *lauter* Zutaten, Saucen und abgeschmackt künstlichen Aromen. (Ortheil 2002: 197)

Manche greift aus dem Bereich dessen, was zur Bezugsmenge gehört, das eine oder andere heraus, es wird also eine Teilmenge aufgebaut, die größer sein muss als 1. Es kann sich um Individuen, Arten oder Substanzen handeln.

(114) **Manche** Katzen springen aus unbedingtem Hasse gegen alle Hunde. (Brehms Tierleben 2004: 1,469)

Etliche wird so verstanden, dass eine – verglichen mit *manche, mehrere* – größere als erwartete Teilmenge ausgewählt wird:

(115) Strafverhandlung (F.1) (R: Richter; A: Angeklagter; Transkriptionszeichen: → S4)

1 R	das nicht↓
A	• Jahà wie gesagt weil ich • ziemlich betrunken war↓

2 R	Wovon↑	Jà
A	((2.4 Sek)) ((2.2 Sek)) Etliche • Liter Bier • mal sagen↓	

3 R	tun Sie das/ trinken Sie das nich jeden Tag↓
A	Jà so zwei drei

4 R	Sie sind doch Alkohol
A	Flaschen aufer Baustellen→ das stimmt↓

```
5 R    gewöhnt↑
  A              ((2.3 Sek)) Kann man sagen↓
```

Bei *irgendein* kommt es nicht darauf an, ein Bestimmtes herauszugreifen, es genügt ein beliebiges, nicht unbedingt zu spezifizierendes Element des Bezugsbereichs.

(116) Prepaid-Kunden haben alle **irgendein** Problem.
[http://www.netzeitung.de/internet/455114.html, 12.2.2007]

Wäre das herausgegriffene Problem identisch, dann wäre hörerorientiert der spezifischere Ausdruck *dasselbe* einzusetzen; gemeint ist eher, dass der eine dies hat, der andere jenes, egal, welches genau.

Die Ausdrücke *ein paar, einiges/einige, kein/keine, mancher/manche, etliche, mehrere* können in Distanzstellung zum Bezugsnomen und dann eigenständig erscheinen, mündlich erhalten sie dann einen Gewichtungsakzent.

(117) **Freunde** hatte er **keine**, und als sein Bruder ihn zu seiner Hochzeit einlud (...) antwortete er höflich, dass er nicht kommen könne, ihm fehle Zeit. (Kehlmann 2005: 30)

(118) ... einen Kampf habe es offenbar **keinen** gegeben ... (Dürrenmatt 1986: 46)

Ein Grenzfall ist *beide*, das als (Zahl-)Adjektiv mit Determinativen kombiniert werden kann (*die beiden Spinner*), gelegentlich aber als Determinativ die Adjektivklasse in der Flexion bestimmt (*beide expressionistischen Bilder*).

C3.7 Das Nomen

Symbolische Ausdrücke (Nomen[1], Adjektive, Verben) bilden den gedanklichen Kern sprachlicher Wissensübermittlung. Sie charakterisieren etwas in bestimmter Hinsicht: als Gegenstand, Eigenschaft, Ereignis, Relation oder Zustand. Das Charakteristikum muss hörerspezifisch eingesetzt sein, so dass zwischen sprachlichem Wissen und dem, was zu sagen ist, eine Beziehung hergestellt werden kann. Das folgende Beispiel zeigt eine typische Situation, in der das zunächst nicht gelingt und ein inhaltlich vages und unspezifisches Charakteristikum (*Dings*, türk. *şey*) genutzt wird, bis der Gegenstand als Tier einer bestimmten Art, als Fisch gekennzeichnet werden kann:

(119) Und außerdem sind Sie die Schönste hier in der Runde, ja, verzeihen Sie, dass ich es sage, aber es ist so, und deshalb muss ich es sagen, einfach, damit es gleich und sofort gesagt ist, dann ist es vorbei und heraus, sonst ersticke ich und kann ihn nicht kosten, diesen **Dings**, diesen na was, diesen **Fisch**, von dem er die ganze Zeit redet. (Ortheil 2005: 236)

Menschen fassen ihre Welt in situationsunabhängigen Symbolen des Wissens, während Tiere nur situationsgebundene Signale haben. Der Mensch ist offen für neue Erfahrungen und das Symbolfeld ist in ständiger Bewegung. Grenzen des symbolisch Sagbaren ken-

---
[1] In der Schule wird (vereinfachend) *Nomen* gebraucht, so auch in dieser Grammatik. In wissenschaftlichen Grammatiken folgt man der Tradition, die flektierbare Einheiten wie Substantiv und Adjektiv, die den Kopf einer nominalen Gruppe bilden können, als *Nomen* von der Wortart *Substantiv* unterscheidet. Im englischen Sprachraum spielt *substantive* gegenüber *noun* heute keine Rolle mehr.

nen wir nicht. Das Neue lässt sich oft nur mit den alten Mitteln ausdrücken. Wir überdehnen Bedeutungen, greifen zu Metaphern.

Das *Feld* ist eigentlich etwas flach Ausgebreitetes, eine offene Bodenfläche. Die konnte von Bauern bearbeitet werden, so kam es zu einer Bedeutung ähnlich dem *Acker*. Man konnte dort auch kämpfen, es entstand der Gebrauch als *Schlachtfeld*, dem man in der *Feldflucht* versuchen konnte zu entgehen. Da man auf einer Fläche Fußball, aber auch Brettspiele spielen konnte, stellte sich das *Spielfeld* ein. Übertragungen leisteten die Wissenschaften: Ein *Feld* besteht in der Physik aus einem Raum, der leer oder mit Dingen gefüllt sein kann, jedem Raumpunkt können messbare physikalische Eigenschaften zugeordnet werden. Das *Blickfeld* ist ein Feld visueller Wahrnehmung, das *Umfeld* ein räumlich oder sozial konzipierter Kontaktbereich. Wir kombinieren Ausdrücke zu Wortgruppen und Sätzen, in denen sich die Leistungsfähigkeit der Sprache besonders zeigt. „Ein weites Feld" (Grass) ist ein dem Hörer/Leser nicht schon im Wissen zugänglicher Bereich, der eine Ordnung hat (*Feld*) und vielerlei in der horizontalen Ausdehnung einzuschließen vermag (*weit*).

In der Sprache bilden symbolische Ausdrücke wie z.B. Gewässernamen oder Verwandtschaftsbezeichnungen *Wortfelder*. Die Symbolausdrücke beziehen in der Äußerung ihre Bedeutung immer auch aus dem, was in ihrem Umfeld noch gesagt ist, und aus dem, was an Möglichkeiten in der Sprache gerade nicht gewählt wurde oder anders hätte gewählt werden können; diese Möglichkeiten sind unausgesprochen auch immer im Hintergrund präsent. Mit einem Wortfeld oder Wortnetz kann man einen Gegenstandsbereich gliedern.

Symbolische Prozedur	Gegenstände einer Charakteristik	Symbolische Ausdrücke
Etwas auf einer bestimmten Dimension charakterisieren oder benennen als	Art, Gattung, Kategorie von Gegenständen: natürliche Dinge und Artefakte, Personen, Lebewesen, abstrakte und fiktionale Größen;	Gattungsnamen: *Baum, Meer, Blume, Tisch, Frau, Kind, Tiger, Liebe, Verwandtschaft ...*
	Gegenstand: Personen, Lebewesen, Dinge, geographische Größen (Länder, Orte, Viertel, Straßen, Berge, Gewässer etc.), Handlungskomplexe;	Eigennamen: *Paula, Orhan, Özil, Schmidt, Alma, Kölner Dom, Spanische Treppe, Frankreich, Iran, Köln, Quartier Latin, Zeil, Zugspitze, Ostsee, Desert Storm;*
	Stoff, Substanz	Stoffnamen: *Gold, Milch, Wasser, Stahl ...*

Tab. 13: Nomen und ihre Funktionalität im Symbolfeld der Sprache

Die in einer Sprache vorfindliche Gliederung ist gesellschaftlich-kulturell bedingt: Was ist wichtig? Was muss klar unterschieden werden können? Man sieht das gut an Verwandtschaftsbezeichnungen und in ihren Unterschieden im Wortfeld der Sprachen (Abb. 4).

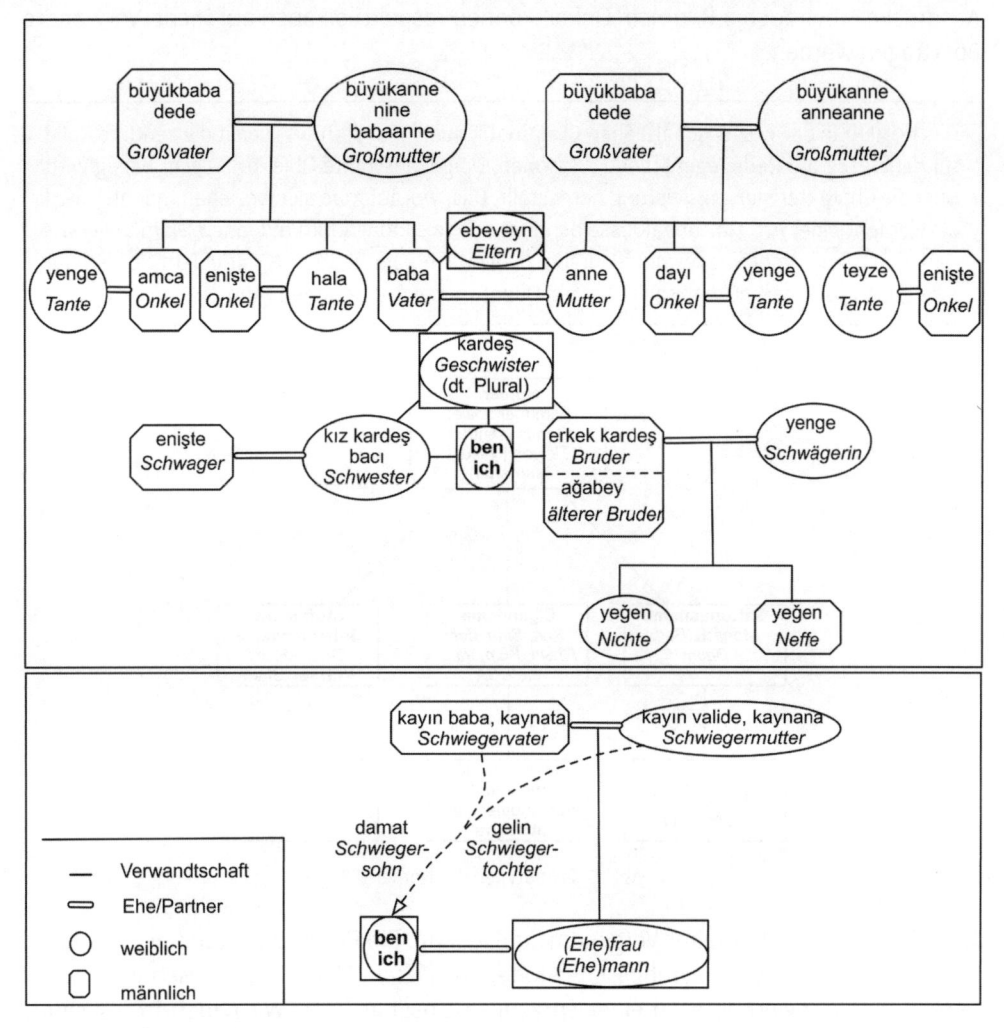

Abb. 4: Verwandtschaftsbezeichnungen: Türkisch und Deutsch aus Sprechersicht
(Hinweis: *büyük* bedeutet ‚groß')

In beiden Sprachen sind das natürliche Geschlecht, die Elternrelation und vermittelt darüber die Geschwisterrelation wichtig. In der Elterngeneration ist im Türkischen zusätzlich die biologische Verwandtschaft relativ zum Sprecher markiert. Im Türkischen sind Neffe – Nichte und die Geschwister geschlechtsneutral bezeichnet. Im Deutschen gibt es – elternbezogen gefasst – das geschlechtsneutrale *Kind*. Die Differenzierung Vatersbruder – Muttersbruder etc., die sich im Türkischen findet, gab es im älteren Deutschen auch, althochdt. *fetiro*, mittelhochdt. *veter* (später: ‚Cousin') war der Bruder des Vaters, *Oheim* der Bruder der Mutter, *Base* die Schwester des Vaters (später: ‚Nichte') und die *Muhme* war die Schwester der Mutter (später: ‚weibliche Verwandte'). Kulturelle Grundlagen zeigen sich auch in den Schwieger-Beziehungen, etwa im türk. *gelin* (‚Braut', ‚Schwiegertochter'; ein Partizip/Verbalnomen, das eigentlich das Kommen/Gekommensein ins Haus der Eltern markiert). Im Türkischen gelten Anreden mit der Verwandtschaftsbezeichnung als respektvoll – etwa wenn die ältere Schwester mit *Havva abla* (‚Eva + (ältere) Schwester'), der ältere Bruder mit *ağabey* – angesprochen wird –, solche

Ausdrücke, aber auch z.B. *amca* ‚Onkel' können respektvoll auch auf Nicht-Verwandte übertragen werden.

> Das NOMEN (in der wissenschaftlichen Grammatik auch „Substantiv") spielt die zentrale Rolle für den Bezug auf Redegegenstände (Personen, Dinge, abstrakte Objekte). Dieser Bezug wird über die Charakterisierungsleistung hergestellt. Das, worauf man sich beziehen möchte, wird als Element einer Art, Gattung, Klasse benannt oder als Individuum mit einem Namen versehen, den man immer wieder nutzen kann. Schließlich kann man sich mit einem Nomen auf eine Substanz, einen puren Stoff (bzw. ein Quantum davon) beziehen (Abb. 5).

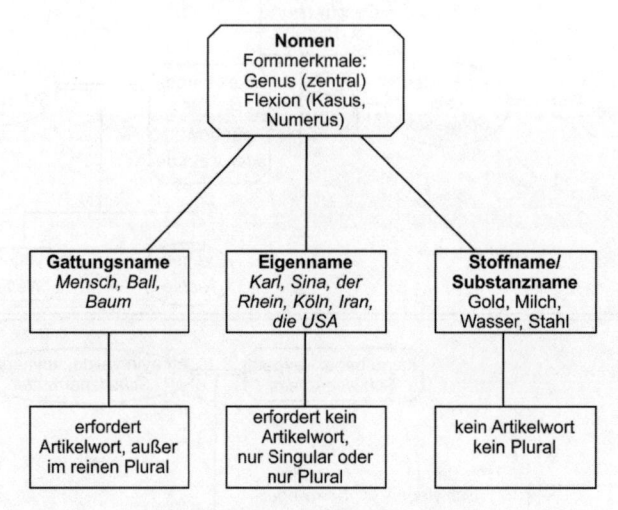

```
                    Nomen
                    Formmerkmale:
                    Genus (zentral)
                    Flexion (Kasus,
                    Numerus)

   ┌──────────────────┼──────────────────┐
Gattungsname       Eigenname         Stoffname/
Mensch, Ball,      Karl, Sina, der   Substanzname
Baum               Rhein, Köln, Iran, Gold, Milch,
                   die USA           Wasser, Stahl
   │                  │                  │
erfordert         erfordert kein      kein Artikelwort
Artikelwort, außer Artikelwort,       kein Plural
im reinen Plural  nur Singular oder
                  nur Plural
```

Abb. 5: Grundtypen des Nomens

Nomen dienen symbolischer Vergegenständlichung. Ein Redegegenstand wird dadurch zugänglich, dass er einer symbolischen Kategorie (*Tisch, Mann*) zugewiesen wird, unter deren Charakterisierung er in einer Sprachgemeinschaft fällt. Wir haben früh gelernt, was ein typisches Haus ausmacht, den begrifflichen Kern dessen, was wir [haʊs] aussprechen und *Haus* schreiben: ein umschlossener, ortsfester Raum, in dem Menschen sich aufhalten können (Zweck), der eine bestimmte Gestalt und einen bestimmten Aufbau (Wände, Türen, Dach, Fenster etc.) hat. In den Charakterisierungen spielt die menschliche Perspektive, der Zweck in der menschlichen Praxis eine zentrale Rolle, daneben Gestaltmerkmale (Ansicht, Aufbau, Struktur, Teile, Stoff), die für Wahrnehmung und Vorstellung wichtig sind.

Konkrete Nomen erlauben den Zugang über sinnlich zugängliche, wahrnehmbare Gestalteigenschaften. Bälle sind rund, Pferde sind Vierbeiner mit dichtem kurzen Fell, großem Kiefer und einem Schwanz, Schimmel sind weiß, Rappen sind wie Raben schwarz.

Bei nur im begrifflichen Wissen verankerten Abstrakta fehlen Gestaltmerkmale, sie kennzeichnen Einstellungen und Handlungsdispositionen (*Freundlichkeit*), Emotionen (*Liebe*, Hass), Zustände eines Organismus (*Stress*), Handlungskomplexe (*Klausur, Betrug, Vertrag*). Ihr Gebrauch ist schwerer zu lernen, weil man die Anwendbarkeit aus einer Konfiguration von Indizien erschließen muss. So ist ein *Vertrag* eine freiwillige Vereinbarung zweier autonomer Individuen oder Gruppen, etwas zu tun oder zu unterlassen, die bestimmte Rechtsfolgen nach sich zieht (etwa bei Nichterfüllung, z.B. wenn bei einem Kauf der geforderte Betrag nicht gezahlt wird). Nicht einfach sind auch Funktionalausdrücke wie *Bundeskanzler*, die eine zeitliche Komponente haben; wir können unabhängig von der jeweils im Amt befindlichen Person sagen:

(120) Der **Bundeskanzler** bestimmt die Richtlinien der Politik.

Wir können aber auch eine zur Sprechzeit im Amt befindliche Person meinen:

(121) Der **Bundeskanzler** empfängt den chinesischen Botschafter. [Am 1. 3. 2002 war das Gerhard Schröder.]

Man kann fragen, ob Stoffe oder Substanzen überhaupt als Gegenstände aufzufassen sind. Was Stoffnamen (*Sand, Wasser, Gold, Wein, Milch*) bezeichnen, lässt sich nicht als diskrete Vielheit konzipieren.

> STOFFNAMEN sind nicht in den Plural zu setzen. Sie verbinden sich auch nicht mit einem bestimmten Artikel, der individuell spezifische Zugänglichkeit ausdrückt (*die Milch* meint nicht mehr die Substanz, sondern schon eine individuelle, portionierte Größe). Sie bringen ein bestimmtes Quantum einer Substanz ins Spiel: *eine Tasse Wasser, ein Eimer Sand* und nehmen einen summativen, aus all den Substanzvorkommen akkumulierenden Gegenstandsbezug vor.

Der Anwendungsbereich eines Nomens kann leicht erweitert werden durch Übertragung auf einen anderen Bereich. Beispielsweise wird ein physisch wahrnehmbares auf ein emotionales Gefühl übertragen (*Kälte - Gefühlskälte*). Ein metaphorischer Symbolgebrauch ist ein reflektierter Gebrauch. Er erlaubt mit einer Metapher die Anwendung eines Konzepts über seinen typischen Zweckbereich hinaus; er trägt zusätzliche Charakteristika auf der Basis eines Vergleichs in eine bestehende Charakteristik ein, so dass der Begriff durch weitere Domänen konturiert wird. Sprachliche Dynamik bewegt sich stets vom Bekannten zum Unbekannten, so auch in abstrakten Metaphern der Fach- und Wissenschaftssprachen (*Ladung, Strom*).

Die Symbolisierung von Gegenständen oder von als Gegenstand Gedachtem, die Vergegenständlichung als Gattung oder Art, Individuenbezeichnung, Stoff oder Funktion ist also die zentrale Leistung des Nomens. Das Nomen stellt im Deutschen die dominante Wortart dar (ca. 65% des gesamten Wortschatzes). In anderen Sprachen sind die Grenzen zwischen den Hauptwortarten viel fließender, etwa im Englischen, wo zahllose reine Stämme als Nomen oder Verb erscheinen können (*look, run, work* ...). Was wie ein Nomen den Kern einer Nominalgruppe bilden kann, wird groß geschrieben (*das erste* **Handballspiel** *meines* **Vaters***, die* **Blauen** *aus Tutzing, das* **Ich**; aber: *das wird klasse, sie bleiben spitze, er ist mir feind*).

Im Türkischen bringt die Grundform eines Nomens eher den Begriff zum Ausdruck und ist offener für einen Gebrauch, der sich auf ein Individuum bezieht, auf einen Stoff bzw. eine Substanz oder der generisch ist.

(122) *ekmek* ‚Brot': ‚das Brot, Brot als solches, ein Brot, irgendwelche Brote kaufen (*ekmek almak*)

Das zentrale Formmerkmal des deutschen Nomens passt zu der Funktion: Jedes Nomen hat ein Genus, gehört also einer grammatischen Klasse an, die in die drei Teilklassen <Maskulinum>, <Femininum> und <Neutrum> zerfällt. Der Unterscheidung liegt möglicherweise eine Klassifikation in Belebtes und Unbelebtes zugrunde, die sich in Maskulinum gegenüber Neutrum niederschlug; das Femininum sei entstanden, um abstrakte und kollektive Nomen (*Liebe, Menge, Judenheit, Körperschaft*) abgrenzen zu können, dann seien der personale Bereich und die Tierwelt nach dem natürlichen Geschlecht unterteilt worden (so die Annahmen von Brugmann, Vogel u.a.). Das natürliche Geschlecht (Sexus) spielt eine entscheidende Rolle bei der rechtlich geregelten Vergabe deutscher Vornamen; sie sollen das natürliche Geschlecht kennzeichnen.

Bestimmte Endungen markieren heute das natürliche Geschlecht (Sexus) wie das ableitende *-in* (*Lehrer* → *Lehrer-in*; *Hase* → *Häs-in*; *Jurist* → *Jurist-in*). Nominalisierte Partizipien und Adjektive sind genus- und sexussensitiv, was man am Artikel ablesen kann: *der/die Angestellte; der/die Betrogene*). Eine Endung, die alles auf einer speziellen Dimension der Charakterisierung neutralisiert, ist das Suffix *-chen* wie in der Reihe: *Männchen, Frau-chen, Kind-chen, Büb-chen, Muttersöhn-chen, Mäd-chen, Häs-chen* etc. Die Dimension dominiert auch in Reihen wie *die Memme, Transe, Tunte* oder *der Blaustrumpf, Vamp, Hausdrachen* etc. Reihenbildungen helfen also bei der Genuszuweisung (Tab. 14).

Maskulin sind Bezeichnungen von	Wochentagen	der Montag, der Freitag
	Monaten	der August, der Juni
	Jahreszeiten	der Herbst, der Sommer
	Himmelsrichtungen	der Süden, der Osten
	Wettererscheinungen	der Regen, der Hagel
	Bergen	der Mont Blanc, der Feldberg, *aber*: die Zugspitze
	Mineralien, Gestein	der Sand, der Fels, der Granit
	Automarken	der Opel, der VW, der Chevy
	alkoholischen Getränken	der Wodka, der Schnaps, *aber*: das Bier
	Säugetieren (meist)	der Löwe, der Adler, der Wal
Feminin sind Bezeichnungen von	Insekten und Reptilien	die Fliege, die Raupe, die Spinne, die Schlange, *aber*: der Moskito
	Obst	die Banane, die Kiwi, die Apfelsine, *aber*: der Apfel (prototypisches Obst), der Pfirsich
	Zahlen	die Eins, die Zwei, *aber*: das erste Hundert
	Schiffen	die Titanic, die Gorch Fock
	Motorrädern	die Kawasaki, die BMW
	Flugzeugen	die Boeing, die Transall, *aber*: der Airbus (wegen: der Bus)
	Bäumen (meist)	die Eiche, die Fichte, *aber*: der Ahorn, der Apfelbaum
	Blumen (meist)	die Rose, die Nelke, die Tulpe, die Lilie, *aber*: das Veilchen, der Goldregen

Neutrum sind Bezeichnungen von	chemischen Elementen	das Uran, das Eisen, das Gold
	Farben	das Gelb, das Rosa
	Buchstaben	das ABC, das kleine e
	Ländern, Städten und Kontinenten (Eigennamen)	das liebliche Italien, das antike Rom (*aber*: die östliche Türkei, das alte Europa)

Tab. 14: Genusreihen: semantische Gruppen

Anders, wenn das natürliche Geschlecht hervorzuheben ist. Das ist z.B. so bei den eigentlich neutralen Haustieren (*das Rind, Schwein, Pferd – der Stier, die Sau*). Entsprechende Ausdrücke hat das Türkische natürlich auch (*inek* ‚Kuh'). Ansonsten kann es das natürliche Geschlecht durch ein Erweiterungsnomen kennzeichnen:

(123) *kadın* ‚Frau', *erkek* ‚Mann': *kadın doktor* ‚Ärztin', *erkek kedi* ‚Kater'.

Wenn es in einer Sprache eine solche Klassifikation wie das Genus gibt, kann sie genutzt werden, um Formzusammenhänge zu kennzeichnen. Das Genus eines Nomens, das als Kopf einer Nominalgruppe erscheint, bestimmt das Genus von Adjektiven und Determinativen.

der alte Mann – die junge Frau – das kleine Kind.

Insofern das Determinativ das Genus deutlich markiert und die Nominalgruppe eröffnet, wird die Wahrnehmung dessen, was zusammengehört, für den Hörer unterstützt; bei einleitendem *das* wartet er auf einen nominalen Kopf mit Genus Neutrum. Da das Nomen Genus hat, wird auch die thematische Fortführung unterstützt, deshalb sind die Anaphern *er, sie, es* genusunterschieden (und die anderen Personen des ‚Personalpronomens' nicht).

(124) **Die Lehrerin** suchte **ein Mädchen** aus der ersten Klasse. **Es** sollte im Musikraum sein, aber *sie* fand **es** dort nicht.

(125) Früher wußte **der Vater Abhilfe**. Heute weiß **er keine** mehr. (Brecht 1980b: 453)

Türkisch hat weder ein Genus noch solche Anaphern wie *er, sie, es* und auch keinen bestimmten Artikel. Stattdessen benutzt es mitunter zeigende Verfahren, vgl.:

(126) Auf dem Schulplatz brannte **ein Wagen. Der** war durch auslaufendes Öl in Brand geraten.

(127) Bugün arkadaş-ım   gel-ecek.   **On-a**   bir kitap ver-dim.
       Heute Freund-Possessiv komm-Futur. Objektdeixis-Dativ ein Buch geben-
                                                                                  Prät1Sg
       ‚Heute wird mein Freund kommen.   Dem habe ich ein Buch gegeben.'

Das vorstehende Beispiel zeigt auch, dass im Türkischen das Verb einteilig ist und zur Endstellung tendiert, während thematische Ausdrücke wie *ona* zum Anfang drängen.

Besser als an den meisten der zugehörigen Nomen sind an deutschen Determinativen Kasus und Genus zu erkennen. Deshalb lernt man im Fremdsprachenunterricht zum Nomen den Artikel mit, um die Genuszuweisung durch Automatisierung zu erleichtern. Aber es bleibt schwierig – wie die japanische Autorin Yoko Tawada zeigt:

> In der japanischen Sprache sind alle Wörter geschlechtslos. Die Nomen lassen sich zwar – wie das bei den Zahlwörtern sichtbar wird – in verschiedene Gruppen aufteilen, aber diese Gruppen haben nie das Kriterium des Männlichen oder des Weiblichen: Es gibt zum Beispiel eine Gruppe der flachen Gegenstände oder der länglichen oder der runden. Häuser, Schiffe und Bücher bilden jeweils eigene Gruppen. Es gibt natürlich auch die Gruppe der Menschen: Männer und Frauen gehören zusammen dahin. Grammatikalisch gesehen ist im Japanischen nicht einmal ein Mann männlich.
>
> Es machte mir viel Mühe, das grammatische Geschlecht eines deutschen Wortes zu lernen. Ich vergaß es sofort, als hätte es gar keine Beziehung zu dem Wort. Ich versuchte immer wieder herauszufinden, wie man sich diese Empfindung erwerben könnte. Es gab einen Vergleich, an dem ich mich damals orientierte: Wenn ich zum Beispiel eine Menschengestalt sehe, nehme ich als erstes wahr, ob es eine Frau oder ein Mann ist. Auch bei dem Gedanken, diese Unterscheidung sei für mich vollkommen bedeutungslos, könnte ich keinen Menschen wahrnehmen, ohne sein Geschlecht wenigstens zu beachten. Ich sollte wahrscheinlich die Gegenstände genauso wahrnehmen – dachte ich mir damals –, sonst könnte ich mir niemals ihr grammatisches Geschlecht merken.
>
> Wenn ich zum Beispiel einen Füller sah, versuchte ich, ihn wirklich als ein männliches Wesen zu spüren und zwar nicht im Kopf, sondern mit meinem Gefühl. Ich nahm ihn in die Hand, starrte ihn lange an, während ich leise vor mich hin wiederholte: männlich, männlich, männlich. Der Zauberspruch brachte mir langsam einen neuen Blick. Das kleine Reich auf dem Schreibtisch wurde nach und nach sexualisiert: der Bleistift, der Kugelschreiber, der Füller, die männlichen Gestalten lagen männlich da und standen wieder männlich auf, wenn ich sie in die Hand nahm. (Tawada 1996: 11f.)

Eine Übersicht zum Genus gibt Tabelle 15. Es gibt auch Schwankungen, z.B. *der/die Abscheu, das/der Balg, der/das Carport, das/der Gummi, das/der Knäuel, das/die Nutella, das/der Raster, der/das Sakko*), manche sind fachsprachlich (*das/der Virus, das/der Filter, der/das Zölibat*), andere regional (*das/der Bruch*).

Geschlecht (Sexus) bestimmt grammatisches Genus		
Personennamen	(die) Eva, Frau Siebert; (der) Peter, Herr Meyer	für beide Geschlechter verwendete Vornamen: (der/die) Alex, Andrea, Robin, Sascha, Toni, Yannie
Gattungsnamen mit Geschlechtsbezug	der Mann, Papst, Hirsch, Eber, Stier, Ochse; die Frau, Dame, Gans, Kuh	
Gattungsnamen mit femininer Ableitung	die Ärzt-in, Lehrer-in, Schüler-in; Fachfrau	
Genus unabhängig vom Geschlecht, nach Endung		
Neutralisiert mit -chen, -lein	das Büb-chen, Mäd-chen, Fräu-lein, Frau-chen, (Büb-le)	
Femininum bei Endung auf -e; -ei, -in, -heit, keit, -schaft, -ung; -a, -ade, age-, ette-; -ie, -ik, -tät, -tur	die Hos-e, Nas-e, Vas-e; Abt-ei, Freund-in, Dumm-heit, Süßig-keit, Acht-ung, Aul-a, Fass-ade, Et-age, Tabl-ette, Lotter-ie, Polit-ik, Pie-tät, Kul-tur	
Maskulinum bei Einsilbern mit Endung auf -ø (Nullendung); typischerweise bei -el, -en, -er; und bei -or, -ig, -ling, -eur,- ör; -tient, -ant, -ier,- ist	der Kopf-ø, Fuß-ø, Berg-ø; Ärm-el, Brat-en, Lehr-er, Dokt-or, Kön-ig, Feig-ling, Fris-eur, Lik-ör, Pa-tient, Fabrik-ant, Offiz-ier, Terror-ist	

Neutrum bei Endung auf -nis, -tel, -tum, -ett oder Anfang mit Ge-	das Gedächt-nis, das Vier-tel, Eigen-tum; Son-ett; Ge-müse, Gebirge	
grammatisch bestimmt		
Neutrum bei Nominalisierung	das Singen, das Lesen; das Ich	

Tab. 15: Geschlechtsbestimmte und morphologisch-grammatisch bestimmte Genuszuweisung

Für die Didaktik sind Strategien der Genuszuweisung vorgeschlagen worden; einige sind so komplex, dass sie schwer lernbar sind. Der Vorschlag von Wegener (1995:89f.) ist einfach, deckt aber auch nur gut 65% aller Fälle ab:

1. Nomen, deren Stamm auf -e (bzw. gesprochen Schwa [ə]) ausgeht, sind normalerweise Feminina: *die Dame, die Brille, die Wunde, die Hose, die Fahne* ... aber: *der Löwe, der Käse, das Auge*

2. Einsilber ohne Endung sind typischerweise Maskulina: *der Hals, der Kopf, der Berg, der Fuß* ... aber *die Hand, das Bein*

3. Nomen, deren Stamm auf -el, -en, -er ausgeht, sind normalerweise Maskulina: *der Meißel, der Löffel, der Spaten, der Rücken, der Finger, der Lehrer* ... aber: *die Ampel, die Schulter, das Leder, das Pendel, das Becken*

4. Ableitungsendungen wie chen-, -lein, -heit, -keit-, -schaft, -ling legen das Genus fest: *das Häschen, das Büchlein; die Kindheit, die Eitelkeit, die Eigenschaft; der Feigling*

5. Hat ein Lebewesen ein bestimmtes Geschlecht (Sexus), richtet sich normalerweise das Genus danach: *der Vater, die Mutter, die Freundin, der Cousin, die Sängerin, die Professorin,* ... aber: *das Weib, das Model, das Flittchen, das Mädchen.*
(leicht verändert aus: Wegener 1995: 89f.)

Die meisten Nomen haben das Merkmal Numerus. Sie sind markiert nach Singular und Plural. Der Singular zeigt ein Einzelnes (*das Männlein*) oder die Bildung einer Einheit, eines Kollektivs an (*die Armee*), der Plural eine Vielheit von unterscheidbaren Elementen.

Die Markierung von Kasus und Numerus nutzt folgende Möglichkeiten:

(a) Flexionsendungen: -e, -(e)n, -(e)s, -er, -ern

(b) Umlaut (*Apfel – Äpfel, Gast – Gäste, Haus – Häuser*)

(c) Endungslosigkeit (*Frau-ø*)

Der UMLAUT im Althochdeutschen passt den Vokal der Haupttonsilbe artikulatorisch an den Vokal der Folgesilbe an. Er erfasst zunächst das kurze a, das vor langem oder kurzen i oder j zu e wird: althochdt. *gasti → gesti*. Nach dem a werden dann auch weitere, am weichen Gaumen (Velum) gebildete Vokale wie o, u, ou, uo erfasst und zu ö, ü, öu, üe. Diese Assimilation an einen folgenden Vokal stellt eine Palatalisierung dar, eine Verlagerung der Artikulation nicht-palataler Vokal an das Palatum, den harten Gaumen, mit der die Aussprache einfacher wurde. Die auslösenden i-Laute wurden im späten Althochdeutschen zum Reduktionsvokal Schwa [ə] verändert (*geste*), so dass der Auslöser nicht mehr vorhanden war. Die Umlaute werden dann als Pluralkennzeichen reanalysiert und erscheinen schließlich auch in Wörtern, in denen es die auslösende Lautkonstellation nie gegeben hat. Orthographisch wird der Zusammenhang der Wortformen dadurch markiert, dass ein Laut wie /e/ als <ä>, also <a> mit diakritischem Zeichen <¨>, geschrieben wird. Neben der Markierung des Plurals wird der Umlaut auch für die Markierung der Komparation von Adjektiven (*stark – stärker – am stärksten, groß – größer – am größten*) (→ C4.1) und des Konjunktivs II starker Verben (*käme, gäbe*) (→ D1.2, D3) genutzt.

Seit Jacob Grimm gilt ein Nomen als „stark", das im Genitiv Sg. auf -(e)s und im Plural nicht auf (e)n ausgeht, während „schwache" im Genitiv Sg. und Pl. auf -(e)n enden. Daneben gibt es „gemischte": Sg.: stark/ohne Endung, Pl.: schwach. Im Singular lassen sich folgende Flexionstypen unterscheiden:

Singular	Typ A: Feminina endungslos	Typ B: schwache Maskulina/Neutra	Typ C: starke Maskulina/Neutra (einschl. artikellose Eigennamen)	
Nominativ	Frau	Löwe	Geist	Segel
Akkusativ	Frau	Löwe-n	Geist	Segel
Dativ	Frau	Löwe-n	Geist-(e)	Segel
Genitiv	Frau	Löwe-n	Geist-es	Segel-s

Tab. 16: Nominalflexion: Singular

Die Dativendung -*e* findet man noch bei einsilbiger Grundform. Artikellose Eigennamen werden wie C flektiert. Die Akkusativ-Endung der schwachen Maskulina/Neutra wird mündlich oft weggelassen (*den Prinz*), manchmal entfällt auch die Dativ-Endung (*dem Prinz*).

Nimmt man den Plural hinzu, wird das Bild unübersichtlicher. Die Formen sind zweisilbig. Die meisten Maskulina und Neutra werden stark flektiert. Umlautfähige Vokale werden nicht immer umgelautet. Die meisten Feminina bilden den Plural mit -*en*. Die Feminina auf -*e* werden umgelautet (*Städte*). Die schwachen Maskulina haben im Plural -(*e*)*n*; sie bezeichnen meist Lebewesen. Die Flexion mit -*s* finden wir bei Stämmen, die auf einen Vollvokal ausgehen (*Autos*), bei Abkürzungen (*AKWs*), Kurzwörtern (*Nazis*), Eigennamen (*Müllers*) und Fremdwörtern besonders aus dem Englischen oder Französischen.

Plural	Typ A: Feminina (schwach/stark)				Typ B: schwache Maskulina/Neutra	Typ C: starke Maskulina/Neutra (ohne/mit Umlaut)			
Nominativ	Frau-en	Mütter	Händ-e	Oma-s	Löwe-n	Geist-er Häus-er	Hund-e Gäst-e	Segel Äpfel	Opa-s Müller-s ICE-s
Akkusativ	Frau-en	Mütter	Händ-e	Oma-s	Löwe-n	Geist-er Häus-er	Hund-e Gäst-e	Segel Äpfel	Opa-s Müller-s ICE-s
Dativ	Frau-en	Mütter-n	Händ-en	Oma-s	Löwe-n	Geist-ern Häus-ern	Hund-en Gäst-en	Segel-n Äpfel-n	Opa-s Müller-s ICE-s
Genitiv	Frau-en	Mütter	Händ-e	Oma-s	Löwe-n	Geist-er Häus-er	Hund-e Gäst-e	Segel Äpfel	Opa-s Müller-s ICE-s
			immer mit Umlaut						

Tab. 17: Nominalflexion: Plural

Eindeutig markiert sind an femininen Nomen nur der Genitiv und der Dativ Plural im Verbund mit dem Artikel. Im Nominativ und Akkusativ ist nur der Singular vom Plural unterscheidbar: Der Plural ist eigens markiert. Der Genitiv und der Dativ Singular sind ununterscheidbar.

Kasus	Singular	en-Plural	s-Plural
Nominativ/Akkusativ	die Frau	die Frau-en	die Oma-s
Dativ	der Frau	den Frau-en	den Oma-s
Genitiv		der Frau-en	der Oma-s

Tab. 18: Markierung von Kasus und Numerus in der Nominalgruppe I (Feminina)

Maskulina und Neutra haben heute im Singular nur noch eine Genitivmarkierung -(e)s. Das Dativ -e wie in *dem Mann-e* ist veraltet und findet sich eher in älteren, literarischen Texten und Wendungen (*im Sinn-e, im Kreis-e*). Die Langform findet sich im traditionellen Wortschatz und bei komplexem Silbenauslaut: *Arzt – des Arzt-es; Matsch – Matsch-es*; bei Ausgang auf einen [s]-Laut oder [ʃ]-Laut: *Fuß – Fuß-es; Busch – Busch-es*. Nach *-el, -em, -en, -end* (alle mit dem Reduktionsvokal Schwa [ə]), *-er* (mit dem Reduktionsvokal [ɐ]) ist die Endung stets die Kurzform *-s: Atem – Atem-s; Lehrer – Lehrer-s*.

Im Plural haben wir ein *-e, -er* oder *-s* und im Dativ ein *-n*. Umlautfähige Vokale erscheinen in einigen Fällen umgelautet, so dass der Plural doppelt markiert ist.

Im Singular differenziert der Artikel die Maskulinumformen sehr gut, während sie im Neutrum Nominativ und Akkusativ ununterscheidbar sind. Im Plural sind Nominativ- und Akkusativformen identisch. Der Genitiv des ø-Plurals ist vom Nominativ Singular nur unterscheidbar, wenn ein Umlaut vorhanden ist.

Kasus	Singular Maskulinum	Singular Neutrum	ø-Plural	e-Plural	er-Plural	s-Plural
Nominativ	der Hund	das Haus	die Lehrer / die Äpfel	die Hund-e / die Gäst-e	die Kind-er / die Häus-er	die Opa-s
Akkusativ	den Hund	das Haus	die Lehrer / die Äpfel	die Hund-e / die Gäst-e	die Kind-er / die Häus-er	die Opa-s
Dativ	dem Hund	dem Haus	den Lehrer-n / den Äpfel-n	den Hund-e-n / den Gäst-e-n	den Kind-er-n / den Häus-er-n	den Opa-s
Genitiv	des Hund-es	des Haus-es	der Lehrer / der Äpfel	der Hund-e / der Gäst-e	der Kind-er / der Häus-er	der Opa-s

Tab. 19: Markierung von Kasus und Numerus in der Nominalgruppe II (starke Maskulina, Neutra)

Bei den schwach flektierten maskulinen Nomen ist der Nominativ unmarkiert, alle anderen Formen tragen -(e)n. Nicht unterscheidbar sind Akkusativ Singular und Dativ Plural sowie Nominativ und Akkusativ Plural.

Kasus	Singular	Plural
Nominativ	der Löwe	die Löwe-n
Akkusativ	den Löwe-n	die Löwe-n
Dativ	dem Löwe-n	den Löwe-n
Genitiv	des Löwe-n	der Löwe-n

Tab. 20: Markierung von Kasus und Numerus in der Nominalgruppe III (schwache Maskulina)

Manche Nomen sind auf den Singular festgelegt, sind Nur-Singulare (SINGULARIATANTUM). Man kann keine Form bilden, die eine diskrete Vielheit ausdrückt. Das gilt für

- Stoffnamen wie *Gas, Gold, Holz, Tee, Käse, Schnee, Kohle, Fleisch, Cord* ...
- Sammelnamen (Kollektiva) wie *Gemüse, Vieh, Wild, Lehrerschaft, Obst* ...
- Abstrakta wie *Glück, Liebe, Frieden, Gerechtigkeit, Ruhe, Hitze, Ärger* ...
- Maßbezeichnungen wie *Liter, Kilo, Päckchen, Hektar, Kubikmeter* ...
- Eigennamen wie *der Rhein, Paderborn, Pierre, Israel, der Kahle Asten* ...

In einigen Fällen wird ein Plural gebildet, dann wird der Ausdruck aber als Gattungsname gebraucht (*Fische, Tonnen*); es können mit der Pluralform auch Unterarten gebündelt werden (*Fette, Stahle*).

Daneben gibt es eine Gruppe von Nomen, die auf den Plural festgelegt ist, die Nur-Plurale (PLURALIATANTUM): *Finanzen, die Alpen, die Niederlande, Gebrüder, Ferien, Leute, Eltern*. In einigen Fällen kann von einer lexikalischen Lücke gesprochen werden, etwa bei *Eltern*, wo man für den Singular auf *Elternteil* oder *ein Vater/eine Mutter* ausweicht.

C3.8 Artikellose Nominalgruppen und Stoffnamen

Es gibt Nominalgruppen ohne Determinativ. Neben den in C2 behandelten Eigennamen sind weitere Fälle zu unterscheiden. Artikellosigkeit übermittelt, was das Nomen besagt, in reiner Form. Das kann die Wortform sein, die erwähnt, zitiert wird:

(128) Deshalb dachte sie jetzt manchmal, daß es vielleicht gar nicht ankomme auf so große Worte wie ‚**Liebe**' und ‚**Glück**' ... (Ortheil 2002: 320)

Artikellos kann auch der pure Begriff ins Spiel gebracht oder definiert werden:

(129) **Gewicht** ist das Maß für die durch die Schwerkraft der Erde ausgeübte Anziehungskraft auf die Masse. (Purves 2006:24)

Artikellos kann auch das prädikativ gebrauchte Nomen sein:

(130) Pietro ist **Italiener**.

In Paarformeln, festen Wendungen und Redensarten finden sich oft artikellose Nominalgruppen; solche Formen werden als Einheit verstanden und nicht ausgehend von der Bedeutung der Teile aufgebaut:

(131) mit Kind und Kegel, Haus und Hof, Bauklötze staunen, gute Besserung!

(132) Reden ist Silber, Schweigen ist Gold.

Auch Text-Ellipsen (→ B2.3.1) zeigen Artikellosigkeit, z.B. in Schlagzeilen:

(133) Verzicht auf Reserve-Reaktor (taz, 2.9.2011)
[Der Verzicht auf einen Reserve-Reaktor]

Der unbestimmte Artikel bildet keinen Plural. Einen artikellosen Plural nennt man auch „reinen Plural".

(134) »Früher haben Sie doch **Hosen** mit Schnüren an der Seite getragen«, sagte Edith Liebergesell. »**Die** sind meinem Körper nicht mehr gewachsen.« (Ani 2011: 11)

(135) Süden stellt seine leere Bierflasche an den Rand des von **Schreibblöcken**, **Büchern**, **Schatullen** voller **Heftklammern**, **Briefmarken**, **Muscheln** und **Kastanien**, **Aktenmappen** und sonstigen **Büroartikeln** überfüllten Schreibtischs. (Ani 2011: 11)

(136) **Junge Männer** kamen in seine Wohnung, schaukelten mit seinen Stühlen und machten ihm die Sofakissen speckig ... (Kehlmann 2005: 154)

> Artikellosigkeit im Singular findet sich bei Substanz-/Stoffnamen, die sich auf ein Substanzquantum, einen Stoff oder eine Masse beziehen, nicht auf Individuen oder konkrete Größen. Daher werden sie auch nicht mit einem Zahladjektiv kombiniert (*drei Milch*), es sei denn, es ist eine allgemein bekannte Portionenaufteilung bekannt (*drei (Glas) Bier*).

(137) **Fisch**, es wird **Fisch** geben, und ich wage zu sagen, dass es **Fisch** geben wird von einer Art, wie man ihn in Prag noch niemals gegessen hat. (Ortheil 2002: 235)

(138) **Blut** ist ein ganz besondrer Saft. (Goethe 1999: 77 (V. 1740))

Man kann mit einem Substanznomen ein Substanzquantum ‚Fisch' denotieren, also eine Substanz, die in jeder Form und Quantität Fisch bleibt. Substanzen können durch einen bestimmten Artikel individualisiert werden (Fisch bezeichnet ursprünglich eine Speise: idg. *peitos (Kluge 2011: 297)), dann haben wir einen Gebrauch als Gattungsname, mit dem man sich auf eine Individuenkategorie bezieht, die durch den bestimmten Artikel individualisiert wird:

(139) Also hinein, in diesem Zimmer sollen wir **den Fischen** begegnen.
     (Ortheil 2002: 237)

Normalerweise bilden Nomen wie *Milch, Gold, Papier* im Gebrauch als Stoffnamen keinen Plural (*Gold-e*, **Milch-e*). Nur in Fachsprachen gibt es einen Plural der Sorte (*Stahle* bezieht sich auf verschiedene Stahlsorten, *Wässer* auf verschiedene Arten von Wasser/ Mineralwasser).

Die Bildung einer Kasusform ist bei Artikellosigkeit ausgeschlossen, die Kasusmarkierung bedarf eines die Wortgruppe komplettierenden Artikels:

(140) Am/*An Gold-e hängt doch alles (Goethe).

Substanznamen im Singular lassen sich mit Maßausdrücken und Behälterkonstruktionen verbinden, um so das Quantum einzugrenzen:

(141) **Ein Liter Benzin** für 40 Cent.
     [http://www.zdf.de/ZDFde/inhalt/17/0,1872,2132689,00.html, 12.2.2007]

(142) Für **eine Flasche Brause** [Überschrift]
     [http://www.taz.de/pt/2006/03/01/a0219.1/text, 28.4.2011]

(143) Vernehmung durch eine Haftrichterin

Richterin: Wat is mit **dem Päckchen Kaffee** beim/ beim öhm • bei Rewe?
            Da sollnse am 17.6. n Päckchen/ nich Kaffee Tabak entwendet haben.
            (Gericht/JVA/Haftrichterin; WDF 1998, 14f.)

Der Kasus des integrierten Ausdrucks (*Kaffee*) wird nicht an den des Kopfes (*Päckchen*) angepasst, es ist der Grundkasus Nominativ. Solche Verbindungen gelten meist als Konstruktionen aus Nomen und selbst nicht erweiterbarem Erweiterungsnomen, die den mit dem Kopfnomen gegebenen Gegenstandsbereich einschränken. Dies sei ähnlich mit Fällen wie *Polizeimeister Müller, Hannes Hauser*; *Stadt Hamburg, Opel Astra* etc. Tatsächlich ist es funktional anders. Das Zusammenwirken bei der Integration lässt sich als Bildung einer Einheit beschreiben, die einen komplexen Gegenstand unter einer Doppelperspektive einführt: Behälter und Inhalt. Der Bereich möglicher Gegenstände wird mit solchen Verbindungen nicht eingeschränkt, etwa die Menge aller Eimer auf einen Eimer Sand. Beide Ausdrücke bringen ihre Funktionen in der entstehenden Einheit zusammen, das Integrat erweitert semantisch die Funktion des Kopfes (primärer Gegenstandszugang) um eine tiefere Perspektive. Das Päckchen nimmt je nach Integrat eine etwas unterschiedliche Gestalt an (*Päckchen Suppe, Päckchen Briefe, Päckchen Dollars*), während die Substanz – wenngleich portioniert – bleibt, was sie ist. Diese spezielle Art der Integration nennen wir KOLLATION. Sie ist eine funktionale Integration, die zwei unterschiedlich gerichtete Charakteristika in einer Gegenstandskonstitution zusammenfallen lässt, wobei das Integrat nach dem Kopf bemessen wird und der Kopf nach dem Integrat seine Form variieren kann. Im Ergebnis teilen beide Mittel sich semantisch die Gegenstandsbestimmung in spezifischer Weise. Als Gegenstand ist das Behältnis selbst auch quantifizierbar, etwa durch ein – im Plural obligatorisches – Zahladjektiv (*drei Päckchen Kaffee*).

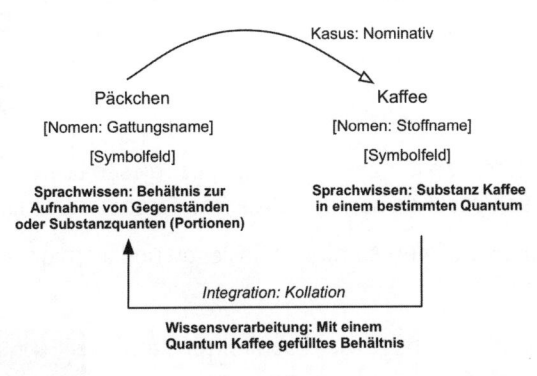

```
                    Kasus: Nominativ
          ⌒⎯⎯⎯⎯⎯⎯⎯⎯⎯⎯⎯⎯⎯⎯▷
    Päckchen                Kaffee
 [Nomen: Gattungsname]   [Nomen: Stoffname]
     [Symbolfeld]          [Symbolfeld]

 Sprachwissen: Behältnis zur   Sprachwissen: Substanz Kaffee
 Aufnahme von Gegenständen    in einem bestimmten Quantum
 oder Substanzquanten (Portionen)

          Integration: Kollation
      Wissensverarbeitung: Mit einem
      Quantum Kaffee gefülltes Behältnis
```

Abb. 6: Kollation

Die Grundtypen der Konstruktion sind hier zusammengestellt:

I. Behälter-Substanz-Konstruktion	II. Behälter-Objekte-Konstruktion	Maß-Substanz-Konstruktion
Behälter – Menge + Substanz	Behälter – Menge + Objekte	Maß + Substanz
Kanister Öl, Sack Mehl, Eimer Wasser	*Sack Kartoffeln, Glas Birnen, Tüte Gummibären*	*Liter Milch, Unze Gold, Kilo Eis*

Tab. 21: Behälter- und Maß-Konstruktionen

C3.9 Intermezzo: Der Löwe ist los

Wenn jemand morgens in Neuruppin die Zeitung aufschlägt und liest:

(144) **Neuruppin: Zirkus-Löwe ausgebrochen**

(145) In Neuruppin ist **ein Löwe** unterwegs. Das wilde und gefährliche Tier ist nach Angaben der Polizei aus einem Zirkus ausgebrochen.

> **Märkischer Anzeiger**
>
> **Neuruppin: Zirkus-Löwe ausgebrochen**
>
> In Neuruppin ist ein Löwe unterwegs. Das wilde und gefährliche Tier ist nach Angaben der Polizei aus einem Zirkus ausgebrochen. Auf die Spur des „Königs der Tiere" haben sich die Besetzungen von sechs Streifenwagen gemacht. Die Beamten seien natürlich bewaffnet, sagte ein Polizeisprecher heute Nachmittag im Landkreis Ostprignitz-Ruppin. Es werden keine Hunde eingesetzt, um den Löwen nicht zu erschrecken. Der Zirkus gastiert erst seit einigen Tagen in der Stadt.

[http://www.maerkischeallgemeine.de/cms/beitrag/12041092/1353550/Neuruppin-Zirkus-Loewe-ausgebrochen.html, 2.12.2011]

mag er in den Vorgarten schauen oder nach Waffen suchen. Denn er weiß, dass ein quicklebendiger Löwe, der ihm durch den Text als „Zirkus-Löwe bekannt" gemacht wurde, ausgebrochen ist. Der Löwe ist durch Lokalisierung seines ursprünglichen Aufenthaltsortes besser identifizierbar gemacht.

Hat jemand die Zeitung nicht gelesen und der Sohn sagt:

(146) Im Garten ist **ein Löwe**!

muss ein Wissensrahmen erst aufgebaut werden. Der unbestimmte Artikel besagt, dass beim Hörer nichts Konkretes vorausgesetzt wird. Aus dem Wissen wird abgerufen, was man über Löwen weiß. Das kann dann auf das reale Tier bezogen werden. Mit

(147) **Der Löwe** im Zirkus ist ausgebrochen.

kann sich der Zeitungleser an jemanden wenden, der diesen Löwen kennt, ihn vielleicht bei einem Zirkusbesuch gesehen hat, so dass er im Hörerwissen zugänglich ist.

Der Gegenstand kann im Aufmerksamkeitsfeld liegen und auch unter gleichartigen salient sein, hervorspringen:

(148) <Zwei Löwen sind im Gehege, der Zoodirektor sagt:>
    Der Löwe ist unruhig.

Kinder erfinden gern Löwen-Geschichten:

(149) Der einsame Löwe
    Es war einmal **ein Löwe**, der im Zoo lebte. Eines Tages brach **der Löwe** aus seinem Gehege aus, weil er einsam war. Daraufhin verständigte der Zoo-Direktor Detektive, die nach **dem Löwen** suchen sollten. Bald entdeckten sie eine Spur **des Löwen**. Es waren Fußabdrücke. 
    Kurz darauf hörten sie auch Löwengebrüll. Sie liefen in die Richtung. Aber **der Löwe** war zu schnell und entwischte. Er irrte eine Weile durch einen großen Park. Plötzlich stieg ihm ein bekannter Geruch in die Nase und er wurde ganz aufgeregt. Er hatte nämlich **ein Löwenweibchen** gerochen. Schnell lief er in die Richtung, aus der der Geruch kam, bis er endlich an einen anderen Zoo gelangte. Nach kurzer Suche fand er das Gehege **der Löwenfrau** und sprang über das Gitter.
    Die beiden verliebten sich sofort ineinander und **der Löwe** beschloss hier zu bleiben und sie lebten glücklich zusammen in dem Zoo.
    von Andi

    [http://www.kids.muc.kobis.de/spiellandschaft/westkreuz/spielhaus/web_Tiere/tier_geschichten.htm, 13.5.2011]

Auf Basis des Hörerwissens stellt man sich das Tier in seiner typischen Erscheinungsform vor, mit Mähne, mächtigem Gebiss, bräunlichem Fell und Schweif. Einschränkend wird gesagt, dass es ein Zootier ist; auch damit verbinden wir bestimmte Vorstellungen wie ‚lebt hinter Gittern', ‚kann sich nur begrenzt bewegen', ‚ist auf Fütterung angewiesen'. Aus solchem Wissen heraus kann sich die Geschichte entfalten, in der der Löwe (jetzt im Laufwissen verankert: bestimmter Artikel) flieht und gesucht wird. Ihm wird eine zweite Figur, ein Löwenweibchen, gegenübergestellt. Damit kann eine Geschichte nach menschlichem Modell entwickelt werden, die glücklich endet.

Wenn etwas gesucht wird, steht am Ausgangspunkt ein Wissen über das Gesuchte und seine charakteristischen Eigenschaften, das der Hörer/Leser teilen muss; was gesucht ist, ist nicht spezifisch und unbestimmt (vielleicht findet man dergleichen nicht). Hier haben wir den reinen Plural, weil der unbestimmte Artikel nicht im Plural erscheint.

(150) Tierpark Hellabrunn
   Löwen gesucht (Süddeutsche Zeitung 14.3.2011)

Dem Philosophen Blumenberg, der sich mit Metaphern und metaphorischen und fabulierten Löwen befasst hat (das Buch „Löwen" mit 32 Löwen-Stücken wurde 2010 aus seinem Nachlass herausgegeben, für Blumenberg wäre „eine Welt ohne Löwen trostlos"), erscheint in einem Roman – natürlich ein Löwe:

(151) Blumenberg hatte gerade eine neue Kassette zur Hand genommen, um sie in das Aufnahmegerät zu stecken, da blickte er von seinem Schreibtisch auf und sah ihn. Groß, gelb, atmend; unzweifelhaft **ein Löwe**. **Der Löwe** sah zu ihm her, ruhig sah **er** zu ihm her aus dem Liegen, denn **der Löwe** lag auf dem Bucharateppich, in geringem Abstand zur Wand.
Es mußte ein älterer Löwe sein, vielleicht nicht mehr ganz bei Kräften, aber mit der einzigartigen Kraft begabt, da zu sein. Das erkannte Blumenberg zumindest auf den zweiten Blick, während er noch um Beherrschung rang. (...)
Blumenberg wußte sofort, daß hier viel falsch zu machen war und nur eines richtig: abwarten und die Fassung behalten. Er wußte auch, daß in Gestalt des Löwen eine außerordentliche Ehre ihm widerfuhr, ... (Lewitscharoff 2011:9)

In der Fiktion erscheint dem Philosophen sein Lieblingstier persönlich, auf dem Teppich, in seiner charakteristischen Gestalt. Er wird begrifflich identifiziert (*ein Löwe* mit den zugehörigen Charakteristika und zusätzlichen Eigenschaften (*älter*)). In der Fiktion bringt er sich selbst zur Existenz, er ist „mit der einzigartigen Kraft begabt, da zu sein". Der fiktionale Löwe überlagert die Wirklichkeit der Romanfigur Blumenberg.

Der fiktionale Löwe, der Leo in Fabula, führt ein eigenes Leben, er ist König der Tiere (Physiologus), leitet den Rat der Tiere. Wir finden ihn häufig in Äsops Fabeln, in Goethes „Reineke Fuchs" (nach älteren Textvorbildern wie dem mittelalterlichen lateinischen „Reinardus") erscheinen menschenähnliche Tiere, darunter der Löwe Nobel. Der königliche Löwe wird ein königliches Wappentier und symbolisiert in aufrecht-angriffslustiger Stellung die Macht (z.B. im Löwen von Braunschweig), der geflügelte Löwe als Symbol des Evangelisten Markus wurde Wappentier der Republik Venedig. Schließlich kann man das Bild vom gefährlichen Löwen in Redewendungen einsetzen (*Höhle des Löwen*), jemand kann wie ein Löwe kämpfen.

Wittgenstein sieht keine Verständigungsmöglichkeit zwischen Mensch und Tier, die Lebensform eines Tieres ist Menschen nicht zugänglich, und formuliert das in

(152) Wenn **ein Löwe** sprechen könnte, wir könnten ihn nicht verstehen. (Wittgenstein 2001:1078)

Mit dem unbestimmten Artikel in einer Nominalgruppe kann man über das reden, was nur im Sprachwissen verankert ist, etwa über Arten (generischer Gebrauch). Arten können nicht im Garten liegen, nur einzelne Tiere. Das Wissen über Löwen im Allgemeinen kann genutzt werden, um ein Einzelexemplar einer Art in der Vorstellung erscheinen zu lassen:

(153) **Ein Löwe** und **ein Tige**r können nicht gefährlicher sein als **ein gereizter Stier**, dessen blinde Wuth keine Grenzen mehr kennt. (Brehm 2004: TL 3, 373)

Das geht auch im reinen Plural, wenn man Exemplare in die Vorstellung ruft:

(154) **Löwen** haben kurzes gelb-golden bis zu dunkelbraun gefärbtes Fell.
[http://www.big-cats.de/loewe.htm, 14.5.2011]

In „Brehms Tierleben" findet man auch Charakterisierungen der Art, die mit dem bestimmten Artikel im Singular realisiert sind:

(155) **Der Löwe** zieht größere Thiere den kleineren unbedingt vor, obgleich er diese, wenn er sie haben kann, auch nicht verschmäht. (Brehm 2004: TL 1, 354)

Das gilt für jeden Löwen, also ist bei solchen Prädikaten nicht der spezifische Löwe im Garten oder in der Steppe gemeint. Der bestimmte Artikel erscheint auch im Plural:

(156) **Die Löwen** (Leo) sind leicht von sämmtlichen übrigen Katzen zu unterscheiden. (Brehm TL 1,354)

Plural kennzeichnet eine Vielheit unterscheidbarer Elemente (*die Filme, die ich letztes Jahr gesehen habe* ...). Aber auch ein Kollektiv der Art, auf das Prädikate angewendet werden, die sich auf die Art beziehen:

(157) Seit 150 Jahren gelten **die Kaplöwen** (Panthera leo melanochaitus) als ausgestorben. [http://www.suedafrika-forum.net/archive/index.php/t-25.html, 14.5.2011]

Die einzige Vielheit, die im Wissensrahmen zu aktualisieren ist, sind die Angehörigen der bekannten Art. Wenn eine Art ausgestorben ist, lebt keiner ihrer Angehörigen. So ist auch hier die Art gemeint, vermittelt über die Menge all ihrer Angehörigen. Natürliche Arten können in einem einzigartigen Ereignis (das letzte Exemplar stirbt) vergehen. Es kann auch mit dem Singular der Artangehörige schlechthin gemeint sein:

(158) Schon seit Jahrzehnten sind **der Berberlöwe** und **der Kaplöwe** ausgestorben, welche beide sehr große und beeindruckende Löwenunterarten waren.
[http://www.natur-lexikon.com/ 2.1.2008]

Gemeint ist der Löwe als Art, soweit er in Nordafrika bzw. Südafrika existiert hat. Mit

(159) ?**Ein Löwe** ist ausgestorben.

kann nur eine Unterart, der südasiatische z.B., gemeint sein.

Öfter denkt der Mensch ans Essen; Plinius d.Ä. (23-79 n.Chr.) hielt in seiner Naturgeschichte (VIII) Löwenfleisch für gesund, die Galle sei gut für die Augen; Hildegard von Bingen (12. Jahrh.) glaubte, das Herz zu essen helfe gegen Dummheit und verhindere eine schwere Geburt.

(160) **Löwe** soll schmackhaft sein.

Der Hörer wird nicht von einem Artikel geleitet, er kann nur sein Sprachwissen herantragen, das pure Konzept ‚Löwe' aufrufen und es mit der Frage der Essbarkeit verbinden. Gemeint sein muss der Stoff, aus dem die Löwen sind, ihre Substanz.

Der Löwe kann auch als dem Hörer bekannte Spielfigur in einem Brettspiel (*Savanah Café*) auftreten:

(161) **Der Löwe** zieht 1–4 Felder vorwärts [www.spielbox-online.de 17.11.07]

Im Äußerungszusammenhang wird der Hörer/Leser an eine bestimmte Wissensstelle geführt. Erst das im Umfeld Gesagte und auch das Nicht-Gesagte sorgen für ein Verständnis. Wir haben gesehen, dass dafür andere symbolische Ausdrücke wichtig sein können. So kann ein Verb (*aussterben, im Garten liegen*), ein Adjektiv (*indisch*) oder eine lokalisierende Präpositionalgruppe ((*im*) *Garten*) entscheidend sein.

Doch schauen wir auf ein Land, in dem es Löwen gibt. In Süd-Äthiopien, wo man Bayso spricht, legt *lúban* ‚Löwe' einen nicht fest auf ein Tier, es kann einer oder es können mehrere im Garten sein:

(162) lúban   foofe [transnumerale Form]
   Löwe allgemein sah-1.Sg ‚Ich sah einen Löwen,
   einen oder mehrere.'

Egal wieviele – was ich sah, bedeutete Gefahr. Aber genauer kann ich auch werden:

(163) lúban-ti foofe [Singularform]
   Löwe-Sg sah-1.Sg ‚Ich sah genau einen Löwen.'

Ich kann auch mehrere meinen und den Numerus *Paukal* (lat. *paucus* ‚wenig', ‚wenige') nehmen (etwa zwischen 3 und 6 Exemplaren):

(164) lúban-jaa foofe [Paukalform]
   Löwe-Paukal sah-1.Sg ‚Ich sah einige/
   wenige Löwen.'

Oder den **Plural**, der hier natürlich einen etwas anderen Teil des Spektrums abdeckt:

C Redegegenstände formulieren

(165) lúban-jool   foofe [Pluralform]
Löwe-Plural   sah-1.Sg ‚Ich sah viele Löwen'

Aufgabe:
> Bitte (in einem Abschnitt) ein passendes Determinativ oder keines einsetzen – manchmal gibt es mehr als eine Möglichkeit – und die Wahl begründen!

(166) Veilchenblau auf dem Volksfest

    Ich heiße Johannes. ____ Vater ist Polizist in ____ Revier beim Volksfestplatz. Seit ____ vorigen Sonnabend stehen dort wieder ____ Karussells und ____ Buden und ____ Bierzelte, und er muss oft ____ Überstunden machen. Aber gestern hatte er schon um fünf frei. Da konnte ich ihn abholen und wir sind zusammen ____ Achterbahn gefahren und ____ Geisterbahn und haben ____ Bratwurst gegessen und ganz viel ____ Zuckerwatte.

    In ____ Bude waren wir auch. Da hat ____ Zauberkünstler ____ bunte Tücher, ____ Taube und ____ kleinen Hasen aus dem Ärmel geholt. »Mann, der mogelt bestimmt«. Aber wie er das machte, konnten wir nicht herauskriegen. Um halb acht wollten wir nach Hause gehen. Als wir an ____ großen Bierzelt vorbeikamen, torkelten gerade zwei Betrunkene heraus. ____ großer Dünner und ____ kleiner Dicker. Wie Dick und Doof! Sie hatten sich eingehakt und grölten laut. »Mann, die sind ja veilchenblau!«, sagte ____ Vater. ____ beiden Männer schwankten zu ____ Parkbuchten. Bei ____ grünen Passat blieben sie stehen. ____ Dicke wollte die Tür aufschließen. Aber er fand ____ Schloss nicht.

    »Hau ab, Bulle!«, grölte ____ Dicke. Da nahm ____ Vater ihm einfach ____ Schlüssel weg.

    »Den können Sie sich morgen im Polizeirevier abholen«, sagte er.

    ____ Männer fluchten laut, und ich schämte mich.

    »Warum musst du eigentlich immer ____ Leute anmeckern?«, fragte ich. »Du hast doch Feierabend.«

    ____ Vater wurde sauer. »Manchmal redest du ____ ganz schönen Blödsinn. Sollte ich die beiden etwa losfahren lassen? Und wenn was passiert?«

    »Du bist eben ____ echter Bulle«, sagte ich wütend, und dann redeten wir ____ Weile gar nichts mehr.

    An ____ Ampelkreuzung mussten wir warten. Neben uns stand ____ Frau mit ____ kleinen Mädchen. Es hatte ____ rote Mütze auf und zwei Luftballons in der Hand. Bei Grün wollten wir alle zusammen über ____ Fahrbahn gehen. Da kam ____ BMW angerast, direkt auf uns zu.

    ____ Vater zog mich zur Seite. Ich hörte ____ Bremsen quietschen und ____ Leute schreien. Dann sah ich ____ kleine Mädchen. Es lag auf ____ Straße und weinte laut. Und ____ Stück weiter stand ____ BMW.

    ____ Vater lief hin. Er riss ____ Tür auf und zog ____ Zündschlüssel ab. ____ Fahrer hockte am Steuer. Er konnte kaum sitzen, so blau war er.

    Mit ____ Sprechfunkgerät rief ____ Vater ____ Notarzt und ____ Streifenwagen. Dann gingen wir zu ____ kleinen Mädchen. Es lag immer noch da und weinte.

    »Gut, dass es noch weinen kann«, sagte ____ Vater, und ich war traurig und hatte ____ große Wut.
(Korschunow 1999:47–49)

C4 Den Gegenstandsbereich einschränken und präzisieren

Prozeduren:

symbolische, operative

Wortarten:

Nomen (Substantiv), Adjektiv, Präposition, Relativum

Didaktischer Kommentar:

In diesem Kapitel werden Nominalgruppen behandelt, in denen der Gegenstandsbereich mit Adjektiven, Präpositionalgruppen und Relativsätzen eingeschränkt ist. Man spricht vom RESTRIKTIVEN GEBRAUCH. Dabei wird insbesondere die Funktion und Form des deutschen Adjektivs behandelt. Die Flexionsformen sind wichtig, weil sie von Schülern manchmal nicht sicher beherrscht werden. Präpositionalgruppen und Relativsätze in der Nominalgruppe gelten systematisch eher als Sekundarstufenthema. Allerdings können Relativsätze in ihrer Funktionsweise leicht verstanden werden, wenn die Funktion von Adjektiven bekannt ist, im Formbereich müssen Einleitungselement und die Nebensatzposition des flektierten Verbs verfügbar sein. Das Relativum ist in der Formbildung nicht ganz leicht, es kann mit einer Präposition auftreten.

C4.1 Das Adjektiv in der Nominalgruppe

Adjektive charakterisieren einen Gegenstand (Person, Ding), der mit einem Nomen gegeben ist, symbolisch, indem sie ihm eine bestimmte Eigenschaft auf einer spezifischen Dimension des Beschreibens zuordnen.

(1) In **alten**, **alten** Zeiten, als die Menschen noch in **ganz anderen** Sprachen redeten, gab es in den **warmen** Ländern schon **große** und **prächtige** Städte. Da erhoben sich die Paläste der Könige und Kaiser, da gab es **breite** Straßen, **enge** Gassen und **winklige Gässchen**, da standen **herrliche** Tempel mit **goldenen** und **marmornen** Götterstatuen, da gab es **bunte** Märkte, wo Waren aus aller Herren Länder feilgeboten wurden, und **weite, schöne** Plätze, wo die Leute sich versammelten, um Neuigkeiten zu besprechen und Reden zu halten oder anzuhören. Und vor allem gab es dort **große** Theater. (Ende 1973: 7 (Textanfang))

Wie arm eine Sprache ohne Adjektive[1] sein kann, zeigt sich, wenn wir aus dem ersten Satz des Textes von Michael Ende die Adjektive fortlassen:

(2) In Zeiten, als die Menschen noch in Sprachen redeten, gab es in den Ländern schon Städte...

---

[1] Tatsächlich gibt es Sprachen ohne Adjektive, sie erledigen Aufgaben der Präzisierung mit anderen Mitteln, meist mit Nomen und Verben (so das Samoanische).

Wir wissen nach der Ersetzung kaum, wovon die Rede ist. Adjektive charakterisieren symbolisch auf einer bestimmten Dimension und weisen Gegenständen Eigenschaften zu. Ihre Grundfunktion ist die eines Attributs in Kombination mit einem Nomen (*magere Zeiten*). Die Eigenschaften können bei vielen auch eigens prädiziert werden:

(3)   Das spannende Buch [attributiver Gebrauch]
      Das Buch ist spannend. [prädikativer Gebrauch].

Adjektive charakterisieren das Gemeinte in unterschiedlicher Hinsicht, etwa:

- auf einer Skalen-Dimension wie Größe (*groß, klein*), Länge (*lang, kurz*), Höhe (*hoch, niedrig*), Dicke (*dick, dünn*), wobei ein Adjektiv eines Paars immer die Dimension bezeichnet;

- durch seine dimensionale Tonqualität (*laut, leise; hoch, tief*);

- durch seine Tasteigenschaft (*hart, weich; rau, weich*);

- durch seine Farbe (*rot, grün, blau, gelb*);

- durch seinen Geschmack (*salzig, bitter, süß*);

- als Objekt einer Bewertung (*gut, schlecht; schön, hässlich; erwünscht, unerwünscht*);

- in seinem gegenwärtigen Zustand (*glücklich, wütend, zufrieden; geschäftig; sauber, schmutzig; schnell, langsam; heiß, kalt; gesund, krank; alt, jung, lebendig, tot*);

- in seinem Zeitbezug (*ehemalig, gestrig, verstorben*);

- in seinem Ortsbezug (*dortig, hiesig*).

Es hängt von den Redegegenständen ab, mit welchen Eigenschaften sie charakterisiert werden können. Die Bedeutung von Adjektiven erschließt sich im Symbolfeld; eine zentrale Rolle spielen Beziehungen zwischen Eigenschaften (Tab. 1).

Bedeutungsbeziehung zwischen Eigenschaften	Redegegenstand	Dimension der Charakterisierung	Adjektive	Komparation
Komplementarität/Ausschluss: Eigenschaft 1 schließt Eigenschaft 2 aus und umgekehrt (ein Lebewesen, das nicht *tot* ist, ist *lebendig*).	Lebewesen	Leben	tot – lebendig	--
	Tiere, Pflanzen	Geschlechtliche Fortpflanzung	männlich – weiblich	--
	Menschen	Lebensgemeinschaft (institutionell/rechtlich abgesichert)	verheiratet – unverheiratet	--

Bedeutungsbeziehung zwischen Eigenschaften	Redegegenstand	Dimension der Charakterisierung	Adjektive	Komparation
Antonymie/Gegensatz: Was Eigenschaft 1 hat, hat nicht Eigenschaft 2, was Eigenschaft 2 hat, hat nicht Eigenschaft 1; es gibt jeweils einen Zwischenbereich (wer nicht *jung* ist, ist deshalb noch nicht *alt*).	Lebewesen, sich in der Zeit entwickelnde Größen	Alter	alt – jung	älter – jünger
	Produkte des Gebrauchs	Zeit des Gebrauchs	alt – neu	älter – neuer
	Gegenstand mit räumlicher Erstreckung	Höhe	hoch – tief	höher – tiefer
	Gegenstand mit Ausdehnung	Länge	lang – kurz	länger – kürzer
	Gegenstand in seinen Abmessungen	Körpergröße/Objektgröße/Entfernungsgröße/Konfektionsgröße ...	groß – klein	größer – kleiner
Oberbegriff (Hyperonym) und Unterbegriffe (Hyponyme), die zu einander Alternativen bilden können, inkompatibel, aber nicht komplementär sind (Kohyponyme, Heteronyme); es lässt sich auf den Oberbegriff zurückschließen: Was *grün* oder *rot* ist, ist farbig; was *farbig* ist, muss nicht rot, grün, gelb, braun ... sein.	Wahrnehmbare Gegenstände	Farbe (lichtbedingte Rezeption durch das menschliche Auge)	farbig/bunt: rot, blau, gelb, grün, schwarz, weiß, orange, rosa, magenta ...	roter/röter, blauer, gelber, grüner, schwärzer, weißer; *orangener, *rosaner, *magentaner
	Leistung	Note	benotet: sehr gut, gut, befriedigend, ausreichend, mangelhaft, ungenügend	– –

Tab. 1: Feldhafte Beziehungen im Symbolfeld der Adjektive

Diese semantischen Beziehungen[1] bestehen auch zwischen anderen Symbolfeldausdrücken, z.B. Komplementarität (Geschwister der Eltern: *Onkel, Tante*; Übergang zum Besitz: *kaufen, stehlen, mieten*); Antonymie (*Krieg – Frieden, Liebe - Hass; leugnen – gestehen*); Hyperonym/Hyponyme (*sich bewegen: fahren, fliegen, gehen, schwimmen ...*; Wochentag: *Montag, Dienstag ...*). Die Beziehungen zwischen den Ausdrücken gewinnt man durch den Vergleich von Assertionen, in denen sie vorkommen, und ihre Implikationen:

(4) Das Tier ist tot. ⇒ Das Tier ist nicht lebendig.
     Das Tier ist nicht tot. ⇒ Das Tier ist lebendig. [Komplementarität]

(5) Das Tier ist alt. ⇒ Das Tier ist nicht jung.
     Das Tier ist nicht alt. ⇒| Das Tier ist jung. [Wenn etwas nicht alt ist, folgt nicht, dass es jung ist, es gibt einen Zwischenbereich; Antonymie]

(6) Dies ist eine sehr gute Klausur. ⇒| Dies ist eine gute/befriedigende ... Klausur.
     [Was sehr gut ist, ist nicht gut, befriedigend etc.]

---

[1] Zur Semantik: Löbner 2003, zu den Bedeutungsbeziehungen 116ff.

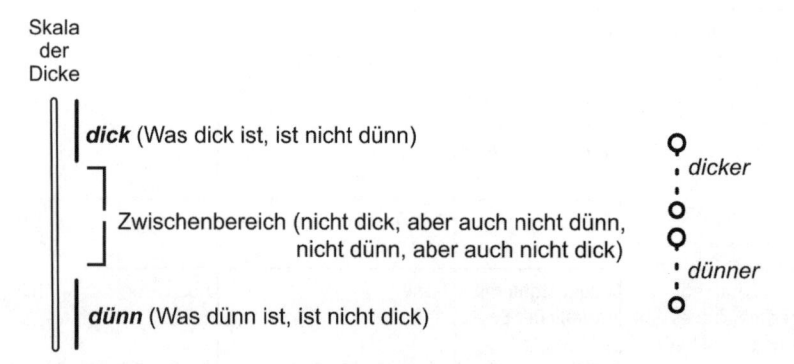

```
         Skala
          der
         Dicke

         │ dick (Was dick ist, ist nicht dünn)                      ○
         │                                                          ┊ dicker
         │   ┐                                                      ○
         │   ├ Zwischenbereich (nicht dick, aber auch nicht dünn,   ○
         │   ┘   nicht dünn, aber auch nicht dick)                  ┊ dünner
         │                                                          ○
         │ dünn (Was dünn ist, ist nicht dick)                      ○
```

Abb. 1: Antonyme und Skalierung (*dick* – *dünn*)

Antonyme sind in der Regel zu steigern. Für den Komparativ gilt nicht, dass die Grundstufe (der Positiv) impliziert ist: Wenn Paula *schöner* ist als Maria, so ist sie deshalb nicht unbedingt *schön*. Für Hyperonym und Hyponyme gelten Implikationen dieser Art:

(7)   Diese Blume ist eine Nelke. ⇒ Diese Blume ist keine Rose, Narzisse, Tulpe, ...

(8)   Dies ist eine Tulpe ⇒ Dies ist eine Blume.

Adjektive können den mit einem Nomen gegebenen Gegenstandsbereich (z.B. Auto) so durch eine weitere Eigenschaft (z.B. gelb) einschränken, dass das Gemeinte im Redezusammenhang besser zugänglich ist (das eine, dem Hörer zugängliche gelbe Auto).

Die nominale Einschränkung des Gegenstandsbereichs verläuft unterschiedlich. Zum einen gibt es Adjektive, die eine Menge bilden, deren Elemente man aufzählen kann, z.B. *verheiratet* ‚Menge aller verheirateter Menschen', *schwanger* ‚Menge aller Schwangeren', *tot* ‚Menge aller nicht mehr Lebenden'. Man nennt diese Adjektive auch ABSOLUT oder EXTENSIONAL. Mit absoluten Adjektiven wird ein vom Gegenstand unabhängiges, mengenbildendes Charakteristikum realisiert. Man kann für Ausdrücke mit absoluten Adjektiven wie *verheiratete Männer* eine Schnittmenge bilden zwischen A, der Menge der Verheirateten, und B, der Menge aller Männer.

Anders die RELATIVEN oder INTENSIONALEN Adjektive: Bei ihnen gibt es eine semantische Wechselwirkung mit dem Gehalt des Nomens. *Groß* ist ein Elefant relativ zu dem, was wir über Größenverhältnisse von Exemplaren der Gattung wissen und was sich absolut gesehen sehr unterscheidet von dem Standard für eine Maus (vgl. *großer Elefant – große Maus*). Das Charakteristikum ist also in der Anwendung auf der Folie einer gegenstandsbezogenen Skala zu kalibrieren. Bei solchen Dimensionsadjektiven wie *hoch – tief* bezeichnet ein Ausdruck die Skala und wird verwendet, wenn man etwa nach der Höhe, Länge etc. fragt. Relativ sind auch Adjektive wie *schnell, elegant, reich, intelligent, schrecklich*. In einer Kombination wie *der mutmaßliche Sextäter* oder *der angebliche Mörder* wird mit dem Adjektiv *mutmaßlich* oder *angeblich* keine Untermenge gebildet; es wird darauf zurückgegriffen, dass x als Mörder bezeichnet wurde, für die Wahrheit aber nicht eingestanden werden kann.

(9) Vorhang auf zum Justizdrama um Dominique Strauss-Kahn: Im Verhandlungssaal 1324 des New Yorker Justizpalastes wird heute die Anklage gegen den **mutmaßlichen** Sextäter verlesen.
[http://www.spiegel.de/panorama/justiz/0,1518,766771,00.html, 6.6.2011]

Einen besonderen Fall stellen Zahladjektive dar, die symbolisch die natürlichen Zahlen bezeichnen. Die Zuordnung kann man sich gemäß der Handlung des Abzählens vorstellen: Jedem Element der einen ist ein Element der anderen Menge eineindeutig zuzuordnen (*drei* ist ‚die Menge der Mengen mit drei Elementen' etc.). Zahladjektive (n > 1) werden auf Gattungsnamen im Plural angewandt, die eine Menge diskreter Entitäten derselben Art bezeichnen; der Menge wird ein Zahlenwert n zugewiesen, wobei – darin liegt das einschränkende Moment – impliziert ist, dass sie nicht mehr Elemente als n enthält.

Zahladjektive wie *zwei, drei* ... bleiben unflektiert, während das Nomen im Plural erscheint (*drei Kind-er*). Im Türkischen wie in einigen anderen Sprachen geht die Vielheit schon aus dem Zahlwort hervor, das Nomen erhält keine Pluralendung. Im Deutschland-Türkischen allerdings wird manchmal die deutsche Regularität übertragen und eine im Standard unübliche Pluralendung gebraucht (deutsch-türkisch: *üç çocuk-lar* ‚drei Kinder-Plural'; Standard: *üç çocuk-ø*).

Adjektive können auch verwendet werden, um eine Zusatzinformation zu einem schon hinreichend bestimmten Redegegenstand zu geben. Dann sind sie nicht restriktiv integriert, sondern appositiv installiert (→ C6.2). Latent vorgangs- und nicht gegenstandsbezogen ist *gemütlich* in *eine gemütliche Tasse Kaffee* (*trinken*). Wertungen und Expressionen an dieser Position sind in der Regel ebenfalls installiert, vergleiche *lieb* (*mein lieber Teddybär*), *verdammt* (*das verdammte Spiel*), *verkommen* (*das verkommene Subjekt*), *dumm* (*dein dummer Fehler*).

Adjektive können Zeitbezug haben, ähnlich wie Nomen (*Alt-Bundeskanzler, Ex-Mann*).

(10) In seinem Porträt über Freya von Moltke (ZEIT Nr. 12/07) schreibt Adam Soboczynski, die Stiftung finanziere das **ehemalige** Gut der Moltkes in Polen, wo sich eine Begegnungsstätte für deutsche und polnische Jugendliche etabliert hat. (Die ZEIT, 5.4.2007)

Zu einer früheren Zeit gab es das Gut der Moltkes in Polen, heute wird etwas finanziert, dass vielleicht an demselben Ort liegt, aber nicht damit identisch ist. Was es damals war, dient heute zur Charakterisierung des Gemeinten. Im folgenden Beispiel müsste die Gründerin zur Gründungszeit vor 10 Jahren schon keine Therapeutin mehr gewesen sein.

(11) In Wolfratshausen hat eine **ehemalige** Familientherapeutin vor zehn Jahren einen Verein gegründet, der schlechte Hauptschüler mit Ausbildungsmentoren zusammenbringt, um sie in eine Lehrstelle zu bugsieren. (Die ZEIT, 17.4.2007)

(12) War Wisniewski der Buback-Mörder? **Ehemalige** Mitglieder der RAF sollen ihr jahrzehntelanges Schweigen gebrochen haben: Demnach habe Stefan Wisniewski den Mord an Generalbundesanwalt Buback 1977 begangen. (Die ZEIT, 21.4.2007)

(13) Für Armin Veh ist sein neues Engagement beim VfL Wolfsburg ein Fluch und ein Segen. Der **frühere** Trainer des VfB Stuttgart tritt das Erbe des Meistertrainers Felix Magath an. (Die ZEIT, 13.7.2009)

Zu einer früheren Äußerungszeit oder für eine vergangene Zeitspanne (etwa das Jahr 2007) ist die Charakterisierung Vehs als VFB-Trainer zutreffend. Ein Adjektiv wie *gestrig* oder *heutig* bringt einen zeitlichen Parameter ein und situiert den Gegenstand in einem von der Äußerungszeit aus zu bestimmenden 24-Stunden-Intervall.

(14) Die Kommission beendete ihre **gestrige** Sitzung ohne konkretes Ergebnis. Aber vermutlich hat sich Walter spätestens mit seinem **gestrigen** Auftritt aus der Partei herauskatapultiert. (Die ZEIT, 7.7.2009)

Adjektive können also auch Spezifizierungen, wie sie sonst adverbial erfolgen, ausdrücken; oft sind sie aus Adverbien abgeleitet (*jetzt* → *jetz-ig*; *gestern* → *gestr-ig*). Diese können wie Ableitungen aus Namen nicht prädiziert werden:

(15) der heutige Tag – *der Tag ist heutig.

(16) das Münster'sche Rathaus – *das Rathaus ist münster'sch.

Das folgende Beispiel zeigt, wie wichtig Adjektive sind, wenn man jemandem etwas beschreibt, das man sucht, und dass Adjektive an verschiedenen Positionen und mit verschiedenen Funktionen in einer Äußerung vorkommen können:

(17) Ich 53/165/64 suche **real** eine **süße, zärtliche, jüngere** Freundin/ Partnerin bis 45 Jahre für eine **knisternde** Dauer-Beziehung ! Du solltest **nett, einfach, ehrlich, treu, unkompliziert, tolerant** und **offen** sein für alles **Schöne** zu zweit und einer **gemeinsamen** Zukunft!
[http://classifieds.justlanded.com/de/Polen/Kontaktanzeigen_Er-sucht-Sie/Suche-ein-nette-liebe-Sie, 3.5.11 (Fehler wie im Original)]

Wir sehen, dass Adjektive ein großes Funktionsspektrum aufweisen. Syntaktisch können sie sich attributiv auf den Kopf einer Nominalgruppe beziehen (*süße, zärtliche, jüngere; knisternde; gemeinsame*), mit *sein* oder *werden* den Prädikatsausdruck bilden, also die Funktion eines Prädikativs haben (*nett, einfach, ehrlich, treu, unkompliziert, tolerant und offen sein*), als Satzadverbial fungieren (*real*) und schließlich auch nominalisiert erscheinen und den Kopf einer Nominalgruppe bilden (*Schöne*). Adjektive können schließlich als Verbgruppen-Adverbial die Verbbedeutung spezifizieren (**schnell** *fahren*).

Ein Adjektiv ist nur, was sich mit einem Nomen verbinden lässt. In ihrer primären Funktion als restriktives Attribut folgen Adjektive einem Determinativ, gehen dem Nomen voran und werden flektiert. Die Voranstellung des flektierten Adjektivs war in der Phase des Althochdeutschen noch nicht obligatorisch (einen älteren Stand zeigen noch Wendungen wie *Hänschen klein, Brüderlein fein, Röslein rot*).

> So sind *schuld, quitt, pleite, hammer, schade* keine Adjektive, sondern gehören zur Wortart *Adkopula* – das sind Ausdrücke mit der zentralen Funktion, mit den Kopulaverben *sein/werden* den Prädikatsausdruck zu bilden (*wir sind quitt*).

Wie Adjektive können auch Partizipien, Verbformen also, in der Nominalgruppe vorkommen und attributiv gebraucht werden.

Das Partizip I (Partizip Präsens) wird aus der Verbform mit der Endung *-(e)n-d-* (Infinitivendung + *-d-*) gebildet (*schlaf-en-d, lächel-n-d*). Es wurde bis zur Goethezeit regulär als Verbform gebraucht (*ich bin vermutend*), was heute nicht mehr möglich ist (vgl. englisch *I am sitting,* zur Verlaufsform im Deutschen → D2.3). Die Form ist nunmehr den Adjektiven zuzuordnen, wird attributiv (*der schlafende Schlosser*) verwendet und erscheint in festen Formen (*Bildende Kunst, laufende Kosten, laufende Nase*). Einige können auch prädikativ (*das ist erschreckend*) oder adverbial (*der Chef redete gestikulierend auf ihn ein*) gebraucht, manche nominalisiert werden (*die Lernenden, Studierenden*). Diese Partizipform beinhaltet keinen eigenen Zeitbezug, ist also für zeitübergreifende Feststellungen, Beschreibungen politisch-gesellschaftlicher oder technischer Sachverhalte einsetzbar. Das Partizip I kennzeichnet eine mit dem Kopfnomen gegebene Größe als Akteur in einem Handlungsverlauf, als Einheit in einem andauernden Prozess. Ein Partizip kann wie ein Verb erweitert werden, etwa durch ein spezifizierendes Adverb oder ein Objekt.

(18) Mora wählt so eine **singende**, kurztaktig **rhythmisierte**, mit Refrain und Leitmotiven **spielende** Kindersprache (inklusive charmanter „Fehler" und Unbeholfenheiten) als identischen Ausdruck: des unschuldigen Lebens wie des beschädigten. Als Rudiment einer **werdenden, im Bewusstsein anklopfenden** Sprache oder einer restringierten **in Richtung Sprachverlust zerfallenden**. (Die ZEIT, 16.9.1999)

eine **singende**, kurztaktig **rhythmisierte**, mit Refrain und Leitmotiven **spielende** Kindersprache

| Spezifizierung | Explikation: Mittel |

Abb. 2: Ausbau von Partizipgruppen

(19) Für Gebäude mit einer geringen Geschoßzahl entsteht unterhalb des „Aufzugs nach Aufzugsrichtlinie ASV" ein Markt für **langsam fahrende** Aufzüge – Vertikale Hebeeinrichtungen für Personen mit einer Geschwindigkeit bis 0,15m/s – auch als Behindertenlifte oder Homelifte bezeichnet.
[http://aufzugsberatung.zeitgedanken.com/normen-und-gesetze/langsam-fahrender-aufzug-nach-msv/]

Das Gerundivum oder „Modalpartizip" (Weinrich) wird mit *zu* gebildet und erscheint nur attributiv bei einem Nomen; es zeigt eine Nähe zum modalen Infinitiv (*zu überwindende Schwierigkeiten – die Schwierigkeiten sind zu überwinden*). Wenn diese Formen als modal charakterisiert werden, ist damit die Nähe von Verwendungen zu den Modalitäten *Können, Sollen* oder *Müssen* gemeint. Im folgenden Beispiel geht es um ein Problem, das gelöst werden kann, das zu lösen ist. Möglich ist aber auch ein Verständnis, nach dem man die Aufgabe lösen soll.

(20) Zerlege ein **zu lösendes** Problem in einer Hierarchie einfacher Teilprobleme.
[http://www.thi.informatik.uni-frankfurt.de/AlgorithmenTheorie/WS1011/Entwurfsmethoden.pdf]

(21) Ich teile die unter den Deutschen vorherrschende Meinung, daß Gerhard Schröder die derzeit wohl beste Alternative zu Helmut Kohl als Bundeskanzler sei. Andererseits muß man angesichts des **von Kohl zu verantwortenden Zustands** des Landes sagen: Dazu gehört nicht eben viel. (Die ZEIT, 1.8.1997)

Im vorstehenden Beispiel ist es Kanzler Kohl, der den Zustand des Landes verantworten muss. Das Kopfnomen erscheint bei solchen Konstruktionen in einer passivischen Subjekt-Perspektive: Der Zustand muss verantwortet werden, das Problem kann oder soll gelöst werden. Die ‚nach links' erweiterten Partizipien (Konstruktionen wie *die von allen Schülern in neunzig Minuten zu bearbeitende Klausur*) stellen Lerner vor Probleme; da sie in Texten aus Recht, Technik, Verwaltung nicht selten sind, müssen sie im Unterricht behandelt werden.

Partizipien II können wie Adjektive attributiv gebraucht werden (**ausgeschlafen-e** *Schüler, das gut* **bewertet-e** *Buch*), ihr Verbcharakter bleibt aber erhalten. Sie bringen auch Objekte oder Adverbiale zum zugrundeliegenden Verb mit in die Nominalgruppe:

(22) Und als wäre der **aus hellem Holz gefertigte** Tisch nicht schon überladen genug, stand an der Ecke ein hölzerner Globus ... (Ani 2011: 11)

Ausdrücke mit attributiver Funktion in der Position unmittelbar vor dem Nomen	genuine Adjektive (*hell, alt*)	Adjektive
	Partizipien I (*lauf-end-er Meter*)	
	Modalpartizipien (*zu lös-end-es Problem*)	
	Partizip II (*ge-geb-en-es Versprechen*)	

Tab. 2: attributive Adjektive und Partizipien

Adjektive können dem Charakteristikum des Nomens ein weiteres hinzufügen, sind also Eigenschaftswörter, und nach der Eigenschaft kann man mit *Was für ein N? Welches N? Wie viele N?* fragen:[1]

(23) Unterrichtsgespräch Biologie Klasse 7

Lehrer   Äh Ralf, ((legt Finger vor den Mund...)) hebst Du bitte Dir diese Frage mal für ne **andere** Stunde auf, das führt uns jetzt zu weit weg.
(Redder 1982: 40 (vereinfacht))

Was für eine Stunde? Eine **andere** *Stunde.* [Da die Ausgangsäußerung eine Entscheidungsfrage ist, muss in eine Ergänzungsfrage umgeformt werden.]

(24) Unterrichtsgespräch Biologie Klasse 7

Lehrer   Was brennt denn jetzt in unserem Körper? (...)
Schüler   Das **sauerstoffarme** Blut wird verbrannt.
(Redder 1982: 23 (vereinfacht))

Welches Blut wird verbrannt? Das **sauerstoffarme** *Blut.*

---

[1] Keinesfalls kann man mit *wie* fragen (*der mutmaßliche Mörder* → **Wie ist der Mörder? *Mutmaßlich. Wie* zielt auf bestimmte Adverbialia (*Wie kommt sie her? Mit der Bahn.*)).

(25) Unterrichtsgespräch Biologie Klasse 7

Schüler ... wenn man die Menge mal umrechnen will, da denkt man, das sind bestimmt **sieben** Liter, wenn man das so anguckt ...
(Redder 1982: 41 (vereinfacht))

*Wie viele Liter sind das? Das sind **sieben** Liter.*

(26) Ich hätte gern ein kleines Haus, da ging ich dann rein und schaute heraus.
[http://www.50plus-treff.de/forum/nonsens-reime-ich-haette-moechte-wuesste-gern--t32115.html, 5.5.11]

Was für ein Haus hätte ich gern? Ein kleines Haus.

In der Nominalgruppe wird das Adjektiv in seiner Form (Genus, Numerus, Kasus) auf die Form des Kopf-Nomens abgestimmt:

(27) klein-e Fluchten, das groß-e Fressen, mein alt-er Luftballon, des stark-en Staates

Dabei werden unterschiedliche Flexionsparadigmen genutzt, je nach Determinativ:

(28) der/dieser/jeder klein-**e** Mann – ein/mein/kein/manch/ø köstlich-**er** Wein

Die Adjektivflexion erfolgt in zwei Klassen:

- schwach, wenn ein Determinativ mit starker Flexionsendung (*d-er, dies-er*) vorausgeht:

Schwache Flexion	Singular			Plural
Kasus	Maskulinum	Femininum	Neutrum	
Nominativ	der groß-**e** Erfolg	die groß-**e** Pleite	das groß-**e** Malheur	die groß-**en** Erfolg-e
Akkusativ	den groß-**en** Erfolg	die groß-**e** Pleite	das groß-**e** Malheur	die groß-**en** Erfolg-e
Dativ	dem groß-**en** Erfolg	der groß-**en** Pleite	dem groß-**en** Malheur	den groß-**en** Erfolg-en
Genitiv	des groß-**en** Erfolg-s	der groß-**en** Pleite	des groß-**en** Malheur-s	der groß-**en** Erfolg-e

- stark, wenn kein Determinativ vorangeht; dann entsprechen die Adjektiv-Endungen definiten Determinativen wie *d-er, dies-er*:

Starke Flexion	Singular			Plural
Kasus	Maskulinum	Femininum	Neutrum	
Nominativ	groß-**er** Erfolg	groß-**e** Pleite	groß-**es** Malheur	groß-**e** Erfolg-e
Akkusativ	groß-**en** Erfolg	groß-**e** Pleite	groß-**es** Malheur	groß-**e** Erfolg-e
Dativ	groß-**em** Erfolg	groß-**er** Pleite	groß-**em** Malheur	groß-**en** Erfolg-en
Genitiv	groß-**en** Erfolg-s	groß-**er** Pleite	groß-**en** Malheur-s	groß-**er** Erfolg-e

Tab. 3: Schwache und starke Adjektivflexion

Die Determinative *ein, kein, mein* haben keine starke Endung

- im Nominativ Singular Maskulinum und im
- Nominativ und Akkusativ Singular Neutrum (*ein-ø/mein-ø/kein-ø*).

Dann trägt das Adjektiv eine starke Endung:

ein groß-er Erfolg, ein groß-es Malheur

Das gilt auch für eine vorangestellte Genitivgruppe (*Peters groß-er Tag*). Sonst wird es schwach flektiert, z.B.: *ein-em groß-en Erfolg*.[1]

Die Flexionsformen erklären sich, wenn man die Flexion der Nominalgruppe insgesamt (Artikel und Adjektiv und Nomen) sieht; dann zeigt sich, dass eine Nominalgruppe nur ein einziges starkes Flexionssuffix haben kann (Tabelle 2[2]):

Determinativ	Flexionssuffix: stark	Adjektiv	Flexionssuffix: schwach	Nomen
d-	er	alt-	e	König
ein-	e	alt-	e	Königin
all-	e	alt-	en	Könige

Determinativ	Flexionssuffix	Adjektiv	Flexionssuffix: stark	Nomen
ein	-	alt-	er	König
welch	-	gut-	e	Tat
ein	-	toll-	es	Buch
drei	-	schön-	e	Frau-en

Determinativ	Flexionssuffix	Adjektiv	Flexionssuffix: stark	Nomen
-	-	tapfer-	-er	Junge
-	-	gut-	-e	Tat
-	-	toll-	-es	Buch
-	-	schön-	-e	Frau-en

Tab. 4: Kongruenz und Flexion: Determinativ, Adjektiv und Nomen in der Nominalgruppe

Durch diese Formabstimmungen ist das Adjektiv formal stark in die Nominalgruppe eingebunden. Nur selten können Adjektive unflektiert sein (*Kölnisch Wasser, ganz Bayern, fließend Wasser, klein Erna*; feste Form: *Super bleifrei*). (Zu Adjektiven als Zusatz vgl. C6.2.)

Viele Adjektive sind steigerungsfähig – aber ein definierendes Merkmal ist das nicht. Voraussetzung ist, dass die ausgedrückte Eigenschaft einem Gegenstand mehr oder weniger zukommen kann, nicht absolut (*schwanger*) oder komplementär (*tot*) ist, eine Anzahl (*drei*) oder Rangzahl (*dritte*) ausgedrückt.

---

1 Alternativ kann man dafür eine dritte („gemischte") Flexionsklasse ansetzen.
2 Die Übersicht ist inspiriert durch die Darstellung von Heringer (2009: 61)

(29) *schwangerer, *verheirateter, *einzigster, *optimalster, *runder, *rosaner

Der Positiv ist die Grundstufe. Auch mit der Positivform kann man vergleichen. Sofern man die Ausprägung einer Eigenschaft gleichsetzt, muss *wie* verwendet werden:

(30) Rita ist **genauso/ebenso/gleich gut wie** Rico.

Für Vergleiche mit Unterschieden nimmt man Komparativ und Superlativ. Der Komparativ wird mit der Adjunktion *als* angeschlossen, die auf einer Vergleichsdimension einen Unterschied zwischen Personen, Dingen, Gruppen kennzeichnet.

(31) Birgit ist **klüg-er als** Paula.

Es werden nur zwei Größen oder Mengen – hier in der Dimension der Klugheit – verglichen und auf das Subjekt bezogen, aus dem Komparativ folgt nicht der Positiv (Birgit kann dumm sein, aber immer noch klüger als Hannes):

(32) Birgit ist klüger als Hannes. ⇒| Birgit ist klug.

Den Extrempunkt im Vergleich kennzeichnet der Superlativ, wenn eine Vergleichsoperation möglich ist:

(33) Sarah ist **am klügsten/die klügste** (von allen).

Sonst bezeichnet der Superlativ nur eine sehr hohe Ausprägung (*mit den besten Grüßen*).

	Positiv	Komparativ	Superlativ
Standard I (-st)	schön	schön-er	schön-ste am schön-sten
Standard II (-est)	fett	fett-er	fett-e-ste am fett-e-sten
Sonderformen: Umlaut bei a, o, u im Stamm	lang grob dumm	läng-er grö-b-er dümm-er	läng-ste gröb-ste dümm-ste
Sonderformen als Ersatz	gut viel	bess-er mehr	be-ste mei-ste

Tab. 5: Steigerungsformen des Adjektivs

In einer Nominalgruppe können mehrere Adjektive vorkommen. Sie können eine Reihe bilden, mit Komma, *und, oder* etc. koordiniert sein oder eines kann unflektiert ein anderes spezifizieren, also integriert sein. Im folgenden Beispiel schränkt zuerst das dem Kopf nächststehende Adjektiv den Gegenstandsbereich ein, dann wirkt das vorhergehende auf die Gruppe:

C Redegegenstände formulieren

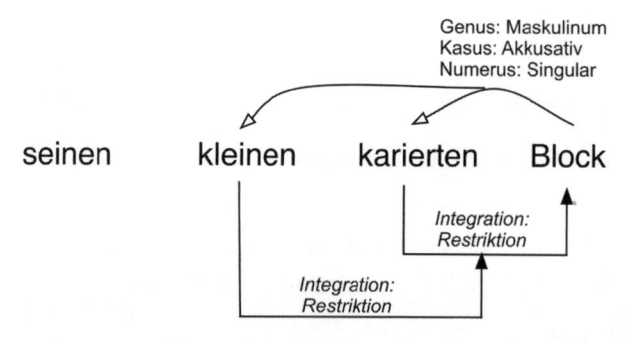

```
                          Genus: Maskulinum
                          Kasus: Akkusativ
                          Numerus: Singular

  seinen    kleinen    karierten    Block
                                ↑
                         Integration:
                          Restriktion
                    ↑
             Integration:
              Restriktion
```

Abb. 3: Folge integrierter Adjektive

(34) Als er seinen **kleinen karierten** Block herausgeholt hatte, (...) war ihm klar, dass er endgültig in die Gegend zurückgekehrt war, aus der er stammte ... (Ani 2011: 159)

Der Diebstahlsparagraph bezieht sich auf eine bewegliche Sache (Straßen, Hochhäuser, die Sonne kann man schlecht stehlen, eine Mauer müsste man erst transportabel machen) nur, wenn sie fremd ist – eigene Sachen kann man nicht stehlen, Miteigentum aber schon. Die Sache muss einem anderen gehören oder unter dessen Gewahrsam sein:

(35) **§ 242 Diebstahl.** (1) Wer eine fremde bewegliche Sache einem anderen in der Absicht wegnimmt, dieselbe sich rechtswidrig zuzueignen, wird mit Freiheitsstrafe bis zu fünf Jahren oder mit Geldstrafe bestraft. (StGB)

Ein Komma verändert die Lage:

(36) Süden stand im Türrahmen und atmete die **warme, leicht klebrige** Luft ein. (Ani 2011: 159)

Hier markiert das Komma Koordination, koordiniert sind *warme* und *leicht klebrige*; als koordinierte Einheit werden sie integriert; *leicht* spezifiziert *klebrig*.

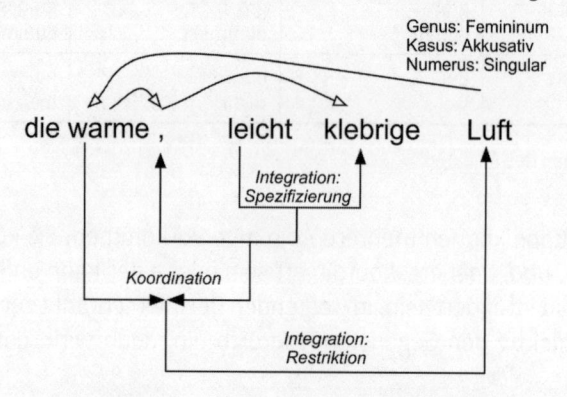

```
                              Genus: Femininum
                              Kasus: Akkusativ
                              Numerus: Singular

  die warme ,    leicht    klebrige    Luft
                    ↑
            Integration:
           Spezifizierung

        Koordination

              Integration:
               Restriktion
```

Abb. 4: Folge koordinierter Adjektive mit Spezifizierung

> Die von einem Adjektiv ausgedrückte Eigenschaft kann durch eine INTENSITÄTSPARTIKEL semantisch spezifiziert werden.

(37)   *sehr* groß, *ziemlich* cool, **recht** mickrig, *arg* knapp, **besonders** gut, **weit** schöner.

Adjektive bezeichnen Eigenschaften von Dingen, die Ausprägung dieser Eigenschaften bestimmt eine Intensitätspartikel. Diese Ausprägung kann

- sich am Extrempunkt einer gedachten Skala befinden (*absolut, total*);
- sich dem Extrempunkt nähern (*fast, beinahe, nahezu*);
- den Sprachgebrauch der Charakterisierung stützen (*ausgesprochen, regelrecht*).

Intensitätspartikeln sind aus Adjektiven (*fest* > *fast*, **saira* (‚schmerzlich, wund') > *sero* (ahd.) > *sehr*), oder Adverbien (*halbwegs, beinahe, zutiefst*) entstanden; einige Formen sind heute Grenzgänger zwischen den Funktionsbereichen (*sehr groß, sehr leiden; ziemlich abenteuerlich, ein ziemliches Abenteuer*). Adverbien können die Intensivierungsfunktion auch wahrnehmen (*genauso groß, jedesmal überlegen*). Eine Alternative bildet die Wortbildung mit:

- Adjektivkomposita wie *schwer-reich, schwer-krank; hoch-giftig, hoch-gefährlich; tief-traurig, tief-religiös*;
- idiomatischen Komposita wie *stein-reich, schnurz-egal, ober-affen-geil, faust-dick, grotten-schlecht, nagel-neu, pudel-nackt*;
- fest gewordenen Präpositionalgruppen: *in vollem Umfang, in jeder Hinsicht, in hohem Maße, bis zum Geht nicht mehr*;
- Präfixen: *mega-out, mega-schnell; ur-alt, ur-gemütlich; hyper-aktiv, hypermodern; ultra-konservativ; super-schnell, super-korrekt, super-angepasst; erz-reaktionär*.

Einige Intensitätspartikeln können mit Adverbien (**überaus** *gern*) oder Verben bzw. Verbgruppen (**sehr** *leiden*, **ungemein** *mit sich kämpfen*) kombiniert werden.

Die Abfolge der Adjektive in einer Adjektiv-Reihe hat mit ihrer Bedeutung zu tun:

Position	Ausdruckstyp	Beispiele
Position 0	Determinativ	*der, dieser, ein*
Position 1	Adjektiv mit Text-/Diskursbezug	*erwähnt, genannt*
Position 2	Zahladjektiv	*drei, dritte, beide*
Position 3	räumlich/zeitlich situierendes Adjektiv	*dortig, gestrig*
Position 4	bewertendes Adjektiv	*geschmacklos, schön*
Position 5	dimensionales Adjektiv	*breit, hoch, tief*
Position 6	modalisierendes Adjektiv	*angeblich, vermeintlich*
Position 7	qualitatives Adjektiv	*beschädigt, blau, ledig*
Position 8	Stoff-/Herkunftsbezogenes Adjektiv	*eisern, Schweizer, bairisch*
Position N	Kopfnomen der Nominalgruppe	*Haus, Grüne, Schreiben*

Tab. 6: Abfolge der Adjektive vor dem Kopfnomen

Die folgenden Beispiele dienen nur der Illustration, es kommen selten mehr als zwei Adjektive mit einander vor:

(38) die erwähnten₁ abendlichen₃ musikalischen₈ Darbietungen

(39) die vielen₂ unangemeldeten₇ bayerischen₈ Besucher

(40) die schrecklichen₄ langen₅ blauen₇ metallenen₈ Stäbe

(41) ein hübsches₄ weißes₇ seidenes₈ chinesisches₈ Kleid

(42) ?die blauen₇ langen₅ beiden₂ Hemden

(43) * die Schweizer₈ erwähnten₁ Gardisten

Ursprünglich haben alle Adjektive den Gegenstandsbereich eingeschränkt. Im Laufe der Sprachgeschichte ist aber die Ausbildung dieser Form genutzt worden, um einem Nomen, das bereits ausreicht, den gemeinten Gegenstand zu verdeutlichen (z.B. einem Eigennamen), eine Zusatzinformation zur Seite zu stellen (appositiver Gebrauch).

(44) Ein **halbierter** Westerwelle, der zwar den Parteivorsitz und den Posten des Vizekanzlers abgibt, sich aber am Stuhl des Außenministers festklammert, als gelte es sein Leben. [http://www.cicero.de/97.php?item=6109, 5.5.11]

Auf solche Erweiterungen wird in Kap. C6.2 eingegangen.

Das Adjektiv im Türkischen zeigt attributiv keine Kongruenz – was türkischen Lernern von Deutsch als Fremdsprache Probleme bereiten kann. Das Adjektiv kann nominalisiert und adverbial gebraucht werden. Ein Zahladjektiv zieht beim Kopfnomen nicht den Plural nach sich.

(45) **küçük** ev-ler klein Haus-Pl ‚kleine Häuser'; **güzel** bir kız schön ein Mädchen ‚ein schönes Mädchen'; **iki** kedi zwei Katze, ‚zwei Katzen'; [attributiver Gebrauch]

(46) **iyi**-ler gut-Pl ‚die Guten' [Nominalisierung]

(47) Ben **hasta**-yım. Ich krank-1Sg ‚Ich bin krank.' [Prädikativ]

(48) **Güzel** yaz-ıyor-sun. Schön schreib-Präs-2Sg ‚Du schreibst schön.' [Adverbial]

C4.2 Genitive vor und nach dem Nomen

Was im Satz je nach Verb und Funktion einen Kasus erhält, erscheint in der Nominalgruppe meist im Genitiv, manchmal auch in einer Präpositionalgruppe:

(49) Der Professor **entdeckt einen Studenten** im Hörsaal. [Satz]

(50) Die Entdeckung **des Studenten** [Nominalgruppe]

(51) Sie flogen **zum Mond**. [Satz]

(52) Ihr Flug **zum Mond** [Nominalgruppe]

Nur wenige Verben verlangen heute noch nach einem Genitiv (*sich seiner erinnern, der Großmutter gedenken, fester Nahrung bedürfen, sich dessen besinnen, sich der Stimme enthalten, der Tat bezichtigen*). Der Genitiv stirbt aber keineswegs aus, wie sog. „Sprachkritiker" meinen, sondern spezialisiert sich auf seine Rolle in der Nominalgruppe.

In den Dialekten ist der Genitiv weitgehend abgebaut worden, auch das Genitivobjekt (*sich dessen entsinnen*). Stattdessen finden wir den possessiven Dativ (*dem Vater sein Fahrrad*) und Präpositionalgruppen mit *von* (*die CD von Hanna*). Die Entstehung des possessiven Dativs kann man sich so vorstellen, dass Sätze wie

(53) Sie haben dem Paul sein Handy geklaut.

auf zweierlei Art verstanden werden konnten, nämlich mit der Dativgruppe als Objekt (a) oder (im Zuge einer „Reanalyse") als restriktives Attribut innerhalb einer Nominalgruppe (NG) (b):

(54) (a) Sie haben [dem Paul]$_{\text{NG: Dativobjekt}}$ [sein Handy]$_{\text{NG: Akkusativobjekt}}$ geklaut.
      (b) Sie haben [[dem Paul sein]$_{\text{NG: Attribut, Dativ}}$ Handy]$_{\text{NG: Akkusativobjekt}}$ geklaut.

Solche Umdeutungen zu einer possessiven Konstruktion gab es wohl schon in mittelhochdeutscher Zeit (etwa 1200), auf jeden Fall aber im Frühneuhochdeutschen. Da das aber eine Erscheinung der Mündlichkeit ist, sind Belege in Texten nicht leicht zu finden. Ähnlich lässt sich der Einsatz der *von*-Präpositionalgruppe sehen (vgl. Fleischer 2011: 94ff., von dem auch der Otfried-Beleg stammt):

(55) Tho quam bóto fona góte. (Otfried, Evangelienbuch I, 53)
      ‚Da kam ein Bote von Gott.'
      Tho quam [bóto]$_{\text{NG: Subjekt}}$ [fona góte]$_{\text{Präpositionalgruppe: Objekt}}$
      Tho quam [bóto [fona góte]$_{\text{Präpositionalgruppe: Attribut}}$]$_{\text{NG: Subjekt}}$

Attributive Genitivgruppen wie *Peterchens Mondfahrt, Früchte des Zorns, Peters Buch, der Stein der Weisen, der Untergang der Staufer, das Laster der Habgier* sind grundsätzlich restriktiv. Der Gegenstand ist nicht zugänglich, nicht im Wissen aufzubauen, wenn die Genitivgruppe fehlt. Die Kombinationen mehrerer solcher Gruppen ist ungewöhnlich:

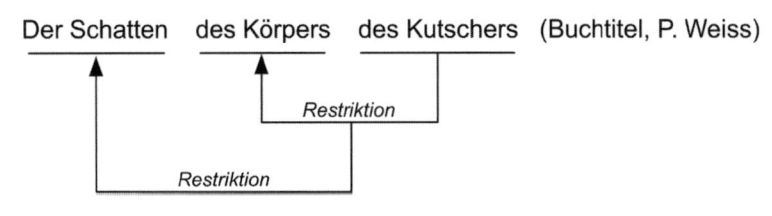

Der Schatten   des Körpers   des Kutschers   (Buchtitel, P. Weiss)

Abb. 5: Reihe restriktiver Genitivgruppen

Bei vorangestelltem Genitiv ist eine Reihung nicht möglich. Ein Kopfnomen, das von einem Verb abgeleitet ist (nominalisiertes Verb) kann ein entsprechendes Objekt (*einen Studenten entdecken → die Entdeckung eines Studenten*) oder Subjekt (*ein Student entdeckt etwas → die Entdeckung eines Studenten*) einbringen.

Der vorangestellte Genitiv (*Brechts Werke, Vaters Bericht*) enthält oft einen Personennamen (andere Fälle kennzeichnen einen gehobenen Stil) und nimmt die Anfangsposition der Gruppe ein, an der sonst ein Determinativ erscheint; beide schließen sich aus, so dass sich mit dem vorangestellten Genitiv eine komplette Nominalgruppe ergibt. Das Fehlen eines vorangehenden Determinativs führt zur starken Flexion eines Adjektivs, von der Form her zeigt sich also keine Äquivalenz zum bestimmten Artikel:

(56) In der Praxis verpufft **Ursula von der Leyens „großer Wurf"** für mehr Chancengleichheit.
[http://www.oberpfalznetz.de/onetz/2777348-118-ein_grosser_wurf_sieht_anders_aus,1,0.html, 6.5.11]

(57) Am Tag nach **Barack Obamas großem Sieg** bei der US-Präsidentschaftswahl überschütten Politiker und Medien den smarten Demokraten gleichermaßen mit Lobeshymnen.
[http://www.nwzonline.de/Region/Kreis/Oldenburg/Ganderkesee/Artikel/1833719/Sch%FCler+hoffen+auf+Wandel+durch+Obama.html, 6.5.11]

Mit der vorangestellten Genitivgruppe wird dem Hörer gleichwohl ein Wissenszugang eröffnet, so dass ein definites Determinativ fehlen und die Nominalgruppe als definit gelten kann. Dass es bei der nachgestellten Genitivgruppe anders ist, zeigt die Bedeutung der linearen Abfolge für die Verarbeitung. Die nachgestellte Genitivgruppe muss unmittelbar auf das Kopfnomen folgen:

(58) die Schwester **meines Freundes** aus Bayern

(59) *die Schwester aus Bayern **meines Freundes**

Eine folgende Präpositionalgruppe kann sich einschränkend auf die Genitivgruppe oder den Kopf beziehen (die Schwester oder der Freund ist aus Bayern).

Während das Adjektiv, das noch zu althochdeutscher Zeit nachgestellt werden konnte, seine feste Position vor dem Nomen – und stets flektiert – bekam, wanderten die früher vorangestellten Genitivgruppen (*des tuifeles sun*) vor allem zwischen dem 16. und 18. Jahrhundert hinter den Kopf. Dadurch erschien vor dem Nomen nur noch ein ihm zugehöriges und dann flektiertes Determinativ. So wurde der Nominalbereich in der Abfolge neu sortiert (→ G1). Vorangestellte Genitive konkurrierten mit dem Determinativ und wurden weitgehend auf Namen beschränkt. Einige wurden zu Komposita (*der gotes poto* → *der Gott-es-bote*), andere blieben als feste Wendung (*Volkes Stimme*).

Die Beziehungen zwischen Kopf und Genitivgruppe können vielfältig sein; sie ergeben sich letztlich aus dem Verständnis der ganzen Äußerung. Oft ist der Genitivteil besonders wichtig:

(60) Die Definition der Null verdanken wir den Arabern.

Metaphern können uns die Welt anders sehen lassen, neue Erkenntnisse formulieren helfen. Zusammenhänge eines Bereichs erscheinen im Vergleich mit Zusammenhängen eines anderen Bereichs neuartig. Metaphern sind nicht nur in poetischer Sprache, sondern auch in Fachsprachen wichtig. Analogien erlauben, etwas noch Unverstandenes in den Bahnen vertrauter Zusammenhänge zu begreifen. Im Fall von Genitivmetaphern enthält das Kopfnomen in der Regel die Metapher, der Genitiv bringt den Redegegenstand, der verglichen wird:

(61) Nächtlich geschürzt
die Lippen der Blumen (Celan 2005: 80)

[Den Blumen werden metaphorisch Lippen – ein menschliches Organ – zugeordnet; die Blumen haben etwas, das sich öffnet; es ist so, wie die Lippen des Menschen, die man schürzen kann, die aufgenommene Nahrung ertasten ...]

(62) Dies ist **das Auge der Zeit**:
es blickt scheel
unter siebenfarbener Braue. (Celan 2005: 81)
[Hier wird eine Aussage über die Zeit, deren Lauf Ereignisse ausmacht, getroffen; so wie das Auge scheel, missgünstig blicken kann, kann die Zeit Ereignisse zum Desaster machen ...]

(63) **Die Mühen der Gebirge** liegen hinter uns
Vor uns liegen **die Mühen der Ebenen**. (Brecht 1993b: 205)
[Die Mühen der politischen Arbeit (der Kampf gegen den Faschismus) sind der Beschwerlichkeit einer Wanderung übers Gebirge analog; beide Mühen sind unterschiedlicher Art, zu den politischen gehört intellektuelle Tätigkeit. Der Vergleich zieht die scheinbar paradoxen „Mühen der Ebenen" heran; die Ebenen scheinen leicht zu durchwandern. Der Leser muss das Paradoxon auflösen und herausfinden, was die Ebenen an Beschwerlichkeit bringen, die zu überwinden sind.]

Einige wichtige Typen der Genitivkonstruktion seien genannt:

(64) **Heinrichs** Gang nach Canossa 1077 und sein Fußfall vor dem Papst bedeuteten kein Debakel, sondern einen Triumph über seine Feinde.
[http://www.zeit.de/2006/30/A-Canossa, 6.5.11]
[Subjektgenitiv (subiectivus): Heinrich ging nach Canossa.]

(65) Psychologisch ist das Erreichen **des Ziels** auf dem Gipfel übrigens deutlich wertvoller als das Durchlaufen des Ziels nach 10, 15 oder 21 km auf der Straße – probier es mal aus!!! [http://www.pure-run.de/laufvarianten/berglauf.html, 6.5.11]
[Objektsgenitiv (obiectivus): Jemand erreicht das Ziel.]

(66) **Goethes** Faust
[Urhebergenitiv (auctoris): Goethe schuf den Faust.]

(67) Daraus bildete sich eine Gruppe **entschlossener Kämpfer**, die ihr Leben der Sklavenbefreiung widmeten.
[http://web49.srv14.ffm.w-united.de/index2.php?option=com_content&do_pdf=1&id=79, 6.5.11]
[Quantitätsgenitiv (partitivus): entschlossene Kämpfer im Umfang einer Gruppe]

(68) Er war in das Büro **der Detektivin** gekommen, weil er sich an ihren Namen erinnert hatte. (Ani 2011: 9)
[Besitzer, Zuordnungsgröße (possessoris): Die Detektivin besitzt ein Büro.]

C4.3 Erweiterungsnomen

> Erweiterungsnomen geben eine nominale Einschränkung des Gegenstandsbereichs, den der Kopf der Nominalgruppe umreißt. Sie sind selbst nicht erweitert durch ein Determinativ oder Attribut und sind unflektiert. Der Kopf geht unmittelbar voran oder folgt unmittelbar.

Dafür werden insbesondere genutzt:

- Eigennamen (Person, Ort, Handlungskomplex): *die Frau* **Schmidt**, *die Stadt* **Dortmund**, *die Operation* **Wüstensturm**

- Bezeichnungen einer Sorte, Art, eines Typs, einer Zeiteinheit: *die Rebsorte* **Riesling**, *der Kunststoff* **Birkenpech**, *das Motorrad* **BMW Cruiser**, *der Monat* **Dezember**

- Ziffern: *der Abschnitt* **3.1.1**

Erweiterungsnomina können dadurch, dass sie nicht flektiert werden, vom Kopf unterschieden werden: Man stellt fest, welches Nomen etwa im Genitiv flektiert wird oder wie sich ggf. ein Determinativ verhält.

A.   Vorangestellte Erweiterungsnomina:
Kommissar Müller → **Kommissar** *Müller-s*; *Eva Kluge* → **Eva** *Kluge-s*; *Tante Paula* → **Tante** *Paula-s*; *Frau Doktor Prohaska* → **Frau Doktor** *Prohaska-s*

B.   Nachgestellte Erweiterungsnomina:
der VW Golf → *des VW* **Golf**; *die Stadt Köln* → *der Stadt* **Köln**;
der Bankdirektor Reinhard → *des Bankdirektors* **Reinhard**

Manchmal werden mehrere Erweiterungsnomina verwendet (*der Rechtsanwalt* **Hermann Cherubim**, *das neue Modell* **ZUW Cabrio Perfetto**). Ein Personenname kann also als komplexes Erweiterungsnomen fungieren.

Wie ein vorangestelltes Genitivattribut (*Peters Auto*) hat ein vorangestelltes Erweiterungsnomen determinative Kraft, macht eine Nominalgruppe definit (**Kommissar** *Rosenblüt*) und schließt einen bestimmten Artikel aus, abgesehen von Eigennamen, wo er regional bedingt erscheinen kann, aber im Grunde überflüssig ist (→ C2): *des* **Peter** *Meyers Hof*.

Eine Ausnahme von der Flexionsregel bildet der Titel *Herr*, der mitflektiert wird: **Herrn** *Anis neues Buch*.

(69)   Nein, denkt **Eva** Kluge, und wenn wir zehnmal über Frankreich gesiegt haben, gerecht geht es bei uns nicht zu ...
Der Werkmeister **Otto Quangel** ist mit dem Feldpostbrief in die Stube gekommen und hat ihn auf die Nähmaschine gelegt. (Fallada 2011: 12)

(70)   **Pastor Friedrich** Lorenz, der unermüdlich im Gefängnis seinen Dienst verrichtete, war ein Mann in den besten Jahren, das heißt um die vierzig herum ...
(Fallada 2011: 568)

(71) Am Abend saß Rosenblüt in **Frau Doktor** Prochers Büro, diesmal allerdings fehlte Svatek. (Steinfest 2011: 39)

(72) ..., und der Bankdirektor **Reinhard** hat gesagt, so ein Tag ohne Handy ist wie zwei Wochen Urlaub mit Handy. (Haas 2011: 34)

C4.4 Adverb und Präpositionalgruppe

Adverbien spezifizieren Sachverhalte oder Prädikationen (Genaueres: → E1). Eine Teilgruppe kann aufgrund ihrer Spezifizierungsleistung auch restriktiv gebraucht werden, um einen Gegenstand lokal oder (selten auch) temporal zugänglich zu machen. Verwendbar sind an dieser Position deiktische Adverbien wie *jetzt, da, dort, hier* und quasideiktische, die ein Bezugssystem (einen Parameter) voraussetzen wie *gestern, drüben, rechts, oben* sowie einige symbolische (*neulich, gleich*) oder deiktisch-symbolische (*da-mals*).

(73) Da sagte sie: »Geh' hin in das Haus **dort**, darin sitzt eine alte Frau, die wird dir Essen und Trinken reichen und dich davon genießen heißen, aber du darfst nichts nehmen, denn wenn du trinkst, so trinkst du einen Schlaftrunk und dann kannst du mich nicht erlösen.« (Kinder- und Hausmärchen 1999: 410 (Die Rabe))

(74) Nachtdienst fast zu Ende. Wir fahren durch die Finsternis, strömender Regen. Plötzlich steht eine Gestalt vor uns auf der Straße und gestikuliert. Vollbremsung. „Der Baum **da**! Der fällt auf mein Auto und mein Handy ist leer!", schreit der Mann.
[http://www.polizei-nrw.de/wuppertal/Wir%20ueber%20uns/unser-dienstalltag/article/mobiler-arbeitsplatz-mit-blaulicht-streifendienst-in-wuppertal.html, 11.5.2011]

(75) Sie trat plötzlich ganz mutig vor, nahm aus ihrem Körbchen ein rotbäckiges Äpfelchen und hielt es dem grimmigen Sandmann dicht unter die spitze Nase. „Nanu?" sagte der höchst erstaunt; „was ist denn das für ein tapferes, kleines Frauenzimmerchen?" Dabei schnüffelte er schon neugierig an dem schönen Apfel herum. So etwas gab es nämlich nicht am Himmel **oben**. (Bassewitz 1987: 33)

(76) Die Fahrt **gestern** nach Hamburg und wieder heim war einfach nur toll! Wenn es wiedermal nach Hamburg geht, bin ich bestimmt wieder dabei!
[http://www.z-et.de/hauptnavigation-gaestebuch-gaestebuch_ausgabe.gaestebuch-ausgabe.html?start=120, 11.5.2011]

(77) Die Fahrt **neulich** nach Erbach mit einem SE 65 ab Mühltal war schon ein besonderes Erlebnis an Schnelligkeit.
[http://frankfurter-nahverkehrsforum.de/print.php?threadid=14664&page=8&sid=c59efea6107001f2059da394972638b3, 12.5.2011]

Eine funktionale Spezialisierung dieser Adverbien auf eine Rolle in der Nominalgruppe (Kanzleisprache 16. Jahrhundert, z.T. früher) zeigt sich im Übergang einiger zum Adjektiv: *hier > hie-s-ig, dort > dort-ig, heute > heut-ig, gestern > gestr-ig; da > *da-s-ig* (nicht mehr im Gebrauch) *einst > einstig*.

Eine lokale Spezifizierung des Ortes (*der Schrank da, die Stadt dort, der Rechner hier*) setzt voraus, dass der Redegegenstand ein materielles Objekt (Person, Artefakt, Konfiguration etc.) ist, deren Gestalt man wahrnehmen oder sich vorstellen kann. *Das Wort hier* muss ein etwa auf Papier oder Tafel zugängliches, materialisiertes Wort sein, nicht ein abstraktes Wort. Ist das Objekt zugänglich, kann der Sprecher es von seinem realen oder gedachten Standort aus lokalisieren und seine Orientierung in der Dimension der Nähe oder Ferne fassen; diese Orientierung gibt er in der Prozedur sprachlichen Zeigens mit *hier, da, dort* an den Hörer weiter, der sie nachvollziehen kann. In der sprachlichen Verarbeitung nutzt der Hörer zugleich die symbolische Charakterisierung, um den gemeinten Redegegenstand zu erfassen. Treffen zwei symbolische Ausdrücke aufeinander, werden die Charakterisierungen miteinander verrechnet (wie bei Adjektiv + Nomen).

Die zeitliche Spezifizierung ist nur bei Redegegenständen möglich, die einen Prozess in der Zeit beschreiben (oder doch auf ein Ereignis bezogen werden können: *das Märchen gestern* kann so verstanden werden, dass von dem (einen) Märchen, das in dem Zeitraum, den *gestern* angibt, erzählt worden ist).

Präpositionalgruppen (→ D5.2) als Teil einer Nominalgruppe sind normalerweise restriktiv, es sei denn mit dem Kopf kann eigenständig das Gemeinte festgelegt werden (Eigenname) oder die Gruppe ist intonatorisch (Pause, mittel-schwebende Intonation an den Grenzen) oder orthographisch (Kommata, Gedankenstriche) als appositiv markiert (→ C6.2).

Die Haltestelle am Westfalenstadion bezeichnet genau den Ort, an dem Verkehrsmittel halten und abfahren und der im Randbereich des Westfalenstadions liegt. Form und Breite eines Randbereichs bemessen sich nach der Bezugsgröße; auch die Haltestelle nimmt Platz ein. Damit ist ein unmittelbarer Kontakt nicht gegeben, vgl. aber *die Fliege an der Wand*.

Restriktive Präpositionalgruppen bestehen aus einer Präposition und einer Nominalgruppe (*auf dem Dach*), einer Präposition und einer Personaldeixis (*vor mir*) oder einer Präposition und einer Anapher (*wegen ihm*). Ferner gibt es Zusammensetzungen, die eine Präposition enthalten (*davor, dahinter*).

Präpositionalgruppen sind in ihrer Anbindbarkeit wenig beschränkt. Das liegt an der Vielfalt an Relationierungen, die mit den im Deutschen zahlreichen Präpositionen möglich ist.

Wenn der Kopf der Nominalgruppe ein nominalisiertes Verb ist, können das Subjekt, die entsprechenden präpositionalen Objekte oder die Spezifizierungen des Verbs oder die temporale oder lokale Situierung des Sachverhalts auch hier auftreten:

(78) der Sieg **durch** die Klasse 8a [entspricht Subjekt]

(79) die Teilnahme **an** den Bundesjugendspielen, die Hoffnung **auf** Erfolg [entspricht Objekt]

(80) die Schule **am** Heidrand, die Universität **zu** Köln [entspricht Ort]

(81) Mit seinem Wechsel **nach München** hatte Rosenblüt somit nicht nur viele verwelkte, sondern auch einige blutende Herzen zurückgelassen (Steinfest 2011: 20). [entspricht Richtung]

(82) der Zug **um** 15 Uhr, der Blick aus dem Fenster **am** Morgen [entspricht Zeit]

(83) die Zeit **seit** der Abfahrt, die Kinderbetreuung **während** der Tagung [entspricht Dauer]

(84) ihr Anruf **aus** Sorge, „der Verbrecher **aus** verlorener Ehre" (Schiller) [entspricht Motiv, Grund]

(85) ein Rohrbruch **wegen** Frost [entspricht Ursache]

(86) eine Entgegnung **im** Zorn [Art und Weise]

(87) ein Träger **aus** Stahl [entspricht Stoff]

(88) ein Kauf **für** 50000 Euro [entspricht Wert]

Eine besondere Bedeutung haben Präpositionalgruppen mit *von*, die oft einen attributiven Genitiv ersetzen sollen, vor allem, wenn dieser keinen Artikel hat, die Genitivendung nicht ausgeprägt ist oder sonst zwei Genitivattribute aufeinander folgen müssten:

(89) *das Buch Pauls, Pauls Buch, das Buch von Paul*

(90) *Lenz' Werke, die Werke von Lenz; Brahms' Sinfonie, die Sinfonie von Brahms*

(91) *das Fahrrad des Freundes Paulas → das Fahrrad von Paulas Freund*

C4.5 Relativsatz und andere Attributsätze

In diesem Abschnitt behandeln wir Sätze, die Teil einer Nominalgruppe sind und die traditionell als Attributsätze bezeichnet werden.

(92) Und das Schlimmste: Man zwang ihn, Kollegien zu halten. Junge Männer kamen in seine Wohnung, schaukelten mit seinen Stühlen und machten ihm die Sofakissen speckig, während er sich abmühte, ihnen auch nur irgendetwas begreiflich zu machen. Von allen Menschen, **die er je getroffen hatte**, waren seine Studenten die dümmsten. (Kehlmann 2005: 153f.) [Attributsatz: Relativsatz]

(93) Aber Inge Lohmark gehörte nicht zu den Lehrern, **die am Ende des Schuljahres einknicken**, nur weil sie bald ihr Gegenüber verlieren würden. (Schalansky 2011: 8) [Attributsatz: Relativsatz]

(94) Es bleibt die Hoffnung, **dass keiner kontrolliert**. [Attributsatz mit Subjunktor *dass*] [http://www.hookah-forum.de/Es-bleibt-die-Hoffnung-dass-keiner-kontrolliert_lastpost7687.html#post7687, 7.5.11]

> Relativsätze sind mit einem Relativum (*der, welcher, wo*) eingeleitete Nebensätze, in denen das finite Verb am Ende steht. Restriktive Relativsätze schränken den Gegenstandsbereich dadurch ein, dass sie einen Sachverhalt anführen, der für das mit dem Bezugsausdruck Gesagte (Nomen, Deixis, Fragewort) charakteristisch ist.

(95) Mathematikunterricht, Klasse 6

Lehrer Damit ((Bezug auf Tafelbild)) hat der Michael auch schon die · **Frage** eigentlich ang/ angeschrieben, **die aus dieser Aufgabe sich ergibt**.
(Redder 1982: 95 (adaptiert))

(96) Und vor allem gab es dort große Theater. (…) Es gab **welche, die groß waren wie ein Fußballstadion**, und **kleinere, in die nur ein paar hundert Zuschauer paßten**. (Ende 1973: 7)

(97) Eine Sternenbahn, sagte er zu Johanna, sei nicht bloß irgendeine Bewegung, sondern das notwendige Resultat der **Einflüsse, die alle Körper auf einen einzelnen Körper in der Leere ausübten**: jene **Linie** also, **die in exakt gleicher Krümmung auf dem Papier und im Raum entstehe, wenn man einen Gegenstand in die Freiheit schleudere**. (Kehlmann 2005: 147)

Das vorstehende Beispiel enthält eine Begriffserläuterung (,Sternenbahn'), die einer wissenschaftlichen Definition nahekommt. Die spezifische Differenz wird jeweils durch einen allgemeinen Begriff und den Sachverhalt des restriktiven Relativsatzes angegeben. Der zweite Relativsatz beinhaltet das Moment einer operativen Definition. Wir sehen, dass diese Relativsätze vom Bezugsnomen getrennt und am Satzende (nach dem zweiten Verbteil, im Nachfeld) erscheinen können. Das geschieht besonders, wenn sie komplex sind, was hier der Fall ist (Erweiterung durch einen *wenn*-Konditionalsatz).

Eingeleitet wird der Relativsatz mit einem Relativum: *der, die das; wer, was; welcher, welche, welches*. Typisch ist die Entstehung aus deiktischen Ausdrücken (*der*) oder ein ursprünglich deiktischer Anteil (*wer*). Mit der Flexion eines Relativums wird seine Rolle als Mitspieler der Verbszene (→ D6) des Relativsatzes markiert. Es kann die Funktion eines Subjekts (*die Frau, die schlief*), Objekts (*das Paket, das er bekam*) oder präpositionalen Objekts (*der Gott, an den er glaubte*) haben. Neben den flektierenden gibt es Relativa, die wie Adverbien unflektiert sind und Interrogativa entsprechen, etwa: *wie, wo, weshalb, warum, wodurch, wann*. Sie haben im Relativsatz die Funktion eines Adverbials des Ortes, der Zeit, der Art und Weise.

Die Ausdrücke *der, die, das* leiten sich aus der Objektdeixis ab. Hier ist das Zeigen auf den Nahbereich, auf das mit dem Bezugsausdruck Gemeinte beschränkt. *Wer, was* sind ursprünglich Interrogativa mit deiktischem Anteil, Fragewörter, die nur im Singular Maskulinum (*wer*) und Neutrum (*was*) vorkommen. *Welcher* ist eher hochsprachlich, dient auch dem Vermeiden von Wiederholungen. *Wo* orientiert zum einen auf einen Ort, wird aber auch (besonders süddeutsch) als generelles unflektiertes Relativum für alle Zwecke eingesetzt.

(98) Er stand am vergitterten Fenster, ein kahlköpfiger Mann, der Ohrringe trug, und zeigte hinab auf den Gefängnishof, **wo** das Tor geöffnet wurde und ein blauer Bus erschien. (Lenz 2011: 7)

(99) Der Ort, **wo** Afrika zum Märchen wird.
[http://www.focus.de/kultur/leben/traumziele/suedafrika/chitwa-chitwa-private-game-lodge-der-ort-wo-afrika-zum-maerchen-wird_aid_462834.html, 9.5.11]
Der Ort, an dem Afrika zum Märchen wird.

Bairisch steht *wo* bei prinzipieller Kasusgleichheit mit dem Bezugsnomen:

(100) Den Tisch, **wo** i kauft hab. [Bairisch]

(101) Dea Bua, **wo** dees Bier bracht. [Bairisch]

Dass *wo* nicht nur nach Orts- oder Zeitangaben steht, zeigt

(102) Wir haben das Paket, **wo** man auch über Internet Fernsehen kann.
[http://www.winfuture-forum.de/lofiversion/index.php?t157556.html, 9.5.11]
Wir haben das Paket, **mit dem** man auch über Internet Fernsehen kann.

Aus *wo* können durch Zusammensetzung mit einer Präposition weitere Relativa gebildet werden *(wodurch, womit)*, aus *wes(sen)* die Zusammensetzungen *weshalb, weswegen*.

Sofern das Relativum flektierbar ist, richtet es sich im Numerus und Genus nach dem Bezugsausdruck; der Kasus hingegen bestimmt sich nach der Funktion des Relativums im Relativsatz; in den folgenden Beispielen ist der Akkusativ durch *nennen*, der Dativ durch *verdanken* gesteuert:

(103) Ein Mann, **den** sie Pferd nannten (Filmtitel)

(104) Über den Mann, **dem** wir das arabische Zahlensystem in Europa verdanken
[http://www.investor-verlag.de/ueber-den-mann-dem-wir-das-arabische-zahlensystem-in-europa-verdanken/104091271/, 5.5.11]

Das Verb des Relativsatzes kann auch einen präpositionalen Anschluss regieren (*sich fürchten vor*):

(105) Auf eine Weise, **für die** Süden noch keine Erklärung hatte, versöhnte ihn die Anwesenheit des Jungen mit etwas. (Ani 2011: 168)

(106) Der Mann, **vor dem** sich Schweinegrippe und BILD-Zeitung fürchten – Interview mit Leo Wundergut
[http://jungemedienhamburg.wordpress.com/2009/10/30/der-mann-vor-dem-sich-schweinegrippe-und-bild-zeitung-furchten-interview-mit-leo-wundergut-0150/, 5.5.11]

Das Ende eines Relativsatzes ist durch die Endstellung des finiten Verbs gekennzeichnet, wie sie sich in jedem Nebensatz findet. Mit Relativum und Endstellung sind die Satzgrenzen gut markiert.

```
        Genus: Maskulinum        Kasus: Akkusativ
        Numerus: Singular

    Ein Mann,    | den   sie   Pferd   nannten |
                              Relativsatz
                 Integration:
                 Restriktion
```

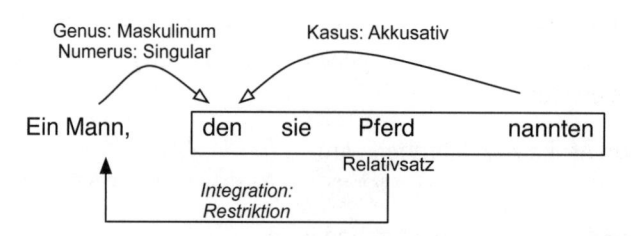

Abb. 6: restriktiver Relativsatz: Form und Funktion

Im folgenden Beispiel wird in die Nominalgruppe eine Ereignisdarstellung eingebaut, die zur eigentlichen Aussage des Satzes nur in einer lockeren Beziehung steht (Assoziation *Wirtschaftsvertreter – Wirtschaftsführer*):

(107) Merkel, **die gestern auf der Internationalen Automobil-Ausstellung bei den Wirtschaftsvertretern für ihre Politik warb**, konnte in der Gunst der Wirtschaftsführer in den vergangenen Monaten sogar noch zulegen. (Handelsblatt 18.9.2009)
[http://www.handelsblatt.com/politik/deutschland/manager-draengen-merkel-zu-schuldenabbau/3261264.html?p3261264=3, 4.5.11]

(108) Der bekannteste aller tierischen Medienlieblinge ist der Eisbär Knut, **der – 2006 im Zoologischen Garten Berlin geboren – von seiner Mutter nicht angenommen und von Menschenhand aufgezogen wurde**.
[http://www.mittelbayerische.de/nachrichten/panorama/artikel/der_hoehenflug_einer_schielend/623529/der_hoehenflug_einer_schielend.html, 5.5.11]

Mit *Merkel* und *der Eisbär Knut* ist alles gesagt, um den Redegegenstand klar zu stellen. In beiden Fällen finden wir einen appositiven Relativsatz (→ C6.2). Der Gegenstandsbereich wird nicht eingeschränkt, es wird eine zusätzliche Information gegeben. Der Relativsatz bezieht sich in diesem Fall auf die ganze Nominalgruppe. Die Abgrenzung ist nicht immer leicht. Einen Hinweis bekommt man, wenn sich in den Relativsatz *übrigens* einfügen lässt – das spricht für die appositive Variante. Hier liegt das Verfahren der Installation vor: Der Relativsatz wird eingebaut, ohne zur Funktion der Nominalgruppe unmittelbar beizutragen, er gibt eine Zusatzinformation zum bereits bestimmten Redegegenstand, die sehr wichtig sein kann.

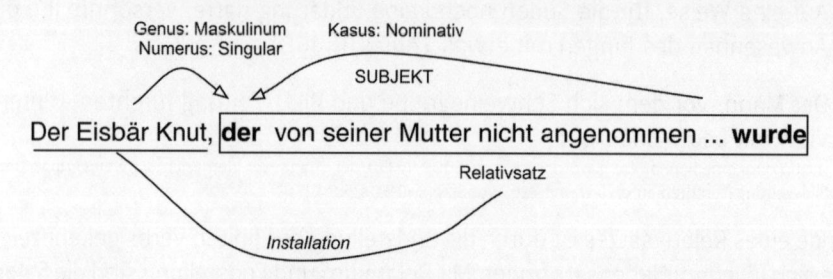

```
         Genus: Maskulinum    Kasus: Nominativ
         Numerus: Singular
                                SUBJEKT
    Der Eisbär Knut, | der  von seiner Mutter nicht angenommen ... wurde |
                                   Relativsatz
                      Installation
```

Abb. 7: appositiver Relativsatz: Form und Funktion

Restriktive (einschränkende) Relativsätze lassen sich eher ins Nachfeld – die Position nach dem zweiten Verbteil – auslagern als appositive; man kann das als ein Indiz dafür sehen, dass ein restriktives Verständnis anzunehmen ist.

(109) Sie hat **eine Schülerin, die die Rolle der Luise übernimmt**, gesucht.
Sie hat **eine Schülerin** gesucht, **die die Rolle der Luise übernimmt**.

(110) Er hat **Paul, der Russisch gelernt hat**, gestern ein Wörterbuch geschenkt.
?Er hat **Paul** gestern ein Wörterbuch geschenkt, **der Russisch gelernt hat**.

Türkisch hat kein Relativum und keine Relativsätze. Attribute stehen immer vor dem Kopfnomen, in dieser Position finden wir auch Partizipien, die in etwa ausdrücken, was man im Deutschen mit einem Relativsatz macht, aber nicht unbedingt zeitlich einordnen, da ja ein finites Verb nicht vorhanden ist (allenfalls ein Adverbial kann hier zeitlich spezifizieren). Hier ein Beispiel mit dem *an-/en*-Partizip:

(111) Bizde çalış-**an** adam doktor-dur.
wir-Lokativ arbeit-Partizip Mann Arzt-Kopula, ‚bei uns arbeitender Mann Arzt-ist.' ‚Der Mann, der bei uns arbeitet, ist Arzt.'

(112) **Dün** biz-de çalış-**an** adam doktordur.
gestern wir-Lokativ arbeit-Partizip Mann Arzt-ist
‚Der Mann, der **gestern** bei uns arbeitete, ist Arzt.'

Mit dem Futurpartizip kann man ebenfalls einen Zeitbezug ausdrücken:

(113) Türkçe öğren-**ecek** çocuk.
Türkisch lern-PartizipFutur Kind, ‚das Kind, das Türkisch lernen wird/will.'

Man kann ein Partizip auch mit der Möglichkeitsform kombinieren:

(114) Türkçe konuş-**abil-en** öğretmen
Türkisch sprech-Möglichkeit-Partizip Lehrer
‚der Lehrer, der Türkisch sprechen kann'

Der Ausbau einer Nominalgruppe rechts des Kopfnomens und die Bildung deutscher Relativsätze, die Formen des Relativums und das Verbtempus sind wichtige Lerngegenstände. Zu den appositiven Relativsätzen → C6.2.

Aufgabe:
Machen Sie sich den linearen Aufbau eines Relativsatzes und das Verstehensproblem bei mehrfach eingebetteten Relativsätzen (Verfahren der Rekursion) an dem folgenden Gedicht klar:

(115) Gerhard Sellin: Relativsätze

der Mann
der Mann der
der Mann der der

Frau
Frau die
Frau die die

Kinder
Kinder die
Kinder die das

Haus hüten
gebar
Geld gab
starb

(Wiemer 1974: 141)

Weitere restriktive Attributsätze gehen teilweise auf Nominalisierungen von Verben zurück, die einen Satz als Ergänzung nehmen: *annehmen, dass; befürchten, dass; glauben, dass; meinen dass; hoffen, dass; möglich sein, dass* etc., aber sie können auch mit Nomen wie *Tatsache, Zeichen, Grund, Hinweis* verbunden sein.

(116) Lehrer: Christoph, ich habe die **Befürchtung**, denn der Mattias und der Bernd unterhalten sich schon wieder, **daß** die gar nicht hören, was du sagst, und deswegen, **daß** denen das zu langweilig wird. (Ehlich/Rehbein 1986: *30)

(117) ... in der **Erwägung**, **dass** die Abfallkrise in der Provinz Kampanien zu den komplexesten Kapiteln der Geschichte des Missmanagements von Abfalldeponien in Italien zählt, in den 1990er Jahren ein Abfallnotstand ausgerufen wurde, und mit speziellen Befugnissen und Mitteln ausgestattete Regierungskommissare ernannt wurden, ...
[http://www.europarl.europa.eu/sides/getDoc.do?type=MOTION&reference=B7-2011-0084&format=XML&language=DE, 7.5.11]

(118) ... und gibt der **Befürchtung** Ausdruck, **dass** die etablierte Undurchsichtigkeit der Abfallbewirtschaftung seitens der staatlichen Institutionen die zunehmende Präsenz organisierter krimineller Gruppen in der offiziellen Abfallbewirtschaftung der Region ebenso wie im Bereich der illegalen Beseitigung von Industrieabfällen begünstigt statt verhindert hat ...
[http://www.europarl.europa.eu/sides/getDoc.do?type=MOTION&reference=B7-2011-0084&format=XML&language=DE, 7.5.11]

(119) Es ging ja auch um eine bestimmte amerikanische Mentalität, die man in Vietnam wie im Irak beobachten kann, um den **Glauben**, **dass** man irgendwo eindringt, etwas in die Luft sprengt und denkt, das Problem sei damit gelöst.
[http://www.faz.net/s/RubBE163169B4324E24BA92AAEB5BDEF0DA/Doc~E601AA1F39C6541BF9874FA42FC0
47F16~ATpl~Ecommon~Scontent.html, 7.5.11]

(120) Mittels des Distichons und des Schwanenbildes (...) wird dem Leser eine **Lektüreanweisung** gegeben, **dass** die Marquise ebenso wie der russische Graf eine Kippfigur sein könnte, die gemeinhin getrenntes vereint.
(Blamberger 2011: 302)

(121) Seine einmalige Titelsammlung, sowie die **Tatsache**, **dass** er über 40 Jahre die Billard-Szene mit beherrschte und auch im Alter von heute 72 Jahren noch auf internationalem Niveau spielt, berechtigen die Bezeichnung als „der weltbeste Carambolage-Billardspieler aller Zeiten".
[http://de.wikipedia.org/wiki/Raymond_Ceulemans, 7.5.11]

In einigen Fällen (*Tatsache, Bedauern, Beleg, Beweis, Grund, Hinweis + dass*) wird der eingelagerte Sachverhalt als faktisch verstanden, d.h. seine Wahrheit wird vorausgesetzt:

(122) Die **Tatsache, dass** er die Billardszene mit beherrschte ⇒ Er beherrschte die Billardszene mit.

In anderen wird nur der Sachverhaltsentwurf ins Spiel gebracht (*Sorge, dass; Hoffnung, dass; Glaube, dass*).

Außer dem Subjunktor *dass* können bei entsprechenden Nomen auch *ob* und ein W-Interrogativ bzw. W-Adverb als Einleiter fungieren:

(123) die Probe, Frage, Erkundigung, Untersuchung + ob

(124) die Frage + was, wer, warum, weshalb, wozu

In diesen Fällen wird der Sachverhalt stets als nicht-faktisch (Wahrheit wird nicht vorausgesetzt), sondern als offen verstanden.

(125) Die **Frage, ob** außerhalb unseres Planeten Erde auch noch Leben existiert, hat sich jeder schon einmal gestellt.
[http://www.mpifr-bonn.mpg.de/public/life/ritter.htm, 7.5.11]

(126) Bis jetzt bleibt beim Käufer doch immer der **Zweifel, ob** er auch wirklich gut kauft.
[http://www.spiegel.de/spiegel/print/d-46274997.html, 7.5.11]

(127) Über die **Frage, was** wirklich wichtig ist im Leben
[http://www.welt.de/debatte/kommentare/article7860732/Ueber-die-Frage-was-wirklich-wichtig-ist-im-Leben.html, 7.5.11]

(128) Fast vier Jahre blieb es dabei, da sich die **Untersuchung, wer** für die Schäden verantwortlich war, zog.
[http://www.merkur-online.de/lokales/lenggries/segen-neue-dach-turnhalle-1226797.html, 7.5.11]

Manchmal enthält der übergeordnete Satz ein Korrelat, z.B. ein Adverb mit einer deiktischen Komponente, das ‚nach vorn hin', auf das Kommende orientiert:

(129) Es gibt keine **Anzeichen dafür, dass** Mitgliedstaaten, die derzeit den Internetzugang sperren, sich weniger engagiert für die Bekämpfung der Kinderpornografie einsetzen als diejenigen, die keine Sperrung vornehmen ...
[http://www.europarl.europa.eu/sides/getAllAnswers.do?reference=E-2010-9115&language=DE, 7.5.11]

Möglich ist auch die Einbettung von Infinitivgruppen, die einen subjektlosen Sachverhalt ins Spiel bringen; der Redegegenstand ist ohne die Gruppe nicht hinreichend bestimmt.

(130) Junge Tiere, aber auch behinderte Tiere und alte Tiere, stellen sich hier vor, in der **Hoffnung, jemanden zu finden, der sie umsorgt und Ihnen als Freund und Gefährten begegnet**.
[http://www.franziskushof-tierschutzverein.de/tiervermittlung.php, 5.12.2011]

(131) Die **Angst, alles zu verlieren**, lässt die Ärzte seit Jahren die sukzessiven Verluste hinnehmen.
[http://www.busch-telefon.de/artikel/1261259056t85.pdf, 4.12.2011]

Möglich sind solche Konstruktionen auch mit Infinitivgruppen, die mit *ohne, (an)statt* oder *um* angeschlossen sind; oft handelt es sich um ein Nomen, das eine Handlung vergegenständlicht (Nominalisierung oder Nomen Actionis):

(132) Der 7-Schritte-Plan, **um** jedes Ziel zu erreichen
[http://www.krisstelljes.com/ziele-setzen-und-ziele-erreichen/, 2.2.2012]

(133) Fahren, **ohne/um** pünktlich anzukommen, muss nicht das Ziel sein.

(134) Rad fahren **statt** Auto fahren?
[http://www.talkteria.de/forum/topic-38803.html, 7.2.2012]

Vgl. Kapitel C7 zu Sachverhalten als Redegegenständen (Subjektsätze, Objektsätze, Infinitivgruppen), E1.2.5, E1.2.6, E1.2.6 zu Adverbialsätzen.

> **Aufgabe:**
> Das Brecht-Gedicht „Vergnügungen" (1953) enthält viele der Formen, die in diesem Kapitel behandelt wurden. Es enthält keinen Satz, kein flektiertes Verb und kann zeilenweise auf seine Form und deren Funktion hin untersucht werden. Man kann den Artikelgebrauch ansehen, die Nomen, die Adjektive …

Vergnügungen

Der erste Blick aus dem Fenster am Morgen
Das wiedergefundene alte Buch
Begeisterte Gesichter
Der Wechsel der Jahreszeiten
Die Zeitung
Der Hund
Die Dialektik
Duschen, Schwimmen
Alte Musik
Bequeme Schuhe
Begreifen
Neue Musik
Schreiben, Pflanzen
Reisen
Singen
Freundlich sein

(Brecht 1993b: 287)

Hinweis:

Wir verstehen Brechts Gedicht „Vergnügungen", wenn wir sehen, dass es eine Liste all der Handlungen und Dinge gibt, die (als Subjekte) für das lyrische Ich unter das Prädikat (...sind) *Vergnügungen* fallen. Diesen Arten des Vergnügens sind (dialektisch) einerseits Konstanz und Wiederkehr, andererseits Wechsel und Dynamik gemeinsam. Jede Vergnügung weist über sich hinaus: das Buch auf Sinn und Form, die Zeitung auf die unerhörte Botschaft, Schreiben und Pflanzen auf das Schöpferische, Schuhe und Reisen auf das, wohin der Weg führt etc. Ich mag jeden Morgen aus dem Fenster schauen, ein je konkreter Blick, aber er ist zugleich auch an jedem Morgen ein anderer – so wie das Individuum an jedem Morgen ein verändertes ist. Was als produktiv, Nutzen und Vergnügen bringend erscheint, gipfelt im Modus der Freundlichkeit Menschen gegenüber.

C5 Themen einführen, Themen fortführen

Prozeduren:

symbolische, operative, deiktische

Wortarten:

Nomen, Anapher, Objektdeixis, deiktisches Adverb

Didaktischer Kommentar:

Gespräche und Texte enthalten einen roten Faden. Er wird durch Themen gebildet, die einmal eingeführt eine gewisse Zeit durchgehalten und von anderen abgelöst werden. In diesem Kapitel wird gezeigt, wie man ein Thema einführt und welche Möglichkeiten es gibt, ein Thema fortzuführen oder aus Themen weitere Themen zu entwickeln. Wichtig ist das für ein Verständnis von Formen wie *er, sie, es*, aber auch für die Analyse von Gesprächen und Texten.

C5.1 Thema

Wenn wir über etwas sprechen, brauchen wir oft mehr als einen Satz. Wir legen einen roten Faden, an dem sich der Hörer orientieren kann, und bauen so einen thematischen Zusammenhang auf. Erzählungen, Beschreibungen, Inhaltswiedergaben – solche komplexen Formen setzen voraus, dass Themen eingeführt, fortgeführt und weiter entwickelt werden. In größeren Gesprächs- oder Redeeinheiten sind Äußerungen thematisch passend an die vorausgehenden angeschlossen und Themenwechsel gekennzeichnet.

(1) [Sabine]$_{+Th1}$ saß auf einer Holzbank im Zwischendeck der Fähre zwischen Kollund und Flensburg. [Sie]$_{Th1}$ hatte in dem Badeort, der nicht viel mehr als ein Möbelgeschäft und einen kleinen Strand bot, eine glückliche, wenn auch verregnete Woche mit [Lars]$_{+Th2}$ verbracht. [Lars]$_{Th2}$ war ein junger Bauarbeiter, auf seinen Rücken war der Name seines Fußballclubs tätowiert. [Sabine]$_{Th1}$ hatte die Woche mit [ihm]$_{Th1}$ [ihren Eltern]$_{+Th3}$ verschwiegen, ihr Vater mochte [Lars]$_{Th2}$ nicht. [Ihre Eltern]$_{Th3}$ vertrauten [ihr]$_{Th1}$, [sie]$_{Th1}$ dachte, [sie]$_{Th3}$ würden

ohnehin nicht von sich aus anrufen. [Lars]$_{Th2}$ hatte [sie]$_{Th1}$ zum Schiff gebracht, und nun hatte [Sabine]$_{Th1}$ Angst. Schon als [sie]$_{Th1}$ die kleine Fähre bestieg, hatte [der Mann mit dem zerschlissenen Jackett]$_{+Th4}$ sie, angestarrt. Noch immer sah [er]$_{Th4}$ [ihr]$_{Th1}$ direkt ins Gesicht, und nun kam [er]$_{Th4}$ auch noch auf [sie]$_{Th1}$ zu. [Sie]$_{Th1}$ wollte gerade aufstehen und weggehen, als [der Mann]$_{Th4}$ sagte: »Sind Sie Sabine Gerike?« »Ähm, ja.« »Um Himmels willen, Mädchen, rufen Sie sofort zu Hause an, Sie werden überall gesucht. Schauen Sie mal hier in die Zeitung.« (v. Schirach 2009: 154f.)

[Die thematischen Ausdrücke sind gekennzeichnet durch [...]$_{Th}$, ein neu eingeführtes Thema durch [...]$_{+Th}$ mit einem Index.]

Ein Thema ist so etwas wie der rote Faden. Das literarische Beispiel zeigt eine große Dichte thematischer Ausdrücke, die sich auf die vier Themenfiguren beziehen: Sabine (1), Lars (2), Sabines Eltern (3), der Mann mit dem zerschlissenen Jacket (4). Sabine steht im Zentrum, was sich schon daran zeigt, dass sie 14mal vorkommt: mit Eigennamen (*Sabine*) und Anapher (*sie*). Sie wird aber auch im possessiven Determinativ (*Sabine – ihre Eltern, ihr Vater*) fortgeführt. Der Autor führt diese Figur fast durchgehend fort, sie erscheint als Hauptperson. Lars kommt viermal vor, dreimal die Eltern. Hinzu kommt *der Mann mit dem zerschlissenen Jacket*, der mit *er* (Anapher) und *der Mann* (definite Nominalgruppe) fortgeführt wird.

Was genau verstehen wir unter einem Thema?

Klar ist, dass nicht der vereinzelte Satz, sondern nur Äußerungs- oder Satzfolgen ein Thema haben. Sprachliche Ausdrücke sind nicht mit dem Thema gleichzusetzen. Das Thema ist ein schon zugänglicher, bekannter Redegegenstand – unabhängig von seiner Wahrnehmbarkeit, von realer Existenz in der Welt. Denn wir reden ja auch über Fabelwesen wie *Einhörner*, über fiktive Figuren wie *Odysseus*, Gegenstände, die es in der Zukunft geben mag oder auch nicht.

> Das THEMA ist der kommunikativ konstituierte Gegenstand oder Sachverhalt, über den in einem Diskurs oder Text fortlaufend etwas gesagt wird. Mit einer Thematisierung wird etwas neu oder erneut zum Thema gemacht.
> Das Gegenstück zum Thema ist das Rhema (griech.: ‚Gesagtes, Prädikat'). Es ist das, was in einem Satz oder einer Äußerung über das jeweilige Thema gesagt wird. Oft geschieht das mit der Prädikation, dem Gegenstück zu dem, was das Subjekt besagt.

(2) [Sabine]$_{Thema}$ [saß auf einer Holzbank im Zwischendeck der Fähre zwischen Kollund und Flensburg]$_{Rhema}$.

Es kann aber auch der ganze Satzrest Rhema sein, wenn etwa an einer Objektposition thematisiert wird: „... [ihr Vater mochte]$_{Rhema}$ [Lars]$_{Thema}$ [nicht]$_{Rhema}$."

Ein Thema kann durchaus latent sein, in den Hörerköpfen, aber nicht in jeder Äußerung ausgedrückt. Es kann Arbeit bedeuten, zu erschließen, wovon die Rede ist. Im folgenden Beispiel – Anfang eines Krimis – mag man etwas rätseln:

(3) So: Sixpack Bier, Schachtel Kippen. Dazu ein Red Bull und für zwanzig Ocken Sprit, damit [Fahrer]$_{+Th1}$ und Wagen es ohne abzukacken bis nach Hause schaf-

fen. Ah, und damit [der Fahrer]_Th1 sich zu Hause überhaupt zur Tür reintrauen kann, noch 'ne Dose Katzenfutter. Mit Fisch. Solange Fisch drin ist, frisst sie alles.
Drei Uhr morgens an der Nachttanke, seit zwei oppressiv schwülen Tagen und Nächten auf den Beinen und noch rund dreißig Minuten zu fahren, vorausgesetzt, [man]_Th1 hielt sich einigermaßen an die Regeln. Also höchstens zwanzig in der Stimmung, in der [ich]_Th1 mich befand. (Juretzka 2011: 11)

Das Scharnierwort *so* (zeigt auf die abzuschließende wie auf die neue Phase) gewährt Einlass zur Szene (und schließt ab, was gewesen sein mag – allerdings: Alles hat eine Vorgeschichte, irgendwo muss der Erzähler beginnen). Es folgt, was jemand braucht, der ein wildes Leben führt, die Futterdose lässt die Existenz einer Katze (*sie*) annehmen. Der zweite Absatz stellt einen harten Einsatz vor. Das Indefinitum *man* kann so gebraucht werden, dass es sich verallgemeinernd auf den Sprecher oder Erzähler bezieht. Nimmt man alles zusammen und bemüht das Klischee des klassischen Privatdetektivs, kann man darauf kommen, dass das die Figur ist, die hier als Erzähler (*ich*) auftritt und schon als „Fahrer" eingeführt wurde, deutlich erst am Abschnittsende.

C5.2 Thematisieren

Ein Thema muss keineswegs explizit eingeführt werden. Thematisierungen haben wir in Gesprächen oder Texten vielfach dort, wo ein vorausgehendes Thema abgeschlossen und ein neues eröffnet oder ein älteres wieder zum Thema gemacht wird. Im Moment der Thematisierung ist noch offen, ob etwas Thema – also fortgeführt – wird.

Literarisch wird eine Person oft mit ihrem Namen eingeführt. Wie wir gesehen haben (→ C2) repräsentiert der Name personale Identität und ruft alle Eigenschaften einer Person, eines Ortes etc. ab, die in der Gruppe bekannt sind. Die Einführung mit dem Namen ist eine auf Kredit; es wird erwartet, dass aufs neue Konto dann auch eingezahlt wird und relevante Eigenschaften genannt werden, die Konturen eines Bildes liefern:

(4) [Friedhelm Fähner]_+Th1 war sein Leben lang praktischer Arzt in Rottweil gewesen, 23800 Krankenscheine pro Jahr, Praxis an der Hauptstraße, Vorsitzender des Kulturkreises Ägypten, Mitglied im Lionsclub, keine Straftaten, nicht einmal Ordnungswidrigkeiten. Neben seinem Haus besaß [er]_Th1 zwei Mietshäuser, einen drei Jahre alten Mercedes-Benz E-Klasse mit Lederausstattung und Klimaautomatik, etwa 750000 Euro in Aktien und Obligationen und eine Kapitallebensversicherung. [Fähner]_Th1 hatte keine Kinder. Seine einzige noch lebende Verwandte war seine sechs Jahr jüngere Schwester, die mit ihrem Mann und zwei Kindern in Stuttgart lebte.
Über [Fähners]_Th1 Leben hätte es eigentlich nichts zu erzählen gegeben.
Bis auf die Sache mit Ingrid.
(v. Schirach 2009: 7) [Thematisierungen markieren wir mit +1, +2 etc.]

Das folgende Beispiel zeigt eine Thematisierung mit indefiniter Nominalgruppe, auch sie im Vorfeld des Satzes, vor dem finiten Verb:

(5) [Ein Bauer auf Fünen]_+Th1 teilte in seinem Testament sein Vieh unter seine drei Söhne so auf, daß der Älteste die Hälfte, der Zweitälteste ein Drittel und der Jüngste ein Neuntel haben sollte. (Brecht 1980a: 234)

Thematisierungen können aber auch im Mittelfeld, zum Satzende bzw. zweiten Verbteil hin, erfolgen. Hier liegt die zentrale Gewichtungsposition im Deutschen.

(6) In einem großen Land lebte einmal [ein Kaufmann]$_{+Th1}$. [Er]$_{Th1}$ kaufte allerhand Dinge, große und kleine, und verkaufte sie wieder mit einem guten Gewinn. (Brecht 1980a: 205)

Indefinit ist die Thematisierung nur, wenn der Redegegenstand ganz neu zugänglich gemacht wird, sonst finden wir eine Nominalgruppe mit bestimmtem Artikel.

(7) Gespräch unter Frauen

1 PET Birgit des hab ich gehabt → · in NN [der Klaus]+$_{Th1}$ is besonders kein kein guter
2 Sportler↓ [Er]$_{Th1}$ ist trä:ge→ · Was soll des · [er]$_{Th1}$ [er]$_{Th1}$ mag das halt nicht
3 so:→ ((holt Luft)) da war [eine Lehrerin]+$_{Th2}$ → [die]$_{Th2}$ hat [ihn]$_{Th1}$ hier
4 genommen→ ·· hat [ihn]$_{Th1}$ ge/ über die / den · Balken drüber weggezogen→ ·
5 hat [ihm]$_{Th1}$ mit ihren langen Fingernägeln den Rücken verkratzt→ des T-Shirt ·
6 zerrissen→
7 NAS Wa:s des is ja uner(hört)↓ ((holt Luft))
8 PET un dann hab ich um ein Gespräch gebeten↓ Das Gespräch kam nicht zustande
9 weil [se]$_{Th2}$ angeblich keine Zeit hatte↓
(IDS Kommunikation in der Stadt, Frauengruppe, A1035) [retranskibiert; der Doppelpunkt markierte eine Vokallängung]

In diesem Gespräch wird zunächst Klaus, der den anderen Frauen mindestens als Redegegenstand bekannte Sohn von PET, thematisiert, dann eine Lehrerin (mündlich akzentuiert, mit Unterstreichung notiert). Der Satzaufbau ist so, dass das wichtige neue Thema am Ende kommt. Zuvor wird ein formelhafter Ausdruck *da war ein(e)* benutzt. Es gibt mehr solcher Formeln:

- *Da ist noch/wäre noch X ...*
- *Was ist mit X?*
- *Was X betrifft/angeht ...*
- *Es handelt sich/dreht sich um/geht um ...*
- *Zum Thema X/unser nächstes Thema/das folgende Problem ist X ...*
- *Zum Beispiel X/Apropos X/Übrigens X ...*
- *Im Zusammenhang mit Y: ... X*

(8) **Da wäre noch** [der Naturspielplatz in der Nordstadt]$_{+Th1}$, [er]$_{Th1}$ besteht zu 95 Prozent aus Naturmaterialien wie Lehm, Stein, Holz und einem Brunnen zum Wasserpumpen. [http://www.heike-boden.de/Freizeittips/Karlsruhe/karlsruhe.html, 16.5.2011]

EXISTENZFORMELN wie *es war einmal ..., da existiert, ..., es gibt ...* enthalten ein Existenzverb (*sein, existieren, leben, geben, sich ereignen ...*). Die Thematisierung nutzt in der Regel eine indefinite Nominalgruppe:

(9) **Es war einmal** [ein armer Mann]$_{+Th1}$, [der]$_{Th1}$ konnte [seinen Sohn]$_{+Th2}$ nicht mehr ernähren. Da sprach [der Sohn]$_{Th2}$ ... (Kinder- und Hausmärchen 1999: 92)

(10) **Es gibt** auf den Philippinen [eine alte Geschichte]$_{+Th1}$, [die]$_{Th1}$ im Volk erzählt wird ... (IDS Korpora, XAC,1)

Spaltsätze (*es war ... /war es ...*) gewichten den Thematisierungsausdruck besonders; der rhematische Teil steht im angeschlossenen Relativ- oder *dass*-Satz:

(11) **Es wa**r [die Kanzlerin]$_{+Th1}$, [die]$_{Th1}$ in einer der Regierungserklärung Westerwelles folgenden öffentlichen Äußerung diese Formel in die Öffentlichkeit „gehoben" hat: „sofern die Lage es zulässt."

Sperrsätze sind durch einen W-Satz eingeleitet, das Rhema enthält der Folgesatz:

(12) [Was sie suchte]$_{+Th1}$, [das]$_{Th1}$ war ihr altes Ich.
[http://books.google.de/books?id=Tk2cSwru1VkC&pg=PA173&lpg=PA173&dq=%22Was+sie+suchte,+das+war%22&source=bl&ots=WYvzZzo3_3&sig=_SLSecSMc2E-Cm4cU5koy975ZHo&hl=de&ei=oyHRTaPOA8X5sgby8ZGvCw&sa=X&oi=book_result&ct=result&resnum=5&ved=0CDQQ6AEwBA#v=onepage&q=%22Was%20sie%20suchte%2C%20das%20war%22&f=false, 16.5.2011]

Andere Formen der Thematisierung nutzen die Position vor dem Satz (Introfeld, Vorvorfeld), zunächst gehen wir auf die Linksanbindung ein:

(13)   Privates Kaffeetrinken

1 AC   Meiner hat etwas über hundert gekostet→
2 AA   hm
3 AC   aber [der von meinem Verlobten]$_{+Th1}$ → [der]$_{Th1}$ hat einige hundert gekostet↓
        (IDS Korpora XEZ, 35 (retranskribiert))

Der linksangebundene Thematisierungsausdruck (Zeile 3) stellt eine Wortgruppe oder einen Satz vor das Vorfeld, bindet sie mit einer progredienten (mittel-schwebenden) Intonation oder Gedankenstrich bzw. Komma an und greift das neue Thema mit einer Objektdeixis (Zeigwort: *der, die, das*) im Vorfeld wieder auf. Eine vorangestellte Nominalgruppe und die Deixis kongruieren in Genus, Numerus und oft auch Kasus, die Gruppe kann aber auch im Nominativ erscheinen (*der Mann, den hab ich schon mal gesehen*).

(14)   Strafverhandlung (F. 17.15)

Angeklagter   [Dass ich da nun letzten Endes die schlimmsten Konsequenzen
               draus ziehe]$_{+Th1}$, [das]$_{Th1}$ hat der gar nich gesehen↓

(15)   Strafverhandlung (F. 19.5)

1 Richter   [Dass dann eines Tages die Polizei ins Haus kommt]$_{+Th1}$→ war doch
2   klar→ oder ham Sie sich [da] gar keine Gedanke [drüber]$_{Th1}$ gemacht↓
3 Angeklagter [Die Polizei]$_{+Th2}$, [die]$_{Th2}$ kam nicht mehr hier ins Haus↓

Im vorstehenden Beispiel ist deutlich, dass es sich um eine Rethematisierung handelt, da von der Polizei bereits die Rede war.

(16)   Beratung

1 Cla   Und ist irgendwas noch passiert↑

2 Cle   [Ne Freundin]$_{+Th1}$→ [die]$_{Th1}$ is noch umgekippt↓
         (Treinies/Rest/Müller/Breuker 2002: 4)

In einem W-Frage-Satz – und nur dort – verdrängt das Fragewort den deiktisch fortführenden Ausdruck:

(17) Wegauskunft

S1 Entschuldigen Sie bitte • [die Grindelhochhäuser]$_{+Th1}$, wo sind [die]$_{Th1}$↓
A   [Grindelhochhäuser]$_{Th1}$→ da müssen Sie hier runter...
    (Hermann/Hoffmann 1996, 1)

In einem Entscheidungsfragesatz haben wir Verberststellung, so dass auch hier die fortführende Deixis später auftaucht:

(18) Strafverhandlung

Richter [Der Autofahrer]$_{+Th1}$↓ . war der₁ im Auto drin oder ausm Auto↑
    (F. 20.40)

Solche Thematisierungen wie *die Brigitte, die kann ich gut leiden* verbinden wir mit der Mündlichkeit und schätzen sie stilistisch als weniger gut ein; tatsächlich aber zeigen Recherchen, dass sie auch in literarischen Texten vorkommen und kaum auffallen, wenn sie nur hinreichend komplex sind. Das gilt auch für den freien Thematisierungsausdruck (freies Thema):

(19) [Alle meine Bedenken, was die gemeinsame Einnahme dieser beiden Erfrischungen anging]$_{+Th1}$, ich fühlte [sie]$_{Th1}$ bestätigt. (Juretzka 2011: 76)

Die Besonderheit dieses Ausdrucks liegt darin, dass er syntaktisch (markiert durch Komma) und intonatorisch (Pause, fallendes Tonmuster) unabhängig ist vom Folgesatz. Die Fortführung des Themas geschieht mit einer Nominalgruppe, Anapher oder einem Zeigwort an fast beliebiger Stelle, keineswegs nur im Vorfeld.

(20) [Die blonde Inge]$_{+Th1}$, Ingeborg Holm, Doktor Holms Tochter, der am Markte wohnte, dort, wo hoch, spitzig und vielfach der gotische Brunnen stand, [sie]$_{Th1}$ war's, [die]$_{Th1}$ [Tonio Kröger]$_{Th2}$ liebte, als [er]$_{Th2}$ sechzehn Jahre alt war. (Mann 1986: 310)

Die Komplexität mit Thematisierungsform und angeschlossenen Appositionen, die Zusatzinformationen einlagern, ist nicht untypisch für Thomas Mann; der Hauptsatz ist selbst ein Spaltsatz (*sie war's, die*) (→ G3.2.3).

Möglich sind auch nachholende Thematisierungen, die eine Position nach der Komplettierung des Satzes (ggf. einschließlich eines Nachfelds) nutzen, das Retrofeld (zur Abfolge im Satz: → G2). Sie antizipieren die Thematisierung, indem das mit *er, sie, es* oder *der, die, das* Gemeinte kurzfristig offenbleibt und eine (erwünschte) Spannung aufgebaut wird:

(21) [Das]$_{Th1}$ habe er von Jugend auf gelernt: [allerlei Göttern Quartier zu machen]$_{+Th1}$.
    s(Grass 1979: 13)

(22) Wo stehen [die]$_{Th1}$ denn sonst immer→ . [die Listen]$_{+Th1}$↓
    (Treinies/Rest/Müller/Breuker 2002: 2)

(23) Mir war aufgegangen, dass ich es versäumt hatte, zu dokumentieren, wovon [sie]$_{Th1}$ einst gelebt hatten, [die Stürmer und Dränger, die Klinger und Hamann, Maler Müller und der arme Hund Lenz]$_{+Th1}$. (Lenz 2011: 15)

Die folgenden Thematisierungen erscheinen auf den Blick ungewöhnlich, nutzen sie doch Formen der Themafortführung. Jede Erzählung beginnt irgendwo, der Autor kann aber seinen Leser in eine schon laufende Geschichte versetzen und damit Spannung aufbauen, aber auch Kredit verlangen, dass er das Vermisste noch liefern werde. Man kann mit einem Namen beginnen (24), möglich und gar nicht selten in literarischen Texten ist auch der Beginn mit einer definiten Nominalgruppe (25), ungewöhnlicher der Einsatz mit dem Mittel thematischer Fortführung schlechthin, der Anapher (26, 27):

(24) [Kimo Joentaa]$_{+Th1}$ lebte mit [einer Frau ohne Namen]$_{+Th2}$ in einem Herbst ohne Regen. Das Hoch wurde auf Magdalena getauft. [Die Frau]$_{Th2}$ ließ sich Larissa nennen. [Sie]$_{Th2}$ kam und ging. [Er]$_{Th1}$ wusste nicht, woher und wohin. (Wagner 2011: 11)

(25) [Der Hund]$_{+Th1}$ guckt von draußen durch die Glastür, die Nase dicht an der Scheibe. Wenn [er]$_{Th1}$ [Daumen]$_{+Th2}$ hätte, würde [er]$_{Th1}$ [sie]$_{Th2}$ drücken. Dafür, dass es jemandem hier gelingt, mir die Idee auszureden. (Zeh 2002: 9)

(26) [Sie]$_{+Th1}$ schwimmen. Zwei ferne unscharfe Körper im Lichtschaum der unruhigen See. Sollten [sie]$_{Th1}$ um die Wette schwimmen, dann ohne jede sichtbare Anstrengung. (Roes 2006: 7)

(27) Zwei Tage hatte [er]$_{+Th1}$ wie tot auf seinem Büffeldersofa gelegen. Dann stand [er]$_{Th1}$ auf, duschte ausgiebig, um auch den letzten Partikel Krankenhausluft von sich abzuwaschen, und fuhr nach Neuendorf.
[Er] fuhr die A 115, wie immer. (Ruge 2011: 7)

Fragen (→ H1.1) sind eines der wichtigsten Mittel, etwas zu thematisieren, dienen sie doch der Erweiterung des Sprecherwissens, der Behebung von Wissenslücken. Die Antwort liefert eine thematische Fortsetzung, die das Defizit beheben kann.

(28) Strafverhandlung (F. 13)

1	Richter	Frau Puhlmann, Sie heißen mit Vornamen Elke↑
2	Angeklagte	Jà
3	Richter	Wie ist ihr Geburtsname↑
4	Angeklagte	Puhlmann↓
5	Richter	Hab ich doch/ der Herr Puhlmann hat den Geburtsnamen Kohls→ nich↓
6	Angeklagte	Jà
7	Richter	((1.9s)) Frau Puhlmann ist geboren am elften sechsten 1957 in Kosen?↑
8	Angeklagte	Jà
9	Richter	Bei Paderborn↑
10	Angeklagte	((nickt)) (...)
11	Richter	Verheiratet/ ham Sie Kinder↓
12	Angeklagte	Jà

Die Entscheidungsfrage zielt auf eine Ja/Nein-Antwort. Die Welt der Möglichkeiten ist bereits vom Frager reduziert auf eine Alternative (wahr/falsch). Auf diese Weise wird für die Antwort ein spezifischer Rhematisierungsbereich vorgegeben, in dem das Rhema liegen sollte. Vorausgesetzt ist, dass die Frage sinnvoll ist. Fehlt es an Wissen oder Antwortbereitschaft, dann müsste der Hörer die Frage zurückweisen, jedenfalls gehört es zu den Verpflichtungen unserer Kommunikationsverhältnisse, sich Fragen nicht einfach zu entziehen. Das Muster, in dem wir uns bewegen, lässt wenigstens einen zweiten Zug erwarten, der als Antwort zu verstehen ist.

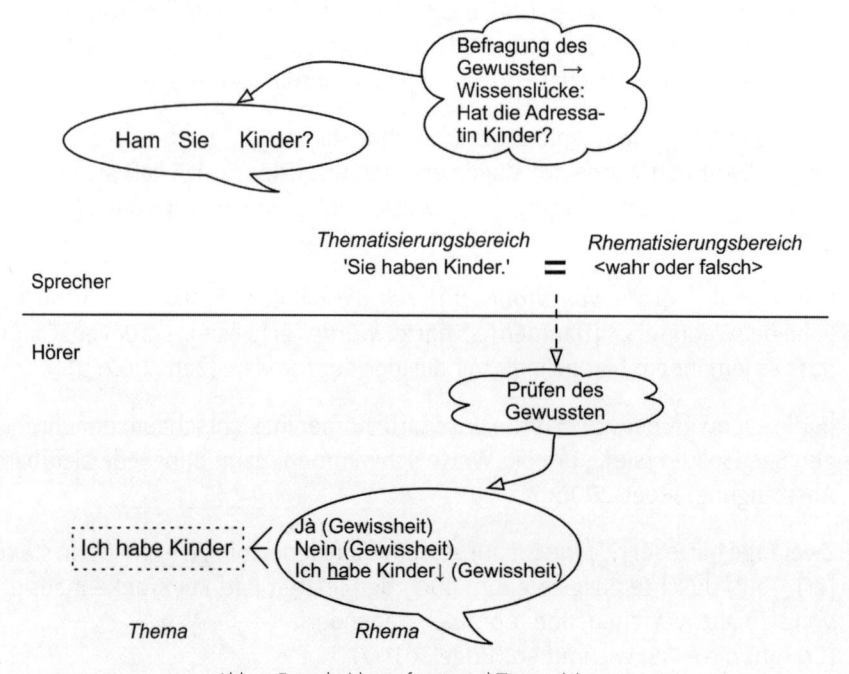

Abb. 1: Entscheidungsfrage und Thematisierung

In Ergänzungsfragen ist die Wissenslücke durch ein W-Interrogativ (*wer, was, wo, wann, wie ...*) für den Hörer gekennzeichnet. Vorausgesetzt ist der zugrunde liegende Sachverhalt mit einer unbestimmten Komponente:

(29) Wie ist ihr Geburtsname? ⇒ Sie haben einen Geburtsnamen. Nennen Sie ihn!

(30) Wann haben Sie aufgehört zu rauchen? ⇒ Sie haben geraucht. Bis wann?

Eine unzutreffende Voraussetzung zurückzuweisen, gelingt nicht jedem, zumal nicht vor Gericht. Hier füllt die Angeklagte die Wissenslücke überraschend mit dem Namen, den der Vorsitzende schon kennt, und bringt etwas Verwirrung in die Vernehmung zur Person, die mithilfe der Akte meist gleichförmig verläuft. Allerdings hat der Richter selbst Zugang zur Lösung: Der ebenfalls angeklagte Ehemann hat den Geburtsnamen seiner Frau angenommen. Thematisiert wird mit dieser Ergänzungsfrage: ‚Sie haben den Geburtsnamen N.', verbunden mit der Aufforderung, N zur Bestätigung zu nennen.

C5.3 Themen fortführen

C5.3.1 Anapher

Für die Fortführung eines konstanten Themas hat das Deutsche ein spezifisches Mittel: die ANAPHER (traditionell: Personalpronomen 3. Person) *er, sie, es* (griech. *aná* bedeutet ‚auf, hinauf, entlang', *anaphérein* ‚herauftragen, zurückbringen, zurückbeziehen').

> Mit einer ANAPHER wird das Thema einer Vorgängeräußerung, eines Vorgängersatzes oder einer vorausgehenden gedanklichen Einheit, fortgeführt. Dies geschieht operativ, in der Sprachverarbeitung, und nicht mittels eines symbolischen Gehalts wie beim Nomen.

Numerus	Singular			Plural
Kasus Genus	Maskulinum	Femininum	Neutrum	
Nominativ	er	sie	es	sie
Akkusativ	ihn	sie	es	sie
Dativ	ihm	ihr	ihm	ihnen
Genitiv	seiner	ihrer	seiner	ihrer

Tab. 1: Formen der Anapher

Die Formenübersicht in Tabelle 1 zeigt noch Spuren uneinheitlicher Entstehung (aus den Stämmen -i und -si). Die Genitivformen (im Mittelhochdt. noch es im Maskulinum/Neutrum, i(h)rer im Femininum) entsprechen nunmehr dem Possessivum (seiner und ihrer werden heute noch meist auf Personen bezogen, sonst durch dessen ersetzt). Ansonsten entspricht die Flexion der von der, die, das.

(31) [Feldmayer]$_{Th1}$ hatte [die Figur]$_{Th2}$ längst vermessen, [er]$_{Th1}$ hatte über [sie]$_{Th2}$ alles gelesen, was [er]$_{Th1}$ finden konnte ... (v. Schirach 2009: 167)

Die Anapher operiert auf dem Gesagten oder mental Präsenten. Lesen wir den vorstehenden Text, wissen wir, dass mit er weiterhin Feldmayer und mit sie die Figur gemeint ist. Dabei unterstützen die Genus- und Numeruskongruenz, die Parallelität im Aufbau und die Prädikation. Über die Sprachverarbeitung können Elemente der Vorgängeräußerung in die Folgeäußerung übernommen werden.

(32) [Mias]$_{Th1}$ Verhältnis zu [Kramer]$_{Th2}$ ist ambivalent. Es ist nicht einmal so, dass [sie]$_{Th1}$ [ihn]$_{Th2}$ nicht mögen würde. (Zeh 2009: 126)

Dass sie thematisch fortführt und ein Genus hat, das die Auffindung des Bezugsausdrucks unterstützt, unterscheidet sie von der Personaldeixis (→ C2), die der Orientierung in einer Sprechsituation oder im Vorstellungsraum dient. Allenfalls für die 3. Person des „Personalpronomens" könnte man näherungsweise sagen, sie stehe für etwas (Pro-Nomen), tatsächlich aber könnte sie – wenn überhaupt – nur eine Nominalgruppe mit mindestens einem Determinativ ersetzen (Latein hatte keinen Artikel, was u.a. zur Erklärung dieser irreführenden Bezeichnung beiträgt). Im Übrigen ist das Personalpronomen[1] keineswegs auf Personen beschränkt, auch Dinge und Sachen sowie Sachverhalte als Redegegenstände kann man mit ihnen fortführen. Allerdings muss zwischen Vorgängerausdruck und Anapher eine Satzgrenze oder die Grenze einer Äußerungseinheit, die einen eigenständigen Gedanken ausdrückt, liegen. Für eine satzinterne Fortführung

---

1 Die Problematik einer Kategorie „Personalpronomen" wie des „Pronomens" überhaupt ist in den wissenschaftlichen Grammatiken reflektiert; Zifonun/Hoffmann/Strecker 1997 verzichten auf diese Kategorien.

ist das Reflexivum *sich* (oder nach personaler Deixis eine Personalform wie *mich, mir* etc.: *Sie hat **sich**, ich habe **mir** ein Buch gekauft*) zuständig, daher ist die (a) Fassung problematisch:

(33) (a) *Wir nahmen an dem runden Tisch Platz, und mein Vormund ließ Drummle neben **ihm** Platz nehmen ... (Dickens 2011: 304)
 (b) ... und mein Vormund ließ Drummle neben **sich** Platz nehmen

Im Türkischen gibt es eine solche Anapher nicht. Es genügt die Personalendung des Verbs. Daher ist es auffällig und verweist auf den Einfluss des Deutschen, wenn ein Schüler mit türkischer Erstsprache in Deutschland schreibt:

(34) Charlie Chaplin. **O** bir Fabrika' da çalışıyor. **O** bi şeyleri dönderiyor. (Sirim 2009: 49[1])
 Charlie Chaplin. **Der** arbeitet in einer Fabrik. **Der** dreht irgendwelche Sachen.

Da eine Anapher fehlt, verwendet er mit *o* zur Fortführung eine türkische Objektdeixis, die auf eine Person oder ein Objekt zeigt, die fern von Sprecher und Hörer sind (→ C1, C5.3.2).

Die Form *es* verbindet sich nicht mit Präpositionen (**von es*, **mit es*, **wegen es*, **in es*). Stattdessen kann man ein Präpositionaladverb verwenden (**auf es warten* - *darauf warten*). *Es* hat Zusatzverwendungen bekommen, die zwar auf den fortführenden Gebrauch zurückgehen, aber doch eigen sind, da sie nicht fortführen:

- Fixes *es* bei Witterungs- und Existenzverben (***es** donnert,* ***es** gibt ein Gewitter*) sowie wenigen anderen (*Nimmt Klitschko **es** mit Hary auf? Niemand kann **es** ihr recht machen*)

- Expletives *es*, das der Füllung einer Position dient:
 a) Vorfeld im Aussagesatz: ***Es** kamen viele Leute,* ***es** dürstet ihn.*
 b) Korrelat eines Subjekt- oder Objektsatzes (→ C4.5): *Mich freut **es**, dass es regnet.*
 *Er findet **es** gut, dass es regnet.* Diese Sätze können gewichtet werden. Das *es* kann eine nachholende Thematisierung vorbereiten.

Mit Existenzformeln wie *es gibt* kann man ein Thema einführen. In der Jugendsprache finden wir ein an die Verbform *gibt* angelehntes, mit ihr verschmolzenes *es* wie in *gibs/gibt's*, die sich – analog etwa zum türk. *var* ‚es gibt', *yok* ‚es existiert nicht' – verselbständigen und dann auch mit *es* kombiniert auftreten kann (nach Wiese, http://www.kiezdeutsch.de/sprachlicheneuerungen.html#artikelpro, 29.2.2012]:

(35) Gibs auch 'ne Abkürzung. **Gibs** auch Jugendliche, die einfach aus Langeweile viel Mist machen. Ich weiß, wo die **gibs**.

(36) Das Problem daran ist ja, dass es Rivalitäten **gibs**.

Formelhaft erscheinen *gibt es* oder *was gibt es* in der Varietät von Migranten der 1. Generation:

---

[1] Türk. Beispiel exakt wie bei Sirim, die Arbeit zitiert Menz.

(37) **Gibt** es • mehr • Ahnung→ aber • die wollen nicht <u>hör</u>en↓ [‚Es gibt Leute mit mehr Ahnung/besseren Kenntnissen, aber die (Beamten) wollen davon nichts hören.']

(38) Ich sach • Was **gibt es**↑ (HASA 253, 76 VW-Projekt)

Aufgabe:
Der Anfang der „Litanei vom *Es*" von Hans Magnus Enzensberger sowie seines Gedichts „Woran ich *es* fehlen lasse" laden zur Untersuchung der Verwendungen des *es* ein:

(39) **Es** ist schon wieder so weit. **Es** ist zum Heulen.
Es ist eben so. **Es** wiederholt sich.
Es ist unvermeidlich. **Es** ist kein Zweifel.
So ist **es** nun einmal. **Es** ist zu bedauern.
Es ist allerhand. **Es** bleibt, wie **es** ist.
Es ist, um aus der Haut zu fahren.
Es kommt mir so vor, als wäre **es**
lästig, dunkel und kalt. **Es** sei denn,
es wäre süß und ehrenvoll,
angenehm, hell und warm.
Es ist nicht zu fassen.

Es fragt sich, wer oder was da spukt,
raschelt, klopft, gießt, brennt,
donnert, staubt, wimmelt,
stinkt und knallt.
Es, immer nur **es**. ...
(Enzensberger 1991: 16)

(40) Woran ich **es** fehlen lasse
Nein, dem Frühstücksei
kann ich nicht das Wasser reichen.
Es ist perfekt.
Manchmal tut **es** mir leid,
daß ich wankelmütiger bin
als der Hochspannungsmast.
Angesichts meiner Rachsucht
rührt mich das wehrlose Moos.
Das Denken der Nashörner,
geradlinig wie **es** ist,
kann ich nur bewundern ...
(Enzensberger 2005: 101)

Wie Genus und Numerus beim Finden thematischer Kontinuitäten helfen, zeigen die folgenden Beispiele:

(41) In Jütland schenkte [eine Mutter]$_{+Th1}$ [ihrem kleinen Sohn]$_{+Th2}$, als [er]$_{Th2}$ zur See ging, [ein Umhängetuch]$_{+Th3}$. Da [es]$_{Th3}$ für [ihn]$_{Th2}$ zu groß war, schnitt [sie]$_{Th1}$ ein Stück weg. (Brecht 1980a: 230f.)

```
In Jütland schenkte [eine Mutter]₊Th1  [ihrem kleinen Sohn]₊Th2
                         │                    │ Numerus
                         │                    │ Kasus
                         │              als [er]Th2 zur See ging, [ein Umhängetuch]₊Th3
                         │                    │                          │ Numerus
                         │                    │                          │ Genus
                         │ Numerus            │ Numerus         Da [es]Th3
                         │ Genus              │ Genus
                         │
                         │              für [ihn]Th2 zu groß war,
                         │
                schnitt [sie]Th1 ein Stück weg.
```

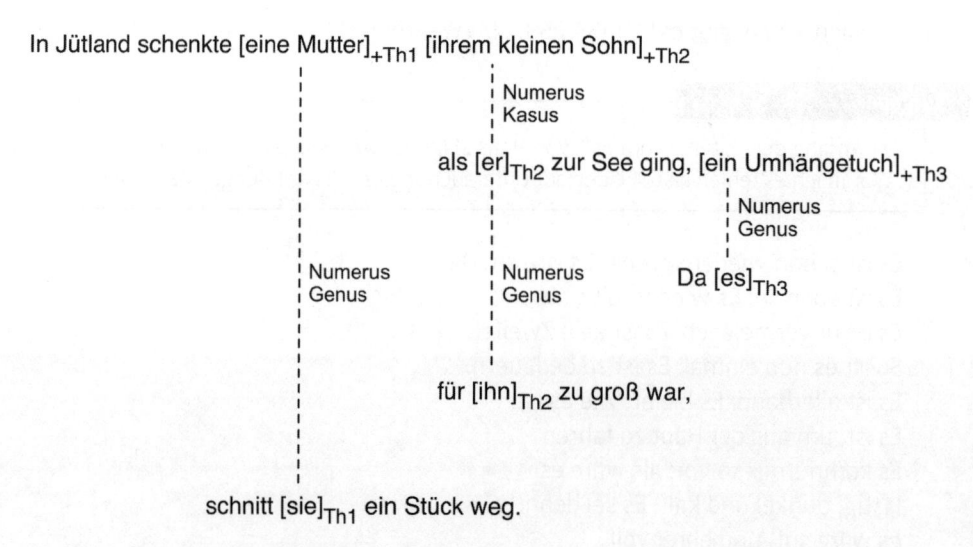

Abb. 2: Themafortführung mit Unterstützung durch Genus und Numerus

Die Fortführung mit *sie* ist bei isolierter Betrachtung mehrdeutig; der Leser muss aber immer den ganzen Äußerungszusammenhang einbeziehen und kann dann die Pluralform über die Kongruenz *sie – fanden* (42) herleiten:

(42) Am späteren Nachmittag kamen [Gigi und Beppo]$_{Th1}$. [Sie]$_{Th1}$ fanden [Momo]$_{Th2}$ im Schatten der Mauer sitzend, noch immer ein wenig blass und verstört. [Sie]$_{Th1}$ setzten sich zu [ihr]$_{Th2}$ und erkundigten sich besorgt, was mit [ihr]$_{Th2}$ los wäre. Stockend begann [Momo]$_{Th2}$ zu berichten, was [sie]$_{Th2}$ erlebt hatte. Und schließlich wiederholte [sie]$_{Th2}$ Wort für Wort die ganze Unterhaltung mit den grauen Herrn. (Ende 1973: 99)

```
Am späteren Nachmittag kamen [Gigi und Beppo]Th1.
                                    │
                                    │ Numerus
                                    │
                [Sie]Th1      fanden [Momo]Th2
                   │             │
                   │ Numerus     │
```

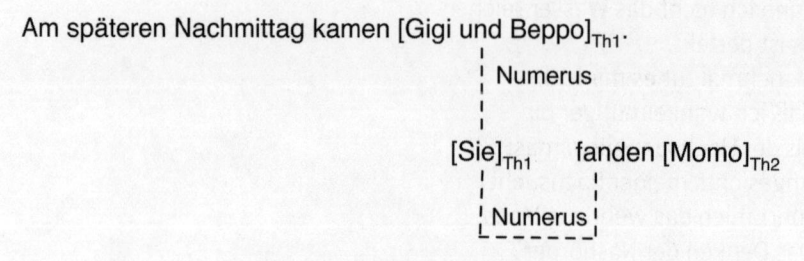

Abb. 3: Auffinden thematischer Kontinuität unterstützt durch Numerus und Prädikation

Im folgenden Beispiel scheint auf den ersten Blick unklar, wer wen schätzt bzw. liebt:

(43) Die Deutschen lieben die Italiener, aber sie schätzen sie nicht – die Italiener schätzen die Deutschen, aber sie lieben sie nicht.
[http://www.reise-nach-italien.de/amore.html, 17.5.2011]

In solchen Fällen neigen wir zur Parallelverarbeitung, wir setzen den Satzaufbau parallel: Was im Vorgängersatz Subjekt ist, im Vorfeld steht, darauf wird auch die positionsgleiche Anapher im Folgesatz bezogen:

(44) [Die Deutschen]$_{+Th1}$ lieben [die Italiener]$_{+Th2}$, aber [sie]$_{Th1}$ schätzen [sie]$_{Th2}$ nicht – [die Italiener]$_{Th2}$ schätzen [die Deutschen]$_{Th1}$, aber [sie]$_{Th2}$ lieben [sie]$_{Th1}$ nicht.

Verletzte Parallelität kann irritieren:

(45) In der Schweiz lebte einmal [ein alter Graf]$_{+Th1}$, [der]$_{Th1}$ hatte nur [einen einzigen Sohn]$_{+Th2}$, aber [er]$_{Th2}$ war dumm, und konnte nichts lernen. (Kinder- und Hausmärchen 1999: 160)

Natürlich wäre die Fortführung mit *der* statt *er* – möglich dass hier eine Variation angestrebt war. So jedenfalls stellt sich zunächst eine Mehrdeutigkeit ein, da die erste Priorität die thematische Linie *er – der – ein alter Graf* ist. Wenn man dann aber die Prädikationen *dumm* und *konnte nichts lernen* berücksichtigt und das Wissen, dass es eher die Söhne sind, die etwas lernen sollen, landet man bei dem *einzigen Sohn*. Eine Mechanik der Interpretation gibt es nicht. Immer muss auch die Prädikation berücksichtigt werden; im folgenden Beispiel könnten zwar auch Mädchen wunderschön und treu sein, das Erleben von Abenteuern auf ihrem Rücken ist aber eher unwahrscheinlich:

(46) [Alle Mädchen]$_{+Th1}$ lieben [Pferde]$_{+Th2}$. [**Sie**]$_{Th2}$ sehen wunderschön aus, sind treu und auf ihrem Rücken kann man so manches Abenteuer erleben.
[http://www.ots.at/presseaussendung/OTS_20050424_OTS0041/pferde-der-traum-aller-maedchen-audio, 17.5.2011]

Dass wir bei Konstanz des Themas nicht voraussetzen, dass die entsprechenden Objekte der Realität identisch sind, zeigt das Beispiel:

(47) Die Wahlen in Paris sind doch zu bürgerlich ausgefallen, [die Arbeiter]$_{Th1}$, wo sie Spezialkandidaten aufstellten, fielen durch. (…) In Preußen würden [**sie**]$_{Th1}$ fortschwätzen, wenn der alte Bismarck [ihnen]$_{Th1}$ nicht den Riegel vorgeschoben. (Marx/Engels 1983: 144)

Gemeint sind die Arbeiter in Preußen, im folgenden hoffentlich das Essen von heute.

(48) Letzte Woche hat sie [ihr Essen]$_{+Th1}$ stehen lassen, aber heute hat sie [**es**]$_{Th1}$ probiert.

Die Anapher kann auch ohne Vorgängerausdruck verwendet werden, um eine nicht bestimmbare Gruppe anzuführen:

(49) Neulich haben **sie** in Münster mein Fahrrad gestohlen.

Gelegentlich wird ein Teilthema herausgegriffen und fortgeführt; das Thema unterliegt einer Entwicklung:

(50) [Das königliche Paar]$_{Th1+2}$ trat aus der Kirche. [Sie]$_{Th1}$ strahlte.

Ein Paar kann aus zwei Personen bestehen, Mann und Frau. In die Kirche können Paare gehen, um zu heiraten. Demnach kann mit *sie* die Braut gemeint sein.

Möglich ist auch eine Vorwegnahme[1]: Es gibt noch kein Thema, das fortgeführt werden könnte. Sie erhöht die Spannung:

(51)   Dann entdeckten sie [ihn]$_{Th1}$. [Der Mann]$_{+Th1}$ saß zwei Bänke weiter, Mitte vierzig, Halbglatze, Brille mit schwarzem Kassengestell, grauer Anzug. (v. Schirach 2009: 122)

Ein Spezialfall der Anapher ist das REFLEXIVUM. Es führt nur satzintern fort:

(52)   **Sie**₁ hatten **sich**₁ schon Lebewohl gesagt ... (v. Düffel 2006: 7)

Das Reflexium leistet einen internen Rückbezug auf das Subjekt, seltener auf ein Objekt (*er warnt ihn vor sich*). Die Form ist stets *sich*, für alle Genera, die Kasus Dativ und Akkusativ Singular und Plural.

Bestimmte Verben erfordern grundsätzlich ein Reflexivum, das dann als Verbteil gilt: *sich schämen, sich weigern, sich beeilen, sich erholen, sich auskennen, sich entschließen, sich gedulden, sich verirren, sich sehnen nach*. Einige können in anderen Verwendungen auch ohne Reflexivum vorkommen: *sich trauen - jemandem trauen/ein Paar trauen, sich anstrengen - das strengt ihn an*.

Bei bestimmten Verben in Pluralsätzen können oder müssen die Handelnden als vertauschbar (reziprok) gedacht werden. Hier kann *sich* stehen, eine spezialisierte Form, dies auszudrücken, ist *einander*:

(53)   [Peter und Paula]₁ lieben [sich]₁/[einander]₁.

(54)   [Peter und Paula]₁ streiten [sich]₁. / Peter und Paula streiten [miteinander]₁.

C5.3.2 Fortführung mit Zeigwörtern (Objektdeixis)

> Mit deiktischen Ausdrücken wie *der, die, das* und mit *dieser, diese, dieses* kann man im Wahrnehmungsraum auf anwesende Personen, Dinge oder Vorgänge zeigen (*schau Dir mal das an!*). Ausdrücke wie *der* oder *dieser* zählen zur Wortart OBJEKTDEIXIS. Man kann mit ihnen auch auf zuvor Versprachlichtes in der Rede, im Gespräch oder im Text reorientieren und damit auf Gegenstände oder Sachverhalte, die im Kurzzeitgedächtnis noch zugänglich sind. Diesen Gebrauch der Deixis nennt man (parallel zur *Anapher*) ANADEIXIS (Ehlich) (Anadeixis bedeutet, dass ‚zurückgezeigt wird'). Anadeiktisch verwendbar sind auch lokaldeiktische Ausdrücke wie *da, darauf, hier, dort*.

(55)   Schulstunde Klasse 7

Schüler   Wie kommt das denn? Da hat [der Arzt]$_{+Th1}$ gesagt, [der]$_{Th1}$ ha/ [der]$_{Th1}$ hat [meinem Opa]$_{+Th2}$ [die Röntgenbilder]$_{+Th3}$ gezeigt, [der]$_{Th2}$ konnt zwar nix [damit]$_{Th3}$ anfangen, aber is ja egal, da war noch nix [drauf]$_{Th3}$ zu sehen, un wie [der Hund]$_{Th4}$ dann tot war, ham se [den]$_{Th4}$ nochmal geröngt, da war da so n richtiges Blutgerinnsel ... (Redder 1982: 38 (adaptiert))

Das Zeigen geschieht so, dass der Adressat ausgehend vom Zeigwort in der Äußerung zurückgeht und den nächst liegenden, passenden Ausdruck auf Stimmigkeit hin prüft.

---

1   Man spricht auch von einer KATAPHER.

Welcher Ausdruck passt inhaltlich in das Gesagte, zur Prädikation? Formal können auch hier Genus- und Numeruskongruenz helfen (*der, dieser*) oder das Wissen, dass der gesuchte Ausdruck einen Ort angeben oder als Ort fassbar sein muss (bei *hier, dort, da*). Zusammengesetzte Ausdrücke wie *damit, hiermit, dadurch* haben allerdings ein weiteres Reorientierungsspektrum; sie orientieren nicht auf eine personale Größe.

Da hat [der Arzt]$_{+Th1}$ gesagt,   [der]$_{Th1}$ ha/ [der]$_{Th1}$ hat
            △ Numerus
            └ Kasus ─────────┘

[meinem Opa]$_{+Th2}$ [die Röntgenbilder]$_{+Th3}$ gezeigt, [der]$_{Th2}$ konnt zwar nix [damit]$_{Th3}$ anfangen
△   △
│ Numerus   │
│ Kasus   │
└───────────┴──────────────┘
                           └── <mit einer nicht-personalen Größe> ──┘

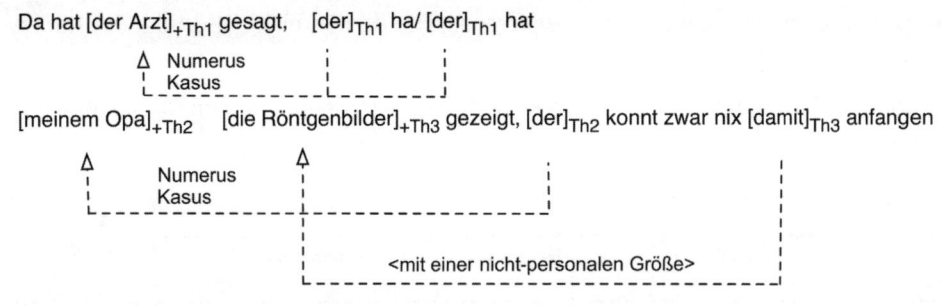

Abb. 4: Auffinden thematischer Kontinuität: Anadeixis

(56) Von [unserer Grammatik]$_{+Th1}$
     wird man berichten
     wie von fremden Völkern.
     Es gab [da]$_{Th1}$ verschiedene
     Formen der Vergangenheit, wird er gesagt haben,
     wenn alle den Kopf schütteln.
     (A. Astel (Wiemer 1972: 65))

Mit *das* kann auch ein Sachverhalt fortgeführt werden:

(57) Anna Maria hatte ihr nicht schlecht gefallen, vor allem aber [gefiel eine wie sie ihrem Wolfgang]$_{+Th2}$, [das]$_{Th2}$ wußte sie sehr genau. (Ortheil 2002: 364)

Den Unterschied zwischen dem Gebrauch einer Anapher und einer Anadeixis zeigt das folgende Beispiel:

(58) [Paul]$_{Th1}$ traf [Harry]$_{Th2}$.
     (a) [**Der**]$_{Th2}$ schuldete [ihm]$_{Th1}$ Geld.
     (b) [**Er**]$_{Th1}$ schuldete [ihm]$_{Th2}$ Geld.

Ausgehend von *der* wird der nächst zugängliche Ausdruck gesucht und dabei die Kette rückwärts abgeschritten; *er* beginnt bei der Parallelposition in der Vorgängeräußerung. Die jeweils andere Deutung ist nicht ausgeschlossen, aber nicht bevorzugt. *Dieser* und *jener* sowie *der – der* oder *hier – dort* erlauben eine differenzierte Fortführung; *jener* kommt derzeit aus dem Gebrauch:

(59) So erweiterten sich [Rußland]$_{Th1}$ und [Amerika]$_{Th2}$, [jenes]$_{Th1}$ nach Osten, [dieses]$_{Th2}$ nach Westen, [beide]$_{Th1+2}$ bis an den Stillen Ozean.
     (IDS Korpora WJA, 182)

[Rußland]$_{Th1}$ und [Amerika]$_{Th2}$,   [jenes]$_{Th1}$ nach Osten,   [dieses]$_{Th2}$ nach Westen

Fernbereich   Nahbereich

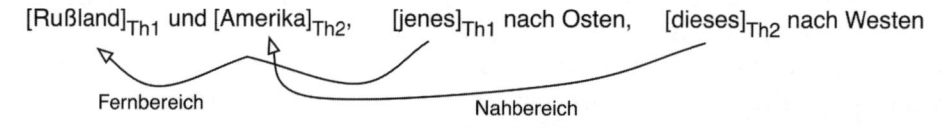

Abb. 5: Auffinden thematischer Kontinuität: differenzierende Anadeixis

Der Fernbereich wird jeweils so konzipiert, dass er den Bereich außerhalb des Nahbereichs umfasst.

Die Formen der Objektdeixis *der* unterscheiden sich im Genitiv und im Dativ Plural vom bestimmten Artikel.

Numerus	Singular			Plural
Kasus Genus	Maskulinum	Neutrum	Femininum	
Nominativ	der	das	die	die
Akkusativ	den	das	die	die
Dativ	dem	dem	der	denen
Genitiv	dessen	dessen	derer/deren	derer/deren

Tab. 2: Formen der Objektdeixis

Ausdrücke wie *hier, da, dort* dienen in ihrer Grundverwendung der lokalen Orientierung eines Hörers in einem geteilten Wahrnehmungsraum (→ E1.1). Die lokale Deixis *hier* orientiert in einem Nahbereich: im Zimmer, Klassenraum, Gebäude, in der Stadt etc. Im folgenden Beispiel ist es die Verhandlung, ihr Gesprächsraum:

(60)   Strafverhandlung (F. 20)

1 Zeuge   ... und dann mein Wagen/ mein Wagen ist auch demoliert worden
2   nich wahr und dann äh ich verzichte darauf nich wahr → und dann dass
3   ich hier irgendwie nich wahr und dann Schwierigkeiten kriege → damals/
4 Richter Nee Sie müssen **hier** aussagen→ Herr/ Herr T. ↓

Die Orientierung kann auch die gerade aufgerufene Webseite als Nahbereich nehmen, in dem der Leser sich orientieren kann:

(61)   jemand aus berlin **hier**???
       [http://www.apfeltalk.de/forum/jemand-aus-berlin-t118577.html, 17.5.2011]

Oder ein als Fläche vorgestelltes Buch:

(62)   **Hier** stehen interessante Sachen drin. [Hörbeleg]

Lokale Zeigwörter können aber auch der Themafortführung dienen:

(63)   [Berlin]$_{+Th1}$: [**Hier**]$_{Th1}$ kam der Antisemitismus zur Welt
       [http://www.hagalil.com/archiv/2009/11/05/berlin-3/, 17.5.2011]

Die Lokaldeixis *da* kann zum einen als neutralisierte Grundform dienen (*da ist noch Apfelsaft*) oder den Hörer im Wahrnehmungsraum orientieren (*da regnet es schon, hier noch nicht*), sie kann aber auch fortführen:

(64) [Berlin]₊Th1 – [da]Th1 steckt Musike drin
[http://ideas.repec.org/a/diw/diwwob/72-14-2.html 17.5.2011]

(65) Es regnet ... [hier in Bayern]₊Th ... [Da]Th1 komm ich nämlich her, genauer gesagt aus der Nähe von Nürnberg.
[http://www.netzwelt.de/forum/spam-forum/54600-regnet.html, 17.5.2011]

Mit *da* kann auch ein Ereignis, eine Szene raum-zeitlich fortgeführt werden:

(66) am tach davor hatte ich [ein fußballspiel]₊Th1 ... [da]Th1 hab ich voll ein aufn oberschenkel bekommen
[http://www.skateboard-community.de/lofiversion/index.php?t1027-50.html, 17.5.2011]

Mit diesen deiktischen Ausdrücken kann auch auf das gezeigt werden, was in der Rede oder im Text folgt. Man spricht von „Katadeixis" und „katadeiktischem Gebrauch" (Ehlich).

(67) Genau [d a s]Th1 habe ich geahnt – [man hat trotz Auftragsannahme, Auftragsbestätigung etc. garkeine Möglichkeit an meinem Wohnort einen Anschluß zur Verfügung zu stellen.]₊Th1
[http://www.alice-community.de/forum/viewtopic.php?f=17&t=3586, 5.10.11, Fehler im Orig.]

Im Türkischen kann mit *bu, şu, o* fortgeführt werden; *şu* wird öfter katadeiktisch verwendet.

Nähestufen	Objekt
beim Sprecher	*bu* ‚dieser/diese/dies(es)' (auch anadeiktisch fortführend)
beim Hörer, in mittlerer Distanz, Ferne 1	*şu* ‚der/die/das da, Folgendes' (katadeiktisch vorwegnehmend, seltener anadeiktisch fortführend)
fern von Sprecher und Hörer, bei einem Dritten, Ferne 2	*o* ‚jener/jene/jenes' (auch anadeiktisch fortführend wie *der/die/das*)

Tab. 3: Dreistufiges System der Objektdeixis im Türkischen

C5.3.3 Fortführung im appositiven und weiterführenden Relativsatz

> Der APPOSITIVE RELATIVSATZ (→ C6.2) wird – meist intonatorisch abgesetzt (kurze Pause, Intonationsbruch) – in eine Nominalgruppe implementiert. Er nimmt etwas vom Gesagten auf und führt es durch ein reorientierendes Relativum thematisch fort.

Restriktive Relativsätze (→ C4.5) hingegen werden in eine Nominalgruppe integriert, um zur Gegenstandskonstitution beizutragen.

(68) Er legte sich vor das Bett und deckte sich mit [ihrem Fellmantel]$_{+Th1}$ zu, [der]$_{Th1}$ dumpf nach Blut roch. (Paluch/Habeck, Hauke Haiens Tod, 32)

Auf diese Weise wird eine zusätzliche Thema-Rhema-Einheit eingelagert. Dies kann zur Etablierung eines Neben-/Unterthemas, aber auch zur erzählerischen oder beschreibenden Verdichtung genutzt werden. Der thematische Hauptstrang bleibt im Zentrum der Handlungsverkettung und Aufmerksamkeit, der Relativsatz erhält ein Eigengewicht. Alternativ kann auch eine satzförmige Parenthese – mit Anapher – installiert werden (*sie hatte sich mit ihrem Mantel - er roch dumpf nach Blut - zugedeckt*).

Der stets nachgestellte weiterführende Relativsatz führt einen Sachverhalt als Thema fort. Er gliedert eine thematische Einheit an eine andere an (thematische Verschränkung), die thematische Fortführung erfolgt über ein W-Relativum wie *was* oder eine mit *was* oder *wo* gebildete Zusammensetzung (*weshalb, worüber, wobei*). Auch dieser Relativsatz erhält eine spezifische Gewichtung.

(69) Heute [habe ich Kevin zum ersten Mal „Bia" sagen hören]$_{+Th1}$, [was]$_{Th1}$ mich sehr gefreut hat!
[http://www.sabrinaandexer.de/main.php?start_from=40&ucat=&archive=&subaction=&id=&, 17.5.2011]

C5.3.4 Definite Nominalgruppen und Eigennamen

Nominalgruppen mit bestimmtem Artikel machen dem Hörer klar, dass ihr Gegenstand ihm schon im Wissen zugänglich ist. Ist er präsent, weil er zuvor erwähnt wurde und damit ins Laufwissen eingegangen ist, handelt es sich um eine Themafortführung.

(70) Sie löffelten schweigend, bis [der Gendarm von der Grenzstation]$_{+Th1}$ hereinkam und ihre Pässe verlangte. Eugen gab ihm$_1$ seinen Passagierschein ... [**Der Gendarm**]$_{Th1}$ betrachtete ihn misstrauisch, prüfte den Pass, nickte und wandte sich Gauß zu. (Kehlmann 2005: 10f.)

(71) Nach alten Berichten gebe es [einen Kanal]$_{+Th1}$ zwischen den Strömen Orinoko und Amazonas. Europäische Geographen hielten das für Legende. Die herrschende Schule behaupte, daß nur Gebirge als Wasserscheiden dienen und keine Flußsysteme im Inland verbunden sein könnten.
Darüber habe er seltsamerweise nie nachgedacht, sagte Bonpland.
Es sei ein Irrtum, sagte Humboldt. Er werde [**den Kanal**]$_{Th1}$ finden und das Rätsel lösen.
Aha, sagte Bonpland. [**Ein Kanal**]$_{Th1}$.
Ihm gefalle diese Einstellung nicht, sagte Humboldt. Immer Klagen, immer Einwürfe. Sei etwas Enthusiasmus zuviel verlangt? (Kehlmann 2005: 77)

Humboldt spricht in dem Roman davon, dass es in der fraglichen Gegend einen Kanal geben solle, er thematisiert den Kanal mit einem Existenzausdruck (*es gibt* ...) und führt das Thema fort; Bonplands Äußerung hält den Redegegenstand aufrecht, bezweifelt aber, indem er hier den unbestimmten Artikel, verwendet, seine Existenz. Für ihn bleibt es ein bloß entworfener Redegegenstand.

Nicht nur Gattungsnamen, auch Eigennamen können wiederholt zur Fortführung eingesetzt werden (Rekurrenz):

(72) [**Pocol**]$_{+Th1}$ war cholerisch und brutal, und [er]$_{Th1}$ wusste, dass das sein Kapital war. Jeder hatte schon einmal die Geschichte [des Wirtes]$_{+Th2}$ gehört, [der zu [**Pocol**]$_{Th1}$ gesagt hatte, [er]$_{Th1}$ solle bezahlen, was [er]$_{Th1}$ esse]$_{+Th3}$. [Das]$_{Th3}$ war fünfzehn Jahre her. [**Pocol**]$_{Th1}$ kannte [den Wirt]$_{Th2}$ nicht, und [der Wirt]$_{Th2}$ kannte [**Pocol**]$_{Th1}$ nicht. [**Pocol**]$_{Th1}$ hatte die Bestellung an die Wand geworfen, war zu dem Kofferraum seines Wagens gegangen und mit einem Baseballschläger zurückgekehrt. [Der Wirt]$_{Th2}$ verlor die Sehkraft auf dem rechten Auge, die Milz und die linke Niere und verbrachte den Rest seines Lebens im Rollstuhl. [**Pocol**]$_{Th1}$ wurde wegen versuchten Totschlags zu acht Jahren Freiheitsstrafe verurteilt. Am Tag des Urteils stürzte [der Wirt]$_{Th2}$ mit seinem Rollstuhl eine U-Bahn-Treppe herunter. [Er]$_{Th2}$ brach sich das Genick, und nachdem [**Pocol**]$_{Th1}$ entlassen wurde, musste [er]$_{Th1}$ nie wieder ein Essen bezahlen. (v. Schirach 2009: 28f.)

Solche Reihen haben etwas Stereotypes und werden deshalb oft durch eine Anapher aufgelockert (*Pocol – er – Pocol*). Anders, wenn es um Genauigkeit geht, wie in fachsprachlichen Zusammenhängen:

(73) [**Angiotensin I**]$_{Th1}$ wird im Organismus enzymatisch durch Renin aus Angiotensinogen gebildet. Es ist selbst weitgehend inaktiv. In Gegenwart des Angiotensin Converting Enzyme (ACE) wird [**Angiotensin I**]$_{Th1}$ in das Oktapeptid Angiotensin II gespalten, welches für die blutgefäßkontrahierenden Wirkungen verantwortlich ist. Ein weiterer, von [**Angiotensin I**]$_{Th1}$ ausgehender Aktivierungsweg wurde erst kürzlich entdeckt.
[http://de.wikipedia.org/wiki/Angiotensin_I, 18.5.2011]

(74) Diese mittelalterliche Weltsicht (...) findet [Chuck Palahniuk]$_{Th1}$ mehr oder weniger ungebrochen in der Gegenwart wieder. Es ist kein Wunder, dass in den Romanen [des 41-jährigen amerikanischen Schriftstellers]$_{Th1}$ Selbsthilfegruppen eine wichtige Rolle spielen. (taz 20.3.2003, literataz I)

In einer nominalen Fortführung kann die mit dem Nomen angeführte Eigenschaft gewechselt und so mehr Variation, aber auch mehr Information über ein Thema ins Spiel gebracht werden (CHANGIERENDE FORTFÜHRUNG). Im Gegensatz dazu wird bei einer PERSISTIERENDEN FORTFÜHRUNG von demselben Charakteristikum Gebrauch gemacht (*ein Haus ... das Haus*). Durch eine changierende Fortführung kann die Verständlichkeit gemindert, der Stil kompakt werden („Nominalstil"). Das folgende Beispiel enthält changierende Fortführungen, die Wissen über eine Person sukzessiv aufbauen (Abb. 6), neben persistierenden (*Winfried Fulda – Fulda*):

(75) [**Der Volkswirt Wilfried Fulda**]$_{+Th1}$, 43, traute seinen Augen nicht. [**Der Lehrbeauftragte an der Hamburger Fachhochschule für Öffentliche Verwaltung**]$_{Th1}$ hatte verschwitzt, eine erste Rate seiner Studienbeihilfe nach dem Bundesausbildungsförderungsgesetz (Bafög) zurückzuzahlen. Nach sechs Wochen flatterte [ihm]$_{Th1}$ ein Mahnbescheid des Bundesverwaltungsamtes ins Haus. Als Strafe für die Bummelei sollte [Fulda]$_{Th1}$, auf die ausstehende Monatsrate von 78 Mark, fast 60 Prozent Verzugszinsen zahlen: 46 Mark.

Doch [der ehemalige Bafög-Empfänger]_{Th1} bockte. Fünf Jahre lang überwies [der Wirtschaftswissenschaftler]_{Th1} jeweils nur die Bafög-Raten. Als sich die Verzugszinsen im Januar 1985 auf rund 3700 Mark summiert hatten, stand der Gerichtsvollzieher vor der Tür. „Zum Glück", feixt [Fulda]_{Th1}, „konnte ich ihn überzeugen, daß bei mir nix zu holen ist."
Auf Empfehlung seines Anwaltes hat [der Hochschullehrer]_{Th1} seine Schuld zwar beglichen, aber beim Kölner Verwaltungsgericht geklagt. [Fulda]_{Th1}: „Es kann doch nicht angehen, daß der Staat auf diese Weise sein marodes Bafög-System saniert."
(Spiegel 27, 1987: 50)

> Der Volkswirt   Wilfried Fulda
> Der Lehrbeauftragte an der Hamburger FH für Öffentliche Verwaltung
> der ehemalige Bafög-Empfänger
> der Wirtschaftswissenschaftler
> der Hochschullehrer
>
> Personcharakteristik: Wilfried Fulda

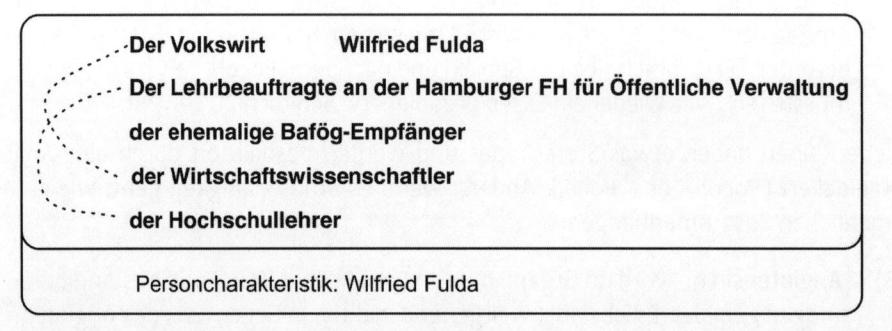

Abb. 6: Aufbau eines thematischen Wissens über eine Person mittels changierender Fortführungen

Der Nachvollzug wird erschwert, wenn die Charakteristika wenig oder nichts miteinander verbindet (*der Trainer stellte den Kapitän nicht mehr auf ... der Dreiunddreißigjährige ...*).

Die nominale Fortführung kann quasi-synonyme Ausdrücke nutzen:

(76) Das gilt auch, wenn [der Gastwirt]_{Th1} den Gast veranlasst, seinen Mantel nicht bei Tisch zu behalten, sondern ihn am Kleiderständer oder an den Wandhaken in seinem Sichtbereich aufzuhängen. Entscheidet der Gast sich jedoch selbst für den nicht einsehbaren Nebenraum, obwohl er die Wahl hatte, so haftet [der Gastwirt]_{Th1} nicht, wenn er ein entsprechendes Warn-Schild angebracht hat. Da [der Gastronom]_{Th1} in diesen Fällen nicht haftbar gemacht werden kann, ersetzt auch die Versicherung solche Schäden nicht.
[http://www.gastrosure.de/index.php?option=com_content&view=article&id=116&Itemid=121, 18.5.2011]

Man kann auch mit einem Oberbegriff oder einem generellen Nomen fortführen:

- *Ding, Objekt, Ort, Kreatur, Stoff, Substanz, Teil, Mensch* ... (bei Redegegenständen)

- *Sache, Angelegenheit, Ereignis, Frage, Tatsache, Geschehen, Vorkommnis* ... (bei Sachverhalten).

(77) Die Methode der Forscher basiert auf der natürlichen Synthese [des Allizins]_{+Th1}: [Diese Substanz]_{Th1} ist nämlich in ganzen, unbeschädigten Knoblauchzehen nicht existent, sondern es ist das Produkt einer biochemischen Reaktion zwei-

er Stoffe, die in winzigen, aneinander liegenden „Fächern" in jeder Knoblauchzehe vorhanden sind.
[http://www.medizinauskunft.de/artikel/diagnose/alternativ/07_01_04_knoblauch.php, 18.5.2011]

(78) Bei einem Testversuch, den der Schreiber dieses Buches mit [200γ LSD]$_{+Th1}$ unternahm, bemerkte er bald nach Einnahme [des Stoffes]$_{Th1}$, wie sich auch die Gesichter der Anwesenden in charakteristischer Weise veränderten. (Wagner 1970: 122)

Man kann in der Nominalgruppe ,verstecken', was man mitsagen, aber nicht offen behaupten möchte, ein von manchen Presseorganen oft genutztes Verfahren:

(79) [Der konservative BND-Chef]$_{Th1}$ nutzt solche Gelegenheiten und stärkt dabei Kohls Mißtrauen und Vorbehalte gegenüber Moskau. (...) [Der Ideologe auf dem Präsidentenstuhl]$_{Th1}$ hat sich allerdings Respekt bei Kollegen dadurch verschafft, daß er, den Dienst strikt vor parteipolitischen Eingriffen zu schützen sucht.
(Spiegel 30/1987: 105)

Die Mittel der thematischen Fortführung unterliegen in einer Satzfolge bestimmten Abfolgetendenzen. Bestimmend ist das Minimierungsprinzip: Der Aufwand für Hörer oder Leser soll möglichst gering gehalten werden. Daher erscheinen am Anfang einer Reihe eher Eigennamen und spezifische, den Gegenstandsentwurf genauer umreissende Nominalgruppen, während Anaphern und unspezifischere Nominalgruppen oder Zeigwörter darauf folgen. So ist im folgenden Beispiel (a) besser – weil einfacher – als die etwas irritierende Variante (b):

(80) (a) [Madame aus der Schweiz]$_{Th1}$ war eine calvinistische Pfarrerswitwe ... [Madame]$_{Th1}$ war ganz schwarz und weiß: ihr Häubchen war weiß und schwarz ihr Kleid.
(Mann 1960: 52)

(81) (b) [Madame]$_{Th1}$ war eine calvinistische Pfarrerswitwe ... [Madame aus der Schweiz]$_{Th1}$ war ganz schwarz und weiß: ihr Häubchen war weiß und schwarz ihr Kleid.

Wenn die Anapher einer Nominalgruppe (b) bzw. einem Namenausdruck (c) vorausgeht, ist der Aufwand ebenfalls erhöht, auch wenn so stilistisch variiert werden kann:

(82) (a) [Tadzio]$_{Th1}$ ging hinter den Seinen, [er]$_{Th1}$ ließ der Pflegerin und den nonnenähnlichen Schwestern in der Enge gewöhnlich den Vortritt ... (Mann 1986: 579)
(b) [Er]$_{Th1}$ ging hinter den Seinen, [der Junge]$_{Th1}$ ließ der Pflegerin und den nonnenähnlichen Schwestern in der Enge gewöhnlich den Vortritt ...
(c) [Er]$_{Th1}$ ging hinter den Seinen, [Tadzio]$_{Th1}$ ließ der Pflegerin und den nonnenähnlichen Schwestern in der Enge gewöhnlich den Vortritt ...

Der Aufwand einer deiktischen Reorientierung ist höher als beim Gebrauch einer Anapher:

(83) (a) Es war einmal [ein Prinz]$_{+Th1}$, weit drüben im Märchenlande. Weil [der]$_{Th1}$ nur ein Träumer war, liebte [er]$_{Th1}$ es sehr, auf einer Wiese nahe dem Schlosse zu liegen und träumend in den blauen Himmel zu starren.
(Brecht 1980a: 7)

(b) Es war einmal [ein Prinz]$_{+Th1}$, weit drüben im Märchenlande. Weil [er]$_{Th1}$ nur ein Träumer war, liebte [der]$_{Th1}$ es sehr, auf einer Wiese nahe dem Schlosse zu liegen ...

Die Abfolge thematischer Ausdrucksmittel folgt in der Tendenz diesen Präferenzen:

> - Eigenname vor definiter Nominalgruppe vor Anapher
> - spezifischere (stärker einschränkende) vor unspezifischerer Nominalgruppe
> - Zeigwort / Anadeixis vor Anapher.

C5.3.5 Weglassungen: Analepse

Wir formulieren, was kommunikativ nötig ist – nicht alles, was man sagen könnte. Zu diesem Ökonomieprinzip gehört, dass man oft nicht versprachlicht, was im geteilten Aufmerksamkeitsbereich liegt oder im Laufwissen. Wenn etwas Thematisches weggelassen wird, sprechen wir (terminologisch parallel zu Anapher und Anadeixis) von ANALEPSE. Vor allem findet sich diese Erscheinung in koordinierten Sätzen, in einer Satzreihe, in einem zweiten oder weiteren Konjunkt (zur Koordination → F2).

In den folgenden Beispielen sind die thematischen Lücken, die von den Rezipienten zu füllen sind, mit [ ] markiert:

(84) Trinkhalle/Kiosk (Pfälzisch)
Da sin [manche]$_{+Th1}$→ • die kumme entweder [ ]$_{Th1}$ sin angetrunke→ odder [sie]$_{Th1}$ komme frisch von der Arweit [ ]$_{Th1}$ hawwe irgendwas zu verzehle ...
(Maurer/Schmitt 1994: 239 (adaptiert))

(85) Heimkehr
[Ich]$_{Th1}$ bin zurückgekehrt, [ich]$_{Th1}$ habe den Flur durchschritten und [ ]$_{Th1}$ blicke mich um. Es ist meines Vaters alter Hof. (Kafka 2003: 464)

Im ersten Beispiel muss komplettiert werden, um den ganzen Gedanken zu erschließen, z.B. so: *die sin angetrunke; sie hawwe irgendwas zu verzehle*. Allerdings gibt es keine ‚vollständigere Struktur in der Tiefe', die man ausgraben müsste, man muss nur den Gedanken rekonstruieren. Im Kafka-Beispiel ist so zu ergänzen: *Ich blicke mich um*.

> Die ANALEPTISCHE PROZEDUR schließt an positionsspezifische Themaausdrücke eines Vorgängersatzes oder Konjunkts an, deren Gegenstand oder Sachverhalt noch präsent sind, und führt damit thematisch fort.

(86) Kein Gesicht
1   [Ein junges Mädchen]$_{+Th1}$, schön, lebhaft, ehrgeizig,
2   scheinbar begabt, floh das elterliche Haus.

3   [ ]_Th1 Zündete an, was brennen wollte, oben und unten zugleich.
4   [ ]_Th1 Suchte das Wunderbare,
5   [ ]_Th1 hielt vor allem sich selbst dafür.
6   [ ]_Th1 Wurde Schauspielerin auf einer kleinen Bühne,
7   [ ]_Th1 schickte die ersten lobenden Kritiken nach Hause.
8   [ ]_Th1 Hielt lange, mit andauerndem Blick auf Eltern, heimischen Bekanntenkreis,
9   Quäler der Jugend und Missverstand, der kapitulieren sollte, die auftrumpfende
10 Illusion ihres Ruhmes aufrecht.
11 [ ]_Th1 Kam aber schließlich, von Schmiere zu Schmiere umgetrieben, nirgends
12 mehr unter.
13 [ ]_Th1 Strandete endlich, mit leeren Händen und durchgelaufen, in eben der
14 geistlosen Geburtstadt, aus der sie entflohen war.
15 [ ]_Th1 Kehrte zurück mit offenbar noch immer nicht geschlossenem Traumkreis,
16 [ ]_Th1 wurde Schreiberin auf einem Büro,
17 [ ]_Th1 verteilte Brotkarten, scheinbar ehrenamtlich, zur Kriegszeit; selbst das hatte
18 nur der angesehene Bürgerruf ihres Vaters ermöglicht. Wenige Wochen später
19 brachte man [die frühere Schauspielerin Karoline Lengenhardt]_Th1, noch
20 nicht dreißig Jahre alt, ins Irrenhaus. (Bloch 1980: 39)

Man könnte im vorstehenden Beispiel die Lücken mit *sie* ersetzen, würde damit aber die quälende Liste der Misserfolge durchbrechen. So beginnt jeder einzelne Konjunktsatz mit dem finiten Verb, das die Sätze zeitlich verankert, und zwar in einer abgeschlossenen Vergangenheit. In der Darstellung der Konsequenz wird eine bürgerlich-personale Identifikation (Name, Beruf) gegeben, die der Aktensprache zugehört.

Analepsen im Vorfeld von Konjunkten sind häufig, sie leiten zur Parallelverarbeitung der Konjunkte an.

(87) [Johanna]_Th1 überquerte die Karlsbrücke, [ ]_Th1 durchlief einige gewundene Gassen der Kleinseite und [ ]_Th1 machte sich an den Aufstieg hinaus zur Burg ... (Ortheil 1002: 41)

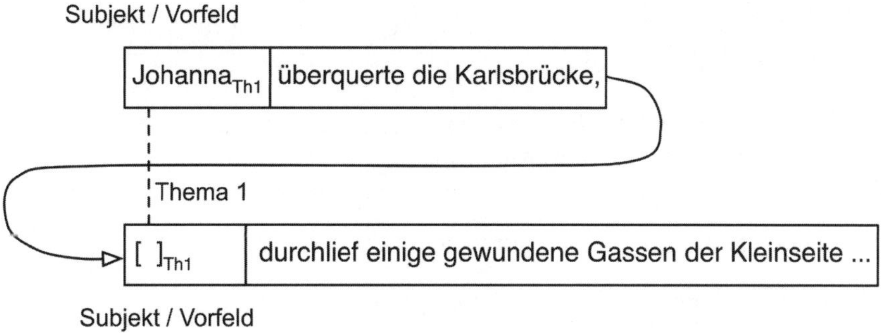

Abb. 7: Analepse bei parallelen Strukturen

Es können aber auch Ausdrücke zum thematischen Vorgänger gewählt werden, die im Mittelfeld stehen:

(88) Aber da fand einmal [ein Bursche]_+Th1 einen Spiegel, [ ]_Th1 kannte so etwas noch gar nicht. (Bloch 1980: 35)

Hier gibt es keine Parallelität der Struktur.

```
                    Subjekt/Mittelfeld
┌─────────────────────────────────────────────────────┐
│ Aber da fand einmal [ein Bursche]₊Th1 einen Spiegel,│
└─────────────────────────────────────────────────────┘
                         ┆Thema 1
              ┌──────────────────────────────────────┐
              │ [ ]Th1    │ kannte so etwas noch gar nicht │
              └──────────────────────────────────────┘
                    Subjekt/Vorfeld
```

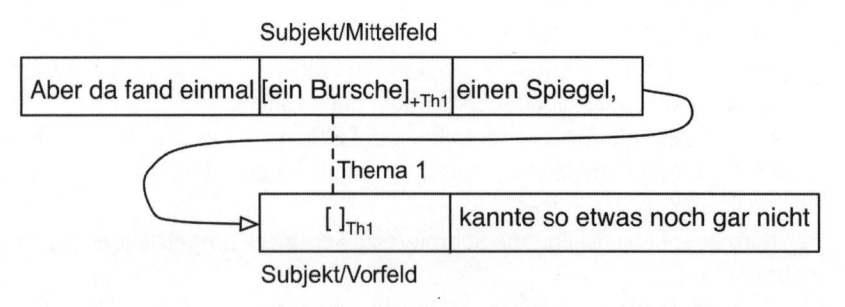

Abb. 8: Analepse bei unterschiedlichen Satzpositionen

Möglich ist unter Umständen gar ein Rollentausch, bezogen auf die Satzfunktionen: Subjekt (Konjunkt 1) → Akkusativobjekt (Konjunkt 2) oder umgekehrt: Akkusativobjekt (Konjunkt 1) → Subjekt (Konjunkt 2):

(89) [Der Gedichtband]$_{Th1}$ gefiel mir. [ ]$_{Th1}$ Hab ich gekauft.

(90) Ich hab [den Gedichtband]$_{Th1}$ nun gelesen. [ ]$_{Th1}$ Hat mir gefallen.

Auch Verben können in die Analepse einbezogen sein; das folgende Beispiel ist eine Analepse aus dem Mittelfeld heraus:

(91) Den anderen [erscheint] [es]$_{Th1}$ wunderlich, uns [ ] [ ]$_{Th1}$ vielleicht leer. (Bloch 1980: 179)

(Details zur Analepse und Ellipse: Hoffmann 1999b, Zifonun/Hoffmann/Strecker 1997: 569-583)

C5.3.6 Allgemeine Prinzipien der Themenfortführung

Folgende Prinzipien gelten für die Themenfortführung:

> Prinzip 1: Jede Äußerung gilt als Beitrag zu den schon aktuellen Themen, solange kein Themenwechsel angezeigt ist.
>
> Prinzip 2: Thematische Ausdrücke sollen den Aufwand an Gegenstands-/Sachverhaltsbestimmung minimieren, zugleich aber den Themabezug sicher stellen.

Die sprachlichen Mittel sind je nach Aufwand unterschiedlich zu werten:

- Eine Anapher und ein Eigenname sind am wenigsten aufwändig.
- Eine Anadeixis erfordert jeweils eine neue Orientierung auf zuvor Gesagtes.
- In Nominalgruppen muss jedes Charakteristikum verarbeitet und einbezogen werden.
- Für eine Analepse müssen ganze Äußerungsstrukturen präsent sein, dafür wird nichts versprachlicht und Äußerungen werden unmittelbar verzahnt.

In einer thematischen Kette müssen Klarstellung des Themas und Minimalität berücksichtigt werden. Hinzu kommt ein Prinzip stilistischer Variation, um eine Gleichförmigkeit zu vermeiden. Schon die zweite Anadeixis erscheint stilistisch problematisch:

(92) Ich sah [einen Mann]$_{+Th1}$. [Der]$_{Th1}$ stieg aus einem Auto. [Der]$_{Th1}$ war schon alt.

Die zweite Nominalgruppe verzichtet meist schon auf Charakteristika und ist unspezifischer.

(93) Rosenblüt wollte [den Herrn Professor Uhl]$_{Th1}$ in seinem Büro im Department für Geo- und Umweltwissenschaften aufsuchen, erfuhr aber, [Uhl]$_{Th1}$ sei bereits wieder nach Hause gefahren, um dort mit einigen Mitarbeitern ein Seminar vorzubereiten. (Steinfest 2011:28)

C5.4 Themenentwicklung

Mit einer Themenentwicklung geht ein Sprecher/Autor von einem Thema zu einem benachbarten, damit verbundenen über. Im einfachsten Fall folgt eine Thematisierung auf eine andere; es werden Themen gereiht. Oft gibt es eine Verbindung von einem Thema zu neuen Themen, die ein Gespräch oder einen Text kohärent macht. Eine zusammenhanglose Folge von Sätzen wäre seltsam. Wir leiten auch den Übergang zu einem Nebenthema oft formal ein (*ach übrigens, wo Du von Peter sprichst ... seine Freundin hat ...*).

Art	Unterart	Beispiel
A Themafortführung	Konstantes Thema	*Barack Obama → Obama → der US-Präsident → der/er*
B Themenentwicklung	B1 Themensplitting (Entwicklung durch Teilung)	*die Eltern → der Vater, die Mutter; das Paar → er, sie*
	B2 Themensubsumtion (Entwicklung durch Zusammenfassung)	*Thelma und Louise → die beiden*
	B3 Themenkomposition (Entwicklung durch Reihung der Subthemen)	*das Grevyzebra, das Bergzebra, das Steppenzebra*
	B4 Themenassoziation (inhaltliche Verbindungen, geteilte Zugehörigkeit)	*der Blauwal → der Finnwal*

Tab. 4: Themafortführung und Themenentwicklung

Das THEMENSPLITTING setzt voraus, dass ein Redegegenstand eine Gruppe, mindestens ein Paar enthält. Daraus können einzelne Elemente gewählt und thematisch weiterentwickelt werden. An der Themenentwicklung können symbolische, operative und deiktische Mittel mitwirken (*Kinder: das erste – das zweite ..., das Ehepaar: die Ehefrau, der Ehemann, Geschwister: Bruder/Brüder, Schwester(n); zehn Schnitzel: einige, andere ... Schnitzel; die beiden Gangster: der – der.*

(94) Gut, dass es [die Verfolgerinnen]$_{Th1}$ gab, [Donna Elvira]$_{Th1.1}$, [Donna Anna]$_{Th1.2}$, [die]$_{Th1}$ beruhigten sich ein wenig mit ihrem Eifer. Unbarmherzig waren [sie]$_{Th1}$

hinter ihm her und ließen von ihm nicht ab, bis [sie]$_{Th1}$ ihn gestellt hatten. Doch er wehrte sich, er gab keinen Schritt nach, ja, er zuckte nicht einmal zusammen, als [Donna Elvira]$_{Th1.1}$ einen letzten Versuch unternahm, ihn zu bekehren. (Ortheil 2002: 376)

(95) [Die Hunde (Canidae)]$_{Th1}$ sind eine Familie innerhalb der Überfamilie der Hundeartigen. Zu den Hunden gehören beispielsweise [die Füchse]$_{Th1.1}$, [verschiedene als „Schakal" bezeichnete Arten]$_{Th1.2}$, [Kojoten]$_{Th1.3}$, [Wölfe]$_{Th1.4}$ und [Haushunde]$_{Th1.5}$. [http://de.wikipedia.org/wiki/Hunde, 19.5.2011]

Die THEMENSUBSUMTION lässt zwei oder mehr Themen in einem aufgehen. Es muss den Gegenständen etwas gemeinsam sein, damit das möglich ist, z.B. kann ihnen ein Prädikat gemeinsam zugewiesen werden, sie fallen unter einen Oberbegriff etc. Als sprachliche Mittel sind einschlägig operative Formen (Anapher im Plural: *sie*), nominale (Oberbegriffe wie *die Stoffe, die Sachen*), deiktische (*die*) wie quantifizierende Ausdrücke (*alle*) oder symbolische wie Zahladjektive (*die zwei*) oder das Dualadjektiv *beide*.

(96) Als [Mach]$_{Th1}$ und [Kingsley]$_{Th2}$ später erwachten, verspürten [sie]$_{Th1+2}$ eine kleine Peinlichkeit. (Steinfest 2011: 170)

(97) Dann gab es diese Wohltätigkeits-Auktion, auf der man eine Person für einen Tag ersteigern konnte und [der Prinz]$_{Th1}$ zahlte 230 Euro für [Kate]$_{Th2}$. Es gab sofort eine Verbindung zwischen [den beiden]$_{Th1+2}$, das konnte jeder sehen. [http://www.bunte.de/royals/prinz-william-kate-middleton-royale-traumhochzeit/kate-und-william-er-ersteigerte-kate-fuer-230-euro_aid_24928.html, 19.5.2011]

(98) Rasch beugte sich [Rosenblüt]$_{Th1}$ nach unten und nahm [Kepler]$_{Th2}$ auf den Arm. So waren [die beiden]$_{Th1+2}$ sich jetzt ihrerseits ganz nah, Mund an Schnauze, ebenfalls ein Paar abgebend, aber ein wirklich gutes. (Steinfest 2011: 213)

Die THEMENKOMPOSITION beinhaltet die Behandlung eines Themas über eine Reihe von Subthemen:

(99) [Das limbische System]$_{Th1}$ ist verantwortlich für elementare physiologische Triebe, angeborene Verhaltensweisen (Instinkte), Motivation und Emotionen. [Im limbischen System]$_{Th1}$ gibt es [Areale, die bei Reizung mit schwachen elektrischen Strömen starkes Lust-, Schmerz- oder Wutempfinden auslösen können]$_{+Th1.1}$. (...) [Eine Komponente [des limbischen Systems]$_{Th1}$, die Amygdala (Mandelkern)]$_{+Th1.2}$ ist an Angst und Angstgedächtnis beteiligt. (...). [Ein anderer Teil [des limbischen Systems]$_{Th1}$, der Hippocampus]$_{+Th1.3}$ ist beim Menschen notwendig, um Gedächtnisinhalte aus dem Kurzzeitgedächtnis ins Langzeitgedächtnis zu überführen. (Purves et al. 2006: 1104 (adaptiert))

Die THEMENASSOZIATION umfasst verschiedenartige Wissensrelationen, die bislang noch nicht in ein Ordnungssystem gebracht sind. Sie setzt voraus, dass zwischen altem und neuem Thema eine inhaltliche Beziehung besteht. Beispielsweise kommt man von einem Gegenstand auf einen anderen des gleichen Typs (*mein Fahrrad - dein Fahrrad; dieses Buch - das da*), von einer Person oder einer Sache zu den mit ihr normalerweise verbundenen Eigenschaften (*Paul - Pauls Tennisleidenschaft; Orgel - ihre Tastatur*), von einem Objekt in einer geordneten Abfolge zu einem Vorgänger oder Nachfolger, von einem Gegenstand in einer sozialen oder natürlichen Hierarchie zu mit ihm verknüpften (über- oder untergeordneten, gleichrangigen) Gegenständen (*Herr – Knecht, Arbeitnehmer – Arbeitgeber, Bergzebra – Steppenzebra*). Zur Versprachlichung werden insbesondere definite Nominalgruppen, darunter vor allem solche mit possessivem Determinativ, sowie Possessiva genutzt.

(100) [Casanova]$_{Th1}$ erwachte. Einen Augenblick lang versuchte [er]$_{Th1}$ sich zu erinnern, richtig, gestern Abend war [er]$_{Th1}$ in Prag eingetroffen, [er]$_{Th1}$ war jetzt in Prag ... Wahrhaftig, da blies jemand auf der Trompete, spitze, an der Decke entlanglaufende Töne, die sich zu knatternden Schauern verdichteten, unglaublich.
[Er]$_{Th1}$ presste sich [die Zeigefinger]$_{+Th1'}$ in die Ohrmuscheln, doch das half nichts, jetzt hörte [er]$_{Th1}$ sogar noch ein zweites Instrument ...
(Ortheil 2002: 11)

(101) [Anna Maria]$_{Th1}$ hatte ihr nicht schlecht gefallen, vor allem aber gefiel [eine wie sie]$_{+Th1'}$ ihrem Wolfgang, das wußte sie sehr genau. (Ortheil 2002: 364)

(102) »Es wird, Paolo, es wird. Übermorgen wird [Lorenzo da Ponte]$_{Th1}$ Prag für immer verlassen. Und übermorgen werde ich [seinen Nachfolger]$_{+Th1'}$ präsentieren.«
»[Seinen Nachfolger]$_{Th1'}$? Aber wer sollte [das]$_{Th1'}$ sein?«
(Ortheil 2002: 202)

Nicht einfach hier einzuordnen ist eine lose Verbindung, die allein über Gleichheit oder Ähnlichkeit der sprachlichen Form läuft. Man hüpft zu einem anderen Thema, ohne die Redegegenstände wirklich zu verknüpfen.

(103) ... so war das mit Becker.
Übrigens, wir müssen noch zum Bäcker, wir haben kein Brot mehr.

Vertiefung:

Das Zusammenspiel einzelner Mittel an einem Romananfang zeigt das folgende Beispiel:

(104) Sie hatten sich schon Lebewohl gesagt, als sie ihn fragte, und wo willst du jetzt hin?
Ans Wasser. Ans Wasser? Wir kehren immer zum Wasser zurück, habe er gesagt.
Und das erzählte sie mir wie eine Anekdote, in einem Ton der Belustigung, vielleicht noch reichlich böse über Vorgefallenes zwischen ihr und ihm, von dem ich nichts wußte und nichts weiß. (van Düffel 2006:7)

Wer den ersten Satz liest, muss schon Kredit geben: Da gibt es eine Vielheit, die scheinbar fortgeführt und damit als bekannt, als präsent gesetzt ist, wiewohl der Leser sie nicht kennt. Das Prädikat klärt, dass es sich um Menschen handeln muss, sie haben sich verabschiedet. Das reflexive *sich* ist hier als Wechselseitigkeit (reziprok) zu deuten. Ein mit *als* angeschlossener Nebensatz kann eine Betrachtzeit für das Hauptsatzereignis liefern (*als Regen einsetzte, ging sie ins Haus*), kann aber auch wie hier die weiter tragende, spezifisch gewichtete Hauptinformation liefern. Das Nebensatz-Ereignis ist unmittelbar an das Hauptsatzereignis angeschlossen, es kennzeichnet einen Umschlag. Hat man sich Lebewohl gesagt, sind keine initiativen Fragen mehr zu erwarten. *Als* federt den unerwarteten Übergang ab.

Aus der bündelnden Anapher *sie* werden durch Themensplitting (*sie – ihn*) die beiden handelnden Personen gewonnen. Person in Verbindung mit Genus deutet auf Mann und Frau. Mit dem Verb *fragen* wird das Handlungsmuster der Frage ins Spiel gebracht. Fragen sind initiativ, setzen eine Verpflichtung, beim Auffüllen einer Wissenslücke zu helfen. Die Fragende weiß, dass er mit dem Abschied (*jetzt*) seine Schritte irgendwohin lenken wird, sie möchte wissen, ob er einen Entschluss für eine bestimmte Richtung gefasst hat. Der Sprung in die direkte Fragewiedergabe verlangt die Hörerdeixis *du*, erlaubt keine Anapher (*wo will er hin?*).

Die Antwort kennzeichnet symbolisch den Zielort (*ans Wasser*). Im Roman wird die Geschichte mehrerer Generationen an das Wasser gebunden, zum einen als Produktionsmittel für die Papierherstellung, zum anderen symbolisch überhöht für das Werden und Vergehen. Die Echofrage der weiblichen Figur („ans Wasser?") wird mit einer verallgemeinernden Aussage beantwortet, die den Gegenstand des Romans vorweg nimmt: „Wir kehren immer zum Wasser zurück, habe er gesagt". Das Zeigwort *wir* reiht die Romanfigur ein in den Generationenverbund, auch das ein Vorgriff, der erst durch die Lektüre nachvollziehbar wird. Die Äußerung wird vom Erzähler distanziert (Konjunktiv Präsens) wiedergegeben, für die Wirklichkeit steht er nicht ein. Abgeschlossen wird die Passage ebenfalls in der Erzählsituation („Und das erzählte **sie mir** wie eine Anekdote ..."), der Erzähler zeigt mit *mir* auf sich selbst, versucht, was die weibliche Figur ihm erzählt hat, in Anläufen zu charakterisieren. Zunächst unspezifisch als *Anekdote*, als Darstellung eines ungewöhnlichen Vorkommnisses, dann in der Apposition (→ C6.1) als belustigende Darbietung, die zwischen ihnen Vorgefallenes schildert; *Vorfall* transportiert einen Wirklichkeitsanspruch, der mit der Anekdote verbunden sein mochte, davon aber weiß der Erzähler jetzt so wenig wie damals: Er entzieht sich der Realität. Neben den phorisch-fortführenden Ausdrücken und Vernetzungen, die den roten Faden dieses Textes ausmachen, sind die personaldeiktischen interessant, die zum einen in den Figurendialog gehen, zum anderen den Erzähler mit seiner Leserschaft verbinden. Deiktische Formen können auch in der Textkette reorientieren wie das *dem* in „von dem ich nichts wußte". Abbildung 9 gibt eine Illustration der thematischen Organisation in diesem Textabschnitt.

C5 Themen einführen, Themen fortführen

Sie hatten **sich** schon Lebewohl gesagt,
Anapher   Reflexivum

Themensplitting

als **sie** **ihn** fragte,
Anapher Anapher

und wo willst **du** jetzt hin?
Deixis:
Hörer

Konstantes *Konstantes*
Thema *Thema*

Ans Wasser.
Konstantes
Thema

Ans Wasser?   *Themensubsumtion*
nominale
Fortführung

Wir kehren immer zum Wasser zurück, habe **er** gesagt.
Deixis: *Anapher*
Sprecher + Gruppe

Und das erzählte **sie** **mir** wie eine Anekdote (...), vielleicht
Anapher Deixis:
Erzähler

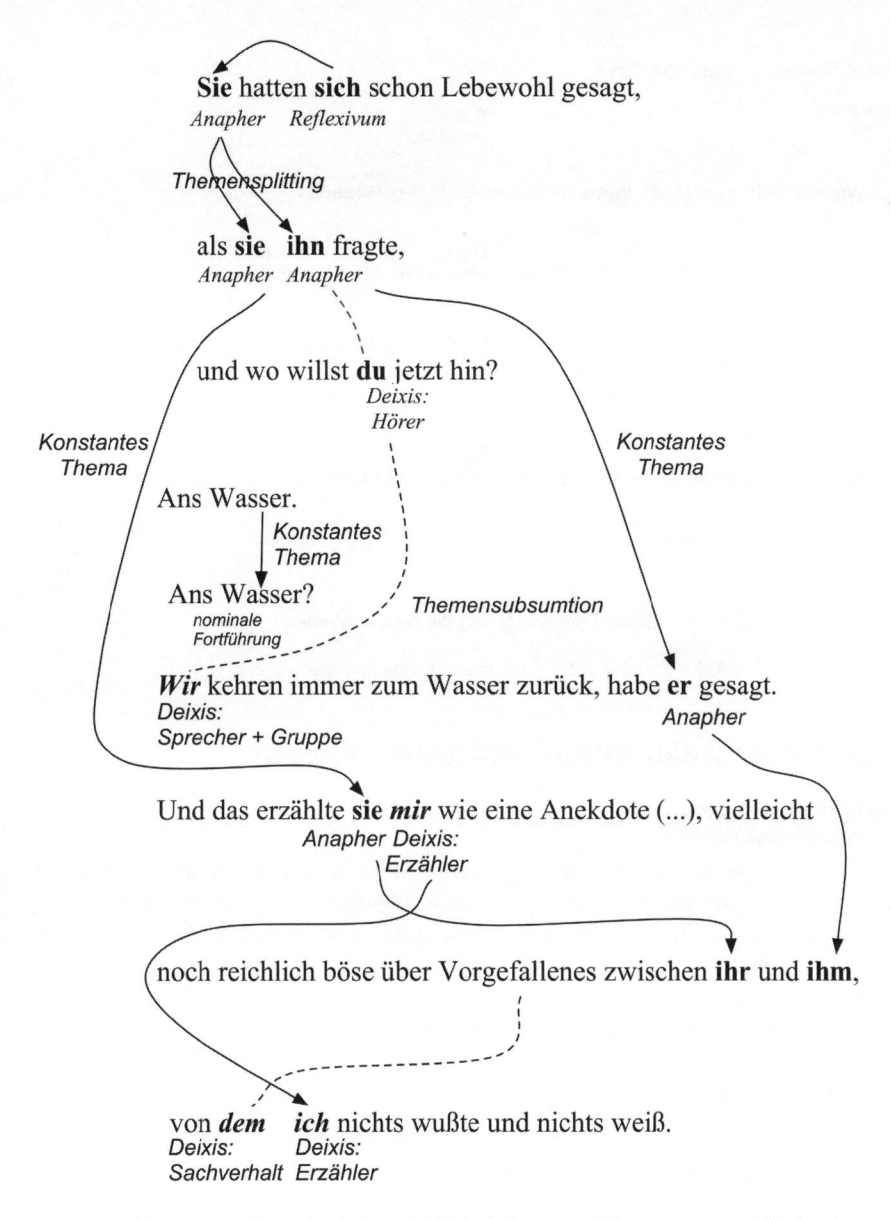

noch reichlich böse über Vorgefallenes zwischen **ihr** und **ihm**,

von **dem** **ich** nichts wußte und nichts weiß.
Deixis: *Deixis:*
Sachverhalt Erzähler

Abb. 9: Textaufbau, phorisch und deiktisch, in van Düffels „Vom Wasser" (Anfang)

Aufgabe:

Untersuchen Sie die thematischen Verknüpfungen im Kafka-Beispiel:

Unsere Sängerin heißt Josephine. Wer sie nicht gehört hat, kennt nicht die Macht des Gesangs. Es gibt niemanden, den ihr Gesang nicht fortreißt, was um so höher zu bewerten ist, als unser Geschlecht Musik nicht liebt. Stiller Frieden ist uns die liebste Musik. (Kafka 2003: 518)

Unsere Sängerin heißt Josephine.

(Diagramm: Konstantes Thema; Themenassoziationen verbinden die folgenden Sätze)

Wer sie nicht gehört hat, kennt nicht die Macht des Gesangs.

Es gibt niemanden, den ihr Gesang nicht fortreißt,

was um so höher zu bewerten ist, als unser Geschlecht Musik nicht liebt.

Stiller Frieden ist uns die liebste Musik.

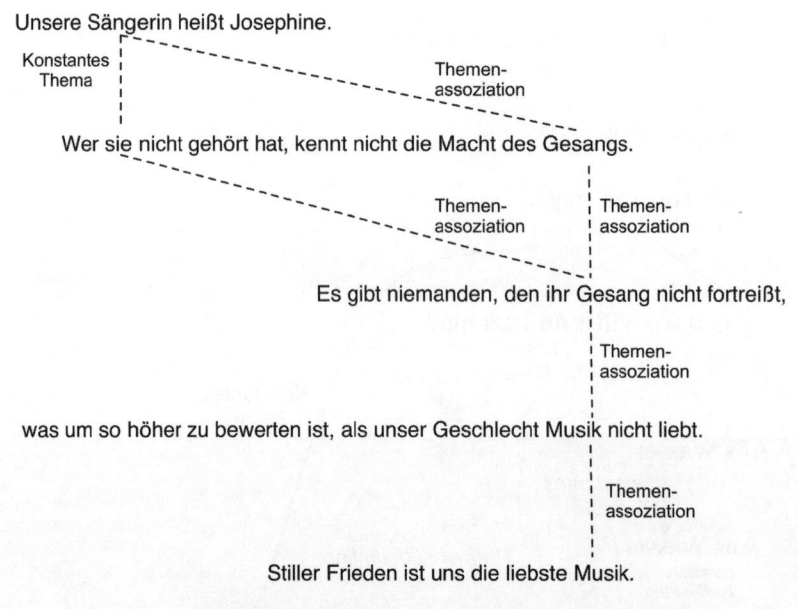

Abb. 10: Erzählanfang und thematische Struktur (Kafka)

C6 Gegenständen zusätzliche Informationen beigeben

Didaktischer Kommentar:

> In diesem Kapitel wird ein Gebrauch sprachlicher Mittel behandelt, der nicht der Klarstellung von Redegegenständen dient (restriktiver Gebrauch), sondern eine Verwendung dieser Mittel, um weitere Informationen zu den bereits hinreichend bestimmten Gegenständen zu geben (Installation). Eine solcher Einsatz von Adjektiven, Nominalgruppen, Präpositionalgruppen und Relativsätzen wird als APPOSITIVER GEBRAUCH bezeichnet.

C6.1 Apposition und adjektivischer Zusatz

Appositionen[1] sind Nominalgruppen, mit denen über einen schon entworfenen Gegenstand Zusätzliches ausgesagt, prädiziert wird:

(1)   Hans Fallada (*** 21. Juli 1893 in Greifswald; † 5. Februar 1947 in Berlin; eigentlich Rudolf Wilhelm Friedrich Ditzen**) war ein deutscher Schriftsteller. Er gehört zu den bekanntesten deutschen Autoren des 20. Jahrhunderts.
[http://de.wikipedia.org/wiki/Fallada, 10.5.2011]

(2)   Prof. Jin Guangyao (**Institut für Geschichte, Fudan-Universität, Shanghai**) wird einen Vortrag zum Thema „From the Republican China to Mao's China: My research on 20th century China" halten.
[http://www.uni-leipzig.de/~ostasien/vortrag-von-prof-jin-fudan-universitat-im-institut, 10.5.2011]

Es sind Ausdrücke, die zur Funktionalität der Nominalgruppen, in die sie eingelagert sind, nicht direkt beitragen, sondern zusätzliche Informationen zum Redegegenstand nach-

---

1 Wir verstehen darunter das, was die Tradition „lockere Apposition" nennt.

tragen. Insofern sind sie installiert. Das bedeutet nicht, dass es sich um Nebeninformationen, weniger relevante oder kommunikativ nicht notwendige Informationen handeln müsste. Oft steckt in solchen Einschüben Wichtiges, Ironisches oder gar Bösartiges, was an dieser Position nicht explizit behauptet, sondern mitgesagt wird. Die Installation eines appositiven Ausdrucks operiert immer auf der ganzen Nominalgruppe, Integrationen nur auf dem Nomen.

(3) frau prof. dr. debora weber-wulff (**die berühmt berüchtigte plagiatjägerin**) zitiert auf ihrer website wilson mizner ...
[http://www.ioff.tv/showthread.php?t=240851&page=2, 10.5.2011]

(4) Wilhelmine Fontana, **energischer Kopf, blondgefärbte Hochfrisur über den kühlen grauen Augen, das Gesicht gepudert, anstelle der Augenbrauen zwei strenge schwarze Striche**, verbrachte ihr Leben auf einem kleinen Hocker hinter der Theke ihres Ladens. (Forte 2004: 138)

Appositionen erscheinen stets nach dem Kopf, meist nach der Nominalgruppe, mit der der Redegegenstand schon bestimmt wurde. Schriftlich werden sie durch Einschluss in Kommata, Gedankenstriche oder Klammern markiert. Mündlich sind sie – wie appositive Relativsätze – durch sehr kurze Pausen und eine eigene Intonationskontur, die mittelschwebend endet, und eigene Akzentuierung von der Umgebung abgehoben:

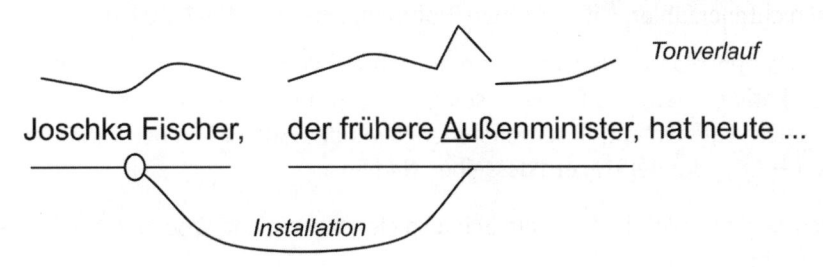

Abb. 1: Installation einer appositiven Nominalgruppe

Appositionen übernehmen den Kasus der Nominalgruppe (Kongruenz). Enthalten sie ein Adjektiv, können sie auch im Nominativ erscheinen, der Nominativ wird immer gewählt, wenn sie im Singular und ohne Determinativ auftreten.

(5) Kreuz Ass flog nun auf den Außenminister, **einen der letzten „mächtigen" Minister**, zu, er versuchte noch mit Kreuz Zehn zu blocken, doch stattdessen flogen nun beide auf ihn zu, bevor sie ihn durch zwei schneidige Einschläge im Bauchbereich außer Gefecht setzten.
[http://www.civforum.de/archive/index.php/t-41664-p-2.html, 10.5.2011]

(6) Jonah Lehrer interviewt den bekannten Neurowissenschaftler António Damásio, **Erfinder der „Iowa Gambling Task"**.
[http://www.alltagsforschung.de/fundgrube-11-die-besten-links-der-woche/, 10.5.2011]

(7) Die Anekdoten des Dozenten, **Mathematiklehrer aus Hamburg**, begeisterten.

(8) Den Dozenten, **Mathematiklehrer(n) aus Hamburg**, hörten alle zu.

(9) Sie wählten den Fraktionschef Meyer, **Abgeordneter aus Bergedorf**, ab.

Oft finden wir in der Apposition einen Dativ als Grundkasus, der nicht mit dem Bezugsausdruck kongruiert:

(10) Es war der ... schwerste Angriff auf Haifa, **der drittgrößten Stadt Israels**. (WDR 3, Nachr., 7.8.06, 702), zit.n. Heinz Vater:
[http://langues.univ-lyon2.fr/sites/langues/IMG/pdf/Vater_H_2006.pdf&]

(11) Am Austritt des Isenbachtals aus der Haardt liegt die wegen ihrer Solebäder und des alljährlich hier stattfindenden größten Weinfests der Welt, **dem „Dürkheimer Wurstmarkt"**, bekannte Stadt. (Nehling, Rheinland Pfalz, 47, zit.n. Zifonun/Hoffmann/Strecker 1997: 2039)

Im Standard bzw. geschriebener Sprache werden solche Verwendungen öfter als nicht korrekt betrachtet. Toleranter ist man bei Datumsangaben mit Inkongruenz des Kasus (Dativ → Akkusativ statt Dativ), weil sie auch im Geschäftsverkehr recht üblich ist:

(12) Wir treffen uns **am** Donnerstag, **den** 7.8.2012, im Hotel Aquino.

(13) Wir treffen uns **am** Donnerstag, **dem** 7.8.2012, im Hotel Aquino.

Nicht restriktiv, sondern Appositionen sind die Nominalgruppen in

(14) Ich schätze Woody Allen, **den Schauspieler**, aber nicht Woody Allen, **den Geschichtenerzähler**. (zit.n. Zifonun/Hoffmann/Strecker 1997: 2039)

Mit dem Namen *Woody Allen* bezieht man sich auf genau eine Person, relativ zu einer kommunikativen Welt; das Prädikat *schätzen* wird nur jeweils auf einen andere, relevant gesetzte Eigenschaft dieser Person angewendet. So auch in der Variante mit *als*-Adjunkt (→ C8) oder bei Trägern desselben Namens:

(15) Ich schätze Woody Allen **als Schauspieler**, aber nicht Woody Allen **als Geschichtenerzähler**.

Nicht als Apposition gelten Beinamen mit bestimmtem Artikel wie *Richard der Dritte*. Sie zeigen stets Kongruenz: *die Regentschaft Richards des Dritten*.

Adjektive als Zusatz sind ebenfalls appositiv, schränken den Gegenstandsbereich nicht ein, sondern lagern eine weitere Eigenschaft oder mehrere ein:

(16) Ralf Büring, **44**, parteiloser Erster Stadtrat von Lingen an der Ems, über den Autorennfahrer Bernd Rosemeyer, der 1938 tödlich verunglückte und ein Sportidol der Nazi-Zeit war
[http://www.spiegel.de/spiegel/print/d-66208573.html, 10.5.2011]

(17) Da kam sie ins Zimmer, mit ernster Miene, **beinahe feierlich**, und sagte, sie habe von Montag an einen Job als Kellnerin. (Ani 2011: 215)

Adjektive als Zusatz bleiben unflektiert. Wie im Fall der Apposition wird abgegrenzt, schriftlich mit Gedankenstrichen oder Kommata, mündlich mit kurzen Pausen und eigener Intonationskontur.

C6.2 Appositives Adjektiv, Appositive Präpositionalgruppe, Appositiver und Weiterführender Relativsatz

Adjektive, Relativsätze und (seltener) Präpositionalgruppen können nicht nur restriktiv, sondern auch appositiv verwendet werden. Ein grammatisch gebahnter Weg kann so auch für andere Zwecke genutzt werden, nämlich um eine auf den Gegenstand bezogene zusätzliche Information zu installieren. Genitivkonstruktionen werden dafür praktisch nicht genutzt.

Nominalgruppen mit Eigennamen als Kopf sind definit und reichen normalerweise aus, das Gemeinte zugänglich zu machen. Im folgenden Beispiel könnte man *schöne* noch als einschränkend verstehen (‚erkunde nur das schöne München, nicht etwa andere Stadtbereiche'):

(18) Erkunde das **schöne** München und seine Sehenswürdigkeiten mit einer geführten Biketour!
[http://muenchen.tagesangebote.de/promozebra-erkunde-das-schoene-muenchen-und-seine-sehenswuerdigkeiten-mit-einer-gefuehrten-biketour-p705813.html, 5.5.11]

Der Minister Rudolf Hundstorfer ist hinreichend, die gemeinte Person zu identifizieren, so dass *fleißig* als appositives Adjektiv eine zusätzliche Eigenschaft ins Spiel bringt:

(19) Der **fleißige** Minister Rudolf Hundstorfer legt einen Bericht zur Mindestsicherung vor.
[http://www.oe24.at/oesterreich/politik/Urlaub-laehmt-die-Koalition/587908/print, 5.5.11]

In solchen Fällen erspart man sich, einen eigenen Satz wie *Minister Rudolf Hundstorfer ist fleißig* zur Diskussion zu stellen und für seine Wahrheit einzustehen; eingelagerte Eigenschaften werden selten thematisiert, so kann man auch mit Adjektiven negative Eigenschaften verstecken.

(20) Die Gladbacher Initiative verkündet jetzt, der **faule** Trainer Frontzeck, der die Amas und die Jugend nie gekannt habe (...) sei nur im Amte, weil Eberls Frau mit Frontzecks Frau gut befreundet sei.
[http://forum.tour-magazin.de/showthread.php?p=3455312, 5.5.11]

(21) Ein **halbierter** Westerwelle, der zwar den Parteivorsitz und den Posten des Vizekanzlers abgibt, sich aber am Stuhl des Außenministers festklammert, als gelte es sein Leben. [http://www.cicero.de/97.php?item=6109, 5.5.11]

Meist appositiv verwendet werden auch Adjektive, die als Partizip des Präsens gebildet sind (→ C4.1).

(22) Und sicher hat Bundesbankpräsident Hans Tietmeyer recht, wenn er „derzeit keine weltwirtschaftliche Depression am Himmel" heraufziehen sieht. Aber rechtfertigt diese **beruhigende** Prognose eine völlige Abstinenz der deutschen Zentralbanker in der Zinspolitik? (Die ZEIT 10.9.1998)

(23) „Es scheint in der menschlichen Natur zu liegen, dass man sich mit Fehlbildungen der eigenen Körperlichkeit mit einem besonderen Gruseln und Schaudern auseinandersetzt", erklärt Manfred Dietel den untergründigen Charme seines Museums. Der 50 Jahre alte Ordinarius ist nach dem Gründungsdirektor

Virchow der neunte Chefpathologe an der Charité und Herr über 104 Mitarbeiter und eine **schwankende** Zahl zu obduzierender Leichen. (Die ZEIT, 24.6.1999)

Bei der Entscheidung, ob ein Adjektiv restriktiv oder appositiv einzustufen ist, hilft es öfter, *übrigens* einzusetzen, eine Konnektivpartikel (→ F1), die ein Nebenthema markiert.

(24) Der außerordentlich fleißige Rashid → Der **übrigens** außerordentlich fleißige Rashid hat die Bestnote. [appositiv]

(25) Ich suche einen schnellen Rechner → *Ich suche einen **übrigens** schnellen Rechner. [restriktiv]

Man kann die Adjektivgruppe auch orthographisch oder intonatorisch abzugrenzen versuchen; wenn das möglich ist, liegt appositiver Gebrauch vor:

(26) Der außerordentlich fleißige Rashid → Der – außerordentlich fleißige – Rashid hat die Bestnote. [appositiv]

Eine solche Abgrenzung ist auch möglich – aber nicht notwendig – für appositiv verwendete Präpositionalgruppen, die üblicherweise nachgestellt sind:

(27) Das Mädchen **am Ende der Straße** (Filmtitel) [restriktiv]

(28) Paul fährt zu dem Sportgelände, **am Ende der Straße**. [appositiv]

Paul fährt zu dem Sportgelände,   am Ende der Straße.
Installation

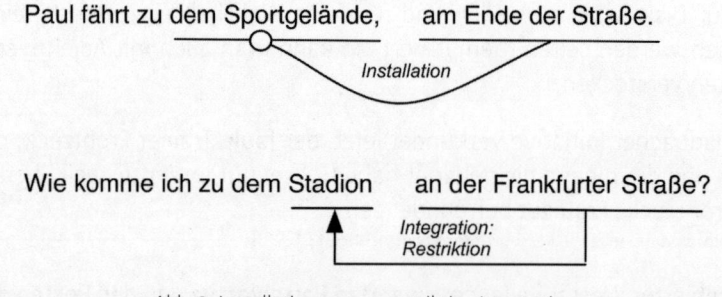

Wie komme ich zu dem Stadion   an der Frankfurter Straße?
Integration: Restriktion

Abb. 2: Installation versus restriktive Integration

Der appositive Relativsatz macht einen Sachverhalt an einem hinreichend zugänglich gemachten Gegenstand fest. Dies leistet neben einem Eigennamen auch eine Anapher (*er, sie, es*) oder eine personale Deixis (*ich, du, wir*). Der Relativsatz kann in einen thematischen Zusammenhang ein weiteres Thema einlagern, z.B. einen thematischen Nebenstrang, der dann aber mit dem Satz auch wieder abgeschlossen wird, um auf der eigentlichen thematischen Linie fortzufahren.

In den folgenden Beispielen ist mit den Namen schon klar, wer gemeint ist:

(29) **Modeltante Heidi Klum, die selbst vier Kinder hat**, lobte die elterlichen Fähigkeiten der Beckhams!
[http://www.klatsch-tratsch.de/2011/04/04/heidi-klum-die-beckhams-haben-die-besterzogenen-kinder-hollywoods/73631, 11.5.2011]

(30) Das Foto aus dem «Situation Room» des Weißen Hauses ging um die Welt: Es zeigt einen angespannten US-Präsidenten Barack Obama, sein Beraterteam – und Außenministerin **Hillary Clinton, die sich während der Erstürmung des Anwesens von Al-Kaida-Chef Osama bin Laden anscheinend vor Schreck die Hand vor den Mund hält**.
[http://www.fuldaerzeitung.de/nachrichten/uberregional/politik/Thema-Terrorismus-USA;art276,407874, 11.5.2011]

(31) **Wir, die guten Willens sind**, geführt von Ahnungslosen, versuchen für die Undankbaren das Unmögliche zu vollbringen.
[http://www.motor-talk.de/forum/smart-pleite-t1485871.html?page=4, 11.5.2011]

Im restriktiven Fall (→ C4.5) ist der Relativsatz erforderlich, damit man das Gemeinte identifizieren kann:

(32) **Eine Beutel-Tasche, die sehr apart ist**, darf bei einer modisch eingestellten Person nicht fehlen.
[http://dawanda.cotssl.net/product/18197053-Shopper-m-Rosen, 11.5.2011]

Zwischen dem Kopf der einbettenden Gruppe und dem appositiven Relativsatz liegt in der Regel ein Intonationsbruch, die Gruppe endet mit mittel-schwebendem Tonmuster und meist einer kurzen Pause. Im Englischen wird nur der appositive Relativsatz in Kommata eingeschlossen. Ein Anzeichen ist das Vorkommen von *übrigens*, das auch hier als Probe dienen kann.

(33) Unser Beauty Bereich, der **übrigens** nicht nur für die Damen vielseitige Pflegeprogramme bereithält, bietet eine ganz besondere Art der Erholung. Hier stehen Sie und Ihr Körper im Mittelpunkt.
[http://www.eifelgold-rooding.de/beauty.htm, 11.5.2011]

Aus dem Satz

(34) Die Kinder, die sich sehr angestrengt haben, wurden gelobt.

folgt nur bei appositivem Verständnis:

(35) ⇒ Die Kinder haben sich sehr angestrengt.
⇒ Die Kinder wurden gelobt.

Bei restriktivem Verständnis werden von den Kindern nur die gelobt, die sich sehr angestrengt haben.

Der WEITERFÜHRENDE RELATIVSATZ führt einen Sachverhalt fort. Er ist stets appositiv, schränkt den Gegenstandsbereich also nicht ein, sondern gliedert eine thematische Einheit an eine andere an (thematische Verschränkung).

(36) Ich bin in dieses sehr interessant klingende Proseminar reingekommen, **was mich sehr freut** ...
[http://www.psychologieforum.at/spezifische-schwerpunkte-kinder-und-jugendliche-t10375.html, 8.6.11]

(37) Ich bin in dieses Seminar gekommen, **weshalb ich mich sehr freue**.

Dies ist ein eigener Typ des Nebensatzes. Er hat folgende Eigenschaften:

- Er wird stets nachgestellt;
- er ist nicht in die Nominalgruppe eingebettet;
- er führt ein im Rede-/Textzusammenhang gegebenes Thema in losem Anschluss fort;
- er ist intonatorisch an den Vorgängersatz angeschlossen (ohne große Pause), hat eine eigene Gewichtungsstruktur und spezifische Akzentuierung, unabhängig vom Hauptsatz;
- als Relativum fungiert ein W-Ausdruck, häufig *was* oder eine mit *was* oder *wo* gebildete Zusammensetzung (*weshalb, worüber, wobei* etc.).

Diese Sätze gehören zum Grenzbereich der Nebensätze, in dem der Nebensatzanschluss nur formal genutzt wird. Man sieht das u.a. daran, dass ihnen – anders als dem Kernbereich der Nebensätze – eine eigene Illokution zugewiesen werden kann, in den Beispielen eine Assertion.

(38) Hast du be<u>stan</u>den↑ was mich sehr <u>freu</u>en würde↓

Im Beispiel (36) wird der Sachverhalt ‚Ich bin in dieses sehr interessant klingende Proseminar reingekommen' fortgeführt mit *was*. Es wird anschließend gesagt, dass der Schreiber/Sprecher sich darüber sehr freut. Im zweiten Fall wird auf den Sachverhalt mit *weshalb* so reorientiert, dass eine Konsequenz angeschlossen werden kann. Man könnte einen solchen Satz so umformen, dass der Nebensatz zum Hauptsatz wird und der Hauptsatz zum Nebensatz:

(39) Ich freue mich sehr, weil ich in dieses Seminar gekommen bin.

(40) Ich freue mich sehr, dass ich in dieses Seminar gekommen bin.

Oder man formt eine Koordination:

(41) Ich bin in dieses Seminar gekommen und ich freue mich sehr.

Oder zwei Hauptsätze, wobei der zweite den Sachverhalt des ersten mit einem Adverb wie *darüber, deshalb, darum*, die alle eine Zeigwortkomponente haben (*da-, des-*) haben, reorientierend aufgreift:

(42) Ich bin in dieses Seminar gekommen. **Darüber/deshalb** freue ich mich sehr.

Das geht auch in die andere Richtung:

(43) Meine Mutter ist Verkäuferin im Supermarkt. Aber dort verdient sie nicht viel. **Deshalb** müssen wir immer sparen. (Korschunow 1999: 26)

(44) Meine Mutter ist Verkäuferin im Supermarkt. Aber dort verdient sie nicht viel, **weshalb wir immer sparen müssen**.

(Eine umfassende Studie zu weiterführenden Relativsätzen ist Holler 2005.)

C7 Sachverhalte als Redegegenstände: Subjektsätze und Objektsätze, Infinitivgruppen

> **Didaktischer Kommentar:**
>
> In diesem vertiefenden Abschnitt wird gezeigt, mit welchen Formen Sachverhalte zu Redegegenständen gemacht werden. Es handelt sich um eines der schwierigeren Themenfelder der deutschen Grammatik. Ein erstes Verständnis davon ist aber notwendig, will man sich ein Bild von der Gegenstandskonstitution machen.

> **Literaturhinweis:**
>
> Der Klassiker zu den Infinitiven ist Bech 1983.

Man kann einen Redegegenstand nicht nur in direkter Formulierung (*die Kanzlerin, Stuttgart, Apfelsaft*), sondern auch dadurch zugänglich machen, dass man einen Sachverhalt entwirft, der ihn zugänglich macht. Das geschieht mit Nebensätzen, die – abhängig vom Verb des Hauptsatzes – mit *dass, ob* oder einem W-Interrogativum eingeleitet sind und wie alle Nebensätze Endstellung des Verbkomplexes haben (→ E1.2).

(1) Aber der Türhüter **sagt**, **dass** er ihm jetzt den Eintritt nicht **gewähren könne**. Der Mann überlegt und **fragt** dann, **ob** er also später **werde eintreten dürfen**. (Kafka 2003: 162)

Es sind bestimmte Verben, die um solche Nebensätze zu erweitern sind:

Gruppe A: Verben, die *dass-*, *ob-* und W-Sätze nach sich ziehen können: *berichten, sehen, raten, hören, verraten, wissen, erzählen, erläutern, erkennen, feststellen, berücksichtigen, ausmachen, nachschlagen, sich merken, sagen* ...

Gruppe B: Verben, die nur *dass-*Sätze nach sich ziehen können: *abstreiten, androhen, anbieten, ausschließen, denken, vermuten, versichern, bewundern, begreifen, beklagen, vorwerfen, meinen, organisieren* ...

Gruppe C: Verben, die nur *ob-* und W-Sätze nach sich ziehen können: *fragen, sich fragen, prüfen, untersuchen, nachforschen, analysieren, erkunden, diskutieren* ...

Gruppe D: Verben, die nur *dass-* und W-Sätze nach sich ziehen können: *lernen, regeln, loben* ...

Früher hat man von „Inhaltssätzen" gesprochen, gängig sind auch die Bezeichnungen „Termsatz", „Ergänzungssatz" bzw. „Komplementsatz".

Der universelle Subjunktor (Nebensatzeinleiter) ist *dass*. Der *dass-*Satz kann Subjekt sein, also als Satzgegenstand fungieren:

(2) **Dass der Mensch dafür [die Klimaerwärmung; Red.] auch mit die Verantwortung trägt**, ist nunmehr wissenschaftlich erwiesen.
[http://www.energieportal24.de/artikel_2374.htm, 8.5.11]

Möglich ist auch eine Einleitung mit *was*:

(3) »Übertragen Sie das in Ihr Heft.«
Was sie sagte, wurde gemacht. (Schalansky 2011: 8)

Oder der Satz fungiert als Objekt bzw. Komplement (→ D6.3, D6.5), wenn ein Verb ein Akkusativobjekt oder ein präpositionales Objekt verlangt:

(4) Ich hoffe nicht, **dass Lena gewinnt**.
[http://www.brigitte.de/kultur/leute/taken-by-a-stranger-1083567/2.html, 8.5.11]

(5) Ich hoffe nicht **darauf/auf Lenas Sieg** [präpositionales Objekt/Komplement].
Ich hoffe **das** nicht. [Akkusativobjekt/Akkusativkomplement].

(6) Es steht doch eine Wahl an und niemand glaubt, **dass Obama wiedergewählt wird**.
[http://www.turkish-talk.com/aktuelle-ereignisse/51201-osama-bin-laden-getoetet-2.html, 8.5.11]

Verben, die mit einem *dass*-Satz verbunden sind, beziehen sich insbesondere auf kommunikative Handlungen und zugehörige mentale Aktionen. Wir können von kommunikativen Verben sprechen. Man kann zwischen Verben unterscheiden, die den eingelagerten Sachverhalt als wahr voraussetzen lassen (faktive Verben), solchen, die ihn bei positivem, als wahr zu unterstellendem Hauptsatz als impliziert verstehen lassen (implikative Verben) und solchen, für die das alles nicht gilt (nicht-wahrheitsorientierte Verben):

I. Faktive Verben: *bedauern, begreifen, bestaunen, leugnen, vorwerfen, bewundern, sich freuen ...*

II. Implikative Verben: *erreichen, davon abhalten, dazu bringen, sich bewahrheiten, gelingen, schaffen, stimmen, sich bestätigen ...*

III. Nicht-wahrheitsorientierte Verben: *auffordern, vermuten, behaupten, bestreiten, annehmen, denken, zusagen, folgern ...*

Bei faktivem Verb (Gruppe I) kann der *dass*-Satz immer als wahr vorausgesetzt werden, auch wenn der einbettende Satz negiert ist:

(7) Es ging um die Frage, woher Sarrazins viel zitierte, im Brustton der Faktizität vorgetragene Behauptung eigentlich kommt, dass siebzig Prozent der türkischen und neunzig Prozent der arabischen Bevölkerung Berlins den Staat ablehnten und in großen Teilen weder integrationswillig noch integrationsfähig seien. Sarrazin **gab zu**, **dass** er keinerlei Statistiken dazu habe. Er **gab zu**, **dass** es solche Statistiken auch gar nicht gibt.
[http://sz-magazin.sueddeutsche.de/texte/anzeigen/33007/, 8.5.11]

(8) Er **gab (nicht) zu**, **dass** es solche Statistiken auch gar nicht gibt. ⇒
Es ist wahr, dass es solche Statistiken auch gar nicht gibt.

(9) Wir **bedauern**, **dass** wir zwei Minuten zu spät waren.
[http://bazonline.ch/ausland/asien-und-ozeanien/Wir-bedauern-dass-wir-zwei-Minuten-zu-spaet-waren/story/17828739]

(10) Wir **bedauern** (nicht), **dass** wir zwei Minuten zu spät waren ⇒
Wir waren zwei Minuten zu spät.

Bei implikativem Verb (Gruppe II) ergibt sich die Wahrheit nur dann, wenn der Hauptsatz positiv, also nicht negiert ist und nicht modalisiert (Konjunktiv, Modalverb, modales Adverbial):

(11) Sie hat es **geschafft**, **dass** beinahe alle Eltern wieder zu den Elternabenden kommen. [http://www.migration-boell.de/web/integration/47_2344.asp, 8.5.11]
⇒ Beinahe alle Eltern kommen wieder zu den Elternabenden.

(12) Sie hat es **nicht geschafft**, **dass** beinahe alle Eltern wieder zu den Elternabenden kommen. ⇒ Es ist nicht der Fall, dass beinahe alle Eltern wieder zu den Elternabenden kommen.

(13) Sie **soll** es **geschafft haben**, **dass** beinahe alle Eltern wieder zu den Elternabenden kommen. ⇒ Es ist nicht ausgemacht, dass beinahe alle Eltern wieder zu den Elternabenden kommen.

Verben der Gruppe III lösen ein solches Wissen nicht aus:

(14) Der Politiker **bestreitet**, **dass** der Klimawandel überhaupt wissenschaftlich belegbar ist.
[http://neues-deutschland.warenform.de/artikel/183361.doppelzuengige-deutsche-konzerne.html, 9.5.11]

Schwieriger steht es mit dem Wissen und dem Verb *wissen*, das manchmal als faktiv gilt. Wissen ist sich seiner bewusst. Ich weiß, dass ich etwas weiß. Wenn gesagt wird, jemand wisse etwas, so kann dies Wissen als wahre Überzeugung angesehen werden, solange sie geteilt wird:

(15) Hanna **weiß**, **dass** Bush 2004 wiedergewählt wurde,

Immer falsch ist ein Satz wie

(16) Hanna **weiß**, **dass** die Erde eckig ist.

In subjektiver Redeweise mit Sprecherdeixis kann jemand einen Wahrheitsanspruch für das erheben, wovon er momentan überzeugt ist, ohne dass der Überzeugungsinhalt geteilt werden müsste:

(17) Ich **weiß**, **dass** die Erde eckig ist.

(18) Aber ich **weiß**, **dass** er tief im Inneren überzeugt ist, dass es Kursänderungen in der Klimapolitik geben muss.
[http://www.sueddeutsche.de/wissen/us-klimapolitik-der-kurs-wird-sich-aendern-1.707377, 8.5.11]

Wenn von der Überzeugung eines Dritten die Rede ist, muss sie nicht als wahr angenommen werden:

(19) Er **ist** tief im Inneren **überzeugt**, **dass** es Kursänderungen in der Klimapolitik geben muss. ⇒ Es ist offen, ob es Kursänderungen in der Klimapolitik geben muss.

Eine ähnliche Funktion können *wenn*-Sätze haben, vgl.:

(20) Ich **bedauere**, **wenn** ich dich beleidigt habe.

(21) Ich **bedauere**, **dass** ich dich beleidigt habe.

In *wenn*-Sätzen bleibt immer das Moment der Konditionalität: In einer Welt, in der ich dich beleidigt habe, bedauere ich das.

Wahrheit gibt es nur in der Kommunikation. Aus ihr beziehen wir unsere Maßstäbe für Wahrheit und normative Angemessenheit, in ihr formulieren wir Kriterien für das, was Andere sagen. Sie beruht auf der Annahme kommunikativer Welten, die jeweils von einer Gruppe geteilt werden, die sich ihrer immer wieder kommunikativ vergewissert (was ist wahr, was gilt, was soll man tun, wie soll man leben?). Kommunikation arbeitet ständig daran, den Wissensbestand in Teilbereichen dieser kommunikativen Welt zu verändern, an die Wirklichkeit anzupassen, fortzuentwickeln.

Mit W-Nebensätzen wird auf die Wissensverarbeitung des Hörers gezielt, nicht darauf, was wirklich oder für den Sprecher oder eine dargestellte Figur der Fall ist. Ein W-Interrogativ findet sich vor allem in Ergänzungsfragen und zeigt dort auf eine Wissenslücke des Sprechers, die er mit Hilfe des Hörers schließen möchte. Eine Frage wie

(22) Wer trägt den Müll raus?

markiert ein Wissensdefizit, dem ein Gewusstes beim Hörer gegenüberstehen soll. Nach Befragung des eigenen Wissens kann der Hörer in seiner Antwort die Lücke schließen. Auch ein eingebetteter W-Satz zielt auf eine Wissensoperation:

(23) ... mein Opa hatte einen Strohhut auf und malte superpeinliche Bilder. Weiß nicht, **warum** er was abmalt, **was** sowieso da ist ... (Ani 2011: 177)

Beide W-Sätze bedürfen der Füllung einer Leerstelle. Im ersten Fall ist es der Grund für die Malerei, der dem Sprecher nicht bekannt ist. Ob es einen solchen Grund überhaupt gibt, ist offen. Das wird hier festgestellt, ohne dass unmittelbar eine Antwort erwartet wird, der Hörer im Roman könnte sie auch nicht geben. Der Grund bleibt also dahingestellt, ohne dass ein Fragemuster beansprucht wird. Im zweiten Fall (Relativsatz: *was ..., was ... da ist*) geht es um etwas nicht näher Bestimmtes, das „sowieso da ist". Der Maler malt, was es schon gibt, verdoppelt die Wirklichkeit. Der Hörer ist angewiesen, die Leerstelle durch Beliebiges zu füllen, es kommt nicht genau darauf an. Die Existenz irgendwelcher Dinge oder Personen, die abgemalt werden, wird also angenommen, sie werden aber nicht konkretisiert. Der Hörer kann nur eine abstrakte Vorstellung ausbilden, die getragen ist von dem, was man abmalen kann.

Nebensätze mit einem W-Interrogativum können ein generalisiertes Sachverhaltsschema enthalten, das erst konkreter Füllung bedarf, die von den Adressaten aufzusuchen ist:

(24) **§ 242 Diebstahl.** (1) **Wer** eine fremde bewegliche Sache einem anderen in der Absicht wegnimmt, dieselbe sich rechtswidrig zuzueignen, wird mit Freiheitsstrafe bis zu fünf Jahren oder mit Geldstrafe bestraft. (StGB)

Das Schema (X *wird ... bestraft*) ist erst durch Füllung mit konkreten Personen anwendbar. Wenn Paula Klemme Heinz Maier ein Fahrrad weggenommen hat, das ihm gehört, und dieses Rad viele Monate lang in ihrem Keller deponiert hat, könnte sie unter das Schema fallen; ein Rad, das ihr gehört, kann sie nicht stehlen, ein von ihr gemietetes auch nicht etc. Im folgenden Beispiel ist formuliert, dass die, die alle Aufgaben richtig gelöst haben, die Truhe öffnen können; offen bleibt, wie viele Personen das sind, es kann auch keine einzige sein:

(25) **Wer** alle Aufgaben richtig gelöst hat, der wird mit seinem Code die Schatztruhe öffnen können.
[http://www.bingen.de/de/ferienprogramm/lauschhuette/select/q/archiv/6636/y/2010/m/7.html, 8.5.11]

(26) **Was** niemandem gehört, kann jeder nach Belieben nutzen.
[http://www.dresaden.de/A-_Veroffentlichungen/II__Juristische_Fachaufsatze/KlimazertifikateAden.pdf]

Der vorstehende Satz enthält einen generalisierenden W-Nebensatz, der alles umfasst, was niemandem gehört. Solche Sätze beinhalten eine Funktion, die bei Erfüllung bestimmte Personen, Dinge etc. liefert, für die dann gilt, was im Hauptsatz steht.

In anderen Fällen wird unmittelbar auf einen zugänglichen, bestimmten Sachverhalt Bezug genommen; der Sachverhalt ist also nicht offen, sondern den Adressaten zugänglich oder unmittelbar zu erschließen:

(27) Lehrer: Ist es klug, **was** die Michaela gemacht hat ... (Redder 1982: 100 (adaptiert))

Im folgenden Beispiel kann die Adressatin den Sachverhalt wahrnehmen:

(28) Lehrer: So, guck mal, **was** die jetzt alle machen (Redder 1982: 34 (adaptiert))

Schließlich kann der Sprecher etwas wissen, aber nicht weitergeben und so den Hörer ausschließen, hier kommt dessen Wissensverarbeitung an ein Ende:

(29) Ich weiß, **was** zu tun ist.

(30) Zusammen mit seinem Partner Jason tourte Austin einen Monat lang durch Deutschland und interviewte, **wen** er gerade so vor die Kamera bekam.
[http://martone.de/2011/03/10/interview-project-germany-ein-internet-dokumentarfilm-prasentiert-von-david-lynch/, 10.5.2011]

Oder er weiß es nicht, wüsste es aber gern:

(31) Es wäre doch interessant gewesen, von der jungen Amerikanerin zu erfahren, **was** es bedeutet, als Kind durch einen Terroranschlag politisiert zu werden, bei dem man Freunde und Familienmitglieder verliert.
[http://www.spiegel.de/kultur/tv/0,1518,761370,00.html, 9.5.11]

Im folgenden Beispiel wird Gott ein Wissen zugeschrieben, über das aber der Sprecher nicht verfügt und das er dem Hörer nicht weitergeben kann:

(32) Gott weiß, **wie** alle Dinge funktionieren.
[http://www.ev-kirche-eupen-neumoresnet.org/predigten/ein_gott_der_alles_weiss.htm, 8.5.11]

Wir sehen also, dass der Gehalt solcher W-Sätze als in der kommunikativen Welt existent und zugänglich, als nur dem Sprecher oder nur der dargestellten Figur bekannt oder als unbekannt hingestellt werden kann. Das können wir der Form der Sätze nicht unmittelbar entnehmen. In allen Fällen geht es um eine Wissensoperation, die einen Wissensstatus erkennen lässt, zur Ausbildung eines Gegenstandskonzepts oder einer Generalisierung führt und Laufwissen, Wahrnehmungswissen, Welt- oder Erfahrungswissen nutzt. Wie im Fall einer Frage muss die vom Interrogativum im Zusammenspiel mit dem

Prädikat ins Spiel gebrachte Leerstelle im Zuge einer Wissensoperation des Hörers konkret, abstrakt oder als wirkliche Leerposition besetzt werden. Das Ergebnis bleibt hörerintern und wird – anders als bei der Frage – nicht kommunikativ zurückgegeben.

Sätze, die mit *ob* eingeleitet sind, bringen eine Alternative als relevant für den Adressaten ins Spiel. Auch hier kann man auf entsprechende Fragesätze schauen. Es sind Fragen, die auf die Entscheidung des Hörers zwischen zwei oder mehr Alternativen abzielen; wenigstens eine Alternative aus den möglichen Verläufen soll wahr sein, sie muss aber in der Frage nicht explizit genannt sein:

(33) A: Möchtest du den Kaffee mit Milch oder Zucker?
 B1: Mit Milch.
 B2: Mit Zucker.
 B3: Mit Milch und Zucker.
 B4: Schwarz.

(34) A: Schreibst du ein Referat, machst du ein Portfolio oder eine mündliche Prüfung?
 B: Ein Referat.

Neben den explizit oder implizit gegebenen Alternativen gibt es nichts Weiteres: So, wie es gesagt ist, ist es oder es ist nicht so. Solche Äußerungen transportieren die Wahrheit einer Alternative. Sie können vermitteln, dass für Sprecher oder dargestellte Figur die jeweilige Alternativwahl klar ist, ohne dass dies für den Hörer klargestellt wird:

(35) Sie erfuhren immer nur kurzfristig, **ob** sie eine Verlängerung erhielten oder nicht. (ZEIT 23.8.1985: 29)

Es kann auch offen bleiben, welche Alternative zutrifft:

(36) Ich frage mich allerdings, **ob** der, der das Buch vorliest, danach nicht in Lebensgefahr ist.
 [http://www.spiegel.de/kultur/literatur/0,1518,494281,00.html, 8.5.11]

(37) Habt ihr schon mal vergessen, **ob** ihr schon die Pille genommen habt **oder** noch nicht?
 [http://www.planet-liebe.de/forum/showthread.php?t=278147&page=, 9.5.11]

Ähnlich Fällen mit W-Wörtern (Beispiele 30, 31) kennt der Sprecher die wahre Alternative manchmal nicht:

(38) Gott allein weiß, **ob** dieser Mensch leibhaftig oder mit seinem Geist dort war. (2 Korinther 12, 2)

(39) Harald Lesch: "**Ob** ich Atheist bin, das weiß Gott allein."
 [http://blog.pro-medienmagazin.de/index.php/2009/10/08/harald-lesch-ob-ich-atheist-bin-das-weis-gott-allein/, 8.5.11]

In diesem Goethe-Gedicht (1774) weiß das lyrische Ich nicht, was gilt:

(40) **Ob** ich dich liebe, weiß ich nicht.
 Seh ich nur einmal dein Gesicht,
 Seh dir ins Auge nur einmal,

Frei wird mein Herz von aller Qual.
Gott weiß, wie mir so wohl geschieht!
Ob ich dich liebe, weiß ich nicht. (Goethe 1998: 134)

Im folgenden Beispiel kennt der Lehrer die Lösung, der Schüler soll sie sich erarbeiten und zeigen, dass er sie finden und nennen kann (Typ: Regiefrage, → H1.1):

(41) Lehrer: Überleg ma, **ob** die Drei und wie oft die Drei in die Zweiundsiebzig passt! (Redder 1982: 107 (adaptiert))

Die Semantik der W- und *ob*-Sätze fasst die folgenden Tabelle zusammen:

Wissen	dass	Entwurf oder Sprecher-, Figurenwahrheit
Wissensoperation zur generalisierenden, schematischen, unbestimmten oder bestimmten Füllung einer Leerstelle im Wissen	wer	Person
	was	Ding
	was für ein, welcher	Gegenstand (Person, Ding)
	warum, weshalb, wieso	Grund, Ursache
	wo	Ort
	wohin, woher	Richtung (sprecherzugewandt – sprecherabgewandt)
	wann	Zeitraum
	seit wann, bis wann	zeitlicher Anfang bzw. zeitliches Ende
	wie lange	Dauer
Wissen	ob	Wahl einer Alternative

Tab. 19: Semantik der Interrogativa und der *ob*-Sätze

Auch Infinitivgruppen können Subjekt- oder Objektfunktion haben. Bei der Einbettung entspricht dem Subjunktor *dass* in gewisser Hinsicht die Infinitivpartikel *zu*, die man zur Verbform rechnen kann (die also kein Konjunktor, keine Präposition ist). Sie kann auch in die Verbform, zwischen Präfix und Stamm, eingebaut werden (*wegzugehen*). Steht eine Infinitivgruppe mit Subjektfunktion im Vorfeld, kann *zu* entfallen.

(42) Strom (zu) sparen, ist sinnvoll.

Die Infinitivgruppe ist durch Endstellung von *zu* + Infinitivform ausgezeichnet. Die ganze Gruppe kann im Nachfeld oder im Vorfeld realisiert sein, Objekte der Infinitivgruppe können auch allein im Vorfeld erscheinen:

(43) Alle Studenten hatten beschlossen, **Russisch zu lernen**.

(44) **Russisch zu lernen** hatten alle Studenten beschlossen.

(45) **Russisch** hatten alle Studenten beschlossen **zu lernen**.

Alle Studenten hatten beschlossen, Russisch zu lernen.

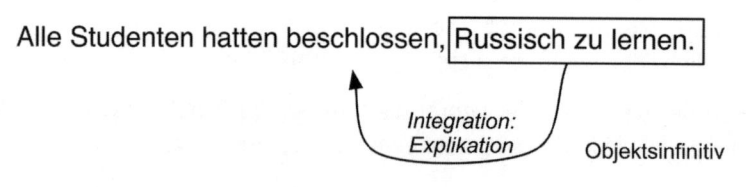

Integration: Explikation   Objektsinfinitiv

Abb. 1: Objektsinfinitiv

Infinitivgruppen, die Subjektfunktion übernehmen, nehmen meist die mit dem Objekt versprachlichte Größe als ihr Subjekt; im folgenden Beispiel orientiert *mir* auf den Sprecher, es ist also auch der Sprecher, der sich trennt:

(46) Es fällt mir schwer mich zu trennen.
[http://www.trennung-forum.de/forum/index.php?topic=6946.0;wap2, 9.5.2011]

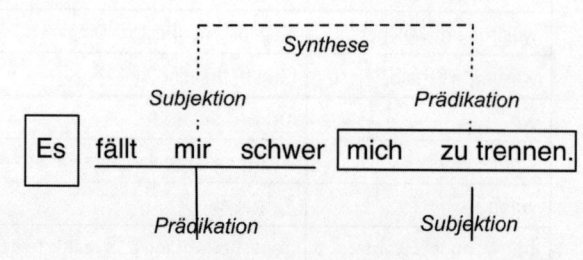

Synthese
Subjektion   Prädikation
Es fällt mir schwer mich zu trennen.
Prädikation   Subjektion

Abb. 2: Subjektsinfinitiv

In der Abbildung sehen wir, dass die Infinitivgruppe *mich zu trennen* Subjekt des Satzes ist. Das expletive *es* vertritt das Subjekt nur im Vorfeld, da das Vorfeld dieses Satztyps immer besetzt sein muss. Gleichzeitig hat aber *mich zu trennen* auch ein verborgenes Subjekt, über das prädiziert (ausgesagt) wird; derjenige, der sich trennt, ist aus dem Satz zu entnehmen, der Sprecher, verbalisiert mit *mir*. Wir sehen, dass solche Konstruktionen komplex sind.

(47) Sehr schwer ist es, **nicht mehr zu sagen**, als man sagen will. (Elias Canetti)
[http://www.zitate.de/db/ergebnisse.php?sz=8&stichwort=&kategorie=Reden&autor=, 8.5.11]

Im vorstehenden Beispiel ist das Subjekt unbestimmt, entspricht etwa *man*.

Im folgenden Beispiel nimmt die Infinitivgruppe die Rolle eines präpositionalen Objekts ein; latentes Subjekt zu der Gruppe ist der Sprecher.

(48) Ich freue mich schon darauf, **Dich zu treffen**.

Bestimmte Hauptsatzverben setzen beim Objektsinfinitiv voraus, dass ihr Subjekt auch die Infinitivgruppe als Subjekt kontrolliert, darunter eine Gruppe aus Kommunikationsverben:

> Verben mit Subjektkontrolle:
> *beabsichtigen, versuchen, zögern ...; wagen, sich herablassen, sich unterstehen ...,*
> *vermuten, wünschen, üben, glauben, hoffen, beschließen ...,*
> *drohen, versprechen, verraten, ankündigen, schwören, geloben ...*

(49) Sie hatten nicht **zu stören** gewagt. (Kehlmann 2005: 87)

(50) Er hat sich gezwungen, **das Auto abzusuchen** (Haas 2011: 31)

In den folgenden Beispielen ist es Herr A., der das Geld ausgeben will bzw. Herr Zumwinkel, der Steuern hinterzogen hat:

(51) Nach einem Jahr hat sich der Wert der Aktie verdoppelt und Herr A beschließt **das Geld auszugeben** [http://www.investorweb.de/vaufbau/rendite6.htm, 9.5.2011]

(52) Klaus Zumwinkel gesteht **Steuern hinterzogen zu haben** und tritt zurück.
[http://www.steuerverwaltungen.com/Klaus-Zumwinkel-gesteht-Steuern-hinterzogen-zu-haben-und-tritt-zur%C3%BCck.asp, 9.5.11]

Im folgenden Beispiel entspricht die Infinitivgruppe einem Genitivobjekt, auch hier ist Herr Z. das latente Subjekt:

(53) Post-Chef Klaus Zumwinkel wird beschuldigt, mehrere Millionen Euro Steuern hinterzogen zu haben.
[http://www.stern.de/wirtschaft/news/unternehmen/finanzexperte-risiko-fuer-steuerhinterzieher-ist-gering-611234.html, 9.5.11]

(54) Post-Chef Klaus Zumwinkel wird der Hinterziehung von mehreren Millionen Euro Steuern beschuldigt.

Haben wir nun ein Verb, das zwei Objekte haben kann, kontrolliert bei vielen Verben das Kasusobjekt im Akkusativ bzw. Dativ das Subjekt der Infinitivgruppe, so z.B. bei:

> Verben mit Objektkontrolle:
> *warnen, zwingen, auffordern, beauftragen, bitten, erziehen, drängen, bezahlen, bewegen, überreden, überzeugen, schützen* (Akkusativobjekt kontrolliert Infinitivsubjekt)
> *anbieten, erlauben, verbieten, raten, wünschen, empfehlen* (Dativobjekt kontrolliert Infinitivsubjekt)

(55) Am 27. November 1979 ging ich mit meiner Frau (...) zum Notar und beauftragte **ihn, die Firma eintragen zu lassen**.
[http://www.kraeber.de/about/25years/, 9.5.2011]
[Der Eintrag soll vom Notar gemacht werden].

(56) Das Gericht verbot **ihm, sich als Folteropfer zu bezeichnen**.
[http://www.bild.de/regional/frankfurt/europaeischer-gerichtshof/urteil-vorm-europaeischen-gerichtshof-fuer-menschenrechte-12729306.bild.html, 9.5.2011]
[Er bezeichnet sich als Folteropfer.]

Im Passiv kehren sich bei einem Akkusativobjekt, das dann Subjekt wird, die Kontrollverhältnisse um:

(57) **Er** wurde beauftragt, die Firma eintragen **zu** lassen. [Er als Notar sollte die Firma eintragen lassen.]

Dativobjekte behalten auch im Passiv die Kontrolle:

(58) **Ihm** wurde vom Gericht verboten, sich als Folteropfer zu bezeichnen. [Er bezeichnet sich als Folteropfer.]

Ein Übergang von der Objekt- zur Subjektkontrolle kann durch ein Modalverb in der Infinitivgruppe bewirkt werden:

(59) Paula beschwört Hanno, zur Feier zu kommen. [Hanno soll zur Feier kommen.]

(60) Paula beschwört Hanno, zur Feier kommen zu dürfen. [Paula soll zur Feier kommen dürfen.]

Im Passiv des Infinitivs kann es manchmal zu doppelter Deutung kommen:

(61) Sylvana bietet dem Rektor an, wieder **ausgeladen zu werden**. [Sylvana oder der Rektor wird ausgeladen.]

Eindeutig formuliert ist der folgende Satz [Subjektkontrolle]:

(62) Sylvana bietet dem Direktor an, von ihm wieder **ausgeladen zu werden**.

Taucht ein reiner Infinitiv (ohne *zu*) in der Subjektfunktion auf, so handelt es sich um eine Nominalisierung. Man könnte sie mit einem Artikel oder attributiv erweitern, z.B. ein Adjektiv oder eine Präpositionalgruppe einfügen:

(63) **Schießen** war wie eine Fremdsprache. (Steinfest 2011: 171) [Ausgedrückt ist das Konzept des Schießens schlechthin]

(64) Das (laute) Schießen (im Wald) war nicht zu überhören.

Die folgende Konstruktion mit Prädikativ (*das Geheimnis*) hat auch kein *zu*, kann aber aufgrund des Aufbaus der Infinitivgruppe nicht als Nominalisierung gelten, da *einfach* und *mal* als Erweiterungen nicht in den nominalen Rahmen passen. Es stellt sich die Frage, von wem eigentlich in der Infinitivgruppe die Rede ist und wer sie als latentes Subjekt kontrolliert. Hier kann nur ein generalisiertes Subjekt wie *man* angenommen werden.

(65) Einfach mal entspannen ist das Geheimnis.
[http://beautyjunkies.inbeauty.de/forum/archive/index.php/t-7831.html, 9.5.2011]

Der (reine) Subjektsinfinitiv (besonders nach unpersönlichen Prädikatsausdrücken) und der (reine) Objektsinfinitiv finden sich auch im Lateinischen, so dass Vergleiche möglich sind:

(66) **Discere** necesse est. ‚Lernen ist notwendig.' [Subjektsinfinitiv]

(67) Caesar statuit **in patriam redire**. ‚Caesar beschloss, in die Heimat zurückzugehen.' [Objektsinfinitiv]

Latein hat den AcI (accusativus cum infinitivo) nach Verben des Mitteilens, Wahrnehmens, der Einstellung, des Wollens und unpersönlichen Ausdrücken; hier kann er Subjekt oder Objekt sein:

(68) **Troianos in urbe esse** nuntiatur. ‚Dass die Trojaner in der Stadt seien, wurde gemeldet.' [Subjekt]

(69) **Troianos Sinoni credere** noluit. ‚Sie wollte nicht, dass die Trojaner Sino glaubten.' [Objekt]

Auch das Deutsche hat einen AcI als reinen Infinitiv (ohne *zu*), allerdings nur in der Objektrolle:

(70) Der Bauer, der **das Gras wachsen** hört.
[http://www.eco-world.de/scripts/basics/eco-world/service/main/basics.prg?session=42f941394b1bf92b_70220&a_no=666&r_index=13, 10.5.2011]

(71) Der Kluge sieht **das Unglück kommen.** (Sprüche 22, 12)

(72) Wo kann man **einen Allergietest machen** lassen?
[http://www.gesundheitsfrage.net/frage/wo-kann-man-einen-allergietest-machen-lassen, 10.5.2011]

Der AcI findet sich nach Wahrnehmungsverben (*hören, sehen, spüren* ...), nach *lassen* und *machen* (i.S. von verursachen (kausativ)), nach *heißen* (literarisch: *heißt ihn kommen*) und *finden* und ist eine Konstruktion aus einer Nominalgruppe im Akkusativ und dem reinen Infinitiv (ohne *zu*). Das Ereignis, das wahrgenommen wird, ist gleichzeitig zum Wahrnehmungsvorgang, vergleichbar der Darstellung in einem Objektsatz mit *wie*:

(73) Ich sehe und höre, **wie** der Zug kommt.

Eine Passivvariante ist nicht gut möglich:

(74) Vom Klugen wird **das Unglück kommen** gesehen.

Es gibt bei *lassen*-Sätzen semantisch eine gewisse Ähnlichkeit zum Passiv:

(75) Opposition lässt die Konsenskanzlerin zappeln.
[http://www.spiegel.de/politik/deutschland/0,1518,693132,00.html, 10.5.2011]

Die Kanzlerin wird hier zum Objekt, zum Spielball von Anderen.

Im übergeordneten Satz können oder müssen KORRELATE auftreten, mit denen ein Subjekt- oder Objektsatz oder eine Infinitivgruppe vorweggenommen wird. Das können Ausdrücke mit deiktischem Element (*darüber, davon, deswegen, so, der*) sein, die vororientieren, oder phorische (*er, sie, es*), die eine Kontinuität vorwegnehmen.

(76) Wir begrüßen **es**, **dass** die Politik auf unser Drängen reagiert hat.
[http://www.stern.de/politik/deutschland/regierung-beschliesst-strafverschaerfung-drei-jahre-haft-fuer-widerstand-gegen-polizisten-1613559.html, 9.5.11]

(77) Wir begrüßen, **dass** die Politik auf unser Drängen reagiert hat.

Das Korrelat-*es* kann nicht im Vorfeld stehen, da kann nur *das* erscheinen:

(78) Wir haben **es** nicht begrüßt, dass sie gewonnen haben.
***Es** haben wir nicht begrüßt, dass sie gewonnen haben.
Das haben wir nicht begrüßt, dass sie gewonnen haben.

Ein expletives *es* ist aber im Vorfeld möglich (→ B2.1.2):

(79) **Es** kommt ein Pferd herein. Ein Pferd kommt herein. [Vorfeld-*es*]

(80) **Es** freut mich, dich zu sehen. [Vorfeld-*es*]

Ebenfalls im Vorfeld kann das semantisch leere *es* (das *fixe es*) bei Witterungs- und einigen anderen Verben erscheinen:

(81) **Es** regnet/donnert/blitzt/hagelt/brennt/klopft/schmeckt/ist warm/fehlt an/kommt zu ...

Ein Korrelat kann fakultativ sein, zur Verdeutlichung eingesetzt werden:

(82) Gottes Liebe wartet vor jeder Lebenstür – auch vor deiner und meiner. Sie wartet, **dass** wir sie einlassen.
[http://www.predigten.at/index.php?view=predosterfest-a-08, 9.5.11]

(83) Sie wartet **darauf**, **dass** wir sie einlassen.

Manche Verben verlangen aber ein Korrelat:

(84) Wir **gaben es auf**, ihn herauszuholen und aus der Nähe zu betrachten.
[http://www.tiere-im-garten.de/8.kap.htm, 9.5.11]

Deiktische Korrelate finden sich auch in Verbindung mit Adverbialsätzen:

(85) Wir verehren einige VIP nur **deshalb**, **weil** sie reich sind, **weil** sie gut aussehen oder **weil** sie Macht haben, und ganz sicher auch **deshalb**, **weil** sie jeden Blödsinn reden, der ihnen gerade durch den Kopf geht und den der Durchschnitts-Mensch mit seinem Durchschnitts-IQ gerade noch knapp kapiert.
[http://worldwide-gazette.com/default.aspx?lng=de, 9.5.11]

Andere Verben lassen kein Korrelat zu, *antworten, denken, finden, prüfen* etwa kein Akkusativkorrelat. Bei den meisten Verben ist ein präpositionales Korrelat bei entsprechendem Objektsatz nötig (*gewöhnen an, sich kümmern um, lernen aus, merken an, verlangen nach* ...).

(86) Er rechnet **damit**, **dass** weitere Atomkraftwerke vom Netz müssen.
[http://www.spiegel.de/politik/deutschland/0,1518,754633,00.html, 9.5.11]

(87) *Er rechnet, **dass** weitere Atomkraftwerke vom Netz müssen.

(88) Man ist nicht enttäuscht **darüber**, was ein anderer tut oder nicht tut, sondern **darüber**, dass man so dumm war und was anderes erwartet hat.
[http://www.hirnblitz.de/?s=929, 9.5.11]

(89) *Man ist nicht enttäuscht, was ein anderer tut/dass man so dumm war.

Infinitivgruppen, die von einem Nomen oder Korrelat abhängen, werden stets durch Kommata abgetrennt.

C8 Gegenstände vergleichen – die Verbszene funktional ausdifferenzieren

Didaktischer Kommentar:
In diesem Abschnitt werden Verwendungen der Adjunktoren *als* und *wie* behandelt, mit denen verglichen und die Rollenstruktur der Verbszene ausdifferenziert werden kann.

Literatur:
Eggs 2006, 2009

Der operative ADJUNKTOR macht aus einer Gruppe ein Adjunkt mit eigener Funktionalität, wobei insbesondere Gleichheit oder Andersartigkeit markiert werden. Bezugsausdruck ist eine Nominal-, eine Präpositional-, Adjektiv-, Adverb- oder Anapher-/Deixisgruppe (*schön wie Helena, schöner als Paula, schön wie dort, schön wie sie, schöner als ich*).

Ein *wie*-Adjunkt markiert das „Identische im Andersartigen" (Eggs 2009: 199); im folgenden Beispiel wird die Kategorie ‚Schönheit' auf unterschiedliche Bereiche wie Politik und Kunst bzw. Natur angewendet, und im Vergleich dieser Bereiche werden sie im Blick auf Schönheit – unter diesem Aspekt (die Aspektdeixis *so* zeigt auf Aspekte an Objekten: *so groß*) – gleichgesetzt:

(1)   Politik ist für ihn gerecht, wenn sie schön ist. So schön **wie ein Gedicht oder ein Ahornblatt** im Abendwind. Bekanntlich kann Handke Journalisten nicht ausstehen. (Die ZEIT 29.4.1999)

(2)   Nach ihrer Rede war man so klug **wie zuvor**. (Die ZEIT, 28.5.2009)

Nicht selten fehlt der Vergleichsausdruck (Adjektiv, Adverb) und das *wie*-Adjunkt steht eigenständig:

(3)   „Das ist wie im Mittelalter"
[http://www.wz-newsline.de/lokales/wuppertal/stadtteile/barmen-ost/aerger-mit-der-telekom-das-ist-wie-im-mittelalter-1.815436, 12.11.2011]

(4)   Das ist so/finster/ ... wie im Mittelalter

Im folgenden Beispiel leitet *wie* einen „redekommentierenden" (Eggs 2006: 495) Nebensatz („wie auch ihr Herr Verteidiger wissen wird") ein; auch als Subjunktor hat *wie* noch Anteil an der Grundbedeutung. Im zweiten Verwendungsfall geht es um kategorial gleiche Fälle von Vergehen („wie den ihren hier"):

(5)   Bußgeldverhandlung (F.12)

Richter Bei der Bemessung der Geldbuße habe ich hier keine Möglichkeit→ den Bußgeldbescheid auf einen ihrer festgesetzten Beträge herabzusetzen→ dies ist→ **wie auch ihr Herr Verteidiger wissen wird**→ der Regelgeldbußbetrag, der in gleich gelagerten Fällen **wie den ihren hier** • den Betroffenen auferlegt wird↓

Die Grundbedeutung zeigt auch *wie* als Interrogativum:

(6) Strafverhandlung (F.1)

Angeklagter   Arbeitslosenunterstützung.
Richter   Und wie hoch ist die wöchentlich↑

Im folgenden Beispiel sehen wir ein implementiertes, „illustratives" (Eggs 2009) Adjunkt, das exemplarisch Personen aufzählt, die unter die Kategorie ‚einzelne Wissenschaftler' fallen, deren Angehörige kämpfen.

(7) Einzelne Wissenschaftler **wie der Klimaforscher Hans von Storch und der Soziologe Nico Stehr** kämpfen seit Jahren gegen die Schmähung der Vorsorge mit mäßigem Erfolg. (Die ZEIT, 14.7.2008)

Hier sehen wir eine Verbindung zu *wie* als Konjunktor:

(8) Peter **wie** Maria **wie** Britta studieren Soziologie.

Die Gleichheit resultiert daraus, dass sie unter eine Funktionskategorie fallen.

Komplementär zu den illustrativen Verwendungen funktionieren Verbindungen wie

(9) Einer **wie Bruno** (Filmtitel, 2011)

Hier werden über den Namen Charakteristika der Person aktualisiert, die *einem* zugeordnet werden können; ein Name repräsentiert eine Identität und damit auch ein Bündel von Eigenschaften einer Person oder eines Objekts:

(10) Gesetzt den Fall, ein zum Kampfmittel modifizierter Pilz würde freigesetzt, könnte uns dann ein Wissenschaftler **wie Liam Connor** retten?
[http://www.spiral-dasbuch.de/5/hintergruende.php, 12.11.2011]

Ein *als*-Adjunkt kennzeichnet das „Andersartige im Identischen" (Eggs 2009: 199), wie man an Komparativen sehen kann, die auf einem Vergleich einer für zwei Größen herangezogenen Eigenschaft beruht:

(11) Sicherlich, Adam ist nicht erst rot geworden, nachdem er vom Baum der Erkenntnis gegessen hatte, sondern damals, als er das erste Pferd erblickte. Und zwar errötete er, leider muß es gesagt werden, nicht nur aus urmenschlicher Freude an diesem Geschöpf Gottes, sondern er dachte einen ganz kleinen Augenblick: Donnerwetter, das ist ja noch schöner **als Eva**! Sonst wäre er kein Mann gewesen. (Die ZEIT, 11.4.1946)

(12) Deutsche Weihnachtslieder klingen eben schöner **als englische**. Da kann man nichts machen. (Die ZEIT, 31.6.1966)

(13) Strafverhandlung (F.1)

Richter Deswegen kann man doch ne Flasche Schnaps mitnehmen→ auch wenn mans nich selbst trinkt↓ Man kann se nach Hause mitnehmen→ wenn man Gäste hat né und wenn man kein Bier hat→ trinkt man au mal n Schnaps→ • besser **als gar nix**↓ ((4.2s)) Stimmts oder stimmts nich↓

C8 Gegenstände vergleichen – die Verbszene funktional ausdifferenzieren

Dem standardsprachlichen Gegensatz in Vergleichen mit *als* versus *wie* (,andersartig' versus ,identisch') steht eine Verwendung in Dialekten und öfter auch in der Umgangssprache gegenüber, in der an einen Komparativ mit *wie* angeschlossen wird:

(14) Strafverhandlung (F.14)

Angeklagter da sach/ hab ich noch zu Frau T. gesacht Junge, was hat ders eilig→ der will doch no/ noch/ noch/ sch/ noch schneller weg **wie wir**↓

Dieser Gebrauch entspricht nicht der Norm, ein Verstehensproblem ergibt sich aber nicht. Nun zu einem anderen Fall, den Eggs (2009: 213) als „temporal-selektiv" bezeichnet:

(15) **Als junger Mann** war Ferrara Kommunist. (Die ZEIT, 13.7.2009)

Mit dem Namen (Ferrara) ist der Redegegenstand hinreichend bestimmt. Die Prädikation ‚Kommunist sein' gilt aber nur für eine bestimmte Lebensphase, nämlich als Ferrara ein „junger Mann" war. Der Name kann die Person in ihrer gesamten Lebenszeit meinen; die *als*-Adjunktion kann nun die Lebensphase bestimmen, für die allein die Prädikation geltend gemacht wird. Die Person bleibt die gleiche, zu ihr gehören ihre Lebensphasen, aber in anderen Lebensphasen als der genannten gilt die Prädikation nicht.

Zwischen Bezugsausdruck und Adjunkt besteht eine Kasuskongruenz (vgl. Abb. 1). Ein solches Adjunkt kann als Adverbial verstanden werden und sich in seiner Spezifizierungsleistung auf die Verbgruppe oder einen Teil davon oder auf den Restsatz beziehen.

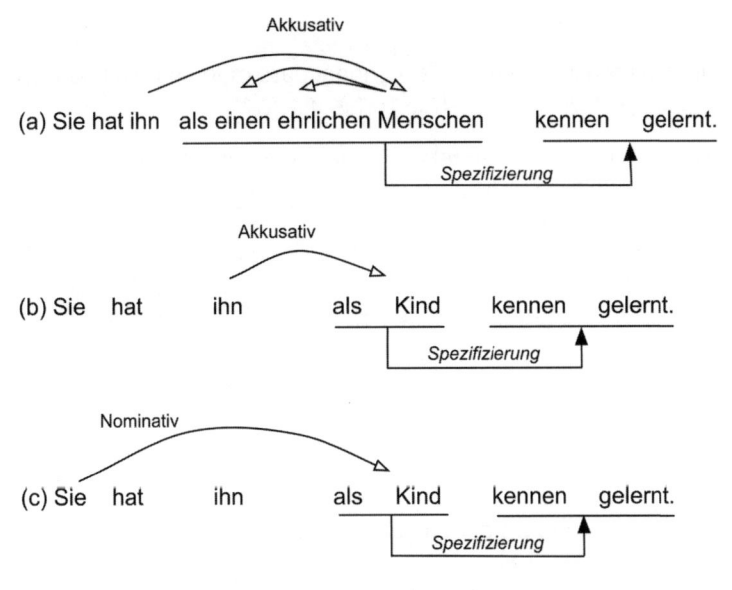

Abb. 1: Adjunkt mit *als* und Kasuskongruenz

Das „funktional-selektive *als*-Adjunkt" (Eggs 2009: 203) wählt eine Rolle oder Funktion aus den jeweils möglichen. Im folgenden Beispiel ist der Redegegenstand hinreichend mit dem Namen bestimmt (Saab), es die Kundeneigenschaft, die spezifizierend auf die Prädikation wirkt; zugleich sind andere Rollen ausgeschlossen (etwa Saab als Autobauer):

(16) Wenn mir Saab **als Kunde** wegbricht, werde ich verstärkt im nahen Göteborg nach neuen Geschäftspartnern suchen", sagt der Hotelier. (Die ZEIT, 25.2. 2009)

(17) Bußgeldverhandlung (F.10 (vereinfacht))

Richter Wenn ich das recht verstanden habe, haben Sie die Originalreifen nich gesehn→ sondern Sie sind hier nur **als sachverständiger Zeuge**↓

Im folgenden Beispiel wird nur für den als Tiger gestarteten Discounter eine spätere Landung als Bettvorleger (mit der Zeit wechselt die Eigenschaft) ausgesagt:

(18) Neben Plus haben sich die Drogeriekette Schlecker (Fiat Punto, Ford Ka und Smart Cabrio), die Lebensmittelhändler Edeka (Fiat Punto) und Marktkauf (Kia) sowie der Media-Markt (Handy plus Smart) im Autoverkauf versucht. Aber alle seien »**als Tiger** gestartet und **als Bettvorleger** gelandet«, sagt Blümer. (Die ZEIT, 6.7.2009)

(19) Goldman, Sohn eines Viehhändlers aus Trappstadt in Unterfranken, hatte nach seiner Ankunft in New York zunächst **als Straßenverkäufer** einen Karren durch die Stadt gezogen. (Die ZEIT, 13.7.2009)

Etwas anders gelagert ist das nächste Beispiel, in dem der adressierten Person, Altkanzler Schröder, ein Charakteristikum implementiert wird, das den Sachverhalt insgesamt spezifiziert, wie es ein Adverbial tut. Analog wäre ein Adverbialsatz mit *da*: *Da sie ein Politprofi sind, mussten Sie damit rechnen ...*

(20) **Als Polit-Profi** mussten Sie damit rechnen, dass man Ihnen das Gasprom-Etikett anhängt. Schröder: Ja, ja. (Die ZEIT, 5.4.2009)

Auch das Beispiel (21) ist so zu verstehen (*da sie einfache Abgeordnete waren, ...*), aber auch anders (*in ihrer Rolleneigenschaft als einfache Abgeordnete ...*).

(21) Im Unterschied zu den rot-grünen Rampensäuen Gerhard Schröder und Joschka Fischer erleben Schmidt, Schily und Eichel den Rückzug aus der Politik nicht als kalten Entzug, sondern als schleichende Entwöhnung. Nach der Wahlniederlage 2005 konnten sie sich **als einfache Abgeordnete** vier Jahre lang auf ein Dasein ohne Sitzungswochen, Fraktionszwist und Fahrdienste vorbereiten. (Die ZEIT, 6.7.2009)

(22) Strafverhandlung (F.3)

Richter Das können Sie also **als derjenige** sagen, **der die Beschwerde entgegengenommen hat**→ Sie sind ja der zuständige Mann für Niehaus . nich↑

Der Anschluss an die Prädikation kann mehr oder weniger eng sein; in den folgenden Beispielen wird das Prädikat qualitativ spezifiziert:

(23) 9661 Personen sind im Aargau **als arbeitslos** gemeldet.
[http://www.aargauerzeitung.ch/aargau/9661-personen-sind-im-aargau-als-arbeitslos-gemeldet-106905206, 11.11.11]

(24) Strafverhandlung (F.20, Anklage)

Staatsanwalt   Er ist hinreichend verdächtig→ sich durch die Tat **als ungeeichnet zum Führen eines Kraftfahrzeuges** erwiesen zu haben↓

(25) Strafverhandlung (F.1)

Angeklagter   Denn der Herr Koppenreder→ . der müsste normalerweise hier sein↓ Obwohl er **als Zeuge** aufgeführt worden is→ möchte ich doch sagen→ dass er der Hauptangeklagte is→ meines Wissens↓

Im Türkischen ist die Entsprechung zu *wie* die Postposition *gibi*, die mit dem Nominativ, bei Personalformen auch mit dem Genitiv konstruiert wird; stärker ein Ausmaß vergleichend ist die ursprünglich arabische Postposition *kadar*:

(26) gül gibi güzel ‚Rose wie schön', ‚schön wie eine Rose'

(27) sen-in gibi bir adam ‚du-Genitiv wie ein Mann', ‚ein Mann wie du'

(28) çelik kadar sert ‚Stahl in dem Ausmaß wie hart', ‚hart wie Stahl'

Für einen Vergleich, der Unterschiedlichkeit ergibt, wird das Adverb *daha* ‚mehr, noch' verwendet (Vergleichsobjekt im Ablativ):

(29) Kardeş-im   anne-m-den   daha büyük.
     Bruder-Poss1Sg   Mutter-Poss1Sg-Ablativ   mehr groß ‚Mein Bruder ist größer als meine Mutter.'

D Gedanken formulieren

Prozedur:
Synthese

Kategorien:
Verb, Modalverb, Verbkomplex, Verbgruppe, Tempus, Indikativ, Konjunktiv, Aktiv, Passiv, Prädikativ, Objekt, Adverbial, Valenz

Didaktischer Kommentar:
In diesem Kapitel geht es um die Formen, in denen wir Ereignisse und Zustände charakterisieren und Redegegenstände einbeziehen. Das Verb ist das Zentrum der Prädikation, es ist erforderlich, um Gedanken vollständig auszudrücken.

Unsere kommunikative Welt wäre arm, könnten wir nur Redegegenstände entwerfen und sprachlich aneinanderreihen. Tatsächlich präsentieren wir unseren Adressaten sprachlich gegliederte, differenzierte Gedankenwelten, setzen Ereignisse in Szene. Sprache zwingt zu einer szenischen Gliederung (*Paula hilft einer alten Frau über die Straße*) die gegenüber dem ganzheitlichen Zugriff eines Bildes ihre Vorteile hat. Diese Ausdifferenzierung erfolgt vor allem über das Verb als Verbindungsstück szenischer Elemente.

Im Teil D1 geht es um die Rolle des Verbs im Aufbau von Äußerungen und den Aufbau der Verbformen im Deutschen. In D2 – D6 werden Formen und Funktionen in der Verbgrammatik besprochen. Mit dem Verb können unterschiedliche Dimensionen eines Sachverhalts über die Verbform vermittelt werden: die zeitliche Einordnung, Dauer, Verlauf, Anfang, Ende, Vollendung eines Ereignisses, sein Verhältnis zur Wirklichkeit und zum Wissen, Perspektive und Ansatz der szenischen Darstellung (beim Handelnden oder Betroffenen). Die Formen genauer zu betrachten ist wichtig auch im Blick auf den sprachgeschichtlichen Wandel: Beispielsweise werden das Präteritum (*sah, kam, lief*), das Futur II (Futurperfekt) (*wird repariert haben*) und der Konjunktiv (*sie sagte, sie komme/käme klar*) heute weniger verwendet und wohl auch beherrscht. Für das Textverständnis wie für den präzisen Ausdruck ist es aber notwendig, mit solchen Formen umgehen zu können. Von besonderer Bedeutung für die Handlungsplanung und Handlungskoordination in Gesprächen sind die Modalverben, die wir in ihren Verwendungsweisen daher ausführlich darstellen (D5). Abschließend wird der Aufbau der Verbszene behandelt, der in aktuellen Grammatiktheorien unter dem Aspekt der „Valenz" gefasst wird (D6).

Literaturhinweise:
Bredel/Töpler 2007; Hoffmann 2009; Redder 1984, 1992; Storrer 1992; Tesnière 2010; Grammatiken: Dudenredaktion 2009; Eisenberg 2006; Heringer 1988; Weinrich 2007; Zifonun/Hoffmann/Strecker 1997.

D1 Prädikation, Verb und Verbkomplex

D1.1 Prädikation, Prädikat und Verb

> Mit einem VERB wird ein Sachverhalt in seiner Dynamik erfasst: Er entwickelt sich, seine Entwicklung ist abgeschlossen oder blockiert. Am Verb entfaltet sich die prädikative Handlung, mit der die Keimzelle eines Gedankens kommunikativ zugänglich gemacht wird. Was über den zentralen Redegegenstand (*Helmut, er, mein Freund*) ausgesagt wird, die Prädikation (*spielt gern Schach*), ist das entscheidende funktionale Element einer Äußerung.

Meist kennen wir den Redegegenstand schon, auf den sich die Prädikation bezieht. Wir sollen aber über ihn Neues erfahren – und das steckt dann in der Prädikation, die ihn zum Ausgangspunkt eines Sachverhalts macht. Die Basis eines sprachlich entworfenen Sachverhalts bilden Gegenstandskonstitution und Prädikation. Ein Konstantes (Redegegenstand) wird in die Aussage-Dynamik eines Ereignisses, eines Prozesses, einer Handlung eingebunden (*Das Spiel – beginnt, der Stahl – schmilzt, Paula – backt einen Kuchen*) oder als in einer Konstellation, einem Prozessresultat oder Zustand Befindliches charakterisiert (*Linda – spielt Libera, Hanna – ist informiert, Paula – ähnelt ihrem Bruder*).

Das VERB bildet den Kern der Inszenierung. Dem Hörer wird eine spezifische Perspektive vermittelt, die ihm den Aufbau eines Bildes erlaubt: Der Ansatz kann bei einer handelnden Person, bei jemandem, der einer Handlung oder einem Ereignis ausgesetzt ist, bei etwas, das einen Prozess auslöst, begleitet oder ihm ausgesetzt ist, erfolgen. Wenn ein Sprecher über ein Ereignis redet, kann er es für den Hörer als wirklich oder möglich, vergangen, gerade ablaufend, angefangen, abgeschlossen, wiederkehrend oder künftig bzw. erwartet kennzeichnen. Er kann anzeigen, dass er nicht selbst die Wissensquelle ist, dass das Ereignis nicht wirklich oder nur möglich, gewünscht oder nur gedacht ist. Das alles leisten finite (flektierte) Verben (*singt, lachte*) und Verbkomplexe aus mehreren Verben (*wird gelungen sein, konnte gewinnen, hat funktioniert*). Betrachten wir ein Verb oder einen Verbkomplex funktional-semantisch, sprechen wir vom MINIMALEN PRÄDIKAT. Nehmen wir den Ausbau zur Verbgruppe hinzu, mit Objekten, verbbezogenen Adverbialia, sprechen wir vom MAXIMALEN PRÄDIKAT, funktional gesehen ist das die Prädikation, die der Subjektion gegenübersteht.

(1) Max verspricht Paula gern eine Reise.
[Die Rolle des minimalen Prädikats hat *verspricht*, die des maximalen Prädikats *verspricht Paula gern eine Reise*.]

Die Finitheit schließt den Gedanken in der Zeit ab. Der Gedanke wird so eingegrenzt, dass er auch situationsgelöst geäußert und verstanden werden kann. Im Deutschen trägt das finite, flektierte Verb neben adverbialen Elementen dazu bei. Mit dem finiten Verb wird die Aussage im Deutschen konkret, der Sachverhalt aus situativer Einbindung gelöst.

Das Verb ist das grammatische Zentrum der Aussage. Im Deutschen lassen sich Verben flektieren, d.h. es existieren verschiedene Verbformen für die mit ausgedrückten Kategorien Person, Numerus, Tempus, Modus. Kein Satz ohne ein flektiertes, finites Verb. Das Verb markiert das Tempus (*geht, ging*) und den Modus (*kam, käme*), es kennzeichnet

Person und Numerus des Subjekts (*sag-st*) und schließt durch die Person- und Numeruskongruenz[1] (*ich sag-e, du sag-*st) Subjektion und Prädikation zusammen.

Im folgenden Beispiel aus einer Kurzgeschichte finden wir einen Übergang von Sätzen mit finiten Verbformen zu nicht-finiten Äußerungsformen:

(2) (a) Sie **fuhren** mit Kind 1 und Kind 2 nach Öland. (b) Seine Mutter **begleitete** sie. (c) Warring **hatte** ein großes Ferienhaus in Mörbylanga **gemietet**. (d) Ein Haus mit einer strahlend weißen Holzfassade, blauen Fensterläden und Sprossenfenstern. (e) Umstellt von knorrigen Bäumen, (e1) deren Äste bis auf die Terrasse und das Dach **ragten**. (f) Vom Schlafzimmer der Blick aufs Meer. (Rausch 2011: 14)

Mit (a) ist die Grundzeit des Textabschnitts auf das Präteritum festgelegt, das vergangene oder fiktive Ereignisse markiert. Die Sachverhalte sind im Vorstellungsraum nachzuvollziehen. (c) ist ein Ausflug mit dem Präteritumperfekt (traditionell: „Plusquamperfekt", latein. ‚mehr als Vollendetes') in die Vor-Vergangenheit: Die Anmietung ging der Fahrt voraus. (d)–(f) beschreiben verblos das thematische Ferienhaus; sie sind an die Grundzeit des Textes angeschlossen. Der Relativsatz (e1) drückt aber einen Gedanken aus und braucht ein finites Verb, das die Grundzeit fortführt, alternativ hätte der Autor Präpositionalgruppen als Attribute wählen müssen.

Der Verbstamm (*geh-, glaub-, wiss-, sag-*) gehört zum Symbolfeld der Sprache und benennt ein Ereignis, eine Handlung oder einen Zustand bzw. Übergang mit einem Charakteristikum. Dass wir über zahllose verbale Charakteristika in unserem Sprachwissen verfügen und gelernt haben, sie auf bestimmte Situationen anzuwenden, ist ein zentrales Moment unserer sprachlichen Kompetenz.

Etwas auf einer bestimmten Dimension charakterisieren als	Art eines Ereignisses oder eines Moments von Ereignissen; Art einer Handlung oder eines Moments von Handlungen (Handlungsgeschichte); Zustand oder Übergang	*regn-, erkalt-, aufgeh-, weh-; aussterb-, entsteh- ...; geh-, sing-, sag-, spiel-, les-; woll-, soll-, dürf-, müss-, möcht-; sein, hab-, werd-* ...

Tab. 1: Verben und ihre Funktionalität im Symbolfeld der Sprache

Das inhaltliche Zentrum einer Prädikation bildet das VOLLVERB. Mit ihm wird der Kern einer Szene, eines Ereignisses, Prozesses oder Zustands charakterisiert. Es kann in finiter Form (*lese, singst, tanzt*) allein den Prädikatsausdruck bilden. Verben können aus einem Verbstamm bestehen, der mit einer Endung kombiniert wird. Sie können aber auch aus einem Verbstamm und dem Stamm einer anderen Wortart zusammengesetzt sein.

(3) Einfache Verbform: *les-e* (Stamm + Endung)

(4) Zusammengesetzte Verbformen:
schreib-e blind (Verb + Adjektiv)
nehm-e teil (Verb + Nomen)
trag-e vor (Verb + Präposition)

---

[1] Im Türkischen wird Kongruenz in der 3. Person am Verb nicht angezeigt, wenn schon (z.B. durch ein Zahlwort oder die Konstitution einer Gruppe) klar ist, dass das Subjekt eine Vielheit meint.

lern-e kennen (Verb + Verb im Infinitiv)
halt-e empor (Verb + Adverb)
bring-e zur Entscheidung (Verb + Präpositionalgruppe („Funktionsverbgefüge", → D1.5))

Ein Charakteristikum ist nicht selbstgenügsam, es bezieht sich stets auf etwas, wird von etwas ausgesagt. Der Sachverhalt kann so entworfen sein:

- sprecherfundiert (*ich* schreib-*e*)

- hörerfundiert (*du* schreib-*st*) oder

- auf Besprochenem fundiert (**Der Schrank** knarr-**t**, **sie** schläf-**t**).

Die Fundierung auf dem Sprecher (Autor) nutzt deiktische Mittel (Subjektausdruck: *ich*, Personalendung -e), die Hörer- oder Leserfundierung ebenfalls (Subjektausdruck: *du*, Personalendung -st). Bei besprochenen Dingen oder Personen finden wir andere Mittel (Subjektausdruck symbolisch: *Paula, Fisch* oder anaphorisch: *sie*, phorische Personalendung -t).

Das Verb-Charakteristikum ist darauf angelegt, wenigstens mit einem Redegegenstand, von dem es etwas aussagt, verbunden zu erscheinen. Insofern liegt die Idee nahe, dass Verben zu den Ausdrücken gehören, die stets Leerstellen eröffnen, die von anderen besetzt werden müssen (Bühler 1934). Ihre „Valenz", ihre Wertigkeit bedarf der Sättigung (Tesnière 2010). Als symbolischer Ausdruck gewinnt das Verb seine Äußerungsbedeutung immer im Zusammenspiel mit den Ausdrücken, mit denen es verbunden ist, insbesondere dem Subjektausdruck und den Objektausdrücken, vgl.:

(5) den Rasen schneiden, den Käse schneiden, die Salami schneiden, die Haare schneiden, die Kurve schneiden, jemanden schneiden;
der Konditor schneidet den Kuchen, die Frisörin schneidet die Haare, das Messer schneidet gut, Paula schneidet Mia auf der Party ...

Die Kombinierbarkeit ist in der Verbgrammatik ein entscheidender Punkt. Ihre Möglichkeiten hängen aber nicht am Verb allein, sondern sind bestimmt durch die Konstruktionen mit diesem Verb, die wiederkehrend zur Darstellung von Situationen oder Szenen verwendet werden. Sie prägen Erwartungen an „Verbszenen" (Heringer 1984). Die Essensszene lässt erwarten, dass es Personen gibt, die essen, und Speisen, die gegessen werden. Mit dem Verb *essen* können wir sie als „Denkschema" der Aktion (Bühler 1934) unterschiedlich zur Sprache bringen:

(6) Paula isst den Apfel. [Aktiv]

(7) Der Apfel wird von Paula gegessen. [Werden-Passiv]

Wir können die Szene von der Esserin oder vom Objekt her aufziehen. Wenn wir an die Szene denken, können wir auch Elemente unausgedrückt lassen, ‚mitdenken', die vom Hörer, der über ein ähnliches Sprachwissen verfügt, erschließbar sind:

(8) Paula isst. [Aktiv]

(9) Die Äpfel wurden gegessen. [Werden-Passiv]

(10) Der Apfel ist gegessen. [Sein-Passiv]

(11) Sie bekommt gesagt, was zu tun ist. [Bekommen-Passiv]

Grammatisch festgelegt ist nur, dass im Aktivfall die handelnde Person als Subjekt im Nominativ und das von der Handlung erfasste Objekt im Akkusativ steht. Der Passivfall setzt bei der Speise als Subjekt an und versprachlicht ggf. die handelnde Person als Präpositionalgruppe mit *von* oder *durch*.

Mit dem Indikativ beziehen sich Sprecher auf die Welt, sagen, was ihrer Ansicht nach ist; mit dem Konjunktiv gehen sie über die Wirklichkeit hinaus, indem sie ihr etwas zufügen, eine Setzung machen (Konjunktiv I/Präsens) oder sie um ein Gedachtes anreichern (Konjunktiv II/Präteritum):

(12) Aynur **isst** den Apfel. [Indikativ]

(13) Aynur **esse** den Apfel, sagte Orhan am Telefon. [Konjunktiv I, Präsens]

(14) Wenn es Herbst **wäre**, **äße** Aynur einen Apfel. **Wäre** es doch Herbst! [Konjunktiv II, Präteritum]

	Indikativ: Wirklichkeit	Konjunktiv I (sprachlich vermittelte, gesetzte Wirklichkeit)	Konjunktiv II (Wissen: gedachte Wirklichkeit; mögliche Welt)
er	sing-t	sing-e	säng-e
er	glaub-t	glaub-e	glaub-t-e

Tab. 2: Indikativ und Konjunktive

Die Essensszene ist weiter ausbaufähig, nicht durch ein zusätzliches Objekt, wohl aber durch Spezifizierungen der Zeit, des Ortes, des Grundes, der Art und Weise, in der gehandelt wird. Dabei können unterschiedliche Teile der Äußerung spezifiziert sein und es gilt herauszufinden, worauf sich die Ausdrücke beziehen:

(15) [Aynur isst den Apfel]$_{Sachverhalt}$ [jetzt]$_{Zeit}$ [im Garten]$_{Ort}$. [Bezug auf den Sachverhalt]

(16) [Aynur isst den Apfel]$_{Sachverhalt}$ [aus Gesundheitsgründen]$_{Grund/Motiv}$. [Bezug auf den Sachverhalt]

(17) [[Aynur [isst den Apfel]$_{Handlung}$ [gern]$_{Art und Weise}$]$_{Sachverhalt}$. [Bezug auf die Prädikation]

D1.2 Tempusbildung des Verbs: Überblick

Das Verb kann aus einer einzigen Form bestehen, das ist dann immer ein flektiertes Vollverb: *sagst, gingen, singe, sprach, liebte*. Häufig besteht im Deutschen das Verb aber aus einem Verbkomplex, der aus einem flektierten Hilfsverb oder Modalverb als strukturellem Zentrum und einem Vollverb, dem inhaltlichen Zentrum, im Infinitiv oder Partizip II (Part. des Perfekts) besteht (*will ankommen, ist gefahren*). Infinite Formen verbinden sich nicht mit einem Subjektausdruck. Auch die Imperativform erscheint in der Regel in subjektloser Konstruktion, allerdings kann eine Anrede installiert werden (*sing du doch das Lied!*).

	infinite Form			
	reiner Infinitiv	Infinitiv mit *zu*	Partizip I	Partizip II
Beispiel: starkes Verb	sing-en	zu sing-en	sing-end	ge-sung-en
Beispiel: schwaches Verb	glaub-en	zu glaub-en	glaub-end	ge-glaub-t

Tab. 3: Infinite Verbformen

Das PARTIZIP I (Präsens) zählen wir heute nicht mehr zu den Verbformen, sondern zu den Adjektiven (*der schlafende Schlosser*). Es kennzeichnet eine Handlung oder ein Ereignis als andauernd (durativ), ein Ende ist nicht ausgedrückt. Eine Variante ist das modale Partizip (Gerundivum): *die zu lösende Aufgabe*. (→ C4.1)

Das PARTIZIP II (Präteritum) lässt die im Verb ausgedrückte Handlung oder das Verb-Ereignis als Zustandsfolge betrachten, die gebündelt wird (Vorsilbe *ge-*) in ihrem Resultat, ihrem Nachzustand (*ge-schaff-t, ge-sung-en*; vgl. auch die Bündelung in *Ge-birge*).

Das Partizip II kann in einer infiniten Äußerung allein verwendet werden:

(18) »Setzen Sie sich, erholen Sie sich erst einmal«, sagte Paula und bot ihm einen Kaffee an oder ein Glas Sherry, doch er lehnte beides ab, er bat sie um Erlaubnis, eine Zigarette zu rauchen, und betrachtete die bescheidene Sammlung von Mitbringseln aus dem Urlaub: versteinerte Seeigel, bizarres Astwerk, Muscheln und glattgeschliffene Kiesel; über der Sammlung hing eine Reproduktion von Klees Fischen. »Gewiß alles selbst **gefunden**«, sagte Henry. »Alles«, sagte Paula. (Lenz 2005: 70)

Der Nachzustand impliziert das vorangegangene Ereignis (hier: Suchen), das der Erzählzeit (Präteritum) vorausliegen muss.

(19) **Unausgeschlafen, durchgefroren**. Wortkarge fahrt zum flughafen durch die nächtliche stadt. Die kühle chromglänzende kunststoffbestuhlte wartehallenatmosphäre: menschenumschlagplatz. Ohne den lärm, den dreck, das fieber, die staubig-**verschwitzte** erotik an bahnhöfen oder seehäfen. – Transport von sitzschalenmenschen aus einem vorzimmer ins andere. Die frühstücksbar noch **geschlossen**. Doch dampft die kaffeemaschine schon. Mürrisches, kurzangebundenes personal. Ebenso früh **aufgestanden** wie die ersten gäste. Doch ohne absicht zu verreisen. Wortlos schiebt mir das blasse mädchen in dem viel zu engen kleid einen doppelten espresso herüber. (Roes 1996: 9)

Der Roman „Leeres Viertel" beginnt mit einer minimalen Partizipialkette: Sie ist nicht temporal situiert (kein Finitum, kein Adverbial), nicht lokalisiert, nicht an ein Subjekt angedockt. Somit ist sie per default an ein Ich – den Autor/Erzähler – anzubinden, der zur Rahmenkonstellation des Textes gehört.

Gekennzeichnet wird der Zustand einer Person. Die Fortsetzung zeigt eine Variation durch das Nomen Actionis Fahrt, das eine Bewegung einfriert, die mit Weg (durch die nächtliche Stadt) als gerichtete (zum Flughafen) spezifiziert erscheint. Es folgt eine gegenstandsbezogene Nominalgruppe („die ... wartehallenatmosphäre"), der ein Nomen gegenübergestellt ist („menschenumschlagplatz"). Die Opposition führt zur Lesung als Subjektion-Prädikation, als Gedankengerüst, das nicht in eine Satzstruktur mit Finitheit etc. umgesetzt ist. Die Opposition des Funktionsverschiedenen führt in der Wissensverarbeitung dazu, eine Synthese anzusetzen, die das Fundament eines Satzes bilden kann. Der Doppelpunkt markiert die Anbindung des prädikativen Nomens. In den ersten drei Elementen der Kette wird eine Erfahrung unmittelbar versprachlicht durch Einzelmomente. Sie wird nicht verzeitlicht, sieht man von der Bewegung (Fahrt) in der Zeit ab. Ein gedanklicher Gehalt ist gleichwohl rekonstruierbar. Ohne davon auszugehen, dass etwas Mentales nicht versprachlicht wurde, also ein elliptisches Verfahren anzusetzen ist, hinge der Text in der Luft. In die Gegenwart führt die dampfende Kaffeemaschine. Dem Personal wird ebenfalls eine infinite Verbform, ein Partizip („aufgestanden") zugeordnet und damit die Statik einer eingefrorenen Aktion erreicht. Der Erzähler schließlich erscheint als Rezipient eines doppelten Espressos in der ersten wiedergegebenen Interaktion. Passivität im Erfahren ist der vorherrschende Eindruck, an dem die Partizipialkonstruktionen zentralen Anteil haben. Bricht man ein Einzelelement aus der Kette heraus und isoliert es probeweise, so fehlt eine Verstehensfolie. Im Zusammenhang ergibt sich der Einstieg in eine Erzählung.

Die Partizipform kann auch in bindenden Aufforderungen, z.B. in Befehlen, verwendet werden: *Aufgepasst!* Damit wird der realisierte Zielzustand vorweggenommen und die Einleitung der Handlung und ihre Realisierung dem/den anwesenden Adressaten auferlegt. Oft werden militärische Befehle mit der Partizipform ausgedrückt (*Stillgestanden!*). Insgesamt erscheint das Partizip II seltener in Aufforderungen als der Infinitiv.

Der INFINITIV bezeichnet die Handlung oder das Ereignis als solche, besagt nichts über Dauer, Ende oder Resultat. Auch der Infinitiv findet sich in bindenden Aufforderungen (*Setzen!*) mit einem Handlungsverb und kann an Hörer oder Hörergruppe adressiert werden. Die ausgedrückte Handlung wird komplett an präsente Hörer übertragen, die eine entsprechende mentale Vorplanung (Zielübernahme aus fremdem Wollen, Entschluss) leisten und den Prozess in Gang setzen müssen.

Der IMPERATIV gehört ebenfalls nicht zu den finiten Formen: Person und Tempus sind nicht markiert. Die Endung ist dem Lenkfeld der Sprache zuzuweisen, da der Hörer unmittelbar gesteuert wird. Mit ihm wird ein Handlungskonzept auf einen anwesenden, typischerweise menschlichen (aber auch tierischen) Adressaten oder eine Gruppe übertragen, die zur Handlungskontrolle in der Lage sind (**Wachse!*). Da nicht in Handlungsmodalitäten (mentale Planung) direkt eingegriffen werden kann, erlauben Modalverben keine Imperativform (**Wolle X!*)

Imperativ	Endung (Lenkfeld)	Beispiel
Singular: Hörer	-e/ø	sing-(e)
Plural: Hörergruppe	-t	sing-t

Tab. 4: Imperativ

(Zum Imperativ im Rahmen von Aufforderungen und Aufforderungsmodus → H2.1)

Die endungslose Form (*mach*) ist zu unterscheiden vom INFLEKTIV, einer endungslosen Form des reinen Stammes wie *seufz, knuddel, grins,* die in Comics, SMS, Mails, Chats zu finden (im Netz meist in Sternchen: **abdrück**) und auch in die Jugendsprache eingegangen ist. Sie beziehen sich oft auf physische oder mentale Handlungen, die dem Autor zuzuschreiben sind und manifestieren den mit dem Äußern synchronen Vollzug (performative Verben). Im Chat, der Schnelligkeit verlangt, ist die Realisierung einer allenfalls minimal zur Verbgruppe (**umarm*, *dich doll umarm**) erweiterten Form von Vorteil.

Das Deutsche hat nur zwei Grundtempora, Präsens und Präteritum; alle anderen sind zusammengesetzt und ihre Bedeutung ist aus den Bestandteilen und ihrer Zusammenfügung heraus zu erklären. Die zusammengesetzten Tempora sind:

- das Präsensperfekt (*hat gesagt, ist gelungen*): gebildet aus einer Form des Hilfsverbs *haben* oder *sein* im Präsens und dem Partizip II (traditionell: „Perfekt");
- das Präteritumperfekt (*hatte gesagt, war eingetroffen*) aus einer Form des Hilfsverbs *haben* oder *sein* im Präteritum und dem Partizip II (traditionell: „Plusquamperfekt");
- das Futur (*wird sagen*) aus einer Form des Hilfsverbs *werden* im Präsens und dem reinen Infinitiv;
- das Futurperfekt (*wird gesagt haben, wird gelungen sein*) aus einer Form des Hilfsverbs *werden* im Präsens, dem Infinitiv des Hilfsverbs *haben* oder *sein* (traditionell: „Futur II").

Das traditionelle Tempuskonzept mit seinen Bezeichnungen ist nach dem Vorbild des Lateins ausgebildet. Das klassische Latein ist im Bereich der Verbflexion synthetisch (erst in der nachklassischen Zeit kam es zu analytischen, zusammengesetzten Formen).

Präsens	Imperfekt	Perfekt	Plusquamperfekt	Futur I	Futur II
voc-ō	vocā-b-am	vocāv-i	vocāv-er-a-m	vocā-b-ō	vocāv-er-ō

Tab. 5: Bildung synthetischer Flexionsformen (Aktiv, Indikativ) im Lateinischen

Die Tempora der beiden Sprachen Deutsch und Latein unterscheiden sich stark, so dass die unterschiedlichen Bezeichnungen (z.B. Präteritum ‚Vorübergegangenes' gegenüber Imperfekt ‚Unvollendetes') angemessen sind. Tabelle 6 gibt einen Überblick zur Bildung einfacher und zusammengesetzter Tempusformen; auf den Unterschied zwischen schwacher und starker Flexion gehen wir unten näher ein.

Tempus Flexion		Präsens	Präteritum	Präsens- perfekt	Präteritum- perfekt	Futur	Futurperfekt
schwach	ich	glaube	glaubte	habe geglaubt	hatte geglaubt	werde glauben	werde geglaubt haben
stark	ich	sehe	sah	habe gese- hen	hatte gese- hen	werde sehen	werde gesehen haben
		einfach (synthetisch)		zusammengesetzt analytisch			

Tab. 6: Einfache und zusammengesetzte Tempusformen im Deutschen

In der gesprochenen Sprache im Süddeutschen findet sich kein Präteritum. Auch im Norden ist es seltener geworden. Das Präteritum scheint heute stark auf die Schrift- und die Standardsprache eingeschränkt. Damit wird zugleich das Präteritumperfekt verdrängt. Immerhin hält sich das Präteritum als Erzählzeit in der Schriftlichkeit.

Besonders in der gesprochenen Sprache – süddeutsch auch als Ersatz für das fehlende Präteritumperfekt – finden sich Doppelformen. Die Doppelformen sind sprachgeschichtlich schon älter. Die Bildung der Perfektformen lässt sich verdoppeln, so dass ein (standardsprachlich weniger akzeptiertes, selteneres) Doppel-Präsensperfekt und ein (standardsprachlich eher akzeptiertes) Doppel-Präteritumperfekt entstehen. Dazu werden die Hilfsverben *haben* bzw. *sein* ihrerseits ins Präsensperfekt oder Präteritumperfekt gesetzt.

(20) Auf Fischers Frage, warum er während der Vernehmungsphase seines Mandanten in Urlaub gefahren sei, erklärte Rosen, er **habe** seiner vierjährigen Tochter, die seit der Scheidung bei ihrer Mutter lebte, **versprochen gehabt**, einige Tage mit ihr am Meer zu verbringen. (Ani 2009: 261)

	Präsensperfekt	Doppel-Präsensperfekt	Präteritumperfekt	Doppel-Präteritumperfekt
ich	habe gelesen	habe gelesen **gehabt**	hatte gelesen	hatte gelesen **gehabt**
ich	bin eingeschlafen	bin eingeschlafen **gewesen**	war eingeschlafen	war eingeschlafen **gewesen**

Tab. 7: Doppel-Präsensperfekt und Doppel-Präteritumperfekt

Für den Ausdruck von Zeit sind im Deutschen die Tempusform, ein temporales Adverbial wie *gestern* oder *als es regnete* und die Verbbedeutung wichtig.

> Man unterscheidet zwischen Verben, die sich mit einem Akkusativobjekt verbinden – das sind die TRANSITIVEN VERBEN – und denen, die das nicht tun, den INTRANSITIVEN VERBEN.

(21) Transitive Verben: *(jemanden) beschuldigen, (etwas) abliefern, (jemanden) treffen, (etwas) bauen, (etwas) beschreiben, (etwas) wissen, (etwas) kaufen ...*

(22) Intransitive Verben: *atmen, aufwachen, blühen, brennen, gelingen, handeln, husten, schlafen, platzen, sterben, klingeln, lügen, schwitzen, fernsehen ...*

Die Unterscheidung spielt auch eine Rolle in der Wahl von *sein* oder *haben* als Hilfsverb in der Bildung der Perfektformen (Präsensperfekt, Präteritumperfekt, Futurperfekt). Transititive Verben bilden Perfekt und Futurperfekt stets mit *haben*:

(23) Paula **hat** den Brief abgeschickt, nachdem sie ihn geschrieben **hatte**.

(24) Peter wird den Brief gelesen **haben**, den Paula ihm geschickt **hatte**.

Das gilt auch für die Modalverben (*hat gekonnt*). Verbindet sich bei einem transitiven Verb das Partizip II mit *sein*, so erhalten wir das Zustandspassiv (→ D4):

(25) Die Schule ist gebaut. Der Vertrag ist erfüllt. [Zustandspassiv]

Unter den intransitiven Verben finden wir solche, die *haben* und solche, die *sein* nutzen:

(26) Es **hat** nicht gestimmt, dass Hanna vor einem Fußballspiel eingeschlafen **ist**.

(27) Es **war** ihm aufgefallen, als er in der Kantstraße gewohnt **hatte**.

Für die Erklärung der Wahl muss man die Bedeutung der Prädikation und die AKTIONSART – das ist die mit der Verbbedeutung gegebene innere Ereignis- und Ablaufstruktur, der lexikalische Aspekt[1] – des Verbs heranziehen. Wenn ein Verb ein Ereignis, einen Prozess ausdrückt, so liefert es damit auch eine zeitliche Gliederung der Verlaufsweise. Verben wie *atmen, schnarchen* versprachlichen einen durchgehenden Ablauf, während *aufwachen* oder *gelingen* einen Zustand als Vorgeschichte (jemand schläft, jemand versucht etwas) und einen Ergebniszustand (jemand ist aufgewacht, jemand hat etwas geschafft) voraussetzen, dem das Subjekt unterliegt. Man unterscheidet die Aktionsarten TRANSFORMATIV (Zustandsveränderung des Subjekts, Prozess mit Vorgeschichte (Ausgangszustand) und Übergang zur Nachgeschichte (Endzustand) und NICHT-TRANSFORMATIV (kein Zustandsübergang).

(28) Transformative Verben: *einschlafen* (←*wach sein*), *erwachen* (←*schlafen*), *sinken* (←*oben schwimmen*), *abfahren* (←*nicht fahren*), *sterben* (←*leben*), *umziehen* (←*zuvor an anderem Ort wohnen*) ...
Typische Vorsilben bzw. Präfixe: *auf-, ein-, ent-, er-, ver-, zer-*.

(29) Nicht-transformative Verben: *joggen, schlafen, reden, blühen, wohnen, arbeiten, regnen ...*

> Transitive und manche intransitive Verben bilden die Perfektformen mit *haben*.

---

[1] So wird Verben wie *arbeiten* oder *weinen* eine „durative Aktionsart" zugewiesen, weil sie einen kontinuierlichen Vorgang in zeitlicher Erstreckung ausdrücken, während z.B. *platzen* „punktuell" ist.

> Wenn wir ein intransitives Verb haben und durch die Prädikation ausgedrückt wird, dass das Subjekt seinen Zustand im Verb-Ereignis verändert, wird das Perfekt mit *sein* gebildet. Von diesen Verben lässt sich kein Passiv bilden.
> Auch *sein* und *bleiben* bilden das Präsensperfekt mit *sein*.

(30) Paula **ist** aufgewacht. [Vorgeschichte: Paula schläft; Nachgeschichte: Paula ist wach]

(31) Paula **war** umgezogen. [Vorgeschichte: Sie wohnte am Ort X; Nachgeschichte: Sie wohnte dann am Ort Y]

(32) Paula **ist** verschwunden. [Vorgeschichte: Paula ist da; Nachgeschichte: Paula ist nicht mehr da]

In der Abfolge von Zuständen kann wichtig sein, dass ein erwarteter oder möglicher Übergang nicht stattfindet. Das gilt für das Verb *bleiben*:

(33) Die Wahl ist vorbei. Sie **ist** Kanzlerin geblieben.

Erstreckt sich die Zustandsveränderung nicht auf das Subjekt, wird *haben* verwendet:

(34) **Es hat** geblitzt und **es hat** gedonnert.

Bei einem Verb wie *nützen* ist der Nutznießer, für den sich etwas geändert hat, nicht im Subjekt ausgedrückt, also:

(35) Das Ergebnis **hat mir** genützt.

Verben wie *anfangen* oder *beginnen* bezeichnen nur den Einstieg in einen Prozess (*habe angefangen, habe begonnen*), *abnehmen* oder *aufhören* das Ende (*habe abgenommen, habe aufgehört*). Bewegungsverben werden manchmal als problematisch betrachtet:

(36) Ich **habe** getanzt.

(37) Ich **bin** durch den ganzen Saal/zur Säule getanzt.

Im ersten Fall drückt die Prädikation eine geschlossene Aktivität aus, im zweiten im Zusammenspiel mit der Präpositionalgruppe eine Vor- und Nachgeschichte (*der ganze Saal war noch nicht durchtanzt* → *der ganze Saal war durchtanzt*) oder eine Richtung (*er ist zur Säule hin getanzt*) und damit einen durchmessenen Raum. Vergleiche auch *schwimmen*, ein Verb, das manche unsicher macht:

(38) Hanna **hat/ist** geschwommen.

(39) Hanna **ist** durch das 100-m-Becken geschwommen.

(40) Heute **ist** Maya das erste Mal geschwommen!!!!!
[http://www.polar-chat.de/topic_53976.html, 6.6.2011]

(41) Eben grade **ist** einer meiner Welse in den Filter geschwommen, er hatte schon den Kopf im unteren Loch drin und als ich den Deckel aufgemacht habe, um ihn da rauszuscheuchen (mit dem Netz), ist er reingehuscht.
[http://www.gutefrage.net/frage/fisch-eben-gerade-in-den-filter-geschwommen, 6.6.2011]

(42) Das sah dann so aus, dass eine Gruppe Halbwüchsiger eine Stunde lang am Beckenrand herumgelungert ist, oder mit der Absperrung gespielt hat. Geschwommen **ist** da glaub ich kein einziger.
[http://www.myroadtokona.at/tag/schwimmen-2, 6.6.2011]

Bewegungsverben wie *hüpfen, hinken, flattern, springen* bezeichnen für sich eine Art der Bewegung, noch keine Ortsveränderung; sie gelten daher nicht als transformativ und bilden das Perfekt folglich mit *haben*. Im süddeutschen Raum werden auch Ruheverben wie *sitzen, stehen, liegen* mit *sein* als Hilfsverb verbunden

norddeutsch/ Standard	ich **habe** gesessen, ich **habe** gestanden, ich **habe** gelegen
süddeutsch	ich **bin** gesessen, ich **bin** gestanden, ich **bin** gelegen

Tab. 8: Perfekt mit haben oder sein (Ruheverben)

Im Passiv wird das Präsensperfekt stets mit *sein* gebildet:

(43) Ich **habe** ihn angerufen – er **ist** von mir angerufen worden.

D1.3 Schwache und starke Verben

> Die Vollverben sind in STARKE (ablautende) UND SCHWACHE (nicht-ablautende) VERBEN zu unterteilen. Starke Verben bilden das Präteritum mit systematischer Vokalvariation (Ablaut) und das Partizip II endet auf -en. Im Präsens kann es in der 2./3. Person zu einem Vokalwechsel kommen (*trage – trägst; spreche –* sprichst). Es gibt etwa 170 starke Verben. Viele sind inhaltlich wichtig und werden häufig verwendet, so dass der Bestand nicht gefährdet ist. Schwache Verben bilden das Präteritum mit -t- (*sag-t-e*) und das Partizip II endet auf -t (*ge-sag-t*). Kommt ein neues Verb zum Wortschatz hinzu, wird es schwach flektiert (*chillen – chill-te*). Zu den Unterschieden vgl. Tab. 14.

Wir behandeln zunächst die Flexion der schwachen Verben und geben eine Übersicht zur Bildung der grundlegenden Tempora Präsens und Präteritum (Tabelle 9).

Man kann Konjunktivformen in allen Tempora bilden. Es ist üblich, alle Konjunktivformen, die mit dem finiten Verb im Präsens gebildet sind, als Konjunktiv I zusammenzufassen, und alle, die auf der Grundlage der Präteritumsform gebildet sind, als Konjunktiv II (Tabelle 10). In der Präsensgruppe des Konjunktiv I spielen Tempusunterschiede keine Rolle, in der Präteritumgruppe (Konjunktiv II) kann das anders sein. Die Konjunktivformen sind oft vom Indikativ nicht zu unterscheiden. So setzt man die *würde*-Form ein, die eine ähnliche Funktion haben kann und aus dem Konjunktiv II von *werden* + Infinitiv gebildet ist.

D1 Prädikation, Verb und Verbkomplex

Numerus	Person	Indikativ Präsens	Indikativ Präteritum	Konjunktiv I (Präsens)	Konjunktiv II (Präteritum)
Singular	1: Sprecher	glaub(-e)	glaub-t-e	glaub-e	glaub-t-e
	2: Hörer	glaub-st	glaub-t-est	glaub-e-st	glaub-t-e-st
	3: Besprochene(r/s)	glaub-t	glaub-t-e	glaub-e	glaub-t-e
Plural	1: Sprechergruppe	glaub-en	glaub-t-en	glaub-e-n	glaub-t-e-n
	2: Hörergruppe	glaub-t	glaub-t-e-t	glaub-e-t	glaub-t-e-t
	3: Besprochene	glaub-en	glaub-t-en	glaub-e-n	glaub-t-e-n

Tab. 9: Flexionsformen im Präsens und Präteritum (schwache Verben)

Konjunktiv I	Konjunktiv Präsens	Konjunktiv Präsensperfekt	Konjunktiv Futur	Konjunktiv Futurperfekt
schwach	du glaub-e-st	du hab-e-st geglaubt	du werd-e-st glauben	du werd-e-st geglaubt haben
stark	du geh-e-st	du sei-(e)-st gegangen	du werd-e-st gehen	du werd-e-st gegangen sein

Konjunktiv II	Konjunktiv Präteritum	Konjunktiv Präteritumperfekt
schwach	du sag-t-e-st	du hätt-e-st gesagt
stark	du läs-e-st	du hätt-e-st gelesen
würde-Form	du würd-e-st sagen	du würd-e-st gesagt haben

Tab. 10: Konjunktiv I, Konjunktiv II und *würde*-Form (Hörerformen)

Das Präsens hat als Tempus keine spezielle Markierung. Das Präteritum ist durch einen dem Stamm hinzugefügten dentalen Konsonant -t- gekennzeichnet. Er verweist noch darauf, dass diese Endung der schwachen Verben in der germanischen Phase aus einer Kombination eines schwachen Verbs mit dem Verb *tun/tat* entstanden ist, die zu einer neuen Endung bzw. Verschmelzung führte. Im Konjunktiv Präsens sehen wir durchgängig ein -e-, das als Konjunktivmarkierung gelten kann. Im Konjunktiv Präteritum ist die Markierung dann -t- + -e- (vgl. Bredel/Töpler 2009).

Präsensmarkierung	--
Präteritummarkierung	t
Konjunktivmarkierung	e
Personmarkierungen	e, en, n, st, t

Tab. 11: Markierungen in der Flexionsendung des Verbs

An den Stamm und die Tempus- und Modusmarkierung schließt sich die personale Endung an (Tab. 12). Person- und Numerusendung sind verschmolzen. Das -e als Kennzeichen des Sprechers steht nur im Indikativ Präsens Singular, wir finden hier umgangssprachlich aber öfter Endungen ohne -e: *Ich mach das*, *ich geh*. Was <e> geschrieben wird, ist ein Schwa-Laut [ə], der in dieser Position typisch für das Deutsche ist (Türkisch

239

z.B. hat keinen Schwa-Laut). Das Schwa ist ein mittelhoher Zentralvokal, der mit neutraler Zungenposition realisiert wird, kurz bzw. ungespannt und nicht betonbar ist (nur in Dialekten, etwa im Rheinischen, gibt es ein betontes Schwa). Wenn die Schwa-Silbe offen ist (nicht konsonantisch endet), kann das Schwa schwächeln und wegfallen (*ich* [zaːgə] → *ich* [zaːg]).

(44) Beispiele für Flexionsendungen mit Schwa: *sage, Bitte, laufen, habest*

Das Schwa findet sich auch im Auslaut von Stämmen und in Vorsilben, einen Systemausschnitt zeigt Tabelle 12.

gesprochen	geschrieben	Beispiele
[ɛ]	<e>, <ä>	H**e**ld, F**e**nster, d**e**nken; l**ä**stern
[ɛː] norddeutsch: [eː]	<ä>	kl**ä**ren (←klar), s**ä**en, m**ä**hen, D**ä**ne, M**ä**dchen
[eː]	<e>, <eh>, <ee>	W**e**g, M**e**hl, S**ee**
[ə]	<e>	mal**en**, warn-**e**, Wag**en**, Taub-**e**, Söhn-**e**, B**e**richt

Tab. 12: Ausschnitt aus dem Vokal- und Schreibsystem

Auf -*e*- als Konjunktivmarkierung kann keine Personalendung -*e*- folgen, so dass sich hier eine Leerstelle ergibt. Am deutlichsten markiert ist der Hörer (-*st*). Das -*t* der dritten Person Indikativ Präsens steht als Endung einzig da.

Numerus	Tempus und Modus	Sprecher (-gruppe) (deiktisch)	Hörer (-gruppe) (deiktisch)	Besprochene(r/s) (3. Person) (phorisch)
Singular	Indikativ Präsens	(e)	st	t
Plural		en	t	en
Singular	Indikativ Präteritum (schwaches Verb)	e	st	e
Plural		en	t	en
Singular	Konjunktiv I und Konjunktiv II	--	st	--
Plural		n	t	n

Tab. 13: Personalendungen (deiktisch/phorisch)

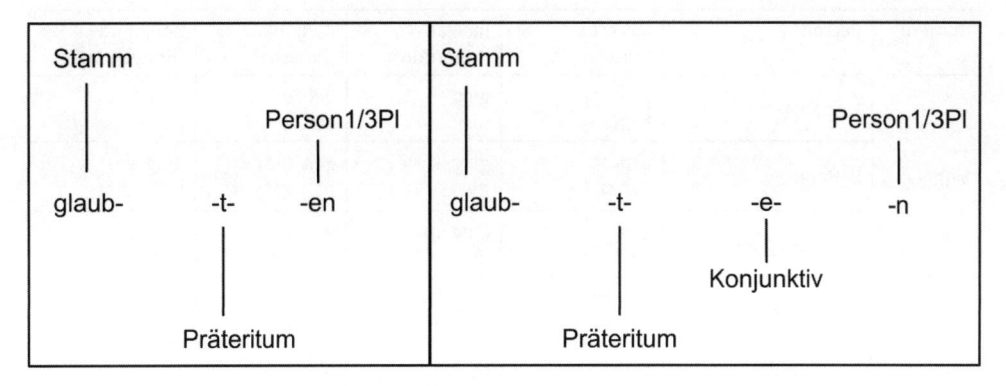

```
┌─────────────────────────────────────┬─────────────────────────────────────┐
│ Stamm                               │ Stamm                               │
│   │                                 │   │                                 │
│   │         Person1/3Pl             │   │         Person1/3Pl             │
│   │           │                     │   │           │                     │
│ glaub-   -t-    -en                 │ glaub-   -t-    -e-      -n         │
│           │                         │                   │                 │
│           │                         │                Konjunktiv           │
│        Präteritum                   │           Präteritum                │
└─────────────────────────────────────┴─────────────────────────────────────┘
```

Abb.1: Endungsaufbau (Präteritum, Plural, Indikativ und Konjunktiv)

Wir behandeln nun die Flexion der starken Verben und geben in Tabelle 14 eine Übersicht zu den Unterschieden zwischen starken und schwachen Verben.

Tabelle 15 stellt die Präsens- und Präteritumformen der starken Verben dar. Das Präteritum ist durch einen eigenen Stamm (mit Vokalvariation) gekennzeichnet, der Konjunktiv wie bei den schwachen Verben durch *-e-*. Im Präteritum sind erste und dritte Person formgleich, aber allein durch den Präteritumsstamm ohne eigene Personalendung gebildet. Ansonsten entsprechen sich starke und schwache Flexion. Auch hier ist der Hörer mit der Kongruenzform *-st* besonders gut markiert.

	starke Verben	schwache Verben
Präteritum Indikativ	Ablaut im Präteritum *singen - sang*	kein Ablaut, Präteritum wird durch -t- markiert
Präteritum Konjunktiv	Markierung *-e-*: *ging-e-st, rief-e-st* Bei umlautfähigem Vokal im Indikativ Prät.: *säng-e-st*	wie Indikativ
Partizip II (Präteritum)	Partizip II mit der Vorsilbe *-ge* und der Endung *-en* (und Ablaut) *ge-komm-en, ge-ritt-en*. Statt der Vorsilbe bleibt das Präfix bei Präfixverben: *ver-rat-en*	Partizip II mit *ge-* und Präteritumsstamm *-t* im Auslaut *ge-schick-t*
2./3. Person Singular Präsens	Umlaut: Wechsel zu [ɛ, ɛ:] bei Verben mit Stammvokal [a/a:] *rate – rätst – rät* i-Wechsel bei Stammvokal [ɛ] *helfe – hilfst - hilft – helfen*	kein e-/i-Wechsel *sage - sagst - sagt*
1./3. Person Singular Präteritum	ohne Personalsuffix *kam-ø, sang-ø*	Endung *-e* *schick-t-e*

Tab. 14: Merkmale starker und schwacher Verben

Numerus	Person	Indikativ Präsens	Indikativ Präteritum	Konjunktiv I (Präsens)	Konjunktiv II (Präteritum)
Singular	1: Sprecher	geh(-e) halt(-e)	ging hielt	geh-e halt-e	ging-e hielt-e
	2: Hörer	geh-st häl-st	ging-st hiel-st	geh-e-st halt-e-st	ging-e-st hielt-e-st
	3: Besprochene(r/s)	geh-t häl-t	ging hielt	geh-e halt-e	ging-e hielt-e
Plural	1: Sprechergruppe	geh-en halt-en	ging-en hielt-en	geh-e-n halt-e-n	ging-e-n hielt-e-n
	2: Hörergruppe	geh-t halt-e-t	ging-t hielt-et	geh-e-t halt-e-t	ging-e-t hielt-e-t
	3: Besprochene	geh-en halt-en	ging-en hielt-en	geh-e-n halt-e-n	ging-e-n hielt-e-n

Tab. 15: Flexionsformen im Präsens und Präteritum (starke Verben)

Der Ablaut im Stamm beschränkte sich früher auf sieben Ablautreihen, ist aber im Laufe der Sprachgeschichte vielfältiger geworden (Übersichten finden sich zahlreich im Internet).

D1.4 Hilfsverben und Kopulaverben

HILFSVERBEN nennt man traditionell *haben, sein* oder *werden*, mit denen die zusammengesetzten Tempora gebildet werden:

(45) sage, sagte, habe gesagt, hatte gesagt, werde sagen, werde gesagt haben

oder die Passivformen, bei denen auch Bildungen mit *bekommen* und *kriegen* möglich sind:

(46) wird gesagt, ist gesagt, bekommt gesagt, kriegt gesagt

Ferner lassen sich modale Infinitive mit *zu* bilden, die Aufforderungscharakter haben oder passivähnlich verstanden werden können; sie beziehen sich auf Handlungsmodalitäten, vergleichbar den Modalverben (→ D5):

(47) Das ist zu erledigen. Du hast das zu machen.

(48) Das Ergebnis bleibt abzuwarten.

(49) Das ist nicht zu knacken.

Der Ausdruck „Hilfsverb" bezeichnet nur eine Gebrauchsweise. Die Verben können auch als Vollverben eingesetzt werden. Ihre Flexion ist nicht sehr regelmäßig:

Numerus	Person	Indikativ Präsens	Indikativ Präteritum	Konjunktiv I (Präsens)	Konjunktiv II (Präteritum)
Singular	1: Sprecher	bin hab(-e) werd(-e)	war hatt-e wurde	sei hab-e werd-e	wär-e hätt-e würd-e
Singular	2: Hörer	bi-st ha-st wir-st	war-st hatt-est wurd-est	sei(-e)-st hab-e-st werd-e-st	wär(-e)-st hätt-e-st würd-e-st
Singular	3: Besprochene(r/s)	is-t ha-t wird	war hatt-e wurd-e	sei hab-e werd-e	wär-e hätt-e würd-e
Plural	1: Sprechergruppe	sind hab-en werd-en	war-en hatt-en wurd-en	sei-e-n hab-e-n werd-e-n	wär-e-n hätt-e-n würd-e-n
Plural	2: Hörergruppe	seid hab-t werd-et	war-t hatt-et wurd-et	sei-e-t hab-e-t werd-e-t	wär-e-t hätt-e-t würd-e-t
Plural	3: Besprochene	sind hab-en werd-en	war-en hatt-en wurd-en	sei-e-n hab-e-n werd-e-n	wär-e-n hätt-e-n würd-e-n

Tab. 17: Formenbildung der Basisverben *sein, haben*

Umschreibungen mit *tun* als Hilfsverb + Infinitiv – neben dem Gebrauch als Vollverb – finden sich schriftlich selten, mündlich kommen sie durchaus vor. Normativ gelten sie allenfalls in der Umgangssprache als akzeptabel. Am ehesten kann man sie gebrauchen, wenn das Vollverb im Vorfeld vorangeht (53, 54).

(50) Es ist nichts gegen Spitzenforschung einzuwenden. Sehr wohl aber dagegen, dass sie als einzig legitimer Empfänger auskömmlicher Finanzierung ausgeschrieben ist. Das **tut** der Staat mit Instrumenten wie dem Exzellenzwettbewerb. (taz 14.12.2011)

(51) Ohne System geht im Strukturalismus nichts, denn das System garantiert klare Verhältnisse, weil „das System immer **tut**, was das System **tut**", wie „Frau immer **tut**, was Frau **tut**" (Niklas Luhmann). (taz 14.12.2011)

(52) Hinter den Kalendertürchen gähnt uns in kalten Formen erstarrte Schokolade an, und singen, **singen tun** wir schon gleich gar nicht. Es weihnachtet einfach nicht. (Der Tagesspiegel 15.12.2001)

(53) ZEITmagazin: Läuft man eigentlich für 10 000 Mark schneller als für 5000? Stefan Effenberg: **Laufen tut** man gleich. (Die ZEIT 7.6.1996)

(54) **Zählen tut** im Endeffekt nur was Du Praktisch kannst und ob Du gute Referenzen vorzeigen kannst, dann sollten auch schlechte Ergebnisse kein Problem sein.
[http://www.mediengestalter.info/forum/29/geradeso-bestanden-wie-sind-die-aussichten-21124-1.html, 19.3.2012]

(55) Da gibt es so eine so genannte Hatecrew, die ist ein bisschen problematisch, weil die rennen durch die Innenstadt und **tun** ein bisschen Leute **zusammenschlagen**, aber sonst ...
[Oberstufenschüler aus Zittau, IDS-Korpus „Deutsch heute", http://hypermedia.ids-mannheim.de/call/public/fragen.ansicht?v_typ=e&v_id=4533, 19.12.2011]

Die KOPULAVERBEN *sein, werden, bleiben* werden mit einem unflektierten Adjektiv, einer Adkopula wie *quitt, schuld, leid, klasse, hammer*, einem Adverb, einer Nominal- oder Präpositionalgruppe oder einem Nebensatz in der Funktion eines Prädikativs verknüpft und bilden dann gemeinsam die Prädikation. Lateinisch *copula* bedeutet ‚Verknüpfendes, Verkettendes, Seil', *copulae* sind ‚Verknüpfungsmittel', auch ‚Wortverbindungen'. Genus und Numerus einer prädikativen Nominalgruppe sind unabhängig vom Subjektausdruck:

(56) Trittbrettfahrer **sind ein Problem**.

(57) Rassisten **sind eine Schande für Deutschland**.

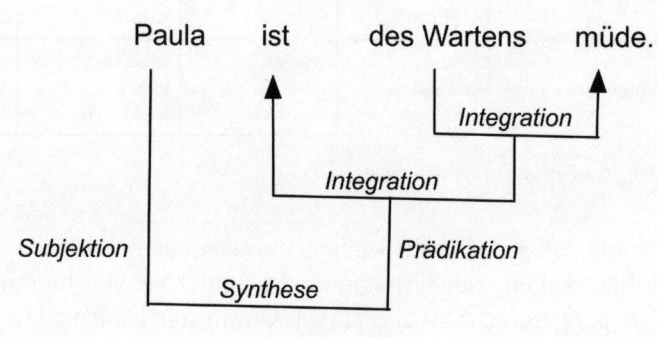

Abb.2: Kopulasatz

Das Spektrum an Ausdrücken, die vom Kopulaverb – insbesondere *sein* – regiert werden können, ist also groß.

(58) Das **ist sehr schön**.

(59) Hanna **ist aus/in Münster**.

(60) **Von wem ist** die Mail?

(61) Die Deutschstunde **ist von 9 bis 11**.

(62) Der Sekt **ist ohne Kohlensäure**.

(63) Das **ist für die Katz**.

(64) Literatur **ist, wenn Proust mitteilt, wie er Tee trinkt**. (Zeit, 1.12.1989: 82)

(65) Das **ist, weil du nicht zuhörst**.

(66) Wir **sind** jetzt **quitt**.

(67) Sie **sind dort**.

(68) Er **ist (der) Schlosser**.

(69) Berlin **bleibt** Berlin.

Es gibt Vollverben, die ähnlich gebraucht werden können:

(70) Das **sieht** gut **aus** und **schmeckt** gut.

(71) Sie **heißt** Inger.

Didaktisch ist es nützlich, sich einen Überblick über die Verwendungsmöglichkeiten der im Deutschen sehr wichtigen Verben *sein, haben, werden, bleiben* und *bekommen/ kriegen/erhalten* zu verschaffen (Tabelle 18). Die Möglichkeiten basieren auf der Grundfunktionalität der Verben.

Die MODALVERBEN *dürfen, können, mögen/möchte, müssen, sollen, wollen (nicht brauchen, werden)* (Näheres → D 5) können als Vollverben gebraucht werden (*ich kann das*), aber auch ohne Akkusativobjekt wie Hilfsverben im Verbkomplex (*sie will nur spielen*). Sie regieren den reinen Infinitiv (ohne *zu*): *Sie will nur spielen.*

Verwendung als	*sein*	*haben*	*werden*	*bleiben*	*bekommen/ kriegen/ erhalten*
Vollverb	Gott ist.	Er hat ein Stipendium.	Das wird schon.	Vom Gehalt blieb ihm wenig.	Sie bekommt ein Rad.
Kopulaverb	Das Wörterbuch ist nützlich.	--	Paule wird groß.	Ariane bleibt dort.	--
Hilfsverb: Präsensperfekt	Sie ist eingeschlafen.	Die Klasse 4b hat den Preis gewonnen.	--	--	--
Hilfsverb: Passiv	Das Fenster ist geöffnet. Die Stadt ist zerstört.	--	Das Fenster wurde von Sarah geöffnet. Das Rad wurde repariert.	--	Sie erhält ein Rad geschenkt. Sie bekommt etwas vorenthalten.
Hilfsverb: modaler Infinitiv (direktiv oder potentiell / passivähnlich)	Die Arbeit ist zu erledigen. Das ist zu schaffen. Das ist nicht zu fassen.	Du hast das zu machen.	--	Das bleibt zu klären.	--
Grundfunktion in der Prädikation	Ausdruck eines einem Gegenstand inhärenten, ihm immer zukommenden Charakteristikums.	Ausdruck eines Charakteristikums, das einem Gegenstand gemäß Erfahrungswissen zukommt.	Ausdruck eines Übergangs zu einem Zielzustand in der Wirklichkeit. Ausgang ist ein Vorzustand bei Ereignissen, ein mentaler Planungszustand bei Handlungen.	Ausdruck eines blockierten Übergangs in der Wirklichkeit.	Ausdruck einer Rezeption, durch die jemandem in der Wirklichkeit ein Ding, eine Äußerung, eine Zu- oder Abwendung zuteil wird.

Tab. 18: Verwendungen der Basisverben *sein, haben, werden, bleiben* in der Prädikation

D1.5 Komplexe verbale Einheiten: Funktionsverbgefüge, Streckverbgefüge

Didaktischer Kommentar:

In diesem Abschnitt geht es um komplexe verbale Einheiten, die häufig vorkommen. Sie enthalten nominale oder präpositional angeschlossene Teile, die nicht als klar vom Verb abgrenzbare Objektausdrücke gelten können, die eigenständige Mitspieler einer Szene ausdrücken, sondern mit dem Verb fester verbunden sind. Wichtige Arbeiten sind: v. Polenz 1987; Storrer 2006.

(a) Als Einheit aufzufassen sind Verben, in die ein Objekt fest eingebunden ist (INKORPORIERTES OBJEKT) wie *kopfstehen, eislaufen, seiltanzen* sowie, auseinander geschrieben: *Rad fahren, Auto fahren*.

(b) Feste Wendungen, die als PHRASEME ODER PHRASEOLOGISMEN bezeichnet werden, sind Einheiten, die eine Konstruktionsbedeutung haben, die nicht aus den Bedeutungen der Teile in wortwörtlichem Verständnis abzuleiten ist: *ins Gras beißen, ins Bockshorn jagen, den Kopf hinhalten, ins Fäustchen lachen, Phrasen dreschen, zur Hand gehen* etc.

(c) FUNKTIONSVERBGEFÜGE (*zur Kenntnis nehmen, zum Ausdruck bringen*) und STRECKVERBGEFÜGE (*einen Auftrag bekommen, Kontakt halten*) sind aus Funktions- bzw. Streckverben und Nominal- oder Präpositionalgruppen gebildet.

Die Abgrenzungen sind nicht immer klar, Sprache ist in Bewegung.

Konstruktionen des Typs (c) werden mit Verben (v. Polenz spricht von „Nominalisierungsverben") gebildet, die sich mit nominalisierten Verben oder Adjektiven verbinden. Die Bedeutung dieser Verben kann in der Entwicklung verblassen, so dass sie sich mit inhaltsstärkeren, abstrakten Präpositional- oder Nominalgruppen im Akkusativ zu einer Konstruktion kombinieren lassen (*ins Schwitzen kommen; Auskunft geben*). Die nominalen Bestandteile sind meist aus Verben abgeleitet (*anwenden → Anwendung → Anwendung finden*), seltener aus Adjektiven (*verlegen → Verlegenheit → in Verlegenheit bringen*). Sie machen die Kernbedeutung des Prädikatsausdrucks aus. Die Verbindungen können fest werden (*einen Besuch abstatten*) und schließlich eine Einheit bilden, so schreibt man heute schon *Gewähr leisten* und *gewährleisten*, *in Stand halten* und *instandhalten*.

Die Kombinierbarkeit bestimmt sich durch den nominalen Ausdruck im Zusammenspiel mit dem Verb:

(72) Sie helfen **dem Verletzten**$_{Dativobjekt}$. Sie leisten **dem Verletzten**$_{Dativobjekt}$ Hilfe.

(73) Das Buch blieb **ihm**$_{Dativobjekt}$. Das Buch blieb **ihm**$_{Dativobjekt}$ in Erinnerung.

Den Konstruktionen kann öfter ein einfaches Verb gegenübergestellt werden, bei dem allerdings die zeitliche Phasengliederung fehlt:

einfaches Verb	Konstruktion
widersprechen	Widerspruch einlegen
besuchen	einen Besuch abstatten
helfen	Hilfe leisten
--	Nachsicht üben
--	Ahnung haben
abschließen	zum Abschluss bringen
erfahren	in Erfahrung bringen
--	in Aussicht stellen
--	in Erinnerung bleiben

Tab. 20: einfaches Verb – Nominalisierungsverb

Man hat solche Konstruktionen als „Nominalstil", „Bürokratendeutsch" etc. gerügt. Diese Formen seien durch einfache Verben zu ersetzen. Statt *Hilfe leisten* könne man besser sagen: *helfen*. Nun fehlt einigen ein Gegenstück, ansonsten lässt sich eine solche Konstruktion nicht ohne Bedeutungsverlust ersetzen. Alles, was in einer Sprache einen eigenen Ausdruck findet, macht einen Unterschied. So ist *Widerspruch einlegen* ein rechtlicher Fachbegriff; wer das richtig macht, bewirkt einen Widerspruch mit Rechtsfolgen. *Widersprechen* hingegen bedeutet, eine andere Auffassung zu äußern. Ein Minister *nimmt seinen Abschied*, wozu ein Ritual, eine musikalische Darbietung etc. gehören können, er *verabschiedet* sich allenfalls persönlich von Mitarbeitern. Wer sein Beileid *zum Ausdruck bringt*, tut dies in gesetzten Worten und mit einer gewissen Ausführlichkeit, statt es bloß *auszudrücken*.

(74) Damals war ich mit meinem Onkel Lenny hier. Im Musikverein dirigierte er seine 3. Sinfonie, und in der Oper **wurde** seine Messe **zur Aufführung gebracht**. [DIE ZEIT, 18.10.2007]

Wird eine Oper zur Aufführung gebracht, so ist die zeitliche Erstreckung eines solchen mühevollen Prozesses deutlich, bis dann endlich die Scheinwerfer angehen. Komplizierte Therapieverfahren wendet man nicht einfach an, wie man eine Pille einwirft, auch das sind geordnete Prozesse:

(75) Sofern notwendig, können alle weiteren gefäßchirurgischen Rekonstruktionsverfahren **zur Anwendung kommen**. [http://www.gefaesschirurgie.de/index.php?id=210, 7.6.2011]

(76) Im Internet lassen sich Anabolika und Wachstumshormone für den Muskelaufbau bestellen, ebenso wie Fatburner und Entwässerungsmittel, die die gestählten Partien besser **zur Geltung bringen sollen**. (DIE ZEIT, 25.08.2008)

Gruppe A: Funktionsverbgefüge

Funktionsverbgefüge zeigen eine engere Verbindung mit dem Funktionsverb, als das bei einem normalen Akkusativ- oder Präpositionalobjekt der Fall ist:

(77) Das Gericht entscheidet heute einen/den schwierigen Rechtsfall.

(78) Ein schwieriger Rechtsfall **kommt** heute **zur Entscheidung**.

(79) Man **setzte** ihn unter **starken** Druck. Das **blieb** ihm in **schlechter** Erinnerung.

Funktionsverben sind u.a.: *bleiben, bringen, finden, geben, gelangen, geraten, haben, halten, kommen, nehmen, sein, setzen, stellen, ziehen*

Beispiele: *Anwendung finden, Aufnahme finden, Gehör finden, Beachtung finden, zur Kenntnis bringen, zum Abschluss bringen, zum Stehen bringen, in Erfahrung bringen, unter Druck setzen, in Aussicht stellen, unter Beweis stellen, in Anspruch nehmen, in Besitz nehmen, in Zweifel ziehen, zur Entscheidung kommen, in Brand geraten, in Erfüllung gehen, in Umlauf sein, in Erinnerung bleiben, in Verbindung bleiben* ...

Die Erweiterungs- und Veränderungsmöglichkeiten der Präpositionalgruppe sind begrenzt. Der Numerus liegt fest, ebenso die Präposition. Die Wahl eines Determinativs ist nicht frei. Nur einige sind mit einem Adjektiv zu verbinden.

(80) *Die Verfahren werden zu **einer** angemessenen Anwendung kommen.

(81) *Sie zog seine Ansicht in **den/einen großen** Zweifel.

(82) *Er stellte seine Fähigkeiten unter **einen überzeugenden** Beweis.

(83) Er lieferte überzeugende Beweise.

Funktionsverbgefüge zeigen eine gewisse Ähnlichkeit mit dem Passiv (*zur Entscheidung kommen – entschieden werden*), kausativieren (wer etwas *in Besitz nimmt*, bewirkt, dass sich etwas *in seinem Besitz befindet*).

Funktionsverbgefüge leisten eine spezifische Perspektivierung (Prozesshaftigkeit des Ereignisses, zeitliche Erstreckung). Die Bedeutung einer solchen Konstruktion ist nicht nur als Ganzheit zu erfassen, so dass man sie einem Wort gleichsetzen, als Verb behandeln könnte. Die Bedeutung der Teile und ihr Aufbau spielt durchaus in die Konstruktionsbedeutung hinein. Die Konstruktion ist also nicht als „idiomatisch" oder „phraseologisch" zu werten, verglichen mit Ausdrücken wie *alt aussehen, ins Bockshorn jagen*. In gewissen Grenzen erscheint das Nomen austauschbar (*in Kontakt treten* → *in Verbindung treten*), es ergeben sich Reihen wie

(84) *in Arbeit/Auftrag/zu Ende/in Erfüllung/in Druck gehen.*

Gruppe B: STRECKVERBGEFÜGE

„Streckverbgefüge" (Storrer 2006) sind Verbindungen aus Streckverb und Akkusativ-Nominalgruppe:

(85) Sie **gab die Erlaubnis**.

(86) Er **erteilte Unterricht** an der Friedensschule.

Der nominale Teil lässt sich hier oft in den Plural setzen, die Determinativwahl ist freier (auch *kein* kann meist eingesetzt werden), eine Adjektiverweiterung ist meist unproblematisch (*heftigen Widerstand leisten, blutige Rache nehmen*).

(87) Sie hat (**einen/den strikten**) Befehl gegeben, das Licht zu löschen.

(88) Sie haben (**das/alles/kein**) Recht, die Verbindung mit ihm zu halten.

Es handelt sich um Nominalgruppen im Akkusativ, die die Verbszene um einen Mitspieler erweitern und syntaktisch in üblicher Weise angeschlossen sind. Allerdings ist die Verbindung zwischen Prädikat und Mitspieler eng. Eine thematische Fortführung als Redegegenstand ist aber normalerweise möglich:

(89) Sie hielten lange Kontakt$_{+Th1}$. Der$_{Th1}$ brach erst ab, als Paula ins Kloster ging.

Streckverben sind u.a.: *führen, geben, machen, erfahren, genießen, haben, leisten, üben*.

Beispiele: *einen Beitrag leisten, Hilfe leisten, Kontakt halten, Widerstand leisten, Nachsicht üben, Rache nehmen, ein Gespräch führen, ein Versprechen geben, einen Befehl geben, einen Rat erteilen, einen Auftrag bekommen, Unterricht halten, eine Erlaubnis bekommen, Verbindung halten, Ahnung haben, Kenntnis haben, eine Wirkung haben ...*

Produktiv ist in diesem Bereich auch das „Kiezdeutsch" (Wiese 2012: 78ff.): *„Die müssen doch erst Kündigung machen", „machst du rote Ampel"*.

D1.6 Lineare Abfolge im Verbkomplex

Im Aussagesatz und im W-Fragesatz nimmt das flektierte Verb die zweite Position ein, infinite Verbteile oder trennbare Verbpartikeln treten ans Ende, so dass die fürs Deutsche typische Satzklammer entsteht (Details zur Abfolge im Satz → G2).

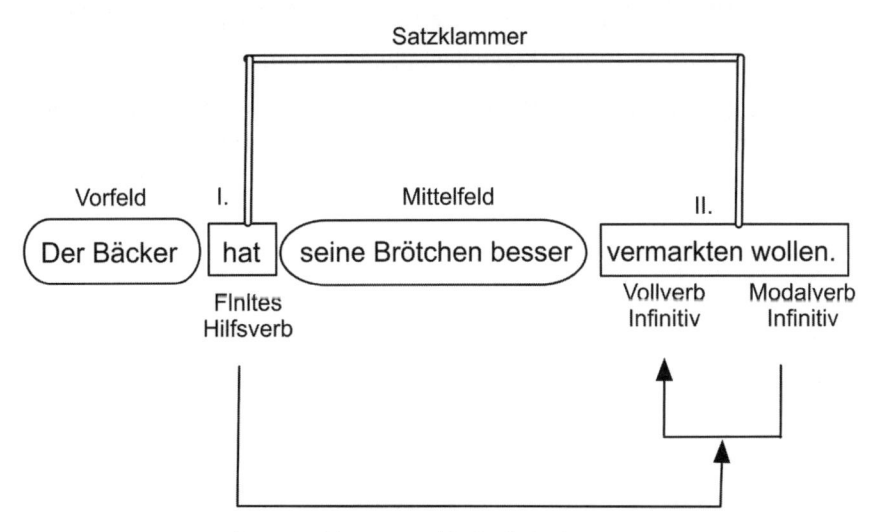

Abb. 3: Satzklammer und Verbteile im Aussagesatz

(90) Vor drei Jahren **ist** Monika nach Jerusalem **gereist**.

(91) Sie **hilft** beim Bäcker **aus**.

(92) Sie hat beim Bäcker **aushelfen wollen**.

(93) Wer **soll** in Venedig **gesehen worden sein**?

In Entscheidungsfragesätzen und Imperativkonstruktionen gibt es kein Vorfeld und der Satz beginnt mit dem Verb:

(94) **Kann** das wirklich schon **erledigt worden sein**?

(95) **Lass** dir das bloß nicht **gefallen**!

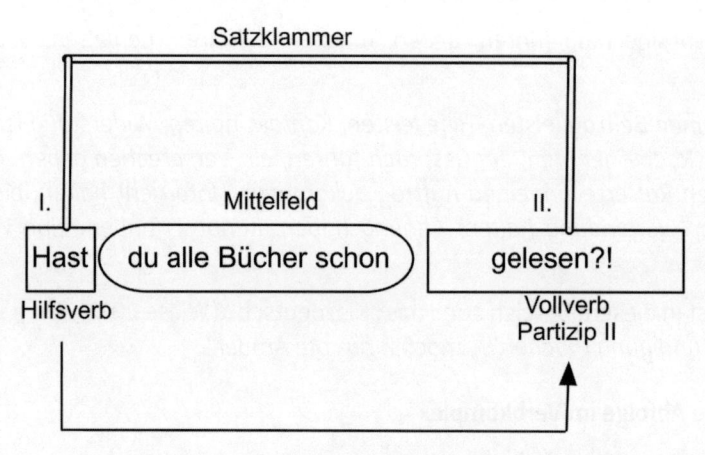

Abb. 4. Satzklammer bei Erststellung (Entscheidungsfragesatz)

Im Nebensatz ist der erste Klammerteil durch einen Subjunktor (*dass, weil* ...) besetzt, das finite Verb erscheint ganz am Ende.

(96) Ich erwarte, **dass** du von der Königin **empfangen werden wirst**.

Die lineare Abfolge entspricht in Nebensätzen, in denen der gesamte Verbkomplex am Ende kommt, den zweiten Teil der Satzklammer bildet, dem funktionalen Aufbau.

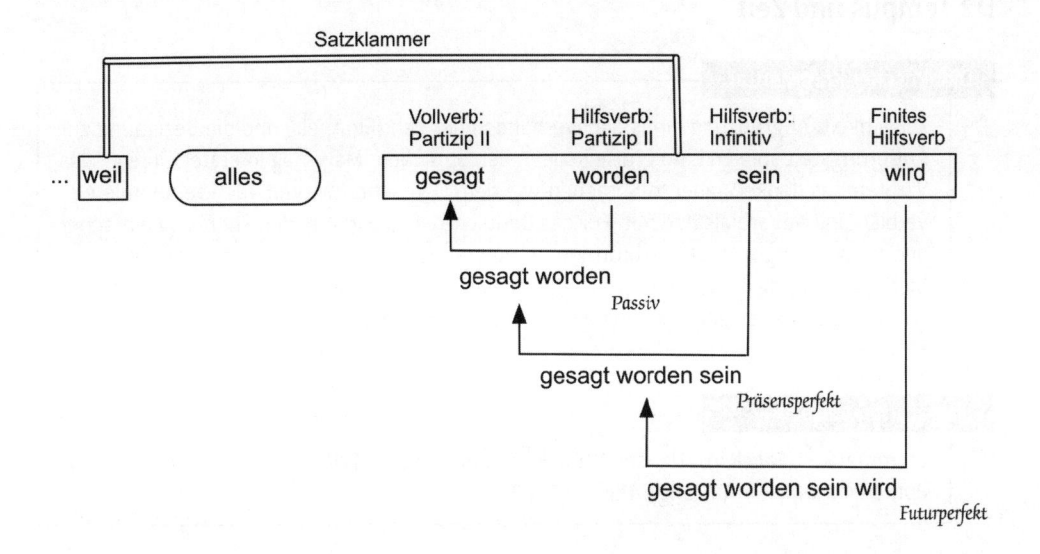

```
                    Satzklammer
    ┌─────────────────────────────────────────────────┐
    │                   Vollverb:   Hilfsverb:  Hilfsverb:   Finites
    │                   Partizip II Partizip II Infinitiv    Hilfsverb
... │weil│   ( alles )   gesagt      worden      sein         wird
                          ▲           │
                          └───────────┘
                          gesagt worden
                                       Passiv
                              ▲
                              └──────────────┘
                              gesagt worden sein
                                              Präsensperfekt
                                      ▲
                                      └────────────┘
                                      gesagt worden sein wird
                                                       Futurperfekt
```

Abb. 5: Kombinatorische Anbindung und Abfolge im Verbkomplex (Nebensatz)

Hier steht ein Verb immer nach dem Verb, das es regiert bzw. auf dem es operiert.

In bestimmten Fällen aber ist im Nebensatz eine andere Abfolge zu finden, bei der das finite Verb an den Anfang des Verbkomplexes rückt. Das gilt,

- wenn das finite Verb eine Form von *haben* oder *werden* ist (z.B. *hat, wird*) und

- zwei (oder mehr) Infinitive vorangehen müssten:

(97) Ich fragte den Chef, warum er mich **hat** versetzen lassen.

(98) Ich fragte den Chef, warum er mich versetzen lassen **hat**.

(99) Ich glaube, dass er das Unwetter **wird** kommen sehen.

(100) Ich glaube, dass er das Unwetter kommen sehen **wird**.

Obligatorisch ist das Vorziehen, wenn es sich um den Infinitiv eines Modalverbs handelt:

(101) Er behauptet, dass er alles **hat** sagen können.

(102) *Er behauptet, dass er alles sagen können **hat**.

D2 Tempus und Zeit

Didaktischer Kommentar:

Zeitlichkeit, Abgrenzung eines Sachverhalts in der Zeit (Finitheit) und die Beziehung zur Äußerungszeit spielen eine große Rolle in den Sprachen. Man mag in erster Linie an das Verbtempus denken, aber in Sprachen wie dem Deutschen wirken auch temporale Adverbien und Adverbialsätze mit. Für das Deutsche ist es wichtig, den Zeitbezug einfacher und zusammengesetzter Verbformen zu verstehen. Die Kategorie Aspekt (Vollendung, Nicht-Vollendung/kontinuierlicher oder gegliederter Verlauf) ist im Deutschen weniger ausgeprägt, aber es gibt doch in der Umgangssprache Verlaufsformen.

Literaturhinweise:

Grammatiken, Fabricius-Hansen 1986, Klein 1994, Redder 1992, 1999; Reichenbach 1947, Rothstein 2007 (Einführung), Thieroff 1992.

Die Koordination menschlicher Tätigkeit, die Einstellung auf künftige Ereignisse (Planung), die Nutzung natürlicher Prozesse machen Zeitbestimmungen notwendig. Das Individuum gewinnt soziale Identität aus der Erfahrung kontinuierlicher Lebensgeschichte, die im menschentypischen autobiographischen Gedächtnis verankert ist. Bauern, Hirten und Jäger orientieren sich an Naturereignissen und entwickeln daran zeitliche Orientierungen, die später durch technische Mittel wie Uhren ersetzt wurden, die bestimmte Zeitspannen repräsentieren können. Die räumliche Orientierung basiert auf dem Sprecherstandort und der Körperorientierung des Menschen im Verhältnis zu nahen und fernen Objekten, die bestimmte Gestalteigenschaften mitbringen. Vom Sprecherstandort aus kann deiktisch (*hier, da*) auf einen nahen oder fernen Raumbereich orientiert werden, in dem sich Dinge befinden. Die zeitliche Orientierung aber ist prinzipiell abstrakt, denn Zeitintervalle sind nicht wahrnehmbar. Was wir abschätzen und messen, sind Ereignisabläufe, das Bestehen von Zuständen, Handlungsphasen wie Ausgangskonstellation, Anfang, Prozessierung, Resultat, Nachgeschichte.

Wir müssen für das Zeitverständnis eine komplexe Leistung in der Wissensverarbeitung erbringen. Aus neuropsychologischer Sicht können wir kleinste Ereignis-Zeit-Einheiten mit 20-40 Millisekunden Dauer identifizieren und in ihrem Verhältnis zueinander einordnen (vor, nach, gleichzeitig bzw. überlappend). Das Gehör liefert die schnellste Verarbeitung und erscheint als zentraler menschlicher Sinn: Töne können wir noch als Zeitbündel von 2-5 Millisekunden unterscheiden. Die Physik hat spezifische Zeitvorstellungen entwickelt („Raumzeit", Relativität zur Bewegung des Beobachters etc.), die von den sprachlich beeinflussten Alltagskonzepten verschieden sind.

Im Deutschen tragen verschiedene sprachliche Mittel – eigenständig oder kombiniert – zur zeitlichen Einordnung und damit zu kooperativem Handeln bei:

- das Verbtempus wie in *sag-t-e, ging ...*

- Partizipien wie *ge-sag-t, an-ge-komm-en ...*

- die Verbbedeutung wie in *leben, schlafen, arbeiten* ... (zeitliche Erstreckung, Dauer), *abfahren, einschlafen, öffnen* ... (Anfang eines Prozesses), *austrinken, verlassen* ... (Ende eines Prozesses), *abschließen, totschlagen* ... (Resultat)

- Adverbien wie *jetzt, dann, bald, einst, gerade, heute, heuer* ...

- Adverbiale Nebensätze wie *als Vaters Bart noch rot war, während sie sangen, nachdem Paul gegessen hatte* ...

- Präpositionalgruppen wie *in drei Jahren, vor fünf Tagen, am Sonntag* ...

- Nominalgruppen im Akkusativ wie *den ganzen Abend, die ganze Nacht* ...

- nominale Amtsbezeichnungen wie *Bundespräsident* („wer gerade Präsident ist')

- Adjektive wie *ehemalig, zukünftig* („meine ehemalige Zukünftige" (Karl Valentin)).

Sprachen wie das Mandarin-Chinesisch kommen ohne Verbtempus aus (stattdessen hat es Aspektpartikeln wie *zhe* ‚Dauer', *le* ‚Abgeschlossenheit'). Das Deutsche hat als ganz unumstrittenes Tempus nur das Präteritum, das im Gegensatz steht zum öfter als „zeitlos" betrachteten Präsens. Betrachten wir das Verhältnis von Präsensperfekt und Präteritum, die Doppelformen und die Verlaufsformen, müssen wir das deutsche Tempus als System im Übergang ansehen.

D2.1 Die Basistempora Präsens und Präteritum

Wenn wir etwas, das gegenwärtig passiert und von uns wahrgenommen wird, darstellen, orientieren wir den Hörer ausgehend von der Äußerungszeit, so dass er das Ereignis als gerade ablaufend einordnen kann. Eine solche Überlappung eines Ereignisses mit der Äußerungszeit wird durch das PRÄSENS markiert:

(1) Gespräch vor dem Fernseher (Hörbeleg)
Ja   Welches Spiel **schaust** Du dir an?
Lu   Ich **schau** mir Dortmund gegen Stuttgart an.

(2) Fußballübertragung im Fernsehen (Hörbeleg)
Reporter Der Ball **ist** im Tor!

(3) Schüler Ich **hab** mal ne Frage dazu. (Redder 1982:37)

(4) Urteil im Strafverfahren (F.13)
Vors. Richter Ich **verkünde** im Namen des Volkes folgendes Urteil ...

In den Beispielen (1) bis (4) zeigt der Sprecher – ausgehend von der Äußerungszeit – auf eine gegenwärtige Sachverhaltszeit. Der Richter z.B. orientiert auf die Zeit seiner eigenen Äußerung, in der er das Urteil verkündet. Mit seiner Äußerung legt er offen, was er gerade macht. Der Richter vollzieht die Handlung, während er sie zugleich mit einer performativen Verbgruppe (*Urteil verkünden*) formuliert. Liegt die Sachverhaltszeit vor der Äußerungszeit, wird das Präteritum gewählt:

(5) Dirks Team **gewann** das NBA-Finale.

Dieser Satz kann nur dann als wahr gelten, wenn der Sieg der Äußerungszeit voranging, also dann schon Geschichte ist.

> A. Der Sprecher/Autor orientiert den Rezipienten auf eine Sachverhaltszeit, die sich mit der Äußerungszeit überlappt, und vergegenwärtigt so einen Sachverhalt: PRÄSENS.
>
> B. Der Sprecher/Autor orientiert den Rezipienten auf eine abgelaufene Sachverhaltszeit, die vor der Äußerungszeit, in Distanz zu ihr liegt: PRÄTERITUM.

Die Rezeptionszeit kann frühestens parallel zur Äußerungszeit liegen (Gespräch), sie kann leicht versetzt sein (Chat) oder einige Zeit bzw. lange später (Redewiedergabe, Text).

Das Präsens ist deiktisch. Die Präsensmarkierung löst eine Synchronisierung des Hörers aus, die ihn das Ereignis oder den Sachverhalt in der Sprechergegenwart lokalisieren lässt oder in diese Gegenwart hineinholt (Vergegenwärtigung). Sind Sprecher und Hörer anwesend, ist der Verweisraum der Bereich der geteilten Wahrnehmung. Sprecher und Hörer haben das Ereignis vor Augen. Nun kann der Mensch einen Ereignisablauf, nicht aber die Zeit wahrnehmen. Er kann sich ein Zeitintervall allerdings in räumlicher Analogie vorstellen. Die zeitliche Zuordnung benötigt eine eigene Verarbeitung im Wissen. Für das Verständnis der Präsensbedeutung gehen wir aus von einer Situation geteilter Gegenwart und geteilter Wahrnehmung. Was der Sprecher feststellt, ist vom Hörer direkt (bzw. leicht zeitversetzt) nachvollziehbar, wenn er sich mit der Zuordnung (Ereigniszeit, Äußerungszeit) synchronisiert. Abbildung 1 illustriert diesen Fall, in dem das Präsens den Wahrnehmungsraum als Verweisraum nimmt. Was wahrgenommen wird, ist nicht die Zeit, sondern der Ergebniszustand eines vorausgehenden Ereignisses (der Ball wird aufs Tor geschossen – der Ball ist im Tor), dieser Zustand besteht (wie lange, ist nicht gesagt) und kann wahrgenommen werden. Wir bringen sprachlich ein Zeitintervall ins Spiel, das die Dauer oder Erstreckung eines Ereignisses, einer Handlung oder eines Zustands ist und das zur Äußerungszeit ins Verhältnis gesetzt wird. Dieses Verhältnis kann der Rezipient nachvollziehen.

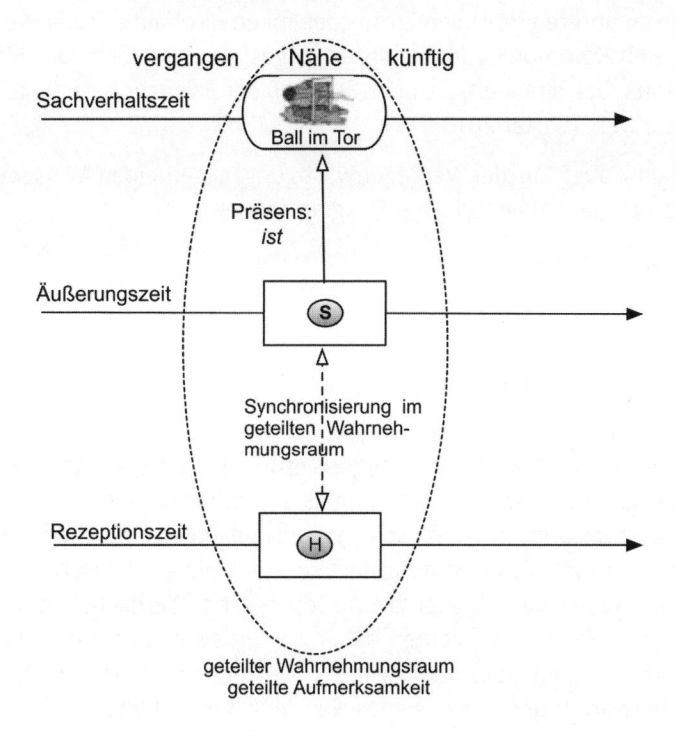

Abb. 1: Präsens: *Der Ball ist im Tor*. Der Sachverhalt ist gegenwärtig, Sprecher (S) und Hörer (H) teilen den Wahrnehmungsraum.

Das Präsens wird nicht nur verwendet, wenn etwas gleichzeitig zu beobachten ist, sich Ereignis- oder Zustandszeit mit der Äußerungszeit überlappen. Der Schüler, der im Beispiel (3) eine Frage hat, hat sie möglicherweise schon länger, aber er bringt sie in die Gegenwart des Gesprächs, macht sie durch die Äußerung wahrnehmbar, so dass sie nun zu beantworten ist. *Eine Frage haben* bedeutet, ein Problem in der Wissensverarbeitung zu haben (z.B. wenn neues Wissen nicht zu Gewusstem passt).

Das Präsens ist auch das Tempus, in dem Fachdarstellungen Zusammenhänge entfalten, in dem Beschreibungen (→ H1.5) (6) und Erklärungen (→ H1.6) (7) realisiert werden.

(6) Der Cortex Cerebri – die Großhirnrinde – ist die äußere Schicht des Großhirns (Cerebrum). Betrachtet man das Gehirn von außen, sieht man die Windungen und Furchen seiner Oberfläche. Er besteht aus grauer Substanz, die sich farblich von der weißen Substanz darunter unterscheidet.
Die Hirnlappen
Anhand der Windungen und Furchen lässt sich der Cortex je nach System in vier bis sechs paarige Lappen einteilen. Als größte und tiefste Furche trennt die Fissura longitudinalis die Hemisphären voneinander ... (Carter 2010: 147 (adaptiert))

(7) Wer fließend zwei Sprachen spricht – insbesondere von Kindheit an – , verstärkt dadurch seine kognitiven Fähigkeiten und ist auch eher vor Demenz geschützt. Vielleicht liegt das an der erhöhten Neuronenvernetzung. Studien zeigen, dass die graue Substanz bei bilingualen Erwachsenen viel dichter ist,

vor allem im unteren frontalen Cortex der linken Hirnhälfte, in der die meisten Sprach- und Kommunikationsfähigkeiten gesteuert werden. Der Effekt war am stärksten bei Personen, die beim Erlernen der Zweitsprache jünger als fünf Jahre alt waren. (Carter 2010: 147)

Das Präsens kann auch an der Vergegenwärtigung allgemeinen Wissens mitwirken, selbst wenn es sich um ein historisches Ereignis handelt:

(8) Der Wal **ist** ein Säugetier.

(9) Zwei mal zwei **ist** vier.

(10) 49 v. Chr. **überschreitet** Cäsar den Rubicon.

Ein solches Weltwissen besteht schon vor der Äußerungszeit, besteht während der Äußerungszeit und darüber hinaus. Die Kategorisierung des Wals wurde im Rahmen einer biologischen Systematik gemacht, das Ereignis am Rubicon konnten nur Zeitgenossen erleben. Wir haben also im Präsens nicht nur mit gegenwärtig Wahrnehmbarem und damit dem Verweisraum Wahrnehmungsfeld zu tun. Vielmehr kann auch zeitübergreifend Geltendes – weil seine Gültigkeit die Äußerungszeit überdacht – mit dem Präsens formuliert werden. Manche betrachten daher das Präsens als atemporal, zeitlos. Hier wird die Position vertreten, dass das Präsens in die Gegenwart der Sprechsituation hineinholt, vergegenwärtigt und einen eventuellen zeitlichen Gehalt aus der Äußerungszeit bezieht, mit der es synchronisiert: Etwas gilt zur Äußerungszeit.

Drückt das Verb einen Prozess von Dauer aus, kann im Präsens eine unbegrenzte Dauer versprachlicht werden. Die folgenden Beispiele zeigen, wie sich die Verbbedeutung auf die Zeitlichkeit auswirkt:

(11) Es regnet. Das Wasser steigt. Der Kapitän schreibt. Das Schiff sinkt. [Dauer]

(12) Paula schlägt die Augen auf und erwacht. [punktuell]

Der Sachverhalt in

(13) Ich schreibe dir eine Mail.

kann auch als zukunftsbezogen, nicht mehr parallel zur Äußerungszeit verstanden werden. Dann ist offen, wann genau der Prozess beginnt, zum Abschluss kommt und die Mail ihr Ziel erreicht. Wenn wir ein Verb verwenden, dessen Bedeutung einen Zielzustand beinhaltet, liegt eine Zukunftsdeutung besonders nahe:

(14) Hanna fährt hin. [und ist schon abgefahren]

(15) Hanna kommt zu Besuch. [in naher Zukunft]

Beinhaltet das Verb Dauer, ohne entsprechende Erweiterung, kommen wir eher zur Gegenwartsdeutung:

(16) Was macht deine Freundin? – Sie schläft.

Wir sehen, wie die Verbbedeutung in das Verständnis eingeht.

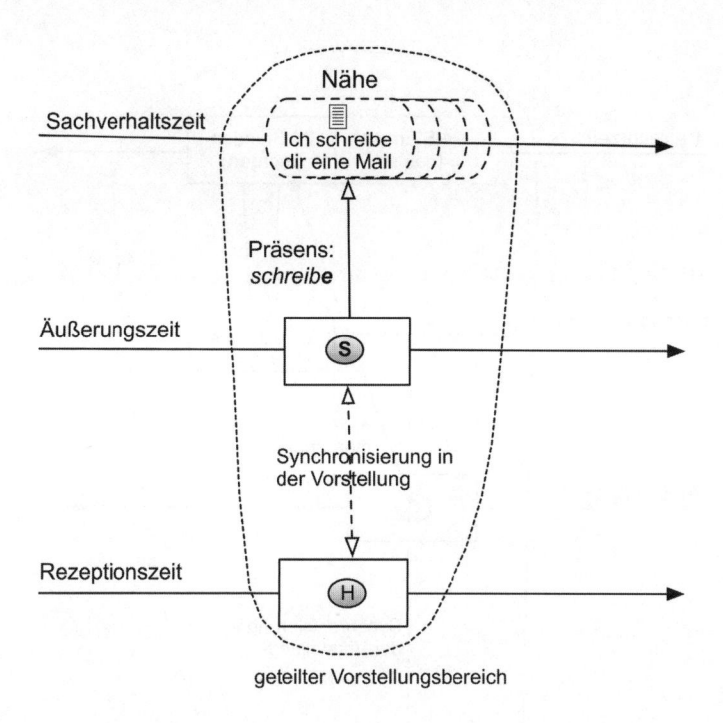

Abb. 2: Präsens mit Zukunftslesart: *Ich schreibe dir eine Mail*

Wir nutzen ein Präsens mit Zukunftsbezug öfter als die Futurform mit *werden*. Die Offenheit können wir mit einem Zeitadverbial oder Adverbialsatz einschränken:

(17)   Ich schreibe dir **morgen** eine Mail.

In diesem Fall haben wir zwei zeitsensitive Ausdrücke, aus denen wir die Sachverhaltszeit bestimmen müssen. Das Adverb *morgen* spezifiziert den Sachverhalt zeitlich durch symbolische Verankerung (← *Morgen*). Ausgehend von der Äußerungssituation führt es auf einen Zeitbereich von 24 Stunden, der direkt an den *heute*-Bereich, den Zeitbereich, in dem die Äußerungszeit liegt, anschließt. Ein solches Zeitintervall, das die Sachverhaltszeit weiter eingrenzt, wird „Betrachtzeit" genannt (Abb. 3). Die Verarbeitung bewegt sich in die Vorstellung. Ein solcher futurischer Gebrauch einer Präsensform ist im Englischen nicht möglich.

Auch ein Satz, der eine Bedingung für ein Folgeereignis formuliert, kann dazu führen, dass das Hauptsatzverb als zukunftsbezeichnend gelesen wird:

(18)   Hat er [der Mensch, L.H.] sich erfaßt und das Seine ohne Entäußerung und Entfremdung in realer Demokratie begründet, so **entsteht** in der Welt etwas, das allen in die Kindheit scheint und worin noch niemand war: Heimat. (Bloch 1959: 1628)

D Gedanken formulieren

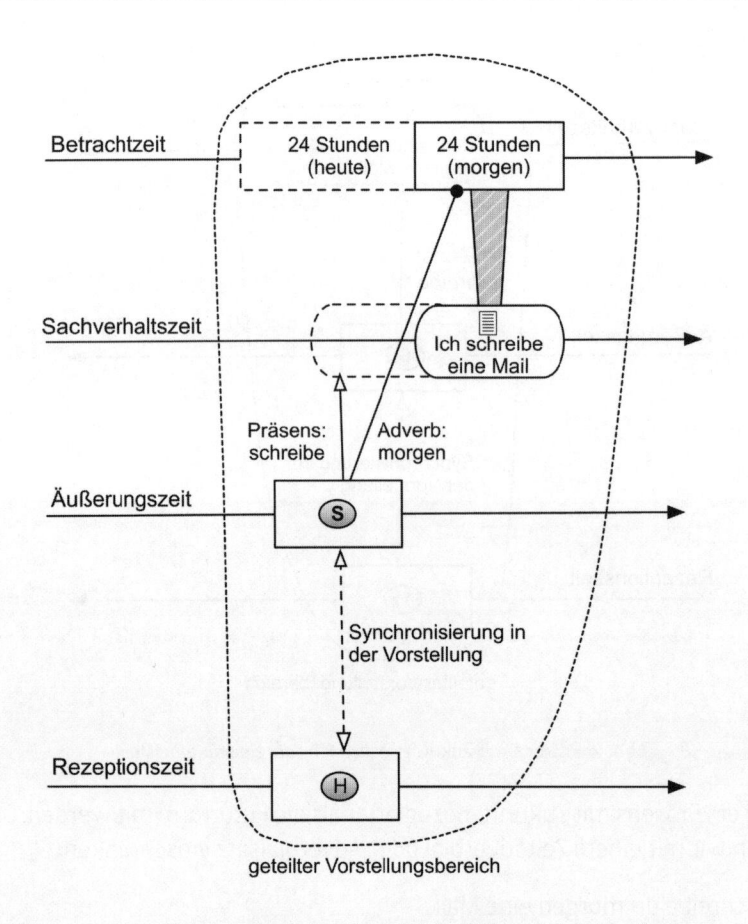

Abb. 3: Präsens mit Spezifizierung der Betrachtzeit durch ein Adverb: *Ich schreibe morgen eine Mail*

Das Präsens kann in mündlichen Erzählungen den Relevanzpunkt verdeutlichen (Details → H1.3). Vorgeschichte und erste Handlungsschritte werden oft im Präsensperfekt oder Präteritum erzählt. Am Höhepunkt finden wir dann einen Wechsel ins Präsens, oft auch direkte Rede:

(19) Fahrstuhlerzählung (Erzählkorpus L. Hoffmann)

Frau K. Ich **hab** gestern morgen **angerufen**, wie ich gestern abend nach Hause **kam**, **brannte** Licht.

Frau R. hm̌

Frau K. ((4.3s)) Nee, **sach**ter. Hier **hat** sich noch keiner **gemeldet**. Merkwürdig.

Frau R. ((lacht)) ((1.2s))

Frau K. Ich **sach**: Denn könn se alle laufen, **sach** ich, von/ von oben runter, **sa** ich, oder rauflaufen, **sach** ich. Ich **sach**: Mal/mal telefonieren und Bescheid sagen, ich **sach**, das tut keiner.

Frau R. hm̌

Man spricht vom „szenischen Präsens" (Quasthoff). Der Ablauf wird insgesamt als vergangen betrachtet, so dass eine Gegenwartsdeutung des Erzählten ausgeschlossen ist. Vielmehr wird der Hörer in die Szene hineingeholt, so dass er eine Vorstellung davon ausbilden und die Bewertung des Dargestellten teilen kann. Zum Abschluss der Erzählung kann der Wechsel ins Präsens den Übergang zur Gesprächsfortsetzung kennzeichnen:

(20) Erzählung Behörde (K: Klientin, B: Sachbearbeiter)

K ... und hab tatsächlich zwei Annoncen in der BZ aufgegebm

K ich hab tatsächlich zwei Zeugen gekriecht.

K Wie **finden** Sie das?

B Das find ich ja gut.

K Also ich mein das doch fabelhaft nich ... (Quasthoff 1980: 289)

Das PRÄTERITUM ist temporal zu verstehen und drückt deiktisch Ferne aus. Der fragliche Sachverhalt ist von der Äußerungszeit entfernt, liegt in Distanz. Solche Distanz lässt in erster Linie auf Vergangenes schließen, denn Menschen leben aus ihrer persönlichen, sozialen und kollektiven Geschichte, in der auch ihre Erfahrungen verankert sind. Der Sachverhalt, der verzeitlicht wird, ist also nur im Rückblick zugänglich, etwa wenn der Sprecher ihn aus dem Gedächtnis abruft, ihn vom Hörensagen oder aus der Lektüre etc. weitergibt. Im Rahmen einer Assertion, einer Wissensvermittlung, wird er dem Hörer neu sein; der Hörer muss dann allein aus dem Gesagten mithilfe seines Sprachwissens und Weltwissens eine Vorstellung aufbauen.

Das Präteritum kommt heute eher im schriftlichen bzw. im Standarddeutschen vor. Im Süddeutschen wie im Jiddischen, der dem Deutschen nächsten Sprache, ist das Präteritum zugunsten des Präsensperfekt aufgegeben. Wir haben gesehen, dass das Präteritum in der Form eigens markiert ist durch -t- bei den schwachen Verben (*reden – rede-t-e*) und Vokalwechsel bei den starken (*kommen - kam*).

Wenn wir unser Ausgangsbeispiel ins Präteritum setzen, erhalten wir

(21) Der Ball **war** im Tor.

D Gedanken formulieren

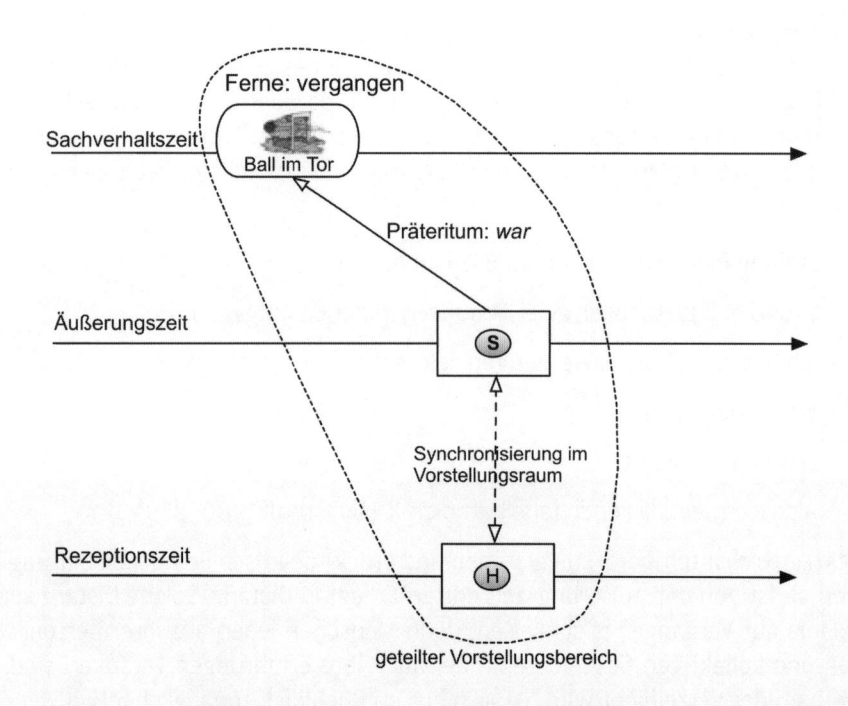

Abb. 4: Präteritum: Ein Sachverhalt (der Ball ist im Tor) ist vergangen, der Hörer (H) baut eine entsprechende Vorstellung auf

Ob es sich um ein wiederkehrendes, in einen Endzustand mündendes, angefangenes Ereignis etc. handelt, liegt mit der Verbbedeutung fest.

(22) Sie schrieb eine Doktorarbeit. Daran arbeitete sie Tag und Nacht.

(23) Sie schlief ein und wachte früh auf. Sie ging wieder ans Werk.

Das Präteritum leistet Distanzierung und ist daher auch für situationsferne Sachverhalte geeignet, die erfunden sind – es gilt daher als *die* Erzählzeit fiktionaler Texte. Thomas Mann spricht zu Beginn des „Zauberbergs", eines Romans u.a. über die Zeit, vom Erzähler als „raunendem Beschwörer des Imperfekts" (wie man damals dieses Tempus noch nannte).

In der „Vermessung der Welt" soll der Mathematiker Gauß nach Berlin reisen, will aber nicht:

(24) Nun also **versteckte** sich Professor Gauß im Bett. Als Minna ihn **aufforderte**, aufzustehen, die Kutsche warte und der Weg sei weit, **klammerte** er sich ans Kissen und **versuchte** seine Frau zum Verschwinden zu bringen, indem er die Augen **schloss**. (Kehlmann 2005:7)

Das Erzählte ist entfernt, distanziert, spielt in einem fiktiven Raum, der für den Leser in der Vorstellung zugänglich ist (Abb. 5). Der Fortgang der Erzählung ist im Präteritum als Erzählzeit dargestellt.

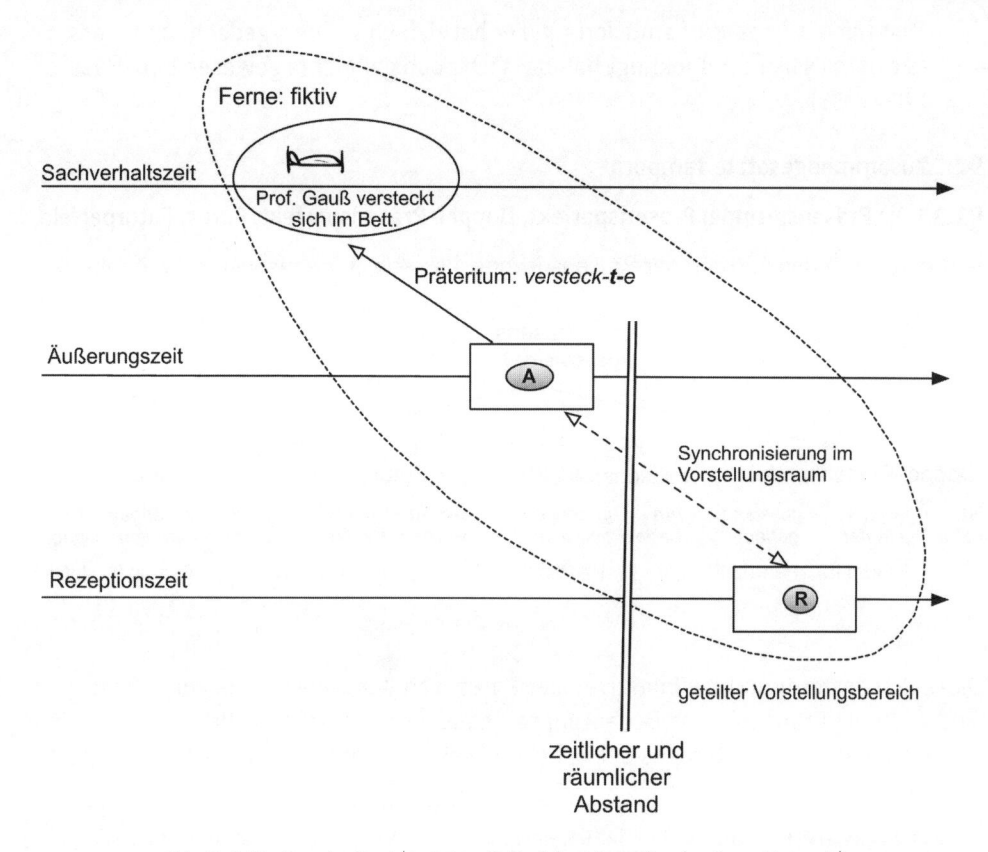

Abb. 5: Präteritum im Text (A: Autor, R: Rezipient in entfernter Rezeptionszeit)

(25) Grundschule 3./4. Klasse: Kollektives Erzählen („|': Sprecherwechsel)
Es war einmal ein Wundertier. | Das war ganz bunt | und hatte fünf Hörner und 15 Beine | und einen blau-grün gestreiften Kopf | mit rosa Öhrchen und einer Steckdosennase. | Außerdem hatte es noch den Schwanz eines Krokodils und zwei Flügel auf dem Rücken| und dreizehn rotblaue Augen| und lila Zöpfchen. | Es lebte in der Fantasiewelt | und es hatte ein Geheimnis. | (An dieser Stelle gibt es eine kurze Diskussion unter einigen Schülern: Darf man das Geheimnis schon verraten? Die Fortsetzung des nächsten Erzählers wird dann aber schnell akzeptiert.) Es war eigentlich ein Mensch. | Doch leider hatte es ein Problem. Es konnte nicht fliegen, weil es so viel Gewicht hatte. | Und wenn es doch einmal zu fliegen versuchte, kam es nur einen Millimeter vom Boden hoch. | Aber dafür konnte es schnell rennen. | Schließlich beschloss es fliegen zu lernen. | ... (Irmgard Vockel)

Demgegenüber die süddeutsche Variante aus einem österreichische Umgangssprache simulierenden Roman von Wolf Haas:

(26) Der Kressdorf **hat** immer **lachen müssen**, wenn die Leute ihn als Baulöwen **bezeichnet haben**. Sogar seine Frau **hat** manchmal zu ihm gesagt: »Gut, dass ich damals nicht **gewusst habe**, dass du so ein Baulöwe bist.« Sonst hätte er bei ihr keine Chance gehabt, weil sie **hat** am Anfang **geglaubt**, mehr in die Richtung Architekt.

D Gedanken formulieren

Das **hat** den Kressdorf **amüsiert**, und er **hat** sich umgekehrt **gedacht**, gut, dass sie damals nicht **mitgekriegt hat**, dass ich noch gar nichts **gewesen bin**. (Haas 2009: 33)

D2.2 Zusammengesetzte Tempora

D2.2.1 Die Präsensgruppe: Präsensperfekt, Doppel-Präsensperfekt, Futur, Futurperfekt

Gemeinsam ist den Formen der Präsensgruppe, dass sie eine Präsensform enthalten:

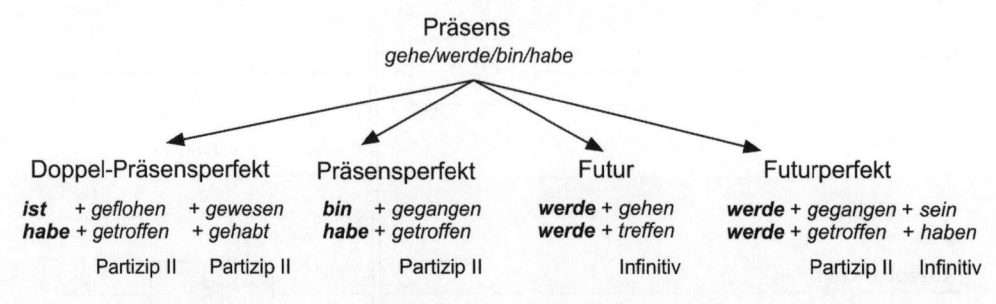

```
                          Präsens
                      gehe/werde/bin/habe

Doppel-Präsensperfekt   Präsensperfekt      Futur           Futurperfekt
ist   + geflohen  + gewesen   bin  + gegangen   werde + gehen   werde + gegangen + sein
habe + getroffen + gehabt     habe + getroffen  werde + treffen  werde + getroffen + haben
Partizip II  Partizip II      Partizip II      Infinitiv        Partizip II  Infinitiv
```

Abb. 6: Formen der Präsensgruppe

Diese Präsensform und die Infinitive oder Partizipien II, mit denen sie kombiniert wird, sind auch die Grundlage des Bedeutungsaufbaus. Er setzt an beim Präsens der finiten Form, dem deiktischen Tempus der Nähe, und setzt sich mit den infiniten Formen fort.

> Das PRÄSENSPERFEKT setzt an bei der Gegenwart, bei der Vergegenwärtigung eines Sachverhalts durch das Präsens. Der Sachverhalt befindet sich im Nachzustand eines Ereignisses, Prozesses oder einer Handlung, die zum Abschluss, zu einem Resultat gekommen ist; dieser Nachzustand wird vergegenwärtigt, mit der deiktischen Präsensform auf die Äußerungszeit bezogen. Ein Ereignis kann damit vorzeitig zur Gegenwart liegen.

(27) Hanna **hat** hart **gearbeitet**. Jetzt erntet sie die Früchte.

Das Ereignis kann zeitlich in die Gegenwart hineinreichen oder auch für die Gegenwart relevant sein. Wenn nichts anderes gesagt ist, orientiert sich der Sprecher am Jetzt. Aber ein Adverbial kann eine bestimmte Betrachtzeit in der Vergangenheit oder sogar in der Zukunft festlegen:

(28) **Vorgestern hat** sie die Prüfung **bestanden**.

(29) **Morgen hat** sie das **Fahrrad** repariert.

Bei bestimmten Verbbedeutungen kann das Gesamtereignis zur Äußerungszeit noch andauern, aber die *haben*-Konstruktion besagt, dass bereits ein bestimmter Nachzustand erreicht ist:

(30) Er **hat begonnen**, durch den Kanal zu schwimmen. Zwei Hubschrauber beobachten ihn.

(31) Vorhin **hat** er am Schreibtisch **gesessen**. Er sitzt sicher immer noch da.

(32) Der Löwe **ist ausgebrochen**. Er rennt noch frei herum.

In Verbindung mit der zeitlichen Komponente eines Subjektausdrucks kann ein Nachzustand (Partizip II), der übergreifend gilt (Präsensteil) ausgedrückt werden:

(33) Jeder Lehrer **hat studiert**. [Wenn jemand Lehrer ist, gilt: Er hat den Nachzustand eines absolvierten Studiums erreicht.]

Der Sachverhalt kann aber auch zur Äußerungszeit vollendet sein, so dass man mit dem Präsensperfekt auch Vergangenes wiedergeben oder erzählen kann.

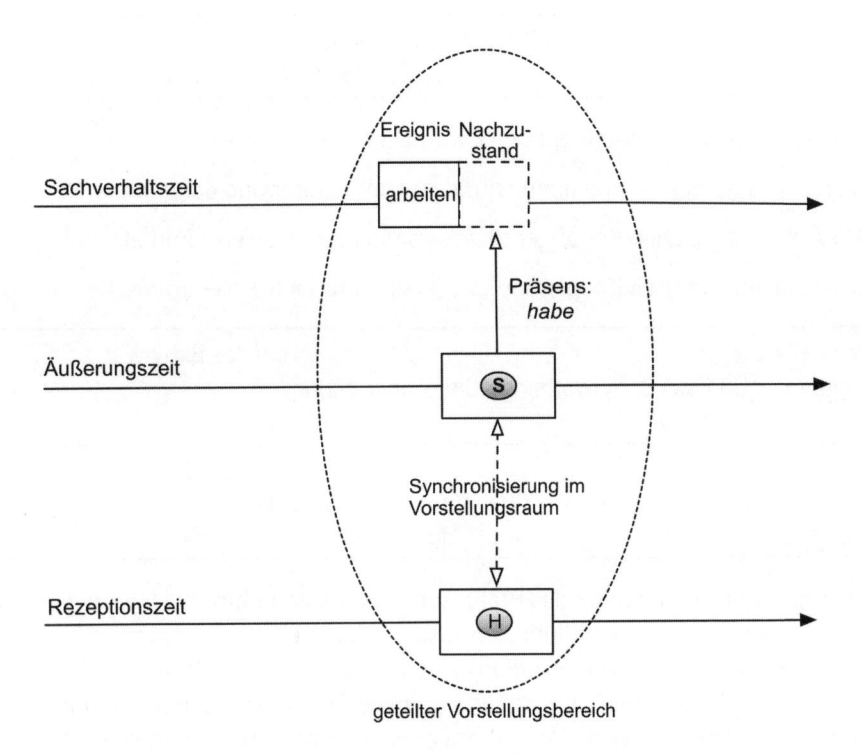

Abb. 7 Präsensperfekt: *Ich habe gearbeitet*
(Sachverhalt wird ausgehend vom vergegenwärtigten Nachzustand vorgestellt)

In jüngerer Zeit ist das Präsensperfekt zur Erzählzeit in der Mündlichkeit geworden. Kinder haben Zugang zum Präteritum als Erzählzeit in der Jugendliteratur und brauchen das Präteritum auch mindestens für standardsprachliche Texte.

(34) Erzählung „Baby-Radio" von Marcella. (Erzählkorpus L. Hoffmann) Marcella ist fünfeinhalb Jahre alt. Die Aufnahme entstand bei ihr zu Hause. Während der Erzählung malt sie und ist sich nicht bewusst, dass das Diktiergerät, mit dem sie an dem Abend vertraut gemacht worden war, mitläuft. Kurz zuvor hatte ihr Bruder die Babysitterin, Peggy, darum gebeten, ein Radio zu malen.

1	Marcella	und mit eim Baby ((lachen)) Also es
	Peggy	Ein Baby und ein Radio↓

2 Marcella war einmal ein Baby und • • es war noch im Bauch und da

3 Marcella hatte es ein Haus und ein Radio. Das Radio ge/gehört→ und

4 Marcella dann hat es soo laut gemacht→ dass die/ dass die Mama das

5 Marcella so hat • und da hat die das (irgendso, so auch so so)

6	Marcella	denn • nämlich auf ihren [Bauch gehaut und dann] hat er
		[sie haut sich auf den Bauch]

7 Marcella sie (hat sie sich) auf den Lautmacher/ • knopf •

8 Marcella gedrückt→ und dann wird das immer lauter und dann hat

9 Marcella den leichen Knopf gedrückt→ dann immer leiser→ immer

10 Marcella den leichen Knopf gedrückt→ dann immer leiser→ immer

11	Marcella	Und das Baby war
	Peggy	[Und das Baby war ein Radio→ oder was↑]
		[lachend]

12	Marcella	ein • sehr großes • Radio geworden↓ ((lacht))
	Peggy	Oòh

Der Einstieg zur Erzählung nutzt das Präteritum in der Märchenformel („es war einmal") und in der orientierenden Darstellung der Ausgangskonstellation („es war im Bauch ..."). Der Übergang in die relevante Handlungssequenz erfolgt im Präsensperfekt. Die Sequenzschritte sind durch *und*, *und da*, *und dann* verknüpft. Das deiktische *dann* macht ein Ereignis zum Folgeereignis eines vorangehenden und wird (in Verbindung mit dem Konjunktor *und*) von Kindern oft verwendet. Eingelagert sind wiederkehrende Resultate als Handlungsergebnisse im Präsens („wird das immer lauter" (8-10)). Die Relevanz liegt im Identitätswandel des Babys, ablesbar an Ereignisschleifen, die im Unendlichen münden. Die Erzählung erreicht ihre Zwecke, insofern sie die Hörerin Peggy in die Geschichte hineinzieht und zu geteilten Bewertungen kommen lässt (*Oòh*). Peggy fasst das Ergebnis des Identitätswandels im Präteritum (11) zusammen, Marcella baut die Brücke zur Vorgeschichte („war ein sehr großes Radio geworden", 11f.) im Präteritumperfekt. Die temporale Verkettung und Verzahnung ist ein zentrales Mittel des Erzählens (im Wort *erzählen* steckt ja noch *zählen*).

Das englische *Present Perfect* ist stärker eingeschränkt auf eine Zeitspanne, die die Äußerungszeit einschließt, überlappt.

(35) I have waited for an hour. ‚Ich **warte** seit einer Stunde und immer noch.'

(36) I waited for an hour. ‚Ich **habe** (damals) eine Stunde **gewartet**, ich wartete eine Stunde.'

(37) I wrote her a mail yesterday. ‚Ich schrieb ihr gestern eine Mail' oder: ‚Ich **habe** ihr gestern eine Mal **geschrieben**.'

Was in der Vergangenheit abgeschlossen ist, erfordert *Past Tense*, das Präteritum:

(38) Bell **invented** the telephone.

Das Present Perfect ist nicht als grundierende Erzählzeit zu nutzen.

(39) It was the summer in America when the nausea returned, when the joking didn't stop, when the speculation and the theorizing and the hyperbole didn't stop, when the moral obligation to explain to one's children about adult life was abrogated in favor of maintaining in them every illusion about adult life, when the smallness of people was simply crushing, when some kind of demon had been unleashed in the nation and, on both sides, people wondered "Why are we so crazy?", when men and women alike, upon awakening in the morning, discovered that during the night, in a state of sleep that transported them beyond envy or loathing, they had dreamed of the brazenness of Bill Clinton. (Roth 2000: 3)

Dem statisch-habituellen Gebrauch des Present Perfect entspricht im Deutschen das Präsens:

(40) I have lived here for thirty years. ‚Ich **lebe** hier seit dreißig Jahren.'

> Das DOPPEL-PRÄSENSPERFEKT kann das regional bzw. umgangssprachlich vermiedene Präteritumperfekt ersetzen. Es kann in einer Kette mit den Tempora Präsens und Präsensperfekt (Vor-)Vorzeitigkeit mit Vollendung der Aktivität ausdrücken, wird eher mündlich verwendet und gilt nicht als standardsprachlich. Mit der Vergegenwärtigung verbindet sich der Ausdruck anhaltender Relevanz.

(41) Moin,
Problem **hab** ich **gelöst bekommen**. **Hab** in den Weiten des I-Nets ein wenig **gesucht gehabt** und bin dabei auf einen Artikel gestoßen aus dem Jahre 2006? oder 2007?, wo noch einer so ein ähnliches Problem hatte wie ich. Sein Virenscanner **hat** Mist **gemacht gehabt**. Darauf hin **hab** ich mal **geschaut gehabt**, wann eigentlich meiner das letzte gr. Update installiert hatte und siehe an einen Abend zuvor.
[http://www.winfuture-forum.de/index.php?showtopic=177160, 14.6.2011]

> Das FUTUR setzt an bei der Indikativ Präsensform von *werden*. Das Verb *werden* bezeichnet einen prozessualen Übergang. Eine Zukunftssicht für den Sachverhalt bzw. das Ereignis, das mit der Infinitivform ins Spiel gebracht wird, ergibt sich im Ausgang von der Gegenwart, als Option, Erwartung, Spekulation auf Künftiges.

D Gedanken formulieren

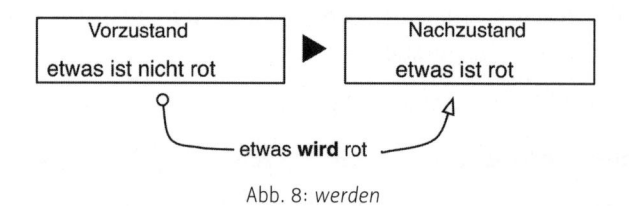

Abb. 8: *werden*

Im Präsens kann der Übergang in der Gegenwart der Äußerungszeit liegen oder vergegenwärtigt sein. Ein Übergang, der im Nahzeitraum der Gegenwart ansetzt, wird in seinem prozessualen Ablauf erst in der näheren oder entfernteren Zukunft beendet (*ich werde den Fernseher einschalten – ich werde ein Buch schreiben*). Wenn der Sprecher auf den Prozess zeigt, ist das Ergebnis nur in der Vorstellung vorwegzunehmen. Der reine Infinitiv bezeichnet den Kern eines Ereignisses, eines Prozesses, einer Handlung oder eines Zustands in reiner Form: Ein Subjekt, eine Zeit, ein Modus sind nicht im Spiel.

Das folgende Brief-Beispiel von Paul Celan beinhaltet ein kleine Geschichte. Der Brief kam vor der Äußerungszeit, aber am selben Tag, an. Im Brief wird ein Vorschlag gemacht. Der Autor sieht sich zur Äußerungszeit im Prozess, den Vorschlag anzunehmen:

(42) ... heute **kam** ein Brief aus Tübingen, man **schlägt** mir die erste Dezemberwoche **vor**, ich **werde annehmen**. (Bachmann/Celan 2008: 67)

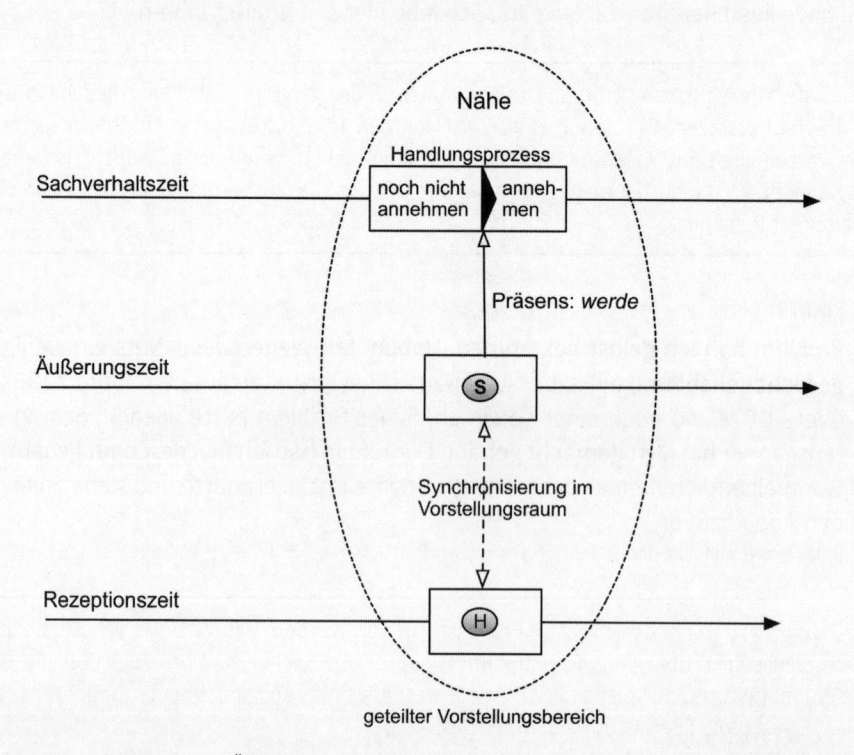

Abb. 9: Futurbedeutung als Übergang zu einem Nachzustand in der Vorstellung: *Ich werde annehmen*

Äußerungen mit *werden* können aber auch modal verstanden werden, so dass *werden* manchmal zu den Modalverben gerechnet wird, die ja auch mit dem reinen Infinitiv stehen. Es ist nicht gewiss, ob der Nachzustand eintritt, wahre Aussagen über Künftiges kann es nicht geben. Wenn nun nach dem Wissen gefragt wird, kann auch die Antwort als wissensbezogen und eher modal als futurisch verstanden werden:

(43) Wo ist Karl? – Der **wird** schon zu Hause sein. (Bredel/Töpler 2009: 848)

(44) Ich glaube auch an die Deutsche Mannschaft im Spiel gegen Spanien. Die Mannschaft **wird** das Spiel gewinnen, davon bin ich überzeugt. [http://www.gutefrage.net/frage/wer-gewinnt-im-spiel-um-platz-3, 13.6.2011]

(45) Die Kanzlerin muss über dem Lagerwahlkampf stehen. Sie **wird** sicher viel Wert auf die sogenannten weichen Themen legen: Familie, Frauen und Bildung. (Potsdamer Neueste Nachrichten) [http://www.pnn.de/politik/12740/, 13.6.2011]

> Das FUTURPERFEKT verbindet die Vergegenwärtigung des Präsens mit einem abgeschlossenen Sachverhalt im Infinitiv Perfekt. Der Nachzustand wird als eingetreten vorausgesetzt. Das kann in der Zukunft sein, die adverbial spezifiziert sein kann.

(46) Bis Sonntag **werde** ich dein Rad wieder **zusammengebaut haben**.

(47) Bis Sonntag **wird** dein Rad **repariert worden sein**.

Eine Handlung kann ihrem Träger, dem Subjekt, als künftig vollendete zugeschrieben werden (mit *haben*), vgl. Abb. 10. Oder man charakterisiert (mit *sein*) ein Subjekt als eines, das sich in einem bestimmten Zustand befinden wird (nach der Reparatur, also repariert). Das Ereignis kann auch in der Betrachtzeit von *in diesen Tagen*, die die Äußerungszeit einschließt, lokalisiert werden. Die modale Partikel *wahrscheinlich* verstärkt die Vermutungsinterpretation:

(48) Lieber Paul,
in diesen Tagen **wirst** Du wahrscheinlich schon die Einladung der Deutschen Verlagsanstalt Stuttgart zur Tagung der Gruppe 47 in Hamburg **bekommen haben**. (Bachmann/Celan 2008: 45)

Es kann sogar adverbial in die Vergangenheit verlagert werden, auch hier mit Vermutungscharakter:

(49) **Vor drei Wochen wird** er wohl die Arbeit **beendet haben**.

D Gedanken formulieren

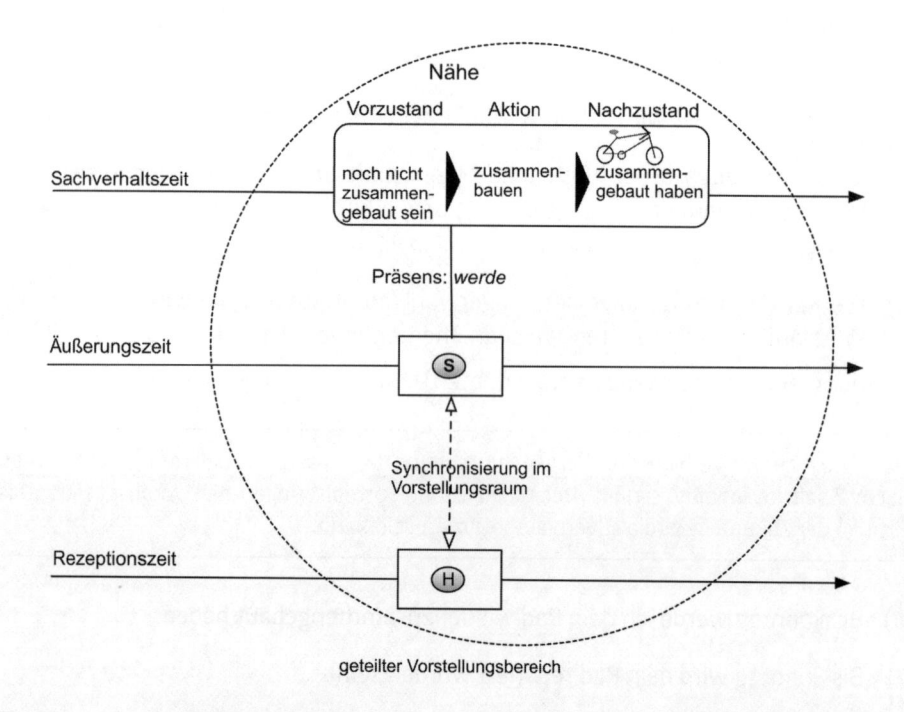

Abb. 10: Futurperfekt: Zustand nach Abschluss eines Ereignisses: *Ich werde das Rad zusammengebaut haben*

Im Englischen haben wir demgegenüber zwei Möglichkeiten: die aus dem Bewegungsverb *go* grammatikalisierte Form mit Infinitiv, die eher den sich schon ankündigenden Übergang (unter einer nicht ausgesprochenen Bedingung) zum erwarteten Ereignis ausdrückt:

(50) I am **going** to play volleyball today. ‚Ich werde heute Volleyball spielen, ich habe einen festen Plan, heute Volleyball zu spielen.'

Und die aus einem Modalverb entstandene Form, die neutraler ist:

(51) We **will** play volleyball today. ‚Wir werden heute Volleyball spielen.'

Es gibt auch ein *Future Perfect*:

(52) We **will have** done this by next week. ‚Wir werden das bis nächste Woche geschafft haben.'

D2.2.2 Die Präteritumgruppe: Präteritumperfekt und Doppel-Präteritumperfekt

```
                    Präteritum
                  hatte/war/sag-t-e
                   /           \
        Präteritumperfekt    Doppel-Präteritumperfekt
        hatte + getroffen    hatte + gesagt    + gehabt
        war   + gegangen     war   + gegangen  + gewesen
              Partizip II          Partizip II   Partizip II
```

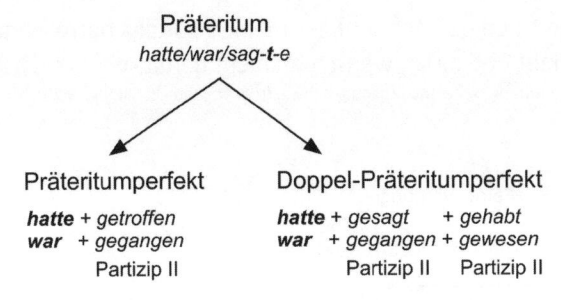

Abb. 11: Formen der Präteritumgruppe

> Das PRÄTERITUMPERFEKT leitet sich vom Präteritum ab, mit dem der Sprecher in der Vorstellung auf einen fernen Bereich zeigt. In diesem fernen Bereich ist das mit dem Vollverb ausgedrückte Ereignis bereits abgeschlossen, der Nachzustand ist eingetreten (Partizip II). Solche Abgeschlossenheit in der Vergangenheit kann als Ausdruck von Vorzeitigkeit genutzt werden.

(53) Bis er sie sah, **hatte** sie ihn schon **gesehen**. Als sein Blick sie erreichte, **war** ihr Blick schon auf ihn **gerichtet**. Das fand statt am Kreuzbrunnen, nachmittags um fünf, am 11. Juli 1823 in Marienbad. (Walser 2008: 9)

Der *bis*-Nebensatz bezeichnet den Abschluss eines Zeitintervalls, an dem Goethe Ulrike v. Levetzow erblickt. Diesem Sehen geht eine Zeitspanne voraus, in die der Hauptsatz durch das Präteritumperfekt situiert ist: Sie hat ihn schon vorher gesehen. Damit ist es möglich, dass die Satzabfolge – wie im Beispiel – nicht der zeitlichen Abfolge entspricht. Im zweiten Satz schafft der *als*-Satz einen zeitlichen Zusammenfall: Der Blick erreicht sie, da ist der Zustand ihrer Blickausrichtung schon eingetreten (*war ... gerichtet*: Zustandspassiv). Im dritten Satz wird das ganze Geschehen zusammengefasst und im Präteritum in der Vergangenheit bzw. in der Fiktion lokalisiert.

Das Präteritumperfekt wird verwendet, wo es eine Bezugszeit – hier im Präteritum (*sah*) – gibt, es kennzeichnet ein Ereignis als Vorgeschichte dazu und ist isoliert kaum zu verwenden.

> Das DOPPEL-PRÄTERITUMPERFEKT wird standardsprachlich eher akzeptiert als das Doppel-Präsensperfekt. Auch das Doppel-Präteritumperfekt lässt sich als Glied einer temporalen Kette verstehen, das (Vor-)Vorzeitigkeit und für ein Ereignis Abgeschlossenheit ausdrückt (Abb. 13).

(54) Als er das Haus baute, **hatte** die Stadt schon die Straße **angelegt** und die Leitungen **gegraben gehabt**.

(55) Habe mir dein Problem angeschaut und frage mich, ob du schon mal nach deiner Einspeiseleitung geschaut hast. Dazu **hatte** doch SMA was **geschrieben gehabt** oder?

D Gedanken formulieren

[http://www.photovoltaikforum.com/sma-netzgekoppelte-wechselrichter-f47/staendiger-ausfall-sma-wr-k1-trenn-und-uac-bfr-t14120.html, 14.6.2011]

(56) das ist ja eine freudige nachricht bei meinen pandas **hatte** ich auch nie daran **geglaubt gehabt** und dann, wenn man nicht damit rechnet, passiert es ...
[http://www.aquariumforum.de/f605/panda-baby-entdeckt-juhu-25724/, 14.6.2011]

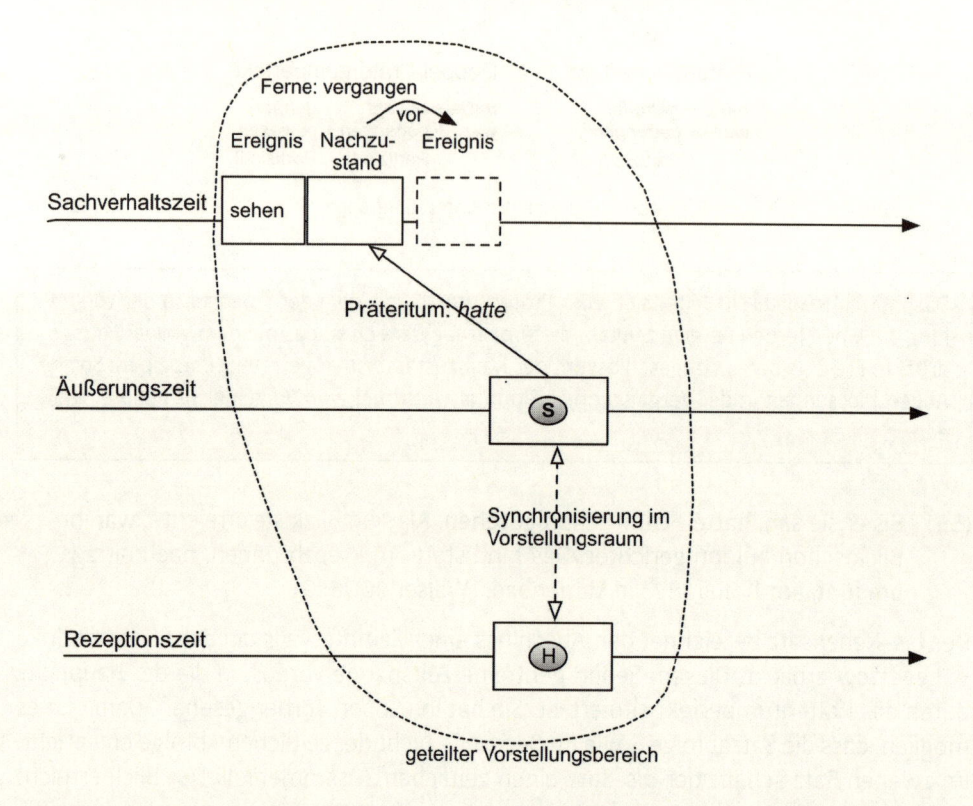

Abb. 12: Präteritumperfekt (Nachzustand eines Ereignisses in der Vergangenheit): *Sie hatte ihn gesehen*

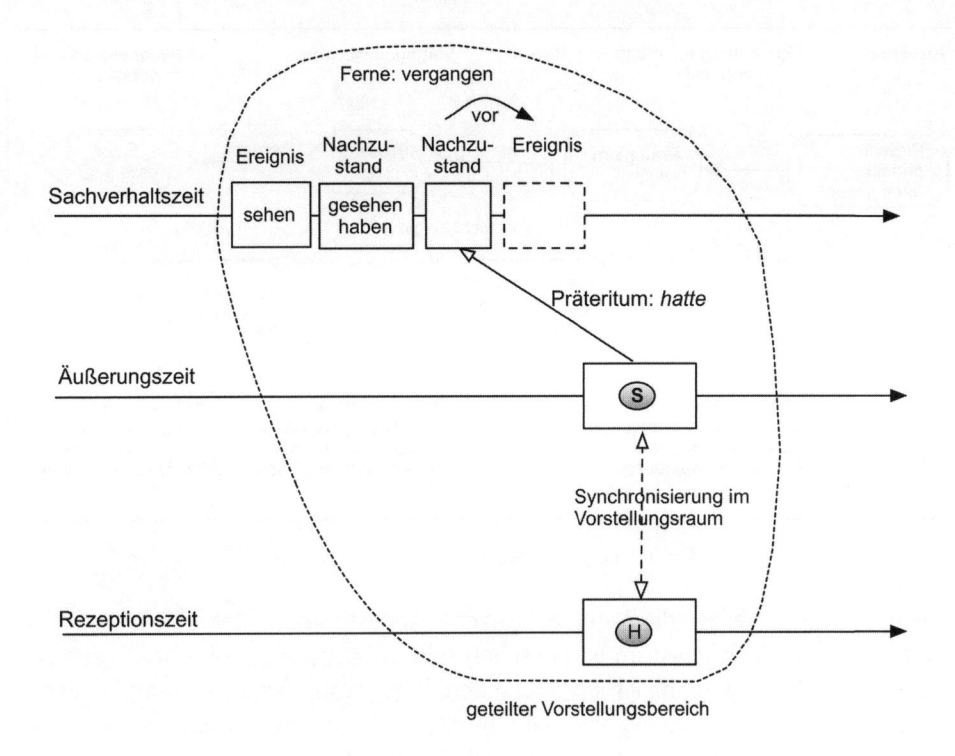

Abb. 13: Doppel-Präteritumperfekt
(Nachzustand eines Nachzustands eines Ereignisses in der Vergangenheit): *sie hatte ihn gesehen gehabt*

In dem folgenden berühmten Beispiel wird ebenfalls eine zeitliche Kette ausgedrückt: Der Erzähler fühlt sich ergriffen und fühlt einen Schmerz. Das wird dann mit der Vorgeschichte rekapituliert: Mignon versteckt sich, das ist abgeschlossen, dann fasst sie den Erzähler an, dann beißt sie ihn.

(57) In dem Augenblicke fühlte er sich am linken Arme ergriffen und zugleich einen sehr heftigen Schmerz. Mignon **hatte** sich **versteckt gehabt**, hatte ihn angefasst und ihn in den Arm gebissen. (Goethe 1983: 344)

In Abbildung 14 sind die Haupttempora in ihrem Verhältnis zueinander zusammenfassend dargestellt.

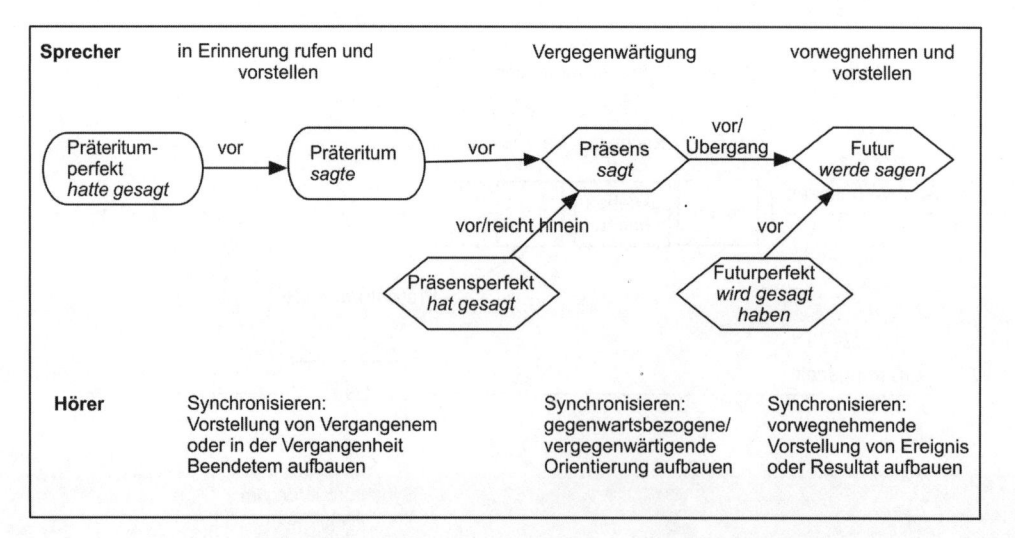

Abb. 14: Haupttempora und zeitliche Verhältnisse

In einer Satzkette werden die Zeiten aufeinander abgestimmt (Zeitenfolge, „consecutio temporum"). Die Abfolge ist im Lateinischen sehr strikt geregelt. Gleichzeitigkeit oder zeitliche Überlappung kann sich im Deutschen in der Wahl desselben Tempus niederschlagen und auch durch geeignete Subjunktoren (*als, indem, solange, während*) unterstützt werden; hier ist es das Präteritum als Erzählzeit:

(58) Nun also **versteckte** sich Professor Gauß im Bett. **Als** Minna ihn **aufforderte**, aufzustehen, die Kutsche warte und der Weg sei weit, **klammerte** er sich ans Kissen und **versuchte** seine Frau zum Verschwinden zu bringen, indem er die Augen **schloss**. (Kehlmann 2005: 7)

Das Verstecken ist vorzeitig. Die Aufforderung von Minna fällt punktuell (*als*) beinahe mit dem Klammern zusammen. Der Versuch, seine Frau zum Verschwinden zu bringen, ist gleichzeitig zum Schließen der Augen. Ob er mit dem Klammern zeitlich zusammenfällt oder darauf folgt, lässt sich nicht entscheiden.

Vorzeitigkeit kann also auch durch eine Abfolge in demselben Tempus (*versteckte - aufforderte/klammerte*) ausgedrückt sein, wir müssen dabei stets die Verbbedeutungen und die szenische Logik beachten. Subjunktoren wie *nachdem* können Vorzeitigkeit zusätzlich kennzeichnen.

Vorzeitigkeit zum Präteritum drücken wir oft durch das Präteritumperfekt aus, für das Präsens nehmen wir das Präsensperfekt, für das Futur das Futurperfekt.

(59) Die Reise **war** fürchterlich. Seine Mutter **weinte** beim Abschied, als **wollte** er nach China, und **dann**, obwohl er sich selbst **vorgenommen hatte**, es nicht zu tun, **weinte** auch er. (Kehlmann 2005: 93)

Hier ist das Präteritum Grundtempus des Erzählens, in das sich auch der Konjunktiv (*wollte*) einfügt. Vorzeitigkeit markiert das Präteritumperfekt (*vorgenommen hatte*).

In Marcellas Erzählung findet sich das gängigste Mittel, einen Sachverhalt einem vorausgehenden nachzuordnen, nämlich die auf den Vorgängersachverhalt rückorientierende Deixis *dann*, ein Adverb:

(60) ... sie (hat sie sich) auf den Lautmacher/ • knopf • gedrückt, und **dann** wird das immer lauter und **dann** hat sie immer • weitermacht • und **dann**, **dann** wird das immer lauter ... (Baby-Radio, vereinfacht)

Die Tempusfolge ist: Präsensperfekt – Präsens – Präsensperfekt – Präsens (Präsensgruppe).

Nachzeitigkeit kann bei gleichem Tempus ausgedrückt werden, aber auch in anderen Abfolgen wie Präsensperfekt – Präteritum, Präteritumperfekt – Präteritum, Futur – Präsens, sogar die unwahrscheinliche Abfolge Präsens – Präteritum lässt sich finden.

(61) Wer sein Produkt nur ein wenig zu spät auf den Markt bringt, wer nicht die besten Leute einstellen kann, **ist** raus, bevor es **losgeht**. (DIE ZEIT, 13.7.1999)

(62) ... bevor Martin die Taste für die Türglocke **drückte**, **schlug** er mir vor, einen Handstand zu machen. (DIE ZEIT, 29.12.1999)

(63) Doch Diktaturen gehen eher noch schlechter mit der Klimafrage um, und westliche Länder **sind** schon in absehbare Katastrophen **hineingelaufen**, lange bevor das Fernsehen und das Internet eine Rolle **spielten**. (DIE ZEIT, 13.7.2009)

(64) Eine S-Bahn ist südlich von München in eine Schlamm- und Gerölllawine gefahren. Die etwa 15 mal 15 Meter große Mure **war** am Mittag **niedergegangen**, kurz bevor der Zug die Stelle **erreichte**. (DIE ZEIT, 6.7.2009)

(65) „Der Trend **wird** eher noch abwärts **zeigen**, bevor die Lage wieder besser **wird**", sagte Walter Todd von Greenwood Capital Associates. (DIE ZEIT, 5.7.2009)

(66) 24 Stunden bevor sich die Fahrer von Limoges nach Issoudun **aufmachen**, **wich** der Radsport-Weltverband UCI nicht von seiner Linie **ab**. (DIE ZEIT, 13.7.2009)

sprachl. Mittel Zeitrelation	Subjunktor	Adverb (deiktisch/ mit deiktischem Anteil)
vorzeitig	*kaum dass, nachdem, seit*	*davor, zuvor*
gleichzeitig, überlappend	*als* (punktuell), *indem, indessen, sobald, solange, sooft, sowie, während, wenn* (temporal)	*unterdessen, währenddessen*
nachzeitig	*bevor, bis, ehe*	*danach, dann, hinterher, nachher, seitdem, seither, sogleich*

Tab. 19: Sprachliche Mittel der zeitlichen Ordnung von Sachverhalten

D2.3 Die Progressivform (Verlaufsform)

> **Literatur:**
>
> zum Aspekt Comrie 1976, zum türkischen Tempus- und Aspektsystem Johanson 1971, 1994, zu den slavischen Sprachen Rehder 1998, zum Deutschen Krause 2002, van Pottelberge 2004.

Ob wir im Deutschen überhaupt die Verbkategorie ASPEKT haben, die sich in Formen niederschlägt, mit denen ein Ereignis etwa als vollendet (Perfektiv) oder kontinuierlich, andauernd (Imperfektiv) gekennzeichnet wird, ist umstritten. Immerhin finden wir in den Umgangssprachen Verlaufsformen (Progressiv):

(67) Strafverhandlung (F. 2) [*Reechnen* – im Standard: *Regnen*]

Richter	Und wenn man <u>voll</u>trunken is→ <u>kann</u> man so was nich tun→ allein die Ausführung nich↓ Man kann vielleicht ne Streichholzschachtel inne Tasche stecken→ aber nich so sch/ Gegenstände hunderte von Metern durch die Gegend schleppen→ dann noch querfeldein↓
Angeklagter	War doch **am <u>Reech</u>nen** gewesen↓
Richter	Bitte↑
Angeklagter	S war no **am <u>Reech</u>nen**↓
Richter	Und noch **am <u>Reech</u>nen** auch noch→ also noch unter erschwerten Bedingungen↓

> Formen des PROGRESSIVS sind eine der wenigen Möglichkeiten des Deutschen, eine zeitliche Zerdehnung von Handlungen oder Ereignissen zu kennzeichnen. Die *am*- und die *beim*-Form des Progressivs in Verbindung mit einem nominalisierten Infinitiv nennt man nach der vermuteten Herkunftsregion auch „rheinische Verlaufsform", wenngleich die Formen mittlerweile im ganzen deutschen Sprachgebiet verbreitet sind. Beide kennzeichnen eine Handlung oder einen Prozess als dauernd (durativ) und damit in Phasen gegliedert. Die *zum*-Form nennt man ABSENTIV; sie bezeichnet, dass der Übergang zu einer Folgehandlung stattgefunden hat.

(a) Paula ist **am Singen**.
(b) Paula ist **beim Singen**.
(c) Paula ist **(zum) Singen** (und nicht hier).
(d) Paula singt gerade.

Die Akzeptabilität in der Hochsprache und Schriftsprache steigt von (a) bis (d), besonders (a) gilt traditionell als umgangssprachlich oder regional markiert und wird in Schulen oft beanstandet, vor allem in Texten. Neuere wissenschaftliche Grammatiken behandeln die Formen aber neutral, Schulgrammatiken sparen sie einfach aus. Als besser im Vergleich mit (a) wird (b) bewertet, wohl wegen der Nähe zu lokalen Präpositionalgruppen:

(68) **Beim Singen** gewann Paula einen Preis. Jetzt ist sie **beim Essen**.

Feste Wendungen des Typs *sein* + *am/beim* + Infinitiv gibt es schon lange, etwa

(69) Sie ist noch **am Leben**.

(70) Bischt au noch **bei Lebe**? (Schwäbisch)

Die Phasen sind nicht weiter unterschieden, von Dauer ist die Realisierung des Handlungsmusters, in welcher Form, mit welchen Wiederholungsschleifen und Pausen, in welchem Vollständigkeitsgrad auch immer.

(71) Sie ist den ganzen Abend **am Suchen**. (nicht punktuell)

(72) *Sie ist den ganzen Abend **am Finden**. (punktuell)

Man findet die Konstruktion z.B. schon bei Johann Heinrich Jung-Stilling (1777/78) und bei Wilhelm Raabe (1869), dort allerdings in direkter Rede:

(73) Nachdem Stilling einige Wochen zu Zellberg gewesen war, so beschloß Herr Stollbein, seinen neuen Schulmeister daselbst einmal zu besuchen; er kam des Vormittags um neun Uhr in die Schule; zum Glück war Stilling weder **am Erzählen** noch **Lesen**.
(Deutsche Literatur 2004: 104927 (J.H. Jung-Stilling 1777/78))

(74) „Nun, ich will's euch auch sagen, da ich grad **am Erzählen** bin. Knöpft die Ohren auf, junges Volk, es mag eine Lehre für euch drin liegen..."
(Deutsche Literatur 2004: 140265 (W. Raabe 1860))

Die Präposition (→ E2.1) *an* ist alt (Sanskrit: *anu*, ahd. *ana*, mhd. *ane*) und bezeichnet eine Näherelation zwischen Handlungen oder Gegenständen und einem Objekt, das der Lokalisierung dient. Die Nähe resultiert aus einer objektgerichteten Bewegung (mit Akkusativ: *sie fährt den Wagen an die Wand*), einer statischen Nähekonstellation – im Grenzbereich bis hin zum Kontakt (mit Dativ: *die Fliege an der Wand, das erste Haus am Platz, die Bäume an der rechten Seite*). Vom nahen Raumbereich ist es nur ein kleiner Übertragungsschritt zum zeitlichen: *am Sonntag*. In *am* ist der bestimmte Artikel eingeschmolzen. In der Konstruktion verbindet er sich mit einer nominalisierten Verbform, die vergegenständlicht.

(75) Lange dauert das Korsarenregiment allerdings nicht. Während die Piraten noch auf einer Insel **am Feiern sind**, läuft die „Neptun" mit den alten und neuen Herren wieder aus mit Kurs auf Spanien. [http://www.zeit.de/, 20.12.2010]
[Handlung]

(76) Ölpreis ist weiter **am sinken**.
[http://www.kredite-net.de/kreditnachrichten/news13.htm, 20.12.2010] [Prozess]

(77) Im Gastraum war der Geräuschpegel wieder **am Ansteigen**. (Ritzel 2011: 219)
[Prozess]

Vermittelt wird die Relation über ein Kopulaverb, in der Regel *sein*, selten *bleiben* (*es bleibt am Regnen*). Da es sich um eine nominale Konstruktion handelt, ist die Großschreibung angemessen. Tatsächlich wird oft klein geschrieben.

Die Präposition *bei* vermittelt einen ähnlichen Effekt wie *an* durch Relationierung. Sie kommt aus dem althochdt. *bī*, german. *mbhi*. Die Ursprungsbedeutung ist (noch im Gotischen) ‚um ... herum', ‚nahes Umfeld', später spezifiziert zu ‚seitliche Nähe im Raum'. Auch hier ist eine Übertragung vom Raumbereich auf ein Zeitintervall anzunehmen, mit dem synchronisiert wird – ähnlich, wie eine temporale Präpositionalgruppe funktioniert.

(78) PARIS – Ein deutscher Urlauber ist **beim Frisbee-Spielen** in Frankreich tödlich verunglückt.
[http://www.dnews.de/nachrichten/panorama/230238/deutscher-beim-frisbee-spielen-todlich-verungluckt-.html, 20.12.2010]

(79) Die Wiener haben zu viel Seiten und sind jetzt **beim Kürzen**. (E-Mail-Beleg)

(80) Die ganze Region war am Sonntag **beim Shoppen**: Außer in Ulm und Senden war auch in Langenau verkaufsoffener Sonntag.
[http://www.swp.de/muensingen/lokales/alb_donau/Eine-ganze-Region-beim-Shoppen;art4299,667577, 20.12.2010]

Das Subjekt muss allerdings in der *bei*-Konstruktion – anders als bei der *an*-Konstruktion – eine handlungsmächtige Person sein:

(81) Sie ist **beim Wasser Kochen**. [Handlung]

(82) *Das Wasser ist **beim Kochen**. [Prozess]

(83) *Sie ist **beim Verhungern**. [Prozess]

(84) Sie ist **am Verhungern**. [Prozess]

(85) Hallo bei uns ist es nur noch **am schneien**, den ganzen tag.
[http://diaet.abnehmen-forum.com/diaet-c/116581-streusalz-giftig.html, 21.12.2010] [Prozess]

(86) *Hallo bei uns ist es nur noch **beim schneien**, den ganzen tag. [Prozess]

Wie steht es mit Erweiterungen? Objekte sind unzulässig, Adverbialia sind möglich, so lange sie die zeitliche Erstreckung nicht aufheben, attributive Genitive nur bei *beim*:

(87) Paula ist **am Staubsaugen**.

(88) *Paula ist Staub **am Saugen**. [Objekt]

(89) Paula ist **beim Staubsaugen**.

(90) *Paula ist Staub **beim Saugen**. [Objekt]

(91) Paula ist **fröhlich/gern am/beim Arbeiten**. [Adverbial]

(92) Paula ist **seit Stunden/wegen des nahen Fests am/beim Arbeiten**. [Adverbial]

(93) ?Paula ist **nie am/beim Staubsaugen**. [Adverbial]

(94) Paula ist **nicht am/beim Staubsaugen**. [Negationspartikel]

(95) *Paula ist **am Lesen** eines Buchs. [attributive Genitivgruppe]

(96) Paula ist **beim Lesen** eines Buchs. [attributive Genitivgruppe]

Die Bildung verschiedener Tempora ist möglich, das Präteritumperfekt wird manchmal als weniger gut eingeschätzt. Der Imperativ fordert ein Frequenzadverbial.

(97) Paula ist **am Staubsaugen**. [Präsens]

(98) Paula war **am Staubsaugen**. [Präteritum]

(99) Paula ist **am Staubsaugen** gewesen. [Präsensperfekt]

(100) Paula wird **am Staubsaugen** sein. [Futur]

(101) Paula wird **am Staubsaugen** gewesen sein. [Futurperfekt]

(102) Paula war **am Staubsaugen** gewesen (, als es klingelte). [Präteritumperfekt]

(103) Sei den ganzen Tag **am/beim Arbeiten**, Paula, das kommt an! [Imperativ]

(104) ?Sei **am/beim Arbeiten**!

Der ABSENTIV (*Paula ist zum Schwimmen*) ist eine Konstruktion, die eine Aktivität bezeichnet, die relativ zum Ort der Äußerungszeit bzw. ggf. einer Betrachtzeit an einem anderen Ort stattfindet und an der das Subjekt teilhat. Es bleibt offen, ob die Person sich gerade erst an jenen Ort begeben hat, ob die Kernhandlung schon angelaufen oder vielleicht gerade beendet ist. Jedenfalls kann die Äußerung eingesetzt werden, um zu sagen, dass die fragliche Person gegenwärtig nicht anzutreffen ist.

Die Präposition *zu* (< althochdt./mittelhochdt. Adverb *zuo*) drückt die Richtung oder auch abstrakter das Ziel (*zur Schule gehen, zum Einkaufen gehen, zu Paul gehen*) aus, in abgeleiteter Übertragung auch das Resultat bzw. einen Zeitraum (*zum Zwecke, zu Weihnachten*). Der Absentiv erfasst eine komplette Handlung mit Vor- und Nachgeschichte im Fernbereich.

Die Konstruktion mit temporalem Adverbial (*Paula singt gerade*) kennzeichnet die Ereigniszeit als äußerungszeitüberlappend und nicht erst künftig. Möglich sind Adverbialia wie *gerade, jetzt, soeben, gegenwärtig, zur Zeit*. Die Form gilt als standardsprachlicher Ersatz des Progressivs – doch wozu soll man es ersetzen? Das Adverbial ist allerdings mit einer Progressivform kombinierbar (*sie ist gerade am Lesen*), also nicht funktionsgleich.

Wir haben im Deutschen nicht die umfassenden Möglichkeiten der Kategorie Aspekt wie im Englischen:

(105) She is/was/has been cooking. [in allen Tempora]

(106) He is hitting the ball. [mit Objekt]

(107) It was being cooked. [Passiv]

Im Englischen markiert der Aspekt der Progressiv-Konstruktion Dauer (ist durativ) und Nicht-Vollendung (imperfektiv). Das Ereignis dauert in einem Zeitintervall an und über Anfang und Ende ist nichts gesagt. Es darf sich nicht um einen Zustand handeln:

(108) *He is being ill with cancer.

Progressivformen haben z.B. auch Niederländisch (*hij is aan het koken*) und Spanisch (*Pedro esta cocinando*). In slavischen Sprachen wie Russisch, Weißrussisch oder Polnisch gibt es ein verbales Aspektsystem in allen Tempora. Es beruht auf dem Gegensatz:

- ‚Imperfektiv' (nicht auf eine Grenze bezogen, z.B. russisch *čitat* ‚lesen', *on čital* ‚er war am lesen' oder als Gewohnheit (habituell) ‚er pflegte zu lesen')

- ‚Perfektiv' (auf eine Grenze bezogen, z.B. *pročitat'* ‚durchlesen', *on pročital* ‚er las')

Im Türkischen kann das *yor*-Präsens andauernde Ereignisse ausdrücken:

(109) Yemek yi-yor-uz. ‚Wir sind am Essen.'

wie auch statische Verhältnisse:

(110) Berlin'de otur-uyor-um.
Berlin-Lokativ wohn-Präsens-1Sg, ‚Ich wohne in Berlin.'

Zur Vergangenheitsdarstellung wird zwischen Präteritum mit *-di-* (abgeschlossenes, faktisches, erzähltes Ereignis) und Imperfektiv (vergangenes Ereignis in seinem Verlauf, der Abschluss wird nicht ausgedrückt) unterschieden:

(111) Yemek ye-**di**-k. ‚Wir haben gegessen (waren fertig).' [perfektiv]

(112) Tam yemek yi-**yor-duk**. ‚Wir aßen gerade.' [imperfektiv]

Der deutschen Verlaufsform entspricht am besten eine Konstruktion mit Infinitiv (*-mak*) + Lokativ-Kasusendung (*-ta*):

(113) Orhan yemek yap-mak-ta.
Orhan essen mach-Infinitiv-Lokativ ‚Orhan ist am Essen machen'.

(114) Ev ara-mak-ta-yım.
Haus suchen-Infinitiv-Lokativ-1Sg ‚Ich bin am Haus-/Wohnungsuchen.'

D3 Verbmodus (Wirklichkeit, Wissen): Indikativ und Konjunktiv

Didaktischer Kommentar:

> Ob wir Sachverhalte in der Wirklichkeit oder im Wissen verankern, ob etwas zur wirklichen oder möglichen, gewünschten, gesetzten Welt gehört oder ob wir fremde Rede unmittelbar oder vermittelt zur Sprache bringen – solche wichtigen Unterscheidungen erlauben die Formen von Indikativ und Konjunktiv, deren differenzierte Beherrschung ein wichtiges Moment sprachlicher Kompetenz ist.

Konjunktivformen lassen sich für das ganze Tempussystem bilden und wo es Formunterschiede gibt, sind Funktionsunterschiede zu erwarten. Die Formen lassen sich in der Regel durch ein *-e-* bzw. [ə] in der Verbendung erkennen; durch den Schwund des Schwas im gesprochenen Deutschen ist die Erkennbarkeit (im Vergleich zum Indikativ) aber öfter nicht gewährleistet: *du geh-e-st* [geːəst] → [geːst], *du sag-t-e-st*. Im Konjunktiv Präteritum starker Verben finden wir eine Markierung durch Umlaut (*schl-ü-ge*). (Formen: → D1.3)

Bespro-chene(r/s)	Tempus	Konjunktiv I (sprachlich vermittelte, gesetzte Wirklichkeit)	Tempus	Konjunktiv II (Wissensverarbeitung: gedachte Wirklichkeit; mögliche Welt)	Verb-flexion
er/sie/es	Präsens	sing-e	Präteritum	säng-e	stark
er/sie/es	Präsensperfekt	hab-e gesungen	Präteritumperfekt	hätte gesungen	
er/sie/es	Futur	werd-e singen			
er/sie/es	Futurperfekt	werd-e gesungen haben			
er/sie/es	Präsens	glaub-e	Präteritum	glaub-t-e	schwach
er/sie/es	Präsensperfekt	hab-e geglaubt	Präteritumperfekt	hätte geglaubt	
er/sie/es	Futur	wer-de glauben			
er/sie/es	Futurperfekt	wer-de geglaubt haben			

Tab. 1: Konjunktiv I und Konjunktiv II

Der Konjunktiv I im Präsens wird nur noch selten verwendet (schriftlich, gehobener Stil) und dann vor allem im Bereich indirekter Redewiedergabe. Eine breitere Verwendung in verschiedenen Stilen zeigt der Konjunktiv II.

Da die Konjunktivformen oft vom Indikativ nicht zu unterscheiden sind, wird häufig die funktionsähnliche, analytisch umschreibende *würde*-Form verwendet, die aus dem Konjunktiv II von *werden* + Infinitiv gebildet ist. Sie ersetzt oft den Konjunktiv Präteritum regelmäßiger (*glauben, schauen, lachen*) und unregelmäßiger schwacher Verben (*brenne, kennen, nennen*) sowie vieler starker Verben; deutlich markiert sind noch einige starke Verben (*käme, gäbe, fände*). Die *würde*-Form tritt in die Funktionen des Konjunktiv II ein. Diese Ersetzung gilt besonders für die Mündlichkeit, in der ja auch das synthetische Präteritum verdrängt wird. Die Form steht mündlich oft als einzige dem Indikativ gegenüber, verdrängt also auch in vielen Funktionen den synthetischen Konjunktiv I.

Tempus	*Würde*-Form
Präteritum	würde glauben
Präteritumperfekt	würde geglaubt haben

Tab. 2: *würde*-Form

(1) Was wäre sie heute ohne die Partei? Kunststopfen und Bügeln hatte sie gelernt an der Haushaltsschule. Noch heute **würde** sie kunststopfen und bügeln für Herrn Oberstudienrat Umnitzer, der sie mit seinen Schülerinnen betrog, noch heute **würde** sie sich die Herablassung ihrer Schwiegermutter gefallen lassen und sich darüber ärgern, dass Frau Paschke ihre Wäscheleine belegte – wenn nicht, mit Wilhelm, die Kommunistische Partei in ihr Leben getreten wäre. (Ruge 2011: 46)

(2) Verkaufsgespräch Bettengeschäft (K: Käufer, V: Verkäufer)

```
1 K                    Und ähm • un der • gehört dazu •
  V   Fernbedienung↓
```

```
2 K    der/                        Wieviel würde das
  V         Der Aufrichter gehört dazu . ja↓
```

```
3 K    Bett denn kosten↓                    Dieses
  V                  • Welches meinen Sie jetzt↑
```

```
4 K    jetzt hier↓
  V             Dieses würde 4950 Mark kosten inklusive •
```

```
5 K                              • hm̃
  V    Mehrwertsteuer und Anlieferung↓     Ohne Matratze↓
```

> Mit dem Indikativ beziehen sich Sprecher auf die Welt, sagen, was ihrer Ansicht nach wirklich ist. Mit dem Konjunktiv gehen sie über die Wirklichkeit hinaus in den Bereich sprachlicher Vermittlung (KONJUNKTIV I) oder der Wissensverarbeitung (KONJUNKTIV II).

Beide Konjunktivtypen begegnen uns in der Redewiedergabe bzw. Wiedergabe von Gedanken und Gefühlen. Das folgende Beispiel zeigt sie neben der durch Anführungszeichen markierten direkten Rede:

(3) Er schilderte den Tathergang. Er **sei** mit Nicole seit zwei Jahren **zusammen**, es **hätte** nie Streit **gegeben**. Seine Mutter fiel ihm bei jedem zweiten Satz ins Wort. Dann sagte sie, es **sei** natürlich ein Unfall **gewesen**. Patrik sagte, es **tue** ihm **leid**, er **liebe** das Mädchen, er **wolle sich** bei ihr **entschuldigen**, **erreiche** sie aber nicht mehr. Seine Mutter wurde etwas zu laut: »Das ist wohl auch besser so. Ich will nicht, dass du sie nochmals siehst. Außerdem gehst du nächstes Jahr ja sowieso nach St. Gallen auf die Universität.« Der Vater redete wenig. Am Ende der Besprechung fragte er, ob es für Patrik **schlimm werde**. Ich dachte, es **wäre ein kleines Mandat**, das schnell **erledigt wäre**. (v. Schirach 2009: 178f.)

Im Indikativ wird die fremde Rede wörtlich wiedergegeben und der Anspruch erhoben, dass dies der originalen Sprechsituation unmittelbar entspricht. Die Originalszene wird öfter mit Stimmimitation vergegenwärtigt. Die Markierung des Gesagten leisten in der Regel Anführungszeichen. Orientiert der Sprecher auf sich, wird *ich* gebraucht, bei Hörerorientierung *du* oder *Sie*. Das deiktische Zentrum der Rede bleibt erhalten.

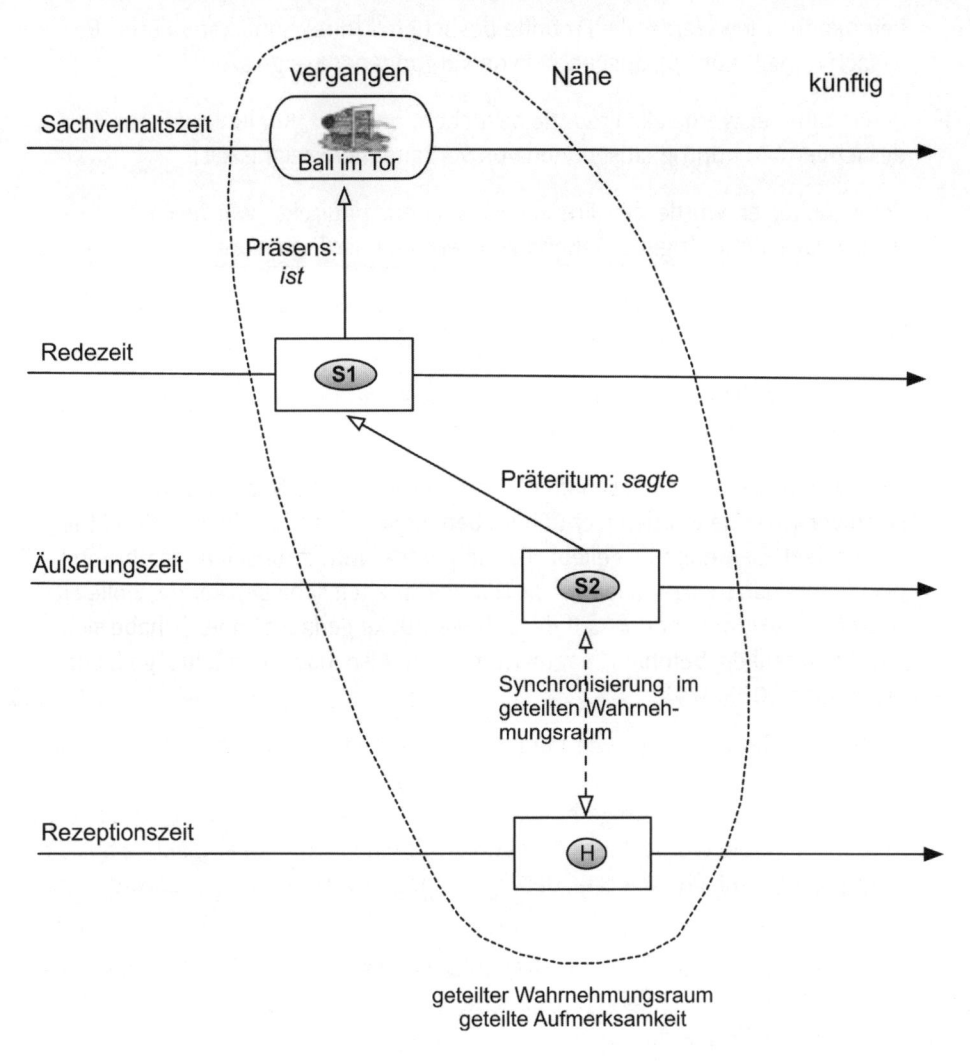

Abb. 1: Wiedergabe direkter Rede (*er sagte: „Der Ball ist im Tor"*),
S1: Originalsprecher, S2: Sprecher, der zitiert

In indirekter Rede finden wir eine anaphorische Verschiebung (*sie sagte, sie* ... etc.), die zeitliche Einordnung bezieht sich nicht auf den Rahmen (wiedergebende Person), die Wiedergabezeit, sondern die originale Ereigniszeit der wiedergegebenen Rede:

(4) Seine Mutter sagte: „**Ich** will nicht, dass **du** sie nochmals siehst."

(5) Seine Mutter sagte, **sie** wolle nicht, dass **er** sie nochmals sehe.

Im Konjunktiv I wird der Redegehalt als Gesagtes – vermittelt über den ursprünglichen Sprecher bzw. Autor – wiedergegeben. Was der Sprecher wahrgenommen hat, wird in seinem propositionalen Gehalt wiedergegeben und in den Vorstellungsraum geholt. Der Gehalt kann je nach Tempus und Betrachtzeit gegenwärtig, vergangen oder künftig sein.

(6) Peter sagte: „Ich werde alle Freunde besuchen." [direkt, Indikativ Futur, Redesachverhalt: künftig, ausgehend von vergangener Ereigniszeit]

(7) Peter sagte, **er werde** alle Freunde besuchen. [indirekt, Konjunktiv Futur, Redesachverhalt: künftig, ausgehend von vergangener Ereigniszeit]

(8) Peter sagte, **er würde** alle Freunde besuchen. [indirekt, *würde*-Form, Redesachverhalt: künftig, ausgehend von vergangener Ereigniszeit]

(9) Er sagte: „Ich habe letztes Jahr alle Freunde besucht." [direkt, Indikativ Präsensperfekt, Redesachverhalt: vergangen]

(10) Er sagte, **er habe** letztes Jahr alle Freunde besucht. [indirekt, Konjunktiv Präsensperfekt, Redesachverhalt: vergangen]

(11) Sie **müßten** es heute noch **schaffen**, sagte Humboldt. Die Nacht **werde kalt**. Sie **seien verwirrt**. Sie **würden** nicht **überleben**. Er spuckte Blut. Um den Hund **tue** es ihm **leid**. Den **habe** er **geliebt**. Da sie gerade **aufrichtig seien**, sagte Bonpland, und man morgen alles auf die Höhenkrankheit **schieben könne**, **wolle** er **wissen**, was Humboldt dort auf der Schneebrücke **gedacht habe**. Er **habe** sich das Nichtdenken **befohlen**, sagte Humboldt. Also **habe** er nichts **gedacht**. (Kehlmann 2005: 179)

Das vorstehende Beispiel zeigt, wie Konjunktiv I und der formal deutlicher markierte Konjunktiv II bzw. die *würde*-Form zur Redewiedergabe beitragen können. Außerdem sieht man, wie über eine Satzfolge hinweg ein Indirektheitszusammenhang weitergeführt werden kann. Die *würde*-Form drückt hier oft eine Zukunftsperspektive aus Sicht der wiedergegebenen Figur aus (aus der Figurengegenwart heraus: „Sie würden nicht überleben").

Das Präteritum zeigt auf die Ferne. Der Konjunktiv Präteritum kann den Gehalt der Rede (des Denkens, Wahrnehmens) als vom Sprecher gewussten, verarbeiteten darstellen, so schön im Schirach-Beispiel zu sehen:

(12) Ich dachte, es **wäre ein kleines Mandat**, das schnell **erledigt wäre**.

Im folgenden Beispiel finden wir Redewiedergaben im Konjunktiv Präteritumperfekt (2, 3f.), Präteritum (4, 5), in der *würde*-Form (5) und Präteritumperfekt (6). Den Rahmen bildet das Muster einer berichtenden Darstellung.

(13) Strafverhandlung (F.13)

1 Angeklagte Er lach aufm Boden und/ nahm ihn dann gleich fest in Polizeigriff, und/
2   ich bin dann dazugelaufen und hab gefracht, was denn **geschehen wäre**,
3   und/ man gab mir dann zur Antwort, dass ich mich da **rauszuhalten**
4   **hätte**. Ich sachte, das **wär** mein Mann, und ob ich nicht doch vielleicht
5   n Anrecht darauf **haben könnte**, dass/ dass man mir **sagen würde**, was
6   **vorgefallen wäre**.

Die Angeklagte erzählt nicht, wählt keine szenische Vergegenwärtigung in direkter Rede, die authentischer wirken könnte, sondern wählt die Form einer reflektierteren, die Belange der Institution berücksichtigenden, einer Wahrheitspflicht genügenden Darstellung. Damit nähert sie ihre Darstellung dem Bericht an. Sie nimmt in der Verhandlung eher die Rolle einer Zeugin ein, sie sagt zugunsten des anderen Angeklagten, ihres Mannes, aus. Die Anklage gegen sie ist geringfügig. Das Beispiel zeigt, dass die Konjunktive der Präteritumsgruppe nicht unbedingt größere Distanz zum Gehalt ausdrücken, die Sprecherin beansprucht ja gerade, dass ihre Darstellung zutrifft.

Vergleichssätze können mit beiden Konjunktivtypen einschließlich der *würde*-Form gebildet werden, der Effekt ist ähnlich der Redewiedergabe: Es besteht kein Wirklichkeitsanspruch.

(14) Frieda sah ihn erstaunt an und fuhr ihm dann sanft mit der einen Hand, die sie frei hatte, über Stirn und Wange. Es war, als **habe** sie sein Aussehen **vergessen** und wollte es sich so wieder ins Bewußtsein zurückrufen, auch ihre Augen hatten den verschleierten Ausdruck des mühsam Sich-Erinnerns. (Kafka 1983: 385)

(15) „Jimmy hat gebellt und geheult", erklärt er. „Ich habe mich gefühlt, als **würde** ich ihn **betrügen**." [http://www.spiegel.de/karriere/ausland/0,1518,782433,00.html, 19.12.2011]

Solche Vergleichssätze sind nicht immer kontrafaktisch. Ähnlich zu behandeln sind Konsekutivsätze wie:

(16) Es ist zu kalt, als dass man baden **könnte**. [⇒ Man kann nicht baden.]

Mit dem Konjunktiv I kann auch ein Wunschgehalt oder ein Setzungsgehalt ausgedrückt werden:

(17) Ich **sei**, gewährt mir die Bitte,
In eurem Bunde der Dritte! (Schiller, Die Bürgschaft)

(18) **Seien** *X* und *Y* Mengen. Eine *Funktion von X in Y* ist per definitionem eine Relation *f* von *X* nach *Y* derart, dass es zu jedem *x* in *X* genau ein *y* in *Y* mit (x, y) ε f gibt. (Halmos 1976: 43)

Der Konjunktiv II führt auf die Wissensverarbeitung. Es kann z.B. ein Zusammenhang aufgegriffen werden, dessen erster Teil gewünscht wird, damit ein zweiter (meist nicht expliziert) eintreten kann; es handelt sich oft um nicht erfüllbare Wünsche:

(19) **Wäre** ich der Papst ... /Wenn ich Papst **wäre**, würde ich ...

Im folgenden Beispiel lässt der Autor seine Erzählfigur durchspielen, was sie erzählen könnte, sie bewegt sich im Reich des Möglichen:

(20) Er **könnte** jetzt von Wilhelm erzählen. Von den Spekulationen um Wilhelms Geheimdiensttätigkeit, die Wilhelm immer dementierte, gleichzeitig aber zu schüren verstand, indem er, wenn es zum Beispiel um Trotzki ging, ein Gesicht machte, als ob es irgendetwas zu verheimlichen gäbe, wenngleich er wahrscheinlich erst kurz vor Trotzkis Ermordung, falls nicht überhaupt erst danach, in Mexiko eingetroffen war. Aber auch darüber gab es keine gesicherten Angaben. Er **könnte** auch erzählen, dass er, Alexander, im Haus seiner Großeltern einmal einem leibhaftigen Trotzki-Attentäter begegnet sei – und komischerweise stimmte dies tatsächlich, auch wenn er erst zwanzig Jahre nach dem

DDR-Besuch jenes mexikanischen Malers, Alfaro Siqueiros, erfahren hat, dass dieser nicht einfach wegen seiner «engagierten Kunst» und seines «Einsatzes für die Sache der Arbeiterklasse» in Mexiko im Gefängnis saß, sondern weil er versucht hatte, Leo Trotzki mit einer Maschinenpistole umzubringen, wobei er sein Opfer unbegreiflicherweise verfehlte, obgleich er mitten in dessen Schlafzimmer stand. (Ruge 2011: 233f.)

Der folgende Fall beinhaltet ein Denkspiel: Hätte der Verteidiger am Steuer gesessen, wäre er genauso angefahren.

(21)   Strafverhandlung (F. 13)

1 Verteidiger   Wie sind Sie dann angefahren?
2 Zeuge   Indem ich den Motor gestartet habe und Gas gegeben.
3 Verteidiger   Ja/ ((1.9s)) aba/
4 Zeuge   ich bin genauso angefahren, wie Sie auch **angefahren wären**.

Man spricht beim Konjunktiv II auch vom Irrealis und Potentialis als Gebrauchsvarianten. Dabei sollte man aber im Blick halten, dass es um eine Wissensorientierung geht. Wissen über Gesagtes, Gedachtes, Mögliches, zu Denkendes wird aktualisiert. Der Weg in die mögliche Welt führt über Bedingungen (*wenn ich einmal reich wäre, würde ich ...*). Konditionalgefüge sprechen eine mögliche Welt an, in der Bedingung und Folge nicht gegeben sind, aber ihr konditionaler Zusammenhang als zutreffend ausgegeben wird, sie liegen außerhalb der Welt des Faktischen:

(22)   **Wenn** er jünger **wäre, wäre** er bestimmt in der UFC **gewesen**. Aber er ist eben nicht mehr der Jüngste. [http://www.wrestling-infos.de/21754.html, 16.6.2011]

Mit diesen Fällen hängt auch der – „präludische" (Bredel) – Gebrauch zur Einleitung eines Rollenspiels zusammen, in dem die wirkliche soziale Welt befristet aufgehoben ist:

(23)   Ich **wär** der König ... [Wenn wir jetzt ... spielen, dann wäre ich gern ...]

Auf der Ebene der Wissensverarbeitung arbeitet auch der Konjunktiv in Kooperationszusammenhängen:

(24)   Das **wäre** geschafft. [„Scharnier-Konjunktiv" (Bredel)]

(25)   Das **wäre** alles? Das **wären** dann 1000 Euro. Sie **müssten** bar bezahlen.

Ein solcher Gebrauch kann gegenüber dem Indikativ höflicher wirken, weil er sich nicht im Faktischen bewegt und den Gesprächspartner die Konsequenzen ziehen lässt.

Die wichtigsten Eigenschaften der Verbmodi lassen sich so zusammenfassen:

> Mit dem INDIKATIV beansprucht der Sprecher etwas als allgemein, spezifisch oder nach seinem Wissen wirklich, stellt es als gegeben hin. Das heißt nicht, dass es auch faktisch so ist, wie es gesagt wird.

Der KONJUNKTIV I (Konjunktivform der Präsensgruppe) vermittelt etwas sprachlich in die Gegenwart hinein. Das kann von Anderen Gesagtes, das kann Gedachtes, Gewünschtes, Gesetztes sein, das in seiner sprachlichen Form transferiert wird. In der Gegenwartssprache ist der Konjunktiv I vor allem im (geschriebenen) Standard anzutreffen.

Der KONJUNKTIV II (Konjunktivform der Präteritumgruppe) stellt etwas auf der Ebene der Wissensverarbeitung als gedacht, als Denkmöglichkeit, subjektiven Wunsch des Sprechers, Rollenspiel, Sachverhalt in einer möglichen Welt hin. Dazu kann auch der Gehalt fremder Rede gehören. Die angeregte Schleife in der Wissensverarbeitung kann Äußerungen in Kooperationen höflicher wirken lassen.

Nicht deutlich markierte Formen des Konjunktiv II werden gegenwärtig und besonders in der gesprochenen Sprache durch die WÜRDE-FORM ersetzt, die dazu tendiert, die einzige Konjunktivform zu werden und den synthetischen Konjunktiv zu verdrängen. Sie wird auch in der Redewiedergabe eingesetzt (Zukunft in der wiedergegebenen Figurenrede).

D4 Perspektive: Aktiv und Passiv

Didaktischer Kommentar:

Hier geht es um unterschiedliche Perspektivierungen eines Sachverhalts. Im Mittelpunkt soll das verbreitete *werden*-Passiv stehen und seine Funktion vor allem an Fachtexten und in der Täter-Aussparung gezeigt werden. Vorsicht ist bei den üblichen Umformübungen (Aktiv → Passiv) geboten. Die Wahl des falschen Ausgangsverbs (auch in manchen Lehrmaterialien) führt zu Ergebnissen, die im Deutschen nicht akzeptabel sind. Entscheidend ist es, die Funktion der Passivformen zu verdeutlichen, um Verwendungen in Fach- und Wissenschaftssprachen zugänglich zu machen und aktiven Gebrauch anzuregen.

Literaturhinweis:

Zum Passiv in Lernmedien Steinhoff 2011.

In der Bildung vieler Verben lässt sich eine Aktiv-Grundform von Passivformen unterscheiden. Für das PASSIV werden drei Bildungsweisen genutzt:

(a) *Werden*-Passiv: *werden* + Partizip II (es **wird gesagt**)
(b) *Sein*-Passiv: *sein* + Partizip II (es **ist gesagt**)
(c) *Bekommen*-Passiv: *bekommen/kriegen/erhalten* + Partizip II (*sie **bekommt es gesagt***).

Hat ein Verb eine Passivform, so erscheint sie in allen Tempora, auch im Konjunktiv (Tab. 1). Alle Formen enthalten das Partizip II, das ein Ereignis in seinem Resultat, seinem Nachzustand bündelt. Der Subjektausdruck eines vergleichbaren Aktivsatzes erscheint im Passivsatz nicht mehr oder als Präpositionalgruppe (*von/durch/seitens* ... + Verursacher/Ursache/Instrument), das Akkusativobjekt erscheint als Subjekt, ein Dativobjekt bleibt:

(1) Paula öffnet **das Fenster**. **Das Fenster** ist geöffnet.

(2) **Sarah** verkauft **das Auto**. **Das Auto** wird (**von Sarah**) verkauft.

(3) Man hilft **ihr**. **Ihr** wird geholfen.

Beim *Bekommen*-Passiv erscheint das Dativobjekt als Subjekt:

(4) **Ihr Vater** schenkt **ihr** ein Buch. **Sie** bekommt (**von ihrem Vater**) ein Buch geschenkt.

Werden-Passiv	Präsens	Präteritum	Präsensperfekt	Präteritumperfekt	Futur	Futurperfekt
Indikativ	wird geöffnet	wurde geöffnet	ist geöffnet worden	war geöffnet worden	wird geöffnet werden	wird geöffnet worden sein
Konjunktiv	werde geöffnet	würde geöffnet	sei geöffnet worden	wäre geöffnet worden	werde geöffnet werden	werde geöffnet worden sein

Sein-Passiv	Präsens	Präteritum	Präsensperfekt	Präteritumperfekt	Futur	Futurperfekt
Indikativ	ist geöffnet	war geöffnet	ist geöffnet gewesen	war geöffnet gewesen	wird geöffnet sein	wird geöffnet gewesen sein
Konjunktiv	sei geöffnet	wäre geöffnet	sei geöffnet gewesen	wäre geöffnet gewesen	werde geöffnet sein	werde geöffnet worden sein

Tab. 1: Formen des *werden*- und des *sein*-Passivs

Intransitive Verben können mit *werden* oder *sein* eine subjektlose Passivkonstruktion („unpersönliches Passiv") bilden, auch mit einigen transitiven ist das möglich:

(5) Ihm **wird vergeben**. [intransitiv]

(6) Jetzt **wird ausgepackt**. [transitiv]

(7) (a) **Man** hat **ihr** gekündigt.
(b) **Ihr** wurde gekündigt.
(c) *****Sie** wurde gekündigt. [als Fehler nicht selten]

(8) Zwischen Computern, Unterlagen und Telefonen **wurde „verfasst, gefeiert, beraten, gekichert**, und manchmal auch **geweint**", so Teigler – aus Erschöpfung, Frust oder auch aus Freude.
[http://www.derwesten.de/staedte/luenen/Gefeiert-gekichert-und-geweint-id2123169.html, 18.6.2011]

Passivformen spielen eine wichtige Rolle besonders in Fachsprachen, Gebrauchsinformationen, Verwaltungstexten; vgl. die folgenden Lehrwerktexte:

(9) Kostenvergleich. Durch die Einrechnung des Unternehmerlohnes in die Kosten **wird erreicht**, dass Kapitalgesellschaften sowie Personengesellschaften/Einzelunternehmungen in der Selbstkosten-und Betriebsergebnisrechnung **gleichgestellt sind**.

Die Höhe des kalkulatorischen Unternehmerlohns richtet sich nach dem Gehalt eines leitenden Angestellten in vergleichbarer Position.
Zusatzkosten. Der kalkulatorische Unternehmerlohn **wird** als Kostenbestandteil in die Kosten- und Leistungsrechnung **eingebracht**; er darf aber nicht – wie z.B. die Gehälter leitender Angestellter – in der Finanzbuchhaltung **gebucht werden**, da er nicht zu Aufwendungen und Ausgaben führt. Kosten mit dieser Eigenschaft heißen Zusatzkosten (vgl. S. 378).
(Schmolke/Deitermann 2009: 372) (Oberstufe, Berufskolleg)

(10) Die *Triebkraft* einer Reaktion **wird** also sowohl durch die *Reaktionswärme* wie durch die *entstehende Unordnung* **bestimmt**. Vorgänge, die mit einer Abgabe von Energie **verbunden sind**, verlaufen nur dann freiwillig, wenn die Ordnung nicht wesentlich größer wird. Freiwillig verlaufende endotherme Vorgänge **sind** stets mit einer starken Zunahme der Unordnung **verknüpft**:
- Verdunsten: die Teilchen **sind** im Gaszustand weniger **geordnet** als im flüssigen Zustand
- Bei der Reaktion von Wasserdampf mit Kohle entstehen aus einem Gas und einem festen Stoff zwei Gase: die Unordnung nimmt also zu
(Christen 1971: 152) (Oberstufe, Grundstudium Chemie)

D4.1 Das *werden*-Passiv

Dies ist die zentrale Passiv-Form. Das Passiv-Hilfsverb *werden* drückt einen prozessualen Übergang aus. Es erscheint als finites Verb im Präsens und Präteritum, als Partizip II in den Perfekt-Tempora, im Infinitiv im Futur. Das *werden*-Passiv kann von den meisten transitiven Verben (Verben mit Akkusativobjekt wie *verkaufen, anklagen, schlagen*) gebildet werden. Ausgeschlossen sind insbesondere:

- reflexive Verben (*sich wundern, sich schämen*)

- Verben des Besitzens, Besitzwechsels (*haben, besitzen, bekommen, kriegen, erhalten*).

Unter den intransitiven Verben sind Handlungsverben wie *arbeiten, warten* passivfähig. Allgemein sind aber die Grenzen unscharf, z.B. findet man bei den Verben *wissen, kennen, glauben* schon mal ein Passiv, bei *interessieren, begeistern, beeindrucken* etc. hängt es davon ab, wie sehr der Handlungscharakter des Sachverhalts ausgeprägt ist.

> Das WERDEN-PASSIV leistet eine spezifische Ereignisperspektivierung: konzeptuell wird bei dem von dem Ereignis Erfassten (Objekt/Person) angesetzt; es wird in einen vom Verb beschriebenen Prozess gesetzt und die verursachende Größe kann ausgespart werden. Durch das prozessuale Konzept von *werden* erfahren auch punktuelle Ereignisse eine zeitliche (leichte) Streckung.

(11) Paula weckt Paul auf. [Aktiv: Orientiert wird auf den Umschlagpunkt des Aufwachens]

D Gedanken formulieren

(12) Paul **wird** (von Paula) **aufgeweckt**. [*werden*-Passiv: Orientiert wird auf den Prozess des Aufweckens, der eine gewisse Zeit einnehmen kann (wachrütteln etc.)]

Auf die Angabe des Handelnden wird oft verzichtet. Er kann sich von selbst verstehen, etwa wenn es eine institutionelle Zuständigkeit gibt:

(13) Strafverhandlung (Verlesung der Anklage) (F. 1)
Der Pflasterer Hans-Uwe Keller, Personalien wie erörtert, **wird angeklacht**, in Neunkirchen am 15.10.1977 gegen 17 Uhr gemeinschaftlich handelnd mit dem anderweitig verfolgten Hollmann mit einem nicht zur ordnungsgemäßen Öffnung bestimmten Werkzeug in einen Geschäftsraum eingedrungen zu sein und dabei einem Anderen fremde, bewegliche Sachen weggenommen zu haben in der Absicht, sich dieselben rechtswidrig zuzueichnen.

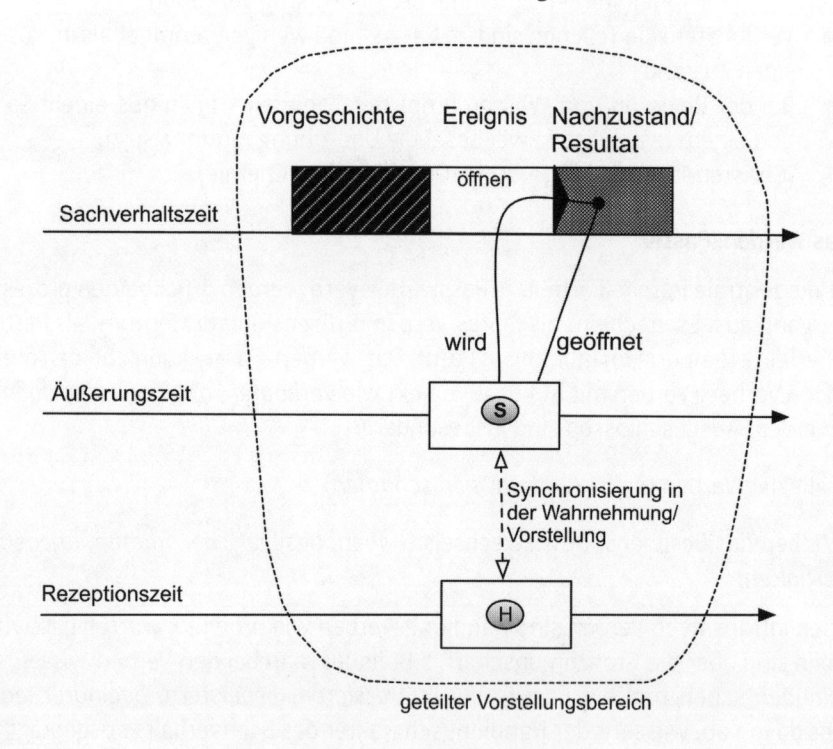

Abb. 1: *Werden*-Passiv (Präsens)

	Aktiv	Passiv
Form der Prädikation	Verb, Verbkomplex	Verbkomplex enthält *werden* + Partizip II des Vollverbs
handelnde Person (Agens)	Subjektausdruck (Nominativ)	nicht ausgedrückt oder Präpositionalgruppe mit *von, seitens, durch*
von der Handlung erfasstes, betroffenes Objekt/Person	Akkusativobjekt	Subjektausdruck
andere Objekte, Adverbialia	unverändert	

Tab. 2: *Werden*-Passiv gegenüber dem Aktiv

(14) Der nun Angeklagte **wurde** bei der Razzia **festgenommen** und sitzt seither in Untersuchungshaft.
[http://www.main-netz.de/nachrichten/region/aschaffenburg/aschaffenburg-stadt/stadt/art11846,1686337, 17.6.2011]

In Gebrauchsanleitungen ist klar, wer handelt (Anwender), etwas benennt (Hersteller):

(15) Was ist Budes Easyhaler® und wozu **wird** es **angewendet**?
Budes Easyhaler® ist ein Arzneimittel, das als „Vorbeuger" **bezeichnet wird**. Es behandelt den Entzündungsvorgang und **wird verwendet**, um Asthma-Symptomen vorzubeugen. Es gehört zu einer Gruppe von Arzneimitteln, die Kortikostereoide **genannt werden**. (Gebrauchsinformation Budes Easyhaler)

Die Identität ist abstrakt, unbekannt, soll nicht genannt bzw. soll verschwiegen werden:

(16) Geschichte wird ge<u>macht</u> [Songtitel von „Fehlfarben"]

(17) Wolfgang Joop
Sein Familiengrab **wurde beschädigt**. (...) Modeschöpfer Wolfgang Joop (65) hat Anzeige gegen Unbekannt erstattet, nachdem seinem steinernen Engel der Penis abgeschlagen worden ist.
[http://www.bunte.de/newsline/wolfgang-joop-sein-familiengrab-wurde-beschaedigt_aid_18643.html, 17.6.2011]

(18) taz: Warum haben Sie für Ihre Militanz-Diskussion auf dem Kongress Regeln aufgestellt? Es **soll** „im Passiv" und „im Konjunktiv" **geredet** sowie lieber im Allgemeinen **geblieben werden**.
Lutz: Das sind keine Regeln, sondern eher Tipps, wie man überhaupt eine Sache diskutierbar machen kann, die eigentlich ein hohes Maß an Anonymität braucht. Es ist eine schwierige Debatte. Man sollte nicht Leute, die vielleicht unbedarft in eine solche Diskussion hineingehen, Fehler machen lassen, die eine Repression zur Folge haben könnten. (taz 18./19.6.2001, 11)

Im folgenden Beispiel liefert die *durch*-Gruppe das Instrument, aber nicht den Täter:

(19) Am 1. Juni 2001 **wurde** nahezu die gesamte nepalesische Königsfamilie **durch Schüsse getötet**. Nach dem offiziellen Untersuchungsbericht gilt Kronprinz Dipendra als der Täter. Es bestehen aber erhebliche Zweifel, ob der Tathergang wie im offiziellen Bericht dargestellt, sich auch so zugetragen hat.
[http://de.wikipedia.org/wiki/Dipendra, 17.6.2011]

Eine wichtige Funktion des *werden*-Passivs ist es, die lineare Abfolge zu ändern, so dass ein thematischer Ausdruck aus der Akkusativobjektposition in die Subjektposition am Satzanfang rückt. Damit ist der thematische Anschluss durch die Nähe zum vorausgehenden thematischen Ausdruck besser nachzuvollziehen.

(20) Zudem wollte Mach nicht leugnen, daß der Unterschied zwischen dem armen und dem reichen Kretin der war, daß ein reicher Kretin es in der Hand hatte, als „weise und fähig" dazustehen, eine gesellschaftliche Stellung zu besetzen, in welcher noch [der größte Unfug]$_{+Th1}$ eine bedeutungsvolle Interpretation erfuhr, nicht zuletzt, indem [der Unfug]$_{Th1}$ hoch **dotiert wurde**. Daß solche Leute dann Kinder zeugten, an die sie ihre betrügerische Ader weitergaben. Daß al-

D Gedanken formulieren

les in dieser Welt wesentlich von den Gesetzen des Vererbens **bestimmt wurde**, eben nicht nur Veranlagungen, sondern auch Häuser, nicht nur Häuser, sondern auch Positionen. (Steinfest 2011: 151)

Im Beispiel kann durch die Passivkonstruktion *dotiert wurde* das zweite Vorkommen von *Unfug* als Subjekt und Thema direkt an das erste angeschlossen werden. Durch die Passivform *bestimmt wurde* ist es zudem möglich, die beiden dass-Sätze zu parallelisieren.

Formulierungsalternativen sind manchmal Funktionsverbgefüge (→ D1.5), Reflexivkonstruktionen und reflexive *lassen*-Konstruktionen sowie unpersönliche Konstruktionen (etwa mit *man*):

(21) Das wurde entschieden. – Das kam zur Entscheidung.

(22) Das Fenster kann geöffnet werden. – Das Fenster lässt sich öffnen.

(23) Sie wird nicht betrogen. – Sie lässt sich nicht betrügen. – Man betrügt sie nicht.

D4.2 Das *sein*-Passiv

> Das *sein*-Passiv drückt für das Subjekt einen Zustand als Resultat eines Vorgangs aus (*den Turm umwerfen → der Turm ist umgeworfen, die Stadt zerstören → die Stadt ist zerstört*). Es besteht eine Ähnlichkeit zu Konstruktionen mit dem Kopulaverb *sein*, das sich mit einem Adjektiv oder bereits als Adjektiv zu verstehenden Partizip II verbindet: *ist beliebt, ist begabt*.

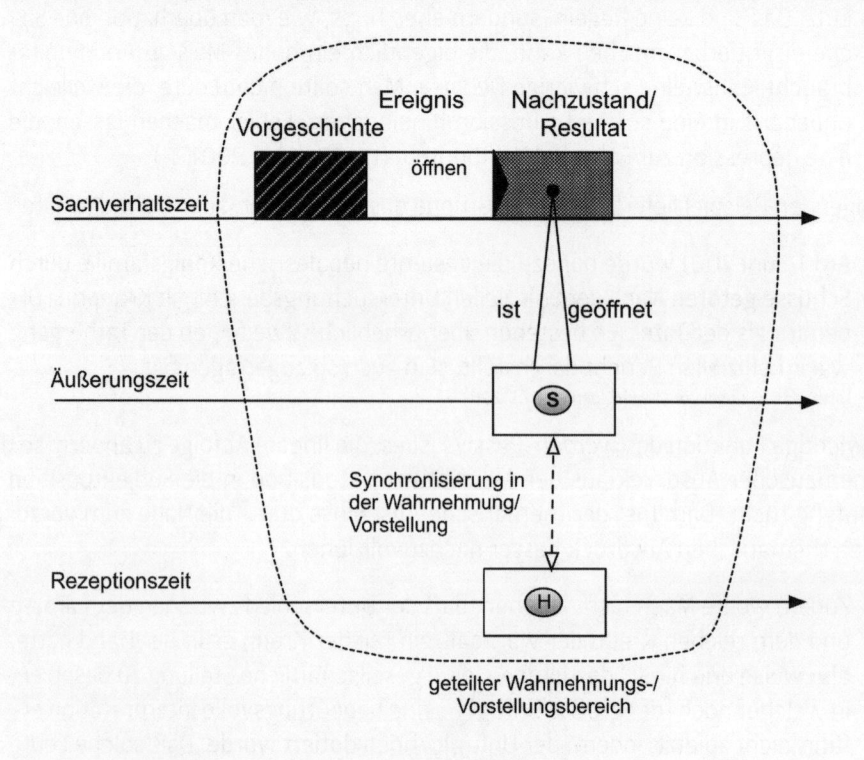

Abb. 2: *Sein*-Passiv (Präsens)

Das Passiv-Hilfsverb *sein* kann kombiniert werden

- mit dem Partizip II von transitiven Verben (*verlaufen, treffen, schlagen, bitten*), darunter etwa auch *enthalten*, das kein *werden*-Passiv gestattet (*darin sind CDs enthalten*) sowie

- wenigen intransitiven Verben (*helfen: damit ist dir geholfen*) und echt reflexiven Verben (*sich verlieben: wir sind verliebt, sich verloben: wir sind verlobt*) und

- Verben mit Reflexivum (*kämmen: ich bin gekämmt*).

Die Grenzen zwischen *sein*-Passiv und Prädikativ sind mitunter schwer zu ziehen.

D4.3 Das *bekommen*-Passiv

> Das *bekommen*-Passiv bezieht einen Vorgang auf das Subjekt als Rezipienten (daher auch: „Rezipientenpassiv"), der im Subjekt versprachlicht ist. Im Konzept des Rezipientenpassivs ist verankert, dass jemand etwas – ursprünglich einen Gegenstand – entgegennimmt.

Bildungen mit *erhalten* sind seltener, bei Verben des Wegnehmens ist die Form nicht zulässig (**bekommt etwas gestohlen*). Bildungen mit *kriegen* sind umgangssprachlich und regional geprägt. Im Aktiv-Gegenstück steht der Rezipient als Empfänger oder Nutznießer im Dativ, im Passiv wird das Dativobjekt zum Subjekt (‚Dativpassiv').

(24) Sein Vater schenkt **ihm** einen Gutschein.

(25) **Er** bekommt von seinem Vater einen Gutschein geschenkt.

Das *bekommen*-Passiv wird vor allem von Verben des Mitteilens, Gebens, Nehmens (*beibringen, berichten, bescheinigen, erklären, empfehlen, schicken*) gebildet, intransitive Verben wie *helfen, drohen, schimpfen, danken, gratulieren, kündigen, verzeihen, widersprechen* werden regional auch manchmal in dieser Form gebraucht:

(26) Du **bekommst** gleich **geschimpft**.

Im Türkischen wird das Passiv durch das eingeschobene Suffix *-il-, -(i)n-* gekennzeichnet:

(27) sevmek ‚lieben' → sev-**il**-mek ‚geliebt werden'

(28) Bu su iç-**il**-ir mi?
dies Wasser trink-Passiv-Aorist Fragepartikel ‚Wird dies Wasser getrunken?' / ‚Kann man dieses Wasser trinken?'

Aufgabe:

> Bestimmen und erläutern Sie die Tempora, den Verbmodus und das Genus Verbi in der Satzfolge eines Urteils in einem Strafverfahren (F13):

(i) Ich verkünde im Namen des Volkes folgendes Urteil: Der Angeklagte Matthias Puhlmann wird wegen Nötigung und Widerstands gegen Vollstreckungsbe-

amte zu einer Gesamtgeldstrafe von fünfundfünfzig Tagessätzen zu je zehn D-Mark verurteilt.
(ii) Er trägt die Kosten des Verfahrens. (...)
(iii) Ich werde mich beschränken auf die ((1 s)) nackten Tatsachen, wie man immer so schön sagt, soweit wir sie hier heute in der Hauptverhandlung haben feststellen können.
(iv) Da ist zunächst • die Einlassung des Herrn Puhlmann, der uns den Vorfall so geschildert hat, als sei dieser Funkstreifenwagen für ihn völlig überraschend und plötzlich auf ihn zugekommen, als habe er keine Möglichkeit mehr gehabt, beiseite zu springen ...

D5 Handlungs- und Wissensmodalitäten: Modalverben

> **Didaktischer Kommentar:**
>
> Modalverben spielen eine zentrale Rolle im System deutscher Verben. Sie werden verwendet zum Ausdruck der Handlungsplanung und Handlungskoordination, für die Vergabe des Rederechts und die Modalisierung weitergegebenen Wissens. Die Beherrschung des wissensbezogenen Gebrauchs ist keineswegs selbstverständlich.

> **Literaturhinweis:**
>
> Redder 1984 (Unterrichtsdiskurs), 2009a.

> Die MODALVERBEN *dürfen, können, mögen/möchte, müssen, sollen, wollen (nicht brauchen)* spielen im kommunikativen Alltag eine große Rolle: in der Planung und Vorbereitung von Handlungen, bei der Vergabe und Nutzung des Rederechts in Gesprächen, in der Rede über Normen und ihre Geltung, aber auch zum Transfer von Schlussfolgerungen, Annahmen, Assertionen anderer Personen.

Modalverben können als Vollverben gebraucht werden (*ich kann das*), aber auch ohne Akkusativobjekt wie Hilfsverben im Verbkomplex (*sie will nur spielen*). Sie regieren den reinen Infinitiv (ohne *zu*), vgl.:

(1) Man **dürfe** ihn nicht **belügen**, sagte Büttner. Das sei das schwierigste Lehrbuch deutscher Zunge. Niemand **könne** es an einem Tag **studieren**, schon gar nicht ein Achtjähriger mit triefender Nase. Gauß wußte nicht, was er **sagen sollte**. Büttner griff mit unsicheren Händen nach dem Buch. Er **könne** sich auf etwas **gefaßt machen**, jetzt **werde** er ihn **befragen**! (Kehlmann 2005: 58)

Modalverben bilden in der Regel keine Imperativform (**solle, *müsse, ?wolle*). Ein Passiv wird kaum gebildet (*wurde gekonnt, wurde gewollt, *wurde gesollt*). Sie bilden die zusammengesetzten Tempusformen nicht mit dem Partizip II, sondern mit dem Infinitiv, so dass dann zwei Infinitive vorhanden sind:

(2) Paula hat schlafen sollen (*schlafen gesollt).

(3)   Sie hatte am Rockfestival teilnehmen dürfen (*teilnehmen gedurft).

Zu den Besonderheiten gehört die Präsensbildung. Sie entspricht dem Präteritum anderer Verben (1. und 3. Person identisch und wie bei den starken Verben ohne Endung). Grund ist eine historische Entwicklung dieser „Präteritopräsentien", zu denen sonst noch *wissen* gehört: Das einstige Präteritum wurde zur Präsensform, das Präteritum als schwache Form neu gebildet. Nur *wollen* hat eine andere Geschichte. Bemerkenswert ist, dass umgangssprachlich das -*t* der 3. Person von *nicht brauchen* verschwindet (*sie brauch nich vorlesen*), so dass es sich hier einreiht.

	Präsens	Präsens	Präteritum	Präsens
1: Sprecher	kann	darf	sprach	weiß
2: Hörer	kann-st	darf-st	sprach-st	wei-ßt
3: Besprochene(r/s)	kann	darf	sprach	weiß
1: Sprechergruppe	könn-en	dürf-en	sprach-en	wiss-en
2: Hörergruppe	könn-t	dürf-t	sprach-t	wiss-t
3: Besprochene	könn-en	dürf-en	sprach-en	wiss-en
Präteritum				
1/3: Sprecher/Besprochene(r/s)	konn-t-e	durf-t-e	lach-t-e	wuss-t-e

Tab. 19: Modalverbflexion im Vergleich zur starken/schwachen Flexion und zu *wissen*

Im Perfekt erscheint, wenn ein weiteres Verb regiert wird, statt des Partizips II der Infinitiv des Modalverbs:

(4)   Er **hat** alles aufsagen **können**. [*Er hat alles aufsagen gekonnt.]

Auf dem Weg zu den Modalverben ist *nicht brauchen*, das auch mit dem reinen Infinitiv vorkommt.

(5)   Du musst die Interpretation schreiben – ich **brauche** sie nicht (**zu**) schreiben.

Auch *werden*, das wir als Hilfsverb kennengelernt haben, hat Gemeinsamkeiten mit den Modalverben: Solange der Zielzustand eines Prozesses noch nicht eingetreten ist, kann er modal projiziert werden (*so wird es* (*wohl*)). *Werden* wird ebenfalls mit dem reinen Infinitiv kombiniert, nur sind 1. und 3. Person Präsens verschieden. Daher rechnen manche es zu den Modalverben, was Konsequenzen für das Tempussystem (Futur) hat.

(6)   Kindergarten (Jacqueline (5;10), Oliver (5;6), Dan (5;5), Beob. (Beobachterin); das jeweilige Alter in Jahren; Monaten in Klammern)

Jacqueline: (zu Beob.) Wen nimmst du mit?
Oliver: Weeß se noch nicht.
Dan: (zu Jacqueline) **Wirst** ja sehen, wer kommt. **Wirst** ja sehen.
                    (Kraft/Meng 2009: K1-5.6-19 (CD))

> Grundlegend ist die diskursive Verwendung, in der Modalverben sich auf Momente am Handlungsprozess, seiner Vorgeschichte, auf Handlungsmodalitäten wie Wollen, Können oder Müssen beziehen. Sie lässt sich (n. Redder 1984, 2009a) in zielbezogenen (D5.1) und handlungsbezogenen (D5.2) Gebrauch unterteilen.

D5.1 Zielbezogene Modalverben

(7) Kindergarten (Oliver (4;6), Mandy (3;11))

Beob.: Was wollen wir denn spielen, Oliver?
Oliver: Ich **möchte** Puppenecke.
Mandy: Ich **möchte** mit Oliver spielen.
Beob.: Puppenecke?
Steffen: Ich **möchte** mitspielen.
Anderes Kind: Ich auch.
Beob.: Na ja, ich kann so viele Kinder nicht gebrauchen. Ich **möchte** gern mit dem Oliver spielen und dann noch mit einem Kind.
Da müssen wir mal sehen, nicht? (Kraft/Meng 2009: K1-5.6-19 (CD))

Mögen/möchte bezeichnet ein persönliches Bedürfnis, etwas zu tun, einen bestimmten Zustand zu erreichen oder ein Objekt zu erlangen. Im Beispiel zeigt sich, dass nicht unbedingt klar ist, wie das Ziel (organisatorisch) erreicht werden könnte. Man kann eben ein Bedürfnis unabhängig von der Realisierbarkeit äußern (*Ich möchte Kanzler sein*). Anders beim *wollen*, das einen Plan voraussetzt.

(8) „Ich **will** da rein!" Das wusste Gerhard Schröder schon zu seinen Juso-Zeiten, als er nach einer Kneipentour am Zaun des Kanzleramtes rüttelte.
[http://www.spiegel.de/politik/deutschland/0,1518,209588,00.html, 19.6.2011]

(9) Kindergarten (Pamela (2;11), Mandy (2;10))

Pamela: (zu Mandy) Rutsche mal. **Will** mal durch.
Pamela schiebt Mandys Stuhl weg.
Mandy: Au! (Kraft/Meng 2009: K1-5.6-19 (CD))

(10) Kindergarten (Erz.: Erzieherin, Mandy (3;11), Oliver (3;11))

Erz.: Daniela ist der Opa und Mandy ist die Mutti.
Mandy: Ich **will** der Opa sein.
Erz.: Daniela war zuerst der Opa. Zwei Opas können wir doch nicht haben.
Oliver: Aber ich hab viele Opas.
Erz.: Ach ja. Jeder hat zwei Opas. Gut. Dann ist Daniela der Opa Fritz und Mandy der Opa Emil. (Kraft/Meng 2009: K1-5.6-19 (CD))

Wollen bezeichnet eine Handlung oder einen Zustand als subjektiv unabweisbares Ziel, dessen Erreichbarkeit schon durch Betrachtung des Handlungsraums überprüft wurde. Das eigene Wollen wird oft ausgedrückt, um es auf jemanden zu übertragen, der beim Erreichen des Ziels helfen, eine Erlaubnis geben soll etc. (vergleichbar dem Imperativ, der einem Anderen ein eigenes Wollen zur Realisierung auferlegt, → D1.2). Das kann, wie die Beispiele zeigen, auf Widerstand stoßen. Zwischen *wollen* und *möchten* liegt also ein deutlicher Unterschied, insofern *möchten* nur das Bedürfnis kennzeichnet und noch keinen festen Plan oder Handlungsweg; wenn der Partner beim Erreichen des Ziels gebraucht wird, lässt ihm *möchte* seine Freiheit in der Ausführung und ist höflicher als *will*, das ihn schon einbezieht. Diese Differenz wird in Erziehungszusammenhängen implizit (folgendes Beispiel) oder explizit angesprochen.

(11)   Kindergarten (Daniela (4;7), Oliver (3;11))

Daniela: (undeutlich) Ich **will** mal Wind-Wind hören. (das Geräusch, wenn das Tonband zurückgespult wird)
Beob.: Sag s noch mal deutlich, was **möchtest** du?
Daniela: Wind-Wind hören hier.

Im Fall des Widerstands wird manchmal insistierend *ich will aber* (das *aber* lenkt die Aufmerksamkeit um auf die Willensäußerung) geäußert.
Sollen bezeichnet den Fall einer Übertragung, mit der jemandem von einer anderen Person oder Instanz bzw. Institution ein Handlungsziel auferlegt ist (z.B. das Gebot: *Du sollst nicht töten*), das sie realisieren soll.

(12)   Kindergarten (Stefanie (4;7), Timea (4;9); x x x: Passage ist unverständlich)

Stefanie: Kann man wieder abwischn.
Beob.: (fällt ihr ins Wort) Du **sollst** deinen Joghurt essen, Stefanie!
Stefanie: x x x.
Timea: Is Quarkspeise! Is Quarkspeise! (Kraft/Meng 2009: K1-5.6-19 (CD))

(13)   Strafverhandlung (Vernehmung zur Sache) (F.17)

Zeuge   meine Mutter war/ nach Amerika gereist→ und sie hat mir extra
         noch gesacht→ ich **soll** keine Dummheiten machen und so/ und/
         hat mir auch gesacht→ dass ich für die Schule lernen **soll** und so
         weiter→ und anstattdessen hab ich Haschisch geraucht↓

Im folgenden Beispiel verlagert der Konjunktiv II das Gesollte in den Bereich der Wissensverarbeitung, hier in die Handlungsplanung für die weitere Verhandlung:

(14)   Strafverhandlung (Vernehmung zur Sache) (F.13)

Staatsanwalt   Und wenn Sie dann/ Widersprüche zu dem Anzeigentext entdecken,
               dann meine ich→ **sollte** es auch möglich sein→ das in der • gelassenen,
               ruhigen Form→ die bisher üblich war→ hier vorzutragen nich↓

(15)   Da ging auf einmal die Türe auf, und trat ein kleines Männchen herein und
       sprach „guten Abend, Jungfer Müllerin, warum weint sie so sehr?" „Ach", antwortete das Mädchen, „ich **soll** Stroh zu Gold spinnen, und verstehe das nicht."
       Sprach das Männchen „was gibst du mir, wenn ich dirs spinne?"
       (Kinder- und Hausmärchen 1999:251 (Rumpelstilzchen))

Das Märchen-Beispiel verdeutlicht die Übernahme eines fremd gesetzten Ziels, an dessen Umsetzung die Figur zu verzweifeln droht.

D5.2 Handlungsraumbezogene Modalverben

Können markiert den Handlungsraum allgemein:

(16)   Strafverhandlung (Vernehmung zur Sache) (F.13)

Angeklagter   Ich **kann** mich wirklich nich daran erinnern→ dass ich sowas gemacht haben sollte↓ ((1.1s)) Ich **kann** mirs auch gar nicht vorstellen↓

(17)   Strafverhandlung (Vernehmung zur Sache) (F.13)

Angeklagter   ... einer von den Beamten sachte dann immer: „Steh doch auf"→ und ich hab gesacht: → „Ich **kann** doch gar nich aufstehen"→ aber ich hab immer wieder dieses Knie in Rücken gekriecht und/ bin festgehalten worden→ so dass ich gar nicht aufstehen **konnte**↓

Eine geforderte oder geplante Handlung kann nicht realisiert werden, wenn der Handlungsraum keine Möglichkeit bietet oder die Fähigkeiten fehlen. Wenn man etwas *kann*, erscheint der Handlungsraum frei, es bestehen die Spielräume für die fragliche Handlung, seien es situative Voraussetzungen oder mentale (Gedächtnis, Fähigkeit, Entscheidungsmöglichkeit). Der Handlungsraum kann auch durch andere Personen, durch Verbote versperrt sein:

(18)   Strafverhandlung (Vernehmung zur Sache) (F.13)

Angeklagter   Ich **darf** nicht voll beschäftigt werden in meinem Beruf.

(19)   Kindergarten (Diane (4;0))

Diane: **Darfst** du das anmachen?
Erz.:   Ob ich das anmachen darf? Ja. Das darf ich anmachen. Ich bin ja schon groß. Ich **darf** schon an die Steckdose rangehen. Nur Kinder **dürfen** da nicht rangehen, nicht?
Diane: Hm. Ich hab schon mit die Rasierklinge geschnitten.
Erz.:   Du hast dich mit der Rasierklinge geschnitten? Wo lagen denn die Rasierklingen?
Diane: In eine Krembüchse.
Erz.:   Bist du da rangekommen? Ja?
Diane: (nickt) Wollt die gleich wieder reintun, da hab ich mich geschnitten.
Erz.:   Hat s geblutet, was?
Diane   nickt.
Erz.:   **Darf** man das machen?
Diane: (schüttelt den Kopf) Nur zum Rasieren.
Erz.:   Nur zum Rasieren. Kinder **dürfen** keine Rasierklingen nehmen.
Diane: Nein. Sonst schneid er sich den Nagel ab.
         (Kraft/Meng 2009: K1-5.6-19 (CD))

Dürfen bezeichnet den Fall, dass jemand durch die Erlaubnis eines Anderen eine Handlungsmöglichkeit erhält, die er angestrebt hat und die zuvor verschlossen war. *Nicht-Dürfen* kennzeichnet ein Verbot. So spielt es in der Erziehung eine Rolle, aber auch wenn es um Moral oder Recht geht. *Müssen* verpflichtet oder zwingt zu etwas:

(20) Kindergarten (Stefanie (5;7), Maik (5;7), Beobachterin)

Stefanie:	(zu Maik) Wanne bist n fertig?
Maik:	Ich **muss** noch mein Spiegel saubermachen. (reibt den Spiegel mit Seife ein)
Stefanie:	Sauber **muss** der sein.
Maik:	Na also.
Stefanie:	Ich mach meinen auch noch mal sauber. Ich hab noch nicht richtig sauber. (will den Spiegel mit Seife einreiben)
Beob.:	Nee, nee. Jetzt ist Schluss. Jetzt gehn wir wieder ins Zimmer. Maik **muss** noch seinen Spiegel ...
Maik:	Ich **muss** noch meinen Spiegel saubermachen.
Beob.:	Ja.
Stefanie:	Ich **muss** meinen auch noch saubermachen.
Beob.:	Na, deinen Spiegel kannst du noch n bißchen putzen, und dann gehn wir wieder rein. (Kraft/Meng 2009: K1-5.6-10 (CD))

(21) Strafverhandlung (Vernehmung zur Sache) (F.13)

Angeklagter	**Muss** ich das schriftlich machen↑
Richter	Nein äh äh→ wir nehmens zu Protokoll↓ Sie sagen:→ „Ich nehme den Einspruch zurück"↓

(22) Interview VW-Projekt (Ayşe, 41J., bilingual)

Ayşe Beispielsweise- ((4 s)) beim Arbeitsamt zum Beispiel→ arbeitslosengeldantrag→ zu st/ um ein arbeitsgeldlosen geldantrag z/ zu stellen zu können↓ äh da werden z/ zehn zwanzig blätter einfach abgegeben→ **muss** man sich s/ alles äh selber drum kümmern→ man **muss** äh die Bescheide alles selber nachreichen→ selber nachforschen→ nachgucken→ nachsuchen→

Müssen bezeichnet eine Verengung des Handlungsraums auf eine bestimmte Handlung, die erzwungen bzw. von einer anderen Person/Instanz gefordert oder physisch notwendig zu realisieren ist. Im vorstehenden Beispiel gilt die Handlung nur, wenn sie in Schriftform realisiert ist. Im ersten Beispiel sprechen die Kinder von Obliegenheiten. Man kann sich auch selbst etwas auferlegen. Notwendigkeiten entstehen oft auf der Grundlage institutioneller Anforderungen (21, 22).

Aus der Jugendsprache heraus hat sich die Form *musstu* [mʊstu:] entwickelt, in der die lautlich abgeschwächte Hörerdeixis an die vorausgehende Verbform angelehnt und mit ihr verschmolzen ist („Enklise", vgl. auch *haste, willste*). Sie erlaubt umgangssprachlich Verberst-Sätze:

(23) **Musstu** Doppelstunde fahren! (Vorschlag an den Hörer, in der Fahrschule eine Doppelstunde zu fahren) [http://www.kiezdeutsch.de/sprachlicheneuerungen.html, 19.2.2012]

Den Modalverben nah ist *nicht brauchen*, das auch mit dem reinen Infinitiv vorkommt und einen *müssen*-Sachverhalt negiert:

(24) Strafverhandlung (Vernehmung zur Sache) (F.13)

Staatsanwalt Jā Herr R.→ hier ist meine Frage→ die Sie **nich** beantworten **brauchen**→ ich weise Sie ausdrücklich darauf hin ...

Zielbezogene Modalverben	*mögen/ möchte*	individuelles Bedürfnis nach einer Handlung oder einem Ziel	ohne Handlungsplan
	wollen	Unabweisbares Handlungsziel bzw. Zielzustand eines Ereignisses, das sich jemand setzt.	Der Handlungsraum ist überprüft, ein Handlungsplan kann schon bestehen
	sollen	Dem Aktanten ist ein Ziel gesetzt (durch Andere, Norm, Institution), das ihm zur Realisierung aufgegeben ist.	Ein Handlungsplan muss nicht bestehen, kann fehlen.
	werden	Nach einem Entschluss macht sich der Handelnde an die Realisierung.	Das als möglich Erkannte wird wahr gemacht. Ein Handlungsplan besteht und wird umgesetzt.
Handlungs-raumbezogene Modalverben	*können*	Nach Überprüfung des Handlungsraums und der individuellen Fähigkeiten (physisch/mental) ist die Handlung möglich.	Es besteht kein festes Handlungsziel, kein Plan.
	dürfen	Eine andere Person oder Institution hebt ein Verbot auf.	Das Handlungsziel liegt nicht unbedingt fest, ein Plan muss nicht bestehen, aber es gibt eine Präferenz für die Handlung.
	müssen	Andere Person oder Institution oder sonstige Notwendigkeit legt auf eine Handlung fest.	Das Handlungsziel ist festgelegt, ein Plan muss nicht bestehen.
	nicht brauchen	Vorgängig bestehendes oder angenommenes Gebot besteht nicht mehr, so dass die Freiheit eintritt, etwas nicht zu tun	Es besteht kein festes Handlungsziel, kein Plan.

Tab. 1: Funktionalität handlungsbezogener Modalverben

Modalverben sind wichtig für die Organisation von Rederecht und SPRECHERWECHSEL (engl. „turn taking", vgl. Sacks/Schegloff/Jefferson 1978, Redder 1984) in Gesprächen. In ungeregelten Alltagsgesprächen finden wir eine Strukturierung des Rederechts, die Abb. 1 illustriert. An den einzelnen Positionen spielen unterschiedliche sprachliche Mittel eine Rolle, darunter auch die Modalverben. Beispielsweise kann *wollen* eingesetzt werden, um einen Unterbrechungsversuch (Position 2a) abzuwehren. Eine Pause, aber auch fallender oder steigender Ton der Vorgängeräußerung werden als möglicher Übergangspunkt verstanden, an dem Hörer die Sprecherrolle ergreifen können.

(25) Frauengruppe (BAR, EBE: Sprecherinnen)

1 BAR	((Pause)) Nein aber ich **wollte** die Geschichte	vom Pullover	
EBE		Auf der anderen Seite **muss** ich sa/	jà

2 BAR	zu Ende sagen→ Und dann hatse/ wolltse den wegschmeißen ...
EBE	Erzähl↓ jà

(IDS Kommunikation in der Stadt 2740/4, 1)

Die Sprecherin BAR verdeutlicht die Kontinuität ihres Handlungsentschlusses und setzt ihren Beitrag fort. Die Unterbrechung soll mit *müssen* einen zwingenden Charakter bekommen. Wer unterbricht, schaltet seine Hörertätigkeit herunter und erhöht die eigene Lautstärke, das Tonhöhenniveau wird angehoben, so dass die anderen aufmerksam werden. Da solche Unterbrechungen verletzend wirken können, versucht man, eine Brücke zu bauen, die den Verstoß deutlich macht, aber einen situativen Vorrang beansprucht:

(26) Entschuldige, dass ich unterbreche ...

(27) **Darf** ich mal dazu ...

(28) **Kann** ich mal ...

Mit *dürfen* wird eine Erlaubnis eingeholt, während der Unterbrecher doch schon spricht, *können* spricht die Freiheit des Handlungsraums an, die ja nicht gegeben ist, es sind also paradoxe Formulierungen. Für die Abwehr werden meist formelhafte Ausdrücke verwendet wie etwa:

(29) **Darf** ich ausreden?

(30) **Kann** ich ausreden?

(31) Ich **will** noch zu Ende reden.

(32) Ich **möchte** das gern noch sagen ...

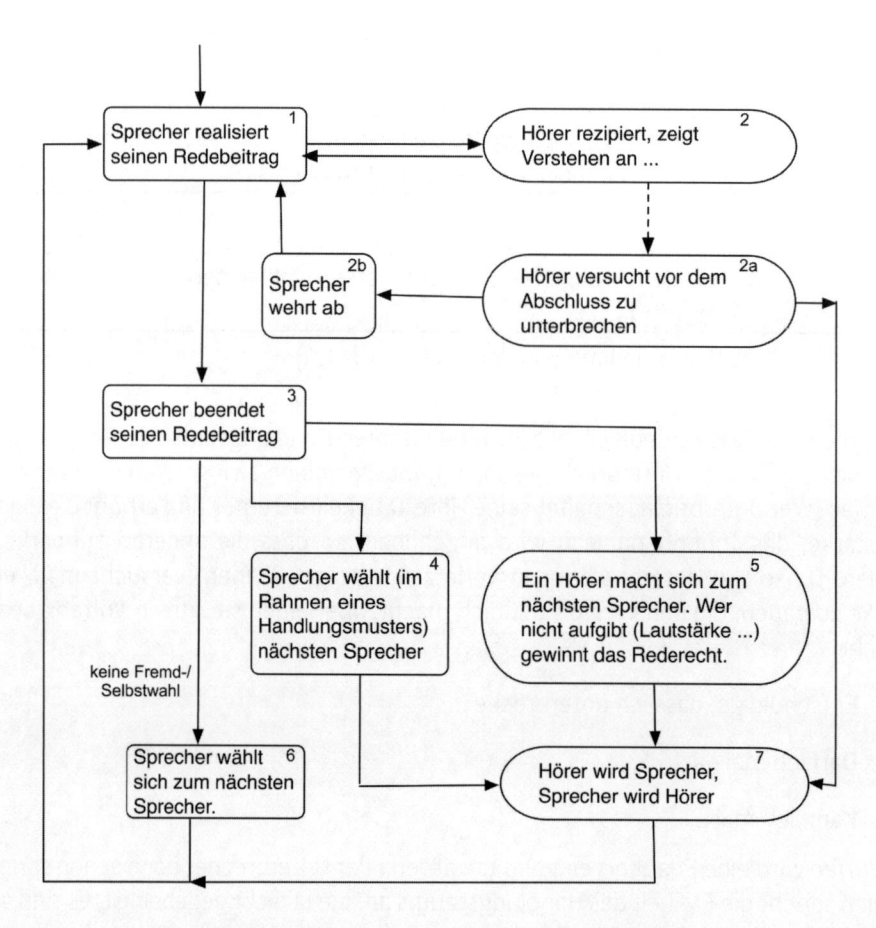

Abb. 1: Organisation des Rederechts in ungeregelten Gesprächen

Da das Rederecht beim Sprecher liegt, ist die Bitte um Erlaubnis paradox und macht die Verletzung deutlich. *Können* hebt auf den aktuell versperrten Handlungsraum ab. Die zielbezogenen Varianten bekräftigen den Handlungsentschluss und die Fortsetzung der Handlungslinie (*will*) oder – höflicher – die Absicht, den Beitrag zu Ende zu führen.
Es gibt weitere Möglichkeiten:

(33) Hören Sie mir doch erst einmal zu!

(34) Jetzt bin ich dran.

(35) Ich bin/ war noch nicht fertig.

Der Sprecher kann auch aufgeben, indem er die Lautstärke und die Tonhöhe absenkt und abbricht.

Unter institutionellen Bedingungen (Gerichtsverhandlung, Talkshow, Unterricht) funktioniert dies informelle System schon deshalb nicht, weil sehr viele Personen teilnehmen. Typisch ist, dass ein Vertreter der Institution (Lehrer, Vorsitzender Richter, Diskussionsleiter) als Moderator das Rederecht kontrolliert und nach jedem Beitragsabschluss automatisch zurückerhält, um selbst etwas zu sagen oder das Wort weiter zu vergeben (Abb. 2).

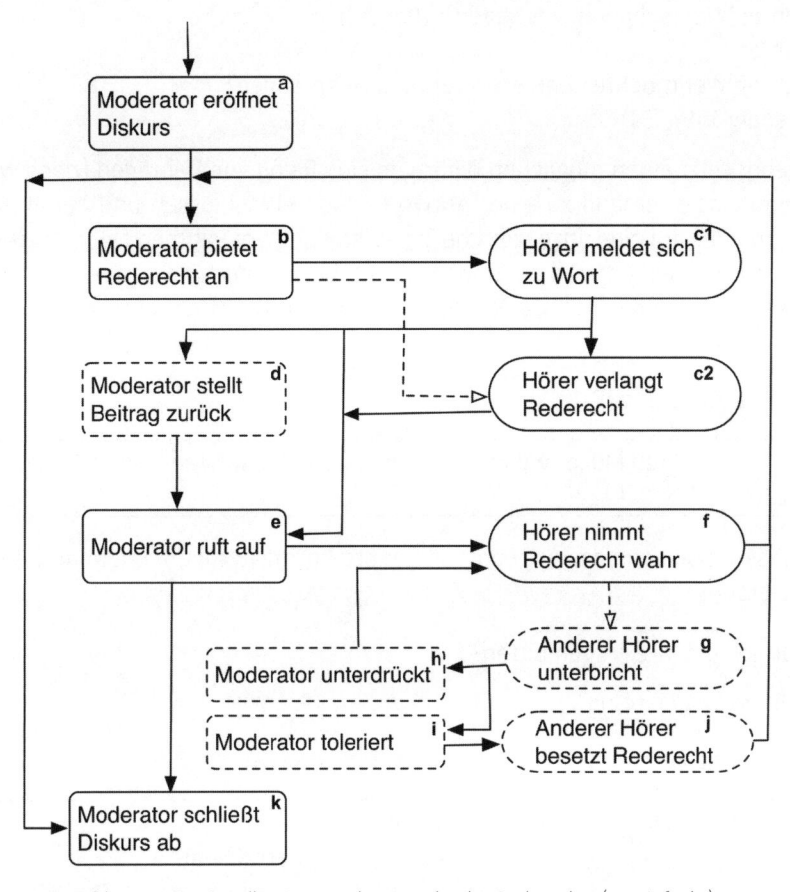

Abb. 2: Institutionelles System der Vergabe des Rederechts (vereinfacht)

Auch hier sind Modalverben sehr wichtig. Wir betrachten einige Beispiele aus der Unterrichtskommunikation.

Rederecht anbieten (b):

(36) Lehrer Wer **kann** nochma kurz sagen, was er sich drunter vorstellt?
 (Redder 1984: 58)

(37) Lehrer Wer **könnte** die erste Aufgabe ma bitte vorlesen?
 (Redder 1984: 59)

Hier ist der Handlungsraum spezifisch einzuschätzen, nämlich auf die eigenen Fähigkeiten hin. Im ersten Fall geht es um die Ausbildung und Versprachlichung einer Vorstellung, im zweiten um die (selbstverständliche) Fertigkeit des Vorlesens, nach der – auf die Wissensverarbeitung bezogen (Konjunktiv II) – höflich (*ma* ← *mal*, Beschränkung des Anliegens auf Einmaligkeit; *bitte*) gefragt wird. Auch zielbezogene Modalverben sind einzusetzen:

(38) Lehrer Wer **will** noch was sagen? ((Pause))
    Lehrer ...
    Lehrer Wer **möchte** denn etwas zum „Joschi" sagen?
    (Redder 1984: 51)

Das Angebot setzt einen möglichen Beitrag in eine Reihe von Beiträgen (*noch was*) und setzt voraus, dass jemand zu einer Antwort schon entschlossen und bereit ist (*will*), während *möchte* auf eine unspezifische Zielvorstellung (im Rahmen einer Phase der Reflexion) setzt. Vor Gericht wird die Standardfrage, ob jemand zur Aussage bereit ist (nicht verweigert), fast immer mit *wollen* gestellt, sie zielt auf einen Entschluss und einen Plan:

(39) Strafverhandlung (F. 19.3)

Richter	Frau Müller **wolln** Sie sich zu diesen Vorwürfen äußern↑
Angeklagte	ja

In einer Diskussion kann das Angebot mit der pro-forma-Bitte um Erlaubnis höflich formuliert werden:

(40) **Darf** ich um Ihre Fragen bitten?

Rederecht verlangen (c2):

(41) Unterrichtskommunikation (Mathematik, Klasse 6)

Lehrer	Nehmen wir gleich mal die nächste?	
S1		Herr Kowalski
S2		**Darf** ich?

(Redder 1984: 105) (S1, S2: Schüler)

Im Rahmen der institutionellen Vergabe des Rederechts erscheint es angemessen, um Erlaubnis zu einem Beitrag nachzusuchen, der Lehrer hat den Entscheidungsspielraum. Hier zielt die Frage noch nicht auf irgendeinen Gehalt (*darf ich die nächste Aufgabe rechnen?*), sondern auf die pure Entscheidung. Das Verb *können* ist viel seltener und erscheint weniger angemessen, da es eher auf Prüfung des ganzen Handlungsraums als auf die konkrete Entscheidungsbefugnis der Lehrperson zielt. Auch *sollen* ist hier weniger gut zu gebrauchen, da es auf eine allgemeinere, externe Setzung (Gebot) zielt:

(42) Unterrichtskommunikation (Mathematik, Klasse 6)

Lehrer So gleich zur nächsten!
S **Soll** ich jetzt vorlesen?
    (Redder 1984: 133)

Aufrufen (e):
In expliziten Formen werden das Handlungsziel und der Plan oft mit *wollen* angesprochen, die Präteritumform setzt den Entschluss voraus:

(43) Unterrichtskommunikation (Deutsch, Klasse 7)

Lehrer   hm̃, Werner, was **wollst** du sagen?
(Redder 1984: 78) [*wolltest* → *wollst*]

In der Präsensform der Frage ist das Hörerziel fingiert, immerhin besteht ja Redepflicht, auch wenn das einschlägige *müssen* selten gebraucht wird:

(44) Unterrichtskommunikation (Deutsch, Klasse 7)

Lehrer   Eh Peter Müller, **willst** du nochma lesen?
(Redder 1984: 75)

(45) Unterrichtskommunikation (Deutsch, Klasse 7)

Lehrer   Tom, ich **muss** dich bitten, das nochmal zu sagen.
(Redder 1984: 75)

Die Frage mit *können* ist bei Bitten üblich, sie erlaubt ja an sich das Ausloten des Handlungsraums; hier aber, solange ein Nicht-Können auszuschließen ist, hat sie Verbindlichkeit.

(46) Unterrichtskommunikation (Deutsch, Klasse 7)

Lehrer   Maria, **kannst** es bitte mal wiederholen?
(Redder 1984: 68)

Vor Gericht gilt, dass Angeklagte nicht aussagen müssen, daher ist *können* häufig:

(47) Strafverhandlung (F. 9.1)

Richter   Wenn Sie bitte nochmal kurz zusammenfassend hier darstellen **können**, warum Sie den Einspruch eingelegt haben↓

Höflich erscheint, wenn der Moderator selbst um Erlaubnis zu bitten scheint:

(48) Strafverhandlung (F. 20.1)

Richter   Gut äh dann **darf** ich um die Verlesung der Anklage bitten↓

Wahrnehmung des Rederechts (f):
Dies muss eigentlich nicht eigens markiert werden, es finden sich aber öfter die Modalverben *wollen, möchten, werden*.

(49) Unterrichtskommunikation (Deutsch, Klasse 7)

Lehrer   Petra!
Petra: Ja, ich **wollt**' ma im ganz großen dazu sagen, ich find eigentlich, man hätte gar nicht Robinson Crusoe lesen sollen, man hätte eine Geschichte nehmen können, denn ...
(Redder 1984: 85, vereinfacht)

Die Kurzform *wollt* wird speziell gebraucht und bringt eine eigenlinige Handlungsabsicht zum Ausdruck, die im aktuellen Unterrichtsverlauf als inkohärent, thematisch abweichend etc. wahrgenommen werden kann, so dass der Lehrer eingreifen könnte. In der Verbindung *ich wollt nur* – auch in Diskussionen häufig – wird eine freiwillige Beschrän-

D Gedanken formulieren

kung, Bescheidung signalisiert, um einem Eingriff oder negativer Bewertung vorzubeugen. Der Stellenwert der eigenen Äußerung kann in ähnlicher Weise reduziert werden (*das wollt ich auch sagen*). Verwenden Schüler *möchte*, verstärken sie den eigenen Anspruch, indem sie ihre Zielorientiertheit zum Ausdruck bringen:

(50) Schüler Ich **möcht** zu dem was sagen.
 (Redder 1984: 94 (vereinfacht))

Das gilt auch vor Gericht.

(51) Strafverhandlung (F. 1.3 22)

Richter **Wolln** Sie was dazu sagen oder nicht↓
Angeklagter Jà Ich **möchte** folgendes sagen↓

D5.3 Transfergebrauch

> Aus dem diskursiven, den Handlungsprozess strukturierenden Gebrauch ist im Deutschen (selten in anderen Sprachen) eine abgeleitete Verwendung der Modalverben[1] entstanden. Sie transferiert eine Sprechhandlung der Assertion, die jemand anders gemacht hat, oder ein selbst gewonnenes, nicht ganz sicheres, noch zu bestätigendes Wissen. Der Sprecher selbst assertiert den Sachverhalt nicht, er vermittelt ihn nur.

Das Modalverb verbindet sich in diesen Fällen oft mit *haben* oder *sein* (Infinitiv Perfekt). Die handlungsraumbezogenen Modalverben lassen eine Konjunktiv II-Form zu, die den Transfer in der Wissensverarbeitung verankert.

(52) Strafverhandlung (Vernehmung zur Sache) (F.13)

1 Richter Sie **solln** dann beschleunigt **haben** und ne Linkskurve ausgeführt, so dass er runtergepurzelt is?
2 Zeuge Jaha
3 Richter War das bewusst mit der Absicht, ihn abzuwerfen?
4 Zeuge Nicht mit Absicht. Ich musste nach links ausweichen/
5 Richter Aber das Beschleunigen **muss** doch bewusst gewesen **sein**.
6 Zeuge Ja, beschleunigt hab ich auch nich. Ich hab abgebremst.

Der Richter übernimmt eine frühere Äußerung (1), die nicht vom Zeugen stammt, aus den Akten und bringt sie in die Verhandlung ein, um ihren Wahrheitsgehalt zu prüfen. Dritte haben das über den Zeugen gesagt. Der Sprecher überträgt den extern behaupteten Sachverhalt in die Gesprächssituation, um eine Positionierung des Zeugen zu bekommen. Den Transfer leistet *sollen*. Die fragliche Handlung wird als abgeschlossene (Partizip II) genommen und zur Disposition gestellt. So wie auch eine von außen mit *sollen* angetragene Handlung nicht realisiert werden muss, kann der Äußerungsgehalt zurückgewiesen oder akzeptiert werden. Hier scheint er zunächst akzeptiert zu sein, was die Frage nach der Absicht aufwirft; es wäre dann eine absichtliche, vorsätzliche Körperverletzung.

---

[1] Man spricht auch vom „epistemischen" (wissensbezogenen) oder „subjektiven" Gebrauch.

Dem versucht der Zeuge mit dem modalen Hinweis auf einen Handlungszwang (*musste nach links ausweichen*) zu begegnen. Wenn er die Folge nicht beabsichtigt hat, legt sich der kontrastive (*doch*) Schluss des Richters nahe, dass die Beschleunigung (um auszuweichen) bewusst war. Das Modalverb *müssen* drückt auch im abgeleiteten Gebrauch etwas Zwingendes, mindestens stark Naheliegendes aus, als Resultat einer Wissensverarbeitung, die einen Bedingungszusammenhang dieser Art aufweist:

(53)   Wenn A vorliegt, dann typischerweise auch B; so ist auch von B auszugehen.

Zur Vorgeschichte dieses Gebrauchs gehört eine unabweisbare Voraussetzung, die zum allgemeinen oder gesprächsspezifischen Wissen gehört und zu einem Schluss führt. Er resultiert aus dem Aktenwissen und dem aktuellen Gesprächswissen. Wir bekommen einen Einblick, wie schrittweise vor Gericht fallspezifisches Wissen aufgebaut wird und ein Netzwerk bilden kann, das am Ende kaum noch aufzulösen ist. Hier wird der Schluss schließlich über die Voraussetzung (*er habe beschleunigt*) bestritten.

(54)   „Ich **muss** ganz schön verblendet gewesen sein"
Krista Sager, Grüne, kämpfte lange Zeit für einen sofortigen Atomausstieg und entdeckte dann die Seele der Demokratie.
[http://jetzt.sueddeutsche.de/texte/anzeigen/521817, 19.6.2011]

(55)   Ich **muss** blöd gewesen sein
Rapper Hakan Durmus über seine Zeit in der Kreuzberger Türken-Gang „36 Boys" [http://www.spiegel.de/spiegel/print/d-8694161.html, 19.6.2011]

Der Gebrauch von *müssen* kennzeichnet eine Annahme, die für den Sprecher in seinem Wissen zwingend ist oder sich stark nahelegt und von der Sprecher und Hörer zunächst ausgehen können.

Der Konjunktiv II verlagert dann allerdings ins mögliche, hypothetische Wissen, im folgenden Beispiel mit dem Wirklichkeitswissen konfrontiert:

(56)   Des **müßt** scho gehen, aber des geht net. (Valentin 2006: 55)

Um dafür einen Wahrheitsanspruch erheben zu können, bedarf es weiterer Evidenz, Begründungen etc.

Modal deutbares *werden* erscheint im Futurperfekt:

(57)   Der Kerl **wird** alt genug gewesen sein, um zu wissen, dass 50 Tequila alles andere als gesund für ihn sind ...
[http://www.gamestar.de/community/gspinboard/showthread.php?t=107398&page=, 19.6.2011]

Können überträgt den Handlungsraum auf einen allgemeinen Möglichkeitsraum, das, was nach bestehendem Wissen denkbar ist und sich ereignet haben kann. Damit ist es breit verwendbar, bei unterschiedlichsten Wissenshintergründen:

(58)   „Der Wolf **kann** auch hier gewesen sein"
Anfang des Jahres gab es ein paar unbestätigte Wolfsmeldungen aus der Region Döbeln. ***Könnte** er hier gewesen sein?*
Das ist prinzipiell immer möglich. Der Wolf **kann** jederzeit und überall in Deutschland auftauchen.
[http://www.sz-online.de/nachrichten/artikel.asp?id=2790918, 19.6.2011]

D Gedanken formulieren

Mögen bezeichnet ursprünglich ‚vermögen', ‚können' und hat unter dem Einfluss von *können* die aktuelle Bedeutung angenommen; die ursprüngliche, die sich auf einen bestehenden Handlungsraum bezieht, erscheint im Transfergebrauch weiterhin:

(59) So beschloß die Kammer zum Beispiel, einen Befangenheitsantrag gegen diese Sachverständigen zurückzuweisen. In diesem Beschluß heißt es unter anderem:
„Daß der Sachverständige Binder der Angeklagten Löblich Testfragebögen zur Ausfüllung mit auf ihre Zelle gegeben hat, ohne sich zu vergewissern, daß sie die Fragen unbeeinflußt von Dritten ausfüllt, **mag** unklug gewesen sein. Immerhin hatte er die Angeklagte ermahnt, die Fragen selbständig zu beantworten. Er durfte dann auch bei Rückgabe der Bögen darauf vertrauen, daß die Angeklagte sich danach gerichtet hatte. Bis heute hat die Angeklagte auch nicht erklärt, sich nicht selbständig um das Ausfüllen der Bögen bemüht zu haben, vielmehr hat sie sich darauf berufen, sie wisse das nicht mehr. Es **mag** auch ungeschickt gewesen sein, der Angeklagten einen bereits benutzten Fragebogen mitgegeben zu haben, bei dem die Antworten und Anmerkungen des Vorprobanden nur unvollständig wegradiert waren ..." (Spiegel 13, 1991)

Die Bedeutung ist hier die, dass man etwas durchaus einräumen kann, ohne dass die Konsequenzen der Gegenposition (Befangenheit etc.) zwingend wären.

Das Verarbeitungsresultat bei *dürfen* ist ebenfalls dem *können* ähnlich, der Weg etwas anders. Ein versperrter Handlungsweg wird wieder eröffnet – dem entspricht nun, dass ein scheinbar nicht gangbarer Denkweg in der Wissensverarbeitung (daher Konjunktiv II) begehbar wird.

(60) Bei einer nun aufgeflogenen Internet-Betrugsbande **dürfte** ein Niederösterreicher eine zentrale Rolle gespielt haben. Die Gauner zockten mit Hunderten gefaketen Verkaufsseiten Kunden im gesamten deutschsprachigen Raum ab – mehrere der falschen Webshops sind immer noch online. (...) Ein 20-jähriger Weinviertler **soll** das technische „Mastermind" der Bande gewesen sein – sein Anteil am Gewinn **dürfte** aber gering gewesen sein.
[http://m1.krone.at/krone/S25/object_id__263114/hxcms/rssmobile.html, 19.6.2011]

Sollen bezieht sich auf extern Herangetragenes; hier bezeichnet es eine von Dritten zugeschriebene Wirklichkeitsqualität, für die der Sprecher nicht einstehen kann, die er aber weitergibt.

(61) Grasser **soll** die Unwahrheit gesagt haben
Nach Unterlagen der Ermittler **soll** der Ex-Finanzminister gelogen haben. Sein Anwalt schließt das jedoch aus. (Kurier, 19.6.2011)

Wollen nimmt in der Regel die Quelle – einen fremden Sprecher, Autor – als Redegegenstand (*er will in Venedig gewesen sein*). Mit der Modalität des Wollens wird der subjektive Anspruch (entsprechend dem festen Handlungsziel im handlungsorientierten Gebrauch) so herausgearbeitet, dass er einer willkürlichen Entscheidung nahekommt. In der Übertragung wird der Geltungsanspruch geschwächt, der Sachverhalt als subjektiv und kaum objektiv nachvollziehbar und belegbar hingestellt.

(62) »Wann hast du sie angerufen?«
»Am Faschingssonntag.«
»Einen Tag nachdem du Scarlett auf dem Marienplatz gesehen haben **willst**.«
»Ich habe sie gesehen.«
(Ani 2009: 29)

(63) Christian Wulff hat vor einer Vorverurteilung seines Ex-Sprechers Olaf Glaeseker gewarnt. Auch für diesen gelte die „Unschuldsvermutung". Von möglichen Sponsorendeals **will** der Bundespräsident nichts gewusst haben. Einen Rücktritt schloss er erneut vehement aus.
[http://www.spiegel.de/politik/deutschland/0,1518,810646,00.html, 22.1.2012]

(64) Eichmann **will** nur ein Rädchen gewesen sein
Israel hat die Memoiren des 1962 hingerichteten Nazi-Verbrechers Adolf Eichmann veröffentlicht – trotz Bedenken, das Schriftstück könnte von Neonazis missbraucht werden. Eichmann behauptet in seinen Aufzeichnungen, nur als Befehlsempfänger gehandelt zu haben.
[http://www.spiegel.de/politik/ausland/0,1518,66926,00.html, 19.6.2011]

Man kann die Transfer-Konstruktionen grob nach der Geltungsstärke ordnen (Tab. 2).

	Indikativ	Konjunktiv II
	Paula muss geschlafen haben.	Paula müsste geschlafen haben.
	Man wird sie geweckt haben.	
▼ sinkende Geltungsstärke ▼	Paul kann gefahren sein.	Paul könnte gefahren sein.
	Das mag so gewesen sein.	(Das möchte so gewesen sein.)
		Das Konzert dürfte ausgefallen sein.
	Paula soll verreist sein.	
	Paul will in Rom gewesen sein.	

Tab. 2: Geltungsstärke modalisierter Sachverhalte (Transfergebrauch)

Aufgabe:
Untersuchen Sie die Modalverben im folgenden Musil-Text:

(65) Wenn man gut durch geöffnete Türen kommen will, muß man die Tatsache achten, daß sie einen festen Rahmen haben: dieser Grundsatz, nach dem der alte Professor immer gelebt hatte, ist einfach eine Forderung des Wirklichkeitssinns. Weil es aber Wirklichkeitssinn gibt, und niemand wird bezweifeln, daß er seine Daseinsberechtigung hat, dann muß es auch etwas geben, das man Möglichkeitssinn nennen kann. Wer ihn besitzt, sagt beispielsweise nicht: Hier ist dies oder das geschehen, wird geschehen, muß geschehen; sondern er erfindet: Hier könnte, sollte oder müsste geschehn; und wenn man ihm von irgend etwas erklärt, daß es so sei, wie es sei, dann denkt er: Nun, es könnte

> wahrscheinlich auch anders sein. So ließe sich der Möglichkeitssinn geradezu als die Fähigkeit definieren, alles, was ebensogut sein könnte, zu denken und das, was ist, nicht wichtiger zu nehmen als das, was nicht ist.
> (Musil 1987: 16)

In vielen Sprachen haben die deutschen Modalverben kein Gegenstück. Japanisch hat gar keine Modalverben. Türkisch hat nur ein eigenständiges Modalverb, nämlich *istemek* ‚wollen'.

(66) Oku-mak **ist**-iyor-um, sinema-ya git-mek **ist**-iyor.
lesen-Infinitiv woll-Präsens-1Sg Kino-Dativ geh-Infinitiv woll-Präsens3Sg',
‚Ich will lesen, er will ins Kino gehen.'

Ein Transfergebrauch wird mit dem Suffix *-mişmiş-* ausgedrückt:

(67) Ahmet bir milyon euro bul-**muşmuş**. ‚Ahmet will eine Million Euro gefunden haben.'

Auch sonst nutzt Türkisch Suffixe am Verbstamm, um äquivalente Bedeutungen auszudrücken. Wird das Verb *bilmek* ‚wissen, kennen, können' in der Form *-(y)ebilmek* an einen Stamm angehängt, ergibt sich eine neues, Können bzw. Möglichkeit ausdrückendes Verb:

(68) *gitmek* ‚gehen' → *gid-e-**bilmek*** ‚gehen können'
okumak ‚lesen' → *oku-ya-**bilmek*** ‚lesen können'

(69) Türkçe anla-**yabil**-iyor.
Türkisch versteh-Poss-Präsens3Sg, ‚Er kann Türkisch verstehen.'

Der geöffnete Handlungsraum wird auch auf eine Erlaubnis bezogen:

(70) Bunu ala-**bil**-ir-siniz.
Dies nehm-Poss-Aorist-2Pl, ‚Dies dürft ihr (dürfen Sie) nehmen.'

Ein verschlossener Handlungsraum wird mit Verbstamm + *-(y)eme-* ausgedrückt:

(71) Türkçe anla-**yam**-ıyor-um.
Türkisch versteh-Imposs-Präsens-1Sg, ‚Ich kann Türkisch nicht verstehen.'

Einer von außen angetragenen Handlung, zu der man verpflichtet ist (deutsch: *müssen*), entspricht im Türkischen in etwa die Notwendigkeitsform, das Suffix *-meli-*:

(72) Ders-e gel-**meli**-siniz.
Unterricht-Dativ komm-Necess-2Pl, ‚Ihr müsst zum Unterricht kommen.'

Es gibt einige Alternativen, etwa mithilfe des Adjektivs *lazım* ‚nötig':

(73) Ders-e gitmek lazım.
Unterricht-Dativ geh-Infinitiv nötig, ‚Zum Unterricht gehen ist nötig'.

Für den Ausdruck von Modalitäten bestehen weitere Möglichkeiten, die der Bedeutung deutscher Modalverben mehr oder weniger nahekommen, aber doch als eigene Verfahren zu betrachten sind.

Für Lerner anderer Erstsprachen ist es ein Problem, die Rolle der Modalverben im ganz anders aufgebauten Verbkomplex des Deutschen nachzuvollziehen und die Bedeutungen angemessen zuzuweisen.

D6 Subjektion, Prädikation und Verbszene

> **Didaktischer Kommentar:**
>
> Das Verb steht im Zentrum eines Szenarios, eines Schemas, mit dem man Sachverhalte versprachlichen kann und das aus der häufigen Inszenierung von Sachverhalten wiederkehrender Konstellation entstanden ist. Was grammatisch als Subjekt oder Objekt erscheint, ist in seiner Mitspielerrolle in einer Szene markiert. Das ist der Kern der Valenztheorie, die Satzelemente in ihre Bindung an andere betrachtet und die Bindung als Abhängigkeit, Dependenz begreift. Die Idee war schon im Mittelalter da, wurde aber erst im 20. Jahrhundert durch Tesnière wirklich entwickelt.

> **Literaturhinweise:**
>
> Ágel 2000, Jacobs 1994, Schumacher 2004, Storrer 1992, Tesnière 2010

D6.1 Das Subjekt als Ansatzpunkt einer sprachlichen Szene

> Wenn wir die Dynamik der Welt in Worte fassen wollen, brauchen wir Verben. Was mit nominalen Ausdrücken oder Zeigwörtern gefasst wird, das sind Mitspieler in Szenen, deren Zusammenhalt und Dynamik am Verb sichtbar wird. Das Verb mit seinen Mitspielern konstituiert sprachlich eine SZENE, der Sprecher inszeniert. Die mit dem Verb aufgebaute Szene ist die VERBSZENE.
> Das Verb ruft ein SZENARIO auf, ein Gerüst für die ausdrückbaren Sachverhalte, das einen bestimmten Konstruktionstyp bildet.

Das Verkaufen/Kaufen-Szenario lässt sich so beschreiben:

verkaufen <Verkäufer, Verkaufsobjekt, Käufer, Preis>;
kaufen <Käufer, Verkaufsobjekt, Verkäufer, Preis>.

Nicht alle Mitspielerpositionen in den Klammern müssen besetzt sein:

(1) Ein freundlicher Verkäufer verkauft (Paula) Schuhe (für hundert Euro).

(2) Paula kauft Schuhe (von einem freundlicher Verkäufer) (für hundert Euro).

Das Szenario enthält also einen harten Kern von Mitspielern, die in der Verbszene grundsätzlich erwartet werden, und hat weitere Stellen für Mitspieler, die besetzt werden können. Nicht das Verb allein macht die Musik, als seien alle Sachverhalte mit ihm schon gegeben, sondern die mit dem Verb aufgerufenen Szenarios. Über sie verfügen Sprecher als Konstruktionsschemata, deren Slots in spezifischer Weise besetzt werden können. Im folgenden Beispiel der Objektslot durch käufliche Dinge, das, was man üblicherweise kauft. Die Grenzen des Möglichen sind meist unscharf, wir können neue Erfahrungen machen.

(3)   Paula kauft Schuhe/Bäume/Käse/?den Mond/?Moral/?Töne/ ...

Den grammatischen Anschluss und die Unterscheidung der Mitspieler leisten die Kasus:

(4)   Der Verkäufer$_{Nominativ}$ verkauft dem Mann$_{Dativ}$ einen Rasenmäher$_{Akkusativ}$.

Eine Szene kann über das Szenario hinaus noch weiter ausgebaut werden durch Spezifikation (*gern verkaufen*), kann modalisiert sein durch Ausdrücke wie *vielleicht*, kann negiert sein (*nicht*) etc.

Die Synthese von Subjektion und Prädikation ist die Basis der meisten Szenarios und der ausgedrückten Gedanken. Der Ausdruck des Subjekts bedarf keiner Kasusendung, er steht im Nominativ. Was Subjekt ist, wird durch die Kongruenz der Personalform des Verbs sichtbar, die vom Subjektausdruck regiert wird. Was über das Verb zum Ausbau der Szene angeschlossen wird, erhält einen vom Verb regierten oder über eine Präposition weitergegebenen Kasus.

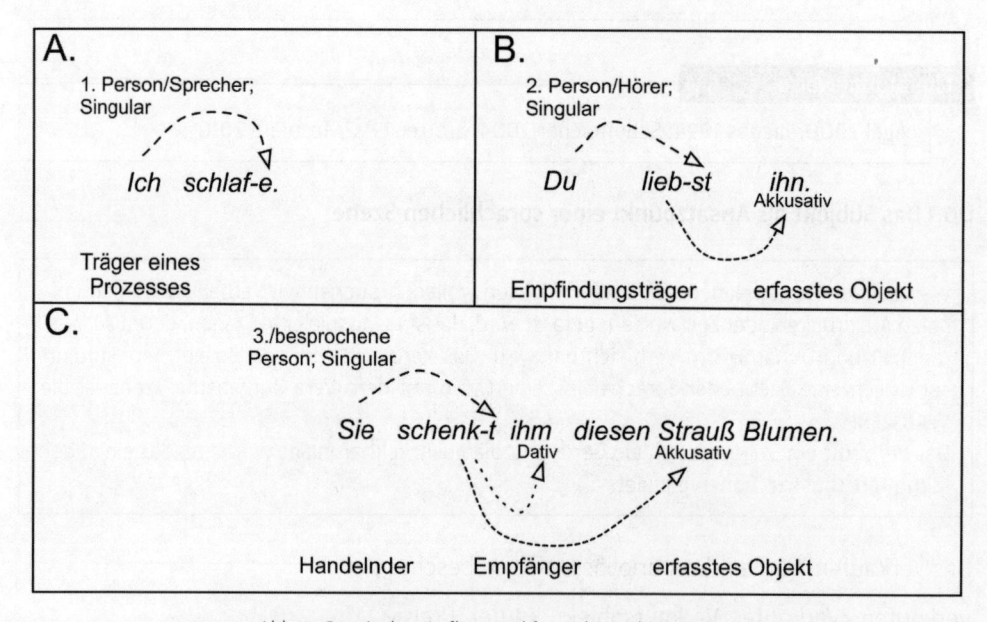

Abb. 1: Szenischer Aufbau und formale Markierungen

Man sagt in der Abhängigkeitsgrammatik, das Verb habe eine Valenz, eine Wertigkeit, eröffne Leerstellen, die durch andere Ausdrücke gesättigt werden müssten. Diese Sichtweise hat Vorteile, wenn man alles, was sich mit dem Verb verbinden kann, mit formalen wie semantischen Bedingungen zusammenstellt und beispielsweise für den Fremdsprachenunterricht aufbereitet (wie in Schumacher 2004). Allerdings darf man die Rolle des Verbs nicht überbetonen, es geht um Szenarios für Ereignisse und Konstellationen, um Situationsmodelle. Deren Aufbau wird durch die Synthese (Subjektion und Prädikation) und Explikationen mit unterscheidenden Formmerkmalen geprägt. Je weiter der Ausbau vorangetrieben wird, desto stärker markiert sind die Kasusformen der Nomen. Es ergibt sich eine Hierarchie, ausgehend vom unmarkierten Nominativ bis hin zum doppelt durch Präposition und Kasus markierten Präpositionalobjekt. Auch Sätze, Infinitivgruppen oder Adverbien können szenische Elemente realisieren.

(5) **Wer sich meldet**, sagt, **was er weiß**. [Subjektsatz und Objektsatz]

(6) **Sich regen** bringt Segen. [Infinitivgruppe in Subjektfunktion]

(7) **Heute** ist heut. [Adverb in Subjektfunktion]

(8) Mia fährt **dorthin**. [Adverb als Mitspieler]

Grund- und Ausbaufunktionen gehören zu den syntaktischen Funktionen oder „Satzgliedern"[1].

	Szenischer Ansatzpunkt der Prädikation	Elemente des szenischen Ausbaus, der Explikation (Entfaltung) einer Prädikation			
Syntaktische Funktion	Subjekt	Akkusativobjekt	Dativobjekt	Genitivobjekt	Präpositionales Objekt
Kasusmarkierung	Nominativ	Akkusativ	Dativ	Genitiv	Präposition + Akkusativ / Dativ
	► zunehmend formal markiert ►				
Satz/Infinitivgruppe/ Adverb (ohne Kasus)	Subjektsatz (Anschluss mit *dass*/ *W*-Wort/*ob*) Infinitivgruppe (Anschluss mit *zu*) Adverb	Objektsatz (Anschluss mit *dass*/*W*-Wort/*ob*) Infinitivgruppe (Anschluss mit *zu*) Adverb			
	ohne formale Objektmarkierung				

Tab. 1: Szenischer Ansatz, Ausbau und Ausdrucksmarkierung

SUBJEKT(ION) bezeichnet die zentrale Funktion im Satz, der die gesamte Prädikation gegenübersteht:

- Das Subjekt drückt den Ansatz der Szene, den zentralen Beteiligten oder Sachverhalt aus, den Satzgegenstand, das, wovon der Satz handelt.

- Das Subjekt kann sehr verschiedene Mitspielerrollen, aber auch eine Leerstelle (*es* (*regnet*)) zum Ausdruck bringen, weil es in vielen Szenarios auftritt.

- Der Subjektausdruck erscheint im Nominativ, wenn der Ausdruck eine Kasusform hat. Er kann auch durch einen Satz, eine Infinitivgruppe oder sogar ein Adverb gebildet werden.

- Der Subjektausdruck ist oft thematisch, drückt aus, wovon im Gesprächs- oder Textzusammenhang fortlaufend die Rede ist (*Paula verlor einen Koffer. **Der Koffer** war voller Bücher.*).

- Der Subjektausdruck erscheint am Satzanfang oder unmittelbar nach dem flektierten Verb. Spätere Realisierungen erzeugen starke Spannung.

---

1 Dieser Ausdruck soll zugleich die Wortgruppe, eine Formeinheit, und ihre Satzfunktion bezeichnen – also eine Gruppe mit einer bestimmten Funktion. Das mag nur als verkürzte Redeweise durchgehen.

Tabelle 2 gibt einen Überblick über die Mitspielerrollen. Solche semantischen Rollen sind diskutabel, einige sind weiter auszudifferenzieren (etwa URSACHE). Sie sollen hier eine Vorstellung geben, wie vielfältig Szenen zu konzipieren sind und welche Perspektiven (z.B. aktivisch, passivisch) möglich sind, geht man von der Subjektion und der Prädikation aus.

HANDELNDER (Agens): Person oder aktives Lebewesen, das eine Handlung bzw. Aktivität realisiert, etwas entwickelt.	**Paul** arbeitet. **Hanna** fragt nach dem Spiel. **Tonio** droht Max. **Er** verbessert sich. **Sie** denkt über alles nach.
OBJEKT (Patiens): Von einer Handlung/Aktivität erfasste Größe, die dadurch betroffen, ergriffen, produziert, zum Verschwinden gebracht, verändert wird.	**Das Auto** wurde von Ayşe repariert. **Das Baumhaus** ist ihnen sehr gut gelungen. **Was sie gesagt hat**, wurde gut aufgenommen.
EMPFÄNGER (Rezipient): Menschen, Lebewesen, Dinge, die etwas empfangen, bekommen, denen eine Aktion zum Vorteil (Nutznießer) oder Schaden (Pechvogel) gereicht.	**Ali** bekommt den Plan übergeben. **Sie** erhält eine Botschaft.
BESITZER (Possessor): Lebewesen oder Ding, das etwas hat, besitzt, dem etwas zukommt.	**Claudia** besitzt Uhren. **Das Fahrrad** hat einen Lenker. **Er** hat ein blaues Auge.
BESITZ (Possessum): Was einem Lebewesen oder Ding als Besitz, als Zugehöriges zukommt.	**Der Kugelschreiber** ist meiner.
ERFAHRENDER: Lebewesen, das etwas erfährt, sinnlich wahrnimmt, fühlt, in einen nicht voll kontrollierten Prozess eingebunden ist.	**Sie** sieht ihn. **Er** fühlt einen Schmerz.
URSACHE: Sachverhalte, Ereignisse, Lebewesen, Urheber, Motivationen, Antriebe, die etwas verursachen bzw. begründen.	**Das Erdbeben** zog einen Tsunami nach sich. **Der Ehrgeiz** trieb ihn dazu.
WIRKUNG: Sachverhalt als Resultat einer Handlung oder eines Ereignisses	**Das Glücksgefühl** wurde von dem Medikament hervorgerufen.
INSTRUMENT: Was zum Gelingen der Handlung als Ursache oder Mittel beiträgt	**Das Messer** schneidet gut.
RAUM (Lokativ): Ort, Schauplatz, Behälter	**Die Pipette** enthält eine Säure.
ZEIT (Temporalis): Intervall auf dem Zeitstrahl	**Morgen** ist Ostern.
TRÄGER: Zustandsgröße, Träger von Prozessen, Ereignissen, Wissen	**Sie** ist Visagistin. **Die Pflanzen** gedeihen. **Die Wand** schimmelt.
HANDLUNG: Aktivität, Äußerung	**Die Fahrt** gefiel ihm gut.
EIGENSCHAFT	**Klein** ist gut.
SACHVERHALT	**Dass es schneit**, freut alle.

Tab. 2: Subjektrollen und Beispiele

Üblicherweise enthält ein Gedanke mehr als eine Beteiligungsrolle. Was wird Subjekt? Wenn man über das Deutsche, in dem das Subjekt vielfältige Beteiligungsrollen ausdrücken kann, hinausgeht, so gibt es eine Tendenz:

- Gibt es einen Handlungsträger, wird er Subjekt;
- gibt es ihn nicht, wird das von einer Aktion betroffene Objekt Subjekt;
- gibt es das nicht, so wird es der Empfänger;

- gibt es keinen, folgt das Instrument;
- dann folgen Raum und Zeit.

Es ergibt sich also diese Hierarchie für die Versprachlichung als Subjekt:

Subjekt-Präferenz:
Handlungsträger > Objekt > Empfänger > Instrument > Raum > Zeit

Ein Agens kann im Deutschen nur als Subjekt oder mit einer Präpositionalgruppe versprachlicht werden, wie wir bei der Behandlung des Passivs gesehen haben:

(9) **Paula** schlägt Paul. Paul wird **von Paula** geschlagen.

Das folgende Beispiel zeigt eine typische Abfolge: ein thematisches Subjekt, das im Vorfeld platziert ist (a und b). Im Satz (c) rückt das Subjekt in Konkurrenz mit *dieser*, das auf Nahegelegenes verweist (*Schwester* als weiteres Thema), an die Position nach dem finiten Verb.

(10) (a) **Die Schwester meiner Großmutter**$_1$ war sehr fromm. (b) **Sie**$_1$ hatte vierhundert Kronen Rente im Jahr und ein Zimmer bei [ihrer Schwester]$_2$, meiner Großmutter. (c) Dieser$_2$ gab **sie**$_1$ das Geld, von dem für sie$_1$ gekauft wurde, was sie$_1$ brauchte.
(Brecht 1980: 32)

Das Subjekt kann verzögert auftreten, um Spannung und Gewichtung (markiert durch Akzent) zu erhöhen:

(11) Zu den wenigen Ereignissen meines ereignisarmen Lebens, die auf mich Eindruck machten, gehört, wegen eines Hundes, **das Erdbeben in San Francisco**.
(Brecht 1980: 108)

(12) Gestern haben in Köln den ganzen Tag die <u>Busfahrer</u> gestreikt.

Subjektproben:

Die Frage nach dem Subjekt mit *wer* oder *was* ist nicht unproblematisch. Denn *wer* und *was* kommen nur im Singular vor; *wer* fragt nach Personen/Lebewesen, *was* nach Sachen. Das Verhältnis zum Genus ist unklar (*Wer hat gewonnen? – Die Eichendorff-Schule*). Hier folgen schwierige Fälle:

(13) Die Küche ist nicht aufgeräumt. – Wer ist nicht aufgeräumt? Was ist nicht aufgeräumt?

(14) Der Schrank war leer. – Wer war leer? Was war leer?

(15) Die Bäder sind geputzt. – Wer ist geputzt? Was ist geputzt?

(16) Die See ist unruhig. – Wer ist unruhig? Was ist unruhig?

Besser, man ersetzt durch eine Anapher (*er, sie, es*), die thematisch fortführen kann:

(17) Die Küche ist nicht aufgeräumt. **Sie** ist nicht aufgeräumt.

(18) Der Schrank war leer. **Er** war leer.

Zu beachten ist, dass *sie* auch Akkusativ sein kann, dann aber müsste man *sie* durch *wen* erfragen können. Wir sehen: Die Proben haben ihre Problematik (→ Kap. S1).

Der Subjektion steht mit der Prädikation bzw. dem maximalen Prädikat das gegenüber, was über das Subjekt gesagt ist:

(19) [Dass es so lange nicht geregnet hat]$_{Subjektion}$, [ist für die Bauern eine Katastrophe]$_{Prädikation}$.

(20) [Pia]$_{Subjektion}$ [hat [Max]$_{Dativobjekt}$ [ein Auto ohne Motor]$_{Akkusativobjekt}$ **verkauft**]$_{Prädikation}$.

D6.2 Prädikative

> Das SUBJEKTSPRÄDIKATIV erscheint in objektlosen Sätzen. Die Prädikation besteht nur aus einem Kopulaverb (→ D1.4) und einem Ausdruck in der Satzfunktion eines Prädikativs. Dem Kopulaverb wird ein Bedeutungselement hinzugefügt, so dass die ganze Einheit als Prädikation zum Subjekt fungieren kann.

In der Prädikativfunktion können erscheinen:

	Adjektiv	Adverb	Nominalgruppe	Präpositionalgruppe	Satz
Das ist	groß	da	der Kölner Dom	aus Zucker	was es ist

Tab. 3: Realisierungen des Subjekt-Prädikativs

> Das OBJEKTSPRÄDIKATIV installiert mit einem Adjektiv, Partizip einer Nominal- oder Präpositionalgruppe eine zusätzliche Eigenschaft, die einem Objekt zugeordnet ist; dazu zählt man verschiedene Fälle, bei denen unterschiedliche Implikationen vorliegen.

(21) Pia servierte die Suppe **kalt**. ⇒ Die Suppe war kalt.

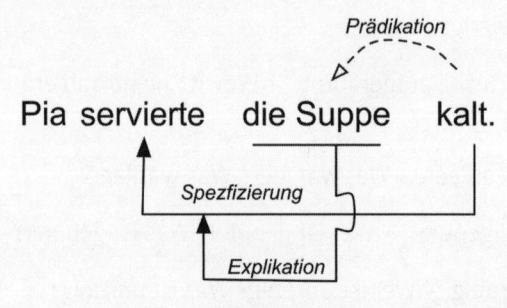

Abb. 2: Objektsprädikativ

(22) Pia hatte das Lehrbuch **gebraucht** gekauft. ⇒ Das Lehrbuch war gebraucht.

(23) Man wählte Fuffziger **zum Präsidenten**. ⇒ Fuffziger wurde Präsident.

(24) Man nannte ihn **Gringo**. ⇒ Er hieß Gringo.

In einigen Fällen wird ein Resultat zum Ausdruck gebracht:

(25) Der Prinz küsst Dornröschen **wach**. ⇒ Dornröschen ist (dann) wach.

(26) Max aß den Teller **leer** ⇒ Der Teller war (dann) leer.

Die Folgerungen zeigen den Unterschied zu Fällen, in denen Verb und Adjektiv eine Kombination eingehen:

(27) Die hat mich echt **voll**gelabert [Hörbeleg] ⇒| Ich war voll.

(28) Der Arzt erklärt ihn für gesund ⇒| Er ist gesund.

Unverträglichkeit mit dem Objekt ändert den Bezug, es muss eine Verbindbarkeit mit dem Verb gegeben sein:

(29) Pia servierte die Suppe **hochrot**. [Bezug nur auf Pia möglich]

```
        Prädikation
    ◁┄┄┄┄┄┄┄┄┄┄┄┄┄┄┄┄┄┄┄┄┄
    Pia   servierte   die Suppe   hochrot.
              ↑   Explikation
                  ↑
                      Spezifizierung
```

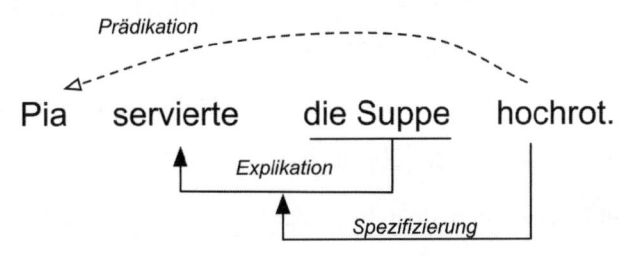

Abb. 3: Spezifizierung mit Subjektbezug

(30) *Pia wohnt in Essen **krank**.

Im folgenden Beispiel ist nur Bezug auf das Subjekt möglich:

(31) **Erschöpft** liegt Mario Götze auf dem Boden.

D6.3 Objekte

Objekte sind in der Philosophie als Gegenstände des Erkennens und Wahrnehmens gefasst. In der Grammatiktradition sind sie die Gegenstücke zum Subjekt, die in einer spezifischen Relation zum Satzgedanken, zur ausgedrückten Szene stehen. Dass ein Objektkasus vom Verb bestimmt ist und das Objekt eine besondere Beziehung zum Verb hat, wurde auch in der älteren Grammatik gesehen. Dem Subjekt, das aufgrund seiner grammatischen Besonderheiten hervorgehoben ist (nicht kasusmarkiert, öfter Thema, Satzgegenstand) stellte man das (maximale) Prädikat, die Prädikation gegenüber, die aus minimalem Prädikat und Objekten bestand. Grammatiken, die sich stark auf die Valenzidee von Tesnière beziehen, sprechen stattdessen von Komplementen (Ergänzungen), die eine Leerstelle des Verbs füllen, wobei das Subjekt nur ein Komplement neben den anderen ist. Den Komplementen werden die verbunabhängigen Supplemente (freie Angaben) entgegengestellt. Wir arbeiten hier – anders als in Zifonun/Hoffmann/Strecker 1997 – mit dem in der Schule geläufigen Objektbegriff. Man kann aber auch verbbezogen von Akkusativ-, Dativ-, Genitiv-, Präpositional-, Adverbialergänzung (-komplement) sprechen.

DAS AKKUSATIVOBJEKT (DIREKTES OBJEKT):

Der Akkusativ ist der typische Objektkasus im Deutschen. Deutsch ist eine Akkusativsprache wie andere indoeuropäische Sprachen. Der Akkusativ versprachlicht den nicht aktiven, aber stark involvierten Mitspieler (insbesondere den von einer Handlung erfassten, betroffenen Gegenstand (Objekt, Person)). Beispielsweise das Transferierte im Geben-Szenario:

(32) Er kaufte ihr **Blumen** und schenkte ihr **einen Ring**, dann gab sie ihm **das Ja-Wort**.

Mit einem *be*-Verb kann man eine Person in diese Rolle bringen:

(33) Sie haben uns$_{Dat}$ etwas$_{Akk}$ gestohlen. → Sie haben uns$_{Akk}$ bestohlen.

Mit dem Passiv kann man umperspektivieren, so dass die betroffenen Personen als Opfer den szenischen Blick leiten:

(34) **Wir** wurden bestohlen. [Werden-Passiv]

Statt eines Akkusativobjekts kann ein Satz oder eine Infinitivgruppe erscheinen:

(35) Sie fragt, **ob** ein Platz frei ist. [Objektsatz]

(36) Sie wünscht **zu gewinnen**. [Infinitivgruppe]

Verben, die sich mit einem Akkusativobjekt verbinden, nennen wir TRANSITIVE VERBEN, alle anderen sind INTRANSITIV. Manche Verben nehmen zwei Akkusativobjekte, sind DITRANSITIV:

(37) Das kostet **den Präsidenten sein Ansehen** und lehrt **ihn Demut**.

Neben dem Akkusativobjekt kann ein Infinitiv erscheinen (AcI, → C3.10): *sie hört die Flöhe$_{Akk}$ husten$_{Inf}$*.

Akkusative sind auch in adverbialen Nominalgruppen zu finden:

(38) Sie qualmte [**den ganzen Abend**$_{Akk}$]$_{temporales\ Adverbial}$.

Der Akkusativ kann auch von Adjektiven verlangt sein:

(39) Das ist **die Mühe**$_{Akk}$ **wert**.

Als Probe sollte man die fragliche Wortgruppe durch *ihn, sie, es* ersetzen.

Hier passt das Objekt semantisch nicht (Überlagerung durch eine andere Szene):

(40) „Vor dem Aussteigen **Fahrgastwunsch** betätigen." (Schilder in der Leipziger Straßenbahn, taz 26.6.11)

Das DATIVOBJEKT:

Im Dativ erscheinen vor allem Personen als Nutznießer oder Pechvögel, als jemand, der etwas wahrnimmt oder erfährt oder etwas empfängt/verliert oder dem etwas zukommt, gehört. Oft handelt es sich um Personen, zumindest aber um Lebewesen.

(41) Man hat **ihm**$_{Dat}$ geholfen, man hat **ihm**$_{Dat}$ aber auch geschadet.

(42) **Mir**$_{Dat}$ ist heiß. [ohne Subjekt]

(43) Eva gab **ihm**$_{Dat}$ einen Apfel. Der wurde **ihm**$_{Dat}$ gestohlen.

(44) Das gehört alles **mir**$_{Dat}$.

(45) Er lieh Geld, **wem er vertraute**. [Objektsatz]

Auch Adjektive können den Dativ verlangen:

(46) Er ist **mir**$_{Dat}$ **dankbar**.

Als Probe ist die mögliche Ersetzung durch *ihm, ihr* sinnvoll.

Das Dativobjekt ist zu unterscheiden von frei hinzufügbaren, daher FREIEN DATIVEN, die nicht verbbestimmt sind:

(47) Du bist **mir** ein Schelm! [auch ethischer Dativ, dativus ethicus, genannt]

(48) Komm **mir** ja nicht zu spät zur Schule! [ethischer Dativ]

(49) Maschi spendet **ihm** der Partei zu wenig. [auch Dativ des Beurteilers, dativis ludicantis genannt]

Der besondere Status zeigt sich daran, dass beide weglassbar und im Verbszenario nicht mitgedacht sind; in zweiten Beispiel steht der freie Dativ neben einem Dativobjekt *(der Partei)*.

Das GENITIVOBJEKT:

Nur wenige Verben und Adjektive verlangen noch den Genitiv, der früher als dritter Objektkasus von Bedeutung war, heute aber als Kasus der attributiven Nominalgruppe seine Hauptrolle spielt. Die Gerichtssprache hat einige Genitivverben, bei denen der Inhalt der Beschuldigung etc. im Genitiv erscheint. Die Genitivgruppe bedarf eines Determinativs oder Adjektivs:

(50) Die Anklage beschuldigte ihn **des Mordes**$_{Gen}$/ ***Mordes**$_{Gen}$.

(51) Die Partei vergewisserte sich **allgemeinen Konsenses**$_{Gen}$.

(52) Er war **des Diebstahls**$_{Gen}$ verdächtig.

(53) Er war **wessen**$_{Gen}$ verdächtig?

(54) **Wes das Herz voll ist**, geht der Mund über. [Objektsatz]

(55) Er entledigte sich, **wessen er überdrüssig war**. [Objektsatz]

(56) Sie gedachte **ein Studium aufzunehmen**. [Infinitivgruppe]

Adverbialer Gebrauch (*eines Tages*) ist selten.

Man fragt mit *wessen*. Im Maskulinum und Neutrum Singular kann man mit *dessen* ersetzen, im Femininum und Plural ist es schwieriger *(derer, deren)*.

Das PRÄPOSITIONALOBJEKT:

Der Anschluss erfolgt durch eine Präposition, die ihrerseits einen bestimmten Kasus (Dativ und/oder Akkusativ) verlangt. Manche Verben verlangen eine feste Präposition und bilden eine Bedeutungseinheit. Man fragt mit Präp + *wem, wen/was; woran, worauf, worüber*.

(57) Alle Initiativen scheiterten **am**$_{Präp}$ Präsidenten$_{Dat}$.

(58) Alle hofften **auf**$_{Präp}$ einen gerechten Frieden$_{Akk}$.

(59) Alle hofften **worauf**?

(60) Alle hofften, sie könnten gewinnen. [Objektsatz]

(61) Alle hofften zu gewinnen. [Infinitivgruppe als Objekt]

Das ADVERBIAL als Mitspieler:

Auch Adverbien und adverbiale Präpositionalgruppen erscheinen in der Funktion eines Mitspielers der Verbszene:

(62) Paula fährt **dorthin**. Dann wohnt sie **dort**.

Möglich sind auch satzförmige oder als Infinitivgruppe realisierte Subjekte und Objekte:

(63) Paula wohnt, **wo es schön ist**.

(64) Max geht **Forellen angeln**.

Die Unterschiede zwischen den Kasus im Deutschen und Türkischen fasst Tabelle 4 zusammen; die türkischen Kasusendungen stellt Tab. 3 vorab zusammen.

Nominativ	Genitiv	Dativ	Akkusativ	Lokativ	Ablativ
--	-in (ün,-ın, -un)	-e (-a)	-i (-ü, -ı, -u)	-de (-da, -te, -ta)	-den (-dan, -ten, -tan)

Tab. 4: Kasusendungen des Türkischen (in Klammern Endungen nach der großen oder kleinen Vokalharmonie (→ S2.1), je nach vorausgehendem Stammvokal; nach Vokal wird -y- oder -n- als Bindekonsonant eingefügt: -ye, -yi etc.), nach stimmlosem Konsonant wird -d- zu stimmlosem -t- (*hayat-ta* Leben-Lokativ ‚am Leben')

	Deutsch	Türkisch
Nominativ	Subjekt: Handelnder, Kontrolleur, Empfänger, Besitzer, Betroffener, Ursache ... (→Tab. 26) Prädikativ: Kategorie, Eigenschaft von X Vokativ: Anrede *Peter!*	Subjekt: Handelnder etc. (ähnlich wie im Deutschen) *Adem geliyor* ‚Adem kommt' Prädikativ: Kategorie, Eigenschaft von X *arkadaş-ım öğretmen* ‚mein Freund (ist) Lehrer' Vokativ: *Taksi!* unmarkiertes, unbestimmtes direktes Objekt zum Verb: *bir elma yedi* ‚er aß einen Apfel' *sigara içiyor* ‚er raucht Zigaretten.'
Genitiv	als Objektkasus selten (z.B. Beschuldigungsinhalt bei entsprechenden Verben), vor allem attributiv: Besitz, Zugehörigkeit, Zukommen, Teil, Menge, Eigenschaft, Gleichsetzung, Handelnder, Objekt	Attribut: Besitz, Zugehörigkeit, Subjekt *Adem'-in hobi-si* ‚Adems Hobby' (Nomen-Genitiv Nomen-Possessiv-Verbindung (definit)) Prädikativ: *Bu araba Adem'-in* ‚dieser Wagen ist Adems'
Dativ	jemand, der etwas wahrnimmt oder erfährt oder etwas empfängt/verliert oder dem etwas zukommt, gehört, Nutznießer oder Pechvogel, meist Personen oder Lebewesen	jemand, der etwas wahrnimmt, erfährt, empfängt Ausrichtung auf ein Ziel, eine Richtung, einen Zweck, Zuwendung zu etwas *ev-e gidiyorum* ‚ich gehe nach Hause' *Yüksel'-e bir elma verdim* ‚ich gab Yüksel einen Apfel.'
Akkusativ	nicht aktiver, in die Szene einbezogener Mitspieler, von einer Handlung erfasster, betroffener Gegenstand, weniger häufig Personen	definites, bestimmtes Objekt, in die Szene einbezogener bestimmter Mitspieler, erfasster Gegenstand: *bu sigara-yı içiyor* ‚er raucht diese Zigarette'
Lokativ	-- (Präpositionen)	statische Angabe des Orts, an dem bzw. des Raums, in dessen Bereich jemand/etwas/ein Ereignis ist, übertragen auch auf einen Zeitraum: *ev-de* ‚im/am/beim Haus', *doktor-da* ‚beim Arzt', *o zaman-da* ‚zu jener Zeit', *saat alt-ı-da* ‚um sechs Uhr'
Ablativ	-- (Präpositionen)	Ursprung, Ausgangspunkt, Richtung, aus der jemand/etwas kommt, auch zeitlich; Passage; übertragen: Stoff, Ursache: *ev-den geliyorum* ‚ich komme aus dem Haus, vom Haus', *doktor-dan* ‚vom Arzt', *iş-ten* ‚von der Arbeit', *bahçe-den geçmek* ‚durch den Garten gehen', *şimdi-den sonra* ‚von jetzt an', *cam-dan* ‚aus Glas', *açlık-tan* ‚aus Hunger'

Tab. 4: Kasus im Deutschen und Türkischen

Im Russischen sind die Verhältnisse dem Deutschen ähnlich. Es gibt aber einen spezifischen Präpositionalkasus, in dem im Verbund mit Präpositionen räumliche Beziehungen ausgedrückt werden können (*na stol-é* ‚auf dem Tisch'), und den Kasus Instrumentalis, der ein Mittel oder Instrument versprachlicht (*dverjam-i* ‚mit der Tür') und mit bestimmten Präpositionen auch lokal gebraucht werden kann (*kniga lezhit pod stolom* ‚das Buch liegt unter dem Tisch').

D6.4 Das Adverbial

Das ADVERBIAL ist ein Chamäleon. Es drückt situative Umstände verschiedenster Art aus: räumliche (Ort, Richtung, Erstreckung), zeitliche (Intervall, Maß/Frist, Frequenz), konditionale und kausale, finale und konsekutive, solche der Art und Weise. Traditionell wird es primär semantisch gefasst, nicht formal wie die Objekte, so dass es adverbiale Objekte nicht gab.[1] Heute sprechen wir aber von adverbialen Mitspielern der Verbszene neben spezifizierenden Adverbialia. Das Realisierungsspektrum ist breit und umfasst Adverbien (→ E1.1), Präpositionalgruppen, Adjektive, Nominalgruppen, Nebensätze (→ E1.2).

(65) Sie arbeitet **in München**$_{Ort}$, ihr Freund fährt also **oft**$_{Frequenz}$ **nach München**$_{Richtung}$, **wenn seine Arbeit es erlaubt**$_{Konditional}$.

(66) **Weil Sie ein guter Kunde sind**$_{Kausal}$ und **aus Kulanz**$_{Kausal}$ erstatten wir **bis Ende des Kalendermonats**$_{Frist}$ den Kaufpreis.

(67) **Solang man sie gut bezahlt**$_{Frist}$, arbeitet sie **gern**$_{ArtuWeise}$ **den ganzen Tag**$_{Zeit\_Erstreckung}$.

(68) **Zur Genesung**$_{Final}$ gehts zur Nordsee, **so dass die Allergien verschwinden**$_{Konsekutiv}$.

Adverbialia können

- Mitspieler der Verbszene sein (*sie lebt hier*)

- (bei geeigneter Stellung) das Verb oder die Verbgruppe spezifizieren:
  *Mit der Maus spielte sie **gern**.*

- den ganzen Satz spezifizieren:
  ***Morgen** spielt sie um die Weltmeisterschaft.*

Mit der Maus   spielte   sie   **gern.**
                                      ↑
                              Spezifizierung
                              Art und Weise

Mit der Maus   spielte   sie   **gern.**
                       ↑
              Spezifizierung
              Art und Weise

Morgen   spielt sie um die Weltmeisterschaft.
              Spezifizierung: ↑
              Ereigniszeit

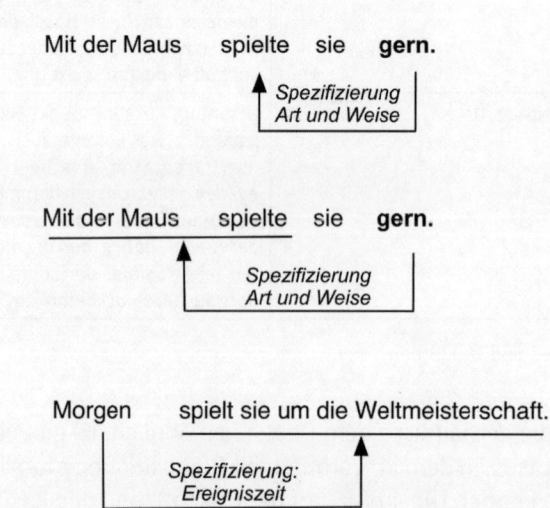

Abb. 4: Bezugsbereiche (Verb, Verbgruppe, Satz) eines Adverbs

---

[1] Daraus ergeben sich Abgrenzungsprobleme, z.B. ob man einen vom Verb bestimmten Ausdruck wie in *Sie lebt in Dortmund* als Präpositionalobjekt einstuft oder als obligatorisches Adverbial.

Einen Satzbezug kann man mit einer Probe klären, die das Adverbial aus dem Satz herausnimmt und in einen übergeordneten Satz wie *es ist der Fall, dass ..., es trifft zu, dass ...* einbettet. Allerdings entstehen bei Proben nicht immer Sätze mit elegantem Deutsch:

(69) *****Gern** ist es der Fall, dass sie mit der Maus spielt. [Verbgruppenadverbial]

(70) **Morgen** ist es der Fall, dass sie um die Weltmeisterschaft spielt.
[Satzadverbial]

Adverbialia (Präpositionalgruppen, Adverbien) können als Mitspieler (Komplemente) zum szenischen Rahmen bestimmter Verben gehören.

(71) Paula lebt **in Braunschweig/dort**. Jetzt steht sie **auf dem Bahnsteig**.
[*leben, wohnen, stehen*: Man lebt / wohnt / steht an einem Ort.]

(72) Eine Spedition bringt den bestellten Wein wöchentlich **von Berlin nach Hamburg**. (Zeit, 11.07.1986: 25)
[Transport- und Bewegungsverben wie *reisen, fahren, kommen, gehen* verbinden sich mit Ausgangs- und Richtungsergänzungen.]

(73) Sie verwenden Holz **zum Heizen**.
verwenden, gebrauchen beziehen sich auf einen bestimmten Zweck.

D6.5 Aufbau und Entwicklung einer Szene: Explikation und Valenz

In diesem abschließenden Abschnitt behandeln wir den Aufbau der Prädikation und verbinden die Objektperspektive mit der Valenzidee, deren Anhänger von Komplementen (Ergänzungen) sprechen (so auch Zifonun/Hoffmann/Strecker 1997). Damit liefern wir die Anschlussstelle für die Grammatikforschung, die Mitspieler durch spezifische Testverfahren zu bestimmen sucht und eine etwas andere Terminologie nutzt.

Die Prädikation hat Verben als sprachliches Zentrum. Anders als die semitischen Sprachen (hebr. *'ellä beni Jaakob* ‚diese sind die Söhne Jakobs') oder Altgriechisch (*ergon óneidos* ‚Arbeit (ist) Schande') oder Türkisch (*Adem öğretmen* ‚Adem (ist) Lehrer') hat Deutsch keine Nominalsätze.

Mit Verben wie *rascheln, regnen, schlafen* kann ein Ereignis mit einer Prädikation bereits komplett in einem Zug erfasst werden. Die Prädikation wird mit einem bedeutungsleeren Subjektausdruck (*es*) synthetisch verbunden (*es regnet*). Die meisten Szenen sind komplex zu fassen und zu versprachlichen. Dazu werden Ausdrücke integriert:

(74) *ein Elementarteilchen + entdecken*
über etwas + berichten
jemandem + vertrauen
ihr + einen Brief + schreiben [Explikation durch Mitspieler der Szene]

Ein solcher neuer Mitspieler in der Szene ist funktional eigenständig, es wird ein Gegenstand im weiteren Sinne konstituiert.

Ausgebaut wird die Kernszene durch Spezifizierungen mit Supplementen (Angaben). Beispiele sind *schnell + fahren, gewählt + sprechen, gern + [Briefe schreiben]; heute + [Fußball spielen]*.

(75) *sorgfältig + schreiben* [Spezifizierung der Handlung als sorgfältig durchgeführte]

Eine Prädikation wird durch eine Verbgruppe versprachlicht, in der neben dem verbalen Charakteristikum Explikate und Spezifizierungen zu finden sind. Auf diese Weise wird eine Szene entfaltet, expliziert, so weit ihr Aufbau dem Hörer vermittelt werden soll. Am Hörer bemisst sich, was alles versprachlicht wird.

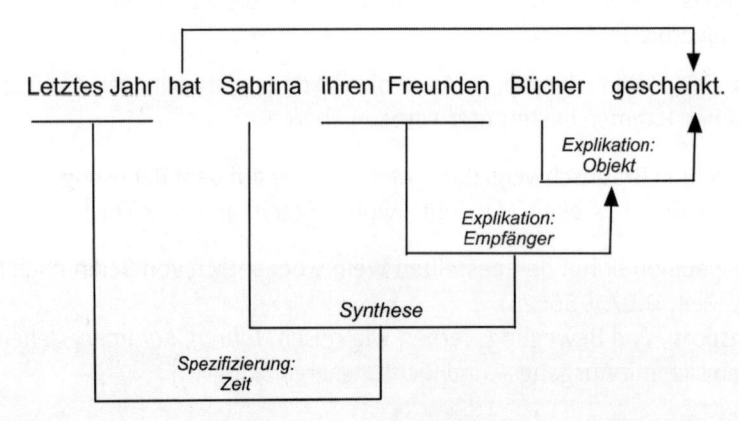

Abb. 5: Aufbau und Ausbau einer Szene (Explikationen, Spezifizierungen)

Da szenische Konstellationen wiederkehrend versprachlicht werden, sind die Ausbaumöglichkeiten eines Verbs grammatisch festgelegt, dies aber unterschiedlich strikt. Die formalen Anschlussbedingungen, die das Verb setzt, nennt man Rektion. Regieren kann ein Verb einen Ausdruck in einer bestimmten Merkmalsausprägung. Es legt fest:

- die Kategorie des Mitspielers:
  sie hofft auf/*in die Zukunft; sie hofft zu gewinnen, sie glaubt, *ob sie gewinnt

- den Kasus der angeschlossenen Objekte:
  sie sah ihren Prinzen / *ihren Prinz / *ihrem Prinzen; ich bewundere dich/*dir

Mit jedem Verb einer Verbgruppe ist ein bestimmtes Szenario, ein szenischer Entwurf, gegeben, in dem es bestimmte Mitspieler, Orts- und Zeitfestlegungen gibt, die in einem Satz mit dem Verb zu formulieren oder doch mitzuverstehen sind, wenn sie fehlen. Diese Mitspieler können als Objekte gelten, sie haben in Valenzgrammatiken die Funktion eines KOMPLEMENTS (ERGÄNZUNG).

Die konkrete Auswahl eines Mitspielers hängt von der zu verbalisierenden Szene und vom aktuellen Sprecher-/Hörerwissen ab. Ausgehend von der Szene wird mit einem geeigneten Verb und seinen Mitspielern eine bestimmte Perspektive formuliert. Grundlage sind die sprachlich ausgeprägten Konstruktionsschemata (Szenarios). Damit das funktioniert, müssen bestimmte Mitspieler versprachlicht sein, können nicht gestrichen werden. Der harte Kern kann mit der WEGLASSPROBE erfasst werden:

> *Prüfe, was nicht gestrichen werden kann, ohne dass der Satz inkorrekt wird. Das gilt als Komplement.*

(76) Sie übergibt dem Präsidenten die Bittschrift.

(77) Sie übergibt die Bittschrift. [ist wohlgeformt]

(78) *Sie übergibt dem Präsidenten. [nicht wohlgeformt]

Also ist *die Bittschrift* in jedem Fall Mitspieler, in der Valenzgrammatik KOMPLEMENT (Ergänzung) zum Verb. Aber wie steht es mit *dem Präsidenten?* Es können Mitspieler entfallen, die bekannt oder erschließbar sind. Für sie wendet man den FOLGERUNGSTEST an:

> Prüfe ob sich aus einem gegebenen Satz derselbe Satz mit einer zusätzlichen Position, die durch einen Unbestimmtheitsausdruck wie *jemand(em/en), irgendetwas, irgendwo, irgendwohin, eine gewisse Zeitspanne ...* besetzt ist, folgern lässt. Ist das der Fall, liegt ein fakultatives Komplement vor.

(79) Wir fahren ⇒ Wir fahren irgendwohin [Richtungsergänzung]
Szenario: *fahren* (Fahrer, Richtung/Raumbereich)

(80) Wir haben das Auto verkauft. ⇒ Wir haben jemandem [Dativobjekt, Empfänger] das Auto verkauft. Und: ⇒ Wir haben jemandem das Auto zu einem Preis X verkauft.
Szenario: *verkaufen* (Verkäufer, Käufer, Verkaufsobjekt, Preis)

(81) Was macht sie gerade? – Sie isst. ⇒ Sie isst irgendetwas.
Szenario: *essen* (jemand, Speise)

Die Ergänzung kann auch aus dem Redezusammenhang erfolgen, in dem Thematisches u.U. weggelassen werden kann (→C5.3.5).

(82) Wann fährst du nach Köln? – Ich fahre um zwölf.

Was nicht Mitspieler der Verbszene ist, sondern einer Szene frei hinzugefügt werden kann, heißt in der Valenzforschung SUPPLEMENT (manchmal auch: FREIE ANGABE). Diese Funktion haben oft Ausdrücke, die kommunikativ, für das Hörerverständnis gerade besonders wichtig sind. Ausdrücke in der Funktion eines Adverbials sind meist Supplemente (*arbeitet/spielt/gastiert in München*), können aber mitunter auch als Komplemente aufzufassen sein (*wohnt/lebt in München*). Formal hängen sie nicht vom Verb ab, inhaltlich sind sie nicht im Verbszenario mitgedacht. Ihr Kasus wird nicht vom Verb regiert, auch nicht ihre Kategorie. Die Abgrenzung von den Komplementen bzw. Mitspielern ist nicht immer einfach. Derselbe Ausdruck kann als Mitspieler bestimmter Verben oder bei anderen als Supplement erscheinen:

(83) Eine Unterrichtsstunde dauert **45 Minuten**. [Mitspieler: Komplement]

(84) Für die Strecke brauchten sie **45 Minuten**. [Mitspieler: Komplement]

(85) Sie arbeiteten **45 Minuten** am Biologieprojekt. [kein Mitspieler der Verbszene: Adverbial/Supplement]

Das Verb *dauern* impliziert eine Zeitspanne, *brauchen* in dieser Kombination einen bestimmten Aufwand an Zeit, Geld etc. für einen Zweck. *Arbeiten* hingegen hat keine solchen Implikationen. Als Probe dient in der Regel der ANSCHLUSSTEST mit *und das* oder *und zwar*:

> Prüfe, ob das fragliche Wort bzw. die fragliche Wortgruppe in eine Koordination mit und zwar oder und das ausgelagert werden kann, wobei der Restsatz grammatisch wohlgeformt bleiben muss.

(86) Sie arbeiteten am Biologieprojekt, und zwar **45 Minuten**.
[Adverbial/Supplement]

(87) *Eine Unterrichtsstunde dauert, und zwar **45 Minuten**.
[Mitspieler: Komplement, kein Supplement]

(88) *Für die Strecke brauchten sie, und zwar **45 Minuten**.
[Mitspieler: Komplement, kein Supplement]

Die Grenze eines solchen Tests sieht man daran, dass er den freien Dativ nicht erfasst:

(89) Das ist **mir** der Richtige. *Das ist der Richtige und zwar **mir**.

Ausführliche Angaben zur Valenz von Verben findet man leicht zugänglich im elektronischen Valenzwörterbuch (E-VALBU) des Instituts für deutsche Sprache [http://hypermedia2.ids-mannheim.de/evalbu/index.html], es gibt auch eine Buchversion (Schumacher 2004). Abb. 6 zeigt einen Ausschnitt für die Variante 4 von *anmelden an*. Man sieht in dem Wörterbuch, dass der Großteil der Verben über Varianten mit unterschiedlicher Valenz verfügt. Das bedeutet theoretisch, dass Verben meist zu mehreren szenischen Rahmen gehören. Das verwundert nicht, wenn man sich allein die Vielzahl von Bedeutungsrollen vor Augen führt, die ein Subjekt in einer Szene einnehmen kann; von denen ausgehend sind dann sehr unterschiedliche Konzepte von Szenen aufzubauen.

anmelden an 4 (lesartspezifische Angaben) [Artikelkopf]

Strukturbeispiel:	jemand meldet jemanden an/auf etwas an
Im Sinne von:	jemand lässt jemanden als Schüler, Studenten o.Ä. an etwas registrieren
Satzbauplan:	K_{sub}, K_{akk}, K_{prp}
Beispiele	(1) Ich habe mich an der Technischen Hochschule in Hannover angemeldet.
Belegungsregeln:	• K_{sub}: NP im Nom/ProP im Nom/GWS • K_{akk}: NP/ häufig sich • K_{prp}: an +Dat/[selten] auf +Dat (2) Kann man in Berlin sein Kind guten Gewissens an einer staatlichen Schule anmelden? (Berliner Zeitung, 27.10.2004, S. 23) (3) Auf dem Schlauch stehen auch alle Eltern, die ihre Kinder auf Schulen angemeldet haben, die laut Schulentwicklungsplan geschlossen werden sollen. (Hamburger Morgenpost, 02.05.2005, S. 19)
Passivkonstruktionen:	Werden-, Sein-Passiv werden: (4) Nur 18,5 Prozent aller Schüler wurden auf Haupt- und Realschulen (HR) angemeldet. (Hamburger Morgenpost, 27.05.2005, S. 19) sein: (5) An der Hauptschule Hinter Burg sind für das kommende Schuljahr 28 Schüler/innen angemeldet, das sind fünf Schüler/innen mehr als im Jahr zuvor, damit können zum ersten Mal seit zwei Jahren wieder zwei Eingangsklassen gebildet werden. (Rhein-Zeitung, 17.04.2008)

Abb. 6: EVALBU zu *anmelden an 4* (K: Komplement; sub: Subjekt-, akk: Akkusativ-, prp: präpositionales Komplement; NP: Nominalgruppe, ProP: Pronominalgruppe; Nom: Nominativ, Dat: Dativ) [http://hypermedia2.ids-mannheim.de/evalbu/index.html]

E Der Ausbau von Gedanken

> **Prozeduren:**
> deiktische, operative und symbolische

> **Kategorien:**
> Adverb, Adverbialsatz, Präposition, Präpositionalgruppe, Gradpartikel, Modalpartikel, Negationspartikel, Abtönungspartikel

> **Didaktischer Kommentar:**
> In diesem Kapitel wird gezeigt, wie Gedanken und Elemente von Gedanken mit Adverbien, Adverbialsätzen und Präpositionalgruppen spezifiziert werden können. In der Grundschule wird man ein erstes Verständnis anbahnen (Adverb, einige Adverbialsätze, Präpositionen, Hinweise zur Negationspartikel), aber systematischer erst in der Sekundarstufe an die Möglichkeiten herangehen können. Besondere Lernprobleme machen Präpositionen (Bedeutungen und Kasussteuerung). Eher für Fortgeschrittene sind Grad- und Negationspartikeln, Modal- und Abtönungspartikeln. Sie dürfen aber nicht vergessen werden, denn die Negationspartikel spielt eine wichtige Rolle, auch für das sprachliche Handeln (Bestreiten, Zurückweisen, sagen, was es nicht gibt, was nicht gilt); die Negation ist ein Kommunikationsmerkmal, über das nur Menschen verfügen. Abtönungspartikeln gehören zu den Besonderheiten des Deutschen, die aus Sicht anderer Sprachen auffällig und nicht leicht lernbar sind.

> **Literaturhinweise:**
> Altmann 2009; Jacobs 1982; Grießhaber 1999; Hoffmann 2008, 2009; Zifonun/Hoffmann/Strecker 1997

E1 Adverbien und Adverbialsätze

E1.1 Adverbien

ADVERB bezeichnet etwas, das einem Gesagten zugefügt ist (griech. *epírrhēma*, latein. *ad-verbium*: ‚der Rede, dem Wort, Ausdruck, Verb Zugefügtes' (*ad*)).

> Zur Wortart Adverb gehören Ausdrücke, mit denen ein Gedanke oder gedankliches Element spezifiziert werden kann. Die Basisfunktion ist die eines Adverbials zur Verbgruppe oder zum Satz bzw. als Mitspieler (Komplement). Einige können als Prädikativ mit einem Kopulaverb (*bleiben, sein, werden*), das sie spezifizieren, den Ausdruck einer Prädikation bilden. Manche Adverbien können das Kopfnomen einer Nominalgruppe oder ein Adjektiv restriktiv spezifizieren, in seltenen Fällen können sie in Sprachen wie Deutsch oder Englisch eigenständig gebraucht werden und Subjektfunktion haben.

Beispiele:

A. Adverbial: *Sie [spielt **gern**]* (Bezugsbereich: Verbgruppe), *[Er arbeitet **da**]* (Bezugsbereich: Satz), sie wohnt **hier** (Komplement)

B. Prädikativ: *sie [ist **dort/heute/anders**]*

C. Attribut: *[das Haus **dort**]*

D. Subjekt: *[**heute**] ist heut, [**morgen**] ist besser als heute.*

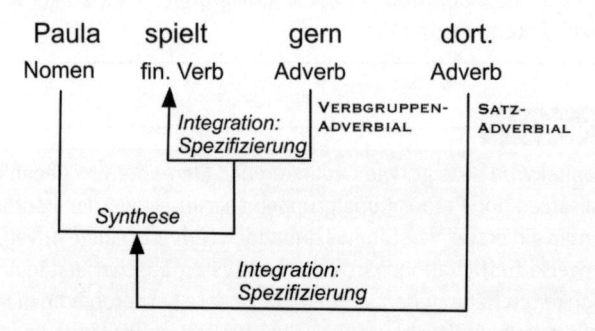

Abb. 1: Adverb mit Verbbezug (*gern*) und mit Satzbezug (*dort*)

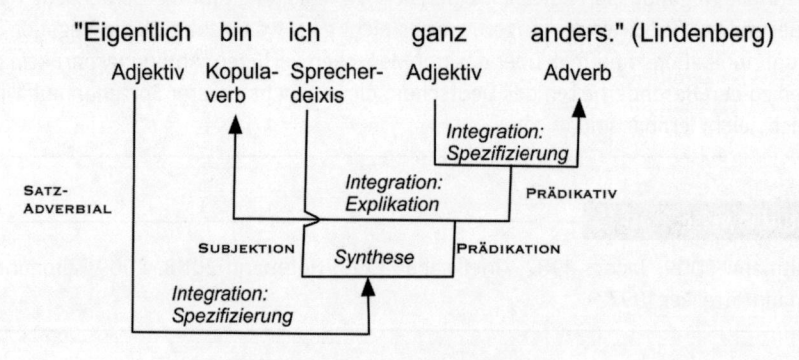

Abb. 2: Adverb als Prädikativ (*anders*)

Adverbien sind unflektierbar, sie kongruieren nicht. Sie regieren keinen Kasus (wie die Präpositionen → E2), verbinden nicht funktionsäquivalente Ausdrücke (wie Konjunktoren → F2), schließen keine Teilsätze an (Subjunktoren → E1.2). Auch die flektierbaren Adjektive werden in adverbialer (verbspezifizierender) Funktion nicht flektiert (*schnell-ø fahren*). Nur wenige Adverbien haben Formen, die der Komparation nahekommen (*oft/öfter(s)* und ehemalige Adjektive: *bald/eher* (früher *balder* < germ. Adj.); *gern/lieber/am liebsten*).

Adverbien können an verschiedenen Position in der Abfolge realisiert werden, auch im Vorfeld (Position vor dem finiten Verb → G2), wo Abtönungs- oder Negationspartikeln nicht erscheinen können:

(1) **Überall** hat sie nach dem Schlüssel gesucht.

(2) ***Nicht/*halt** hat sie nach dem Schlüssel gesucht.

Sie sind – anders als Abtönungspartikeln – akzentuierbar (Gewichtung) und nach den meisten kann man mit Frageadverbien fragen:

(3) **Nicht <u>hier, dort</u> regnet es heute.**
Wo regnet es heute? – Dort.
Wann regnet es dort? – Heute.

Adverbien werden traditionell semantisch gruppiert (Tabelle 1).

Art der Spezifizierung	in allen Äußerungsmodi	nur im Fragemodus
1 Zeit: temporal	jetzt, heute, damals, einst, bald	wann?
2 Ort: lokal	da, hier, dahinter, drüben, links, nirgends, oben	wo?
3 Häufigkeit: frequentativ, iterativ	einmal, immer, oft, selten; samstags, wieder	wie oft?
4 Dauer: durativ	bisher, weiterhin, zeitlebens	wie lange?
5 Ziel und Zweck: final	dafür, dazu	wofür, wozu?
6 Grund, Ursache, Übergang: kausal	daher, deshalb	weshalb? warum?
7 Bedingung: konditional	gegebenenfalls, sonst	--
8 Mittel/Begleitumstand: instrumental, komitativ	hiermit, damit	womit?
9 Art und Weise: modifikativ	anders, blindlings, so; gern	wie?
10 Richtung: direktional	bergauf, dorthin, fort, querfeldein	wohin?
11 Aspekt	so	--
12 Planung	nun	--

Tab. 1: Adverbien: Semantische Klassifikation und Realisierung in Äußerungsmodi

Die Gruppen 1 und 2 sind unmittelbar in die Äußerungssituation eingebunden, 1-4 spezifizieren eine Handlung oder ein Ereignis allgemein, 5 und 6 leisten eine Anbindung an mentale Prozesse (z.B. als Erklärung, Begründung). Die Gruppen 7-10 sind dem Prozess-/Aktionskern einer Verbszene am nächsten. Gruppe 9 setzt Handlung oder Prozess vergleichend mit anderen bzw. einer Normalform des Ablaufs ins Verhältnis, 10 verbindet sich eng mit dem Bedeutungsgehalt des Verbs und kennzeichnet die Richtung einer Aktion oder Bewegung. 11 zeigt auf einen Aspekt an einem Objekt, 12 auf einen Planungsschritt.

Die Elemente der Gruppen erscheinen in charakteristischen Satzfunktionen:

- 1-9 typischerweise in der Funktion eines Adverbials (Supplements);
- 10 typischerweise als Mitspieler (Objekt, Komplement);
- 1-7 haben in der Regel die Funktion eines Satzadverbials;
- 8-10 spezifizieren Verb oder Verbgruppe (Prädikat oder Prädikation) und sind als Verbgruppenadverbialia einzuordnen;
- 11-12 erscheinen oft als eigenständige Äußerung.

E Der Ausbau von Gedanken

Der Bestand deutscher Adverbien lässt sich nach Basisprozeduren gliedern in

(a) genuin deiktische (*hier, da, dann, dort; jetzt; so; nun*), mit denen ausgehend von der „Sprecher-Origo" (Bühler) in einem Verweisraum so gezeigt wird, dass der Hörer den gemeinten Raumbereich bzw. das gemeinte Zeitintervall oder einen Planungsschritt (*nun*) synchron nachvollziehen und darin den Gegenstand bzw. die Ereigniszeit verorten kann;

(b) quasideiktische (*links, oben, heute*), die mit den deiktischen die Verankerung in der Sprechsituation teilen, aber auf einem parametrischen System (*gestern – heute – morgen*: 24 Stunden-Intervall) beruhen;

(c) symbolisch charakterisierende wie *gern, anders, lange, nirgends, überall, zeitlebens*;

(d) komplexe, die aus Deixis und symbolischer Präposition zusammengesetzt sind: *da-bei, da-r-an, da-r-aus, hier-mit*. Neben diesen gibt es Bildungen mit einem *W-*Frageelement, das ursprünglich auch einen deiktischen Anteil hatte: *wo-zu, wo-vor*. Bildungen mit Präpositionen werden als „Präpositionaladverbien", soweit sie deiktischen Anteil haben (*da+nach, des+halb*), auch als „zusammengesetzte Verweiswörter" (Rehbein 1995) bezeichnet.

Viele Adverbien des Deutschen sind aus Elementen anderer Wortarten abgeleitet, aus Adjektiven: *ander-s, gleich-er-maßen*, aus Substantiven: *abend-s, anfang-s, morgen-s*, aus Nominalgruppen: *beider+seit-s, unverrichteter+dinge*, aus Verben: *eilen-d-s*. Alte, inzwischen erstarrte Kasusendungen sind oft noch sichtbar (*tags* < ahd. *tages* (Genitiv); *heute* < ahd. *hiu tagu* (Instrumentalis)).

Einige Adverbien können den Kopf einer Adverbgruppe bilden, die Elemente unterschiedlicher Art enthalten kann. Nominale und phrasale Teile werden nachgestellt und haben ggf. einen eigenen Akzent, ansonsten werden die integrierten Elemente vorangestellt und der Kopf erhält ggf. einen Akzent (Tab. 2).

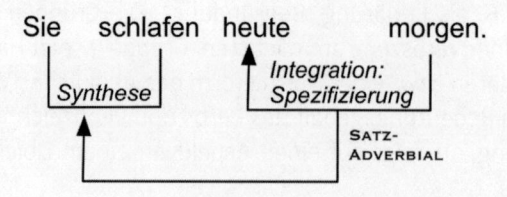

Abb. 3: Adverbgruppe als Satzadverbial (spezifiziert den Restsatz)

Integriertes Element einer Wortart	Adverbgruppe
Adjektiv	knapp da_neben_
Adverb	heute _morgen_
Gradpartikel	sogar _dann_
Intensitätspartikel	sehr _oft_
Nominalgruppe	_heute_ [den ganzen _Tag_]
Präpositionalgruppe	_irgendwo_ [in Bra_silien_]

Tab. 2: Typen von Adverbgruppen

Adverbien bzw. Adverbgruppen realisieren die Satzfunktion des Adverbials, die auch durch Adjektive (Abb. 2), Präpositional-/ Nominalgruppen oder Sätze realisiert werden kann. Typische Funktion ist die Spezifizierung, darauf ist das Adverb als Wortart spezialisiert.

Der spezifizierende Ausdruck leistet eine szenische Ausdifferenzierung oder eine Situierung der Szene. Die Spezifizierung durch Adverbien oder adverbiale Ausdrücke zeigt eine Parallelität zur Restriktion im Gegenstandsbereich mittels Attributen. In beiden Fällen wird, so weit wie kommunikativ für den Hörer nötig, differenziert. Die Spezifizierung erweitert den Horizont der dargestellten Szene, sie stellt Zugänge zur Vielfalt in der Wirklichkeit bereit. Das sprachgebundene Szenario bestimmt die Möglichkeiten: Eine Regel wie _zwei mal zwei ist vier_ ist, wenn überhaupt, in ihrer Geltungszeit, komplette Szenen sind durch Ort und Zeit, Ursachen und Bedingungen, Handlungen sind zum einen durch Gründe, andererseits durch ihre Ausführungsweise spezifizierbar.

Sprachlich ist im Deutschen die Lokalisierung propositionsnäher, die Zeit ferner. Zeit operiert über dem Ort und ihr Ausdruck steht in der Regel auch vor einem Lokaladverbial.

(4) **Gestern** [hat **dort** ein Bus gestanden].

Zwei prinzipielle Möglichkeiten der Spezifizierung sind zu unterscheiden:

- Die Spezifizierung kann durch eine lokale oder temporale Einbindung erfolgen. Der Gedanke wird an einen Verweisraum, den Wahrnehmungsraum, den Vorstellungsraum, den Rede- oder den Textraum, angebunden – ansetzend bei der „Origo" des Sprechers; der Hörer synchronisiert sich mit der Sprecher-Orientierung. So funktionieren als deiktische, zeigende Prozeduren _hier, da, dort, jetzt_. Dabei wird im Zeigfeld die Dimension der Nähe bzw. Ferne beansprucht.

- Die symbolische Spezifizierung charakterisiert, indem sie auf das geteilte Sprachwissen zurückgreift. Auf dessen Folie werden Szene, Mitspieler oder Handlung eingeordnet (_anfangs, beiderseits, gern, vergebens, selten_) und von anderen Szenen mit ihren Konfigurationen kontrastierend abgehoben:

(5)   Sie raucht selten. [Vergleichsfolie: *selten rauchen – immer, oft, manchmal ... rauchen*]

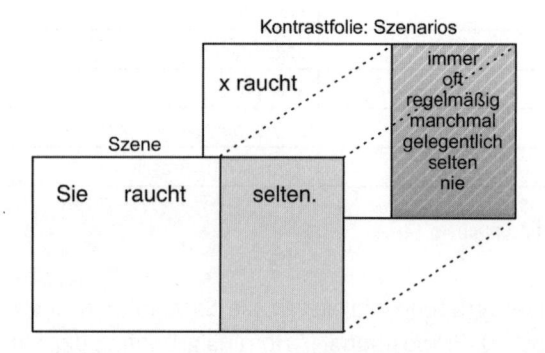

Abb. 4: Spezifizierung vor einer Kontrastfolie

E1.1.1 Deiktische Adverbien

Die situationsorientierte Spezifizierung einer schon kompletten Szene nach Ort und Zeit ist – auch sprachenvergleichend – elementar. Deiktische Adverbien scheint es in allen Sprachen zu geben, symbolische gibt es nicht in allen.

Das gestische Zeigen dient der Orientierung eines Hörers in einem Raum. Ursprünglich dient auch Zeigwörtern der Wahrnehmungsraum der Sprechsituation als „Verweisraum" (Ehlich). Die Dinge haben eine Existenz im Raum wie in der Zeit, der Raum ist eine dingliche Konfiguration (Leibniz). Der Hörer muss seine Perspektive so organisieren, dass eine Synchronisierung mit der „Origo" des Zeigenden möglich ist und der Blick auf den gemeinten, angezielten Raumbereich fällt, in dem dann etwa ein Ding zu lokalisieren ist. Dies ist ein komplexes Verfahren. Erst eine spezifische Wissensverarbeitung führt zum Ziel. In sie gehen Dimensionen des Raumes ein (Distanz, Horizontale, Vertikale). Im Idealfall befindet sich in der gezeigten Richtung im aufgebauten Raumbereich genau ein Ding, das ins Auge springt (salient ist) und an dem sich die Orientierung festmacht. In vielen Fällen ist das Gemeinte aus einer Dingkonfiguration zu abstrahieren und vom Hörer aktiv aufzusuchen. Im folgenden Beispiel orientiert der Moderator als Sprecher den Hörer auf die Äußerungszeit (*jetzt*) und seinen Nahbereich (*hier*):

(6)   Moderator Möchtest Du **jetzt hier** sein?
      Nebio   Ich möchte **hier** sein, aber nicht **da**, wo Du bist.
      (Deutschland sucht den Superstar, 4.2.06 (RTL))

Der Hörer Nebio wird zum Sprecher und baut mit *hier* seinen eigenen Nahbereich auf. Mit *da* setzt er ihn in Opposition zu seinem Fernbereich, der zugleich der Nahbereich des Moderators ist (*da, wo du bist*).

(7)   Wolfgang Fietkau: standpunkt
      hier
      ist da
      wo ich bin

da
ist nicht hier
wo ich bin

hier
wo ich bin
ist nicht da

da
wo ich bin
ist hier
(Wiemer 1974: 86)

Der deiktische Ausdruck ist sprachlich im Zeigfeld der Einzelsprache verankert und unterstützt auf der Dimension Nähe – Ferne die Auffindung des Gemeinten. Das Zeigfeld einer Sprache repräsentiert eine spezifische Ordnung der zeigenden Ausdrücke. Grundlegend für das System des Deutschen ist eine räumliche Orientierung, die den Sprecher zum Ansatzpunkt nimmt und den Sprecherbereich (Nähe, Inneres) von dem Nicht-Sprecherbereich (Ferne, Äußeres) scheidet. Allerdings wird in jedem Gebrauch erst festgelegt, was jeweils nah oder fern ist: *hier (in diesem Zimmer), hier (in dieser Stadt), hier (in dieser Region)* usw. Je nach Fassung und Größe des Nahbereichs ergibt sich der Fernbereich wie an *hier* im Verhältnis zu *da* zu sehen ist (Abb. 5, 6).

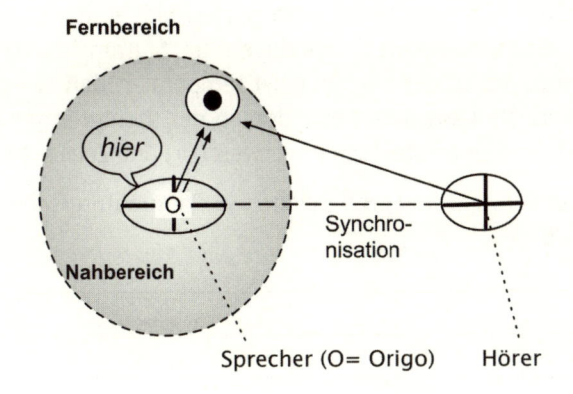

Abb. 5: Deiktisches Adverb: Nahbereich (*hier*)

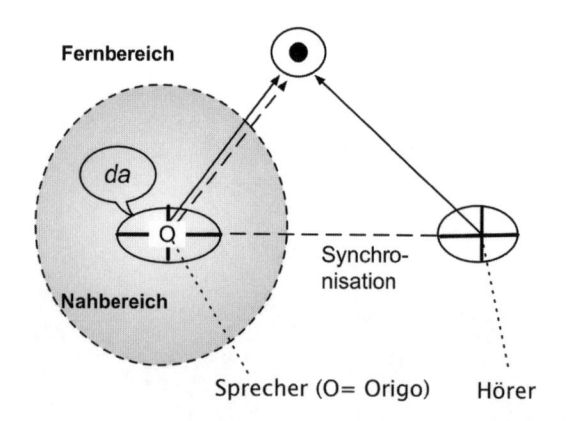

Abb. 6: Deiktisches Adverb: Fernbereich (da)

Eine nicht dimensional nach Nähe und Ferne spezifizierte Verweismöglichkeit bietet *da*, der grundlegende Ausdruck des lokalen Systems.

(8) **Da** ist eine Maus im Zimmer. [irgendwo in diesem Raum]

(9) Es ist noch Suppe **da**! [Existenzformel: Es gibt noch Suppe.]

Mit neutralem *da* wird auf einen präsenten Raumbereich, in dem sich ein x befindet, gezeigt und, gestisch unterstützt, dann auch auf etwas im Fernbereich verwiesen. Es steht im Spracherwerb am Anfang des Weges in das Zeigfeld (orientierendes *da*) und dann ins Symbolfeld (*da – Lampe*). Neben dem lokalen bildete sich ein temporales *da* ‚an diesem Zeitpunkt' heraus, beide aus dem indogerman. Stamm *to. Daraus entwickelte sich über mittelhochdt. *dō* später ein zunächst temporaler, dann kausaler Subjunktor (*da* → E1.2.3). Schließlich kann *da* – besonders in der thematischen Fortführung (als Anadeixis → C5.3.2) auch einen szenischen Verweis (Ort und Zeit) realisieren.

Man kann im Nahbereich und im Fernbereich zwei Räume unterscheiden, indem man einen Gegensatz bildet:

Neutrale lokale Deixis	da
Differenzierung im Nahbereich	hier – hier
Differenzierung im Fernbereich	da – dort; da – da; dort – dort
Differenzierung: Nahbereich – Fernbereich	hier – da/dort

Tab. 3: Deiktische Lokaladverbien

(10) Beckham **hier**, Vieri **da**, Litmanen **dort**
(http://www.sos-kinderdoerfer2006.de/4/news/beckham.html)

Die Raumbereiche sind nicht als scharf abgegrenzte, messbare zu verstehen. Distanz und Grenzen ergeben sich aus der Verwendung (Äußerungszusammenhang, Art des Objekts und Relationierung zu den Mitspielern) in der mentalen Verarbeitung. Dabei ist der Ausgangspunkt stets der Nahbereich als Sprecherstandort in der Sprechsituation, in der sich der lokale mit dem temporalen Bereich (*jetzt*) verbindet. Aus der Verortung eines eng oder weiter gefassten Nahbereichs ergibt sich dann ein unmittelbar benachbarter oder auch sehr weit entfernter Fernbereich bis hin zur Vagheit der festen Verbindungen *da und dort, hier und da.*

In Texten wird im Vorstellungsraum gezeigt, der dafür jeweils erst aufzubauen ist. Im folgenden Beispiel aus der Wahrnehmungsperspektive von da Ponte:

(11)   Da Ponte schüttelte den Kopf. **Da** gingen sie hin, Mozart hatte seinen Arm um Giacomos Schultern gelegt. Sie tuschelten noch miteinander ...
(Ortheil 2005: 86)

Im folgenden Beispiel wird mit der Kombination *dieser hier* auf den Ort gezeigt, den der Leser sich als Ort der erzählten Szene vorzustellen hat (Braunschweig):

(12)   Petersburg, sagte der Herzog, sei weit weg. Auch Berlin sei nicht in der Nähe. Wenn man es recht bedenke, sei der allernächste Platz **dieser hier**. Jeder andere sei anderswo. Selbst Göttingen. Er sei kein Wissenschaftler, er bitte, ihn zu korrigieren, falls er sich irre. Doch, sagte Gauß mit auf den Boden gehefteten Augen. Das sei schon richtig. (Kehlmann 2005: 146)

Deiktische Adverbien können auch zur thematischen Fortführung genutzt werden:

(13)   Weshalb sie gezwungen war, die Straße zu überqueren. Das war [der Moment]$_{+Th1}$, [da]$_{Th1}$ ein Fahrzeug um die Ecke kam. (Steinfest 2011: 74) [raumzeitlich]

(14)   In alten, alten Zeiten, als die Menschen noch in ganz anderen Sprachen redeten, gab es [in den warmen Ländern]$_{+Th1}$ schon große und prächtige Städte. [Da]$_{Th1}$ erhoben sich die Paläste der Könige und Kaiser, [da]$_{Th1}$ gab es breite Straßen, enge Gassen und winklige Gässchen, [da]$_{Th1}$ standen herrliche Tempel mit goldenen und marmornen Götterstatuen, [da]$_{Th1}$ gab es bunte Märkte, wo Waren aus aller Herren Länder feilgeboten wurden, und weite, schöne Plätze, wo die Leute sich versammelten, um Neuigkeiten zu besprechen und Reden zu halten oder anzuhören. Und vor allem gab es [dort]$_{Th1}$ große Theater. (Ende 1973: 7) [räumlich]

(15)   Das war jetzt [der Moment]$_{+Th1}$, [da]$_{Th1}$ er sich wünschte, viel früher in seinem Leben mit dem Krafttraining begonnen zu haben. (Steinfest 2011: 13) [zeitlich]

Zusammensetzungen mit *da-* können auch eine zeitliche Strukturierung in eine Ereigniskette bringen:

(16)   Er nahm seinen Koffer und ging auf den Aufzug zu. **Dabei** nickt er nach unten zu Kepler, jenem Hund, der die Reinkarnation eines Wiener Mischlingsrüden namens Lauscher darstellte. (Steinfest 2011: 109) [Gleichzeitigkeit]

(17)   Kindergarten (Maik (6;0))

Maik: Weißt du was? Ich zieh bald um. Gestern hab ich schön sauber gemacht mitm Waschlappen, Mutti auch, Vati ...

Beob.:   Die neue Wohnung?

Maik: Ja. Vatis Wohnung. Und dann ziehn wir da bald um. Heute wird mein Kinderzimmer gemacht. Und **danach** den Hausflur den Flur.
(Kraft/Meng 2009: K1-6.0-20 (CD))

(18) „Was **davor** geschah" (Buchtitel M. Mosebach)

Aus *hier* und *dort* als Adverbien in Nominalgruppen (*diese Sache hier*) haben sich das Adjektiv *hie-s-ig* bzw. *dort-ig*, aus *jetzt* hat sich *jetz-ig*, aus *heute heut-ig* gebildet. Der Nahbereich, in dem sich der Gegenstand befindet, wird ausgehend vom Sprecherort (Gespräch), vom Erzählerort bzw. der Perspektive einer Figur (Erzählung) festgelegt:

(19) Rosenblüt ... erwähnte darum, dass ihm Frau Landau als Vertreterin der **hiesigen** Behörde zur Seite stehe. (Steinfest 2011: 133)

Die deiktischen Ausdrücke *her* und *hin* orientieren auf eine Bewegungsrichtung.

Perspektive	Direktionale Deixis
zum Sprecher hin, sprecherzugewandt	her
vom Sprecher weg, sprecherabgewandt	hin

Tab. 4: Direktionale Adverbien

(20) Laut Statistik waren es immer mindestens zwei, die sich für ihr Fach interessierten. Aber wie es aussah, war die Statistik in Gefahr. Gauß'sche Normalverteilung **hin** oder **her**. Wie hatten sie es bloß bis **hierher** geschafft?
(Schalansky 2011: 10)

Im vorstehenden Beispiel haben wir zunächst eine Deixis „ins Leere" (Ehlich), eine Paarformel, die ihre Verweiskraft eingebüßt hat wie z.B. *hier und da. Hierher* verweist in der Vorstellung auf eine Bewegung in die Klasse, in der die (im Text reflektierende) Lehrerin Biologie unterrichtet, also in eine institutionelle Größe.

Durch die Zusammensetzung mit Präpositionen und Adverbien werden komplexere Adverbien gebildet, mit denen eine Bewegung mit Ausgangs- oder Endpunkt markiert werden kann. Die Verbindung mit genuin symbolischen Ausdrücken führt in den Vorstellungsraum. Durch übertragende Abstraktion aus direktionalen werden auch temporale und konzessive Adverbien gebildet.

	sprecherzugewandt/ Innenperspektive	sprecherabgewandt/ Außenperspektive	temporal/ nachzeitig	konzessiv
+ Präposition	herab, heraus, herbei, herüber, hervor	hinab, hinauf, hinaus, hinüber, hinzu	hernach, nachher	hingegen
+ Adverb	daher, hierher	dahin, dorthin		
+ Adverb + Präposition	daheraus, dortherab	dahinaus, dahinüber		

Tab. 5: Zusammengesetzte Adverbien

Die Temporaldeixis verlässt die Anschauung zugunsten einer Raumvorstellung, die an einer spezifischen, vermutlich aus der Handlungsplanung hervorgegangenen, Origo festgemacht ist. Die Deixis *jetzt* zeigt auf den Nahzeitraum, die Zeit der Äußerung. Sie hat möglicherweise symbolische Vorläufer: *je* < idg. *aiwi ‚Zeit' und *zuo* < *te* (‚zu, nach') (Pfeifer 1997). Dem steht *einst* gegenüber, das auf einen vergangenen oder künftigen Fernbereich zeigt (< idg. Pronominalstamm *ei- ‚dieser' (Kluge 2011: 456)).

Symbolisch ist der Ausdruck *einmal*, in dem idg. *mē ‚Maß, messen' steckt (Kluge 2011: 595).

Nahzeitraum	Fernzeitraum
jetzt	einst
	einmal

Tab. 6: Grundlegende temporale Adverbien

Das temporaldeiktische Adverb *jetzt* dient dem Verweis auf einen Nahzeitraum, der die Äußerungszeit umgibt.

(21) Strafverhandlung (F.1)

Angeklagter	Arbeitslosenunterstützung↓
Richter	Wie hoch ist die wöchentlich↓
Angeklagter	• Öh das kann ich **jetzt** nich genau sagen, das/ das hat sich reduziert um zwanzig Mark→ in etwa so hundertvierundfünfzig Mark so was wöchentlich↓

(22) Strafverhandlung (F.5)

Richter	Ja→ • öh was sind Sie **jetzt**↑
Angeklagter	Ja→ im Augenblick äh such ich was Neues nech im Augenblick äh

Im vorstehenden Beispiel wird nach der gegenwärtigen Beschäftigung gefragt, auch hier geht es um einen Zeitraum, der nicht punktuell aufzufassen ist. Im folgenden Beispiel schließt der *jetzt*-Zeitraum auch noch den Äußerungszeitraum der vorausgehenden Hörerbeiträge ein, wird also in die Gegenwart hinein gedehnt:

(23) Strafverhandlung (F.1)

Angeklagter	Äh darf ich was fragen↑
Richter	Äh • ja vielleicht einen Augenblick/ wenn ich noch ne Frage habe/ also Sie würden sagen/ angetrunken, stark angetrunken↑ (...)
Zeuge	Und hat gefahren↓
Richter	Jā/ Sie hatten **jetzt** ne Frage Herr Keller↑
Angeklagter	Herr Kühnle hat vorhin bestätigt→ dass die Flasche unangebrochen ...

Gemeint sein kann auch eine ganze Interaktion:

(24)   Strafverhandlung (F.17)

Richter   Jā und wenn Sie ihn **jetzt** umsonst in die Pfanne gehauen haben→ dann sitzen Se/ demnächst da drüben, ((zeigt auf den Platz des Angeklagten)) wieder/ ((1.6s)) wegen leichtfertig falscher Anschuldigungen↓

Es kann aber auch in einer Erzählung auf den Gegenwartszeitraum in einer Geschichte gezeigt werden, die in der Vorstellung der Hörer aufgebaut wird:

(25)   Strafverhandlung (F.2)

Zeuge   Da hatt ich so die Hände hochgenommen→ ich sach: „Mach, dass du rauskommst" und zur Wohnung gezeicht↓ Wenn er das **jetzt** als Angriff betrachtet hat→/ weiß ich nich↓

Im folgenden Beispiel ist es die erzählte Gegenwart, in der die Hauptfigur eines Romans reflektiert; der *jetzt*-Zeitraum wird auch – über *heute* und *den ersten September* – mit dem Tageszeitraum verknüpft:

(26)   Das Jahr begann **jetzt**. Auch wenn es schon längst angefangen hatte. Es begann für sie heute, am ersten September, der dieses Jahr auf einen Montag fiel. (Schalansky 2011: 10)

Sogar auf die unmittelbare Zukunft der Sprechergegenwart kann gezeigt werden (*müssen Sie beide jetzt*):

(27)   Strafverhandlung (F.2)

Richter   **Jetzt** haben wir dreizehn Uhr fümenfünfzig↓ ((9.8s)) Das müssen Sie/ das müssen Sie beide **jetzt** bei/ bei der Kasse vorführen já Hier→ Zimmer drei→ zur Kasse↓

Mit *dann* wird der abgeschlossene Übergang von einem Ereignis zum nächsten zeitlich folgenden deiktisch markiert, bei Kindern oft in einer Serie mit *und*:

(28)   Erzählausschnitt (→ B1.3.1.3)

(s9)   Daniel   und da/ und da hab ich doch da so geweint↓
(s10) Daniel   Jā • und **dann** warn die Leute weg→
(s11) Daniel   da war ich ganz dusselig wieder↓

Im folgenden Beispiel sehen wir, wie eine Ereignisfolge in der Zukunft mit *dann* in eine Abfolge gebracht werden kann:

(29)   Kindergarten (Maik (6;0), Oliver (5;10))
Maik   (freudig) Noch zwei Wochen, **dann** fahr ich zu mein Opa!
Beob. nickt (...)
Maik   (faßt Beob. bei der Hand, wartet, daß sie ihn ansieht) **Dann** fahr ich erst mit der U-Bahn bis zum Alex, **dann** fahren wir mit der S-Bahn, **dann** fahrn wir mitm Zug. **Dann** kommt mein Opa. Mit Susi. (sieht Beob. an, als wolle er ihr Verstehen kontrollieren) (Kraft/Meng 2009: K1-6.0-18 (CD))

Ein Adverb ist auch die „Aspektdeixis" (Ehlich) *so*: Der Hörer wird auf Aspekte an Objekten verwiesen. Ursprünglich sind das ganz konkrete, wahrnehmbare Gegenstände, die *so hoch, breit, dick, weiß* ... sind, dann auch abstrakte Objekte.

(30) Diese Blume wird **so** hoch. [Gärtner zeigt die Höhe mit der Hand an, Hörbeleg]

(31) Ich fühlte mich wie ein Heuchler, weil ich nichts tat, um die Dinge zu ändern. Und dennoch weinte ich, weil ich mich **so** elend und hilflos fühlte. Diese Kleinstadt auf den Philippinen war ein sehr spezieller Ort. (Die ZEIT, 26.6.2009)

(32) In der Kleinstadt, die rund 60 Kilometer südlich der Hauptstadt liegt, leben etwa genau **so** viele Sunniten wie Schiiten. (Die ZEIT, 26.6.2009)

(33) Er wird am besten wissen, dass es nur wenige Orte auf der Welt gibt, wo die Pet Shop Boys **so** euphorisch empfangen werden wie in Berlin. (Die Zeit, 26.6.2009)

(34) Ja, ich schätze **so** zweihundert Meter. (Gericht, F.1)

(35) Warum es in letzter Zeit **so** ruhig hier ist!
[http://www.geldverdienen-internetmarketing.de/2011/07/07/kurzmitteilung-warum-es-in-letzter-zeit-so-ruhig-hier-ist-ankuendigungen-und-stellungnahme/, 5.10.11]

(36) Sie brachen mit einem unbekannten Werkzeug die zur Gaststätte führende Tür auf und gelangten **so** in den Schankraum. (Gericht, F.1)

(37) Und weil ich vorher schon dachte: „Die ham kein Geld mehr **und so** und da denk ich: „Na, jetzt zählnse bestimmt, wieviel Bier se noch trinken könn und so"↓ (Gericht, F.1)

Daraus hat sich umgangssprachlich ein Gebrauch entwickelt, mit dem das Folgende in den Fokus rückt, als relevant gewichtet ist; *so* kann auch verdoppelt, in einer Klammer erscheinen:

(38) Es sind **so** <Scheinkämpfe> in einer Scheinwelt. (Lit. Quartett, zit. n. Wiese 2012: 100)

(39) Also ich mein **so** <blond> **so**. (Kiezdeutsch, zit. n. Wiese 2012: 101)

Allerdings bleibt es dabei, dass ein Betrachtungsrahmen gesetzt wird; in diesem Rahmen wird etwas intonatorisch als auffällig, relevant markiert.

Zu Formen wie *son* und *sone* → C3.4.

Das *so* kann auch in der Verbindung mit *dass* para-operativ gebraucht werden, in dem es mit seiner deiktischen Funktionalität an der Verarbeitung einer komplexeren Sachverhaltsverknüpfung mitwirkt. Schließlich kann es para-expeditiv – ähnlich den Interjektionen – wirken, um als „Scharnier" (Ehlich 2007: 163 (Bd.3)) auf einen Handlungsübergang zu orientieren:

(40) Strafverhandlung (F. 10)

Zeuge	„Bandag" da/ mit ‚g' am Ende↓
Richter	So gut, das war alles, was ( )↓ **Sō** äh Herr Rohlmann→ dann kann ich Ihnen gleich die Kassenanweisung geben→ Herr Trepinski→ Sie kommen aus Essen . já
Zeuge	Jahà
Richter	((3.3)) **So/** Terminstunde war • elf Uhr fümunzwanzig↓ ((18.5s)) **Sō** Sie gehen bitte mit dieser Anweisung zu Zimmer achtzehn↓

Funktional ähnlich kann die „Planungsdeixis" *nun* (Ehlich 2007: 163 (Bd.3)) eingesetzt werden. Auch sie kann nach Abschluss des vorhergehenden auf den nächsten Handlungsschritt orientieren:

(41) Strafverhandlung (F. 10)

Richter	Warn Sie denn mit in Amsterdam am siebten sechsten↑
Angeklagter	Ja, ich/ (...)
Richter	Jā wie war das denn **nun**↓
Angeklagter	Jā das war so→ dass/ wir n Wagen mit nach Holland genommen haben↓/

Für den raschen Übergang zu einer Folgehandlung kann auch *jetzt* verwendet werden (*jetzt! jetzt bitte den Spaten!*).

Frageadverbien (*wann, wo, wohin, womit, wozu*) werden manchmal einer eigenen Interrogativgruppe (gemeinsam mit *wer, was*) zugewiesen. Tatsächlich haben sie einige Besonderheiten:

- Sie sind auf das Vorkommen in bestimmten Äußerungsmodi (Ergänzungsfrage, Echofrage) sowie als Subjunktor (Einleiter) in Nebensätzen (C7) beschränkt.

- Sie besetzen in Ergänzungsfragen das Vorfeld, in Echofragen daneben auch das vordere Mittelfeld, als Subjunktor die Anfangsposition (erste Klammerposition):
  Wo hast du ihn ges<u>e</u>hen? Du bist **wohin** gegangen? Ich frag mich, **wo** du gew<u>e</u>sen bist.

- sie gehören zum Vordergrund einer Äußerung, sind rhematisch und erscheinen oft – in Echofragen immer – akzentuiert:
  Wo ist das Endspiel? Du hast **wann** Abitur gemacht?

Die Frageausdrücke verweisen auf ein sprecherseitiges Wissensdefizit. Dieses Defizit wird nach Zeit, Raum, Grund, Richtung etc. spezifiziert. Es wird durch die Frage am Gewussten verankert. Dem Hörer ist die Behebung aufgegeben, es wird unterstellt, dass er das entsprechende Wissen hat. Möglicherweise gibt es bei den Fragewörtern deiktische Ursprünge (idg. Stamm *kwo, nach Kluge 2011: 982). Das passt gut dazu, dass auf ein Wissensdefizit, eine kategorial umrissene Leerstelle im Sprecherwissen orientiert wird.

E1.1.2 Parametrische, quasideiktische Adverbien

Einige Adverbien setzen bei der Sprechsituation an, arbeiten aber mit bestimmten Parametern. Das sind die PARAMETRISCHEN (QUASIDEIKTISCHEN) Adverbien. Die Sprecherorigo verbindet sich mit einem spezifischen Bezugssystem wie einem temporalen oder lokalen Parameter. Das kann etwa ein metrisches System wie das Tageszeitintervall von 24 Stunden sein (*vorgestern, gestern, heute, morgen, übermorgen*).

Die lokalen Adverbien *hüben* und *drüben* bereichern die Dimensionen Nähe/Ferne um eine vom Sprecher aus konstruierte horizontale Orientierungsachse im Wahrnehmungsfeld, die in der Realität durch einen Fluss, eine Mauer und dgl. gebildet sein kann. Das Adverb *drüben* hat einen alten deiktischen Anteil (althochd. *thar*), der im Neuhochdeutschen mit dem genuin symbolischen *über* verbunden wurde. Im Oppositionspartner *hüben* steckt das alte deiktische *hie*, das mit *oben* kontrahiert wurde (*hoben*), im 18. Jahrhundert hat sich auf der Basis des mundartl. Adverbs *üben* ‚jenseits' *hüben* als Gegenwort zu *drüben* verbreitet (Pfeifer 1997). In diese Funktion sind auch die aus Deixis und Symbolfeldausdruck zusammengesetzten Adverbien *diesseits/jenseits* eingetreten.

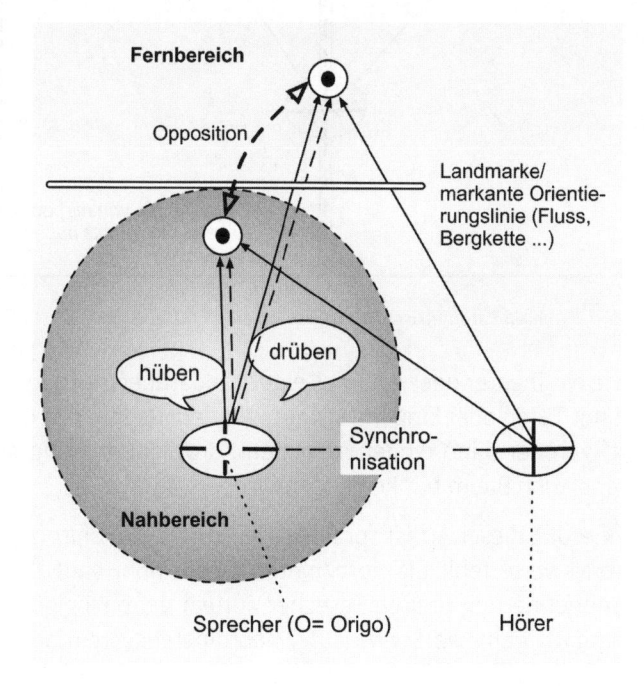

Abb. 7: Parametrische Lokaladverbien mit Orientierungsachse (*hüben – drüben*)

Das Oppositionspaar *rechts/links* setzt eine symmetrische Raumaufteilung durch eine horizontale Orientierungsachse voraus, die das Zentrum der Körperfront des Sprechers in Richtung der Kopfhaltung durchläuft; der Hörer muss die jeweilige Körperausrichtung des Sprechers nachvollziehen.

Es kann auch der Hörer oder ein bekanntes Objekt mit bekannter oder Standardausrichtung zu dem Anker-Bereich werden, von dem aus die Orientierungsachse gelegt wird:

(42) Der Stuhl steht **rechts** von dem Schrank!

(43) **Links** – wenn du vor dem Theater stehst – ist die Kasse.

(44) Man kam direkt von der Thälmannstraße. (...) Aber man brauchte nur einmal **links** abzubiegen und ein paar hundert Meter dem krummen Steinweg zu folgen, dann noch einmal **links** – hier schien die Zeit stillzustehen: eine schmale Straße mit Linden. (Ruge 2011: 7f.)

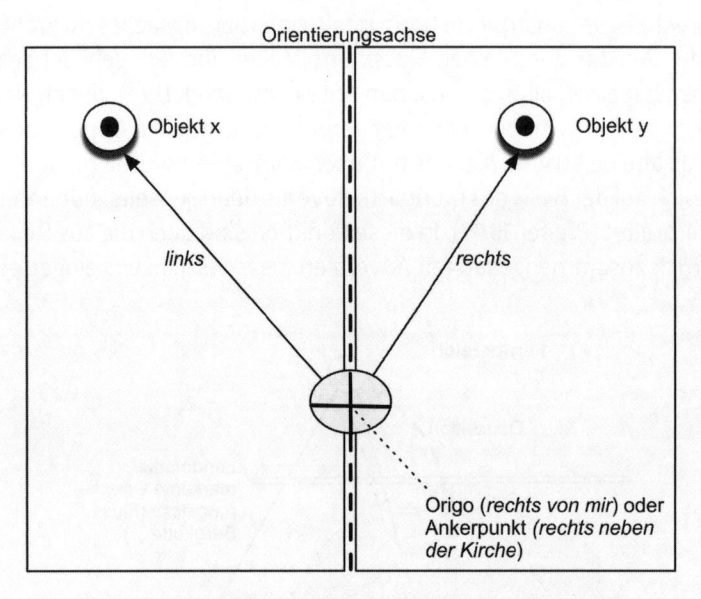

Abb. 8: Parametrische Lokaladverbien *rechts* und *links*

Ein Schrank hat wie ein Theater oder ein Haus eine Standardperspektive: die Sicht, wenn man auf die Front mit Türen oder Eingang schaut. Vor dem Rechner ist dort, wo man auf das Display blickt, von der dann eingenommenen Körperorientierung aus sind *rechts* und *links* einzuordnen. Ein Baum hat keine Standardperspektive.

Eine Körper-Orientierung dieser Art ist sprachspezifisch. Im Yimidhirr (Australien, Nord-Queensland) beispielsweise fehlt die vorn/hinten-Opposition, statt unserer Art einer rechts/links Raumorientierung greifen Sprecher auf ein unabhängiges, aber auch erfahrungsgestütztes (*Wo geht die Sonne auf?*) Koordinatensystem analog zu unseren Himmelsrichtungen mit der Nord-Süd-Orientierung zurück (vgl. Levinson 2001). Inzwischen wissen wir, dass viele Sprachen (besonders solche in Äquatornähe) so funktionieren. Für den Betrachter in Abb. 9 mit der Sprache Yimidhirr oder der mittelamerikanischen Maya-Sprache Tzeltal im Hintergrund, ist der Löwe in Abb. 9 im Westen, auch wenn er seine Position verändert. Für den Sprecher des Deutschen verändert sich mit einer Positionsveränderung auch der Bereich, in dem etwas rechts oder links ist. Dreht er sich um 180 Grad, ist rechts, was vorher links war, und umgekehrt. Untersuchungen des Max-Planck-Instituts Nijmegen legen nahe, dass das jeweils verwendete Sprachsystem die allgemeine Raumorientierung beeinflusst. Menschliche Erfahrungen, menschliche Praxis sind in der Sprache verankert – wer in eine Sprache hineinwächst, übernimmt Orientierungsweisen dieser Sprache.

E1 Adverbien und Adverbialsätze

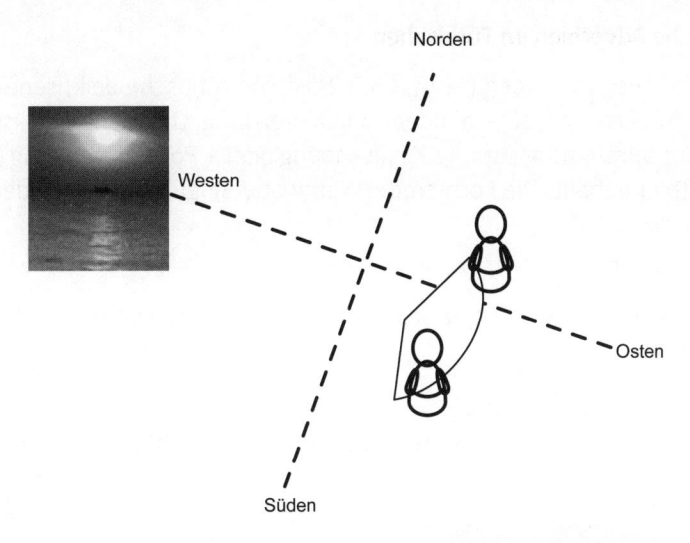

Abb. 9: Objektives Koordinatensystem zur Raumorientierung

Fährt ein Deutschsprachiger mit einem Sprecher des Tzeltal Karussell, so ändert sich während der Drehbewegung für den Deutschsprachigen stets, was außerhalb des Karussells zu seiner Rechten oder Linken liegt, nicht aber für den Sprecher des Tzeltal. Kinder haben mit der körperbezogenen Orientierung lange Schwierigkeiten; mit 5-6 Jahren beginnen sie damit, erst etwa 3 Jahre später können sie die Orientierung anderer Personen nachvollziehen. Viele haben lebenslang Probleme mit *rechts* und *links*. Tzetal-Kinder steigen in einem vergleichbaren Lebensalter in die Unterscheidung ein und beherrschen ihr absolutes System schneller und bald ganz problemlos.

Das Gegenstück zur Rechts-/Links-Orientierung ist die Inanspruchnahme einer horizontalen Orientierungsachse, die das Zentrum der Körperfront durchläuft und zwei Teilräume (mit vager Abgrenzung) konstituiert (*vorn/hinten*). Die Ausdrücke verbinden sich nicht unmittelbar mit nominalen, sie haben präpositional-relationierende Entsprechungen (*vor x, hinter y*). Die Ausdrücke *dies-seits* und *jen-seits* haben jeweils eine deiktische Komponente (*dies-, jen-*), die mit einer symbolischen (*Seite*) verbunden ist.

Schließlich gibt es auch eine körpergebundene Raumaufteilung in der Höhe (mit unscharfen Grenzen) (*oben/unten*). Die deiktische Dimension der Ferne kommt wieder ins Spiel bei den mit der deiktischen Komponente *da(r-)* zusammengesetzten *droben* und *drunten*; *drüben* ist aus *da-r-über* entstanden. In allen Fällen bleibt die kanonische Körperperspektive des Menschen fundierend für die Orientierung.

Parameter	Lokale Adverb-Oppositionen
Horizontale Achse (1) (körperverankert, Seiten)	rechts – links
Horizontale Achse (2) (körperverankert, Front-Rückseite)	vorn – hinten
Horizontale Achse (3) (nah – Grenzmarkierung – fern)	hüben – drüben; diesseits – jenseits
Vertikale Achse (1) (distanzneutral, Höhe)	oben – unten
Vertikale Achse (2) (Fernbereich, Höhe)	droben – drunten

Tab. 7: Parametrische Lokaladverbien

E1.1.3 Deiktische Adverbien im Türkischen

Wie wir bereits gesehen haben (→ C1, C5.3.2) ist das türkische deiktische System mit den Basisausdrücken bu – şu – o dimensional dreistufig. Die lokalen deiktischen Ausdrücke sind aus bura-, şura-, ora-[1] + Kasusendung oder + Possessivendung (ggf. vor der Kasusendung) aufgebaut. Die Formen des Nominativ Singular haben in der Regel eine Possessivendung:

(45) Bura-sı   güzel   değil.
     Hier-Poss3Sg schön   negierte Kopula ‚Dieser Ort ist nicht schön, hier ist es nicht schön.'

(46) Şura-sı   güzel   değil.
     da-Poss3Sg   schön   negierte Kopula ‚Der Ort ist nicht schön, da ist es nicht schön.'

(47) Ora-sı   güzel   değil.
     dort-Poss3Sg schön   negierte Kopula ‚Jener Ort dort ist nicht schön, dort ist es nicht schön.'

(48) Telefon   ora-da
     Das Telefon   an jenem Ort/dort-Lokativ ‚Das Telefon ist dort.'

(49) Lütfen bura-ya gel!
     Bitte   hier-Dativ komm-Imperativ ‚Bitte komm hierher!'

(50) Ora-sı   nasıl?
     jener Ort dort wie? ‚Wie ist jener Ort? Wie ist es dort?'

Als Ort kann auch eine Stelle am Körper gefasst werden, dann wird die Possessivendung gebraucht:

(51) Bura-m   ağrıyor.
     Hier-Poss.   schmerz-Präsens3Sg ‚Hier schmerzt es/tut es weh'.

---

[1] Der Akzent liegt auf der ersten Silbe.

Nähestufen	Objekt	Ort	Zeit	Aspekt
beim Sprecher	*bu* ‚dieser/diese/dies(es)' (auch anadeiktisch fortführend)	bura-sı dieser Ort-Poss. ‚hier, dieser Ort' bura-da dieser Ort-Lokativ ‚hier, an diesem Ort' bura-nın ‚dieser Ort-Genitiv' ‚dieses Ortes hier' …	şimdi ‚jetzt'	*böyle* ‚so, auf diese Weise'
beim Hörer, in mittlerer Distanz, Ferne 1	*şu* ‚der/die/das da, Folgendes' (katadeiktisch vorwegnehmend, seltener anadeiktisch fortführend)	şura-sı der Ort da-Poss ‚der Ort, da' şura-da der Ort-Lokativ ‚da, an dem Ort' şura-nın der Ort-Genitiv ‚des Ortes da' …		*şöyle* ‚so: auf eine solche/folgende Weise'
fern von Sprecher und Hörer, bei einem Dritten, Ferne 2	*o* ‚jener/jene/jenes' (auch anadeiktisch fortführend)	ora-sı der Ort dort-Poss. ‚dort, jener Ort' ora-da der Ort dort-Lokativ ‚dort, an jenem Ort' ora-nın der Ort dort-Genitiv ‚jenes Ortes dort' …	o zaman (bir zaman) ‚dann, damals, einst'	*öyle* ‚auf jene Weise'

Tab. 8: Dreistufiges deiktisches System des Türkischen

E1.1.4 Symbolische Adverbien

Symbolische Adverbien nutzen für die Spezifizierung Eigenschaften und besonders stark das sprachliche Wissen. Die Spezifizierung im Bereich einer Prädikation erweitert den symbolischen Gehalt des jeweiligen Bezugsausdrucks um ein zusätzliches, differenzierendes Charakteristikum (im Folgenden markiert durch eckige Klammern):

(52) Max [fährt [rückwärts]]. ⇒ Max fährt. Und: das Fahren erfolgt aus der Standardperspektive in Gegenrichtung

Man kann, wenn kein Satzbezug vorliegt, aus dem spezifizierten Prädikat auf das Prädikat schließen: Wer *anders denkt*, der *denkt*.

(53) Sie hat das Angebot [**rundweg** [abgelehnt]].

(54) Sie ist dem Vorsitzenden [**blindlings** [gefolgt]].

(55) Sie ist [**blindlings** [dem Vorsitzenden gefolgt]].

Im ersten Fall wird die Art der *Ablehnung*, im zweiten das *Folgen* spezifiziert, im dritten wird die Prädikation *dem Vorsitzenden folgen* spezifiziert. Die Spezifizierung bleibt jeweils im verbalen Bereich (Verbgruppenadverbial), sie tangiert die Subjektperson nicht in dem Sinne, dass ihr dauerhafte Eigenschaften zugewiesen würden, die zu ihrer Identifizierung beitragen könnten. Wer einmal *blindlings folgt*, muss es nicht immer tun, muss nicht jemandem hörig sein. Die Aktion, zu der eine handelnde Person als Mitspieler gehört, ist von der Spezifizierung betroffen.

Im folgenden Beispiel wird eine abgelaufene Szene insgesamt als singuläres Vorkommnis spezifiziert (Satzbezug):

(56) **Einmal** [ist sie dem Vorsitzenden gefolgt].

(57) Einmal war es der Fall, dass sie dem Vorsitzenden gefolgt ist.

(58) Sie ist dem Vorsitzenden gefolgt, und das einmal.

Jedes Adverb bringt seine Bezugsmöglichkeiten mit sich, ebenso wie das kombinatorische Potential. Dazu betrachten wir das Adverb *gern*. Das Adverb *gern* spezifiziert eine symbolisch konstituierte Einheit und bezieht dabei die handelnde Person als szenischen Mitspieler ein.

(59) Paula hat diese Recherche **gern** [gemacht].

(60) Paula hat **gern** [diese Recherche gemacht].

(61) Paula hat **gern** [in Dortmund gelebt].

(62) Paula hat in Dortmund **gern** [gearbeitet].

(63) **Gern** hat Paula in Dortmund [ge<u>ar</u>beitet].

(64) **Gern** hat Paula [in <u>Dort</u>mund gearbeitet].

(65) Sabine [unterrichtet in <u>Dort</u>mund] **gern**.

(66) Sabine [unter<u>rich</u>tet] in Dortmund **gern**.

Die Beispiele zeigen, dass der Bezugsbereich dem Adverb folgt, ‚rechts' vom Adverb liegen (59–62) kann. Bei Anfangsposition (63, 64) gibt es verschiedene Möglichkeiten: Bezug auf das Prädikat oder den Bereich Prädikat und Mitspieler. Das gilt auch für eine ‚Endstellung' bei fehlendem zweiten Verbteil (65, 66). Mündlich unterstützt die Akzentuierung das Verständnis.

Nicht jede Kombination mit Subjekt-Mitspielern ist szenisch statthaft:

(67) *Der Apfel fällt **gern** vom Baum.

(68) *Der Motor treibt **gern** den Wagen an.

(69) Der Bauer treibt **gern** seinen Esel an.

(70) Der Esel verhält sich **gern** bockig.

(71) *Der Bauer ähnelt **gern** seinem Esel.

(72) ?Die Blume streckt sich **gern** zum Licht.

(73) Ältere Menschen leiden **gern** an Hörschwäche.

Es muss schon eine Handlung sein, typischerweise mit einem menschlichen Akteur oder einem Tier (67, 68). Auf eine Handlung wird *gern* so projiziert, dass sie – verglichen mit Alternativen – als bevorzugt erscheinen. Die Qualität resultiert aus den Eigenschaften eines möglichen Subjekts. Modell ist ein Lebewesen, nicht ein bloßer Verursacher oder eine Prozessen unterliegende Größe.

Adverbien, die in dieser Funktion gebraucht werden können, teilen ihren Ursprung im Symbolfeld mit Adjektiven. Einige von ihnen haben in jüngster Zeit die Möglichkeit entwickelt, einen Gedanken zu spezifizieren: Aus der auf den Handelnden bezogenen Präferenz (a) wird eine ereignisbezogene Tendenz (b):

(74) Kinder vergessen ihre Hausaufgaben **gern**. (a)

(75) Kinder vergessen **gern** ihre Hausaufgaben. (a,b)

(76) Dies Auto übersteuert **gern**. (b)

Im folgenden Beispiel bleibt die Basis eine Handlungspräferenz des Schreibers:

(77) Sie alle verantworteten den Tod des mutigen (...) erst sechsundzwanzigjährigen Berufsoffiziers Oskar Kusch. Nach ihm dürfte **gern** eine Kaserne, ein U-Boot, besser noch ein Geschwader benannt werden. (DIE ZEIT 29.9.05, 60)

Manchmal ist die Interpretation schwierig, im ersten der folgenden Fälle ist es wohl eher die Tendenzlesart (b), da wohl niemand einen Irrtum bevorzugt, im zweiten kann an eine Präferenz (a) gedacht werden:

(78) Wettbewerb heißt für Kurt Altschul vor allem Marketing-Wettbewerb. Europäische Investoren übersehen dieses Faktum **gern**. (COMPUTER ZEITUNG, 19.05.1993, 9)

(79) Besonders im OEM-Bereich wird die Aussage des Herstellers **gern** übernommen, ohne dass irgendein Beleg vorhanden ist. (COMPUTER ZEITUNG, 27.05.1993, 3)

Ist ein Transfer von der Handlung auf das Subjekt nicht möglich, muss die Tendenzinterpretation, die den ganzen Gedanken erfasst, greifen. Im folgenden Beispiel ist *Schlafen* etwas, das von Paula auf der Folie anderer Aktivitäten präferiert ist; ist *Paula* gewichtet, wird mit Präferenzen Anderer kontrastiert:

E Der Ausbau von Gedanken

```
    ◁ - - - - - - - - - - - - - - - - - ⇦           Kontrastfolie
  Paula        schläft              gern.     ┌────────────────────────┐
<Handelnder>  <Handlung>    <Handelnder, Handlung>  │ Vergleichsfolie:       │
                                ▲             │ Andere Aktivitäten Paulas│
                                │             │ oder                   │
                         Spezifizierung       │ Schlafpräferenzen Anderer│
   │ Subjektion                  │ Prädikation└────────────────────────┘
   └──────────── Synthese ───────┘
```

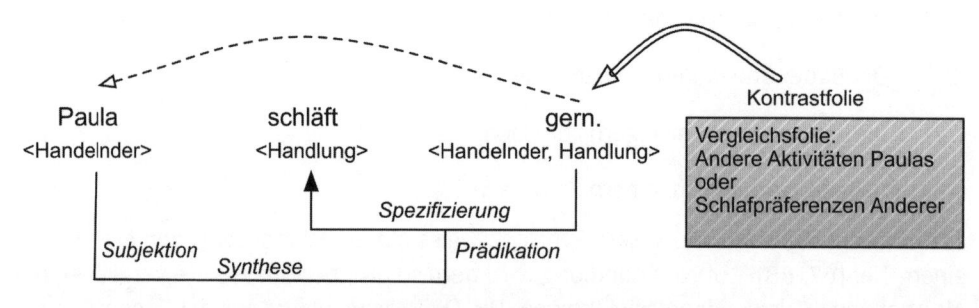

Abb. 10: Präferenzinterpretation (1)

Auch das folgende Beispiel zeigt die Komplexität der Symbolverarbeitung im Wissen. Die Denkweise von Marie wird mit anderen, die konventionell sind, ins Verhältnis gesetzt:

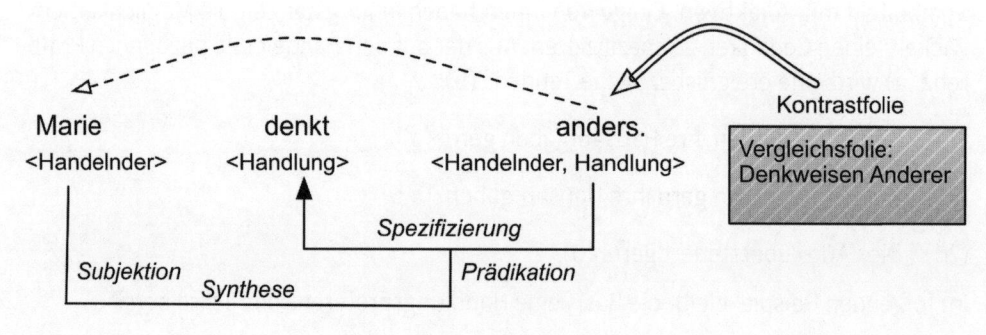

```
    ◁ - - - - - - - - - - - - - - - - - ⇦           Kontrastfolie
  Marie         denkt              anders.    ┌────────────────────────┐
<Handelnder>  <Handlung>    <Handelnder, Handlung>  │ Vergleichsfolie:       │
                                ▲             │ Denkweisen Anderer     │
                                │             │                        │
                         Spezifizierung       └────────────────────────┘
   │ Subjektion                  │ Prädikation
   └──────────── Synthese ───────┘
```

Abb. 11: Präferenzinterpretation (2)

Einem Software-Programm kann Streiken nur als Prozess-Tendenz zugewiesen werden:

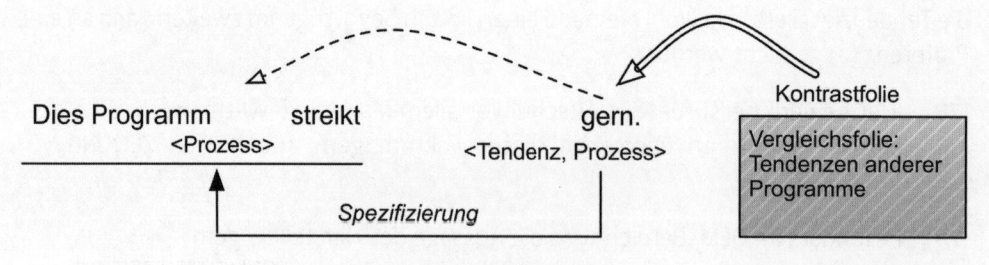

```
    ◁ - - - - - - - - - - - - - - - - - ⇦           Kontrastfolie
Dies Programm    streikt           gern.      ┌────────────────────────┐
              <Prozess>      <Tendenz, Prozess>   │ Vergleichsfolie:       │
   ─────────────────────              ▲       │ Tendenzen anderer      │
                    ▲                 │       │ Programme              │
                    └── Spezifizierung┘       └────────────────────────┘
```

Abb. 12: Tendenzinterpretation

Wenn jemand *langsam Auto fährt*, wird ein Aktionsschema des Autofahrens aufgerufen, das eine typische Fahrweise – als Wissen um eine Normalform – enthält. Der Hörer muss eine solche Äußerung so verstehen, dass dieser Maßstab mit der sprachlich aktualisierten Wirklichkeit ins Verhältnis gesetzt und so der Sinn klar wird.

Der Zugriff eines Adverbs kann in der Spezifizierung ein Bedeutungsmoment des Verbs als Element der Szene allererst realisieren:

(80) **Dort** ist die Jahrestagung. **Dort** wohnt die Vorsitzende.

Verben wie *wohnen, leben* bilden Prädikatsausdrücke, die eine Ortsspezifizierung semantisch einschließen, auf einem Ort operieren, sich auf einen Ort richten und ihn zum Objekt machen.

Ein Kopulaverb bedarf zur Funktionsrealisierung eines geeigneten prädikativen Ausdrucks, das kann neben einer Adkopula (*pleite*), einem Adjektiv (*faul*), einer Nominal-/Präpositionalphrase (*aus Mannheim*) ein Adverb sein.

(81) Die Firma ist pleite. Sie waren zu faul. Ihr Modell war ein Luftschloss.
Die Aktien sind im Keller, sie sind ganz **unten**.

Nur ein Teil der Adverbien lässt prädikativen Gebrach zu, direktionale beinhalten schon eine Dynamik und sind ausgeschlossen, aber auch einige andere wie *gern, erneut, halbwegs*.

Manche Adverbien lassen – je nach Kopfnomen – attributiven Gebrauch zu. Einige können mit einem von einem Verb abgeleiteten Nomen verbunden werden: *die Fahrt gestern, der Schlag dorthin; der Treffer hier*. Dinge, deren Raumlage relevant ist, können eine Ortsangabe bei sich haben (*das Fahrrad da*), Ereignisse, für die Zeit wesentlich ist, eine temporale Spezifizierung (*deine Antwort vorhin*). Diese Attribute werden dem Kopf nachgestellt.

E1.1.5 Adverbien in der Abfolge

Die Abfolge und die möglichen Positionen von Adverbien und Adverbialia zeigt Tabelle 9 (Zur Abfolge im Satz → G2). Allgemein gilt, dass temporale Adverbien vorzugsweise lokalen vorangehen (*heute hier, morgen dort*):

(82) **Gestern** hat es **hier** geschneit.

(83) **Hier** hat es **gestern** geschneit.

(84) **Damals dort** und **heute hier**. (Buchtitel von Rafik Schami)

(85) Man spricht **hier deshalb** auch von einem indirekten Aktienexposure einer Wandelanleihe von 50% bis 60%.
[www.riskreturn.ch/html/Finanz_Betrieb_15_03_05.479.0.html]

(86) **Dort immer** auf der Vorfahrtsstraße bleiben. [http://www.fh-brandenburg.de/10.html]

(87) Weil Besuch **meistens zu lange**. (Haas 2004:25)

(88) Bei sich selbst hat er **immer gern** geklaut.
(www.faz.net/s/RubC17179D529AB4E2BBEDB095D7C41F468/Doc~E828FE1201A824DF280A64470E5A5AE86
~ATpl~Ecommon~Scontent.html)

Adverbien, die den zeitlichen bzw. lokalen Rahmen setzen, können jeweils auch ohne Gewichtung das Vorfeld besetzen, andere werden im Vorfeld gewichtet. Im Mittelfeld gehen deiktische oder phorisch bzw. thematische Ausdrücke ggf. voran. Verbnah werden instrumentale, modifikative (Art u. Weise) und direktionale Adverbien realisiert. Komplemente gehen dem infiniten Verbteil voran.

Vorfeld	Satzklammer 1	Mittelfeld				Satzklammer 2
gewichtete Adverbien temporale oder lokale Adverbien	finites Verb	thematische Ausdrücke: Anapher, Personaldeixis, definite Nominalgruppe	temporale vor lokalen vor kausalen/finalen vor durativen Adverbien	Modalpartikel Negationspartikel	instrumentale vor modifikativen vor direktionalen vor Adverbien als Objekt (Mitspieler)	infiniter Verbteil

Tab. 9: Adverbien/Adverbialia in der linearen Abfolge des Satzes

Im Türkischen ist das deiktische System dreidimensional, viele Adverbien können Kasusendungen erhalten (die Übersetzungen sind nur Näherungen):

Dimension Kasus	Nah beim Sprecher	Nah bei Sprecher und Hörer	Fern von Sprecher und Hörer
Lokativ	bura-da ‚hier'	şura-da ‚da'	ora-da ‚dort'
Dativ	bura-y-a ‚hierher'	şura-ya ‚dahin'	ora-ya ‚dorthin'
Ablativ	bura-dan ‚von hier'	şura-dan ‚von da'	ora-dan ‚von dort'

Tab. 10: Bildung und Dimensionen türkischer Adverbien

E1.2 Subjunktoren, Adverbialsätze

> SUBJUNKTOREN lagern Nebensätze in andere Sätze oder Nominalgruppen ein. Sie stehen am Anfang der von ihnen eingeleiteten Sätze, in denen das finite Verb in Endstellung erscheint; damit ergibt sich die für Nebensätze typische Klammer. Subjunktoren werden im Standard-Deutschen nicht flektiert.

(89) **Da** die Zeit **drängte**, eilte Casanova an den darauffolgenden Tagen schon frühmorgens ins Theater. (Ortheil 2005: 309)

Nebensätze haben in der Regel keine eigene illokutive Kraft. Sie sind mündlich in ihrer Intonation in die Trägereinheit eingebunden. Ihre Grundposition ist die im Nachfeld eines Trägersatzes. Sie können aber auch vorangestellt oder im Mittelfeld eingeschoben, als Parenthese installiert werden. Am Übergang zwischen Hauptsatz und Nebensatz finden wir mündlich progrediente Intonation, schriftlich ein Komma (bei Nachstellung vor dem Nebensatz, bei Voranstellung danach); ist der Nebensatz in einen Hauptsatz eingeschoben – als Relativsatz bzw. Attributsatz oder parenthetisch installiert – ist er in Kommata oder Gedankenstriche eingeschlossen.

Die Subjunktoren *dass* und *ob* sowie W-Wörter leiten Nebensätze in Subjekt- oder Objektfunktion ein. Mit der Prozedur der Konfiguration wird eine Funktionseinheit gebildet, die in der Funktionalität des Subjunktors angelegt ist und sich in der Anbindung eines Nebensatzes realisiert. Nur W-Wörter können im Nebensatz integriert sein und eine Funktion haben:

(90) Sie fragte, wen$_{Akkusativobjekt}$ er getroffen habe.

In Adverbialsätzen kennzeichnen Subjunktoren die Beziehung, die zwischen Nebensatz und Trägereinheit besteht, als zeitliche Abfolge, Ursache – Wirkung, Bedingung – Konsequenz etc. Die den Adverbialia zugeschriebene Leistung der Spezifizierung wird in diesen Sätzen durch die Einbettung eines ganzen Sachverhalts geleistet. Spezifiziert werden können minimales Prädikat, maximales Prädikat (Prädikation) bzw. Teile davon (Satzfunktion: Verbgruppenadverbial) oder der ganze Satz (Satzfunktion: Satzadverbial).

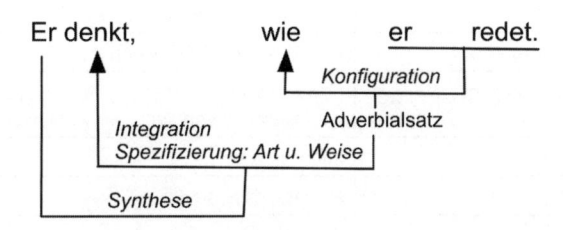

Abb. 13: Verbgruppen-Adverbialsatz (Spezifizierung des Prädikats)

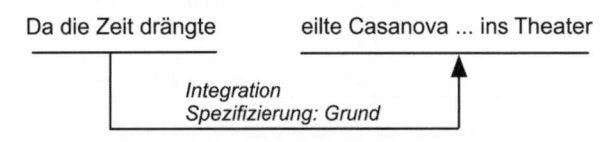

Abb. 14: Satz-Adverbialsatz (Spezifizierung des Trägersatzes)

Subjunktoren gehören zum Operationsfeld, dienen also der Unterstützung bei der Verarbeitung des Gesagten; einige sind ursprünglich deiktisch (*da, dass*).

Den Subjunktoren geht im Trägersatz öfter ein Korrelat voraus, mit dem die Spezifizierungsleistung schon verdeutlicht werden kann:

(91) Sie macht das **deshalb**, **weil** sie uns ärgern will.

(92) Wege entstehen **dadurch**, **dass** man sie geht. (F. Kafka)

Diese Korrelate haben meist einen deiktischen Teil und einen symbolischen präpositionalen Teil (*des+halb, des+wegen, da+mit, da+r+um*).

Die relationierende Arbeitsweise teilen Subjunktoren mit Präpositionen, nur verbinden sie sich mit Sätzen und steuern keinen Kasus. Einige Ausdrücke finden sich in beiden Wortklassen, z.B. *seit, bis, während*:

(93) **Seit** der Abfahrt/**seit** sie abgefahren waren, regnete es.

(94) **Während** der Fahrt/**während** sie fuhren, passierte wenig.

(95) **Bis** zur Ankunft/**bis** sie ankamen, hielt die gute Laune an.

E Der Ausbau von Gedanken

Traditionell werden Subjunktoren wie Adverbien, Konjunktoren und Präpositionen semantisch (grob) gegliedert (Tabelle 11). Die Zuordnungen sind nicht immer ganz eindeutig. Beispielsweise kann *wenn* konditional und temporal verstanden werden (anders als im Englischen, wo sich *if* und *when* gegenüberstehen). Subjunktoren können einfach (*als*) oder zusammengesetzt (*so-oft*) sein, einwortig (*bis*) oder zweiwortig (*dadurch dass*).

Art der Spezifizierung	Subjunktor
1 temporal: (Nebensatz ist) gleichzeitig	als, sobald, sooft, solange, sowie, wenn, während, wie
2 temporal: (Nebensatz ist) vorzeitig	kaum dass, nachdem
3 temporal: (Nebensatz ist) nachzeitig	bevor, bis, ehe
4 kausal (Grund, Ursache)	alldieweil, da, weil, zumal, wo
5 konditional (Bedingung)	falls, (in)sofern (als), wenn
6 konzessiv (Erwartungsgegensatz)	obwohl, obgleich, obschon, sowenig, trotzdem, während, wenngleich, wenn auch, wiewohl, wohingegen
7 final (Zweck)	auf dass, damit
8 konsekutiv (Folge)	als dass, dass, so dass
9 ereignispräzisierend	dadurch dass, indem
10 komitativ (Begleitung)	ohne dass, wobei
11 restriktiv (Einschränkung)	außer dass, außer wenn, soweit
12 konfrontativ (Gegenüberstellung)	anstatt dass, während
13 komparativ (Vergleich)	als wenn, als ob, als wenn, wie wenn
14 lokal (Ort)	wo

Tab. 11: Semantische Klassifikation der Subjunktoren

Im Folgenden werden wichtige Adverbialsatztypen und einige Subjunktoren exemplarisch vorgestellt.

E1.2.1 Temporalsätze

Temporalsätze mit *während* kennzeichnen das Nebensatzereignis als gleichzeitig bzw. genauer: überlappend mit dem Hauptsatzereignis. Die Form leitet sich aus dem Partizip I des Verbs *währen* ab, das auf älteres *wesan/wesen* ‚sein' zurückgeht.

(96) **Während** du frühstückst, kommt ein Aufsichtsrat zusammen, um über die Zukunft des Unternehmens, die Verschlankung der Verwaltung und die Freisetzung einer nicht unerheblichen Anzahl von Mitarbeitern zu beschließen. **Während** du deiner Beschäftigung nachgehst, wird das Bedauern über die ökonomisch notwendigen Schritte schon formuliert. Derweil debattiert man weiter.
Während deiner Mittagspause ist eine nicht unerhebliche Zahl von Entlassungen bereits besprochene Sache. [http://www.muenster.org/semikolon/feischen.htm, 5.7.2011]

Die Ereigniszeit des Nebensatzes *du frühstückst* überlappt sich mit dem Zeitintervall, in dem *der Aufsichtsrat zusammenkommt*.

Aus dem temporalen *während* geht ein konfrontativer Gebrauch hervor. Was zeitlich gegeneinander gehalten wird, kann inhaltlich gegensätzlich sein; das folgende Beispiel zeigt den Übergang:

(97) Die Odyssee der jungen Hauptfigur in „Nach fünf im Urwald" läßt sie ganz unbeschädigt in Körper und Geist, **während** die Eltern, kindischerweise, noch einmal die Sau rauslassen. [DIE ZEIT 12.12.1997, 56, 4]

(98) Die Traumgestalt hatte sich heftig, kraftvoll und entschieden bewegt, **während** dieser Venezianer über das Parkett tänzelte, hin und her geweht wie eine leichte Feder. (Ortheil 2005: 210)

Als kann mit einem bestimmten Ereignis der Vergangenheit eine Betrachtzeit für die Ereigniszeit des Hauptsatzes liefern, die nicht vorangehen darf:

(99) **Als** Rosenblüt das Hotel erreichte, sah er einen schwarzen, herrenlosen Schirm, der geschlossen an der Wand lehnte. (Steinfest 2011: 262)

(100) Aber er war willensstark und führte das Tagebuch gut 28 Jahre, bis kurz vor seinem Tod, **als** er längst berühmt war. (DIE ZEIT 29.12.1999)

Als bezieht sich auf einmalige Ereignisse. In älteren, literarischen Texten findet sich in dieser Funktion auch *da*. Bei einer Generalisierung wird nicht *als*, sondern *wenn* gebraucht, man könnte ergänzen: *jedes Mal, wenn; immer wenn*.

(101) Ist es wahr, dass sich die Rotation der Erde messbar verändert, **wenn** im Herbst auf der Nordhalbkugel die Blätter von den Laubbäumen fallen? (DIE ZEIT 15.12.2005)

(102) Die Flammen sind schon zu sehen, **wenn** man am Rosa-Luxemburg-Platz aus dem U-Bahn-Schacht steigt. (DIE ZEIT 28.10.1999)

Man kann mit einem *als*-Satz auch ein Ereignis ausdrücken, das in die Zeit des laufenden Hauptsatzereignisses hineinfällt und keine Betrachtzeit liefert – das „inzidentelle" (Eggs 2006) *als*, das an weiterführende Nebensätze erinnert:

(103) Zum ersten Mal seit Wochen glänzte er wieder mit anwaltlicher Rhetorik, schob seine Widersacher ins Absurde und verlor auch nicht an Fahrt, **als** auf einmal sein Handy bimmelte. (DIE ZEIT 2.4.2009)

(104) Ich lief herum und machte Aufnahmen, **als** plötzlich Schüsse fielen, erst zwei Schüsse, dann fünf, es hörte nicht mehr auf. (DIE ZEIT 5.3.2009)

Wie ist ein Ausdruck, der Gleichheit (*so groß wie*) ausdrückt, so auch im Gebrauch als temporaler Subjunktor. Umgangssprachlich (in allen Regionen) ist eine Verwendung, die Gleichzeitigkeit bzw. Überlappung von Ereignissen in der Vergangenheit ausdrückt.

(105) und wie gefällt es ihm?
 Hat er mir noch nicht so wirklich gesagt.
 Am Montag **wie** er ankam sagte er das es gut wäre.
 Da er aber gestern Klos putzen musste weiß ich nicht

> Er is nämlich gar nich ordentlich und tut daheim genau das gegenteil was er in der BW machen muss
> [http://www.med1.de/Forum/Beziehungen/589631/, 7.7.2011; Fehler wie im Original]

Eher akzeptiert sind Verwendungen, die im Präteritum formuliert sind und und zu einem gewichteten Ereignis überleiten:

(106) **Wie** wir ins Foyer kamen, stand der Verteidigungsminister vor uns.

(107) Elisabeth schüttelte schweigend den Kopf, dann stand sie auf, und beide setzten ihre Wanderung fort; und **wie** sie so an seiner Seite ging, wandte sein Blick sich immer wieder nach ihr hin … (Storm, Elisabeth; 158458 Digitale Bibliothek)

Hier schiebt sich ein überraschendes Ereignis, das im Hauptsatz ausgedrückt ist, in den Ablauf, der im *wie*-Satz verbalisiert ist, also umgekehrt verglichen mit dem *als*-Fall (103, 104).

Die Präsens-Variante finden wir in der erzählerischen Vergegenwärtigung (Eggs 2006), also am Höhepunkt einer Erzählung, der u.a. durch den Wechsel von einem Vergangenheitstempus ins Präsens gekennzeichnet ist:

(108) … da haben sie mich durchgelassen und bin zu Fuß zum Bahnhof Friedrichstraße. Und **wie** ich auf dem Bahnsteig **stehe**, seh' ich Hitler vor mir. (Fechner zit. n. Eggs 2006: 446)

Schließlich kann *wie* in Sätzen vorkommen, die unmittelbar an der Äußerungssituation und am Sprecher (*ich* kommt vor) mit seiner Wahrnehmung verankert sind:

(109) **Wie** du das sagst, denke ich an unser Erlebnis in Plön. (Hörbeleg)

Sätze mit einem Wahrnehmungsverb hingegen rechnen wir zu den Objektsätzen:

(110) Ich sehe, **wie** du rot wirst/einen Vogel.

(Detailliert zu *als* und *wie*: Eggs 2006).

Vorzeitiges *nachdem* und nachzeitiges *bevor* bilden ein Gegensatzpaar. Bei *bevor* und *ehe* liegt das Nebensatzereignis nach dem Hauptsatzereignis, bei *nachdem* geht es voran.

(111) Maude Barlows Kritik folgt eine Woche, **nachdem** die UN Wasser zum Menschenrecht erklärt hat. [http://www.survivalinternational.de/nachrichten/6311, 5.7.2011]

(112) **Nachdem** die UN uns gestern vier Personen zugesagt hatte, wurden zwei Freunde der Erde erneut abgewiesen – ohne Begründung.
[http://www.bund.net/?id=4419, 5.7.2011]

Nach der Erklärung bzw. Zusage der UN ist das Folgeereignis (Kritik, Abweisung) situiert. Wer Backgammon gewinnen will, muss seine Steine vor dem Gegner durchs Ziel bringen:

(113) Bring deine Steine nach Hause **bevor** dein Gegner dies schafft!
[http://de.playforia.com/spielen/Backgammon/, 5.7.2011]

(114) Der 23-jährige Roman Seethaler wachte um 8.37 Uhr auf – 143 Minuten **bevor** sein Wecker regular geläutet hätte. "Eine Katastrophe", berichtete der schockierte Mitbewohner und Ersthelfer Armin Grasleitner, der sofort den Notarzt alarmiert hatte: "Der Roman hat mehr als zwei volle Stunden Schlaf verloren, die er nie wieder zurück bekommen wird."
[http://www.salaminews.at/chronik/student-wacht-auf-bevor-wecker-gelautet-hatte/, 5.7.2011]

In den vorstehenden Beispielen sieht man, dass das *bevor*-Ereignis nicht unbedingt noch stattfinden muss, wenn das Hauptsatzereignis eingetreten ist.

(115) Wenn in der Ober- und der Mittelklasse der Job verloren geht, bleiben zunächst Ersparnisse, **ehe** das Haus zwangsversteigert wird. Dann folgen die Phasen, in denen man zu Gast ist bei Freunden oder Verwandten, dann die billigen Motels und schließlich das Übernachten im Auto. (DIE ZEIT 5.7.2009)

Ein Nebensatz mit *bis* macht ein Ereignis zum abschließenden Grenzereignis des im Hauptsatz dargestellten:

(116) Sie schauten sich an, sie warteten, **bis** das Mädchen die Tür geschlossen hatte und ihre sich entfernenden Schritte auf dem Gang zu hören waren. (Ortheil 2005: 44)

In dem Moment, in dem die Tür geschlossen ist, warteten sie nicht mehr. Das Gegenstück ist *seit*, das Nebensatzereignis bezeichnet den Beginn des Hauptsatzereignisses:

(117) **Seit** er seinen Schatz verlor, kämpft er um seine Ehre.
[http://www.zeit.de/2010/33/DOS-Gold/seite-3, 5.7.2011]

Der Kampf begann, als er seinen Schatz verlor.

E1.2.2 Konditionalsätze

Mit konditionalen Zusammenhängen bewegen wir uns von der wirklichen Welt in die Wissensverarbeitung, ins Reich des Möglichen. Da behaupten wir nicht, dass einer der Sachverhalte tatsächlich besteht, wir spielen nur gedanklich den Zusammenhang durch. Wissen wir aber, dass der *wenn*-Sachverhalt, die Bedingung, eine Tatsache ist, erwarten wir mehr oder weniger stark auch die Folge in der Wirklichkeit, sonst ist der konditionale Zusammenhang nicht gültig. Der konditionale Zusammenhang beschreibt oft eine Regularität, Gesetzlichkeit, Norm, gängige Praxis. Die sprachliche Konditionalbeziehung ist nicht so strikt wie die logische, d.h. wenn die Bedingung gegeben ist, muss nicht die Folge auch eintreten. Konditionalbeziehungen werden auch als logisch grundlegend für Kausalbeziehungen betrachtet.

(118) **Wenn** du Trainer beim FC Bayern bist und die eine oder andere Niederlage kommt, dann musst du deinen Kopf dafür hinhalten. Ich habe kein Problem damit. (DIE ZEIT, 13.7.2009)

(119) Später, **wenn** der Vertrag mit den Investoren endgültig geschlossen ist, soll eine weitere Bürgschaft von drei Milliarden Euro hinzukommen. (DIE ZEIT, 18.7.2009, 24)

(120) Können Spiele für den PC nicht funktionieren, **weil** der PC zu alt ist?
[http://forum.sysprofile.de/computerfragen/103928-koennen-spiele-fuer-den-pc-nicht-funktionieren-weil-der-pc-zu-alt-ist.html, 5.7.2011]

(121) Gilt: Wenn der PC zu alt ist, dann können Spiele für den PC nicht funktionieren?

Steht das Verb des *wenn*-Satzes im Konjunktiv, besteht der Zusammenhang allein im Wissens bleibt eine reine Denkmöglichkeit:

(122) **Wenn** man die Anleitung gelesen **hätte**, **wäre** der Alarm nicht ausgelöst worden.

(123) **Wenn** er reich **wäre**, **gründete** er eine Stiftung.

(124) **Wenn** man doch ein Indianer **wäre** ... (Kafka → Aufgabe)

Es ist vor allem *wenn*, das kontrafaktisch gebraucht wird. *Falls* lässt eher an einen realen oder erwarteten Möglichkeitsfall denken.

(125) Wählen gehen, sagt der Bundespräsident, und **falls** er es nicht gesagt hat, wird es aber Zeit. (Die ZEIT, 10.6.1999)

(126) Die Mannschaft sitzt auf gepackten Koffern, sie könnten sofort ausreisen, **falls** Japan von Deutschland Hilfe anfordert.
[http://www.focus.de/panorama/welt/tsunami-in-japan/wirtschaftliche-folgen/fukushima-50-im-geiste-sind-wir-bei-ihnen_aid_610070.html, 6.7.2011]

(127) Die Mannschaft sitzt auf gepackten Koffern, sie könnten sofort ausreisen, **wenn** Japan von Deutschland Hilfe anfordert.

Mit *wenn*-Sätzen kann man mögliche Zukunftsverläufe im Indikativ beschreiben:

(128) So sagte er bald darauf zu seinem Nachbarn: »Ich will, dass du mir einen Scheffel gemahlenes Mehl bringst, das Mehl ist und auch wieder nicht Mehl ist. **Wenn** du das bringst, ist es gut, **wenn** nicht, nehme ich dir dein bestes Stück Land.« [http://www.internet-maerchen.de/maerchen/pachulenia.htm, 5.7.2011]

Man formuliert auch Handlungsanweisungen als hypothetische Pläne für die Wirklichkeit (Indikativ) mit *wenn*-Sätzen, so in Rezepten:

(129) **Wenn** das Fleisch eine Stunde geschmort hat, fügst Du zuerst nur das Suppengemüse dazu und läßt es für die restliche halbe Stunde mitschmoren.
[http://www.schreckenstein.de/ver/essen/rezepte.htm, 5.7.2011]

Wenn-Sätze können im Wirkungsbereich eines Adverbials im Hauptsatz liegen, im folgenden Beispiel ist es eines der Frequenz, das eine bestimmte Interpretation nach sich zieht, nämlich dass sie immer beim Betreten des Raums erschrak:

(130) Die Tür des kleinen Zimmers wurde geöffnet, Johanna durfte eintreten. Sie erschrak **jedes Mal, wenn** sie diesen Raum betrat und zuerst das große Kreuz neben dem Fenster sah ... (Ortheil 2005: 43)

Das folgende Beispiel kann auch temporal gelesen und wahr gemacht werden:

(131) Wenn ich in Mannheim ankomme, kaufe ich eine Salzbrezel.

E1.2.3 Kausalsätze

Der Subjunktor *weil* geht auf ein älteres symbolisches Wort *wīle* ‚Weile' zurück, auf einen Ausdruck der Gleichzeitigkeit. *Weil* ist spezialisiert auf Erklärungen (→ H1.6). Prominent ist die Erklärung durch eine Ursache, die mit dem Nebensatz gegeben ist:

(132) Der Wagen springt nicht an, **weil** das Zündmodul defekt ist.

Erklärt wird ein Sachverhalt der Wirklichkeit und der Sprecher setzt voraus, dass er ebenso besteht, als wahr gilt, wie die Ursache. Die Wirkung wäre ohne die Ursache nicht eingetreten. Der Wagen wäre angesprungen, wenn das Zündmodul funktioniert hätte. Allerdings hätte er auch aus anderen Gründen nicht anspringen können. Die gesamte Konstruktion hat illokutiv Erklärungscharakter, nicht etwa nur der Nebensatz. Man kann den *weil*-Satz mit *warum?* erfragen.

Hinter kausalen Erklärungen liegt im Wissen typischerweise ein *wenn – dann*-Komplex, ein konditionaler Zusammenhang:

(133) Der Wagen springt nicht an, **wenn** das Zündmodul defekt ist.

Weil kann auch in Begründungen verwendet werden, also auf Normen, Verhaltensregeln, Handlungspläne etc. gestützt sein, um eine Handlung plausibel und nachvollziehbar zu machen, die dem Hörer fraglich, undurchschaubar oder moralisch zweifelhaft erscheint oder erscheinen könnte:

(134) Strafverhandlung (Zeuge (Z), Nebenkläger (NK) (F.3))

1 Z   Bei der ersten Vernehmung→ das muss ich dazusagen→ hatt ich den Herrn Ma/ den Herr Lang noch gebeten→ mich als Zeugen nich zu benennen und äh/

2 NK   Wa<u>rum</u> nich↓

3 Z   **Weil** ich mich prinzipiell→ • wenn eben möchlich→ aus sowas gerne raushalte↓

Nebensätze tragen normalerweise keine Illokution. Inwieweit ein *weil*-Satz zur Illokution beitragen kann, zeigen Beispiele wie:

(135) Warum sollte man diesen Film nun sehen? **Weil** er nicht nervt. **Weil** er auch witzig ist. **Weil** er ohne Sportkitsch auskommt. **Weil** er eine deutsche Mannschaft porträtiert, aber auf anbiedernden Patriotismus verzichtet.
[http://www.spiegel.de/kultur/gesellschaft/0,1518,524028,00.html, 5.7.2011]

(136) Bist du wütend, **weil** du gegen den Eimer trittst. [Ich frage dich, ob du wütend bist, weil, wenn jemand gegen einen Eimer tritt, kann man annehmen ...]

In der gesprochenen Sprache finden wir seit längerer Zeit (beginnend vor gut 100 Jahren im Süden) *weil* (ebenso wie *obschon, obwohl, trotzdem, während*) mit Zweitstellung des Verbs. Diese Stellung blieb in den süddeutschen Dialekten stets als Möglichkeit bewahrt, hat sich dann über das deutsche Sprachgebiet ausgebreitet. Die Position zeigt an, dass diese Sätze eine eigene Illokution haben. Sie ist nur möglich bei Nachstellung des *weil*-Satzes.

(137) Strafverhandlung (F.13.7.14-16)

Angeklagter   Jà .. und dann bin ich irgendwann durchgedreht .
weil→ . die Tür war nich verriegelt→ dann hab ich die Tür aufgemacht und bin weggelaufen↓

(138) Interview VW-Projekt (Fatma, 45J., bilingual)

Fatma   Erste mal→ wenn man dahin geht und Antrag stellen möchte→ da kriegt man zig Bögen→ vierzig Stück→ und da wird das inne Hand gedrückt→ Füllen Sie das doch aus und kommen sie wieder→ und äh da kriegt man schon erste Schreckt→ **weil**→ da sind ja unendliche Fragen→

Typisch ist, dass *weil* schwebend (progredient) intoniert wird. Dass auf *weil* eine Pause folgt, ist öfter zu beobachten, aber keineswegs immer. Die Pause markiert die Relevanz dessen, was folgt. Zugleich zeigt sie, dass kein Subordinationsverhältnis, keine Unterordnung unter die Illokution des Hauptsatzes, sondern illokutive Eigenständigkeit besteht. Mit der Bildung einer illokutiv eigenständigen Einheit wird zugleich die Position vor dem finiten Verb, das Vorfeld besetzbar und ist zu gewichten, so dass eine zweite Haupt-Gewichtungsposition entsteht. Damit kann – wie im Beispiel – ein gewichtiger Erklärungszusammenhang hergestellt werden. Bezieht sich der *weil*-Satz auf einen vorhergehenden Nebensatz, ist keine Hauptsatzstellung möglich, denn es können keine illokutiv eigenständigen Äußerungen gebildet werden:

(139) Weißt du, dass sie krank ist, weil sie sich angesteckt hat?

(140) *Weißt du, dass sie krank ist, weil . sie hat sich angesteckt?

Fragwürdig ist die Konstruktion auch, wenn der erste Teil thematisch, bekannt ist:

(141)   A: Warum hast du das Geld genommen↓
        B1: [Ich habe das Geld genommen]$_{Thema}$ weil ich völlig blank war↓
        B2: [Ich habe das Geld genommen]$_{Thema}$ weil . ich war völlig blank↓

Man kann die Konstruktion auch zur Stilisierung von Umgangssprache nutzen:

(142) So rasen hätte er aber gar nicht müssen, **weil** die Sunny **hat** immer noch getanzt wie aufgezogen (Haas 2011: 162)

Wir haben *da* schon als Zeigwort (lokales Adverb) kennengelernt, das Zeigverfahren begegnet uns aber auch im Bereich der Satzverknüpfung, in dem der Sprecher das im Nebensatz ausgedrückte Wissen als gemeinsam beansprucht (Gehe von p aus!) und damit ein Fundament für das im Hauptsatz Gesagte und Assertierte setzt (vgl. Redder 1990). Indem *da* auf den vorausgehenden oder folgenden Hauptsatz zeigt, stellt es den Anschluss her.

(143) Diese Berichte sind einfach widerlich und passen so gar nicht zu einer wunderschönen WM speziell, **da** wir uns noch auf sehr viele schöne Spiele freuen!
[http://www.womensoccer.de/2011/07/02/die-unwurdige-demontage-der-birgit-prinz/, 5.7.2011]

(144) **Da** er als Jude um sein Leben fürchten muss, flüchtet er 1941 in die USA. (Bohlken/Thies 2009: 80)

Der folgende Gebrauch führt etwas fort (den Moment) und kann als Relativsatzeinleitung verstanden werden:

(145) Das war jetzt der Moment, **da** er sich wünschte, viel früher in seinem Leben mit dem Krafttraining begonnen zu haben. (Steinfest 2011: 13)

Heute wird *da* umgangssprachlich seltener gebraucht, es kennzeichnet gehobeneren Stil und die Sprache der Lerner von Deutsch als Fremdsprache.

E1.2.4 Konzessivsätze

Nicht leicht zu fassen sind die konzessiven Subjunktoren wie *obwohl* oder *obgleich*:

(146) Da war es natürlich einfacher, ein Glas Wein zu bestellen, **obgleich** auch dies mitunter zu einer komplizierten Veranstaltung geriet, weil Wein nicht Wein war und trocken nicht trocken ... (Steinfest 2011: 236)

Das folgende Beispiel zeigt die Möglichkeit, schriftlich durch Interpunktion mit Endzeichen eine Äußerungsgrenze einzuführen. Hier wird ein Einschnitt gemacht, der einen Überraschungseffekt hat (noch einmal dem Vorgängergedanken nachdenken).

(147) Rosenblüt hatte eigentlich beschlossen gehabt, Stuttgart für immer hinter sich zu lassen. Ein frommer Wunsch! **Obgleich** einige Jahre ja alles gut gegangen war. (Steinfest 2011: 18)

Die Konzessivbeziehung funktioniert nur, wenn für beide Sachverhalte vorausgesetzt wird, dass sie wahr sind:

(148) Er passte überhaupt nicht zu Alicia, **obwohl** sein Gesicht einen Rest von jugendlicher Hübschheit besaß, aber eben bloß einen Rest, ein Relikt ... (Steinfest 2011: 176)
 ⇒ Er passte überhaupt nicht zu Alicia.
 ⇒ sein Gesicht besaß einen Rest von jugendlicher Hübschheit ...

(149) **Obwohl** Erika Steinbach Geigerin ist, trifft sie aus der Sicht vieler nicht immer den richtigen Ton.
 [http://www.nwzonline.de/Aktuelles/Politik/Nachrichten/NWZ/Artikel/2460259/Erika+Steinbach.html, 5.7.2011]
 ⇒ Erika Steinbach ist Geigerin.
 ⇒ Sie trifft aus der Sicht vieler nicht immer den richtigen Ton.

Die Konzessivbeziehung wird ausgedrückt, wenn die Ausgangsbedingung (*obwohl*-Satz) auf dem Hintergrund des Wissens um normale Abläufe, Verhaltensweisen etc. etwas anderes erwarten lässt, als dann tatsächlich festzustellen ist. Von einer Musikerin erwartet man, dass sie den richtigen Ton trifft, das aber scheint hier nicht der Fall. Etwas formaler ausgedrückt:

(150) Wenn p → normalerweise q. Nun aber gilt: p und nicht-q. Also: obwohl p, nicht-q.

E1.2.5 Finalsätze

Standard-Subjunktor ist *damit*, veraltet ist *auf dass*, final deutbar sind auch manche Verwendungen von *dass*. Im typischen Fall wird im Nebensatz der Zweck einer im Hauptsatz dargestellten Handlung oder eines bewirkten Ereignisses angegeben. Möglich ist auch die Angabe einer Absicht oder eines Ziels eines Handelnden.

(151) Wobei sehr fraglich war, ob eine noch so intensive Liegestützerei geholfen hätte, es mit diesen Gestalten aufzunehmen: fünf Burschen, junge Türken, die ärmellose Shirts trugen, **damit** man ihre Oberarme besser sehen konnte. (Steinfest 2011: 13)

(152) Und außerdem sind Sie die Schönste hier in der Runde, ja, verzeihen Sie, dass ich es sage, aber es ist so, und deshalb muss ich es sagen, einfach, **damit** es gleich und sofort gesagt ist, dann ist es vorbei und heraus, sonst ersticke ich und kann ihn nicht kosten, diesen Dings, diesen na was, diesen Fisch, von dem er die ganze Zeit redet. (Ortheil 2005: 236)

(153) Vielleicht hätte er „fünfmal hintereinander Europa- und zweimal hintereinander Weltmeister" schreiben sollen, **damit** Sie es auch verstehen.
[http://www.spiegel.de/panorama/gesellschaft/0,1518,769665,00.html, 6.7.2011]

E1.2.6 Konsekutivsätze

Diese Nebensätze werden mit *so dass* oder *dass* eingeleitet *und* müssen dem Hauptsatz folgen. Sprachgeschichtlich haben sie Konstruktionen mit ...*so* ...*dass* zum Vorläufer, die es noch gibt; die Aspektdeixis *so* ist dann ans Ende gerückt und schließlich Teil des Nebensatzes geworden (Paul 1928). Das hat schon mit ihrer Bedeutung zu tun: Sie stellen den Schluss (oft eine Schlussfolgerung), die Konsequenz aus einer Voraussetzung (Prämisse) dar, die im Hauptsatz ausgedrückt ist. Diese Konsequenz bleibt in der Regel im Hintergrund, wird dann nicht als relevant gewichtet. Die Konsequenz kann in manchen Fällen beabsichtigt sein, das wird aber in der Konstruktion nicht ausgedrückt. Man kann den Konsekutivsatz nicht erfragen.

(154) Elastikspannbänder werden zu einem Fransenbolero, indem sie miteinander verhakt und an den Enden aufgeschnitten werden, **so dass** die feinen grauen Gummibänder die Schultern umspielen. (DIE ZEIT, 11.07.2009)

(155) Ein einfacher Trick schafft Abhilfe: Die Kamera etwas über die untergehende Sonne halten und den Auslöser halb durchdrücken, **so dass** die Kamera die Belichtung speichert. (DIE ZEIT, 04.07.2009)

Dahinter steht ein nicht formulierter allgemeiner Zusammenhang wie: Wenn man den Auslöser halb durchdrückt, speichert die Kamera die Belichtung. Es kann sich auch um eine bloße Erwartung handeln: Wenn p, normalerweise q.

E1.2.7 Ereignispräzisierende Adverbialsätze

Mit *indem* oder *dadurch dass* kann man Nebensätze einleiten, die eine feiner abgestufte Handlungsbeschreibung geben (*jemanden überzeugen* indem *eine These formulieren und begründen* indem *äußern* ...), die aus Sicht eines Beobachters oder des Handelnden gegeben werden kann. Man kann auch ein Ereignis in Komponenten oder Teilereignisse auflösen, von denen das *indem*-Ereignis als basales Ereignis oder als (nicht unbedingt bewusst eingesetztes) Mittel, Instrument für das andere erscheint.

(156) An anderer Stelle lesen wir, dass Mathematik wie die Religion von unhintergehbaren Gewissheiten ausgehe, von Axiomen. Dabei weiß Pickover genau, dass die Mathematik unausgesetzt Kalküle konstruiert, **indem** sie Axiome verändert. Theologen dürfen das nicht. (DIE ZEIT 13.7.2009)

(157) Bedauerlicherweise, so der französische Historiker, schwäche Nolte seine These, **indem** er die Juden zu organisierten Gegnern Hitlers stilisiere. (DIE ZEIT 26.2.1998)

(158) **Dadurch dass** sich die Lehrkräfte der Außensicht von Schülern und Lehrern stellen, ist das Bewusstsein größer, dass das, was wir tun, eine Dienstleistung ist. (DIE ZEIT 6.5.2004)

(159) Dadurch dass diese Veranstaltung eben nur alle vier Jahre stattfindet, hat es einen sehr hohen Stellenwert. (DIE ZEIT 28.9.2000)

E1.2.8 Komitativsätze

Die Subjunktoren kennzeichnen das Nebensatz-Ereignis als eines, das das Hauptsatz-Ereignis zeitgleich begleitet (*wobei*) oder das als erwartetes ausbleibt (*ohne dass*); *wobei*-Sätze sind immer nachgestellt:

(160) Die Temperatur steigt auf 24 bis 28, im Südwesten stellenweise nahe 30 Grad, **wobei** es hier zunehmend schwül wird. (DIE ZEIT 13.7.2009)

(161) „Die acht unsichersten Akws inklusive des Pannenreaktors Krümmel können sofort stillgelegt werden, **ohne dass** in Deutschland der Strom knapp wird", sagte sie. (DIE ZEIT 12.7.2009)

E1.2.9 Konfrontativsätze

Mit diesem Nebensatztyp wird ein Sachverhalt einem anderen gegenübergestellt, was mündlich durch einen Kontrastakzent unterstützt wird. Meist lässt sich der Gegensatz an bestimmten Ausdrücken festmachen, im folgenden Beispiel: Kenner und Könner – Amateur und Anfänger ... :

(162) Seit Menschen auf die Gipfel streben, haben der Himalaya und die Alpen ihren Tribut gefordert. Doch **während** sich einst nur Kenner und Könner in die sprichwörtlichen Todeszonen wagten, stauen sich heute an den Klettersteigen der Kultgipfel Amateure und Anfänger aus aller Herren Länder, denen das Dasein in der Ebene zu fad geworden ist. (DIE ZEIT 22.08.1997, 49, 18)

Mit dem Anschluss von Nebensätzen mit (*an*)*statt dass* wird die Geltung einer zu erwartenden oder vorzuziehenden Alternative ausgeschlossen, während ein anderer Sachverhalt gilt. Es geht nicht nur um eine Konfrontation, sondern um eine – auch durch Kontrastakzent unterstützte – Bewertung eines faktischen oder möglichen Ereignisses im Verhältnis zu einem erwarteten oder als besser (sinnvoller, regelkonformer, normaler ...) eingeschätzten (Satz mit *anstatt dass*).

(163) Ob Nachhilfe, die Betreuung in der Mittagspause, eine Computer-AG oder Jazz-Dance, es ist doch besser, die Kompetenzen von Oberstufenschülern sinnvoll einzusetzen und ihre Vermittlungsfähigkeiten zu aktivieren, **anstatt dass** sie im Supermarkt jobben. (DIE ZEIT 8.7.2004)

(164) B. Brecht, Dreigroschenoper, Der Anstatt-Dass-Song
Anstatt daß, anstatt daß,
Sie zuhause bleiben und im warmen Bett.
Brauchen sie Spaß, brauchen sie Spaß,
Grad als ob man ihnen eine Extrawurst gebraten hätt! (Brecht 1988: 34)

E1.2.10 Restriktivsätze

Diese Sätze formulieren scheinbar eine Einschränkung. Dadurch wird etwas gesondert betrachtet und scheinbar ausgeblendet, aus der Betrachtung herausgenommen. Damit ist es aber zunächst in den Blick genommen und verbindet sich als Besonderes mit den anderen aufgeführten, gleichartigen Sachverhalten. Je nach Inhalt kann es durch die Konfrontation in seiner Relevanz herabgestuft oder aufgewertet werden – was aber nicht Teil der Bedeutung von *außer* ist.

(165) Sie haben das immer vehement abgelehnt, weil es ja beispielsweise auch die Einbeziehung der Beamten umfassen sollte. Gibt es denn wirklich definitive Gründe, die dagegen sprechen, **außer dass** damit in Zukunft auch neue höhere Erwartungen an das System finanziert werden müssten? (DIE ZEIT 21.7.2003)

Das Verfahren kann wie im folgenden Beispiel (es geht um Papst Johannes Paul) rhetorisch genutzt werden, indem man einen wichtigen Sachverhalt in die Einschränkung nimmt, dessen scheinbare Ausblendung gerade den Effekt des Gesagten steigert:

(166) Er hat auch zuletzt gegen den Irak-Krieg wie David gegen Goliath gekämpft, aber konnte gegen die gigantische militärische Mobilisierung nichts erreichen, **außer dass** er einen Großteil der Menschheit auf seiner Seite hatte. (DIE ZEIT 7.4.2005)

E1.2.11 Vergleichssätze

Es handelt sich um Sätze mit Subjunktoren wie *als wenn, wie wenn, als, als ob*:

(167) Köln, erzählt er, war mal eine Weltstadt, bis ins 12. Jahrhundert, neben Paris die wichtigste Metropole nördlich der Alpen, und die Beweise dafür, die liegen jetzt im Dreck, unter Schutt. Das zehre am Selbstbewusstsein und ist der Verlust eines kulturellen Schatzes, das ist vergleichbar, **als wenn** der Dom umkippt. (DIE ZEIT, 15.5. 2009)

(168) »Das ist kein Kraftwerk, das ist eine Baustelle«, sagt er. »Da hat man genau denselben Effekt, **wie wenn** man fünf Stunden zu früh in die Autowerkstatt kommt« und – die Mechaniker noch mittendrin sind. Im Reaktorgebäude hämmern und bohren die Handwerker, ein Staubsauger heult auf. (DIE ZEIT, 21.3.2008)

(169) Dass der Druck der aktuellen Ausgabe lange auf der Kippe stand, hätte das insolvente Versandhaus vollends in den Ruin getrieben. Im Moment sieht es aber so aus, **als ob** die Finanzierung gesichert sei. (DIE ZEIT, 29.6.2009)

(170) Mich stört enorm, wie viele Regierungen nach den Gipfeln ihren Völkern mit rabaukenhafter Haltung präsentieren, was sie erkämpft haben. **Als ob** man nach Brüssel führe, um die anderen niederzuringen. (DIE ZEIT 19.6.2009)

(171) Sie versuchen den Ball aus den unmöglichsten Winkeln ins Tor zu schießen. Beckham sieht so aus, **als** mache ihm das einen Riesenspaß. (DIE ZEIT 6.11.2003)

(172) Es ist zu politisch und außerdem die Farbe des Fußballclubs Schachtjor Donnetsk, dessen Fans immer gegen die Revolution gekämpft haben. Stattdessen werden wir aussehen, **als** machten wir Werbung für die FDP: ganz in Gelb und Blau gekleidet. (DIE ZEIT 22.6.2006)

Diese Sätze drücken die Art und Weise aus, in der etwas getan wird oder ein Ereignis zu charakterisieren ist. Man kann mit *wie?* fragen. Was im Vergleichssatz herangezogen wird, kann nach Sprecherauffassung durchaus nicht den Tatsachen entsprechen, dient aber zum anschaulichen Vergleich. *Als* drückt eher die „Andersartigkeit" (Eggs) des Verglichenen aus. Ob der Vergleichssachverhalt als faktisch gemeint ist, lässt sich oft schwer entscheiden, das Beckham-Beispiel kann durchaus real gemeint sein. *Als ob* lässt die Faktizität offen und verbindet sich (vor allem in Texten) oft mit dem Konjunktiv, der den Übergang in die Welt des Möglichen, bloß Gedachten kennzeichnet. Man kann mit *wie wenn* eher ein faktisches Ereignis zum Vergleich heranziehen, *wie* kennzeichnet Verglichenes im Blick auf das „Identische" (Eggs).

E1.2.12 Lokalsätze

Lokalsätze bezeichnen einen Ort (im allgemeinen Sinne), an dem ein Ereignis stattfindet. Sie werden prinzipiell mit *wo* eingeleitet.

(173) Die Berufsfeuerwehr Bottrop bekämpft tagtäglich Brände – eine Aufgabe, die nicht immer wortwörtlich zu verstehen ist. „Wir möchten den Ärmsten der Armen da helfen, **wo** es brennt – nämlich bei der täglichen warmen Mahlzeit", sagt Brandoberinspektor Andreas Kellert.
[http://www.derwesten.de/staedte/bottrop/Helfen-wo-s-brennt-id3385054.html, 5.7.2011]

E1.2.13 Türkische Entsprechungen zu deutschen Nebensätzen

Wenn wir auf die türkische Sprache schauen, finden wir zwar Konstruktionen, die funktional Kausalsätzen oder Temporalsätzen nahekommen, aber doch ganz anders aufgebaut sind. Insofern ist sicher zu stellen, dass Lerner ausreichend mit deutschen Nebensätzen (Subjunktoren, Endstellung des finiten Verbs/Klammerbildung) und der Bedeutung, die von den einzelnen Subjunktoren vermittelt wird, konfrontiert sind. Die Auffälligkeit der Erscheinungen hilft erfahrungsgemäß und gerade Türkisch bietet in diesem Bereich wenig Möglichkeiten zu einem problematischen Transfer von Strukturen.

Im Wesentlichen wird im Türkischen die Aufgabe der Subordination von Sachverhalten durch Suffixe (an den Stamm gefügte Endungen) erledigt – das ist das Prinzip einer agglutinierenden (‚Suffixe anheftenden') Sprache. Es gibt folgende Entsprechungen:

Deutsch	Türkisch
A. Subjekt-/Objektsatz	Verbalnomen (Nominalisierung), Konverb
B. Relativsatz	Partizip, Verbalnomen
C. Adverbialsatz	Konverb, Partizip

Tab. 12: Nebensätze und ihre türkischen Entsprechungen

Hier muss ein Eindruck von den Formtypen genügen; Türkisch verfügt über ein großes Spektrum an Möglichkeiten. Eine wichtige Möglichkeit ist der Einsatz von Konverbien, das sind nicht finite, spezifische Verbformen, die adverbial eingesetzt werden können; man ordnet sie in der Literatur manchmal auch den Verbaladverbien zu.

Typ A: Subjekt-/Objektsatz

(174) Konu-y-u   anla-mak   gerek
      Thema-Akk. versteh-Verbalnomen (Infinitiv) notwendig
      ‚Dass man das Thema versteht, ist notwendig.' [infinite Konstruktion]

(175) Havva evlen-iyor   di-ye   duy-d-um.
      Havva heirat-Präsens3Sg   sag-Konverb (zu demek)   hör-Präteritum-1Sg
      ‚Ich habe gehört, dass Havva/Eva heiratet.' [finite Konstruktion]

Typ B. Relativsatz

(176) Mehmet bahçe-de   çalış-an   hanım-ı tanı-m-ıyor.
      Mehmet Garten-Lokativ arbeit-Partizip Frau-Akk kenn-Negation-Präsens3Sg
      ‚Mehmet kennt die Frau, die im Garten arbeitet, nicht.'

(177) Al-dığ-ım   hediye   güzel
      bekommen-Verbalnomen-1Sg   Geschenk schön
      ‚Das Geschenk, das ich bekommen habe, ist schön.'

Typ C. Adverbialsatz

Beispielsweise kann ein mit dem Suffix -arak versehenes Verb für eine zeitliche Überlappung markiert werden; oft verwendet wird die Form ol-arak, die auf das Verb ol-mak ‚sein' zurückgeht oder auch das Verbaladverb iken:

(178) Çocuk (i)-ken   Türkçe   öğren-di-m.
      Kind   sein-Konverb Türkisch lern-Präteritum-1Sg
      ‚Als (ich) Kind (war), lernte ich Türkisch.'

(179) Çalış-arak   Almanca   öğren-di-m.
      arbeit-Konverb   Deutsch   lern-Präteritum-1Sg
      ‚Ich lernte Deutsch, indem/dadurch dass ich gearbeitet habe.'

Das Suffix -ince kann Zeit und Bedingung, ähnlich wenn, als Beziehung zwischen Prädikationen ausdrücken:

(180) Ev-e   gel-ince   çay   iç-eceğ-im.
      Haus-Dativ   komm-Konverb   Tee   trink-Futur-1Sg
      ‚Wenn ich nach Hause komme, werde ich Tee trinken.'

Zu den Möglichkeiten, kausale Verhältnisse auszudrücken, gehört das Partizip-Suffix -diği in Verbindung mit der Postposition için ‚für':

(181) Öğretmen-imiz   hasta ol-duğu   için   ders   yok.
      Lehrer-Possessiv1Pl.   krank sein-Partizip   für   Unterricht   es gibt nicht
      ‚Weil unser Lehrer krank ist, gibt es keinen Unterricht.'

Das Partizip-Suffix -diğin-den enthält das Ablativsuffix (der Ablativ bezeichnet eine Richtung, aus der etwas kommt, einen Ort als Ausgangspunkt, Herkunft, eine Ursache, ein Material, aus dem etwas ist):

(182) Ayşe gel-me-diğin-den   eve   git-ti-m.
      Ayşe komm-Negation-Partizip-Ablativ   Haus-Dativ   geh-Präteritum-1Sg
      ‚Weil Ayşe nicht gekommen war, ging ich nach Hause.'

Eine gewisse Entsprechung zum deutschen Satzbau hat man allenfalls mit ki, das dem (indoeuropäischen) Persischen entlehnt ist und in etwa deutschen Konstruktionen mit dass entspricht. Es kann auch in der Redewiedergabe verwendet werden. In den meisten Fällen ist es nicht obligatorisch.

(183) Öğretmen-e   söyle   ki   yarın   Berlin'e   gid-iyor-um.
      Lehrer-Dativ   sagImperativ   dass   morgen   Berlin-Dativ   fahre-Präsens-1Sg
      ‚Sag dem Lehrer, dass ich morgen nach Berlin fahre.'

> **Aufgabe 1:**
> Wie ist der Satzaufbau in der folgenden Erzählung von Franz Kafka? Welcher Äußerungsmodus liegt vor? Geben Sie eine grammatisch gestützte Interpretation!

(1)   Wunsch, Indianer zu werden

(2)   (a) Wenn man doch ein Indianer wäre,
      (b) gleich bereit,
      (c) und auf dem rennenden Pferde,
      (d) schief in der Luft,
      (e) immer wieder kurz erzitterte über dem zitternden Boden,
      (f) bis man die Sporen ließ,
      (g) denn es gab keine Sporen,
      (h) bis man die Zügel wegwarf,
      (i) denn es gab keine Zügel,

(j) und kaum das Land vor sich als glatt gemähte Heide sah,
(k) schon ohne Pferdehals und Pferdekopf.
(F. Kafka 2003: 7)

Hinweise zur Interpretation

Kafkas Erzählung konstruiert eine mögliche Welt, in der der Wunsch nach Transformation der eigenen Identität greift (1-2a). Diese Transformation löst vom Hier und Jetzt, den Beschränkungen der Bewegung, des Raumes, der Mittel und stellt pure Ungebundenheit dar. Die Transformation wird in drei Zeitphasen dargestellt, die eine Erzähllinie bilden:

- Phase der Bereitschaft zu unmittelbarem Übergang in einen Prozess (2b)

- Phase der beschleunigten Bewegung mittels eines Trägers, als Ritt auf dem Pferd symbolisiert (2c–e)

- Phase der befreiten Bewegung, losgelöst von raum-zeitlicher Bindung, hin zu einem reinen Wunsch (2f-k).

Der dritte Teil ist im Erzähltempus Präteritum formuliert, das auf einen abgelaufenen Zeitraum zeigt und Gegenwartsdistanz ausdrückt. Damit erlaubt es die Bewegung in einer symbolisch vorgestellten Welt. Der Rahmen bleibt die im *Wenn*-Satz mit Konjunktiv II dem Rezipienten eröffnete Wissenswelt des Möglichen. Eine Welt, in der Wünsche spezifisch und konkret werden und Folgen haben können (*wenn ... dann*), in der Märchen wahr und Zukünfte gegenwärtig sein können. Eine Welt, die sogar den reinen Wunsch ermöglicht. Solche Welten zu konturieren, gehört zu den alten Geschäften der Literatur. Hier aber hält der sprachliche Revolutionär Kafka an der Eingangskonstellation inne und beschränkt sich darauf, sie erzählend – im narrativen Präteritum – in drei Schritten zu einer reinen Utopie zu entfalten. Sie nimmt ihren Ausgang bei der Projektionsfigur des Indianers, der im Einklang mit der Natur lebt, mit dem Pferd eine Einheit zu bilden vermag, die keiner Sporen und Zügel bedarf. Und wenn die Figur dem Wunsch Flügel verleiht, die Ablaufdynamik in Gang gesetzt ist, werden Figur und Bewegungsmittel nicht mehr gebraucht. Es bleibt die Dynamik des Wunsches, dessen Leerstelle die Rezipienten füllen können.

Der Sinn einer solchen Erzählung ist nicht, eine Geschichte nachvollziehbar zu machen, die in einem bestimmten Relevanzpunkt gipfelt, und aus der eine Lehre zu ziehen ist. Das narrative Fragment führt in einen Vorstellungsraum, um ihn erzählend zu entgrenzen. Die Bewegung führt zurück auf die Ausgangskonstellation des Wunsches, überantwortet die Konkretion durch das je Eigene den Rezipienten. Ist das eine positive oder eine negative Utopie? Welche Rolle spielt die Nebensatzstruktur des Textes für das Verständnis des Ganzen?

E2 Präpositionen und Präpositionalgruppen

Didaktischer Kommentar:

Spezifizierungen des Gesagten werden im Deutschen oft durch relationierende Ausdrücke realisiert, durch Präpositionen, die Ausdrücke zu räumlicher oder zeitlicher bzw. einer anderen Spezifizierung ins Verhältnis setzen. Wichtig sind sie beispielsweise für präzise Beschreibungen. Grammatisch sind sie durch ihre Bedeutung und ihre Kasusforderung für Lerner nicht einfach – Grund genug, sie ausführlicher zu behandeln.

Literaturhinweis:

Grießhaber 1999

Die PRÄPOSITION (*an, in, auf, neben, vor, hinter* etc.) hat – ähnlich wie der Subjunktor – relationierenden Charakter, ist ein „Verhältniswort". Sie setzt zwei Einheiten in ein bestimmtes semantisches Verhältnis, so dass die zweite mit ihrer Funktion die Funktion der ersten unterstützt. Eine solche funktionale Integration kann eine räumliche, zeitliche, kausale etc. Spezifizierung leisten: *in Berlin arbeiten*, aber auch die Verbszene explizieren (→ D6.5): *in Berlin wohnen* (Abb.1). Die Präposition bringt ihren ursprünglich symbolischen Gehalt in die Verbindung ein, die – je nachdem was mit wem ins Verhältnis gesetzt wird – einen unterschiedlichen Charakter bekommt. Präpositionen sind formal unveränderlich und regieren ggf. die Ausprägung der Kasuskategorie der angeschlossenen Einheit, sie können auch eine Infinitivgruppe regieren.

Im Namen steckt *Prä- ,vor'*. Zwar werden die meisten deutschen Präpositionen vorangestellt (*vor der Zeit, in den Ferien*), einige sind aber nachzustellende Postpositionen (*der Ordnung halber*), wie sie das Türkische hat; manche können prä- und postpositional gebraucht werden (*wegen des Wetters, des Wetters wegen*). Zirkumpositionen sind *um (des Friedens) willen, von (Amts) wegen, von (nun) an*. Eine neutrale Bezeichnung für alle Stellungsformen ist ADPOSITION, sie ist im deutschen Sprachraum leider kaum geläufig.

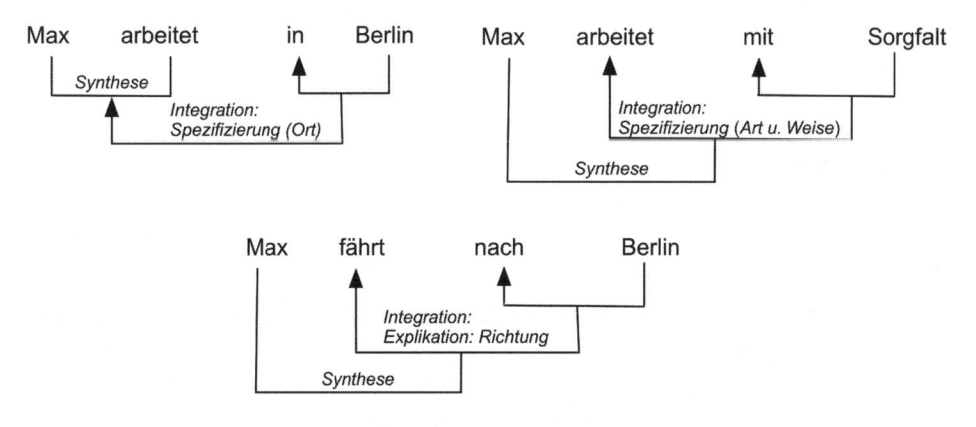

Max arbeitet in Berlin
  Synthese
    Integration:
    Spezifizierung (Ort)

Max arbeitet mit Sorgfalt
    Integration:
    Spezifizierung (Art u. Weise)
  Synthese

Max fährt nach Berlin
    Integration:
    Explikation: Richtung
  Synthese

Abb. 1: Präpositionalgruppen: syntaktische Funktionen

Die Präposition kann den Kasus der angeschlossenen Einheit regieren bzw. einen vom Verb verlangten weiterreichen:

(1) „**Vor** – dem Sturm"$_{Dativ}$ (Th. Fontane),
Sängerin – **aus** – der Provinz$_{Dativ}$,
glauben – **an** – den Weihnachtsmann$_{Akkusativ}$.

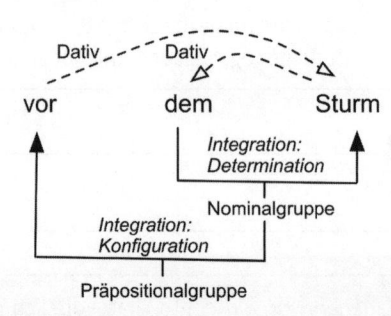

Abb. 2: Aufbau einer Präpositionalgruppe

Präpositionen bedürfen des Anschlusses einer Nominalgruppe, einer Personaldeixis, einer Objektdeixis, eines Relativums, einer Anapher oder eines Adverbs, damit eine funktionsfähige Präpositionalgruppe entsteht:

(2) auf der Mauer, wegen uns, über das, von der, an ihn, seit gestern

In Abhängigkeit von bestimmten Verben kann auch ein Adjektiv in eine Präpositionalgruppe eingehen: *für geeignet halten, für gut befinden*.

Die Präpositionalgruppe kann im Satz diese Funktionen haben:

A. Adverbial (Bezug: Satz): **Am Abend** tönen die herbstlichen Wälder (Trakl)

B. Adverbial (Bezug: Verbgruppe): Sie hat die Arbeit **mit Sorgfalt** formuliert.

C. Adverbial (Komplement): Sie wohnt **am Meer**.

D. Attribut: „Die Stadt **am grauen Meer**" (Storm)

E. Objekt: **An den Sieg** glauben sie immer noch.

E2.1 Präpositionen

Die mehr als 100 Präpositionen enthalten einen alten Grundbestand einfacher Präpositionen wie *an, auf, in, bei*, der auf lokale Adverbien des Symbolfelds zurückzuführen ist. Die Entstehung weiterer Präpositionen aus Substantiven (*weg-en, trotz, mangel-s, kraft, zweck-s, dank*) oder Präpositionalgruppen (*an-hand, an-stelle, in-folge, mit-hilfe, zu-gunsten, zu-lasten*) ist noch heute durchsichtig.

Im Übergang zu einem Gebrauch als Präposition wird in der Regel der Genitiv regiert, später dann Dativ oder Akkusativ, die als eigentliche Präpositionalkasus zu gelten haben, vgl.: *wegen des Geldes* (älter) → *wegen dem Geld* (neuer). Bei komplexeren Präpositionen – zumal wenn der Übergang nicht abgeschlossen ist – bleibt es beim Genitiv: *anstelle (an Stelle) des Vorsitzenden*. Die Kasusforderungen sind ein Lernproblem, falsche Kasus oft zu finden. Tabelle 1 stellt die wichtigsten Präpositionen mit ihrer Kasusforderung zusammen. Einige wie *ab, bis, je, laut, pro, voller, zwecks* können auch mit unflektiertem Nomen auftreten. Die Kasusschwankungen zwischen Genitiv und Dativ bei Präpositionen wie *wegen* sollten keiner Bewertung mehr unterzogen werden.

abzüglich, angesichts, anhand, anlässlich, (an)statt, aufgrund, außerhalb, beiderseits, bezüglich, diesseits, eingedenk, einschließlich, entlang, fern, halber*, hinsichtlich, infolge, innerhalb, jenseits, kraft, links, mangels, oberhalb, seitlich, um … willen, unbeschadet, ungeachtet, unterhalb, unweit, von … wegen, vorbehaltlich, zugunsten, zuzüglich, zwecks	► Genitiv
ab, aus, außer, bei, dank, entgegen, entsprechend, fern, gegenüber(*), gemäß, laut, mit, mitsamt, nach, nahe, nebst, samt, seit, von, zu, zufolge, zuliebe, zuwider	► Dativ
ausgenommen, betreffend(*), bis, durch, entlang*, für, gegen, je, kontra, ohne, pro, um, uns	► Akkusativ
an, auf, hinter, in, neben, über, unter, vor, zwischen	► Dativ (Ort: *wo?*) und ► Akkusativ (Richtung: *wohin?*)
statt, trotz, während, wegen(*)	► Genitiv oder ► Dativ

Tab. 1: Präpositionen und Kasusforderung (Genitiv, Dativ, Akkusativ)
(*Postpositionen, (*) nach- oder vorgestellt)

Die Verbindung mit einer Nominalgruppe führt bei Präpositionen der alten Schicht zu einer Verschmelzung mit einem Determinativ im Singular, das ja selbst unbetont und kurz, also anlehnungsfähig ist (Tabelle 2). Die Bildung einer eigenen Form ist abgeschlossen bei *am, beim, im, vom, zum* – sie können oft nur in dieser Form eingesetzt werden. Beim Superlativ (*am lautesten*), in der Verlaufsform (Progressiv) (*am Singen*) (→ D2.3) und in Präpositionalgruppen wie *im Allgemeinen, im Folgenden, am 10. Januar, beim Barte des Propheten* sind sie notwendiger Teil der Konstruktion.

Auch die s-Gruppe tendiert dazu, obligatorischer Teil fester Wendungen zu werden (*hinters Licht führen, aufs Ganze gehen, ausm Vollen schöpfen*).

Wenn es auf den bestimmten Artikel ankommt, um eine Nominalgruppe als thematisch zu kennzeichnen und den Gegenstand aus einer Gruppe auszusondern, von anderen zu unterscheiden, unterbleibt die Verschmelzung bzw. wird eher die eigenständige Form gewählt.

(3) Er besaß nur einen Hut und einen Regenschirm. **An dem** Schirm/?Am Schirm war eine Markierung angebracht.

(4) Er hatte ein Buch über Pflanzen und eines über Tiere erstanden. **In dem** Buch über Tiere/?Im Buch über Tiere gab es zahlreiche Farbfotos.

Ist der Ausdruck fest, kann die Verschmelzungsform nicht ersetzt werden:

(5) Sie stand **im** Tor [Fußballteam]. Sie stand in dem Tor [der Stadt …].

Ist die Identifizierung des Gemeinten erst in der Nominalgruppe durch Attribute möglich, etwa durch einen restriktiven Relativsatz, ist die Verschmelzung blockiert:

(6) Sie geht aufs Gymnasium. Sie geht **auf das**/*aufs Gymnasium, **das** in der Altstadt liegt.

Präposition	Verschmelzungsform		
	Dativ Maskulinum/Neutrum	Nominativ/Akkusativ Neutrum	Dativ Femininum
an	**am**	ans	
auf	aufm	aufs	
bei	**beim**		
durch		durchs	
für		fürs	
hinter	hinterm	hinters	
in	**im**	ins	
über	überm	übers	
unter	unterm	unters	
von	**vom**		
um		ums	
vor		vors	
zu	zum		zur

Tab. 2: Verschmelzungen Präposition-Determinativ (älteste, eigenständige Gruppe halbfett)

In der Rolle eines Präpositionalobjekts ist die Eigenbedeutung der Präposition weniger wichtig, der Anschluss bestimmt sich durch die Verbszene. Verwendet werden vor allem die älteren Präpositionen. Als Adverbial ist die Präpositionalgruppe semantisch autonomer.

Die Grundfunktion einer Präposition lässt sich als symbolisch-charakterisierende Relationierung eines zu lokalisierenden Objekts oder eines Ereignisses mit einem Bezugsobjekt bestimmen. Ein Modell für diese Relationierung stellt Grießhaber (1999) vor, wir orientieren uns in mancher Hinsicht daran. Die Präposition symbolisieren

- eine konkret lokale, in der gliedernden Wahrnehmung zu verankernde Beziehung zwischen einem Gegenstand und einem „Bezugsobjekt":
  die Fliege$_{Gegenstand}$ *an der Wand*$_{Bezugsobjekt}$
  die Vase$_{Gegenstand}$ *auf dem Tisch*$_{Bezugsobjekt}$

- eine abstrakte (lokale, temporale, kausale, zugehörigkeitsorientierte ....) Beziehung zwischen einem Gegenstand und einem Bezugsobjekt:
  die Sekunde$_{Zeitintervall}$ *vor dem Urknall*$_{Bezugszeit}$
  der Vorsitzende Richter$_{Gegenstand}$ *am Oberlandesgericht*$_{Bezugsobjekt}$
  Erschöpfung$_{Zustand}$ *von der Anstrengung*$_{Ursachenbezug}$

Zur Lokalisierung im Wahrnehmungsfeld kann auf etwas zurückgegriffen werden, von dem aus der Gegenstand unterscheidbar und identifizierbar wird (Abb. 3).

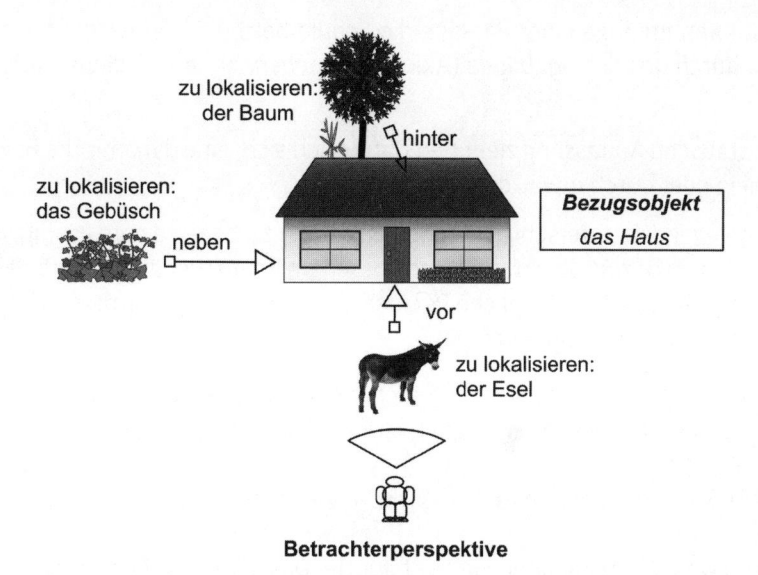

Abb. 3: Gegenstände im Wahrnehmungsfeld des Betrachters, lokalisiert in Relation zum Bezugsobjekt Haus: *das Gebüsch neben dem Haus, der Esel vor dem Haus, der Baum hinter dem Haus*

Aus ursprünglich lokalen Relationen sind abstrakte entstanden, die auf Konstellationen im Wissen, aufzubauen in der Vorstellung, zurückgreifen (*sie geht aufs Gymnasium an der Rheinstraße*).

Die Bezugsobjekte können (sprachabhängig) unterschiedlich gefasst werden, z.B. eine Schule als umschlossener Raum, der menschlicher Wahrnehmung zugänglich ist und für den gilt:

a. Man kann sich **in** der Schule aufhalten, sich **im** Raum der Schule befinden – das wird mit *in* + Nomen/Nominalgruppe im Dativ markiert.

b. Man kann **in** die Schule hineingehen, sich also in den Raum der Schule begeben – das wird mit *in* + Nomen/Nominalgruppe im Akkusativ markiert; dabei wird das Ziel verfolgt, sich **in** der Schule (Dativ) aufzuhalten.

c. Man kann sich in Richtung Schulgebäude bewegen, also ***zur*** *Schule* (Dativ) *(hin)gehen*.

d. Man kann sein Fahrrad ***an*** *der Schule* (Dativ), im Nähebereich des Schulgebäudes, oder in der Umgebung, ***bei*** *der Schule,* abstellen.

e. Man kann das Schulgebäude, den Raum der Schule, verlassen, ***aus*** *der Schule* (Dativ) *kommen*.

f. Ein Hubschrauber kann im Luftraum ***über*** *der Schule* (Dativ) *kreisen*, eine Mine (im Boden) ***unter*** *der Schule* (Dativ) *vergraben sein*.

g. an kann ***vor*** *der Schule* (Dativ), vor der dem Betrachter sich darbietenden Seite mit dem Haupteingang, stehen oder ***hinter*** *der Schule* (Dativ) sein, also auf der dem Betrachter abgewandten Seite der Schule.

h. Man kann im Zuge einer Passage die Schule betreten und wieder verlassen, d.h. **durch** das Schulgebäude (Akkusativ) gehen, ohne sich länger aufzuhalten.

Eine eher statische Auffassung zieht den Dativ nach sich, eine dynamische Bewegung in etwas hinein oder durch etwas den Akkusativ.

Einen grundlegenden Unterschied macht das System zwischen einem flächigen Bezugsobjekt und einem Bezugsobjekt als umschlossenem Raum (Behälter). Im folgenden Beispiel werden verschiedene mögliche Perspektivierungen (aufgetürmter Müll gegenüber Müll im Behälter) zum Streiten genutzt:

(7) – Sag mal, Lotti, haben wir nicht noch mehr Plastebehälter in der Küche?
    – Ach was, Plastebehälter, sagte Charlotte. Das kommt **auf** den Müll.
    – **In** den Müll?
    – **Auf** den Müll, sagte Charlotte. Wir sprechen hier immer noch Deutsch.
    (...)
    – Ach was, Plastebehälter, sagte Charlotte. Das kommt **auf** den Müll.
    Das kommt nicht **in** den Müll, sagte Lisbeth und biss in die Wurst.
    (Ruge 2011: 398f. und 402)

Position: Einschluss	Nähe- und Kontaktzone	nahes Umfeld	Vorderseite	Rückseite	Raum oberhalb der Oberseite	Raum unterhalb der Unterseite	rechte/linke Seite	Ursprung	Richtung: Weg	Richtung: Hineingelangen	Passage
in	an	bei	vor	hinter	über	unter	neben	aus	zu	in	durch
+Dativ	+Dativ	+Dativ	+Dativ	+Dativ	+Dativ	+Dativ	+Dativ	+Dativ	+Dativ	+Akkusativ	+Akkusativ

Tab. 3: Präpositionen: Bezugsobjekt als umschlossener Raum

Etwas anders sind die Verhältnisse, wenn wir es mit einem als Fläche aufgefassten Bezugsobjekt zu tun haben, etwa einem Sportplatz, einer Straße oder einer Wiese:

(8) Die Kinder spielen **auf der Straße, in der Schule** spielen sie nicht.

(9) Die Kinder gehen **auf die Straße,** nicht **in die Schule**.

Position: senkrecht u. Kontakt	Nähe- und Kontaktzone	nahes Umfeld	Ursprung	Richtung: Weg	Richtung: hinaufgelangen, betreten	Passage
auf	an	bei	von	zu	auf	durch
+Dativ	+Dativ	+Dativ	+Dativ	+Dativ	+Akkusativ	+Akkusativ

Tab. 4: Präpositionen: flächiges Bezugsobjekt (Differenzen zum umschlossenen Raum grau unterlegt)

Die Lokalisierung setzt an bei einer bestimmten Wahrnehmungsperspektive einer Person und verankert den Gegenstand an einem Bezugsobjekt: Von hier aus gesehen liegt X neben/vor/hinter ... dem Bezugsobjekt. Wenn du meine Perspektive nachvollziehst, siehst du X.

Abgeleitet von der Wahrnehmung kann man sich ein Objekt auch vorstellen. Für Menschen wichtige Objekte haben in der Vorstellung eine typische Gestalt und erscheinen unter einer Standardperspektive. *Vor der Kirche* abstrahiert in der Regel eine Betrachterperspektive, in der man auf das Hauptportal blickt, und der zu lokalisierende Gegenstand befindet sich im Vorbereich der Kirchenfront: ***Vor** der Kirche lag ein Löwe,* ***vor*** *der Kirche stand der Bischof,* ***vor*** *der Kirche versammelten sich die Gläubigen, der Platz* ***vor*** *der Kirche heißt Kirchplatz.* In abstrakter Vorstellung ist der Bereich *vor* dem *Auto* der Bereich, auf den der Fahrer normalerweise ausgerichtet ist, *hinter* dem *Auto* ist der Bereich, nach dem er sich umschauen muss, auf den die Rück- und Bremslichter ausgerichtet sind. Die Standardperspektive nutzt die Gestaltqualitäten bestimmter Objekte (Position, Teile, Grenzen, bestimmte Dimension etc.) als Bezugsobjekte für die Lokalisierung anderer Objekte („Lokalisierungsobjekte"). Diese Eigenschaften der Bezugsobjekte sind im Wissen gespeichert und in der Vorstellung abrufbar, sie können u.a. aufweisen:

(A) eine Vorderseite (Front), eine Rückseite

(B) eine rechte, linke Seite

(C) ein Oberteil oder ein Unterteil

(D) (bei Flüssen) einen Oberlauf, einen Unterlauf

(E) (bei Bergen) einen Gipfel, eine Spitze, einen Kopf, einen Fuß.

Die Origo als Basis der körperorientierten Wahrnehmung ist in der Standardperspektive immer an einer bestimmten Position platziert, von der aus die Gestaltqualitäten wahrnehmbar sind. So ist bei einem Schrank klar, welcher Bereich mit *links, rechts, oben, unten, vorn, hinten* gemeint ist, ebenso bei einem Fernsehgerät, einem Palast. Bei einem Schiff ist *Backbord* die linke, *Steuerbord* die rechte Seite. Ein Baum lässt nur die Unterscheidung *oben – unten* zu, nicht aber *rechts/links* oder *vorn/hinten*. Wenn jemand sagt:

(10) Der Löwe liegt **hinter** dem Baum.

hat der Hörer keine Standardperspektive zur Verfügung, er kann nur die Wahrnehmung des Anderen in der Sprechsituation nachvollziehen: Von ihm aus gesehen liegt der Löwe hinter dem Baum. Mehrdeutig zwischen den Perspektiven kann sein:

(11) Der Löwe liegt **vor** dem Schrank.

Unveränderlich durch Perspektivenwechsel ist aber die Nachbarschaftsbeziehung bei den Präpositionen *auf, bei, an* im Verhältnis zum Bezugsobjekt Schrank:

(12) Der Löwe liegt **auf/bei/in** dem Schrank.

Für einen möglichen Konflikt zwischen Wahrnehmungs- und Vorstellungsperspektive ist ein viel diskutiertes Beispiel:

(13) Park bitte **vor** dem Auto!

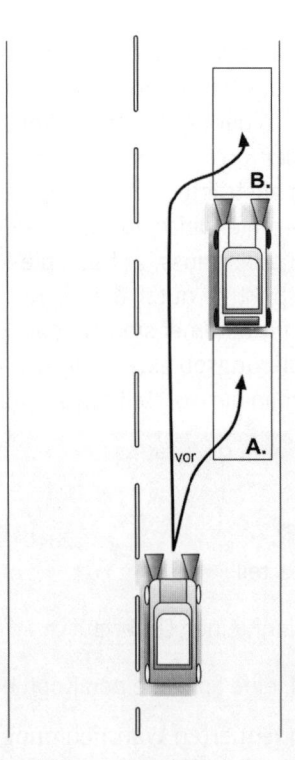

Abb. 4: Parkproblem bei *vor*: Wahrnehmungsperspektive (A.) gegenüber Standardperspektive (B.)

Situationen dieser Art sind in der Psychologie getestet worden (Grabowski 1994). A. wird fast doppelt so oft wie B. gewählt. Das heißt, dass bei *vor* die Wahrnehmungsperspektive wichtiger ist als die abstrakte Standardperspektive. Bei *hinter* dominiert aber ebenfalls A., daraus wird geschlossen, dass hier die Standardperspektive des Bezugsobjekts wichtiger ist als die Perspektive des Betrachters/Sprechers.

Sprachen folgen unterschiedlichen Strategien, manche folgen grundsätzlich der Standardperspektive, andere eher der Wahrnehmungsperspektive.

Aufgabe:

Machen Sie selbst ein kleines Gruppenexperiment mit diesem oder einem ähnlichen Beispiel und diskutieren Sie die Ergebnisse!

Eine Schule lässt sich abstrakt als Institution auffassen, dann bewegt man sich im Vorstellungsraum, so dass gilt:

a. Schüler/innen können sie besuchen, sie kommen mit 6 Jahren **zur** *Schule* (Dativ) oder **in** *die Schule* (Akkusativ), gehen dann **auf** *die Schule* (Akkusativ), sie können gut **durch** *die Schule kommen*, sie können sie wieder verlassen, dann gehen sie **von** *der Schule* (Dativ)(*ab*).

b. Lehrkräfte können dort tätig sein, sie sind **an** *der Schule* (Dativ) oder **bei** *der Schule* (Dativ) *beschäftigt*.

c. Man kann *auf* oder *in der Schule* (Dativ) viel lernen, *in der Schule* (Dativ) kann ein gutes Lernklima herrschen.

Richtung: Eintritt (Klient)	Position: Zugehörigkeit (Klient)	Position: Zugehörigkeit (professionell tätig)	Institution als Handlungsraum	Passage	Ursprung
zu	*auf*	*an, bei*	*in*	*durch*	*von*
+Dativ	+Dativ	+Dativ	+Dativ	+Akkusativ	+Dativ
in					
+Akkusativ					

Tab. 5 Lokale Präposition bei institutionellem Bezugsobjekt

Eine wichtige Gruppe von Bezugsobjekten sind Namen von Städten oder Ländern.

(14) Wir kommen **aus** Berlin und fahren jetzt **nach** Köln. Dann fahren wir weiter **in die** Schweiz. Anschließend fahren wir **nach** Süden, **nach** Italien. **Von** Italien (aus) geht es **in die** USA.

Bei artikellosen Namen von Kontinenten, Regionen, Ländern oder Städten verwendet man *nach*, ferner bei Lokaladverbien (*hier, da*) und *Haus* (*nach Hause*). Bei einem bestimmten Artikel wird die geographische Einheit räumlich konzipiert und es wird *in* verwendet (*in die Türkei, in die Stadt Eskişehir fahren*). Besucht man Personen, heißt es:

(15) Wir kommen **von** Tante Sina, fahren **zur** Oma und dann **zu** Peter.
      [nicht: *nach*]

	Ausgangspunkt	Ausrichtung, Ziel
Stadt	aus	nach
Artikel + Ländername	aus	in
artikelloser Ländername	von	nach
Person	von	zu

Tab. 6: Länder, Städte, Personen: Ausgangspunkt und Ziel einer Fahrt

Die Herkunft einer Person wird mit *aus* markiert (*sie stammt aus Afghanistan/aus Ulm/ aus der Mongolei*), die Abstammung mit *von* (*sie ist die Tochter von Jakob*).

E2.2 Präpositionen als Einleiter adverbialer Infinitivgruppen

Die Präpositionen[1] *anstatt/statt, außer, ohne, um* können auch eine Infinitivgruppe mit adverbialer Funktion einleiten, deren Infinitivform mit der Infinitivpartikel *zu*, die zur Verbform gehört, markiert ist.

---

[1] Die Einstufung als Präpositionen (für die Duden-Grammatik 2009, Eisenberg 2006 u.a. handelt es sich um Subjunktoren) folgt Bech 1983: 312ff. und Brinkmann 1971: 303ff., der eine Relationierung des „infiniten" zum „finiten Verbalfeld" annimmt; Infinitivgruppen sind keine Sätze, sie realisieren Prädikationen, die präpositional relationierend an nominale oder verbale Gruppen angeschlossen sind. Nach Behaghel 1928: 335 (III) setzt die Entwicklung im Neuhochdeutschen an. Die Etymologie ist recht transparent (*anstatt* < *an Statt, ohne* ist eine alte Präp., *um* (< *umb, umbi*) und *außer* (germ. **ūt*) haben wohl adv. Ursprung.

Finale Konstruktionen mit Infinitivgruppen werden mit *um ... zu* +Infinitiv eingeleitet:

(16) ... und deshalb muss ich es sagen, einfach, **um** es gleich und sofort zu sagen ...

(17) Die Forscher wenden allerdings unterschiedliche Methoden an, **um** zu ihren Vorhersagen zu gelangen. (DIE ZEIT, 5.7.2009)

Ein Sachverhalt oder eine Handlung wird mit einem Zweck in Beziehung gesetzt. Der Zweck entspricht oft dem Handlungswillen, so dass man dann umformulieren und die engen Bedeutungsbeziehungen zwischen verschiedenen Satztypen sehen kann:

(18) Sie trainieren, damit sie gewinnen.

(19) Sie trainieren, weil sie gewinnen **wollen**.

(20) Sie trainieren, **um** zu gewinnen.

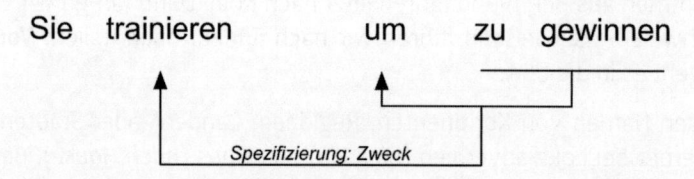

Abb. 5: Infinitivkonstruktion mit *um zu*

Das nicht versprachlichte Subjekt der Infinitivgruppe muss nicht mit dem Subjekt des einbettenden Satzes identisch sein; im folgenden Beispiel ist es eine nicht näher zu bestimmende Person:

(21) Dabei reichte ein kurzer Spaziergang durch die Hallen, **um** zu erkennen, dass das alles gelogen war. (DIE ZEIT, 19.6.2009)

Im folgenden Beispiel wird der Zweck nicht an den Sachverhalt des Vorgängersatzes, sondern an die sprachliche Handlung gebunden:

(22) Das Bild gibt die Modellvorstellung wieder, die wir aber gleich wieder vergessen wollen, da sie viel zu einfach, **um** nicht zu sagen schlicht falsch ist.
[http://www.tf.uni-kiel.de/matwis/amat/mw1_ge/kap_2/backbone/r2_1_2.html, 4.6.2011]

Mit dem Modalverb *müssen* kann der Hauptsatz als notwendige Bedingung formuliert werden. In diesen Fällen wäre mit *wenn* umzuformulieren (*wenn er will, dass ...*).

(23) Wie Mann sein **muss, damit** Frauen ihn lieben.
[http://www.welt.de/vermischtes/article738778/Wie_Mann_sein_muss_damit_Frauen_ihn_lieben.html, 6.7.2011]

(24) Wie Mann sein **muss, wenn er will, dass** Frauen ihn lieben.

(25) Wie Mann sein **muss, um** von Frauen geliebt zu werden.

Infinitivgruppen mit *um zu* sind nicht nur als final, sondern manchmal als konsekutiv aufzufassen:

(26) Nicht einmal UBS und Credit Suisse seien zu groß, **um** zu stürzen. (DIE ZEIT, 13.6.2009)

Mit dem Anschluss von Infinitivgruppen mit (an)statt dass wird eine zu erwartende oder vorzuziehende Alternative ausgeschlossen, während ein anderer Sachverhalt stattdessen gilt. Mögliches, aber nicht Eingetretenes wird zu Faktischem ins Verhältnis gesetzt. In einer solchen konfrontativen adverbialen Konstruktion entspricht das nicht versprachlichte Subjekt der Gruppe in der Regel dem Subjekt des Hauptsatzes.

(27) **Anstatt** zu mischen, teilt der Lehrer die Schüler einfach in zwei Gruppen und widmet sich mal dieser und mal jener. (DIE ZEIT 14.8.2008) [Es ist der Lehrer, der nicht mischt.]

(28) Weshalb wir, wenn wir scheitern, dazu neigen, in eine Angststarre zu verfallen, deren Alltagsbild die Studentin ist, die googelt, **statt** zu lernen, ... (DIE ZEIT, 30.6.2008) [Es ist die Studentin, die nicht lernt.]

(29) WARUM KÄMPFT IHR NICHT, **STATT** ZU VERHANDELN?
(DER SPIEGEL, 17.10.1966)

Eine adverbiale Infinitivgruppe mit *ohne* bringt zum Ausdruck, dass eine – in vielen Fällen erwartbare, bevorzugte, normativ korrekte – Handlung nicht realisiert wird. Was nicht realisiert wird, wird zum Faktischen (Ausdruck mit finitem Verb) in Beziehung gesetzt. Gegenstück ist *mit*: A erscheint nicht *mit* B, sondern *ohne* B. Das Subjekt ist in der Regel das des Hauptsatzes.

(30) Doğan erzählt, wie belastend es sei, jeden Tag zur Arbeit zu kommen, **ohne** zu wissen, ob es womöglich der letzte Tag sei.

(31) Des weiteren wird Herr Hasse angeklacht, (...) Gegenstände einem Verbot zuwider eingeführt zu haben, **ohne** sie der zuständigen Zollstelle ordnungsgemäß zu gestellen↓ (Strafverhandlung, F.17)

Im folgenden Fall kann das Infinitiv-Subjekt mit *sie* oder *Nietzsche* gegeben sein:

(32) Sie bemängelte, Nietzsche hätte eine Behauptung einfach in die Welt gesetzt, **ohne** das beweisen zu können. (DIE ZEIT, 11.5.2000)

Im folgenden Fall ist die Infinitivgruppe mit *ohne* an die Gruppe »Tel« drücken angeschlossen; das Subjekt ist jeweils eine nicht näher bestimmte Person.

(33) Zwei Wege gibt es: »Tel« drücken, **ohne** zu telefonieren.
(DIE ZEIT, 15.5.2003)

Die Konstruktion kann auch vor dem Vorfeld, im Introfeld (→ G2), erscheinen und als sprachliche Handlung die erwartete Begründung zurückweisen:

(34) **Ohne** das begründen zu können: Ich habe selbst keine Musik von CD in AAC gerippt und es mit ATRAC verglichen.
[http://www.minidiscforum.de/forum/viewtopic.php?f=20&t=13981, 1.6.2011]

Infinitivgruppen mit *außer* führen etwas in einer Reihe von Gleichartigem an, nehmen es in den Blick und lassen es – je nach Sachverhalt – als bekannt, weniger wichtig oder gerade besonders wichtig gelten.

(35) Das Problem ist, dass die Notenbanken, **außer** zu warnen, nicht viel gegen Spekulation an den Finanzmärkten tun können. (DIE ZEIT, 5.7.2009)

Was ausgeblendet und nur mitgenannt erscheint, kann in der Konfrontation besonders wichtig sein:

(36) In diesen Augenblicken kommt es einem vor, als wäre nichts von Wert, **außer** zu handeln und in den Gang der Dinge einzugreifen. (DIE ZEIT, 13.1.2009)

(37) Wir können alles – **außer** verkaufen (Buch über den Vertrieb von Hieke/Nagel)

Im folgenden Beispiel hat man nur die Möglichkeit, das scheinbar Ausgeblendete zu wählen:

(38) Man hat keine Wahl, **außer** zu wählen. (DIE ZEIT, 18.4.1997)

Das Subjekt der Infinitivgruppe entspricht oft dem des einbettenden Satzes, kann aber auch relativ unbestimmt bleiben.

E2.3 Übersicht zu den Präpositionen

Es folgt eine Übersicht zu den wichtigsten Präpositionen, Post- und Zirkumpositionen mit einer kurzen Charakteristik. Aufgenommen sind auch die auf den räumlichen basierenden zeitlichen, kausalen (Grund, Motiv, Ursache), modalen, finalen, distributiven und qualitativen Relationierungen.

ab	Ausgangspunkt einer Fahrt, Anfang einer Zeitspanne (alternativ: *von*): unflektiert, Dativ, (bei fehlendem Artikel manchmal: Akkusativ (*ab vier Jahre*)
an	Nähe bis hin zum Kontakt (Fläche) (*an der Wand*), Einschluss in eine Zeitspanne (*am 10.10.*); Dativ; Ziel (*sich an den Tisch setzen*): Akkusativ
anstatt	auch *statt*; ausgeschlossene zu erwartende oder vorzuziehende Alternative (*statt eines Zuschusses*), Vertretung (*statt der Kanzlerin*): Genitiv (vgl. *anstelle*); auch zur Einbettung von Infinitivgruppen
auf	Kontakt (Fläche, senkrecht), Zugehörigkeit (*auf dem Amt, auf Deutsch*), überlappende Ereigniszeit (*auf der Fahrt*): Dativ; Ziel (*auf das Schiff gehen*): Akkusativ
aus	Ursprung, Herkunft (*aus dem Haus*), Grund/Motiv/Ursache (*aus Angst*), Stoff (*aus Eisen*): Dativ (als Zirkumposition: *aus ... heraus*)
außer	Ausblendung von Zugehörigem (*außer Sarah waren alle da*; *außer Sarah waren Piet und Hein da*): Dativ; auch als Konjunktor sowie als Präposition zur Einbettung von Infinitivgruppen
bei	nahes Umfeld (*beim Rathaus, bei Köln*), gleichzeitiges Ereignis (*beim Sprechen*), Bedingung (*bei schlechtem Wetter*): Dativ
binnen	Einschluss in eine Ereigniszeit (*binnen Tagen*): Dativ

bis	Endpunkt einer Bewegung (*bis dorthin fahren*) oder Strecke (*bis Ulm*) oder Maßangabe (*bis 37 Grad*) oder einer Ereigniszeit (*bis morgen ist das fertig*): Akkusativ; auch als Subjunktor
dank	Grund (*dank seiner Hilfe*): Dativ, Genitiv
diesseits	Nahbereich vor einer horizontalen Grenzlinie (*diesseits des Flusses*): Genitiv [→ *jenseits*]
durch	Passage (*durch den Tunnel*), Ursache (*durch den Frost*), Handelnder (*durch sie*): Akkusativ
entgegen	Richtung (*dem Ziel entgegen*), Unverträglichkeit (*entgegen der Vorschrift*): Dativ, auch nachgestellt
entlang	Parallelverlauf (Strecke, Bewegung: *entlang der Bahnstrecke*): Voranstellung: Dativ oder Genitiv; bei Nachstellung (Postposition): Akkusativ (*den Fluss entlang*)
entsprechend	in Übereinstimmung mit (*dem Befehl entsprechend*): Dativ, auch nachgestellt
für	(ursprgl. wie vor: *Schritt für Schritt*), durch Zweck und Ausrichtung bestimmt (*für die Ferien*), Nutznießer (*für die Schule*), Vergleichsperspektive (*für sein Alter*), Gegenwert (*für die Karte*), Funktionsgleichheit, Vertretung (*für Meyer kam Diego*): Akkusativ
gegen	Bewegungsausrichtung auf ein Ziel oder einen Zielkontakt oder Gegner hin (*gegen die Wand, gegen die Bayern*), Vergleich mit Anderem (*gegen gestern ist es heiß*), ungefähre zeitliche Näherung (*gegen 3 Uhr*): Akkusativ
gemäß	in Übereinstimmung mit (*der Weisung gemäß*): Dativ (meist nachgestellt, Postposition)
halber	Umstand, Grund (*der Ordnung halber*) (mittelhochdt. *halbe* ‚Seite'): Genitiv (immer nachgestellt, Postposition)
hinter	a) statisch: Rückseite eines Bezugsobjekts (Wahrnehmungsperspektive, abgewandte Seite (*hinter dem Baum*) – Standardperspektive (*hinter der Kirche*)): Dativ; b) dynamisch: Rückseite als Bewegungsziel (*hinter das Haus stellen*): Akkusativ; c) übertragen: *hinter ihr stehen* ‚stützen': Dativ
in	Position: Einschluss (*in der Stadthalle*), Zeit: Einschluss in eine Zeitspanne (*im Jahre 1951, in drei Tagen, in vierzehn Tagen* ‚von der Äußerungszeit bis zum Ablauf von 14 Tagen', Umstand (*in der Absicht*): Dativ; Richtung: hineingelangen (*in das Zimmer gehen, in die Tonne legen*), Fahrtrichtung (Artikel + Land) (*in die Türkei*) [sonst→ *nach*]: Akkusativ

je	für jedes Element, jede einzelne Person, Entsprechung für jedes Element einer Menge (*1 Euro je 100g*) (distributiv): Akkusativ [auch: → *pro*]
jenseits	Fernbereich hinter einer horizontalen Grenzlinie: Genitiv [→ *diesseits*]
lang	zeitliche Überlappung (*den ganzen Tag lang*) (Nachstellung): Akkusativ
längs	Parallelverlauf zu einer Strecke (*längs des Flusses*): Genitiv
laut	indirektes Zitat (*laut Schulgesetz*): Dativ
mit	Mittel, Instrument (*mit der Hand*), Partner (*mit den Kindern*), Umstand (*mit Tempo 200*), Gleichzeitigkeit (*mit Spielbeginn*), Teil-Ganzes (*mit Goldrand*): Dativ
mittels	Mittel, Instrument, Werkzeug (*mittels einer Spezialzange*): Genitiv
nach	Richtung einer Bewegung mit Vorstellung einer Reihe (*a nach b*), Fahrtrichtung (artikelloser Stadt-, Landesname) (*nach Köln, nach Japan*) [sonst → *in*], vor Lokaladverbialia (*nach da, nach Hause*, sonst: *in*), Rang (*nach Müller kommt Klose*), Rangkriterium (*nach der Leistung*), Vorzeitigkeit (*nach 3 Tagen*): Dativ
neben	horizontale Achse, (rechte/linke) Seite eines Bezugsobjekts, statisch (*neben ihr*): Dativ; fachliche/gewählte Nebenform *nebst* (mit Dativ); dynamische Bewegung auf ein Ziel (*neben den Schrank stellen*): Akkusativ
oberhalb	vertikale Achse, im Raum über der Oberseite (mittelhochdt. *halbe* ‚Seite') eines Bezugsobjekts (*oberhalb der Hütte*): Genitiv
ohne	in Abwesenheit eines Umstands, Mittels (*ohne Werkzeug*), von Personen (*ohne Gäste*): Akkusativ; auch zur Einbettung von Infinitivgruppen (‚eine Handlung/ein Sachverhalt wird nicht realisiert')
per	aus dem Latein. (‚durch'); Medium, Mittel, Weg) (*per Brief*), mit artikellosem Nomen: Akkusativ
pro → *je*	aus dem Latein. (‚anstatt, für, gemäß' ...); Verteilung einer Menge auf Einzelelemente (*pro Kopf*), mit artikellosem Nomen: Akkusativ
seit	Ereigniszeit, die vor der Äußerungszeit einsetzt und wenigstens bis dahin andauert: Dativ; auch als Subjunktor
seitens	handelnde Person als Verursacher (Amtssprache) (*seitens der Behörde*): Genitiv
statt	→ *anstatt*
trotz	Erwartungsgegensatz (*trotz aller Bemühungen*): Genitiv; in jüngerer Zeit auch Dativ möglich (besonders im Plural)

über	Bereich oberhalb der Oberseite (*über der Schule*), statisch: Dativ; Ziel (*über den Zaun werfen*), Ort tangierend (*über Berlin*), Thema (*über Brecht*): Akkusativ
um	ganze/partielle Bewegung um einen Mittelpunkt (*um den Dom*), Zeitpunkt (*um 3 Uhr*): Akkusativ; auch zur finalen oder konsekutiven Einbettung von Infinitivgruppen
um ... willen	Zirkumposition: Grund (um des lieben Friedens willen): Genitiv
unter	vertikale Achse, a) statisch im Raum unterhalb eines Bezugsobjektes (*unter dem Tisch*): Dativ; b) dynamisch (*unter den Tisch legen*): Akkusativ; c) Umstand (*unter Pfiffen*), übertragen („*unter Geiern*" (K. May), *unter der Kanzlerin*): Dativ
unterhalb	vertikale Achse, im Raum unter der Unterseite eines Bezugsobjekts (*unterhalb des Hügels*): Genitiv [→ *oberhalb*]
unweit	Ort, der von einem Bezugsobjekt nicht fern ist: Genitiv
voller/voll	[von *voll* abgeleitet], gefüllt mit; kombiniert mit artikellosem Nomen (Stoffname), im Plural eher *voller*: unflektiert (*voller Zorn, voller Lehrer*), Genitiv (*voll kalten Tees*); Dativ (*voll erhitztem Gas*)
von	Ursprung, Ausgangspunkt einer Bewegung oder Strecke, auf der man sich bewegen kann (*vom Bus kommen, sich von der Wiese entfernen, von der Schule (ab)gehen*), bei umschlossenem Raum: aus; Eigenschaft (*Mann von Welt, Buch von hohem Niveau*), Abstammung (*von Adel*), Urheber, Lebewesen, handelnde Person (*von der Maschine zerkleinert, vom Löwen gefressen, von der Polizei verhaftet*), Ganzes-Teil (*von allen Sängerinnen war sie die beste*), Anfang eines Zeitintervalls (*von 3 Uhr bis ...*): Dativ
von ... an	Zirkumposition: unabgeschlossenes Zeitintervall, mit dem Zeitphase beginnt: Dativ
von ... wegen	Zirkumposition: Amt, Funktion, Gesetz als Handlungsgrund (fachsprachlich): Genitiv
vor	a) statisch: Raum an der Vorderseite eines Bezugsobjekts (Wahrnehmungsperspektive, zugewandte Seite: *vor der Säule* – Standardperspektive, Raum vor der Front (*vor dem Tor*): Dativ; b) dynamisch: Raum an der Vorderseite als Bewegungsziel (*sie fuhr vor das Hotel*): Akkusativ; c) Nachzeitigkeit (*vor der Arbeit frühstücken*), vor der Äußerungszeit (*vor 3 Wochen*) oder einer Betrachtzeit (*vor 1990*): Dativ; d) Grund, Motiv, Ursache (*vor Kälte, vor Wut*): Dativ [→ *hinter*]
während	[< Partizip I zu *währen*] Gleichzeitigkeit einer Ereigniszeit (*während der Konferenz*): Genitiv; auch als Subjunktor

wegen	[< Präpositionalgruppe *von Rechts*$_{Genitiv}$ *wegen*$_{Dativ}$; wegen < Dativ Pl von *wec*; ‚von X stammend → von X veranlasst'][1] Ursache, Grund (*wegen des Regens, wegen einer Krankheit*: Genitiv, weiterhin auch nachgestellt (*des Regens wegen*); in jüngerer Zeit auch Dativ (nur bei Voranstellung)
wider	Bewegungsausrichtung (ursprünglich) ‚auf ... hin'; abstrakt: Ausrichtung gegen ein Ziel, unverträglich mit, widersprüchlich zu dem im Bezugsobjekt Genannten (*wider Erwarten*), meist in festen Wendungen ohne Artikel: Akkusativ
zu	Ausrichtung einer Bewegung auf ein Ziel (*zu Peter, zur Schule gehen*), übertragen: Zweck, Anlass (*zur Stärkung, zur Hochzeit etwas schenken*), Mittel (*zu Pferd*), distributiv (*zu zweit gehen*): Dativ
zufolge	Wiedergabe, Zitat (*dem Brief zufolge, dem Bericht zufolge*): Dativ (immer nachgestellt)
zugunsten	Bezugsobjekt hat einen Nutzen, einen Vorteil (*Gunst*) von einem Ereignis bzw. einer Handlung: Genitiv
zuliebe	Grund, der in positiver Einstellung zum Bezugsobjekt liegt (*seinen Kindern zuliebe*): Dativ (stets nachgestellt)
zwecks	abgeleitet von *Zweck*; ‚zu dem Zweck von X' (*zwecks Umbau(s)*: unflektiert, Genitiv
zwischen	a) im Raum in der Mitte von zwei Bezugsobjekten, Räumen, Zeitintervallen (< *en-/inzwischen*, althochdt. *zwisci* ‚zweifach', dreistellig (**er steht zwischen Tür und Angel, die Zeit** zwischen *1990* und *2000*), übertragen: Gegenseitigkeit (*zwischen Geschäftspartnern*): Dativ; b) als Ziel einer Bewegung (*sich zwischen die Stühle setzen*): Akkusativ

Aufgabe:

Untersuchen Sie den Gebrauch der Präpositionen:

(6) Sie ließ sich auf den Schemel fallen und lehnte sich mit dem Hinterkopf an die Wand. Der Pfeifkessel begann zu säuseln.
Auf einmal fühlte sie sich sehr schwach.
Sie schloss die Augen. Das Wasser im Kessel begann zu knistern. zu puckern ... gleich würde sich ein leises Zischeln daruntermischen. Sie kannte die Abfolge der Geräusche genau. Hunderte, Tausende Male hatte sie neben dem Pfeifkessel gesessen, hatte dem Geflüster des Wassers zugehört, und ihre Mutter hatte ihr mit dem Stullenbrett auf den Hinterkopf geschlagen, wenn am Ende auch nur der Ansatz eines Pfeifens zu hören gewesen war: Gas sparen, damit ihr Bruder studieren konnte. Dafür hatte sie den Pfeifkessel bewacht, und das Komische war, nun war sie sechsundachtzig, ihr Bruder war lange tot, und sie saß immer noch hier und bewachte den Pfeifkessel ... Warum, dachte sie. während

---

[1] Vgl. Szepaniak 2009: 98ff.

das Zischeln allmählich in ein gleichmäßiges Rauschen überging, warum war sie es immer, die den Pfeifkessel bewachte ... während andere studieren durften ... während andere den Vaterländischen Verdienstorden bekamen ...

Das Rauschen setzte aus, ging in ein dumpfes Brodeln über. Charlotte stand auf und drehte das Gas ab, genau in dem Moment, als der Pfeifkessel im Begriff war, zu pfeifen. Mechanisch goss sie Wilhelms Abendtee auf, holte die Baldriantropfen aus dem Putzmittelschrank unter der Spüle. Gab einen Esslöffel davon in den Tee. Steckte die Baldriantropfen in die Hosentasche ... stutzte. Hatte plötzlich zwei Fläschchen in der Hand: Beide gleich groß, kaum zu unterscheiden ...

Aberwitziger Gedanke. Charlotte nahm die Baldriantropfen aus der Hosentasche, stellte sie zurück in den Schrank und machte sich wieder an die Arbeit. Lisbeth hockte noch immer unter dem Tisch.

– Du hockst ja noch immer unter dem Tisch, sagte Charlotte.

Lisbeths Hintern bewegte sich unendlich langsam unter dem Tisch hervor. Sie zog einen Eimer mit Scherben hinter sich her sowie verschiedene Behältnisse, in denen sie noch verwertbare Reste gesammelt hatte.

– Hast du noch ein paar Plastebehälter mitgebracht?, fragte sie. In der Hand hielt sie ein Würstchen.

– Ach was, Plastebehälter, sagte Charlotte. Das kommt auf den Müll.

– Das kommt nicht in den Müll, sagte Lisbeth und biss in die Wurst.

(Ruge 2011: 401f.)

(7) Untersuchen Sie Beispiele aus dem „Kiezdeutsch" (Wiese) (Deutsch multiethnischer Stadtviertel)):
Gehst du heute auch Viktoriapark?
Ich bin Schule.
Ey, wir sollen Fahrstuhl gehen! (Wiese 2012: 56f.)
Ja, viel wohler als in Ø Türkei. [auf die Frage „Fühlst du dich wohl in Berlin?"]
Und danach ist meine Mutter zurück nach Türkei gegangen.
[http://www.kiezdeutsch.de/sprachlicheneuerungen.html, 19.2.2012]

E2.4 Raumrelationen im Türkischen

Im Türkischen gibt es keine Präpositionen. Dem Ausdruck grundlegender räumlicher Beziehungen dienen die Kasus Dativ, Lokativ und Ablativ. Auch präpositionalen Anschlüssen deutscher Verben entsprechen Kasussuffixe.

Der Dativ ist im Deutschen ja eher Kennzeichen statischer Lokalbeziehungen, er markiert im Türkischen (Suffix: -a, -e) aber (u.a.) die Ausrichtung auf ein Ziel:

(39) Ev-e   gid-iyor-um.
     Haus-Dativ   geh-Präsens-1Sg ‚Ich gehe nach Hause.'

(40) Çocuğ-u   yatağ-a   yatır-ıyor-um
     Kind-Akkusativ Bett-Dativ   leg-Präsens-1Sg ‚Ich lege das Kind ins Bett.'

(41) Bura-y-a   gel!
     hier+Dativ kommImperativ ‚Komm hierher!'

(42) Tuvalet-e git-ti-m.
Toilette+Dativ geh-Präteritum-1Sg ‚Ich ging zur/auf die Toilette.'

Der Dativ kann auch Zeitangaben markieren wie *akşam-a* ‚zum Abend'.

Der Lokativ (Suffix: *-da/-de*) kennzeichnet (statisch) einen Ort, an dem etwas ist, sich etwas ereignet. Ferner eine Zeit, zu der sich etwas ereignet. Oder eine Handlung, die man gerade ausführt.

(43) Büro-da öğren-iyor-um.
Büro-Lokativ lern-Präsens-1Sg ‚Ich lerne im Büro.'

(44) Kadın doktor-da
Frau Arzt-Lokativ ‚Die Frau ist beim Arzt.'

(45) Dağ-da bir ev yok.
Berg-Lokativ ein Haus es gibt nicht ‚Auf dem Berg gibt es kein Haus.'

(46) Havva 1979'da doğ-du.
Havva 1979-Lokativ geboren werden-Präteritum-3Sg ‚Havva/Eva wurde im Jahr 1979 geboren.'

(47) Saat altı-da kalk-ıyor.
Uhr sechs-Lokativ aufsteh-Präsens3Sg ‚Sie steht um 6 Uhr auf.'

(48) Orhan yüzmek-mek-te
Orhan schwimmen-Infinitiv-Lokativ ‚Orhan ist am Schwimmen'.

Der Ablativ (Endung: *-dan, -den*) bezeichnet den Ursprungsort, die Richtung aus der etwas kommt sowie die Passage durch einen Raumbereich, übertragen auch die Ursache, die Quelle, auf die etwas zurückzuführen ist, und die zeitliche Anfangsphase.

(49) Çocuk oda-dan çık-ıyor.
Kind Zimmer-Ablativ geh-Präsens3Sg ‚Das Kind geht aus dem Zimmer.'

(50) Çocuk anne-si-n-den gel-iyor.
Kind Mutter-Poss3Sg-Ablativ komm-Präsens3Sg ‚Das Kind kommt von seiner Mutter.'

(51) Gümrük-ten gel-iyor.
Zoll-Ablativ komm-Präsens3Sg ‚Er kommt vom/durch den Zoll.'

(52) Kars'tan Adana-ya git-ti-m.
Kars-Ablativ Adana-Dativ geh-Präteritum-1Sg ‚Ich fuhr von Kars nach Adana.'

(53) Bu çanta deri-den.
Diese Tasche Leder-Ablativ ‚Diese Tasche ist aus Leder.'

(54) Sevinç-ten ağl-ıyor.
Freude-Ablativ wein-Präsens3Sg ‚Sie weint vor Freude.'

Im Türkischen gibt es Postpositionen. Sie regieren den Nominativ, Dativ oder den Ablativ.

(55) Baba-m **ile** [Nominativ]
    Vater-Possessiv1Sg. mit ‚mit meinem Vater'

(56) Radyo-ya **göre** [Dativ]
    Radio-Dativ gemäß ‚laut/gemäß Radio'

(57) Tren Berlin'e **kadar** gid-ecek. [Dativ]
    Zug Berlin-Dativ bis fahr-Futur3Sg
    ‚Der Zug wird bis nach Berlin fahren.'

(58) Saat üç-ten **beri** bekl-iyor-um. [Ablativ]
    Uhr drei-Ablativ seit wart-Präsens-1Sg ‚Seit 3 Uhr warte ich.'

(59) Yemek-ten **önce** bir somun ekmek al-dı-m. [Ablativ]
    Essen-Ablativ vor ein Laib Brot kauf-Präteritium-1Sg
    ‚Vor dem Essen kaufte ich ein Laib Brot.'

Das Prinzip der Kasusrektion ist Lernern mit türkischer Erstsprache also bekannt, im Türkischen ist die Zuweisung transparenter. Welcher Kasus im Deutschen regiert wird und das Phänomen der Wechselpräpositionen, sind aber nicht leicht zu lernen.

Schließlich hat das Türkische viele nominale Konstruktionen, die zur Raumorientierung eingesetzt werden können. Basis sind Raumnomen wie:

yan   ‚Seite'
üst   ‚Oberseite'
alt   ‚Unterseite'
ön   ‚Vorderseite'
arka   ‚Hinterseite'
dış   ‚Außenseite'
iç   ‚Innenseite'
ara   ‚Zwischenraum'
karşı ‚Gegenüber'
etraf ‚Umgebung'
orta   ‚Mitte'
yer   ‚Ort'
sağ   ‚rechte Seite'
sol   ‚linke Seite'

Wenn man z.B. ‚die Vorderseite des Hauses' ausdrücken will, verwendet man eine Possessivkonstruktion, in der ein attributiver Genitiv vorangestellt ist und die Possessivendung Definitheit ausdrückt (→ C3.5):

(60) Ev-in ön-ü
    Haus-Genitiv Vorderseite-Possessiv ‚des Hauses seine Vorderseite, vor dem Haus'

(61) Ev-in ön-ün-de bir bahçe yok.
    Haus-Genitiv Vorderseite-Possessiv-Lokativ ein Garten es gibt nicht.
    ‚Vor dem Haus gibt es keinen Garten.'

(62) Masanın   üst-ü
　　　Tisch-Genitiv Oberseite-Possessiv ‚die Oberseite des Tisches, auf dem Tisch'

(63) Mektub-u   masa-nın   üst-ün-e   koy.
　　　Brief-Akk. Tisch-Genitiv Oberseite-Possessiv-Dativ   leg-Imperativ
　　　‚Leg den Brief auf den Tisch!'

In entsprechenden Konstruktionen fungieren die Ortsnomen ähnlich wie die deutschen Präpositionen, Tabelle 19 zeigt wichtige Bildungen (Dativ, Lokativ).

Ortsnomen	Nomen-Possessiv-Dativ: Richtung	Nomen-Possessiv-Lokativ: Ort	Deutsche Präpositionen als Entsprechung
üst	üst-ün-e	üst-ün-de	auf
yan	yan-ın-a	yan-ın-da	neben, bei
alt	alt-ın-a	alt-ın-da	unter
ön	ön-ün-e	ön-ün-de	vor
arka	arka-sın-a	arka-sın-da	hinter
iç	iç-in-e	iç-in-de	in, innerhalb
ara	ara-sın-a	ara-sın-da	zwischen
yer	yer-in-e	yer-in-de	statt, anstelle von
sağ	sağ-ın-a	sağ-ın-da	rechts
sol	sol-un-a	sol-un-da	links

Tab. 7: Türkische Ortsnomen mit Entsprechungen bei den deutschen Präpositionen

Aufgabe:

„Der Sprachabschneider" von Hans Joachim Schädlich (1993) erzählt von einem Mann, der einem Jungen seine Sprache gegen das Erledigen seiner Hausaufgaben abnimmt, geeignet für Klasse 5 oder 6 (Sekundarstufe I). An diese Geschichte anknüpfend kann man untersuchen, was denn fehlt, wenn man auf die Präpositionen oder den bestimmten Artikel verzichten muss. Dabei kann man den Blick dann auf Sprachen wie Türkisch (nur Postpositionen, kein bestimmter Artikel) oder Russisch (kein bestimmter Artikel) lenken.

(64) Vor der Tür steht der Mann mit dem Holzkoffer. «Mein Name ist Vielolog», sagt der Mann mit brummender, knarrender und krächzender Stimme. «Ich möchte dir einen Vorschlag machen.» Dabei klopft er auf seinen Koffer. Paul sagt: «Meine Eltern sind auf Arbeit, komm bitte heute Abend wieder.» Aber der Mann sagt: «Ich übernehme eine Woche lang deine Hausaufgaben, wenn du mir alle deine Präpositionen und ... sagen wir mal ... die bestimmten Artikel gibst. Das ist ja nicht viel.»
Paul überlegt. Dann sagt er: «Wie soll ich dir meine Präpositionen oder so was geben. Die hab ich doch nicht im Schrank.»
«Du sagst einfach, dass du sie mir gibst, und fertig. Du kriegst natürlich 'ne Quittung.» (Schädlich 1993: 24)

E3 Skalieren: Gradpartikeln

> **Didaktischer Kommentar:**
>
> In den folgenden Abschnitten behandeln wir Gradpartikeln, Negationspartikeln, Modalpartikeln und Abtönungspartikeln, die in jüngerer Zeit in der Forschung intensiv studiert, in der Didaktik aber bisher stark vernachlässigt wurden. Diese Partikeln lassen eine hochdifferenzierte Wissensbearbeitung zu, die auf speziellen Hintergründen und Erwartungen beruht und neues Wissen nicht einfach anhäuft, sondern passgenau in vorhandenes Wissen einlässt. In der Schule bleiben sie meist fortgeschritteneren Lernern vorbehalten; in der Endphase der Sekundarstufe I oder in der Sekundarstufe II wären sie zu behandeln. Einzig die Negation sollte in einfachen Formen schon in der Grundschule, ausführlicher dann in der Sekundarstufe I angesprochen werden.

Der kommunikative Austausch könnte darauf beschränkt sein, dass schlicht gesagt wird, was ist, und der Hörer dies zur Kenntnis nimmt. Tatsächlich aber stellen Sprachen Möglichkeiten bereit, Gedanken differenziert zu übermitteln, so dass sie auch die Vor-Erwartungen, Einstellungen, Bewertungen, Annahmen und das im Gespräch oder Text bereits aufgebaute Wissen treffen. Damit wird der zu übermittelnde Gedanke akzeptierbarer und die Wahrscheinlichkeit größer, dass er ins Hörerwissen übernommen wird. Partikeln übernehmen die Aufgabe, ein schon vororganisiertes Hörerwissen und die Hörererwartungen so zu bearbeiten, dass Verständnis und Übernahme gesichert sind.

Die Sammelbezeichnung PARTIKELN erfasst Wörter, die nicht flektiert und nicht zu Wortgruppen ausgebaut werden. Was früher einfach Wortarten wie den Adverbien zugeschlagen wurde, erfährt mittlerweile eigene Aufmerksamkeit und wird in besondere Wortartkategorien aufgeteilt wie Abtönungspartikeln (*halt, eh*), Modalpartikeln (*vermutlich, bestimmt*), Intensitätspartikeln (*sehr, ungemein, weitaus*), Konnektivpartikeln (*allerdings, erstens, jedenfalls*), Negationspartikeln (*nicht*) und Gradpartikeln (*sogar*).

> Zu den operativen GRADPARTIKELN gehören Ausdrücke wie *auch, ausschließlich, bereits, gerade, nur, sogar*, mit denen eine Einstufung des Gesagten auf einer Erwartungsskala vorgenommen wird. Den Bezugsbereich einer Gradpartikel bildet der Satz. Man kann sich in einer Sprache so differenziert ausdrücken, dass der Relevanzbereich deutlich wird, auf dem die Einstufung beruht. Er gehört zum Vordergrund der Äußerung und wird mündlich durch einen Gewichtungsakzent gekennzeichnet. Gradpartikeln sind stets einem Ausdruck zugeordnet, der den Relevanzbereich (markiert durch spitze Klammer) ausmacht und Grundlage der Einstufung ist. Gradpartikeln selbst können auch akzentuiert werden.

(1) **Ausgerechnet** <Max> hat die beste Arbeit geschrieben.

(2) **Nur** <was sich in der Praxis bewährt hatte>, war wahr. (Schalansky 2011: 30)

Das, was die Erwartungen durchkreuzt und daher als Besonderheit einzustufen ist, ist, dass es Max war, kein anderer, der die beste Arbeit geschrieben hat.

Einige Gradpartikeln kommen auch in anderen Wortklassen vor, *ausschließlich* und *bloß* können auch Adjektiv sein (*der ausschließliche Verzehr von Käse*), *bloß* und *nur* auch Abtönungspartikeln, *gerade* auch Adverb. Die meisten Gradpartikeln sind einteilig, daneben finden wir mehrteilige (*einzig und allein, nicht einmal*). Einige Gradpartikeln sind aus erstarrten Nominalgruppen (*gleichfalls, gleichermaßen*) gebildet.

Mit Altmann (2009) kann man die Gradpartikeln aufteilen in eine

A. einschließende *auch*-Gruppe: *auch, ebenfalls, ebenso, gleichfalls*;
sogar-Gruppe: *sogar, nicht einmal, selbst*;
gerade-Gruppe: *gerade, eben, genau, ausgerechnet, insbesondere, besonders, vor allem, zumal*;
schon-Gruppe: *schon, erst, noch, bereits* und eine
minimierende *mindestens*-Gruppe: *höchstens, zumindest, wenigstens*;

B. ausschließende *nur*-Gruppe: *nur, bloß, allein, ausschließlich, einzig (und allein), lediglich*.

Fast alle sind ursprünglich symbolisch und ihr symbolischer Gehalt hilft bei ihrer Rolle im Operationsfeld der Sprache, in der sie die Sprachverarbeitung unterstützen.

Durch den Gebrauch von *sogar* in

(3) **Sogar** <Paul> hat im Tischtennis gegen Spieler von Bayern gewonnen.

wird angezeigt, dass das Ereignis, dass Paul zu den Gewinnern gehörte, relativ unerwartet war, das es also auf der Erwartungs-Skala für solche Ereignisse relativ niedrig angesetzt war. Paul mit seinen Fähigkeiten ließ einen Sieg kaum erwarten. Der von *sogar* gebundene Ausdruck, der den Relevanzbereich markiert, folgt meist der Gradpartikel und ist mündlich durch einen Gewichtungsakzent markiert (Unterstreichung):

(4) **Sogar** <Paul> hat im Tischtennis gegen Spieler von Bayern gewonnen.
[Relevant ist, dass es Paul war, der gewonnen hat.]

(5) Paul hat **sogar** <im Tischtennis> gegen Spieler von Bayern gewonnen.
[Relevant ist, dass es das Tischtennis war, in dem Paul gewonnen hat.]

(6) Paul hat im Tischtennis **sogar** <gegen Spieler von Bayern> gewonnen.
[Relevant ist, dass es Spieler von Bayern waren, gegen die er gewonnen hat.]

(7) Paul hat im Tischtennis gegen Spieler von Bayern **sogar** <gewonnen>.
[Relevant ist, dass er gewonnen hat.]

Bezugsausdruck kann sein: ein Satz, ein Prädikatsausdruck, eine Wortgruppe, ein Adjektiv, ein Partizip oder ein Adverb. Nicht betonbare Ausdrücke wie *es*, Anaphern allgemein oder Ausdrücke im Nachfeld (nach dem zweiten Verbteil) können keinen Relevanzbereich für Gradpartikeln bilden, deiktische Ausdrücke sind betonbar und können Bezugsausdruck sein.

(8) Paul hat **bereits** <mit Elefanten gehandelt>.

(9) **Sogar** <einen eigenen Elefanten> hat Paul im Zoo von Trelleborg.

(10) Paul importiert **auch** <kleinwüchsige> Elefanten.

(11) **Schon** <heute> steht die Währung auf der Kippe.

(12) *Paula hat **sogar** <es> gekauft.

(13) Paul hat **sogar** <_sie/die_> getroffen. [betontes _sie_ und _die_ sind Objektdeixeis]

(14) Paul hat **sogar** <<u>da</u>rauf> gewettet.

(15) Paul hat **sogar** <ge<u>w</u>ettet, dass es <u>reg</u>net>.

(16) **Selbst** <<u>schla</u>fend> gewinnt er das Spiel.

(17) *Paul ist nach Hause gefahren **sogar** <gestern>. [Nachfeld]

Im folgenden Fall kennzeichnet _mal n Bier_ den Relevanzbereich, der Angeklagte schränkt seinen Alkoholkonsum auf ein gelegentliches (das Zeitadverb _mal_ ist verkürztes _einmal_) Bier ein und damit harte Getränke aus, deren Genuss für ihn den Trinker ausmacht, als der er sich vor Gericht nicht darstellen will:

(18) Strafverhandlung (F.1)

Angeklagter   Und den Vorwurf mit Spirituosen→ das möchte ich von vorneherein verneinen→ denn ich bin kein Schnapstrinker↓ Ich trink **lediglich** <mal n <u>Bier</u>>↓

Richter   hm̌ Ja was is denn an diesem Tach ge<u>we</u>sen↑

Folgt eine Negationspartikel, die ebenfalls einen Relevanzbereich hat, ist dieser in den Relevanzbereich der Gradpartikel eingeschlossen:

(19) **Nur** <nicht <vorhandene>> Daten sind sichere Daten
[http://www.heute.de/ZDFheute/inhalt/22/0,3672,8236182,00.html, 16.7.2011]

Das bedeutet: Nur für solche Daten, die nicht vorhanden sind, gilt, dass sie sichere Daten sind.

Aus einem Satz mit einer Gradpartikel folgt der Satz, der entsteht, wenn man die Gradpartikel weglässt:

(20) (a) Peter hat **bereits** <<u>Ein</u>trittskarten für das Spiel>. ⇒
(b) Peter hat Eintrittskarten für das Spiel.

Gradpartikeln stehen in der Regel unmittelbar vor, einige können auch nach dem Bezugsausdruck realisiert werden, dann akzentuiert.

(21) <Das Taj Ma<u>hal</u>> möchte sie **auch** noch besuchen.

Gradpartikeln können zwischen Wortgruppen auftreten oder in eine Gruppe eingebaut werden. Nur die Gradpartikeln _noch_ und _schon_ können allein (ohne ihren Bezugsausdruck) das Vorfeld besetzen. Alle anderen sind, wenn sie allein im Vorfeld stehen, als Konnektivpartikeln (→ F1) zu werten.

Betrachten wir nun ein Beispiel genauer:

(22) Spitzelaffäre
Nun übt **sogar** <die Kanzlerin> Druck auf Mehdorn aus.
[http://www.derwesten.de/nachrichten/Nun-uebt-sogar-die-Kanzlerin-Druck-auf-Mehdorn-aus-id724909.html, 16.7.2011]

Hier wird als das Unerwartete markiert, dass es die Kanzlerin war, die Druck ausgeübt hat. Der Leser bekommt eine bereits strukturierte Information. Die strukturierte Information kann als bewertete ins Hörerwissen übernommen werden, denn wir tauschen sprachlich nicht einfach Informationsblöcke aus; vielmehr orientieren sich Sprecher recht präzise an der Art des Vorwissens und der Aufnahmeweise bei den Rezipienten, sie ‚machen sich deren Kopf'. Dazu gehört es, die Hörererwartungen einzubeziehen und auf dieser Folie das neue Wissen vororganisiert zu präsentieren. Unerwartet kann es sein, dass

A. einem bestimmter Redegegenstand oder Mitspieler einer Verbszene (Person, Ding, Sache etc.) ein Prädikat zukommt, sodass auch er zur Menge der mit dem Prädikat zu charakterisierenden Gegenstände gehört (Gruppe der einschließenden Gradpartikeln wie *sogar, auch, ebenso*), obwohl genau das nicht oder kaum zu erwarten war;

B. zwar einem bestimmten Gegenstand das Prädikat zukommt, nicht aber anderen, an die auch zu denken war (ausschließende Gruppe: *nur, bloß, allein, einzig* ...);

C. ein spezifisches Prädikat bzw. Charakteristikum anwendbar ist;

D. etwas sich an einem bestimmten Ort oder zu einer bestimmten Zeit ereignet hat;

E. ein bestimmter Sachverhalt als wahr gelten kann.

Betrachten wir den Slogan:

(23) **Gerade** <Du> brauchst Jesus!
[http://www.christliche-autoren.de/gerade-du-brauchst-jesus.html, 16.7.2011]

Hier wird damit gearbeitet, dass auf der Erwartungsskala des Lesers der Gedanke, er könnte Jesus brauchen, niedrig eingestuft war und dem eine andere Relevanz entgegengesetzt wird. Im folgenden Beispiel werden die 17 AKW-Zwischenfälle nur dem Monat August zugeordnet, was die Erwartung bearbeitet, es seien insgesamt nur diese 17 Zwischenfälle, und die Erwartung weckt, dass es noch viel mehr sind, würde man weitere Monate einbeziehen:

(24) Störfall Atomkraft: 17 Zwischenfälle **allein** <im August>!
[http://www.utopia.de/gruppen/atomkraft-nicht-schon-193/diskussion/stoerfall-atomkraft-17-zwischen-faelle-allein-im-189191, 16.7.2011]

Die Fokussierung soll die Gefährlichkeit verdeutlichen.

(25) Hannover 96 will **höchstens** <vier> neue Spieler einkaufen (Hannoversche Allgemeine 29.3.11)

Wenn Hannover höchstens vier einkaufen will, wäre die Aussage falsch, wenn es fünf oder mehr wären; es wird aber nahegelegt, dass es eher weniger sein werden, also drei, vielleicht nur zwei. Dagegen wird bei *mindestens* gesagt, dass es auf jeden Fall der angegebene Wert ist, nahegelegt wird aber, dass es wohl mehr ist:

(26) Irak
Mindestens <25> Tote bei Doppelanschlag (Handelsblatt, 21.6.11)

E4 Verneinen: die Negationspartikel *nicht,* die Responsive *nein* und *doch*

Die Ausgangssituation ist, dass ein Sachverhalt zur Diskussion steht, behauptet wird, geglaubt oder erwartbar ist, der nach Auffassung des Sprechers (so) nicht zutrifft. In solchen Fällen stehen Mittel bereit, zu sagen, wie es nicht ist, dass sich die Dinge anders verhalten. Manchmal erschöpft sich die Relevanz einer Äußerung schon in der Gegenrede, in der Aussage, dass etwas nicht (so) ist oder fehlt, manchmal dient sie der Anbahnung dessen, was man als positiven Gedanken beim Hörer/Leser verankern möchte. Die Verwendungen der Negation sind in einem großen Spektrum angesiedelt (vgl. Eggs 2008).

Der Ausdruck der Verneinung ist ein mächtiges Instrument in den Sprachen. Es wird angenommen, dass Verneinung zu den Besonderheiten menschlicher Sprache gehört, die sie als einzigartig gegenüber tierischer Kommunikation ausweisen (Plessner; Brandt 2009). Im Deutschen stehen dafür *nicht* sowie *gar nicht, überhaupt nicht,* neuerdings auch (nicht für alle Verwendungsmöglichkeiten) *nicht wirklich* zur Verfügung. Ferner kann eine Negation auch in ein Wort eingebaut sein, dazu dient vor allem die Vorsilbe *-un* bei Adjektiven und Nomen, die aus idg. *n- stammt:

Nomen: *Un-art, Un-dank-, Un-sitte, Un-behagen, Un-glaube, Un-sinn ...*
Adjektive: *un-genügend, un-artig, un-sinnig, un-aufrichtig ...*

Ferner gibt es negationshaltige Wörter wie

(a) das Responsiv *nein* [als Antwort nach Entscheidungsfragen ‚gewiss nicht'] und *doch* [als kontrastierende Antwort nach verneinten Entscheidungsfragen]

(b) Modalpartikeln wie *keinesfalls;* Adverbien wie *niemals, nie, nirgends, nirgendwo*

(c) Präpositionalgruppen wie *auf/in keinem Fall* [(b) und (c) auch als Antwort vor allem nach Ergänzungsfragen]

(d) Indefinita wie *niemand* (entspricht grob: *nicht jemand*)

(e) Determinative wie das quantifizierende *kein* (entspricht grob: *nicht + ein*)

(f) Konjunktoren: *weder ... noch, nicht (nur) ... sondern (auch), nicht ... nicht.*

Wir werden zunächst die operative, zum Verarbeitungsfeld gehörende, NEGATIONSPARTIKEL *nicht* (mit altem operativen Bestandteil *ne*) genauer vorstellen. Sie ist in vielen Fällen auf das transferierte Wissen bzw. die Wahrheit eines Gedankens bezogen. Mit *nicht* kann ein bekanntes Wissen oder eine gegenläufige Erwartung beim Hörer/Leser bearbeitet werden.

> Die operative Negationspartikel *nicht* ist unflektiert, steht nicht im Vorfeld, antwortet nicht auf Fragen. Sie dient der Zurückweisung eines Sachverhalts und interagiert mit der Gewichtung (zum Zweck des Bestreitens, Korrigierens, Reparierens etc.).

(1) Wieder Montag. Eigentlich ein unnötiger Tag, wie Qualtinger einmal gesagt hat: *Am Montag is' schwer wieder starten.*– Der Montag ist somit ein Tag, <der> **nicht wirklich** <einer ist>, sondern vielmehr ein Startblock, aus dem die Leute **nicht** <richtig herauskommen>. Der Eindruck dauernder Fehlstarts an einem Montag resultiert nun aber **nicht** <daraus, dass ein einzelner Läufer zu früh losrennt>, sondern er vielmehr der einzige ist, der exakt zum Startschuss hochschnellt, während die anderen in ihren Startvorrichtungen verbleiben: dösend, narkotisiert, überdrüssig und auf einen Schuss wartend, der längst gefallen ist. (Steinfest 2011: 182)

Zurückgewiesen wird zunächst die Kategorisierung des Montags als Tag im üblichen Sinne, dann die Erwartung, dass man aus einem Startblock als Läufer herauskommt, schließlich die Fehlstartinterpretation der Startblockmetapher.

Wie die Gradpartikeln bezieht sich *nicht* stets auf den ganzen Gedanken, die Basis der Negation zeigt sich aber an einem speziell durch Stellung und Akzent markierten Relevanzbereich.

(2) <Es regnet heute> **nicht**.
    ⇒ Es trifft **nicht** zu/ist falsch, dass es heute regnet.
    [Der Sachverhalt wird negiert. Er bildet insgesamt den Relevanzbereich]

Das Gewicht kann aber auch auf einem Sachverhaltsmoment als Relevanzbereich liegen, so dass entsprechende Vorerwartungen (Paula hat ihr Rad repariert) bearbeitet werden:

(3) Paula hat **nicht** <ihr Rad> repariert.
    ⇒ Es trifft nicht zu, dass Paula ihr Rad repariert hat.
    ⇒ Paula hat etwas anderes repariert.

(4) Zweitens ist ja wohl **nicht** <der Überbringer der Nachricht> an der Art der Nachricht schuld. [http://www.bahninfo-forum.de/read.php?5,37987,38273, 17.7.2011]
    ⇒ Es trifft nicht zu, dass der Überbringer der Nachricht schuld ist.
    ⇒ Jemand anderer als der Überbringer ist schuld.

Argumentative Auseinandersetzungen finden wir öfter vor Gericht:

(5) Strafverhandlung (F.2)

1 Richter	Sie sagen→ Sie hätten die Uhr nich weggenommen↓
Angeklagter	Neìn

2 Richter	((2.6 Sek.)) Sie sagen, Sie hätten se angekauft→/ eine solche goldene
Angeklagter	Jà

| 3 Richter | Uhr→ n paar Tage später↓ ((2 Sek.)) aber Sie hätten nich chewusst→ |

| 4 Richter | dass es diese Uhr war, dass der andere die geklaut hätte↓ |
| Angeklagter | Neìn→ |

| 5 Richter | ((1.0s)) Herr Melle→ das glaub ich **nich**↓ |
| Angeklagter | wusste ich nich↓   Jà |

| 6 Angeklagter | Jā ich/ s is aber so gewesen↓ |

Der Angeklagte bestreitet den Tatvorwurf (Diebstahl einer Uhr) (vgl. in 1: „nich weggenommen"). Er hat aber angegeben, er habe eine solche Uhr – es war die fragliche – später gekauft. Damit erlaubt er es dem Gericht, den Anklagevorwurf in Richtung Hehlerei zu wenden, was dann auch geschieht. Der Vorsitzende reformuliert die bisherigen Aussagen, was üblich ist, um eine Argumentationsbasis zu haben. Der Angeklagte bekräftigt das, was in der Redewiedergabe im Konjunktiv II (→ D3) wiedergegeben wird, als Faktum. Zu seinem Wissen hat er einen privilegierten Zugang, das kann man ihm nicht einfach bestreiten. Hier enden die Möglichkeiten des Vorsitzenden, der sein „das glaube ich nich" dagegensetzt. Normalerweise wäre eine Auseinandersetzung damit am Ende, nur muss hier ja ein Urteil gefällt werden, für das es darauf ankommt, was der Vorsitzende glaubt. Der Angeklagte muss ihn überzeugen, will er einen günstigen Ausgang. Er lenkt den Fokus wieder um (*aber*) auf die Fakten, wie er sie sieht. Das ist zu wenig.

(6)   Gericht, Strafverhandlung (F.2)

| 1 Angeklagter | Sie brauchen mir das ja gar **nich** glauben, wenn ich/ (sage), ich war |

| 2 Angeklagter | volltrunken→ dann/↓ |
| Richter | Das könn Sie doch gar **nich** beurteilen, ob Sie |

| 3 Richter | volltrunken sind→ jeder hier möchte gern volltrunken sein↓ |

| 4 Angeklagter | Wenn ich wirklich **nich** volltrunken gewesen wäre→ dann hätt ich ja |

| 5 Angeklagter | so was bestimmt **nich** emacht↓ |
| Richter | Herr Schapinsky→ Sie haben doch auch |

| 6 Richter | schon im nüchternen Kopf Straftaten begangen→ is doch **nich** |

| 7 Richter | wesensfremd→ was Sie da gemacht haben↓ |

| 8 Angeklagter | Jà das stimmt … |

Der Angeklagte hat Trunkenheit für den Zeitraum der Tat beansprucht und versucht hier, als seine Strategie zu scheitern droht, sich darauf zurückzuziehen, dass es um eine Glaubensfrage gehe – den Glauben kann ihm niemand streitig machen. Der Vorsitzende Richter bestreitet aber, dass er dafür überhaupt eine Beurteilungskompetenz hat (Fläche 2). Seine – nicht ausgesprochene – Voraussetzung ist, dass Trunkenheit objektiv, also etwa durch eine Blutprobe, festzustellen sei. Die Notwendigkeit objektiver Kontrolle ergebe sich daraus, dass jeder vor Gericht volltrunken gewesen (und nicht verantwortlich) sein wolle – so lässt sich der argumentative Hintergrund rekonstruieren. Er entwertet die Aussage des Angeklagten indirekt: Wenn er seinen eigenen Trunkenheitsstatus nicht beurteilen kann, kann er darüber auch nichts behaupten. Dem versucht der Angeklagte eine Regel entgegenzusetzen: Ist er nüchtern („nich volltrunken"), macht er so etwas nicht. Seine Formulierung ist in der Voraussetzung negiert, mit solchen Voraussetzungen ist schwer zu argumentieren. Sie mit dem Konjunktiv II als dem Wissen zugehörig markiert und begründet mit einem Umkehrschluss: Wenn ich so etwas getan habe (ich bestreite das nicht), muss ich volltrunken gewesen sein. Solche Regeln sichern den Übergang von einer Voraussetzung zu einem Schluss in einer Argumentation. Der Vorsitzende bestreitet die Regel, indem er kontrastierend (*doch*) zum Realitätsbereich zurückkehrt (Indikativ) und auf Straftaten im nüchternen Zustand hinweist, mit denen die Regel als ungültig zu erweisen ist. Er schließt dann eine Aussage an, die eine Veranlagung zu kriminellen Aktionen beinhaltet. Nicht ihr stimmt der an dieser Stelle strategisch gescheiterte Angeklagte zu, sondern den angeführten Sachverhalten. Der Schluss des Vorsitzenden von den Taten auf eine Neigung ist vor Gericht nicht unüblich, stützt sich hier aber nicht auf einen ausgeführten Begründungszusammenhang, wie ihn ein Sachverständiger entwickeln könnte. Daher formuliert er im Kontrast zur Regel (*doch*) und in negierter Form (*nicht wesensfremd*) nicht positiv (*Sie haben eine Neigung zu* etc.).

Man kann mit einer Negation unterschiedliche Zugzwänge in vielen Handlungsmustern zurückweisen: dass man einem Befehl, einer Weisung oder einem Ratschlag nicht folgt, eine Bitte nicht gewährt, einem Plan nicht zustimmt, etwas anders bewertet etc. Man kann auch eine Frage zurückweisen, wenn man infolge fehlenden Wissens das Wissensdefizit nicht beheben kann, hier sollte die Frage wohl eine Erzählung auslösen:

(7)   Kindergarten (Beob.: Beobachterin, Timea (6;0))
Beob.:   Ja. Aber wisst ihr, was gestern abend fürn Sturm war?
Timea: Nee. Hab ich **nicht** gehört. Ich hab so fest geschlafen, hab ich nichts gehört.
         (Kraft/Meng 2009: K1-6.0-04 (CD))

Im nächsten Beispiel geht es ums kindliche *Petzen* („dafür sag ich das dein Papi"), also das Verraten einer möglicherweise strafwürdigen Tat an Eltern oder Erzieher. Wer das (öfter) macht, wird unter Kindern *Petze* genannt. Aus der Ankündigung Timeas, Maik verpetzen zu wollen, entwickelt sich eine Batterie von Vorwürfen und Zurückweisungen mit dem kindertypischen selbständigen „gar nicht". Schließlich verfängt nicht einmal Timeas Drohung, Daniela nicht mehr ansprechen zu wollen.

(8) Kindergarten (Beob.: Beobachterin, Mandy (5;6), Maik (5;6), Daniela (5;7), Timea (5;7))
Mandy: Und dann, als wir beide unten warn, da habn wir noch von da unten was genommen.
Maik: Da ausm Schrank.
Mandy: Hm.
Timea: (zu Maik) Dafür sag ich das dein Papi. Weil du runtergegangen bist. Ich bin nämlich noch nie runtergegangen.
Maik: Petze.
Daniela: Du bist ne richtige Petze.
Timea: Du hast ja selber mal was gepetzt. Selber.
Maik: Und du petzt immer.
Timea: **Gar nicht**.
Maik: Weil ich schon mal Ela eine Kugel geschenkt hab, da hast du gepetzt.
Daniela: Nee, da hat sie die kaputtgemacht.
Timea: **Gar nicht**.
Daniela: Du hast schon mal eine Kugel auf der Erde geschmissen. Das hast du schon mal. Das weiß ich noch.
Timea: **Gar nicht**.
Babette: Ich auch.
Timea: Du willst mich bloß anschwindeln.
Daniela: **Gar nicht**. Das stimmt.
Timea: Na klar. Und ich sprech dich **gar nicht** mehr an.
Daniela: Na und?
Maik: Macht doch nichts.
(Kraft/Meng 2009: K1-5.6-14 (CD))

Eine entscheidende Rolle spielt die Negation in wissenschaftlichen Argumentationen. Man geht z.B. von einer These aus und püft, ob sie zu begründen oder zu widerlegen ist:

- Gilt These A? Welche Gründe gibt es, dass A gilt und **nicht** *nicht*-A, und treffen sie zu oder sind sie zu widerlegen?

- Gilt These *nicht*-A? Welche Gründe gibt es, dass *nicht*-A gilt und **nicht** A, und treffen sie zu oder sind sie zu widerlegen?

(9) *Gegenthese: Natürlich können Tiere **nicht** denken.* Wer diese Gegenthese vertritt, sucht die mentalen Leistungen der Tiere auf psychologische oder gar physiologische Prozesse zu reduzieren, die ohne Begriffe und Urteile stattfinden und folglich nicht als Denken im eigenen Sinn bezeichnet werden können. (Brandt 2009: 10)

Im folgenden Frege-Beispiel leistet die Negation einen für die These wichtigen Ausschluss, sie gilt nur für nicht-fiktionale Gedanken, nicht etwa für *Odysseus kommt aus Ithaka* etc. Die Konklusion besteht aus einem negierten Gedanken:

(10) Wenn *A* ein Gedanke ist, der **nicht** der Dichtung angehört, gehört auch die Verneinung von *A* der Dichtung **nicht** an. Von den beiden Gedanken *A* und der Verneinung von *A* ist dann immer einer und nur einer wahr. Ebenso ist dann

> von den beiden Gedanken der Verneinung von *A* und der Verneinung der Verneinung von *A* immer einer und nur einer wahr. (...) Ich kann das auch so ausdrücken:
> Die einen Gedanken bekleidende doppelte Verneinung ändert den Wahrheitswert des Gedankens **nicht**. (Frege 1986: 71)

Die Konklusion hätte Frege auch positiv formulieren können: Wenn *A* wahr ist, ist auch *nicht nicht-A* wahr. Oft aber wird in der Wissenschaft zu zeigen versucht, was nicht zutrifft, obwohl viele es glauben. Oder was nicht funktionieren kann, obwohl es für möglich gehalten wird. Oder was nicht so, wie alle annehmen, sondern anders zu erklären ist.

Eine doppelte Negation (zwei Negationsausdrücke interagieren) hat das Gegenwartsdeutsche nicht, anders als viele Sprachen wie z.B. das Russische, Spanische oder Italienische. Im Mittelhochdeutschen gab es Mehrfachverneinung, sie existiert heute noch im Bairischen, wo sie nur Bekräftigung einer einzigen Negation bedeutet.

(11) *I hôb nõ nià nix gsaågd* bedeutet: *Ich habe noch nie etwas gesagt.* (Merkle 1996: 155)

Gelegentlich kommen zwei unabhängige Negationsausdrücke vor:

(12) Ich habe es durchgezogen. Ich liebe diesen Sport und wollte **nicht nichts** tun.
[http://www.motorline.cc/rallye/index.php/Rallye-News---Ich-kann-so-nicht-mehr-weitermachen!/article=164481, 17.7.2011]

Nicht kann in allen Äußerungsmodi vorkommen:

(13) Es war nicht ihr Tag – wieder einmal. [Aussage]
[http://www.fussball.de/frauen-wm-2011-steht-birgit-prinz-auf-der-kippe-/id_47625312/index, 15.7.2011]

(14) Dass die sich **nicht** schämten [Exklamativ]
[http://www.familienzirkus.com/index.php?option=com_content&view=article&id=139:dass-die-sich-nicht-schaemen&catid=51:sexualitaet, 15.7.2011]

(15) Komm mir **nicht** mit der Mehrheit, Cem! [Imperativ]
[http://www.sueddeutsche.de/medien/tv-kritik-sarrazin-debatte-bei-illner-komm-mir-nicht-mit-der-mehrheit-cem-1.995461, 15.7.2011]

Die Negationspartikel hat wie die Gradpartikel einen Relevanzbereich, der mündlich durch Akzent markiert wird. Was aber verneint wird, ist stets der ganze Sachverhalt, man kann nicht Teile verneinen. Anders verhält sich die Negation bei der Implikation: Lässt man die Negationspartikel weg, so ändert sich der Wahrheitswert.

(16) Wenn wahr ist: (a) Du hast deine Aufgaben **nicht** gemacht,
dann ist falsch: (b) Du hast deine Aufgaben gemacht. [Und umkehrt]

Man kann den Test auf die Funktion eines Satzadverbials hier anwenden:

(17) Sie hat die Klassenfahrt **nicht** versäumt. ⇒
Es war **nicht** der Fall, dass sie die Klassenfahrt versäumt hat.

Wie fast alle Gradpartikeln erscheint die Negationspartikel nicht im Vorfeld (zur Abfolge → G2). Ihre Grundposition ist mitten im Mittelfeld oder in eine Gruppe eingebaut, in der sie ihren Relevanzbereich hat.

(18) ***Nicht** hat mir das gefallen.

(19) **Nicht** <gefallen> hat mir das.

(20) Das hat mir **nicht** <gefallen>.

Thematische Ausdrücke stehen in der Regel vor der Negationspartikel; Ausdrücke, die gewichtet sind und den Informationsschwerpunkt (→ G3) darstellen, folgen, ebenso verbnahe nominale Elemente:

(21) Er hat ihr den Gefallen **nicht** getan.

(22) Er hat ihr **nicht** den H̲o̲f gemacht.

(23) Er hat dem Kind **nicht** a̲lles gesagt.

(24) Flimm hat das Stück nicht in Sal̲z̲burg aufgeführt.

(25) Flimm hat das Stück **nicht** zur Auf̲f̲ührung gebracht.

Der Relevanzbereich ist ähnlich variabel wie bei den Gradpartikeln.

Ein solcher Relevanzbereich ist auch im folgenden Beispiel markiert (Fläche 3-4); ferner sehen wir den Fall einer selbst hervorgehobenen Negationspartikel (6), die auf Vorannahmen, einer Vorgeschichte beruht:

(26) Strafverhandlung (F.17)

1 Zeuge	Ich hatte auch n Verteidiger→ aber den wollt ich aber nich konsultie-

2 Zeuge	ren da das/ alles unnötige Kosten sind↓ (...)

3 Staatsanwalt	Is doch nich <wie beim Zah̲narzt→ jedesmal wenn Se zur Behandlung

4 Staatsanwalt	gehn→ wenn gebohrt wird→ denn/ entsteht ne neue Tagesgebühr>↓

5 Zeuge	Das hat nur/ mitm Zah̲narzt nichts zu tun→ jedenfalls/
Staatsanwalt	Ich sage→ es

6 Zeuge	Ja, wie das ist→ das weiß ich↓
Staatsanwalt is **nicht** <so wie beim Zahnarzt>↓	

Der Staatsanwalt korrigiert das Missverständnis, es sei beim Anwalt wie beim Zahnarzt, und setzt dafür die Kontrastakzentuierung von *nicht* ein. Man findet Kontrastakzentuierung auch in Fragen (Fläche 3f.):

(27) Strafverhandlung (F.13)

| 1 Richter | Hat er überhaupt bewusst beschleunigt→ um dann beim Bremsen auch |

| 2 Richter | einen • besonders schönen Ruck zustandezubringen→ damit er auch |

| 3 Richter | wirklich runterfällt↑ Könn Sie sich erinnern↑ |
| Zeuge | ((1.5 Sek.)) Nèin.   Das mein' ich |

| 4 Richter | ((1.8Sek.)) Hat <u>nicht</u> erst noch bewusst beschleunigt→ sondern |
| Zeuge | nich↓ |

| 5 Richter | so<u>fort</u> gebremst→ sagen Sie↓ |
| Zeuge | Sofort gebremst→ jà |

Aus der Vorgeschichte entwickelt der Vorsitzende die Vermutung, dass nicht erst noch beschleunigt wurde, was schon kriminell gewesen wäre, und stellt sie in der Entscheidungsfrage durch die negierte Formulierung heraus. Das Verfahren bestimmt Eggs (2008) als „konjekturale Negation".

Man findet *nicht* wie *nich, ne, net, nicht wahr* auch nachgeschaltet zu einer Äußerung als Interjektion, mit der die Aufmerksamkeit des Hörers auf eine vorhergehende Äußerung gelenkt wird und er zu einer Zustimmung zu ihrem Gehalt gebracht werden soll.

(28) Strafverhandlung (F.1)

| 1 Richter | Die Zeugen sind hier, **nich**, die wern wer gleich hörn↓ |
| Angeklagter | Jà Das is richtig↓ |

Wir finden *nicht* auch als Abtönungspartikel (→ E6), etwa in Exklamativsätzen oder Entscheidungsfragen, die als rhetorische Fragen gelten können:

(29) Ist <u>das</u> **nicht** wunderschön↓ [Daraus folgt nicht:]
      ⇒| Es trifft nicht zu, dass es wunderschön ist.

(30) Was <u>der</u> **nicht** alles weiß↓ [womit nahegelegt ist: Der weiß viel].

(31) Hat er das **nicht** gut gelöst↑ [rhetorische Frage mit der nahegelegt ist: Er hat das gut gelöst].

Als Abtönungspartikel hat *nicht* keine negierende Funktion. Hier zielt der Sprecher darauf, eine Empfindung von Ungewöhnlichkeit mit dem Hörer zu teilen und das Gegenteil gerade auszuschließen (es kann nicht anders sein, es ist ...).

> Das operative RESPONSIV *nein* ist das Gegenstück zum Responsiv *ja*. Beide werden als Antwort auf eine Entscheidungsfrage geäußert. *Ja* dient dem Ausdruck der Gewissheit, dass etwas zutrifft, gilt. Der Fragesteller gibt dem Hörer eine sorgfältige interne Wissensbefragung auf und ein positives Ergebnis wird mit *ja* – es ist gewiss, dass es sich so verhält – ausgedrückt, ein negatives mit *nein*, der Gewissheit, dass es sich nicht so verhält, wie eine positive Frage voraussetzt oder dass es sich so verhält, wie eine negierte Frage es ausdrückt.

(32)   Gericht, Strafverhandlung (F.1)

1 Richter	Sie <u>ham</u> aba n Arbeitge- ne Arbeitsstelle↑		(...)
Angeklagter	**Jà**	hm̌	**Jà**

2 Richter	Sie haben auch keine Kinder↑	Ihre Frau unterhalten brauchense
Angeklagter	**Neìn**	

3 Richter	nich↓	Ist selbst berufstätig→ já	Frau nich↑	
Angeklagter	**Neìn**		**Neìn**	((Kopfschütteln))

Weitere Negationsausdrücke im Beispiel sind *nicht* und *keine*. Wird der in einer verneinten Frage vorausgesetzte Sachverhalt nicht geteilt, so reagiert der Hörer mit *doch* und bekundet so Gewissheit für die positive Alternative (das Gegenteil soll wahr sein):

(33)   Strafverhandlung (F.1)

1 Richter	<u>Ei</u>nen Underberg↑ Fahne bis hier→ könnse <u>uns</u> doch **nich** erzählen↓
Angeklagter	Jà

2 Richter	Da fällt man ja fast <u>um</u> von der Fahne↓
Angeklagter	**Doch**↓ Kann man das/

3 Richter	<u>Brauch</u> ich **nicht**↓
Angeklagter	Das kann man medizinisch feststellen lassen↓

Im Türkischen wird die Negation durch eine Negationsendung am Verb gekennzeichnet und damit auf die Synthese Prädikation – Subjektion bezogen. Das Suffix *-m(e)-/ -m(a)-* wird an den Stamm angefügt:

(34)   *anla-**ma**-mak* ‚versteh-Negation-Infinitiv', ‚nicht verstehen'.

(35)   Almanca   konuş-**m**-uyor.
       Deutsch   sprech-Negation-Präsens3Sg ‚Er spricht kein Deutsch'.

Außerdem steht mit *değil* für prädikative oder nominale Sätze ein negiertes Hilfsverb zur Verfügung.

(36) Hasta **değil**-im
krank nicht-sein-1Sg, ‚Ich bin nicht krank.'

Schließlich gibt es das Verb *yok* ‚es gibt nicht'.

(37) Bu akşam elma yok.
dies Abend Apfel es gibt nicht, ‚Es gibt diesen Abend keine Äpfel.'

E5 Modalisieren: Modalpartikeln

Modalisieren kann man nicht nur mit Modalverben (*es kann sein, dass*), sondern auch mit Modalpartikeln wie *gewiss, tatsächlich, wirklich, bedauerlicherweise, leider, erfreulicherweise*. Sie sind allerdings nicht wie sie auf die Handlungsmodalität bezogen und verhalten sich in mancher Hinsicht ähnlich wie die Negationspartikel *nicht* und in anderer wie die Adverbien, denen sie öfter zugerechnet werden. Ihr genuin symbolischer Gehalt bleibt wirksam.

> MODALPARTIKELN sind eine Gruppe von Ausdrücken, die dem Hörer übermitteln, wie der Sprecher die Wahrscheinlichkeit des Eintretens von Ereignissen einschätzt. Eine Teilgruppe drückt explizit aus, wie er sie, wenn sie sicher gelten, bewertet. Die Art der Einschätzung beruht auf ihrem symbolischen Gehalt. Es geht also um die faktische Geltung von Sachverhalten, und so können sie wie die Responsive *ja, nein* als Antwort auf eine Entscheidungsfrage dienen, was Adverbien nur teilweise (*keineswegs, mitnichten*) können.

(1) Hat das Frauen-Nationalteam gegen Italien verloren?
Ja/nein/**wahrscheinlich/vielleicht/bedauerlicherweise/erfreulicherweise** ...

Die erste Gruppe setzt voraus, dass für den Sprecher nach Abfrage des Gewussten der übermittelte Sachverhalt wahr, also eine Tatsache ist (1.1.) und zusätzlich in bestimmter Weise bewertet wird (1.2), bzw. nicht den Tatsachen entspricht, falsch ist (2):

> Modalpartikeln, Gruppe A:
> (1.1) *natürlich, wahrlich, wirklich, tatsächlich, freilich;*
> (1.2) *bedauerlicherweise, glücklicherweise, erfreulicherweise, leider, erstaunlicherweise, interessanterweise, begrüßenswerterweise, dankenswerterweise, merkwürdigerweise, ...*
> (2) *beinahe, keineswegs, keinesfalls, mitnichten*

Die Wahrheit bzw. Falschheit des propositionalen Gehalts wird impliziert. Aus

(2) **Tatsächlich** suchen fast zehn Millionen Arbeit (Junge Welt 18.7.2011) folgt:
⇒ Fast zehn Millionen suchen Arbeit.

(3) **Keinesfalls** nützt der Union die Japan-Katastrophe (Handelsblatt, 14.3.11)
⇒ Der Union nützt die Japan-Katastrophe nicht.

Keinesfalls schließt aus, dass es Umstände geben könnte, die an der Tatsache etwas ändern könnten, dass Fukushima der Union nützt.

Der Ausdruck Tatsache geht auf latein. *factum* (‚Getanes, Tat') zurück. Faktizität gilt auch für die Gruppe 1.2, nur kommt die Sprecherbewertung hinzu. Aus

(4) Fuji X100
 Sie sieht **leider** aus wie eine Leica
 [http://www.faz.net/artikel/C31363/fuji-x100-sie-sieht-leider-aus-wie-eine-leica-30342112.html, 18.7.2011]
 ⇒ Sie sieht aus wie eine Leica – ‚Das ist zu bedauern'.

Markieren Modalpartikeln die Faktizität eines Sachverhalts, enthebt das nicht davon, im Zweifel Gründe, Evidenzen etc. anführen zu müssen.

Unsere Überzeugungen sind stets schon bewertet. Mit *bedauerlicherweise, erfreulicherweise* etc. markieren Sprecher eine Wertung des Faktischen und versuchen, sie an andere zu übertragen. Das ist ebenso wichtig, wie der Austausch reiner Information. Man kann diese Modalpartikeln auch in zukunftsbezogenen Sprechhandlungen einsetzen, etwa in Vorhersagen; die präsentische Komponente lässt die Einschätzung als eine aus gegenwärtiger Sicht erscheinen:

(5) Morgen wird es **tatsächlich/bedauerlicherweise** regnen.

(6) »…eigentlich sollten zum Jahresbeginn insgesamt 26000 Soldaten und Polizisten stationiert sein, momentan sind es gerade mal 9000. » **Leider** wird das bis Ende 2008 dauern, wenn alles gut geht. (Die ZEIT 28.8.2008) [Hier eine Prognose mit Einschränkung durch den Konditionalsatz]

Der Sprecher kann seine Assertion auch dadurch verstärken, dass er die Wissensverarbeitung anspricht, das leisten Ausdrücke der Gruppe B.:

> Modalpartikeln, Gruppe B:
> *logischerweise, verständlicherweise, bekanntermaßen, nachweislich, zweifellos, offensichtlich, offenbar, offenkundig, selbstverständlich, fraglos …*

Offensichtlich verdeutlicht symbolisch, dass etwas dem Blick offen dargeboten wird, sichtbar vor Augen steht und damit evident ist; *offenbar*, dass es nicht verborgen ist; *offenkundig*, dass es schon Zeugen gibt, die als Wissende die Kunde bringen. Was *logischerweise* so und so ist, ergibt sich aufgrund logischer Schlussprinzipien; was *fraglos* oder *zweifellos* gilt, hat den (inneren) Befragungs- und Zweifeltest schon bestanden. Ist etwas *nachweislich* so, lässt sich ein Nachweis führen, den man anfordern kann; was *begreiflicherweise* so ist, lässt sich mit den Mitteln der Vernunft erfassen. Es gibt also einen je verschiedenen Wissenszugang zu dem in Rede stehenden Sachverhalt.

Im folgenden Beispiel nimmt der Schreiber für sich in Anspruch, dass der fragliche Sachverhalt bekannt ist, der Leser sich also darüber informieren könnte:

(7) Sie arbeitet Teilzeit, weil sie nicht Vollzeit arbeiten kann, weil es in Deutschland **bekanntermaßen** schwierig bis unmöglich ist, eine gute ganztägige Betreuung für die Kinder zu finden. (Die ZEIT, 6.3.2008)

Das nächste Beispiel zeigt schon, dass man mit Modalpartikeln etwas in Anspruch nehmen kann, was keineswegs immer einem solchen Anspruch gerecht wird, wenn man näher hinsieht.

(8) Überlebende berichten, dass im Vorfeld tragischer Ereignisse stets zweierlei passiere: Derjenige, der durch den Wald trampelt, kann sich überhaupt nicht vorstellen, dass man ihn für ein Tier halten könnte, Tiere sind **bekanntermaßen** leise. Und derjenige, der schießt, kann sich überhaupt nicht vorstellen, dass es etwas anderes als ein Wildschwein ist, das dort schnaufend durchs Gehölz bricht. (Die ZEIT, 19.9.2007)

Modalpartikeln wie *unausweichlich, notwendigerweise, logischerweise* können etwas als für den Hörer zwingend reklamieren, was es möglicherweise gar nicht ist, vgl.:

(9) Auch der korrekte Ansprechpartner sollte recherchiert oder telefonisch erfragt werden, ansonsten geht die Mail schnell verloren. **Logischerweise** dürfen Online-Bewerbungen keine Rund-Mails sein, die unpersönlich und absolut unprofessionell wirken. (Die ZEIT, 8.9.2004)

Fairerweise ist ein Adverb, das nicht in diese Reihe gehört, da es ein Handeln als Fairnessregeln entsprechend qualifiziert; meist hat es einräumende Funktion:

(10) Für die Datensicherheit verlange ich zum Beispiel Zugangscodes oder einen Fingerabdruck meines Bewohners. **Fairerweise** muss ich jedoch zugeben, derzeit noch unter Kinderkrankheiten zu leiden. (Die ZEIT 21.6.2001)

Der Sicherheitsgrad einer Einschätzung ist bei den Modalpartikeln der Gruppe C weniger als 100%:

> Modalpartikeln, Gruppe C:
> *angeblich, vorgeblich, anscheinend, eventuell, wahrscheinlich, vermutlich, möglicherweise, vielleicht, normalerweise*

Mit *angeblich* und *vorgeblich* wird eine fremde Äußerung ins Spiel gebracht, der eher nicht oder nicht unbedingt zu trauen ist.

(11) Kaffeetrinker brauchen schon lange kein schlechtes Gewissen mehr zu haben, weil sie **angeblich** einem schädlichen Laster frönen. Genauso wie Tee hat das schwarze Gebräu einige durchaus günstige Auswirkungen auf die Gesundheit. (Die Zeit, 7.7. 2009)

Angeblich ist Kaffeetrinken schädlich und zieht also ein schlechtes Gewissen nach sich, tatsächlich ist das so nicht korrekt, da es positive gesundheitliche Effekte gibt. Der Autor distanziert sich damit von entsprechenden Äußerungen, knüpft aber an sie an und kann die Relevanz der eigenen Aussage für den Leser steigern. *Anscheinend* macht bloßen Anschein geltend, der aber nicht unbedingt den Fakten entspricht:

(12) Während er in einem Pub auf die Musiker wartet, liest er Balzacs Verlorene Illusionen. Die jungen Musiker verspäten sich: „**Anscheinend** ist das Navigati-

onssystem kaputt." Ein zweiter Anruf klärt: Auch das Gedächtnis hakt. (Die Zeit, 13.10.2008)

Normalerweise bezieht sich auf eine Norm, auf das, was und wie es alle machen und erwarten, was typischerweise so und so ist, also auf einen Normalverlauf von Ereignissen, auf typische Verhaltensweisen und Dispositionen bestimmter Menschen:

(13) Ich glaube auch nicht, dass andere Teams den Isotopen-Test auf anabole Steroide machen. Das ist ein gezielter und sehr aufwendiger Test, der **normalerweise** erst bei Verdacht auf die B-Probe angewandt wird. (Die ZEIT, 26.5.2009)

(14) Zu dem Zeitpunkt waren die Höfe der Autohäuser bereits voll mit neuen Kleinwagen. **Normalerweise** dauert es drei Monate, bis die vom Kunden bestellten Autos aus Südkorea oder Indien per Schiff in Bremerhaven anlanden (Die ZEIT, 2.7.2009)

(15) Da gibt es nur Schlaraffenländer; das Périgord ist die Landschaft der Trüffel, und in der Emilia-Romagna sind die Nudeln dem Nabel der Venus nachgebildet. Kein Wort davon, daß der Tourist auch im Ausland **normalerweise** erst zehnmal in einen Pommes-frites-Tempel gerät, bevor er etwas zwischen die Zähne kriegt, das ihm göttlich vorkommt. (Die ZEIT, 25.11.1977)

Was *vielleicht* passiert oder *möglicherweise* der Fall ist, ist wenigstens logisch oder von den Fakten her nicht ausgeschlossen – ebenso wenig wie das Gegenteil – und kann u.a. in Gedankenspielen und Spekulationen eingesetzt werden.

(16) Weltweit gebe es keinerlei Erfahrungen mit einem solchen Lager, warnt Braungart seine Zuhörer. Unbekannt sei deshalb auch, wie die eingelagerten Stoffe reagieren, ob **möglicherweise** neue, gefährliche Verbindungen entstehen. (Die ZEIT, 28.8.1987)

(17) Wer nämlich mit der Abschlußnote „gut" der einen Hochschule vom Staat **möglicherweise** mit einer Beamtenstelle belohnt wird, nimmt dem Abgänger der Nachbarhochschule, der mit einer besseren Leistung lediglich ein „befriedigend" erreichte, den Arbeitsplatz weg. Er hat das Privileg erlangt, unsere Kinder für etwa 40 Jahre in Geographie oder Biologie zu unterrichten. (Die ZEIT, 4.9.1987)

(18) So ist es hier zu beobachten gewesen in Mazedonien, dass es die albanische Volksgruppe selber war, die albanische militante Kräfte – Terroristen **möglicherweise** – aus ihren Dörfern vertrieben hat. (Die ZEIT, 23.2.2001)

(19) So viel Spontaneität ist neu in China. Das ist **vielleicht** ein Hoffnungszeichen. Doch es hat auch eine Kehrseite. (Die ZEIT, 29.8.2007)

(20) Oder handelt es sich um ein Sprayer-Kollektiv und keine Einzelperson? Ist er **vielleicht** eine Frau oder kann er sich nur gut verkleiden? Trotz dem Medien-Rummel bleibt er der Öffentlichkeit unzugänglich. (Die ZEIT, 18.7.2008)

Das vorstehende Beispiel ist eine klare Spekulation. Ausdrücke der Gruppe *gegebenenfalls, womöglich, eventuell, möglichenfalls* bringen zusätzlich eine (als solche oft nicht explizierte) Bedingung ins Spiel:

(21) HPV-Tests gegen Gebärmutterhalskrebs **eventuell** sinnvoll
(Ärzteblatt, 14.6.2011)

(22) Bombenleger **eventuell** gefasst
Spürhunde und ein Fahndungsbild sollen die Polizei auf die richtige Spur gebracht haben: Die Beamten haben in Polen einen Verdächtigen gefasst. Der Mann soll im Dresdner Ikea einen Sprengsatz gelegt haben.
(Frankfurter Rundschau 18.7.2011)

(23) **Womöglich** neues Elementarteilchen entdeckt (Welt, 7.4.2011)

E6 Abtönungspartikeln

Didaktischer Kommentar:

> Abtönungspartikeln wie *halt, eh, eben, ja, mal, ruhig* bilden eine Ausdrucksgruppe, die erst seit gut vierzig Jahren erforscht wird und über deren Elemente wir noch nicht genug wissen. Manchmal heißen sie unglücklicherweise auch „Modalpartikeln". Abtönungspartikeln kommen nicht in sehr vielen Sprachen vor (in den germanischen Sprachen Schwedisch, Norwegisch, Dänisch, Niederländisch und auch schon im Gotischen und Altgriechischen). Wer Deutsch beherrscht, verwendet diese Partikeln, insofern bilden sie auch für Deutsch als Fremdsprache ein wichtiges Thema. Ihre Verwendungsbedingungen erschließen sich nicht leicht; man braucht schon Reflexionsfähigkeit, um ihren Nuancen nachzuspüren – das ist aber sehr reizvoll.

ABTÖNUNGSPARTIKELN ermöglichen es dem Hörer, eine spezifische Wissensbearbeitung eines Gedankens vorzunehmen, in der ein bestimmtes Sprecherwissen, das den Wissensstatus des Gesagten, bestimmte Erwartungen, die laufende Interaktion bzw. den Textzusammenhang aufnimmt, auf den Gedanken angewandt wird. Der Bedeutungsgehalt des Ausdrucks – ursprünglich meist ein symbolischer – geht in diese Bearbeitung ein. Abtönungspartikeln gehören zum Verarbeitungsfeld der Sprache, sie sind als (para-)operative Sprachmittel zu werten. Syntaktisch werden sie installiert.

Grammatische Kennzeichen sind:

(A) Sie beziehen sich wie Satzadverbialia stets auf den ganzen Satz, allerdings nicht auf den ausgedrückten Sachverhalt, sondern auf dessen spezifische Verarbeitung im Wissen, im Erwartungsfeld oder vor dem Hintergrund der Interaktionsgeschichte und haben daher einen weiteren Bezugsbereich als Adverbialia;

(B) Abtönungspartikeln sind nicht modifizierbar oder negierbar, sie sind auch nicht erweiterbar zu einer Wortgruppe;

(C) Sie erscheinen nicht im Vorfeld (vor dem flektierten Verb), sondern im Mittelfeld; Abtönungspartikeln werden nicht durch einen Gewichtungsakzent hervorgehoben (die Partikeln *ja* und *bloß* im Imperativmodus sind bereits in ihrer Form immer betont, also nicht hervorgehoben), viele können gar nicht akzentuiert werden;

(D) Abtönungspartikeln sind in der Mehrzahl (dies gilt z.B. nicht für *doch*) auf bestimmte Äußerungsmodi beschränkt;

(E) Abtönungspartikeln haben Entsprechungen in anderen Wortarten; man hat daher funktionale Ableitungen (Grammatikalisierungen) untersucht, ihre Grundbedeutung spielt in der Partikelverwendung aber stets eine zentrale Rolle.

Nicht jede Abtönungspartikel ist in jedem Äußerungsmodus verwendbar; Tabelle 1 gibt einen Überblick zu den Möglichkeiten (zu den Äußerungsmodi im Detail: → H3).

Äußerungsmodus	Abtönungspartikel	Beispiel
Aussagemodus	aber, auch, doch, eben, eh, eigentlich, einfach, halt, ja, mal, noch, ruhig, schon, wohl	Männer sind **halt** so. Da ist **eh** nichts zu machen.
Ergänzungsfragemodus	auch, bloß, denn, eigentlich, mal, nur, schon, wohl	Wer schreibt **mal** an? Was machst du **denn** da?
Entscheidungsfragemodus	auch, denn, eigentlich, etwa, mal, vielleicht, wohl	Habt ihr **etwa** nichts gemacht? Hast du **vielleicht** addiert?
Imperativmodus	bloß, ja, doch, eben, mal, einfach, halt, mal, nur, ruhig, schon	Lass mich **mal** machen! Geh **bloß** nicht über die Grenze!
Exklamativmodus 1 (Verberst, Verbzweit, kein W-Interrogativ)	aber, vielleicht, aber auch	Kann der **aber** Orgel spielen! Der kann **vielleicht** rechnen!
Exklamativmodus 2 (Verbzweit, Verbletzt, W-Interrogativ)	aber auch, denn, doch	Wer hat das **denn** geglaubt! Was die **aber auch** immer erzählt!
Exklamativmodus 3 (Verbletzt mit *dass*)	aber auch, doch	Dass du **aber auch** nie pünktlich bist!
Wunschmodus 1+2 (Verberst-/Verbletztsatz (Konjunktiv II))	bloß, nur, doch	Ginge das **doch** gut! Wenn das **nur** gut ginge!
Wunschmodus 3 (Verberst-/Verbzweit, Konjunktiv I)	bloß, ruhig	Komme **ruhig**, was wolle! Man nehme **bloß** mal den Rudi als Beispiel!

Tab. 1: Äußerungsmodi und Abtönungspartikeln

In der linearen Abfolge finden wir die Abtönungspartikeln im Mittelfeld. Dort erscheinen sie in Zweitposition, nach einer eventuellen Anapher oder personalen Deixis, in der Regel vor adverbialen Angaben (nur temporale können vorgezogen werden):

(1) Sie kannte meine Arbeiten, obwohl ich **doch** erst wenige Jahre unterwegs war. (Die ZEIT, 18.11.1999)

(2) Da fände ich es **doch** sehr schade, wenn dies an einer Begriffsfindung für „Auslagerung" scheitern würde. (Die ZEIT, 4.11.1999)

(3) Andererseits bleibt beim Thema Doping immer ein bitterer Beigeschmack, das sieht man **ja** jetzt auch. (Die ZEIT, 12.7.2009)

(4) An vielen Unis werde das heute **ja** anders gesehen (Die ZEIT, 10.7.2009)

(5) *Sie sind immer **ja** bei uns eingeladen.

Abtönungspartikeln kommen ‚im Team' vor, ohne aber eine Wortgruppe als Bedeutungseinheit zu bilden, jede Partikel behält ihre eigene Bedeutung:

(6) Verseuchtes Tierfutter **wohl schon** lange im Umlauf
[http://www.derwesten.de/nachrichten/Verseuchtes-Tierfutter-wohl-schon-lange-im-Umlauf-id4135513.html, 19.7.2011]

(7) Du erwartest **doch nicht etwa**, dass ich diese Frage beantworten kann.
[http://finanzcrash.com/forum/read.php?1,93248,93287, 19.7.2011]

Einige Abfolgetendenzen lassen sich angeben:

Aussagemodus:
ja vor *nicht* vor *aber/doch/eben/etwa/halt/vielleicht/wohl* vor *schon* vor *auch/mal* vor *bloß/nur*

(8) Ein paar Dinge muss man dann **ja doch mal** kritisch anmerken
[http://www.bvb-forum.de/index.php?id=162535, 19.7.2011]

(9) Deine Schnecke kannst Du zum Frühstück **ja vielleicht mal** oben lassen.
[http://www.sdietzel.de/geschichten/zauberschneckentochter.html, 29.1.07]

Fragemodus:
denn/etwa vor *eigentlich/vielleicht* vor *schon* vor *auch/mal*

(10) Wer hat **denn schon mal** ne Hexentorte gemacht? Brauche Anregungen
[http://www.chefkoch.de/forum/2,35,482275/Wer-hat-denn-schon-mal-ne-Hexentorte-gemacht-Brauche-Anregungen.html, 19.7.2011]

(11) Hast du **eigentlich mal** alles geprüft?

Aufforderungsmodus:
doch vor *vielleicht* vor *schon* vor *mal*

(12) Katrin: Hat er vollgekleckert. Vollgekleckert. Zeig **doch mal**. Zeig **doch mal**. (Kraft/Meng 2009: K1-3.6-15)

(13) Bring mir **vielleicht schon mal** den Kalender!

Exklamativmodus:
aber/doch vor *bloß/vielleicht*

(14) ZDF: Wenn **doch bloß** der Nachmittag nicht wäre
[http://www.dwdl.de/magazin/, 19.7.2011]

(15) Der hat **aber vielleicht** angegeben!

Abtönungspartikeln werden öfter als Ausdrücke mit vielen Bedeutungen gesehen, die dann in Wörterbüchern aufgelistet sind; meist sind aber nur einzelne Verwendungszusammenhänge zu ‚Bedeutungen' erklärt worden. Die Vielfalt von Möglichkeiten zeigt ein Ausdruck wie *wohl*.

Wohl ist ursprünglich als Adjektiv und Adverb verwendet worden und begegnet auch heute noch als Adverb (*ich fühle mich wohl*); man charakterisiert etwas als dem Wollen gemäß und damit positiv. Die Bedeutung ‚gut, positiv' ist fundierend geblieben (so auch in Zusammensetzungen: *wohl-gesinnt, wohl-verstanden, wohl-habend*). Es entwickelt sich dann der Modalpartikelgebrauch (‚offensichtlich'), während die stets unbetonte Abtönungspartikelverwendung – beschränkt auf das Mittelfeld – ‚tendenzielle Geltungsrelevanz', ‚Möglichkeitsbezug' signalisiert (vgl. Schulz 2011).

Ich gehe angesichts der Forschungslage nur kurz auf ausgewählte Abtönungspartikeln ein, zunächst wird exemplarisch *ja* genauer behandelt.

E6.1 Die Abtönungspartikel *ja*

Der ursprüngliche Gebrauch, aus dem sich alle Verwendungen entwickelt haben, ist der als Responsiv *jà*. Ein Responsiv wie *jà, neìn* finden wir im Entscheidungsfrage-Muster und es fungiert illokutiv als Antwort. Eine Erweiterung ist möglich durch Partikeln bzw. Adjektive: *aber ja; ja doch/eben/freilich/gut/klar/leider/sicher/vielleicht* ...; *ja+wohl* → *jawohl*; wir finden auch abtönende Reduplikation: *jájà*. Diese Einheiten werden eigenständig installiert, nicht funktional integriert.

(16) Klinik Anamnese

| Ärztin | Is des n Drehschwindel, wie n Karussell, oder schwankt des? |
| Patientin | Jà |

| Patientin | Mei Bett dreht sich, alles dreht sich, jà. |

(Redder/Ehlich 1994: 289)

Die Entscheidungsfrage gibt eine Wissenseinheit vor und überantwortet dem Hörer einen Abgleich mit seinem Wissen. Zweck ist ein Wissenstransfer vom Hörer zum Fragenden auf der Basis eines Urteils. Wenn das vorgegebene Wissensstück vom Hörer auf seine Geltung hin überprüft und als mit dem aktuellen Wissen verträglich oder deckungsgleich befunden wurde, erhält es durch die Äußerung von *jà* den Status eines fundierten Wissens. Der Hörer hat sich seines spezifischen Wissens vergewissert, er bringt mit der Verwendung von *jà* Gewissheit hinsichtlich der Geltung zum Ausdruck und überträgt diesen Wissensstatus auf die fragende Person.

Der Übergang zur satzinternen Verwendung erfolgt (auch sprachgeschichtlich) als Installation: *Ja* wird in einen Satz eingeschaltet (Insertion) und behält dabei funktionale Eigenständigkeit; es wird nicht in den funktional-syntaktischen Aufbau integriert, kann nicht Teil einer Wortgruppe sein. Das *ja* erscheint in einer ‚Nische' des Ausdrucks, der den Nah- und damit Operationsbereich bildet und auf dessen Geltung es nunmehr zu beziehen ist. Dabei verliert es die eigenständige Tonalität und Akzentuierungsmöglichkeit und passt sich in die Intonation des Trägers ein. Dass es nicht in den Aufbau einbezogen ist, unterscheidet es auch von einem Satzadverbial. Es entfaltet seine Funktionalität im Rahmen der Rede des aktuellen Sprechers, etwa einer argumentativen oder narrativen Handlungsverkettung. So erhält die Verkettung intern die dialogische Struktur des ursprünglichen Responsiv-Gebrauchs. Das *ja* bildet auf die Äußerung eine virtuelle Frage ab, die mit der Äußerung beantwortet wird.

Das *ja* kennzeichnet den Wissensstatus eines Gedankens als vom Hörer zu übernehmende Gewissheit. Dass *ja* nicht wie oft angenommen einfach gemeinsames Wissen markiert, zeigt schon

(17)   Du hast **ja** zugenommen!

Die Äußerung mit *ja* bezieht sich auf die aktuelle Konstellation der Handelnden, die Sprechsituation mit ihrer Geschichte. Es ist keine ein Gespräch eröffnende Äußerung (*out of the blue*) mit *ja* möglich, keine Überschrift o.ä. Man beantwortet nicht, was nicht fraglich ist oder keine Frage aufwirft. Somit muss die *ja*-Proposition anschlussfähig sein, wissenswert auf der Folie der laufenden Verständigung. Im Verständigungsprozess bekommt die *ja*-Proposition ein spezifisches Gewicht, das sie auch zur Begründung (beispielsweise in einem *weil-/da*-Nebensatz oder einem *denn*-Konjunkt) geeignet macht. So wie *ja* funktioniert, kann es nicht in einer Frage erscheinen.

Kinder erwerben Abtönungspartikeln vergleichsweise spät, sie brauchen dafür Gesprächserfahrungen.

(18)   Kindergarten (Maik (6;0), Kerstin (6;6))

Beob.:   (zu Maik) Kommst du zur Schule? Maiki? Oder nächstes Jahr?
Maik: Nächstes Jahr.
Beob.:   Nächstes Jahr.
Kerstin: (zu Maik) Da biste eben noch kleener.
Maik: Nee.
Beob.:   (zu Kerstin) Na ja. Du bist **ja** auch n halbes Jahr älter als Maik. s **ja** klar, du hast **ja** im Herbst Geburtstag und er hat im Frühjahr Geburtstag. Da bist du älter. Weil du im Jahr vorher geboren bist. Nicht?
           (Kraft/Meng 2009: K1-6.0-20 (CD))

(19)   Kindergarten (Jacqueline (6;0), Oliver (5;11))

Jacqueline: (verneinend) Hnhn. Das war kein andres Kind. War Stefan.
Oliver: Muss **ja** Stefan gewesen sein. n andrer kann et **ja** nicht.
Jacqueline: Ja.
             (Kraft/Meng 2009: K1-6.0-01 (CD))

(20) Kindergarten (Dan (5;5), Kerstin (6;1))

Dan   *zeichnet weiter am Fisch.*
Kerstin: (*abwertend*) Naja.
Dan: (*zeichnet*) Hab **ja** Fische zu Hause. Aufm Blatt. (= *gezeichnete Fische*)
        (*mit Bezug auf die aktuelle Zeichnung*) Is n schwarzer Fisch. n Rauchfisch.
        (*lacht*) Is ein Rauchfisch.
        Der raucht **ja**. Der macht Rauch raus. (*zu Beob.*) Rauchst du auch gerne?
Beob.: Ich rauche nicht.
        (Kraft/Meng 2009: K1-5.6-09 (CD))

Das *ja* erscheint auch in Konjunkten und Nebensätzen, sofern ihr gedanklicher Gehalt Gewissheitsstatus haben kann:

(21) Die Vernünftigen zeigen sich, wie gewöhnlich, als die Ruhigsten, Mäßigsten und Vernünftigsten, sie sitzen fest verschanzt in ihren altaristotelischen Werken, haben viel Geschütz, haben auch Munition genug, denn sie haben **ja** selbst das Pulver erfunden ... (DB 1: 76757 (Heine 1975: 177))

(22) Und bei diesem Anfang meinte ich manchmal, Maman nötig zu haben, obwohl es **ja** natürlich richtiger war, ihn allein durchzumachen. Und da war sie **ja** auch schon lange tot. (Deutsche Literatur (2004: 142418 (R.M. Rilke))

Wir finden betontes *ja* im Aufforderungsmodus:

(23) Iss den Apfelkuchen **ja** nicht↓ Der schmeckt scheußlich. (Hörbeleg)

(24) Dass du (mir) **ja** pünktlich bist↓

(25) Morgen **ja** rechtzeitig aufstehen↓

(26) Scheue dich **ja** nicht davor, Unsinn zu reden! Nur mußt Du auf Deinen Unsinn lauschen. (Wittgenstein 1984:530)

Dieses *ja* transferiert einen Wissensstatus auf ein erst noch vom Adressaten zu realisierendes Handlungskonzept. Künftiges kann nicht als wahr oder gewiss hingestellt werden. Der Sprecher versucht, die geforderte Handlung mit allem Nachdruck im mentalen Raum des Adressaten zu verankern und so dessen Handlungsplanung zu bestimmen. Folie ist die Planungsvariante, in der er es nicht tut. Statt der Übermittlung eines wahrheitsfähigen Gedankens haben wir die Übertragung eines sprecherseitigen Willens. Ein Wille, dessen sich der Sprecher – und nur er – gewiss ist. Sie geschieht nicht so, dass für den Hörer ein Spielraum bis hin zur Umsetzung entstünde – hierfür wären die Modalverben einschlägig, die das Gesollte oder das Wollen ansprechen. Vielmehr wird dies übersprungen und das Handlungskonzept in direkter Steuerung (mit Imperativ) oder in reiner Form (Infinitiv + Intonation vorgegeben:

(27) Morgen **ja** rechtzeitig aufstehen!

Schließlich kann *ja* auch als inkrementiver Konjunktor verwendet werden (→ F2.7).

E6.2 Die Abtönungspartikeln *denn* und *mal*

Denn entstammt einem temporalen Zeigwort (*thanne/danne/dann*: ‚Ereignis 1, *dann* Ereignis 2') und wird auch als Konjunktor des Begründens (→ F2.7) verwendet (vgl. Redder 1990). *Denn* als Abtönungspartikel kommt in Fragesätzen vor. Mit *denn* wird grundsätzlich an Vorhergehendes angeschlossen. Ursprünglich geschieht das zeitlich, in heutiger Verwendung wird darauf gezielt, etwas plausibel zu machen, zu fundieren, zu begründen.

(28) Unterrichtskommunikation (Mathematik, Kl. 6, Hauptschule)

Lehrer	Kannst du bitte ma eben rüber ins Lehrerzimmer gehen? Auf meinem Platz liegt mein roter Lehrerkalender. Kannst d mir den ma eben holen?
Schüler 1	Wo ist **denn** Ihr Platz?
Lehrer	Eh, die Frau/ ...
Schüler 2	Ich weiß, wo der is.
Lehrer	Die Frau Pim ist da.
Schüler 1	Ja
Lehrer	Die weiß Bescheid.
Schüler 1	((geht))

(Redder 1982: 93 (adaptiert, vereinfacht))

Der Lehrer äußert eine Bitte, wählt einen Aufforderungstyp, der einen gewissen Handlungsspielraum des Adressaten vorsieht; die Aktion gehört nicht zu den Schülerpflichten. Die Schülerfrage zeigt, dass der Handlungsplan des Lehrers lückenhaft war, er hat nicht alle Voraussetzungen kontrolliert. Sie zielt auf ein Verstehensproblem, das die Ausführung blockiert, das Fragemuster ist als Schleife vor der Realisierung zu durchlaufen. Die Frage schließt an die Bitte an und fordert die Klärung einer Voraussetzung.

Im folgenden Fall zielt die Frage auf eine Begründung, die den Zusammenhang nachvollziehbar macht; sie wirkt suggestiv (‚Sie können Marktwirtschaft nicht erlebbar machen, wenn Sie sie einschränken'):

(29) Wie wollen Sie **denn** Marktwirtschaft erlebbar und erfahrbar machen, wenn Sie sie gleichzeitig mit Empfehlungen, Anweisungen, wie auch immer, einschränken? (taz, 17.8.1991)

(30) Aber hat Science-Fiction **denn** nach wie vor die Kraft, unsere Weltsicht so zu verändern, wie dies einst George Orwells 1984 oder Huxleys Schöne neue Welt konnten? (Die ZEIT, 16.9.2009)

Das folgende Beispiel zeigt die dialogische Struktur, die dem Gebrauch von *denn* in Fragen zugrunde liegt:

(31) A: Bringst du mir die CD von Lady Gaga mit?
B: Kann ich machen. ((...))
A: Hast du mir **denn** die CD mitgebracht?
B: Ja, ja, ich hab sie in der Tasche.

A schließt in der *denn*-Frage an den Ausgangsdialog an, der eine bestimmte Erwartung aufgebaut hat. Nun soll B sagen, ob er die Erwartung erfüllt hat oder (aus bestimmten Gründen) nicht erfüllen konnte. B muss also den Wissenskomplex schließen. Es geht also auch hier um ein Problem vorgängiger Handlungsplanung und Plankontrolle. Und so kann der Hörer sich leicht in einer Vorwurfsinteraktion sehen und muss eine Begründung liefern. Eine Frage, die eine problematische Vorgeschichte, eine bestehende Verpflichtung oder eine spezifische Erwartung anspricht, kann als Vorwurf gedeutet werden:

(32) Hast du **denn** nun die Einladungen rausgeschickt?

(33) Hast du **denn** deine Hausaufgaben gemacht?

(34) (Kind sitzt im Blumenkasten) Was machst du **denn** da?

Im Aussagemodus und schriftsprachlich (gehobener Stil) wird *denn* auch in einer Position nahe dem finiten Verb als Abtönungspartikel verwendet:

(35) Die grosse Gleichmäßigkeit aller sprachlichen Vorgänge in den verschiedensten Individuen ist die wesentlichste Basis für eine exakt wissenschaftliche Erkenntnis derselben. So fällt **denn** auch die Erlernung der Sprache in eine frühere Entwickelungsperiode, in welcher überhaupt bei allen psychischen Prozessen noch wenig Absichtlichkeit und Bewusstsein, noch wenig Individualität vorhanden ist. (Paul, Prinzipien der Sprachgeschichte, 19)

(36) Das Weiße Haus hofft, mit Medienseiten wie Twitter oder Facebook Wähler im ganzen Land zu erreichen, meinte die «Washington Post». Eine der sieben Publikumsfragen wurde **denn** auch über den Kurznachrichtendienst ins weltweite Netz gestellt. (Die ZEIT, 13.7.2009)

Man kann das Verhältnis des Satzes, der diese Variante von *denn* enthält, zum Vorgängerkontext als progressiv-konkretisierend charakterisieren; *denn* erscheint hier nahe dem verwandten *dann* und etwas ferner der Konjunktorverwendung.

Die Abtönungspartikel *ma(l)* ,einmal' (althochdt. *māl* ,Zeitpunkt', ,Zeitmarke') stuft – vergleichbar dem Einschub von *bitte* – die Schwere des Anliegens ab (es ist einmalig und leicht zu machen).

(37) Unterrichtskommunikation (Mathematik, Kl. 6, Hauptschule)

Lehrer   Überleg **ma**, ob die Drei und wie oft die Drei in die zweiundsiebzig passt ((6Sek.)) Wie oft passt sie in die Sieben?

Schüler 1   Ehm . . – zweimal.

Schüler 2   (zweimal)

Lehrer   Und was bleibt da noch übrig von zweiundsiebzig?

Schüler1   Zwölf.
(Redder 1982: 107 (adaptiert, vereinfacht))

(38) Unterrichtskommunikation (Mathematik, Kl. 6, Hauptschule)

Lehrer   Darf ich das **ma** eben für alle sagen, was die Claudia mir da grade sagte?
(Redder 1982: 93 (adaptiert))

E6.3 Die Abtönungspartikel *aber*

Wie der Konjunktor *aber* (→ Kap. F2.4) dient die Abtönungspartikel einer Fokusumlenkung mit spezifischer Gewichtung des Satzes, zu dem *aber* gehört (Partikel) oder der folgt (Konjunktor). Das folgende Beispiel mit dem Konjunktor *aber* zeigt, dass es nicht immer um die Markierung eines Gegensatzes oder einen Erwartungsbruch geht; der Fokus wird einfach von der einen Pilzgruppe auf eine andere gelenkt, die allerdings gewichtet wird, denn sie sind gefährlich:

(39) Die in der Luft gefundenen Arten gehörten überwiegend zu den Gruppen der Schlauch- oder der Ständerpilze, zu deren Vertretern sowohl beliebte Speisepilze wie Champignons oder Trüffel, **aber** auch potenzielle Krankheitserreger wie Schimmel- und Rostpilze zählen. (Die ZEIT, 13.7.2009)

Im folgenden Beispiel lenkt der Lehrer den Fokus weg von dem, was die Schülerin sagt, hin zu einem vorangehenden Gesprächsbeitrag, den sie nicht mitbekommen hat, der allerdings eine argumentative Voraussetzung für sie darstellt:

(40) Unterrichtskommunikation (Deutsch, Kl. 6, Hauptschule)

1 Schülerin   ... die Schulkameraden, die <u>woll</u>en das nich, weil, weil sie das ungerecht finden, was . (die machen)

2 Lehrer   Darf ich dich mal unterbrechen, Doro?! Die Daniela hat noch darüber hinaus was gesagt, das hast du **aber** leider nicht mitgekriegt, weil du dich (glaub ich) wieder wien Filmstar gefühlt hast, ämm ...
(Ehlich/Rehbein 1986: 32*)

Aber kennzeichnet das Überraschende, Unerwartete am Gesagten, es lenkt den Fokus auf das Gesagte im Unterschied zum Erwarteten, zuvor Gesagten. Zweck eines Ausrufes ist es, eine spontane Empfindung von Ungewöhnlichkeit eines gegebenen Sachverhalts oder einer Sachverhaltsdimension auszudrücken und den Hörer damit emotional zu involvieren; mit der Abtönungspartikel *aber* wird in diesem Rahmen der Fokus des Hörers unmittelbar auf das gelenkt, was an dem Sachverhalt ungewöhnlich erscheint, meist ist es das Verhältnis zwischen Subjektion und Prädikation: Achte darauf, dass das so schön/hässlich/witzig/bunt/ ... ist, wie man es nicht erwarten würde.

(41) Kindergarten (Ulrike (3;11))

Ulrike: Ganz ganz ganz viel ganz viel <u>Spiel</u>zeug im Garten.

Beob.:   Ja? Das ist **aber** schön.
(Kraft/Meng 2009: K1-5.6-09 (CD) [Exklamativ])

(42) Du siehst aber **schlecht** aus! [Exklamativ]

Im Aufforderungsmodus wird der Fokus auf die ausstehende, von außen oder durch eine Norm bzw. Erwartung geforderte Realisierung gelenkt: Du weißt doch, dass du das tun sollst, bist schon einmal aufgefordert werden etc. Das gilt natürlich auch für Unterlassungen.

(43) Jetzt <u>komm</u> **aber** endlich! [Imperativ]

(44) Vergiss **aber** deinen <u>Schirm</u> nicht! [Imperativ]

E6.4   Die Abtönungspartikeln *vielleicht, etwa*

Vielleicht kommt auch als Modalpartikel vor und drückt aus, dass ein Ereignis möglich ist und über sein Eintreten spekuliert werden kann. Als Abtönungspartikel findet sich *vielleicht* in Entscheidungsfragen und Exklamativen. Im Ausruf wird der Hörer in die Ungewöhnlichkeit des spontan Empfundenen mit hineingezogen, indem es ihm als real möglich dargestellt wird. Das Mögliche, mit dem nicht unbedingt zu rechnen war, erscheint wirklich und kann in der gewählten Form ausgedrückt werden.

(45) Gestern war ein sehr schlechter Tag! Mein Freund und ich wollten einen Gipsabdruck von meinem Bauch machen. Soweit so gut, als wir mit der Hälfte fertig waren (im Stehen) ist mir total schwindlig geworden und ich bin umgekippt. (...) Der Arzt meinte ich solle mich in Zukunft schonen, weil mein Kleiner Erik auf die Wirbelsäulenaorta drückt! Und so etwas verursacht Atembeschwerden. Das war **vielleicht** ein Schrecken!
[http://forum.gofeminin.de/forum/matern1/__f90872_matern1-Kreislaufzusammenbruch-cry-Das-war-vielleicht-ein-Schrecken-cry.html, 20.7.2011]

(46) Steakhüfte vom Lamm – das war **vielleicht** fein!
[http://www.chefkoch.de/forum/2,57,321298/Steakhuefte-vom-Lamm-das-war-vielleicht-fein.html, 20.7.2011]

Wenn die modale Komponente von *vielleicht* in eine Entscheidungsfrage gebracht wird, wird die Sachverhaltsentscheidung unter einen Möglichkeitsvorbehalt gestellt, der in der Wissensverarbeitung zu überprüfen ist. Mit der Prüfung wird vom Hörer aktive Mitarbeit verlangt – wie ja auch im Unterricht erwünscht, wo der Möglichkeitsvorbehalt nur pro forma gelten mag (taktische Verwendung der Partikel).

(47) Bode: Unabhängig vom Rücktritt Jürgen Borns war geplant, die Geschäftsführung im nächsten Jahr neu aufzustellen und auch personell zu verändern.
ZEIT ONLINE: Kommt Herr Born **vielleicht** noch einmal zurück?
Bode: Ausgeschlossen ist das nicht. (Die ZEIT, 13.7.2009)

(48) Bin ich **vielleicht** koffeinsüchtig? [http://www.talkteria.de/forum/topic-159971.html, 20.7.2011]

(49) Unterrichtskommunikation (Mathematik, Kl. 6, Hauptschule)

1 Lehrer   Markus! Wie lautet die Frage?

2 Schüler1 Wieviel, eh, wieviel kosten acht Orangen?

3 Lehrer   Jà Bitte!

4 Schüler2 Jetzt muss ich . <u>das</u> übern Bruchstrich schreiben (...)

5 Lehrer   Könnten wer **vielleicht** ne Begründung dafür finden, warum das so ist? Warum das genau so auf dem Bruchstrich steht und nich anders?

6 Schüler   Ja, weil (das die Regel is.)
            (Redder 1982: 96)

Der Möglichkeitsvorbehalt kann eine Frage als ‚ungläubige' Frage ausweisen:

(50)   Kindergarten (Babette (6;5), Stefanie (5;7))

Stefanie: (klingelt am Hort) Bim.
Babette: Beim Hort gibt s doch keine Klingel.
Stefanie: Na klar.
Babette: Warst du **vielleicht** schon mal beim Hort?
Stefanie: Beim Hort gibt s Klingel.
Babette: Warst du schon mal beim Hort?
Stefanie: Ja, bei meiner Mutti.
            (Kraft/Meng 2009: K1-5.6-11 (CD))

Der Effekt ist zu trennen von der Wirkung der Abtönungspartikel *etwa*, die bedeutet: ‚Ich bin nicht davon ausgegangen, dass der Gedanke p wahr würde und werte p als negativ – in der aktuellen Situation liegt es aber für mich nahe zu fragen, ob p wahr ist.' *Etwa* geht offenbar zurück auf mittelhochdt. *eteswā* ‚irgendwo' und mhd. *et(e)wenne* ‚irgendwann', aus *in etwa* wird *etwa* ‚ungefähr'. Aus der Verwendung *nit etwa* ‚nicht irgendwann' entsteht die Abtönungspartikel. Die Verneinung erstreckt sich auf eine Menge unbestimmter Zeitintervalle, so dass sich eine Quantifizierung ergibt: ‚zu keiner Zeit'.

(51)   Und dieses ganze Eldorado ist **nicht etwa**, wie es allerdings den Anschein hat, ironisch, sondern vollkommen ernst gemeint. (Deutsche Literatur 2004: 24665 (Eichendorff))

(52)   Ausgerechnet Gastgeber Italien hat die Entwicklungshilfe im vergangenen Jahr **nicht etwa** ausgebaut, sondern massiv gekürzt. (Die ZEIT, 10.7.2009)

Die Frageverwendung stellt einen Sachverhalt zur Entscheidung, über den ein bestimmtes Wissen beim Hörer vorausgesetzt wird. Auf dieser Voraussetzung operiert *nicht etwa* durch eine Ausdehnung des Suchbereichs, die zugleich die Erwartung verstärkt, dass da etwas zu finden ist:

(53)   Bald darauf kam sein Nachbar herein, der war ein Fischer, bot guten Tag und sprach: »Lieber Nachbar, habt Ihr nicht etwa ein Stückchen Blei, oder sonst was Schweres, das ich an meinem Netz brauchen könnte?« (Deutsche Literatur 2004: 10333 (Bechstein))

In Verbindung mit einem Imperativ wird dessen Wirkungsbereich ausgedehnt und damit verstärkt:

(54)   Du magst aber wohl erwägen, daß ich mich nicht zu dir gedrängt, auch daß ich in meiner Wohnung sicher vor dir bin, aber ich begehre nützlich zu sein allen, die meiner Hülfe begehren, darum rühme dich **nicht etwa**: Haha, ich habe eine unvorsichtige und unvernünftige Maus gefunden! (Deutsche Literatur 2004: 10297 (Bechstein))

Eine Ausdehnung des Suchbereichs verbindet sich mit der Erwartung, das Gesuchte könne nicht gefunden werden und es bildet sich schließlich ein Gebrauch heraus, bei dem der Sprecher eine positive Antwort als negativ empfindet, das Eintreten des Sachverhalts befürchtet. Verbindet sich die Ausdehnung des Suchbereichs mit Ironie, wird eine negative Antwort schon impliziert:

(55) Da trat der Reiche spottend aus seinem stattlichen Hause, und sprach zum lieben Gott: »Dumm bist du nicht, Alter! Hast **etwa** auf einer hohen Schule studiert? Meinst hier sei ein Wirtshaus oder ich ein Garkoch, oder meinst, hier sei ein Spittel? Denkst **etwa**, hier sei eine Bettelmannsherberge? Nein, ich sage Dir, hier ist Bettelmannsumkehr. Allons marsch! (Deutsche Literatur 2004: 10666 (Bechstein))

(56) Nein, in langer Zeit wurde nur ein kurzer Schritt vorwärts getan. Und dieser kleine Schritt, haben ihn die Fürsten freiwillig gemacht, oder hat **etwa** das deutsche Volk durch seinen Mut und seine Beharrlichkeit ihn zu erzwingen gewußt? Nicht das eine, nicht das andre. Es war Frankreich, welches das Deutsche Reich aufgelöst, das aus Mangel an Luft und Wärme nicht verfaulen konnte. (Deutsche Literatur 2004: 13726 (Börne))

Wenn die Frage durch *etwa* eine negative Tendenz bekommt, kann dies wiederum genutzt werden, um Nichtwissen vorzugeben und die eigene Handlung als Raten zu qualifizieren:

(57) Da war die Königin ganz froh, dass sie den Namen wusste, und als bald hernach das Männlein kam, und sprach: „Nun, Frau Königin, wie heiß ich?", fragte sie erst: „Heißest du Kunz?" „Nein." „Heißest du Heinz?" „Nein." „Heißt du **etwa** Rumpelstilzchen?" „Das hat dir der Teufel gesagt, das hat dir der Teufel gesagt" schrie das Männlein, und stieß mit dem rechten Fuß vor Zorn so tief in die Erde, dass es bis an den Leib hineinfuhr, dann packte es in seiner Wut den linken Fuß mit beiden Händen, und riss sich selbst mitten entzwei. (Kinder- und Hausmärchen 1999: 253)

(58) Was machen wir als Nächstes? **Etwa** ohne Helm fahren?, schimpfte der Berliner vom Saxo-Bank-Team. (Die ZEIT, 13.7.2009)

(59) Hast Du **etwa** Schokolade gekauft?
[http://www.ab-server.de/foren/adipositas/hast_du_etwa_schokolade_gekauft_t57033356.html, 22.7.2011]

Durch *etwa* wird die positive Antwort auf solche Fragen als nicht erwartet und negativ zu bewerten hingestellt: Die an sich positive Tendenz einer Entscheidungsfrage kippt ins Negative. Eine stärkere Variante ergibt sich durch Kombination mit der kontrastierenden Partikel *doch*:

(60) Du hast **doch nicht etwa** Schokolade gekauft?

E6.5 Die Abtönungspartikel *doch*

Eine negierte Entscheidungsfrage ist so formuliert, dass sie eine negative Antwort (*nein*) erwarten lässt. Ist die Antwort gegenläufig zu dieser Erwartung, verwendet man *doch*. Daraus hat sich schließlich auch eine satzinterne Verwendung als Partikel entwickelt, ferner der Gebrauch als Konjunktor (F2.5).

Mit *doch* wird etwas nachdrücklich aktualisiert und dem Adressaten zur Bearbeitung aufgegeben, was als gegeben, als selbstverständlich, evident, unmittelbar einsichtig oder grundsätzlich bekannt gelten kann und mit Kontextelementen kontrastiert.

Im folgenden Beispiel wird kontrastierend die Rolle der Auswahlkriterien ins Spiel gebracht, die bekannt sein kann.

(61) Schlichtungsgespräch

B ... im Übrigen äh sind äh/ · · die sozialn Auswahlkriterien darüber hinaus <u>auch</u> erfüllt.
C Ja auf die kommts ja auch net an, wenn Se n verhaltensbedingten Grund haben, dann brauchen wer keine Auswahlkriterien, · denn gibt's die Auswahlkriterien spielt **doch** nur bei ner betriebsbedingten Kündigung ne Rolle
(Schröder 1997: 229)

(62) Unterrichtskommunikation (Mathematik, Kl. 6, Hauptschule)

Lehrer Damit hat der Michael auch schon . die Frage eigentlich ang/eschrieben, die aus dieser Aufgabe sich ergibt. Wir wollen se vielleicht aber **doch** noch ma wiederholen. Markus! Wie lautet die Frage!
(Redder 1982: 95)

Das Unterrichtsbeispiel enthält eine Konfiguration: *aber doch noch ma*, in der jedes Element seinen eigenen Beitrag leistet. *Aber* lenkt den Fokus von der Vorgängeräußerung auf das in der Partikeläußerung Gesagte um und gewichtet es. *Doch* versprachlicht einen Erwartungskontrast zwischen den Äußerungen: Was schon angeschrieben ist, muss nicht wiederholt werden, so könnte man meinen. *Noch ma* ist hier zeitlich (Kombination Gradpartikel + temporales Adverb) zu verstehen.

Wird der Kontrast verstärkt, erscheint betontes *doch*:

(63) Strafverhandlung (F.13)

Angeklagter ... wollte gern ne Knebelkette haben, und vorne einer wollte ihm die geben→ ((1.6s)) und der sachte aber→ das wär **doch** nich <u>nötig</u>→ denn meinte er→ es wär <u>**doch**</u> nötig↓

E6.6 Die Abtönungspartikeln *eben, halt, eh*

Die Abgrenzung dieser Partikeln ist schwierig. Die Partikel *eh* ist ursprünglich süddeutsch und geht auf zeitliches *ehe* zurück (vgl. auch *seit eh und je*). Sie markiert einen Sachverhalt als schon (*seit ehedem, schon lange*) geltend und als etwas, womit man sich (resignativ) abfinden muss, über den eine Auseinandersetzung nicht lohnt. *Eh* findet sich öfter in der gesprochen Sprache.

(64) René Chopin, der Algerien-Veteran, der jetzt seit 25 Jahren in dem kleinen, schmalen Häuschen in der Nähe des Denkmals lebt, zuckt nur die Schultern. Er wird inzwischen nicht mehr von der französischen Armee bezahlt, sondern vom Außenministerium und schaut **wie eh und je** nach dem Rechten. (Die ZEIT, 16.8.1996)

Im folgenden Beispiel wird der Sachverhalt, dass es immer schon der Mensch ist, der am meisten stört, als schon lange vor der Äußerungszeit geltend und nicht hinterfragbar dargestellt. Er ist unabhängig vom Gesagten und kann damit in ein oppositives bzw. konzessives Verhältnis zu seiner Umgebung gebracht werden.

(65) Don't cry. Es ist kostengünstig, technisch leicht realisierbar, und was im Kulturbetrieb am meisten störte – war das nicht **eh** immer schon der Mensch? (Die ZEIT, 10.1.1997)

Im folgenden Beispiel ist das Ereignis zuvor schon eingetreten, daran ist nichts zu ändern:

(66) Der Finanzminister mischte sich ein, sprach mit den Cottbusern, besorgte einen Ersatzgegner. Kneys Kopf wird noch röter als ihn die Sonne **eh** schon gefärbt hat. Die Cottbuser hätten sich keinen Gefallen getan, so einzuknicken vor den Rechten, schimpft er. (Die ZEIT, 7.7.2009)

Das folgende Beispiel dagegen beschreibt einen wohl schon länger bestehenden Sachverhalt:

(67) Fabriken und Entwicklungsprojekte liegen still, weil die europäischen Ingenieure fort sind. Die Mordkampagne hat die **eh** schon skelettierte Wirtschaft in die tiefste Krise seit dem Abzug der Franzosen im Jahr 1962 gestürzt. (Der Spiegel 28, 1994, 115)

Einen als allgemein geltenden beanspruchten Sachverhalt finden wir im folgenden Beispiel:

(68) Mit der Politsimulation „1990" (APC & TCP, Übersee) darf sich der Nutzer zum Beispiel eine Partei nach seinen Vorstellungen zusammenbasteln. „Politiker bauen **eh** nur Mist, und hier kann man versuchen, es besser zu machen", beschreibt Andreas Magerl, 23, von APC &TCP den Spielgedanken. (Der Spiegel 35, 1994, 72)

In allen Fällen ist es etwas, an dem man (kurzfristig) nichts ändern kann, das als bestehend unabhängig von der aktuellen Situation zu akzeptieren ist.

Halt geht vermutlich auch auf ein zeitliches Adverb zurück und gilt ebenfalls als ursprünglich süddeutsch. Ein Sachverhalt wird als geltend und unabänderlich hingestellt. *Halt* findet sich vorwiegend in der gesprochenen Sprache.

(69) Kein Moralapostel wie Mould, sondern einer wie du und ich. Ein kleiner, dicker Tanzbär mit nur einem Fehler: daß er für seine Band Nova Mob das Schlagzeug mit der Gitarre vertauscht hat, ließ einen einmalig melodiösen Schlagzeugstil in der Versenkung verschwinden. Das ist schade, aber **halt** nicht zu ändern. (taz 24.12.91, 28)

(70) Irgendwann sind einige der alten Fans abgesprungen, haben die Stilrichtung gewechselt, neue Anregungen gesucht. „Ich verstehe das." Bevor er selbst Vater geworden ist, wäre es ihm sicher auch auf die Nerven gegangen, „wenn einer die ganze Zeit von seinen Kindern singt", gibt er zu, „aber ich konnte **halt** nicht anders." (taz 21.12.93, 13)

(71) Gespräche am Kiosk (Pfälzisch)

BB   Ich wollt heut schun krõnk mache ne→
UU   is **halt** scheiße mit de Britta die däd sich do schun rõistelle awwer jetz mit dem dicke bauch weeschd un dann→
BB   Ha ja wenn=s dere a ned gut geht→ un dann des sitze do' des is a: ned grad gut ne'
(Maurer/Schmitt 1994: 51f.)

(72) Schlichtungsgespräch

C   Is keine Strafe oder keine Geldbuße, des so is es also net zu sehen, sondern sind schlicht und einfach die Kosten, die **halt** eben mal mit einem solschen Verfahren verbunden sind, s kann Ihne also niemand saren, Sie sind hier bestraft worre.
(Schröder 1997: 114 (adaptiert))

Eben ist ursprünglich ein Adjektiv, das ‚gleich, gerade' bedeutet und auch auf Zeitintervalle übertragen wurde (*Peter ist eben zurückgekommen*). Als Abtönungspartikel – ursprünglich eher norddeutsch – wurde dann wohl die zeitliche Komponente von *eben* auf die Geltung oder Realisierung eines Sachverhalts übertragen. Diese Konsequenz kann ein induktiv gewonnener Schluss aus der Vorgeschichte (Sachverhaltsfolge oder Gesprächsgeschichte) sein.

Im folgenden Beispiel könnte man das so umschreiben: Wenn das so ist, dann ergibt sich, dass man auf diesen Appell eingehen sollte:

(73) Psychologische Beratung

Berater ... das sind so Hinweise, • dass er jetzt • irgendwo erkannt hat, ich hab n Fehler gemacht, • ich möchte den wieder gut machen, • man • sollte dann **eben** • auf diesen Appell eingehen • und ihn klar machen, dass die Sache wieder okay is → ja
(Schröder 1985: 85 (adaptiert))

(74) Schlichtungsgespräch

C   ... die von Ihnen • aufgezeigten Lösungsmöglichkeiten zwei und <u>drei</u> sind mit Kosten verbunden→ und→ • • <u>da</u> sie mit Kosten verbunden sind, muss man **eben** <u>vor</u>her prüfen • • ob das <u>Geld</u> dafür sinnvoll ausgegeben wird oder nich→ (Schröder 1997: 267 (adaptiert))

Im folgenden Beispiel ist der Zusammenhang der, dass sich die frühere Aussage mit den Zeugenaussagen der Beamten deckte und damit sich ergab, dass sie als Zeugen beim zweiten Termin verzichtbar waren.

(75) Strafverhandlung (F.20)

Richter   Herr Niebuhr→ diese Einlassung→ die Sie heute geben→ variiert hier etwas von dem, was Sie beim letzten Mal gesacht haben (...)
die beiden Polizeibeamten haben wir aus ((1.1Sek.)) diesen Gründen→ weil **eben** Ihre Aussage dazu keine Veranlassung war heute→ nicht geladen↓

Der Schluss aus der Vorgeschichte muss nicht gradlinig oder konsensuell sein, er kann auch im Gegensatz zu dem, was andere annehmen, stehen; das folgende Beispiel zeigt, dass *eben* – anders als *halt* und *eh* – eigenständig eine Äußerung bilden und dann auch betont werden kann.

(76) »Zudem haben Sie von Ihren Stuttgarter Kollegen die definitive und eindeutige Antwort bekommen, dass die Morny dort nirgendwo abgestiegen ist. Also?« »Nach Ansicht der Anwältin Drautz beweist das nur, dass die Morny nirgendwo einen Meldezettel ausgefüllt hat«, wandte Kuttler ein und sah an einem ärgerlichen Kopfschütteln seines Vorgesetzten Dorpat vorbei. »**Eben!**«, konterte Desarts. »Also gibt es noch nicht einmal einen Papierfetzen von Hinweis, dass die Morny in Stuttgart war. Daraus die Schlussfolgerung zu ziehen, sie müsse gerade deshalb dort gewesen sein, das ist so hirnrissig, dass es nur von dem nächsten Einfall dieser Dame übertroffen wird ...« (Ritzel 2011: 80f.)

(77) Schon jetzt gibt es Zeichen, dass das IOC einlenken wird und sie in Sotschi 2014 erstmals bei den Olympischen Winterspielen teilnehmen lassen wird. Dauert **eben** alles etwas länger bei den Frauenrechten. (Die ZEIT, 13.7.2009)

(78) Dauert **halt** alles etwas länger bei den Frauenrechten.

(79) Dauert **eh** alles etwas länger bei den Frauenrechten

Wenn man *halt* oder *eh* einsetzt, spricht man ein Wissen an, das unabhängig von der Äußerungssituation bzw. Vorgeschichte (*eben*) gegeben ist. Im Fall von *eh* kommt ein konzessives, gegenläufiges Moment ins Spiel: ‚Was immer man macht, es dauert ohnehin alles länger.'

> **Aufgabe:**
>
> Untersuchen Sie die Präpositionen und Adverbien und ihre Funktion im Textanfang von Georg Büchners Lenz!

LENZ

Den (20. Januar) ging Lenz durch's Gebirg. Die Gipfel und hohen Bergflächen im Schnee, die Täler hinunter graues Gestein, grüne Flächen, Felsen und Tannen. Es war naßkalt, das Wasser rieselte die Felsen hinunter und sprang über den Weg. Die Äste der Tannen hingen schwer herab in die feuchte Luft. Am Himmel zogen graue Wolken, aber Alles so dicht, und dann dampfte der Nebel herauf und strich schwer und feucht durch das Gesträuch, so träg, so plump. Er ging gleichgültig weiter, es lag ihm nichts am Weg, bald auf- bald abwärts. Müdigkeit spürte er keine, nur war es ihm manchmal unangenehm, daß er nicht auf dem Kopf gehn konnte. Anfangs drängte es ihm in der Brust, wenn das Gestein so wegsprang, der graue Wald sich unter ihm schüttelte, und der Nebel die Formen bald verschlang, bald die gewaltigen Glieder halb enthüllte; es drängte in ihm, er suchte nach etwas, wie nach verlornen Träumen, aber er fand nichts. Es war ihm alles so klein, so nahe, so naß, er hätte die Erde hinter den Ofen setzen mögen, er begriff nicht, daß er so viel Zeit brauchte, um einen Abhang hinunter zu klimmen, einen fernen Punkt zu erreichen; er meinte, er müsse Alles mit ein Paar Schritten ausmessen können. (Büchner 1987: 68)

F Gedanken verknüpfen und erweitern

Prozeduren:
operative und symbolische

Kategorien:
Konnektivpartikel, Konjunktor

Didaktischer Kommentar:

In diesem Kapitel wird gezeigt, wie Gedanken verknüpft werden können (Konnexion). Der Schwerpunkt liegt auf der Verknüpfung mit Konnektivpartikeln (F1) (*überhaupt, jedenfalls, sonst*) und den Mitteln der Koordination (F2) wie den Konjunktoren (*und, denn, aber*). Konjunktoren sind bereits für die Grundschule wichtig, ihr Erwerb ist in dieser Phase noch nicht abgeschlossen. In der Grundschule wird ein erstes Verständnis der Koordination angelegt, die Systematik kann dann in der Sekundarstufe entfaltet werden. Konnektivpartikeln können in der Sekundarstufe I im Zusammenhang des Argumentationsunterrichts behandelt werden. Für das Leseverstehen und Deutsch als Zweit- und Fremdsprache sind Verknüpfungsmittel und ihre Bedeutung ein erstrangiges Thema, denn es sollen ja Zugänge zu Fachtexten gebahnt werden.

Verknüpfend im allgemeinen Sinne sind auch andere Mittel: Sätze sind durch zeitliche Beziehungen (→C3) verbunden, durch die Mittel thematischer Fortführung (→C5.3.6) und durch Subjunktoren (→E1.2).

Literaturhinweise:

Blühdorn/Breindl/Waßner 2004; Bührig 2009; Hoffmann 2003, 2009; Lang 1977; Redder 1990, 2009b; Selmani 2012 (Deutsch, ferner Albanisch und Arabisch); Zifonun/Hoffmann/Strecker 1997: Kap. H2

F1 Verknüpfung durch Konnektivpartikeln

Zu den KONNEKTIVPARTIKELN rechnen wir Wörter wie *allerdings, dennoch, einerseits ... andererseits, erstens/zweitens ..., gleichwohl, immerhin, indessen, überhaupt, sonst, stattdessen, vor allem, wenigstens, teils ... teils, zwar*. Sie verknüpfen Sätze oder Äußerungen (KONNEXION) und sind in die zweite der verbundenen Einheiten eingebaut. Sie können nicht zwischen den Einheiten erscheinen wie es alle Konjunktoren vermögen. Konnektivpartikeln sind – anders als Abtönungspartikeln – im Vorfeld (vor dem finiten Verb) möglich, außerdem im Mittelfeld. Als operative Sprachmittel unterstützen sie die Verarbeitung des Satzes, in dem sie vorkommen, indem sie ihn in die Satz- bzw. Äußerungsfolge, in der sie erscheinen, einordnen und den Satz mit den anderen Einheiten verknüpfen. Sie können eine gliedernde (*erstens*), konzedierende (*gleichwohl*), kontrastierende (*allerdings*) oder substituierende (*stattdessen*) Relationierung leisten. Konnektivpartikeln sind nicht koordinierbar (**immerhin und indessen*).

Früher wurde diese Gruppe meist dem Sammelbecken der Adverbien zugeordnet („Konjunktionaladverb"). Viele dieser para-operativen Ausdrücke sind ursprünglich symbolisch, einige haben deiktische Anteile.

Konnektivpartikeln bieten ein Spektrum an Stellungsmöglichkeiten (Vorfeld, Mittelfeld):

(1) Die neue Regierung weiß über diese Dinge Bescheid. **Gleichwohl** steht sie unter enormem Druck. Washington muss eine Menge Geld ausgeben. (Die ZEIT, 13.7.2009) [Vorfeld]

(2) Missmanagement ist nicht strafbar. Ein Grund zur Scham sollte es **gleichwohl** sein. (Die ZEIT, 13.7.2009) [Mittelfeld: nach Anapher/Personaldeixis]

(3) Läßt sich sein Auftritt – von der Machterosion einmal abgesehen – nicht auch trivial damit erklären, daß die Ökonomie seine Sache nicht ist, er aber **gleichwohl** weiß, daß sich alles, fast alles darum dreht? (Die ZEIT, 7.2.1997) [Mittelfeld: nach Abtönungspartikel]

(4) Europapolitik gilt im Allgemeinen als sperriges Thema, mit dem Parteien ihre Wähler lieber nicht allzu sehr langweilen. Dass sich die schwierige Materie **gleichwohl** zum Wahlkampfschlager machen lässt, hat die CSU gerade erst im Europawahlkampf vorgemacht. (Die ZEIT, 8.7.2009) [Mittelfeld: nach Reflexivum und thematischem Subjekt-Ausdruck]

(5) Doch daran wird der Autobauer nicht vorbeikommen, **sonst** läuft am Ende sogar der Partner Renault Gefahr, mit in den Strudel gerissen zu werden. (Die ZEIT, 21.10.1999) [im Vorfeld]

(6) *Doch daran wird der Autobauer nicht vorbeikommen, **sonst** am Ende läuft sogar der Partner Renault Gefahr, mit in den Strudel gerissen zu werden. [nicht in der Zwischenposition wie ein Konjunktor bzw. als Doppelbesetzung im Vorfeld]

(7) Doch daran wird der Autobauer nicht vorbeikommen, **und** am Ende läuft sogar der Partner Renault Gefahr, mit in den Strudel gerissen zu werden. [Konjunktor in Zwischenposition]

Ein besonderer Gebrauch ist die freie Voranstellung von Konnektivpartikeln, bei der sie durch schwebende Intonation und Pause bzw. Doppelpunkt, Komma oder Gedankenstrich vom zugehörigen Satz getrennt erscheinen.

(8) Strafverhandlung (S: Staatsanwalt)

Staatsanwalt Ihnen wird das • Folgende vorgeworfen↓ **Erstens**→ am Tattage gegen fünfzehn Uhr zwanzig • sprang der Angeklachte Matthias Puhlmann auf die Motorhaube eines Polizeistreifenwagens in Paderborn eins, Haltern-Platz/ zwang so das Fahrzeug zum Anhalten↓ ((2.0s))
Zweitens→ • als der Angeklachte Matthias Puhlmann zur Personalienfeststellung zur Wache gefahren werden sollte, widersetzte er sich den Polizeibeamten ...

Wie funktionieren diese Ausdrücke? Es folgen exemplarische Analysen zu *gleichwohl, jedenfalls, immerhin* und *erstens*.

F1.1 Die Konnektivpartikel *gleichwohl*

Gleichwohl wird vor allem schriftlich, in gehobenerem Stil verwendet.

(9) Nach verbreiteter Börsenmeinung sollten Kreditinstitute zu den Nutznießern sinkender Zinsen gehören, nicht zuletzt wegen der steigenden Kurse in den milliardenschweren Rentenbeständen. **Gleichwohl** gibt es Anlageberater, die wegen wachsender Kreditrisiken vor Bankaktien warnen. Als Beispiele werden neben der Klöckner-Insolvenz noch etliche andere Fälle angeführt, in denen Forderungsverzicht geleistet werden muß. (Die ZEIT, 5.2.1993)

Gleichwohl basiert als Zusammensetzung auf mittelhochdt. *gelīche* (‚übereinstimmende Gestalt') und *wol* ‚gut, dem Wollen gemäß', so dass der symbolische Kern vorläufig als ‚in gleicher Form, in gleicher Weise gut' zu fassen ist. Die Komponente *wohl* hat in ihrer Semantik einen affirmativen, bekräftigenden Gehalt. Der symbolische Gehalt wirkt nun auf die Sprachverarbeitung durch den Leser. Im Beispiel ist der Argumentationsgang dieser: Wenn sinkende Zinsen den Kreditinstituten nützen, weil die Rentenanlagen steigen, liegt nahe, dass Bankaktien empfehlenswert sind. Anlageberater raten aber wegen zeitgleich wachsender Kreditrisiken ab und das muss mit der Voraussetzung verträglich gemacht werden. In der Wissensverarbeitung soll der Leser angewiesen werden, beides zugleich zu denken und kompatibel zu halten, der zweite Zusammenhang gilt in gleicher Weise wie der erste (*gleichwohl*). Damit ist in einer solchen Abfolge dem Gedanken, auf den sich *gleichwohl* in der Verarbeitung bezieht, der Weg zu gemessen am Vorgängergedanken gleichberechtigter Akzeptanz gebahnt. *Gleichwohl* ist also ein (para-)operatives Mittel der Sprachverarbeitung, das einen Gedanken mit einem oder mehreren zuvor geäußerten kompatibel macht und ihn als geltend bekräftigt. Der Vergleichsgedanke kann auch in einer Präpositionalgruppe versprachlicht sein (*bei allen Vorzügen*):

(10) Mit Hilfe des Schlipshalters wurde das Schlingen der Krawatte durch den fix und fertigen Knoten ersetzt. Man konnte sich also einige Mühe ersparen. Daß der Schlipshalter bei allen Vorzügen **gleichwohl** keine allgemeine Verbreitung gefunden hat und sein Absatz dem ungewissen Schicksal des Straßenhandels ausgeliefert blieb, widerspricht zwar der Vernunft, ist aber Realität. (Die ZEIT, 19.2.1993)

Das, was den Verarbeitungsanlass gibt, kann gewichtet werden:

(11) Daß der Schlipshalter bei allen Vorzügen **gleichwohl** <keine allgemeine Verbreitung> gefunden hat ...

F1.2 Die Konnektivpartikel *jedenfalls*

Die Konnektivpartikel *jedenfalls* hat eine ähnliche Bedeutung wie *auf jeden Fall*. Ein Unterschied ist, dass *auf jeden Fall* auch als Antwort auf Entscheidungsfragen dienen kann. Beide haben eine affirmativ-faktische Komponente: Der Sprecher geht bei *jedenfalls* p davon aus, dass der Gedanke p wahr ist – unabhängig von dem, was sonst noch gesagt ist. Die Proposition p ist auf jeden Fall, in allen einzelnen Fällen, unter allen denkbaren Umständen, für den Sprecher wahr. Gebündelt werden mit dem distributiven *jeder + Fall* alle einzelnen Umstände, von denen kein einziger etwas an der Geltung ändern kann.

(12)　Opera 10.50 ist fertig – **jedenfalls** für Windows
　　　　[http://www.heise.de/newsticker/meldung/Opera-10-50-ist-fertig-jedenfalls-fuer-Windows-943881.
　　　　html#_jmp0_, 24.7.2011]

(13)　Der Soli bleibt – **jedenfalls** vorerst (Badische Zeitung, 22.7.2011)

Jedenfalls wird an einer Position verwendet, an der eine zuvor behandelte Thematik abgeschlossen ist, nicht weiter ausgeführt werden soll oder das Wissen fehlt, um sie fortzuführen:

(14)　Strafverhandlung (F.13) (adaptiert)

Verteidiger　… der Vorfall is mehr als ein Jahr her/ und • insofern • hatte sich
　　　　　　　das schon bestätigt, was ich damals befürchtet hatte. ((5.1 s.))
Angeklagter　Ja, ich bin dann **jedenfalls** erkennungsdienstlich behandelt worden
　　　　　　　und so/ ((5.3s)) und irgendwann is mein äh/ Vater gekommen …

Im vorstehenden Beispiel haben wir einen thematischen Übergang vom anders gerichteten Redebeitrag des Verteidigers zurück zur Falldarstellung des Angeklagten. Oft ist der Zusammenhang so zu verstehen, dass für das zuvor Ausgeführte die Wahrheit dahingestellt bleibt, aber für die *jedenfalls*-Äußerung Wahrheit oder Geltung beansprucht wird. Zugleich bekommt dieser Sachverhalt ein besonderes Gewicht, *jedenfalls* löst eine Fokussierung aus, die sich mündlich mit einem Gewichtungsakzent verbindet. Im folgenden Beispiel wird der letzte Teil der Vorgeschichte mangels Wissens ausgeblendet; was aber präsent ist, wird von der Angeklagten mit besonderer Gewichtung versehen:

(15)　Strafverhandlung (F.13)(adaptiert)

Angeklagte　… und ich weiß nicht, wie das alles geschah→ **jedenfalls** wurde
　　　　　　　mein Mann dann zum Auto gezerrt→ und/ich ging hinterher und/
　　　　　　　er wurde geprügelt→ und/ jemand holte dann den Schlagstock→
　　　　　　　und/ mein Mann schrie dann→ ich wäre schwanger→ und/ man
　　　　　　　sollte mich in Ruhe lassen …

Ausblendung und Übergang mit *jedenfalls* sind vor Gericht nicht unproblematisch; es kann der Eindruck entstehen, dass etwas verschwiegen wird. Im folgenden Fall behauptet der Angeklagte, an einem Haschischeinkauf in Amsterdam nicht teilgenommen zu haben. Es ist typisch, dass vor der positiven, gewichtigen *jedenfalls*-Aussage ein Nichtwissen über Vorgeschichte, Umstände etc. beansprucht wird. Was der Sprecher behauptet, ist, mit dem einen Kumpel in ein Esslokal gestrebt zu sein, während der andere Kumpel das Haschisch gekauft habe – der Ablauf, wer wen angesprochen hat, Geschäftspartner etc. können nicht genannt werden. Das soll besagen, dass der Angeklagte selbst nicht in das Geschäft verwickelt war.

(16)　Strafverhandlung (F.17) (adaptiert)

Angeklagter　Wir wurden dann inner Stadt von einem angesprochen/ und/ ((2.8 s)) der
　　　　　　　eine→ der hat dann den/ Burkhardt dann/ ein son Typ hat dem Burkhardt
　　　　　　　dann/ son Geschäft vermittelt↓ Wir hatten ein bisschen abseits gestanden→
　　　　　　　• wollten aber vorher/ wollten nachgucken→ was es zu e/ was zu
　　　　　　　essen→ war ne Gaststätte↓ Und waren auf dem Wech dahin→ als der/ als
　　　　　　　Burkhardt dann eben auch angesprochen wurde↓ Weiß ich nich→ wie das

> abgelaufen is→ • **jedenfalls** ham wir n dann zu verstehen gegeben→ dass wir in die Gaststätte reinwollten→ ((1.0 s)) und dass/ das→ was er machte war was er will/→ dann sind wer nich hinterhergekommen→ was er da noch machte→ aber er hat irgendwie ziemlich/ viel äh Gift bekommen→ ne halbe Stunde→ dreiviertel Stunde später kam er mit ner Tasche ...

Im folgenden Beispiel versucht der Staatsanwalt, einen Konsens über die Einstellung eines Zeugen zu erreichen, dessen Aussage kontrovers ist, um letztlich die Befragungsweise des Verteidigers zu kritisieren. Dazu führt er im *jedenfalls*-Satz die eigene Position ein. Für ihn gilt, dass er dem Zeugen nichts Böses unterstellt; wer das tut, müsste das explizit machen und begründen können:

(17) Strafverhandlung (F.13) (adaptiert)

Staatsanwalt Jā Herr Verteidiger→ aber wir wissen doch beide→ Sie genauso gut wie ich→ dass der Zeuge/ wolln wir nichts/ äh/ ich unterstelle ihm **jedenfalls** nichts B<u>ö</u>ses→ ich weiß nich wies bei Ihnen is→ aber dass/ zunächst auch mal subjektiv die Wahrheit sacht↓ ((2.9 s)) Und wenn Sie dann/ Widersprüche zu dem Anzeigentext entdecken→ dann meine ich→ sollte es auch möglich sein das in der • gelassenen, ruhigen Form→ die bisher üblich war hier vorzutragen↓ n<u>í</u>ch

Das, was auf der Basis des Sprecherwissens so unbestreitbar mit *jedenfalls* markiert wird, kann gleichwohl bestritten werden:

(18) Strafverhandlung (F.13) (adaptiert)

Verteidiger Jā ich hab aber noch ne Frage↓ Herr Zeuge→ ich höre eben Sie sagten→ dass hier der Zeuge/ **jedenfalls** <u>an</u>gedeutet hat oder jedenfalls Herrn Hasse her<u>aus</u>halten wollte↓ Ich stelle <u>fest</u>→ im Protokoll steht <u>kein</u> Wort darüber drin↓

Zeuge Oh <u>doch</u>↓

Verteidiger Wie→ von ihm↑

Zeuge Aber <u>sich</u>er doch↓

Verteidiger Dass er Ihnen/ dass er hier etwas gesacht hatte→ dass er nichts damit zu tun hatte→

Zeuge Augenblick Augenblick↓

F1.3 Die Konnektivpartikel *immerhin*

Die Konnektivpartikel *immerhin* hatte ursprünglich eine Bedeutung, die einen Sachverhalt in der Ausrichtung (*hin*, sprecherabgewandt) auf andauernde Geltung (*immer*) orientierte. *Immerhin* hebt eine Tatsache heraus, die unbedingt in einem Argumentationszusammenhang zu berücksichtigen ist und dann als (partielle) Geltungseinschränkung des (vom Partner) Gesagten oder Erwarteten dienen kann; diese Heraushebung verbindet sich mit einer Bewertung (etwa der argumentativen Relevanz des Vorgebrachten):

F Gedanken verknüpfen und erweitern

(19) Strafverhandlung (F.20) (adaptiert)

Verteidiger   Sie haben jetzt hier ausgesacht→, dass äh Sie sozusagen nicht ausgestiegen sind↓ **Immerhin** wars ja inner Nacht↓ Wie konnten Sie denn sehen→ dass die Augen gerötet sind?

Angeklagter   (Is ja nich wohl bei Trost↓)

Zeuge   Er hat äh äh/ er hat das Fenster→ rechte/ rechte Fenster/also Scheibe runterge/ äh/gedreht um/ ja um mit mir zu sprechen↓

Im folgenden Beispiel wird gegenüber dem „erstaunlichen Gleichklang" als mindestens ebenso erstaunlich und berücksichtigenswert hervorgehoben, dass eine Einzelne (Frau Ludin, der als Lehrerin das Tragen eines Kopftuchs in der Schule verboten wurde) gegenüber der Mehrheit tolerant sein soll.

(20) Diese gerne als richtig empfundene Gleichung dürfte den erstaunlichen Einklang zwischen Christdemokraten, Sozialdemokraten und Grünen im Stuttgarter Landtag in Sachen Ludin erklären. Kultusministerin Annette Schavan (CDU) meinte gar, wer zur Toleranz erziehen wolle, „muss sie auch vorleben". – Wobei es **immerhin** erstaunlich ist, von einer einzelnen Person Toleranz gegenüber der Mehrheit einzufordern. Ginge es nicht auch umgekehrt? (Die ZEIT, 23.7.1998)

Eine Nuancierung zeigt das folgende Beispiel: Auch wenn Tasci Punktsieger war, Olics Leistung ist nicht abzuwerten, sondern sein Lattentreffer ist in die Bewertung einzubeziehen:

(21) Das brisanteste Duell liefern sich Serdar Tasci und Ivica Olic, Tasci geht als Punktsieger hervor, Olic trifft **immerhin** ein Mal die Latte. (Die ZEIT, 13.7.2009)

Im nächsten Beispiel ist es eine allgemeine, negative Erwartung, der gegenüber die Haltung der Schwellenländer hervorgehoben und positiv gewertet wird:

(22) Auf dem G-8-Gipfel im italienischen L'Aquila geht es auch um Strategien gegen den Klimawandel. **Immerhin** wollen wichtige Schwellenländer jetzt ein maximales Erderwärmungziel akzeptieren (Die ZEIT, 8.7.2009)

F1.4 Die Konnektivpartikeln *erstens, zweitens*...

Die Ausdrucksgruppe *erstens, zweitens...* (*1., 2., ...*) dient dazu, Sachverhalte in eine Ordnung zu bringen, die vom Hörer nachvollzogen werden kann. Diese Ordnung weist jedem Teil einen Stellenwert zu. Voraussetzung ist, dass der Sprecher eine übergreifende Planung des zu Sagenden gemacht hat, die dem Hörer vermittelbar ist. Die eingeführte Struktur kann eine Relevanzabstufung (Ordnung nach Wichtigkeit), eine zeitliche Ordnung, einen inneren, logischen Zusammenhang aufweisen oder auch nur eine willkürliche Gliederung geben.

(23) Strafverhandlung, Anklage (F.4)

Staatsanwalt   Herr/ Heinrich Bergmann wird angeklagt, in Herne seit der Zeit von Dezember 1975 bis März ((1.1 s)) 1976 durch neun selbständige

Handlungen **erstens** fremde, bewegliche Sachen, die er in Besitz oder Gewahrsam hatte, sich rechtswidrig zugeeignet zu haben, **zweitens** in der Absicht, sich einen rechtswidrigen Vermögensvorteil zu verschaffen, das Vermögen eines anderen dadurch beschädigt zu haben, dass er durch Vorspiegelung falscher Tatsachen einen Irrtum erregte, **drittens** zur Täuschung im Rechtsverkehr eine unechte Urkunde hergestellt zu haben. Dem Angeschuldigten wird folgendes zur Last gelecht: **erstens**, ((Räuspern)) am dritten zwölften 1975 erhielt er von dem Zeugen Hollersbeck als Anzahlung für einen bei der Firma Ahaus bestellten Wohnwagen, deren Verkäufer er war, fünfhundert D-Mark, rechnete diese fünfhundert D-Mark jedoch nicht mit der Firma Ahaus ab, sondern behielt und verbrauchte sie für sich selbst.

Zu Beginn der Anklage werden die Gesetzesverstöße mit einer prägnanten Formulierung des Gesetzestextes aufgelistet, es geht um § 263 StGB (Betrug), § 267 (Urkundenfälschung) und das in „Tatmehrheit", also um mehrere Straftaten dieser Art. Nach der Ausführung der Anklage im rechtlichen Sinn kommt im Urteil die Auflistung der Tatsachverhalte, um die es in der Verhandlung geht, und die einer identischen und damit parallelen Organisation unterliegen. Eine solche Ordnung von Sachverhalten strukturiert das Verstehen und leitet die Orientierung in der folgenden Interaktion. Eine Struktur kann aber auch in eine begriffliche Charakteristik gelegt werden, so im folgenden Beispiel aus einem philosophischen Text:

(24) Für Propositionalität ist charakteristisch: **erstens**, daß die elementaren Zeicheneinheiten dieser Sprache prädikative Sätze sind: sie bestehen aus einem Prädikat (dem «generellen Terminus») und einem oder mehreren singulären Termini; **zweitens**, dass diese und auch die komplexeren Sätze in mehreren Modi vorkommen, zuunterst dem assertorischen Modus und dem praktischen Modus (Imperative, Wunsch und Absichtssätze); **drittens**, daß die Sätze negiert werden können und d.h. dass die Kommunikationspartner sich in Ja/Nein-Stellungnahmen zu ihnen und auf diese Weise zueinander verhalten können. (Tugendhat 2003: 15f.)

F2 Koordination: Verbinden und Erweitern von Funktionseinheiten

> Durch die KOORDINATION werden zwei funktionale Einheiten mit gemeinsamem Funktionspotential (z.B. Ausdruck von Sachverhalten, Gegenstandsbezug, Prädikation) zu einer neuen Funktionseinheit verbunden. Damit können Gemeinsamkeiten in besonders konzentrierter Formulierung ausgedrückt werden.

Die resultierende Funktion kann von den zusammengeschlossenen Teilen gemeinsam realisiert werden, etwa als Kollektiv von Personen (*Hanna und Mark tragen das Klavier die Treppe rauf*), von denen jeder allein zu der Aktion nicht in der Lage wäre, als koordinative Handlungs- bzw. Ereignissequenz (*Sie scherzte, er lachte*) oder Eigenschaftenkomplex (*Er war klein, aber frech*). Die Funktion kann auch auf die beteiligten Elemente verteilt, distribuiert sein (*Hanna und Mark haben das Buch gelesen*: Lesen kann man nur für sich allein). Bedingung für die Koordination von Einheiten ist, dass sie ihre Funktion teilen können.

Beispiele:

a) Gegenstandsorientierung: *mein Großvater, ich* → *mein Großvater **und** ich (lachten viel)*
Die Prädikation gilt für beide.

b) Maximales Prädikat/Prädikation: *schloss die Tafel, ging raus* → *(sie) schloss die Tafel **und** ging raus*
Für einen Gegenstand, eine Person gelten beide Prädikationen.

c) Minimales Prädikat: *schlief, schnarchte* → *(er) schlief **und** schnarchte*

d) Einschränkung/Restriktion: *flott, sparsam* → *(ich suche ein) flottes **und** sparsames (Auto)*
Beide Restriktionen werden auf den Gegenstand angewendet (nur ein Auto, das ...)

e) Spezifizierung: *heute, morgen* → *heute **und** morgen (lesen wir)*
Der Sachverhalt trifft für beide Zeitintervalle zu.

f) Gedanke: *es regnet, es ist gutes Wetter* → *es regnet **oder** es ist gutes Wetter*
Zwei Sachverhalte werden alternativ zu einander entworfen.

g) Illokution: *leihst du mir bitte Geld, ich bin pleite* → *leihst du mir bitte Geld, **denn** ich bin pleite*
Eine als Frage formulierte Bitte wird mit einer Begründung verbunden. Der Äußerungsmodus muss nicht übereinstimmen.

h) Diskurs-/Texteinheiten: *Alex ist Lehrerin, Alex ist eine begnadete Märchenerzählerin;* → *Alex ist Lehrerin **und** Alex ist eine begnadete Märchenerzählerin.*
Zwei Sachverhalte bilden eine Einheit, der eine bestimmte Interpretationsfolie unterlegt werden kann.

Die verbunden Einheiten heißen KONJUNKTE. Die koordinative Verbindung wird im Deutschen mit folgenden sprachlichen Mitteln gekennzeichnet:

Mittel der Koordination:

1. Konjunktoren: *und, denn, aber, oder, respektive, sowohl ... als auch, ...*

2. Nebeneinanderstellung (Juxtaposition), unmittelbare Abfolge;
mündliche Kennzeichnung: progrediente (mittel schwebende) Intonation, kurze Pause (*willst du Zucker→ • Sahne→ • Milch↑*);
schriftliche Markierer sind das Komma oder stärker separierend das Semikolon, selten: Gedankenstrich, Doppelpunkt: *Ich kann dir Tee, Kaffee, Milch anbieten. Es schneit; alle tragen Hüte*).

Nicht jede Sprache verfügt über Konjunktoren, einige nur über Nebeneinanderstellung.

Für das einfache Komma in Koordinationen gilt:

(a1) Koordinierte (Teil-)Sätze, Wortgruppen, Wörter, Morpheme werden durch ein Komma als Koordinationsanzeiger verbunden, wenn sie nicht durch additive (*und, sowie, sowohl ... als auch*) oder alternative (*oder, bzw.*) Konjunktoren verbunden sind.

(1) Hanna, Petra **und/oder** August haben gewonnen, **aber** nicht Mia. Mia hat alle Spiele verloren, **außer** sie gewinnt im letzten.

(a2) Sind Sätze durch additive oder alternative Konjunktoren verknüpft, kann zusätzlich ein Komma gesetzt werden.

(2) Sie überlegte (,) **und** sie überlegte. Sie macht es (,) **oder** sie macht es nicht.

Die Koordination besteht aus zwei Schritten. Zunächst wird das anzuschließende Konjunkt durch Verbindung mit einem Koordinationsmittel konfiguriert, dann wird es mit dem ersten Konjunkt oder eine Reihe von Konjunkten verbunden.

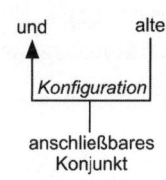

Abb. 1: Konfiguration eines Konjunkts

Fehlt eines dieser Verbindungsmittel, liegt keine Koordination vor:

(3) Alte Leute. **Kranke alte** Leute. **Einsame alte** Leute. Kommen Sie nicht wieder, Mr. Marlowe. (Chandler 1975: 139)

(4) ... Kranke und alte Leute. Einsame, alte Leute.

Abb. 2 zeigt den unterschiedlichen Aufbau von Einheiten mit Spezifizierung bzw. Koordination.

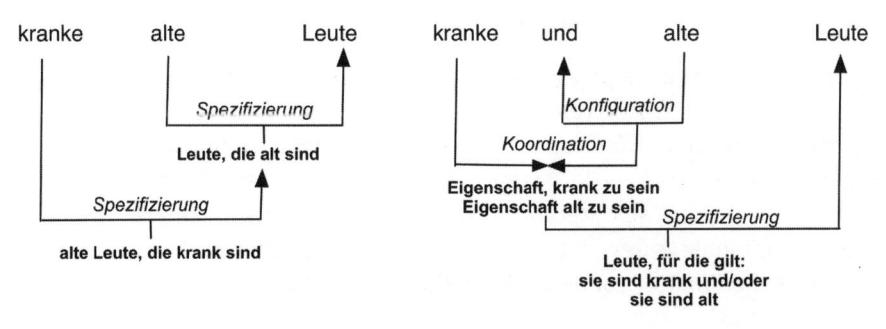

Abb. 2: Spezifizierungen versus Koordination

Spezifizierung und Koordination sind unterschiedlich zu verstehen, vgl.

(5) Ein dicker, aber beweglicher Mann rannte hinter ihm her. [Koordination]

(6) Ein dicker beweglicher Mann rannte hinter ihm her. [Spezifizierung]

Im ersten Fall wird die Erwartung, dass es einfacher ist, einem dicken Mann wegzulaufen, umgelenkt darauf, dass er auch die Eigenschaft hat, beweglich zu sein und daher wohl nicht langsam ist. Im zweiten Fall wird der als beweglich gekennzeichnete Mann zusätzlich als dick charakterisiert. Damit erhält der Hörer keine Unterstützung für die Wissensverarbeitung.

Im Fall einer Koordination mit *und* wie *kranke und alte* wird die ganze koordinierte Gruppe angebunden und es sind manchmal zwei Lesarten (a, b) möglich:

(7) Kranke und alte Menschen bekommen Unterstützung.

(a) Menschen, die krank sind bekommen Unterstützung. Menschen, die alt sind, bekommen Unterstützung. Menschen, für die beides gilt, auch.

(b) Nur Menschen, die sowohl krank als auch alt sind, bekommen Unterstützung. [Das entspricht dem Verständnis der Logik: Nur wenn die beiden verbundenen Aussagen wahr sind, ist die Gesamtaussage wahr.]

Im folgenden Fall (Satzkoordination) müssen beide Eigenschaften gegeben sein:

(8) Mia sucht ein Fahrrad, das über 7 Gänge verfügt und das einen Nabendynamo hat.
[Ein Fahrrad, das nur die 7 Gänge hat oder nur einen Nabendynamo, käme nicht in Frage.]

> KONJUNKTOREN sind operative, im Dienst der Verarbeitung und des Verstehens gedanklicher Einheiten stehende Ausdrücke, die andere Ausdrücke verbinden und die Verbindung semantisch näher charakterisieren. Sie können grundsätzlich zwischen den Konjunkten stehen, die sie verbinden. Einige (*aber, vielmehr*) können auch in das letzte Konjunkt eingebaut werden und dann auch als Abtönungspartikeln (→E 6) verstanden werden. Paarige Konjunktoren verteilen sich auf die Positionen vor den Konjunkten (**Weder** regnet es, **noch** schneit es, **noch** bläst uns der Wind weg).

Formal gesehen können Konjunktoren Morpheme (kleinste bedeutungstragende Einheiten: *An- und Abfahrt*), Wörter (*dies und das*), Wortgruppen (*mein Onkel und meine Tante*), Sätze (*Paula singt und Karin spielt Klavier*), Äußerungen (*Nimm die Hände hoch oder ich schieße*) verbinden. Tabelle 1 zeigt die Möglichkeiten der Konjunktoren. Nur *und, oder* und *sowie* (selten) sind iterativ, können mehr als zwei Konjunkte verbinden, die dann jeweils besonderes Gewicht erfahren. In der Regel werden mehr als zwei Konjunkte durch einen Konjunktor vor dem letzten Konjunkt verbunden.

Gruppe	Konjunktoren	verbinden
I.	*denn*	Sätze, Äußerungen
II.	*(so)wie*	Wörter, Wortgruppen
III.	*sowohl ... als (auch), sowohl ... wie (auch)*	Morpheme, Wörter, Wortgruppen, Sätze
IV.	Universalkonjunktoren: *aber, allein, außer, beziehungsweise (bzw.), bloß, das heißt (d.h.), (je)doch, entweder ... oder, nicht nur ... sondern (auch), sondern, vielmehr, respektive (resp.), und, und/oder, und zwar (u.zw.), weder ... noch*	Morphem-, Wörter, Wortgruppen, Sätze, Äußerungen/Äußerungsfolgen

Tab. 1: Konjunktoren und zu verbindende Einheiten der Form

Gruppe IV. umfasst Universalkonjunktoren, die das größte Verbindungspotential haben. Wenn man die Konjunktoren semantisch grob gliedert, erhält man Tabelle 2.

Charakteristik	einteilig	paarig	Komma bei Satzverbindung
additiv (anfügend)	und, noch, (so)wie^S	sowohl ... als (auch), sowohl ... wie (auch), weder ... noch	freigestellt
alternativ	oder, beziehungsweise (bzw.), respektive^S (resp.)	entweder ... oder	freigestellt
adversativ (gegensätzlich, den Übergang bahnend)	aber, allein^S, bloß^M (je)doch, nur, sondern, vielmehr	nicht nur ... sondern (auch)	immer
restriktiv (einschränkend)	außer^M, es sei denn		immer
explikativ (entwickelnd, erläuternd)	das heißt (d.h.), nämlich, und zwar (u.zw.)		immer
inkrementiv (steigernd)	ja		immer
kausal (Grund, Motiv, Ursache angebend)	denn		immer

Tab. 2: Konjunktoren: Aufbau, semantische Klassifikation, Komma bei Satzverbindung (M = Konjunktor, der eher mündlich, S = Konjunktor, der eher schriftlich bzw. in gehobenem Stil verwendet wird)

Die älteste Schicht umfasst die einfachen Konjunktoren *und, aber* und *oder*. Der Konjunktor ist dem jeweils folgenden Konjunkt zugeordnet, dafür sprechen die Intonation und die eigenständige Verwendbarkeit (*und ich?*).

Betrachten wir ein Beispiel:

(9)   Woher kommt dieses Kauderwelsch? Lene **und** Stephan haben eine Theorie: Demnach leiden sie an einer fortschreitenden Sprachstupidität, verursacht durch – na was wohl? – die Bachelor-Arbeit. (Die ZEIT, 13.7.2009)

```
                    Numerus: Plural
              ╭─────────────────╮
   ┌─ Gruppe: 2 Elemente, verbunden ─┐      ↴
   │ Lene      und      Stephan       │    haben eine Theorie.
   └──────────────────▲───────────────┘
                      │ Konfiguration
           Koordination
           ▶──────────◀
```

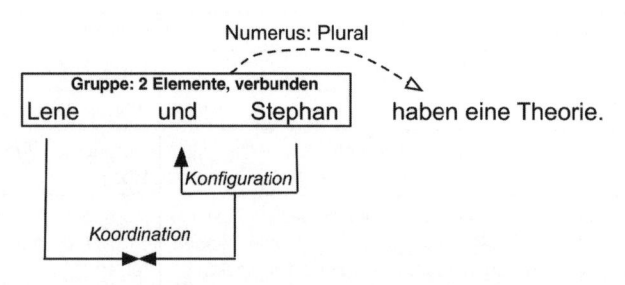

Abb. 3: Koordination: Subjektion

Mit der Konfiguration wird der Ausdruck *Stephan* anschlussfähig und kann mit einem anderen Nomen (*Lene*) bzw. einer Nominalgruppe (*Sein Chef und Stephan*), einer personalen Deixis (*du und Stephan*), einem Subjektsatz (*Stephan und wer sonst noch philosophisch interessiert ist*) verbunden werden, so dass eine Gruppe entsteht. Darauf muss dann der Prädikatsausdruck abgestimmt werden (es wird beim finiten Verb der Plural regiert: *haben*). Singular ist möglich, wenn das Subjekt als Vielheit gilt, die eine begriffliche Einheit darstellt. Man erkennt das daran, dass der Artikel fehlt. Außerdem muss das Genus gleich sein:

(10) Polizei **und** Feuerwehr **starten** gemeinsame Aktion.
[http://www.polizei.niedersachsen.de/hameln/aktuelles/artikel/parker.html, 26.7.2011]

(11) Feuerwehr **und** Armee **kam** zum Einsatz.

(12) Senat und Bürgerschaft **verabschiedeten** das Gesetz.

(13) *Senat [Maskulinum] **und** Bürgerschaft [Femininum] **verabschiedete** das Gesetz.

Charakterisieren die verbindenden Ausdrücke denselben Gegenstand, erscheint das Verb im Singular:

(14) Dann **war Annas Mann und Kindsvater** auf dem Weg zu ihr in einem Dorf bei Augsburg irgendwie gestorben. (Brecht 1980a: 325)

Ist das zweite Konjunkt nachgetragen (Distanzstellung) muss das Verb im Singular sein:

(15) Paula **ist** angekommen **und** Heino.

Problematisch ist, wenn die Konjunkte sich in der Person unterscheiden, man weicht in eine vorangestellte, linksangebundene Thematisierungskonstruktion (→ C5.2) aus:

(16) Du **und** deine Mannschaft ?seid/*sind/*bist die Sieger.

(17) Du **und** deine Mannschaft, ihr seid die Sieger.

Bei *weder ... noch* ist der Numerus frei, denn die Prädikation gilt weder für die einzelnen Elemente noch für die Gruppe:

(18) Weder Singular noch Plural ist/sind festgelegt.

Bei *entweder ... oder* ist der Singular zwingend, weil die Prädikation ja nur auf ein Element zutrifft, ebenso bei exklusivem *oder:*

(19) **Entweder** Bayern **oder** Dortmund **wird** 2020 Meister.

(20) Bayern **oder** Dortmund wird 2012 Meister. [nur einer kann Meister sein]

Eine Koordination von Verbgruppen ist möglich, wenn die Prädikationen ein identisches Subjekt haben:

(21) **Die Heilsarmee** verleiht, verkauft **und** verschenkt weder Uniformen noch Zubehör, Fahnen, Sammeldosen etc.
[http://www.heilsarmee.de/nhq/docs/uploads/Uniformverleih.pdf, 26.7.2011]

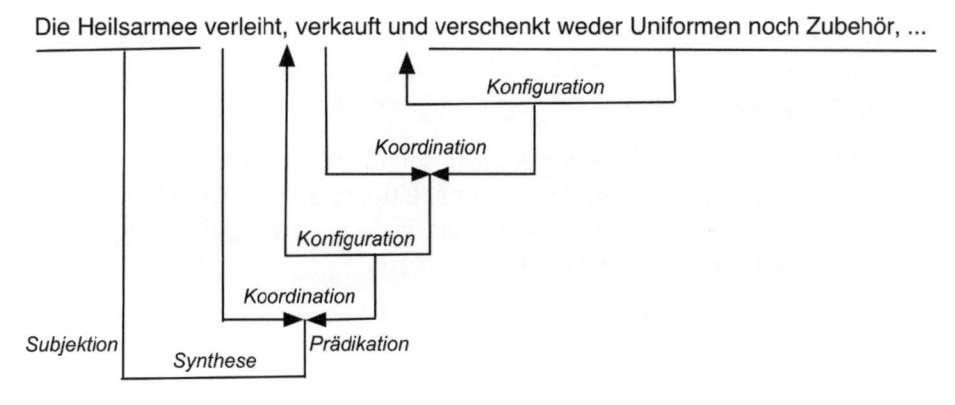

Abb. 4: Koordination: Prädikation / Verbgruppe

Das Subjekt wird nur einmal versprachlicht, sonst wird es durch Analepse (→ C5.3.5) fortgeführt. Wenn Verbgruppen Objekte gemeinsam haben, wie in diesem Beispiel, müssen die nur einmal versprachlicht werden. In Koordinationen finden wir häufig die Formulierungsverfahren der Analepse und Katalepse. Analepse ist das Weglassen eines thematischen, präsenten Elements, das zuvor versprachlicht wurde und noch gegenwärtig ist. Katalepse ist das Weglassen eines Elements, das noch nicht versprachlicht wurde, aber bald versprachlicht wird. In Koordinationen finden wir diese Verfahren vor allem dann, wenn die koordinierten Strukturen in der Subjekt-Objekt-Abfolge parallel gebaut sind (für Details: Hoffmann 1999b).

| [Die Heilsarmee]$_2$ ↓ Analepse [ ]$_2$ ↓ Analepse [ ]$_2$ | verleiht verkauft verschenkt | [ ]$_1$ ↑ Katalepse [ ]$_1$ ↑ Katalepse weder [Uniformen noch Zubehör ...]$_1$ | , und |

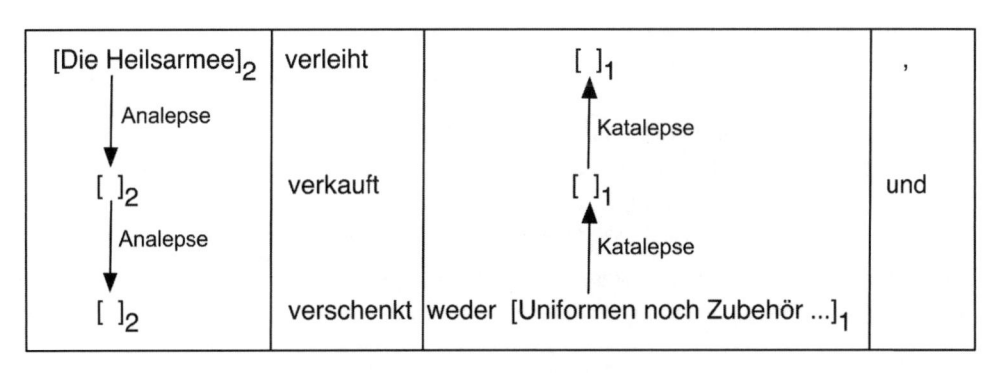

Abb. 5: Analepse und Katalepse

Zwei Sätze können schriftlich auch dadurch loser verknüpft werden, dass der zweite Satz mit dem Konjunktor neu beginnt. In diesem Fall, der QUASIKOORDINATION genannt wird, wird der Konjunktor nicht in das Konjunkt eingebaut.

(22) Darüber Spekulationen anzustellen, sei zu diesem Zeitpunkt kaum seriös. **Und** eine Plattform wie ein Betriebssystem wird nicht an einem Tag gemacht. (Die ZEIT, 13.7.2009)

Die Koordination unterliegt gewissen Beschränkungen. Für die Verbindung von Illokutionen gilt:

- Sprechhandlungen gleicher Art sind verbindbar (Assertion mit Assertion, Frage mit Frage etc.);
- Handlungen, die verkettet eine Diskurseinheit (Erzählung, Beschreibung etc.) realisieren, können unter dem Dach des Handlungsmusters und auf der Grundlage des Handlungswissens der Beteiligten verbunden werden;
- Handlungen können verbunden werden, sofern eine der anderen funktional zugeordnet ist, z.B. eine Begründung einer Bitte, einer Behauptung, einer Zurückweisung oder einem Urteil; eine assertive Voraussetzung einer Frage; eine Schlussregel einer Konklusion in einem Schluss.

Wenn funktionsäquivalente Ausdrücke zusammengeschlossen werden, sollten sie einen Bedeutungsunterschied machen und sich nicht widersprechen (*Tell traf und verfehlte den Apfel*). In einem poetischen oder philosophischen Zusammenhang allerdings können bewusst Paradoxe oder dialektisch verbundene Thesen formuliert werden. Man kann durch Wiederholung intensivieren (*Paula sang und sang*).

(23) Ich sagte das Wort Polen, ich sagte Polen **und** ich sagte Polen. (Szczypiorski 1991: 189)

(24) Aber für die Menschen ist das verständlicherweise noch immer **viel, viel, viel** zu schnell (taz, 17.8.1991)

Sind Gegenstände schon thematisch, kann eine Koordination so verstanden werden, dass sie einer Person zwei Eigenschaften beilegt:

(25) Lange hatte ich Lusconi um ein Treffen gebeten. Ich traf den Minister **und** Mafioso auf dem Markusplatz.

Es kann aber auch jemand durch zwei Ämter, die er innehat, charakterisiert werden:

(26) Der Vizekanzler **und** Wirtschaftsminister betonte am Dienstag erneut, er habe mit seinem Lob für die Nato-Partner als Parteivorsitzender die Linie der FDP in der Außenpolitik aufgezeigt.
[http://www.cellesche-zeitung.de/website.php/website/story/221717, 13.9.2011]

Zwei Personen nimmt man an, wenn beide Nominalgruppen mit dem bestimmten Artikel individuell determiniert sind und das Verb im Plural steht:

(27) Der Vizekanzler und der Wirtschaftsminister betonten das.

Koordinierte Spezifizierungen sollten auf derselben Dimension oder auf einem gemeinsamen Verstehenshintergrund angesiedelt sein. Das gilt für die feste Wendung *hier und da,* mit der ein Ereignis an dem einen oder anderen Ort im Nah- und Fernbereich angesiedelt wird, an welchem auch immer, aber eben nicht überall anzutreffen ist.

(28) Die Pflanzen sind gerade vierzig Zentimeter hoch. Nur **hier und da** blitzt eine erste Blüte. In zwei Wochen aber wird er das Land in einen gelben Farbrausch tauchen. (Die ZEIT, 17.6.2009)

Hintergrund ist im folgenden Fall, dass man *oft* (Frequenz) tut, was man *gerne* (Art und Weise) tut.

(29) Deutsche küssen **gerne und oft**.
[http://www.merkur-online.de/nachrichten/politik/deutsche-kuessen-gerne-84858.html, 27.7.2011]

(30) ?Er spielt **gerne und in Frankfurt** Schach.

(31) Er spielt **heute und in Frankfurt** Schach. [*in Frankfurt* kann beinhalten: an anderem, als dem vorausgesetzten (Sprech-)Ort und zu anderer Zeit]

Wenn ein Ausdruck einen anderen spezifiziert, kann er natürlich nicht mit ihm koordiniert werden, es besteht ein großer Unterschied zwischen:

(32) Sie unterrichtet **heute und morgen**.

(33) Sie unterrichtet **heute morgen**.

Nicht koordinierbar sind:

(a) Nicht betonbare Ausdrücke wie *es, man,* vom Verb gefordertes *sich,* Abtönungspartikeln;

(b) Partikeln aller Art (*eben und halt, *leider und sicherlich, *nur und sogar);

(c) bestimmter und unbestimmter Artikel miteinander (*der und ein); einige andere sind nebeneinandergestellt koordinierbar (*alle die(se), dieser unser*);

(d) Konjunktoren mit Subjunktoren; wenige Subjunktoren sind miteinander verbindbar (*obwohl oder weil, sofern und solange*).

F2.1 Der Konjunktor *und*

Dieser alte Konjunktor (althochdt. *unta, unte, unti, inti*), der ursprünglich nominal ausgedrückte Gegenstände gegenüberstellte, dann auch auf Verbgruppen und Verben operierte, ist seit dem 12. Jahrhundert der Universalkonjunktor schlechthin. Er verbindet Morpheme, Wörter, Wortgruppen, Sätze und Äußerungen. Er stellt elementar eine funktionale Konvergenz her, bündelt unter einer Funktion, fasst Sachverhalte zu einem Komplex zusammen, bringt Handlungen in eine Kette oder geordnete Folge unter einem Muster, schließt Gegenstände zu einer Gruppe oder einem Kollektiv zusammen, verbindet Charakteristika oder Spezifikationen. Selmani 2012 hat eine umfassende, auch sprachvergleichende Studie zu *und* vorgelegt und gezeigt, inwiefern *und* als Wissensoperation – ansetzend beim Begonnenen oder Vorausgesetzten – eine Fortsetzungserwartung beim Hörer auslöst. Diese Erwartung wird erfüllt durch eine „szenische

Expansion", die beim Hörer ein „Weiterdenken" auslöst und im „Zusammendenken" mündet.

(34) Nun also versteckte sich Professor Gauß im Bett.
Als Minna ihn aufforderte aufzustehen,
(a) die Kutsche warte **und** der Weg sei weit,
(b) klammerte er sich ans Kissen **und** versuchte seine Frau zum Verschwinden zu bringen, indem er die Augen schloß.
(c) Als er sie wieder öffnete **und** Minna noch immer da war, nannte er sie
(d) lästig, beschränkt **und** das Unglück seiner späten Jahre. Da auch das nicht half,
(e) streifte er die Decke ab **und** setzte die Füße auf den Boden.
(Kehlmann 2005: 7)

Und ist für den Aufbau von Erzählungen sehr wichtig, wie unser Einstiegsbeispiel zeigt:

(a): eine als Parenthese eingeschobene Koordination, die zwei Assertionen, die Begründungsfunktion für die wiedergegebene Aufforderung haben, bündelt;
(b): Ausbau einer Szene durch koordinierte Verbgruppen, die Verbindung äußeren und inneren Geschehens;
(c): Zwei Ereignisse der Vorgeschichte zu (d) werden verknüpft;
(d): die Koordination bündelt, wie Gauß Minna nennt;
(e): eine zeitliche Abfolge zweier Ereignisse wird dargestellt: erst wird die Decke abgestreift, dann werden die Füße auf den Boden gesetzt.

Weiterdenken lösen auch Äußerungen aus, in denen Sachverhalte koordiniert sind, die auf den ersten Blick nicht zusammenhängen wie

(35) Angela Merkel ist Bundeskanzlerin **und** in Hongkong kippt eine Sackkarre um.

(36) Amy Winehouse ist tot **und** mir ist auch schon ganz schlecht.

(37) Das Wetter ist schön **und** in Niedersachsen wird gewählt.

Werden mehr als zwei Konjunkte verbunden, wird in der Regel nur das letzte mit *und* angeschlossen – es sei denn, alle wären gewichtet:

(38) Wir verkrochen uns **und** schliefen **und** träumten **und** dachten an Selbstmord.
(Bernhard 1988: 16)

Die Verwendung von *und* erlaubt am ehesten, Konjunktausdrücke, die sich auf denselben Gegenstand beziehen, nicht zu versprachlichen (rückgreifend: Analepse, vorgreifend: Katalepse).

(39) Niemand [sprach mit ihm von der Musik], da Ponte [ ] nie, der redete nur über den Text, Guardasoni [ ] erst recht nicht, der dachte nur daran, wie der die Sängerinnen auf der Bühne festschrauben konnte, **und** die Sängerinnen [ ] am allerwenigsten, denn die hatten nur die Arien ihrer Gegenspielerinnen im Kopf, um sie durchzuzählen nach der Anzahl von Worten und Takten. (Ortheil 2005: 108)

Sind zwei Sachverhalte verbunden und werden sie assertiert, sollten beide wahr sein. An diesem Punkt besteht Gemeinsamkeit zur aussagenlogischen[1] Konjunktion, die nur wahr ist, wenn beide Aussagen wahr sind, und sonst falsch. Dies gilt in der natürlichen Sprache für alle assertorischen Verknüpfungen mit additiven, adversativen, explikativen, inkrementiven und kausalen Konjunktoren, ungeachtet aller weiteren semantischen Spezifizierung durch Konjunktor oder Konjunktbedeutungen. Anders, wenn imperativisch formulierte Aufforderungen koordiniert werden, die allenfalls wahr gemacht werden können; koordiniert ergibt sich eine Aufforderungsverkettung:

(40)   Steh auf, nimm die Bahre **und** geh heim. (Jens 1990: 15)

Gehen wir über die Bedeutung von *und* hinaus und betrachten Satz- bzw. Äußerungsbedeutungen, so können wir unterschiedliche Beziehungen zwischen mit *und* koordinierten Satz-Konjunkten konstatieren. Diese Beziehungen kommen aber nur interpretativ, nie zwingend ins Spiel, und zwar auf der Folie des der Verarbeitung zugrunde gelegten Wissens über die Welt im Zusammenspiel mit den Konjunktbedeutungen. Sie gehören somit – anders als öfter zu lesen – nicht zur Bedeutung von *und*. Um sie explizit zu machen, stehen bestimmte Sprachmittel (andere Konjunktoren, Subjunktoren, Adverbien) zur Verfügung. Es sind vor allem Ausdrücke deiktischen Charakters oder mit deiktischem Anteil, die im Verbund mit *und* auf dem Weg der Reorientierung eine spezifische Konnektivität herstellen und die Beziehung zwischen den Konjunkten verdeutlichen:

(41)   *und da, und dann, und jetzt, und deswegen, und doch, und so, ...*

In Erzählungen werden diese Kombinationen oft verwendet:

- Anbindung einer Szene (Ort, Zeit): *und da*
- zeitlich folgendes Ereignis: *und dann*
- Überleitung in die Äußerungszeit, in die Gegenwart: *und jetzt*
- ein Ereignis ergibt sich als Wirkung oder Folge oder im Blick auf den zuvor dargestellten Zusammenhang als Abschluss und Beginn einer neuen Phase: *und deswegen, und folglich, und so*
- ein Ereignis geschieht im Kontrast zu dem, was vorangehende Ereignisse erwarten ließen: *und doch*.

(42)   Kindergarten (Hoffmann 1978, Dirk (4;0))

Erzieherin   Was wolltest du erzählen→ Dirk↑
Dirk   **Und dann** hat n Trecker mal einen Anhänger nach uns gebracht→ ·· (...) da stehn lassen→ ·· **und da** kommt der Trecker wieder un hat den Anhänger wieder mitgenommen mit Stein→ ·· **und dann**/ ·· dann war das Haus fertig↓

---

[1] Aussagenlogische Junktoren sind aus natürlichsprachlichen abgeleitet. Zum Einstieg in die Logik: Tugendhat/Wolf 1983.

(43) Kindergarten (Maik (6;0) (adaptiert))

Maik: Noch zwei Wochen, **dann** fahr ich zu mein Opa! (...)
Und dann fahrn wir nach Nebra mit Opas Auto. Da pflück ich mir Erdbeern ganz viel. Bis se alle sind. **Und dann** macht mir meine Oma Zucker rauf oder meine Mutti oder mein Vati. **Und dann** ess ich sie auf und pflück mir wieder welche. Geh ich aufn Hof mit Susi. (Kraft/Meng 2009: K1-6.0-18 (CD))

(44) Die Erwerbsarbeit hat den Tagesablauf strukturiert, **und jetzt** fällt sie plötzlich weg. (Die ZEIT, 5.11.1998)

(45) Kindergarten (Stefanie (6;0))

Stefanie: (deutet „Laufen im Kreis" an, klatscht rhythmisch in die Hände) Jetzt rennen wir im Kreis. **Und jetzt** laufen wir auf die Hände. (führt es vor) (Kraft/Meng 2009: K1-6.0-08 (CD))

(46) Sein und mein Vater gerieten in den ersten Wochen des Ersten Weltkriegs in Kriegsgefangenschaft. Wir waren damals etwa drei Jahre alt, **und so** verbrachten wir einen Großteil unserer Kindheit bei unserer gemeinsamen Großmutter. (Die ZEIT, 29.9.2009)

(47) Sein Teamkollege Sebastian Vettel fuhr auf Platz zwei. Heimsieg verpasst **und doch** gewonnen: Sebastian Vettel hat mit dem zweiten Platz auf dem Nürburgring das Rennen um den Formel-1-Titel noch spannender gemacht. (Die ZEIT, 13.7.2009)

Im vorstehenden Beispiel besteht ein Kontrast zwischen erreichtem Platz 2 und der Deutung als Sieg, weil Vettel damit den Titelkampf spannender gemacht hat.

Ungleichartige Konjunkte, die der Wissensbearbeitung ein Problem aufgeben, weil sie nicht leicht verträglich scheinen, eine Konvergenz erschweren, finden sich in:

(48) Peter und das Trinken aufgeben?

(49) Du und bescheiden! (Beispiele von E. Lang, pers. Mitt.)

Im ersten Fall wird ein Zusammendenken angeregt, um es fraglich zu machen: *Peter* vermag als Eigenname eine bekannte Person mit allen wichtigen Eigenschaften aufzurufen; die Frage ist nun, ob dazu auch die Eigenschaft gehören kann, dass er initiativ wird und das Trinken aufgibt. Im zweiten Fall liegt ein Ausruf (Exklamativmodus) vor, die Unerhörtheit der Bewertung richtet sich auf die mit der Hörerorientierung aufgerufenen Hörer-Eigenschaften und den Versuch, ihnen das Charakteristikum ‚bescheiden' widerspruchsfrei zuzufügen.

Und wird auch verwendet, um die mathematische Operation der Addition auszudrücken:

(50) Zwei **und** zwei ist vier.

Ferner wird *und* in der Wortbildung von Zahladjektiven verwendet. Im Zahlbereich von 21 bis 99 werden die Einer vor die Zehner gesetzt:

(51) Ein**und**zwanzig, zwei**und**zwanzig, ..., neun**und**neunzig

Die Zehnerstellen werden also koordinativ an die Einerstellen angebunden. Dies ist wohl auf die Praxis des Fingerrechnens, das bei den einfacheren Einerzahlen ansetzt, zurückzuführen. Ab dem Zahlenwert 101 haben wir dann die umgekehrte lineare Abfolge; dann gilt: [Höhere Stelle] vor [niedrigerer Stelle]:

(52) Hundert**und**ein, hundert**und**zwei, ..., hundertein**und**zwanzig ..., zweihundert-**und**zwanzig, zweihundertein**und**zwanzig, ..., tausend**und**ein, ...

Für den Konjunktor *und* in Zahladjektiven gilt: Der Konjunktor wird in der Regel nur einmal gebraucht, zur Anbindung des letzten Teils. Obligatorisch ist er zur Anbindung von Zehnerstellen ab zwanzig an Einerstellen. Bei Verbindungen aus Hunderter und Zehner ist er fakultativ, zwischen Tausender und Hunderter fehlt er in der Regel.

(53) Hundert(**und**)zehn, zweitausend(**und**)eins, tausendeinhundert, zweitausend-einhundertein**und**zwanzig

In der Verwendung als Nomen erscheint als letzter Teil der Zusammensetzung stets *-eins*, nicht *-ein*.

F2.2 Der Konjunktor *sowie*

Mit *(so)wie* sind keine Verbgruppen, Sätze oder Äußerungen koordinierbar. Die Funktion von sowie besteht darin, eine nachträgliche und oft nachrangige Erweiterung vorzunehmen. Was für ein Element a gesagt wurde, gilt auch noch für das Element b. Der deiktische Teil *so* leistet dabei eine Reorientierung auf das vorangegangene Konjunkt, das auf dem Wege eines Vergleichs (*wie*) unter dem Aspekt seiner Vergleichbarkeit, aber nicht unbedingt mit gleichem Stellenwert, angebunden wird. Daraus ergibt sich, dass additives *sowie* keine bloße Variante von *und* ist. Es wird vor allem dann nicht verwendet, wenn zwei Mitspieler in gleicher Weise und untrennbar an einem Sachverhalt partizipieren oder etwas gemeinsam gemacht haben:

(54) Hanna **und** Wolfgang trugen eine Kiste die Treppe hinauf.

(55) Hanna **sowie** Wolfgang trugen eine Kiste die Treppe hinauf.

Für den *sowie*-Fall wäre die bevorzugte Lesart, dass Hanna und Wolfgang getrennt oder nacheinander eine Kiste hinaufgetragen haben. Das mit *sowie* angeschlossene Konjunkt ist das Nachgetragene, muss das letzte einer Serie von Konjunkten oder Konjunktkomplexen sein. Insofern eignet es sich auch für einen Nachtrag im Nachfeld, außerhalb des Satzrahmens:

(56) Angela hatte das gute Geschirr aus dem Glaskasten genommen und aufgedeckt **sowie** die Silberlöffel und Bestecke. (TJM, 59 (IDS, Cosmas))

Weiterhin kann mit *sowie* eine Folge von Konjunkten in ihrer Struktur, Relevanz bzw. Rangordnung strukturiert werden.

(57) Der BVS vertritt als Dachverband mehr als 4.000 Sachverständige, die in 12 Landesverbänden und 10 Fachverbänden organisiert und auf ca. 250 verschiedenen Sachgebieten tätig sind. Sie erstellen für Gerichte, Staatsanwalt-

schaften und Behörden, Wirtschaft, Industrie, Gewerbe und Handwerk **sowie** für private Verbraucher Gutachten und stehen ihnen bei.
[http://www.bvs-ev.de/, 27.7.2011]

F2.3 Die Konjunktoren *oder, entweder ... oder, weder ... noch, beziehungsweise, respektive*

Man versteht *oder* (aus althochdt. *eddo, odo,* mittelhochdt. *oder; eddo* ist ein deiktischer Dualis ‚diese beiden', nach Kluge 2011: 665f.) am besten auf der Folie elementarer Verknüpfungen mit *und*. *Oder* ist ein Universalkonjunktor, verbindet Morpheme, Wörter, Wortgruppen, Sätze und Äußerungen und ermöglicht wie *und* weitgehend Analepse und Katalepse. Allerdings kann im Aussagemodus ein alternatives Verhältnis im Gegensatz zu einem additiven nicht durch reine Nebeneinanderstellung, Juxtaposition, ausgedrückt werden; wenigstens vor dem letzten Konjunkt muss ein Konjunktor erscheinen. Auch bei durch Nebeneinanderstellung verknüpften Fragen oder Imperativen ist die Standardinterpretation zunächst additiv:

(58) Fährst du zu Petra, fährst du zu Hanna?

(59) Fährst du zu Petra **und** fährst du zu Hanna?

(60) Fährst du zu Petra **oder** fährst du zu Hanna?

Die Konjunkte werden als mögliche Alternativwelten hingestellt (in Assertionen) oder Reihungen unterschiedlicher Zukunftsverläufe unter Risiko (Vermutungen, Vorhersagen); sie können in Fragen als in ihrer Geltung offen einem kompetenten Hörer zur Wahl gestellt werden. Das Entwickeln von Alternativen ist wichtig für Handlungsplanung, Zukunftsentwürfe, Spekulationen, aber auch für die Entscheidung über vergangene Abläufe. Es treibt die Wissensentwicklung kooperativ voran.

In einer Vernehmung werden häufig Alternativen, die sich aus den Voruntersuchungen ergeben, geprüft und den Zeugen zur Wahl gestellt, um Vorwürfe zu vereindeutigen.

(61) Strafverhandlung (F. 3)

Richter War denn so/ existierte son Brief↑ Dass einer sich schriftlich beschwert hatte↑
Zeuge   Mehrere↓
Richter Was machte denn/ was stand in diesen Schreiben drin↑ äh „unhöfliches Behandeln" oder „beleidigend" oder „Schläge angedroht" oder sogar „geschlagen"↑
Zeuge   Jā unter anderem/ ach da sind mehrere ...

Im folgenden Beispiel wird ein Rollenspiel geplant:

(62) Kindergarten (Timea (6;0), Jacqueline (6;3))

Timea: (zu Jacqueline) Du bist der Vater, ja?
Jacqueline: Nee. Ich leg jetzt mein Kind ...
Timea: Ich bin der Vater **oder** die Mutter, ja?
            (Kraft/Meng 2009: K1-6.0-11 (CD))

Im Gesetzestext können die Alternativen, zwischen denen eine Entscheidung erfolgen muss, ausbuchstabiert werden:

(63) Die Ehegatten sollen in dem Ehevertrag, durch den sie die Gütergemeinschaft vereinbaren, bestimmen, ob das Gesamtgut von dem Mann **oder** der Frau **oder** von ihnen gemeinschaftlich verwaltet wird. Enthält der Ehevertrag keine Bestimmung hierüber, so verwalten die Ehegatten das Gesamtgut gemeinschaftlich. (§ 1421 BGB)

Dagegen ist der folgende Text inklusiv zu verstehen, wenigstens eine Strafvoraussetzung muss erfüllt sein:

(64) Wer einen Gefangenen befreit, ihn zum Entweichen verleitet **oder** dabei fördert, wird mit Freiheitsstrafe bis zu drei Jahren oder Geldstrafe bestraft. (§120 StGB)

Eine wichtige Verwendung ist die in Vorhersagen, in denen nur die Alternativität bekannt ist (trivial, weil tautologisch: *Wenn der Hahn kräht auf dem Mist, ändert sich das Wetter oder es bleibt, wie es ist*) oder in Vermutungen:

(65) In einer anderen Zelle sähe man vielleicht einen Mann, der nicht schlafen kann **oder** nicht einmal versucht zu schlafen. (...) Er sieht einen an **oder** läßt es. (Chandler 1975: 54)

Die Reihenfolge der Konjunkte ist auch für *oder* relevant. Im folgenden Beispiel ist die parallele Struktur wichtig; das *oder* muss exklusiv verstanden werden:

(66) Sogar die Tränen der Verzweiflung **oder** der Freude, wenn jemand vom Tod seiner Angehörigen erfuhr **oder** sie unter phantastischen Umständen wiedertraf, sogar diese Tränen damals waren anders als früher. (Szcypiorski 1991: 90)

Oder kann auch Formulierungsprobleme deutlich machen:

(67) Kindergarten (Diane (4;9), Gabi (5;1))

Diane: (nimmt ihre Puppe hoch und zieht sie aus, hat dabei Schwierigkeiten) Eh, die Strumphosen **oder** wie die da heißen.
Gabi: Strampler.
Diane: Strampelhosen.
(Kraft/Meng 2009: K1-5.0-15 (CD))

Alternativ mögliche Termini können auch *oder* bzw. / verbinden.

Aussagenlogisch wird zwischen inklusiver Disjunktion (latein. *vel*) und exklusiver Kontravalenz (latein. *aut*) unterschieden. Sind die verknüpften Aussagen von unterschiedlichem Wahrheitswert, so sind Disjunktion und Kontravalenz wahr; die Disjunktion ist auch dann wahr, wenn beide Aussagen wahr sind, während die Kontravalenz dann falsch ist.

Der Unterschied zwischen *oder* und *und* liegt darin, dass der Sprecher nicht in der Lage ist, für einen der Sachverhaltsentwürfe einen Wahrheitsanspruch zu erheben, aber davon ausgeht, dass wenigstens einer (‚inklusives' *oder*) oder genau einer (‚exklusives' *oder*) wahr ist oder wahr zu machen ist. Im natürlichsprachlichen *oder* ist keine der Deutungen schon angelegt. In einem Fall wie

(68) Manchmal leide ich richtig daran, dass ich morgens nicht weiß, ob ich mich in den dreiteiligen Anzug werfen **oder** ein T-Shirt tragen soll. (Die ZEIT, 13.7. 2009)

haben wir ein exklusives *oder*. Das liegt aber an den Konjunkten, die als strikte Alternative dienen, man wird Dreiteiler und T-Shirt nicht kombinieren. Will man unbedingt das exklusive Verständnis, kann man *entweder ... oder* verwenden.

(69) Kindergarten (Ulrike (5;5))

Ulrike: Ja, aus Draht, aus Gummi kann man s machen.
Beob.: Nee, aus Gummi auch nicht. **Entweder** aus Kunststoff **oder** aus Metall, aus Draht, ne? (Kraft/Meng 2009: K1-5.6-06 (CD))

Will der Sprecher nur die exklusive Lesart, kann er mündlich auch das *oder* akzentuieren oder die Kombination *oder aber* wählen:

(70) Petra **oder** Hanna hat mich letztes Jahr besucht.

(71) Peter **oder aber** Hanna hat mich letztes Jahr besucht.

Schließlich sei auf die Möglichkeit hingewiesen, das zweite Konjunkt bzw. die zweite Alternative zu ersparen und damit die formulierte Alternative als präferiert, in besonderer Weise erwartet oder als gültig angenommen hinzustellen und zu gewichten; das *oder* kann auch angehängt werden (als Augment); die zweite Alternative müsste im Wissen erst aufgebaut werden, das ist aber nicht das Ziel, vielmehr soll der Hörer auf die erste, ausformulierte gelenkt werden:

(72) Du kommst (doch) **oder**?

(73) Du kommst doch **oder** (etwa) nicht?

Werden zwei negierte Sachverhalte verbunden, so kann dies additiv mit *weder ... noch* oder als Alternative mit *nicht ... oder* (bei weitem Bezugsbereich von *nicht*) geschehen.

(74) Australier/in ist offiziell **weder** Mann **noch** Frau
[http://www.stern.de/wissen/mensch/norrie-may-welby-australierin-ist-offiziell-weder-mann-noch-frau-1551608.html, 27.7.2011]

(75) Australier/in ist **nicht** [Mann **oder** Frau].

Beziehungsweise (bzw.) wird meistens exklusiv und substituierend gebraucht. Die Abfolge ist wichtig.

(76) Bei größeren Entlassungswellen können Firmen auch eine Transfergesellschaft einrichten, die Hilfe bei der Jobsuche bietet. Die Arbeitsagentur zahlt dann bis zu einem Jahr lang ebenfalls 60 **beziehungsweise** 67 Prozent des Nettolohns. (Die ZEIT, 26.2.2009)

(77) Profiteure dieser Vertrauenskrise sind vermutlich die kleineren Parteien. Nicht die Linkspartei, die zerlegt sich in Hessen bekanntlich gerade selbst. Wohl aber

FDP und Grüne, die derzeit mit 15 **beziehungsweise** 13 Prozent gehandelt werden. Verschiebt sich dadurch die hessische Machtstruktur?
(Die ZEIT, 1.4.2009)

Das zweite Konjunkt kann das erste korrigieren, modifizieren, terminologisieren und ist dann gewichtet:

(78) Die Suchmaschine muss also den Kontext erkennen. Das heißt, verstehen, welche anderen Begriffe verwandt sind, **beziehungsweise** innerhalb eines Wissensnetzes in der Nähe liegen. (Die ZEIT, 28.5.2009)

Der Konjunktor wird auch bei unterschiedlichen Konjunktbezügen verwendet:

(79) Matti und Hanna haben ein Buch gelesen **bzw.** im Sand gespielt.

Daraus folgt, dass Matti ein Buch gelesen und Hanna im Sand gespielt hat. Nicht aber, dass Matti im Sand gespielt und Hanna ein Buch gelesen hat.

Das gilt auch für *respektive*. Der Konjunktor findet sich schriftlich, in gehobenem Stil, auch in der Wissenschaftssprache, und er entspricht weitgehend *beziehungsweise*.

Auch *respektive* kann das zweite Konjunkt gewichten und das erste als zu ersetzendes markieren:

(80) Weil aber Kanther die fehlerhaften Berichte unterschrieben hat, habe er seiner Partei geschadet. Bundestagspräsident Wolfgang Thierse nämlich hat von der CDU 21 Millionen Euro zurückgefordert, **respektive** einbehalten.
[http://www.zeit.de/2005/16/Kanther-Prozess, 13.9.2011]

Im folgenden Beispiel ist das zweite Konjunkt in seiner Generalisierung gewichtet:

(81) Epo, dessen Einnahme Jan Ullrich wahrscheinlich zu Recht beschuldigt wird, gehört zum Profiradsport **respektive** Ausdauersport wie die Trockenhaube zum Friseurladen. (Die ZEIT, 20.7.2006)

F2.4 Die Konjunktoren *aber, allein, sondern, nicht nur ... sondern (auch), nur*

Der Konjunktor *aber* gilt als typisches Mittel adversativer Koordination. „Adversativ" bedeutet, dass ein Gegensatz zum Ausdruck kommt. Die Standardanalyse für *aber* besagt, dass zwei Konjunkte (mehr sind nicht verbindbar) kontrastiert werden, so dass das zweite Konjunkt einen Gegensatz bildet zu dem, was das erste Konjunkt erwarten lässt:

(82) p *aber* q: Die Geltung von p lässt nicht-q erwarten, tatsächlich gilt q.

Wir werden sehen, dass diese Charakterisierung für *aber* noch zu grob ist und die Verarbeitungsabfolge und Gewichtung vernachlässigt. Beginnen wir mit einem Beispiel, in dem wir zwei unterschiedliche Bewertungen sehen, die durch *aber* verbunden sind:

(83) (...) hübsch gelegen **aber** eine winzige Wohnung↓ • des sind zwar drei Zimmer **aber** jedes Zimmer is also • was weiß ich . fuffzehn Quadratmeter groß (...).
(IDS, Kommunikation in der Stadt 2740/4, 8)

Während die Lage („hübsch") bzw. die Zimmerzahl („drei") positiv gewertet werden, werden die Größe der Wohnung („winzig") bzw. die Zimmergröße („15 qm") negativ eingeschätzt. Ein Gegensatz liegt auf der Ebene der Bewertung. Zwischen *hübsch* und *winzig*, *3 Zimmer* und *15 qm* besteht kein Gegensatz wie etwa zwischen *gerade – ungerade*. Wohnungsinteressenten haben unterschiedliche Kriterien der Bewertung, dazu können Lage und Größe, Preis, Schönheit etc. gehören. Man muss also gewichten, und im Ergebnis wird man den Fokus auf das legen, was individuell besonders wichtig ist. Hier ist ein negatives Kriterium die Größe. Mit *aber* wird das, was gewichtig ist, ins zweite Konjunkt gesetzt und im Übergang hervorgehoben. Für die Gedanken beider Konjunkte wird Wahrheit vorausgesetzt; entscheidend aber ist, inwiefern das zweite für einen Zusammenhang des Bewertens, Einschätzens, Argumentierens den Ausschlag gibt. Der Hörer muss auf den Weg zu dieser Gewichtung mitgenommen werden, er muss die beiden Gedanken entsprechend verarbeiten und ins Verhältnis setzen. Wie er sie verarbeiten soll, dazu gibt *aber* den Ansatz. Dabei kann es sein, dass der Hörer sein Wissen, seine Relevanzen (p ist ausschlaggebend und hinreichend für Folgehandlungen), seine Erwartungen (q wurde nicht erwartet) aktiv im Lichte der aktuellen Konstellation ändern muss.

Der Schwerpunkt liegt auf dem von *aber* vorbereiteten Konjunkt, die Gesamtbeurteilung ist damit negativ. Einer Äußerung dieser Art liegt eine dialogische Argumentationsstruktur zugrunde (mit den Rollen Befürworter und Gegenspieler):

Befürworter: Man sollte die Wohnung mieten/kaufen

Befürworter: Die Wohnung ist hübsch gelegen (p)

Gegenspieler: Die Wohnung ist winzig (q)

<Zwischenschritt, Regel: Winzige Wohnungen sollte man nicht mieten/kaufen>

Gegenspieler: Man sollte die Wohnung nicht mieten/kaufen.

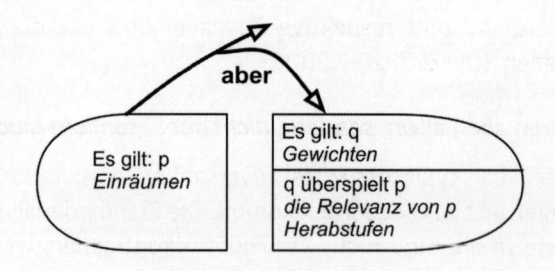

Abb. 6: Fokusumlenkung mit *aber*

Im „Kreidekreis"-Beispiel wird die ganze Vorgeschichte als p herangezogen:

(84) Zu der Zeit des Dreißigjährigen Krieges besaß ein Schweizer Protestant namens Zingli eine große Gerberei mit einer Lederhandlung in der freien Reichsstadt Augsburg am Lech. (...) Als die Katholischen auf die Stadt zumarschierten, rieten ihm seine Freunde dringend zur Flucht. (...) Seine Frau sollte mit dem Kind zu ihren Verwandten in die Vorstadt ziehen, **aber** sie hielt sich zu lange damit auf, ihre Sachen, Kleider, Schmuck und Betten zu packen ... (Brecht 1980a: 321)

Der Leser weiß: Wer vor solcher Gefahr flieht, sollte es schnell tun; die daraus entstehende Erwartung wird nicht erfüllt, entscheidend ist, dass die Frau des Protestanten sich „zu lange aufhielt".

Aber kennzeichnet das Überraschende, Unerwartete am Gesagten. Es lenkt den Fokus auf das Gesagte im Unterschied zum Erwarteten, zuvor Gesagten, aus der Vorgeschichte Gewussten. Im folgenden Beispiel ist auf dem Wissenshintergrund von E die Erklärungskompetenz bei M notwendig gegeben und das gewichtet er (anders als M gesagt hat):

(85) M Ick kanns Ihn ja nich dit allt so jenau erklärn ick will Ihn dit ooch nich
      E Das müssen Se **aber** schon können jetzt
      (Schlobinski 1992: 304)

Verallgemeinert dient der Konjunktor *aber* der Fokusumlenkung: Was mit dem zweiten Konjunkt gesagt wird, ist mit der aktuellen Orientierung aufgrund des ersten Konjunkts bzw. seiner Implikationen oder überhaupt dessen, was auf Basis der Vorgeschichte an spezifischen Hörer-/Leser-Erwartungen unterstellt werden kann, nicht bruchlos ins Wissen zu integrieren. Vor diesem Hintergrund erleichtert *aber* dadurch den Übergang, dass der Sprecher verdeutlicht, dass er den faktischen oder möglichen Wissens-Kontrast kennt und das *aber*-Konjunkt für relevant und ins Wissen integrierbar hält. Das bedarf allerdings aktiver Mitarbeit des Partners, so dass das Spektrum des widerspruchsfrei Sagbaren bis an die Grenzen genutzt werden kann. Durch die Fokusumlenkung auf das im zweiten Konjunkt Gesagte erhält dies ein besonderes Gewicht; es ist das, was der Sprecher primär und nachdrücklich assertieren will, auf das sich der Adressat vorrangig einlassen soll (bis hin zur Korrektur eigener Äußerungen oder Einstellungen). Insofern haben wir bei der Struktur ‚p *aber* q' eine progressive Orientierung, mit der das im ersten Konjunkt Gesagte herabgestuft wird. *Aber* ermöglicht (wie *oder*, *und* etc.), die Orientierungsrichtung der Vorgängeräußerung aufrechtzuerhalten, es erweitert sie allerdings mit dem zweiten Konjunkt um eine gewichtete Komponente. Daher können auch die Prozeduren der Analepse und der Katalepse unproblematisch eingesetzt werden.

In Argumentationen stellt q für den Sprecher das relevante Argument dar, das durch p allenfalls vorbereitet oder unter Berücksichtigung der Hörer-Position angebahnt wird. Dieser Hörerbezug kann auch rein formal ausgedrückt werden durch

(86) *ja/gewiss/gut/okay/sicher* p **aber** q

(87) Strafverhandlung (F. 15)

Richter Andersrum • kann ich mit der Akte alleine nix anfangen, der Staatsanwalt kann mit seiner Anklage ja behaupten, was er will, **aber** wie soll ich feststellen, ob das alles richtig is oder nich. Dazu brauchen wer Zeugen. • Nun wird er natürlich sagen: „Sprecht mich doch gleich frei, wenner nichts feststellen könnt", **aber** so einfach ist das auch nich.

Etwas stärkeres Gewicht hat das erste Konjunkt, wenn es als kontrafaktisch (86) oder hypothetisch assertiert wird (87) und die Konsequenz ausdrückt; in dieser Konstruktion liegt der Schwerpunkt gleichwohl auf der im *aber*-Satz ausgedrückten Voraussetzung, die als Erklärung, Begründung etc. formuliert werden kann.

(88) Ich wäre zur Party gekommen, **aber** ich hatte keine Zeit.

(89) Ich würde zur Party kommen, **aber** ich habe keine Zeit.

Fokusumlenkung kann in sehr unterschiedlichen Zusammenhängen Unterschiedliches bewirken. Solche Unterschiede haben aber nichts mit der Bedeutung von *aber* zu tun.

(90) Strafverhandlung (F.17)

Zeuge Günter ham wer die Pfeife wohl angeboten→ **aber** Günter wollte nich↓
[Überraschende Fortsetzung im Handlungsmuster; erwartet: Er nimmt die Haschischpfeife]

(91) C Nä das is bei uns so mit Gruppenclown würd ich sagen • wer mal gut drauf is • • ein Tach is dittert z.b. ein Tach nur Henning
Mi **Aber** das is nur bei den Jungs • die Mädchen sind irgendwie nie der Clown. (Schlobinski 1992: 306 (adaptiert))
[Nicht-präferierte Fortsetzung im Handlungsmuster durch Einschränkung oder Widerspruch]

(92) Strafverhandlung (F.3)

Richter Na gut→ sind Sie da nich zum Angriff übergegangen↓
Angeklagter Nein
Richter Ja→ die Zeugen <u>sagen</u> das **aber** alle→ nich↑
Angeklagter Ja/ lass se doch sagen, s is **aber** nich wahr↓
[Umlenkung des Fokus auf die der Aussage des Angeklagten widersprechenden Zeugenaussagen (1), Umlenkung auf Wahrheit, Bestreiten dieser Zeugenaussagen (2)]

(93) Sie machten es sich im Wohnzimmer gemütlich, draußen **aber** schneite es. [Fokusumlenkung von einem gemütlichen zu einem raueren Ort]

(94) Heute ist es angenehm, morgen **aber** wird es schneien. [Fokusumlenkung in der Zeit]

(95) Sein kranker Magen beschäftigt den Oktober hindurch die Ärzte. Die **aber** halten ihn für kriegstauglich. (de Bruyn 1992: 15) [Perspektivwechsel vom kranken Magen zu den Ärzten, die unerwartet reagieren]

(96) Er ist Politiker, lügt **aber** nicht. [Fokusumlenkung von Nahelegung – er lügt – auf eine Tatsache]

Schließlich ein Gebrauch ohne erstes Konjunkt, als Parenthese installiert, mit dem eine Implikatur (dass die Mutter sich kritisch äußern wollte) zurückgewiesen wird, zu der jemand kommen könnte, aber nicht kommen muss:

(97) Verschlossen war er bis dort hinaus, pflegte meine Mutter, **aber** bewundernd, zu sagen. (de Bruyn 1992: 22)

Eine Implikation kann wieder geöffnet werden, im folgenden Beispiel, um eine rechtlich vorgesehen Option zu ermöglichen:

(98) Strafverhandlung (nach den Plädoyers) (F.14)

Richter (Ich wende mich an) Herrn Kilb→ Sie werden sich dem sicherlich anschließen→ was der Verteidiger gesagt hat→ Sie haben **aber** s letzte Wort↓ Wenn Sie wollen→ könn Sie selbst noch etwas sagen↓

Angeklagter Ja, ich möchte dazu sagen ...

Ähnlich verwendet wird *allein*, das eher schriftsprachlich ist und das zweite Konjunkt noch stärker gewichtet, darauf zuspitzt; Kontrastbereich ist stets das erste Konjunkt.

(99) Für viele der Betroffenen ist die Schwarzarbeit eine enorme nervliche Belastung, **allein**, sie ist leichter zu ertragen, als die Angst, finanziell abzustürzen. (Die ZEIT, 22.2.1985)

Sondern unterscheidet sich von *aber* in der Position (nur in Zwischenstellung möglich) und darin, dass die Konjunkte miteinander unverträglich sind, bei *aber* müssen sie verträglich sein. Das erste Konjunkt muss einen negierenden Ausdruck wie *nicht, kein, nichts, nie, keinesfalls, keineswegs* enthalten. Die negierte Proposition wird durch die Proposition des zweiten Konjunkts ersetzt; diese ist es, die als wahr oder geltend hingestellt wird.

(100) Wir reden **nicht** von morgen, **sondern** von überübermorgen
 (Die ZEIT, 13.7.2009)

(101) ZEIT ONLINE: Warum ist Unbekümmertheit so wichtig für einen Torjäger?
 Bode: Für einen Stürmer ist es einfach gut, wenn man vor dem Tor intuitiv reagiert und **nicht** so viel nachdenkt, **sondern** einfach schnell handeln kann. (Die ZEIT, 13.7.2009)

(102) Strafverhandlung (F.18)

Richter Kant war aber **kein** • Strafgefangener→ **sondern** einfach • Angestellter oder Arbeiter in Altenberg↓

(103) Strafverhandlung (F.17)

Zeuge Und vor allen Dingen→ ich wollte das Haschisch ja **nich** verrauchen→ **sondern** verkaufen→ aber um jetzt wieder nich als Dealer verurteilt zu werden→ hab ich das auf Kon/ wollt ich das jetzt auf Konsum abwälzen↓

Mit dem *sondern*-Konjunkt wird also eine Korrektur von zuvor Gesagtem, Nahegelegtem, zu Erwartendem etc. realisiert. Im Grenzfall von etwas, das gar nicht zur Diskussion stand. Auch hier können wir einen dialogischen Hintergrund ansetzen:

Befürworter: Der Zeuge wollte das Haschisch verrauchen (p).

Gegenspieler: Ich (Zeuge) wollte das Haschisch nicht verrauchen (nicht p)
Gegenspieler: Ich wollte das Haschisch verkaufen (q)

<Zwischenschritt, Regel: Verrauchen und Verkaufen sind unverträglich>

Gegenspieler: Statt: Ich wollte das Haschisch verrauchen, gilt: Ich wollte es verkaufen.

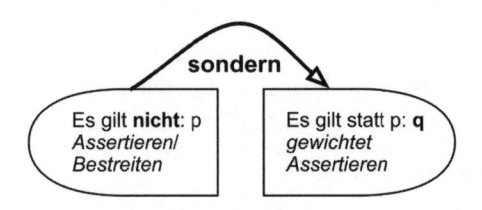

Abb. 7: Funktionsweise von *sondern*

Der Zusammenhang der Konjunkte muss interpretativ hergestellt werden können, sie dürfen semantisch völlig unabhängig voneinander sein, sofern zu erschließen ist, was mit dem zweiten Konjunkt korrigiert werden soll.

(104) Peter ist **nicht** dumm, **sondern** faul.

Dumm und faul sind semantisch völlig unabhängig voneinander, sie sind allerdings Gründe für eine schlechte Bewertung, die alternativ gesetzt werden können.

Der Fokus der Negation bestimmt den Korrekturbereich. Äußert jemand

(105) Der Präsident will morgen zurücktreten.

so kann dies auf die folgenden Weisen korrigiert werden (die Klammern markieren Hervorhebungs- bzw. Korrekturbereich):

(106) **Nicht** <der Präsi<u>dent</u>> will morgen zurücktreten, sondern <sein <u>Stell</u>vertreter>.

(107) Der Präsident <<u>will</u>> **nicht** morgen zurücktreten, sondern er <<u>muss</u>> morgen zurücktreten.

(108) Der Präsident will **nicht** <<u>mor</u>gen> zurücktreten, sondern <<u>heute</u>>.

(109) Der Präsident will morgen **nicht** <zu<u>rück</u>treten>, sondern <im <u>Amt</u> bleiben>.

(110) Der Präsident will **nicht** <morgen <u>zurück</u>treten>, sondern <übermorgen die Ge<u>schäf</u>te wieder aufnehmen>.

Auf der Basis von *sondern* ist auch *nicht nur ... sondern (auch)* zu behandeln. Mit seiner Verwendung wird umgekehrt die Wahrheit der Proposition p des ersten Konjunkts gerade vorausgesetzt (sie ist bekannt oder unproblematisch); der Anspruch wird nicht auf p eingeschränkt (*nicht nur*), vielmehr gerade auf die nicht aus p zu folgernde oder mit p nahegelegte Proposition q ausgedehnt, die mit größerem Gewicht ausgestattet ist. Der Konjunktor wirkt also auch progressiv, das zweite Konjunkt gewichtend.

(111) Und zwar mit dem Ziel, Diabetikern das Leben **nicht nur** zu erleichtern, **sondern** dazu beizutragen, diese Krankheit eines Tages heilen zu können.
(Zeit-Magazin 25.9.1991)

Die meisten Grammatiken führen *nur* als Partikel, nicht als Konjunktor; schon das althochdeutsche Adverb *ni wari*, mittelhochdt. *newaere* („wäre es nicht', vgl. Kluge 2011: 661) diente aber dem Anschluss von Sätzen mit einer Einschränkung gegenüber einem negierten Vorgängersatz; die Negation konnte dann entfallen. In der Gegenwartssprache dominiert die Verwendung als Gradpartikel.

Für *nur* hat sich eine Funktion als Konjunktor ausgebildet, die besonders in der Umgangssprache an Boden gewonnen hat. Die Unterscheidung von der Gradpartikelverwendung ist aufgrund der semantischen Basis nicht immer leicht, zumal der Konjunktor nicht nur in Zwischenposition, sondern auch im Vorfeld und Mittelfeld stehen kann. Unterscheiden kann man die Verwendungsweisen dadurch, dass sich allein die Partikel mit Konjunktoren in demselben Satz verträgt. Semantisch ist der Konjunktorgebrauch zusammen mit der Bedeutung der Gradpartikel (→ E3) zu beschreiben.

Der Konjunktor *nur* wird meist als quasi-synonym zu *aber* behandelt, und in der Tat gibt es einen ähnlichen, progressiven Effekt (Abschwächung des ersten, Fokussierung und oppositive Gewichtung des zweiten Konjunkts). Allerdings ist die Ausgangsbedeutung von nur ‚einschränkend', eine umfassendere, positive oder negierte Vorgabe – die bei der Verwendung als Partikel nicht sprachlich gegeben sein muss – wird eingeschränkt auf eine gewichtige Ausnahme, eine genau spezifizierte Aussage, eine Menge etc.

Im folgenden Beispiel räumt der Beschuldigte die Strafbarkeit seiner Handlung ein, er hatte keine Sonderzulassung, ist also mit einer Strafe einverstanden – das aber schränkt er ein auf eine bestimmte Höhe der Bußgelds, die niedriger sein soll als die gegenwärtig festgesetzte: ‚Sie können mich bestrafen, aber nicht so.'

(112) Bußgeldverhandlung (F.7)

Beschuldigter   Man kann da ne Sondergenehmigung kriegen→ dass man da eine Tonne mit ziehen kann nich→ aber das is bei diesem/ bei diesen Fahrzeug nich gewesen→ und deswegen äh ((2.0 s)) is da wohl nix dran zu machen→ • **nur** ich bin mit der Höhe der Strafe • nich so ganz einverstanden↓

(113) Bußgeldverhandlung (F.8)

Richter   Ich mein→ wie weit warn Sie nach Ihrer Schätzung→ das is natürlich nich einfach zu/ zu/ zu sagen→ **nur**/ könnte ja sein→ dass Sies grob schätzen können↓ Wie weit warn sie noch von der Ampel entfernt, als es von Grün auf Gelb ging↓

Im vorstehenden Beispiel räumt der Richter einschränkend ein, dass eine solche Schätzung schwierig und vielleicht nicht zu erwarten ist.

(114) Strafverhandlung (F.4)

Zeuge   Das hatte/ äh wir ham/ das is ähnlich→ als wenn man bei PKW Opel und Ford verkauft oder Mercedes und Ford→ • **nur** beides zusammen geht auf einem Platz nich↓

Im *nur*-Konjunkt wird die Denkmöglichkeit, zwei Marken auf einem Platz zu verkaufen, radikal eingeschränkt: Es gibt keine derartige Option, man kann jede Marke verkaufen, aber nicht beide gleichzeitig.

F2.5 Die Konjunktoren *doch, jedoch*

Allgemein gelten *aber, doch* und *jedoch* als gleichbedeutend. Während *aber* genuiner Konjunktor ist, geht *(je)doch* auf eine adversative Partikel (ahd. *doh*) zurück (der Bedeutungsanteil von *ie* ‚immer', ‚unter allen Bedingungen' ist synchron weniger präsent). Als Konjunktor ist *(je)doch* selten in Alltagsgesprächen zu finden, während die Partikel häufig vorkommt; der Konjunktor ist an literarische, wissenschaftliche bzw. überhaupt gehobene Stilebenen gebunden.

Mit dem Universalkonjunktor *(je)doch* können maximal zwei Morphem-, Wort-, Wortgruppen-, Satz- oder Äußerungs-Konjunkte verbunden werden. Analeptische und kataleptische Prozeduren sind einsetzbar.

Ursprünglich ist der Gebrauch als Antwort, mit der auf negierte Fragen eine positive Antwort gegeben wird:

(115) A: Sie lesen **keine** Romane?
B1: Nein. [Ich lese keine Romane.]
B2: **Doch**. [Ich lese Romane.]

Die Fragetendenz lässt auf eine Bestätigung der Negation schließen, dann würde mit *nein* geantwortet. Ähnlich wie bei *ja* hat sich aus diesem Gebrauch eine Anbindung an einen Satz und schließlich die Einfügung in einen Satz bzw. die Konjunktor-Zwischenstellung entwickelt.

(116) Im 20. Jahr der friedlichen Revolution ist ein anderes Signal noch wichtiger: Oft wird Resignation, Politikverdrossenheit und DDR-Nostalgie im Osten beklagt. **Doch** ohne den beharrlichen Widerstand einer ganzen Region, ohne die kreativen Proteste der „Freien Heide", der größten Bürgerinitiative der neuen Länder, hätte die Politik nie eingelenkt. Demokratie, Bürgerwillen und das Vertrauen in den Rechtsstaat sind im Osten eben doch stärker verwurzelt als mancher glaubt. (Die ZEIT, 13.7.2009)

Die im ersten Satz beklagten Ereignisse könnten erwarten lassen, dass die Integration in demokratische Verhältnisse erschwert ist. Diese Erwartung als Kontrastfolie wird im zweiten Satz modifiziert: Gerade der Widerstand hat die Politik beeinflusst und am Ende hat sich gezeigt, dass Vertrauen in den Rechtsstaat und die Demokratie doch in den Menschen verankert sind. Somit ergibt sich als Resultat der Leserverarbeitung ein viel differenzierteres Bild, als es nur mit dem ersten Satz möglich gewesen wäre.

Die Grundbedeutung von *doch* (auch im Partikelgebrauch) lässt sich mit ‚Erwartungskontrast' kennzeichnen. Bei Gebrauch als Konjunktor kann durch das erste Konjunkt eine Erwartung aufgebaut werden, zu der sich durch das im zweiten Konjunkt Gesagte ein Kontrast ergibt:

(117) Ein Schneefahrrad ist in etwa wie ein BMX-Rad gebaut, **doch** statt dicker Räder hat es vorn und hinten kurze Skier. (Die ZEIT, 6.6.2009)

Ähnlichkeit mit einem BMX-Rad lässt dicke Räder erwarten, aber das Schneefahrrad hat Skier. Für den Adressaten entsteht eine Bearbeitungsaufgabe darin, die Sachverhalte in Deckung zu bringen.

(118) Noch hat die Regierung nicht über die Hilfsanträge des angeschlagenen Unternehmens entschieden, **doch** Merkel lehnt Staatshilfen weiter ab. (Die ZEIT, 6.6.2009)

Wenn die Entscheidung der Regierung nicht feststeht, erwartet man, dass die Kanzlerin, die ja die Richtlinienkompetenz hat, sich nicht festgelegt hat – das aber ist nicht der Fall. Die *doch*-Äußerung enthält etwas, was wahrnehmbar ist, grundsätzlich bekannt, ableitbar aus dem verfügbaren Wissen. Dies wird aktualisiert, um die Verarbeitung der Bezugsäußerung im Kontrast zu Kontextelementen bzw. daraus entstehenden Implikationen oder Erwartungen spezifisch zu lenken. Die Notwendigkeit dazu ergibt sich aus einem differenzierten Sprecherplan, den Hörer/Leser zu einer Modifikation seiner Erwartungen zu veranlassen, ihn in eine Reflexion zu ziehen. Er soll auf der Kontrastfolie bearbeiten, was er so gerade nicht oder anders sieht oder was er zu vergessen droht. Damit kann er zu einer anderen, genaueren Sichtweise gelangen. Eine Aktualisierung ist besonders erforderlich, wenn es sich um einen Widerspruch, einen Gegensatz oder eine Einschränkung zum zuvor Gesagten handelt. Was im *jedoch*-Teil kontrastiert wird, soll also im Hörerwissen zu einer spezifischen Modifikation führen.

Der Konjunktor teilt mit *aber* die Eigenschaft, dass das zugehörige Konjunkt bzw. der Ausdruck im Bezugsbereich gegenüber anderen Möglichkeiten, Erwartungen etc. hervorgehoben wird. Es wird ein Kontrast hergestellt, dessen Folie manchmal erst interpretativ zu erschließen ist, etwa die Qualität des Klavierspiels von Personen, die lange geübt haben.

(119) Beide spielen schon lange, Sina spielt exzellent Klavier, **jedoch** Paula ist eine Nie̲te.

Der Gehalt des ersten Konjunkts wird nicht argumentativ-strategisch eingeräumt, wie etwa bei *zwar ... aber*. Es ergibt sich keine sequentielle Diskontinuität auf einer Kontrastdimension (*aber*); ferner soll das zweite Konjunkt das erste nicht ersetzen (*sondern*).

Die Möglichkeit, etwas zu bestreiten, bleibt bestehen, wenn *doch* betont wird; dann ist keine Zwischenposition als Konjunktor möglich:

(120) Er hat das nie behauptet. – **Doch** hat er das behauptet.

Allerdings finden wir betontes *doch* in autonomem Gebrauch. Wird etwas nachhaltig bestritten, kommt das bei Kindern vor, auch vor Gericht (allerdings ist solches Beharren schwach im Vergleich zu einem inhaltlich substanzreichen Bestreiten):

(121) Strafverhandlung (F.2)

1 Richter	Naa nee, das kann/ kann man nich als Volltrunkener.
2 Angeklagter	Doch
3 Richter	Erzähln Sie mir doch nix!
4 Angeklagter	Doch! Doch!

F2.6 Der Konjunktor *denn*

> **Literaturhinweis:**
>
> Zu *denn, da, weil* vgl. die Analysen von Redder 1990, in denen die Leistung von *denn* für die Bearbeitung von Verstehensdefiziten und -divergenzen auf der Hörerseite herausgestellt wird. Hingegen werde mit dem Inhalt eines *da*-Nebensatzes sprecherseitiges Wissen als gemeinsames, nicht-hinterfragbares in Anspruch genommen, um ein Verbalisierungsproblem in der Wissensentfaltung anzugehen.

Die ursprünglich (temporal-)deiktische Qualität von *denn* (aus *thanne/danne*) ist heute nicht mehr gegenwärtig. Im aktuellen Deutsch wird *denn* als Sätze oder kommunikative Minimaleinheiten verknüpfender Konjunktor und als Abtönungspartikel in Fragesätzen verwendet:

(122) Bußgeldverhandlung (F.10)

Richter Ich kann hier n parteiisches Gutachten, äh äh äh im/ im/ in diesem Verfahren hier→ im Bußgeldverfahren äh nicht akzeptieren→ nich→ wir müssten dann also schon hier n Sachverständigen zuziehen→ der uns das dann im einzelnen erläutert→ **denn** der Herr Trepinski ist ja in keiner Hinsicht hier irgendwie Zeuge↓ Er is ja re̲i̲ner Sachverständiger↓

Verteidiger Zeuge scho̲n̲→ Zeuge scho̲n̲↓

Richter Nee→ er hat die Reifen aber nie gesehn↓

Verteidiger Ja nun/ er hat soviel Bilder gesehn/

Der mit *denn* eingeleitete Hauptsatz hat ein assertives Potential, mit *denn* gewinnt er die Illokution einer Begründung im Verhältnis zur Illokution des vorangehenden Hauptsatzes. Der syntaktischen Koordination entspricht eine illokutive Verkettung. Der Zweck der Begründung liegt darin, die Bezugshandlung zur Geltung zu bringen (→ H1.2), beispielsweise eine Assertion oder Behauptung plausibel oder verstehbar, eine Aufforderung akzeptierbar zu machen.

Im Beispiel gibt der Richter mit dem *denn*-Satz eine Begründung für seine Zurückweisung einer (gutachterlichen) Stellungnahme des Herrn Trepinski. Er gibt eine Klärung für ein Rechtsproblem, das zugleich Verstehensproblem sein kann. Der als Zeuge erschienene Herr Trepinski kann die Rolle eines Zeugen nicht übernehmen, er hat ja selber nichts wahrgenommen. Der Richter ordnet ihn mit Gewissheit (*ja*) als Sachverständigen ein. Als solcher kann er hier aber nicht dienen, denn er wurde vom Gericht nicht geladen. Der Verteidiger akzeptiert diese Plausibilisierung nicht. Für ihn ist er Zeuge, weil er einschlägige Fotos gesehen hat.

Was im folgenden Beispiel plausibel gemacht wird, ist die Assertion, dass für Liebeleien in Wirklichkeit keine Zeit ist. Mit der Begründung soll sie als berechtigt erscheinen, so dass der Rezipient sie in sein Wissen übernehmen kann, statt sie zweifelnd dahingestellt sein zu lassen.

(123) Harry ist schwer von Rons Schwester Ginny beeindruckt, hat aber in Dean Thomas einen ernsthaften Rivalen. Eigentlich ist für Liebeleien keine Zeit, **denn**

Voldemorts Faust schließt sich immer enger um die Welt der Muggels und der Zauberer. (Die ZEIT, 13.7.2009)

Wer mit einer Behauptung erfolgreich sein will, muss Gründe angeben können; wer jemand dazu bringen will, etwas zu tun, wozu er nicht verpflichtet ist, wird seine Aufforderung oder Bitte in der Regel begründen, während ein Befehlsgeber nur im Zweifel (ist der Befehl legal? etc.) begründungspflichtig ist.

Zielrichtung des *denn*-Konjunkts ist das Wissen des Adressaten, in das Aussagegehalt und Illokution mithilfe der Begründung eingepasst werden sollen. Der Konjunktor *denn* leistet eine Reorientierung, unterbricht also einen nahtlos linearen Fortgang der Informationsübermittlung zugunsten der Stützung des Anspruchs und der Sicherung des Nachvollzugs durch den Adressaten. Basis ist eine Antizipation oder reale Wahrnehmung eines Problems mit der Vorgängeräußerung, das vom Zweifel an der Geltung bis in den Bereich des Unverständnisses reichen kann, so dass der Zweck der Vorgängeräußerung verfehlt zu werden droht. Die Begründung soll den Erfolg der Vorgängeräußerung sicherstellen und zugleich ein problematisierendes, den Ablauf hemmendes Zwischenspiel vermeiden.

Denn-Sätze bauen eine Brücke zum Verstehen und Akzeptieren einer Handlung und sind damit in der Sprecherplanung verankert. Diese Brücke kann nicht vorkonstruiert werden, der *denn*-Satz muss aufgrund der zeitlichen Komponente stets auf den zu begründenden Satz folgen. Der Sprecher prüft fortlaufend, ob das, was er sagt, verstanden wird und wenn er im Laufe dieser mentalen Kontrolle ein Problem vorhersieht oder für möglich hält, kann er das mit seiner Äußerung Gemeinte durch eine Begründung absichern.

Mit einem *da*-Nebensatz (→ E1.2.3) hingegen beansprucht der Sprecher das ausgedrückte Wissen als gemeinsam und legt damit ein Fundament für das im Hauptsatz Gesagte. Ein *weil*-Nebensatz (→ E1.2.3) gibt der gesamten Äußerung die illokutive Qualität einer Erklärung (→ H 1.6). Mit dem *denn*-Anschluss verbindet sich eine eigene illokutive Kraft und die Begründung erhält ein Eigengewicht, wie es formal schon die Hauptsatzform anzeigt. Der *denn*-Satz erhält eine spezifische kommunikative Gewichtung mittels Intonation bzw. Wortstellung. Er ist nicht als Modifikator des Vorgängersatzes funktionalisiert, er ist ihm nur illokutiv verkettet zugeordnet. Auch in seiner Bezogenheit auf den Vorgängersatz, der auf der informatorischen Hauptlinie liegt, kann er den Diskursablauf inhaltlich bereichern. Was als Begründung erscheint, soll wie das zu Begründende ins Wissen übernommen werden. Dazu muss es selbstverständlich als wahr assertiert und akzeptiert werden, entscheidend aber ist, ob es als Begründung für die Bezugshandlung tauglich ist, ob es für den Hörer Plausibilität herstellt. Im folgenden Beispiel ist sich der Sprecher da nicht sicher und löst mit der Partikel *wohl* eine Tendenz-Interpretation aus, die dem Angeklagten aktuell zur Divergenz-Bearbeitung aufgegeben wird (*doch*), insofern sein Aussageverhalten nicht seinem Eigeninteresse förderlich scheint. Der Richter macht seinen Einwand gegen das Aussageverhalten des Angeklagten, der die Figur des Unbekannten nutzt, plausibel:

(124) Strafverhandlung (F.20.9)

Richter Ich sehe keinen Grund→ warum Sie diesen Unbekannten da nich benennen
 wollen→ **denn** es dient doch wohl ihrer Entlastung↓

Man kann auch im Fall von *denn* die Verkettung als Kondensierung eines Dialogs mit entsprechender Begründungsfrage betrachten. Dann wird die Leistungsfähigkeit des Konjunktors deutlich.

(125) Warst du bei der Polizei, **denn** ich habe dein Auto gesehen?

(126) Warst du bei der Polizei?
 Warum fragst du?
 Ich habe dort dein Auto gesehen.

Diese Form der Begründung von Fragen (,ich frage dich, ob du bei der Polizei warst, und der Grund meiner Frage ist, dass ich dein Auto gesehen habe') findet man eher mündlich, bevorzugt wird eine Voranstellung:

(127) Ich habe dein Auto gesehen, warst du bei Carola?

Im folgenden Beispiel wird eine vorausgehende, nicht satzförmige Aufforderung begründet:

(128) Aus dem Weg mit dir, **denn** du bist böse und denkst, was Menschen denken, doch wie Gott denkt, Satan, denkst du nicht. (Jens 1990: 48)

Im folgenden Beispiel wird eine zukunftsorientierte Einschätzung durch ein angeführtes Faktum begründet:

(129) Zugleich gehören Klimaanlagen mittlerweile zum Ausstattungsstandard von Fahrzeugen selbst in kühleren Regionen wie Deutschland oder Skandinavien, so dass auch hier der Verbrauch steigt. Gerade bei diesen Anwendungen drohen aber die größten Verluste, denn millionenfach gasen die FKW aus leckenden Kühlanlagen in die Luft. (Die ZEIT, 13.7.1999)

Eine Begründung, die auf den eigenen Sprachgebrauch zielt, findet sich im folgenden Beispiel, bezogen auf die Sprechergruppen-Deixis *uns* im *oder*-Konjunkt. Sie ist als Parenthese insertiert und angebunden an die nicht satzförmige Anredeäußerung.

(130) Und nun zu euch, liebe Kollegen, oder besser gesagt, zu uns – **denn** ich möchte mich nicht ausschließen –, zu uns, die wir davon leben, dass uns ab und zu etwas Neues einfällt. (Enzensberger 1985: 21)

F2.7 *ja* als inkrementiver Konjunktor

Dieser Gebrauch (seit neuhochdeutscher Zeit; in gehobenem Stil der Schriftlichkeit) dient dazu, die Ausdrucksbedeutung des ersten Konjunkts als ungenau oder nicht weitgehend genug hinzustellen und im zweiten Konjunkt zu präzisieren:

(131) Sie kaschierten, **ja** verleugneten in den christlich geprägten Vereinigten Staaten ihre jüdischen Wurzeln. (Spiegel 1, 1995, 145)

(132) Immer ernüchternder, **ja** katastrophaler sind die Resultate einer militärfixierten Art der Terrorismusbekämpfung. Wir sehen die katastrophalen Folgen im Irak. (Cosmas II: REI/BNG.01106 W. Nachtwei: Bundeswehrreform. Rede im Deutschen Bundestag am 23.09.2004)

(133) Konnten die alten Überlieferungen, weil mythisch, nie sterben, so würde sich der gar so gegenwärtige Mythos „Auschwitz" unweigerlich, wenn auch langsam, abschwächen, **ja**, er könnte vergehen. (Spiegel, Ausgabe 4, 1995, S. 41)

Das *ja* ist mündlich durch eine abfallende Tonbewegung markiert. Das Ergebnis der Verbindung entspricht einer Präzisierung. Das im ersten Konjunkt Gesagte bleibt in Geltung und bahnt den Gehalt des zweiten an, das aus Autorsicht gewiss und die Sache treffender ist. Dadurch, dass das zweite dem ersten gegenübergestellt wird, ergibt sich in der Konstruktion eine inhaltliche Steigerung, die mit einer Gewichtung des zweiten und der Depotenzierung des ersten Konjunkts einhergeht. Was das *ja* leistet, ist der Ausdruck eines sicheren Wissens für das zweite Konjunkt, das nicht unmittelbar an das Rezipientenwissen anschließbar erscheint, sondern der Bahnung bedarf und dessen Gewicht in der Gegenüberstellung gesteigert wird. Insofern haben wir hier eine Parallele zur assertiven Verwendung, deren Effekt in Interaktion mit Abfolge und Gewichtung in spezifischer mentaler Verarbeitung zustande kommt. Während sonst Verträglichkeit, manchmal Implikation (p1 impliziert p2) gilt, ist im Grenzfall das erste Konjunkt nur die Leiter, die fallen gelassen werden kann, wenn man zum zweiten übergeht, im Beispiel (131) im Lauf eines Prozesses.

F2.8 Koordination im Türkischen

Wir hatten bereits gesehen, dass den komplexen Sätze im Deutschen in hohem Maße Verbalformen im Türkischen entsprechen und insbesondere die Aufgaben des Subjunktors im Türkischen anders gelöst sind. Auch im Bereich der Konnexion und Koordination gibt es Unterschiede. Das Verfahren der Nebeneinanderstellung (Juxtaposition) – im Vergleich der Sprachen das elementarste und meist verbreitete (*veni vidi vici*) – spielt im Türkischen eine größere Rolle als im Deutschen. Es gibt aber auch konnektive Ausdrücke und Konjunktoren, die z.T. aus anderen Sprachen entlehnt wurden (z.B. *ve* (‚und'), *ama* und *fakat* (‚aber') aus dem Arabischen).

(134) Cem İstanbul'a   **ve**   İzmir'e   gid-iyor.
       Cem Istanbul-Dativ und Izmir-Dativ fahr-Präsens3Sg
       ‚Cem fährt nach Istanbul und Izmir.'

(135) Cem **hem**   İstanbul'a,   **hem de**   İzmir'e   gid-iyor.
       Cem sowohl Istanbul-Dativ als auch Izmir-Dativ fahr-Präsens3Sg
       ‚Cem fährt sowohl nach Istanbul als auch nach Izmir.'

(136) Cem İstanbul'a **veya** İzmir'e gidiyor. ‚Cem fährt nach Istanbul oder Izmir.'

(137) Cem **ya** İstanbul'a **ya** İzmir'e gidiyor. ‚Cem fährt entweder nach Istanbul oder nach Izmir.'

(138) Hacer İstanbul'dan   gel-di
       Hacer Istanbul-Ablativ komm-Prät3Sg
       ama Mehmet Ankara'dan   gel-di.
       aber Mehmet Ankara-Ablativ komm-Prät3Sg
       ‚Hacer kam aus Istanbul, aber Mehmet kam aus Ankara.'

Es gibt auch Formen, die den deutschen Konnektivpartikeln entsprechen; die Sätze im folgenden Beispiel sind durch Juxtaposition verbunden:

(139) Ülkü'nün   baba- sı   Türk, anne-si   **ise**
      Ülkü-Genitiv Vater-Possessiv3Sg Türke Mutter-Possessiv3Sg dagegen
      Alman.
      Deutsch'
      ‚Ülküs Vater ist Türke, seine Mutter ist dagegen Deutsche.'

> **Aufgabe 1:**
>
> Untersuchen Sie die Koordinationen in der Anfangspassage der „Ästhetik des Widerstands" von Peter Weiss! Der Roman von Peter Weiss enthält die sprachlich vielleicht besten Beschreibungen von Kunstwerken in der Gegenwartssprache. Beschrieben wird im Beispiel der Pergamonaltar, der im Berliner Pergamonmuseum zu sehen ist (Material findet man leicht auch im Internet). Welche sprachlichen Einheiten werden koordiniert? Welche Funktion kommt den Koordinationen zu? Welche Bedeutung haben Partizipien (vgl. Kap. D1), wie sind sie hier eingesetzt? In welcher Weise entspricht der Text einer Beschreibung (vgl. Kap.H1.5), braucht man für Beschreibungen Sätze, enthält der Text überhaupt Sätze? Unterscheiden Sie Mythos, Bild, Bildwahrnehmung, Reflexion und Anwendung, erzählte und Erzählsituation! Vgl. zur Sprache der Bilder: Redder 2000.

(140) P. Weiss, Ästhetik des Widerstands (Textanfang, segmentiert)

1   Rings um uns hoben sich die Leiber aus dem Stein, zusammengedrängt zu Gruppen, ineinander verschlungen oder zu Fragmenten zersprengt, mit einem Torso, einem aufgestützten Arm, einer geborstnen Hüfte, einem verschorften Brocken ihre Gestalt andeutend, immer in den Gebärden des Kampfs, ausweichend, zurückschnellend, angreifend, sich deckend, hochgestreckt oder gekrümmt, hier und da ausgelöscht, doch noch mit einem freistehenden vorgestemmten Fuß, einem gedrehten Rücken, der Kontur einer Wade eingespannt in eine einzige gemeinsame Bewegung.

2   Ein riesiges Ringen, auftauchend aus der grauen Wand, sich erinnernd an seine Vollendung, zurücksinkend zur Formlosigkeit.

3   Eine Hand, aus dem rauhen Grund gestreckt, zum Griff bereit, über leere Fläche hin mit der Schulter verbunden, ein zerschundnes Gesicht, mit klaffenden Rissen, weit geöffnetem Mund, leer starrenden Augen, umflossen von den Locken des Barts, der stürmische Faltenwurf eines Gewands, alles nah seinem verwitterten Ende und nah seinem Ursprung. Jede Einzelheit ihren Ausdruck bewahrend, mürbe Bruchstücke, aus denen die Ganzheit sich ablesen ließ, rauhe Stümpfe neben geschliffner Glätte, belebt vom Spiel der Muskeln und Sehnen, Streitpferde in gestrafftem Geschirr, gerundete Schilde, aufgereckte Speere, zu rohem Oval gespaltner Kopf, ausgebreitete Schwingen, triumphierend erhobner Arm, Ferse im Sprung, umflattert vom Rock, geballte Faust am nicht mehr vorhandnen Schwert, zottige Jagdhunde, die Mäuler verbissen in Lenden und Nacken, ein Fallender, mit dem Ansatz des Fingers zielend ins

Auge der über ihm hängenden Bestie, vorstürzender Löwe, eine Kriegerin schützend, mit der Pranke ausholend zum Schlag, mit Vogelkrallen versehne Hände, Hörner aus wuchtigen Stirnen ragend, sich ringelnde Beine, mit Schuppen besetzt, ein Schlangengezücht überall, im Würgegriff um Bauch und Hals, züngelnd, die scharfen Zähne gebleckt, einstoßend auf nackte Brust.

4   Diese eben geschaffnen, wieder erlöschenden Gesichter, diese mächtigen und zerstückelten Hände, diese weit geschwungnen, im stumpfen Fels ertrinkenden Flügel, dieser steinerne Blick, diese zum Schrei aufgerissnen Lippen, dieses Schreiten, Stampfen, diese Hiebe schwerer Waffen, dieses Rollen gepanzerter Räder, diese Bündel geschleuderter Blitze, dieses Zertreten, dieses Sichaufbäumen und Zusammenbrechen, diese unendliche Anstrengung, sich emporzuwühlen aus körnigen Blöcken.

5   Und wie anmutig das Haar gekräuselt, wie kunstvoll geschürzt und gegurtet das leichte Kleid, wie zierlich das Ornament an den Riemen des Schilds, am Bug des Helms, wie zart der Schimmer der Haut, bereit für Liebkosungen, doch ausgesetzt dem unerbittlichen Wettstreit, der Zerfleischung und Vernichtung. (Weiss 1985: 7)

Abb. 6: Pergamon-Altar: Ausschnitt (Pergamonmuseum, Berlin)

Aufgabe 2:

In Dürrenmatts Buch „Der Auftrag" besteht jedes Kapitel aus einer Äußerung, die mit einem Punkt abgeschlossen ist. Diese Äußerungen sind äußerst komplex. Genutzt werden vor allem weiterführende, restriktive und appositive Relativsätze, adjektivische Zusätze, Parenthesen, Nebensätze und die Koordination von Sätzen, wie sie in den vorangehenden Kapiteln beschrieben wurden. Das Buch ist ein formales Experiment mit dem Satzbegriff. Im ersten Ausschnitt spielen Koordinationen eine wichtige Rolle, im zweiten (= Kapitel 1 des Buches) finden sich sehr unterschiedliche Verfahren:

(141) Er nahm die Füsse vom Tisch, stand auf, holte zwischen den Filmrollen eine Flasche Whisky hervor, goß sich Whisky ins Glas, woraus er die Pulvermilch getrunken hatte, schwenkte es, trank es aus, fragte, ob sie an Gott glaube, schenkte sich neuen Whisky ein und setzte sich wieder ihr gegenüber, die von seiner Frage verwirrt wurde, die sie zuerst unwirsch beantworten wollte, aber dann im Gespür, daß sie von ihm mehr erfahre, wenn sie ernsthaft auf seine Frage einging, antwortete, sie könne nicht an einen Gott glauben, weil sie einerseits nicht wisse, was sie sich unter einem Gott vorzustellen habe, und daher nicht an etwas zu glauben vermöge, unter dem sie sich nichts vorstellen könne, andererseits keine Ahnung habe, was er, der sie nach ihrem Glauben frage, unter Gott verstehe, an den sie glauben solle oder nicht, worauf er entgegnete, wenn es einen Gott gebe, sei dieser als reiner Geist reines Beobachten, ohne Möglichkeit in den sich evolutionär abspulenden Prozeß der Materie einzugreifen, der im reinen Nichts münde, ... (Dürrenmatt 1986: 110)

(142) Als Otto von Lambert von der Polizei benachrichtigt worden war, am Fuße der Al-Hakim-Ruine sei seine Frau Tina vergewaltigt und tot aufgefunden worden, ohne daß es gelungen sei, das Verbrechen aufzuklären, ließ der Psychiater, bekannt durch sein Buch über den Terrorismus, die Leiche mit einem Helikopter über das Mittelmeer transportieren, wobei der Sarg, worin sie lag, mit einem Tragseil unter der Flugmaschine befestigt, dieser nachschwebend, bald über sonnenbeschienene unermeßliche Flächen, bald durch Wolkenfetzen flog, dazu noch über den Alpen in einen Schneesturm, später in Regengüsse geriet, bis er sich sanft ins offene von der Trauerversammlung umstellte Grab hinunterspulen ließ, das alsobald zugeschaufelt wurde, worauf von Lambert, der bemerkt hatte, daß auch die F. den Vorgang filmte, seinen Schirm trotz des Regens schließend, sie kurz musterte und sie aufforderte, ihn noch diesen Abend mit ihrem Team zu besuchen, er habe einen Auftrag für sie, der keinen Aufschub dulde. (Dürrenmatt 1986: 9)

G Abfolge und Kommunikative Gewichtung

Prozeduren:
operative, lenkende und symbolische

Kategorien:
Abfolge (Wortstellung), Gewichtungsakzent, Wortakzent

Didaktischer Kommentar:

Dieses Kapitel behandelt eng zusammenhängende Themen: die Abfolge in der Nominalgruppe (G1) und im Satz (G2) sowie die kommunikative Gewichtung in der Äußerung (G3), die neben lexikalischen Mitteln Abfolge und Akzent nutzt. Die Regularitäten der Wortfolge im Satz gelten für Wortgruppen und für nicht zu Wortgruppen ausbaufähige Wörter wie Partikeln, Konjunktoren und Subjunktoren. Bereits besprochen wurden die Abfolge von Adverbien (→ E1.1.4), Adjektiven (→ C4.1), Abtönungspartikeln (→ E6) und Verben im Verbkomplex (→ D1.6). Mit der grundlegenden Wortfolge haben Schüler weniger Probleme, an stilistischer Variation allerdings ist in der Schule zu arbeiten. G4 vergleicht mit dem Türkischen.

Mit Mitteln der Gewichtung werden Äußerungen für die Wissensverarbeitung im laufenden Gespräch oder Text aufbereitet, so dass klar ist, worauf es dem Sprecher/Autor ankommt. Das ist eine wichtige Thematik für die Sekundarstufe, besonders Sek II, da hier die verschiedenen Mittel beherrscht werden müssen.

Wie man den syntaktischen Sprachstand erheben kann, zeigt Kap. G5.

Literaturhinweise:

Hoffmann 2000, 2003; Zifonun/Hoffmann/Strecker 1997: Kap. C2.2.2.2. (Hoffmann) und E4 (Hoberg)

G1 Abfolge und Akzent in der Nominalgruppe

In diesem Kapitel geht es um die zeitliche ABFOLGE, in der die Teile einer Nominalgruppe realisiert werden. Sie entspricht auch der Reihenfolge, in der Hörer sie primär verarbeiten. Aus Hörersicht geht es zunächst darum, die Grenzen einer Funktionseinheit zu erkennen. Denn vorher oder nachher wird keineswegs oft eine Pause gemacht. Auch die Aussage, es gäbe immer eine spezifische Betonung in der Nominalgruppe – sie liege dann auf dem letzten Nomen (*das Haus an der Weser*) – trifft so nicht zu. Klar ist der Anfang einer Nominalgruppe, wenn ein Determinativ vorkommt, beendet ist sie nach einem Relativ- oder Attributsatz:

(1) Mit [**seinen** sechzig **Jahren**] hat er eher wie [**ein** beleibter **Gymnasiast**] gewirkt, [der in der Schule allen weit voraus ist, außer im Sport]. (Haas 2011: 35)

Wenn die Gruppe mit dem Kopf endet (*seinen* sechzig **Jahren**), wird das erst dadurch deutlich, dass ein Ausdruck folgt, der nicht Teil der Nominalgruppe sein kann wie hier das Hilfsverb *hat*, das zum Hauptsatz gehört, nicht etwa zu einem Attributsatz. Mit dem Kopf kann also die Gruppe abgeschlossen sein. Alles, was zuvor kommt, gehört zum Vorfeld der Nominalgruppe, was auf den Kopf folgt, zum Nachfeld (Abbildung 1).

Vorfeldelemente werden – vom Kopf gesteuert – in Genus, Numerus und Kasus flektiert oder erscheinen im Genitiv oder Nominativ (Erweiterungsnomen); mit der Vorfeldflexion wird eine Erwartung, was als Kopfnomen in Frage kommt, aufgebaut und zugleich gewinnt die Gruppe auch formal an Zusammenhalt. Nachfeldelemente bleiben unflektiert und werden im Nachhinein auf den Kopf bezogen.

Die Eröffnungsposition wird von einem Determinativ bzw. einer Determinativgruppe oder einer Genitivgruppe besetzt, die meist nur aus einem Personennamen, einem Ortsnamen oder einer Verwandtschaftsbezeichnung besteht.

(2) „**die** fetten Jahre sind vorbei" (Film), „**eine** verhängnisvolle Affäre" (Film), **solch ein** Desaster; „**Peterchens** Mondfahrt" (v. Bassewitz), **Vaters** Erinnerungen

Das Determinativ kann mit einem unflektierten Determinativ oder Adverb zu einer Determinativgruppe erweitert (*so ein, all diese, welch ein, all meine*) oder mit einem flektierten Determinativ koordiniert sein (*alle diese Machenschaften*).

Eine Adjektivgruppe kann aus mehreren Elementen bestehen (*der **neue Elsässer** Wein, alter und junger Gouda*) (C4.1); nur selten können sie unflektiert sein (*ganz Bayern*).

Das Erweiterungsnomen kann vor oder nach dem Kopf erscheinen (***Kommissar** Oderbruchs Gehilfe, des Wonnemonats **Mai***).

Vorfeld	Determinativ(gruppe) / Genitiv(gruppe)
	Adjektiv(gruppe)
	Erweiterungsnomen

| Kopf | Nomen (Substantiv, Adjektiv/Nominalisierung) |

Nachfeld	Erweiterungsnomen / Genitivgruppe
	Adverb(gruppe)
	Präpositionalgruppe
	Attributsatz / Infinitivgruppe
	Apposition: Nominalgruppe
	Zusatz: Adjektivgruppe

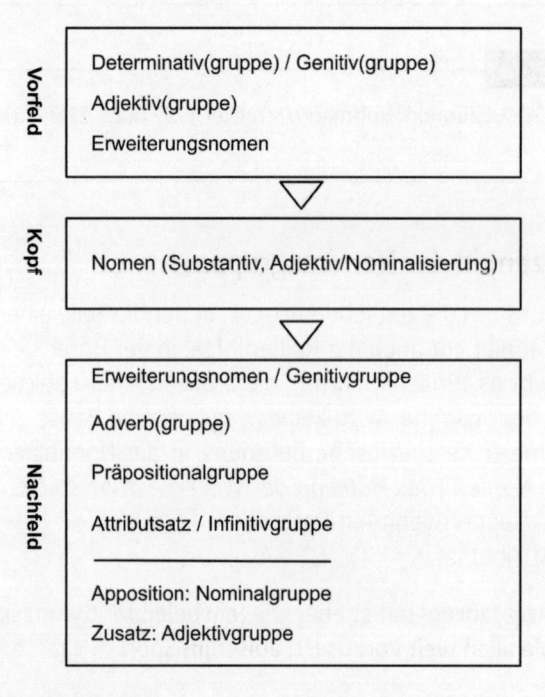

Abb. 1: Abfolge in der deutschen Nominalgruppe: Vorfeld, Kopf, Nachfeld

Im Nachfeld finden wir typischerweise umfangreichere Gruppen bzw. die Attributsätze, die alle ein eigenes Gewicht haben (auch in der Akzentuierung); erschienen sie vor dem Kopf, würde die Erwartung auf den Kopf sehr gedehnt. Sprachgeschichtlich ist im Nachfeld auch das Einfallstor für neu in der Nominalgruppe zu grammatikalisierende Elemente (Adverb → Adjektiv: *hier* → *hiesig, heuer* → *heurig, heute* → *heutig*).

Unmittelbar auf den Kopf folgt ein Erweiterungsnomen (*der Freistaat Bayern*), dann erscheinen Adverbien vor präpositionalen Teilen der Nominalgruppe (*das Haus dort am Stadtrand, die Sehnsucht nach Frieden*). Gelegentlich kommt es zu gewichtenden Distanzstellungen (*gegen Rapper haben sie Vorurteile*), die aber nicht immer wohlgeformt erscheinen

(3) Aus Stein bauen wir ein Haus.

(4) *Aus Seide hat sie eine Bluse gekauft.

Auch Adverbien tendieren zur Kopfnähe (*die Aufführung gestern im Stadttheater, die Aufführung im Stadttheater gestern*). Das gilt ferner für Maßausdrücke (*ein Glas Bier, *ein Glas aus Bayern Bier*).

(5) Du willst den Knirps und **die Ziege da mit ihren fünf Seidenröcken** will ihn. (Brecht 1980: 331)

Appositionen und Zusätze tendieren zum Ende, nach einem Attributsatz, einem Relativsatz z.B., können aber auch in Distanzstellung am Satzende erscheinen.

(6) Casanova erwachte. ... er war jetzt in Prag, solch einen frühmorgendlichen Lärm gab es nur in dieser Stadt, die zu viele Musiker beherbergte, **Blechbläser vor allem**, die sich anscheinend schon sofort nach dem Erwachen an ihre Instrumente machten. (Ortheil 2002: 11) [Apposition, die selbst einen Relativsatz enthält.]

(7) Auf dem Tisch lag nichts als eine Fernsehzeitschrift, **aufgeschlagen am heutigen Tag**. (Ani 2011: 159) [Zusatz: Partizip II]

Distanzstellungen aus dem Vorfeld heraus sind bei quantifizierenden deiktischen Determinativen und Adjektiven zu finden; die distanzierten Ausdrücke tendieren zur Autonomie eines Adverbials; Distanzstellungen im Nachfeld findet man vor allem bei Relativsätzen und Attributsätzen, die Distanz darf aber nicht zu groß sein, der Bezugsausdruck sollte möglichst schon im Mittelfeld stehen und kein anderer Satz dieser Art darf intervenieren; es sollte auch keine Bezugsmehrdeutigkeit entstehen:

(8) **Briefmarken aus San Marino** habe ich **keine/einige/manche**.
Ich habe keine/einige/manche Briefmarken aus San Marino.

(9) **Briefmarken** habe ich **sehr schöne**.
Ich habe sehr schöne Briefmarken.

(10) **Briefmarken** habe ich **diese/die**.
Ich habe die/diese Briefmarken.

(11) Er schwamm an der Oberfläche wie die meisten Menschen, die meisten Männer, da konnte er noch so viel vor sich hin brüten und ein Geheimnis um **Sachen** machen, **die es nicht wert waren**. (Ani 2011: 74)

(12) **Der bleiche Meyer** war dort, **der** bei St. Quentin ein französisches Damenhemd erbeutet **hatte** ... (Brecht 1980: 73)

(13) ?Heute wurde **der bleiche Meyer** von Lehmüller zum Kommandanten geschickt, **der** bei St. Quentin ein französisches Damenhemd erbeutet **hatte** ...

Die Nominalgruppe, aus der heraus ein Determinativ entfernt scheint, muss also im Vorfeld des Satzes stehen:

(14) *Ich habe Briefmarken keine gekauft.

(15) *Ich habe Briefmarken sehr schöne gekauft.

In Fällen wie

(16) Eine Briefmarke habe ich keine.

gehört aber *keine* nicht zur Nominalgruppe, denn zwei Determinative kann sie nicht enthalten.

Ansonsten stehen die Elemente der Nominalgruppe zusammen. Das war nicht immer so und ist auch bei Autoren wie Kleist nicht grundsätzlich so, wo schon mal ein Genitivattribut distanziert erscheint:

(17) *Thusnelda*
Nicht eben gut, Ventidius. Mein Gemüth
war **von der Jagd** noch ganz **des wilden Uhr** erfüllt
(Kleist 2010b: 651)

Wenn wir jetzt die Abfolge mit der im Türkischen vergleichen, zeigt sich, dass Türkisch sehr strikt nach der Zugehörigkeit von links nach rechts ordnet. Regierte Elemente gehen stets den regierenden voran: Objekte dem Verb, Nominalgruppen der Postposition, Adjektive oder Genitivausdrücke dem Kopfnomen. Im Deutschen integrieren wir Determinative und ‚leichte' Attribute vor dem Kopfnomen, ‚schwerere' stellen wir nach. Abbildung 2 stellt die Abfolgen gegenüber.

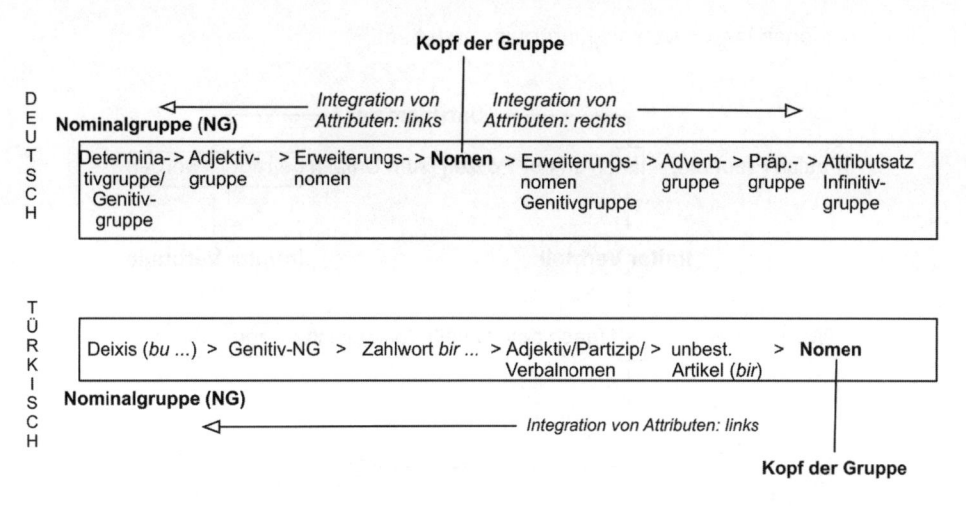

```
                                    Kopf der Gruppe
D                        Integration von      Integration von
E   Nominalgruppe (NG)   Attributen: links    Attributen: rechts
U
T   ┌─────────────────────────────────────────────────────────────────────────┐
S   │ Determina- > Adjektiv- > Erweiterungs- > Nomen > Erweiterungs- > Adverb- > Präp.- > Attributsatz │
C   │ tivgruppe/  gruppe      nomen                   nomen            gruppe   gruppe   Infinitiv-   │
H   │ Genitiv-                                        Genitivgruppe                      gruppe       │
    └─────────────────────────────────────────────────────────────────────────┘

T
Ü   ┌─────────────────────────────────────────────────────────────────────────┐
R   │ Deixis (bu ...) > Genitiv-NG > Zahlwort bir ... > Adjektiv/Partizip/ > unbest.    > Nomen │
K   │                                                   Verbalnomen          Artikel (bir)      │
I   └─────────────────────────────────────────────────────────────────────────┘
S   Nominalgruppe (NG)
C                       ◄─────── Integration von Attributen: links
H
                                                                    Kopf der Gruppe
```

Abb. 2: Vergleich der Abfolge in der deutschen und der türkischen[1] Nominalgruppe

G2 Abfolge im Satz

Das Deutsche hat unter den Sprachen zwei Besonderheiten in der Abfolge: die verschiedenen Positionen des finiten Verbs und die Satzklammer. Das Verb besteht meist aus zwei, manchmal noch mehr Teilen – einem finiten (flektierten) Teil und infiniten, unflektierten.

(18)   sagte, hat gesagt, wird gesagt haben, kann gesagt worden sein

Viele Verben haben ein abtrennbares Präfix, das den zweiten Klammerteil füllen kann:

(19)   fährt ab, setzt über, hält ab, steht auf, setzt an, ruft aus

Das finite Verb erscheint in deutschen Sätzen an erster, zweiter oder letzter Stelle:

(20)   **Sag** mir mal ... **Regnet** es noch? [Verberst-Satz]

(21)   Seit wann **regnet** es? Das Wetter **ist** schrecklich. [Verbzweit-Satz]

(22)   ... weil er es mir gesagt **hat**. Dass er immer so was **sagt**! [Verbletzt-Satz]

Die Position des Finitums unterscheidet Satzarten bzw. Äußerungsmodi (→ H1, H4).

Verbstellung	Äußerungsmodus/Satzart
Verberst-Satz	Entscheidungsfrage, Imperativ, Exklamativ, Wunsch; uneingeleiteter Nebensatz, besondere Fälle des Aussagesatzes
Verbzweit-Satz	Aussage, Ergänzungsfrage, Exklamativ, Wunsch
Verbletzt-Satz	Nebensatz, Exklamativ, Wunsch

Tab. 1: Verbstellung und Äußerungsmodi/Satzarten

---

1   Manchmal geht im Türkischen der unbestimmte Artikel *bir* auch voran; dann bilden Adjektiv und Nomen semantisch eine Einheit. Ansonsten ist *bir* vor dem Adjektiv als Zahlwort wie *iki* ‚zwei' etc. zu verstehen, vgl. *bu iki güzel kız* ‚diese zwei schönen Mädchen'.

Die Verbpositionen lassen sich als Klammer vorstellen:

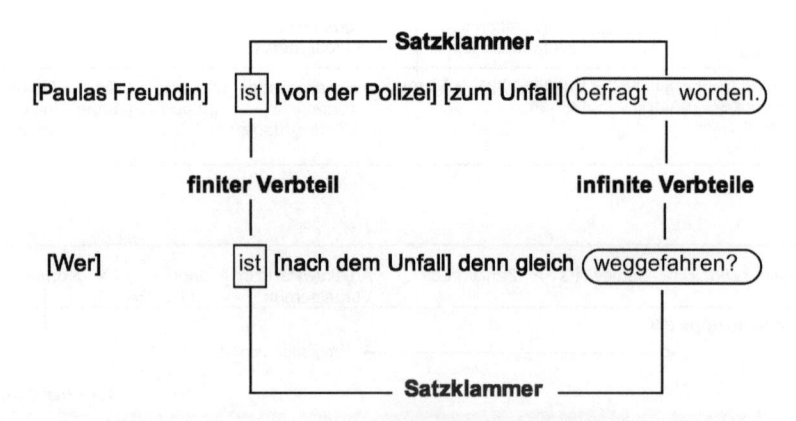

```
                        ──── Satzklammer ────
[Paulas Freundin]  ist  [von der Polizei] [zum Unfall]  (befragt   worden.)

                   finiter Verbteil              infinite Verbteile

[Wer]              ist  [nach dem Unfall] denn gleich  (weggefahren?)
                        ──── Satzklammer ────
```

Abb. 1: Satzklammer im Verbzweit-Satz

Seit langem schon (Erich Drach) gliedert man den Satz in Abfolgefelder, die vor, zwischen oder nach den Verbpositionen liegen. Man spricht auch vom „topologischen Satzmodell", verkennt dann aber, dass es eigentlich nicht um Raum, sondern um Zeit (Abfolge) geht. Der Aussagesatz beginnt mit dem VORFELD, einem Bereich, in dem ein Wort oder eine Wortgruppe oder ein Nebensatz erscheinen kann, bevor dann die finite Verbform realisiert wird. Zwischen der finiten Verbform und den infiniten Verbformen bzw. ihrer möglichen Position liegt das MITTELFELD, das die entscheidenden Elemente der Verbszene enthält. Der Bereich nach den infiniten Verbteilen ist das NACHFELD. Diese Klammerstruktur organisiert die Verarbeitung deutscher Sätze, sie ist daher als operatives Sprachmittel zu begreifen.

```
▷ | Vorfeld | finites Verb | Mittelfeld | infinite(s) Verb(en) | Nachfeld | ▷
              └──────── Satzklammer im Deutschen ────────┘
```

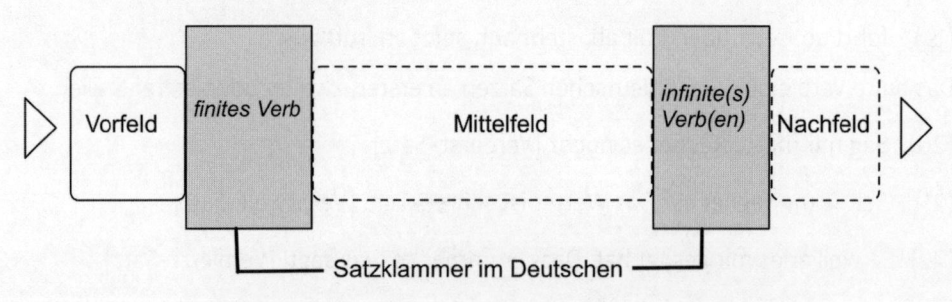

Abb. 2: Felder in der Darstellung der linearen Abfolge (Verbzweit-Satz)

Der nächste Schritt ist nun, dass man die Besetzungsmöglichkeiten der Felder und der Satzklammer beschreibt und erklärt. Tabelle 2 illustriert mögliche Feldbesetzungen.

Vorfeld	Satz-klammer 1	Mittelfeld	Satz-klammer 2	Nachfeld
Was	wird	nächstes Jahr wichtig	sein	--
Der amerikanische Präsident	wird	Deutschland	besuchen	nächstes Jahr
Barrack Obama	wird	zuerst nach Berlin	fahren wollen	--
Die Besucher	stehen	von ihren Plätzen	auf	--
Dort	wird	vor dem Roten Rathaus eine Rede	gehalten werden	--
Dass die laufenden Kriege beendet werden können	hoffen	alle Friedensnobelpreisträger	--	weil es keine Alternative zu friedlicher Entwicklung gibt

Tab. 2: Feldbesetzungen im Verbzweitsatz

Wir können diese Modellierung auch auf Verberst-Formen (Entscheidungsfrage, Imperativausdrücke) anwenden. Hier entfällt aber das Vorfeld. Im Fall der Verbletzt-Sätze nehmen wir an, dass die erste Satzklammer von dem Subjunktor besetzt wird. Der löst ja die Endstellung des Verbkomplexes (zweite Satzklammer) aus.

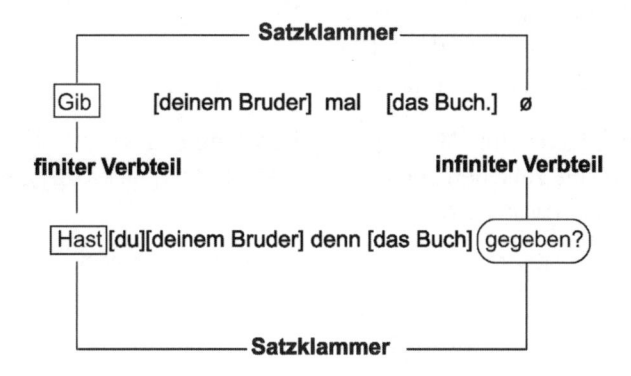

Abb. 3: Satzklammer bei Imperativ und Entscheidungsfrage: kein Vorfeld, finites Verb am Anfang

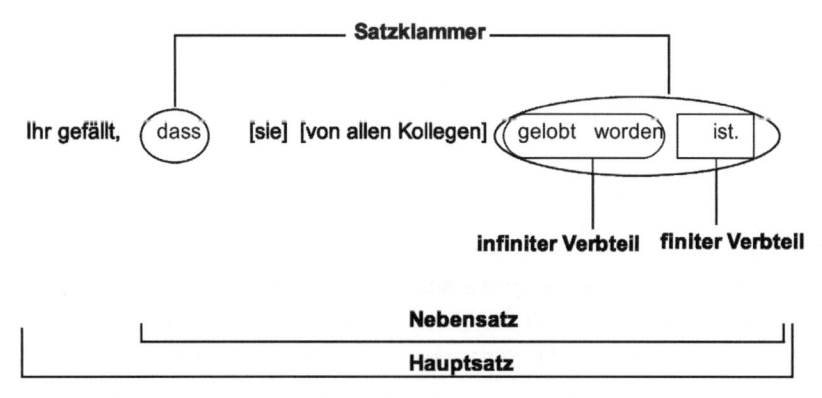

Abb. 4: Satzklammer mit Endstellung des Verbalkomplexes im Nebensatz (im Beispiel ist es ein Subjekt-Satz, eröffnet durch den Subjunktor *dass*)

Vorfeld	Satzklammer 1	Mittelfeld	Satzklammer 2	Nachfeld
--	Bring	mir mal ne Currywurst	mit	--
--	Hast	du an das Buch	gedacht	--
--	Dass	sie sich nicht	schämt	--
--	Wäre	ich doch schon am Ziel	--	--
--	weil	es in diesem Sommer nur	geregnet hat	den ganzen Tag

Tab. 3: Feldbesetzungen im Verberstsatz und im Nebensatz

In der ersten Satzklammer erscheint genau ein Element, ein finites Verb oder im Nebensatz ein Subjunktor, in der zweiten können mehrere stehen oder auch keines.

Ohne Subjunktor erscheint auch ein uneingeleiteter – meist konditionaler – Nebensatz:

(23) Hätte ich bei meinem Projekt auf die Innovationsförderung gewartet, wäre ich heute pleite. (DIE ZEIT, 14.3.1997)

Unter bestimmten Umständen – besonders in der gesprochenen Sprache, in Erzählformen – können auch Aussagesätze ohne Vorfeld vorkommen, z.B. wenn ein Thema weiter mitzudenken ist (Analepse, → C5.3.5):

(24) Schulkommunikation
Schüler [Sie sin aber fleißig]$_{+Th1}$↓ (...)
Lehrer [ ]$_{Th1}$ Bin ich doch immer↓ (Redder 1982: 10)

(25) »Wahrhaftig? Ich hoffe, [Mr. Jaggers]$_{Th1}$ bewundert es.«
»[ ]$_{Th1}$ hat es nie zu sehen bekommen«, sagte Wemmick. »[ ]$_{Th1}$ Hat nie von ihm gehört ...« (Dickens 2011: 198)

Es kann auch der situativ mitzudenkende Sprecher oder Hörer nicht verbalisiert werden:

(26) [ ] Bin müde. [ ] Bist auch müde?

Ein leeres Vorfeld erlaubt es, mit dem Verb als Markierung des Handlungsschritts zu beginnen und die Gewichtung auf die letzte Einheit zu konzentrieren (ob hier ein expletives *es* oder ein *da* einsetzbar wären, spielt keine Rolle; es gilt, das Gesagte zu verstehen, wie es ist):

(27) Kommt ein Pferd in die Kneipe, geht zum Tresen, bestellt einen Whiskey. Erscheint der Koch ...

(28) Musstu wissen, weißdu (Buchtitel Stephan Serin)   [Zu *musstu* → D5.2]

Im Vorfeld kann genau eine Wortgruppe, ein Wort oder ein Nebensatz erscheinen. Das kann ein Subjekt- oder Objektausdruck oder ein Adverbialausdruck (besonders Adverbial der Zeit oder des Orts) sein. Die Abtönungspartikeln sind ausgeschlossen, ebenso *es*, soweit es Akkusativobjekt ist; die Negationspartikel *nicht* begegnet uns hier selten und erscheint manchmal falsch:

(29) Ganz sicher bin ich, daß ich auf meine Zeitgenossen nicht wirke. **Nicht** ist hier die Rede von irgendeiner hineininterpretierten „Opposition" gegen Staat und Gesellschaft ... (Die ZEIT, 23.1.1976)

(30) *Nicht ist heute schlechtes Wetter.

Im Vorfeldgebrauch müssen besondere Gewichtungsverhältnisse herrschen, damit der Bezugsbereich der Negation trotz der Entfernung deutlich bleibt; mündlich wäre *nicht* zu betonen. Naturgemäß können nur infinite Teile des Verbkomplexes bzw. einer Verbgruppe im Vorfeld auftauchen:

(31) **Gelobt werden** gefällt allen.

(32) **Ihre Eltern besucht** hat sie immer gern.

Ins Vorfeld können einige Konjunktoren und Konnektivpartikeln eingefügt werden:

(33) Das **jedenfalls** sollte die EU jetzt nicht tun!
[http://www.radiovaticana.org/ted/articolo.asp?c=465510, 1.8.2011]

(34) Es geht um Anstand und Moral. **Das aber** ist etwas fundamental anderes als was sich ziemt oder was gefällt. [Neues Deutschland, 1.8.2011]

Betrachten wir die folgenden Sätze, dann sehen wir, dass es auch noch vor dem Vorfeld Einheiten gibt:

(35) [**Die Paula**]→ **die** kann ich gut leiden.

(36) Strafverhandlung (F. 17.15)

Angeklagter [**Dass ich da nun letzten Endes die schlimmsten Konsequenzen draus ziehe**]→ [**das**] hat der gar nich gesehen↓

(37) **Paula**→ holst du mal bitte die Kreide?

(38) **Nā** ich weiß nicht.

(39) Kindergarten (Babette (6;4), Timea (5;7))

Babette: Da vorne sieht man doch die Haare.
Timea: **Nee**, das sind keine Haare. s sind Fusseln. (streichelt das
             Puppenköpfchen)
             (Kraft/Meng 2009: K1-5.6-02 (CD))

In diesem Vor-Vorfeld oder INTROFELD werden Einheiten realisiert, die nicht in den Satzaufbau integriert, sondern locker angebunden sind: z.B. eine Thematisierung (→C5.2), die im Vorfeld deiktisch fortgeführt wird (*der Mann, der ... die Frau, die ...*), eine Anrede oder Interjektion. Zwischen den Einheiten liegt mündlich manchmal eine kurze Pause, intonatorisch ist die Einheit im Introfeld über schwebende (progrediente) Intonation angebunden. Noch vor dem Introfeld können Konjunktoren in Zwischenposition erscheinen.

(40) Morgen wird ein schöner Tag, **und** heute, da bereite ich alles vor.

Für das multiethnische „Kiezdeutsch" führt Wiese Beispiele mit vorangestellten adverbialen Ausdrücken an, in denen sie einen neuen Abfolgetyp sieht:

(41) Ich wollte heut zu C&A gehen, wollt mir ein T-Shirt kaufen, **danach** ich muss zu mein Vater. (Wiese 2012: 83)

(42) **Irgendwann in Schule** isch fang an an zu schlafen, ischwöre. (Wiese 2012: 83)

Im Nachfeld erscheinen Satzteile, die zur Satzstruktur gehören, zum Bedeutungsaufbau beitragen, aber aus bestimmten Gründen (Nachtrag, Reparatur, Verteilung komplexer Gehalte) erst hier realisiert werden. Im Nachfeld kann gewichtet werden.

(43) Es droht von der Linken keinerlei geistige Anregung mehr; sie wird sich allenfalls beteiligen **an der Organisation des gesellschaftlichen Zerfalls in Form der politischen Korrektheit**. (Der Spiegel, 18.4.1994)

Im Nachfeld können Appositionen, ausgelagerte Adverbialgruppen erscheinen, vor allem ist dies die Standardposition von Nebensätzen (Subjektsätze, Objektsätze, Adverbialsätze, nachgetragene Relativsätze – besonders restriktive):

(44) Vorgestern erst hab ich abgesagt **in Braunschweig** und meine Tochter hingeschickt. (Delius 2009: 11)

(45) Ich persönlich habe die Erfahrung gemacht→ äh **bei einem** äh **Antrag**→ da äh war die äh ((2 s)) Beamtin sehr ünhöflich auch gewesen→ (FEBA 25, VW-Projekt)

(46) Mir gefällt, **dass dir gefällt**, **was mir gefällt**. [http://de-de.my-likes.de/top/show/agdpbGl-rZXRrcg0LEgVFbnRyeRiJ2mwM, 1.8.2011]

(47) Ich lief herum und machte Aufnahmen, **als plötzlich Schüsse fielen**, **erst zwei Schüsse, dann fünf**, es hörte nicht mehr auf. (Die ZEIT, 5.3.2009)

(48) Jahrelang haben ihm die Menschen **Dinge** gesagt, **die sie vorher nicht mal gedacht hatten**.
[http://www.faz.net/artikel/C30437/andre-mueller-ich-will-selbst-etwas-sagen-30325479.html, 1.8.2011]

Auch nach dem Nachfeld, im RETROFELD können Einheiten erscheinen, es sind spiegelbildlich zur Linksanbindung Thematisierungen, die mit einer Anapher vorbereitet wurden und mit progredienter Intonation und manchmal kurzer Pause (schriftlich: Komma, Gedankenstrich) angebunden sind; man kann von RECHTSANBINDUNG sprechen:

(49) Lange haben wir auf **sie** gewartet – **die Sommerferien**.

Ferner können Augmente (Erweiterungen) so angebunden werden, z.B. Anreden und Interjektionen:

(50) Kindergarten (Beob.: Beobachterin, Mitja (4:9))

Mitja: Oh, die glänzt immer so. Siehst du, wie die glänzt!
Beob.: Als wenn da Schnee drauf ist, **ne**?
Mitja: Hm (Kraft/Meng 2009: 4.6.04)

Das erweiterte Modell einschließlich der Konjunktorposition zeigt Abb. 5.

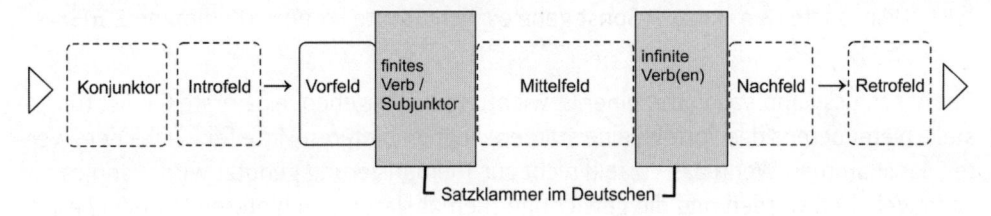

Abb. 5: Erweitertes Feldermodell für das Deutsche

Schwierig ist es, die Abfolge der Elemente im Mittelfeld zu erklären. In der Forschungsliteratur existieren zahlreiche Vorschläge und Erklärungsmodelle. Die Abfolge ist nicht unabhängig gegeben, sondern hängt auch von kommunikativen Bedingungen (thematische Organisation, Gewichtung, Länge und Verarbeitungsanforderung der Einheiten) und der jeweiligen Verbszene ab.

In der Forschung kaum beachtet wird der ANSCHLUSS an die vorhergehende Äußerung desselben oder eines anderen Sprechers. Äußerungen werden selten aus blauem Himmel realisiert. Die Schaltstelle für den Anschluss ist das Vorfeld. Für den Anschluss gibt es folgende Möglichkeiten:

- Ein bereits eingeführtes Thema wird durch einen thematischen Ausdruck (Anapher, Deixis, Nominalgruppe mit bestimmtem Artikel) fortgeführt.

(51) Es war einmal [ein Mann]$_{+Th1}$, **der**$_{Th1}$ verstand allerlei Künste; **er**$_{Th1}$ diente im Krieg ... (Kinder- und Hausmärchen 1999: 327)

- Ein Thema wird durch eine kontrastierende, gewichtete Themafortführung aufgegriffen.

(52) Er habe ein Angebot aus [Göttingen]$_{+Th1}$. (..) Aber **Göttingen**$_{Th1}$, sagte Johanna, gehöre jetzt zu Frankreich. (Kehlmann 2005: 152)

- Es wird ein deutlich markierter, gewichteter Themenwechsel oder eine assoziative Themenerweiterung in Form einer Thematisierung gemacht.

(53) Er war der jüngere von zwei Brüdern. **Ihr Vater**$_{+Th1}$, ein wohlhabender Mann von niederem Adel, war früh gestorben. **Seine Mutter**$_{+Th2}$ hatte sich bei niemand anderem als Goethe erkundigt, wie sie$_{Th2}$ ihre Söhne ausbilden solle. (Kehlmann 2005: 19)

- Der Übergang zu einem weiteren Ereignis wird durch eine Zeitangabe oder eine Ortsangabe realisiert; manchmal finden wir auch Spezifizierungen von Modalität, Art und Weise, Frequenz und Dauer.

(54) Humboldt, den Sextanten in Händen, nickte.
Vier Stunden später, **längst war es Abend**, saß er immer noch da ...
(Kehlmann 2005: 207)

- Das Verhältnis zur Vorgängeräußerung wird durch eine Konnektivpartikel (*dennoch, zweitens, außerdem* etc.) festgelegt.

(55) Nein, sagte Humboldt. – **Sonst** gehe es nicht, sagte Lorenzi. (Kehlmann 2005: 254)

Der Anschluss kann schon mit einer Gewichtung einhergehen; eine erste Gewichtungsstelle bietet bereits das Vorfeld, eine stärkere liegt im hinteren Mittelfeld, nahe der zweiten Satzklammer. Wenn das Vorfeld nicht zur Thematisierung genutzt wird, kann es mit *es* freigehalten werden und die gewichtige Thematisierung im hinteren Mittelfeld erfolgen, so auch in der Märchenformel:

(56) Es war einmal [**ein Königssohn**]$_{+Th1}$, der$_{Th1}$ hatte [eine Braut]$_{+Th2}$, und [ ]$_{Th1}$ hatte sie$_{Th2}$ sehr lieb. (Kinder- und Hausmärchen 1999: 317)

Folgende Tendenzen für die Abfolge lassen sich annehmen:

A. Thematische Ausdrücke erscheinen möglichst früh zu Äußerungsbeginn, in der Nähe der ersten Satzklammer.

(57) [**Der Fahrer**]$_{Th1}$ biegt rechts in die *Insurgentes* ein.
(a) Dann biegt [**der Fahrer**]$_{Th}$ auf einmal links ab. (Ruge 2011: 1099)
(b) [**Der Fahrer**]$_{Th}$ biegt dann auf einmal links ab.
(c) Dann biegt auf einmal [**der Fahrer**]$_{Th}$ links ab.

(58) (a) Niemand wird [**ihm**]$_{Th}$ drei Pesos schenken. (Ruge 2011: 112)
(b) [**Ihm**]$_{Th}$ wird niemand drei Pesos schenken
(c) Drei Pesos wird niemand [**ihm**]$_{Th}$ schenken.

B. Was als relevant gesetzt wird, wird im hinteren Mittelfeld – nah an der zweiten Satzklammer, ggf. nach Modalpartikeln – realisiert oder ins Vorfeld vorgezogen. Andere Positionen als im hinteren Mittelfeld können durch einen Gewichtungsakzent ermöglicht werden. Ein wichtiger Fall ist der des Kontrasts, der auch thematische Ausdrücke dem Relevanzbereich zuweist und damit in den Vordergrund rückt.

(59) (a) Der Manager hat gestern den Spieler wahrscheinlich **dem Trainer** vorgestellt.
(b) Der Manager hat gestern wahrscheinlich **dem Trainer** den Spieler vorgestellt.
(c) **Dem Trainer** hat der Manager gestern wahrscheinlich den Spieler vorgestellt.
(d) Der Manager hat **dem Trainer** gestern wahrscheinlich den Spieler vorgestellt.

Im folgenden Beispiel setzt Diane sich selbst als (einzige) Besitzerin von Sandaletten (7) in Kontrast zu Mandy, die gesagt hatte, sie habe Sandaletten an (1). Das akzentuierte *ich* erscheint im Vorfeld. In Zeile (8) wird die Gradpartikel *auch* am Anfang des Mittelfelds realisiert und kontrastiv akzentuiert (,nicht nur Diane, auch Mandy hat Sandaletten').

(60) Kindergarten (Erz.: Erzieherin, Mandy (4;0), Diane (4;5))

1 Mandy: (zu Diane) Ich hab Sandaletten. Diss sind se. (zeigt die Sandaletten)
2 Diane: Nee. Das sind keine Sandaletten.

3 Mandy:	(zu Erz.) Stimmt's, das sind Sandaletten?
4 Erz.	*reagiert nicht, sie ist noch in das Gespräch mit Dianes Mutter vertieft.*
5 Diane:	Schuhe.
6 Mandy:	Weil hier so frei ist. (zeigt auf die Löcher ihrer Sandaletten) Das sind Sandaletten.
7 Diane:	Nein. **Ich** hab Sandaletten. (zeigt ihre Sandaletten)
8 Mandy:	Ich hab **auch** Sandaletten. Hat Mutti gesagt.

(Kraft/Meng 2009: K1-4.0-43 (CD))

C. In der Abfolge werden Personen (z.B. Handlungsbeteiligte, Handlungsfähige ausgedrückt durch *ich, du, wir*) oder Lebewesen bevorzugt, d.h. möglichst früh realisiert. Der Ausdruck eines Agens (Handelnder) steht nahe an der ersten Satzklammer und vor Ausdrücken anderer Mitspielerrollen; nicht selten ist das Agens zugleich das Subjekt und thematisch. Das Subjekt kann also aus mehreren Gründen an den Anfang des Mittelfelds oder ins Vorfeld streben. Der belebte Empfänger oder Nutznießer (meist im Dativ) steht vor dem erfassten Objekt (meist im Akkusativ); bei den Anaphern geht aber die erfasste Größe voran.

(61) (a) Sie haben **dich dem Chef** vorgestellt.
     (b) ?Sie haben **dem Chef dich** vorgestellt.

(62) (a) Sofort spielte **Max den Ball zu Paul**.
     (b) ?Sofort spielte **den Ball Max zu Paul**.

(63) (a) Der Chef hat **den Mitarbeitern die Pakete** zustellen lassen.
     (b) Der Chef hat **die Pakete den Mitarbeitern** zustellen lassen..

(64) (a) Max hat **es ihr** geschickt.
     (b) *Max hat **ihr es** geschickt.

D. Bei den Adverbialia (zu deren Abfolge → E1.1.5) gehen temporale den lokalen tendenziell voran, der Ausgangspunkt oder ein passierter Raum dem Ziel einer Bewegung.

(65) (a) **Am Morgen** saß Alexander **in der Bahn**. (Ruge 2011: 220)
     (b) **In der Bahn** saß Alexander **am Morgen**.

(66) (a) Wir waren **gestern dort**.
     [http://www.motorsport-total.com/f1/news/kommentare/read.html?i=202431&addurl=, 2.8.2011]
     (b) Wir waren **dort gestern**.

(67) (a) Wer **von Berlin**$_{Ausgangspunkt}$ **nach München**$_{Ziel}$ fliegt (British Airways), zahlt für den Hin- und Rückflug 228 Mark, ... (Die ZEIT, 8.3.1974)
     (b) Wer **nach München**$_{Zielort}$ **von Berlin**$_{Ausgangsort}$ fliegt ...

(68) (a) Ein kostenloser Shuttlebus bringt Sie **vom Flughafen**$_{Ausgangspunkt}$ **zum Bahnhof**$_{Ziel}$. [http://www.visitoslo/de/transport-flughafen.52094.de.html, 2.8.2011]
     (b) ?Ein kostenloser Shuttlebus bringt Sie **zum Bahnhof vom Flughafen**.

(69) (a) Charlotte ging durch die Küche$_{Passage}$ zum ehemaligen Dienstboteneingang$_{Ziel}$ ... (Ruge 2011: 120)
(b) Charlotte ging zum ehemaligen Dienstboteneingang$_{Ziel}$ durch die Küche$_{Passage}$.

E. Kürzere Ausdrücke gehen längeren voran.

(70) (a) Sie besuchte **Alex und ihre vielen Freunde**.
(b) Sie besuchte **ihre vielen Freunde und Alex**.

Dass kürzere Ausdrücke längeren vorangehen, gilt schon für die Ordnung der Attribute in der Nominalgruppe (kürzere vor dem Kopf, längere danach), es gilt auch für Koordinationen und zeigt sich in festen Wendungen, etwa in Paarformeln:

(71) Max und Moritz

(72) Paula und alle, die in ihre Klasse gehen

(73) ein und derselbe, gräulich und abscheulich, mit Haut und Haaren

(74) Peter und seine Freunde – seine Freunde und Peter

(75) Sie haben ihn dem Richter übergeben.

(76) Sie haben dem Richter ihn übergeben [E. – aber auch schon A.]

Manchmal kommen mehrere Tendenzen gleichzeitig zum Zuge, sie können sich verstärken.

Die Tendenzen A und B sind besonders wichtig. Diese funktionalen Regularitäten finden sich in vielen Sprachen. Im Deutschen ist das Mittel der Themafortführung schlechthin die Anapher (*er, sie, es*), die im Türkischen bekanntlich fehlt. Die Anapher ist eine kurze, außer im Genitiv und Dativ Plural einsilbige Form, bei der nur Genus und Numerus helfen, die Verbindung zu einem vorangehenden Bezugsausdruck herzustellen. Für die Sprachverarbeitung ist es daher einfacher, wenn die Anapher früh im Satz erscheint. Tatsächlich kann sie im Vorfeld verwendet werden, im Mittelfeld hat sie sogar einen Stammplatz direkt hinter der ersten Satzklammer[1]. An diesem Ort werden auch personaldeiktische Ausdrücke realisiert, die zwar nicht unbedingt thematisch sind, aber die Handlungskonstellation ausdrücken und die ist ja normalerweise präsent. Hier sind Klitisierungen (Anlehnungen kurzer, unbetonter Morpheme) möglich wie in *haste* ← *hast du, kommste* ← *kommst du*).

(77) Nachts lernte **er** Spanisch. Bonpland fragte, ob **er** denn niemals schlafe. Wenn **er es** vermeiden könne, antwortete Humboldt, nicht. (Kehlmann 2005: 43)

Die Abfolge bei mehreren Ausdrücken dieser Art ist Subjekt vor Akkusativobjekt vor Dativobjekt:

---

[1] Linguisten sprechen von der „Wackernagel-Position" – nach dem Indogermanisten Wackernagel (1853-1938).

(78) Er faltet die Hände der Toten übereinander, so dass **es** aussieht, als hätte **sie es** selbst getan. Dann holt er die Perücke der Verstorbenen und setzt **sie ihr** auf. (Die ZEIT, 13.7.2009)

(79) Sie hat **es mich** gelehrt.

Nominalgruppen erscheinen später im Mittelfeld, in der Regel geht das Dativobjekt dem Akkusativobjekt voran. Die definiten (mit bestimmtem Artikel etc.) sind oft thematisch und tendieren dann auch in Richtung erster Satzklammer; haben sie einen unbestimmten Artikel, dienen sie meist der Themaeinführung und orientieren sich eher Richtung zweiter Satzklammer.

(80) Der Staat müsse **dem Herrn Grafen einige Bäume und einen wertlosen Schuppen** abkaufen. (Kehlmann 2005: 181)

(81) Die Chefin hat **dem Abteilungsleiter den Mitarbeiter** entzogen [Personen, Dativ vor Akkusativ]

(82) Jemand hat **dem Mercedes den Stern** abgerissen. [Dinge, Dativ vor Akkusativ]

(83) Max hat **einen Mercdes einem BMW** vorgezogen. [Dinge, Akkusativ vor Dativ]

(84) Als „ganzen Betrug" bezeichnen die Sparkassen-Experten Fälle, in denen **den Kunden eine Anlage und zwischenzeitliche Gewinne** nur vorgegaukelt werden. (Die ZEIT, 12.8.1994) [Person vor Sache, Dativ vor Akkusativ]

(85) Man beschuldigte **ihn der Vorteilsnahme**. [Person vor Sache, Akkusativ vor Genitiv]

(86) Mia erinnerte **sich seiner/an ihn**. [Akkusativ vor Genitiv/Präpositionalkasus]

Im Dativ sind ja meistens Personen oder Lebewesen als Empfänger und Nutznießer versprachlicht, die ohnehin möglichst früh erscheinen (C.). Präpositionalobjekte oder die Teile von Gefügen mit Nominalisierungsverben (→ D1.5) (*Widerspruch einlegen*) sind komplexer und nach Tendenz E. später zu realisieren, damit die Verarbeitung nicht zu sehr aufgehalten wird.

(87) Mein Sohn pokert. Als mein Sohn neulich **seine Freunde zum Pokern** empfing, sagte ich: „Wenn du willst, könnt ihr die Kartenmischmaschine nehmen. (Die ZEIT, 20.4.2009) [Präpositionalobjekt]

(88) Im Internet lassen sich Anabolika und Wachstumshormone für den Muskelaufbau bestellen, ebenso wie Fatburner und Entwässerungsmittel, die die gestählten Partien besser **zur Geltung bringen** sollen.(DIE ZEIT, 25.08.2008) [Nominalisierungsverb, Funktionsverbgefüge]

Wenn das Akkusativobjekt thematisch ist bzw. das Dativobjekt relevant (mündlich: akzentuiert würde), ist gemäß A. und B. eine veränderte Abfolge möglich; die Gewichtung erlaubt beide Abfolgen.

(89) Am liebsten würde er **das Kind** sofort **dem Jugendamt** übergeben ...
[http://www.ndr.de/fernsehen/epg/epg1157_sid-1016139.html, 2.8.2011]

(90) Am liebsten würde er **dem Jugendamt** sofort **das Kind** übergeben.

Im folgenden Fall sind beide Abfolgen möglich, die zweite erfordert aber ein gewichtetes Dativobjekt.

(91) Er hat **einer Werkstatt einen Wagen** übergeben.

(92) Er hat **einen Wagen einer Werkstatt** übergeben.

Ungewöhnliche Realisierungsstellen sind möglich, wenn der Ausdruck ein besonderes Gewicht erhält, mündlich durch einen Gewichtungsakzent.

(93) Teile mit, dass du das Buch dem Regal/der Kiste entnommen hast.
[http://leselauscherin.wordpress.com/tag/bookcrossing/, 2.8.2011]
[Akkusativ vor Dativ]

(94) ... es war auch so zu merken gewesen, dass sie in die Gesellschaft der Amtspersonen **nicht** gehörten. (Ritzel 2011: 396) [Negation]

Problematischer ist es, wenn die erste Nominalgruppe indefinit und nicht thematisch ist, die zweite aber thematisch, und das Akkusativobjekt vorangeht.

(95) Er hat **ein Buch dem Kind** geschenkt.

Je später ein Subjekt realisiert ist, um so stärker wird die beim Rezipienten aufgebaute Erwartungsspanunng.

(96) »Hast ja eigentlich recht«, hat Lauri gesagt, das sagt er oft, obwohl ja eigentlich meistens **er** recht hat. (Wagner 2011: 32)

Ist das Subjekt eine Anapher, also ein Mittel der Themafortführung, verstärkt sich die Spannung noch und mündlich wird dann ein Akzent gesetzt, mit dem der Ausdruck in den Vordergrund rückt und als gewichtet gilt.

Wenn nicht andere Tendenzen wie C. (Person/Lebewesen erscheint früher) gelten, erscheint bei den meisten Verbszenen (Transaktion: *geben, verkaufen, anbieten, entziehen*; Mitteilung: *erzählen, mitteilen*) das Dativ- vor dem Akkusativobjekt. Allerdings ist ja mit dem Dativ oft eine Person formuliert und die geht ja gemäß C. unbelebten Dingen voran. Verbszenen mit Verben, die insbesondere die Herstellung sozialer Ordnung und Einpassung ausdrücken, wie *anpassen, gleichstellen, unterordnen, vorstellen, vorziehen* ziehen eine Abfolge Akkusativ vor Dativ nach sich.

Teile von Funktionsverbgefügen und festen Wendungen (→ D1.5) erscheinen kurz vor der zweiten Satzklammer.

> *Typische Abfolge von Nominalgruppen, so weit nicht andere Tendenzen greifen:*
> Subjekt vor Dativobjekt vor Akkusativobjekt (vor Negationspartikel *nicht*) (vor Verbgruppenadverbialia) vor Präpositionalobjekt vor nominalen Teilen von Funktionsverbgruppen und festen Wendungen.
> Das gilt besonders für Transaktions- und Mitteilungsszenen. Die Abfolge Akkusativ vor Dativ ist seltener (etwa: Szenen der Herstellung sozialer Ordnung und Einpassung).
>
> *Typische Abfolge von Anaphern und Personaldeixeis, so weit nicht andere Tendenzen greifen:*
> Subjekt vor Akkusativobjekt vor Dativobjekt (vor Negationspartikel *nicht*) (vor Verbgruppenadverbialia) vor Präpositionalobjekt.
>
> Ein Genitivobjekt schließt ein Dativobjekt aus und folgt ggf. auf ein Akkusativobjekt.

Die Grundabfolge zeigt Abbildung 6. Darin können natürlich nicht alle Differenzierungen aufgenommen werden, etwa die Positionen der Negationspartikel, die bestimmt sind durch den jeweiligen Relevanzbereich bzw. einen folgenden quantifizierenden Ausdruck, auf dem die Negation operiert.

(97) <Er hat den Studierenden diese Grammatik> **nicht** <empfohlen>.

(98) Er hat den Studierenden **nicht** <die̲se Grammatik> empfohlen.

(99) <Sie haben ihm> **nicht** <alle Einzelheiten gesagt>.

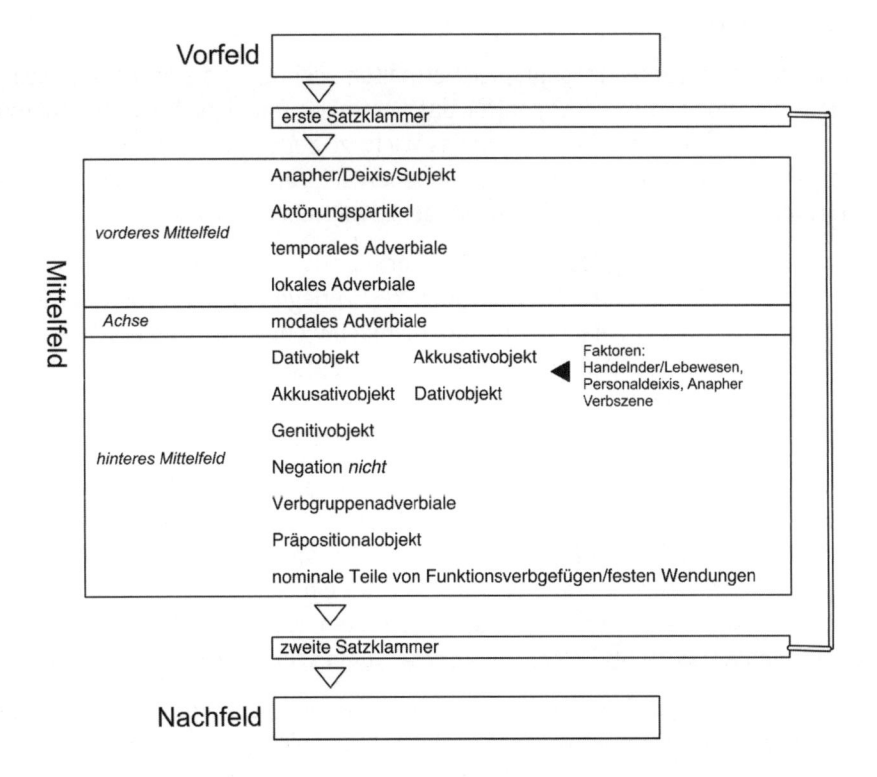

Abb. 6: Grundfolge im Mittelfeld (Tendenz)

> **Aufgabe:**
> Untersuchen Sie, ob die Abfolge in Ordnung ist:

(100) Die beiden waren mit etwas beschäftigt, bei dem man einen Bleistift zur Hand eher selten oder nie hat. (Ritzel 2001: 189)

(101) Nachdenklich und bedrückt waren alle nach einem Tagesseminar in Yad Vashem, das begonnen hatte mit einer Führung durch das Museum und seinen Abschluss fand in einer Begegnung mit Hanna Pick, der besten Freundin Anne Franks, die den Schüler und Studenten aus ihrem Leben während der Shoah erzählt hat. [http://www.ohg.monheim.de/15schulsachenhahn/evkgm.htm, 12.2.2012]

(102) Sobald die gesamte Maische im Läuterbottich zur Ruhe gekommen ist, bilden die Kornspelzen eine natürliche Filterschicht ...
[http://www.badisch-brauhaus.de/hausgebrautes-bier/der-brauprozess/, 12.2.2012]

(103) Sobald die gesamte Maische zur Ruhe im Läuterbottich gekommen ist, ...

(104) Sobald im Läuterbottich zur Ruhe die gesamte Maische gekommen ist, ...

(105) Er hat ein Buch ihm mitgebracht.

G3 Kommunikative Gewichtung

G3.1 Gewichtung

Wenn alles, was ein Sprecher sagt, gleichermaßen wichtig für die Adressaten sein kann, so bringt dies hohe Anforderungen für das Verstehen mit sich. Zur Unterstützung des Verstehensprozesses wird daher meist das Wichtige gegenüber dem weniger Wichtigen hervorgehoben. Rundfunknachrichten, in denen alles als wichtig gilt und Sprecher alle Wortgruppen hervorheben, sind schwer nachzuvollziehen.

In gewichteten Äußerung lässt sich der informatorische Gehalt, das zu übertragende Wissen, in einen gewichteten Teil und einen Rest zerlegen. Nicht gewichtet ist, was bereits bekannt, erwartbar, erschließbar oder einfach weniger wichtig erscheint. Auf den gewichteten Teil soll die Aufmerksamkeit des Adressaten nachdrücklich gelenkt werden. Er steht im Vordergrund, weil er Thema werden soll, neu ist, als besonders relevant gilt oder mit Wissen bzw. Erwartungen der Rezipienten kontrastiert.

Die Gewichtungen markieren Bewegungen im Gespräch oder im Textverständnis: Themen werden eingeführt, Sachverhalte nach Relevanzen differenziert, Sachverhaltselemente kontrastiert, um das Partnerwissen umzuorganisieren, scheinbar Gewusstes zu korrigieren. Auch wenn im Frage-Antwort-Muster ein Wissensdefizit umrissen und behoben wird, kann die Gewichtung mitspielen, als Kennzeichnung des Fraglichen und des einschlägigen Antwortteils (_Wer_ schnarcht? – _Paula_ schnarcht).

Mit der Gewichtung wird den Rezipienten eine Wissensverarbeitung ermöglicht, die den Aufbau eines differenzierten Wissens und den Nachvollzug der ausgedrückten Bewertungen erlaubt. Der Wissenstransfer wird damit entscheidend unterstützt. Akte des Gewichtens werden von Sprechern/Autoren mit sprachlichen Mitteln unterschiedlicher Art realisiert, die sich auf Sachverhaltsausdrücke und ihre Teile beziehen. Wer ein A gewichtet, setzt ein B voraus, das eine Folie für die Gewichtung bildet. Kommunikative Gewichtung leistet eine Ausdifferenzierung des Gesagten in Vordergrund und Hintergrund. Der Hintergrund kann die Umgebung eines in den Vordergrund gerückten Satzes sein, meist aber hat der Satz selber eine Vordergrund-Hintergrund-Strukturierung.

> Unter dem VORDERGRUND verstehen wir den Teil des Gesagten, der für den Adressaten durch spezifische Mittel als gewichtet markiert ist. Dies ist der Gewichtungspunkt (kurz: Punkt) der Äußerung. Was nicht zum Vordergrund gehört, sprachlich nicht hervorgehoben ist, wird dem HINTERGRUND zugeordnet.

Mit Akten des Gewichtens lenken Sprecher/Autoren aufgrund vorgängiger Bewertung die Adressaten auf Elemente des Gesagten, die in ihrem Wissen einen spezifischen Stellenwert erhalten sollen. Auf der Formseite entspricht der Gewichtung die Bildung einer Hervorhebungsdomäne mit den dafür ausgebildeten sprachlichen Prozeduren. Diese Prozeduren bilden zum Ausdruck der Gewichtung einen FUNKTIONSKOMPLEX (Ensemble sprachlicher Mittel wie lineare Abfolge + Intonation/Akzent).

Die Gewichtung erstreckt sich auf bestimmte funktionale Einheiten wie etwa die Prädikation, die Subjektion, gegenstandsbezogene Einheiten innerhalb der Prädikation, Restriktionen oder Spezifikationen. Funktional unterschiedliche Ausdruckseinheiten, die in unterschiedlicher Weise oder an unterschiedlicher Stelle zum Aufbau der Äußerung beitragen, bilden keine einheitliche Hervorhebungsdomäne, allerdings können mehrere Funktionseinheiten im Vordergrund stehen.

> Nur Funktionseinheiten können in den Vordergrund gesetzt werden.

Die Gewichtung betrifft die Informationsstruktur. Die thematische Organisation ist davon unabhängig (→ C5). Was kann gewichtet werden? Es gibt verschiedene Möglichkeiten.

(a) Gewichtet wird ein neues Thema

Das folgende Beispiel zeigt einen Erzählanfang. Hier ist erstmalig von einer Lehrerin die Rede, die Protagonistin und Thema des Erzählten werden soll. Im Folgenden sind die Hervorhebungsbereiche in spitze Klammern eingeschlossen.

(1) Da war <eine L__ehrerin>$_{+Th1}$ → • [die]$_{Th1}$ hat ihn h__ier genommen↓
     (IDS Kommunikation in der Stadt 42/3 (retranskribiert))

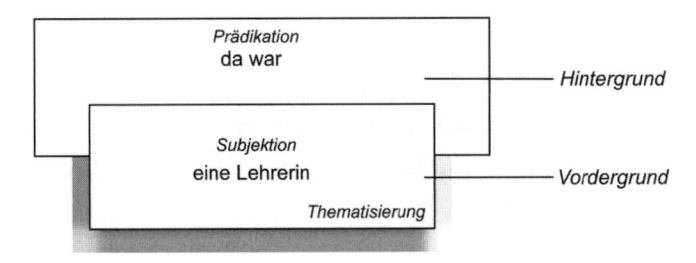

Abb. 1: Thematisierung im Vordergrund

Im folgenden Beispiel thematisiert der Richter in seiner Frage (Fl. 3) das Haus, in dem der Angeklagte wohnt (3); es geht um dessen Einkünfte.

(2) Strafverhandlung (F3)

1 Richter	Bei dem wohnen Sie↑
2 Angeklagter	Nein→ ich wohne anne <u>Hom</u>burger Straße, und der wohnt anne <u>Hol</u>sten-Straße↓
3 Richter	Wem gehört denn <das Haus>$_{+Th1}$↑ Nich <u>Loh</u>mann↑
4 Angeklagter	Anner Homburger <u>Stra</u>ße [das Haus]$_{Th1}$↑
5 Richter	Jà
6 Angeklagter	Nein→ das$_{Th1}$ is <u>Mie</u>te↓

Man kann auch die Wahrheit eines propositionalen Gehalts thematisieren, indem man ihn insgesamt thematisiert:

(3) Strafverhandlung, Eröffnung (F.2)

Richter <Herr <u>Wild</u>>$_{+Th1}$→ <<u>sind</u> Sie überhaupt vernehmungsfähig>$_{+Th2}$ oder <sind Sie<be<u>trun</u>ken>$_{Th+2}$ ↓

(b) Gewichtet werden Informationsgehalte, die im Verhältnis zur Umgebung relevant sind.

Häufig steht die Prädikation im Vordergrund, die Subjektion im Hintergrund:

(4) A Was kannst du noch über sie sagen?
     B Sie <arbeitet wie der <u>Teu</u>fel>. (Hörbeleg)

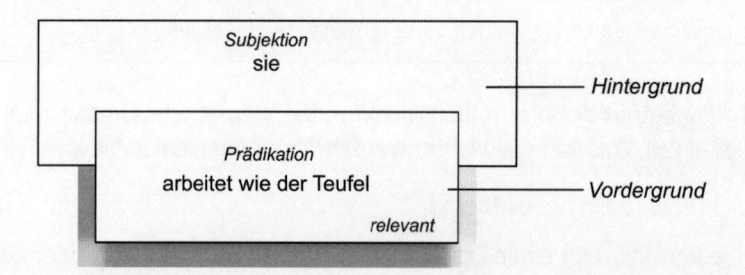

Abb. 2: Relevanter Informationsgehalt im Vordergrund

(5) Strafverhandlung (F4)

Angeklagter Äh der Grund→ dass äh diese äh Sache von mir gemacht wurde→ <lach in meinen damaligen äh sehr sehr äh schwierigen finanziellen Ver<u>hält</u>nissen>↓

Der Gehalt der Prädikation schließt neben dem Prädikat alle Elemente der Verbszene (Objekte, spezifizierende Adverbialia der Verbguppe) ein.

Die Gewichtung kann relevante Teile des neuen Wissens herausstellen und die Adressaten darauf aufmerksam machen:

(6) ... und zwar hab ich mich <im Bus> mit <zehn> <Polizisten> angelecht↓
     (IDS Kommunikation in der Stadt 42/11 (retranskribiert))

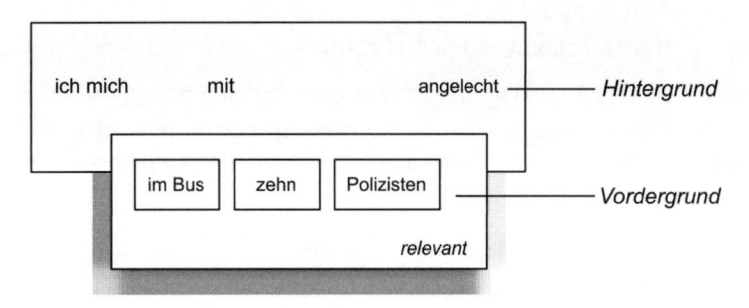

Abb. 3: Mehrere relevant gesetzte Elemente im Vordergrund

In diesem Beispiel kann der Prädikatsausdruck aufgrund der Mehrfachakzentuierung nicht als einheitliche Hervorhebungsdomäne gelten. Die Erzählerin hält mehrere Teile des Gesagten für relevant und hebt die Ausdrücke hervor:

- den Ort des Geschehens (*im Bus*), als Satzadverbial außerhalb der Prädikation;
- die Anzahl der Antagonisten (*zehn*);
- die Mitgliedschaftskategorie der Antagonisten (*Polizisten*).

Im folgenden Beispiel setzt die Frage zwei Wissensdefizite relevant, die beide in der Antwort behoben werden:

(7) (Talkshow Vera 3/2002; (Mod)eratorin; C (Gast); Happe/Hoffmann)

Mod Wer hat jetzt wen betrogen↓
C   <Er> <mich>↓

(c) Gewichtet werden Elemente des Gesagten, die mit Wissen und Erwartungen der Adressaten kontrastieren; mit der Kontrastierung soll eine Veränderung im Adressatenwissen bewirkt werden.

(8) Strafverhandlung (F.1)

Richter   Ja, aber wie sindse denn reingekommen↓ Ham Schlüssel gehabt↓
Angeklagter   Ich wüsste überhaupt gar nich→ dass ich da drin war↓

Der Vorsitzende impliziert, dass der des Einbruchs beschuldigte Angeklagte in der Gaststätte gewesen ist; der Angeklagte möchte dies zurückweisen, tatsächlich aber beansprucht er – und das im Konjunktiv (*wüsste*) – nur (trunkenheitsbedingt) mangelndes Wissen. Der Kontrastakzent liegt auf der Präteritumsform und damit auf dem Sachverhalt bzw. seiner Wahrheit.

(9) Strafverhandlung (F.1)

Angeklagter   ... wir haben ne richtige • Zechtour ham wir hinter uns gehabt↓
Richter   Am/ morgens oder↑
Angeklagter   ((2.9 s)) <u>Schon</u> den Abend vorher↓

Die erste Äußerung des Angeklagten (in einer *apo koinou*-Konstruktion[1]) lässt den genauen Zeitpunkt offen. Das *schon* hat die kontrastierende Bedeutung einer Vollendung vor einem Erwartungszeitraum; die Gewichtung erfolgt im Zusammenspiel mit dem Akzent.

Wiederholte deiktische Ausdrücke können kontrastiert und betont werden, da sie auf Unterschiedliches verweisen:

(10) Kindergarten (Daniela (6;0), Michael (5;11))

Jedes Kind belädt ein Auto.

Daniela: Ich leg meine hierhin.
Michael: **<u>Ich</u>** leg meine **<u>hier</u>**hin.
           (Kraft/Meng 2009: K1-6.0-16 (CD))

G3.2 Mittel und Formen des Gewichtens

Auf der Formseite wird die Gewichtung durch die Interaktion unterschiedlicher sprachlicher Mittel geleistet. Gewichtend wirken die folgenden operativen Prozeduren:

(a) Akzentuierung als Mittel der Intonation: Sie kann eingesetzt werden, um den Trägerausdruck (exklusiv oder mit einem Teil seiner Umgebung) als Hervorhebungsdomäne zu markieren; ferner können Pausen im Zusammenspiel mit folgenden hervorgehobenen Wortgruppen Relevanzbereiche markieren, schließlich wird erhöhte Lautstärke häufig in Verbindung mit reduziertem Tempo eingesetzt, um eine Einheit als gewichtet zu kennzeichnen. Wir gehen hier besonders auf den Akzent ein. In der Schriftlichkeit können Attribute wie Unterstreichung, Kursivsetzung oder Sperrung sehr begrenzt eine Kompensation liefern.

(b) Lineare Abfolge: Eine andere als die erwartete Abfolge (Vorziehen, Verzögerung) oder die Realisierung in einem spezifischen Feld (Vorfeld, Nachfeld) oder die Nachbarschaft zu hervorhebenden Ausdrücken können eine Hervorhebungsdomäne schaffen.

(c) Lexikalische Einheiten: Grad- und Negationspartikeln, aber auch einige Subjunktoren (z.B. *während, wohingegen*) und Konjunktoren (z.B. *aber*) erzeugen eine Hervorhebungsdomäne in ihrer Umgebung.

Die Mittel haben eine unterschiedliche Reichweite. Lexikalische Einheiten und lineare Abfolge können Wortformen, Wortgruppen oder Nebensätze als Bezugsgrößen hervorheben. Die Intonation markiert darüber hinaus auch einzelne Silben oder den ganzen Satz. Graphisch kann jede Funktionseinheit (auch über die Satzgrenze hinaus) markiert

---

1 Verbalisierungsverfahren, bei dem ein Äußerungsteil auf zwei andere, einen vorhergehenden und einen folgenden, zu beziehen und damit Teil von zwei Konstruktionen ist.

werden; graphische Hervorhebungen werden aber – schon aus ästhetischen Gründen – sparsam eingesetzt, etwa bei wirklicher Emphase.

Die Gewichtung kann LOKAL oder KOMPOSITIONELL sein: Sie kann genau den durch das Mittel markierten Bereich, die entsprechende Funktionseinheit, umfassen (lokale Gewichtung) oder ausgehend von einem Exponenten weitere Teile der Nachbarschaft in die Hervorhebungsdomäne einschließen, soweit ihr eine höherstufige Funktionseinheit korrespondiert (kompositionelle Gewichtung). Es folgen zur Illustration ein Kontrast- und ein Präzisierungs-Beispiel:

(11)   A: Was macht ihr?
       B: Wir <spielen Fußball> [Prädikation relevant gesetzt]
       C: Wir spielen nicht <Fußball>, sondern <Rasentennis> [Kontrastierung des Objekts]

Eine kompositionelle Akzentuierung greift ein Element einer Funktionseinheit als Exponenten heraus (B: Fußball als Exponent der Prädikation) und der Adressat muss erkennen, dass nicht nur dieses Element (Nomen), sondern der größere Ausdruck, zu dem es gehört (die Verbgruppe), hervorgehoben werden soll und damit die ganze Prädikation.

Die Hervorhebungsdomäne kann eine Silbe, aber auch einen ganzen Satz oder eine Satzfolge umfassen:

(12)   Das ist kein<Vor>teil, es ist ein <Nach>teil. [Silbe]

(13)   Es war nicht <Paul>, es war <Peter>. [Wort]

(14)   Es ist <eine mittlere Katastrophe>. [Wortgruppe]

(15)   <Obama ist gewählt>. [Satz]

(16)   <Es regnet>. [Satz, nicht betonbares Subjekt]

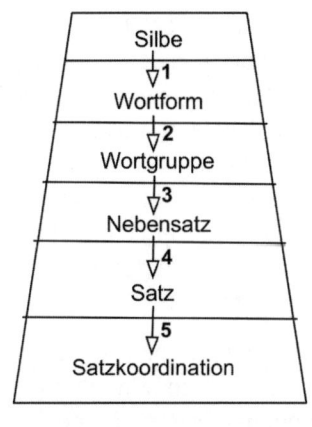

Abb. 4: Hervorhebungsdomänen

Der Gewichtungsakzent wird an der Hauptakzentstelle einer Wortform (→ B2.1) realisiert. Eine akzentuierte Silbe tritt gegenüber den Nachbarsilben einer Einheit auditiv stärker hervor. Dies wird erreicht durch einen Tonsprung nach oben oder unten im Kontrast zu einem langsam steigenden oder fallenden oder eher ebenen Tonverlauf und durch besondere Intensität. Besonders ausgeprägt erscheinen in der Regel Kontrastakzente (maximal hoher Gipfel) und Exklamativakzente (maximale Dauer, langer und starker Anstieg, Auseinandertreten von Intensitäts- und Tonhöhengipfel). Der Akzent auf Vorfeldausdrücken hat fallend-steigende Kontur (Talform), der Mittelfeldakzent i.d.R. fallenden Tonverlauf.

Der Übergang 1 ist nur möglich, wenn die Hauptakzentstelle betont ist; Übergang 2 hängt davon ab, ob die Wortform als Exponent einer Wortgruppe gelten kann, d.h. dass die Gewichtung der ganzen funktionalen Einheit zukommt. Maximale Hervorhebungsdomäne ist die Satzkoordination; Nebensätze bilden eigenständige Hervorhebungsdomänen. Ein komplexer Satz kann als Einheit von zwei satzförmigen Hervorhebungsdomänen erscheinen, von denen eine wiederum besonders stark ist.

G3.2.1 Hervorhebungsdomäne: Wortgruppe (außer Verbgruppe)

Eine Wortgruppe ist um einen Kopf als strukturell-funktionales Zentrum herum aufgebaut. Der Kopf bestimmt die Funktion der Einheit. Er kann diese Funktion nur in wenigen Fällen (z.B. als Eigenname (*Pia*), Anapher (*sie*), Persondeixis (*du*), reines Pluralnomen wie *Wale*) allein realisieren; in der Regel bedarf er der funktionalen Integration anderer Ausdrücke, die ihn dabei unterstützen. Wie kommt man dazu, dass die Hervorhebung eines Teils einer Einheit die ganze Einheit zur Domäne macht? Darauf können funktionale Erwägungen eine Antwort geben. Betrachten wir ein Beispiel:

(17) Strafverhandlung (F.21)

Richter   Jā→ ham Sie hier in Deutschland irgendwo sonst <u>Deutsch</u> gelernt↑
Angeklagter Jà→ <von • <u>Freunde</u>>↓

Mit der Frage wird dem Angeklagten der Gedanke ‚der Adressat hat in Deutschland nicht in der Schule, sondern woanders Deutsch gelernt' zur Entscheidung aufgegeben und ist damit relevant gesetzt für die Antwort. Das Responsiv folgt der Fragetendenz und erklärt für gewiss, dass der Angeklagte Deutsch gelernt hat. Der Angeklagte gibt die spezifizierende Antwort, er habe es informell gelernt, „von Freunden". Relevant gesetzt als Antwort ist die ganze Präpositionalgruppe. Der Akzent auf der ersten Silbe von *Freunde* vererbt sich also (wird projiziert, wie man auch sagt) auf das Nomen, dann auf die (einelementige) Nominalgruppe und schließlich die Präpositionalgruppe. Mit dem Akzent auf dem letzten Nomen kann also die ganze Präpositionalgruppe hervorgehoben und damit die Spezifizierung gewichtet sein.

In einer Nominalgruppe ist es das letzte Nomen, das akzentuiert werden muss, damit die ganze Gruppe hervorgehoben werden kann. In einer einfachen Nominalgruppe ist das der Kopf, sonst der nominale Kopf der letzten Gruppe.

(18) <Die Katze auf dem heißen <u>Blech</u>dach> (Filmansage/Hörbeleg)

(19) Er hat also dem Uhu (...) <den ganzen Kopf eines <u>Adlers</u>> dahin gebaut.
      (Sperlbaum, Proben dt. Umgangssprache, 155 (retranskr.))

(20) <der Mann da>, <die Unterrichtsstunde gestern>, <Hänschen klein>

Schriftlich muss man die Gewichtung mitdenken und hat dabei nur die Abfolge als Anhaltspunkt. Ein Attributsatz hat eine eigene Gewichtung:

(21) <der Mann, <der das alles weiß>> ... [Nominalgruppe mit Relativsatz]

Im folgenden Beispiel ist nicht die Nominalgruppe hervorgehoben, dazu müsste *Mann* akzentuiert sein, sondern nur das deiktische Determinativ *der*:

(22) Strafverhandlung (F.20)

Richter   <Der> Mann, der sich vor Sie zunächst schräg gestellt hatte und Sie ansprach ...

Wir beziehen nun weitere Wortgruppen ein:

(23) Strafverhandlung (F.4)

Richter   Und ham Se denn da irgendwas entgegengenommen↑
Angeklagter   Ich habe (...) <Da oben> hab ich dann <einen/einen ä ä gebrauchten Wohnwagen> abgeholt ja
                   [Adverbgruppe *da oben*, Nominalgruppe *einen gebrauchten Wohnwagen*]

(24) <Sie da>; <das da> [Personaldeixis/Objektdeixis als Kopf mit deiktischem Adverb *da*]

(25) <das, <was sie will>> [Objektdeixis als Kopf mit Relativsatz als eigener Teildomäne]

(26) <sehr gern> [Adverbgruppe mit Intensitätspartikel *sehr*]

(27) <sehr schön>; <total gut>; <völlig ausreichend> [Adjektivgruppe mit Intensitätspartikel *sehr*]

Ein deiktisches Integrat wird nicht hervorgehoben, der Akzent bleibt beim Kopf (die *da*). Wir fassen die Beobachtungen zusammen:

> A. Kompositionaler Akzent: Wortgruppe (außer Verbgruppe)
>
> Enthält eine Gruppe Nomina, so erhält das letzte Nomen den kompositionalen Akzent.
> In einer Phrase ohne Nomen erhält die letzte Anapher, Personal-/Objektdeixis respektive das letzte Adverb und sonst ein Adjektiv den Akzent.
> *Hierarchie:*
> Letztes Nomen > letzte Anapher/Person-/Objektdeixis > letztes Adverb > letztes Adjektiv

Noch nicht einbezogen sind Phrasenteile, die prinzipiell eine eigene Akzentdomäne bilden. Ausdrücke wie *allein*, *selbst*, die dem Kopf nachgestellt werden können oder müssen (*Peter selbst*), erscheinen in dieser Stellung immer akzentuiert, so dass hier eine kompositionale Akzentuierung möglich und erst im Äußerungsrahmen entscheidbar ist. Dies ist ein Fall lexikalisch bedingter Hervorhebung. Die ganze Gruppe ist hervorgehoben, wenn auch der vorhergehende Kopfausdruck akzentuiert ist: <der Direktor selbst>.

Die Regularitäten sind funktional zu erklären:

(a) Hervorgehoben werden Ausdrücke, die selbst als Köpfe fungieren können, seien die zugehörigen Wortgruppen nun ausgebaut oder nicht;

(b) Wenn eine Gruppe durch weitere, dem Kopf folgende und funktional integrierte Gruppen ausgebaut ist, erhält der Kopf der letzten Gruppe den Akzent, so dass die Integration in die Gesamtgruppe und der Umfang der Hervorhebungsdomäne verdeutlicht werden – somit kommt die lineare Abfolge ins Spiel;

(c) Ausdrücke des Symbolfelds werden primär hervorgehoben.

In einer Koordination wird stets das zweite oder letzte Konjunkt hervorgehoben und dient als Exponent (<Peter und wir>). Das gilt nicht, wenn sie iterativ ist:

(28) Ich sage nur <China→ China→ China>↓ (Hörbeleg, Altkanzler Kiesinger, 1969)

Für Rezipienten bleibt zu entscheiden, ob die ganze Koordination oder nur diese letzte Gruppe die Hervorhebungsdomäne bildet.

Auf Pausen zur Hervorhebung einer Wortgruppe kann hier nur kurz eingegangen werden. Relevanzpausen orientieren besonders auf folgende relevante Einheiten, seltener auf vorhergehende. Die Sprecher müssen darauf achten, nicht das Rederecht zu verlieren. Daher setzen sie dieses Mittel vor allem dann ein, wenn sie die Lizenz für einen längeren Beitrag haben (Erzählung, Vortrag etc.). Im folgenden Beispiel ist die Erstreckung der Domäne durch die Interaktion von Pause (Anfang) und Gewichtungsakzent gut markiert.

(29) Strafverhandlung (F.21)

Staatsanwalt   Das kann ich mir überhaupt nich vorstellen→ widerspricht auch
               jedem ((0.9)) <normalen Ablauf> bei Haschischgeschäften.

G3.2.2 Hervorhebungsdomäne: Verbgruppe

Wird die Prädikation gewichtet, so bildet sie typischerweise das Rhema im Gegensatz zu einer thematischen Subjektion.

Was als Exponent gewählt wird, zeigen einige Beispiele:

(30) IDS Kommunikation in der Stadt (Frauengruppe, A 1035)

PET   da sacht der Klaus des <stimmt net> Mami • • <schlägt> die <auf den Tisch>
      der Tisch ist <so> hoch gehupft
      [Exponent: Verb (*stimmt net*), Exponent: letztes Nomen (*schlägt auf den Tisch*)]

(31) Strafverhandlung (F.13)

Richter <Wolln> Sie <davon Gebrauch machen> oder <wolln> Sie <schweigen>↓
        [Exponent: letztes Nomen, Exponent: Vollverb (Infinitiv)]

(32) Strafverhandlung (F.21)

Richter <Wie fing> das <denn an>→ mit dem • Eigenkonsum↓
    [Exponent: trennbarer Verbteil]

(33) Ja, an Autobushaltestellen <stellt> man <sich selbstverständlich an>
(Sperlbaum 1975: 127 (retranskribiert)) [Exponent: trennbarer Verbteil]

(34) WDR II (Interview, WDR II, Ansichtssachen, 107f.)

Modatorin   Ham Sie solche Beobachtungen an Ihren Kindern auch gemacht↑
Interviewte   Ja zuerst <warn> se immer <erkältet gewesen>↓
                   [Exponent: Vollverb (Partizip II)]

(35) Strafverhandlung (F.2 05f.)

Richter Sie <könn doch kaum noch n Wort richtig aussprechen>↓
        [Exponent: letztes Nomen]

B. Kompositionaler Akzent: Verbgruppe

Das letzte Nomen, das zu einem Integrat des Prädikats (Nominalgruppe in Objektfunktion, prädikatives Nomen, Teil eines Funktionsverb- bzw. Streckverbgefüges) gehört, erhält den kompositionalen Akzent.
In einer Gruppe ohne Nomen wird ein trennbarer Verbteil akzentuiert, sonst das Vollverb.
Hierarchie:
Letztes Nomen (einer integrierten Nominalgruppe) > trennbarer Verbteil > Vollverb

---

Auch hier sind allgemeinere funktionale Prinzipien sichtbar:

(a)   Abfolge: Außerhalb des Verbkomplexes wird das jeweils letzte Element einer Gruppe hervorgehoben. Hinzukommt, dass die zusammengehörigen Teile vielfach unmittelbar aufeinander folgen.

(b)   Unterscheidung Kopf – Umgebung: Wenn man den Verbkomplex insgesamt als Zentrum betrachtet, so hat die Umgebung Vorrang in der Markierung der Hervorhebungsdomäne. Deren Integration steht ja nicht von vornherein fest. Akzentuiert werden Teile der Prädikation, die potenziell einen Gegenstandsbezug erlauben; bei Verbalnomina (*Wort halten, im Recht sein, zur Kenntnis nehmen*) ist er allerdings verblasst.

(c)   Verbnähe: Die semantische Nähe zum Verb (als Integrat) spielt eine Rolle.

G3.2.3 Hervorhebungsdomäne: Satz

Das Grundprinzip für Sätze, die eine einheitliche Gewichtung erhalten, ist:

> **C.1 Kompositionaler Akzent: ausgebauter Satz, Satzkoordination**
>
> Eine Hervorhebungsdomäne Satz wird gebildet, wenn alle primären Komponenten innerhalb von Hervorhebungsdomänen liegen.
> Koordinationen von Sätzen können dann als gemeinsam hervorgehoben gelten, wenn ihre Konjunkte akzentuiert sind.

(36) (Rundfunknachrichten DLF 2.9.1998 14.00h)
 <Südafrikas Staatschef Man<u>de</u>la> <hat als neuer Führer der blockfreien Bewegung eine Reform der <u>Welt</u>wirtschaftsordnung verlangt.>
 [Subjektion und Prädikation gewichtet]

(37) <<<u>Karl</u>> <hat wieder mal ein <u>Buch</u> geschrieben>>.
 [Subjektion und Prädikation gewichtet]

Es gilt für strukurell einfache Sätze (mit einstelligem Verb, ohne nominale Objekte) eine Besonderheit:

> **C.2 Kompositionaler Akzent: strukturell einfacher Satz**
>
> Ist der Subjektausdruck im Vorfeld hervorgehoben, so wird der Satzrest nicht akzentuiert. Sonst wird der Subjektausdruck intonatorisch in den Satzrest integriert (das Vollverb bzw. der letzte Vollverbteil wird Exponent).

(38) A: Was ist passiert?
 B: <<Der <u>Papst</u>> spricht>.
 C: <O<u>ba</u>ma <ist gewählt>>.
 D: <Sie <steigt <u>um</u>>>.

Schließlich kann der flektierte Verbteil akzentuiert werden:

(39) <Paula <u>ist</u> pünktlich gekommen.>_{Assertion}

(40) <Paula ge<u>wann</u> das Spiel.>_{Assertion}

Gewichtet erscheint hier der positive Gehalt der Assertion zum Ausschluss einer (vorausgegangenen, unterstellten) Negation (,Paula ist unpünktlich gekommen', ,Paula verlor'). Da die ,Wahrheit' des Sachverhalts gewichtet wird, spricht man auch vom „Verum-Fokus" (Höhle). Typisch ist diese Gewichtung für kontrastiv-korrektiven Gebrauch. Es gilt:

> **C.3 Wahrheitsgewichtung**
>
> Die Hervorhebung des flektierten Verbteils gewichtet den affirmativen Gehalt einer Assertion.

Konjunktoren, Subjunktoren wie auch linksangebundene Ausdrücke liegen außerhalb der Akzentdomäne Satz.

Die Gewichtung nutzt somit Intonation und Abfolge, mündlich interagieren beide. Das Mittel der linearen Abfolge kann zumal im Blick auf schriftliche Texte isoliert betrachtet werden. Wir orientieren uns dazu weiterhin am Modell der Abfolgefelder. Die Gewichtung erfolgt an bestimmten Positionen. Im Deutschen gewichtet man mit der Abfolge:

- primär zum Äußerungsende hin: Vor Abschluss der verbalen Satzklammer wird relevante Information in den Vordergrund gerückt – hervorgehoben werden meist Exponenten des Prädikatsausdrucks wie das letzte Integrat.

- am Äußerungsbeginn: Wenn ein neu eingeführtes oder ein thematisches Element gewichtet wird (Thematisierung oder Kontrastierung) – in der Regel handelt es sich um Wortgruppen mit Gegenstandsbezug.

Genuine Hervorhebungsfelder sind

(a)   das Introfeld („linkes Außenfeld", Position der Linksanbindung),

(b)   das Vorfeld (vor der ersten Satzklammer bzw. dem flektierten Verb)

(c)   und besonders das hintere Mittelfeld (vor der zweiten Satzklammer bzw. vor unflektierten Verbteilen).

Unter bestimmten Bedingungen sind auch

(d)   im Nachfeld (hinter der zweiten Satzklammer),

(e)   im Retrofeld („rechtes Außenfeld", nach dem Nachfeld) und

(f)   in der zweiten Satzklammer Hervorhebungen möglich.

Abb. 5 zeigt die Verteilung der Gewichtungsbereiche auf die Felder.

Das Introfeld wird unabhängig vom Satz gewichtet. Gewichtet sind Thematisierungsformen; dies gilt auch für das Retrofeld, das verzögerten Thematisierungen dient, hier geht ein thematischer Ausdruck voran. Das Vorfeld ist der genuine Ort der Realisierung des Themas, im Kontrastfall wird es gewichtet. Kontrastierte Ausdrücke werden bevorzugt früh realisiert. Das Vorfeld kann auch genutzt werden, um einen zweiten Gewichtungsschwerpunkt zu etablieren. Im Nachfeld finden wir insbesondere schwergewichtige Wortgruppen sowie Nebensätze, die eine eigene Gewichtungsstruktur erhalten. Nachgetragene Gruppen (darunter die Agens-Gruppen im Passiv: ... *wurde abgeholt von Paula*) werden in der Regel nicht als relevanter Punkt hervorgehoben. Ein Ausdruck mit Reparaturfunktion kann hervorgehoben werden. Im Diskurs besteht das Problem, dass an dieser Stelle der Sprecherwechsel vollzogen werden und es zu Überlappungen kommen kann, durch die das Gesagte untergeht. Gewichtete Information ist unproblematisch, wenn es sich um eine angeforderte oder erwartete Reparatur handelt.

G Abfolge und Kommunikative Gewichtung

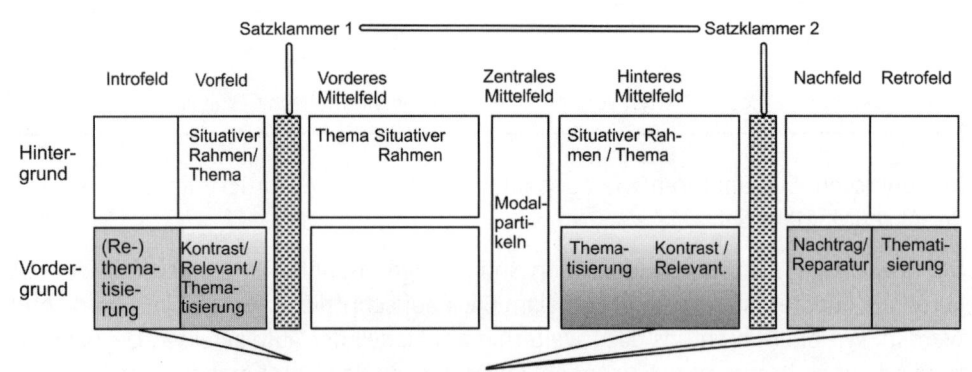

Abb. 5: Felder und Gewichtung

Im Vorderen Mittelfeld finden wir thematische Ausdrücke wie Anaphern oder definite Nominalgruppen. Oft ist dann im Vorfeld eine zeitliche oder räumliche Rahmung gegeben. Rahmenausdrücke erscheinen im Vorderen Mittelfeld, wenn das Vorfeld durch einen thematisierenden Ausdruck oder ein Thema besetzt ist. Das Hintere Mittelfeld enthält typischerweise den – manchmal einzigen – Gewichtungsschwerpunkt der Äußerung. Rhematische Teile tendieren stark zum Ende (im Gespräch zum überlappungsfreien Raum, bevor der zweite Teil der Satzklammer den Äußerungsabschluss erwarten lässt und damit Gesprächspartner zu Frühstarts ermuntert). Hier kann auch ein innerhalb eines rhematischen Ausdrucks neu eingeführtes Thema verbalisiert werden. Wenn kein Exponent für die Gewichtung der Prädikation vorhanden ist, kann auch ein verbales Element der zweiten Satzklammer hervorgehoben werden. Getrennt werden Vorderes und Hinteres Mittelfeld durch einen Zentralbereich, in dem Modalpartikeln wie *vielleicht, wahrscheinlich, bedauerlicherweise* erscheinen können.

(41) ... dass Hanna ihrem Freund morgen **wahrscheinlich** <ein Buch> schenkt.

(42) ... dass Hanna ihrem Freund **wahrscheinlich** <morgen> ein Buch schenkt.

(43) ... dass Hanna morgen ihrem Freund **wahrscheinlich** <ein Buch> schenkt.

(44) ... dass Hanna morgen **wahrscheinlich** <ihrem Freund> ein Buch schenkt.

(45) ... dass morgen **wahrscheinlich** <Hanna> ihrem Freund ein Buch schenkt.

> Prinzipien:
> – Thematisches (Thema/Kontrast) und Thematisiertes tendiert zum Äußerungsanfang.
> – Relevantes tendiert zum Ende.
> – Ein einziger relevanter Punkt wird im Mittelfeld nahe der zweiten Satzklammer realisiert.
> – Ein zweiter Punkt (mit weniger Gewicht) wird im Vorfeld versprachlicht.
> – Zwei Kontrastpunkte können durch Verteilung auf Vorfeld und Mittelfeld verdeutlicht werden.

Besonderheiten der Linearisierung ziehen eine Hervorhebung durch Akzent nach sich, während stellungsunabhängig jede Einheit durch Akzentuierung hervorgehoben sein kann. Es besteht also ein einseitiges Implikationsverhältnis:

> Hervorhebung durch Abfolgeposition impliziert Hervorhebung durch Akzent. Die Umkehrung gilt nicht.

Ein komplexer Fall ist das getrennte Erscheinen von Nominalgruppe und quantifizierendem Element.

(46) A: <Wieviele alte Bücher> hat Andy besessen?
 B1: Andy hat <keine> alten Bücher besessen.
 B2: Alte Bücher> hat Andy <keine> besessen.

Gewichtet ist in den Antworten die durch *keine* realisierte Negation. In (B2) haben wir zwei Hervorhebungsdomänen. *Keine* erfährt eine unabhängige Hervorhebung durch Stellung und Akzent. Es wird unabhängig gebraucht, um sich auf der Basis einer durch die Nominalgruppe im Vorfeld gegebenen Bezugsmenge (Menge von Büchern, restringiert durch alt) auf die gefragte Quantität zu beziehen. Die Bezugsmenge wurde an der Vorfeldposition thematisch fortgeführt. Das quantitative Ergebnis wird mit *keine* unabhängig verbalisiert. Zwischen Vorfeld und erster Satzklammer liegt eine durch die thematische und die informationelle Organisation bedingte Zäsur. Dass nichts ‚verschoben' wird, dafür sprechen – neben unabhängigen Gründen – auch Fälle mit definiter Nominalgruppe: Wenn in einer Sprache unterschiedliche Mittel ein und demselben Funktionskomplex angehören, so muss man von einer internen Ausdifferenzierung und/oder geregelter Interaktion ausgehen.

Schließlich können lexikalische Mittel im Zusammenspiel mit Akzent und linearer Abfolge für eine Gewichtung sorgen. Grad- oder Negationspartikeln beispielsweise gradieren oder negieren einen Gedanken auf der Basis eines seiner Elemente, das als relevanter Punkt durch Akzent hervorgehoben und in den Fokus gerückt wird. Dazu hier nur ein Beispiel, für dessen Verständnis entscheidend ist, wo der Punkt der Äußerung liegt; den erfassen wir am einfachsten, wenn wir feststellen, wo der Akzent liegen würde:

(47) Der Tourismus kann auch in schlechten Zeiten Schönwetter machen. (Die ZEIT 20.3.03)
 (a) Der Tourismus kann <auch> in schlechten Zeiten Schönwetter machen.
 (b) Der Tourismus kann auch in <schlechten> Zeiten Schönwetter machen.

Dem *auch* liegt eine bestimmte Einschätzung des Sprechers voraus, die sich auf die Vergleichbarkeit von zwei unterschiedlichen, aber relationierbaren Sachverhalten erstreckt. Im ersten Fall (a) wird bei der Zuordnung von Subjektion und Prädikation angesetzt, um den Gedanken mit einem anderen, der ein alternatives Subjekt enthält, zu relationieren. In der Wissensverarbeitung wird der Gedanke ‚x kann in schlechten Zeiten Schönwetter machen' (wobei x die Rüstungsindustrie, die Landwirtschaft oder sonst etwas sein könnte) reaktualisiert und bildet eine Vergleichsfolie für den geäußerten Satz (a). Im zweiten Verständnis (b) sind es die schlechten Zeiten, denen gedanklich andere gegenübergestellt werden. Es wird also der Gedanke zur Kontrastfolie: ‚Der Tourismus kann in Zeiten, die nicht schlecht sind, Schönwetter machen'. Was ja generell auch naheliegt. Der Witz liegt darin, dass auch für schlechte Zeiten dem Tourismus dieses Charakteristikum zugeschrieben wird.

Ein Konjunktor wie *aber* (→ F2.4) gewichtet progressiv das zweite Konjunkt, nachdem die Geltung des ersten eingeräumt wurde:

(48) Die Wohnung ist schön, aber <unbezahlbar.>

Eine Gewichtung ist auch mit SPALTSÄTZEN möglich. Bei Spaltsätzen wird der Hauptsatz aus *es/das* + Kopulaverb + Nominalgruppe gebildet, angeschlossen ist ein Relativsatz oder *dass*-Satz, der aber keine eigentliche Attributfunktion hat, sondern einen eigenständigen Sachverhalt ausdrückt. Der neu- oder rethematisierende Ausdruck wird hervorgehoben, der Sachverhalt im Nebensatz als geltend vorausgesetzt

(49) A: Klaus hat angerufen↓
    B: Es war [der Direktor]₊Th1 → [der]Th1 angerufen hat↓

Auch andere Elemente können im Hauptsatz gewichtet erscheinen, z.B. Objektausdrücke, Infinitive oder Adverbialia:

(50) Es war gestern, dass er ein Geständnis ablegte.

(51) Singen ist es, was sie am besten kann.

Allerdings kann auch der Nebensatz gewichtet sein.

(52) Peter und Paula stritten. Peter war es, der sich entschuldigen musste.

Es gilt für die Gewichtung:

> Die Mittel interagieren, sie werden gemeinsam zur Konstitution einer Hervorhebungsdomäne eingesetzt, nicht aber konkurrenziell.

Aufgabe:

Untersuchen Sie die Gewichtung im folgenden Beispiel:

(53) Mit seinem Rücktritt stellt Bundespräsident Wulff nun seine Überzeugung, rechtlich korrekt gehandelt zu haben, hinter das Amt zurück, hinter den Dienst an den Menschen in unserem Land. (Erklärung der Bundeskanzlerin Angela Merkel, 17.2.2012)

(54) Strafverhandlung (F.2)

Richter   Und wenn man volltrunken is→ kann man so was nich tun→ allein die Ausführung nich↓

(55) Strafverhandlung (F.2)

Angeklagter   Wenn ich wirklich nich volltrunken gewesen wäre→ dann hätt ich ja so was bestimmt nichemacht↓
Richter   Herr Schapinsky→ Sie haben doch auch schon im nüchternen Kopf Straftaten begangen→ is doch nich wesensfremd→ was Sie da gemacht haben↓

G4 Abfolge und Gewichtung im türkischen Satz, Vergleich mit dem Deutschen

Die Gewichtung im Türkischen basiert vor allem auf der Abfolge. Nicht nur in der Nominalgruppe (→ G1), sondern auch im Satz haben wir eine Abfolgeorganisation, die ‚von links nach rechts', ‚auf das Ende hin' organisiert ist. Das Verb hat üblicherweise Endstellung, die Köpfe nominaler Gruppen erscheinen am Ende. Zum Ende, in die Verbnähe bzw. vor das Verb, tendiert auch die relevante Information. Auf das Verb können noch thematische Ausdrücke oder Nachträge folgen.

Im Türkischen streben thematische Ausdrücke zum Satzanfang:

(1) **Su** banyo-da ak-m-ıyor.
Wasser Bad-Lokativ fließ-Negation-Präsens ‚das Wasser fließt im Bad nicht.'
[Zuvor war schon vom Wasser die Rede.]

(2) **Banyo-da** su ak-m-ıyor.
Bad-Lokativ Wasser fließ-Negation-Präsens ‚im Bad fließt das Wasser nicht.'
[Zuvor war schon vom Bad die Rede.]

Kommunikative Effekte, Perspektive und Rahmensetzung lassen sich durch Umstellungen (Verschiebeproben) untersuchen:

(3) Baba-m bu yaz Türkiye-'ye gid-iyor.
Vater-Possessiv1Sg dies Jahr Türkei-Dativ fahr-Präsens
‚mein Vater fährt dieses Jahr in die Türkei.'

(4) Bu yaz baba-m Türkiye-'ye gid-iyor.
Dies Jahr Vater-Possessiv Türkei-Dativ fahr-Präsens
‚dieses Jahr fährt mein Vater in die Türkei.'

Weitere Beispiele können auf die Abfolgeprinzipien führen; Köpfe und Verb erscheinen in der Regel am Ende:

(5) Kahve iç-ti-m.
Kaffee trink-Präteritum-1Sg ‚ich trank Kaffee.'

(6) Dün Ahmet abla-m-a kitab-ı
Gestern Ahmet Schwester-Possessiv-Dativ Buch-definiter Akkusativ
getir-di
bring-Präteritum3Sg ‚gestern brachte Ahmet meiner Schwester das Buch.'

(7) Her çocuğ-a iki Euro ver!
Jedem Kind-Dativ zwei Euro gebImperativ ‚gib jedem Kind zwei Euro!'

(8) Çabuk ol!
schnell seinImperativ ‚sei schnell!'

(9) Bura-dan uzak
hier-Ablativ weit ‚(von hier weit,) weit von hier'

(10) Türkiye-'ye yolculuk
Türkei-Dativ Reise ‚eine Reise in die Türkei'

(11) Kız güzel.
Mädchen schön ‚das Mädchen ist schön.'

(12) Güzel kız
schön Mädchen ‚schönes Mädchen'

Was gewichtig ist, wird normalerweise besonders akzentuiert. Der Wortakzent liegt in der Regel auf der letzten Silbe. Die normale Abfolge der Objekte ist Dativ- vor Akkusativobjekt. Das Akkusativobjekt hat eine bestimmte, der deutschen Kombination mit bestimmtem Artikel (*der*) vergleichbare Form (je nach Stammvokal mit dem Suffix -i, -ü, -ı, -u) (*gül-ü almak* ‚die bestimmte Rose kaufen'). Es erscheint auch in einer unbestimmten Form (*gül almak* ‚irgendeine, noch unbestimmte Rose kaufen'), die der Nominativform (*gül güzel* ‚die Rose ist schön') entspricht. Dass Nominativ- und unbestimmte Akkusativform im Satz auf Distanz gehalten werden, ist für die Unterscheidung wichtiger Mitspieler einer Szene wichtig.

Sind Dativ- und Akkusativobjekt bestimmt, können sie vertauscht werden, wobei dann das Dativobjekt die verbnahe Gewichtung und einen Satzakzent erhält. (Der Satzakzent ist durch Unterstreichen der Einheit markiert.)

(13) Zeki Fatma-'ya kitab-ı getir-di.
Zeki Fatma-Dativ Buch-definiter Akkusativ bring-Präteritum
‚Zeki hat Fatma das Buch gebracht.'

(14) Zeki kitab-ı Fatma-'ya getir-di.
Zeki Buch-definiter Akkusativ Fatma-Dativ bring-Präteritum
‚Zeki brachte Fatma das Buch.'

Im Satz ist alles auf das Verb hin orientiert, das normalerweise in Endposition steht. Das Wichtige wird verbnah, also nach rechts, zum Ende hin, platziert. Wovon man ausgeht, das Thematische und schon beim Hörer/Leser Präsente, tendiert nach links, zum Anfang des Satzes hin. Das, was der Hörer noch nicht kennt, nicht identifizieren kann (unbestimmte Objekte), strebt dem Verb zu. Dieselbe Tendenz zeigt die Nominalgruppe: Attribute (z.B. Adjektiv, Genitivattribut) stehen immer vor dem Nomen. Man kommt zu diesen Prinzipien:

Organisation der Abfolge im türkischen Satz

A. Integrierte Funktionseinheiten gehen den Köpfen voran. (‚Links determiniert/ spezifiziert/modifiziert Rechts').
B. (a) Dem Hörer noch Unzugängliches, Unbestimmtes, Thematisiertes und
(b) Gewichtiges, Relevantes
wird verbnah realisiert, ihre Ausdrucksformen tendieren zum Satzende.
C. Bekanntes, Thematisches, Ort oder Zeit Spezifizierendes strebt vom Verb fort zum Satzanfang (‚nach links'), wird möglichst früh realisiert.

Wie im Deutschen kann ein starker Akzent auch verbfernere Satzelemente gewichten, etwa im Kontrastfall:

(15) Semra: Mehmet kahve içiyor.   ‚Mehmet trinkt Kaffee.'
      Zehra: Hayır. Ali kahve içiyor.   ‚Nein. Ali trinkt Kaffee.'

(16) Semra: Gülay bugün hasta.   ‚Gülay ist heute krank.'
      Zehra: Hayır. Gülay her gün hasta. ‚Nein. Gülay ist jeden Tag krank.'

Im Deutschen wird eine Nominalgruppe – wie wir gesehen haben – durch einen Akzent auf dem letzten Nomen gewichtet. In einer einfachen Nominalgruppe ist das der Kopf, sonst der nominale Kopf der letzten Gruppe (*ein schönes altes Haus*). Im Türkischen, wo in der Regel die letzte Silbe akzentuiert wird (*kitap* ‚Buch', vgl. S2), kann eine Wortgruppengrenze durch einen leicht steigenden Ton markiert werden (*bú okul* ‚dies (ist) eine Schule'). Erdal (1999) nimmt für das Türkische auch eine Feldstruktur an und beschreibt die Besetzung des türkischen „Nachfelds".

Eine Illustration der Abfolge und der Gewichtung im Satz im Vergleich Deutsch-Türkisch gibt Abbildung 1 (zur Nominalgruppe → G1).

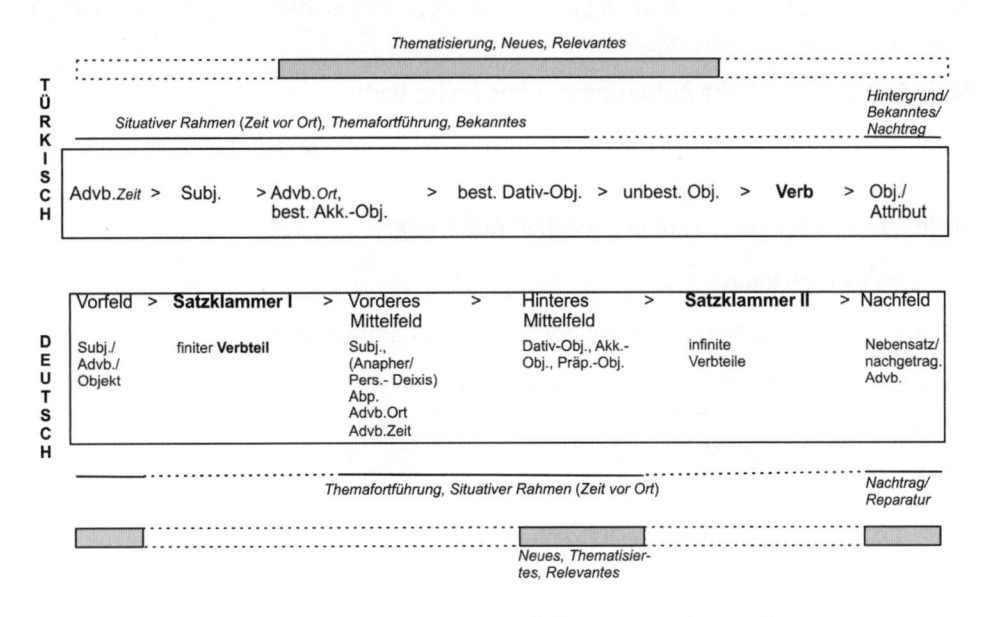

Abb. 1: Türkische und deutsche Grundabfolgen gegenübergestellt
(zum Mittelfeld im Deutschen genauer Abb. 6 (→ G2), Abb. 5 (→ G3.2))
[Abp.: Abtönungspartikel, Advb.: Adverbialer Ausdruck, Akk.: Akkusativ, best.: bestimmt, Obj.: Objektausdruck, Subj.: Subjektausdruck, unbest.: unbestimmt]

Untersuchen Sie das folgende Beispiel (Abfolge, Gewichtung, Funktion von *so*):

(17) „Kiezdeutsch"

Christine: Also ist die Muttersprache für dich Arabisch.
Mohammed: Arabisch. Wobei ich sie ja selber nicht perfekt kann. Ich mein, weil isch bin ja hier geboren. Isch hab ja mehr **so** Deutsch **so**. Zu Hause red isch mehr deutsch als arabisch. (Wiese 2012: 94)

G5 Sprachstand syntaktisch: die Profilanalyse nach Grießhaber

> **Literaturhinweise:**
>
> Grießhaber 2010: 147ff.;
> http://spzwww.uni-muenster.de/~griesha/sla/tst/index-prf.html

Die Klammerstruktur des Deutschen ist eine Lernaufgabe in der Sprachentwicklung. Sie wird auch als wichtiges Merkmal für die Diagnose des Sprachstands eingesetzt. Das Modell von Grießhaber (2011: 153ff.) lässt sich bereits zu Beginn der Grundschule einsetzen. Es unterscheidet 7 Erwerbsstufen:

Stufe 0: Bruchstückhafte Äußerungen, ohne finites Verb:

Grammatisch unvollständige Äußerungen wie *mei' Schwester, ich nich* oder feste Wendungen wie *danke*.

Stufe 1: Finites Verb erscheint in einfachen Äußerungen

(1) Ich **seh**. Ich **kann**.

Stufe 2: Separierung finiter und infiniter Verbteile (Klammerbildung)

Auf dieser Stufe finden wir die Satzklammerbildung, etwa das Präsensperfekt, zusammengesetzt aus Hilfsverb *hat, ist* oder Modalverb und Vollverb: *Ich **hab** dann **gespielt**.* Oder die Kombination Modalverb + Vollverb: *Ich **wollt** den **schenken**.* Schließlich auch Verbkomplexe mit trennbarem Verbteil: *Ich **bring** noch Autos **mit**.*

Stufe 3: Subjekt nach finitem Verb (frei besetzbares Vorfeld)

Hier ist die Annahme, dass das Subjekt zunächst im Vorfeld steht, dann aber ins Mittelfeld wandern kann, um im Vorfeld einem situierenden Adverbialausdruck oder einem thematischen Ausdruck Platz zu machen; in der Forschung spricht man auch von „Inversion". Beispiele:

(2) Mama ist da. → Da ist **Mama**.

(3) Und ich bin dann dusslig gewesen. → Und dann bin **ich** dusslig gewesen.

Das Vorfeld kann nun frei besetzt werden. Da hier der Einstieg in die Möglichkeiten des Informationsaufbaus und der Themafortführung durch die Abfolge liegt, ist dies eine wichtige Stufe.

Stufe 4: Nebensätze mit finitem Verb in Endstellung (Nebensatzbildung)

Hier muss gelernt sein, dass die erste Klammerposition von einem Subjunktor (*weil, dass*) besetzt ist und der Verbkomplex ans Ende rückt:

(4)   Sie will nicht, **dass** Marco **weint**.

Damit sollte auch gelernt werden, wie Nebensätze funktionieren. Diese Stufe sollte unbedingt am Ende der Grundschulzeit erworben sein.

Stufe 5: Interner Nebensatz (Bildung einer Satznische)

Der Nebensatz findet sich auch im Satzinneren, z.B. als Relativsatz (Parenthesen kommen viel später). Beispiele:

(5)   Sie hat das Auto, **das sie gekriegt hat,** weggeschmissen. [Relativsatz]

(6)   Er fuhr, **als er fertig war**, mit dem Rad los. [Insertion: Parenthese]

Stufe 6: Integration eines erweiterten Partizipialattributs

Solche Attribute findet man öfter in Fach- und Sachtexten, aber auch in der Presse:

(7)   In einer Ecke des riesigen Syntagma-Platzes ersetzt der Glaser die **gestern zerschlagenen** Fenster. (Die ZEIT, 18.12.2008)

Für die Untersuchung eines Textes oder mündlicher Rede werden alle Äußerungen in Sätze zerlegt, komplexe Sätze in Teilsätze, bis man zu den Einheiten mit Subjektausdruck und finitem Verb kommt. Ist in einem Konjunkt das Subjekt nicht ausgedrückt, was grammatisch völlig korrekt ist (*sie hatte den Kuchen gebacken,* **hatte Waffeln vorbereitet**), wird dieses Konjunkt als kompletter Satz eingestuft. Fehlt das finite Verb in einem Konjunkt, weil es im vorangehenden gegeben ist (*sie hat Krach gemacht und* **alle genervt**), ist ebenfalls von einem vollständigen Satz auszugehen. (Die Frage, ob Verbgruppen-Koordination vorliegt, bleibt hier außer Betracht.) Es wird dann die jeweilige Struktur der Einheiten gemäß Profil ermittelt und das Profil der ganzen Sprachprobe.

Eine Profilstufe ist mit wenigstens drei einschlägigen Vorkommen erreicht. Das entspricht Annahmen der Spracherwerbstheorie dazu, wann eine Form als erworben gelten kann.

Das Profil eines Textes oder einer mündlichen Äußerungsfolge ist durch die höchste erreichte Profilstufe zu kennzeichnen. Mündliche Äußerungen kann man auch mit einer Strichliste erfassen; praktisch sollte man nach Grießhaber die Liste in aufsteigender Anordnung verwenden. Abb. 1 gibt ein Beispiel, in jeder Spalte sind die erreichten Profilstufen der Äußerungen angegeben und man sieht, dass Stufe 3 die maximal erreichte ist (drei Vorkommen); der Text insgesamt erreicht also die Stufe 3.

Äußerungen	5	4	3	2	1	0
Ein Ausergewöhnlicher Junge						0
Es war einmal ein Junge					1	
Immer wenn er etwas anfasste ...		4				
... wurde er aus Wasser.			3			
Einmal als Tim in die Schule gegangen ist ...		4				
.. hat er sein Freund angefast hat ...						0
... wurd er aus Wasser,			3			
er hatte vor sich selber Angst				2		
dann hat er seine Muter angefasen ...			3			
... aber sie wurde nicht aus Wasser					1	
er sagte ...					1	
... hura ich bin nicht mehr ein Monster.					1	
Er ging zur Schule					1	
er fus den Tisch an				2		
es wurde aus Wasser.					1	
Profil des Textes:		2	3	2	6	2

Abb. 1: Textbeispiel 3. Klasse, Schüler mit L1 Mazedonisch (Grießhaber 2010:156 (korr.))

In Längsschnitterhebungen lassen sich Entwicklungsfortschritte erkennen. Auch wenn nur ein kleiner Ausschnitt aus der grammatischen Kompetenz gemessen wird, ist die Profilanalyse doch als Indikator geeignet. Den Stufen korrelieren nämlich Entwicklungen in anderen Kompetenzbereichen:

Stufe 0: Wortschatzlücken, kein deutlicher Strukturaufbau, Flexionsprobleme, keine Anapher, Nomina oft wiederholt, Hörer müssen unterstützen.

Stufe 1: nicht hinreichender Wortschatz, Genus problematisch, fehlende Determinative, deiktische Anschlüsse häufig (*die komm zu uns*), Unterstützung durch Hörer ist erforderlich

Stufe 2: Grundwortschatz, Genus nicht gefestigt, Nominalgruppen mit Determinativ, Verbkomplexe mit Modalverben, Präsensperfekt, erste Anaphern (*er, sie, es*), Hörer wird einbezogen

Stufe 3: Grundwortschatz, Mittel der Verknüpfung (Konnexion z.B. durch Anaphern, Deiktika), Genus nicht gefestigt

Stufe 4: komplexe Sätze, entwickelter Wortschatz, Anaphern, Abtönungspartikeln, modale Formen

Stufen 5 und 6: strukturell ausgebaute Sätze.

Man kann die Profilanalyse auch auf Unterrichtstexte, die für den Fachunterricht vorgesehen sind, anwenden, um ihre Schwierigkeit einschätzen zu können.

H Zweckbereiche des Handelns und Äußerungsmodi

Kategorien:

Handlungsmuster, Sprachliche Handlung, Illokution

Didaktischer Kommentar:

In diesem Kapitel werden Grundtypen sprachlichen Handelns nach den jeweiligen Zweckbereichen unterschieden. Eine einigermaßen vollständige Typologie steht noch aus. Sprachliche Handlungen sind nicht ohne die sprachlichen Mittel zu fassen. Bestimmte Konfigurationen sprachlicher Mittel eröffnen ein Handlungspotential: der Einsatz spezifischer Prozeduren etwa, darunter prominent das operative Verfahren der linearen Abfolge mit der Position des finiten Verbs (→ G1, G2), die Intonation (Tonverlauf am Äußerungsende, Kontrastakzent, Exklamativakzent) und Gewichtung (→ G3), der Gebrauch von Ausdrücken wie W-Interrogativa (*wer, was, warum*), Abtönungspartikeln, performativer Formeln (*hiermit verspreche ich Dir ...*) oder des Konjunktivs II (*wäre ich doch einmal ein Held*). Diese Konfigurationen fasst die Forschung als Äußerungsmodus, mit dem die Verarbeitung des Gedankens in eine spezifische Zweckorientierung gelangt. Die Illokution braucht allerdings auch eine geeignete Handlungskonstellation, das Wissen der Handelnden und nicht zuletzt einen spezifischen Inhalt, um ihren Zweck zu erreichen.

Die Grundkonzepte der Untersuchung sprachlichen Handelns haben wir in B1 dargestellt. Dort wurde auch gezeigt, dass es der Sprachanalyse immer um konkrete Vorkommen in Gesprächen und Texten geht (→ B1.2). Wir gehen hier auf einige auch schulisch relevante Muster wie das Erzählen, das Berichten, das Beschreiben, das Erklären und die Inhaltsangabe näher ein.

Literaturhinweise:

Ehlich 2007; Ehlich/Rehbein 1986; Rehbein 1977, 1999; Searle 2001 (Kap. 6), 2012; Zifonun/Hoffmann/Strecker 1997 (Kap. C1); zu verschiedenen Diskurs-/Textformen und ihrer Didaktik im Unterricht: Becker-Mrotzek 2009; Ehlich 1984; Fandrych/Thurmair 2011; Grundler/Vogt 2006; Krelle/Spiegel 2009; v. Kügelgen 1994.

H1 Transfer von Wissen

Sprachliches Handeln operiert immer auf dem Hörerwissen. Wissen ist handlungsleitend, erlaubt Problemlösungen, organisiert den Zugang zur Welt. In diesem Abschnitt wird eine Gruppe sprachlicher Handlungen vorgestellt, deren primärer Zweck im Transfer von Wissen liegt.

Mit Sprache sorgen wir dafür, dass Elemente unserer Kommunikativen Welt geteilt und aktualisiert werden können. Unsere Praxis ist durch sprachliche Kooperation bestimmt. Dabei erscheint die Nutzung des Wissens Anderer (auch vorhergehender Generationen) als zentrales Moment der Vergesellschaftung und kultureller Evolution.

Für die Kommunikation ist das Frage-Antwort-Muster zentral. Mit ihm wird Wissen geteilt.

H1.1 Frage, Fragemodi

> Mit einer FRAGE wird von einem Sprecher
>
> (a) ein bestimmtes Wissen X von einem Hörer angefordert, das dem Sprecher auf dem Hintergrund dessen, was er weiß, fehlt;
>
> (b) eine Wissenslücke X spezifiziert: Er kann sie als Element eines Sachverhalts durch ein Interrogativum (wer, was ...) kennzeichnen; sie kann als Entscheidungsproblem zwischen der Wahrheit oder Falschheit eines Sachverhalts oder als Auswahl zwischen Alternativen versprachlicht werden;
>
> (c) der Hörer so eingeschätzt, dass er X weiß oder Zugang zu X hat und das Wissensdefizit beheben kann;
>
> (d) das Rederecht für eine Antwort übergeben und der Hörer auf eine Mitwirkung (Wissensprüfung, Äußerung) verpflichtet; verfügt der Hörer nicht über die Voraussetzungen, kann er die Frage zurückweisen.

Der Sprecher sagt also, was er nicht weiß, und eröffnet einen Raum für einen speziellen Wissenstransfer. Seine Frage kennzeichnet möglichst exakt das Defizit. Am Ende steht geteiltes Wissen über einen Sachverhalt. Ein Beispiel aus der Schule:

(1)   Schulstunde Deutsch (Klasse 7, Gesamtschule)

1 Lehrer   Wer ist noch nicht fertig jetzt↓
2 Schüler1   Ich↓
3 Schüler2   Ich bin fertig↓
(Redder 1982: 67 (adaptiert))

Der Lehrer setzt in seiner Frage voraus, dass einige Schüler noch nicht, andere hingegen schon fertig sind, und möchte wissen, wer nicht fertig ist. W-Fragen beinhalten stets ein Wissen als Voraussetzung und markieren im W-Wort (Interrogativum) das fehlende Wissenselement, sie spiegeln also die Wissenszerlegung beim Sprecher und verdeutlichen, was als neues Element vom Hörer erwartet wird; hier: Nenne mir Personen (*wer* nimmt als Kategorie Personen in den Suchbereich), die jetzt noch nicht fertig sind. Eine hinreichende Antwort kann in einer minimalen Form gegeben werden (Schüler1). Schüler2 antwortet explizit und gegen die Fragerichtung, aber im Fragebereich, da ein Umkehrschluss möglich ist.

Der Äußerungsmodus bedient sich einer Konfiguration sprachlicher Mittel (Abfolge, Intonation bestimmte Ausdrücke) und bestimmt das Handlungspotential. Die Handlung selbst wird aus der Konstellation (Handelnde, Kooperationszusammenhang, Muster, Wissen) und der möglichen Ausrichtung auf einen Zweck erschlossen. Eine Frage löst im Alltag eine Wissenssuche aus, die kann aber auch für institutionelle Zwecke (z.B. Sprecher verfügt bereits über das Wissen, zielt auf eine Wissensüberprüfung: Examensfrage, s.u.) funktionalisiert sein, zu einer Taktik gehören.

Für den ERGÄNZUNGSFRAGEMODUS gilt: Im Deutschen macht der Ausdruck des fehlenden Wissenselements (W-Interrogativum *wer, was, wie* ...) den Anfang, er steht meist im

Vorfeld (vor dem finiten Verb): *Wer beginnt?* Das finite Verb folgt in Zweitposition auf das Interrogativum. Viele Abtönungspartikeln sind möglich (*denn, etwa, wohl, eigentlich*). Da die W-Frage fallend intoniert ist (↓), markiert sie die Fragevoraussetzung, hier in (1) also, dass bestimmte Personen noch nicht fertig sind.

Nur im Fall einer Rückfrage oder Echofrage steigt die Intonation (↑), machmal stark (↑↑), da die Voraussetzung eine andere ist; eine vorausgehende Assertion wird angezweifelt, das Interrogativum kann im Mittelfeld erscheinen:

(2) A: Und dann hat Anja in Venedig Brad Pitt getroffen↓
 B1: <u>Wer</u> hat in Venedig Brad Pitt getroffen↑↑ [Echofrage]
 B2: Anja hat in Venedig <u>wen</u> getroffen↑↑ [Echofrage]

In der Echofrage wird das Interrogativum immer akzentuiert, oft mit einem Dehnungsakzent.

Abb.1 gibt eine schematische Darstellung des Fragebeispiels (erste Antwort, in der allerdings der Satzrest erspart ist).

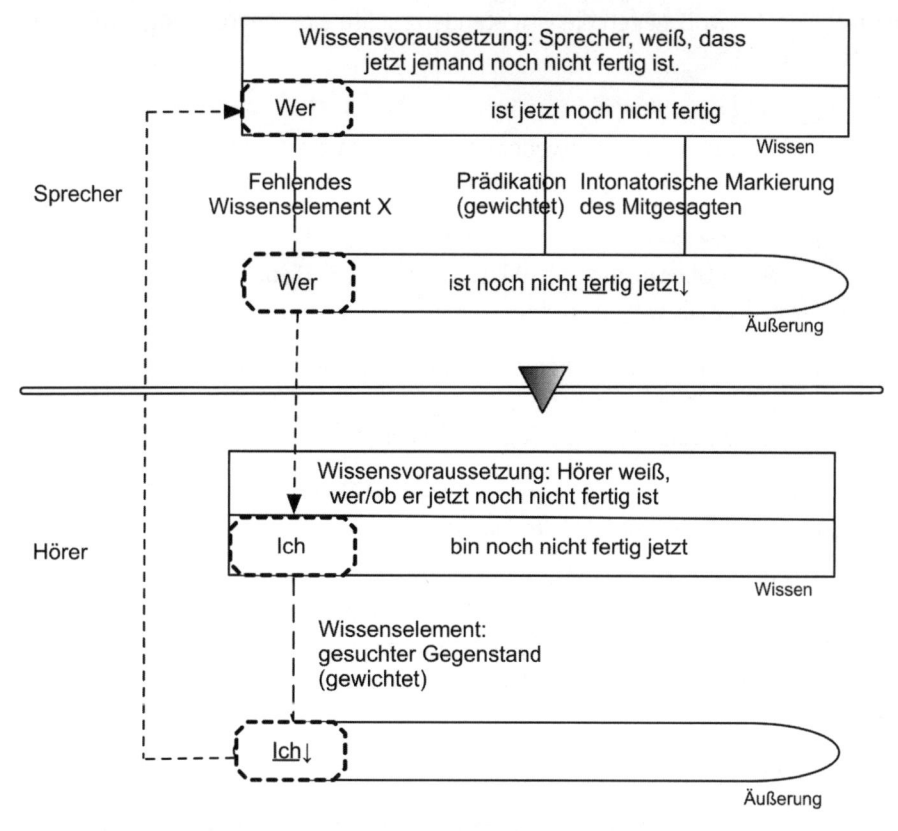

Abb. 1: Wissenstransfer im Fragemuster (Ergänzungsfrage+Assertion)

Die Antwort kann sich auf das gesuchte Element beschränken oder den ganzen Sachverhalt versprachlichen; das Gesuchte ist gewichtet, der Tonverlauf fallend, eine Antwort ist eine Assertion:

(3) A: Wo wird man gebildet↓
    B1: In der Schule↓
    B2: In der Schule wird man gebildet↓

In jüngerer Zeit findet man nach Begründungsfragen besonders bei Jugendlichen eine steigende Antwortintonation (↑), mit der die Frage als überflüssig, nicht relevant (die Antwort ist bekannt, könnte man kennen oder erschließen) gekennzeichnet wird; der steigende Verlauf kennzeichnet die vom Gegenüber erwartete Aktivität (finde selbst die Antwort). Solche Antworten können eskalierend wirken. Ein Hörbeleg:

(4) Warum mähst du den Rasen nicht↓
    Weil ich noch Schulaufgaben machen muss↑

In solche Äußerungen kann die Abtönungspartikel *vielleicht* eingefügt sein.

In der ENTSCHEIDUNGSFRAGE geht es darum, einen Sachverhalt für eine Entscheidung zur Disposition zu stellen: *Gilt p oder gilt p nicht?* Dazu muss die Welt auf eine Alternative gebracht sein, die sinnvoll ist. Die Frage gibt eine Antworttendenz vor; ist sie positiv formuliert, so wird eine positive, bei negativer Formulierung wird eine negative Antwort erwartet. Eine Antwort gegen die Fragetendenz sollte eine Begründung, Stützung, Evidenz etc. enthalten.

(5) A: Regnet es?
    [Voraussetzung: Entweder ist es wahr, dass es regnet, oder es ist wahr, dass es nicht regnet, und eine Entscheidung ist möglich und sinnvoll.]

    B: Ja (, es regnet)
    [Nach Überprüfung im Wissen gilt der zur Disposition gestellte Sachverhalt als wahr.]

    B: Nein (, es regnet nicht. Niemand hat einen Schirm geöffnet.)
    [Nach Überprüfung im Wissen gilt der zur Disposition gestellte Sachverhalt als falsch, das Gegenteil ist wahr.]

Neben *ja* und *nein* als Antworten kann es auch eine Wahrscheinlichkeitseinstufung geben (*Regnet es? – Wahrscheinlich/möglicherweise/ ...*).

Für den ENTSCHEIDUNGSFRAGEMODUS gilt: Ein Interrogativum fehlt. Das finite Verb steht in Erstposition. Die Intonation ist steigend (↑), bei thematischem Anschluss an eine Vorgängeräußerung kann sie fallend (↓) sein. Von der Imperativform abgesehen sind alle Verbformen möglich. Abtönungspartikeln wie *denn, eigentlich, etwa, wohl* können in der Frage vorkommen.

(6) Strafverhandlung (F.1)

1 Richter   Was hat sich denn abgespielt→ kö/ **wollen Sie das mal erzählen**↑
2 Angeklagter   Das kann ich gar gar nich mit hundertprozentiger Sicherheit sagen↓

(7) Strafverhandlung (F.2)

1 Richter   ... wohnen wo↑
2 Angeklagter   Bentingstraße zwanzig↓

3	Richter	Bei Ihren Eltern is das↓
4	Angeklagter	((nickt))
5	Richter	**Sind Sie da <u>ge</u>meldet auch**↓
6	Angeklagter	t/ türlich↓

Ist die Frage selbst negiert und soll der negierte Sachverhalt bestätigt werden, wird mit *nein* reagiert; soll die positive Variante des Sachverhalts gelten, ist die Antwort *doch*:

(8) Strafverhandlung (F. 2)

1	Richter	Wie/ dann soll das nich mitbetrieben werden als Diskothek↑
2	Angeklagter	Neìn äh
3	Richter	Lief dat nich↑
4	Angeklagter	Doch/ schon↓

Eine Variante ist die ALTERNATIVFRAGE, die zwei oder mehr Möglichkeiten ausformuliert:

(9) Liegt Berlin an der Spree **oder** an der Oder? – An der Spree.

Schwierig wird es mit einer Frage wie

(10) Liegt Berlin an der Spree **oder** an der Havel? – An der Spree <u>und</u> an der Havel.

Das zeigt, dass in Fragen die *oder*-Alternative als exklusive gedacht ist.

Sind die Alternativen für den Sprecher kompatibel, kann das explizit gemacht werden:

(11) Möchten Sie Milch **oder** Zucker **oder** beides **oder** schwarz? – Milch und Zucker.

Fragesätze, in die ein *ob*-Satz (→ C7) eingebettet ist, bringen eine Alternative als relevant für den Adressaten ins Spiel. Grundlage ist ebenfalls die Setzung von Alternativen, die auf eine Entscheidung des Hörers entsprechend seinem Wissen abzielt.

(12) ZEIT: Personalberater wurden mit der Suche nach einer neuen Geschäftsführung beauftragt. Wissen Sie, **ob** sie fündig geworden sind?
Bode: Ich habe da, ganz offen gesagt, auch das ein oder andere Gespräch geführt. (Die ZEIT, 13.7.2009)

Ein weiterer Fragetyp ist die ASSERTIVE FRAGE oder BESTÄTIGUNGSFRAGE wie im Gerichtsbeispiel

(13) Strafverhandlung (F.1)

1	Richter	Und Sie sind ver/ nein→ geschieden↑
2	Angeklagter	Geschieden, das stimmt↓
3	Richter	Von Ilse→ geborene Altendorf→ verwitwete Wesselmann↓
4	Richter	Sie haben auch keine Kinder↑
5	Angeklagter	Neìn
6	Richter	Ihre Frau unterhalten brauchense nich↑
7	Angeklagter	Neìn
8	Richter	Ist selbst berufstätig já
9	Angeklagter	Neìn
10	Richter	Frau nich↑

11 Angeklagter	((Kopfschütteln))
12 Richter	Verkäuferin steht/
13 Angeklagter	Rentnerin↓
14 Richter	Bitte↑
15 Angeklagter	Rentnerin↓
16 Richter	Rentnerin↓

Hier wird die Aussageform mit Verbzweitstellung gewählt, nur das veränderte Tonmuster (steigend) zeigt den anderen Äußerungsmodus. Die Grenzwertigkeit des Typs zeigt sich daran, dass im institutionellen Bereich oft gar keine Wissenslücke besteht, eine (in den Akten vorfindliche) Information aber formale Bestätigung braucht. Wie bei allen sprachlichen Handlungen müssen wir mit institutionellen Überformungen rechnen. In der Schule finden wir die EXAMENSFRAGE mit der zentralen Bedingung: Der Sprecher kennt die Antwort und will wissen, ob der Hörer sie auch kennt. In der Unterrichtskommunikation stoßen wir ferner auf die REGIEFRAGE. Auch hier kennt der Lehrer die Antwort, er will sie aber nicht gleich hören. Vielmehr nutzt er die Tatsache, dass Fragen die Wissensverarbeitung anregen, um die Schüler in Denkprozesse hineinzuziehen und zu einem reflektierten Ergebnis kommen zu lassen. Das ist eine taktische Verwendung der Frage.

(14) Schulstunde (Deutsch, Klasse 6)

Lehrer Aber als letzte Frage: Könnte es auch sein, daß auch vielleicht die Polizei en bißchen Schuld daran hat, dass sie denkt: Sie machen sowas?
(Ehlich/Rehbein 1986: 61*)

Schülern steht es in der Regel frei, sich zu melden und eine Frage zu stellen, die Unterrichtsgegenstände betrifft. Das können sie taktisch nutzen, um das in der Frage enthaltene, zum Gewussten gehörende Sachverhaltswissen vorzuführen. Lehrer kennen das. Eine literarische Beschreibung eines solchen Falls:

(15) Die übliche Meldung.
»Ja, Annika.«
»Die Kühe paaren sich doch gar nicht mehr wirklich, oder?« Der Tonfall verriet sie. Das war eine rhetorische Frage. Sie wusste es genau. Sie kannte die Antwort und wollte nur wieder ein Bienchen kassieren. (Schalansky 2011:125)

Am Rande liegen Formen wie der Verbletztsatz und der *ob*-Satz mit Verbletztstellung und steigendem Tonverlauf, die vor allem zum Ausdruck einer nachdenklichen DELIBERATIVEN FRAGE dienen:

(16) **Ob** sie wohl jemals mit Justin einen Song aufnehmen wird?
[http://www.miss-hollywood.de/bildstrecke/rebecca-black-das-erste-video-ist-da/wSI7N5AKva/, 26.9.2011]

(17) Wer da wohl angerufen hat↑

(18) Ob noch jemand anruft↑

Die kommunikative Einheit, der eine Fragefunktion zukommt, wird orthographisch mit einem Fragezeichen markiert[1]. Der Leser wird auf sein eigenes Wissen gelenkt, er überprüft, ob es das fehlende Wissen enthält oder das Wissen erschlossen werden kann. Ist ein Text dialogisch, ein Brief oder eine E-Mail etwa, so kann eine Antwort erwartet werden.

H1.2 Frageformen im Türkischen

Im Türkischen werden Ergänzungsfragesätze mit Interrogativa konstruiert, die allerdings nicht in Anfangsposition vorkommen müssen. *Kim* fragt wie *wer* nach Personen, *ne* wie *was* nach Sachen. Allerdings hat *kim* auch Kasus- und Pluralformen (*kim-ler*, ‚wer alles'), ebenso *ne* (*ne-ler*, ‚was alles').

(19) Bu **kim**?
　　　Dies　　　Interrogativ ‚Wer ist das?'

(20) Bu para **kim-in-dir**?
　　　Dies Geld Interrogativ-Genitiv-Kopula
　　　‚Wessen ist dies Geld, wem gehört dies Geld?'

(21) **Ne**　　　oku-yor-sun?
　　　Interrogativ les-Präs-2Sg ‚Was liest du?'

Hangi (‚welcher') kann in unterschiedlichen Konfigurationen verwendet werden.

(22) **Hangi**　　çocuk-lar daha güzel?
　　　Interrogativ　Kind-Pl　mehr schön ‚Welche Kinder sind schöner?'

(23) **Hangi-ler-i**　　　daha güzel?
　　　Interrogativ-Pl-Poss-　mehr schön ‚Welche sind schöner?'

Interrogative sind in der Regel betont; liegt die Relevanz der Frage in einer bestimmten Wortgruppe, kann sie betont werden, während das Fragewort nachgestellt wird:

(24) Süt-ü　　　　**kim** iç-ti?
　　　Milch-Akkusativ　wer trink-Prät3Sg ‚Wer hat die Milch getrunken?'

In Entscheidungsfragen ändert sich – anders als im Deutschen – die Wortstellung nicht, es wird die unbetonte Fragepartikel *mi* eingesetzt, die sich entsprechend der großen Vokalharmonie an das Vorgängerwort anlehnt, aber getrennt geschrieben wird. Die Fragepartikel folgt auf das Wort, in dem das Erfragte ausgedrückt ist, meist geht es um die Wahrheit eines Gedankens, so dass *mi* auf die Verbform folgt. Folgt *mi* auf die Verbform, wird die Personalendung in bestimmten Tempora und Modi (z.B. Präsens, Futur, *miş*-Vergangenheit) an die Fragepartikel angehängt, die Verbform also aufgespalten (26). Peters (1947: 80) erklärt das so, dass damit das Prädikat als solches, also ohne Person etc., den Frageschwerpunkt bilde.

---

[1] Die Endzeichen <., !, ?> schließen eine Äußerung als kommunikative Einheit ab, sind also nicht als Satzzeichen zu sehen. Der Anfang der Einheit ist durch Großschreibung des Anfangsbuchstabens des ersten Wortes markiert.

(25) Gül-dü   **mü?**
     lach-Prät3Sg Fragepart. 'Hat er gelacht?'

(26) Anl-ıyor   **mu-sun?**
     versteh-Präs Fragepart.-2Sg ‚Verstehst du?'

(27) Hasta **mı-sın?**
     krank Fragepart.-2Sg ‚Bist du krank?'

Die Fragepartikel folgt auf den Ausdruck, der den Frageschwerpunkt versprachlicht:

Dün   ders-e   **mi**   git-tin?
Gestern Unterricht-Dativ Fragepart. geh-Prät2Sg
‚Bist du gestern <zum Unterricht> gegangen?'

(28) Dün **mü** ders-e git-ti? ‚Ist er <gestern> zum Unterricht gegangen?'

(29) Dün ders-e git-ti **mi**? ‚<Ist er gestern zum Unterricht gegangen>?',
     ‚Ist es wahr, dass er gestern zum Unterricht gegangen ist?'

H1.3 Assertion, assertive Sprechhandlungen und Aussagemodus

Die Assertion ist die grundlegende Form des Handelns, in der ein Sprecher Wirklichkeit versprachlicht und kommuniziert: Seines Wissens verhält es sich so, wie er sagt. Der Wissenstransfer kann durch Fragen ausgelöst sein oder in einer Konstellation für notwendig gehalten und assertiv realisiert werden (man kann latente Fragen unterstellen).

Mit einer ASSERTION wird von einem Sprecher
(a) ein vom Hörer signalisiertes Wissensdefizit oder ein ihm zu unterstellendes Informationsbedürfnis im Wissensbereich B
(b) auf der Basis dessen, was der Sprecher hinsichtlich B weiß oder zu wissen glaubt
(c) mit einer vollständig formulierten oder erschließbaren Proposition (einem Gedanken) p bearbeitet und
(d) für p der Anspruch erhoben, dass mit p gesagt ist, wie die Dinge sich im Wissen darstellen und dass p in der Kommunikativen Welt, an der Sprecher und Hörer teilhaben, gilt.

Assertionen nutzen den Aussagemodus. Der AUSSAGEMODUS zeichnet sich durch Verbzweitstellung und fallendes Tonmuster aus. Das Tonmuster indiziert das Wissen als abgeschlossenes und so auch speicherfähiges. Der Gewichtungsakzent liegt dort, wo Neues, Relevantes oder Kontrastiertes gesagt wird (→G3) und tendiert zum Ende des Mittelfelds (vor dem zweiten Verbteil); eine weitere Gewichtungsposition liegt vor dem finiten Verb. Möglich sind Abtönungspartikeln wie *ja, halt, eben, wohl*; *denn* als Partikel kommt nicht vor, ebenso wenig *bitte* oder ein Interrogativum. Verberststellung ist selten und auf bestimmte Textarten (Witz, Erzählung) festgelegt (*kommt ein Pferd in die Kneipe ...*).

In der Orthographie wird als Endzeichen der Punkt gewählt. Damit ist eine assertive Einheit abgeschlossen, die einfach oder komplex aufgebaut sein kann. Nach dem Abschluss lässt sich nichts mehr anfügen, kein Nebensatz etc. kann folgen.

Kein Punkt wird gesetzt nach Titeln, Überschriften, Tabellenzeichen (allgemeiner: frei stehenden Zeilen) oder Auslassungszeichen, die einen Text(teil) als unvollständig markieren.

Assertionen erfüllen die Aufgaben der Wissensübermittlung, bilden das Gerüst von Handlungsverkettungen wie beim Erzählen, Berichten, Beschreiben oder in Fachtexten. Sie bilden den zweiten Zug – die Antwort – im Fragemuster. Der Wissenstransfer erfordert es, Sachverhalte so zu entwerfen, dass sie das Hörerwissen zielgenau bearbeiten und verändern können (sagen, was der Hörer wissen soll und was für ihn relevant ist). Ist der Sachverhalt schon in der Frage entworfen, kann die Zustimmung (*ja*) oder Zurückweisung (*nein*) (auch nonverbal) genügen.

Seltener werden ganze Sachverhalte dem vorhandenen Wissen einfach hinzugefügt (Akkumulation). Das Neue sollte mit dem bestehenden Wissen gleich vernetzt werden können. Gut ist, wenn das Wissen schon auf Anwendbarkeit hin angelegt ist und nicht gleich negativen Bewertungen unterliegt. Umlernen ist immer schwierig: Was als wahr galt, soll nun nicht mehr wahr sein? Oder sich doch etwas anders darstellen? Unsere festen Bestände geben wir ungern auf, zumal wenn sie stark bewertet sind. Manchmal leben wir gar mit Unverträglichkeiten im Wissen, die wir nicht recht ins Bewusstsein lassen.

Was der Sprecher glaubt, spielt insofern eine Rolle, als er sich insgesamt an dem, was er und seine Kommunikative Welt für wahr halten, erkennbar orientieren sollte. Zeigt sich, dass er das Gesagte selbst nicht glaubt, erscheint er als Lügner. Die Lüge ist eine taktische Verwendung der Assertion, sie funktioniert nur, wenn sie als Assertion durchgeht, deren Sprecher sich allgemein an die Wahrheit hält. Die Rhetorische Frage verwendet den Äußerungsmodus der Frage taktisch, um den Hörer zu einer Wissensabfrage zu veranlassen, die allgemein Gewusstes, Erschließbares oder Evidentes zutage fördert und eine Antwort erübrigt. Der Hörer wird besonders involviert und wird die selbst gefundene Antwort in den Fokus nehmen (Abb. 2). Zugleich wird deutlich, dass der Sprecher nichts sagt, was nicht relevant ist. Manchmal wird aber doch eine Antwort gegeben, z.B. um die Unsinnigkeit des Fragegehaltes darzustellen:

(30) Bonner Runde 26.9.1982

Brandt   Aber will die CDU mit den Grünen koalieren↑
Kohl   Na das wissen Sie doch, Herr Brandt↓

> Bin ich Krösus?

> Krösus war sehr reich.
> Der Sprecher ist nicht sehr reich.
> Der Sprecher ist nicht Krösus.
> Der Sprecher verfügt nicht über so viel Geld, wie es von ihm erwartet wird.

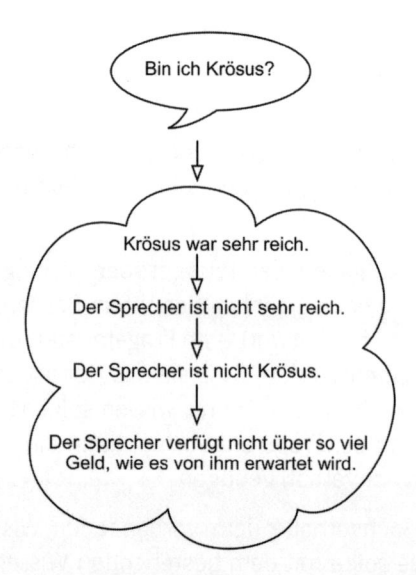

Abb. 2: Hörerüberlegung bei einer rhetorischen Frage

Eine der Assertion verwandte Form ist die BEHAUPTUNG, die allerdings Teil einer Argumentation ist. Ihr Zweck ist nicht, fraglos Wissen zu vermitteln (Assertion), sondern eine These zur Diskussion zu stellen, für die auf Nachfrage Begründungen, Evidenzen etc. zu liefern sind. Daran kann sich eine längere Auseinandersetzung entfalten. Wird eine Vorgängerhandlung als problematisch eingeschätzt – sie wurde nicht verstanden, ihr Geltungsanspruch bezweifelt – kann versucht werden, das kommunikative Problem mit einer BEGRÜNDUNG zu beheben, um weiter handeln zu können. Der Zweck des Begründens einer Handlung ist, sie dem Hörer so verständlich und nachvollziehbar zu machen, dass eine weitere Kooperation möglich ist (nach Ehlich/Rehbein 1986: 94ff.). Der begründende Sachverhalt muss geeignet sein, aus Unverstandenem Verstandenes, aus Strittigem Unstrittiges zu machen. Das gelingt weniger durch neue Fakten als durch den Rückgang auf geteiltes Wissen und Plausibilitäten. Der Zweck besteht darin, die Bezugshandlung zur Geltung zu bringen, so dass sie erfolgreich sein kann. Der Erfolg des Begründens hängt von zwei Faktoren ab:

(a) Kann der Wahrheitsanspruch für den begründenden Sachverhalt problemlos erhoben werden, ist der Sachverhalt plausibel? Oder ist er selbst begründungsbedürftig, so dass eine weitere argumentative Schleife zu durchlaufen ist?

(b) Kann der zur Begründung angeführte Sachverhalt eine Stützungsfunktion für den Geltungsanspruch der Bezugshandlung (Argumentfunktion im Falle einer Behauptung etc.) haben, teilen die Partner ein Hintergrundwissen, demzufolge der Übergang unproblematisch ist? Oder muss der Übergang erst noch durch den Rekurs auf Regelwissen, Gesetze, Plausibilitätsannahmen etc. gesichert werden?

Die Ausfaltung und Klärung dieser Punkte macht den sachlichen Kern von Argumentationen aus. Die Schwierigkeit liegt in der Bestimmung dessen, was als Argument gelten kann, welche Übergänge statthaft sind und wie man vermeiden kann, dass die sachliche

Ebene verlassen wird (Persönlich-Werden – Persönlich-Nehmen, Immunisieren, Argument-Hüpfen, Bewusstes Missverstehen, Wörtlich-Nehmen, Übergehen etc.). Eine Streitfrage kann nur dann gelöst werden, wenn Sprecher und Hörer über Begründungen geteiltes Wissen ins Spiel bringen können, dass eine Alternative plausibel macht.

Eine FESTSTELLUNG resümiert einen allgemein akzeptierbaren, von den anderen durch Wahrnehmen etc. direkt nachvollziehbaren Sachverhalt.

H1.4 Erzählung

Zu den größeren Diskurseinheiten gehört das Erzählen, für das ein Sprecher sich Raum verschaffen, ein längerfristiges Rederecht verschaffen muss (*Gestern hab ich was Irres erlebt ... Erzähl mal!*). Ein Beispiel:

(5) Erzählung (Daniel 3;5 Jahre; Anne (Mutter von D. und L.); Karin (Freundin von A.));

(s1)	Anne	((erzählt von Familie T.))
(s2)	Daniel	Da wollt ich/ ach da/d ich wollte mal was mitnehmen da/
(s3)	Anne	Aus deren Wohnung↓
(s4)	Daniel	• Hat die T. gesacht:→ „ach ja"→ kann ich↓
(s5a)	Daniel	Aber der/ der •
(s6)	Anne	Das war Alexander↓
(s5b)	Daniel	Alexander↓ Der wollte das nich↓
(s7)	Daniel	Der hat • gesacht: „Nein da/ d/ das will ich selber behalten"↓
(s8)	Daniel	Und das wollt er
(s9)	Daniel	und da/ und da hab ich doch da so geweint↓
(s10)	Daniel	Jā • und dann warn die Leute weg→
(s11)	Daniel	da war ich ganz <u>dus</u>selig wieder↓
(s12)	Anne	((lacht))
(s13)	Karin	((lacht))

Daniel erzählt eine eigene Erfahrung und nutzt, dass eine szenische Konstellation durch die Erzählung seiner Mutter schon gegeben ist; er muss also keine Orientierung (Personen, Zeit, Ort) leisten. Sie fällt Kindern im Grundschulalter noch schwer, vor allem in der Berücksichtigung des Hörer-Vorwissens. Das zeigende Adverb *da* reorientiert auf die Konstellation. Es dient als minimale Eröffnung eines von Sprecher und Hörer zu teilenden Vorstellungsraums. Die Zeitstelle wird mit *mal* unbestimmt als irgendein Zeitintervall benannt, so dass die Handlungsfolge einen Startpunkt hat. Der Handlungsentschluss wird in der erzählten Zeit (*wollte*) wiedergegeben. Das Objekt der Begierde bleibt offen. So komplettiert Anne, dass es aus der Wohnung von Familie T. stammte. Anne kennt also die Geschichte und wechselt in die Unterstützungsrolle. In dieser Rolle fördern Erwachsene das Erzählen durch ein Hilfsgerüst[1] aus verständnissichernden Fragen, Bereitstellen von Elementen des Erzählschemas, Kommentare und Bewertungen und erleichtern anderen Hörern das Verständnis (vgl. s6).

Daniel führt die Szene unmittelbar vor, indem er das Gespräch vergegenwärtigt und direkte Rede wiedergibt („ach ja"). Das für Daniel entscheidende Resultat ist im Präsens

---

[1] Seit Bruner spricht man im englischen Sprachraum von „scaffolding". Wygotski (1964) hatte als erster darauf aufmerksam gemacht, dass Kompetente den Lerner dadurch voranbringen, dass sie seinen jeweils nächsten Entwicklungsstand antizipieren und ihn auf dem Weg zielgerichtet unterstützen.

der Szene dargestellt. Der Wechsel vom narrativen Präteritum ins vergegenwärtigende Präsens steht noch aus. Der den Punkt der Szene ausmachende Konflikt wird mit *aber* markiert (s5a), Antagonist war Alexander. Auf ihn wird mit *der* gezeigt. Solches Zeigen setzt voraus, dass sein Objekt im Wahrnehmungsraum oder im Rederaum vom Hörer auffindbar ist. Eine Hörereinschätzung gelingt typischerweise noch nicht, fällt auch in den nächsten Jahren noch schwer. Daher sichert Anne den Personzugang durch die Verbindung Zeigwort (*das*) – Eigenname (*Alexander*). Namen rufen eine gegebene Kenntnis (Person, Ort, Land etc.) aus dem Wissen ab. Hier verfügt die Hörerin Karin offenbar nicht über den nötigen Zugang, insofern kann sie nur eine Wissensposition eröffnen, die künftig mit Alexander adressiert werden kann. Zugleich stützt Anne den Erzähler, der den Namen kennt und nutzen kann. (s5b bestätigt die gemeinte Person). Nun kann die Geschichte weiter erzählt und auf die Person auch gezeigt werden (*der*). Der Konflikt wird mit identischem Modalverb auf einfache Weise aufgebaut: *ich wollt ... – der wollte das nicht*, dann belegt durch ein Zitat (s7), so dass die Szene anschaulich bleibt. Anschließend wird im Präteritum, also auf der Ebene des Geschehensablaufs in der Zeit, die antagonistische Position noch einmal als entgegengesetztes Wollen herausgestellt (s8), bevor dann zur nächsten Szene (*und da*) übergegangen wird, in der der Erzähler sich als Leidenden präsentiert. Die Abtönungspartikel *doch* dient einer kontrastierenden Wissensverarbeitung, die das Verhältnis zur Ausgangsszene aufruft. Das Adverb *so* zeigt auf Aspekte an Objekten, Dimensionen von symbolisch Versprachlichtem (Dinge, Handlungen, Eigenschaften), die der Anschauung entnommen oder vorgestellt werden können. Hier kann Daniel ausdrücken, dass er stark geweint hat, ohne dass eine symbolische Formulierung verwendet werden muss. In Kindererzählungen wird *so* öfter als Stellvertreter eingesetzt für nicht oder erst später Gesagtes oder gar nicht Auszudrückendes. Es kann eine Qualität andeuten, die faktisch in der Entwicklung noch nicht verbalisierbar ist, und dadurch die Prozessierung einer komplexen Form von – für Dreijährige – enormer Anforderung ermöglichen. Das *jā* im Segment 10 zeigt deutlich, dass Daniel schon die Hörerreaktionen zu berücksichtigen sucht, also eine Gewissheit des Verstehens absichern möchte. Zugleich kennt er bereits die Anforderung, dass eine Erzählung geschlossen werden muss und folgt ihr im Erzähltempus Präteritum. Dann kommt er zum Eigentlichen, nämlich zur Herstellung gemeinsamer Bewertung, die er mit *ganz dusselig* an seinem Zustand in der erzählten Zeit festmacht. Dafür muss er sich distanziert gegenübertreten (*wieder*). Diese Art der Bewertungsleistung führt zum Erfolg der Geschichte, Daniel bringt gerade dadurch die Hörerinnen zum Lachen.

Das Beispiel zeigt, wie komplex die sprachlich-grammatischen Mittel und die funktionalen Anforderungen sind und wie erstaunlich die Leistung, sie – von Erwachsenen unterstützt – mit dreieinhalb Jahren zu bewältigen. Benötigt werden insbesondere:

- Mittel einer Orientierung auf die Konstellation (nominale Gruppen: *letzten Sonntag; auf dem Spielplatz, im Klassenraum; der Klassenlehrer, mein Freund Marc ...*)

- Mittel der Geschehensentwicklung (*da, (und) dann, plötzlich ...*) (→ E1.1)

- Mittel der Beschreibung (Vorstellen räumlicher Oberfläche) (*an der Wand; links neben ...*)(→ H1.5)

- Mittel der Vergegenwärtigung relevanten Geschehens (direkte Rede, Redewiedergabe; Übergang: Präteritum – Präsens: *plötzlich höre ich einen Knall ...*) (→ D2.1)

- Mittel zum Teilen von Bewertungen (intonatorische Modulation, Gewichtung durch Akzent, entsprechende Ausdrücke wie *dusselig, schrecklich, toll*).

Das Muster des ERZÄHLENS:

(a) Der Sprecher erinnert sich an Ereignisse, die er wahrgenommen hat oder in die er involviert war.

(b) Der Sprecher hält die Ereignisse aktuell für erzählenswert und bemüht sich im Gespräch um eine Erzähllizenz (durch eine Ankündigung, ein Abstract) für eine längere Darstellung bzw. wird zum Erzählen aufgefordert.

(c) Der Sprecher arrangiert das Wissen hörerorientiert in Form einer Geschichte nach einem Handlungsschema (Konstellation, Handlungsfolge, Relevanzpunkt, Abschluss, Bewertungsaspekte).

(d) Der Sprecher entwickelt hörerorientiert die Konstellation der Geschichte (Zeit, Ort, Ausgangssituation, beteiligte Aktanten) und baut einen szenischen Vorstellungsraum auf, den der Hörer teilen und in dem verwiesen und symbolisiert werden kann. Seine Darstellung kann anschaulich und bildhaft sein.

(e) Die Handlungsschritte und Ereignisse werden – normalerweise entsprechend der Wirklichkeit oder logischer Plausibilität – so wiedergegeben, dass die Hörer die Erzählperspektive durch Versetzung möglichst gut nachvollziehen können. Deutlich wird der Relevanzpunkt, um dessentwillen erzählt wird (Komplikation, Erwartungsabweichung etc.) herausgearbeitet und bewertet; der Relevanzpunkt kann durch Tempuswechsel (vom Präteritum oder Präsensperfekt zum Präsens), Übergang zu direkter Redewiedergabe oder durch Kommentierung markiert werden. Ziel ist die Herstellung einer gemeinsamen Bewertungsgrundlage.

(f) Die Darstellung der Geschichte wird abgeschlossen durch Angabe eines Resultats oder von Handlungsfolgen oder Konsequenzen, die bis in die Aktualität reichen; möglich ist eine verallgemeinernde Bewertung (Lehre).

(g) Mit dem Abschluss wird in die laufende Interaktion zurückgeleitet, das kontinuierliche Rederecht wieder abgegeben.

Wenn der Relevanzpunkt deutlich wird, kann auch die gemeinsame Bewertung erfolgen und sich in Höreräußerungen niederschlagen. Damit kann auch der Zweck (Unerhörtes darstellen und bewerten, belustigen, sich als Opfer oder clever herausstellen, sich entlasten, jemanden belasten etc.) erreicht werden.

> **Aufgabe:**
>
> Untersuchen Sie die folgende Darstellung eines Angeklagten unter dem Aspekt ihrer erzählerischen Mittel und ihrer Strategie. Dem Angeklagten wurde zur Last gelegt, in der Strafhaft einem Mitgefangenen dessen goldene Uhr aus der Schublade, in der er sie aufbewahrte, entwendet zu haben (Diebstahl, § 242 StGB).

(31)   Strafverhandlung (F. 18)

```
1  Richter      Was is das denn nu↓
2  Angeklagter  Wir waren Waschmaschinen/ am Zusammenbauen und zwei Tage
3               vorher→ ((1.0s)) da sacht nun einer zu mir:→ „Da is ne goldene Uhr
4               drin→ nimmse"↓ Da hab ich gesacht: →"Nein, das kommt gar nich in
5               Frage"↓ Ich sach:→ „Ich hab selbst zwei Uhren"→ und da is der
6               hingegangen→ derjenige/ ich kenn jetzt den Namen nich mehr/ der is/
7               äh/ drei Tage später ist der/ von einer Außenstelle is er ab/ laufen
8               gegangen/ ((1.4s)) da hat er mir die Uhr p/ bei uns im Lager/ ((1.1s))
9               da hat er mir die Uhr verkauft/ na ja/ für/ zwanzig Mark Tabak, ((2.3s))
10              und die hab ich dann Herrn Kropp gegeben→ er möchte mir doch n paar
11              Bilder dafür machen. Und dann hat mir der Kropp/ mir paar Bilder
12              gemacht→ und die hab im Urlaub mit nach Haus genommen→ und da
13              sollt ich n Kropp Bastelmaterial mitnehmen/ äh/ mitbringen→ und da hab
14              ich gesacht:→ „Das geht nicht"→ da hab ich ihm Sachen von mir
15              gegeben→ und da sollte ich noch Geld schicken↓
16              Ja Mann→ ich war so in knapper Not→ ich konnte ihm kein Geld
17              schicken→ und das Geld is/ is ja heute noch offen→ so ungefähr
18              hundertzwanzig oder hundertdreißig Mark↓ Aber die Uhr hab ich nich
19              aus der Schublade rausgenommen→ ich hatte selbst zwei Uhren da↓
20 Richter      Sie sagen also praktisch→ Sie hätten sie dann äh/ war das dieselbe Uhr
21              hatten Sie/ hatten Sie die Uhr gesehn?
22 Angeklagter  Ich hatt se ein einziges Mal gesehn↓
23 Richter      ((1.6s)) Und war das die Uhr, die Sie dann später dann von dem andern
24              Herrn gekauft haben↑
25 Angeklagter  Ich hab eine Uhr jekauft→ aber ich wußte nich, dass die von der/
26              da aus der Schublade raus war→ sonst hätt ich se bestimmt nich
27              genommen↓ ((3.8s))
```

> **Literaturhinweise:**
>
> Becker 2011; Ehlich 1980, 1983, 1984; Fienemann 2005; Hausendorf/Quasthoff 2006; Hoffmann 1983a, 1989; Quasthoff 1980; Zifonun/Hoffmann/Strecker 1997 (C1)

H1.5 Bericht

Auch das BERICHTEN beruht auf einer Verkettung sprachlicher Handlungen. Allerdings ist dieses Muster an Institutionen gebunden und folgt deren Relevanzmaßstäben. Ein Ereignis erscheint stets vor dem Hintergrund eines institutionellen Typs, der sich an dem orientiert, was in dem institutionellen Prozess gebraucht wird. So muss ein Polizeibericht so detailliert sein, dass er in einer möglichen Strafverhandlung oder für eine zivilrechtliche Auseinandersetzung über Schadenersatz etc. die nötigen Informationen bereit stellt. Das Dargestellte muss als wahr gelten können, eine persönliche Färbung wird nicht akzeptiert. Beobachtungen sollen ohne große Deutung weitergegeben werden, so dass jeder in der Position sie hätte machen und darstellen können. Die einschlägige Rolle ist die des neutralen, interesselosen Zeugen, der nur sagt, was er gesehen hat, damit die Institution sich ein eigenes Bild machen kann. Die Wissensbasis wird gekennzeichnet (*konnte ich sehen, wie ...*), vor allem aber Annahmen und Schlussfolgerungen. Das Ereignis wird nicht im Vorstellungsraum durchlaufen wie beim Erzählen, sondern abstrakt im Blick auf das Resultat dargestellt. Die Art, in der das geschieht ist nicht unabhängig von der Konstellation, also ob es ein Polizeibericht, ein Reisebericht etc. ist; ein Wetterbericht bezieht sich stets auf ein vergangenes Wetter, sonst handelt es sich um eine Wettervorhersage. Der Bericht ist also schon durch mentale Verarbeitung vororganisiert und gewichtet, alles Irrelevante ist ausgeschieden.

(32) Strafverhandlung (F.17) (Zeuge (Zollbeamter): Bericht, segmentiert in Handlungseinheiten)

(s1) Auf dem Rückweg sah ich diesen Pkw/ zirka dreihundert Meter vor dem Zollamt/ im Dunkeln stehn↓ ((1.6s))

(s2) Drinnen warn zwei/ männliche Personen/ ((2.6 s))

(s3) äh/ ich sprach die Personen an→ äh/ sie möchten sich bitte ausweisen äh/ und sollten→ weil ich eben alleine war und das/ inner Dunkelheit→ einsteigen in das Dienstfahrzeug und zum Zollamt mitfahren äh/ und da wär ne Untersuchung durchzuführen↓

(s4) Äh/ der Verdacht war ja nun gegeben→ weil dieser Pkw mit dieser ersten, vorher auf/ aufgegriffenen Person äh/ in Verbindung stand↓ ((1.1 s))

(s5) Äh/ die Personen wollten den/ den Wagen abschließen→ hatten aber keinen Schlüssel↓ ((2.3 s))

(s6) Dann äh/ wie ich dann die Personen mitgenommen hatte→ trennt ich die und so weiter→

(s7) und nachher bei der körperlichen Durchsuchung fand ich diesen Türschlüssel bei Herrn Riske in der Tasche↓

(s8) Und so äh/ war dieser/ äh/ Verdacht ja erhärtet→ dass alle drei Personen mit dieser Sache in Verbindung standen↓

Der Bericht ist an einen anderen angeschlossen und nach Relevanzmaßstäben organisiert. Im ersten Segment ist das Wissen qualifiziert: Es entstammt eigener Wahrnehmung. Das Gesehene wird situativ recht genau verankert. Im zweiten Segment werden die Insassen auf Basis dessen, was der Zeuge damals sehen konnte, charakterisiert. Es folgt eine Wiedergabe der eigenen Aktion (s3), die durch Legitimationsaspekte bestimmt ist. Sie entspricht den Vorschriften (Was man macht, wenn man allein ist ...) und der Gefahrenlage („Gefahr im Verzug" erfordert sofortiges Handeln, der Verdacht ergibt sich im Zusammenhang mit einem vorausgehenden Ereignis (s4) – zuvor war wie in der Verhandlung dargestellt ein junger Mann an der Grenze festgenommen werden, der offenbar Haschisch schmuggeln wollte). Segment 5 ist relevant, weil die Beobachtung eine Verbindung zwischen den Insassen und dem jungen Mann nahelegen kann (vgl. s7). Das folgende Segment deutet das vorschriftgemäße Handeln nur an (s6). Der zugrunde liegende institutionelle Typ von Ereignis ist die „vorläufige Festnahme" (§ 127 StPO); sie muss motiviert sein, hier durch den Verdacht (Verwickelung in einen „Bannbruch") und die Fluchtgefahr, der Verdacht hat sich erhärtet.

Man könnte durchspielen, was nicht gesagt wurde, etwa die Reaktionen der Insassen des Autos, ihr genaues Aussehen etc. Der Bericht jedenfalls ist auf das Relevante beschränkt und stellt die zentralen Züge des Ablaufs im Präteritum – dem für Berichte üblichen Tempus (möglich ist auch Präsens) – dar. Der Berichtende tritt selbst völlig zurück, anders als beim Erzähler spielt seine Identität, sein Glück oder Pech, die Lehre, die er aus der Geschichte zieht etc. keine Rolle. Es gibt keinen besonderen Höhepunkt, an dem das Tempus ins Präsens wechselt und direkte Rede gebraucht wird. Der Vorsitzende muss angesichts solch professioneller Organisation nicht in den Ablauf eingreifen.

Eine vergleichbare Relevanzorientierung hat auch der folgende schriftlich abgefasste Bericht, den, wer möchte, genauer untersuchen kann (Struktur, sprachliche Mittel):

(33)   Polizeibericht

23.05.2011 | 15:33 Uhr

POL-AC: 16-jähriger Räuber gefasst

Aachen (ots) – Dem beherzten Eingreifen zweier Zeugen ist es zu verdanken, dass eine 46-jährige Frau gestern Nachmittag ihre geraubte Handtasche wieder zurück bekam. Die Aachenerin war zu Fuß auf der Sandkaulstraße in Richtung Bastei unterwegs, als ihr ein Unbekannter von hinten die Handtasche aus der Hand riss. Ein 41-jähriger Aachener und sein 16-jähriger Sohn beobachten dies und nahmen beide die Verfolgung des Täters auf. Sie konnten den jungen Mann in der Parkanlage in der Rochusstraße stellen und festhalten, bis die Polizei kam. Die Frau erhielt ihre Tasche zurück und der 16-jährige Täter aus Düren wurde zur Wache gebracht. Er gab dort an, dass er mit dem Zug zurück nach Hause fahren wollte und kein Geld für ein Ticket hatte. Deshalb habe er die Handtasche geraubt. Seine Eltern wurden informiert und diese holten ihren Sohn von der Wache ab.

-- Sandra Schmitz --

[http://www.presseportal.de/polizeipresse/pm/11559/2049883/polizei_aachen, 23.5.11]

> Das Muster des BERICHTENS:
>
> (a)   Ein Sprecher/Schreiber hat bestimmte Ereignisse wahrgenommen und kann sich an sie erinnern.
>
> (b)   Er unterliegt der institutionellen Anforderung, diese Ereignisse unter vorgegebenen Relevanzgesichtspunkten und wahrheitsgemäß als Instanz eines bestimmten Typs (Unfall, Ermittlung, Konferenz usw.) wiederzugeben. Die Sprache ist knapp und sachlich, verzichtet auf Metaphern.
>
> (c)   Der Sprecher/Schreiber gewichtet, reorganisiert und gliedert die gespeicherten Ereignisse als zeitlich oder sachlich geordnete Abfolge von Relevanzpunkten auf möglichst hoher Abstraktionsebene (so abstrakt wie möglich, so nahe an Basishandlungen wie nötig)..

(d) In schriftlichen Texten werden am Anfang Institution und Daten der Abfassung genannt, im Diskurs erfolgt eine Einbettung in die laufende Interaktion (Vergabe des entsprechenden Rederechts, Klärungen zur Person usw.).

(e) Nach vorgreifender Orientierung über die Ausgangskonstellation werden die Elemente der gewichteten Ereigniskette wiedergegeben, wobei die Art des Realitätsbezugs und des Beobachterzugangs (Standort und Perspektive, Quelle, Wissensstatus) zu verdeutlichen sind und einzelne Punkte je nach Gewicht gerafft und detailliert werden. Da im Zentrum nicht die Darstellung einer Entwicklung oder ihre Bewertung steht, sondern die einzelnen Relevanzpunkte, müssen diese für sich verständlich wiedergegeben werden (gegebenenfalls mit Vor- und Rückgriffen, Einbezug von späterem Wissen usw.), so dass eine Bewertung durch Dritte möglich wird. Es erfolgt keine Versetzung im Vorstellungsraum, die in die Geschehenssituationen führt, die Origo der Schreib- bzw. Sprechsituation bleibt in der Regel konstant.

(f) Ein Abschluss des wiedergegebenen Ereigniszusammenhangs (vergleichbar der Erzählausleitung) fehlt, globale Schlussfolgerungen oder ein Resümee sind ggf. deutlich von der Wiedergabe abzuheben; formale Abschlussmarkierungen leiten mündlich in die laufende Interaktion zurück (Rückgabe des Rederechts) bzw. dienen (in schriftlichen Texten) spezifischen institutionellen Erfordernissen (Unterschrift als Klärung der Verantwortlichkeit usw.).

Literaturhinweise:

Becker-Mrotzek/Böttcher 2006; Ehlich 1984; Hoffmann 1983

H1.6 Beschreibung

Auch das BESCHREIBEN verkettet Handlungen. Oft kommt es eingebettet vor, in Erzählungen, Romanen, fachlichen Darstellungen, Gebrauchsanleitungen etc. Der Zweck liegt darin, dem Hörer einen Gegenstand oder Vorgang in seiner Oberflächenform oder Gestalt möglichst genau darzustellen, so dass er sich eine Vorstellung davon bilden und Form und Funktionalität bzw. Zwecke damit verknüpfen kann. Eine solche Beschreibung findet man in Audiotexten zu Filmen, die für blinde und sehbehinderte Menschen angeboten werden; sie müssen präzise und, um die Synchronizität zu wahren, knapp sein:

(34) Eine junge Frau lässt voller Genuss warmes Duschwasser über ihre Haut rinnen. Hinter dem Duschvorhang zeichnet sich plötzlich ein Schatten ab, der näher kommt und sich zur Silhouette eines Menschen verdichtet, der ein Messer in der erhobenen Hand hält ... (taz 27.3.2012) [Duschszene aus Hitchcocks Film „Psycho"]

Naturgemäß unterscheiden sich Beschreibungen in Abwesenheit des Hörers von solchen, bei denen der Hörer anwesend ist und simultan das Objekt wahrnehmen kann. Die Beschreibung erfasst die Gestaltqualität insgesamt und muss sie in bestimmte Strukturmomente aufbrechen. Oft folgt sie einer Sequenz von Perzeptionen, die das Objekt (z.B. eine Wohnung) in einer bestimmten Reihenfolge abschreitet (z.B. so, wie man in eine Wohnung hineinkommt, dann den linken Bereich und die Räume dort usw.). Grobe Beschreibungen beschränken sich auf wichtige Teile, Nachbarschaften und Raumkoordinaten.

(35) (a) Das Auge wird von vorne durch die beiden Augenlider geschützt (Abb. 5-8, 5-9). (b) Diese bestehen aus einer versteiften bindegewebigen Platte (Tarsus), auf die außen der Ringmuskel des Auges und die dünne Lidhaut aufgelagert sind. (c1) Ober- und Unterlid lassen bei geöffnetem Auge die Lidspalte frei und (c2) gehen am inneren und äußeren Lidwinkel ineinander über. (d) Die Bindegewebsplatte der Lider enthält zahlreiche Talgdrüsen, die den Lidrand einfetten. (e) Die Lider sind innen von einer dünnen Haut, der Bindehaut (Conjunctiva), überzogen. (f1) Diese schlägt oben-innen an der Lidgrenze um und (f2) zieht zum Augapfel herüber, mit dessen vorderer Fläche sie oben, unten und seitlich verwächst. (g) So entsteht ein zur Lidspalte hin offener Bindehautsack, der von Schleimhaut ausgekleidet ist. (h) Schutzfunktion, z. B. gegenüber Fremdkörpern, haben auch die am Lidrand entspringenden Wimpern (Zilien). (Speckmann/Wittkowski 2006: 108f.)

In der Anatomie verbindet sich die Beschreibung mit physiologischen (funktionalen) Aspekten. Sprachlich werden insbesondere Adverbien eingesetzt, die perspektivisch verankern (*vorne, außen, innen, oben, unten, seitlich*). Beschreibungen können ein geteiltes Wahrnehmungsfeld voraussetzen (z.B. wenn das Objekt real gesehen oder als Bild oder Zeichnung zugänglich ist); meist wird aber auch der Vorstellungsraum angesprochen. Tempus ist in der Regel das Präsens, in Erzählungen und Erzähltexten kann das Grundtempus (etwa das Präteritum) auch für beschreibende Passagen verwendet werden. Hier wird grundsätzlich in der Vorstellung gearbeitet. Das folgende medizinische Beispiel setzt an bei der Standardperspektive des Menschen und bezieht sich auf eine Schemazeichnung als Draufsicht (Abb. 3), die Leber wird stärker räumlich beschrieben:

(36) (a) Die Leber (Hepar) liegt im rechten Oberbauch, im Schutze des knöchernen Brustkorbs, und überwiegend unter der rechten Zwerchfellkuppel (vgl. Abb. 7-11, 2-16, 2-17). (b1) Sie ist die größte Drüse des menschlichen Körpers und (b2) hat ein Gewicht von etwa 1500 Gramm. (c) Die dem Zwerchfell und der vorderen Rumpfwand anliegende Organfläche ist konvex nach oben gewölbt. (d) Hier findet sich zur Wirbelsäule hin eine Verwachsungsfläche mit dem Zwerchfell. (e) Die konkave Unterfläche ruht auf den Eingeweiden (Niere, Magen, Zwölffingerdarm, Dickdarm). (f) An ihrer Oberfläche wird die Leber in einen rechten größeren und einen linken kleineren Lappen geteilt. (g) Die Grenze wird markiert durch ein Bauchfelldoppelblatt, das sich von der Zwerchfellunterfläche zur Leber herunterzieht. (h) Auf der Leberunterseite ist eine querverlaufende Nische, die **Leberpforte** (Hilus), zu sehen. (i) Dort treten die **Pfortader** und die **Leberarterie** ein und der Ausführungsgang der Galle aus. (Speckmann/Wittkowski 2006: 257)

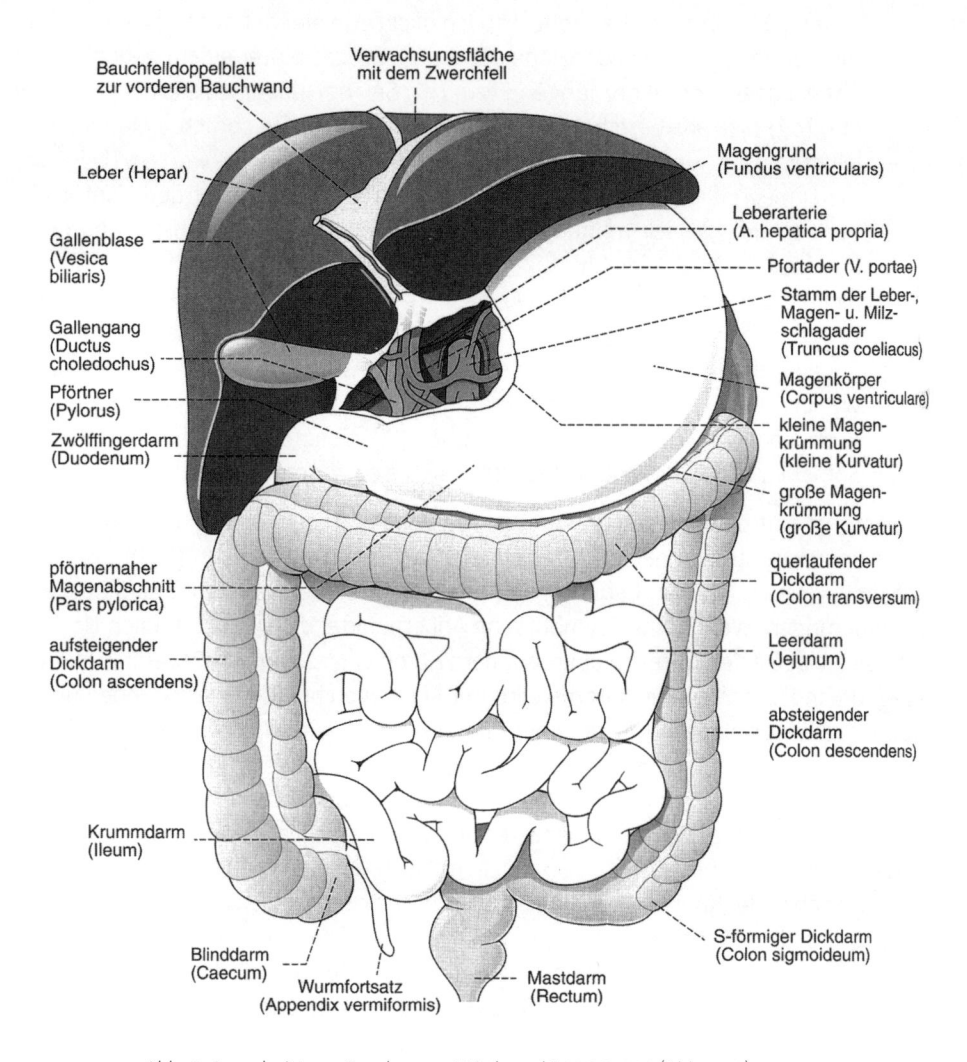

Abb. 3: Ausschnitt aus Speckmann/Wittkowski 2006: 254 (Abb. 7-11)

Für die lokale Beschreibung werden vor allem Präpositionalgruppen genutzt (mit *im, unter, nach, zur, mit, an, in, durch, auf*). Die Präpositionen stellen räumliche Beziehungen zwischen Körperteilen her. Ist die Leber in ihrer Lage auf eine mentale Karte abgebildet, können die Teile ihrer Umgebung im Verhältnis zu ihr bzw. ihren Teilen oder Seiten charakterisiert werden und die Verbindungen zu Nachbarorganen gekennzeichnet werden.

Die Beschreibungen sparen den Autor und seine Sicht aus, nutzen unpersönliche Konstruktionen, zu denen auch das Passiv gehört (*hier findet sich, so entsteht ein, wird geteilt*). Sie vergegenwärtigen das Dargestellte im Präsens.

In einer literarischen Erzählung kann die subjektive Perspektive des Erzählers fundierend sein:

(37) (a) Ich passierte einen kleinen, öffentlichen Brunnen, aus dem ein halbwüchsiger Junge trank. (b1) Ich bog nach links und (b2) hörte eine leise, weiche,

zärtliche Stimme von der Höhe. (c1) Ich blickte an einem Hause gegenüber von mir auf und (c2) sah in der Höhe des ersten Stocks hinter einem geflochtenen Gitter das Gesicht einer jungen Frau. (d1) Sie war unverschleiert und dunkel und (d2) hielt ihr Gesicht ganz nah ans Gitter. (e1) Sie sprach viele Sätze, in leichtem Fluß, und (e2) alle diese Sätze bestanden aus Koseworten. (f) Es war mir unbegreiflich, daß sie keinen Schleier trug. (g1) Sie hielt den Kopf leicht geneigt und (g2) ich fühlte, daß sie zu mir sprach. (h1) Ihre Stimme hob sich nie, (h2) sie blieb gleichmäßig leise; (i) es war so viel Zärtlichkeit darin, als hielte sie meinen Kopf in den Armen. (j1) Aber ich sah keine Hände, (j2) sie zeigte nicht mehr als das Gesicht, (j3) vielleicht waren die Hände irgendwo angebunden. (k1) Der Raum, in dem sie stand, war dunkel, (k2) auf der Straße, wo ich stand, schien grell die Sonne. (l1) Ihre Worte kamen wie aus einem Brunnen und (l2) flossen ineinander über, (l3) ich hatte nie Koseworte in dieser Sprache gehört, (l4) aber ich fühlte, daß sie es waren. (Canetti 1980: 37)

Die Folie ist eine der Wegbeschreibungen des Buches, in dem es u.a. um Fremdverstehen ohne Sprachverstehen, perzeptive Fremdheitserfahrungen und den (nicht immer gelingenden) Versuch ihrer Aufhebung geht. Eine Wegbeschreibung kennzeichnet Passagen, Orientierungen, Wendungen, symbolische Ankerpunkte, die einen mentalen Nachvollzug und die Ablage einer Karte erlauben. Mit dem Hören einer Stimme (b2) verlässt das Ich den Weg, um innezuhalten. Die Stimme wird mit Adjektiven qualitativ beschrieben und damit abgegrenzt. Was als Ursprung der Stimme zu sehen ist, wird anschließend beschrieben (c, d, f): Sichtbar ist der Kopf und seine Haltung, relevant der auffällig fehlende Schleier, der es der Stimme leichter macht. Das Gesicht wird nicht genauer beschrieben, denn der Fokus liegt auf der Stimme. Aus deren Tönen erfühlt (nicht erschließt) der sprachunkundige Erzähler, dass es sich um Koseworte handeln muss (l). Die Beschreibung basiert auf Adjektiven, mit denen der Kopf der Frau und die stimmliche Qualität beschrieben werden. Sie wird von Kontrastbildungen geleitet (Licht – Schatten; Außen – vergittertes Inneres; Schleier – kein Schleier; keine Stimmhebung – gleichmäßig). Der Text ist durch das Grundtempus Präteritum und Satzkoordinationen (Satzreihen) gekennzeichnet.

Die Komplexität (Detailliertheit, Genauigkeit, Vollständigkeit) einer Beschreibung bestimmt sich

- durch den übergeordneten Zweck und die Tiefe (von der Oberflächengestalt zur Funktionsweise, zum Zusammenwirken der Teile, von einer festen Perspektive zu einer beweglichen, mit der ein Weg beschritten und eine dynamische Vorstellung aufgebaut wird vor dem Hintergrund der Textart (in einer Gebrauchsanleitung sind die funktionsrelevanten Dinge zu beschreiben, ein Medizinbuch verbindet Anatomie mit Funktionalität (Physiologie) etc.);

- vom Vorwissen und den Interessen des Adressaten her (Bildbeschreibung für Schüler oder Kunststudierende);

- von Objekteigenschaften her (Gemälde sind zweidimensional und statisch; Skulpturen, Wohnungen, Gebäude, Wege erfordern eine dynamische Beschreibung mit Perspektivenwechsel).

Tempus ist somit das Präsens, das in Wahrnehmung oder Vorstellung vergegenwärtigt, oder in Erzählumgebungen oder Beschreibungen das Grundtempus Präteritum. Man findet unpersönliche Konstruktionen (Passiv, Nominalisierungen) und Prädikative. Perzeptionsverben und Koordinatenangaben verdeutlichen die Perspektive. Adjektive, Präpositionalgruppen und Relativsätze dienen der Präzisierung und der Funktionsbestimmung. Zweckbestimmungen werden mit kausalen und Konditionalsätzen oder Infinitivgruppen gegeben. Der Aufbau ist meist als Satzreihe (Satzkoordination) organisiert.

Das Muster des BESCHREIBENS:

(a) Der Sprecher/Schreiber wählt das Objekt, die Beschreibungsdimensionen und den Komplexitätsgrad.

(b) Das Objekt wird gekennzeichnet (Eigennamen, symbolisch mit Nominalgruppe, Fachterminus) und kann räumlich oder zeitlich situiert werden.

(c) Er legt die Ausgangsperspektive auf das Objekt fest (z.B. Standardperspektive von vorn, Ausgang für einen dynamischen Perspektivwechsel auf dem Weg durch das Objekt oder außen herum etc.).

(d) Für abwesende Adressaten wird ein Vorstellungsraum aufgebaut, in dem symbolische Orientierungspunkte gesetzt werden.

(e) Der Sprecher/Schreiber zerlegt das Objekt in beschreibungsrelevante Teile und Teilstrukturen und gibt eine Repräsentation des Objekts in seiner Erscheinungsform:

- global hinsichtlich relevanter Merkmalsdimensionen (Gestalt, Größe, Nachbarschaft, Farbe etc.)

- analytisch hinsichtlich relevanter Merkmalsdimensionen von Objektteilen, die sukzessiv vorgeführt werden; die Präsentationsfolge entspricht einer Sequenz von Perzeptionen benachbarter Objektteile, sie kann aus unterschiedlichen Perspektiven erfolgen, deren Wechsel sich durch Distanz-Verändern, Umschreiten, Betreten usw. oder durch Objektbewegungen (Drehen, Heben, Öffnen) ergibt.

Die Repräsentation kann von Funktionsangaben begleitet sein.

(f) Der Abschluss leitet zurück zum einbettenden Muster des Gesprächs oder Textes.

Aufgabe:

Untersuchen Sie die folgende Bildbeschreibung (Zweck, Sprachmittel, Genauigkeit) (Abb. 4)

(38) Bildbeschreibung

Von der großen Zahl der Bildnisse junger Männer im italienischen Quattrocento hebt sich dieses Portrait eines Unbekannten in mehrfacher Hinsicht ab: Ungewöhnlich, zumal für die frühe Entstehungszeit, sind die unmittelbare Betrachteransprache vor einer ausdrucksstarken Landschaft und die illusionistische Körperlichkeit der linken Hand, die einen Goldring vorweist. Nur leicht mit der rechten Schulter aus der Frontalität gewendet, fixiert der junge Mann den Betrachter mit offenem Blick. Er trägt ein schwarzes Barett sowie unter einem ärmellosen Mantel aus grauem Stoff ein geknöpftes, hellgraues Wams und ein dunkles Untergewand, sichtbar nur an Ärmel und Kragen, über den wiederum der schmale Umschlag eines weißen Leinenhemdes fällt. Die Abschrankung des Bildraumes durch eine grau marmorierte Brüstung wird durch deren profilierten Abschluss noch betont, jedoch im selben Moment durch die nach vorn weisende, in akzentuierter Plastizität hervortretende linke Hand wieder überschritten. In eleganter Manier hält der Dargestellte uns zwischen spitzen Fingern, leicht nach links aus der Bildmittelachse gerückt und durch die Kontur des aufgeschlagenen Mantels gleichsam gerahmt, einen Goldring mit aufmontiertem Stein entgegen. Die Suggestion von Körperlichkeit und räumlicher Tiefe wird zusätzlich unterstrichen durch den starken Eigenschatten auf dem Handrücken und den weit abgespreizten kleinen Finger sowie den Schlagschatten, den der Arm auf die Vorderseite der Brüstung wirft, und den ebendort aufliegenden weichen Stoff des Ärmels.

Im Rücken des Mannes zieht eine von fantastisch aufgetürmten Felsformationen gebildete Küstenlandschaft den Blick in die Tiefe. Ein Weg windet sich über einen Brückenbogen und durch schroffe Einschnitte im Gestein quer durch den Bildhintergrund. Am fernen Ufer taucht, bläulich entrückt, eine Gebirgskette aus dem Dunst auf. Darüber liegt ein bleierner Himmel mit bizarren Wolkengebilden. Trotz ihrer abweisenden Kargheit ist die Landschaft mit ihren wenigen, unbelaubten Bäumen nicht menschenleer: An der Uferböschung steht ein Angler, auf der Straße sind zwei Hirten mit einem Tier unterwegs, mehrere Schiffe überqueren das Gewässer. Eigentümlich ist auch die gedeckte Farbgebung des Gemäldes, von der sich lediglich das intensivere Rotbraun der Haare sowie das schwarze Barett des Portraitierten deutlich abheben ... (Christiansen/Weppelmann 2011: 275)

Abb. 4: Francesco del Cossa (1436-1478) Portrait eines jungen Mannes mit Ring

Literaturhinweise:

Becker-Mrotzek/Böttcher 2006; Rehbein 1984; Zifonun/Hoffmann/Strecker 1997.

H1.7 Erklären

ERKLÄREN besteht wie das Beschreiben in der Regel aus einer Kette von sprachlichen Handlungen. Mit einer Erklärung macht eine Person Anderen oder sich selbst einen Zusammenhang von Sachverhalten oder Sachverhaltselementen so klar, dass er ins Wissen integriert und als allgemeine Orientierung des Handelns genommen werden kann.[1] Die Erklärung kann sich beziehen

a) auf einen Funktionszusammenhang, den jemand nicht versteht und wissen möchte (*Erklär mir, wie Cricket/dies Handy/ein Vektorgrafikprogramm ... funktioniert*).

b) auf Ereignisse (*erklär mir den Ausbruch des dreißigjährigen Krieges – Grund war der zweite Prager Fenstersturz; warum ist die Straße nass? – weil es geregnet hat*).

c) auf eine Handlung, ihre innere Ursache (*erklär mir, warum du so viel trinkst – ich habe Diabetes*), äußere, institutionelle bzw. normative Umstände (*weil ich dazu verpflichtet war*) oder die Funktion im Rahmen eines Handlungsmusters (*Fragen stellt man, um ein sprecherseitiges Wissensdefizit zu beheben*). Hier ist nach Rehbein (1977: 94ff., 101) eine hörergeeignete Zerlegung erforderlich, so dass die Handlung als Teil eines Musters mit entsprechender Motivation und Zielannahme des Handelnden sowie Zielbestimmung bzw. „Resultat/Folge-Markierung" (101) ausgestattet erscheint.

d) auf wahrgenommene Ursachen und Wirkungen (*warum verfärben sich die Blätter im Herbst? – Weil die Bäume das Chlorophyll der Blätter in die Wurzeln leiten, um es zu speichern ...*).

e) auf den Aufbau und die Struktur von etwas (*warum haben manche Sprachen ein Genus-System? – Weil sie Kongruenz haben, zwischen Nomen und Anapher, Nomen und Determinativ etc.*).

f) auf einen allgemein gültigen Satz oder ein Prinzip, eine angenommene Gesetzmäßigkeit der Natur, eine statistische Ableitung mit einer bestimmten Wahrscheinlichkeit, eine Analogie oder Ähnlichkeit.

g) auf allgemeine Kausalzusammenhänge, die üblicherweise konditional formuliert werden (*weil ← wenn*): (a) Wenn es regnet, dann ist die Straße nass; (b) Es hat geregnet: (c) Die Straße war nass. Auch unter anderen Bedingungen kann die Straße nass sein (Straßenreinigung etc.).

Früher hat man Natur- von Geisteswissenschaften durch den Gegensatz von Erklären und Verstehen unterschieden (Dilthey), inzwischen wird das differenzierter gesehen (von Wright). Für Handlungserklärungen ergeben sich Schwierigkeiten, insofern Selbstauskunft/Selbstdarstellung oder Fremdverstehen die Grundlage sind und methodischer Prüfung bedürfen. Dann sollte eher von Handlungsbegründungen die Rede sein. Sie beziehen sich auf Situationskonstellationen, Zwecke und Handlungsmittel. Kausale Erklä-

---

[1] Eine weitere Verwendung bezieht sich darauf, dass jemand etwas durch öffentliche Rede bekannt und geltend macht: *Krieg erklären, sich erklären*.

rungen von Handlungen könnten sich z.B. auf neuronale Konstellationen beziehen. Sie werden derzeit oft als deterministisch gesehen, was aber philosophisch sehr umstritten ist.

Aufzuklären ist stets eine *Warum*-Frage (so schon Aristoteles). Die Erklärung ermöglicht Verstehen (Wittgenstein). Wenn das so ist, muss der Rezipient systematisch einbezogen werden. Ein Erklärungszusammenhang verbindet ein erklärendes Element e1 (oft „Explanans" genannt) mit einem zu erklärenden e2 („Explanandum"). Das erklärende Element sollte empirisch belegbar sein bzw. als wahr oder für den Rezipienten plausibel gelten können, der Übergang zum zu Erklärenden logisch korrekt oder implikativ oder wenigstens auf der Basis von Erfahrung nachvollziehbar sein.[1] Ehlich (2009: 19) spricht von einer „Sinn-Expansion", die das überschreitet, was „an Sinn bereits im Erklärungssystem, das Sprecher und Hörer teilen, vorhanden ist."

Etwas kann klar gemacht werden durch eine beim Hörer ausgelöste Bewegung im Wissen, die eine spezifische Verknüpfung zwischen e1 und e2 herstellt und einen Zusammenhang verstehen lässt, der zuvor unverstanden war. Erklärungsadäquatheit ist gegeben, wenn die *Warum*-Frage zu beantworten ist.

Erläuterungen oder Illustrationen sind keine Erklärungen.

(39) (a) Dyslexie ist eine Sprachentwicklungsstörung (Lese-Rechtschreib-Schwäche) mit genetischem Hintergrund, die etwa fünf Prozent der Menschen betrifft. (b) Sie tritt vor allem dann zutage, wenn eine Sprache ein kompliziertes Zuordnungssystem von gesprochenen und geschriebenen Buchstaben aufweist. (c) Eine Erklärung, die phonologische Defizithypothese, ist, dass Betroffene die in den Worten enthaltenen Laute weder analysieren noch erinnern können. (d1) Dies verlangsamt das Erlernen einer Sprache und (d2) erschwert beim Lesenlernen das Zuordnen von Lauten zu den entsprechenden Buchstaben. (Carter 2010: 151)

Der Fachtext beginnt mit einer Definition der Dyslexie und einer statistischen Angabe (a). Eine erste Erklärung ist, dass es einen „genetischen Hintergrund" gibt, demnach tritt Dyslexie eher auf, wenn Vorfahren sie ebenfalls hatten. In den Erklärungsbereich gehört auch eine Angabe von Bedingungen (b), etwa, dass die Schreibung ein komplexes Zuordnungssystem von Lauten/Phonemen und Graphemen hat, in das Wort-, Morphem- und Silbenebene sowie die Äußerung (Endzeichen) hineinspielen wie im Deutschen, anders als im Türkischen. Eine sprachpsychologische Erklärung liefern (c) und (d).

---

[1] In der klassischen Wissenschaftstheorie gelten rein begriffliche Zusammenhänge (z.B. logisch: Eine Rose ist eine Blume, weil gilt: Alle Rosen sind Blumen) nicht als Erklärungen, da es an empirischem Gehalt fehle. Die theoretischen Begriffe (z.B. ‚Satz', ‚Elektron', ‚Quark') der Wissenschaften könnten empirischer Überprüfung nicht ausgesetzt werden. Die konstruktive Wissenschaftstheorie hat versucht, die Problematik handlungstheoretisch zu bewältigen (z.B. mit dem Konzept der ‚Protophysik'). Wissenschaftstheoretisch gelten historische Erklärungen im Nachhinein, statistische, nicht bei Ursachen ansetzende Ableitungen und auf Analogie oder Ähnlichkeit gestützte Erklärungen als riskant.

> **Das Muster des ERKLÄRENS:**
>
> (a) Der Sprecher/Schreiber wählt in Reaktion auf eine Warum-Frage oder eine entsprechende Problemkonstellation das zu Erklärende (Explanandum), das Erklärende (Explanans) und den Typ des Erklärungszusammenhangs sowie einen adressatenangemessenen Komplexitätsgrad.
>
> (b) Das zu Erklärende wird gekennzeichnet und kann erfasst werden.
>
> (c) Es wird mit einer Assertion oder einer Kette von Assertionen ein Erklärendes als wahr, zutreffend oder hinreichend belegt hingestellt.
>
> (d) Der Erklärungszusammenhang wird auf der Basis geteilten Wissens in seinem Übergang als nachvollziehbar und plausibel verdeutlicht, so dass eine Wissensbewegung beim Rezipienten ausgelöst wird.
>
> (e) Der Sprecher/Schreiber stellt den Zusammenhang von und den Übergang zwischen Explanans und Explanandum so klar, dass er damit vom Rezipienten verstanden, ins Wissen integriert und als allgemeine Orientierung dienen kann.
>
> (f) Der Abschluss leitet zurück zum einbettenden Muster des Gesprächs oder Textes.

Zum Erklären im Unterricht und in anderen Konstellationen: Ehlich 1999; Hohenstein 2006; Spreckels 2009; Morek 2012; Vogt 2009.

H1.8 Inhaltsangabe und Nacherzählung

Die INHALTSANGABE ist eine schulspezifische Textart, die in der Sekundarstufe I eingeübt wird. Außerhalb des institutionellen Zusammenhangs findet sie sich allenfalls als Teil von Buch- oder Filmrezensionen. Im Vergleich der Textarten gehört sie zur Gruppe Kommentar, Interpretation, Nacherzählung, Abstract, Exzerpt, Zusammenfassung, Rezension, die sich ebenfalls auf andere Texte beziehen.

Die Inhaltsangabe reduziert den Gehalt eines Buches oder eines Films so weit auf die zentralen Ereignis- bzw. Handlungsmomente, dass der Ablauf noch verstanden werden kann. Sie ist nur möglich, wenn Buch oder Film eine erzählerische Form haben. Die akademischen Textarten Exzerpt oder Abstract sind ebenfalls reduzierend und paraphrasierend, sie dienen der Zusammenfassung (zu Vergegenwärtigungszwecken) bzw. der schnellen Orientierung über das im Bezugstext versprachlichte Wissen. Das EXZERPT transportiert die zentralen Wissenselemente, die Gewichtung und den Argumentationsgang eines (zumeist wissenschaftlichen) Textes, ist also das Ergebnis komplexer Verstehens- und Rekonstruktionsprozesse. Das ABSTRACT kündigt an: Der Autor gibt eine Vorauskonstruktion von Themenbereich, Argumentationsgang und vom Leser zu erwartenden Ergebnissen einer wissenschaftlichen Abhandlung oder eines Vortrags.

Basis einer Inhaltsangabe ist wie bei einer Erzählung die Orientierung über die Handlungsfiguren, den Ort, die Zeit, die Szene. Vorab kann angegeben werden, aus welcher

Perspektive in der Vorlage erzählt wird (Ich, beteiligte Figuren, Überblick) und ob der Erzähler die Geschichte oder das Erzählen selbst reflektiert.

Die Inhaltsangabe setzt an der Relation zwischen sprachlichen Ausdrücken und dargestellten Ereignissen in einem narrativen Text an, reduziert ihn gedanklich auf die relevanten, für das Verständnis unabdingbaren Ablaufelemente und ersetzt ihn in einem Anschlusstext durch eine zweite Verbalisierung. Als Vorarbeit zu einer Inhaltsangabe können Schüler am Text Streichungen des nicht zum Kern Zählenden machen und relevante Ablaufbeschreibungen markieren. Die Abfolge entspricht der Chronologie der Ereignisse, Vor- oder Rückgriffe werden nicht gemacht. Zitate sind nicht statthaft. Das Reduktionsverfahren erfordert eine möglichst vollständige Rezeption der Vorgabe und eine Planbildung, die das zentrale Ereignis-/Handlungsgerüst in seiner Entwicklung identifiziert und für die erneute Verbalisierung aufbereitet. Ausschmückungen, Abschweifungen, stilistische und erzählerische Mittel (Spannungsbögen etc.) werden ebenso wenig reproduziert wie psychologische Hintergründe. Dies bedarf sukzessiver Entscheidungen auf der Basis fortlaufender Kontrolle und Bewertung. Pragmatisch liegt das Verfahren der inhaltlichen Reduktion zwischen dem Zusammenfassen und dem Umformulieren (dazu: Bührig 1996). Wie das Zusammenfassen kondensiert es, aber nicht auf einen Kern (im Grenzfall: einen Begriff) hin, sondern auf das Vorgangsgerüst. Mit dem Umformulieren teilt es den Rückgang auf die Verbalisierung der Vorgabe, der einen Ansatz bei der (rekonstruierten) Planung erfordert, und die Realisierung mit eigenen Worten. Das Paraphrasieren setzt den Rückgang auf die in der Vorlage versprachlichten Gegenstände und Sachverhalte voraus sowie ein sprachliches Repertoire, das alternative Formulierungen erlaubt. Die Alternativen sind weniger im Bereich des Gegenstandsbezugs zu erwarten, der in seinen Möglichkeiten eher beschränkt ist; umformuliert wird eher in der Prädikation, reduziert werden besonders attributive und adverbiale Ausdrücke sowie Partikeln. Die Kondensierung führt bei Sprachkompetenten zu stark ausgebauten Nominalgruppen und zur Zusammenfassung ganzer Satzfolgen in Satzgefügen. Das Tempus ist üblicherweise Präsens: Die Resultate der Rekonstruktion werden vergegenwärtigt. Bei Vorzeitigkeit wird ins Präsensperfekt gewechselt. Die Redewiedergabe ist wie beim Berichten indirekt (Konjunktiv I, II). Wie stark abstrahiert und reduziert wird, ist unterschiedlich. In der Schule sind dafür klare Vorgaben nötig.

Zur Wiedergabe literarischer Texte wird die Inhaltsangabe in der Schule oft angereichert um Rahmenangaben (Autor, Epoche, Entstehung, Einordnung ins Werk etc.), manchmal auch um einen Schluss mit einer abschließenden Wertung. Dann sollte man von einer ERWEITERTEN INHALTSANGABE sprechen.

Das Oszillieren zwischen Nähe und Ferne zur Vorlage bezeichnet eine Paradoxie dieser Textart: Der Text darf nicht wiederholen, die der Vorlage zugrunde liegende Wirklichkeit oder Fiktion muss aber erkennbar bleiben. Allerdings wird mit der sprachlichen Form zugleich die Geschichte verändert. Es gibt nur eine basale Konstanz, an der das Produkt zu messen wäre. Die Gegenstandstreue kann beurteilen, wer die Vorlage schon kennt. Letztlich hat der Text in der Schule für den Leser nur die Funktion, den Autor der Inhaltsangabe und seine Leistung zu bewerten. Dem Adressaten wird in diesem Fall nichts Relevantes mitgeteilt, so dass der Text der kommunikativen Realität entfremdet erscheint. Anders, wenn es sich um wirklichen Wissenstransfer handelt. Die Adressaten möchten beispielsweise wissen, wovon der Text oder der Film handelt.

Das ist etwa bei einer Filmkritik der Fall, die allerdings stets eine erweiterte Inhaltsangabe – wenn nicht einen Kommentar mit inhaltlichen Angaben – darstellt und einen wertenden Teil sowie – bei entsprechendem Niveau – einen in die Filmgeschichte und die aktuelle Produktion sowie das Werk des Regisseurs und der Darsteller einordnenden Rahmen enthält. Das folgende Beispiel enthält eine knappe Inhaltsangabe (b), zuvor eine Rahmung mit erster Einordnung (a), anschließend ausführliche Kommentare und Reflexionen (Stellenwert in Woody Allens Schaffen, Reflexion). Für die Schule erscheint die Arbeit mit und an Filmbesprechungen sehr sinnvoll.

(40)   Filmkritik Woody Allen, Midnight in Paris

(a)   Nach London und Barcelona nun Paris. Woody Allens neueste Europa-Station führt ihn zurück zum Dialoghumor und in die Künstler-Dekadenz der 20er Jahre. Selten weckt die Story allein schon Interesse für einen Woody Allen, anders bei Midnight in Paris:

(b)   Owen Wilson verirrt sich als amerikanischer Drehbuchschreiber und sehnsüchtiger Romanautor namens Gil in Paris. Nach Mitternacht begegnet er ganz unvermittelt F. Scott Fitzgerald, während Cole Porter am Klavier sitzt. Eine Kneipentour mit F. Scott führt zu Ernest Hemingway, der Gil mit der Muse von Picasso, Braque und Modigliani bekannt macht. Sie verliebt sich kurz darauf unsterblich in den Amerikaner. Dessen Erkundung der 1920er Jahre in Paris steht unter dem unguten Stern der nahenden Hochzeit mit einer in L.A. verwurzelten Blondine, die seine Leidenschaft für die französische Hauptstadt im Regen nicht zu teilen vermag. Der unverbesserliche Romantiker und Nostalgiker lässt sich von seiner ganz eigenen Erfahrung der Traumstadt aber zum Glück nicht abbringen, sein gerade entstehender erster Roman kann von den wertvollen Ratschlägen einer Gertrude Stein auch nur profitieren ...

(c)   Schon in Vicky Cristina Barcelona (2008) spielte die meist sanfte Kollision von Amerikanern mit der alten Welt, gerade in einer Hochburg des Tourismus wie Barcelona, eine nicht unbedeutende Rolle ...

(d)   Was Midnight in Paris innerhalb des Werks seines Regisseurs auszeichnet, ist die emphatische Nähe, die dieser zu seiner Hauptfigur einnimmt, der alles andere als der abgeklärte New Yorker ist ...

(e)   Filmkritik von Frédéric Jaeger
      http://www.critic.de/film/midnight-in-paris-2682/, 29.8.2011]

In der NACHERZÄHLUNG bleibt der Charakter des Erzählens (→ H1.3) erhalten. Die Vorlage wird reduziert und in eigenen Worten neu formuliert – ähnlich einer Übersetzung. Schon Grimms Märchen sind (z.T. erheblich bearbeitete) Nacherzählungen mündlich überlieferter Texte. In der Kinderliteratur wie auch in Didaktisierungen haben Nacherzählungen oft die Originaltexte vertreten, was man kritisch werten mag. Die wichtigsten Unterschiede zur Inhaltsangabe sind in Tabelle 1 festgehalten.

Nacherzählung	Inhaltsangabe
Eine schriftliche oder mündliche oder filmische Vorlage mit Erzählcharakter wird aufgenommen, in ihrer Ablaufstruktur rekonstruiert und im Gedächtnis zur Planungsgrundlage für eine Rekonstruktion. In der Wiedergabe werden Adressaten berücksichtigt, die die Vorlage nicht kennen, aber für den Geschehensablauf oder Geschehenskern interessiert werden sollen – etwa weil eine Kritik darauf aufbaut. Im Fall einer didaktisch angeforderten Wiedergabe geht es um die Art der Aufgabenbewältigung und eine Leistungseinschätzung. Dann ist keine besondere Erzähllizenz, Ankündigung etc. erforderlich. Die Wiedergabe legitimiert sich extern (aus institutionellen Gründen).	
Der Sprecher/Autor baut einen Vorstellungsraum auf, den die Adressaten teilen können, und in dem die Geschichte verankert wird. Er sagt, wie man sich die Ereignisse in ihrer Entwicklung vorzustellen hat.	Der Sprecher/Autor kondensiert seinen Rekonstruktionsplan zu einer Kette einzelner sachverhaltsbezogener Assertionen, die den Zusammenhang des Ganzen verdeutlichen. Er sagt, was im Wesentlichen geschah.
Es wird eine Orientierung (Zeit, Ort, Figurenkonstellation, Ausgangssituation) gegeben, die als Grundlage für die Vorstellung der Geschichte dienen kann. Grundlage ist ein menschliches Handlungsmodell.	Es wird eine auf das Nötige beschränkte Orientierung (Zeit, Ort, Figurenkonstellation, Ausgangssituation) gegeben. Grundlage ist ein Ereignismodell.
In der Wiedergabe wird in der Regel die Abfolge der Handlungen und Geschehnisse beibehalten. Die Darstellung ist reduzierend, aber sprachlich auf die Erzeugung von Spannung und die Verdeutlichung von Höhepunkten hin orientiert, um die Adressaten auch emotional einzubeziehen. Sie kann einzelne Elemente deutlich herausarbeiten, bildhaft und anschaulich sein. Die Erzählschritte nutzen zahlreiche Verknüpfungsmittel (thematische Fortführung mit Anaphern, definiten Nominalgruppen etc.; ferner Konnektivpartikeln, Konjunktoren, Subjunktoren). Die Erzählzeit ist wie in der Vorlage Präteritum oder Präsensperfekt. Verschiedene Erzählperspektiven (Ich, beteiligte Figur, Überschau) sind möglich.	Die Darstellung ist stark reduzierend, sprachlich eher beschreibend und so knapp wie für das Verständnis möglich formuliert, so dass das Ereignisgerüst (im Wesentlichen die Abfolge) und auch die relevanten Besonderheiten nachvollziehbar werden. Daher ist sie chronologisch. Das Tempus ist durchgängig vergegenwärtigendes Präsens, Vorzeitiges kann im Präsensperfekt nachgeliefert werden. Die Abfolge wird durch Verknüpfung mit Konnektivpartikeln oder Konjunktoren verdeutlicht. Die Erzählperspektive orientiert sich an den Figuren oder nur an einer Figur.
Der Relevanzpunkt wird auf der Basis der Geschehens- und Handlungsentwicklung verdeutlicht, die Szene vergegenwärtigt, so dass sie in der Versetzung gut nachvollziehbar und zu bewerten ist. Am Höhepunkt kann ein Wechsel ins Präsens oder eine direkte Redewiedergabe stehen. Unerhörtes kann kommentiert werden. Die Adressaten erhalten die Grundlage für eine geteilte Bewertung.	Relevantes, Unerwartetes, Unerhörtes wird ohne spezifische Konturierung, ohne Dramatisierung beschrieben. Es wird nicht zitiert.
Die Wiedergabe der Geschichte wird abgeschlossen durch Angabe eines Resultats oder wichtiger Handlungsfolgen. Möglich ist eine verallgemeinernde Bewertung (Lehre).	Die Wiedergabe der Ereignisse kann durch Angabe eines Resultats abgeschlossen werden. Am Ende kann eine Gesamteinschätzung der Vorlage stehen, eine Einordnung in das Werk des Autors, eine Epoche, Tradition etc.
Der primäre Zweck ist, den Adressaten durch die Wiedergabe die Besonderheit des Erzählten und der Erzählform zu vermitteln. (Beispielsweise für Adressaten, denen das Original zu schwierig und unzugänglich wäre).	Der primäre Zweck ist, den Adressaten die zentralen Ereignisstationen und Resultate der Vorlage zu vermitteln, um eine Basis für Kritik, Bewertungen etc. zu bekommen.
Verwandtes Muster: Erzählung	Verwandtes Muster: Bericht

Tab. 1: Formen der Wiedergabe: Nacherzählung und Inhaltsangabe

> **Literaturhinweise:**
> Becker-Mrotzek/Böttcher 2006; Berkemeier 2006, 2009; Bührig 1996 (Reformulieren).

> **Aufgabe:**
> Untersuchen Sie die folgende originalgetreue Wiedergabe (Kl. 7, GS) von C.F. Meyers Ballade „Die Füße im Feuer" (Textart und Merkmale, Grammatik)

(41) ¹Die Füße im Feuer

²Ein Ritter braucht ein Ort zum Schlafen und fragt ein Burgherr. ³Der Burgherr hat nichts dagegen. ⁴Nachher erinnert sich der Ritter, dass er im Burghaus schon mal war und die Frau des Burgherrn damals ermordet hat. ⁵Die Kinder des Burgherrn erkännen den Ritter sofort und sagen es ihrem Vater der damals nicht da war. ⁶Am nächsten Tag wollte der Ritter wieder gehen, doch der Ritter sprach ihn darauf an das er ss wüsste das der Ritter es war, der seine Frau ermordet hatt. ⁷Der Burgherr will den Ritter gar nicht töten, denn er denkt, das Gott ihn den Ritter schon bestrafen wird meit der Burgherr.

H2 Koordination von Handlungen

Die Planung und Koordination menschlichen Handelns und die Organisation sozialer Praxis gehören zu den wichtigen Zwecken menschlichen Handelns.

Ein Sprecher kann den eigenen Handlungsplan übermitteln, dem Adressaten einen Handlungsplan vorgeben oder einen geteilten Plan zum Ausdruck bringen. Im ersten Fall kann es sich um eine Ankündigung oder ein Versprechen (in der Regel angefordert) handeln, im zweiten um eine Aufforderung, einen Befehl, eine Bitte, eine Anweisung, im dritten um eine wechselseitige Vereinbarung, die das Handeln bestimmt, etwa einen Vertrag. KOMMISSIVE Sprechhandlungen sagen, was man selbst tun will, DIREKTIVE, was der Andere tun soll.

H2.1 Aufforderung, direktive Sprechhandlungen und Aufforderungsmodus

Zweck des Aufforderns, eines Direktivs ist es, einen Handlungsplan so zu übertragen, dass der Adressat will und ausführt, was der Sprecher gewollt hat. Wer etwas aktuell nicht tun kann, will oder darf, eine Handlung nicht zum eigenen Zuständigkeitsbereich zählt, muss sich mit seinem Hörer im gemeinsamen Handlungsraum so koordinieren, dass der den Plan übernimmt und umsetzt. Sprachlich kann er diesen Zweck erreichen, indem er den Spielraum des Anderen durch ein Modalverb adressiert (*Kannst du/könntest du mir helfen, du darfst jetzt mitmachen ...*), seine Handlungsrealisierung als gedachte Möglichkeit anspricht (*werden*, Konjunktiv II: *Würdest Du das Grillen übernehmen?*), mit einem Modalverb sein eigenes Wollen, seine eigene Absicht ausdrückt (*Ich möchte, dass Du ... Ich will, dass Du ...*).

> **Das Muster des AUFFORDERNS:**
>
> (a) Sprecher und Hörer befinden sich in einem gemeinsamen Handlungsraum.
>
> (b) Der Sprecher will, dass der aktuell nicht bestehende Zustand Z wirklich wird und nimmt an, dass die Handlung F diesen Zustand herbeiführen kann.
>
> (c) Der Sprecher kann oder will selbst nicht für den Eintritt von Z sorgen.
>
> (d) Der Sprecher nimmt an, dass der Hörer F tun kann.
>
> (e) Der Sprecher will, dass der Hörer die Handlung F in seine Planung aufnimmt und in einer bestimmten Zukunft realisiert, so dass Z eintritt.
>
> (f) Der Sprecher orientiert den Hörer auf ein Vorbereitungsstadium von F, auf das F entsprechende Handlungskonzept, das Handlungsresultat Z oder mit F verbundene Handlungsfolgen.
>
> (g) Der Hörer versteht die Aufforderung als Eingriff in seine Handlungsplanung.
>
> (h) Der Hörer lotet den eigenen Handlungsspielraum und seine Motivation aus.
>
> (i) Wenn der Hörer sich entschließt, der Aufforderung zu folgen, übernimmt er das Handlungskonzept und versucht F zu realisieren, dass Z eintritt.
>
> (j) Der Sprecher bewertet Ausführung und Resultat auf der Folie des Ausgangsplans und kann seine Einschätzung äußern.

Orthographisch wird eine Äußerung mit Aufforderungscharakter oft mit einem Ausrufezeichen abgeschlossen, seltener auch mit einem Punkt. Das Ausrufezeichen steuert den Leser und lässt ihn aktiv werden.

Viele Aufforderungen sind an spezielle institutionelle Verhältnisse gebunden. Sie können hinsichtlich ihres Verbindlichkeitsgrads und ihrer Verbindlichkeitsgrundlage (Autoritätsquelle, Legitimität, rechtliche Basis) ausdifferenziert werden.

Ist die Grundlage der Verbindlichkeit ein bestehender Arbeitsvertrag im Rahmen einer Institution, so spricht man von einer WEISUNG. Ihr Zweck besteht darin, den faktischen Arbeitsablauf in einer arbeitsteiligen Institution zu organisieren. Der Aufforderungsinhalt ist entsprechend eingeschränkt: Es muss sich um dienstliche Belange handeln, die Ausführung innerhalb der Arbeitszeit liegen, rechtswidriges Handeln darf nicht verlangt werden usw. Eine Weigerung tangiert das Arbeitsverhältnis und kann dazu führen, dass es aufgekündigt wird.

Beruht die bindende Wirkung auf einer hierarchischen Kommandostruktur (beim Militär, in kirchlichen Organisationen), so handelt es sich um einen BEFEHL, dem gegenüber Gehorsam, d.h. mindestens der Versuch einer Handlungsrealisierung, erwartet wird. Eine Befehlsgewalt kann – je nach Organisation – sehr umfassend sein (Militär: Dienstbereich; Kirche: auch private Sektoren). (Analog spricht man auch in anderen Alltagsbereichen davon, dass jemand *kommandiert* – Macht ohne legale Basis auszuüben sucht – bzw. jemand *herumkommandiert* wird.) Der Zweck des Befehls besteht darin, bestimmte Handlungsweisen im Geltungsbereich unmittelbar zu erzwingen, ohne dass ihre Ausführung zu thematisieren ist. Für das Nicht-Befolgen eines legalen Befehls (*Befehlsverweigerung*) sind Sanktionen vorgesehen. Auf der höchsten Befehlsebene wird auch die explizit performative Form (*hiermit befehle ich ...*) verwendet, im Transfer und im militärischen Alltag sind Kommandoausdrücke wie *Marsch!, ein Lied!, kehrt!, Augen links!, Helm ab zum Gebet!, absitzen!, wegtreten!, stillgestanden!* und (seltener) Imperative wie *hol Peter!* zu finden (zum Befehl: Düring 2012).

ANORDNUNGEN werden von Amtsträgern auf der Basis bestehender Gesetze oder Rechtsverordnungen gegeben. Diese Vorschriften geben den Legitimationsrahmen für bindende Aufforderungen, wie sie etwa ein Verkehrspolizist in einer bestimmten Situation oder ein Ministerium zur Regelung von Fällen unterhalb der Gesetzesschwelle geben kann. Zweck ist die handlungspraktische Durchsetzung allgemeiner Bestimmungen und Grundsätze. Wer einer Anordnung nicht folgt, muss mit Sanktionen rechnen.

In diesen Bereich gehören auch Aufforderungen in pädagogischen Kontexten. Sie beruhen ebenfalls auf spezifischen Rechtsverhältnissen, und zwar auf der Erziehungsgewalt, die Eltern, Lehrern oder sonstigen Erziehern zukommt. Inwieweit dabei an Einsicht appelliert wird oder auf Sanktionsmöglichkeiten zurückgegriffen wird, ist ohne Belang. Das Erziehungsrecht erstreckt sich auf Kinder oder Lerner nach dem Grad ihrer körperlichen oder geistigen Abhängigkeit und wird im Rechtsstaat (bei umstrittenen Grenzen: Gewalt ist mittlerweile ausgeschlossen) geschützt. Zweck ist es, in dessen eigenem Interesse bestimmte Handlungen oder Unterlassungen des Zöglings durchzusetzen. Nehmen entsprechende Aufforderungen normative Züge an (langfristigere Geltung, Generalisierung), spricht man von GEBOTEN oder VERBOTEN.

Andere Arten des Aufforderns sind nicht spezifisch für bestimmte Institutionen. Sie sind nicht nur hinsichtlich ihrer Verbindlichkeit zu differenzieren, sondern auch auf der Grundlage von Präferenzen, Interessen usw. So sind die Präferenzen des Adressaten unmittelbar tangiert bei Handlungen des BITTENS, DROHENS, WARNENS, VORSCHLAGENS, RATSCHLAGGEBENS, ANLEITENS.

Am unteren Ende der Verbindlichkeitsskala steht die BITTE, die geäußert wird, wenn der Adressat aufgrund der Art oder Größe des Anliegens oder der bestehenden sozialen Beziehung nicht verpflichtet ist, ihr zu entsprechen, vielmehr damit ein mehr oder minder großes Entgegenkommen zeigt. Der Sprecher muss einschätzen, ob das Entgegenkommen im Blick auf das Anliegen (Gefälligkeit versus Handlung mit hohen Kosten oder großem Risiko) und die soziale Distanz (als Partner, Freund, Kollege, Nachbar, Bekannter, Vorgesetzter usw.) zumutbar ist. Damit scheiden alle Äußerungsformen aus, die dem Adressaten ein Handlungskonzept direkt auferlegen (Imperativ ohne Abschwächung durch Intonation und Partikeln wie *bitte* (s.u.) oder *mal*; Infinitiv) oder das Handlungsresultat aufgeben (Partizip II). Hingegen bieten sich Formen an, die auf das Vorbereitungsstadium der Handlung zielen, also Ausdrücke mit Modalverben, nicht selten verbunden mit einem performativ gebrauchten Verb (*können/könnten Sie mal ... , darf/dürfte/kann/könnte ich dich bitten, ich möchte Sie bitten ...*), der Konjunktiv von werden (*würdest du bitte ...*); insgesamt sind performative Formen, bei denen der Handlungscharakter in der Bezeichnung ausgedrückt ist, häufig (*ich bitte dich/habe eine Bitte ...*).

Der Zweck des DROHENS besteht darin, eine vom Sprecher nicht präferierte, aktuell vorhersehbare Handlung des Adressaten dadurch zu verhindern, dass für den Realisierungsfall eine Sanktion (durch den Sprecher oder sprecherinitiiert) in Aussicht gestellt wird. Auf diese Weise wird über die mutmaßlichen Präferenzen in die Handlungsplanung des Adressaten eingegriffen. Die Realisierungsform zeigt typischerweise eine Konditionalstruktur (‚Wenn du X machst/nicht unterlässt, sorge ich für Z – was für dich unangenehm wäre').

Hingegen handelt der Sprecher beim WARNEN nicht primär aus Eigeninteresse: Zweck ist es, den Adressaten darauf aufmerksam zu machen, dass seine aktuelle Planung in Handlungen einmündet, die zu nicht-präferierten Folgen (in der Regel aufgrund von Folgehandlungen Dritter) führen. Auch hier kann der Äußerung eine Konditionalstruktur unterlegt werden. Häufig wird auf allgemeine Erfahrungen, Handlungsregeln usw. verwiesen, die der Adressat berücksichtigen sollte.

Zweck des RATSCHLAGS ist es, ein dem Sprecher vom Adressaten vorgelegtes Handlungsproblem dadurch zu lösen, dass eine bestimmte Handlungsweise als aus Sprechersicht empfehlenswert für die Ziele des Adressaten herausgestellt wird, ohne dass dieser dadurch in seiner Wahl festgelegt wäre.

Ein VORSCHLAG zielt auf eine offene Planungssituation: Mit ihm werden dem Adressaten bei gegebener Problemkonstellation neue Handlungsmöglichkeiten für die Planung zugänglich gemacht, an denen er bzw. alle Beteiligten sich orientieren können oder auch nicht. Es können also mehrere, möglicherweise auch unbewertete Alternativen eröffnet werden, die dann zu reflektieren sind. Die Alternativen sollten aber aus Sprechersicht gangbar sein. Der Empfänger ist in beiden Fällen nicht gebunden, er kann auch andere Personen um Ratschläge bzw. Vorschläge bitten, bevor er entscheidet.

Zweck der ANLEITUNG ist es, dem Adressaten bestimmte Handlungsweisen so zugänglich zu machen, dass er sie selbst anwenden kann. Dazu muss er mit geeigneten Zweck-Mittel-Komplexen vertraut gemacht werden, die er in seine Planung übernehmen kann (‚Wenn Du X erreichen willst, realisiere Handlung F1, dann Handlung F2 usw.').
Das folgende Beispiel enthält eine Serie von Handlungsanleitungen des Lehrers.

(1)   Lehrer (Unterrichtskommunikation Klasse 7, GS)
(a)   Ich möchte euch bitten äh ma in/ in euer Heft (...)
(b)   Ihr sollt/ . Hört bitte zu!
(c)   Ihr könnt/ . Hört bitte mal zu. Ihr könnt das allein machen oder mit Eurem Nachbarn zusammen. (...) Ihr könnt euch da . . . . . verständigen. (...)
(d)   Und zwar erfindet ihr zwei kurze Geschichten. Zwei, in denen der Satz vorkommt: ‚Du machst dir Sorgen.' (...) Aber in denen er verschieden betont wird.
      (Formen entnommen aus: Redder 1981:53f.)

(a, d): In der Form ist das der Aussagemodus mit Verbzweitstellung. Ausgedrückt ist ein Weltwissen, dass durch die Verbalisierung Handlungskraft gewinnt, nämlich als Aufforderung. In Fällen wie (a) spricht man von einer explizit perfomativen Form (*hiermit befehle ich Ihnen ...*). Ausgedrückt sind die anordnende Person (*ich*), die Adressaten (*euch*), die Absicht (mit dem Modalverb: *möchte*) und die Handlungsmodalität (*Bitten* als höfliche Aufforderung). Das *hiermit* verankert im Handlungsraum. Typisch ist das Präsens. Die Vergegenwärtigung macht klar, dass die beschriebenen Sachverhalte jetzt wahr zu machen sind. Das Verb *bitten* wie auch die Abschwächung durch die Abtönungspartikel *ma* (← ‚ein Mal') macht die Handlung noch nicht zu einer Bitte, sondern nur zu einer freundlich formulierten Anleitung. Auch (d) ist im Aussagemodus formuliert. Es wird ein Weltzustand assertiert, der noch nicht eingetreten ist, den aber die Adressaten (*ihr*) wahr machen können und in ihrer Handlungsrolle als Schüler umsetzen sollen.

(b, c) Die Formen mit Modalverb nutzen deren Zugang zum Handlungsprozess und seinen Vorstadien. Der Adressat wird veranlasst, in seinem Wissen zu eruieren, ob die Handlung seinen Bedürfnissen, einer Fähigkeit oder seiner Zielplanung entspricht. Das ist genau die Abfrage, die man selbst macht und in einem Modalverbsatz nach außen setzt (*Ich möchte nach Hause fahren*). Wenn das nun von Dritten einfach ausgesagt wird, ergibt sich eine Aufforderung:

(2) Du musst deine Aufgaben machen↓

(3) Du sollst deine Aufgaben machen↓

(4) Du möchtest deine Aufgaben machen↓

Die Abfrage wird durch eine Setzung blockiert, die Aufforderung ist direkt. Sie kann aber mit dieser Form auch vermittelt sein, wenn der Sprecher eine Instanz vertritt, von der die Verpflichtung ausgeht.

Das Auslösen einer solchen Abfrage durch ein Modalverb im Entscheidungsfragemodus kann allgemein als höfliches Direktiv (Bitte) verstanden werden:

(5) Möchtest du das Museum besuchen↑
     Willst du das Museum besuchen↑
     Wirst du das Museum besuchen↑
     Würdest du das Museum besuchen↑

Man kann als Folie einen Dialog wie diesen annehmen:

(6) A: Möchtest du das Museum besuchen↑
     B: Gern↓
     A: Wie wäre es Donnerstag↑

Konjunktivformen sind höflicher, da sie größeren Spielraum eröffnet. Der Adressat kann etwa eine Bedingung formulieren:

(7) A: Würdest du die Aufgabe übernehmen↑
     B: Ja gern, wenn ich im Herbst Zeit dafür habe↓

In (1)(b) *hört bitte zu* finden wir die Imperativform (Plural), die eine subjektlose Wortgruppe bildet; der IMPERATIV (→ D1.2) ist eine Verbform, die den direkten Transfer eines Handlungskonzepts auf einen anwesenden Adressaten leistet, daher den Empfänger in der Regel (*mach das jetzt!*) ausspart und als direkte, wenig höfliche Form gilt. Sie greift nicht in den Modalraum (Planung, Abschätzung des Handlungsspielraums) beim Adressaten ein, sondern steuert direkt anwesende Adressaten, so dass sie prädestiniert ist für sanktionsbewehrte Befehle, Drohungen, rasch zu befolgende Warnungen etc. Die Imperativendung gehört dem Lenkfeld der Sprache an (→ B1.3). Handlungssteuerung in der Präsenz macht die Verbalisierung des Subjekts nicht erforderlich (*Bring mir ne Currywurst!*), es sei denn, der Adressat ist durch Auswahl aus einer Gruppe zu fokussieren (*Bring du mir ne Currywurst!*).

Die Imperativform ist das zentrale Merkmal des IMPERATIVMODUS.

(8) Lehrer
 Ralf, bitte **sei** ruhig! (Redder 1981:111)

(9) Jà, äh, **schreib** die mal n bißchen größer, die sieht ja kein Mensch! (Redder 1981: 105)

Dieser Äußerungsmodus zeichnet sich aus durch Verberststellung (unbesetztes Vorfeld), meist fehlenden Subjektausdruck und fallenden Tonverlauf (Orthographie: Ausrufezeichen). Die Abtönungspartikeln *auch, bloß, ja, doch, eben, halt, mal, schon* können vorkommen (*Lass mich bloß in Ruhe!*).

	Singular	Plural
Imperativ (Lenkfeld)	-e/ø	-t

Tabelle 3: Imperativformen

Das Subjekt kann fehlen, weil der Imperativausdruck in einen elementaren Handlungszusammenhang platziert wird, in dem die Handlungskonstellation und die Adressierung schon gegeben sind. Das Subjekt ist auf die zweite Person (Hörerdeixis wie *du, Sie, ihr*) oder ein Indefinitum (*einer*) eingeschränkt. Es handelt sich um den Vokativ, der in der Form im Deutschen dem Nominativ entspricht. Der Vokativ gehört zum Lenkfeld der Sprache, zu dem auch der Imperativ gehört. Einen zeitlich situierten Satz braucht man hier nicht. Das Verb muss eine i.w.S. kontrollierbare Aktion ausdrücken (*Lies das! Schlaf schön! *Regne! *Wachse!*). Die Imperativform ist nur im Numerus spezifiziert, nicht aber in der Person; es besteht anders als beim finiten Verb keine Person-Kongruenz mit dem Subjektausdruck:

(10) ich geh-e, du geh-st, sie/Paula geh-t

(11) Geh du mit! Geh einer mit!

Daher ist der Imperativ keine finite Verbform (→ D1.2) und auch kein Verbmodus wie der Konjunktiv. Der Imperativ wird eher selten gebraucht, heute vor allem in unmittelbarer Kooperation etwa bei einer schwierigen Aufgabe (z.B. Klaviertransport), in einer Gefahrensituation (*Pass auf, der Laster!*) oder zur Disziplinierung im Unterricht, die ein rasch befolgtes Kommando erfordern. Nicht zur Imperativform ist die Distanzform mit Verberststellung zu rechnen, die der dritten Person Plural entspricht, aber keine Numerusdifferenzierung macht:

(12) **Lesen Sie** hier, wie auch Sie eine gerechte Pflegestufe erhalten, wenn Sie richtig vorgehen! [http://www.faire-pflegestufe.de/, 24.5.2011]

Eine Anredeform (Vokativ) kann im Imperativmodus links angebunden werden:

(13) Du/Peter→ mach jetzt deine Aufgaben!

Der ADHORTATIV, der die Sprechergruppe adressiert und zu gemeinsamer Aktivität auffordert, bildet im Deutschen kein besonderes Verbparadigma:

(14) Machen wir uns an die Arbeit↓

(15) Seien wir tapfer! [Konjunktiv]

(16) Lehrer
Fragen wer uns erstma alle, wie ha/ lautet die Frage aus dieser Aufgabe? (Redder 1981: 103)

Das finite Verb erscheint in Erststellung, gefolgt von *wir*. Alternativ kann eine *lassen*-Konstruktion gewählt werden:

(17) Lasst uns das machen↓

Der Adhortativ bezieht den Sprecher ein und gehört in den Rahmen enger Handlungskooperation zwischen Sprecher und Adressaten. Typischerweise wird die Form zur Umsetzung von Handlungskonzepten in gemeinsamer Aktion gewählt, auf die man sich schon verständigt hat oder von denen klar ist, dass sie aktuell zu realisieren sind (bestehende Verpflichtungen etc.). Sie kann auch im Kontext der Handlungsvorbereitung, dann aber nicht als bloße Anregung, sondern als nachdrücklicher Vorschlag oder emphatischer Appell gebraucht werden.

Aufforderungen können auch mit infiniten Formen in Endstellung realisiert werden, die das vergegenständlichte Handlungskonzept benennen (Infinitiv) oder das zu erreichende Handlungsresultat (Partizip II):

(18) Aufstehen↓ [Verbalisierung nur des Handlungskonzepts]

(19) Zum Frühstück kommen↓

(20) Stillgestanden↓ [Antizipation des Handlungsresultats]

Hier wird das Erfüllungswissen in reiner Form versprachlicht. Der Ausdruck wird in der Verbindung mit dem Tonmuster ins Lenkfeld transferiert, der Hörer somit unmittelbar angesprochen. Nur die Handlung ist fokussiert. Möglich ist auch, das von der Handlung erfasste Objekt zusammen mit der zugehörigen Präposition, die symbolisch die Bewegungsrichtung ausdrückt, zu realisieren und die Verbform wegzulassen (Ellipse):

(21) Helm ab! [vgl. *Helm absetzen!*]

(22) Lehrer
So, gleich zur Nächsten! (Redder 1981: 99)

Im vorstehenden Beispiel schließt das Zeigwort *so* eine Phase ab (zeigt rückwärts in der Zeit) und eröffnet eine neue (zeigt vorwärts), *gleich* bezeichnet ein nahes Zeitintervall. Mit *nächsten* ist in der Mathematikstunde die folgende Aufgabe gemeint. Der Handlungszusammenhang ist allen klar, es wird eine Aufgabe der Klassenarbeit nach der anderen durchgearbeitet. Daher ist eine Versprachlichung der Handlung nicht erforderlich. Von einer EMPRAKTISCHEN ELLIPSE spricht man, wenn Sprecher und Hörer schon auf einen aktuellen Handlungszusammenhang orientiert sind (die Handlungskonstellation ist gegeben), so dass es reicht, eine Handlungsdimension (Zeit, Richtung etc.) zu pointieren (*Skalpell! Links!*) oder nur eine Person zu adressieren (z.B. durch Aufrufen: *Klaus!*).

Man findet solche Formen ohne finites Verb auch in militärischen oder vergleichbaren Befehls- und Kommandostrukturen und spricht dann von „Kommandoausdrücken". Reine Infinitive sind auch in Bedienungsanleitungen häufig.

Der Sachverhalt kann auch als gegebener hingestellt werden, wenn man einen *dass*-Satz mit Verbendstellung und betonten Abtönungspartikeln realisiert:

(23)   Dass ihr (mir) (ja/**bloß**) den Müll rausbringt↓

Gar nicht selten ist eine Nutzung des Aussagemodus für Aufforderungen. Im Indikativ wird gesagt, wie die Welt ist, der Adressat weiß aber, dass sie so noch nicht ist, es sei denn, er macht das Gesagte wahr. Der Weltzustand ist als Handlungsverpflichtung zu verstehen. Dem Adressaten wird das Verständnis erleichtert, wenn es ein praktisches Kooperationsverhältnis gibt, das ihm die Realisierung auferlegt, und er selbst adressiert oder beim Namen genannt ist:

(24)   **Du/Peter** löst die dritte Rechenaufgabe↓

Es kann auch der Zeitpunkt genannt werden, zu dem die Welt so aussehen soll, wie es gesagt wurde:

(25)   **Morgen** haben alle ihre Aufgaben fertig↓

Es kann auch ein vergangener Zustand genannt werden, der wieder herzustellen ist:

(26)   Lehrerin
       Ja die reine Luft/ Da **hatten** wer aber ne ganz . ganz genaue Bezeichnung (für).
       (Redder 1981: 7)

Oder es wird ein Befund gegeben, der handlungsauslösend ist:

(27)   Lehrer
       „Die Bullen machen so was. Das weiß jeder" – diesen Satz find ich wichtig genug, als dass wir das/ den noch ma untersuchen sollten.
       (Ehlich/Rehbein 1986: 52*)

Es kann auch eine gegenwärtige Situation versprachlicht werden, die auf der Grundlage bestehender Kooperationsbeziehungen ein Defizit enthält, z.B. wenn eine anwesende Person Sorge tragen muss, dass ein solcher Zustand beseitigt werden muss oder gar nicht erst eintreten kann.

(28)   Der Abwasch ist noch nicht gemacht↓

(29)   Die Katze liegt auf dem Sofa↓

(30)   [Jemand betritt das Haus] Die Haustür ist noch offen↓

Die Verben *haben* und *sein* können einen ‚modalen Infinitiv' mit *zu* regieren:

(31) Du **hast** das **zu** machen↓

(32) Das **ist** (von dir) **zu** erledigen↓

Die Präposition zu (< althochdt./mittelhochdt. Adverb *zuo*) drückt konkret die Richtung oder auch abstrakter das Ziel (*zur Schule gehen, zum Einkaufen gehen, zu Ilsebill gehen*) aus, in abgeleiteter Übertragung auch das Resultat bzw. einen Zeitraum (*zum Zwecke, zu Weihnachten*). Die *haben*-Form verbindet sich typischerweise mit dem Ausdruck der handelnden Person, die *sein*-Form erlaubt es, täterabgewandt nur die zu realisierende Handlung zu formulieren:

(33) Das **hast** du zu erledigen!

(34) Diese Aufgaben **sind** noch zu machen!

Der *sein*-Form entspricht die Form mit dem Modalverb *müssen,* das äußeren Zwang, außengesetzte Notwendigkeit und damit Alternativlosigkeit aufgrund einer Norm, eines Befehls etc. für die Handlungsplanung ausdrückt, und dem *werden*-Passiv:

(35) Diese Aufgaben müssen noch gemacht werden!

Bitte ist aus der 1. Person des Verbs *bitten* entstanden und wird formelhaft in eine Äußerung an der Mittelfeldposition, die für Abtönungspartikeln typisch ist, installiert:

(36) Kannst du **bitte** mal sagen, ob ...

Sie kann auch einer Imperativform linksangebunden vorangestellt oder rechtsangebunden nachgestellt sein

(37) **Bitte**, zeigen Sie mir das Schreiben! – Zeigen Sie mir das Schreiben, **bitte**"!

Schließlich kann *bitte* wie auch *danke* eigenständig eine Äußerung bilden:

(38) Ich danke Ihnen – **Bitte** (gern geschehen).

> **Literaturhinweise:**
>
> Donhauser 1986; Düring 2012 (Befehl im Nationalsozialismus); Hindelang 1978; Kraft 1999; Schilling 1999.

H2.2 Bedienungsanleitung

Die Textart BEDIENUNGSANLEITUNG ist als Verkettung von Assertionen und Aufforderungen zu bestimmen. Sie hat sich aus alltäglichen Lehr-Lern-Diskursen entwickelt und kann in den Textformen (einseitiges/mehrseitiges) Dokument oder Buch (Handbuch) erscheinen. Sie stattet die (unbestimmten) Adressaten in deren Interesse mit Handlungswissen aus, das sie benötigen, um ein Produkt (technisches Gerät, Software etc.) zu den vorgesehenen Zwecken nutzen zu können. Dazu müssen die Adressaten mit Zweck-Mittel-Verknüpfungen vertraut gemacht werden, die sie als Handlungskonzepte in eine zeitlich geordnete Planung übernehmen können. Vorausgesetzt ist ein Wissensgefälle zwischen den Beteiligten, das durch Informationen über Eigenschaften des Gegenstands (Verpackung, Aufbau, Bedienelemente etc.), die Gebrauchskonstellation, die Folge von Bedienschritten, Skizzen mit Beschriftungen von Geräteteilen, klare Gliederung etc. auszugleichen ist. Der Ausgleich kann auch mit Erklärungen versucht werden. Zwischen technischem und terminologischem (Fachsprache, Werkstattsprache) Wissen der Autoren und dem Wissen und den Gebrauchsbedürfnissen der Nutzer einen verständlichen Kompromiss zu finden, ist nicht leicht. Dass der Aufwand für Verfassen und Übersetzen aus Kostengründen niedrig sein soll, Zeitdruck herrscht, Autoren aus dem Marketing werbende Aussagen einbauen, macht die Sache nicht einfacher. Die Textart gehört in den Bereich der Wirtschaftskommunikation und hat rechtliche Implikationen. Es gibt Regelungen für bestimmte Gruppen wie Arzneimittel-Gebrauchsinformationen. Unverständlichkeit kann Schadenersatzforderungen, Recht auf Rückgabe oder Minderung nach sich ziehen.

Die dominante Illokution ist die Aufforderung, mit der ein Handlungsplan auf die Adressaten übertragen wird, so dass sie ihn praktisch umsetzen (vorbereitende Schritte, Orientierung, Handlungsserie, Zielkontrolle) und das Handlungsresultat erreichen können. Handlungsbedingungen und Konstellation werden durch Konditional- oder Temporalsätze, konditionale oder temporale Präpositionalgruppen oder in Hauptsätzen angegeben. Ganze Handlungsphasen können mit Konditionalkonstruktionen mit Modalverben im Modus der Möglichkeit (*wenn ..., dann können Sie ...*) oder der Notwendigkeit (*wenn Sie ... wollen, müssen Sie ...*) beschrieben sein:

(39) Wenn ihr ISDN-Anschluss das Dienstmerkmal „Halten" nicht unterstützt, können Sie die ISDN Telefonanlage auch so einstellen, dass externe Gespräche (...) in der ISDN Telefonanlage gehalten werden (Voreinstellung: Halten im Amt). (Bedienungsanleitung tiptel: 15)

(40) Sie führen ein externes Gespräch und wollen dieses in „Halten" legen, um ein zweites Gespräch entgegenzunehmen. RR drücken. (...) Durch erneutes Drücken von RR gelangt man zum ersten Gespräch zurück und das zweite Gespräch wird gehalten.
(Bedienungsanleitung tiptel: 15)

Die Handlungsschritte werden in aktuellen Texten meist durch die Distanzform (3. Person + Sie), öfter auch durch Infinitivgruppen realisiert, eine Serie von Schritten wird oft im Infinitiv oder nominal zusammengefasst. Die Adressaten werden mit der Distanzform *Sie* oder unpersönlich (Indefinitum *man*, Passivkonstruktion, *lassen*-Konstruktion (*x lässt sich öffnen, indem ...*) versprachlicht.

(41) Anschließen des kabellosen Sendegerätes am iPod
1. Passen Sie den Anschluss des kabellosen Sendegerätes an ihr iPod-Modell an. (...)
Wiedergabe
2. Drücken Sie die Verbindungstaste des Sendegerätes, bis die LED leuchtet."
(Logitech: 10f.)

Meist enthalten Gebrauchsanweisungen auch Assertionen mit Hintergrundinformationen (zu Stoffen, Gefahren, Funktionsweise), die bei der Bedienung zu berücksichtigen sind.

(42) Bedienungsanleitung Fahrrad
(a) **Reinigen des Fahrrades**
(b) Entfernen Sie losen Schmutz und Staub mit einem trockenen Lappen, Pinsel oder einer Bürste. (c) Grobe Verschmutzungen können Sie mit Wasser und einem winzigen Spritzer Spülmittel beseitigen. (d) Vermeiden Sie, dass Wasser in die Lager eindringt. (e) Aus diesem Grund sollte auch kein Dampfstrahler verwendet werden. (e) Der in alle Ritzen eindringende Wasserstrahl würde die Lager entfetten und somit zerstören
(f) **Lackpflege und Reparatur**
(g) Das beste Pflegemittel für ein Fahrrad ist Wachs. (h) Dank seiner wasserabweisenden Schutzwirkungen ist es für Aluminium und lackierte Oberflächen geeignet. (i) Lackpolituren schmirgeln stets ein wenig der dünnen Lackschicht ab und sollten deshalb nicht zu oft angewendet werden. (j) Während eines Fahrradlebens wird die Rahmenlackierung vielen Belastungen ausgesetzt. (k) Deshalb kann es zu kleinen Lackschäden kommen, die sich aber ausbessern lassen. (l) Für fast alle Rahmenfarben gibt es spezielle Lackstifte aus unserem Sortiment. (m) Lassen Sie sich beraten, wie Sie den auszubessernden Untergrund vorbehandeln.
(Fahrradhandbuch VSF Fahrradmanufaktur 2000: 28)

Literaturhinweise:

Becker-Mrotzek 1997; Ehlich/Noack/Scheiter 1994; Hoffmann 1983b.

H2.3 Gesetz

Das menschliche Zusammenleben unterliegt einer Vielzahl von Regeln. Ansprüche auf Leben, Unversehrtheit, Besitz oder Macht sollen gesichert und Verletzungen geahndet, Konflikte um Güter vermieden oder in geordneten Bahnen ausgetragen werden, wirtschaftlicher Austausch soll funktionsfähig und die Herrschaft unter Kontrolle gehalten werden. Die Prinzipien wiederkehrender Fallentscheidungen sind in Gesetzesnormen gefasst, die als Texte überliefert und beständig revidiert und ergänzt werden. Ihre verlässliche Geltung beruht auf der Autorität ihrer Quelle (Legitimität), sprachlicher Fixierung (Wortlaut), ihrer allgemeinen Zugänglichkeit und verbindlichen Anwendung durch berufene Richter, im ordentlichen Verfahren, auf der Grundlage kollektiver Auslegungspraxis.

Die alltägliche Sprachpraxis kann explizit in die Gesetzesnorm eingehen; dies gilt etwa, wo Gesetze auf die Regelung kommunikativer Verhältnisse zielen (Beleidigungen, Relevanz von Handlungen wie Schweigen, verspätete Antwort, Widerruf). Der Anwendungsbereich einer Alltagsnorm kann ausgedehnt werden:

(43) § 657 BGB
Wer durch öffentliche Bekanntmachung eine Belohnung für die Vornahme einer Handlung, insbesondere für die Herbeiführung eines Erfolges, aussetzt, ist verpflichtet, die Belohnung demjenigen zu entrichten, welcher die Handlung vorgenommen hat, auch wenn dieser nicht mit Rücksicht auf die Auslobung gehandelt hat.

Basis der Norm ist das einseitige Versprechen des Alltags, kommunikatives Handeln soll aber seinen Zweck gerade dadurch erreichen, dass der Partner es als solches erkennt.

Das moderne Recht ist nicht ohne Spezialisierung durch allgemeine Rechtsbegriffe, fachliche Eingebundenheit und abstrahierende Fall-Typisierungen denkbar. Auch wenn ein Rechtssystem – wie das angelsächsische – fallbezogen aufgebaut ist, entfernt es sich durch eine spezifische Interpretationspraxis vom Alltag. Kein Ereignis liefert ‚aus sich heraus' schon die Kriterien für eine Rechtsanwendung.

Prototypisch für Gesetze mit KONDITIONALSTRUKTUR sind Strafnormen:

(44) A1: Wenn jemand F tut (zu tun versucht) oder unterlässt bzw. es zum Ereignis E kommen lässt und
A2: Ausnahmeumstände nicht gegeben sind,
B1: so treten bestimmte Rechtsfolgen (Ansprüche, Sanktionen ...) ein,
B2: wenn nicht diese Folgen modifizierende (z.B. strafmildernde oder strafausschließende) Umstände anzunehmen sind.

Zusatzbedingungen des Typs A2 und B2 können im Gesetz fehlen, oft ergeben sie sich aus dem Allgemeinen Teil des Gesetzeswerks, der so zu reformulieren ist, dass Ausgangskonstellation und das Geschehen mit den individuellen Anteilen (Handlungen, Absichten, Erwartungen etc.) deutlich werden. Ein Fall des Rechts wird erst konstituiert, wenn klar ist, wo Ansprüche nicht abgegolten, Verpflichtungen nicht eingelöst, Integritäten verletzt sind – wenn also anders gehandelt wurde, als nach den Rechtsnormen und dem Maßstab von Vergleichsfällen und Anwendungsregeln zu erwarten war. Der Kern des Normsystems besteht aus kondensierten Fällen, und im Rechtsverfahren werden mithilfe normativer Schemata und Wissen um Normalitäten von Abläufen und Personeigenschaften die dargestellten Sachverhalte nach Plausibilitätsmaßstäben rechtsförmig und auf der Basis des Fall-Wissens entscheidbar gemacht. Die Konditionalstruktur (A1 – B1) illustriert § 127 StGB (früher war von „bewaffneten Haufen" die Rede):

(45) § 127 StGB
Wer unbefugt eine Gruppe, die über Waffen oder andere gefährliche Werkzeuge verfügt, bildet oder befehligt oder wer sich einer solchen Gruppe anschließt, sie mit Waffen oder Geld versorgt oder sonst unterstützt, wird mit Freiheitsstrafe bis zu zwei Jahren oder mit Geldstrafe bestraft.

Sprachlich bleibt die Konditionalstruktur oft implizit. Das Antezedens tritt als W-Satz, als *wenn*-Satz (*wenn jemand ...*) oder Konditionalsatz ohne Subjunktor (*stockt der Verkehr, ...*), als Verbalnomen (*der Mörder wird ... bestraft*) oder nominalisiertes Prädikat (*das Betreten von ... wird ... bestraft*), als Nominalgruppe mit restriktivem Relativsatz (*Gefangene, die sich zusammenrotten ...*) oder als Präpositionalgruppe (*im Falle der Tötung ... wird ...*) auf. Daneben finden sich weitere Typen:

DEFINITIONEN

Es handelt sich um Sprachregelungen, die Gesetzen oder Gesetzeswerken zugrunde gelegt werden sollen. Klärungsbedarf besteht vor allem, wo vom alltäglichen Sprachgebrauch abgewichen werden soll bzw. eine rein rechtliche Setzung vorzunehmen ist. Die Form ist die einer Assertion (*x ist zu verstehen als ... /gilt als ...*).

(46) § 99 (1) BGB (Bürgerliches Gesetzbuch)
Früchte einer Sache sind die Erzeugnisse der Sache und die sonstige Ausbeute, welche aus der Sache ihrer Bestimmung gemäß gewonnen wird.
§ 100. Nutzungen sind die Früchte einer Sache oder eines Rechtes sowie die Vorteile, welche der Gebrauch der Sache oder des Rechtes gewährt.

Verbote

Verbote sind auf Handeln oder Unterlassen bezogene Normformulierungen, die nicht schon strafbewehrt sein müssen, aber gleichwohl im Fall ihrer Verletzung Rechtsfolgen (etwa „Nichtigkeit") nach sich ziehen und Grundlage für Rechtsansprüche werden können. Die Wirkung ist nicht als Folge in einer Konditionalstruktur formuliert, sie bleibt implizit. Sprachlich werden vielfach Verben mit direktem Bezug auf Handlungsmodalitäten (*nicht dürfen, nicht gestattet/erlaubt/verboten/untersagt sein, ...*) verwendet, wobei Normierungsinstanz und Agens in der Regel unausgedrückt bleiben.

(47) § 5 (1) AMG (Arzneimittelgesetz)
Es ist verboten, bedenkliche Arzneimittel in den Verkehr zu bringen.

Gebote

Es handelt sich um Formulierungen von Handlungsverpflichtungen, die nicht strafbewehrt sind, aber (wie Verbote) bei Verstößen spezifische Rechtsfolgen haben. Auch hier liegt die Problematik in der Implizitheit der Rechtsfolgen. Die sprachlichen Formen markieren die Striktheit des Eingriffs in die Handlungsplanung (x *bedarf* y, Modalverb *müssen*, modale Infinitive wie *haben/sein ... zu*), sie können indirekt sein und den Handelnden aussparen:

(48) § 2. (1) GmbH-Gesetz
Der Gesellschaftsvertrag bedarf notarieller Form. Er ist von sämtlichen Gesellschaftern zu unterzeichnen.

Permissive

Permissive (Erlaubnisse) eröffnen einen spezifischen Handlungsraum, der zuvor als verboten galt oder von dem unklar ist, ob man ihn beschreiten darf. Die Formulierungen sind durch Modalverbstrukturen (Agens + *können* oder *dürfen*) oder Nominalisierungen (*Berechtigung, Erlaubnis, Befugnis ... haben*) gekennzeichnet.

(49) § 28 AMG (1) (Arzneimittelgesetz)
Die zuständige Bundesbehörde kann die Zulassung mit Auflagen verbinden. (...) Auflagen können auch nachträglich angeordnet werden.

Rechte

Mit Rechten werden allgemeine Ansprüche für Individuen eröffnet, die sie vor Zugriffen schützen oder besondere Handlungsmöglichkeiten eröffnen. Ihr Operationsbereich ist oft nicht genau bestimmt, was zur Folge hat, dass Richterrecht dominiert und Fehlberufungen vorkommen. Sprachlich dominieren Markierungen durch Nomen wie *Recht,*

Anspruch oder Prädikativkonstruktionen (*gleichberechtigt/unantastbar/unverletzlich ... + sein*). Indirekte, modale Formulierungen bringen zum Ausdruck, welche Art von äußerem Eingriff nicht statthaft ist (*niemand darf ... gezwungen werden ...*).

(50) § 103 (1) (GG) Grundgesetz
Vor Gericht hat jedermann Anspruch auf rechtliches Gehör.

Dieser zentrale Grundsatz eines rechtsstaatlichen Verfahrens garantiert die Möglichkeit, sich als Angeklagter über die verhandelten Sachverhalte und Beweise zu informieren und dazu Stellung zu nehmen. Die Äußerung soll bei der Entscheidung berücksichtigt werden. Das Prinzip dient dem rechtlichen Schutz der Person, es schließt Geheimverfahren aus.

ANWENDUNGSREGELN

Anwendungsregeln geben zusätzliche Einschränkungen für den Geltungsbereich bestimmter Gesetze. Sie haben assertiven Charakter und sind meist durch Verben wie *anwenden, ausschließen, gelten, haben/sein ... zu* gekennzeichnet.

(51) § 80 AMG (Arzneimittelgesetz)
Dieses Gesetz findet keine Anwendung auf 1. Arzneimittel, die unter Verwendung von Krankheitserregern hergestellt werden und zur Verhütung, Erkennung oder Heilung von Tierseuchen bestimmt sind ...

Die Praxis der Rechtsanwendung schafft sich eigene Anwendungs- und Durchführungsregeln und organisiert sich nach internen Vorgaben.

Die Vorstellung ist irreführend, aus dem Sachverhalt, der Norm und der Gesetzesbindung folge automatisch die Entscheidung qua Subsumtion, in Form eines logischen Schlusses (X ist Mörder – der Mörder wird mit ... bestraft. – X wird mit ... bestraft). Vielmehr ist die Frage meist, wie ein Sachverhalt plausibel formuliert werden kann, der dann als Anwendungsfall der ihrerseits interpretationsbedürftigen Norm gelten kann. Zudem ist der Richter eingebunden in eine institutionelle Interpretationspraxis, als deren Ergebnis – im Zusammenspiel der Instanzen – erst sich eine Einheitlichkeit herstellt. Das macht eine differenzierte Analyse der sprachlich verfassten Institution Gericht erforderlich, die sich mit der Oberfläche und den allgemein zugänglichen Kodifizierungen und Programmen nicht zufriedengibt.

Präzision und Vagheit der Gesetzestexte bewegen sich in einem Spannungsfeld zwischen geforderter Eindeutigkeit und notwendiger Vagheit. Sie sollen keine zu großen Interpretationsspielräume eröffnen, denn ihre Anwendungsfälle müssen klar umrissen sein („keine Strafe ohne Gesetz", „nulla poena sine lege"). Sie nutzen daher sprachliche Mittel der Präzisierung (restriktive Attribute und Attributsätze etc.) und verzichten weitgehend auf thematische Ausdrücke wie Anaphern. Sie zeigen große Redundanz. Gesetze partizipieren aber auch an der Vagheit alltäglichen Sprachgebrauchs, die vielfach nur Bedeutungsbeschreibungen mit unscharfen Rändern zulässt; sie arbeiten gerade mit Vagheit. Eine lückenlose Erfassung des normativ Mitgedachten ist nicht zu leisten. Was nicht geregelt ist, kann keine Rechtsfolgen zeitigen, und Analogie gilt als Willkür. Gesetze sind daher so formuliert, dass sie in Grenzen Interpretationsspielräume eröffnen. Der Rechtsanwender (vor allem der Richter höherer Instanz) betreibt manchmal qua Entscheidung interpretative „Rechtsfortbildung", schafft praktisch neues Recht auf der Basis und im Rahmen des vorhandenen. Damit kann der sich verändernden Lebenswelt (Technik, Wissenschaft, soziale Wertungen etc.) schneller Rechnung getragen werden als durch ständige – meist verspätete – Gesetzesrevision. Problematisch bleibt, inwieweit der Wortlaut der Gesetze (ihre wörtliche Bedeutung) dann noch maßgeblich und das Kodifizierte verlässlich ist (Prinzip der „Rechtssicherheit"). Das zeigt sich an unbestimmten Rechtsbegriffen:

(52) § 319 StGB (Strafgesetzbuch)
(...) (2) Ebenso wird bestraft, wer in Ausübung eines Berufs oder Gewerbes bei der Planung, Leitung oder Ausführung eines Vorhabens, technische Einrichtungen in ein Bauwerk einzubauen oder eingebaute Einrichtungen dieser Art zu ändern, gegen **die allgemein anerkannten Regeln der Technik** verstößt und dadurch Leib oder Leben eines anderen Menschen gefährdet.

Die Gerichte lassen reine Lehrbuch-Regeln nicht als „anerkannt" gelten, sondern nur die Regeln, die in der fachlichen Praxis bekannt und akzeptiert sind. Selbst der Eingang in baupolizeiliche Vorschriften reicht nicht ohne weiteres. Problematisch bleibt im Einzelfall, wer festlegt, was Stand der Technik ist.

Sprachlich sind Gesetze weitgehend unabhängig voneinander formuliert; Gesetzeswerke erscheinen als Listen. Tatsächlich sind Gesetze aber auf komplexe Weise miteinander (und mit entlegenen Gesetzeswerken) vernetzt, so dass man von einer Intertextualität sprechen kann. Bestimmte Fach- und Sachbereiche (wie das Arzneimittelwesen, die Erbfolge oder die Parteienfinanzierung) sollen möglichst lückenlos erfasst werden. Allgemeine Rechtsbegriffe gelten als Voraussetzungen für ganze Gesetzeswerke, Einzelnormen eines Gesetzes können durch andere Nomen (desselben oder eines anderen Gesetzeswerks) überspielt werden.

(53) § 163 Absatz 1 StGB (Strafgesetzbuch)
Wenn eine der in den §§ 154 bis 156 bezeichneten Handlungen aus Fahrlässigkeit begangen worden ist, so tritt Freiheitsstrafe bis zu einem Jahr oder Geldstrafe ein.

Prinzipiell gelten die Gesetze für alle. Alle sind damit Adressaten, auch wenn sie nur von Teilkomplexen – Verfassungsrecht, Umweltrecht, Strafrecht, Bürgerliches Recht, Verkehrsrecht, Steuerrecht, Arbeitsrecht, Wirtschaftsrecht, Verwaltungsrecht – betroffen sein mögen. Daher findet sich selten eine explizite Adressierung. Immer sind die Institutionen der Rechtsverwirklichung mitadressiert – ihr Handeln und Entscheiden ist zu legitimieren. Manchen Gesetzen kann man implizite Adressierungen an Experten entnehmen. Eine Norm, die in der Alltagspraxis fest verwurzelt ist, mag als Gesetz unzureichend formuliert sein: sie wird gleichwohl ihre Wirkung entfalten. Je größer der Abstand zur Alltagspraxis und je schwieriger die Formulierung, desto stärker muss Rechtswissen – und das heißt: Fach- und Expertenwissen, Wissen von Anwälten – herangezogen werden und desto geringer sind die Partizipationsmöglichkeiten für Betroffene und Öffentlichkeit.

Wenn der Zweck einer Gesetzesnorm darin besteht, dass sie kommunikativ wirksam wird, d.h. dass sie von den Adressaten verstanden und in die Handlungsplanung einbezogen wird, muss das Verständlichkeitspostulat gelten. Die Gerichtssprache ist deutsch

(§ 184 GG). Aber was folgt daraus? Dass man über das Recht nichts lernen muss oder alles verständlich gesagt werden kann? Beides ist sehr zweifelhaft. Und: Gerade deutsche Rechtstermini (*Besitz, Sache*, zu der auch Tiere gehören) sind schwer verständlich.

Im Strafrecht gibt es die Figur des „Verbotsirrtums" (vgl. § 17 StGB): Dem Täter fehlte die Einsicht in das Unrecht, er konnte seinen Irrtum nicht vermeiden. Die Schuldfähigkeit bemisst sich daran, ob der Täter vom Verbot hat wissen können oder es versäumt hat, sich einschlägig zu informieren – wozu er verpflichtet sein kann. Es fragt sich, ob immer eine reale Chance zur Information bestanden hat: Dies wird meist aus praktischen Gründen unterstellt. Das Verständlichkeitspostulat kann dann nur als Fiktion aufrechterhalten werden. Sanktionen wären sonst nicht möglich.

Literatur: Hass-Zumkehr 2002; Hoffmann 1992, 1998; Lerch 2004.

H2.4 Kommissive Sprechhandlungen: Versprechen, Vertrag

Zur Handlungskoordination gehören auch Sprechhandlungen, die Verpflichtungen ausdrücken, die der Sprecher oder Sprecher und Hörer übernommen haben (KOMMISSIVE):

Versprechen, Geloben, Schwören, Verabreden, Wetten, Vertrag schließen. Wir gehen auf diese Gruppe nur exemplarisch ein.

Das Versprechen ist eine Teilhandlung in einem Muster, der eine entsprechende (insistierende) Aufforderung oder Wunschbekundung vorangeht. Der Sprecher verpflichtet sich auf eine eigene künftige Handlung. Nur was im Interesse des Partners liegt, kann versprochen werden (*ich verspreche dir Prügel* ist kein Versprechen, sondern eine Drohung). Es darf nicht selbstverständlich oder schon begonnen sein. Der Zweck liegt darin, dass der Sprecher sich ‚einklagbar' auf ein bestimmtes, künftiges Handeln im Interesse des Partners festlegt. Daher ist die Form oft sehr explizit:

(54) A: Versprichst du mir, zum Direktor mitzukommen?
 B1: Ja, das verspreche ich dir.
 B2: Versprochen.
 B3: Ja, ich komme mit .

(55) *Ich verspreche, dass ich das gemacht habe. [nicht künftig]

(56) *Ich verspreche, dass der unschuldig ist. [keine Handlung]

(57) ?Ich verspreche, dass der mitkommt. [wenn ich Einfluss habe]

Zur Realisierung ist auch eine Assertion geeignet, mit der der Sprecher sagt, wie die Welt aussehen wird, in der der erwünschte Zustand eingetreten ist und er sein Versprechen eingelöst hat.

(58) Ich repariere morgen dein Rad.
 Morgen ist dein Rad repariert.

Die Handlungskoordination durch ein Versprechen ist meist auf einmalige Fälle beschränkt. Verträge sind langfristiger orientiert und binden beide Partner. Bereits beim Einkauf an einem Kiosk schließt man einen Vertrag (Ware – Geld).

Vertrag

Die institutionelle Textart Vertrag spielt im Rechtsalltag eine überragende Rolle. Sprecher und Hörer bilden einen Konsens über etwas, das sie künftig in einer bestimmten Situation tun oder unterlassen wollen. Es geht um aufeinander bezogene oder auch zu Gunsten eines Dritten eingegangene Verpflichtungen, die befristet oder unbefristet gelten sollen. Durch gegenseitige, beglaubigte Erklärungen werden sie auf der Grundlage einer bestehenden Rechtsordnung einklagbar. Die Verpflichtungen müssen nicht ausgewogen sein, es kann eine Partei auch benachteiligt werden; die Rechtsordnung unterstellt (als Rechtsfiktion) eine freie Willenserklärung des handlungsfähigen (bürgerlichen) Individuums. Nicht jede Erklärung ist wirksam, Irrtümer über Absichten erlauben Anfechtung. Der Vertrag lässt ein bestimmtes Handeln oder Unterlassen erwarten und erlaubt Aktionen zur Durchsetzung, wenn die Erwartungen enttäuscht werden. Die Berufung auf einen geltenden Vertrag erfordert dessen Textförmigkeit: Ist er auf Dauer gestellt, gibt es einen unangreifbaren Bezugspunkt, solange die Interpretation nicht strittig ist. Daher müssen die Vertragsinhalte sprachlich möglichst eindeutig bezeichnet und den Parteien zugeordnet werden; es muss klar sein, wie der Vertrag zu erfüllen ist und was passiert, wenn die vereinbarten Leistungen ausbleiben. Wichtige Inhalte machen intensive Verhandlungen, explizite Willenserklärungen, Zeugen und Beglaubigungen (Beamte, Notare) nötig. Schriftlichkeit ist von Vorteil, weil der Vertragstext einfach vervielfältigt und sicher aufbewahrt werden kann. Verträge schreiben eine bestimmte Interpretation der Wirklichkeit deklarativ – in sprachlicher Form – fest. Das wird besonders deutlich, wenn Staaten Verträge schließen, z.B. über künftige Grenzverläufe. Diese Festlegung auf eine Wirklichkeit erfolgt sprachlich üblicherweise im Präsens, das die Zukunft vergegenwärtigen kann, oder im Futur (*"Das vereinte Deutschland hat keinerlei Gebietsansprüche gegen andere Staaten und wird solche auch nicht in Zukunft erheben"* (Zwei-plus-vier-Vertrag, 12.9.1990)). Die dominante Illokution ist somit das Kommissiv: Sagen, was man tun will. Die Welt wird so entworfen, wie sie aussieht, wenn das, was die Handelnden planen oder wozu sie sich verpflichten, erfüllt ist.

> Die wichtigsten Stationen eines Vertrags:
>
> (a) Jemand unterbreitet ein Angebot (Leistung, Gegenleistung), zu dem eine Frist gehören kann.
>
> (b) Das Angebot wird verhandelt und evtl. modifiziert.
>
> (c) Die Vertragspartner akzeptieren eine bestimmte Version und erklären dies (unter Zeugen, in schriftlicher Form).
>
> (d) Die vereinbarten Leistungen werden erbracht (Erfüllung), sonst greifen Sanktionen (falls vereinbart) oder Leistungen werden auf dem Rechtsweg eingeklagt.
>
> (e) Der Vertrag wird mit Fristablauf beendet oder kann in beiderseitigem Einvernehmen gekündigt werden.

Im schriftlichen Vertrag werden die Regelungen mit Assertionsketten im vergegenwärtigenden Präsens auf einen bestimmten Verlauf in der Zukunft festgelegt. Mit konditionalen

Sätzen oder Präpositionalgruppen können Bedingungen formuliert werden, die bestimmte Folgen nach sich ziehen. Komplexe Nominalgruppen mit restriktiven Adjektiven, Relativsätzen, Präpositionalgruppen (→ C4) sollen für Präzision sorgen. Man versucht Vagheiten und Zweifelsfälle und damit (rechtliche) Auseinandersetzungen zu vermeiden.

(59) Arbeitsvertrag

Zwischen ....
(Name und Adresse des Arbeitgebers)

und Herrn/Frau ....

wohnhaft .... Geburtsdatum, Geburtsort ....

wird folgender Arbeitsvertrag geschlossen:

§ 1 Beginn des Arbeitsverhältnisses

Das Arbeitsverhältnis beginnt am ....

§ 2 Probezeit

Das Arbeitsverhältnis wird auf unbestimmte Zeit geschlossen. Die ersten drei Monate gelten als Probezeit. Während der Probezeit kann das Arbeitsverhältnis beiderseits mit einer Frist von zwei Wochen gekündigt werden.

§ 3 Tätigkeit

Der Arbeitnehmer wird als .... eingestellt

und vor allem mit folgenden Arbeiten beschäftigt (Arbeitsplatzbeschreibung: Anlage)

....

§ 4 Arbeitsvergütung

Der Arbeitnehmer erhält eine monatliche Bruttovergütung von .... € / einen Stundenlohn von zur Zeit .... Euro.

Soweit eine zusätzliche Leistung vom Arbeitgeber gewährt wird, handelt es sich um eine freiwillige Leistung, auf die ein Rechtsanspruch nicht besteht und auch bei einer mehrfachen Gewährung nicht begründet werden kann. Voraussetzung für die Gewährung einer Gratifikation ist stets, dass das Arbeitsverhältnis am Auszahlungstag weder beendet noch gekündigt ist.

§ 5 Arbeitszeit

Die regelmäßige wöchentliche Arbeitszeit beträgt zur Zeit .... Stunden. Beginn und Ende der täglichen Arbeitszeit richten sich nach der betrieblichen Einteilung.

§ 6 Urlaub

Der Arbeitnehmer hat Anspruch auf einen gesetzlichen Mindesturlaub von .... Arbeitstagen im Kalenderjahr – ausgehend von einer Fünf-Tage-Woche. Der Arbeitgeber gewährt zusätzlich einen vertraglichen Urlaub von weiteren .... Arbeitstagen. Bei der Gewährung von Urlaub wird zuerst der gesetzliche Urlaub eingebracht.

Bei Ausscheiden in der zweiten Jahreshälfte wird der Urlaubsanspruch gezwölftelt; die Kürzung erfolgt allerdings nur insoweit, als dadurch nicht der gesetzlich vorgeschriebene Mindesturlaub unterschritten wird. Kann der gesetzliche Urlaub wegen der Beendigung des Arbeitsverhältnisses ganz oder teilweise nicht mehr gewährt werden, so ist er abzugelten. In Bezug auf den gesetzlichen Urlaubsanspruch besteht ein Abgeltungsanspruch auch dann, wenn die Inanspruchnahme wegen krankheitsbedingter Arbeitsunfähigkeit nicht erfolgt ist. Eine Abgeltung des übergesetzlichen Urlaubsanspruchs ist ausgeschlossen. Die rechtliche Behandlung des Urlaubs richtet sich im Übrigen nach den gesetzlichen Bestimmungen.

§ 7 Krankheit

Ist der Arbeitnehmer infolge unverschuldeter Krankheit arbeitsunfähig, so besteht Anspruch auf Fortzahlung der Arbeitsvergütung bis zur Dauer von sechs Wochen nach den gesetzlichen Bestimmungen. Die Arbeitsverhinderung ist dem Arbeitgeber unverzüglich mitzuteilen. Dauert die Arbeitsunfähigkeit länger als drei Kalendertage, hat der Arbeitnehmer eine ärztliche Bescheinigung über das Bestehen sowie deren voraussichtliche Dauer spätestens an dem auf den dritten Kalendertag folgenden Arbeitstag vorzulegen.

§ 8 Kündigung

(1) Während der Probezeit kann das Arbeitsverhältnis mit einer Frist von 2 Wochen gekündigt werden.

(2) Bei Fortsetzung des Arbeitsverhältnisses kann das Arbeitsverhältnis ordentlich mit einer Frist von 4 Wochen gekündigt werden. Das Recht zur außerordentlichen Kündigung bleibt unberührt.

....

Ort, Datum

....

Unterschrift Arbeitgeber   Unterschrift Arbeitnehmer/-in

(nach verschiedenen Vorlagen zusammengestellt)

H3 Empfindungen Ausdrücken: Ausruf, Exklamativmodus

Das Verhältnis von Sprache und Emotion, Gefühl, Empfindung ist leider noch nicht gut erforscht. Wir können nicht fragen, woher das Wissen um eine Empfindung kommt, es ist dem Träger ganz unmittelbar gegeben. Eine Aussage wie

(1)   Dies Bild ist von Picasso.

können wir auf Wahrheit oder Falschheit hin untersuchen, Gründe für eine Position angeben. Anders steht es, wenn Wertungen dominieren:

(2)   A: Dies Bild ist wunderschön↓
        B1: ?Das ist falsch↓
        B2: Das finde ich auch/Das finde ich nicht↓

(3) A: Ist dieses Bild schön↓ [mit gedehntem Akzent]
    B: Ja, wirklich↓

(4) ôh [Interjektion mit steigend-fallendem Tonverlauf]

Wir greifen zwei Fälle heraus: den Ausruf (Exklamativ) und die Wunschbekundung.

Eine Äußerung wie

(5) Hat die Mut↓

bringt unmittelbar eine Emotion, eine Bewegtheit im Verhältnis zu einem Sachverhalt zum Ausdruck. Eine solche Äußerung kann ein Handlungsmuster einleiten und eine weitere emotional orientierte Äußerung nach sich ziehen, mit der die Emotion geteilt wird oder auch nicht. Sie kann aber auch allein stehen. Wir finden sie seltener schriftlich. Zweck eines AUSRUFES ist es, eine spontane Empfindung von Ungewöhnlichkeit eines gegebenen Sachverhalts oder einer Sachverhaltsdimension auszudrücken und den Hörer damit ebenfalls emotional zu involvieren, so dass er die Einstellung teilen und das eventuell auch kundtun kann.

Der EXKLAMATIVMODUS erscheint in mehreren Varianten, denen gemeinsam ist:

(a) das Vorkommen eines stark gedehnten, besonders intensiven Akzents mit langem und starkem Anstieg der Tonbewegung (Gipfelakzent), der auch Exklamativakzent genannt wird (hier durch Doppelunterstreichung markiert);

(b) ein fallendes Grenztonmuster (schriftlich: Ausrufezeichen);

(c) Ausschluss der Verbform Imperativ.

Alle Verbpositionen sind möglich.

Typ 1: Verberstsatz/Verbzweitsatz: kein W-Interrogativum, Abtönungspartikeln: *aber, vielleicht, aber auch*

(6) **Hat die** aber/vielleicht **Mut**↓

(7) **Hat die Mut**↓

(8) **Der kann** vielleicht Orgel spielen↓

(9) **Die würde** das **niemals** sagen↓

Typ 2: Verbzweitsatz/Verbletztsatz, W-Interrogativum, Abtönungspartikeln: *aber auch, denn, doch*

(10) **Was schleppt der** denn durch die Gegend↓

(11) **Was hat** der doch für ein abgefahrenes **Fahrrad**↓

(12) **Wen die** alles **kennt**↓

(13) **Wie** das **geht**↓

(14) **Wie** unwillig Hannes **brummte**, wenn er erwachte ... (Lenz 2011: 16)

Typ 3: Verbletztsatz mit *dass* ohne W-Interrogativum, Abtönungsaprtikeln: *aber auch, doch*

(15) **Dass** Paula immer zu spät kommen **muss**↓

(16) **Dass** es in Hamburg immer regnet↓

Möglich sind auch exklamative Wortgruppen:

(17) Wie schön↓

(18) Was für ein Spaß↓

(19) Was für ein Spaß↓

Der Exklamativakzent liegt jeweils auf dem Ausdruck des Objekts oder der Objektausprägung oder -quantität bzw. des Umstands, an denen das Erstaunen ansetzt.

WÜNSCHE haben mit Aufforderungen gemeinsam, dass ihnen ein Erfüllungswissen zugrunde liegt: Ein Sachverhalt wird entworfen, den der Sprecher sich wünscht, ohne dass ein Weg bekannt sein müsste, ihn zu erreichen.

(20) Wenn ich doch nur einmal die Sofortrente gewinnen würde↓

(21) Käme ich doch mal nach New York↓

Ob der Wunsch realistisch ist oder nicht, ob er nur eine Traumwelt manifestiert, spielt keine Rolle. Der Wünschende sieht sich nicht in der Lage, den Wunsch eigenständig zu verwirklichen, hat keinen Plan, kein Ziel, aber er mag darauf hoffen, dass schon das Ausdrücken zur Erfüllung beitragen könnte. Wünsche haben meist keine Adressaten. Anwesende müssen nicht nach einer Wunschäußerung einen entsprechenden Handlungsplan ausbilden. Aber Dritte könnten dafür sorgen, dass der Wunsch Wirklichkeit wird. Wird ein Wunsch adressiert, wird er zur Aufforderung. Liegt die Betrachtzeit vor der Sprechzeit, ist der Wunsch grundsätzlich irreal:

(22) Hätte ich mich doch auf die Prüfung vorbereitet↓

Der WUNSCHMODUS lässt sich danach unterscheiden, ob Verberststellung vorliegt oder Verbletztstellung.

Typ 1: Verberstsatz (kein W-Interrogativum, Abtönungspartikeln: *bloß, nur, doch*; Konjunktiv II, fallendes Tonmuster)

(23) Wäre ich bloß schon groß↓

(24) Wäre ich doch nur zuhause geblieben↓

(25) Brächte mir jemand ein Glas Wasser↓

Typ 2: Verbletztsatz mit *wenn,* (selten:) *dass* (kein W-Interrogativum, Abtönungspartikeln: *bloß, nur, doch*; Konjunktiv II, fallendes Tonmuster)

(26) Wenn ich einmal zum Mond fliegen könnte↓

(27) Wenn das nur gutginge↓

(28) Dass diese Prüfung doch schon vorbei wäre↓

Satzförmigkeit ist nicht vorausgesetzt:

(29) Ein Königreich für ein Pferd↓

Typ 3: (auch: „Heischemodus") (Verberst-, Verbzweitstellung, Konjunktiv I, Abtönungspartikeln: *bloß, ruhig,* fallendes Tonmuster)

(30) Lang lebe König Drosselbart↓

(31) Ich sei, gewährt mir die Bitte, in eurem Bunde der Dritte. (Schiller)

(32) Man nehme zwei Pfund Mehl, einen Teelöffel Salz ...

(33) Sei M eine beliebige Menge ...

Der Heischemodus – als Unterart des Wunschmodus – zeigt, was für alle Äußerungsmodi gilt: Mit ihnen ist eine spezifische Wissenspräsentation und Verarbeitungsrichtung, nicht aber die Illokution strikt festgelegt. Die typische Rezeptanweisung im Heischemodus ist kein Wunschausdruck, sondern gehört als Anleitung in den Bereich direktiver Sprechhandlungen.

In der Orthographie werden Ausruf- und Wunschcharakter einer Äußerung in der Regel durch ein Ausrufezeichen gekennzeichnet.

Literaturhinweise:

d'Avis 2001; Batliner 1988; Valentin 1998; Emotion: Ehlich 1986; Fries 2000; Schwarz-Friesel 2007.

H4 Äußerungsmodi: Zusammenfassung

Die folgende Tabelle 4 stellt die wichtigsten Merkmal der Äußerungsmodi zusammen. Sie enthält auch Merkmale, die nur Sätzen zukommen. Allerdings kann der Äußerungsmodus auch nicht-satzförmigen Einheiten zukommen:

(1) Da vorn→ ein Rhinozeros↓

(2) Ein Rhinozeros↑

(3) Was für ein Rhinozeros↓

In den meisten Sprachen wird der Äußerungsmodus für Aussage, Befehl, Frage markiert: am Verb, mit eigener Partikel, in der Mittelkonstellation (Ausdruck, Intonation). Im Lakhota, wie in anderen Sioux-Sprachen Nordamerikas, finden wir ein ausgebauteres System von illokutiven Markierungen, die am Äußerungsrand angehängt werden (Tab. 5). Männer und Frauen nutzen unterschiedliche Formen. Allerdings können auch Männer – etwa einem Kind gegenüber, dem sie verbunden sind – eine weibliche Form benutzen. Männer die häufig weibliche Formen benutzen, werden als ‚weich' charakterisiert oder man schreibt ihnen eine andere sexuelle Identität zu. Der Gebrauch der männlichen Formen verkörpert Autorität und kann dazu auch von Frauen in der Rolle einer Richterin oder Polizistin verwendet werden.

Äußerungs-modus	Verbstellung, Verbmodus	Tonmuster/ Interpunktionszeichen	Hauptakzent	W-Interrogativum	Mögliche Abtönungspartikeln (→ E6)
Aussagemodus	Verbzweit	fallend/ Punkt (.)	Gewichtungsakzent auf dem Relevanten oder Kontrastierenden	--	ja, halt, eben, wohl ...
Ergänzungsfragemodus	Verbzweit	fallend/Fragezeichen (?)	Komplexer Gewichtungsakzent auf dem Relevanten, auch auf dem Interrogativum möglich	wer, was, warum ...	denn, etwa, wohl, eigentlich ...
Entscheidungsfragemodus	Verberst	steigend/Fragezeichen (?)	Gewichtungsakzent auf dem Relevanten oder Kontrastierenden	--	denn, eigentlich, etwa, wohl ...
Imperativmodus	Verberst	fallend/Ausrufezeichen (!)	Gewichtungsakzent auf dem Relevanten	--	auch, *bloß*, ja, doch, eben, halt, mal, schon
Exklamativmodus 1	Verberst / Verbzweit	fallend/Ausrufezeichen (!)	Exklamativakzent auf dem herausgehobenen Ausdruck	--	aber, vielleicht, aber auch
Exklamativmodus 2	Verbzweit / Verbletzt	fallend/Ausrufezeichen (!)	Exklamativakzent auf dem herausgehobenen Ausdruck	was, wen, wie ...	aber auch, doch
Exklamativmodus 3	Verbletzt mit *dass*	fallend/Ausrufezeichen (!)	Exklamativakzent auf dem herausgehobenen Ausdruck	--	aber auch, doch
Wunschmodus 1	Verberst; Konjunktiv II	fallend/Ausrufezeichen (!)	Gewichtungsakzent auf dem Relevanten	--	bloß, nur, doch
Wunschmodus 2	Verbletzt mit *wenn*; Konjunktiv II	fallend/Ausrufezeichen (!)	Gewichtungsakzent auf dem Relevanten	--	bloß, nur, doch
Wunschmodus 3 (Heischemodus)	Verberst / Verbzweit; Konjunktiv I	fallend/Ausrufezeichen (!)	Gewichtungsakzent auf dem Relevanten	--	bloß, ruhig

Tab. 4: Äußerungsmodi und relevante Merkmale

H Zweckbereiche des Handelns und Äußerungsmodi

	männlicher Stil	weiblicher Stil
Frage	hųwo	hųwe
Befehl	yo	ye
Bitte	yetho	nitho
Flehen, inständige Bitte	yetho	na
Feststellung, nachhaltiger Ausdruck der Meinung	yelo	yele
Exklamativ	yewą	yemą

Tab. 5: Indikatoren des Äußerungsmodus im Lakhota (bearbeitet aus Mithun 1999: 279)

Aufgabe:

Legendär ist die Anekdote um den Essener Fußballspieler Willi („Ente") Lippens: Der Schiedsrichter zeigt ihm die gelbe Karte und sagt: „Ich verwarne Ihnen!" Darauf Lippens: „Ich danke Sie!" – womit er sich eine rote Karte (Platzverweis) einhandelte.

Analysieren Sie die sprachlichen Handlungen und ihre Form!

Literatur zum Äußerungsmodus:

Altmann 1993; Lohnstein 2000; Meibauer 1987;
König/Siemund 2009; Rehbein 1999.

S Serviceteil

S1 Testverfahren (Proben) in der Sprachuntersuchung

In der Vermittlung von Grammatik sind immer schon Fragen eingesetzt worden, die Lerner leiten sollten. Eine richtig gestellte Frage kann einen Zugang eröffnen. Man ließ im Fremdsprachenunterricht in der klassischen Grammatik-Übersetzungs-Methode die Schüler einen Satz mithilfe von Fragen wie *wer, wann, wen, wem* in Subjekt-, Objekt- oder Adverbialausdrücke zerlegen, verdeutlichte die Kasusmarkierungen und unterschied Adverbialtypen semantisch. Im amerikanischen Strukturalismus wurden operative Verfahren genutzt, die einen Zugang zu Sprachdaten gewährleisten sollten, der nicht von Sprachkenntnis, Intuition und Annahmen über die Bedeutung der Ausdrücke abhängig war. Hans Glinz hat einige strukturalistische Verfahren aufgenommen (1973) und auch in die Didaktik eingeführt. In der Schulpraxis hat man die alte operationalistische Lesart – die Verfahren können mechanisch auf Kategorienzugehörigkeit und Strukturen schließen lassen – nicht abgelegt und begriffliches Nachdenken nicht immer gefördert.

Wir geben hier einen Überblick, um den Stellenwert von Testverfahren realistisch einschätzen zu können. Allerdings: begriffliche Arbeit und Reflexion, Beobachtung, Befragung, Analysen von Gesprächen und Texten müssen in einem Verhältnis der Wechselseitigkeit betrieben werden, um zu sinnvollen grammatischen Aussagen zu kommen.

Die Operationen am sprachlichen Material sollen den Intuitionen auf die Sprünge helfen. Aus Sätzen werden nach bestimmten Vorschriften ähnliche gebildet und das Ergebnis wird auf grammatische Wohlgeformtheit geprüft. Es wird oft so getan, als sei dies ohne Text- oder Redezusammenhang, ohne eine bestimmte Situation möglich, solange man sich nur einen Gebrauch vorstellen kann. Letztlich beschränkt sich der Zugang über Tests auf das, was vorstellbar und erwartbar ist in normalem Sprachgebrauch. Die Situation ist der des Grammatikers ähnlich, der seine Grammatik am Schreibtisch und ohne breiteren Zugang zur sprachlichen Wirklichkeit verfasst; am Ende propagiert der Test, was einer für richtig hält. Vieles kann fehlen, was auch möglich oder sogar verbreitet ist, wenn man sich empirisch umschaut.

Kein Testverfahren funktioniert automatisch und ohne Intuition. Das Ergebnis bedarf der Überprüfung (am besten durch mehrere Personen) auf Sprachrichtigkeit und genauer Untersuchung auf seine Voraussetzungen und Konsequenzen hin.

S1.1 Die Ersatzprobe

Die ERSATZPROBE ist der wichtigste Test, er erscheint in mehreren Varianten.

> Ersetze in einer Äußerung einen Ausdruck (Wort, Wortgruppe) durch einen anderen, so dass das Ergebnis grammatisch akzeptabel ist!

(1) Beispiele:

(a) Der Frühling lässt **die Bäume** blühen.

(b) Der Frühling lässt **die Pflanzen** blühen.

(c) Der Frühling lässt, **was Blüten hat,** blühen

(d) Der Frühling lässt **die Geschäfte** blühen.

(e) Der Frühling lässt **sie** blühen.

(f) Der Frühling lässt **im Garten** blühen.

(g) Der Frühling lässt **aber** blühen.

(h) Der Frühling lässt **ø** blühen.

(i) Der Frühling lässt **?wen / was** blühen?

(j) Der Frühling lässt ***macht** blühen

Beliebige Ausdrücke einzusetzen ergibt wenig Sinn, es sollte ein Ausdruck sein, der in der Äußerung dieselbe Funktion (z.B. Gegenstandsbezug) erfüllen kann. Eine Äußerungsposition kann nicht frei besetzt werden, sondern nur passend zur Struktur des Ganzen. Der Vergleich zwischen (a) und (b) zeigt, wie eine Position durch gleiche Wortgruppen gefüllt werden kann; als Unterschied ergibt sich nur der Flexionstyp. Das maskuline Substantiv *Baum* wird anders flektiert als das feminine *Pflanze*, und die Differenz kann durch die Probe verdeutlicht werden. Der verlangte Akkusativ Plural kann unterschiedlich zu bilden sein.

Funktional geht es an der Austauschposition um etwas, das blüht; das kann alles sein, was Blüten hat (c) – also kann auch ein Objektsatz eingesetzt werden; im übertragenen Sinne können es auch die Geschäfte der Gärtner sein, die blühen (d), da die Verbindung *Geschäft + blühen* im Deutschen als Konstruktion zur Verfügung steht.

Statt einer Wortgruppe kann eine Form von *er, sie, es* (Anapher) erscheinen (e). Der Ersatz durch eine Anapher wird auch „Anaphorisierungstest" genannt. Anaphern führen ein Thema fort – meist eines, das durch eine Nominalgruppe ausgedrückt ist (*die Blumen ... sie*); sie sind keine „Pro-Nomen" (Stellvertreter eines Nomens), sondern besetzen eine funktionale Position.

Die Beispiele (f-h) sind akzeptabel, wenn wir Unausgesprochenes – das, was blüht – mitverstehen (Ellipse). Dann kann auch eine Ortsangabe (f) oder abtönendes *aber* (g) erscheinen, allerdings haben sie einen andere Funktion als die in (a-c) mit der Position verbundene. Ein solches Testergebnis darf dann nicht so interpretiert werden, als gehöre alles, was einsetzbar ist, in dieselbe Klasse wie *die Blumen*.

Auch der nicht akzeptable Fall (j) kann etwas zeigen, nämlich, dass ein Satz nicht zwei finite Verbformen (*lässt, macht*) haben kann. Damit kann man schon eine grammatische Regularität verbinden. Eine Äußerungsposition kann nicht beliebig besetzt werden, sondern nur passend zur Struktur des Ganzen. Ein Testergebnis darf also nicht so interpretiert werden, dass alles, was einsetzbar ist, in dieselbe Ausdrucks- oder Funktionsklasse gehört wie die Ausgangsform (*einen alten Schrank*). Warum etwas möglich ist und anderes nicht, muss grammatisch erklärt werden. Der Test kann nicht mechanisch eingesetzt werden.

Ausdrücke einer Kategorie können auch miteinander vorkommen, wenn der eine den anderen modifiziert oder spezifiziert:

(2)   ein **frisches Kölsches** Bier [Adjektivfolge, erstes spezifiziert zweites]

Adverbien können gemeinsam vorkommen, wenn sie auf einer unterschiedlichen Dimension liegen (z.B. Zeit neben Ort)

(3)   Paula hat sie **gestern dort** besucht.

Gleichgerichtete Adverbien lassen sich nicht nebeneinander stellen:

(4)   *Paula hat sie **gestern heute** besucht.

Möglich ist aber eine Verbindung, in der ein Adverb das andere spezifiziert:

(5)   Paula hat sie gestern **abend** besucht.

(6)   Paula hat dort **oben** gewohnt.

In diesem Fall sind sie auch gemeinsam im Vorfeld möglich, in dem ja nur eine Funktionseinheit erscheinen kann:

(7)   Gestern **abend** hat Paula sie besucht.

Was kombinierbar ist, ist in der Regel unterschiedlich zu klassifizieren. Was koordinierbar ist (*heute und morgen*), ist von derselben Funktionsklasse.

Man spricht bei diesem Spezialfall der Ersatzprobe (erweiternde Ersetzung) auch von einer „Kontaktprobe" (Exklusionstest). Die KONTAKTPROBE prüft, ob eine eingesetzte Einheit mit einer Einheit im Satz gemeinsam vorkommen kann. Damit kann man feststellen, ob zwei Einheiten dieselbe Funktionsstelle besetzen. In der Regel kann eine solche Stelle nämlich nur einmal besetzt werden.

> Prüfe, ob eine eingesetzte Einheit mit einer Einheit im Satz gemeinsam vorkommen kann.

Wenn das nicht möglich ist, besetzen beide Einheiten dieselbe Funktionsstelle.

Wenn wir die Bedeutung oder Funktion eines Wortes nicht kennen, bietet es sich an, das Wort durch von der Kategorie und der Bedeutung her möglichst ähnliche Wörter zu ersetzen und zu untersuchen, wie sich Bedeutung und Funktionalität in der Äußerung bzw. in der Satzfolge verändern. Wir begeben uns in die Hörer- oder Leserperspektive und fragen nach dem jeweiligen Verständnis und den Unterschieden. Das Ergebnis sollte in einer möglichst treffenden Umschreibung formuliert werden.

Im folgenden Beispiel soll es um die Abtönungspartikel *ja* (→ E6.6) gehen. Man kann feststellen, dass *ja* nicht Teil des ausgedrückten Gedankens („wir hatten damit gerechnet, den April nicht zu überleben') ist, sondern auf eine Wissenszuordnung zielt. Nun kann man *ja* durch *halt* oder *eben* ersetzen und versuchen genau zu beschreiben, was sich ändert. Außerdem kann man weitere Verwendungsfälle von *ja, halt, eben* suchen und die Funktionsangaben verfeinern.

(8) Vertriebsmeeting (Korpus Hoffmann, 1995)

1	Die • SOFA war so unfreundlich→ uns nicht noch mal • mit • einer Million
2	unter die Arme zu greifen↓ Die SOFA war aber so freundlich→ genauso
3	wie Luna-Papier und die Ecksparkasse die Linie zu halten↓
4	Also→ das kann man jetzt wirklich von zwei Seiten sehen↓
5	Normalerweise hatten wir **ja** damit gerechnet→ den April nicht zu
6	überleben→ Heute haben wir den 5. Mai→ das Wetter ist gut↓
7	Wir • sch/hm • freuen uns und äh und ham gemeinsame Ziele↓

S1.2 Der Fragetest

Eine Variante der Ersatzprobe ist der FRAGETEST:

> Ersetze ein Satzelement durch ein Interrogativum (*W*-Fragewort) (*wer, was,* wen ...) oder eine Fragewortgruppe (*was für ein*). Das Interrogativum ersetzt ein kasusgleiches Wort oder eine kasusgleiche Wortgruppe oder einen funktionsäquivalenten Satz.

Mit diesem Test werden Einheiten mit einer bestimmten Satzfunktion ermittelt. Subjekt (im Nominativ), Genitiv-, Dativ-, Akkusativobjekt erfragt man mit *wer, wessen, wem, wen*.

(9) Paul hat *seine Freunde* besucht. – Paul hat **wen** besucht? – Seine Freunde. [Akkusativobjekt]

Allerdings sind die *wer*-Formen nur auf Lebewesen beziehbar. Nach Satzinhalten fragt man mit *was*:

(10) *Dass endlich Ferien sind*, freut Mia. – **Was** freut Mia? – Dass endlich Ferien sind. [Subjektsatz]

Auch nach Dingen, bei einer Nominalgruppe im Neutrum, fragt man: *was, wessen, -, was*. *Was* hat den Nachteil, zwischen Nominativ und Akkusativ nicht trennen zu können.

(11) Rainer hat *einen Koffer* verloren.
Rainer hat **was** verloren? – Einen Koffer.

(12) *Die Waschmaschine* ist kaputt.
*Wer ist kaputt? [≠ Person]
?Was ist kaputt? [Genuswechsel vom Femininum zum Neutrum]

(13) *Der Baum* blüht.
*Wer blüht? [≠ Person]
?Was blüht? [Genuswechsel vom Maskulinum zum Neutrum]

Besser also ist es, das Subjekt im Nominativ durch die Ersatzprobe mit *er, sie, es* zu erfassen. Auch hier haben wir allerdings das Problem des Zusammenfalls von Nominativ und Akkusativ (*es, sie* (Singular und Plural)).

Der bei *was* fehlende Dativ ist ein weiteres Problem der Frageprobe:

(14) Sie konnte *dem Buch*/*wem [≠ Person] / *was nichts abgewinnen.

(15) Das ist *ihrer Sorgfalt*/*wem [≠ Person] / *was zu verdanken.

Hier könnte man mit einer Anapher oder Deixis fortsetzen, die ebenfalls den Kasus sichtbar machen:

(16) Sie konnte *dem Buch* nichts abgewinnen. Sie konnte **ihm/dem** nichts abgewinnen.

Der Vorteil der Frage mit *wer, wessen* etc. ist, dass die Kasusformen deutlicher ausgeprägt sind als bei Nomina, auch im Akkusativ, der vom Nominativ schwer unterscheidbar ist:

(17) Paul hat *Soldaten/die Frau/sie/wen*$_{Akkusativ}$ gesehen.

Ein Präpositionalobjekt kann man mit Präposition + Fragewort oder einem zusammengesetzten Fragewort (nicht bei Personen) erfragen:

(18) Lisa denkt *an ihren Opa*.
      Lisa denkt **an wen**/***woran**? – An ihren Opa.

(19) Lisa hofft *auf gute Noten*.
      Lisa hofft **auf was/worauf**? – Auf gute Noten.

(20) Sie ist gut *in Physik*.
      Worin ist sie gut? – In Physik.

Nach einem nominalen Prädikativ fragt man mit *was*:

(21) Dies Auto ist *Schrott*.
      Dies Auto ist **was**? – Schrott.

(22) Der ist *ein Dummschwätzer*.
      Der ist **was**? – Ein Dummschwätzer.

Dabei haben wir aber einen Genusübergang (*Schrott, Dummschwätzer*: Maskulinum, *was*: Neutrum) zu verkraften; wenn man mit der Frage ein Muster öffnet und das Fragewort das Netz weit auswerfen kann, ist das kein Problem – als Einsetzung ist das für sprachsensible Menschen und Lerner aber doch eines.

Attribute sind Satzfunktionen zweiter Stufe; diese Funktion haben Ausdrücke, die in nominale Ausdrücke mit einer Satzfunktion der ersten Stufe eingebettet sind (Adjektive, Präpositionalgruppen, voran- oder nachgestellte Genitivgruppen, restriktive Relativsätze).

Man fragt mit *was für ein*, oft geht es auch mit *welcher*.

(23) Ich möchte eine *rote* Bluse.
      Was für eine Bluse? – Eine rote.

(24) Der *heutige* Tag wird schön
 Welcher Tag? – Der heutige.

(25) Die CD *von Furio* möchte ich haben.
 Was für eine/welche CD? – Die von Furio.

Oft hat man versucht, Adjektive, die irreführend „Wie-Wörter" genannt wurden, mit *wie* zu erfragen:

(26) der *heutige* Tag
 Wie ist der Tag? – *Heutig.

(27) der *angebliche* Mörder
 Wie ist der Mörder? – *Angeblich.

Dass heute noch Studienanfänger das „Wie-Wort" an die Uni mitbringen, zeigt die Situation des schulischen Grammatikunterrichts.

Adverbialia können mit einem einfachen Fragewort (*wann, wo, warum, wie*) erfragt werden:

(28) Sie spielen *heute* Fußball.
 Wann spielen sie Fußball? – Heute. [temporal]

(29) Sie spielen *auf der Wiese* Fußball.
 Wo spielen sie Fußball? – Auf der Wiese. [lokal]

(30) Sie spielen *schlecht*.
 Wie spielen sie? – Schlecht. [Art und Weise]

(31) Sie spielen *aus Spaß*
 Warum spielen sie? – Aus Spaß. [kausal]

S1.3 Die Weglassprobe

Auch die WEGLASSPROBE ist eine Variante der Ersatzprobe:

> Versuche Teile einer Äußerung wegzulassen, so dass die Äußerung nicht ungrammatisch bzw. grammatisch nicht akzeptabel wird! Beende den Versuch, wenn nichts mehr weggelassen werden kann und die minimale Struktur erreicht ist.

(32) *Don Henrico Asteron, einer der reichsten Edelleute der Stadt, hatte ihn ungefähr ein Jahr zuvor aus seinem Hause, wo er als Lehrer angestellt war, entfernt, weil er sich mit Donna Josephe, seiner einzigen Tochter, in einem zärtlichen Einverständniß befunden hatte.* (Kleist 2010a: 148 (Das Erdbeben in Chili))

(33) *Don Henrico Asteron, ~~einer der reichsten Edelleute der Stadt~~, hatte ihn ~~ungefähr ein Jahr zuvor aus seinem Hause~~, ~~wo er als Lehrer angestellt war~~, entfernt, ~~weil er sich mit Donna Josephe, seiner einzigen Tochter~~, ~~in einem zärtlichen Einverständniß befunden hatte~~.*

Man kann die Probe nutzen, um den harten grammatischen Kern eines Satzes herauszupräparieren (*Don Henrico Asteron hatte ihn entfernt*).

Das Verb lässt jemanden erwarten, der entfernt, jemanden oder etwas, das entfernt wird. Beide Mitspieler müssen unbedingt versprachlicht sein. Das, aus dem entfernt wird, kann auch weggelassen werden, wenngleich es in der Verbbedeutung angelegt ist und sprachlich stets mit den Präpositionen *aus* oder *von* angeschlossen wird.

So geht man in der Valenzgrammatik vor. Nach deren Idee baut man den Satz ausgehend von Abhängigkeiten auf und geht von den Leerstellen aus, die das Verb eröffnet. Auch innerhalb von Nominalgruppen werden Abhängigkeiten angenommen, z.B. seien Adjektive vom Kopf-Nomen abhängig. Die obligatorischen Mitspieler erhält man durch die Weglassprobe, man kann versuchen, eine Gruppe bis auf den Kopf zu reduzieren:

(34) Sie bedankt sich ~~mit Blumen~~.

(35) ~~der~~ Besuch in ~~der heimlichen türkischen Hauptstadt~~ Istanbul

Das Verfahren lässt sich didaktisch an Schlagzeilen erproben. Weggelassen werden in solchen Ellipsen zunächst bestimmte Artikel, dann appositive Ausdrücke, dann Hilfs-/Kopulaverben. Köpfe werden nicht getilgt, Präpositionen bleiben in der Regel erhalten, auch Relativsätze, die man zur Gegenstandskonstitution braucht (→ B2.3.1).

S1.4 Der Implikationstest

Zur Verbszene können, wie wir im vorausgehenden Abschnitt gesehen haben, auch Mitspieler gehören, die nicht versprachlicht sind, aber mitgedacht werden müssen. Für sie wendet man den IMPLIKATIONSTEST an:

> Prüfe, ob ein gegebener Satz S den Satz S' mit einer zusätzlichen Position, die durch einen Unbestimmtheitsausdruck wie *jemand(em/en)*, *irgendetwas*, *irgendwo*, *irgendwohin*, *eine gewisse Zeitspanne* ... besetzt ist, impliziert.

(36) Hannes geht. ⇒ Hannes geht **irgendwohin**/in die Stadt.

(37) Sarah schenkt Blumen. ⇒ Sarah schenkt **jemandem**/ihrer Mutter Blumen.

(38) Paul wartet. ⇒ Paul wartet **eine gewisse Zeitspanne**/drei Stunden.

S1.5 Der Anschlusstest und der Einbettungstest

Mit dem ANSCHLUSSTEST können in vielen Fällen valenzbedingte Komplemente (Ergänzungen) oder Objekte eines Verbs von Supplementen (freien Angaben) unterschieden werden.

> Prüfe, ob ein Ausdruck in einen Anschlusssatz mit *und das* oder *und zwar* ausgelagert werden kann, ohne dass der Satz grammatisch nicht akzeptabel wird.

(39) Stefan hat *Liliane* ein Buch geliehen. –
*Stefan hat ein Buch geliehen, und das *Liliane*.

(40) Sie wohnt *in Mannheim*. – *Sie wohnt, und das *in Mannheim*. [Komplement]

(41) Sie arbeitet *in Mannheim*. – Sie arbeitet, und zwar *in Mannheim*. [Supplement]

(42) Sie arbeitet *gern* in Mannheim. – Sie arbeitet in Mannheim, und zwar *gern*. [Supplement]

Möchte man wissen, ob sich ein Ausdruck auf den mit einem Satz ausgedrückten Gedanken insgesamt bezieht, kann man den folgenden Test benutzen:

> EINBETTUNGSTEST: Nehme einen Satz, in dem der Ausdruck X vorkommt, und prüfe, ob ein Ausdruck X in eine Konstruktion *Es ist X der Fall, dass* + Restsatz an die Position X eingebettet bzw. ausgelagert werden kann, ohne dass der gesamte Satz grammatisch nicht akzeptabel wird.

Dieser sprachlich nicht immer elegante Test kann zwischen Adverbialia, die sich nur auf Verb oder Verbgruppen und solchen, die sich auf den ganzen Satz beziehen, unterscheiden.

(43) Sie fährt *morgen voller Vorfreude* in den Urlaub.

(44) Es ist **morgen** der Fall, dass sie voller Vorfreude in den Urlaub fährt.

(45) *Es ist **voller Vorfreude** der Fall, dass sie morgen in den Urlaub fährt.

Dass *morgen* ausgelagert werden kann, spricht für ein Satzadverbial, während das Ergebnis von *voller Freude* für ein Verbgruppenadverbial spricht.

(46) Sie fährt [*sicher*] in den Urlaub.

(47) Es ist **sicher** der Fall, dass sie in den Urlaub fährt.

Im Testsatz zeigt sich die Möglichkeit, *sicher* als Satzadverbial einzustufen. Der Ausgangssatz hat aber zwei Lesarten, die durch eine Umschreibung der Bedeutung (→ S1.7) klar werden:

(a) Auf ihrer Fahrt in den Urlaub ist die Sicherheit gewährleistet.

(b) Dass sie in den Urlaub fährt, hat einen hohen Grad an Gewissheit.

Der Testsatz ist nur im Sinne von Lesart (b) zu verstehen. Im Ausgangssatz kann *sicher* auch als modales Adverbial, das sich auf die Verbgruppe (*fährt in den Urlaub*) bezieht, eingeordnet werden.

Der Test kann nicht zwischen Wortarten wie Adverb (*morgen, dort*) und Modalpartikeln (*bedauerlicherweise, vielleicht*) unterscheiden, da beide sich auf den ganzen Gedanken beziehen. Man sieht, dass diese Operationen intelligent anzuwenden sind. Es lohnt sich immer, die Bedeutungen der Ausdrücke durch Umschreibungen zu fassen.

S1.6 Die Verschiebeprobe

Die VERSCHIEBEPROBE verändert die Abfolge der Ausdrücke in einer Äußerung.

> Prüfe, ob die Umstellung eines Wortes oder einer Wortfolge zu einer grammatisch akzeptablen Äußerung führt!

Im Deutschen bietet sich besonders der Aussagesatz mit Verbzweitstellung dafür an, da im eröffnenden Vorfeld in der Regel nur eine Wortgruppe bzw. kommunikative Einheit erscheinen kann. Das Verschieben führt zum Ergebnis, dass bestimmte Wörter im Deutschen nur gemeinsam, in unmittelbarer Abfolge vorkommen können:

(48) Die Briefträgerin Eva Kluge steigt langsam die Stufen im Treppenhaus Jablonskistraße 55 hoch. (H. Fallada, Jeder stirbt für sich allein, 9)

(49) **Langsam** steigt die Briefträgerin Eva Kluge die Stufen im Treppenhaus Jablonskistraße 55 hoch.

(50) **Die Stufen im Treppenhaus Jablonskistraße 55** steigt langsam die Briefträgerin Eva Kluge hoch.

(51) Die Briefträgerin Eva Kluge steigt die Stufen im Treppenhaus Jablonskistraße 55 **langsam** hoch.

(52) *Die Briefträgerin steigt **Eva Kluge** langsam die Stufen im Treppenhaus Jablonskistraße 55 hoch.

(53) ***Die Stufen im Treppenhaus** steigt langsam die Briefträgerin Eva Kluge Jablonskistraße 55 hoch.

(54) *Die Eva Kluge steigt **Briefträgerin** langsam die Stufen im Treppenhaus Jablonskistraße 55 hoch.

Die Verschiebeprobe soll – neben stilistischen Einsatzmöglichkeiten – in der Schulgrammatik auf die „Satzglieder" führen, genauer: auf Einheiten, die eine Satz(glied)funktion haben können, also Wörter, Wortgruppen, Teilsätze.

Was zu einer Wortgruppe (in der Sprachwissenschaft auch: „Phrase") gehört, lässt sich im Deutschen nur gemeinsam verschieben. Das kann man als Test für Wortgruppen nutzen. Im Vorfeld, der Position vor dem finiten Verb im Aussagesatz, kann nur eine Einheit stehen und was dort erscheinen kann, kann als Wortgruppe gelten.

(55) Sie haben mir mein Fahrrad aus der Garage gestohlen.

(56) [**Mein Fahrrad**] haben sie mir aus der Garage gestohlen. [Wortgruppe: *mein altes Fahrrad*]

(57) [**Aus der Garage**] haben sie mir mein Fahrrad gestohlen. [Wortgruppe: *aus der Garage*]

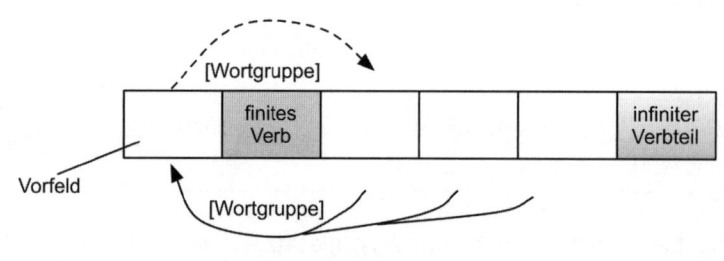

Abb. 1: Verschiebeprobe

Umstellen führt aber nicht immer zu den erwarteten Ergebnissen:

(58) Sie haben keine alten Bücher gekauft.

(59) ?**Keine alten Bücher** haben sie gekauft.

(60) **Alte Büche**r haben sie **kein**e gekauft.

(61) Sie haben nur schwarze Räder.

(62) **Räder** haben sie nur **schwarze**.

(63) **Schwarze Räder** haben sie nur.

Wir möchten *keine alten Bücher* als Wortgruppe betrachten, da sie eine einheitliche Funktion hat, nämlich zu verdeutlichen, dass sie nichts gekauft haben, was alt und Buch ist. Der Status von *keine* im möglichen Trennungsfall erscheint unklar. Der Wechsel der Adjektivflexion *alten → alte* kann als Anzeichen für eine Herauslösung von *keine* aus der Gruppe und eine neue Eigenständigkeit (etwa mit adverbialem Status) gelten. Außerdem kann *keine* einen eigenen Gewichtungsakzent bekommen. Auch bei *schwarze Räder* sehen wir die Möglichkeit einer Distanzstellung, in der *schwarze* gewichtet wird; wir möchten aber aus anderen Gründen (Funktionalität; Kongruenz von Kasus, Numerus, Genus) *schwarze Räder* als Wortgruppe betrachten. Dafür müssen wir zusätzlich die Ersatzprobe heranziehen:

(64) Sie haben nur schwarze Räder/sie/die.

Man kann ein infinites Vollverb mit ergänzenden Objekten und Adverbialia (bei entsprechender Umgewichtung mit Akzent) verschieben:

(65) **Auch geschlagen haben** soll er ihn. (WN 29.4.2011, 3)

(66) Er möchte ihr schnell in Moskau Russisch beibringen.
Ihr schnell in Moskau Russisch beibringen möchte er.

Abtönungspartikeln bilden keine Gruppe, sie stehen meist in der „Wackernagel-Position" (nach dem finiten Verb und einer Anapher oder Personaldeixis (*Paula hat ihm/mir ja gesagt, dass* ...), sind nicht vorfeldfähig und überhaupt kaum verschiebbar:

(67) Du hast es ja gewusst.
*Ja hast du es gewusst. *Du hast ja es gewusst.

Wortgruppen, die andere Wortgruppen enthalten, sind schwieriger zu fassen.

(68) Er hat zwei Becher aus Holz geschnitzt.
Zwei Becher aus Holz hat er geschnitzt.
Zwei Becher hat er aus Holz geschnitzt.
Aus Holz hat er zwei Becher geschnitzt.

Wir können von einer komplexen Gruppe *zwei Becher aus Holz* ausgehen oder von zwei unabhängigen. Generell können Wortgruppen in Attributfunktion so kaum erfasst werden, da sie in eine Nominalgruppe eingelagert sind:

(69) Das **weitgehend gelungene** Werk **aus Holz** konnte er nicht vorzeigen.
*****Weitgehend gelungene** konnte er das Werk **aus Holz** nicht vorzeigen
*****Aus Holz** konnte er das weitgehend gelungene Werk nicht vorzeigen.

Restriktive (einschränkende) Relativsätze (→ C4.5) lassen sich eher ins Nachfeld – die Position nach dem zweiten Verbteil – auslagern als appositive; man erhält einen Gewichtungseffekt:

(70) Sie hat ein Rad, mit dem man schnell fahren kann, gesucht.
Sie hat ein Rad gesucht, **mit dem man schnell fahren kann**.

(71) Sie haben Otto, der 50 geworden ist, gestern eine Torte geschenkt.
?Sie haben Otto gestern eine Torte geschenkt, **der 50 geworden ist**.

Oft kann man nur verschieben, wenn die Gewichtung grundlegend geändert wird und ein Kontrastakzent auf das Vorfeld fällt. Akzeptabel ist das nur in einem entsprechenden Redezusammenhang.

(72) Er hat die Aufgabe anders gelöst.
Anders hat er die Aufgabe gelöst.

(73) Er hat die Aufgabe mit dem Rechenschieber gelöst
Mit dem Rechenschieber hat er die Aufgabe gelöst.

Auf die Verbgruppe ist das Verschieben ins Vorfeld nicht anwendbar, denn das finite Verb besetzt ja stets die Zweitposition im Aussage- und im Ergänzungsfragesatz (*W*-Fragesatz). Infinite Teile sind aber verschiebbar:

(74) Sie hat das nicht glauben können
Glauben können hat sie das nicht.

S1.7 Paraphrasen bilden, Implikationen suchen, Klangprobe

Es ist sinnvoll, sich der Bedeutung von Äußerungen durch Umschreibungen zu nähern, PARAPHRASEN zu bilden. Bei strengem Verständnis sucht man zu einem Satz A einen bedeutungsgleichen (quasi) synonymen Satz B. Beispielsweise sucht man das Passiv-Gegenstück zu einem Aktiv-Satz:

(75) Peter besucht Paula. [Aktiv] **Paula wird von Peter besuch**t. [Passiv]

In solchen Fällen kann der Wahrheitswert identisch sein, Perspektive (Passiv: Ansatz bei Paula) und Gewichtung (Gewicht auf der handelnden Person) aber verändert. Feste Wendungen lassen sich nur grob umschreiben:

(76) Man muss ihn **zum Jagen tragen**.
Er ist passiv, ergreift nicht die Initiative.

Durch Paraphrasenbildung lassen sich Mehrdeutigkeiten herausarbeiten:

(77) Er fand sie leicht.
a. ‚Sie war leicht, leicht zu tragen'
b. ‚Es war leicht, sie zu finden'.

Mit jedem Verständnis verbinden sich unterschiedliche Implikationen. Wichtig ist also auch zu fragen, welche Implikationen (⇒) mit einer Äußerung verbunden sind: Gilt die Äußerung 1 als wahr, so muss auch 2 als wahr gelten. Interessant sein kann auch, was nicht impliziert (⇒|) wird.

(78) Sina hat aufgehört zu rauchen. ⇒ Sina hat geraucht.

(79) Bedauerlicherweise ist der Roman nicht von mir. ⇒ Der Roman ist nicht von mir.

(80) Warum hast du gelacht? ⇒ Du hast gelacht.

(81) Sie ist schneller als er. ⇒| Sie ist schnell.

(82) Sie wissen, dass es ein Versehen war. ⇒ Es war ein Versehen.

(83) Sie wissen nicht, dass ein Unfall passiert ist. ⇒ Ein Unfall ist passiert.

(84) Sogar der HSV hat gesiegt. ⇒ Der HSV hat gesiegt.

(85) Nicht der Regen war schuld am Spielabbruch.
⇒ Etwas Anderes war schuld am Spielabbruch.
⇒ Das Spiel wurde abgebrochen.

(86) Nicht alles war gut. ⇒ Es gibt etwas, das nicht gut war.

(87) Ich mache Grammatik, weil das Spaß macht. ⇒ Grammatik macht Spaß.

(88) Wenn er über Präpositionen nachdenkt, ist er glücklich.
⇒| (a) Er denkt über Präpositionen nach.
⇒| (b) Er ist glücklich.

Manchmal führt eine KLANGPROBE auf verschiedene Lesarten und Verständnismöglichkeiten:

> Gibt es bei verschobenem Gewichtungsakzent Sinnunterschiede? Finde für unterschiedliche Lesarten Paraphrasen!

Man liest laut und prüft die Varianten, ob es Sinnunterschiede gibt, für die Paraphrasen zu finden sind.

(89) Ein Pa<u>ket</u> habe ich nicht bekommen. [‚Etwas anderes habe ich schon bekommen.']

(90) <u>Ein</u> Paket habe ich nicht bekommen. [‚Die anderen Pakete habe ich bekommen.']

(91) Pia hat den <u>Täter</u> gesehen.

(92) Pia hat <u>den</u> Täter gesehen. [Das *den* hat Zeigecharakter, es wird auf einen bestimmten Täter im Verweisraum orientiert.]

(93) Pia <u>hat</u> den Täter gesehen. [Die Wahrheit des Gesagten wird bekräftigt.]

(94) Der Mensch <u>denkt</u>, Gott <u>lenkt</u>.
Der Mensch denkt, <u>Gott</u> lenkt. (vgl. Sprüche 16,9)

(95) Der Mensch denkt: <u>Gott</u> lenkt. Keine Red' davon! (Brecht 1989: 50)

S1.9 Möglichkeiten von Testverfahren

Tests sind nur Hilfsmittel, sie können die Arbeit mit authentischen Beispielen und das grammatische Denken nicht ersetzen. Reflexion und Analyse lassen sich nicht überspringen. Abb. 2 veranschaulicht den Ablauf.

Fragen in der Anwendung sind:

- Was weiß ich schon? Was möchte ich wissen?
- Wie ist die Ausgangsäußerung zu verstehen? Was ging voraus?
- An welcher Position kann etwas verändert werden und wo nicht?
- Welche Änderung kann gemacht werden? Welche Gründe gibt es?
- Was sind die Auswirkungen auf die Äußerung und ihre Elemente?
- Wie verhält sich die veränderte Äußerung zur Ausgangsäußerung?
- Wie kann man die Ergebnisse der Proben formal und funktional interpretieren?
- Was ergibt sich für die von Proben unabhängige grammatische Systematik?

Die Testverfahren dürfen nur reflektiert eingesetzt werden, sie führen nicht mechanisch zu den gewünschten Ergebnissen. Vorab muss geklärt sein, was man wissen möchte und welche Verfahren einsetzbar sind. Vor allem sollte man die Grenzen der Tests kennen. Tests können Ergebnisse haben, die mit den Vorannahmen nicht übereinstimmen. Dann muss (in der Lerngruppe) überlegt werden, was sich durch den Test in der sprachlichen Umgebung verändert hat und wie sich die Unterschiede in den Äußerungsformen auswirken.

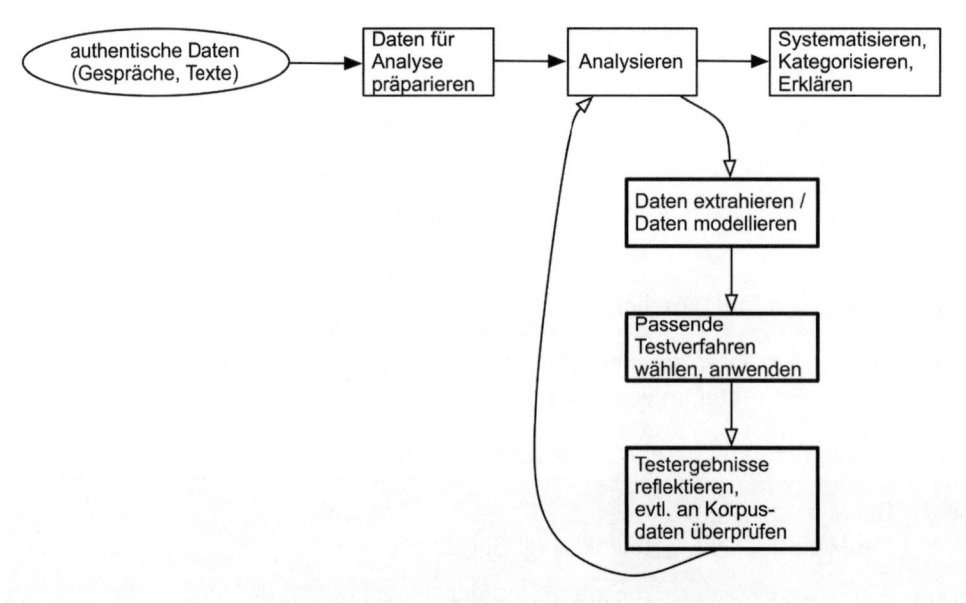

Abb. 2: Testverfahren im Analyseprozess

Tests werden meist an kontextfreien Sätzen gemacht. Manche denken sich bei solchen Sätzen einen geeigneten Kontext hinzu und dehnen die Möglichkeiten aus, anderen fällt das schwer. Problematisch ist, dass ein nicht geringes Maß an Sprachwissen und Intuitionen im Deutschen vorausgesetzt wird. Von jemandem, der seine Sprache beherrscht, könnte das erwartet werden. Mehrsprachige Kinder haben ein insgesamt breiteres Sprachwissen, manchmal ist es aber in der Zweitsprache noch nicht so ausgebaut. Schließlich gibt es Schwankungen in der Beurteilung, wie man bei Studierenden und Schülern leicht sehen kann.

In der Schulpraxis werden Proben mitunter gegen die Sprachrichtigkeit gemacht. So kann man man die sprachlichen Intuitionen der Lerner verderben. Die Möglichkeiten müssen also vorab geprüft werden.

Tests sollten immer auch mit authentischen Sprachdaten gemacht werden und auf in der Sprache mögliche Äußerungen führen. Ob sie wirklich möglich sind, kann man an Korpora (z.B. dwds.de) prüfen.

Die Tests sind nicht schon die Analyse, sie sind nur ein kleiner Teil davon. Sie setzen Wissen über das, was sinnvoll gefunden werden kann, voraus, das im Unterricht erst gesichert werden muss. Sie liefern noch keinen theoretisch sinnvollen Zusammenhang. Sie bleiben oft im Reich der Form und lassen nicht einfach zu Erklärungen kommen. Die Anwendung führt auf funktionale Fragen, für die Erklärungen gefunden werden müssen, die eine Probe selbst nicht liefert.

S2 Zum Türkischen

S2.1 Türkische Sprache

Türkisch ist seit 1923 Staatssprache der Türkei und wird von etwa 80 Mill. Menschen gesprochen, 5 Millionen davon sprechen es als Zweitsprache. Die Hochsprache basiert auf dem Istanbuler Dialekt. Türkisch wird auch in Balkanländern gesprochen, es gibt allein in Bulgarien über eine Million Sprecher. Die größte Sprachinsel befindet sich mit gut 2 Millionen Sprechern in Deutschland. Es gibt Anzeichen, dass sich hier längerfristig eine eigene Varietät des Türkischen ausbildet.

Türkisch gehört zu den Turksprachen (wie u.a. Aserbaidschanisch, Usbekisch, Kirgisisch, Altaisch). Türkisch war schon lange im mehrsprachigen Anatolien präsent und wurde seit dem 15. Jahrhundert die dominierende Sprache des Osmanischen Reiches. Ab dieser Zeit stand das Türkische stark unter arabischem und persischem Einfluss (Vokabular) und wurde in arabischer Schrift geschrieben. Europäische Sprachen (besonders Französisch) wirkten im 19. Jahrhundert ein. 1928 wurde im Zuge der Reformen Atatürks die lateinische Schrift eingeführt. Die (in nur drei Monaten geschaffene) Orthographie ist vergleichsweise lautgetreu.

Türkisch ist heute eine moderne Sprache mit entwickeltem Bildungs- und Wissenschaftswortschatz. Osmanisch und Türkisch zeichnen sich durch eine literarische Hochkultur aus. Im 20. Jahrhundert sind besonders zu nennen: Nâzım Hikmet, Yaşar Kemal (Friedenspreis des Deutschen Buchhandels), Orhan Pamuk (Nobelpreis 2006).

Neben dem Türkischen wird in der Türkei Kurmandschi/Kurdisch gesprochen, eine indoeuropäische Sprache des iranischen Zweigs. Kleinere Gruppen sprechen Zaza (eine nordwestiranische Sprache), Arabisch, Armenisch, Assyrisch, Griechisch, Lasisch u.a.

Die Wortformen in den Turksprachen enthalten verhältnismäßig lange Serien klar abgegrenzter Endungen (Suffixe). Jede lexikalische Ableitung und jede grammatische Kategorie erhält eine eigene, eindeutige Endung. Die Endungen werden in einer festgelegten Reihenfolge angereiht („agglutiniert" (‚angeklebt') – daher der Name des Sprachtyps: „agglutinierende Sprache").

Statt Präpositionen finden sich vor allem Kasusendungen: *ev-e* (‚nach Hause', Dativ), *Berlin'de* (‚in Berlin', Lokativ'), *Berlin'den* (‚aus Berlin', Ablativ). Ferner hat Türkisch Postpositionen, die einen Kasus regieren: *arkadaş-ım-la* ‚mit meinem Freund' und entsprechende nominale Konstruktionen: *ev-in ön-ün-de* ‚des Hauses (Genitiv) an seiner (Poss.) Vorderseite (Lokativ)', ‚vor dem Haus'.

Im Türkischen haben wir ‚Linksverzweigung', d.h. der Kopf einer Gruppe (Nomen in der Nominalgruppe, Verb in der Verbgruppe/Satz) steht stets ‚rechts', am Ende. Am Kopfnomen sind Numerus und Kasus – Türkisch hat kein Genus – markiert, auch Possessivität wird als Endung am Nomen markiert. Es existiert kein bestimmter Artikel. Die Determination wird durch eine Kasusendung (bestimmter Akkusativ), Possessivkonstruktionen wie *tren-in hareket-i* ‚des Zuges seine Abfahrt' oder frühe Realisierung des thematisch Bestimmten markiert. Türkisch hat keine Numerus- und keine Kasuskongruenz. Die Attribute werden dem Bezugsnomen, Objekte dem Verb vorangestellt. Türkisch gilt als „Pro-Drop-Sprache": Personale Deixeis sind nicht obligatorisch zu realisieren, da das

Personsuffix am Verb ausreicht (ähnlich wie im Lateinischen und Italienischen). Türkisch hat keine Anapher (deutsch: *er/sie/es*), nur Zeigwörter.

Türkisch hat – anders als Deutsch, aber wie die slavischen Sprachen – ein reichhaltiges verbales Aspektsystem. Die *miş*-Form beispielsweise kann u.a. eine Information als bloß vom Hörensagen, fiktiv oder erschlossen kennzeichnen: *gel-miş-sin* ‚es wird gesagt/ist anzunehmen, dass du gekommen bist'. Kausativ, Passiv, Reflexiv, Modalität, Negation, Aspekt erscheinen nicht als eigene Ausdrücke (im Deutschen: Negationspartikel, spezifische Verbkomplexe (mit Hilfsverb, Modalverb etc.), sondern als Suffixe, die den Verbstamm modifizieren.

Nicht nur in der Nominalgruppe, sondern auch im Satz haben wir eine Abfolgeorganisation, die ‚von links nach rechts', ‚auf das Ende hin' (Kopfnomen, Verb) organisiert ist. Die Grundfolge im Satz ist Subjektausdruck – Objektausdruck – Verb. Gewichtet wird der Bereich vor dem Verb. Nach dem Verb können noch thematische Ausdrücke oder Nachträge folgen. Ein thematisches Subjekt wird oft nicht ausgedrückt. Es gibt – wie z.B. in semitischen Sprachen (Arabisch, Hebräisch) – Nominalsätze (ohne ein Kopulaverb wie *ist*): *Çocuk-lar çalışkan* ‚Die Kinder (sind) fleißig.' Hervorhebung geschieht durch Stellung vor dem Finitum. Deutschen Nebensätzen entsprechen nominale, attributive oder adverbiale Satzteile bzw. Konverbien; die Propositionen erscheinen als infinite Verbformen (Partizip, Gerundium etc.), ohne Subjunktoren. Nebensätze werden in die Hauptsätze eingelagert; nur in wenigen Konstruktionen (z.B. mit *ki*) folgen sie.

Die Differenzen in Lautung und Schreibung zum Deutschen zeigen die folgenden Tabellen 1-6.

Die Unterscheidung zwischen langen (oder gespannten) und kurzen (oder ungespannten) Vokalen ist nicht (wie im Deutschen) bedeutungsunterscheidend. Reduktionsvokale wie das deutsche Schwa (bevorzugt im Auslaut: *Katze* [katsə]) oder [ɐ] wie in *Lehrer* [le:ʁɐ] weist das Türkische nicht auf. Lange Vokale finden sich primär in nicht-heimischen Wörtern bzw. als Folge des Nichtaussprechens von **ğ,** einer Längung durch folgendes y oder von Doppelkonsonanz.

Öffnungsgrad (Kiefer/Ansatzrohr)	Zungenposition (höchster Punkt)			
	vorn (hell, am harten Gaumen (palatal))		hinten (dunkel, am weichen Gaumen (velar))	
geschlossen	i <i>	Y <ü>	ɯ <ı>	u <u>
offen	ɛ <e>	œ <ö>	a <a>	o <o>
Lippen	unrund	rund	unrund	rund

Tab. 1: Vokale des Türkischen (Schriftzeichen in <...>)

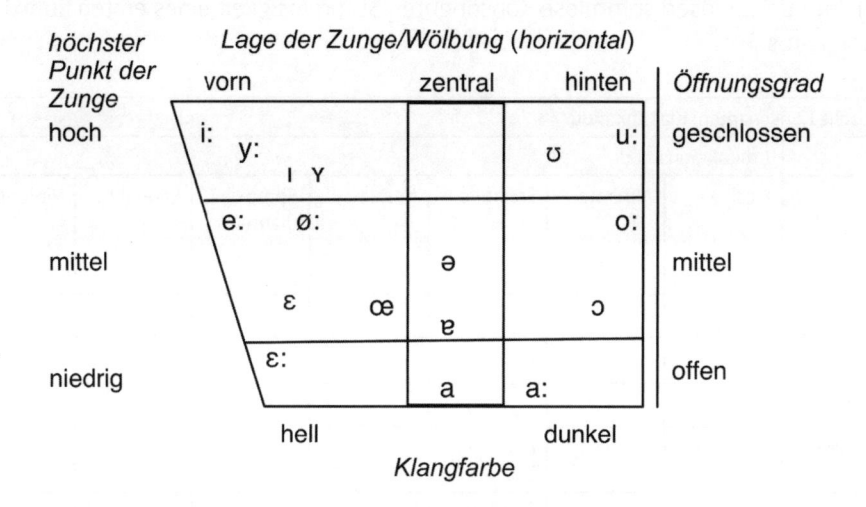

Tab. 2: Vokale des Deutschen

Türkisch hat (wie Finnisch oder Ungarisch) eine VOKALHARMONIE: Endungsvokale passen sich an die Stammvokale an. Dadurch hat ein türkisches Wort in der Regel nur vordere, helle oder nur hintere, dunkle Vokale.

Kleine Vokalharmonie (im Plural-, Dativ-, Lokativ-, Ablativsuffix)		
Bei einem der Stammvokale:	ist der	Endungsvokal (Suffixvokal)
ɛ, i, œ, ʏ <e, i, ö, ü>		ɛ <e>
a, ɯ, o, u <a, ı, o, u>		a <a>
Große Vokalharmonie (im Genitiv-, Akkusativ-, Possessiv/Personal-, Fragesuffix)		
Bei einem der Stammvokale:	ist der	Endungsvokal (Suffixvokal)
ɛ, i <e, i>		i <i>
œ, ʏ <ö, ü>		ʏ <ü>
a, ɯ <a, ı,>		ɯ <ı>
o, u <o, u>		u <u>

Tab. 3: Vokalharmonien des Türkischen

Die türkischen Konsonanten teilen sich in stimmhafte und stimmlose auf. Es gibt im Türkischen (wie im Deutschen) eine Auslautverhärtung, sie wird aber – anders als im Deutschen – auch geschrieben; nur Eigennamen haben ein konstantes Schriftbild (*Ah-*

med). Im Auslaut lösen stimmlose Konsonanten Stimmlosigkeit eines ersten Suffixkonsonanten aus.

Türkische Konsonanten: Klassifikation													
	Artikulationsmodi												
Artikulationsorte	Plosive		Affrikate		Frikative		Nasale		Approximanten		Laterale		Vibranten
bilabial	p	b					m						
labiodental					f	v					ł		
alveolar	t	d			s	z	n						r
post-alveolar			tʃ	dʒ	ʃ	[ʒ]			j				
palatal					(ç)								
velar	k	g			(x)		[ŋ]						
uvular													(R)
glottal	[ʔ]				h								
	stl.	sth.	stl.	sth.	stl.	sth.	stl.	sth.	stl.	sth.	stl.	sth.	stl.	sth.

Tab. 4: Türkische Konsonanten (stl.: stimmlos; sth.: stimmhaft)

Erläuterungen:

labial:	an der Lippe (labium) artikuliert, bilabial: mit Ober- und Unterlippe
labiodental:	mit der Unterlippe an den Schneidezähnen artikuliert
alveolar:	am Zahndamm (Alveolen) artikuliert, postalveolar: hinter dem Zahndamm
palatal:	am harten Gaumen
velar:	am weichen Gaumen
uvular:	am/mit dem Zäpfchen artikulierter Laut
glottal:	an der Stimmritze (glottis) gebildeter Laut
sth.: stl.:	stimmhaft (Schwingen der Stimmlippen); stimmlos
Plosive:	Verschlusslaute (Verschluss im Mundraum, dann Öffnung)
Affrikate:	Verbindung eines Plosivs mit einem Frikativ
Nasale:	Luft entweicht durch den Nasenraum, gesenktes Velum
Frikative:	Reibelaute mit Verengung im Mundraum/Rachenraum/Glottis (Turbulenz)

Approximanten:	geringe Engebildung, ohne Turbulenz; [j] wird auch als „Gleitlaut" bezeichnet
Laterale:	mittiger Verschluss, seitliches Ausströmen der Luft
Vibranten:	Schwingungen von Lippe, Zungenspitze (Apex), Zäpfchen
(...):	Varianten.
ɫ:	velarisierter Dental /l/, nach velaren Vokalen, Zungenspitze an den Zähnen
r	Zungenspitzen-r; nur wenig gerollt; am Wortende ist [r] stimmlos
h	im Silbenauslaut: wie ein ç- oder x-Laut, die damit Allophone von /h/ sind, im Silbenanlaut wie im Deutschen
[ʒ]	nur in Lehnwörtern wie *jet*
[ʔ]	Glottisverschluss (‚Knacklaut')
[ŋ̩]	eher dialektal; im Standardtürkischen allenfalls als Variante zum Phonem /n/.

Deutsche Konsonanten: Klassifikation											
	Artikulationsmodi										
Artikulations-orte	Plosive		Frikative		Nasale		Approximanten		Laterale		Vibranten
bilabial	p				m						
labiodental			f	v							
alveolar	t	d	s	z		n				l	(r)
post-alveolar			ʃ	ʒ				j			
palatal			(ç)								
velar	k	g	(x)			ŋ					
uvular				(ʁ)							(R)
glottal	[ʔ]		h								
	stl.	sth.	stl.	sth.	stl.	sth.	stl.	sth.	stl.	sth.	stl. sth.

Tab. 5: Deutsche Konsonanten (stl.: stimmlos; sth.: stimmhaft)

Der Glottisverschlusslaut [ʔ] steht am Anfang eines Wortes oder Morphems und wird meist nicht als Phonem des Deutschen betrachtet (vgl. aber: Eisenberg 2006). Im Türkischen existierte er in Wörtern arabischen Ursprungs und heute ist er stark auf dem Rückzug.

Plosive und Frikative werden als „Obstruenten" zusammengefasst. Diese ‚Geräuschkonsonanten' unterliegen im Deutschen und Türkischen der Auslautverhärtung: Stimmhafte werden im Silben- oder Wortauslaut stimmlos. *Weges, Weg*: [veːɡəs, veːk]; *kitabım, kitap*: [kitabɯm, kitap]. Affrikaten (pf, ts) nehmen wir für das Deutsche nicht an.

Laterale und Vibranten werden als „Liquide" zusammengefasst (Öffnung + Verschluss im Ansatzrohr).

Affrikaten sind Verbindungen von Plosiven mit Konsonanten an gleicher Artikulationsstelle. Die Einordnung der labialen Verbindung [pf] und der alveolaren Verbindung [ts] ist im Deutschen theorieabhängig und umstritten. Im Türkischen gibt es die stimmhafte, post-alveolare Affrikate [dʒ] <c> und die stimmlose post-alveolare Affrikate [tʃ] <ç>.

Die Silbenstruktur des Türkischen zeigt eine Nähe zur universellen Konsonant-Vokal-Struktur (KV, KVK; ferner gibt es VK). Turksprachen zeigen in der Regel weder am Silbenanfang noch am Silbenende Konsonantengruppen (nur zwei Konsonanten maximal im Silbenauslaut). Davon gibt es nur wenige Ausnahmen.

Der Wortakzent tendiert zur Endsilbe (Ausnahmen sind einige Namen, Verwandtschaftsbezeichnungen wie *anne* oder *teyze*, Fremdwörter, oder ein Adverb wie *şimdi*).

S2.2 Türkisch lesen und schreiben – in 10 Regeln

1. Die türkische Orthographie (imlâ) ist vergleichsweise lautgetreu. Z.B. wird die Auslautverhärtung geschrieben (kita**p** – kita**b**ım ‚Buch – mein Buch'); Deutsch hat dagegen konstante Stammschreibung (We**g** – We**g**es).

2. Spezielle türkische Buchstaben/Lesarten notiert die folgende Tabelle:

Buchstabe	Laut (IPA)	Beispielwort, Übersetzung	deutsche Entsprechung, Kommentar
ş	[ʃ]	şimdi ‚jetzt'	sch
ç	[tʃ]	çok ‚viel'	tsch
c	[dʒ]	cami ‚Moschee'	dsch
s	[s]	saat ‚Uhr', Stunde'	immer stimmloses s wie in Fass
z	[z]	zaman ‚Zeit'	immer stimmhaftes s wie in so
ğ		Erdoğan (Name)	Das Yumuşak-ğ stützt den Vokalübergang und längt den vorhergehenden Vokal (es kann zwischen den vorderen Vokalen <e, i, ö, ü> ähnlich dem [j] als palataler Gleitlaut artikuliert werden, zwischen <a, ı, o, u> stumm bleiben).
h	[h, ç, x]	hasta ‚krank', Salih (‚Salih'), kahve ‚Kaffee'	Am Silbenanfang [h], im Auslaut nach vorderem Vokal [ç], sonst [x]
v	[v]	ev-im ‚Haus+mein'	[v] wie dt. <w>, nie wie [f] (Vater)
y	[j]	ayak ‚Fuß'	wie deutsches j
j	[ʒ]	Japonja, ‚Japan'	in Lehnwörtern, vgl. dt. Genie
ı	[ɯ]	hanım ‚Frau'	Dumpf, rund, hinten gesprochen, ähnlich der Zungenlage beim [ʊ]. Ist kein Schwa.

Tab. 6: Besonderheiten türkischer Buchstaben im Vergleich zum Deutschen

3. Doppelte Konsonanten (tt) werden im Türkischen gelängt ausgesprochen.

4. Doppelte Vokale werden einzeln ausgesprochen (*saat* [sa'at]).

5. Die Vokale sind eher kurz; e, o, u spricht man offen. Das Lautsystem unterscheidet nicht zwischen Lang- und Kurzvokalen (sie bilden nicht unterschiedliche Phoneme wie im Deutschen *Wahl – Wall* [aː] – [a]). Die wenigen Langvokale findet man in Fremdwörtern, vgl. den Zirkumflex (*âli* ‚hoch').

6. Groß schreibt man am Satzanfang, Eigennamen und Anredeformen wie Ayşe Hanım ‚Frau Ayşe'.

7. Der Apostroph steht bei Auslassungen, trennt bei Eigennamen und Ziffern das Suffix ab (Berlin'de ‚in Berlin', 6'da ‚um 6 Uhr') und kann vereindeutigen: kar'ın (-Genitiv) ‚des Schnees' – karı'n (-Possessiv) ‚deine Frau'.

8. Das Komma wird lockerer verwendet. Es kann Wortgruppen abtrennen, z.B. eine Adverbial- oder Subjektgruppe (*bu adam, hocam* ‚Dieser Mann <ist> mein Lehrer'), um den Bedeutungsaufbau zu verdeutlichen, aber auch nebeneinandergestellte Konjunkte (Wortgruppen, Sätze). Das Komma leitet eine direkte Redewiedergabe ohne Anführungszeichen aus und steht nach dem (ursprünglich persischen) *ki*, das in etwa mit ‚dass' wiederzugeben ist.

9. Im Türkischen liegt der Wortakzent in der Regel auf der letzten Silbe (*kadın* ‚Frau', *cumhuriyet* ‚Republik'); es handelt sich um einen (steigenden oder fallenden) Tonhöhenakzent, während im Deutschen Lautstärke und Dauer mitwirken. Ein Nebenakzent im Türkischen – etwa auf der ersten Silbe – kann aber ein Druckakzent sein. Einige Ausdrücke weichen ab, z.B. Namen wie Ankara, Türkiye, İstanbul), aber auch *belki* ‚vielleicht', *nasıl* ‚wie?'. Zusammensetzungen werden meist auf dem ersten Teil akzentuiert (*bu-gün* ‚heute'). Viele Suffixe sind betonbar (*kitap-lar* ‚Buch-Plural, Bücher'; *Ankara'da* ‚Ankara-Lokativ, in Ankara').

10. Die Buchstaben ä, qu, w, x, ß gibt es nicht im Türkischen.

S3 Mögliche Lernprobleme

Typischerweise finden sich Schwierigkeiten bei manchen Lernern (unterschiedlicher Erstsprache) in den folgenden Problembereichen. In dieser Grammatik sind diese Bereiche ausführlicher behandelt, daher genügt hier eine knappe Übersicht.

(a) Genus, Kongruenz, Anapher
Im Deutschen ist jedes Nomen durch ein Genus gekennzeichnet. Die Regularitäten der Genuszuweisung (→ C3.7) sind schwierig für alle Lerner. Am Genus des Nomens orientieren sich Adjektive und Determinative, außerdem kongruieren sie im Kasus und Numerus mit dem Kopfnomen (*ein-en reich-en Prinz-en*). Eine solche Kongruenz kennt das Türkische nicht. Sensibel für das Genus des Bezugswortes ist die Anapher (→ C5.3.1) (*Ein Mann und eine Frau: Er liebt sie*). Türkisch hat weder Genus noch Anapher, aber deiktische Ausdrücke; der Ausdruck der Person am Verb reicht in der Regel.

(b) Der bestimmte Artikel
Der bestimmte Artikel (*der, die, das*) fehlt im Türkischen wie im Russischen

oder Polnischen. Im Deutschen drückt er aus, dass aus Sprechersicht der Hörer zum Redegegenstand einen Zugang hat, ihn schon kennt, ihn im Rahmen des Gesagten identifizieren kann (→ C3.2). Er unterstützt also bei der Wissensverarbeitung des Gesagten. Andere Sprachen nutzen andere Möglichkeiten (→ C3.5). Wann der bestimmte Artikel zu wählen ist, bleibt für viele schwierig zu entscheiden. Daher die Faustregel, im Zweifel eher einen zu setzen. Auch die Entscheidung für den unbestimmten Artikel (ein Gegenstand wird neu ins Spiel gebracht) ist nicht trivial (→ C3.4), ebenso der Bereich artikelloser Nominalgruppen (*Schule macht Spaß*) und Stoffnamen (*Bier schmeckt nicht*) (→ C3.8) sowie die generische Verwendung (Gattungsbezug insgesamt: *der Wolf*, Bezug auf die Elemente des Kollektivs *die Wölfe*, Prototyp für eine Gattung: *ein Wolf*).

(c) Präpositionen
Eine Schwierigkeit der Präpositionen (→ E2) liegt in ihrer Bedeutung, der Art, wie sie einen Gegenstand oder ein Ereignis durch ein Bezugsobjekt im Raum verorten und solche Beziehungen auf Zeitspannen, Gründe etc. übertragen. Ein anderes Problem liegt in ihrer Kasusforderung (*wegen des Wetters, mit dem Wind, gegen den HSV*), einige verlangen je nach Bedeutung einen anderen Kasus (Wechselpräpositionen): *in der Schule, in die Schule, an der Wand, an die Wand*. Manche sind an bestimmte Verben gebunden: *sich wundern über, vertrauen auf, glauben an, fahren nach*; diese Verben regieren Präpositionalobjekte (*fuhr nach Köln, fuhr zu Paula*). Hier gibt es eine erhebliche Lernaufgabe, zunehmend auch für Kinder mit Deutsch als Erstsprache.

(d) Flexion, Hauptwortarten (Nomen, Adjektiv, Verb)
Die Flexion des Nomens, des Adjektivs und des Verbs ist für alle schwierig. Das gilt auch für den analytisch aufgebauten Verbkomplex des Deutschen (*hat sagen wollen, wird gefunden* werden → D1). Das Adjektiv richtet sich nach der Art der Determination (→ C4.1). Die starken Verben sind zwar sehr häufig, stellen aber mit der Bildung des Präteritums (Vokalvariation) (→ D1.2, D1.3) ein Lernproblem dar. Es kommt hinzu, dass das Präteritum in der gesprochenen Umgangssprache seltener geworden ist, im Süden wurde ja schon immer das Präsensperfekt genommen. Neben dem Präteritum ist auch das Futur, besonders das Futurperfekt, eine Lernaufgabe. In beiden Fällen braucht man die Formen schon, um Texte lesen zu können. Konjunktiv und Passiv werden für differenziertere Äußerungen benötigt und nicht nur ihre Formen, auch ihre Verwendung bedarf intensiven Trainings (→ D3, D4). Die Modalverben spielen im Deutschen eine große Rolle; in anderen Sprachen ist das Modalsystem typischerweise anders aufgebaut oder verankert. Der Gebrauch – zumal der wissensbezogene Transfergebrauch – ist für Lerner nicht einfach (→ D5).

(e) Valenz und Verbszene
Der Aufbau der Verbszene im Deutschen (→ D6), die möglichen situativen Modelle, die Art der Versprachlichung von Handelnden, Objekten, Betroffenen und die entsprechenden Konstruktionen (transitive, intransitive etc.) sind die Grundlagen der Satzbildung und zeigen, wie diese Sprache die Welt gliedert. Sie bedarf intensiver Vermittlung, etwa im Bereich verbbestimmter Steuerung der Kasus und der Wahl von Präpositionen.

(f) Nebensätze
Die Bildung von Nebensätzen (Subjunktor, Endstellung des finiten Verbs) ist formal sehr deutlich, kann aber für Sprachen, die solche Strukturen nicht haben (Türkisch), in denen z.B. Relativsätze anders gebildet sind (Arabisch) oder das Verb positionsfest ist (Englisch), als Erwerbsaufgabe gelten. Formen und funktionale Aufgaben dieser Sätze und die Bedeutung der Subjunktoren müssen gelernt werden.

(g) Abfolge und Gewichtung
Viele Deutsch-Lerner haben hier keine speziellen Probleme, auch wenn ihre Erstsprache die Abfolge anders organisiert (→ G1, G2, G4). Die deutsche Wortstellung ist mit den drei Positionsmöglichkeiten des Verbs (Erststellung: *Sag mal ...*), Zweitstellung (*Sie sagte was*), Endstellung im Nebensatz (*dass sie was sagte*) auffällig und deshalb gut lernbar. Schwieriger ist die Abfolgevariation, wenn anspruchsvoller formuliert werden soll oder wenn es gilt, Texte wie die von Kleist zu verstehen. Thematizität und Gewichtung sind wichtige Prinzipien der Abfolge. Den Stand im Deutschen kann man im Grundschulbereich mit der Profilanalyse nach Grießhaber testen (→ G5). Das Zusammenspiel der sprachlichen Mittel in der kommunikativen Gewichtung ist in jeder Sprache anders und eine wichtige Lernaufgabe für die Sekundarstufe (→ G3).

(h) Sprachliches Handeln
Dass auch die einzelnen Prozeduren, etwa die deiktische, oder Muster wie Auffordern oder Erzählen oder gar institutionell geprägte Formen in vieler Hinsicht sprachspezifisch sind, ist bekannt, aber kontrastiv keineswegs hinreichend untersucht.

S4 Erläuterung der Zeichen im Text

S4.1 Transkriptionszeichen

Die PARTITURSCHREIBWEISE wird für die Transkription von Gesprächen eingesetzt, um die Übergangsstellen des Sprecherwechsels und Überlappungen bzw. gleichzeitiges Sprechen zu verdeutlichen. Die Fläche symbolisiert die Zeitachse, auf die die Äußerungen abgebildet werden. Im folgenden Beispiel macht der Zeuge seine Aussage. Kurz nachdem er eine Einschränkung macht, setzt der Richter ein, so dass es in Fläche 2 zu gleichzeitigem Sprechen kommt. Überlappungen, Frühstarts, Unterbrechungen lassen sich mit der Partiturschreibweise gut darstellen.

(1)   Strafverhandlung (F. 22)

```
1 Zeuge   ... oder die war aus né eins von beiden→ aber genau weiß ich nich→  •
```

```
1 Zeuge   kann ich nich sagen↓
  Richter         Genau wissen Ses nich mehr↓ • Könn/ kann auch rot gewesen sein↑
```

Ein kostenloses Programm, mit dem man unbehelligt vom automatischen Zeilenumbruch Partiturtranskripte erstellen kann, ist EXMaRALDA (http://www.exmaralda.org/index.html).

Manchmal werden in dieser Grammatik auch einfachere Verschriftungen gewählt. Wenn es auf die zeitlichen Verhältnisse nicht ankommt, kann z.B. auch eine Gliederung nach Handlungseinheiten vorgenommen werden. Diese Einheiten werden als Segmente nummeriert: (s1), (s2) ... Wo die Intonation nicht wichtig ist, wird normale Interpunktion verwendet.

Bei Transkriptionen anderer Autoren sind wir auf das von ihnen Verschriftete angewiesen, solange keine Audioaufzeichnungen zur Verfügung stehen.

Intonationszeichen (Äußerung)

•	ganz kurze Pause, Absetzen
• •	etwas längere Pause (bis etwa 0.5 Sekunden)
((0.9 s))	Pause in Sekunden
↓	fallender Tonverlauf (in der Regel am Äußerungsende)
↑	steigender Tonverlauf (in der Regel am Äußerungsende)
↑↑	stark steigender Tonverlauf (Echofrage; in der Regel am Äußerungsende)
→	schwebender („progredienter") Tonverlauf, ganz leicht steigend oder fallend, der verdeutlicht, dass der Sprecher eine Fortsetzung plant (schriftlich entspricht dem ein Komma oder Semikolon)

Töne auf Silben (Interjektionen, Responsive)

hm̀	fallend intoniertes *hm*
hḿ	steigend intoniertes *hm*
hm̄	schwebend intoniertes *hm*
hm̌	fallend-steigendes *hm*
hm̂	steigend-fallendes *hm*
jà'	abrupt stoppendes, fallend intoniertes *ja; die* Kurzform zeigt schnelleren Abfall oder Anstieg des Tonverlaufs;
bla<u>bla</u>	Gewichtung durch Akzent
bla<u>**bla**</u>	Exklamativakzent (besondere Intensität, Dehnung in der Tonkurve)

Weitere Transkriptionszeichen

/	Abbruch im Wort oder in einer Äußerung
:	nach Vokalzeichen: Dehnung
((....))	Nonverbales, Kommentar
(3;11)	Kinderkommunikation: das jeweilige Alter in Jahren; Monaten

Informationen zur Verschriftung von Gesprächen auch unter:
http://home.edo.uni-dortmund.de/~hoffmann/Syncw.html

S4.2 Zeichen im Text

*	ungrammatisch, nicht wohlgeformt
?	Grammatikalität ist fragwürdig
<...>	Gewichtungsbereich oder Graphemfolge
>	wird sprachgeschichtlich zu
<	sprachgeschichtlich entstanden aus
⇒	impliziert, lässt folgern
⇒|	impliziert nicht
ø	leere Menge, Leerstelle
[...]	Wortgruppe oder Kommentar zu einem Beispiel
[mɛnʃ]	phonetische Notation (Internationale Lautschrift (IPA))
(...)	Auslassung
‚...'	Begriff, Bedeutungsangabe oder uneigentliche Redeweise
Tisch$_{+Th1}$	Thematisierung (fortlaufender Index)
Tisch$_{Th1}$	Themafortführung (fortlaufender Index)
[ ]	Analepse (Weglassung eines thematischen Ausdrucks)
1Sg	Sprecher, 1. Person Singular
2Sg	Hörer, 2. Person Singular
3Sg	Besprochenes, 3. Person Singular
1Pl	Sprechergruppe, 1.Person Plural
2Pl	Hörergruppe, 2. Person Plural
3Pl	Besprochenes, 3. Person Plural
(un)best.Art.	(un)bestimmter Artikel
Det	Determinativ
Imposs	Impossibilitiv, Unmöglichkeitsform
Necess	Necessitativ, Notwendigkeitsform
Neg	Negation
Poss	Possessiv
Prät	Präteritum

S5 Literaturverzeichnis

S5.1 Grammatiken und Handbücher

Aksoy, A./Grießhaber, W./Kolcu-Zengin, S./Rehbein, J. (1992) Lehrbuch Deutsch für Türken. Eine praktische Grammatik in zwei Sprachen. Hamburg: Signum

Behaghel, O. (1928-1932) Deutsche Syntax Bd. I-IV, Heidelberg: Winter

Brinkmann, H. (1971[2]) Die Deutsche Sprache, Düsseldorf: Schwann

Dudenredaktion (2006[6]) (Verfasser: P. Eisenberg) Richtiges und gutes Deutsch. Wörterbuch der sprachlichen Zweifelsfälle. Mannheim: Dudenverlag

Dudenredaktion (Hg.) (2009[8]) Duden Die Grammatik. Dudenverlag: Mannheim

Eisenberg, P. (2006[3]) Grundriss der deutschen Grammatik. Bd.1-2. Stuttgart: Metzler

Heringer, H.J. (1988) Lesen lehren lernen: Eine rezeptive Grammatik des Deutschen. Tübingen: Niemeyer

Hoffmann, L. (Hg.) (2009[2]) Deutsche Wortarten. Berlin/New York: de Gruyter

Hoffmann, L. (Hg.) (2010[3]) Sprachwissenschaft. Ein Reader. Berlin/New York: de Gruyter

Kluge (2011[25]) Etymologisches Wörterbuch der deutschen Sprache. Bearb. von E. Seebold. Berlin/New York: de Gruyter

Paul, H. (1920/1968) Deutsche Grammatik Bd.I-V, Tübingen: Niemeyer

Pfeifer, W. et al. (1997) Etymologisches Wörterbuch des Deutschen. München: dtv

Schumacher, H. et al. (2004) VALBU – Valenzwörterbuch deutscher Verben. Tübingen: Narr [http://hypermedia2.ids-mannheim.de/evalbu/index.html]

Weinrich, H. (2007[4]) Textgrammatik der deutschen Sprache. Hildesheim: Olms

Zifonun, G./Hoffmann, L./Strecker, B. (1997) Grammatik der deutschen Sprache. 3 Bd. Berlin/New York: de Gruyter

Zum Türkischen:

Ersen-Rasch, M.I. (2005[2]) Türkische Grammatik. München: Hueber

Göksel, A./C Kerslake, C. (2005) Turkish. A Comprehensive Grammar. London: Taylor & Francis

Kıygı, O.N. (2009[2]) PONS Kompaktwörterbuch Türkisch. Stuttgart: Klett

Lewis, G. (2000[2]) Turkish Grammar. Oxford: University Press

Moser-Weithmann, B. (2001) Türkische Grammatik. Hamburg: Buske

Peters, L. (1947) Grammatik der türkischen Sprache. Berlin: Juncker

Schröder, C./Şimşek, Y. (2010) Kontrastive Analyse Türkisch-Deutsch. In: Krumm, H.-J. et al. (Hg.) Deutsch als Fremd- und Zweitsprache. HSK 35.1, 718-724

Steuerwald, K. (1972) Türkisch-deutsches Wörterbuch. Wiesbaden: Harrassowitz

S5.2 Literatur zum Hintergrund dieser Grammatik

Adelung, J.G. (1781) Deutsche Sprachlehre. Berlin: Christian Friedlich Voß und Sohn

Ágel, V. (2000) Valenztheorie. Tübingen: Narr

Ahrenholz, B./Oomen-Welke, I. (Hg.) (2008) Deutsch als Zweitsprache. Baltmannsweiler: Schneider

Altmann, H. (1993) Satzmodus. In: Jacobs, J./v.Stechow, A./Sternefeld, W./Vennemann, T. (Hg.) (1993) Syntax. HSK 9.1. Berlin/New York: de Gruyter, 1006-1029

Altmann, H. (2009) Gradpartikel. In: Hoffmann, L. (Hg.), 357–385

Austin, J.L. (1972) Theorie der Sprechakte. Stuttgart: Reclam

Batliner, A. (1988) Der Exklamativ: mehr als Aussage oder doch nur mehr oder weniger Aussage? Experimente zur Rolle von Höhe und Position des F0-Gipfels In: Altmann, H. (Hg.) Intonationsforschungen Tübingen: Niemeyer, 243–271

Bech, G. (1983²) Studien über das deutsche Verbum infinitum. Tübingen: Niemeyer

Becker, K.F. (1870/1969) Ausführliche deutsche Grammatik als Kommentar der Schulgrammatik II. Hildesheim: Olms

Becker, T. (2011³) Kinder lernen erzählen. Zur Entwicklung der narrativen Fähigkeiten von Kindern unter Berücksichtigung der Erzählform. Baltmannsweiler: Schneider

Becker-Mrotzek, M. (1997) Schreibentwicklung und Textproduktion. Der Erwerb der Schreibfertigkeit am Beispiel der Bedienungsanleitung. Opladen: Westdeutscher Verlag

Becker-Mrotzek, M./Böttcher, I. (2006) Schreibkompetenz entwickeln und beurteilen. Berlin: Cornelsen

Becker-Mrotzek, M. (Hg.) (2009) Mündliche Kommunikation und Gesprächsdidaktik. Baltmannsweiler: Schneider

Beißwenger, M. (2007) Sprechhandlungskoordination in der Chat-Kommunikation. Berlin/New York: de Gruyter

Bering, D. (1987) Der Name als Stigma. Stuttgart: Klett Cotta

Bering, D. (1991) Kampf um Namen: Bernhard Weiß gegen Joseph Goebbels. Stuttgart: Klett Cotta

Berkemeier (2006) Präsentieren und Moderieren im Deutschunterricht. Baltmannsweiler: Schneider

Berkemeier (2009) Präsentieren lehren. Baltmannsweiler: Schneider

Berkemeier, A. (2011) Chancen einer funktional-pragmatischen Ausrichtung des Grammatikunterrichts. In: OBST 79, 57–79

Besch, W. (1996) Duzen, Siezen, Titulieren. Göttingen: Vandenhoeck & Rupprecht

Bloomfield, L. (2001) Die Sprache. Wien: Edition Praesens (zuerst 1933)

Blühdorn, H./Breindl, E./Waßner, U.H. (Hg.) (2004) Brücken schlagen. Grundlagen der Konnektorensemantik. Berlin/New York: de Gruyter

Bredel, U. (2011) Interpunktion. Heidelberg: Winter

Bredel, U./Töpler (2009) Verb. In: Hoffmann, L. (Hg.), 823–901

Bühler, K. (1934/1999) Sprachtheorie. Stuttgart: Urban & Fischer

Bührig, K. (1996) Reformulierende Handlungen. Tübingen: Narr

Bührig, K. (2009) Konnektivpartikel. In: Hoffmann, L. (Hg.), 525–546

Comrie, B. (1976) Aspect. Cambridge: University Press

d'Avis, F.-J. (2001) Über „W-Exklamativsätze" im Deutschen. Tübingen: Niemeyer

Dereli, S. (2007) Anrede im Deutschen und im Türkischen. Frankfurt: Lang

Donhauser, K. (1986) Der Imperativ im deutschen. Hamburg: Buske

Düring, D. (2012) Das Handlungsmuster des Befehls in der NS-Zeit. Diss. TU Dortmund

Eggs, F. (2006) Die Grammatik von als und wie. Tübingen: Narr

Eggs, F. (2008) Negation – funktional gesehen. In: Pohl, I. (Hg.) Semantik und Pragmatik – Schnittstellen. Frankfurt: Lang, 355–385

Eggs, F. (2011) „hab so was von keine lust auf son kram" – Überlegungen zum Gebrauch von ‚so'. (Vortrag Konferenz zur Funktionalen Pragmatik, Hamburg 2011)

Ehlich, K. (Hg.) (1980) Erzählen im Alltag, Frankfurt: Suhrkamp

Ehlich, K. (1983) Alltägliches Erzählen, in: W. Sanders/K. Wegenast, Erzählen für Kinder – Erzählen von Gott, Stuttgart: Kohlhammer, 128-150

Ehlich, K. (Hg.) (1984) Erzählen in der Schule. Tübingen: Narr

Ehlich, K. (1986) Interjektionen. Tübingen: Niemeyer

Ehlich, K. (2007) Sprache und Sprachliches Handeln. Bd.1–3. Berlin/New York: de Gruyter

Ehlich, K. (2009) Erklären verstehen – Erklären und Verstehen. In: Vogt, R. (Hg.) Erklären. Tübingen: Stauffenburg, 11–24

Ehlich, K./Noack, C./Scheiter, S. (Hg.) (1994) Instruktion durch Text und Diskurs. Opladen: Westdeutscher Verlag

Ehlich, K./Rehbein, J. (1986) Muster und Institution. Tübingen: Narr

Erdal, M. (1999) Das Nachfeld im Deutschen und im Türkischen. In: Johanson, L./Rehbein, J. (Hg.), 53–94

Fabricius-Hansen, C. (1986) Tempus fugit. Düsseldorf: Schwann

Fandrych, C./Thurmair, M. (2011) Textsorten im Deutschen. Tübingen: Stauffenburg

Fienemann, J. (2005) Erzählen in zwei Sprachen. Münster: Waxmann

Fleischer, J. in Zusammenarbeit mit O. Schaller, O. (2011) Historische Syntax des Deutschen. Tübingen: Narr

Frege, G. (1986[3]) Logische Untersuchungen. Göttingen: Vandenhoeck & Rupprecht

Fries, N. (2000) Sprache und Emotion. Bergisch-Gladbach: Lübbe

Glinz, H. (1973[6]) Die innere Form des Deutschen. Bern: Francle

Gornik, H. (2011) Überlegungen zur didaktischen Modellierung der Partikeln. In: OBST 79, 93–113

Grabowski, J. (1994) Zur Rezeption und Produktion von Richtungspräpositionen am Beispiel von „vor" und „hinter". In: Kornadt, H.J./Grabowski, J./Mangold-Allwinn, R. (Hg.) Sprache und Kognition. Heidelberg: Spektrum, 183–208

Graefen, G. (1997) Der Wissenschaftliche Artikel – Textart und Textorganisation. Frankfurt: Lang

Grießhaber, W. (1999) Die relationierende Prozedur. Münster: Waxmann

Grießhaber, W. (2010) Spracherwerbsprozesse in Erst- und Zweitsprache. Duisburg: Universitätsverlag RR

Grundler, E./Vogt. R. (Hg.) (2006) Argumentieren lernen im Unterricht – ein funktional-didaktischer Ansatz. Tübingen: Stauffenburg

Hass-Zumkehr, U. (Hg.) (2002) Sprache und Recht. Berlin/New York: de Gruyter

Hausendorf, H./Quasthoff, U. (1996) Sprachentwicklung und Interaktion. Opladen: Westdeutscher Verlag

Heringer, H. J. (1984) Neues von der Verbszene. In: Stickel, G. (Hg.) Pragmatik in der Grammatik. Düsseldorf: Schwann, 34–64

Hindelang, G. (1978) Auffordern. Göttingen: Kümmerle

Hoffmann, L. (1983a) Kommunikation vor Gericht. Tübingen: Narr

Hoffmann (1983b) Arzneimittel-Gebrauchsinformationen: Struktur, kommunikative Funktionen und Verständlichkeit. In: Deutsche Sprache 2, 1983, 138–160

Hoffmann, L. (1984) Berichten und Erzählen. In: K.Ehlich (Hg.) Erzählen in der Schule, Tübingen: Narr, 55–66

Hoffmann, L. (1989) Zur Bestimmung von Erzählfähigkeit. Am Beispiel zweitsprachlichen Erzählens. In: Ehlich, K./Wagner, K.R. (Hg.) Erzähl-Erwerb. Frankfurt: Lang, 63–89

Hoffmann, L. (1995) Zur Position des Wortakzents im Deutschen. In: Cajot, J./Kremer, L./Niebaum, H. (Hg.) Lingua Theodisca. Jan Goossens zum 65. Geburtstag. Hamburg/Münster: LIT Verlag, 775–785

Hoffmann, L. (1992) Wie verständlich können Gesetze sein? In: G. Grewendorf (Hg.) Rechtskultur als Sprachkultur, Frankfurt: Suhrkamp, 122–157

Hoffmann, L. (1998) Das Gesetz. In: Hoffmann, L./Kalverkämper, H./Wiegand, H.E. (Hg.) Fachsprachen. HSK. Berlin/New York: de Gruyter, 522–528

Hoffmann, L. (1999a) Eigennamen im sprachlichen Handeln. In: K. Bührig/Y. Matras (Hg.) Sprachtheorie und sprachliches Handeln. Tübingen: Stauffenburg, 213–234

Hoffmann, L. (1999b) Ellipse und Analepse. In: Redder/Rehbein (Hg.), 69–91

Hoffmann, L. (Hg.(2003) Funktionale Syntax. Berlin/New York: de Gruyter

Hoffmann, L. (2004) Chat und Thema. In: OBST 68, 2004, 103–123

Hoffmann, L. (2006a) Funktionaler Grammatikunterricht. In: Becker, T./ Peschel, C. (Hg.) Gesteuerter und ungesteuerter Grammatikunterricht. Baltmannsweiler: Schneider, S. 20–45

Hoffmann, L. (2006b) Ellipse im Text. In: Blühdorn, H./Breindl, E./Waßner, U.H. (Hg.) Grammatik und Textverstehen. Jahrbuch 2005 des Instituts für deutsche Sprache. Berlin/New York: de Gruyter, 90–108

Hoffmann, L. (2008) Über ja. In: Deutsche Sprache 3, 193–219

Hoffmann, L. (Hg.) (2009[2]) Deutsche Wortarten. Berlin/New York: de Gruyter

Hoffmann, L. (2009a) Adverb. In: Hoffmann, L. (Hg.), 223–264

Hoffmann, L. (2009b) Determinativ. In: Hoffmann, L. (Hg.), 293–257

Hoffmann, L. (2009c) Didaktik der Wortarten. In: Hoffmann, L. (Hg.), 925–953

Hoffmann, L. (2010[3]) Funktionale Syntax: Prinzipien und Prozeduren. In: Ders. (Hg.) Sprachwissenschaft. Ein Reader. Berlin/New York: de Gruyter, 684–717

Hoffmann, L. (2011a) Zwischen wissenschaftlicher Grammatik und Schulgrammatik: die Terminologie. In: OBST 79, 33–57

Hoffmann, L./Ekinci-Kocks, Y. (Hg.) (2011b) Didaktik in mehrsprachigen Lerngruppen. Baltmannsweiler: Schneider

Hohenstein, C. (2006) Erklärendes Handeln im wissenschaftlichen Vortrag. Ein Vergleich des Deutschen mit dem Japanischen. München: Iudicium.

Holler, A. (2005) Weiterführende Relativsätze. Empirische und theoretische Aspekte. Berlin: Akademie Verlag

Humboldt, W. v. (1903–1936) Gesammelte Schriften. Bd. 13. Berlin: Behr

Jacobs, J. (1984) Syntax und Semantik der Negation im Deutschen. München: Fink

Jacobs, J. (1994) Kontra Valenz. Trier: WVT

Johanson, L. (1971) Aspekt im Türkischen. Uppsala: Almquist & Wiksell

Johanson, L. (1994) Türkeitürkische Aspektotempora. In: Thieroff, R./Ballweg, J. (Hg.) Tense systems in European languages. Tübingen: Niemeyer, 247–265

Johanson, L./Rehbein, J. (Hg.) (1999) Türkisch und Deutsch im Vergleich. Wiesbanden: Harrassowitz

Kasai, Y. (2002) Das System der Selbstbezeichnungen, Anredeformen und Drittbezeichnungen auf dem Hintergrund der sozialen Beziehungen. Ein deutsch-japanischer Sprachvergleich. Frankfurt: Lang

Klein, W. (1994) Time in language. London: Routledge

Krause, Olaf (2002) Progressiv im Deutschen. Eine empirische Untersuchung im Kontrast mit Niederländisch und Englisch. Tübingen: Niemeyer

Kunze, K. (2003[5]) dtv-Atlas zur Namenkunde. München: dtv

König, E./Siemund, P. (2007) Speech act distinctions in Grammar. In: Shopen, T. (Hg.) Language Typology and Syntactic Description. Cambridge: University Press, 276–325

Koß, G. (2003[3]) Namenforschung. Tübingen: Niemeyer

Kraft, B. (1988) Aufforderungsausdrücke als Lenkung. In: Bührig, K./Matras, Y. (Hg.) Sprachtheorie und sprachliches Handeln. Tübingen: Stauffenburg, 247–265

Kügelgen, R.v. (1994) Diskurs Mathematik. Kommunikationsanalysen zum reflektierenden Lernen. Frankfurt: Lang

Krelle, M./Spiegel, C. (Hg.)(2009) Sprechen und Kommunizieren. Baltmannsweiler. Schneider

Kunze, K. (2003[4]) dtv-Atlas zur Namenkunde. München: dtv

Lang, E. (1977) Semantik der koordinativen Verknüpfung. Berlin: Akademie-Verlag

Leiss, E. (1992) Die Verbalkategorien des Deutschen. Berlin/New York: de Gruyter

Leiss, E. (2000) Artikel und Aspekt. Die grammatischen Muster von Definitheit. Berlin/New York: de Gruyter

Lerch, K. (Hg.) (2004) Die Sprache des Rechts. Band 1. Recht verstehen. Berlin/New York: de Gruyter

Levinson, S. (2001) Covariation between spatial language and cognition. In: Bowerman, M./Levinson, S. (Hg.) Language acquisition and conceptual development. Cambridge: University Press, 566–589

Lohnstein, H. (2000) Satzmodus - kompositionell. Berlin: Akademie-Verlag

Mehlem, U. (2011) Grammatikreflexion und Sprachvergleich. In: OBST 79, 113–141

Meibauer, J. (Hg.) (1987) Satzmodus zwischen Semantik und Pragmatik. Tübingen: Niemeyer

Menzel, W. (1999) Grammatik-Werkstatt. Seelze-Velber: Kallmeyer

Merkle, L. (1996[6]) Bairische Grammatik. München: Hugendubel

Mithun, M. (1999) The Languages of Native North America. Cambridge: University Press

Montanari, E. (2010) Kindliche Mehrsprachigkeit. Determination und Genus. Münster Waxmann

Morek, M. (2012) Kinder erklären. Interaktionen in Familie und Unterricht im Vergleich. Tübingen: Stauffenburg

Nübling, D. (2012) Namen. Tübingen: Narr

Özdil, E. (2011) Genus und Kasus im Deutschen: eine didaktische Annäherung mit sprachvergleichenden Aspekten zum Türkischen. In: Hoffmann, L./Ekinci-Kocks, Y. (Hg.), 29–39

Pittner, K. (1999) Adverbiale im Deutschen. Tübingen: Stauffenburg

v. Polenz, P. (1987) Funktionsverben, Funktionsverbgefüge und Verwandtes. In: ZGL 15, 169–187 van Pottelberge, J. (2004) Der am-Progressiv. Struktur und parallele Entwicklung in den kontinentalwestgermanischen Sprachen. Tübingen: Narr

Prediger, S./Özdil, E. (Hg.) (2011) Mathematiklernen unter den Bedingungen der Mehrsprachigkeit. Münster: Waxmann

Quasthoff, U. (1980) Erzählen in Gesprächen. Tübingen: Narr

Redder, A. (1984) Modalverben im Unterrichtsdiskurs. Tübingen: Niemeyer

Redder, A. (1990) Grammatiktheorie und sprachliches Handeln: ‚denn' und ‚da'. Tübingen: Niemeyer

Redder, A. (1992) Funktional-grammatischer Aufbau des Verbsystems im Deutschen. In: Hoffmann, L. (Hg.) Deutsche Syntax. Berlin/New York: de Gruyter

Redder, A. (1999) ‚Werden' – funktional-grammatische Bestimmungen. In: Redder/Rehbein (Hg.), 295–336

Redder, A. (2000) Die Sprache der Bilder. In: Heitmann, A./Schiedermair, J. (Hg.), Zwischen Text und Bild. Freiburg: Rombach, 65–93

Redder, A. (2009a) Modal sprachlich handeln. In: Der Deutschunterricht 3, 88–93

Redder, A. (2009b) Konjunktor. In: Hoffmann, L. (Hg.) (2009), 483–525

Redder, A./Rehbein, J. (Hg.) (1999) Grammatik und mentale Prozesse. Tübingen: Stauffenburg

Rehbein, J. (1977) Komplexes Handeln. Stuttgart: Metzler

Rehbein, J. (1995) Über zusammengesetzte Verweiswörter und ihre Rolle in argumentierender Rede. In: Wohlrapp, H. (Hg.) Wege der Argumentationsforschung. Stuttgart-Bad Cannstatt: Frommann-Holzboog, 166–197

Rehbein, J. (1984) Beschreiben, Berichten und Erzählen. In: Ehlich, K. (Hg.) Erzählen in der Schule. Tübingen: Narr, 67–124

Rehbein, J. (1999) Zum Modus von Äußerungen. In: Redder/Rehbein (Hg.), 91–142

Rehder, P. (1998) Einführung in die slavischen Sprachen. Darmstadt: WBG

Reichenbach.H. (1947) Elements of Symbolic Logic. London: Collier-Macmillan

Rothstein, B. (2007) Tempus. Heidelberg: Winter

Rothstein, B. (Hg.) (2011) Sprachvergleich in der Schule. Baltmannsweiler: Schneider

Sacks, H./Schegloff, E./Jefferson, G. (1978) A Simplest Systematics for the Organization of Turn Taking for Conversation. In: Language, 50, 696–735

Schilling, U. (1999) Kommunikative Basisstrategeien des Aufforderns. Eine kontrastive Analyse gesprochener Sprache im Deutschen und im Japanischen. Tübingen: Niemeyer

Schimmel, A. (1992) Herr „Demirci" heißt einfach „Schmidt". Türkische Namen und ihre Bedeutung. Köln: Önel Verlag

Schimmel, A. (1993) Von Ali bis Zahra. Namen und Namengebung in der islamischen Welt. München: Diederichs

Schumacher, H. et al. (2004) VALBU – Valenzwörterbuch deutscher Verben. Tübingen: Narr

Schwarz-Friesel, M. (2007) Sprache und Emotion. Tübingen: Francke (UTB)

Searle, J.R. (2001) Geist, Sprache und Gesellschaft. Frankfurt: Suhrkamp

Searle, J.R. (2012) Wie wir die soziale Welt machen. Berlin: Suhrkamp

Seibicke, W. (2008²) Die Personennamen im Deutschen. Berlin/New York: de Gruyter

Selmani, L. (2012) Die Grammatik von *und*. Mit einem Blick auf seine albanischen und arabischen Entsprechungen. Münster: Waxmann

Spreckels, J. (Hg.) (2009) Erklären im Kontext. Neue Perspektiven aus der Gesprächs- und Unterrichtsforschung. Baltmannsweiler: Schneider: Hohengehren

Steinhoff, A. (2011) Lernmedien Deutsch als Fremdsprache und die Vermittlung des Passivs. München: Iudicium

Storrer, A. (1992) Verbvalenz. Theoretische und methodische Grundlagen ihrer Beschreibung in Grammatikographie und Lexikographie. Niemeyer: Tübingen.

Storrer, A. (2006) Zum Status der nominalen Komponente in Nominalisierungsverbgefügen. In: Breindl, E./Gunkel, L./Strecker, B. (Hg.) Grammatische Untersuchungen. Analysen und Reflexionen. Tübingen: Narr, 275–295

Tesnière, L. (2010/1959) Grundzüge der strukturalen Syntax. In: Hoffmann, L. (Hg.) (2010³) Sprachwissenschaft. Ein Reader. Berlin/New York: de Gruyter, 632–658

Tugendhat, E./Wolf, U. (1983) Logisch-semantische Propädeutik. Stuttgart: Reclam

Thieroff, R. (1992) Das finite Verb im Deutschen. Tübingen: Narr

Valentin, P. (1998) Zu den sogenannten Wunschsätzen im Deutschen. In: Dalmas, M./Sauter, R. (Hg.) Grenzsteine und Wegweiser. Tübingen: Narr, 47–57

Vogt, R. (Hg.) (2009) Erklären. Tübingen: Stauffenburg

Wegener, H. (1989) Die Nominalflexion des Deutschen – verstanden als Lerngegenstand. Tübingen: Niemeyer

Welke, K. (2007) Einführung in die Satzanalyse. Berlin/New York: de Gruyter

Wiese, H. (2012) Kiezdeutsch. Müchen: Beck [http://www.kiezdeutsch.de, 29.2.2012, mit Unterrichtsvorschlägen]

Wöllstein, A. (2010) Topologisches Satzmodell. Heidelberg: Winter

Wolf, U. (Hg.) (1993) Eigennamen. Frankfurt: Suhrkamp

Wygotski, L.S. (1969) Denken und Sprechen. Frankfurt: S. Fischer

S5.3 Quellen[1]

Andersch, A, (1980) Der Vater eines Mörders. Zürich: Diogenes

Ani, F. (2009) Totsein verjährt nicht. Wien: Zsolnay

Ani, F. (2011) Süden. München: Droemer

Bachmann, I./Celan, P. (2008) Der Briefwechsel. Frankfurt: Suhrkamp

Bassewitz, G. (1987⁶) Peterchens Mondfahrt. München: dtv

Blamberger, G. (2011) Heinrich von Kleist. Frankfurt: S. Fischer

Bloch, E. (1980) Spuren. Frankfurt: Suhrkamp

Bloch, E. (1959) Das Prinzip Hoffnung. Frankfurt: Suhrkamp

Bohlken, E./Thies, C. (Hg.) (2009) Handbuch Anthropologie. Stuttgart: Metzler

Brandt, R. (2009) Können Tiere denken? Frankfurt: Suhrkamp

---

1 Transkripte ohne Quellenangaben (etwa aus meinen Projekten zur Gerichtskommunikation (markiert mit Fn) oder zur Kinderkommunikation oder von Interviews mit Migranten (VW-Projekt; Studiengruppe: Hoffmann/Quasthoff/Kastner) sind eigenen Korpora entnommen. Beispiele aus ZEIT und Tagesspiegel entstammen dem DWDS-Corpus (www.dwds.de).

Brecht, B. (1980a) Prosa Band 1. Frankfurt: Suhrkamp

Brecht, B. (1980b) Prosa Band 2. Frankfurt: Suhrkamp

Brecht, B. (1988) Gedichte 1. Große komment. Berliner und Frankfurter Ausgabe. Frankfurt: Suhrkamp

Brecht, B. (1993a) Gedichte 4. Große komment. Berliner und Frankfurter Ausgabe. Frankfurt: Suhrkamp

Brecht, B. (1993b) Gedichte 5. Große komment. Berliner und Frankfurter Ausgabe. Frankfurt: Suhrkamp

Brecht, B. (1989) Stücke 6. Große kommentierte Berliner und Frankfurter Ausgabe. Frankfurt: Suhrkamp

Brehms Tierleben (2004) Berlin: Directmedia

Bruyn, G. de (1992) Zwischenbilanz. Frankfurt: Fischer

Büchner, G. (1987[8]) Werke und Briefe. (Ausg. W. Lehmann). München: dtv

Canetti, E. (1980) Die Stimmen von Marrakesch. Frankfurt: Fischer

Carnap, R.: (1972) Bedeutung und Notwendigkeit. Wien: Springer

Carter, R. et al. (2010) Das Gehirn. München: Dorling Kindersley

Chandler, R. (1975) Der lange Abschied. Zürich: Diogenes

Christen, H. R. (1971[8]) Chemie. Frankfurt: Diesterweg

Christiansen, K./Weppelmann, S. (Hg.) (2011) Gesichter der Renaissance. München: Hirmer

Dickens, Ch. (2011/1860) Große Erwartungen. Darmstadt: WBG

Die Luther-Bibel Originalausgabe 1545 und revidierte Fassung 1912 (2000) Berlin: Directmedia

Celan, P. (2005) Die Gedichte. Frankfurt: Suhrkamp

Delius, F.C. (2009) Die Frau, für die ich den Computer erfand. Reinbek: Rowohlt

Deutsche Literatur von Lessing bis Kafka. (2004) Studienbibliothek. Berlin: Directmedia

van Düffel, J. (2006[9]) Vom Wasser. München: dtv

Dürrenmatt, F. (1986) Der Auftrag. Zürich: Diogenes

Ehlich, K./Rehbein, J. (1986) Muster und Institution. Tübingen: Narr

Ende, M. (1973[15]) Stuttgart: Thienemanns

Enzensberger, H.M. (1985) Politische Brosamen. Frankfurt: Suhrkamp

Enzensberger, H.M. (1991) Zukunftsmusik. Frankfurt: Suhrkamp

Enzensberger, H.M. (2009) Leichter als Luft. Frankfurt: Suhrkamp

Fallada, H. (2011) Jeder stirbt für sich allein. Berlin: Aufbau

Forte, D. (2004[2]) Das Haus auf meinen Schultern. Frankfurt: Fischer

Goebbels, J. (1991) Reden. (Hg. von H. Heiber). Köln: Gondrom

Goethe, J.W. (1983) Wilhelm Meisters Lehrjahre. Berlin/Weimar: Aufbau

Goethe, J.W. (1987) Gedichte 1756–1799. Hg. von K. Eibl. Frankfurt: Deutscher Klassiker Verlag

Goethe, J.W. (1999) Faust. Hg. von A. Schöne. Texte. Frankfurt: Deutscher Klassiker Verlag

Grass, G. (1979) Das Treffen in Telgte. Frankfurt: Luchterhand

Haas, W. (2011) Der Brenner und der liebe Gott. München: dtv

Halmos, P. (1976[4]) Naive Mengenlehre. Göttingen: Vandenhoeck & Ruprecht

Heine, H. (1975[2]) Sämtliche Schriften. Band 3. München: Hanser

Jäckel, E./Kuhn, A. (1980) Hitler. Sämtliche Aufzeichnungen 1905–1924. Stuttgart: DVA

Jens, W. (1990) Die Zeit ist erfüllt. Stuttgart: Radius

Juretzka, J. (2009) Alles total groovy hier. Berlin: Rotbuch Verlag

Juretzka, J. (2011[4]) Bis zum Hals. Berlin: Ullstein

Kafka, F. (1983[2]) Das Schloß. Frankfurt: Suhrkamp

Kafka, F. (1986) Briefe an Milena. Frankfurt: Fischer TB

Kafka, F. (2003) Die Erzählungen Originalfassung. Frankfurt: Fischer TB

Kehlmann, D. (2005) Die Vermessung der Welt. Reinbek: Rowohlt

Kinder- und Hausmärchen (1999/1837), gesammelt durch die Brüder Grimm. Hg. von G. Rölleke. Darmstadt: Wissenschaftliche Buchgesellschaft

v. Kleist, H. (2010a) Sämtliche Werke und Briefe (Reuß/Staengle Hg.). Band II. München: Hanser/Stroemfeld: Frankfurt

v. Kleist, H. (2010b) Sämtliche Werke und Briefe (Reuß/Staengle Hg.). Band III. München: Hanser/Stroemfeld: Frankfurt

Korschunow, I. (1999) Der Silberpfeil und andere Autogeschichten. Würzburg: Arena

Kraft, B./Meng, K. (2009) Gespräche im Kindergarten. Dokumente einer Längsschnittbeobachtung in Berlin-Prenzlauer Berg 1980–1983. 248 S. + CD-ROM – Mannheim: Institut für Deutsche Sprache – amades

Lenz, S. (2005[4]) Fundbüro. München: dtv

Lenz, S. (2011) Landesbühne. München: dtv

Lessing, G.E. (1965) Werke in sechs Bänden. Köln: Prösdorf

Lewitscharoff, S. (2011) Blumenberg. Frankfurt: Suhrkamp

MacDonald, D. (2004) Die große Enzyklopädie der Säugetiere. Königswinter: Könemann

Mann, T. (1986) Die Erzählungen. Frankfurt: Fischer TB

Marx, K./Engels, F. (1983) Der Briefwechsel. Bd. 4. München: dtv

Marx, K./Engels, F. (1998) Werke. Digitale Bibliothek. Berlin: Directmedia

Maurer, S./Schmitt, R. (1994) Smalltalk, Klatsch und aggressive Spiele. Tübingen: Narr

Musil, R. (1987) Der Mann ohne Eigenschaften 1. Reinbek: Rowohlt

Ortheil, H.-J. (2002[4]) Die Nacht des Don Juan. München: btb

Ortheil, H.-J. (2009) Schwerenöter. München: btb

Paul, H. (1920[5]) Prinzipien der Sprachgeschichte. Tübingen: Niemeyer

Purves, W.K./Sadava, D./Orians, G.H./Heller, H.C. (2006[7]) Biologie. München: Elsevier

Redder, A. (1982) Schulstunden 1. Transkripte. Tübingen: Narr

Redder, A./ Ehlich, K. (1994) Gesprochene Sprache. Transkriptionen und Tondokumente. Tübingen: Niemeyer

Ruge, E. (2011) In Zeiten des abnehmenden Lichts. Reinbek: Rowohlt

Rilke, R.M. (1986) Die Gedichte. Frankfurt: Insel

Rizel, U. (2001) Die schwarzen Ränder der Glut. München: btb

Ritzel, U. (2011) Beifang. München: btb

Roes, M. (1996) Leeres Viertel. Frankfurt: Eichborn

Roes, M. (2006) Weg nach Timimoun. Berlin: Matthes und Seitz

Roth, P. (2000) The Human Stain. London: Vintage

Rothstein, B. (2007) Tempus. Heidelberg: Winter

Schädlich, H.J. (1993) Der Sprachabschneider. Reinbek: Rowohlt

Schalansky, J. (2011) Der Hals der Giraffe. Berlin: Suhrkamp

Schirach, F. (2009) Verbrechen. München: Piper

Schlobinski, P. (1992) Funktionale Grammatik und Sprachbeschreibung. Opladen: Westdeutscher Verlag

Schmolke, S./Deitermann, M. (2009[37]) Industrielles Rechnungswesen. Braunschweig: Bildungshaus Schulbuchverlage

Schröder, P. (1985) Beratungsgespräche. Tübingen: Narr

Schröder, P. (1997) Schlichtungsgespräche. Ein Textband mit einer exemplarischen Analyse. Berlin/New York: de Gruyter

Seel, M. (2009) Theorien. Frankfurt: S. Fischer

Speckmann, E.-J./Wittkowski, W. (2006) Praxishandbuch Anatomie. München: Elsevier

Sperlbaum M. (1975) Proben deutscher Umgangssprache. Tübingen: Niemeyer

Steinfest, H. (2011) Wo die Löwen weinen. Stuttgart: Thienemanns

Steinhövel, A. (2003[8]) Beschützer der Diebe. München: dtv

Szczypiorski, A. (1991) Amerikanischer Whiskey. Zürich: Diogenes

Tugendhat, E. (2003) Egozentrizität und Mystik. München: Beck

Valentin, K. (1985) Gesammelte Werke. Bd. 2, München: Piper

Valentin, K. (2006) Mein komisches Wörterbuch. München: Piper

Wagner, H. (1970) Rauschgift-Drogen. Berlin: Springer

Wagner, J.C. (2011) Das Licht in einem dunklen Haus. Berlin: Galiani

Wagner, H. (2000 (1869)) Das Judentum in der Musik. In: Fischer, J. M. (Hg.) Richard Wagners „Das Judentum in der Musik". Frankfurt: Fischer, 139–197

Walser, M. (2008) Ein liebender Mann. Reinbek: Rowohlt

Weiss, P. (1985) Die Ästhetik des Widerstands. Roman. Frankfurt: Suhrkamp

Wiemer, R.O. (1972) bundesdeutsch lyrik zur sache grammatik. Wuppertal: Hammer

Wittgenstein, L. (1984) Über Gewissheit. Frankfurt: Suhrkamp

Wittgenstein, L. (2001) Philosophische Untersuchungen. Kritisch-genetische Edition. Frankfurt: Suhrkamp

Zeh, J. (2002) Die Stille ist ein Geräusch. Frankfurt: Schöffling

Zeh, J. (2009) Corpus delicti. Frankfurt: Schöffling

S6 Sachregister

A

Abfolge 19 ff., 92, 157, 160, 198, 237, 251, 272 f., 313, 326, 336, 347, 349, 434, 440, 453, 457, 468 ff., 496, 510, 520, 522, 555, 569
  im Satz 178, 269, 461
  in der Nominalgruppe 193 f., 457, 473, 562
  lineare 41, 55, 120, 160, 249 f., 289, 348, 403, 437, 475, 478, 482, 485, 487
Absentiv 274, 277
absolut 95, 148, 154
Abtönungspartikel 28, 33, 46, 53, 68, 80, 325, 327, 385, 396, 402 ff., 428, 433, 450, 457, 464, 494 ff., 506, 526, 528 ff., 542 ff., 549, 556
Adhortativ 529
Adjektiv
  absolutes/extensionales 148
  relatives/intensionales 148
Adjunktor 53, 55, 221
Adkopula 48 f., 69, 150, 244, 347
Adposition 365
Adverb 21 f., 34, 41 f., 48, 53, 55, 69, 72, 115, 122, 151, 163, 171, 173, 208, 221, 225, 230, 244, 257, 258, 273, 277, 311, 314, 318, 325 f., 329 ff., 356, 385 f., 400, 405, 414, 416, 447, 458 f., 481, 505 f., 531, 549, 555, 566, 576
  direktionales 327, 334, 347 f.
  duratives 327, 348
  finales 327, 348
  frequentatives (iteratives) 327
  instrumentales 327
  kausales 327, 348
  komitatives 327
  konditionales 327
  lokales 327, 348
  modifikatives 327, 348
  parametrisches (quasideiktisches) 328, 339
  Planungsadverb 327
  temporales 327, 334, 348
Adverbial 47, 64, 68 f., 71, 150, 158, 169, 211, 223 f., 227, 232, 235, 262, 276 f., 316, 320 ff., 366, 368, 464, 554, 567
Adverbialsatz 22, 48, 72, 172, 220, 224, 257, 325, 348 f., 358, 362, 466
Aktionsart 236
Aktiv 285
Albanisch 111, 419, 579
Altgriechisch 121, 321
Anadeixis 186 ff., 194 ff., 332
Analepse 59, 194 ff., 431, 434, 438, 443, 464, 571, 576
Anapher 21, 40, 50, 53, 55, 77, 81 f., 93, 110, 119, 164, 173 f., 178 ff., 221, 313, 348, 366, 403, 420, 466 f., 470, 472, 480 f., 494, 517, 548, 551, 556, 562, 567
Anleitung 526 f.
Anordnung 525
Apposition 72, 77, 90, 200, 202, 204, 459
Arabisch 99, 419, 579
Artikel
  definitiver/bestimmter 99, 101
  indefiniter/unbestimmter 99, 110, 112 ff.
Aspekt 39, 76, 108, 115 f., 119 ff., 252, 274, 277, 327, 337, 343, 358, 506, 562
Assertion 30 f., 61, 65, 208, 259, 304, 399, 432, 450, 484 f., 497, 502 ff., 519, 534, 538
Attribut 65, 72, 150, 152, 159, 162, 165, 169 f., 229, 319, 326, 329, 347 f., 366, 457, 459, 478, 488, 490, 551, 561
Aufforderung 30, 234, 404, 407 f., 411, 434 f., 450, 452, 523 ff., 543
Ausruf 30, 410 f., 436, 541 ff.
Aussagemodus 403 f., 409, 438, 502, 526 f., 530, 545
Äußerung 14, 17, 22, 25, 27, 30, 33, 38 f., 43, 54, 57, 59, 60 ff., 66, 98, 106, 110, 115 f., 120, 126, 150, 160, 174, 177, 186, 190, 196, 200, 228, 231 f., 245, 253, 255, 277, 304, 312, 335, 338, 346, 385, 389, 396, 400, 405 f., 417, 422, 442, 449, 451, 455, 457, 467, 474 f., 478, 486 f., 496, 501, 518, 524, 526, 531, 536, 542, 544, 547, 548 f., 552, 555, 558 f., 570 f.
Äußerungsmodus 22, 25, 30, 61, 64, 363, 403, 426, 461, 495 f., 500, 503, 528, 544, 546

B

Bedienungsanleitung 530 ff., 573
Befehl 26, 233, 249, 377, 392, 451, 523 ff., 530 f., 544, 546
Begründung 33, 59, 327, 355, 375, 406, 408 f., 426, 432, 443, 450 ff., 498, 504
Behauptung 210, 432, 450 f., 504
Berichten 37, 495, 503, 508 ff., 520
Beschreiben 18, 22, 37, 145, 495, 503, 511, 515, 517
Besitz 147, 161, 248, 287, 312, 319, 533, 538
Besitzer 67, 112, 161, 312, 319
Bitten 26, 303, 525 f.
Bulgarisch 99, 120 f.

D

Dativ 47, 54, 68 f., 80, 91 ff., 109 ff., 118 f., 131, 134 ff., 153, 159, 167, 181, 186, 188, 204, 217, 275, 291, 308, 311, 317 ff., 324, 342, 348,

363, 366 ff., 376 ff., 453, 469 ff., 489 f., 550 f., 561, 563
  freier 317, 324
Definition 95, 166, 534
Deixis 21, 39, 50, 53, 55, 76 f., 80, 82, 85, 101, 106, 121, 166, 177 f., 182, 186, 188, 206, 273, 328, 332, 334 f., 339, 403, 430, 452, 467, 551
Determination 42, 50, 97 ff., 106, 116, 119, 561, 568, 577
Determinativ 21, 47, 49, 51, 55, 72, 88, 91, 93, 97 f., 113, 116 f., 121 f., 125, 131, 137, 144, 153 f., 157, 159, 162, 181, 203, 248 f., 317, 367 f., 389, 457 ff., 494, 517, 567, 571
  deiktisches 50, 99, 101, 106, 108 f., 119, 121, 481
  interrogatives 50, 99
  possessiv 49, 109 ff.
  possessives 99, 119, 174, 199
  quantifizierendes 50, 97, 99, 114, 122
Deutsch
  Althochdeutsch 101, 106, 133, 150, 160, 447
  Frühneuhochdeutsch 159
  Mittelhochdeutsch 101, 106, 127, 159, 181, 277, 332, 377 f., 394, 412, 421, 438, 447, 531
Diskurs (Gespräch) 25, 31 ff., 73, 157, 174, 304, 426, 432, 485, 495, 505, 510
Drohen/Drohung 209, 217, 291, 392, 525, 527, 538

E
Eigenname 19, 40, 47, 50, 54, 75, 87 ff., 126, 131, 134 ff., 158, 162, 164, 174, 190 ff., 205 f., 436, 480, 506, 515, 563, 567
Eigenschaft 21, 27, 40, 44, 46 f., 52, 61, 63, 88 ff., 100, 104, 112 f., 125, 133, 141, 145 ff., 152 ff., 175, 191, 198, 204 f., 208, 222, 224, 287, 312, 314, 319, 344 f., 379, 428, 436, 449, 515, 531
Ellipse 33, 58, 137, 196, 529, 548, 553, 576
  empraktische 58, 529
Empfänger 291, 312 f., 319, 323, 469, 471, 526 f.
Englisch 15, 21, 82, 91, 99, 105, 110, 125, 129, 134, 151, 207, 222, 257, 264, 268, 277, 325, 350, 505, 569, 577
Entscheidungsfragemodus 403, 498
Erfahrender 312
Ergänzungsfragemodus 403, 496, 545
Erklären 291, 495, 517 ff., 539
Erzählen 18, 22, 37, 68, 209, 261 ff., 272, 275, 283, 364, 472
Es
  expletives 182, 220, 464

fixes 50, 182
Exklamativmodus 403 f., 436, 541 f.

F
Feld 37 ff., 47 ff., 64, 76 f., 88 f., 97 ff., 103, 107, 120, 125 f., 140, 146 f., 166, 168, 175 ff., 182, 185, 195 f., 215 ff., 219 f., 229, 233, 243, 250, 313, 326, 329 ff., 338 f., 345 ff., 356, 366 ff., 375, 386 ff., 394, 400 ff., 419 f., 437, 447, 458
Feststellung 151, 505, 546
Finit 20, 48, 50, 55, 56, 61 ff., 120, 166 ff., 195, 228 ff., 238, 250 ff., 262, 287, 313, 326, 356, 361 f., 373, 409, 419, 430, 461 ff., 492 ff., 528 ff., 548, 555 f., 562, 569
Finnisch 99, 563
Fokus 91, 337, 388, 391, 410 f., 414, 422, 442 ff., 484, 487, 503, 514, 528
Folgerungstest 323
Fortführung
  changierende 191, 192
  persistierende 191
Frage
  Alternativfrage 30, 179, 499
  Assertive Frage 499
  Bestätigungsfrage 499
  Deliberative Frage 500
  Entscheidungsfrage 30, 46, 54, 58, 60, 178 ff., 250, 389, 396 ff., 403, 405, 411 ff., 421, 461, 463, 498, 501, 527, 545
  Examensfrage 496, 500
  Regiefrage 215, 500
  Rhetorische Frage 396, 500, 503 f.
Französisch 99, 134, 561
Funktionskomplex 475, 487
Funktionsverbgefüge 246 ff., 290, 471, 578

G
Gattungsname 47, 49, 88 ff., 97, 124, 126, 132, 136, 138, 149, 191
Gebot 295, 298, 302
Gebot/Verbot 296, 298, 535, 538
Gedanke 22, 27 f. 40, 42, 46, 54, 58 ff. 75 ff., 91, 132, 177, 181, 194, 227 ff., 280, 310, 312, 325, 329, 345, 381, 385, 388 ff., 393, 402, 412, 419, 421, 426, 442, 480, 487, 502, 554 f.
Generischer Gebrauch 104, 129, 142
Gewichtung
  kommunikative 451, 457, 474
  kompositionelle 479
  lokale 479
Gewichtungsakzent 125, 385 f., 403, 422, 457, 468, 472, 480, 482, 502, 545, 556, 558
Gradpartikel 41, 52, 325, 329, 385 ff., 394 f., 414, 447, 468, 573

H

Handelnder 62, 67, 94, 112, 312, 319, 377, 469
Handlung 495
  sprachliche 25 ff., 30, 39, 61, 495, 500, 517
Handlungskonstellation 28, 32, 78, 85, 89, 470, 495, 530
Handlungsmuster 25 f., 31, 78, 200, 444, 495, 542, 574
Handlungsverb 62, 287, 233
Hebräisch 63, 99, 121, 562
Heischemodus 544 f.
Hervorhebungsdomäne 475 ff., 488
Hilfsverb 48, 56, 58, 231, 236, 238, 242 ff., 287, 291, 293, 398, 458, 492, 562
Hintergrund 392, 445, 475
Hypotaxe 65

I

Illokution 25 f., 30, 33, 65, 208, 355 f., 426, 450 f., 495, 532, 539, 544
Imperativ 233 f., 276 f., 294, 342, 384, 394, 407, 411 f., 461, 463, 525 ff., 542, 574
Imperativmodus 403, 528, 545
Indefinitum 51, 82, 121, 175, 528, 532
Indikativ 227, 231, 234, 238 ff., 265, 278 ff., 307, 354, 392, 530
Infinitiv 48, 151, 218 f., 230 ff., 243, 245, 251, 266 ff., 274, 278 f., 287, 292 f., 297, 304, 308, 316, 362, 373, 382, 397, 407, 482, 525, 529 ff.
Inflektiv 234
Inhaltsangabe 22, 495, 519 ff.
  erweiterte 520
Installation 43, 44, 57, 86, 168, 203, 206, 405
Instrument 42, 62, 199, 285, 289, 312, 313, 319, 327 f., 347 f., 359, 378
Integration 41 ff., 85 f., 92, 139, 203, 206, 365, 480 ff., 493
Intensitätspartikel 52, 156 f., 329, 481
Interjektion 53, 57, 59, 396, 465, 542
Introfeld 177, 375, 465, 485
Isländisch 121
Italienisch 15

J

Japanisch 84, 99, 132, 308, 576, 579
Jiddisch 99, 259
Junktion 53
Junktor 53, 435

K

Katadeixis 189
Kollation 42, 139
Kommissiv 539
Komplemente 69, 210, 315, 322 ff., 553 f.
Konditionalsatz 166, 399, 353 f.

Konjunkt 46, 65, 194 f., 406, 427 ff., 440 ff., 482, 488, 493
Konjunktiv 40, 200 f., 227, 231, 238 ff., 272, 278 ff., 295, 301, 304 ff., 354, 361, 364, 391 f., 403, 477, 520, 523, 525, 528 f., 543 ff., 568
Konjunktiv I 231, 238 ff., 279 ff., 403, 520, 544
Konjunktiv II 231, 238 ff., 279 ff., 295, 301, 304 ff., 364, 391 f., 403, 520, 523, 543 f.
Konjunktor 21, 40, 42, 46, 53, 65, 215, 222, 264, 376, 407 ff., 414, 419 f., 428 ff., 488
  additiver 427, 429, 435, 437 ff.
  adversativer 429, 435, 441, 448
  alternativer 427, 429
  explikativer 429, 435
  inkrementiver 46, 407, 429, 435, 452
  kausaler 332, 429, 435
Konnektivpartikel 53, 206, 385, 387, 419 ff., 454, 465, 467, 522
Konnexion 42, 419, 453, 494
Koordination 22, 30, 43, 59, 72, 156, 194, 208, 252, 324, 419, 425 ff., 441, 450, 453, 455, 482, 493, 523
Kopulaverb 47, 49, 58, 69, 244 f., 275, 290, 314, 325, 347, 488, 562
Korrelat 41, 51, 171, 182, 219, 220, 349
Kroatisch 116

L

Latein 84, 99, 141, 181, 218 f., 234, 272, 378, 561 f.
Lokaldeixis 101, 189
Lüge 503

M

Mandarin-Chinesisch 61, 91, 253
Mittelfeld 176, 195 f., 338, 347 f., 394, 403, 405, 419 f., 447, 459, 462 ff., 467 ff., 485 f., 491 f., 497
Modalpartikel 53, 60 f., 325, 348, 385, 398 ff., 411, 468, 486, 555
Modalpartizip (Gerundivum) 151, 562
Modalverb 48, 56, 211, 218, 227, 231, 233, 236, 242, 245, 266, 268, 292 ff. , 374, 398, 407, 492, 494, 506, 523 ff., 531 f., 535, 562, 568, 578
  epistemisches/ Transfergebrauch 304
  handlungsraumbezogenes 294, 296, 298, 304
  zielbezogenes 294, 298, 301

N

Nacherzählung 519, 521 f.
Nachfeld 64, 166, 168, 215, 348, 386 f., 437, 458 ff., 478, 485, 557

Negationspartikel 52, 276, 325 f., 348, 385 ff., 394 f., 398, 464, 473, 478, 487, 562
Nominalgruppe 19, 22, 47 ff., 54 f., 65, 68 f., 72, 75, 92 f., 97, 100, 112, 116, 129, 131, 135 ff., 142, 145, 150 ff., 174 ff., 189 f., 193 f., 196 ff., 202 ff., 208, 219, 233, 244, 246, 248 f., 314 ff., 320, 324 f., 328 f., 334, 348, 366 ff., 386, 430, 432, 457 ff., 467, 470 ff., 480 ff., 486 ff., 494, 515, 522, 534, 540, 548, 550, 553, 557, 561 f., 568

O

Objekt 39, 62, 67, 80 f., 151, 159, 189, 192, 210, 216, 219, 227, 231, 276 f., 287, 312, 314, 316, 343, 515
    Akkusativobjekt 56, 68 ff., 117, 159, 196, 210, 217, 235, 245, 285 ff., 292, 311, 314, 316, 464, 470 ff., 550
    Dativobjekt 68, 71, 80, 159, 217, 285 f., 291, 311, 314, 317, 323, 470 ff., 490
    Genitivobjekt 159, 217, 311, 317, 473
    inkorporiertes Objekt 246
    Präpositionalobjekt 68 ff., 210, 247, 310 f., 318, 320, 471, 473, 551
Objektdeixis 39, 51, 107, 119, 131, 166, 173, 177, 182, 186, 188 f., 366, 481

P

Paraphrase 557 ff.
Parataxe 65
Partikel 19 ff., 30, 52, 61, 267, 385, 402, 405, 410, 413 ff., 433, 447 f., 457
Partiturschreibweise 569
Partizip 47 f., 121, 127, 151 f., 169, 205, 231 ff., 241, 263, 269, 285 ff., 304, 314, 350, 362 f., 379, 386, 459, 483, 525, 529, 562
    Partizip I 47, 151, 232, 350, 379
    Partizip II 48, 152, 231 ff., 263, 269, 285, 287 ff., 304, 459, 483, 529
Passiv 48, 217 ff., 227, 230 f., 237 f., 245, 248, 277, 285 ff., 316, 485, 513, 515, 531, 557 f., 562, 568
    Bekommen-Passiv 231, 285 f., 291
    Sein-Passiv 231, 285, 290
    Werden-Passiv 230, 285 ff., 316
Permissiv 535
Personaldeixis 39, 50, 55, 58, 75 f., 80, 85, 164, 181, 348, 366, 420, 481, 556
Pfad
    didaktischer 19, 20 f.
Phraseme 246
Pluraletantum 136
Polnisch 99, 101, 116, 277
Possessivum 51, 109, 181
Prädikat 47, 67 f., 123, 174, 199, 224, 228, 327, 344, 388, 425, 501, 534

    maximales 67, 315, 349, 426
    minimales 48, 315, 349
Prädikation 22, 28 f., 42, 57, 62 ff., 67 ff., 90, 105, 113, 174, 181, 184 f., 187, 223 f., 227 ff., 236 f., 244 f., 288, 309 ff., 321 f., 325, 327, 343 f., 349, 397, 410, 425 f., 430 f., 475 ff., 482 ff., 520
Prädikativ 69, 71, 113, 158, 218, 227, 291, 314, 319, 325 f., 515, 551
    Objektsprädikativ 314
    Subjektsprädikativ 314
Präposition 22, 42, 51 f., 55, 58, 68, 98, 105 ff., 122, 145, 164, 167, 182, 215, 229, 248, 275, 277, 310 f., 318 f., 325 f., 328, 334, 349 f., 365 ff., 380 f., 384, 417, 513, 529, 531, 551, 553, 558, 561, 568
Präpositionalgruppe 17, 52, 54 f., 69, 92, 143, 158 ff., 163, 205, 218, 230 f., 237, 244, 248, 276, 285, 288, 313 f., 325, 329, 366, 368, 380, 421, 480, 534
Progressiv 274, 277, 367, 446, 488
Proposition/Gedanke 27, 28, 61, 64, 281, 329, 398, 406, 421, 445 f., 502
Prozedur 25, 39 ff., 57, 59, 75 ff., 87, 126, 164, 194, 227, 348, 575
    deiktische 75 f., 81, 173
    expeditive 40, 53
    expressive 40
    operative 40
        analeptische 59, 194, 448
        elliptische 57
    symbolische 39

Q

Quantifikativum 51, 122
Quasikoordination 432

R

Ratschlag 392
Raum 330, 332, 369, 370
    Rederaum 39, 506
    Textraum 35, 39, 82, 329
    Verweisraum 34, 39, 81 f., 107, 119, 254, 256, 328 ff., 559
    Vorstellungsraum 34, 39, 81, 101, 107, 113, 181, 229, 260, 281, 329, 333 f., 364, 372, 507, 509, 511 f., 515, 522
    Wahrnehmungsraum 34, 38, 76, 81, 101, 186, 188 f., 254 f., 329 f., 506
Rechtsanbindung 466
Rederecht 28, 60, 298, 300 ff., 482, 496, 505, 507
Reflexivum 50, 182, 186, 291, 420
Relativsatz 17, 26, 50 ff., 65, 72, 108, 145, 165 ff., 189 f., 205 ff., 212, 229, 348, 362,

367, 455, 459, 466, 481, 488, 493, 515, 534, 551, 553, 557, 569, 576
appositiver 168 f., 189, 203, 205 ff., 455
restriktiver 108, 166, 168, 367
weiterführender 189, 190, 207, 208, 455
Relativum 40, 51, 64, 96, 145, 166 ff., 189 f., 208
Responsiv 46, 54, 57 ff., 389, 397 f., 405 f., 480, 570
Retrofeld 178, 466, 485
Rhema 174, 177, 190, 482
Romanische Sprachen 15, 110
Russisch 15, 99, 101, 116, 120 f., 169, 215, 277, 384, 556

S
Sachverhaltsentwurf 30, 64, 171
Satz 14, 22
  Hauptsatz 25, 33, 64 f., 178, 208 ff., 269, 348, 351 ff., 374 f., 450 f., 458, 488
  komplexer Satz 25, 480
  Nebensatz 25, 33, 64, 71, 167, 199 f., 208, 213, 221, 244, 250 f., 269, 348 ff., 406, 451, 461 ff., 488, 493, 503, 569
  Spaltsatz 178
Satzadverbial 69, 150, 321, 327 f., 349, 394, 402, 406, 477, 554
Satzfunktion 54, 69, 72, 311, 314, 329, 349 ff.
Satzgefüge/Hypotaxe 65
Satzglied 14, 25, 54, 67, 84, 311, 555
Satzreihe/Parataxe 65, 194, 514 f.
Schwedisch 402
Serbisch 116
Singularetantum 136
Slavische Sprachen 15, 99, 116, 121, 274, 277, 562
Spanisch 44, 99, 277, 470
Sprecherwechsel 26, 29, 31 f., 261, 298, 485
Sprechhandlung 26, 30, 304
  assertive 432, 502
  direktive 523, 544
  kommissive 523, 538
Stoffname/Substanzname 47, 97, 120, 126, 129, 136 ff., 379, 568
Streckverbgefüge 246
Subjekt 28, 42, 54, 67 ff., 81, 97, 119, 149, 152, 155, 159, 164, 174, 182, 185 f., 196, 209, 215 ff., 229, 231 f., 236 f., 266 f., 276 f., 285 f., 290 f., 309 ff., 324, 326, 344 ff., 362, 374 ff., 420, 430 f., 463 f., 469 ff., 479, 487, 492 f., 528, 547, 550 f., 562
Subjektion 28, 42, 62 ff., 67, 228 f., 233, 309 f., 312, 314, 397, 410, 430, 475 f., 482, 484, 487

Subjunktor 21, 40, 53, 64, 165, 171, 209, 215, 221, 250, 273, 338, 350 f., 355, 358, 365, 377 ff., 463 f., 493, 534, 569
  ereignispräzisierender 350
  finaler 350
  kausaler 350
  komitativer 350
  komparativer 350
  konditionaler 350
  konfrontativer 350
  konsekutiver 350
  konzessiver 350
  lokaler 350
  restriktiver 350
  temporaler 350
Subordination 64, 72, 356, 362, 576
Sunstantiv → Nomen
Supplement 315, 323, 553
Synthese 42, 43, 61 ff., 192, 227, 233, 310, 397
Szenario 27, 48, 62, 309 f.310, 316, 322 f., 329

T
Temporaldeixis 335
Tempus 30, 119, 227 ff., 239 f., 252, 260, 262, 272 ff., 279, 281
  Doppel-Präsensperfekt 235, 262, 265, 269
  Doppel-Präteritumperfekt 235, 269 ff.
  Futur 117, 131, 234 f., 257, 262
  Futurperfekt 234 ff., 262
  Präsens 255, 262, 507
  Präsensperfekt 262, 273, 507
  Präterium 253, 364, 506 f.
Test 22, 56, 394, 401, 547, 549 f., 554 f., 559 f.
  Anschlusstest 323, 553
  Einbettungstest 553 f.
  Ersatzprobe 56, 547, 549 ff., 556
  Fragetest 550
  Implikationstest 553
  Klangprobe 557 f.
  Kontaktprobe 549
  Verschiebeprobe 55, 555 f.
  Weglassprobe 322, 552 f.
Text 12, 16 f.31 ff., 50, 58, 73, 82, 84, 101, 104, 107, 109, 112, 137, 140, 157, 174, 181, 186, 189, 197, 233, 254, 261, 307, 334, 385, 425, 434, 439, 454, 457, 493, 501, 503, 514, 519 f., 547, 569, 571, 574, 576
Text-Ellipse 59, 548
Thema 67, 75, 98, 109, 119, 173 ff., 290, 379, 464, 467, 475, 486, 548
Themenassoziation 197 f.
Themenkomposition 197 f.
Themensplitting 197, 200
Themensubsumtion 197 f.
Tschechisch 99

Türkisch 11, 15, 22, 39, 57, 63, 81, 94, 96, 99, 101, 116 ff., 127, 129, 131, 149, 158, 169, 182, 189, 225, 229, 239, 278, 291, 308, 318, 319, 321, 342, 343, 348, 361, 362, 365, 381 ff., 397, 453, 457, 460 f., 470, 489, 491, 501, 518, 561 ff.

U
Ukrainisch 120, 121
Umlaut 41, 133 ff., 134 f., 155, 241, 278
Ungarisch 99, 563
Ursache 165, 215, 285, 312, 319, 327, 349 f., 355, 363, 376 ff., 429, 517

V
Valenz 67, 227, 230, 310, 321, 324, 568, 576
Verb
   ditransitives 316
   faktives 210 f.
   implikatives 210 f.
   nicht-wahrheitsorientiertes 210
   schwaches 232
   starkes 232
   transformatives 236, 238
   transitives 235 ff., 286 f., 291, 316, 568
Verbgruppe 48, 55 f., 68 f., 223, 227 f., 234, 253, 320, 322, 325 ff., 366, 431, 465, 479 ff., 554, 557, 561
Verbgruppen-Adverbialsatz 349
Verbkomplex 48, 56, 67, 227 f., 231, 245, 249 ff., 288, 292, 309, 457, 483, 493, 568
Verbot 296, 298, 525, 535, 538
Verbszene 22, 67, 166, 221, 227, 249, 309, 323, 327, 365, 368, 388, 462, 467, 476, 553, 568, 575
Vertrag 22, 128, 236, 353, 523, 538 f.

Vokalharmonie 117, 318, 501, 563
Vollverb 48, 55, 229, 231, 238, 242 ff., 269, 288, 292, 482 ff., 492, 556
Vordergrund 338, 385, 468, 472, 474 ff., 485
Vorfeld 17, 33, 50, 55, 120, 175, 177 f., 182, 185, 195, 215 f., 219 f., 243, 250, 313, 326, 338, 347 f., 356, 375, 387, 389, 394, 400, 403, 419 f., 447, 458 ff., 478, 484 ff., 492, 497, 528, 549, 555, 557
Vorschlag 266, 525 f., 529

W
Warnen/Warnung 26, 525 ff.
Weisung 377, 392, 524
Wie-Wort 552
Wort 22, 25, 30, 44 f., 54, 57, 71, 119, 248, 324 f., 448, 462, 464, 479, 496, 518, 547, 549 f.
Wortakzent 45 f., 457, 490, 566 f.
Wortgruppe 11, 14, 19, 21, 25, 27, 30, 41, 44, 46, 51, 54 ff., 71, 119, 126, 177, 311, 316, 324, 385 ff., 402, 404, 406, 427 ff., 433, 438, 448, 457, 462, 464, 474, 478 ff., 485, 501, 527, 543, 547 ff., 555 ff., 567, 571
Wortstellung 20, 91, 451, 457, 501, 569
Wunschmodus 403, 543 ff.
Würde-Form 238 f., 279, 282 ff.

Z
Zeit 25, 27, 39, 51, 69, 164 ff., 231, 235, 252 ff., 266, 312 f., 327, 330, 332, 335, 338, 343
Zweck 17, 26, 28, 41 f., 50, 52, 61, 64, 77, 128, 319, 321, 323, 327, 350, 358, 374, 377, 380 f., 405, 410, 450 f., 495 f., 504, 507, 511, 514 f., 522 ff., 531, 534, 537 f., 542

Wortregister

a

aber (Abp / Kjk) 53, 65, 295, 403, 405, 410 ff., 414, 419, 426 ff., 440, 441 ff., 447 f., 453, 477 f., 506, 542 f.
abnehmen (Vv) 237
ach (Int) 59 f.
ah(a) (Int) 53, 60
all- (Q-Det / Quant) 50 f., 55, 70, 93, 122 ff., 198, 419, 458, 518
allein (Gradp / Kjk) 386, 388, 429, 441, 445, 481
als (Ajk / Sjk) 41, 53, 55, 64, 66, 71, 199f, 204, 221 ff., 235, 269, 272 f., 283, 350 ff., 360 f., 426 ff., 434, 558
am (Präp+Det) 274 ff., 366 ff., 376
an (Präp) 52, 71, 275, 365 ff., 376, 379, 513
anders (Adv) 325, 557
anfangen (Vv) 237
angeblich (Adj) 148, 400
ans (Präp+Det) 368
anscheinend (Adj) 400
anstatt (Präp) 367, 373, 375 f.
anstatt dass (Sjk) 359 f., 375
anstelle (Präp) 366
atmen (Vv) 236
auch (Abp / Gradp) 385 ff., 403 f., 487 f.
auf (Präp) 52, 71 f., 365 ff., 376, 513
aufhören (Vv) 237
aufs (Präp+Det) 367 ff.
aufwachen (Vv) 236
aus (Präp) 69 f., 366 ff., 376
ausgesprochen (Adj) 157
ausschließlich (Gradp) 385 f.
außer (Kjk / Präp) 55, 350, 360, 373, 375 f.

b

bedauerlicherweise (Modp) 398 f., 486, 558
beginnen (Vv) 237
begreiflicherweise (Modp) 399
bei (Präp) 52, 367 ff., 376
beide (Adj / Q-Det / Quant) 122, 125, 157
beim (Präp+Det) 367 f., 376
beinahe (Modp / Inp) 157, 398
bereits (Gradp) 385 ff.
beziehungsweise (Kjk) 429, 438, 440 f.
binnen (Präp) 376
bis (Präp / Sjk) 267, 269, 273, 367, 377, 379
bleiben (Vv / Kv) 48 f., 69, 237, 244 f., 248, 275

d

da (Adv / Sjk) 28, 34, 39, 41, 51, 64 f., 76, 101, 163 f., 176, 187 ff., 326 ff., 350 ff., 356 f., 433, 481, 505 f.

da- (Präfix) 328, 333, 341
dabei (Adv) 51, 333
dadurch ... dass (Sjk) 349 f., 358 f.
damit (Adv / Sjk) 187, 327, 350, 358
dank (Präp) 366 f.
daran (Adv) 328
daraus (Adv) 328
darüber (Adv) 16, 208, 314
darum (Adv) 208
das (O-Deix / Best-Art / D-Det / Rel) → der
dass (Sjk) 21, 46, 64 f., 69 ff., 165, 170 f., 177, 209 ff., 219 f., 311, 314, 349 ff., 358, 463 f., 486, 543 f.
dauern (Vv) 323
dein- (Poss-Det) 49, 99, 109 ff., 114, 118 f., 198
denn (Kjk / Abp) 53, 65, 403 ff., 406, 408 f., 426, 429, 450 ff., 502, 542, 545
der/die/das (O-Deix / Best-Art / D-Det / Rel) 39, 49 ff., 98 ff., 101 ff., 131, 165 ff., 186 ff., 207, 458
derjenig- (D-Det) 50, 106, 108 f.
derselb- (D-Det) 50, 108
deshalb (Adv) 208, 220, 327, 347, 349,
die (O-Deix / Best-Art / D-Det / Re) → der
dies- (O-Deix / D-Det) 39, 41, 50, 99, 109, 119, 428
diesseits (Adv, Präp) 339, 341, 367, 377 f.
doch (Abp / Kjk / Resp) 389, 392, 397, 403 ff., 414, 429, 435 f., 440, 448 ff., 452, 464, 499, 528, 542 ff.
dort (Adv) 39, 41, 47, 51, 55, 69, 71 f., 76, 82, 163 f., 186 ff., 318
dortig (Adj) 163
droben (Adv) 341
drüben (Adv) 76, 103, 327, 339, 341
du (Pers-Deix) 28, 34, 39, 41, 50, 54, 67, 75 ff., 200, 206, 229 f., 259, 278, 528
durch (Präp) 167, 288 f., 367 f., 370, 372 ff., 377, 513
dürfen (Mv) 48, 56, 245, 292 ff., 296, 298 f., 302 f., 306, 525, 535 f.

e

eben (Adj / Abp) 35, 386, 402 ff., 415 ff., 433, 502, 528, 545, 550
eh (Abp) 33, 53, 385, 402 f., 415 ff.
eigentlich (Adj / Abp) 403 f., 497 f., 545
ein (Unbest-Art) 40 f., 49 f., 54 f., 94, 99 f., 112 ff., 120 ff., 125, 138 ff., 153 f., 175 f., 194 f., 458, 472
ein paar (Q-Det) 122, 125
einige (Q-Det / Quant) 50 f., 99, 122, 124 f., 143, 459

einmal (Adv / Abp) 177, 264, 335, 386, 409;
→ *mal*
einst (Adv) 163, 253, 327, 335
entgegen (Präp) 367, 377
entlang (Präp) 367 f.
entsprechend (Präp) 367, 377
entweder ... oder (Kjk) 429, 431, 438, 440, 498
er/sie/es (Ana) 40, 42, 50 f., 57, 69, 71, 81, 93, 177 f., 180 ff., 185, 190, 201, 219 f., 237, 279, 548, 555
erfreulicherweise (Modp) 398
erstens (Konp) 53, 385, 419 ff., 424 f.
es (Ana) → *er/sie/es*
etliche (Q-Det / Quant) 122, 124 f.
etwa (Gradp / Abp) 403 f., 411 ff., 497 f., 545
euer (Poss-Det / Pers-Deix) 80, 84, 109 f.

f
fairerweise (Adv) 400
fast (Gradp / Intp / Modp) 157
Fisch (N) 138
fragen (Vv) 200
fraglos (Adj) 399
für (Präp) 366 ff., 377

g
gelingen (Vv) 210, 236
gemäß (Präp) 367, 377 f.
gerade (Adv / Gradp / Abp) 35, 41, 253, 277, 385 f., 388
gern (Adv) 28, 39 ff., 51, 55, 67 ff., 228, 276, 299, 310, 320 f., 326 ff., 344 f., 347, 481, 554
gestern (Adv) 55, 68, 163 f., 235, 258, 328 f., 339, 347, 366, 387, 459, 469, 481, 488
gestrig (Adj) 146, 150, 157
gleichermaßen (Gradp) 386
gleichwohl (Konp) 53, 419 ff.

h
haben (Hv, Vv) 56, 58, 67, 234 ff., 242 f., 245, 247 ff., 251, 262, 267 f., 279, 287, 530 f., 535 f.
halber (Präp) 52, 365, 377
halt (Abp) 33, 68, 385, 402 ff., 415 ff., 433, 502, 528, 545, 550
hammer (Adk) 49, 150, 244
he 60
heute (Adv) 34, 51, 55, 69, 163, 253, 257, 311, 321, 326 ff., 339, 347, 386, 390, 426, 433, 459, 465, 549, 552
heutig (Adj) 163, 334, 459
hier (Adv) 28, 31, 34 f., 39, 41, 47, 51, 65, 69, 76, 81, 107, 163 f., 186 ff., 252, 320, 326 ff., 347, 373, 433, 459

hiermit (Adv) 51, 187, 327, 459, 525 f.
hiesig (Adj) 47, 146, 459
hinten (Adv) 340 f., 371
hinter (Präp) 341, 365, 367 ff., 377
hm (Int) 32 ff., 40, 53 f., 59 ff., 72
hüben (Adv) 76, 339, 341

i
ich (Pers-Deix) 19 f., 28, 31, 34, 39, 41, 50, 53 ff., 57, 67, 76 ff., 80 ff., 89, 182, 206, 214, 229 f., 232, 235, 352, 525 f., 528
ihr (Pers-Deix / Poss-Det) 20, 28, 39, 50, 54 f., 75, 80 ff., 109 ff., 174
im (Präp+Det) 367 f., 377, 477, 513
immerhin (Konp) 42, 419 f., 423
in (Präp) 52, 68 ff., 365 ff., 377 f., 513
-in (Suffix) 130, 132
ins (Präp+Det) 98, 105, 368
irgendein- (Q-Det) 50, 122, 125

j
ja (Resp / Abp / Int / Kjk) 27 ff., 46, 53 f., 57 f., 60 f., 72, 179, 397 f., 402 ff., 498, 500, 502 f., 528, 538, 545, 549 f., 556 f., 570
jedenfalls (Konp) 385, 420 ff.
jed- (Q-Det / Quant) 47, 50, 99, 122 ff., 153, 157
jedoch (Kjk) 65, 448 f.; vgl. → *doch*
jen- (D-Det) 50, 106 ff., 119, 187, 189, 319
jenseits (Adv / Präp) 339, 341, 367, 377 f.
jetzt (Adv) 28, 31 f., 34 f., 39, 41, 51, 69, 150, 277, 327 ff., 332 ff., 336, 338, 435
jetzig (Adj) 150, 334

k
kein- (Q-Det) / Quant) 47, 99, 114, 122 f., 125, 153 f., 249, 556
keinesfalls (Modp) 389, 398, 445
keineswegs (Modp) 389, 445
können (Mv) 56, 151, 245 f., 292 ff., 296 ff., 302 ff., 305 f., 525, 532, 535

l
lang (Adj / Präp) 146 f., 155, 378
lange (Adv) 328
längs (Präp) 378
laut (Adj / Präp) 146, 367, 378
leben (Vv) 69, 236, 253, 274 f., 321
liegen (Vv) 238
links (Adv / Präp) 327 f., 339 ff., 367, 371
logischerweise (Modp) 399 f.
Löwe (N) 133 ff., 340, 371

m
mal, ma (Adv / Abp) 301, 303, 387, 402 ff., 408 ff., 414, 526

manch- (Q-Det / Quant) 47, 50, 99, 122, 125, 153
mehrere (Q-Det / Quant) 50 f., 122, 124 f., 143
mein- (Poss-Det) 49, 99, 109 ff., 114, 119, 526, 530
mit (Präp) 17, 366 ff., 378, 513
mittels (Präp) 378
möchten (Mv) 48, 56, 294 f., 298, 302 ff., 307, 499, 525 ff.
mögen (Mv) 48, 56, 245, 292, 294, 298, 306 f.
morgen (Adv) 257 f., 312, 321, 326, 328 f., 339, 347, 426, 433, 554 f.
müssen (Mv) 48, 56, 151, 245 f., 292, 294, 296 ff., 303, 305, 374, 532
musstu (Mv+Pers-Deix) 297, 464
mutmaßlich (Adj) 40, 148, 152

n
na (Int) 57, 60
nach (Präp) 16, 42, 52, 62, 67 f., 71, 163, 328, 365, 367, 373, 377 f., 513
nachdem (Sjk) 253, 272 f., 350, 352
nachweislich (Adj / Modp) 399
nahezu (Adv / Intp) 157
ne (Int) 59 f., 396
neben (Präp) 68, 367, 369 ff., 378
nein (Resp) 27, 57 f., 60, 179, 389, 498 ff.
neulich (Adv) 163
nicht (Negp / Abp) 52, 326 f., 385 ff., 389 ff., 398, 404, 440 f., 445 f., 479
nicht brauchen (Mv) 48, 292 f., 297 f.
nicht nur ... sondern auch (Kjk) 389, 446 f.
nirgends (Adv) 327 f., 389
normalerweise (Modp) 400 f.
notwendigerweise (Modp) 400
nun (Adv) 327 ff., 338, 365
nur (Abp / Gradp / Kjk) 385 ff., 403 f., 425, 428 f., 441, 446 ff.

o
ob (Sjk) 63, 72, 171, 209, 211, 214 f., 311, 316, 322, 348, 350, 360 f., 499 f., 531
oben (Adv) 35, 47, 55, 163, 327 f., 339, 341, 481, 512
oberhalb (Präp) 367, 378 f.
oder (Kjk) 44, 53, 426 ff., 431, 433, 438 ff., 498 ff.
offenbar (Modp) 399
offenkundig (Modp) 399
offensichtlich (Modp) 399, 405
oh (Int) 60
ohne (Präp) 52, 172, 367, 373, 375, 378
ohne dass (Sjk) 359

p
per (Präp) 378
pro (Präp) 50, 367, 378

q
quitt (Adk) 48 f., 150, 244

r
rechts (Adv) 163, 339 ff., 371
respektive (Kjk) 426, 429, 438, 441

s
schnarchen (Vv) 236
schon (Abp / Gradp) 386 f., 403 f.
schuld (Adk) 48 f., 150, 244
sehr (Intp / Adv) 44, 52, 55, 69, 147, 157, 329, 385, 481
sein (Hv / Kv) 48 f., 56, 58, 228 f., 234 ff., 242 f., 244 f., 248, 274 f., 285, 290 f., 304, 325
sein (Poss-Det) 49, 99, 109 ff., 114, 119
seit (Präp / Sjk) 55, 68, 273, 276, 349, 366 f., 378, 415
seitdem (Adv / Sjk) 273
seitens (Präp) 285, 288, 378
sich (Refl) 48, 50, 186, 217, 220
Sie (Pers-Deix) 78 ff., 82 f.
sie (Ana) → *er/sie/es*
sitzen (Vv) 236
so (Adv) 55, 327, 337, 435
so ... dass (Sjk) 350, 358
sogar (Gradp) 42, 52, 385 ff., 433, 558
solch (D-Det) 50, 108
sollen (Mv) 48, 56, 151, 245, 292, 295, 298, 302, 304, 306, 526 f.
sondern (Kjk) 429, 441, 445 ff., 449, 479
sowie (Kjk / Sjk) 65, 237, 350, 427 f., 437 f.
springen (Vv) 238
statt (Präp) → *anstatt*
stehen (Vv) 238, 248, 321, 377

t
tja (Int) 60
total (Adj / Intp) 157, 481
trotz (Präp) 52, 366 f., 378

u
über (Präp) 68, 366 ff., 379
überall (Adv) 69, 326, 328
um (Präp) 52, 172, 176, 226, 302, 367 f., 373 f., 379, 484
um ... willen (Präp) 365
unausweichlich (Modp) 400
und (Kjk) 53, 65 ff., 155 f., 264, 419, 425 ff., 470

unser (Poss-Det / Poss / Pers-Deix) 80, 93, 109 f.
unten (Adv) 35, 47, 55, 163, 327 f., 339, 341, 481, 512
unter (Präp) 248, 367 ff., 379
unterhalb (Präp) 367, 379
unweit (Präp) 367, 379

v

vielleicht (Modp / Abp) 53, 310, 398, 400 f., 403 ff., 411 f., 486, 498, 542, 545, 555
voll(er) (Adj / Präp) 379
vom (Präp+Det) 367 f., 369
von (Präp) 365 ff., 370 ff., 379
vor (Präp) 52, 365 ff., 379
vorn (Adv) 341, 371

w

während (Präp / Sjk) 64, 349 ff., 355, 367, 379, 478
wann (W-Adv / Rel) 62, 70, 166, 180, 215, 323, 327, 338, 461, 547, 552
warum (W-Adv / Rel) 63, 166, 171, 212, 215, 327, 355 f., 495, 498, 517 ff., 545, 552
was (Interrog / Rel / W-Det (*was für ein*)) 26, 50 f., 69, 72, 99 f., 152 f., 166, 171, 176 f., 180 ff., 190, 208 ff., 212 f., 215, 311 ff., 396, 481, 495 f., 542 ff., 550 ff.
weder ... noch (Kjk) 389, 428 ff., 438, 440
wegen (Präp) 52, 55, 64, 164 f., 182, 349, 365 ff., 379 f.
weil (Sjk) 21, 33, 40 f., 53, 64, 220, 320, 350, 355 f., 374, 406, 433, 451, 493, 517 f.
welch- (Interrog / Rel / W-Det) 50 f., 55, 69, 72, 99, 152, 154, 166, 215, 458, 552
wenig (Adj) 124
wer (Interrog / Rel) 26, 51, 58, 65, 69, 71, 80, 156, 166, 171, 180, 212 f., 215, 313, 338, 344, 439, 474, 495 ff., 500, 533 f., 537, 545, 547, 550 f.
werden (Hv / Kv / Mv) 48 f., 56, 58, 69, 150, 230, 234, 238, 242, 244 f., 251, 265 ff., 279, 285 ff., 298, 303, 305, 316, 325, 525, 531
weshalb (W-Adv / Rel) 51, 166 f., 171, 190, 208, 215, 327
wider (Präp) 380
wie (Ajk / Sjk / W-Adv / Rel) 51, 53, 55, 70 f., 152 f., 155, 166, 180, 219, 221 ff., 327, 351 f., 542 f., 545, 552
wir (Pers-Deix) 39, 41, 50, 54, 57, 75, 78, 80 ff.
wo (W-Adv / Rel) 51, 61, 69 f., 96, 166 ff., 178, 180, 182, 208, 215, 327 f., 338, 350, 361, 367, 552
wobei (W-Adv / Rel / Sjk) 190, 208, 350, 359
wodurch (W-Adv / Rel) 166 f.
wohin (W-Adv / Rel) 70, 215, 327, 367
wohl (Abp) 44, 53, 403 ff., 497 f., 502, 545
wohnen (Vv) 236, 318, 321, 323, 326, 347, 365, 554
wollen (Mv) 48, 56, 245, 292 ff., 298, 302 f., 306, 405, 407, 523, 568
wollt (Mv) 303 f.
womit (W-Adv / Rel) 167, 327, 338
worüber (W-Adv / Rel) 69, 190, 208
wozu (W-Adv / Rel) 171, 327, 338

z

zu (Präp / Intp) 52, 151 f., 215 ff., 232, 245, 277, 292 f., 366 ff., 370, 373 ff., 380, 530 f., 535 f.
zufolge (Präp) 367, 380
zugunsten (Präp) 367, 380
zuliebe (Präp) 367, 380
zum (Präp+Det) 367 f.
zwecks (Präp) 367, 380
zweifellos (Modp) 399
zweitens (Konp) 419 f., 424 f., 461
zwischen (Präp) 367, 380

Abkürzungen

Abp: Abtönungspartikel
Adj: Adjektiv
Adk: Adkopula
Adv: Adverb
Ajk: Adjunktor
Ana: Anapher

Best-Art: bestimmter (definiter) Artikel

D-Det: deiktisches Determinativ
Det: Determinativ
Deix: Deixis (Plural: Deixeis)

Gradp: Gradpartikel

Hv: Hilfsverb

Indef: Indefinitum
Intp: Intensitätspartikel
Int: Interjektion
Interrog: Interrogativum

Kjk: Konjunktor
Konp: Konnektivpartikel
Kv: Kopulaverb

Modp: Modalpartikel
Mv: Modalverb

N: Nomen
Negp: Negationspartikel

O-Deixis: Objektdeixis

Pers-Deix: Persondeixis
Poss-Det: possessives Determinativum
Poss: Possessivum
Prä-Det: Prädeterminativ
Präp: Präposition

Q-Det: quantifizierendes Determinativ
Quant: Quantifikativum

Refl: Reflexivum
Rel: Relativum
Resp: Responsiv

Sjk: Subjunktor

Unbest-Art: unbestimmter (indefiniter) Artikel

Vv: Vollverb

W-Adv: Frageadverb
W-Det: W-Determinativ